“十三五”国家重点出版物出版规划项目

经济科学译丛

宏观经济学

（第九版）

安德鲁·B. 亚伯（Andrew B. Abel）
本·S. 伯南克（Ben S. Bernanke） 著
迪安·克劳肖（Dean Croushore）

章艳红 柳丽荣 译

Macroeconomics

（Ninth Edition）

中国人民大学出版社
·北京·

《经济科学译丛》

《经济科学译丛》总序

中国是一个文明古国，有着几千年的辉煌历史。近百年来，中国由盛而衰，一度成为世界上最贫穷、落后的国家之一。1949 年中国共产党领导的革命，把中国从饥饿、贫困、被欺侮、被奴役的境地中解放出来。1978 年以来的改革开放，使中国真正走上了通向繁荣富强的道路。

中国改革开放的目标是建立一个有效的社会主义市场经济体制，加速发展经济，提高人民生活水平。但是，要完成这一历史使命绝非易事，我们不仅需要从自己的实践中总结教训，也要从别人的实践中获取经验，还要用理论来指导我们的改革。市场经济虽然对我们这个共和国来说是全新的，但市场经济的运行在发达国家已有几百年的历史，市场经济的理论亦在不断发展完善，并形成了一个现代经济学理论体系。虽然许多经济学名著出自西方学者之手，研究的是西方国家的经济问题，但他们归纳出来的许多经济学理论反映的是人类社会的普遍行为，这些理论是全人类的共同财富。要想迅速稳定地改革和发展我国的经济，我们必须学习和借鉴世界各国包括西方国家在内的先进经济学的理论与知识。

本着这一目的，我们组织翻译了这套经济学教科书系列。这套译丛的特点是：第一，全面系统。除了经济学、宏观经济学、微观经济学等基本原理之外，这套译丛还包括了产业组织理论、国际经济学、发展经济学、货币金融学、公共财政、劳动经济学、计量经济学等重要领域。第二，简明通俗。与经济学的经典名著不同，这套丛书都是国外大学通用的经济学教科书，大部分都已发行了几版或十几版。作者尽可能地用简明通俗的语言来阐述深奥的经济学原理，并附有案例与习题，对于初学者来说，更容易理解与掌握。

经济学是一门社会科学，许多基本原理的应用受各种不同的社会、政治或经济体制的影响，许多经济学理论是建立在一定的假设条件上的，假设条件不同，结论也就不一定成立。因此，正确理解并掌握经济分析的方法而不是生搬硬套某些不同条件下产生的结论，才是我们学习当代经济学的正确方法。

本套译丛于 1995 年春由中国人民大学出版社发起筹备并成立了由许多经济学专家学者组织的编辑委员会。中国留美经济学会的许多学者参与了原著的推荐工作。中国人民大学出版社向所有原著的出版社购买了翻译版权。北京大学、中国人民大学、复旦大学以及中国社会科学院的许多专家教授参与了翻译工作。前任策划编辑梁晶女士为本套译丛的出版做出了重要贡献，在此表示衷心的感谢。在中国经济体制转轨的历史时期，我们把这套译丛献给读者，希望为中国经济的深入改革与发展做出贡献。

《经济科学译丛》编辑委员会

前 言

自2006年2月到2014年1月，本·S. 伯南克（Ben S. Bernanke）担任了美国联邦储备系统（简称美联储）管理委员会（Board of Governors of the Federal Reserve System）的主席。联邦道德规范不允许他参与《宏观经济学》第六版、第七版和第八版的修订，不过卸任后的他重新参与了本书的修订并做出了实质性的贡献。

在准备本书的过程中，我们的主要目标是保持本书内容新颖和贴近现实，特别是当涉及美国和欧洲的近期危机以及美联储为应对危机使用许多新的政策工具时。我们也加入了新的应用、专栏和习题，并且修正了很多内容，以充分反映近期的事件和本学科的发展。此外，绝大多数章末的实证习题将学生导向圣路易斯联邦储备银行（Federal Reserve Bank of St. Louis）网站FRED数据库（简称FRED数据库）中的相关数据。该数据库更新频繁并且可免费使用，一旦学生熟悉并学会使用该数据库，那么即使是在课程结束后，他们也能继续使用它。

下面是修订部分的摘要。

本版的新颖之处

2007—2009年的严重经济衰退以及随之而来的缓慢经济复苏促使我们在本版教材中做了许多改变。这些改变的目的是要解释上述经济事件和相关事宜，包括失业持续时间的大幅增加、劳动力市场的缓慢复苏、美联储实施货币政策的新工具及其使用方法和严重经济衰退时财政政策对经济的影响。

下面列出的是对本版教材所做改变的简要介绍，改变的细节见以下列明的具体章节。

- 我们增加了一幅说明储蓄用途恒等式的新图形（第2章）。
- 我们讨论了失业率的其他度量方法（第3章）。
- 为反映近期政府核算方法的变化，我们简化了经常账户余额的度量，将原有术语资本和金融账户余额改成了金融账户余额（第5章）。
- 我们延伸了针对全球储蓄过剩的讨论（第5章）。
- 在讨论预期通货膨胀率时，我们引入了平衡通货膨胀率这一概念（第7章）。
- 我们增加了对2008年石油价格冲击的讨论（第9章）。

- 我们讨论了通货膨胀率过低时会出现的问题（第 12 章）。
- 我们引入了最优货币区这一概念，并讨论了美国和欧洲是否符合其标准（第 13 章）。
- 我们扩展了对中央银行履行其作为最后贷款人这一职能的讨论（第 14 章）。
- 我们发出了名义利率是否真的存在取值为零的下限的质疑（第 14 章）。
- 我们扩展了对量化宽松和前瞻性指引的讨论（第 14 章）。
- 我们在讨论供给学派经济学时引入了拉弗曲线（第 15 章）。
- 我们发出了量化宽松是否很可能导致通货膨胀水平的上升的质疑（第 15 章）。
- 我们更新了说明关键经济变量的历史轨迹的众多图形。

新增和更新内容

近年来，中级宏观经济学的授课内容以及授课方式发生了实质性的改变，《宏观经济学》的前几个版本对此起了重要作用。《宏观经济学》前几个版本是促成这些变化的重要推手。本书生动地涵盖了内容广泛的宏观经济学问题和理论，其中包括一系列新增内容和更新内容。

● 货币政策。作为对 2007—2009 年之后缓慢经济复苏的回应，美联储引入了新的政策工具，于是我们新增了相当多的内容来讨论这些政策变化。所以，我们在相当程度上重写了关于货币政策的第 14 章。在第 14 章中，新增或者大量修订的内容如下：我们描述了美联储为实施货币政策采用的新工具，特别是量化宽松和前瞻性指引。我们也讨论了中央银行作为最后贷款人的作用，并且讨论了名义利率的下限是否可为零的问题。

● 长期经济增长。由于经济增长率在决定生活水准方面起着核心作用，因此本书第 2 篇的大多数篇幅均用于探讨经济增长以及相关问题。我们首先讨论了经济增长的成因，如生产率（第 3 章）与储蓄率和投资率（第 4 章）；然后在第 6 章，我们转而使用增长核算与索洛模型等工具全面分析了增长过程。所涵盖的与增长相关的议题包括 1973 年后的生产率放缓、决定长期生活水准的因素以及 20 世纪 90 年代的生产率反弹。修订的内容有：数据以及关于用储蓄用途恒等式来说明在 2007—2009 年经济衰退中世界经济受到冲击的讨论。

● 国际宏观经济问题。我们从两个方面阐述了世界经济的加速融合。首先，我们频繁地利用除美国之外其他国家的经验来进行跨国的比较与应用。例如，我们在第 6 章比较了多个国家的长期经济增长率；在第 7 章比较了欧洲转轨国家的通货膨胀经验；在第 8 章比较了多个国家的工业生产增长；在第 12 章比较了不同国家的牺牲率；在第 14 章讨论了世界各国制定货币政策时使用的策略。其次，我们在第 5 章和第 13 章专门分析了国际问题。在第 5 章，我们展现了贸易盈余（余额）如何与一国的储蓄以及投资率相关，然后应用此框架讨论了诸如美国贸易赤字以及政府预算赤字和贸易赤字之间的关系。在第 13 章，我们用一个简单的供给-需求框架分析了汇率的决定问题。该章在固定汇率和货币同盟方面呈现了革新性的内容，包括对货币为什么会遭遇投机性挤兑的解释。修订过的内容有：正文引入了最优货币区的概念、关于欧洲事实上是不是最优货币区的讨论（第 13 章），以及对全球储蓄过剩的讨论（第 5 章）。

● 经济周期。我们对经济周期的分析始于事实而非理论。我们首先在第 8 章回顾了美国经济周期的历史，然后描述了所观察到的一系列重要经济变量（“经济周期事实”）的周期性行为。从第 9 章到第 11 章，我们通过观察古典理论与凯恩斯理论对事实的解释程度来评估这两种理论。本版新增内容有：关于大稳健时期是否已经因本次经济大衰退而结束的讨论（第 8 章）。

● 货币政策和财政政策。我们几乎在每一章都从理论和应用上对宏观经济政策的效果进行了考虑。我们呈现了古典主义（第 10 章）、凯恩斯主义（第 11 章）以及货币主义（第 14 章）关于如何恰当使用政策的不同观点。新增和经大量修订的内容有：正文中讨论了拉弗曲线以及量化宽松是否容易导致未来更高的通货膨胀（第 15 章）。

● 劳动力市场问题。我们密切关注涉及就业、失业与实际工资的问题。我们在第 3 章前半部分引入了劳动力市场的基本供给-需求模型以及失业。在第 12 章，我们更广泛地探讨了失业问题，其内容涵盖通货膨胀-失业间的替代、失业成本以及政府用于减少失业的政策。其他劳动力市场的议题包括效率工资（第 11 章）以及边际税率与平均税率的变化对劳动供给的影响（第 15 章）。新增和经大量修订的内容有：关于失业率的其他度量方式的讨论（第 3 章）。

坚实的基础

本书仍保持着对教师和学生具有长期吸引力的优点，具体包括：

● 在现实世界中的应用。教师经常面对帮助学生把从书本中学到的经济理论积极运用于现实的挑战。本书中种类丰富的应用以实例的形式展现了如何用经济学概念来解释现实世界中的问题，例如 2007—2011 年的房地产危机和 2008 年的金融危机、生产率增长的放缓和恢复、社会保障系统与美国联邦预算面临的挑战、全球化对美国经济的影响、在应对 2008 年金融危机时制定货币政策的新方法以及 2009 年之后的缓慢经济复苏。本书既提供了新应用，又更新了前几版中的优秀应用与分析。

● 对当代内容的广泛涵盖。除了传统的宏观经济学课程所侧重的短期波动与稳定化政策之外，学生们也希望能考察和理解更广范围的宏观经济问题，本书自最初构想开始就对此做出了回应。除了对传统的议题进行内容更新外，本书也深层次地阐述了其他重要的宏观经济问题，比如长期经济增长的决定因素、贸易平衡与金融流动、劳动力市场以及政策制定的制度框架。对于对课程的内容以及议题安排有不同观点的教师来说，本书内容的广泛性也会成为他们的有用工具。

● 对一套核心经济学理论的倚重。本书尽管涵盖了广泛的议题，但避免就每个问题发展一个新模型或理论，而是强调一套核心经济学理论的广泛适用性（例如，生产函数、当前消费与对未来储蓄的替代以及供给-需求分析）。通过运用这些核心理论，我们构建的理论框架能够包容本书所展示的所有宏观经济分析：长期与短期、开放经济与封闭经济以及古典主义与凯恩斯主义。

● 内容平衡的展现方式。宏观经济学充满争议，其中的许多争议源于古典主义与凯恩斯主义（包括传统的、新的以及新古典流派）的分裂。有时，这些争议甚至掩盖了两大学派共有的立场。我们强调这些共有立场。首先，我们对古典主义与凯恩斯主义没有太多分歧的长期问题给予了更多关注。其次，我们在一个简单的总框架中展开古典主义和凯恩斯主义对短期波动的分析，以展示这两种学派主要是在工资与价格调整速度的假设方面有所不同。当存在不同观点时——例如，在对失业的搜寻解释与效率工资解释方面——我们对两种观点都给予呈现和评论。这种平衡的展示方法使学生能接触到现代宏观经济学中最好的理论。与此同时，任何偏向于古典主义或者凯恩斯主义的教师也能够很容易地基于本书开设课程。

● 革新性的教学法。与前几个版本一样，本版为帮助学生学习、理解和记住这些内容提供了一系列的有用工具。在前言的稍后部分我们对此有更详细的描述。这些工具包括：关键图形、关键术语以及关键等式等，用于帮助学生组织学习内容；四种类型的习题，用于练习与加深理解，包括那些鼓励学生使用互联网上易得数据开展实证研究的习题。在几个附录中，我们说明了如何求解基于 IS－LM 模型及 AS－AD 模型的练习题。

灵活的组织结构

本版保持了前几版中灵活的组织结构。在第 1 篇（第 1～2 章）中，我们介绍了宏观经济学的专业领域，并讨论了有关经济度量的问题。在第 2 篇（第 3～7 章）中，我们侧重于长期性问题，如生产率、储蓄、投资、贸易余额、增长与通货膨胀。在第 3 篇（第 8～11 章）中，我们探讨了短期性经济波动与稳定化政策。在第 4 篇（第 12～15 章）中，我们仔细研究了政策制定的机构以及有关事项。书末的附录 A 复习了有用的代数与图形工具。

中级宏观经济学的教师们对课程内容安排有着不同的偏好，而他们的选择常受限于学期的长短以及学生的知识背景的不同。本书能满足不同的需要。教师们在安排课程内容时，可以考虑以下要点。

● 核心章节。我们推荐每一课程应当包括下面六章：

第 1 章　宏观经济学介绍

第 2 章　国民经济的度量与结构

第 3 章　生产率、产出与就业

第 4 章　消费、储蓄和投资

第 7 章　资产市场、货币与价格

第 9 章　IS－LM/AD－AS 模型：宏观经济分析的一般框架

第 1、2 章介绍了宏观经济学，包括国民收入核算的内容。上面列出的其余四章构成了本书的核心分析：第 3 章考察了劳动力市场，第 3、4 章共同构建了产品市场；第 7 章探讨了资产市场；第 9 章则将三个市场整合为一个一般均衡模型，使之能用于古典模型和凯恩斯模型的短期分析。

● 推荐的其他章节。在一个包含上述六章的教学大纲中，教师们可以根据课程需要加入各种其他章节的组合。下面是一些可供选择的组合。

侧重于短期性。教师如果侧重于短期性问题（经济周期与稳定化政策），则可将第 5、6 章略去而不用担心丧失连续性。教师可以从第 1、2 章直接跳到描述经济周期与IS－LM/AD－AS 框架的第 8、9 章。尽管第 8、9 章自成体系，但如果教师选择略去第 3～7 章，那么他们应当考虑提供各种行为关系与均衡条件的背景知识以及动机，以资教学。

侧重于古典主义。如果教师希望在讲授这门课时强调古典主义，我们推荐第 2 篇的所有章节。第 3 篇里的第 8～10 章提供了一个自成体系的古典主义经济周期理论。其他值得考虑的内容包括弗里德曼（Friedman）和费尔普斯（Phelps）对菲利普斯曲线的解释（第 12 章）、货币政策可信度的作用（第 14 章）与跨代的李嘉图等价定理（第 15 章）。

侧重于凯恩斯主义。如果教师侧重于凯恩斯主义，则可选择略去第 10 章（古典经济周期分析：市场出清的宏观经济学）。就像刚刚提到的，如果偏重于短期性，则可选择略去第 5 章（开放经济中的储蓄与投资）与第 6 章（长期经济增长），而课程的连续性并不因之受损。

侧重于国际问题。第 5 章讨论了充分就业条件下开放经济中的储蓄、投资与贸易余额。第 13 章考虑了当经济有可能短期偏离充分就业时，开放经济模型中的汇率决定以及宏观经济政策。（第 5 章的内容对理解第 13 章有帮助，但并非必备知识。）如果侧重于国内经济，那么这两章均可略去。

将宏观经济学应用于现实世界

经济学家们有时太过着迷于正式模型的精致而忘了现实的相关性才是模型和理论的最终检验。在《宏观经济学》的前几版中，我们将每一章的大部分篇幅用于展现如何将理论应用于现实事件及问题。我们所做的努力受到了教师与学生的欢迎。通过下面的特色介绍，本书将继续帮助学生学习如何“像经济学家那样思考”。

● 应用。该专栏向学生展示了如何应用理论来理解重要的经济事件。应用中涉及的例子包括经济大衰退时期失业持续时间的增加（第 3 章）、股票价格牛市与熊市的宏观经济后果（第 4 章）、人们如何回应减税（第 4 章）、作为国际债务人的美国（第 5 章）、近期美国生产率增长速度的加快（第 6 章）、2008 年的石油价格冲击（第 9 章）、对经济周期的度量（第 10 章）、通货膨胀目标化、最后贷款人以及名义利率是否存在零下限（第 14 章）以及供给学派经济学（第 15 章）。

● 数据获取与研究前沿。该专栏在帮助读者了解经济学研究新进展的同时，指导他们及时知悉经济运行中的新发展。该专栏中所涵盖的有代表性的主题包括关于通货膨胀度量偏差的讨论（第 2 章），失业的替代性度量（第 3 章），资本投资与股票市场的联系（第 4 章），美元在美国之外的流通（第 7 章），动态、随机、一般均衡（DSGE）模型和古典主义-凯恩斯主义的辩论（第 10 章），卢卡斯批评（第 12 章）以及财政刺激计划对经济的影响（第 15 章）。要基本理解经济的运行，那么读者需要知道有哪些数据可以采用以及数据的优点与缺点。我们在一系列专栏中展示了找到关键宏观经济数据的途径，例如劳动力市场数据（第 3 章）、国际收支数据（第 5 章）、汇率数据（第 13 章），以及如何对其进行解释。

学习工具

为帮助学生理解、应用和牢记重要概念，本书提供了下列学习工具。

● 详细的图形。本书在阐述内容的过程中使用了大量的强调理论与实证的相关性的数据性图形，以及通过模型与理论的逐步构建来引导学生的分析性图形。我们对这两种图形都用描述性的说明来总结其所展示事例的细节，如图 9-14 所示。

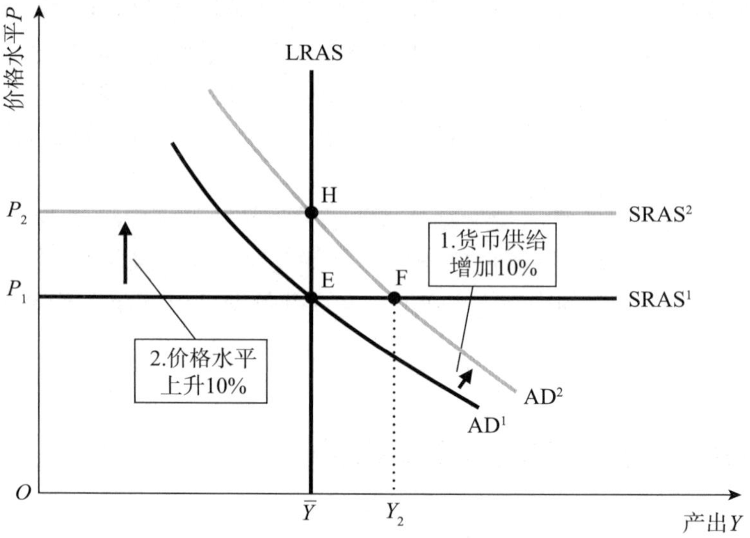

图 9-14　AD-AS 模型中的货币中性

说明：我们从一般均衡 E 点开始，名义货币供给增加 10%，将 AD 曲线从 AD^1 向右上方移动到 AD^2。新 AD 曲线上的点是在每个产出需求水平上，价格水平比原水平高出 10%的点，因为要使实际货币供给保持不变，从而保持产出的总需求数量不变，因此价格水平必须上升 10%。在新的短期均衡 F 点，价格水平不变，产出高于其充分就业水平。在新的长期均衡 H 点，产出（$\bar{Y}$）保持不变，价格水平 P_2 比初始价格水平 P_1 高 10%。因此在长期，货币是中性的。

● 关键图形。一些章的章末附有关键图形，这是一种特有学习工具，它们是对本书一些最重要的分析性图形自成一体的描述。针对每一个关键图形，我们展示了其形状（例如第 4 章的生产函数和第 10 章的总需求-总供给模型），并用文字和公式来定义和说明其要素，接着分析图形所揭示的内容，并讨论导致图中曲线移动的因素。

● 章末复习资料。为有助于复习，大部分章末都有涵盖该章要点的本章小结、关键术语以及关键公式。

● 章末问题。本书的章末问题包括：复习题，旨在帮助学生自测和学习；计算题，对检查学生是否理解了基本关系和概念特别有用；分析题，要求学生定性地使用或延伸使用理论；宏观经济数据分析即实证题，引导学生使用圣路易斯联邦储备银行网站 FRED 数据库的数据，使他们明白理论能解释现实世界数据的程度。所有这些习题的答案（除了答案随时间改变的宏观经济数据分析之外）都在《教师手册》① 里。所有章末复习题、计算题和绝大部分分析题都可以由 MyEconLab② 来设置和评改。

● 在一些章节的末尾提供了附带完整解题过程的计算题。本书第 3 篇和第 4 篇的核心分析工具是 IS-LM 模型和 AD-AS 模型。除了在第 3 篇和第 4 篇选定章节后的附录中提供了模型的数学表达外，我们也在另外的附录中展示了使用该模型的带解答过程的

①② 中国人民大学出版社未购买本书辅助材料的版权，请读者直接登录英文原书资料网站下载或者填写本书后的教学支持表向培生（Pearson）公司索取。

计算题。

● 对有用分析工具的复习。尽管我们并没有使用超出高中代数的数学知识，但对一些学生来说，复习本书的主要分析工具对他们是非常有帮助的。本书附录 A 简要地讨论了单变量函数和多变量函数、图形、斜率、指数以及用于找出产出增长率的公式与比例。

● 术语表。本书末的术语表定义了所有关键术语，并指明了其完整定义。

□ 使用 MyEconLab 管理课程

MyEconLab 是和本书相辅相成的强有力的测评和辅导系统。MyEconLab 包括了内容广泛的家庭作业、小测验、试题和辅导材料，既可以让学生检测自己对知识的掌握程度，又可以让教师在同一体系中管理所有的评估需要。学生和教师可以通过其官网来注册、生成和获取所有的不限学科领域的 MyEconLab 管理课程。

就学生和教师而言，本书的 MyEconLab 管理课程为学生和教师提供了如下改进。

● 强化过的 eText——学生通过嵌套的和自动批改的练习、实时的数据-图形更新、动画、作者视频及其他更多内容来积极主动地阅读和学习，而且和过去相比，学生能更多地参与教学。

● 视频——用带有声解释的动画逐步展示课本中的关键图形。

● 网络链接——在强化过的 eText 中，每一章的章末都有一个网络链接区，链接指向本·伯南克的视频、讨论流行的经济学议题的博客文章以及其他经济学家的更多资源。

● 数学练习——针对经济学原理和中级经济学的学生，MyEconLab 现在提供内容丰富的一系列涵盖基本数学概念且可自动批改的练习。我们在 R 章的新的数学技巧复习定位于提高学生的信心和成功率，其内容可从作业管理处获取。其涵盖了用于家庭作业、小测验和考试的 150 多幅图形、代数和微积分的练习。该练习使得为经济学的学生提供预习类数学作业、数学补救和数学练习变得更容易！

● 实时的数据分析练习——实时的数据分析练习使用当前的宏观数据来帮助学生理解经济变量改变所带来的效应。大家可以直接进入圣路易斯联邦储备银行网站 FRED 数据库，并获得及时更新的数据。

● 练习——使用者能够即时知道用算法生成的家庭作业和学习计划练习的答案。这样可以确保多样化和高效率的练习，帮助学生增进理解，为小测验和考试做好准备。绘图练习可以鼓励学生多使用经济学语言。

● 当前的新练习以全包的方式在 MyEconLab 中提供可批改的基于新闻的练习。每周培生公司会搜寻新闻，找到一篇适宜用于宏观经济学课程的当前文章，围绕该文章生成练习，然后自动将练习加进 MyEconLab。布置和批改涉及最新宏观事件和政策议题的练习因此变得更容易。

● 学习资源——诸如“帮助我解题的演练”、“教我基本概念的解释”和“图形动画”等个人化的学习助手可以给学生提供帮助。

● 学习计划——给学生展示将要学习的章节，提供练习题的获取途径，并且提供自动生成的小测验以查验是否掌握课程内容。

● 数字互动——每个数字互动聚焦于一个核心议题，以渐进的方式使学生沉浸于可布置且可自动批改的学习活动中。教师可选择以布置作业或者讲授的方式使用这些材料。数字互动使用了传统的、在线的和混合课程的教学工具，大多数结合了实时数据、数据展示和分析工具以丰富课堂讨论。

● 学习催化——“学习催化”是一个“带了自己设备”的学生参与课堂的智能系统，允许学生使用智能手机、平板电脑或者手提电脑参与课堂讲授并保持注意力。它允许教师以实时分析的形式来激发课堂讨论、引导内容的讲授以及促进同学间的相互学习。现在学生可以使用任何设备在课堂上互动、参与有内容的讨论以及绘制和分享图形。教师可以根据学生的反应模式将学生组队学习，学习进度快的学生可以激发其他学生的学习热情，同时允许教师有更多时间给学生个人化和集中的指导。

● 实验——MyEconLab 中的实验在单一用户和多用户版本中均可使用。该版块灵活、容易布置且可自动批改，使学习过程变得有趣和吸引人。

● 结果报告板——清晰容易地阅览、分析和报告学习结果。结果报告板可通过成绩簿在线获取，以可视的方式展示学生在班级、分区以及项目各层次的学习表现数据。

● LMS 一体化——从任何 LMS 平台的链接可获取作业布置、学生名单和资源，并且将 MyEconLab 的成绩和学生的 LMS 成绩簿同步。对于学生来说，新的直接的单一用户登录提供了所有个人化的 MyEconLab 学习资源，并提高了学习的效率和效果。

● 移动就绪——学生和教师可使用手头的任何移动设备来获取多媒体资源和完成评估。

欲进一步了解详情，请访问 MyEconLab 官网。

其他补充性资源

本书有一系列附属的其他补充性资料以支持教学。符合条件的美国使用者可以使用各项资料，但国际使用者在一些特殊情形下无法使用它们。

●《教师手册》为教师提供书本使用指南、书中章末习题的答案（实证习题除外）以及课堂讨论的主题。

● 试题文件含有内容丰富的带答案的多项选择题和习题。所有习题和问题也被收录于 TestGen。

● 幻灯片讲义提供了包括所有表格和图形在内的基本课程内容的讲义。

安德鲁·B. 亚伯
本·S. 伯南克
迪安·克劳肖

目　录

第1篇　导论

第2篇　经济的长期表现

第 *1* 篇

导论

第1章 宏观经济学介绍

学习目的：

- 总结宏观经济学中的主要议题
- 描述宏观经济学家的主要活动和目标
- 区分针对宏观经济学的古典主义理论和凯恩斯主义理论

1.1 宏观经济学的内容

宏观经济学（macroeconomics）研究国民经济的结构和表现，以及政府试图用来影响经济表现的政策。宏观经济学家试图阐述以下问题。

● 是什么决定了一个国家的长期经济增长？1870年，挪威的人均收入低于阿根廷，但现在挪威的人均收入是阿根廷的三倍。为什么有些国家的经济增长迅速并能使其公民的生活水准得到快速提高，但另一些国家的经济相对停滞不前？

● 是什么引起了一国的经济波动？美国经济在经历了20世纪90年代大约10年的时间最长的连续经济增长之后，在21世纪第一个10年中的表现却差多了。在2001年的温和经济衰退之后，温和的经济复苏到2007年的12月戛然而止。自2007年年底开始的经济衰退由于2008年的金融危机而更加恶化，导致在2008年年底和2009年年初的产出大幅下降。为什么经济有时会经历急剧的短期波动，在繁荣期和衰退期之间徘徊？

● 是什么导致了失业？20世纪30年代，美国1/4的劳动力人口处于失业状态。在10年后的第二次世界大战期间，美国只有不到2%的劳动力人口失业。为什么有时失业会达到一个相当高的水平？为什么即使处于相对繁荣的时期，仍然会有相当多的劳动力人口失业？

● 是什么引起价格上涨？美国的通货膨胀率在20世纪70年代悄然稳步上升，并在20世纪80年代早期超过了年均10%的水平，而后在20世纪80年代中期下降到低于年均4%的水平，在20世纪90年代后期更是降到低于年均2%的水平。德国的通货膨胀经历则更为极端：尽管近几十年来德国以低通货膨胀著称，但在第一次世界大战中战败后，德国度过了物价以数十亿倍速度上涨的18个月（1922年7月—1923年12月）！究竟是什么引起了通货膨胀？对此，我们能够做些什么？

● 成为全球经济的一部分如何影响各国的经济？在 20 世纪 90 年代后期，美国经济是世界经济增长的引擎。从 2007 年到 2009 年，当美国经济陷入深度衰退时，世界上绝大多数国家的经济也随之衰退。诸如国际贸易和借贷等各国间的经济联系如何影响着各国以及整个世界的经济表现？

● 政府政策能否用于改善一国的经济表现？相比 20 世纪 60 年代和 70 年代，20 世纪 80 年代和 90 年代美国经济的产出、失业率和通货膨胀率的波动幅度相当小。一些经济学家将经济表现的改善归功于良好的政府政策。在 2008 年的金融危机中，美联储和美国联邦政府采取了超乎寻常的措施来确保银行及其他金融机构免于崩溃。但一些经济学家批评这些措施在试图稳定经济方面已经过头了，其代价是创造了让金融公司从事更多冒险活动的动机。其他经济学家则批评美联储政策没有做到位，因为失业率在 2009 年经济衰退结束后仍然持续高企。应当如何实施经济政策才能保持经济尽可能地繁荣、稳定呢？

对这些具有相当的现实重要性并不断被政治家、媒体和公众争论的问题，宏观经济学试图寻求答案。接下来，我们将更详细地考察这些关键的宏观经济问题。

□ 长期经济增长

如果你曾经到发展中国家旅行，你一定会观察到当地生活水准与美国这类国家的区别。在富国中，最贫穷公民的食物、住所以及医疗保险不足的问题也就代表着发展中国家民众的一般处境。从宏观经济的角度来说，富国与穷国之间的差异可归因于富国在其历史的某一阶段曾经历过长期、快速的经济增长，而穷国要么从来没经历过持续性增长，要么其经济增长期被经济萧条期所抵消。

图 1－1 总结了美国经济 1869—2014 年的产出增长。[①] 这个记录令人印象深刻：在过去的 145 年中，美国商品和服务的年均产出已增长了 140 多倍。不过，美国经济的表现并非绝无仅有，其他工业化国家在同一时期也拥有相似的甚至更高的增长率。工业化经济体产出的大规模增长是现代历史的一个中心事实，且具有极大的政治、军事、社会甚至文化上的意义。

美国经济长期增长的一个重要原因是人口增长，因为人口增长意味着可用工人数量的稳定增长，另一个重要因素是既定数量的劳动力所能生产的产品数量的增加。单位劳动力投入——例如每个人或者每小时工作——所能生产的产品数量称为**平均劳动生产率**（average labor productivity）。图 1－2 展现了平均劳动生产率（本例中定义为工人的人均实际产出）在 1900—2014 年发生的变化。2014 年，尽管美国工人的工作时数减少了，但他们的人均产出是 20 世纪初期人均产出的 7 倍多。正是由于现代工人的高生产率，美国人所享受的生活水准才能和 20 世纪初期相比显著提高。

① 在图 1－1 中，产出是以两个相似概念来度量的，1929 年以前称为实际国民生产总值（实际 GNP），1929 年之后称为实际国内生产总值（实际 GDP），它们都度量调整了通货膨胀之后的每年生产的总量。我们将在第 2 章详细讨论产出的度量。

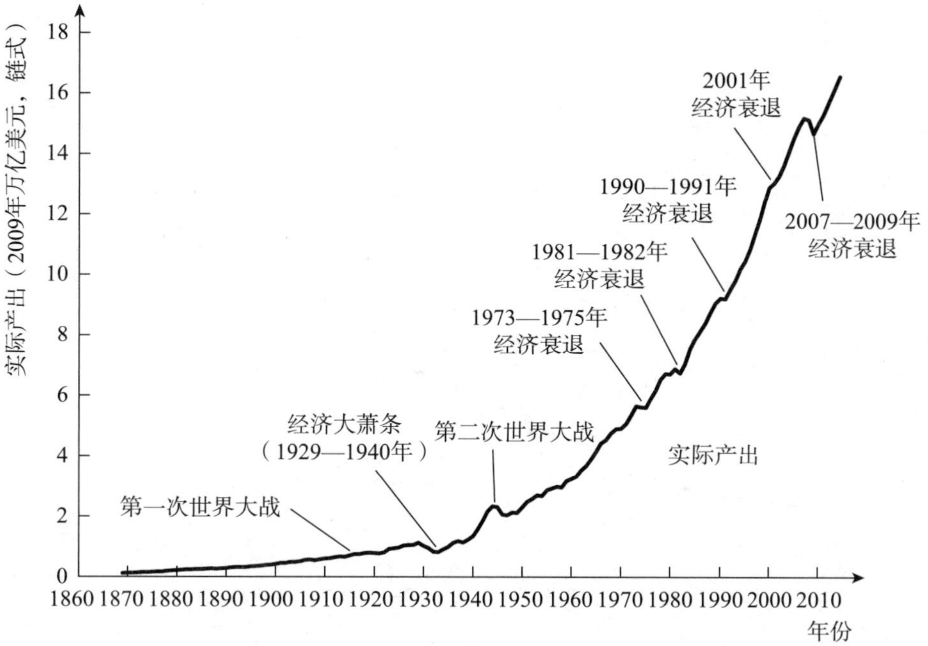

图 1-1　1869—2014 年美国的经济产出

说明：在本图中，1929—2014 年的美国经济产出是以实际国内生产总值（实际 GDP）来度量的，而 1929 年以前的美国经济产出是用实际国民生产总值（实际 GNP）来度量的。在这两种情形里，商品和服务的价值都由 2009 年的价格决定（见第 2 章）。注意，产出随时间表现出强劲的上行趋势，以及在经济大萧条（简称大萧条）时期（1929—1940 年）、第二次世界大战时期以及经济衰退期间（1973—1975 年、1981—1982 年、1990—1991 年、2001 年和 2007—2009 年）的急剧波动。

资料来源：1869—1928 年的实际 GNP 参见 Christina D. Romer，"The Prewar Business Cycle Reconsidered：New Estimates of Gross National Product，1869—1928，" *Journal of Political Economy*，97，1（February 1989），pp. 22－23；1929 年及之后的实际 GDP 引自 FRED 数据库，下载序列为 GDPCA。对引自罗默（Romer）文章的数据已用 2009 年的价格进行换算。

尽管美国经济生产率增长的长期记录极好，但生产率的增长从 20 世纪 70 年代早期到 90 年代中期已经放缓，直到近期才得以恢复。工人的人均产出在 1949—1973 年以年均 2.6%的速度增长，但在 1973—1995 年，工人的人均产出每年仅增长 1.1%。1995—2007 年，工人的人均产出年增长率已经提高到 1.9%，但在 2007—2014 年，每年仅增长 1.1%。

因为产出增长率尤其是人均产出最终决定了一个国家的富有或者贫穷，所以理解哪些因素决定了增长成为宏观经济学最主要的目标之一。遗憾的是，解释经济为何增长并不容易。例如，为什么像日本和韩国那样资源贫乏的国家能在一两代人之内将他们受到战争重创的国家转变为工业强国，但拉丁美洲的一些资源富有国的经济在近年来反复波动，甚至出现负增长？尽管宏观经济学家们还不能完全解释经济增长率的决定因素，但他们确实提出了一些理论。例如，像我们在本书中所详细讨论的，绝大多数宏观经济学家相信储蓄率和投资率对增长有重要影响。我们会讨论增长的其他关键决定因素包括技术改变的速度以及其他有助于提高机器和工人生产率的因素。

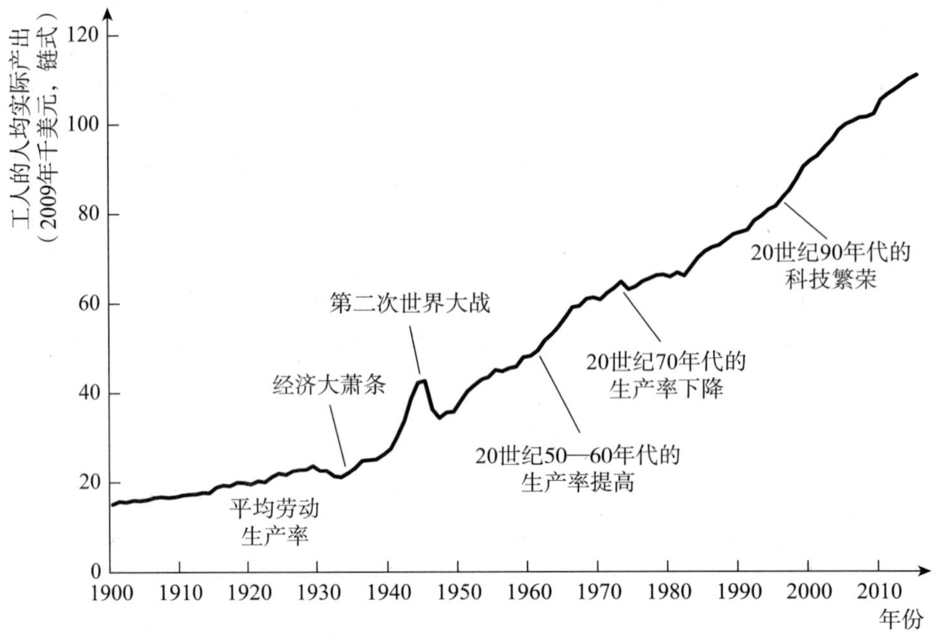

图 1-2　1900—2014 年美国的平均劳动生产率

说明：平均劳动生产率（工人的人均实际产出）随时间上升，在第二次世界大战时达到高峰，这反映了战时的生产增长迅速。平均劳动生产率在 20 世纪 50—60 年代的增长特别强劲，在 20 世纪 70 年代放缓，在 20 世纪 90 年代中期增速加快。计算平均劳动生产率时，产出的度量与图 1-1 相同。

资料来源：1900—1947 年以千人表示的 14 岁及以上工人的就业情况引自 *Historical Statistics of the United States*，*Colonial Times to 1970*，p. 126；1948 年及之后的 16 岁及以上工人的就业情况引自 FRED 数据库，下载序列为 CE16OV。平均劳动生产率等于产出除以工人数量。产出的数据同图 1-1。

□ 经济周期

观察图 1-1 中美国产出的历史，你会注意到产出的增长曲线并不总是平滑的，而是有着波峰和波谷。最引人注目的是跨越经济大萧条和第二次世界大战的 1929—1945 年。在标志着经济大萧条的第一个主要阶段，即 1929—1933 年经济崩溃时期，美国的经济产出下降了近 30%。在美国参与第二次世界大战并扩张武器生产的 1939—1944 年，产出几乎翻了一番。自 1945 年以来，美国产出的波动再没有达到 1929—1945 年的程度。然而，在战后出现了一些经济非同寻常的快速增长时期（如 20 世纪 60 年代和 20 世纪 90 年代），以及 1973—1975 年、1981—1982 年、1990—1991 年和 2007—2009 年等产出比上年下降的时期。

宏观经济学家用“经济周期”这个术语来描述有时伴随着急剧的经济活动的收缩和扩张的短期。[①] 经济周期的下降阶段，即国民产出下降或增长非常缓慢的时期，称为衰退。即使衰退是相对温和的，对许多人来说，它们也意味着经济困难时期。衰退也是一个重要的政治关注点，因为几乎每个政客都想获得连任，如果该国经济处于扩张而非衰退之中，他们获得连任的可能性就会大一些。宏观经济学家付出了大量努力，试图弄清楚经济周期的成因，以及决定应当或者能够对它们做些什么。本书将描述经济周期的一

① 第 8 章给出了一个更准确的定义。经济周期不包括仅持续少数几个月的波动，例如圣诞节前后经济活动的增加。

系列特点，比较对周期性波动的不同解释，并评估能够影响周期过程的政策选择。

□ 失业

衰退的一个重要特征是它通常伴随着**失业**（unemployment）的增加，也就是可以工作、目前正在积极寻找工作但还没有找到工作的人的数量增加。与长期经济增长和经济周期一起，失业问题成为宏观经济学中的第三个重要问题。

失业率是最著名的度量失业的指标，它等于总失业人数除以总劳动力人口数（有工作的人和正在积极寻找工作的人的数量总和）。图 1-3 展现了 1890—2014 年美国的失业率。失业率最高且持续时间最长的时期是 20 世纪 30 年代的经济大萧条时期。在 1933 年，失业率为 24.9%，意味着每 4 个潜在工人里就有 1 人无法找到工作。与此相反，第二次世界大战时期经济活动的极大增长显著地降低了失业率。在达到战时繁荣顶峰的 1944 年，失业率仅为 1.2%。

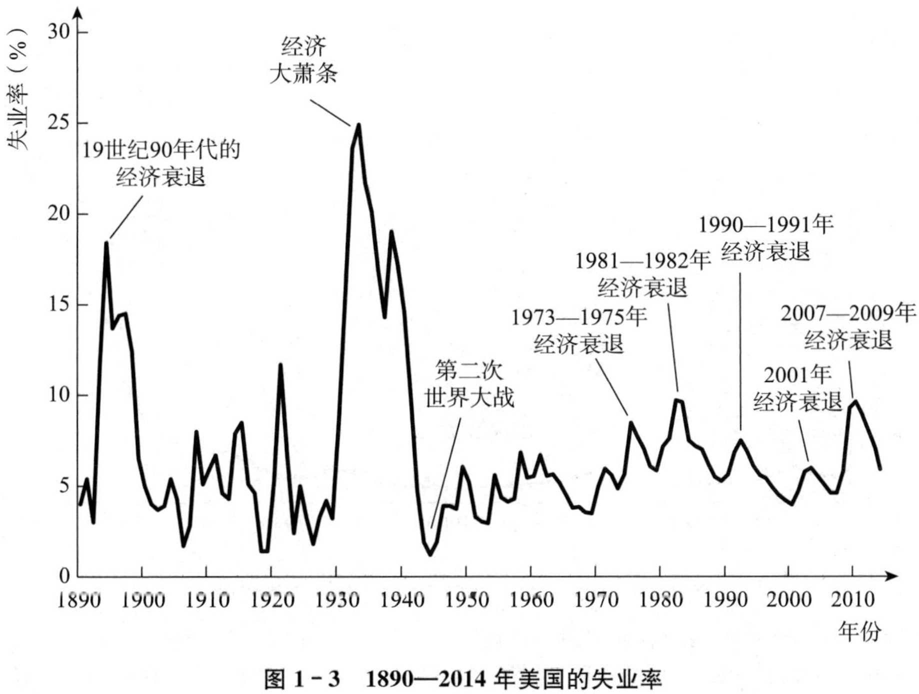

图 1-3　1890—2014 年美国的失业率

说明：该图展示了 1890—2014 年每年总失业人数占劳动力人口数（军事人员除外）的百分比。失业率在 19 世纪 90 年代的经济衰退和 20 世纪 30 年代的经济大萧条中达到最高点，在 1920 年和第二次世界大战时期降到最低点。第二次世界大战以后，最高的失业率发生于 1981—1982 年和 2007—2009 年的经济衰退期。

资料来源：1890—1947 年的国民失业率（1947 年前为 14 岁及以上的工人，1947 年后为 16 岁及以上的工人）引自 *Historical Statistics of the United States*，*Colonial Times to 1970*，p. 135；1948 年及之后的数据引自 FRED 数据库，下载序列为 UNRATE。

第二次世界大战后，经济衰退导致了失业的明显增加。例如，在 1981—1982 年的经济衰退期间，美国的失业率高达 10.8%，在 2007—2009 年的经济衰退期间也达到 10%。①

① 失业率在 1982 年的 11 月和 12 月为 10.8%。图 1-3 中画出的失业率没有那么高是因为图中显示的是年度数据——每年 12 个月的平均失业率——它在 1982 年仅为 9.7%。

不过，从图 1－3 中可以看出，即使处于经济扩张时期，失业率也远大于零。在经过长达 9 年无衰退的经济增长之后，失业率在 2000 年仍为 4%左右。宏观经济学的另一个重要问题是，为什么当经济整体运行良好时失业率仍保持相当高的水平？

□ 通货膨胀

当大多数商品和服务的价格随时间上涨时，我们说经济正在经历**通货膨胀**（inflation）。图 1－4 描绘了对美国消费者在过去两个世纪中所面临的价格平均水平的度量。[①] 注意，在第二次世界大战前，通货膨胀通常发生于战时，比如 1812 年战争、内战以及第一次世界大战时期。紧随这些战时通货膨胀的是**通货紧缩**（deflation），在通货紧缩期间，绝大多数商品和服务的价格下降。从长期来看，通货膨胀时期与通货紧缩时期相互抵消，并使价格水平相对稳定。例如，第一次世界大战结束时（1918 年）的价格与 100 多年前的 1800 年的价格相当。

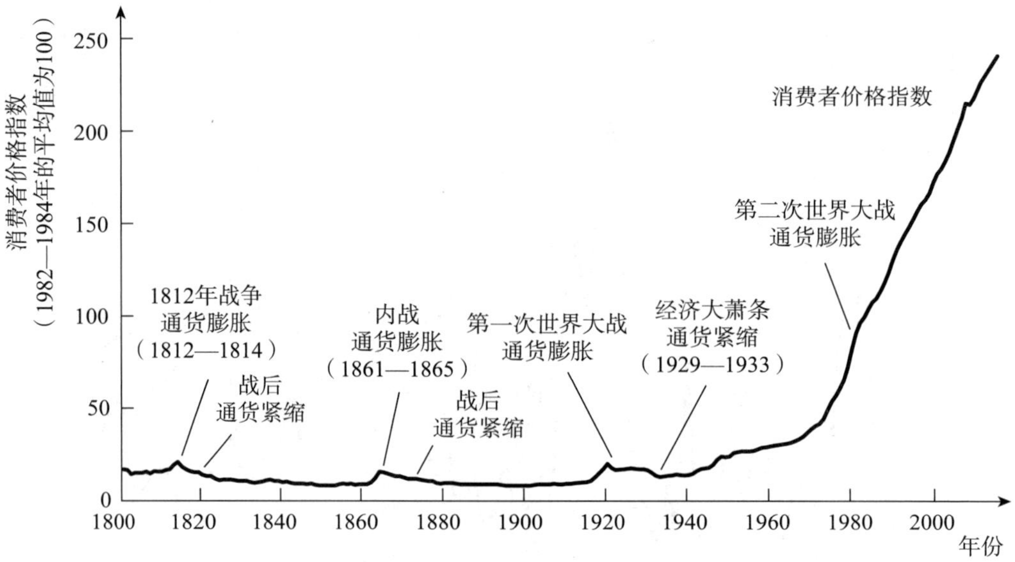

图 1－4　1800—2014 年美国的消费者价格指数

说明：第二次世界大战前，消费者面临的平均价格水平相对稳定，其中通货膨胀时期（价格上涨）与通货紧缩时期（价格下降）相抵消。不过，自第二次世界大战以来，价格已经上涨了 10 倍。在本图中，平均价格水平用消费者价格指数（CPI）来度量（见第 2 章）。CPI 度量的是一篮子商品和服务与其基期价格——在本例中为 1982—1984 年的平均值——相比较而言的当前价格。因此，2014 年 CPI 为 236.71，就意味着 1982—1984 年价格为 100 美元的一篮子商品和服务在 2014 年的价格为 236.71 美元。

资料来源：1800—1946 年的消费者价格指数（1967 年为 100）引自 *Historical Statistics of the United States, Colonial Times to 1970*，pp. 210－211；1947 年及之后的消费者价格指数（1982—1984 年的平均值为 100）引自 FRED 数据库，下载序列为 CPIAUCSL。1971 年之前的数据已基于 1982—1984 年的平均值进行了重新调整。

---

① 这种度量称为消费者价格指数，也就是 CPI，我们将在第 2 章对其进行讨论。从概念上说，CPI 旨在度量购买某一固定组合或者说“一篮子”商品和服务的成本。然而，两个世纪以来，消费者价格指数的构建涉及许多折中。例如，CPI 的一篮子商品和服务在图 1－4 显示的整个时期中并不完全一样，而是不时改变，以反映在不同时期消费者可获取的商品和服务的不同组合。

美国最近一次重要的通货紧缩发生于大萧条开始阶段的1929—1933年。尽管通货膨胀在20世纪90年代和21世纪头10年维持了相当低的水平，但从那时起，通常的状态是只有通货膨胀而没有与之相抵消的通货紧缩。图1-4表明消费者价格指数自第二次世界大战以来显著上涨，因为图示的价格水平增长了10倍。

在一年中平均价格水平的百分比增长称为通货膨胀率。例如，如果消费者价格的通货膨胀率为10%，那么消费者购买商品的平均价格每年上涨了10%。不同时期和不同国家之间的通货膨胀率差异很大，其范围为从低通货膨胀国家（例如瑞士）的1%或2%到某些正经历恶性通货膨胀或极端通货膨胀国家（例如20世纪90年代早期的苏联）的1 000%甚至更高水平。当通货膨胀率达到一个极高水平，而价格每天或每小时都在变化时，经济通常运行不佳。高通货膨胀也意味着货币购买力的迅速丧失，这也迫使人们拿到钱时争先恐后地将其花掉。

□ 国际经济

如今每个主要经济都是**开放经济**（open economy），或者是与其他国家的经济有着广泛贸易和金融关系的经济。[相反地，**封闭经济**（closed economy）不与世界上其他国家发生经济往来。] 为了更好地理解各国经济间的关联，宏观经济学家研究国际贸易和借贷的模式。例如，宏观经济学的一个重要议题是国际贸易和借贷关系如何使经济周期在国与国之间传递。

考察国际因素重要性的另一个议题是贸易不平衡。图1-5显示了美国商品和服务进出口的历史表现，美国进口是指由外国生产并由美国人购买的商品和服务，美国出口则是指在美国生产并出售给其他国家的商品和服务。为帮助你理解国际贸易的相对重要性，图1-5将进出口表示为进口和出口占美国总产出的百分比。当前，美国进口和出口占总产出的百分比要高于20世纪50年代和60年代的水平，这反映了大萧条和第二次世界大战后的贸易复苏以及各国间经济相互依赖性增加的趋势。不过，应注意到一个世纪之前美国进出口相对于其经济规模来说已经相当重要了。

图1-5展示了每年的进出口并不总是相等。例如，第一次世界大战和第二次世界大战后，由于美国向那些受到战争重创的经济体输送了大量的补给，美国的出口远远超过进口。当出口超过进口时，就会发生**贸易盈余**（trade surplus）。然而，在20世纪80年代，美国的出口相对于进口大幅滑落。从图中可以看到，这种情形持续了整个20世纪90年代以及21世纪头10年，并延伸至2010年后。政策制定者和新闻媒体都对这种近期进口大于出口也就是**贸易赤字**（trade deficit）的状况给予了相当多的关注。这些贸易不平衡的成因是什么？它们会损害美国经济及其贸易伙伴的经济吗？这些都是宏观经济学家要回答的问题。

□ 宏观经济政策

一个国家的经济表现依赖于许多因素，包括它的自然和人力资源、资本存量（建筑、机器、软件和知识产权）、科技及其公民个人或集体所做的经济选择。还有一个影响经济表现的极端重要的因素是政府所追求的宏观经济政策。

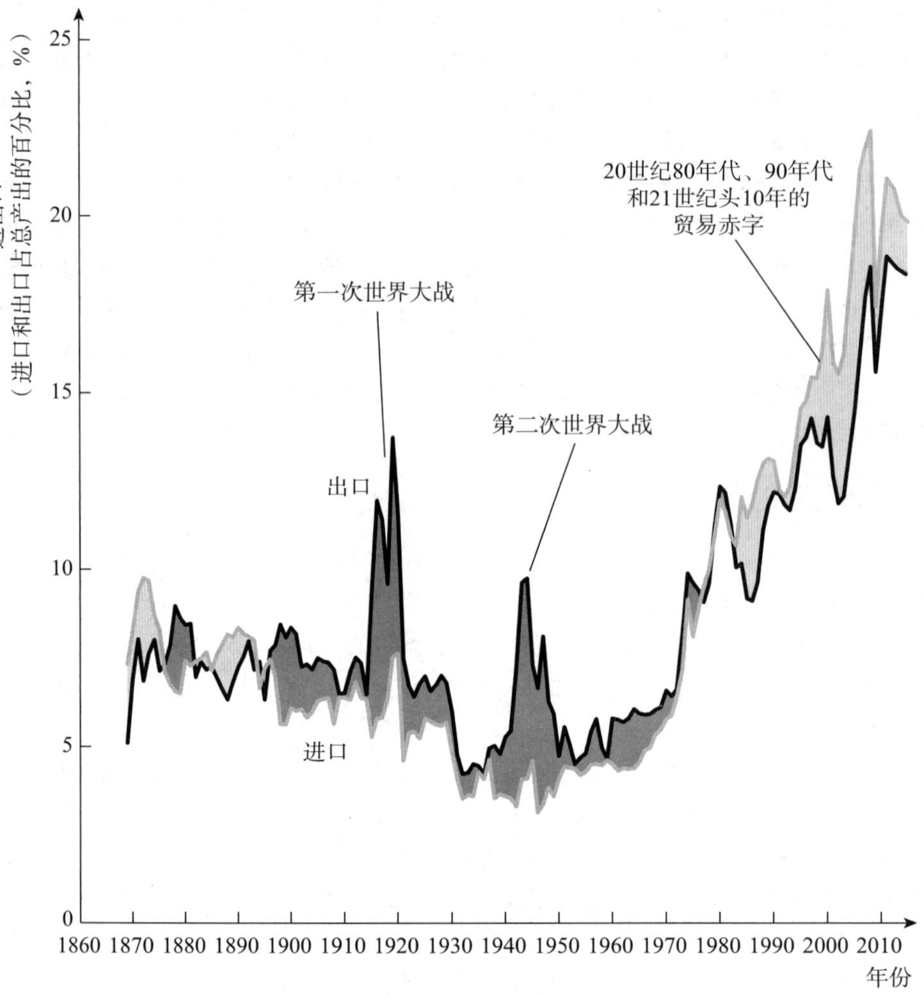

图 1-5　1869—2014 年美国的进出口

说明：本图展示了美国的出口（以黑线表示）和进口（以灰线表示）占总产出的百分比。进口和出口并不需要每年都相等。在 20 世纪的大多数时间里，美国的出口超过进口（以深灰色阴影表示）。然而，在 20 世纪 80—90 年代，以及 21 世纪早期，美国的出口小于进口（以浅灰色阴影表示）。

资料来源：1869—1959 年商品和服务的进出口引自 *Historical Statistics of the United States*，*Colonial Times to 1970*，pp. 864-865；1960 年及之后商品和服务的进出口数据来自美国经济分析局（U. S. Bureau of Economic Analysis）国际交易账户的表 1.1；1869—1928 年的名义产出数据来自 Christina D. Romer，"The Prewar Business Cycle Reconsidered：New Estimates of Gross National Product，1869—1928，" *Journal of Political Economy*，97，1（February 1989），pp. 22-23；1929 年的数据来自 FRED 数据库，下载序列为 BOPX 和 BOPM。

宏观经济政策从整体上影响经济表现。财政政策与货币政策是两种主要的宏观经济政策。**财政政策**（fiscal policy）由国家、州以及地方政府制定，涉及政府的支出和税收问题。**货币政策**（monetary policy）决定了一国货币供给的增长率，由中央银行这样的政府机构来操控。美国的中央银行是美国联邦储备系统，简称美联储。

近年来，美国一个主要的宏观经济政策问题发生于财政政策范畴内。20 世纪 90 年代后期出现了大量的联邦预算盈余，但它们后来都被联邦预算赤字所取代。2001—2008 年，联邦预算赤字平均每年超过了 GDP 的 2%，并在 2009—2011 年超过了 GDP 的 8%。

图 1－6 展示了 1869—2014 年美国联邦政府的支出和税收收入，我们可以从长期的视角来考察联邦预算的近期行为。① 同时，支出、税收收入以及政府预算赤字和盈余都表示为各自占总产出的百分比，以表明它们相对于整体经济的重要性。

图 1－6 有两个明显特征。一个特征是第一次世界大战和第二次世界大战中为加强军事力量而导致的政府支出和赤字的高峰期。在第二次世界大战的最高峰，联邦政府的支出超过了总产出的 43%。在 20 世纪 30 年代的大萧条时期，由于政府增加了用于改善经济的各种项目（比如由政府资助的就业项目等）的支出，同样出现了显著的赤字。另一个特征在图中也清晰地显示了出来，自第二次世界大战以来，政府部门的规模不断扩大，体现为 20 世纪 40 年代政府支出和税收收入相对于国民产出的显著增加以及之后这两个变量的温和上升趋势。

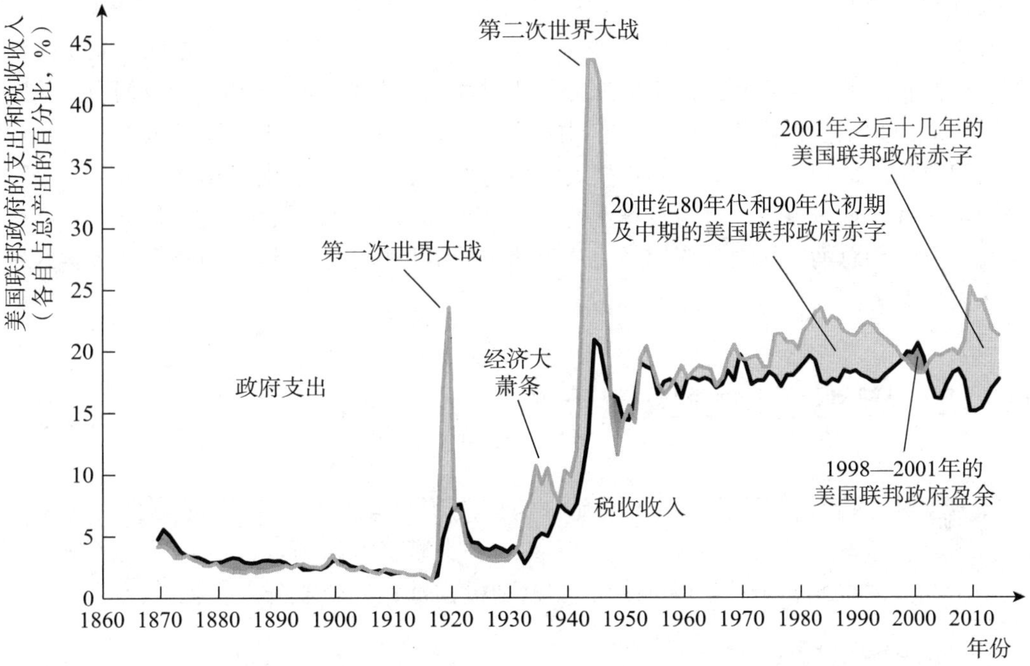

图 1－6　1869—2014 年美国联邦政府的支出和税收收入

说明：美国联邦政府支出（灰线）与美国联邦政府税收收入（黑线）都以各自占总产出的比例来表示。赤字（支出超过税收收入的部分）用浅灰色阴影表示，而盈余（税收收入超过支出的部分）用深灰色阴影表示。政府部门占经济的比重自第二次世界大战以来不断上升。两次世界大战期间、经济大萧条以及 20 世纪 70 年代中期以来，除了在 1998—2001 年政府有大量盈余，其他时期都出现了大量赤字。

资料来源：1869—1929 年美国联邦政府的支出和收入引自 *Historical Statistics of the United States*，*Colonial Times to 1970*，p. 1104；1869—1929 年的名义产出数据来源与图 1－5 中名义产出数据来源相同；1930—2014 年美国联邦政府的支出和税收收入分别占总产出的比重引自 *Historical Tables*，*Budget of the U. S. Government*，Table 1. 2。

20 世纪 80 年代和 90 年代初期及中期，大量及持续的联邦预算赤字在历史上都是不同寻常的，因为它们发生于和平及相对繁荣的年代。20 世纪 80 年代的巨额联邦预算赤字与巨额贸易赤字同时发生（见图 1－5）。事实上，联邦预算赤字和贸易赤字被称为“双赤

① 政府的支出包括政府对商品和服务的采购，比如军事装备的采购和政府职员的工资，以及政府支付给个人的福利，比如社会保障支付款。

字”。这些赤字有关联吗？如果有，那么可以采取什么样的措施？这些问题都属于宏观经济学的范畴。

政府预算赤字与贸易不平衡之间可能的联系说明了宏观经济学的一个重要特点：宏观经济议题或问题通常是相互关联的。所以，孤立地研究一个宏观经济问题，比如政府预算赤字的影响，通常是不够的。由于认识到了一个部门或者市场的变化会影响整个经济的表现，所以经济学家们通常将整个经济作为一个完整的系统来研究。

□ 总和

宏观经济学是经济学的两大领域之一，另一个是微观经济学。宏观经济学与微观经济学有许多共同的基本经济理论和方法，两者的不同点在于从哪个层面来研究经济。微观经济学关注单个消费者、工人和公司，这些参与者都太微小了，以至于无法影响国民经济。宏观经济学忽略了经济中许多不同种类的商品、公司以及市场间的细小差别，而是关注国家层面的总量。例如，宏观经济学家在分析中并不关注消费者是购买微软（Microsoft）公司的 Xbox 游戏机还是索尼（Sony）公司的 PlayStation 游戏机，牛肉还是鸡肉，百事可乐还是可口可乐。他们所做的是，将消费者在所有商品和服务上的支出相加，得出一个称为总消费的总和。这一将单个经济变量相加以得出经济总量的过程称为**总和**（aggregation）。使用总和并强调总消费、总投资以及总产出等总数量是将宏观经济学和微观经济学区别开来的主要因素。

1.2 宏观经济学家做什么？

宏观经济学家如何使用他们的技能？他们用所收集的数据和所发展的理论来做什么？除了经济学教学之外，宏观经济学家参与种类繁多的活动，包括宏观经济预测，宏观经济分析，宏观经济研究，为政府、非营利机构及私人企业开发数据等。

□ 宏观经济预测

许多人相信经济学家将他们的绝大部分时间用于预测经济表现。实际上，除了相对来说少数的预测专家之外，预测仅占宏观经济学家所做工作的一小部分。宏观经济学家之所以不强调预测，一个原因是他们对此并不擅长！预测是一件困难的事情，这不仅因为我们对经济如何运行的理解并不完全，而且因为我们无法对可能影响未来经济趋势的所有因素——其中的许多因素并不完全是经济性的——都加以考虑。在预测经济进程时，预测者可能需要回答这些问题：国外的事件如何影响未来几年国会对军事支出的授权？农业地区是否会发生严重干旱，并对食物数量和价格有负面影响？劳动生产率在未来是否会快速增长，就像在 20 世纪 90 年代末期和 21 世纪初期商家大量使用电脑科技所发生的情况一样？因为对这些问题的回答具有高度的不确定性，所以宏观经济预测者很少提供单一预测，而是通常将“最有可能”的预测与“乐观”预测以及“悲观”预测等各种可能情形综合在一起。

宏观经济学不能高度准确地预测经济活动，这是否意味着它是无用的研究领域呢？一些人可能会同意，但这实在不是一个合理的标准。气象学中的预测也是一件难事（比如，这个周末天气一定会很好吗?)，但它提供了许多有用的知识（例如，气象学家发现了臭氧层变薄的现象，并指出了其危害）。类似地，心脏病专家通常不能预测病人的心脏病是否会以及何时会发作——他们所谈论的只是可能性。与气象学家和医生一样，经济学家处理的是复杂的系统，因此很难获得对它的完整理解，更不用提预测该系统的行为了。绝大多数宏观经济学家通常不愿去预测将会发生什么，而是致力于分析和解释所发生的事件（宏观经济分析），或者试图理解总体上经济的结构（宏观经济研究）。

□ 宏观经济分析

宏观经济分析者观察经济并思考当前经济事件的含义。许多分析专家都被诸如银行或者大公司等私人部门雇用。私人部门的分析专家试图确定一般的经济趋势如何影响其雇主的金融投资、扩张机会以及对其产品的需求等。一些公司专门从事宏观经济分析，并对客户提供收费的专业服务。

包括国家和地方政府以及世界银行（World Bank）与国际货币基金组织（International Monetary Fund）等国际性机构在内的公共部门也雇用了许多宏观经济分析专家。公共部门分析专家的主要作用是协助政策制定，例如，撰写对不同经济问题进行评估的报告以及对不同政策选项进行鉴别和评估。在美国政策制定者中，制定货币政策的官员可以向美联储所雇用的数百名具有博士学位的经济学家寻求帮助。总统则由经济顾问委员会以及各政府机构的专业人员提供建议。而对国会议员来说，宏观经济分析通常来自国会预算办公室。经济政策制定者也常向政府之外的商界和学术界的宏观经济学家寻求建议。

□ 宏观经济研究

宏观经济研究表现为许多不同的形式，包括从抽象的数学分析到心理学试验，再到各种模拟项目，这些项目使用计算机产生随机数据以代表每日经济活动的随机性。不过，所有宏观经济研究的目的都是对经济如何运作做出一般性的陈述。从成功研究中获得的对经济的一般性洞见形成了分析特定经济问题、政策以及形势的基础。

要明白经济研究的重要性，可以设想你是一位国际货币基金组织的经济学家，你的任务是帮助一个非洲小国控制其高通货膨胀率。你应当在什么基础上提供建议呢？从根本上说，你应当知道过去其他国家所采用的抑制通货膨胀的政策和这些政策的结果，以及这些结果如何依赖于政策运用国的特点等。特别地，如果你分析的情形没有任何先例，那么借助于一些理论原理，你就可以鉴别和理解该国通货膨胀的主要成因。靠你自己从头做起，分析历史案例并推断出理论原理需要耗费许多年的努力。而持续进行的研究活动的价值就在于你可以从书本、专业期刊以及非出版形式的流通物中获取所需的许多结果和理论。由于宏观经济研究形成了经济分析和预测等活动的基础，正是在这个意义上，它是推动其背后整个宏观经济学进步的引擎。

宏观经济研究主要在高等院校、非营利机构［例如，国民经济研究局（National Bureau of Economic Research）、布鲁金斯研究所（Brookings Institution）和美国企业研究所（American Enterprise Institution）］以及公共部门（政府和国际性机构）中进行。特别是在政府部门，经济分析与经济研究之间的界限要比我们在这里所界定的模糊得多，原因是许多经济学家往返于研究特定问题（例如非洲国家的通货膨胀问题）和更基本的宏观经济研究（例如对通货膨胀的一般性分析）之间。

经济理论 如何开展宏观经济研究？像在其他许多领域一样，宏观经济研究主要通过理论的形成与检验来进行。一个**经济理论**（economic theory）是一套以逻辑性框架组织起来的经济思想集合。大多数经济理论是以经济模型的形式发展起来的，而**经济模型**（economic model）通常是以数学方式表达的对经济某些方面的简化描述。经济学家应用四个标准来评估经济模型或者理论：

（1）它的假设条件是否合理并合乎实际？

（2）它是否易于理解和具有足够的可操作性以致可用于研究实际问题？

（3）它是否有可用**实证分析**（empirical analysis）来验证的推论？也就是说，是否可通过与现实世界的数据相比较来评估它的推论？

（4）当比较推论与数据时，理论的推论是否与数据相吻合？

要使包括经济学在内的任何一个学科中的理论或模型有用，以上每个问题的答案都必须为“是”。遗憾的是，经济学家总是对某一特定模型的评估有着不同看法，其结果是，对于特定经济情形的最好建模方法有时会存在争论。

我们在本章的“数据获取与研究前沿：经济理论的提出和检验”中总结了提出和检验经济理论或模型的主要步骤。

数据获取与研究前沿

经济理论的提出和检验

为说明经济理论提出和检验的过程，假设我们要提出一个解释人们上下班通勤时路径选择的理论。这样一个理论对于关注房屋建设项目如何影响交通模式的交通统筹者来说是很有用的。我们应当采取的步骤如下。

第一步，表述研究问题。

例子：城市高峰时段的交通流量是如何决定的？

第二步，做出描述经济环境和经济参与者行为的暂时性假设。这些假设应当简单，但要能抓住问题的最主要方面。

例子：用城市地图来描述经济环境。对行为的假设是，通勤者选择使驾驶时间最小化的路径。

第三步，推导出该理论的推论。

例子：使用该城市地图算出从住址到办公地点驾驶时间最短的路径。

第四步，进行实证分析，对理论的推论和数据进行比较。

例子：对通勤者做抽样调查，以鉴别以下信息。(1) 家庭住址；(2) 工作地点；(3) 上班路径。然后，确定该模型所预测的路径是否与通勤者抽样调查中所报告的结果大体一致。

第五步，对比较结果进行评估。

如果理论与数据的拟合度很好，那么当经济环境或者经济政策改变时，使用该理论来预测将会发生的变化。

例子：通过找出一个房屋建设项目的住户可能采用的通联路径，使用最短驾驶时间的假设来评估该项目对交通的影响。

如果理论与数据的拟合度很不好，则从头开始建立新模型，重复第二步到第五步。

例子：将暂时性假设改为通勤者选择使驾驶距离（而非驾驶时间）最小化的路径。

如果理论与数据的拟合度一般，那么或者使用这个部分成功的理论来预测，或者用额外的假设来修正该模型，然后重复上述第三步到第五步。

例子：最短驾驶时间的假设可以修正为，如果驾驶时间的增加没有超过特定数量，通勤者则会选择沿途风景较美的路径。要检验假设条件经过修正的模型，你必须确定哪些路径风景更美（比如那些穿过湖区的），哪些路径沿途风景不太优美（比如那些穿过垃圾场的）。

□ 数据开发

经济数据的收集是宏观经济学的一个重要部分，许多经济学家参与数据开发的工作。在美国和其他所有主要国家，人们收集和分析成千上万的经济变量的数据。我们已经展示了一些重要的宏观经济数据序列，如产出和价格水平的度量，并会在第 2 章更深入地分析它们以及其他变量。宏观经济学家使用经济数据来评估当前的经济状况、进行预测、分析可供选择的政策以及检验宏观经济理论。

美国的大多数经济数据由美国联邦政府——诸如美国人口普查局（Bureau of Census）、美国劳工统计局（Bureau of Labor Statistics）、美国经济分析局以及美国联邦储备系统——来收集和出版。然而，这些活动在私人部门也日益增加。例如，营销公司和私人经济预测公司已成为重要的经济数据收集者、使用者和销售者。在本书的“数据获取与研究前沿”专栏中：一些专栏描述了主要的宏观经济数据，并告诉你这些数据的收集方法以及如何找到它们；其他专栏则致力于描述宏观经济研究中的议题和问题。

数据的收集和准备在很大程度上是日常性的。然而，由于数据提供者在确保低成本的同时，希望他们的数据尽可能地有用，因此大型数据收集项目的组织通常凝聚着许多熟练专业人员的共同努力。数据提供者必须根据不同的数据使用者以及数据用途来决定应当收集的数据类型，他们必须找出与经济理论所提出的抽象概念（如“资本”和“劳动力”）相对应的经济活动的合适度量。此外，数据提供者应当确保那些可能泄露经济体中公司和个人信息的数据的保密性。在像美国人口普查局这样一个大型的数据收集机构中，在数据收集开始之前，经济学家和统计学家都会对上述每个问题进行透彻的分析。①

1.3 为什么宏观经济学家会产生意见分歧？

长期以来，成千上万的分析者、数据收集者和研究者的共同努力已经极大地增强了对宏观经济现象的理解。然而，不管是什么宏观经济问题，新闻媒体似乎总能找到支持

① 对于数据收集者所面临问题的讨论，参见 Keith Hall，“The Challenges of Producing Economic Data For the 21st Century，” testimony before Congress，June 12，2012。

该问题正反面的经济学家。为什么宏观经济学家会有如此多的分歧?①

从某种程度来说，公众和媒体趋向于关注最困难、最有争议的问题，因而夸大了宏观经济学家中存在的分歧。此外，经济政策和表现本身是众多利益和关注的焦点，因此也大大加深了争论的激烈程度：与其他许多领域的争论不同，宏观经济学中的争论更多地展现于公众面前，而不是在研讨室或者实验室里。尽管宏观经济学家肯定存在着一些重要分歧，但对宏观经济学的许多领域，他们同样有着实质性的相同看法。

我们可以通过区分经济政策的经验分析与规范分析来说明为什么宏观经济学家会产生意见分歧。经济政策的**经验分析**（positive analysis）试图考察政策的经济后果，但对这些后果的好坏并不加以判断。

经济政策的**规范分析**（normative analysis）试图决定是否应当采用某项政策。例如，如果要一个经济学家去评估收入所得税减少5%对经济的影响，他所做出的回答涉及经验分析。但是，如果提出的问题是收入所得税是否应当减少5%，该经济学家的回应则涉及规范分析。规范分析不仅涉及经济学家的目标、对经济运行的科学理解，还涉及个人的价值判断——例如，关于政府部门的适当规模以及收入再分配的适宜数量。

经济学家也许会在一个问题的经验分析上看法一致，但由于价值观的不同，他们会在规范分析上存在意见分歧。价值观分歧在其他领域也很普遍：物理学家会对核反应堆崩溃后的结果看法完全一致（经验分析），但对于是否应当兴建一个新的核能发电厂，这些物理学家则存在极大的意见分歧（规范分析）。

不过，对实证性问题也存在意见分歧，而且这些分歧在经济学中很重要。宏观经济学总会有许多学术流派，而每个流派对经济如何运行的看法都略有不同。货币主义与供给学派就是例子，本书稍后会对它们加以讨论。然而，宏观经济学在实证问题上最重要也是最持久的分歧涉及以下两个经济思想：古典主义理论和凯恩斯主义理论。

□ 古典主义理论对凯恩斯主义理论

古典主义理论和凯恩斯主义理论是宏观经济学的两大主要传统思想。我们在这里简要地讨论这两种理论的区别，然后在本书的稍后部分会有更详细的讨论。

古典主义理论　古典主义理论的起源可回溯到两个多世纪前，至少是到著名的经济学家亚当·斯密（Adam Smith）那里。1776年，斯密出版了经典著作《国富论》（*The Wealth of Nations*），并在其中提出了“看不见的手”的概念。**“看不见的手”**（invisible hand）是指，如果存在自由市场，并且个人根据自己的最佳利益来从事经济活动，那么整个经济就会运行良好。正如斯密所形容的，当市场中的个人追求自我利益时，市场就像受一只“看不见的手”指引，将经济中每个人的福利最大化。

然而，我们不应当过分夸大斯密的论断：“看不见的手”在运作并不意味着市场经济中没有人挨饿或者感到不满足；自由市场并不能将一国与干旱、战争以及政治不稳定的影响隔绝开来。“看不见的手”也不能消除贫富之间的巨大差距，因为斯密在分析中将人们的财富初始分配视为给定。“看不见的手”的含义是，给定一国的资源（自然、

① 宏观经济学家不仅经常意见不统一，而且有时他们自己本身的说法也前后矛盾。哈里·杜鲁门（Harry Truman）总统在谈到他需要“一只手”的经济学家——该经济学家并不总是说“一方面……另一方面……”——的时候表达了许多决策者在这方面的挫折感。

人力和科技）以及财富的初始分配，自由市场的运用将尽可能地增加人们的经济福利。

“看不见的手”的理论是否有效取决于一个关键的假设：经济中包括金融市场、劳动力市场以及商品和服务市场在内的不同市场都必须运行顺畅，没有诸如最低工资和利率上限那样的限制。具体说来，工资和价格必须迅速调整以维持所有市场的**均衡**（equilibrium）——需求数量与供给数量相等的状态。当市场中需求数量超过供给数量时，价格必然上涨，从而把市场拉回均衡；当市场中的商品供应量超过人们愿意购买的数量时，价格必然下降，从而把市场拉回均衡。

工资和价格弹性对“看不见的手”的理论来说至关重要，因为在自由市场体系中，工资和价格的变化是协调经济中人们行为的信号。为了说明这一点，假设国外的战争扰乱了石油的进口。石油供给的下跌将会驱使油价上涨，高油价会使国内石油供应商增加石油产量并开钻更多油井，因为这样更有利可图；高油价也会导致国内消费者节约石油使用并转向其他替代性能源；对替代性能源需求的增加会提高其价格并刺激它们的生产；如此等等。因此，在没有诸如政府价格管制等限制的情况下，价格的调整将帮助自由市场经济对供给的初始扰动以富有建设性和协调的方式做出反应。

宏观经济学的**古典主义理论**（classical approach）建立在斯密关于人们追求自我经济利益以及价格在所有市场都相当快速地调整以达到均衡这两个基本假设之上。以这两个假设为基础，古典主义理论的支持者试图构建与数据相吻合的并能对本章开始所提问题做出回答的宏观经济模型。

古典主义理论的使用蕴含着强烈的政策含义。因为古典主义理论的假设暗示着“看不见的手”运作良好，古典主义学派经济学家常争辩说（作为规范性的提议），政府在经济中最多只应扮演有限的角色。作为实证性的提议，古典主义学派经济学家也常指出，政府政策在实现既定目标方面将是效率低下的，甚至是起反作用的。因此，大多数古典主义学派经济学家相信，政府不应当试图积极地消除经济周期。

凯恩斯主义理论　与古典主义理论相比较，**凯恩斯主义理论**（Keynesian approach）相对较新。提出该理论的著作是英国经济学家约翰·梅纳德·凯恩斯（John Maynard Keynes）所著的《就业、利息和货币通论》（*The General Theory of Employment, Interest, and Money*），该书出版于1936年——比亚当·斯密的《国富论》晚了160年。1936年，世界正在经受大萧条：史无前例的高失业率已折磨世界上的大多数经济体达数年之久，而自由市场的“看不见的手”看起来完全不起作用。就1936年的情况来说，古典理论与数据非常不吻合，因而有必要发展新的宏观经济理论，而凯恩斯提供了这个理论。

在《就业、利息和货币通论》中，凯恩斯对持续的高失业提供了一个解释。① 他的解释建立在对工资和价格的调整所做出的本质上不同于古典主义理论的假设基础上。凯恩斯主义理论不像古典主义理论那样假设工资和价格迅速调整，以使所有市场达到均衡，而是假设工资和价格缓慢地调整。工资和价格缓慢调整就意味着市场可能会长期偏离均衡——也就是需求数量不等于供给数量。在凯恩斯主义理论中，工资和价格调整得不够快，使得公司想要雇用的人数与想要工作的人数不相等，所以失业会持续存在。

① 实际上，凯恩斯在他的书中对失业提供了一系列解释，现在对“凯恩斯真正指的是什么”的争论仍在继续。我们对凯恩斯论述的解释也就是其主要追随者所用的解释。

对于高失业，凯恩斯提出的解决方案是让政府增加商品和服务采购，从而增加对产出的需求。凯恩斯指出，厂商为满足对其产品需求的增加将会雇用更多的工人，这个政策因而会减少失业。此外，凯恩斯也指出，那些新雇用的工人会有更多的收入用于支出，成为对产出需求的另一来源，从而进一步增加就业。更广义地说，与古典主义者相反，凯恩斯主义者倾向于质疑“看不见的手”，因而更愿意提倡政府在改善宏观经济表现中起到某种作用。

古典主义-凯恩斯主义辩论的演变 因为大萧条极大地动摇了许多经济学家对古典主义理论的信心，凯恩斯主义理论从第二次世界大战后到1970年在宏观经济理论和政策中一直占据统治地位。在凯恩斯主义影响的高峰期，经济学家大多相信，通过巧妙地运用宏观经济政策，政府可在避免通货膨胀或者经济衰退的同时促进经济增长。除了少数细节问题外，宏观经济学的主要问题明显已经解决了。

然而，在20世纪70年代，美国同时经受了高失业和高通货膨胀——称为**滞胀**（stagflation），也就是不景气加上通货膨胀。这段经历削弱了经济学家和决策者们对传统的凯恩斯主义理论的信心，在很大程度上就与大萧条削弱了传统的古典主义理论一样。此外，凯恩斯主义理论中关于工资和价格调整缓慢使得市场偏离均衡的假设也被批评为缺乏坚实的理论基础。在凯恩斯主义理论受到攻击的同时，经济学理论的发展使古典主义经济学对许多经济学家来说变得更有趣和更有吸引力了。从20世纪70年代早期开始，一个现代的古典主义理论在宏观经济研究者中重新兴起，尽管该理论并没有像凯恩斯主义理论在战后早期那样占统治性地位。

在过去的30年里，两种理论的提倡者对其理论进行了广泛修正，以弥补它们的缺陷。研究古典主义理论的经济学家已经改善了对经济周期和失业的解释。凯恩斯主义者则致力于建立工资和价格之所以调整缓慢的坚实理论基础，凯恩斯主义模型*现在已能解释滞胀。目前，关于这两种理论的出色研究都已经出现，并且它们之间也进行了大量的交流和相互借鉴。

□ 合而为一的宏观经济学

在本书的写作中，对两个宏观经济学派共存的事实，我们需要做出适当的处理。一种策略是重点强调其中一个学派，对另外一个只是简单地提及。这种策略的缺点是，它无法向你充分展现构成现代宏观经济学的各种思想与观点。相应地，我们也可以先分别阐述这两种理论，然后对比它们的结论，但这样一来，你就失去了探索这两个学派共同之处的机会。

我们的选择是尽可能地以平衡和统一的方式来阐述宏观经济学。为保持统一的观点，我们在本书中的所有分析——不管是经济增长、经济周期、通货膨胀还是政策，也不管是属于古典主义还是凯恩斯主义——都基于一个单一经济模型，或基于该基本模型的组成部分或延伸。这个经济模型的内容大量取自古典主义和凯恩斯主义，其具有下列特点。

（1）个人、公司和政府在产品市场、资产市场以及劳动力市场的互动。我们已经讨论了宏观经济学中总和的必要性。在本书的经济模型中，我们按照标准的宏观经济学的做法，将经济中的所有市场归类为三个主要市场，即产品市场、资产市场（股票、债券

* 简称凯恩斯模型，相对应地，古典主义模型简称古典模型。——译者注

以及不动产等资产在这里进行交易）与劳动力市场。我们展示经济中每个市场的参与者如何互动，并且这些市场如何彼此相关以及如何与整个经济相关联。

（2）模型的宏观经济分析基于对个人行为的分析。宏观经济行为反映了许多个人和公司在经济中的互动。为理解个人和公司的行为，我们采用“自下而上”的方法，关注对个人层面决策的分析（比如“数据获取与研究前沿：经济理论的提出和检验”中所讨论的个人选择上班路径的模型）；然后，将从中获得的启示用于对经济整体的研究。

分析个人和公司行为的指导性原则是，假设他们在给定需求、欲望、机会与资源的前提下都会试图最大化自己的经济利益。尽管该假设为古典主义经济学的奠基人亚当·斯密所强调，但凯恩斯主义者已经像古典主义者一样广泛地接受了它，事实上，该假设已运用于所有的现代宏观经济研究中。

（3）尽管凯恩斯主义者拒绝了古典主义关于工资和价格在短期迅速调整以达到均衡的假设，但凯恩斯主义者和古典主义者一致认为，工资和价格在长期会充分调整，并使产品市场、资产市场和劳动力市场都达到均衡。由于对工资和价格在长期的完全弹性不存在争议，我们在讨论与经济周期相关联的短期问题（第 8～13 章）之前将考察经济的长期行为（第 3～7 章）。

（4）我们所展示的基本模型既可用于工资和价格具有弹性的古典主义假设，也可用于工资和价格调整缓慢的凯恩斯主义假设。由于模型的这个特点，我们可以在一个共同的理论框架中比较古典主义与凯恩斯主义的结论和政策建议。

本章小结

1. 宏观经济学是对国民经济的结构和表现以及政府用于影响经济表现的政策的研究。宏观经济学的重要议题包括长期经济增长的决定因素、经济周期、失业、通货膨胀、国际贸易和借贷以及宏观经济政策。

2. 由于宏观经济学关注的是经济整体，宏观经济学家忽略了不同种类的商品、公司以及市场间的细微差别，而是关注总消费等国民总量。将单个经济变量相加以得到经济总量的过程称为总和。

3. 宏观经济学家从事的活动（除教学之外）包括宏观经济预测、宏观经济分析、宏观经济研究以及数据开发等。

4. 宏观经济研究的目的是对经济如何运行做出一般性的论述。宏观经济分析通过提出经济学理论并对其进行实证检验——观察理论是否与来自现实世界的数据相符——取得进展。一个有用的经济理论基于合理且合乎实际的假设，因而是易于使用的，产生的是能在现实世界中进行检验的推论，并且与数据和现实世界所观察到的经济行为相一致。

5. 一项经济政策的经验分析考察该政策的经济后果，但并不阐述这些后果是否合意。一项政策的规范分析试图决定是否应当使用该政策。经济学家间的分歧可来自因个人价值观和信仰不同而导致的在规范性结论上的差别，也可来自对政策建议经验分析的差别。

6. 宏观经济学的古典主义理论基于个人和公司追求自己的最佳利益以及工资和价格充分调整以使所有市场达到均衡的假设。在这些假设之下，“看不见的手”运作良好，政府干预经济的范围有限。

7. 宏观经济学的凯恩斯主义理论假设工资和价格不能迅速调整，因而“看不见的手”运作不良。凯恩斯主义者指出，由于工资和价格的缓慢调整，失业会在长期保持高水平。凯恩斯主义者比古典主义者更倾向于相信政府对经济的干预能改善经济的表现。

关键术语

总和	平均劳动生产率	古典主义理论	封闭经济	通货紧缩
经济模型	经济理论	实证分析	均衡	财政政策
通货膨胀	“看不见的手”	凯恩斯主义理论	宏观经济学	货币政策
规范分析	开放经济	经验分析	滞胀	贸易赤字
贸易盈余	失业			

复习题

1. 美国的总产出和工人的人均产出随时间发生了什么样的变化？这些变化如何影响一般人的生活？

2. 什么是经济周期？在经济周期的过程中，失业率表现如何？失业率会为零吗？

3. 定义通货膨胀与通货紧缩。比较美国在第二次世界大战前后消费者价格的表现。

4. 根据历史经验，美国联邦政府在什么时候最有可能出现财政赤字？近期是什么表现？

5. 定义贸易赤字与贸易盈余。美国经济近年来发生的是贸易赤字还是贸易盈余？美国在1900—1970年的贸易状况又如何？

6. 列出宏观经济学家从事的主要职业活动。在每个活动中宏观经济分析扮演何种角色？

7. 在发展和检验经济理论或者模型时应当采取哪些步骤？判断理论或模型有用与否的标准是什么？

8. 是否会发生两个经济学家对某一经济政策的作用意见一致，但对是否实施该政策持不同意见的情形？对你的回答做出解释。

9. 比较在工资和价格调整速度上的古典主义观点和凯恩斯主义观点。它们观点的不同会导致什么重要后果？

10. 什么是滞胀？它什么时候发生过？它如何改变了经济学家对宏观经济学的看法？

计算题[①]

1. 下面是Oz这个国家在2014年和2015年的一些宏观经济数据。

	2014年	2015年
产出	12 000吨土豆	14 300吨土豆
就业	1 000人	1 100人
失业	100人	50人
总劳动力人口	1 100人	1 150人
价格	2谢克尔/吨	2.5谢克尔/吨

① 可通过访问MyEconLab官网在线完成本书该部分习题并获得即时反馈。可实时更新数据的习题带有上标*，后文中不再说明。

如同数据所表明的，Oz 只生产土豆，它的货币单位是谢克尔。计算 Oz 的下列宏观经济变量，并给出单位。

a. 2014 年和 2015 年的平均劳动生产率。

b. 平均劳动生产率在 2014—2015 年的增长率。

c. 2014 年和 2015 年的失业率。

d. 2014—2015 年的通货膨胀率。

2*. 在 FRED 数据库中，找到过去 3 年的 GDP（对总产出的一个度量）、出口、进口、美国联邦政府收入（税收）和美国联邦政府支出的数据。

a. 计算最近三年出口占 GDP 的比重、进口占 GDP 的比重以及贸易失衡占 GDP 的比重。这些数据是否呈现出任何明显趋势？

b. 计算最近三年的美国联邦政府收入占 GDP 的比重、美国联邦政府支出占 GDP 的比重以及美国联邦政府预算赤字占 GDP 的比重。这些数据是否呈现出任何明显趋势？

分析题

1. 当总产出上升时，平均劳动生产率是否有可能下降？当总产出上升时，失业率可能上升吗？

2. 美国的商品与劳务在 2015 年的价格要远高于其在 1890 年的价格。这是否意味着人们的经济处境在 1890 年更好？为什么？

3. 关于人们为什么投票给美国共和党或者民主党，陈述一个理论以满足本书中提出的有用理论的标准。如何检验你的理论？

4. 在下面这些论述中，哪些是经验性的？哪些是规范性的？

a. 减税将使利率升高。

b. 工资税的减少将主要惠及穷人和中产阶级工人。

c. 工资税太高了。

d. 工资税的降低将会改善总统的受欢迎程度。

e. 除非资本收益税也削减，否则工资税不应当降低。

5. 在 2002 年，布什（Bush）总统对一些种类的进口钢铁施加了关税。他的理由是，外国的钢铁生产商在美国市场上低价倾销。外国的钢铁生产商之所以能以低廉价格销售钢铁，是因为他们从自己政府那里得到了补贴。布什政府指出，钢铁的大量涌入扰乱了美国经济，损害了国内的钢铁产业，并导致美国钢铁工人的失业。对于这些宣称，古典主义经济学家会做出什么样的回应？凯恩斯主义经济学家会同意施加关税吗？为什么？

宏观经济数据分析①

1*. a. 计算美国经济在 20 世纪 50 年代、60 年代、70 年代、80 年代、90 年代和 21 世纪头 10 年的平均劳动生产率的百分比总增长。将任一年的平均劳动生产率定义为该年最后一个季度的实际国内生产总值除以该年最后一个月的就业人数。总的说来，平均劳动生产率在哪 10 年里增长得最快或最慢？用下列公式将每 10 年的增长率按年率计算：

---

① 可通过访问 MyEconLab 官网在线完成本书该部分习题并获得即时反馈。可实时更新数据的习题带有上标*，后文中不再说明。练习中所使用的数据可从圣路易斯联邦储备银行的 FRED 数据库官网中获得。

$$(1+g)^{10}=1+G$$

其中，g 为表示为小数（例如，5%等于 0.05）的年增长率；G 为 10 年的增长率（在 10 年中劳动生产率的变化除以初始的劳动生产率）。针对上述 60 年中的每一个 10 年，代入你算出的 G 值，解出 g。

b. 计算自 2010 年以来每年劳动生产率的年增长率。这些近期的增长率与前 6 个 10 年相比有何变化？

2*. 使用月度数据绘出自 1961 年到现在的失业率。你能否鉴别出 1969—1970 年、1973—1975 年、1980 年、1981—1982 年、1990—1991 年和 2001 年的经济衰退？就失业率而言，2007—2009 年的衰退与以前的衰退相比严重性如何？21 世纪头 10 年和 2010 年之后失业率的表现与 20 世纪 60 年代、70 年代、80 年代以及 90 年代相比又如何？

3*. 使用所有城市消费者的消费者价格指数（CPI），计算美国自 1948 年以来每年的通货膨胀率并画出该曲线（从上年 12 月到下年 12 月消费者价格指数的百分比变化）。在战后的哪个时期美国经历了最严重的通货膨胀问题？哪个时期通货膨胀最为稳定（也就是说，从一年到下一年大致相同）？

第 2 章 国民经济的度量与结构

学习目的：

- 区分国民收入核算的三种方法
- 解释 GDP 是如何度量的
- 探讨总储蓄的度量以及总储蓄与财富的关系
- 计算实际 GDP、价格指数和通货膨胀
- 定义实际利率和名义利率

度量是科学研究的一个关键部分。要做出新发现、评估不同理论和预测未来事件及其趋势，精准的度量极其重要。在 20 世纪的前半部分，诺贝尔经济学奖获得者西蒙·库兹涅茨（Simon Kuznets）（对国民产出进行全面度量的第一人），以及阿瑟·伯恩斯（Arthur Burns）与韦斯利·米切尔（Wesley Mitchell）研究小组（他们对经济周期的不同阶段做出了详细度量）等经济学家所做的艰苦研究表明，细致的经济度量不仅是可能的，而且是深入理解经济运行所必需的。他们的工作和其他许多经济学家的努力一起，将经济学从一个学者们依赖于较随意的观察和广泛归纳的领域转变为数字和统计分析在其中起重要作用的领域。

在本章，我们将展示涉及宏观经济度量的一些概念性问题和实际问题。我们关注国民收入账户，因为它是被经济研究者和分析者广泛使用的度量经济活动的框架。学习国民收入账户会使你熟悉一些有用的经济数据。此外，因为国民收入账户是比照经济结构而有逻辑地建立起来的，要理解宏观经济如何运行，很重要的一步就是要清楚地理解这些账户。当你结束本章的学习时，你会对关键经济变量之间和不同经济部门之间的关系有更清晰的理解。

2.1 国民收入账户：对生产、收入和支出的度量

国民收入账户（national income accounts）是用于度量当前经济活动的核算框架。几乎所有国家都有某种形式的官方国民收入账户。（有关美国国民收入账户的背景知识，参见本章的“数据获取与研究前沿：国民收入和产品账户”。）

国民收入账户的建立依据是在某一时期内发生的经济活动总量，可用下列方式

度量：

（1）产出总量中用于中间生产阶段的产出被扣除之后的剩余产出总量（生产法）。

（2）产出的生产者所获得的收入（收入法）。

（3）产出的最终购买者的支出总额（支出法）。

每种方法从不同视角来反映经济。然而，国民收入账户的基本原则是：除了数据不完整或误报等问题外，所有三种方法对当前经济活动的总量都给出了相同的度量。

我们可以用一个例子来说明为什么这三种方法是等价的。试想一个经济体由两个企业组成，分别称为橙子公司和果汁公司。橙子公司拥有和管理橙园，它将一些橙子直接销售给最终消费者，将剩余的橙子销售给制造和销售橙汁的果汁公司。下表列示了一年中各企业的交易。

橙子公司的交易	
付给橙子公司雇员的工资	15 000 美元
付给政府的税金	5 000 美元
从橙子销售中得到的收入	35 000 美元
销售给最终消费者	10 000 美元
销售给果汁公司	25 000 美元
果汁公司的交易	
付给果汁公司雇员的工资	10 000 美元
付给政府的税金	2 000 美元
向橙子公司购买的橙子	25 000 美元
销售橙汁得到的收入	40 000 美元

橙子公司每年付给工人 15 000 美元来采摘橙子，并以 35 000 美元的价格销售这些橙子（其中，销售给家庭 10 000 美元，销售给果汁公司 25 000 美元）。这样，橙子公司的税前利润是 20 000(＝35 000－15 000) 美元。由于它纳税 5 000 美元，所以它的税后利润为 15 000 美元。

果汁公司从橙子公司购买橙子花费了 25 000 美元，付给工人 10 000 美元的工资，以便将橙子加工成橙汁。它销售橙汁获得了 40 000 美元的收入，于是它的税前利润是 5 000(＝40 000－25 000－10 000) 美元。在支付了 2 000 美元的税款之后，它的税后利润是 3 000 美元。

这两个企业所进行的经济活动以美元度量的总价值到底是多少？要回答这个问题，我们可以运用生产法、收入法和支出法这三种不同的方法，但它们得出的答案是相同的。

（1）**生产法**（product approach）通过将所生产的商品和服务的市场价值相加并剔除在中间生产阶段用掉的商品和服务来度量经济活动。这种方法使用了增加值的概念。任何厂商的**增加值**（value added）都等于其产出的价值减去它从其他厂商那里购买的投入的价值。生产法通过将所有厂商的增加值相加来度量经济活动。

在我们的例子里，橙子公司生产价值 35 000 美元的产出，果汁公司生产价值 40 000 美元的产出。然而，简单地将 35 000 美元和 40 000 美元相加来度量总体经济活动会重复计算果汁公司向橙子公司购买并加工成橙汁的 25 000 美元的橙子价值。为避免重复计算，我们需要相加的是增加值而非产出：因为果汁公司将价值 25 000 美元的橙子加工成价值 40 000 美元的产品，它的增加值是 15 000(＝40 000－25 000) 美元。橙子公司不使用来自其他企业的任何投入，所以它的增加值等于其 35 000 美元的收入。该经济体的总增加值是 50 000(＝35 000＋15 000) 美元。

（2）**收入法**（income approach）通过将生产者收到的所有收入相加来度量经济活动，包括工人得到的工资和公司所有者获取的利润。橙子公司的（税前）利润等于其 35 000 美元的收入减去 15 000 美元的工资成本，即 20 000 美元。果汁公司的利润等于其 40 000 美元的收入减去它为买橙子而支付的 25 000 美元和支付给雇员的10 000 美元的工资，即 5 000 美元。将橙子公司 20 000 美元的利润、果汁公司 5 000 美元的利润以及两个公司雇员所得到的 25 000 美元的工资相加，我们得到的总数为50 000 美元，这与根据生产法得到的总数相同。

在计算过程中，我们将工人和公司所有者的税前收入相加。同样地，我们也可以将产出生产者的税后收入和政府征收的税金相加。扣除税金后，橙子公司的税后利润是 15 000 美元，果汁公司的税后利润是 3 000 美元。将两个公司的税后总利润 18 000 美元、工资总收入 25 000 美元（假设工人不纳税）以及政府收到的 7 000 美元税金相加，我们再一次得到 50 000 美元的经济活动总量。

（3）**支出法**（expenditure approach）通过将产出的最终消费者的支出数额相加来度量经济活动。在这个例子中，家庭是橙子的最终消费者。果汁公司并不是橙子的最终消费者，因为它将橙子（经过处理的、液态的）销售给家庭。这样，最终使用者从橙子公司购买 10 000 美元的橙子，从果汁公司购买 40 000 美元的橙汁，总计 50 000 美元，与根据生产法和收入法计算得到的总数相同。①

数据获取与研究前沿

国民收入和产品账户

在美国，国民收入账户被正式称为国民收入和产品账户（national income and product accounts，NIPA）。这些账户为美国经济的生产、收入和支出提供全面的度量。美国国民收入账户由商务部（Department of Commerce）于 20 世纪 30 年代和 40 年代逐步完善，并在第二次世界大战中被用于制订经济计划。正式的账户早在 1929 年就已经开设，一些官方数据最早可以追溯到 1909 年。

现在，隶属于商务部的美国经济分析局每季度组织官方经济师和统计师来构建这些账户。在构建这些账户时，美国经济分析局依赖于其他政府机构提供的大量数据，如美国人口普查局和美国劳工统计局。美国经济分析局也使用来自税收申报系统和民间资源（如工业联合会）的数据。

季度性经济活动的初始估算在每个季度之后的第一个月后发布，一个月后再对这些数据进行第一次修正，再一个月后对这些数据进行第二次修正。

① 在本例中，每个厂商也向雇员购买劳动力服务，但由于这些服务被用于生产过程，因此未被计入最终使用者所购买的服务。

国民收入账户的历史数据可从很多来源获得，包括《当前商业综览》(*Survey of Current Business*)(美国经济分析局的每月出版物)、《商业统计》(*Business Statistics*)(美国经济分析局的半年性出版物)以及由总统经济顾问委员会(President's Coucil of Economic Advisers)于每年2月发布的《总统经济报告》(Economic Report of the President)。最新的季度性国民收入账户数据可参见对美国经济分析局的每月发布给予广泛关注的商业报道。美国经济分析局的官网提供历史数据和当期数据。关于大量国民收入账户变量的数据可以很方便地从圣路易斯联邦储备银行网站的FRED数据库下载。其他国家的国民收入账户可从经济合作与发展组织的出版物《国民账户》(*National Account*)、国际货币基金组织的出版物《世界经济展望》(*World Economic Outlook*)以及联合国的《国民核算统计》(*National Accounts Statistics*)获得。

□ 为什么这三种方法是等价的?

生产法、收入法和支出法并不是碰巧都给出相同的答案，而是由于这三种方法的逻辑导致它们必然得出相同的答案。

首先，根据定义，在一个特定时期生产的商品和服务的市场价值要等于购买者购买它们必须花费的总额。果汁公司的橙汁之所以有40 000美元的市场价值，是因为人们愿意花这么多钱来购买它。一个商品或服务的市场价值总是等于在这个商品或服务上的支出，所以(度量市场价值的)生产法和(度量支出的)支出法必须对经济活动给予相同的度量。①

其次，注意卖方的收入必须等于买方的支出。而卖方的进账等于经济活动所产生的总收入，其中包括付给工人和供应商的所得、付给政府的税金以及(剩下的)利润。因此，总支出必须等于所产生的总收入，意味着支出法和收入法也必须得出相同的答案。最后，由于产品价值和收入都等于支出，所以它们之间也必然相等。

基于这三种方法的等价性，在任一特定时期，总有

$$\text{总产出}=\text{总收入}=\text{总支出} \tag{2-1}$$

其中，生产法、收入法和支出法都有相同的度量单位(如美元)。式(2-1)称为**国民收入核算的基本恒等式**(fundamental identity of national income accounting)，构成国民收入核算的基础。(一个恒等式是一个依其定义总是成立的等式。)在2.2节，我们将说明该基本恒等式是如何度量整个经济的当前经济活动的。

2.2 国内生产总值

国内生产总值(即GDP)是总体经济活动最广泛、最著名、最常用的度量指标。就像在2.1节的例子中，一国的GDP可以用生产法、支出法和收入法来度量。尽管这

① 该解释背后的潜在假设是，生产的所有东西都销售出去了。但是，如果公司所生产的部分商品未销售出去，情况又如何呢？我们很快就会讨论到，国民收入核算将未售出的商品视为公司向自己做出的采购。也就是说，库存中未售出商品的累积被当成支出的一部分。这样，即使一些商品未售出，支出和生产也将保持相等。

三种方法得到的 GDP 价值相等，但它们是从不同的侧面观察 GDP 的。与仅使用一种方法相比较，使用三种方法能对一个经济结构给出更全面的描述。

□ 度量 GDP 的生产法

生产法将一国的**国内生产总值**（gross domestic product，GDP）定义为在一个固定时期内一国国内新生产的最终商品和服务的市场价值。在逐步理解该定义不同部分含义的过程中，我们探讨在度量 GDP 时出现的一些实际问题。

市场价值 商品和服务以它们的市场价值，也就是它们销售时的价格计入 GDP。使用市场价值的好处是，它允许将不同商品和服务的生产相加。例如，假设你想度量一个生产了 7 辆车和 100 双鞋的经济体的总产出，将车的数目和鞋的数目相加后，得到一个 107 的总产出并没有多大意义，因为车和鞋有不同的经济价值。但是，假设每辆车以 20 000 美元的价格销售，每双鞋以 80 美元的价格销售，以这些市场决定的价格作为相对经济价值的度量，你可以计算所生产的车的价值为 140 000（=7×20 000）美元，所生产的鞋的价值为 8 000（=100×80）美元。产出的总市场价值（或 GDP）则为148 000（=140 000+8 000）美元。之所以说使用市场价值来度量生产有其合理性，是因为它考虑了不同商品和服务相对经济重要性的区别。

使用市场价值来度量 GDP 的一个问题是，一些有用的商品和服务并没有在正规市场上销售。理想的情况是将 GDP 向上调整，以反映这些商品和服务的存在。然而，由于很难获得可靠的度量方法，因此在计算 GDP 时，一些非市场的商品和服务就简单地被忽略了。例如，家庭内部无报酬的家务劳动及抚养孩子的服务并没有计入 GDP，尽管（专业家政服务人员和私人日托中心等）有报酬的家务劳动和照顾孩子的服务被计入了 GDP。类似地，由于清洁的空气和水并没有在市场上被购买和销售，所以 GDP 并没有反映减少污染或改善环境质量的行动（参见本章的“数据获取与研究前沿：自然资源、环境和国民收入账户”）。

官方的 GDP 度量部分地包括了一些非市场的商品和服务。在地下经济中的活动就是一个例子。**地下经济**（underground economy）包括（如出于避税或逃避法规约束的目的）隐藏于政府记录之外的合法活动以及诸如毒品交易、性交易和（在某些地方）赌博等非法活动。一些人也许会争论说，像毒品交易这样的活动是“劣品”而非“商品”，因此本不应计入 GDP，尽管“一刀切”地应用这个逻辑会将目前包括在 GDP 中的许多商品和服务排除在外。然而，显而易见的是，一个以收取现金来避税的房屋粉刷匠的服务应当计入 GDP。官方统计师们无法对 GDP 数字进行可靠的调整，以纳入对地下经济规模的估算，然而他们确实就低报的收入进行了某些调整。[①]

经济活动的一个特别重要但并不通过市场的组成部分是由政府提供的服务价值，如国防、公共教育以及建造和维修道路、桥梁等。绝大多数政府服务没有在市场上销售的事实意味着在计算政府对 GDP 的贡献时缺少可使用的市场价值。在这种情况下采用的

---

① 关于国民收入账户针对地下经济进行调整的讨论，参见 J. Steven Landefeld，Eugene P. Seskin，and Barbara M. Fraumeni，“Taking the Pulse of the Economy：Measuring GDP，” *Journal of Economic Perspectives*，2008 (22)，pp. 193 - 216。有关地下经济规模的估算，参见 Edgar Feige，“Measuring Underground (Unobserved，Non-observed，Unrecorded) Economies in Transition Countries：Can We Trust GDP?” *Journal of Comparative Economics*，2008 (36)，pp. 287 - 306。

解决方式是，用它们的生产成本来为政府服务估价，因此国防对 GDP 的贡献就等于政府提供防卫的成本：在役和一般人员的工资、建造和维修武器及基地的成本等。类似地，公众教育对 GDP 的贡献以教师工资、新学校和设备的成本等来度量。

新生产的商品和服务　作为对当前经济活动的度量，GDP 所包含的仅仅是现阶段新生产的商品和服务。GDP 不包括过去时期所生产商品和服务的购买和销售。因此，购买一栋新建造的房屋所付的市场价值会被计入 GDP，而购买一栋二手房所付的市场价值不会被计入 GDP。（该二手房的市场价值已被计入它被建造当年的 GDP。）不过，销售该二手房所涉及的不动产代理人的服务价值则是 GDP 的一部分，因为该服务是在当前时期提供的。

最终商品和服务　在一个时期内生产的商品和服务可被分为中间商品和服务与最终商品和服务。**中间商品和服务**（intermediate goods and services）在被生产的同时将被用于其他商品和服务的生产。例如，在同一年内被生产并被用于生产面包的面粉是一个中间商品。运送面粉给面包店的卡车公司提供的是中间服务。

最终商品和服务（final goods and services）是指非中间的商品和服务。最终商品和服务是一个生产流程的终端产品。例如，面包店生产的面包是一个最终商品，而一个购物者乘坐公共汽车从面包店回家所接受的是一个最终服务。因为经济活动的目的是生产最终商品和服务，而中间商品和服务只是这一过程中的一个步骤，所以只有最终商品和服务才被计入 GDP。

有时，中间商品和最终商品的区别很微妙。例如，卖给家具制造商的新车床是中间商品还是最终商品？尽管车床被用来生产其他商品，但它不会在一年内就用完，因此它不是一个中间商品，而是最终商品。具体说来，车床属于被称为资本品的最终商品。其他资本品的更常见例子包括工厂、办公楼以及设备。**资本品**（capital goods）本身是被生产出来的（因此排除了土地之类的自然资源），但又是用于生产其他商品的商品。然而，与中间商品不同的是，资本品并没有在它被生产出来的同一时期消耗完。负责国民收入核算的人们决定将资本品归类为最终商品，进而将它们的生产计入 GDP。他们的理由是，新资本品带来的生产能力增加属于经济活动之一。

还有一个中间商品和最终商品的微妙区别来自对库存投资的处理。**库存**（inventories）是由厂家持有的未销售的最终商品、生产过程中的商品以及原材料。库存投资是指一年中库存所增加的数量。① 例如，假设在一年开始时一个面包师在仓库里持有价值 1 000 美元的面粉，在一年结束时她持有的面粉价值为 1 100 美元。开始时库存和结束时库存的差别就在于价值 100 美元的面粉，它等于面包师在一年中的库存投资。尽管面包师购买面粉的最终目的是用于做面包，但她的库存增加代表着一年中生产的面粉没有被用完的部分。② 与资本品一样，库存投资被视为最终商品，因此是 GDP 的一部分，因为手头的库存增加意味着未来具有更大的生产能力。

在橙子公司-果汁公司的例子中，我们展示了总体经济活动可由各厂商的增加值（产出价值减去所购买的投入价值）之和来度量。增加值方法的优点在于，它自动地包

---

① 当库存在一年中下降时，库存投资为负。

② 库存投资等于库存商品有形数量的变化乘以它们的价格。由价格变化（资本收益或损失）引发的库存价值的变化不被视为库存投资。

括了最终商品，而将中间商品排除于总产出的度量之外。如果回到橙子公司-果汁公司的例子中，你就会发现，将两个公司的增加值相加，我们对经济活动的度量包括了两个公司对公众的最终销售价值，但其中排除了橙子公司卖给果汁公司的中间商品（未经处理的橙子）。

数据获取与研究前沿

自然资源、环境和国民收入账户

一个国家经济福祉的大部分来自自然资产——土地、河流和海洋、自然资源（诸如石油和木材）以及每个人呼吸的空气，而非人造资产。一个理想的情况是，为了经济和环境规划的目的，自然资源和环境的使用与滥用应在国民收入账户中适当地加以度量。遗憾的是，它们并没有被纳入度量。当前的国民收入账户在处理自然资源和环境的经济性所使用的方法上，至少存在两个重要的概念性问题。

（1）自然资源的损耗。当一个石油钻井将石油从地下油田抽出时，所生产石油的价值是这个国家 GDP 的一部分；而对于不可再生资源正在被消耗的事实，并没有相抵消的扣除来加以体现。原则上，油田的干涸可被视为一种负的库存投资，因为在某种意义上它减少了石油的库存。如果它被计入国民收入账户，那么这种负库存投资应会减少所计算的 GDP 价值。

（2）污染控制的成本和效益。试想一个公司面临如下选择：一种选择是，它可以生产价值 1 亿美元的产出，在生产过程中向一条当地河流倾倒废料，从而污染了河流；另一种选择是，用它 10%的工人来适当地处理废料，这样可以避免污染但只能得到 9 000 万美元的产出。依照当前国民收入账户的核算规则，由于国民收入账户对清洁的河流并没有赋予清楚、明确的价值，如果一个公司选择了污染而非不污染，它对 GDP 的贡献将会更大（1 亿美元而非 9 000 万美元）。在一个完善的核算体系中，环境恶化的经济成本应在计算一个公司对产出的贡献时扣减，而改善环境的活动应被计入产出，因为它们提供了真正的经济效益。

讨论资源损耗和污染在国民收入核算中的含义也许会使这些重要问题看起来无足轻重。实际上，因为政策分析不断地使用 GDP 和相关统计，有关度量的抽象问题经常会有显著的实际影响。例如，经济发展专家对一些穷国的情况很关注，因为这些国家试图尽快地提高可度量的 GDP，而其中的一部分就是通过过度开发它们的自然资源和损害环境来实现的。可以想象，将“隐藏的”资源和环境成本明确地包含于官方的经济增长度量中，可能会使这些政策得以修正。类似地，在工业化国家中，有时关于环境的政治辩论强调的是所提议的污染控制措施对传统 GDP 度量的影响，而非对整个经济福利的影响。对环境质量进行更好的核算，有助于让在任何特定环境中的争论重新聚焦于其（经济的和非经济的）效益是否超过其成本这一问题。

GNP 对 GDP 1991 年以前，使用美国数据的经济学家关注的是被称为国民生产总值（GNP）的一种经济活动度量方法，而非 GDP。然而，在 1991 年，主要是为了顺应其他工业化国家的国民收入核算方法，美国商务部开始将 GDP 作为经济活动的基本度量方法。GNP 和 GDP 的区别涉及如何对待在本国之外运作的资本和劳动所创造的产出。具体来说，**国民生产总值**（gross national product，GNP）是指在当前时期由国内生产要素新生产的最终商品和服务的市场价值，而 GDP 度量的是一国境内发生的生产。

当美国资本和劳动（也称为生产要素）在国外使用时，它们创造产出并赚取收入。这些产出和收入被计入美国 GNP，但不被计入美国 GDP，因为它们不代表在美国国内发生的生产。举例来说，一个美国建筑公司为沙特阿拉伯建造的道路的价值——以沙特阿拉伯政府付给该建筑公司的费用来度量，应被计入美国 GNP 而非美国 GDP。类似地，当外国资本或劳动在美国使用时，它们的产出和所赚取的收入是美国 GDP 的一部分（因为生产是在美国境内发生的），但不是美国 GNP 的一部分（相反，它们被计入外国的 GNP）。例如，由日本投资和管理，但在美国制造的日本汽车的价值被计入日本 GNP 和美国 GDP，而不被计入美国 GNP。

我们将**国外净要素支付**（net factor payments from abroad，NFP）定义为由世界其他地方付给本国生产要素的收入减去由国内公司付给国外生产要素的收入。运用这个概念，我们将 GDP 和 GNP 之间的关系表达为：

$$\text{GDP}=\text{GNP}-\text{NFP} \qquad (2-2)$$

对美国来说，GDP 和 GNP 给出了相似的经济活动度量。例如，2014 年美国的 GDP 是 174 190 亿美元，美国的 GNP 是 176 310 亿美元，仅有不到 2%的差距。对于像埃及和土耳其那样有许多公民在国外工作的国家来说，其 GDP 和 GNP 的差别更大一些，因为由海外工人汇回本国的汇款是一个国家 GNP 的一部分，但不是 GDP 的一部分。

□ 度量 GDP 的支出法

通过考察国民收入账户的支出，我们可以从一个不同的角度来分析 GDP 的组成部分。支出法以特定时期内对一国国内所生产的最终商品和服务的总支出来度量 GDP。GDP 由四个主要的支出种类相加而得，包括消费、投资、政府采购以及净出口。以符号表示，即

Y=GDP＝总产出(或总生产)

＝总收入

＝总支出

C＝消费

I＝投资

G＝政府采购

NX＝净出口

利用这些符号，我们将度量 GDP 的支出法表示为：

$$Y=C+I+G+\text{NX} \qquad (2-3)$$

与式（2－1）一样，式（2－3）是宏观经济学的一个基本关系式。因为式（2－3）描述了总收入 Y 等于总支出 $C+I+G+\text{NX}$，因此它被称为**收入-支出恒等式**（income-expenditure identity）。表 2－1 给出了四个支出种类以及一些主要下属种类的近期美国数据。当你阅读本节的剩余部分时，应当参照表 2－1，以了解美国经济中不同支出种类的相对规模。

表 2-1　　用支出法来度量美国 2014 年的 GDP

	10 亿美元	占 GDP 的百分比（%）
消费（C）	**11 930**	**68.5**
耐用消费品	1 303	7.5
非耐用消费品	2 666	15.3
服务	7 962	45.7
投资（I）	**2 852**	**16.4**
固定投资	2 211	12.7
非住宅建造	507	2.9
设备	1 017	5.8
知识产权产品	686	3.9
住宅投资	559	3.2
库存投资	82	0.5
政府采购（G）	**3 175**	**18.2**
联邦	1 219	7.0
国防	762	4.4
非国防	458	2.6
州及地方	1 956	11.2
净出口（NX）	**−538**	**−3.1**
出口	2 337	13.4
进口	2 875	16.5
总额（等于 GDP）(Y)	**17 419**	**100.0**

说明：由于四舍五入的原因，各项数字相加不一定等于总额。

资料来源：美国经济分析局官网上 2015 年 5 月 29 日的国民收入账户表 1.1.5。

消费　**消费**（consumption）是国内家庭在最终商品和服务（其中包括由外国生产的最终商品和服务）上的花费。[①] 它是支出的最大组成部分，通常约占美国 GDP 的三分之二多一点。消费支出又分为以下三类：

（1）耐用消费品，指那些能长期使用的消费品，如汽车、电视机、家具以及主要的家用设备（但不包括房屋，因为它们属于投资）。

（2）非耐用消费品，指那些使用寿命短的物品，如食物、衣服和燃油。

（3）服务，如教育、健康医疗、金融服务和交通运输。

投资　**投资**（investment）包括对新资本品的支出（即固定投资）和公司所持库存的增加（即库存投资）。固定投资又有两个主要组成部分：

（1）商业固定投资，指企业在建筑物（如工厂、仓库以及办公楼）、设备（如机器、车辆、电脑和家具）以及软件上的花费。

（2）住宅投资，指建造新的独栋房屋和新公寓楼的花费。因为能长期提供（庇护所）服务，因此房屋和公寓楼被视为资本品。

与消费一样，投资包括对外国生产商品的支出。美国的固定投资波动性大，占美国

① 稍后，我们扣除进口，以便得到对本国经济所生产商品和服务的总支出。

GDP 的比例为 13%～20%。

如前所述，不管库存增加的原因是什么，投资支出都包括新增的库存。具体说来，如果一个公司不能完全售出它所生产的商品，那么由其所导致的新增库存就算作该公司的投资。就国民收入核算而言，该公司实际上向自己购买了它未销售的商品。这个核算规则之所以有用，是因为它保证了生产和支出在国民收入账户中总是相等的。根据定义，任何生产出来的东西要么被消费者购买，要么被公司自己“购买”。

政府采购 **政府采购**（government purchases）包括政府对由外国和本国当前生产的商品和服务的支出，是支出的第三个组成部分。美国近期的政府采购约占其 GDP 的五分之一。注意，在表 2-1 中，美国绝大多数的政府采购由州和当地政府做出，而非联邦政府。

并不是所有政府开出的支票都用于购买当前的商品和服务。**转移支付**（transfers）是政府支出中不用于交换当前商品和服务的部分，包括政府对社会保险和联邦医疗保险福利[①]、失业保险等类别的支付，通常支付给个人。因此，转移支付不计入政府采购，在依支出法计算 GDP 时也没有被包含在内。类似地，国家债务的利息支付也不算作政府采购的一部分。

类似于私人消费和投资的区别，政府采购的一部分流向当前的付款需要（如雇员工资），另一部分用于获取资本品（如办公楼）。在美国的国民收入和产品账户中，政府在资本品上的支出（建筑、设备、软件和知识产权）已与其他政府采购分离了。政府投资具有相当的规模，近年来每年均超过 6 000 亿美元，约为私人部门每年投资额的五分之一。不过，我们在国民收入账户中谈到“投资”时，通常是指私人部门的投资 I；为简化起见，我们将政府投资与政府对商品和服务的其他采购合在一起，称为 G。

净出口 **净出口**（net exports）等于出口减去进口。如第 1 章所述，出口是指一国国内所生产的商品和服务中由外国人购买的部分，进口是指由本国居民所购买的在国外生产的商品和服务。如果出口大于进口，则净出口为正值；如果进口超过出口，则净出口为负值。

将出口纳入总支出是因为它们代表着（外国人）对一国生产的最终商品和服务的支出。[②] 将进口从总支出中扣除是因为根据定义，消费、投资以及政府采购包括了对进口商品和服务的支出。扣除进口可确保总支出 $C+I+G+\text{NX}$ 反映的仅仅是对该国国内所生产产品的支出。例如，进口的增长也许意味着美国人购买的是日本汽车而不是美国汽车，所以就国内居民的固定总支出而言，进口的增长降低了对国内所生产产品的支出。

□ 度量 GDP 的收入法

收入法是第三种也是最后一种度量 GDP 的方法，它通过将生产者获取的收入相加来计算 GDP，其中包括利润和付给政府的税。收入法的关键部分是国民收入。**国民收入**（national income）等于八种类型的收入之和（参见表 2-2 的近期美国数据）。

---

① 尽管看起来医疗保险福利是由政府做出的当前支出而不是转移支付，在国民收入账户中，医疗保险福利属于家庭的消费支出，而政府在医疗保险上的支出则属于政府向家庭提供的转移支付。

② 出口包括最终商品和中间商品，这些中间商品在国外完成将其变为最终商品的生产阶段，因此，这些中间商品在美国 GDP 中不会被重复计算。类似地，进口包括中间商品，它们要从 GDP 中被扣除，在最终商品中，只有在美国生产的部分才会被计入美国的 GDP。

表 2-2　　用收入法来度量美国 2014 年的 GDP

	10 亿美元	占 GDP 的百分比（%）
雇员报酬	9 228	53.0
所有者收入	1 380	7.9
个人租金收入	640	3.7
公司利润	2 090	12.0
净利息	486	2.8
生产税和进口税	1 146	6.6
商业当前转移支付	141	0.8
政府企业当前盈余	−34	−0.2
总计（等于国民收入）	**15 077**	**86.6**
加上统计误差	−182	−1.0
等于国民生产净值（NNP）	**14 894**	**85.5**
加上固定资本消耗	2 736	15.7
等于国民生产总值（GNP）	**17 631**	**101.2**
减去国外要素收入	828	4.8
加上国外要素支付	616	3.5
等于国内生产总值（GDP）	**17 419**	**100.0**

说明：由于四舍五入的原因，各项数字相加不一定等于总额。

资料来源：美国经济分析局官网上 2015 年 5 月 29 日的国民收入账户表 1.7.5 和表 1.12。

（1）雇员报酬。雇员报酬就是（除去那些自我雇用者的）雇员的收入，包括工资、薪水、雇员福利（含雇主对养老金计划的缴纳）以及雇主对社会保险的缴纳。从表 2-2 中可以看出，雇员报酬是国民收入的最大组成部分，在过去的 25 年中平均约占 GDP 的 54.9%，不过在 2014 年仅占 GDP 的 53%。

（2）所有者收入。所有者收入是指没有组成公司的自我雇用者的收入。因为许多自我雇用者拥有一些资本（如农场主的拖拉机和牙医的 X-光机），所有者收入包括劳动收入和资本收入。所有者收入在过去的 25 年中平均约占 GDP 的 7.1%。

（3）个人租金收入。个人租金收入所占比例很小，是指拥有土地或建筑物并将之出租的个人所获取的收入。一些混杂类型的收入，诸如付给作者、唱片艺术家以及其他人的版权收入也包含在内。个人租金收入在过去的 25 年中平均约占 GDP 的 2.0%。①

（4）公司利润。公司利润是指公司所赚取的利润，代表公司营业收入在给付工资、利息、租金以及其他成本后的剩余。公司利润用于支付公司所得税等对公司所征收的税金以及股东股息。支付税金和股息之后的公司利润剩余部分称为未分配盈余，由公司留存。公司利润一般在 GDP 中所占比重适中（在过去的 25 年中平均约占 GDP 的 10%），

① 个人租金收入只占 GDP 的微小部分，因为它代表的是租金净收入，也就是收到的租金减去更换损耗或折旧部分的成本。此外，个人租金收入并没有包括在经济中支付的所有租金，因为它将公司收到的租金排除在外。

不过公司所赚取的利润额在年与年之间，甚至是季度与季度之间都会发生大幅度变化。从表 2-2 中可以看出，2014 年，公司利润占 GDP 的比重为 12.0%，这是过去 25 年中第三高的数值，次于 2013 年的最高值 12.6%和 2012 年的次高值 12.5%。因此，和历史经验相比，公司利润在过去三年高得非同寻常。

（5）净利息。净利息是指个人从企业和国外获取的利息减去由个人支付的利息。在过去 25 年里，净利息每年在 GDP 的 2.8%～7.5%范围内波动，平均为 GDP 的 4.6%。

（6）生产税和进口税。对生产和进口的征税包括由企业向美国联邦、州和当地政府缴纳的销售税、消费税和关税，以及由家庭缴纳的（住宅性）不动产税和汽车牌照税。这些税在过去的 25 年中平均占 GDP 的 6.7%。

（7）商业当前转移支付。商业当前转移支付是指由商家向个人、政府或外国人做出的非工资、非税收和非服务费的支付。慈善性捐赠、保险费支付、由银行支付的联邦存款保险公司的保险优惠费率以及诉讼和解费都被列入此类收入。在过去 25 年中，商业当前转移支付每年占 GDP 的 0.6%～0.9%。

（8）政府企业当前盈余。政府企业当前盈余主要就是政府所拥有的如供水、供电、污水处理、垃圾处理、公共交通和住房保障等企业的利润。当这些企业亏损时，政府企业当前盈余常为负数，就如在过去 11 年中一样，尽管亏损额从未超过 GDP 的 0.2%。

除了刚刚描述的国民收入的八个组成部分之外，要得到 GDP 的总数，还需要解释其他三个事项：

- 统计误差。
- 折旧（即固定资本消耗）。
- 国外净要素支付。

统计误差（statistical discrepancy）之所以出现，是因为收入数据的来源与生产数据的来源不同。生产法结果与收入法结果的差别等于统计误差。因此，统计误差为正意味着收入法结果少于生产法结果。国民收入加上统计误差等于**国民生产净值**（net national product，NNP），如表 2-2 所示。

折旧（depreciation）也称固定资本消耗，是指在经济活动被度量期间资本磨损部分的价值。[①] 在计算国民收入的组成部分时（具体说来，包括所有者收入、公司利润和租金收入），折旧被从总收入中扣除了。这样，要计算收入的总额，我们必须将折旧加回。国民生产净值与折旧之和就是国民生产总值。国民生产总值和国内生产总值之所以被称为“总”，是因为它们度量的是一国商品和服务的总产出，并没有减去折旧部分。

如前所述，从 GNP 到 GDP，我们必须减去国外净要素支付 NFP［式（2-2）］。同样，你也可以从表 2-2 中看出，美国的国外净要素支付相对较小，所以它的 GDP 和 GNP 很接近。

私人部门和政府部门的收入　本节将用经济中所收到的收入总和来度量经济活动。不过，有时经济学家需要知道总收入中有多少是由私人部门（家庭和商界）得到，又有多少是归于政府部门——在美国就是指联邦、州和地方政府。例如，预测对消费品的需求时，关注私人部门的收入要比关注整个经济的收入有意义得多。

---

① 折旧包括资本的物质损耗以及在经济上丧失价值而不再有用的资本。例如，那些虽然可以运转但由于更新型号的出现而过时并丧失价值的电脑应当被计入折旧。

私人部门的收入也称**私人可支配收入**（private disposable income），度量的是私人部门可用于支出的收入数额。一般来说，对单个家庭而言，私人部门总体的可支配收入等于来自私人部门活动的收入，加上私人部门收到的来自政府的支付，再减去付给政府的税金。准确的定义为：

$$私人可支配收入=Y+\mathrm{NFP}+\mathrm{TR}+\mathrm{INT}-T \tag{2-4}$$

其中，

Y＝国内生产总值
NFP＝国外净要素支付
TR＝转移支付
INT＝政府债务的利息支付
T＝税金

从式（2－4）中可以看出，私人可支配收入等于私人部门在国内（来自 GDP）和在国外（来自国外净要素支付 NFP）所获取的收入①，加上政府部门对私人部门的支付（转移支付 TR 以及政府债务的利息支付 INT）②，再减去税金 T。

私人部门不能支配的那部分 GDP 就是政府净收入。政府净收入等于私人部门所付税金 T 减去政府部门给私人部门的支付（包括转移支付 TR 以及政府债务的利息支付 INT），即

$$政府净收入=T-\mathrm{TR}-\mathrm{INT} \tag{2-5}$$

将式（2－4）和式（2－5）相加，就得到私人可支配收入与政府净收入的总和($Y+\mathrm{NFP}$)，也就是国民生产总值。

2.3 储蓄和财富

如果要评估一个家庭的经济状况，一个重要的信息就是这个家庭的当前收入。不过，有很高当前收入的人并不一定比有较低当前收入的人在经济上更富有。例如，一个没有当前收入但拥有价值 1 000 万美元不动产的退休大亨在经济上比一个工资很高但同时因上医学院而身负沉重债务的刚毕业的医生要富有。要确定一个家庭有多少财富，除了知道它的当前收入，你还需要知道这个家庭所拥有的资产和所负担的债务。资产价值减去负债价值称为**财富**（wealth）。

与一个家庭一样，一个国家的经济福祉不仅依赖于它的收入，而且依赖于它的财富。整个国家的财富称为**国民财富**（national wealth）。

财富的重要决定因素之一是储蓄率：一个将其月收入的四分之一存起来的家庭和一个有同样收入但只储蓄其收入 2%的家庭相比，积累财富的速度更快。类似地，国民财

① 注意，在国内外所获收入的总额（GDP＋NFP）等于 GNP。

② 一部分政府债务的利息是支付给外国投资者、企业和政府的。在计算私人可支配收入时政府所支付的这部分利息应当从政府债务利息中扣除。

富增长的速度依赖于在经济中个人、企业和政府储蓄的速度。因此，储蓄率和财富累积密切相关。

本节描述总储蓄和财富的一些概念，并考察它们之间的关系。我们在这里的主要兴趣是度量问题，而什么决定了一国储蓄率之类的问题将在后面几章涉及。

□ 储蓄的度量

通常说来，任何经济单位的**储蓄**（saving）均等于该单位的当前收入减去在其当前需要上的支出。一个经济单位的储蓄率等于其储蓄除以收入。从宏观经济的角度来说，储蓄的三个重要度量指标是私人储蓄、政府储蓄和国民储蓄。小结表 1 列出了每个度量的定义。

小结表 1　　储蓄的度量

储蓄度量	定义和公式
私人储蓄	私人可支配收入减去消费 $S_{pvt}=(Y+\mathrm{NFP}-T+\mathrm{TR}+\mathrm{INT})-C$
政府储蓄	政府收入减去政府支出 $S_{govt}=(T-\mathrm{TR}-\mathrm{INT})-G$
国民储蓄	私人储蓄加上政府储蓄；也等于 GNP（$Y+\mathrm{NFP}$）减去消费和政府采购 $S=S_{pvt}+S_{govt}$ $=Y+\mathrm{NFP}-C-G$

私人储蓄　私人部门的储蓄也称**私人储蓄**（private saving），等于私人可支配收入减去消费。根据式（2-4）关于私人可支配收入的定义，我们可以得出：

$$\begin{aligned} S_{pvt} &= \text{私人可支配收入}-\text{消费} \\ &= (Y+\mathrm{NFP}-T+\mathrm{TR}+\mathrm{INT})-C \end{aligned} \tag{2-6}$$

式中，S_{pvt}为私人储蓄。因为消费代表着私人部门为满足当前需要的支出，所以需要从私人可支配收入中减去消费才能得出私人储蓄。尽管投资是私人部门支出的一部分，但它并没有从私人可支配收入中扣除，因为购买资本品是为了增强未来的生产能力，而不是满足当前需要。私人储蓄率等于私人储蓄除以私人可支配收入。

政府储蓄　**政府储蓄**（government saving）可被定义为政府净收入［式（2-5）］减去政府采购。用 S_{govt}来代表政府储蓄，政府储蓄的定义可表示为：

$$\begin{aligned} S_{govt} &= \text{政府净收入}-\text{政府采购} \\ &= (T-\mathrm{TR}-\mathrm{INT})-G \end{aligned} \tag{2-7}$$

式（2-7）将政府采购 G 视为政府为满足当前需要而做出的开支，因而政府储蓄的定义也就与储蓄等于收入减去在当前需要上的支出的一般定义相符。

不过，如同我们先前讨论的，事实上并不是所有的政府开支都用于满足当前需要。G 的一部分用于获取能长期使用的资本，例如学校、高速公路以及大坝。国民收入账户将政府采购分为用于满足当前需要的部分（称为政府消费）和能在长期使用的资本品上的支出部分（称为政府投资）。[1] 在这种分类下，政府储蓄可以被定义为政府净收入减去政府消费，而不是政府净收入减去政府采购。这种替代方法将政府投资纳入了美国经济储蓄和投资的度量，近年来使其每年的增加额超过了 6 000 亿美元。[2]

尽管政府储蓄的替代定义在概念上更准确，但就本书的大多数分析而言，将政府消费和政府投资分开记录会使事情不必要地复杂化。为了使事情尽可能地简单，我们通常忽略政府投资而假设政府采购只由政府消费构成。根据这个假设，我们可以使用式（2－7）中政府储蓄的传统定义。不过，在考虑政府预算赤字时，你应当牢记，事实上一些政府开支是用于建造或获取可长期使用的资本品。

另一个人们也许更为熟悉的政府储蓄名称是政府预算盈余。政府**预算盈余**（budget surplus）等于政府收入减去政府支出。**政府收入**（government receipts）等于税收收入 T。**政府支出**（government outlays）是政府采购 G、转移支付 TR 以及政府债务的利息支付 INT 的总和。因此，从式（2－7）中可以看出，政府预算盈余等于 $T-(G+\mathrm{TR}+\mathrm{INT})$，也就是政府储蓄。

当政府收入少于政府支出时，收入和支出之间的差额就称为**预算赤字**（budget deficit）。因此，当政府在支出大于收入即预算赤字情况下运转时，政府储蓄为负数。

国民储蓄　**国民储蓄**（national saving）也就是整个经济体的储蓄，等于私人储蓄与政府储蓄之和。应用式（2－6）和式（2－7）中私人储蓄与政府储蓄的定义，我们可以得出国民储蓄 S 为：

$$\begin{aligned} S &= S_{\mathrm{pvt}} + S_{\mathrm{govt}} \\ &= (Y+\mathrm{NFP}-T+\mathrm{TR}+\mathrm{INT}-C)+(T-\mathrm{TR}-\mathrm{INT}-G) \\ &= Y+\mathrm{NFP}-C-G \end{aligned} \tag{2-8}$$

式（2－8）表示国民储蓄等于该经济体的总收入 $Y+\mathrm{NFP}$（等于 GNP）减去为满足当前需要而发生的支出（消费 C 和政府采购 G）。

图 2－1 描绘了 1960 年第一季度到 2015 年第一季度的美国国民储蓄、政府储蓄和私人储蓄（以各自占美国 GDP 的百分比表示）。政府储蓄平均占 GDP 的－4.8%，也就是说国民储蓄平均比私人储蓄低，而且幅度为 GDP 的 4.8%。政府储蓄占 GDP 的百分比在－12.8%和 0.8%之间波动，国民储蓄占 GDP 的百分比在 9.3%和 20%之间波动，和它们相比，私人储蓄占 GDP 的百分比在一个相对狭窄的范围内波动（15.8%到 24.7%）。[3]

□ 私人储蓄的用途

在一个经济体中，私人储蓄的用处是什么呢？私人储蓄用于为新的投资提供资金、为政府弥补预算赤字提供所需资金以及借给外国人或从外国人处获取资产。

---

① 政府消费的度量包括了政府资本品的折旧。

② 注意，通过简单的推理可知，在计算私人储蓄时，家庭在汽车和其他长期使用的耐用消费品上的支出不应从私人可支配收入中扣除；然而，在具体操作中它们都被扣除了。

③ 1990 年之后，美国的国民储蓄和政府储蓄以各自占 GDP 百分比表示的相关系数为 0.90；1990 年之后，国民储蓄和私人储蓄的相关系数为－0.55。

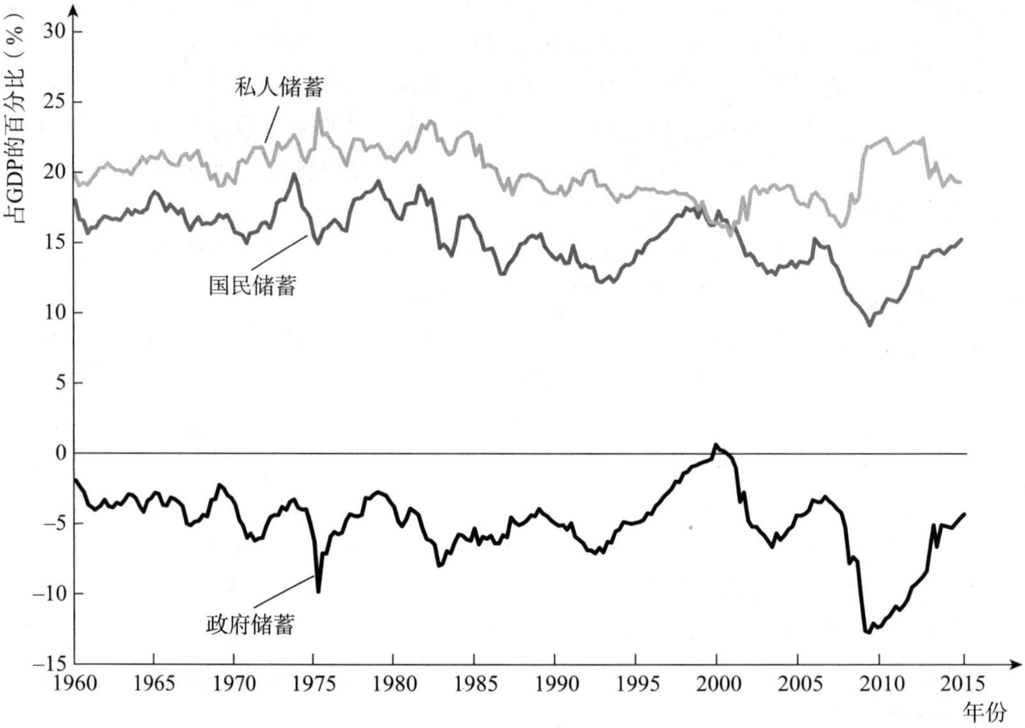

图 2-1　1960 年第一季度到 2015 年第一季度以占 GDP 的百分比表示的美国储蓄

说明：自 1960 年以来，美国私人储蓄一直在一个相对狭窄的区间内波动。

资料来源：美国经济分析局的国民收入账户，可从 FRED 数据库下载。私人储蓄：FRED 数据库的 GPSAVE 序列。政府储蓄：FRED 数据库的 GGSAVE 序列（忽略作为支出组成部分的政府总投资之后的政府总储蓄）减去 A782RC1Q027SBEA 序列（政府总投资）。国民储蓄：私人储蓄和政府储蓄的总和。GDP：FRED 数据库的 GDP 序列。

为导出一个能说明如何使用私人储蓄的重要恒等式，我们首先使用了收入-支出恒等式［式（2-3)］，然后在国民储蓄的表达式［式（2-8)］中用 $C+I+G+\mathrm{NX}$ 来代替 Y，即

$$S=(C+I+G+\mathrm{NX})+\mathrm{NFP}-C-G$$

对上式化简，得到：

$$S=I+(\mathrm{NX}+\mathrm{NFP}) \tag{2-9}$$

在式（2-9）中，国民储蓄的表达式包含了 NX+NFP，它是净出口与国外净要素支付的总和，也称经常账户余额 CA。[①] **经常账户余额**（current account balance）等于国外为交换国内当前生产的商品和服务（包括要素服务）所支付的款项减去类似的由国内经济付给外国人的款项。在式（2-9）中用 CA 来替代 NX+NFP，可得：

$$S=I+\mathrm{CA} \tag{2-10}$$

现在有了国民储蓄 S 的表达式，而我们的目标是私人储蓄 S_{pvt} 的表达式。式（2-8）表

① 实际上，经常账户余额也包括单边净支付这一项，度量的是国家之间互赠的私人礼品或者官方对外援助等交往（参见第 5 章）。我们在分析中一般将其忽略。

明，私人储蓄 S_{pvt} 等于国民储蓄 S 减去政府储蓄 S_{govt}。因此，将 S_{govt} 从式（2-10）的两边同时减去，我们得到

$$S_{pvt}=I+(-S_{govt})+CA \tag{2-11}$$

式中，$-S_{govt}$ 为政府预算赤字。

式（2-11）是另一个重要的宏观经济恒等式，称为**储蓄用途恒等式**（uses-of-saving identity）。它描述了一个经济体中私人储蓄的三个用途：

（1）投资 I。公司为建造和购买新资本（包括住宅资本）以及库存投资而向私人储户借贷以筹集资金。

（2）政府预算赤字 $-S_{govt}$。当政府有预算赤字（也就是 S_{govt} 为负值而 $-S_{govt}$ 为正值）时，它必须向私人储户借贷，以弥补支出和收入间的差额。

（3）经常账户余额 CA。当美国的经常账户余额为正值时，外国人得自美国的收入并不足以弥补他们需要向美国做出的支付。为弥补这一差额，外国人要么必须向美国私人储户借贷，要么必须向美国储户出售他们的资产，例如土地、工厂、股票和债券。因此，为经常账户余额提供资金也是私人储蓄的一个用途。

1960年第一季度到2015年第一季度美国储蓄用途恒等式的组成部分如图2-2所示。

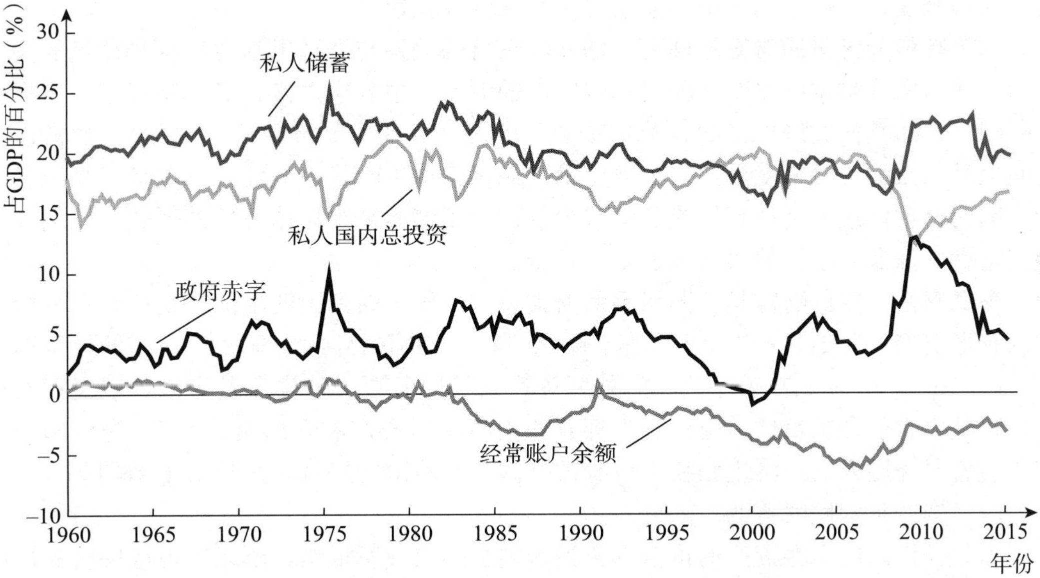

图2-2　1960年第一季度到2015年第一季度美国储蓄用途恒等式的组成部分

说明：私人储蓄等于私人国内总投资、政府赤字和经常账户余额的总和。自20世纪90年代初期以来，经常账户余额一直是负数，这意味着外国人从那时起就在为美国的国内投资和政府赤字提供资金。

资料来源：美国经济分析局的国民收入账户，可从FRED数据库下载。私人储蓄：FRED数据库的GPSAVE序列。政府储蓄：FRED数据库的GGSAVE序列（忽略作为支出组成部分的政府总投资之后的政府总储蓄）减去A782RC1Q027SBEA序列（政府总投资）。国民储蓄：私人储蓄和政府储蓄的总和。GDP：FRED数据库的GDP序列。

相反地，当美国的经常账户余额为负值时，就像在20世纪80年代的大部分时间、90年代以及21世纪头10年所发生的，美国得自外国人的付款不足以弥补他们需要向

外国人做出的支付。为抵消支付大于收入的差额部分，美国要么必须向外国人借贷，要么必须向外国人出售美国资产。在这种情况下，外国人可以将他们的储蓄借给美国，也可以获取美国资产。①

□ 将储蓄和财富联系起来

因为储蓄与财富积累速度密切相关，所以储蓄是一个关键的经济变量。我们在本节的剩余部分讨论储蓄与财富的关系。不过，在这么做之前，我们首先必须引入存量和流量的概念。

存量与流量 到目前为止，本章所探讨的经济变量（诸如 GDP 和不同类型的支出、收入及储蓄）都是以单位时间来度量的（如每季度或每年）。例如，年均 GDP 度量的是经济每年的生产。以单位时间度量的变量称为**流量变量**（flow variables）。

而被称为**存量变量**（stock variables）的经济变量则被定义于时间的某一点。存量变量的例子包括在今年 9 月 15 日你的银行账户中的存款总额以及在 2016 年 1 月 1 日美国所有房屋的总价值。

在许多应用中，流量变量是存量变量变化的速度。一个经典例子是水不断地从水龙头流入浴缸。在任何时刻，浴缸内的水量是存量变量。存量变量的单位（在本例中是加仑）并没有时间这一维度。水流入浴缸的速度是流量变量，它的单位（加仑/分钟）有时间这一维度。在这个例子中，流量等于存量的变化速度。

作为存量和流量的财富及储蓄 储蓄和财富的关系与浴缸里水的流量和存量的关系相似。任何经济单位（家庭、公司和政府）的财富，也称净财富，等于其资产（所拥有的一切，包括其他经济单位的欠款）减去其负债（对其他经济单位的欠债）。财富以在时间上某一点的美元来度量，是存量变量。储蓄以单位时间内的美元来度量，是流量变量。因为储蓄体现为资产积累或负债减少（例如用储蓄来支付债务）的形式，它增加了财富，就好像流入浴缸的水增加了水的存量。

国民财富 国民财富是一国居民的财富总和。国民财富由两个部分组成：①一国的国内有形资产，比如其资本品和土地的存量②；②一国的外国净资产。一国的**外国净资产**（net foreign assets）等于该国的外国资产（外国股票、债券以及由国内居民拥有的工厂）减去它的外国负债（由外国人拥有的国内有形资产和金融资产）。因为外国净资产代表着对外国人的经济主张权中没有被外国人对本国的经济主张权所抵销的部分，所以外国净资产是国民财富的一部分。

因为任何国内金融资产的价值都要被国内金融负债所抵销，所以国内居民持有的国内金融资产并不是国民财富的一部分。例如，一个美国居民在美国银行的支票账户对该储户来说是资产，但对银行来说则是负债，所以对整个经济来说，它不代表财富。而一个美国居民在外国银行的支票账户并没有相对应的国内负债（它是外国人的负债），所以是美国国民财富的一部分。

国民财富随着时间的推移会在两方面发生变化。首先，构成国民财富的现有资产或

---

① 有关经常账户以及它与国际借贷的关系，更详细的讨论见第 5 章。

② 原则上，国民财富应当包括该国居民技能与培训的价值——经济学家称之为人力资本。在实践中，由于度量问题，人力资本通常不被包括在国民财富的度量里。

负债可能会改变。例如，20 世纪 90 年代，股票市场的大幅上升增加了美国的国民财富，有形资产的折旧或损耗对应着这些资产价值的下降，从而减少了国民财富。

其次，国民财富也可因国民储蓄而改变。在任何特定时期，如果要维持现有资产和负债的价值不变，国民储蓄每额外增加 1 美元，国民财富就要增加 1 美元，即

$$S=I+CA$$

你会认出这就是式（2－10）。这个等式说明国民储蓄有两个用途：①通过投资增加国内有形资本存量；②通过借钱给外国人或获取与经常账户余额 CA 等值的外国资产来增加本国的外国净资产存量。但是，国内有形资产或外国净资产每增加 1 美元，国民财富也增加 1 美元。于是，如我们所说，国民储蓄的增长使国民财富以相同的数额增长。就像水流入浴缸的例子一样，国民储蓄的流量越快，国民财富存量就会以越快的速度增长。

与其他国家相比，美国的国民储蓄和投资表现如何呢？与其他工业化国家相比，美国属于低储蓄国家。根据官方统计，美国的投资也相对较低。[①] 不过，美国的投资率通常要比储蓄率高。运用 $S=I+CA$ 的关系，我们知道，如果投资 I 超过国民储蓄 S，那么经常账户余额 CA 就一定是负值。如前所述，自 1980 年以来，美国的经常账户就已处于赤字状态。与之相比，中国这样的高储蓄国家的投资率总是低于储蓄率，使得这些国家的经常账户余额持续为正值。

2.4 实际 GDP、价格指数以及通货膨胀

到目前为止，本章所讨论的所有关键宏观经济变量（如 GDP、支出与收入的组成部分、国民财富以及储蓄）都是以当前市场价值来度量的，这些变量称为**名义变量**（nominal variables）。使用市场价值来度量经济活动的好处是，可以加总不同种类的商品和服务。

然而，如果你想要比较 GDP 这样一个经济变量在两个不同时间点的价值，用名义价值来度量经济活动就会出现一个问题。如果包括在 GDP 里的商品和服务的当前市场价值随着时间的推移而改变，那么你无法判断到底这个变化是反映了所生产的商品和服务数量上的变化，还是商品和服务价格上的变化，抑或两者皆有。例如，GDP 当前市场价值的大幅增长也许意味着一个国家已大量增加了商品和服务的生产，但也可能意味着该国经历了使商品和服务价格升高的通货膨胀。

□ 实际 GDP

经济学家已经设计了将名义变量的变化中有形数量的变化和价格的变化区别开来的方法。试考虑表 2－3 中的例子，它给出了一个生产电脑和自行车两种商品的经济体中价格和产出的数据，数据以两个不同的年份给出。在第一年，GDP 的价值是

① 一些经济学家提出，美国的低储蓄和投资率在反映行为表现的根本差异的同时，也反映了各种度量存在的问题。例如，参见 Milton Marquis，“What's Behind the Low U. S. Personal Saving Rate?” Federal Reserve Bank of San Francisco，*Economic Letters*，2002－09，以及 Rudolph Penner，“Measuring Personal Saving：A Tale of American Profligacy，” Urban Institute，Retirement Policy Program Brief No. 21，May 2008。

46 000 美元（5 台电脑各值 1 200 美元以及 200 辆自行车各值 200 美元）。在第二年，GDP 的价值是 66 000 美元（10 台电脑各值 600 美元以及 250 辆自行车各值 240 美元），比第一年 GDP 的价值高出 43.5%。这 43.5%的名义 GDP 增长既不是指有形产出增长了 43.5%，也不是指价格升高了 43.5%。相反，它反映了产出与价格同时发生的变化。

表 2-3　　价格和产出的数据

	第一年	第二年	从第一年到第二年的百分比变化（%）
产出（数量）			
电脑	5 台	10 台	100
自行车	200 辆	250 辆	25
价格			
电脑	1 200 美元/台	600 美元/台	−50
自行车	200 美元/辆	240 美元/辆	20
价值			
电脑	6 000 美元	6 000 美元	0
自行车	40 000 美元	60 000 美元	50
总计	**46 000 美元**	**66 000 美元**	**43.5**

名义 GDP 43.5%的增长有多少可以归因于有形产出的增长？剔除价格因素，从而关注产出数量变化的一个简单方法是，用某一基年的价格来度量每年的生产价值。就本例来说，我们将第一年设为基年。如表 2-4 所示，用第一年的价格（每台电脑 1 200 美元，每辆自行车 200 美元）为第二年的生产估价，其价值为 62 000 美元。我们说，以第一年价格度量的第二年实际 GDP 的价值是 62 000 美元。

表 2-4　　不同基年实际产出的计算

基年为第一年时实际产出的计算					
	当前数量		基年价格		
第一年					
电脑	5	×	1 200 美元	=	6 000 美元
自行车	200	×	200 美元	=	40 000 美元
				总计=	**46 000 美元**
第二年					
电脑	10	×	1 200 美元	=	12 000 美元
自行车	250	×	200 美元	=	50 000 美元
				总计=	**62 000 美元**
实际 GDP 的百分比增长=(62 000 美元−46 000 美元)/46 000 美元=34.8%					

基年为第二年时实际产出的计算				
	当前数量		基年价格	
第一年				
电脑	5	×	600 美元	= 3 000 美元
自行车	200	×	240 美元	= 48 000 美元
				总计＝ 51 000 美元
第二年				
电脑	10	×	600 美元	= 6 000 美元
自行车	250	×	240 美元	= 60 000 美元
				总计＝ 66 000 美元
实际 GDP 的百分比增长＝(66 000 美元－51 000 美元)/51 000 美元＝29.4%				

通常说来，以某一基年的价格度量的经济变量称为**实际变量**（real variable）。实际变量度量的是经济活动的有形数量。具体来说，**实际 GDP**（real GDP），也称固定价格 GDP，是以基年价格来度量的一个经济最终生产的物质数量。**名义 GDP**（nominal GDP），也称当前价格 GDP，则是以当前价格来度量的一个经济最终生产的美元价值。因此，本例中第二年的名义 GDP 是 66 000 美元，是我们用当前价格（第二年的价格）来估算产出价值而得到的。

第一年实际 GDP 的价值是多少？继续以第一年为基年，然后用第一年的价格（每台电脑 1 200 美元，每辆自行车 200 美元）为产出估算价值。第一年生产的 5 台电脑和 200 辆自行车价值 46 000 美元，因此第一年的实际 GDP 等于其名义 GDP。这个结果具有普遍性：因为在基年中，当前价格与基年价格相同，所以基年的实际价值和名义价值总是相等的，也就是基年的实际 GDP 和名义 GDP 相等。

现在，我们可以计算有形产出从第一年到第二年的增长了。实际 GDP 用于度量产出的有形数量。因为第二年的实际 GDP 是 62 000 美元，第一年的实际 GDP 是 46 000 美元，在第二年以实际 GDP 度量的产出比第一年增长了 34.8%。

□ 价格指数

我们已经明白了如何计算因为有形数量变化而引起的名义 GDP 变化的部分。现在，我们将注意力转移到使用价格指数来计算价格变化上。**价格指数**（price index）度量的是相对于某特定基年一些特定商品和服务组合的平均价格水平。例如，**GDP 平减指数**（GDP deflator）是一个度量 GDP 中商品和服务总体价格水平的价格指数，其定义为：

实际 GDP＝名义 GDP/(GDP 平减指数/100)

名义 GDP 必须与 GDP 平减指数（除以 100）相除，也就是平减，才能得出实际 GDP。在本例中，我们已经计算出名义 GDP 和实际 GDP，所以改写前一个公式，就可以算出 GDP 平减指数，即

GDP 平减指数＝100×名义 GDP/实际 GDP

在第一年（在本例中为基年），名义 GDP 和实际 GDP 相等，所以 GDP 平减指数等于 100。GDP 平减指数在基年等于 100 是一个普遍性原则，本例就是它的应用。在第二年，名义 GDP 为 66 000 美元（见表 2-3），实际 GDP 为 62 000 美元（见表 2-4），于是第二年的 GDP 平减指数为 106.5（＝100×66 000/62 000），比第一年的 GDP 平减指数高出 6.5%。所以，在第二年以 GDP 平减指数度量的总体价格水平比第一年高 6.5%。

实际 GDP 和 GDP 平减指数的度量取决于基年的选择。本章的"数据获取与研究前沿：电脑革命与环比加权实际 GDP"表明，基年的选择对计算实际产出的增长有重要影响，并会影响到价格水平变化的计算。

数据获取与研究前沿

电脑革命与环比加权实际 GDP

在发达国家中，电脑的广泛使用已引起了商业、教育和休闲方面革命性的变化。美国用于电脑的实际支出在 20 世纪 80 年代中期一跃而起，上升趋势一直持续到 21 世纪头 10 年，同时电脑的价格在这期间稳定地持续下降。电脑实际产量急剧上升和电脑价格急剧下降的现象凸显了在计算实际 GDP 增长时如何选择基年的问题。

为了说明这个问题，我们使用表 2-3 和表 2-4 中的例子，其中电脑产量的大幅增长伴随着电脑价格的急剧下跌。前文例子已表明，当第一年为基年时，从第一年到第二年的实际 GDP 增长了 34.8%。然而，用表 2-4 中的数字，以第二年为基年，我们会看到实际 GDP 增长的度量完全不同。以第二年为基年意味着用第二年的价格来为产出估价。具体来说，每台电脑为 600 美元，每辆自行车为 240 美元。于是，第一年 5 台电脑和 200 辆自行车的实际价值是 51 000 美元。继续以第二年为基年，那么第二年的实际产出价值等于其名义产出价值，也就是我们先前算出的 66 000 美元。这样，我们看到以第二年为基年，实际产出从第一年的 51 000 美元增长到第二年的 66 000 美元，上升了 29.4%。

我们总结一下这些计算结果。以第一年为基年，算出的产出增长率为 34.8%，但以第二年为基年，算出的产出增长率仅为 29.4%。为什么会出现这样的差别？在本例中，从第一年到第二年电脑的数量增长了 100%（从 5 台到 10 台），自行车的数量增长了 25%（从 200 辆到 250 辆）。无论是以第一年为基年算出的 34.8%的增长率，还是以第二年为基年算出的 29.4%的增长率，都介于这两种商品的增长率之间。总的增长率其实是单个商品增长率的某种加权平均。当第一年为基年时，我们用第一年价格为产出估价，而第一年的电脑远比自行车昂贵得多。于是，与第二年为基年相比较，总产出的增长率更接近于电脑的高增长率。

那么哪一个才是"正确"的基年呢？这里并没有明确偏向其中一个的理由。为解决这个问题，1996 年，美国经济分析局引入了环比加权指数来度量实际 GDP。环比加权实际 GDP 代表了在以第一年为基年和以第二年为基年之间一种数学性的妥协。使用环比加权实际 GDP 计算得出的实际 GDP 增长率是以第一年为基年算出的增长率和以第二年为基年算出的增长率之间的某种平均。(在本例中,使用环比加权算出的实际 GDP 增长率为 32.1%,但我们这里不讨论计算所涉及的细节。)①

在经济分析局使用环比加权法之前,它是以 1987 年为基年来计算实际 GDP 的。随着时间的推移,为了使计算出的实际 GDP 的价格能反映所生产的不同商品和服务的真实价值,有必要更新基年。每次改变基年时,美国经济分析局就要依此计算实际 GDP 的新历史数据。环比加权法则有效地自动更新基年。某一给定年份的年增长率是以该年度和前一年度为基年计算得来的,因此不必随着时间的推移而依新基年重新计算实际 GDP 的历史增长率。不过,环比加权实际 GDP 有一个独特的特点。尽管收入-支出恒等式 ($Y=C+I+G+NX$) 在名义价值上总是成立,但使用环比加权法度量 GDP 以及它的组成部分时,因技术上的原因,这个恒等式在严格的意义上并不总是成立。因为差别通常很小,所以本书假设收入-支出恒等式在名义上和实际上都成立。

引入环比加权法是为了解决计算实际 GDP 时如何选择基年的问题。当面临快速上升的电脑产量和快速下跌的电脑价格时,环比加权法能导致多大的区别呢?以 1987 年为基年,1994 年第四季度的实际 GDP 的年增长率为 5.1%。使用环比加权法,该季度的实际 GDP 增长率变成不那么令人瞩目的 4.0%。美国经济分析局估算这两种增长率之间差别的五分之三可由电脑来解释。②

消费者价格指数 GDP 平减指数度量的是包括在 GDP 中的商品和服务的平均价格水平。**消费者价格指数**(consumer price index,CPI)度量的是消费品的价格。与按季度计算的 GDP 平减指数不同,CPI 每月可得。美国劳工统计局每月派有关人员找出一个固定目录或“一篮子”的包括许多特定食品、服装、住房以及能源的商品和服务的当前价格,以此来构建 CPI。该月的 CPI 是将一篮子商品和服务的当前成本除以一篮子商品和服务在参照基准时期的成本,再乘以 100 而得。

消费者价格指数的计算需要一个参照基准时期(以便比较不同时间的价格)和一个支出基准时期(以决定一篮子商品和服务的种类)。目前的基准时期是 1982—1984 年,也就是消费者价格指数是以 1982 年 1 月—1984 年 12 月三年期的 CPI 平均值为 100 来计算的。所以,如果 2014 年的 CPI 为 237,那么这意味着消费者价格的平均值比 1982—1984 年高出 137%。

CPI 的支出基准时期是指美国劳工统计局以此时期的一篮子商品和服务为根据的时期,现为 2011—2012 年。在构建 CPI 时,需要对 2011—2012 年消费者支出模式进行调查,并以此估量各种商品和服务的重要性。目前的参照基准时期与支出基准时期是不同的。政府每隔几年就会更新一次支出基准时期,并且不愿意通过改变参照基准时期来重算该指数的历史值。尽管每隔数年政府都会更新基准时期,但就如本章的“数据获取与

---

① 有关环比加权的讨论,参见 Charles Steindel,“Chain-Weighting: The New Approach to Measuring GDP,” *Current Issues in Economics and Finance*, New York: Federal Reserve Bank of New York, December 1995,以及美国经济分析局的网站。

② 这些数字摘自 J. Steven Landefeld and Robert P. Parker,“Preview of the Comprehensive Revision of the National Income and Product Accounts: BEA's New Featured Measures of Output and Prices,” *Survey of Current Business*, July 1995, pp. 31 - 38。

研究前沿：CPI 通货膨胀是否高估了生活费用的上升?”中所讨论的，我们仍然有理由认为，CPI 通货膨胀率偏向于被高估了。

数据获取与研究前沿

CPI 通货膨胀是否高估了生活费用的上升?

1995—1996 年，由斯坦福大学迈克尔·博斯金（Michael Boskin）领导的一个政府委员会针对官方通货膨胀度量的准确性做了一份报告。这个委员会得出的结论是，以 CPI 度量的通货膨胀每年对生活支出的实际增长高估了 1～2 个百分点。换句话说，如果官方通货膨胀率是每年 3%，那么实际通货膨胀率只是每年 1%～2%。

为什么 CPI 的增长会高估生活费用的实际上升速度? 一个原因是官方统计师们在试图度量商品质量时面临困难。例如，如果空调的设计得到改进，以至于在不增加使用电力的条件下它的制冷能力提高了 10%，那么空调价格上升 10%不应被视为通货膨胀。尽管消费者多付了 10%，但他也多得了 10%的制冷效能。然而，如果官方统计师们没有考虑空调质量的提升，而只是注意到 10%的价格上升，那么该价格变化就会被错误地解释为通货膨胀。

尽管度量空调的产出并不困难，但对某些产品而言（特别是服务类产品），其质量的变化很难度量。例如，24 小时柜员机的使用将银行服务质量提高了多少个百分点? 就 CPI 未能对人们使用的商品和服务的质量改进加以考虑的程度而言，通货膨胀将会被高估。这样的高估称为质量调整偏误。

以 CPI 度量生活费用上升的问题还可以用下面的例子来说明。假设消费者喜欢火鸡和鸡肉的程度相同，并在基年消费同等数量的这两种商品。不过，后来因为某种原因，鸡肉价格急剧上升，导致消费者转为几乎只吃火鸡。因为消费者从鸡肉和火鸡中得到的满意度相同，这样的转换并没有使他们吃亏，他们的实际生活成本并没有受到鸡肉价格上升的太大影响。然而，当鸡肉价格飞速上升时，度量购买基年一篮子商品和服务支出的官方 CPI 就会记录一个显著的增长，于是 CPI 的增长夸大了生活费用的实际增长。问题在于，CPI 是基于消费者购买的一篮子商品和服务不因时间而改变这样一个假设的，从而忽略了消费者能够并且会用较便宜商品和服务来替代较昂贵商品和服务这样一个事实。这类原因导致的生活费用高估称为替代偏误。

如果官方通货膨胀事实上真的高估了真实通货膨胀，那么就会有一些重要的含义。首先，如果生活支出增长被高估，那么相应的一些重要数据［例如实际家庭收入（一个典型家庭收入的购买力）］就会被低估。其结果是，CPI 的偏误可能导致我们对美国经济过去几十年表现的看法过于悲观。其次，许多政府支出和税收是按 CPI 调整的。例如，社会保险福利每年以与 CPI 相同的百分点自动上调。如果 CPI 高估了真实通货膨胀，那么社会保险受益者得到的福利就会一直超过补偿生活费用上升的所需。经济学家们估算出，如果社会保险和其他转移项目支付的增长是根据真实通货膨胀而不是 CPI 通货膨胀制定的，那么美国联邦政府每年可节省数以十亿计的美元。

作为对博斯金委员会报告的回应，美国劳工统计局对构建 CPI 的方法做了一些技术性的调整，以减少替代偏误。这些改变将对“真实”通货膨胀率的高估部分每年减少0.2～0.4个百分点。不过，替代偏误本来就比博斯金委员会所估算的数字大，所以通货膨胀率的偏差每年大约还有1%，甚至更高。

说明：对于CPI偏误的更详细的讨论，见David Lebow and Jeremy Rudd，“Measurement Error in the Consumer Price Index：Where Do We Stand?” *Journal of Economic Literature*，March 2003，pp. 159-201，以及Robert J. Gordon，“The Boskin Commission Report：A Retrospective One Decade Later，” NBER Working Paper No. 12311，June 2006。

通货膨胀　以价格指数度量的一个重要变量是通货膨胀率。通货膨胀率等于每一时期价格指数上升的百分率。因此，如果CPI从某一年的100上升到下一年的105，那么这两年间的通货膨胀率为每年5%［=(105−100)/100］。如果CPI在第三年是112，那么第二年和第三年间的通货膨胀率则是每年6.67%［=(112−105)/105］。更普遍地说，如果t时期的价格水平是P_t，并且$t+1$时期的价格水平是P_{t+1}，在t时期和$t+1$时期间的通货膨胀率（也称π_{t+1}）为：

$$\pi_{t+1}=\frac{P_{t+1}-P_t}{P_t}=\frac{\Delta P_{t+1}}{P_t}$$

上式中，ΔP_{t+1}或$P_{t+1}-P_t$表示价格水平从t期到$t+1$期的变化。

图2-3描绘了1960—2014年美国以GDP平减指数度量的通货膨胀率。通货膨胀率在20世纪60年代和70年代上升，在20世纪80年代初期大幅下降，在20世纪90年代进一步下降，在1998—2005年有上升趋势，在2005—2009年下降，在2010年和2011年略微上升，在2012—2014年则是下降。

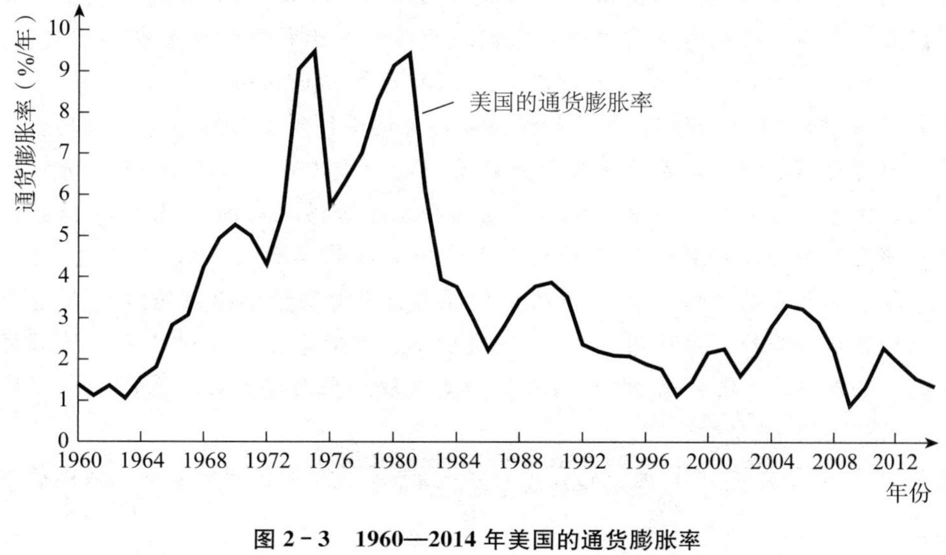

图2-3　1960—2014年美国的通货膨胀率

说明：图中的通货膨胀率是以GDP平减指数每年变化的百分比来计算的。通货膨胀率在20世纪60年代和70年代上升，在20世纪80年代初急剧下降，在20世纪80年代末有一定程度的上升，在20世纪90年代进一步下滑，但在21世纪第一个10年的前半段呈上升趋势，在后半段则下降。

资料来源：隐性GDP平减指数来自美国经济分析局，可从FRED数据库下载，下载序列为GDPCTPI。

应用

美联储偏爱的通货膨胀度量

关于价格指数的讨论，我们已对 GDP 平减指数和消费者价格指数（CPI）做了说明。但是，当美联储报告自己的经济预测时，关注的是另一种价格度量：个人消费支出（personal consumption expenditures，PCE）价格指数，即国民收入和产品账户中对消费者价格的度量。2007 年 11 月，美联储宣布将每年四次（而非像过去那样每年两次）发布对通货膨胀和其他变量的预测。美联储同时宣布，将发布 PCE 价格指数中的总体通货膨胀率以及排除了食品和能源价格之后的核心通货膨胀率的预测。

20 世纪 90 年代，美联储根据 CPI 来提供通货膨胀率的预测。但是，博斯金委员会（见本章的“数据获取与研究前沿：CPI 通货膨胀是否高估了生活费用的上升?”）指出，用 CPI 度量通货膨胀严重高估了生活费用的上升，促使美联储减少对 CPI 的依赖，转而对 PCE 价格指数给予更多关注。[①] 由于 PCE 价格指数的构建基于家庭在不同商品和服务上的实际支出，因此避免了 CPI 固有的替代偏误。[②] 此外，美联储指出，PCE 价格指数所度量的消费支出范围比 CPI 所度量的广泛，并且只要有更好的数据出现，PCE 价格指数就可及时调整，而 CPI 无法做到这一点。

CPI 和 PCE 价格指数的其他差别包括计算指数的公式不同、所容纳的商品和服务的范围不同以及赋予不同商品和服务的权重不同。[③] CPI 是一个有着固定基期的指数，而 PCE 价格指数是一个环比加权指数，就如在“数据获取与研究前沿：电脑革命与环比加权实际 GDP”中所讨论的那样。PCE 价格指数容纳了更多种类的商品和服务，因为 CPI 是基于城市居民的平均支出习惯而建立的，而 PCE 价格指数是基于整个经济体在所有消费者商品上的花费而建立的。它们赋予各种支出种类的权重也不一样。例如，拥有房产的成本大约占 CPI 的 20%，但只占 PCE 价格指数的约 11%。

美联储在 2000 年开始使用 PCE 价格指数的变化率作为主要的通货膨胀度量，但开始时美联储对它不太满意，因为食品和能源价格的短期冲击经常导致 PCE 价格指数的剧烈波动。因此，美联储转而使用排除了食品和能源价格之后的 PCE 价格指数作为主要的通货膨胀度量。我们将使用该指数得出的通货膨胀率称为核心 PCE 通货膨胀率，将使用包括食品和能源价格的 PCE 价格指数得出的通货膨胀率称为总体 PCE 通货膨胀率。美联储在解释为什么要使用核心 PCE 通货膨胀率时，称它是对“真正的通货膨胀趋势”的更好度量[④]。从 2007 年 11 月开始，美联储向公众提供对总体 PCE 通货膨胀率和核心 PCE 通货膨胀率的预测。

图 2-4 说明了总体 PCE 通货膨胀率与核心 PCE 通货膨胀率的差别。该图展示了从

---

① 参见 the Federal Reserve Board of Governors，Monetary Policy Report to the Congress，February 2000，p. 4。

② PCE 价格度量同样存在一些问题，比如困扰 CPI 的质量调整偏差。

③ 有关细节参见 Todd E. Clark，“A Comparison of the CPI and the PCE Price Index，” Federal Reserve Bank of Kansas City，*Economic Review*（Third Quarter 1999），pp. 15-29。

④ 参见 Federal Reserve Board of Governors，Monetary Policy Report to the Congress，July 2004，p. 3。

1960 年 1 月到 2015 年 4 月的通货膨胀率。[①] 你可以观察到图中许多年份的总体 PCE 通货膨胀率都显著不同于核心 PCE 通货膨胀率。在 20 世纪 70 年代中期和末期的石油价格大幅上涨，导致在这些时间段内总体 PCE 通货膨胀率高于核心 PCE 通货膨胀率。不过，随着 20 世纪 80 年代石油价格的相对下降，1982—1987 年的总体 PCE 通货膨胀率低于核心 PCE 通货膨胀率。此后，核心 PCE 通货膨胀率和总体 PCE 通货膨胀率的差别并不大。总的来说，总体 PCE 通货膨胀率在经过数年的高于或低于核心 PCE 通货膨胀率后，会倾向于靠近核心 PCE 通货膨胀率。

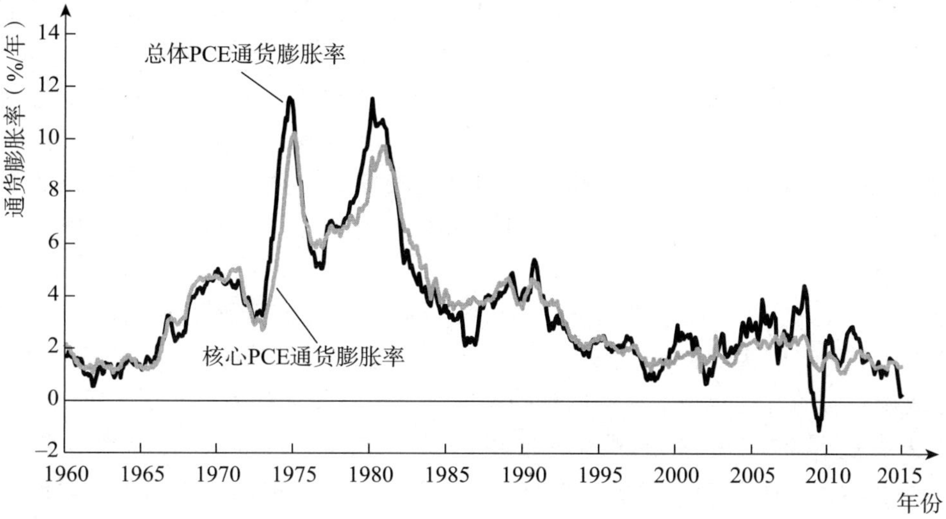

图 2-4　1960 年 1 月—2015 年 4 月的总体 PCE 通货膨胀率和核心 PCE 通货膨胀率

说明：总体 PCE 通货膨胀率通常与核心 PCE 通货膨胀率有所差别。不过在经过数年后，总体 PCE 通货膨胀率倾向于靠近核心 PCE 通货膨胀率。

资料来源：美国经济分析局，数据可从 FRED 数据库下载，下载序列为 PCEPI 和 PCEPILFE。

2.5 利　率

另一类很重要而且人们也很熟悉的经济变量是利率。**利率**（interest rate）是指借款方向出借方承诺的收益率。例如，如果 100 美元的一年期贷款的利率是 8%，借款方承诺从现在算起，一年之后还给出借方 108 美元，也就是 8 美元的利息加上所还的 100 美元本金。

如同第 4 章将详细讨论的，在经济中有许多不同的利率。利率根据借款人的不同、资金借贷的期限以及其他因素而有所差异（参见第 4 章的“数据获取与研究前沿：利率”）。在经济中有许多资产，例如那些并不按特定利率支付，但确实向股东支付收益

① 图 2-4 中使用的是任一个月和一年以前同一个月之间的通货膨胀数据。计算通货膨胀率时，将该月的价格指数与 12 个月前的价格指数相除，减去 1 再乘以 100，得出以百分比表示的结果。也就是说，通货膨胀率 $\pi=\left(\frac{P_t}{P_{t-12}}-1\right)\times 100$，其中，$P_t$ 为 t 月时的价格指数。

的公司股票的股份。对股票股份来说，收益以红利和资本收益（股票市场价格的上升）的形式来体现。大量不同收益率资产的存在，有可能使宏观经济学的研究极大地复杂化。不过，幸运的是，绝大多数利率和其他收益率倾向于一起波动。就宏观经济分析而言，我们通常提及“这个”利率时，似乎只有一个利率。如果我们说某一政策引起利率上升，那么我们的含义是各种利率和收益率很可能普遍性地上升。

实际利率对名义利率 各种利率以及其他收益率与名义 GDP 面临着相同的度量问题：一个利率代表着一项生息资产的名义或货币价值随着时间的推移会如何改变，但它并不能表明该资产的实际价值或购买力价值以多快的速度变化。例如，试考虑一个在年初有 300 美元的年利率为 4%的储蓄账户。在年末，该储蓄账户价值为 312 美元，因此对储户来说，如果通货膨胀为零，这是一个比较好的交易。如果没有通货膨胀，也就意味着一年中价格水平无变化，所以 312 美元比一年前的 300 美元能多购买 4%的实际意义上的商品和服务。然而，如果通货膨胀率为 4%，那些需花费 300 美元的东西现在则要花 312 美元去购买，那么从实际意义上说，年末的储蓄账户并不比年初更值钱。

为了将资产的实际价值与其名义价值区别开来，经济学家经常使用的是实际利率这一概念。一个资产的**实际利率**（real interest rate）也称为实际收益率，是指该资产的实际价值或购买力随着时间的推移而增长的速度。为了与实际利率相区别，我们将那些依习惯方法来度量的利率（如媒体所报道的那些利率）称为名义利率。**名义利率**（nominal interest rate）也称为名义收益率，是指一项资产的名义价值随着时间的推移而增长的速度。名义利率以 i 表示。

实际利率与名义利率以及通货膨胀率的关系如下：

$$\begin{aligned}\text{实际利率} &= \text{名义利率} - \text{通货膨胀率} \\ &= i - \pi \qquad (2-12)\end{aligned}$$

我们在本书附录 A 的 A.7 节进一步推导和讨论式（2－12）。[①] 就目前而言，再考虑一下支付 4%利息的储蓄账户。如果通货膨胀率为零，那么该储蓄账户的实际利率为其 4%的名义利率减去零的通货膨胀率，也就是 4%。该账户 4%的实际利率意味着储户在年底能比年初多购买 4%的商品和服务。但是，如果通货膨胀率是 4%，那么该储蓄账户的实际利率为其 4%的名义利率减去 4%的通货膨胀率，也就是零。在这种情况下，该账户的购买力在年底并没有高过年初。

图 2－5 描绘了 1960—2014 年美国的名义利率和实际利率。在 20 世纪 70 年代中期，实际利率非同寻常地低，实际上它是负值，意味着生息资产的实际价值事实上随着时间的推移而下跌。在 20 世纪 80 年代早期，名义利率和实际利率都升到了创纪录的水准，之后在 90 年代回到了较正常的水准。但是，实际利率在 21 世纪头几年以及 2010 年开始变为负值。

① 式（2－12）是一个近似关系，而非准确关系。当利率和通货膨胀率不是很高时，这个近似关系最接近成立。

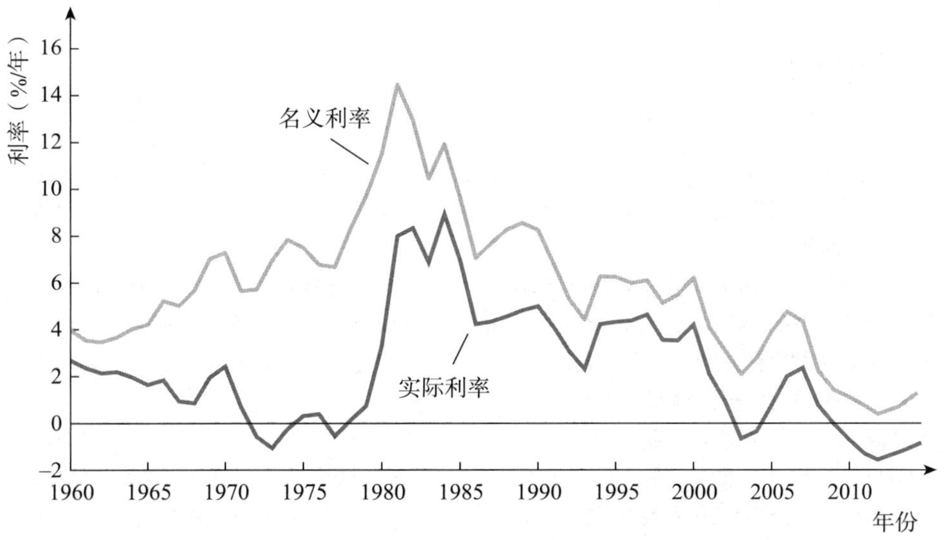

图 2-5　1960—2014 年美国的名义利率和实际利率

说明：图中所展现的名义利率是三年期国债的利率。实际利率以名义利率减去当年以及下两个年度的平均通货膨胀率（使用 GDP 平减指数）来计算。

资料来源：隐含 GDP 平减指数来源与图 2-3 相同。假定 2015 年和 2016 年的通货膨胀率为 2%。三年期国债的名义利率引自美联储管理委员会发布的公告 H. 15。

预期实际利率　当你借入、出借或到银行存钱时，名义利率已事先确定。但实际利率又如何呢？对于任何名义利率，式（2-12）指出，实际利率取决于贷款或存款期内（比如一年）的通货膨胀率。不过，这一年中的通货膨胀率通常要等到这一年结束后才能确定。因此，当贷款或存款发生时，实际利率是不确定的。

因为借款人、出借人以及储户不知道事实上的实际利率会是多少，他们必须在对实际利率进行预测的基础上决定借款、贷款或存款的数量。由于他们事先知道名义利率，所以他们预期的实际利率取决于他们所认为的通货膨胀是多少。**预期实际利率**（expected real interest rate）等于名义利率减去预期通货膨胀率，即

$$r=i-\pi^e \qquad (2-13)$$

上式中，r 为预期实际利率，π^e 为预期通货膨胀率。

将式（2-12）与式（2-13）做比较，你会发现：如果人们的预期是正确的，即当预期通货膨胀率和实际通货膨胀率相同时，预期实际利率和事实上的实际利率将会是一样的。

在研究绝大多数经济决策时，例如人们关于借入或出借多少的决定，正确的做法应当是使用预期实际利率。然而，在度量预期实际利率时所面临的一个问题是，经济学家通常并不能准确知道人们的预期通货膨胀率是多少。经济学家使用不同的手段来度量预期通货膨胀：第一种方法是对公众做调研，询问他们所预期的通货膨胀率；第二种方法是假设公众对通货膨胀的预期与政府公开宣布的或私人的预测相同；第三种方法是假设人们对通货膨胀的预期是对近期观察到的通货膨胀率的外推。遗憾的是，这些方法中没有一种是完美的，所以预期实际利率的度量总是有一些误差。

本章小结

1. 国民收入账户是用于度量当期经济活动的核算体系。国民收入账户用三种方法来度量经济活动：生产法、支出法与收入法。尽管每种方法算出的当期经济活动的价值都相等，但它们从不同的角度来度量经济，所以三种方法都被采纳了。

2. 国内生产总值（GDP）是对某一特定时期内所发生的总体经济活动的最具概括性的度量。生产法通过将一个经济中新生产的最终商品和服务的市场价值相加来度量 GDP，这种方法累计了所有厂商的附加值。支出法通过将消费、投资、政府采购和净出口四类支出相加来度量 GDP。收入法通过将包括税收和利润在内的由经济活动所产生的收入相加来度量 GDP。

3. 私人部门（国内家庭和企业）的收入称为私人可支配收入。私人可支配收入等于来自私人部门的收入（GDP 加上国外净要素支付，也就是 GNP）加上来自政府的支付（转移支付和政府债务的利息支付），再减去支付给政府的税金。政府净收入等于所征收的税金减去转移支付和政府债务的利息支付。私人可支配收入与政府净收入的总和为 GNP。

4. 储蓄是一个经济单位的当期收入中没有用于满足当期需要的部分。私人部门的储蓄也就是私人储蓄，等于私人可支配收入减去消费。政府储蓄也就是政府预算盈余，等于政府净收入减去它对商品和服务的采购（假设政府采购完全用于政府消费而不是部分用于政府投资）。与之类似，政府储蓄等于政府收入减去政府支出。国民储蓄为私人储蓄与政府储蓄之和，等于 GDP 加上国外净要素支付，再减去消费和政府采购。

5. 储蓄用途恒等式描述的是私人储蓄等于投资、政府预算赤字与经常账户余额之和。同样地，国民储蓄等于投资与经常账户余额之和。

6. 一国的国民财富等于其诸如资本之类的有形资产与其国外净资产之和。国民财富以两种方式增加：通过现有资产价值的变化与国民储蓄的变化。国民储蓄之所以增加了国民财富，是因为它要么被用于增加有形资本的投资，要么以等于经常账户余额的数量被出借给外国人，从而增加了该国的外国净资产。

7. 名义 GDP 是以当期市场价值度量的一个经济最终产出的价值。实际 GDP 度量的是该经济最终产出的有形数量。实际 GDP 等于名义 GDP 除以 GDP 平减指数，再乘以 100。

8. 价格指数是相对于基年的当期价格水平。GDP 平减指数度量的是 GDP 所包含的商品和服务的总体价格水平。消费者价格指数（CPI）度量的是一篮子消费品的价格水平。通货膨胀率是指价格水平的百分比变化率，以 GDP 平减指数、CPI 等价格指数的百分比变化率来度量。

9. 利率是指借入方向出借方所承诺的收益率。名义利率是指一项生息资产的名义价值随着时间的推移而增长的速度。实际利率等于名义利率减去通货膨胀率，是指一项资产的实际价值或者购买力增长的速度。借与贷的决定是根据预期实际利率而做出的，预期实际利率等于名义利率减去预期通货膨胀率。

关键术语

预算赤字	预算盈余	资本品	消费者价格指数
消费	经常账户余额	折旧	预期实际利率
支出法	最终商品和服务	流量变量	国民收入核算的基本恒等式
GDP 平减指数	政府支出	政府采购	政府收入

政府储蓄	国内生产总值	国民生产总值	收入法
收入-支出恒等式	利率	中间商品和服务	库存
投资	国民收入	国民收入账户	国民储蓄
国民财富	净出口	国外净要素支付	外国净资产
政府净收入	国民生产净值	名义 GDP	名义利率
名义变量	价格指数	私人可支配收入	私人储蓄
生产法	实际 GDP	实际利率	实际变量
储蓄	统计误差	存量变量	转移支付
地下经济	储蓄用途恒等式	增加值	财富

关键等式

总产出＝总收入＝总支出

国民收入核算的基本恒等式描述了无论是用最终商品和服务的生产、经济活动所产生的收入，还是用对最终商品和服务的支出来度量，所得到的总体经济活动的价值都相等。

$$Y=C+I+G+\mathrm{NX}$$

根据收入-支出恒等式，总收入也就是总产出 Y 等于消费 C、投资 I、政府采购 G 以及净出口 NX 四类支出之和。

$$S_{\mathrm{pvt}}=(Y+\mathrm{NFP}-T+\mathrm{TR}+\mathrm{INT})-C$$

私人储蓄等于私人可支配收入减去消费 C。私人可支配收入等于总产出 Y 加上国外净要素支付 NFP，加上转移支付 TR，加上政府债务的利息支付 INT，再减去税金 T。

$$S_{\mathrm{govt}}=(T-\mathrm{TR}-\mathrm{INT})-G$$

政府储蓄等于政府税收 T 减去在转移支付 TR、政府债务的利息支付 INT 以及政府采购 G 上的支出。政府储蓄也就是政府预算盈余，即政府预算赤字的负数。

$$S=S_{\mathrm{pvt}}+S_{\mathrm{govt}}=Y+\mathrm{NFP}-C-G$$

国民储蓄 S 是私人储蓄和政府储蓄之和。同样地，国民储蓄等于国内生产总值 Y 加上国外净要素支付 NFP，再减去消费 C 和政府采购 G。

$$S=I+\mathrm{CA}$$

国民储蓄 S 有两个用途：为投资 I 提供资金以及为外国人提供等于经常账户余额 CA 的贷款（也就是购买国外资产）。经常账户余额等于新增的国外净资产。

$$S_{\mathrm{pvt}}=I+(-S_{\mathrm{govt}})+\mathrm{CA}$$

根据储蓄用途恒等式，私人储蓄用于为投资 I 提供资金、为政府提供弥补其预算赤字 $-S_{\mathrm{govt}}$ 所需资金以及为外国人提供等于经常账户余额 CA 的贷款（也就是购买国外资产）。

$$r=i-\pi^e$$

预期实际利率 r 等于名义利率 i 减去预期通货膨胀率 π^e。

复习题

1. 度量经济活动有哪三种方法？为什么它们给出的答案是相同的？

2. 为什么商品和服务要以市场价值计入 GDP？使用市场价值来度量生产是否存在劣势或问题？

3. 中间商品和服务与最终商品和服务的区别是什么？工厂和机械等资本品属于哪一类？将中间商品和服务与最终商品和服务区别开来对度量 GDP 有何重要性？

4. GDP 和 GNP 有何差别？如果一个国家雇用大量外国工人，用 GDP 和 GNP 度量的值哪个会更大一些？

5. 列出总支出的四个组成部分。用支出法计算 GDP 时为什么要扣除进口？

6. 定义私人储蓄。私人储蓄在经济中是如何被使用的？私人储蓄和国民储蓄之间有何关系？

7. 什么是国民财富？它为什么重要？国民财富如何与国民储蓄相关联？

8. 就评估经济的增长表现而言，实际 GDP 和名义 GDP 相比，哪一个统计数字更重要？

9. 描述 CPI 和 CPI 通货膨胀率的计算过程。为什么说 CPI 通货膨胀率可能会夸大了实际的通货膨胀率？

10. 解释名义利率、实际利率以及预期实际利率之间的区别。对于借款方和出借方的决策而言，哪个利率更重要？

计算题

1. 当一艘船救走了吉利甘岛的其他所有人之后，教授和吉利甘（Gilligan）因为害怕和那些人在一起会再一次发生海难，就留在了岛上。教授以种植椰子和打鱼为生。去年，他收获了 1 000 个椰子，捉了 500 条鱼。他认为每条鱼价值两个椰子。教授付给吉利甘 200 个椰子以换取他帮忙收割，再付给他 100 条鱼以换取他收集蠕虫用作鱼饵。教授将 100 个椰子储藏于茅舍中，以备未来食用。为了使椰子树能每年结果，他将 100 条鱼作为树的肥料。吉利甘则将他得到的所有椰子和鱼吃掉。

用鱼的数量表示：吉利甘岛的 GDP 是多少？消费和投资各是多少？教授和吉利甘的收入各是多少？

2. 国民收入和生产数据经常被修正。下列修正对消费、投资、政府采购、净出口以及 GDP 有何影响？

a. 消费者比原先预计的多购买了价值 60 亿美元的家具。这些家具产自北卡罗来纳州。

b. 消费者比原先预计的多购买了价值 60 亿美元的家具。这些家具产自瑞典。

c. 企业比原先预计的多购买了价值 60 亿美元的家具。这些家具产自北卡罗来纳州。

d. 企业比原先预计的多购买了价值 60 亿美元的家具。这些家具产自瑞典。

3. ABC 电脑公司在硅谷有一个价值 20 000 000 美元的工厂。当年，ABC 电脑公司生产了价值 2 000 000美元的电脑部件。ABC 电脑公司的成本包括 1 000 000 美元的劳动力、100 000 美元的债务利息以及 200 000 美元的税金。

ABC 电脑公司将其所有产出卖给了 XYZ 超级电脑公司。XYZ 超级电脑公司使用 ABC 电脑公司的部件生产了 4 台超级电脑，每台的成本为 800 000 美元（含价值 500 000 美元的部件、200 000 美元的劳动力成本以及每台电脑 100 000 美元的税金）。XYZ 超级电脑公司有一个价值 30 000 000 美元的工厂。

XYZ 超级电脑公司以每台 1 000 000 美元的价格卖出了 3 台超级电脑。到年终时，它还没有卖出第四台。这台没有卖出的电脑在 XYZ 超级电脑公司的会计账簿里被记为库存，因此库存增加了 800 000 美元。

a. 计算这些交易对 GDP 的贡献。说明三种 GDP 计算方法得出的答案相同。

b. 现在假设除了其他成本之外，ABC 电脑公司为进口电脑芯片花费了 500 000 美元。问题同 a。

4. 算出下面每个交易对当年 GDP 的贡献。解释其对产品、收入和支出账户的影响。

a. 在 1 月 1 日，你以 2.8 美元/加仑的价格购买了 10 加仑汽油。而加油站是在上周以 2.6 美元/加仑的批发价格（包括运费）购买的汽油。

b. 一位上校花 1 000 000 美元购买了一座内战时期的大宅。经纪人费用为 6%。

c. 一位家庭主妇进入了劳动力市场，开始了一份年薪 40 000 美元的工作。该家庭主妇必须每年为专业幼儿照管服务支付 16 000 美元。

d. 一家日本公司在田纳西州建造了价值 100 000 000 美元的汽车工厂，该工厂只使用当地劳动力和原材料。（提示：该汽车工厂的资本品由美国人生产，由日本人购买。）

e. 你被告知中了 3 000 000 美元的新泽西州乐透奖，并将立即得到全部奖金。

f. 新泽西州政府为你在电视广告上宣传该州乐透奖而额外支付给你 5 000 美元。

g. 赫兹租车（Hertz Rent-a-Car）公司从通用汽车（General Motors）公司购买了价值 100 000 000 美元的新车以取代原有车队。它将原有车队以 40 000 000 美元的价格卖给了一个二手车经销商财团。该财团再将这些二手车以 60 000 000 美元的价格卖给了消费者。

5. 下面给出了一个经济体的有关数据：

国内私人总投资＝40
政府采购的商品和服务＝30
国民生产总值(GNP)＝200
经常账户余额＝－20
税金＝60
政府向国内私人部门的转移支付＝25
政府向国内私人部门支付的利息＝15(假设政府支付的所有利息都归国内家庭所有)
来自国外的要素收入＝7
对国外的要素支付＝9

假设政府投资为零，算出下列各项：

a. 消费。

b. 净出口。

c. GDP。

d. 国外净要素支付。

e. 私人储蓄。

f. 政府储蓄。

g. 国民储蓄。

6. 考虑一个只生产苹果、香蕉和橙子三种水果的经济体。基年（几年以前）的生产数量和价格如下：

水果	数量	价格
苹果	3 000 袋	2 美元/袋
香蕉	6 000 串	3 美元/串
橙子	8 000 袋	4 美元/袋

当年的生产数量和价格如下：

水果	数量	价格
苹果	4 000 袋	3 美元/袋
香蕉	14 000 串	2 美元/串
橙子	32 000 袋	5 美元/袋

a. 算出当年和基年的名义 GDP。自基年到当年，名义 GDP 增长了多少个百分点？

b. 算出当年和基年的实际 GDP。自基年到当年，实际 GDP 增长了多少个百分点？

c. 算出当年和基年的 GDP 平减指数。自基年到当年，价格水平增长了多少个百分点？

d. 在你看来，该经济中名义 GDP 的增长更多的是由于价格上涨还是由于产出的有形数量的增长？

7. 就下面给出的消费者价格指数，计算 1930—1933 年每年的通货膨胀率。相对于近期来说，那段时期有何特殊之处？

年份	1929	1930	1931	1932	1933
CPI	51.3	50.0	45.6	40.9	38.8

8. 海·马克斯（Hy Marks）在 2015 年 1 月 1 日购买了 500 美元的一年期政府债券。2016 年 1 月 1 日，他连本带利收到了 545 美元。假设 CPI 在 2015 年 1 月 1 日为 200，在 2016 年 1 月 1 日为 214。价格的上涨超出了海·马克斯的预期，他估计 CPI 在 2016 年年初应当位于 210 的水平。

算出名义利率、通货膨胀率、实际利率、海·马克斯的预期通货膨胀率以及预期实际利率。

9. E 国在 2014 年 1 月 1 日的 GDP 平减指数为 200。GDP 平减指数在 2016 年 1 月 1 日上升到 242，并在 2017 年 1 月 1 日上升到 266.2。

a. 在从 2014 年 1 月 1 日到 2016 年 1 月 1 日的两年期间，年均通货膨胀率是多少？换句话说，在这两年里，通货膨胀率每年应当以什么样的固定速度增长，才会导致价格以我们所观察到的水平上涨？

b. 在从 2014 年 1 月 1 日到 2017 年 1 月 1 日的三年期间，年均通货膨胀率是多少？

c. 试证明：一般来说，如果 P_0 是一个 n 年期开始时的价格水平，P_n 是该 n 年期结束时的价格水平，那么那段时期的年均通货膨胀率 π 满足下列公式：

$$(1+\pi)^n = P_n / P_0$$

分析题

1. 一个著名的研究显示，实施一项新的工作场所安全规章将会降低实际 GDP 的增长率。这是不是反对实施该规章的理由？试解释。

2. 试考虑一个只有一家电话公司 Calls-R-Us 的封闭经济。该国居民每年打 200 万次电话，并为每次电话支付 3 美元。一天，一个新的电话公司 CheapCall 进入了市场，并定价为每次电话 2 美元。所有居民立即停止使用 Calls-R-Us，转而使用 CheapCall。他们仍然每年打 200 万次电话。CheapCall 的主管们为自己的市场份额感到非常骄傲，甚至在广告牌上宣称："我国由于转而使用 CheapCall，国民储蓄每年增加了 200 万美元。"试评论该广告牌上所陈述内容的准确性。

3. 经济学家已经尝试着去度量世界上所有国家的 GDP。考虑一下在此过程中可能出现的一些实际问题。

a. 在苏联解体和东欧剧变之前，苏联和东欧国家的经济是由中央来计划的。中央计划的一个特点是大多数价格由政府制定。政府制定的价格可能过低，使得人们在固定价格下想要购买的商品数量超过所供给的数量；也可能过高，使得大量未售出的商品堆积在货架上。

对于试图度量一国 GDP 的经济学家来说，政府对价格的控制带来了什么问题？试给出处理该问题的一种策略。

b. 在非常贫穷的农业国，许多人自己种粮食、自己织布、在家庭或村组内部互相提供服务。这些国家的官方 GDP 通常都非常低，可能每人只有几百美元。一些经济学家提出，官方 GDP 数字低估了这些国家的实际 GDP。为什么他们这么说呢？你是否还能给出一种处理这种度量问题的策略？

4. 我们在式（2－10）中给出 $S=I+CA$，其中，S 是国民储蓄，I 是投资，CA 是经常账户余额。国民储蓄和投资的计算取决于对政府投资的处理。在本书中，我们将政府购买 G 视同消费支出。因此，式（2－7）表明政府储蓄 $S_{govt}=(T-TR-INT)-G$，所以：(1) 式（2－8）中国民储蓄 $S=Y+NFP-C-G$；(2) 式（2－10）中的 I 就是私人国内总投资（GPDI）。

一种更为细致的处理方法是认识到政府购买包括政府消费支出（GCE）和政府投资（GI），即$G=GCE+GI$。现在，定义政府储蓄为 $(T-TR-INT)-GCE$。使用这个政府储蓄的替代性定义可发现，私人储蓄与政府储蓄的和等于投资（I）与经常账户金额（CA）的和，其中，投资（I）为 GPDI 和 GI 的和。

国民收入账户中标题为“分部门的储蓄和投资”的表 5－1（可从美国经济分析局官网获取数据）使用了这个更细致的处理方法。就表 5－1 中可得的最近一个季度的数据而言，国民储蓄、投资（私人国内总投资加上政府投资）以及经常账户余额（在表 5－1 中表示为“净出借或净借入”）的取值各是多少？该恒等式是否成立？如果不成立，表 5－1 中的资本账户交易具体数值的统计误差如何能帮助该等式成立？

宏观经济数据分析

1*. 绘出自 1947 年第一季度以来以实际价值表示的 GDP 的四个支出组成部分，再画出以占实际 GDP 比例表示的支出组成部分，你能否观察到任何明显的趋势？

2*. 在同一张图上，使用自 1947 年以来的季度数据，绘出以占实际 GDP 比例表示的国民储蓄与投资。（注意，国民储蓄在 FRED 数据库中称为国内储蓄。）这些变量在过去 10 年的行为与更早 10 年相比有何不同？为什么有时投资会超过国民储蓄？

3*. 在同一张图上，绘出自 1960 年以来的年度（12 月份到 12 月份）CPI 通货膨胀率以及年度（第四季度到第四季度）GDP 平减指数通货膨胀率。这两种通货膨胀率的度量之间有何概念性的区别？依据你所绘的图，你认为这两种度量对经济中通货膨胀率的估算是相似还是不同？

4*. 如果实际利率大致稳定，那么在高通货膨胀时期，名义利率也应相对较高（由于名义利率等于实际利率加上通货膨胀率）。使用自 1948 年以来的年度数据，绘出美国三个月期国债的利率（可从 FRED 数据库获取，TB3MS 序列，三个月期国债：二级市场利率）以及 CPI 通货膨胀率。（取月度利率的年均值，并以 CPI 从当年 12 月到下一年 12 月的变化来度量年均通货膨胀率。）在一般情况下，名义利率是否随通货膨胀率的上升而上升？它们之间是否为一对一的关系（以至于通货膨胀率每上升一个百分点，名义利率就随之上升一个百分点），就像在实际利率保持固定不变时一样？计算自 1948 年以来的实际利率并绘出其图形。

第2篇

经济的长期表现

第 3 章

生产率、产出与就业

学习目的：

- 探讨生产函数的特性和变化
- 探讨影响劳动力需求的因素
- 探讨影响劳动力供给的因素
- 识别影响劳动力市场均衡的因素
- 解释失业率是如何度量的并描述就业状况的改变
- 解释奥肯定律的重要性

我们在第 2 章讨论了评判经济健康程度所涉及的几个经济变量的度量问题。对经济表现进行度量是宏观经济学的主要目标，也是理解经济如何运行的开端。要理解经济运行，我们需要将重点从经济度量转到经济分析上来。

本章是本书第 2 篇的开始，我们在第 2 篇有两个主要目标。第一个目标是分析影响经济长期表现的因素，包括经济增长率、生产率、生活水准、就业和失业的长期水平、储蓄和资本形成、通货膨胀率以及其他因素。

第二个目标是搭建一个宏观经济的理论模型，用于分析本书所涉及的以及你将来会碰到的经济问题。如同第 1 章所指出的，我们的模型建立在个人、公司和政府在三个总市场，即劳动力市场（本章）、产品市场（第 4 章）和资产市场（第 7 章）交互作用这样一个假设之上。在第 2 篇发展和使用本模型时，我们一般都假设经济处于充分就业状态，在其中三个主要市场上的供给和需求数量相等。当我们关注经济的长期行为时，这样的假设是合理的。在探讨经济周期的第 3 篇，我们再考虑在短期内供给和需求数量不相等的可能性。

在本章，我们首先讨论经济体如何通过它的生产能力来运行，而生产能力也许就是一个社会中经济福利最基本的决定因素。其他条件相同时，一个经济体所能生产的商品和服务的数量越多，人们当前所能消费的就越多，用于未来的储蓄和投资也就越多。

在本章的第 1 节，我们将阐明一个经济体所能生产的产出数量取决于两个因素：①在生产过程中使用的投入数量（例如劳动力、资本以及原材料）；②这些投入的**生产率**（productivity），也就是它们被使用的效率。正如第 1 章中所谈到的，一个经济体的生产率是决定生活水准的基本条件。在本章中，我们通过理解生产率对雇用多少工人以及工人工资等的决定作用，表明生产率是如何影响人们的收入的。

在生产的各种投入中，最重要的是劳动力（以占总成本的比例来度量）。为此，本章的大部分篇幅都采用供给与需求的方法来分析劳动力市场。我们首先考虑影响劳动力需求数量以及劳动力供给数量的因素，然后考察使得劳动力市场趋向均衡的力量。劳动力市场的均衡决定了工资和就业；随后，雇用水平与其他投入（比如资本）的数量以及生产率水平一起决定了一个经济体的产出数量。

我们关于劳动力市场的基本模型建立在劳动力供给数量等于劳动力需求数量，以使所有的劳动力资源都得到充分利用这样一个假设之上。然而，现实生活中总会有一些失业工人。在本章的稍后部分，我们将引入失业，并探讨在一个经济体中失业率和产出数量之间的关系。

3.1 一个经济体能够生产的产出数量是多少？生产函数

每天的商业新闻会报道许多影响经济表现的经济变量，如消费者支出水平、美元的汇率、股票市场的起伏、货币供给的增长率等。所有这些变量都很重要，不过，在决定经济表现和生活水平的因素中，最重要的是经济体中生产商品和服务的物质能力。如果一个经济体的工厂、农场以及其他行业都因某种原因关闭了，其他经济因素就没有多少意义了。

是什么决定了一个经济体所能生产的商品和服务的数量呢？一个关键要素是经济体中厂商所使用的投入，如资本、劳动力、原材料、土地以及能源的数量。经济学家将生产过程中的投入称为**生产要素**（factors of production）。其他条件相同时，使用的生产要素越多，生产的商品和服务也越多。

在各种生产要素中，资本（比如工厂和机器）和劳动力（工人）是最重要的两种。* 因此，在讨论一个经济体生产商品和服务的能力时，我们关注这两种要素。然而，在现代经济中，其他要素（比如能源和原材料）供给的改变也能导致产出发生很大的变化。在本章稍后部分的“应用：石油价格冲击下的产出、就业与实际工资”讨论了石油供给的突变对经济的影响。

生产中使用的资本与劳动力（以及其他投入）的数量并不能完全决定产出的数量。与此同样重要的是，如何有效地使用它们。例如，就同样的资本和劳动力存量来说，一个具有先进技术和管理方法的经济体会比没有这些优势的经济体生产出更多的产出。

资本和劳动力使用的效率可以总结为生产函数关系。**生产函数**（production function）是一个将生产的产出数量与所使用的资本和劳动力数量联系起来的数学表达式。生产函数通常表示为：

$$Y=AF(K, N) \tag{3-1}$$

上式中，

* 本书在讨论生产要素时，术语资本与资本存量，以及劳动力与劳动可通用。——译者注

Y=给定期间生产的实际产出

A=全要素生产率

K=该时期使用的资本数量或资本存量

N=在该时期内雇用的工人总数

F=联系产出Y和资本K以及劳动力N的函数

式（3-1）中的生产函数既适用于整个经济体（其中，Y、K和N分别指该经济体的产出、资本存量以及工人的数目）；也适用于单个公司，此时的Y、K和N分别指公司的产出、资本存量和工人的数目。

根据式（3-1），在任何时期内，一个经济体（或公司）能生产的产出总数量取决于资本存量的规模与工人数量。在式（3-1）中，与函数$F(K,N)$相乘的变量A度量了使用资本和劳动力的总体效率。我们将变量A称为**全要素生产率**（total factor productivity），或简称生产率。注意，就任何给定的资本和劳动力数量，生产率增长了10%就意味着能生产的产出数量增长了10%。这样一来，生产率A的提高对应着能更有效地利用资本和劳动力的技术改进以及经济体的其他变化。

应用

美国经济的生产函数与美国的生产率增长

实证研究表明，下列生产函数相当好地描述了美国经济中投入和产出的关系[1]：

$$Y=AK^{0.3}N^{0.7} \qquad (3-2)$$

式（3-2）中的生产函数是式（3-1）中一般性生产函数的一个特例。其中，我们将$F(K,N)$这个一般性的函数形式设为$K^{0.3}N^{0.7}$。（注意，这个生产函数包含着指数。如果你需要复习指数的特性，参见本书附录A的A.6节。）

式（3-2）表明了美国的产出如何与生产要素（即资本和劳动力）的使用以及生产率A相联系。表3-1给出了美国经济的这些变量在1991—2013年的数据。第（1）、（2）、（3）列分别是实际GDP（每年的产出）、资本存量和劳动力。实际GDP和资本存量以2009年10亿美元为单位，劳动力以百万工人（此处指受雇工人）为单位。第（4）列是每年美国经济的生产率。

表3-1中的实际GDP、资本存量和劳动力可以直接度量，但生产率无法直接度量。第（4）列中的生产率是通过对一个满足式（3-2）所必需的值赋予A来间接度量的。具体来说，每年的A是由$A=\frac{Y}{K^{0.3}N^{0.7}}$这样一个公式［即式（3-2）的替代表达式］来决定的。例如，在2013年，表3-1给出$Y=15\,710$，$K=19\,292$，以及$N=143.9$，因此在2013年，A的值等于$\frac{15\,710}{19\,292^{0.3}\times 143.9^{0.7}}$，即$A=25.11$。用这样的方法来计算生产

① 这一类型的生产函数称为柯布-道格拉斯生产函数（Cobb-Douglas production function）。柯布-道格拉斯生产函数表现为$Y=AK^{\alpha}N^{1-\alpha}$的形式，式中，$0<\alpha<1$。在特定条件下，柯布-道格拉斯生产函数中的参数$\alpha$对应于资本所获得的收入份额，而劳动力获得的收入份额为$1-\alpha$。因此，估算参数的一个方法就是考察资本和劳动力所得到的实际收入份额。

率，确保了式（3-2）中的生产函数关系每年都可以得到满足。

表 3-1　　1991—2013 年美国的生产函数

年份	(1) 实际 GDP (Y，2009 年 10 亿美元)	(2) 资本存量 (K，2009 年 10 亿美元)	(3) 劳动力 (N，百万工人)	(4) A	(5) A 的增长率 (%)
1991	8 948	11 665	117.7	19.15	
1992	9 267	11 856	118.5	19.64	2.6
1993	9 521	12 106	120.3	19.84	1.0
1994	9 905	12 390	123.1	20.17	1.7
1995	10 175	12 746	124.9	20.34	0.8
1996	10 561	13 162	126.7	20.70	1.8
1997	11 035	13 643	129.6	21.06	1.7
1998	11 526	14 186	131.5	21.52	2.2
1999	12 066	14 772	133.5	22.02	2.3
2000	12 560	15 402	136.9	22.25	1.0
2001	12 682	15 865	136.9	22.26	0
2002	12 909	16 158	136.5	22.58	1.4
2003	13 271	16 431	137.7	22.96	1.7
2004	13 774	16 728	139.2	23.52	2.4
2005	14 234	17 062	141.7	23.86	1.4
2006	14 614	17 482	144.4	24.00	0.6
2007	14 874	17 946	146.1	24.04	0.2
2008	14 830	18 335	145.4	23.90	−0.6
2009	14 419	18 409	139.9	23.84	−0.3
2010	14 784	18 513	139.1	24.50	2.8
2011	15 021	18 719	139.9	24.71	0.9
2012	15 369	18 994	142.5	24.85	0.6
2013	15 710	19 292	143.9	25.11	1.0

说明：生产率 A 根据公式 $A=\frac{Y}{K^{0.3}N^{0.7}}$ 计算而得。表中 A 的计算根据的是 Y、N 和 K 更精确的数值，因此这里的 A 值也许与你使用表中的 Y、N 和 K 计算得出的 A 值有所差别。

资料来源：Y 是以 2009 年 10 亿美元计算的实际 GDP，引自美国经济分析局的国民收入账户，可从 FRED 数据库下载；K 是以 2009 年 10 亿美元（不变价格）计算的私人非住宅类资本的实际净存量，引自美国经济分析局官网的固定资产表 1-2；N 是以百万工人衡量的劳动力数量，引自美国劳工统计局的当前人口抽样调查，可从 FRED 数据库下载，下载序列为 CE16OV。

表 3-1 中报告的生产率的水平取决于对实际 GDP、资本存量和劳动力的度量。例如，假设工人以千人而不是百万工人为单位，A 的值就会改变，因此难以对其进行解释。相反，第（5）列中生产率的增长率由于不涉及度量单位，因此较容易使用。仔细观察表 3-1 中生产率的增长率，有两点值得强调。

首先，生产率的增长在年与年之间可以变化很大。最引人注目的是美国的生产率在经济衰退严重的2008年和2009年下降了，然后在经济复苏的2010年显著上升。生产率通常在经济衰退期间下跌，在经济复苏期间上升。不过，对它围绕经济周期的表现的解释，尚存在争议。我们在本书第3篇分析经济周期的时候再来讨论这个问题。

其次，美国的生产率经历了几年的快速增长，而在其他时期则增长缓慢。比如，在20世纪90年代的后半期，生产率的年均增长率为1.8%，但在21世纪头10年的后半期，该数值仅为0.5%。近期的生产率增长如果是可持续的，这将是一个利好消息，因为生产率的增长与生活水准的提高密切相关。我们在第6章将进一步讨论生产率与生活水准的关系。

□ 生产函数的形状

式（3-1）中的生产函数可以用图形来表示。将它绘制出来的最简单方法是维持两个生产要素中的资本或者劳动力不变，然后描绘出产出和另一个要素的关系。[①] 假设我们使用的是美国2013年的生产函数，并让劳动力 N 取2013年的实际值143.9百万工人（见表3-1）。我们也采用 A 的2013年实际值25.11。生产函数［式（3-2）］变为：

$$Y=AK^{0.3}N^{0.7}=25.11K^{0.3}143.9^{0.7}=813.885K^{0.3}$$

（注意，计算上式时使用了 A 和 N 更精确的取值。）

这个关系被绘制于图3-1中，图中的横坐标为资本存量 K，纵坐标为产出 Y。当劳动力和生产率的取值为2013年数值时，图形显示了在该年度就任何给定的资本存量所能生产的产出数量。图中的A点代表了2013年的实际情况：资本存量的值（192 920亿美元）标于横轴，实际GDP的值（157 100亿美元）标于纵轴。

与绝大多数生产函数一样，图3-1中所绘制的美国生产函数具有两个特性：

（1）生产函数从左到右向上倾斜。生产函数的斜率表明产出随着资本存量的增加而增加。

（2）生产函数的斜率从左到右变得越来越平缓。这个特性意味着虽然增加资本总是能增加产出，增幅却呈现逐渐下降的趋势。

在讨论生产函数第二个特性所揭示的经济学原理之前，我们可以用图3-1中的数值来举例说明。假设我们从资本存量为20 000亿美元的B点开始。资本增加10 000亿美元后移到了资本存量为30 000亿美元的C点。那么资本的扩张能带来多少额外产出？B点和C点之间的产出差距是10 300亿美元（C点的89 890亿美元产出减去B点的79 590亿美元产出）。这新增的10 300亿美元产出是在保持生产率和就业不变的情况下，将资本存量从20 000亿美元增至30 000亿美元的收益。

现在假设从C点开始，我们再增加10 000亿美元的资本。新增加的资本将我们带到D点，该点的资本存量为40 000亿美元。C点和D点间的产出差距仅为8 100亿美元（D点的产出97 990亿美元减去C点的产出89 890亿美元），低于在B点和C点之间的10 300亿美元的新增产出。所以，尽管第二个10 000亿美元的新增资本提高了总产出，但其增幅少于第一个10 000亿美元。这个结果说明，生产函数在C点和D点之间的上升没有在B点和C点之间那么快。

① 只有三维图形才能同时展现产出与两个生产要素间的关系。

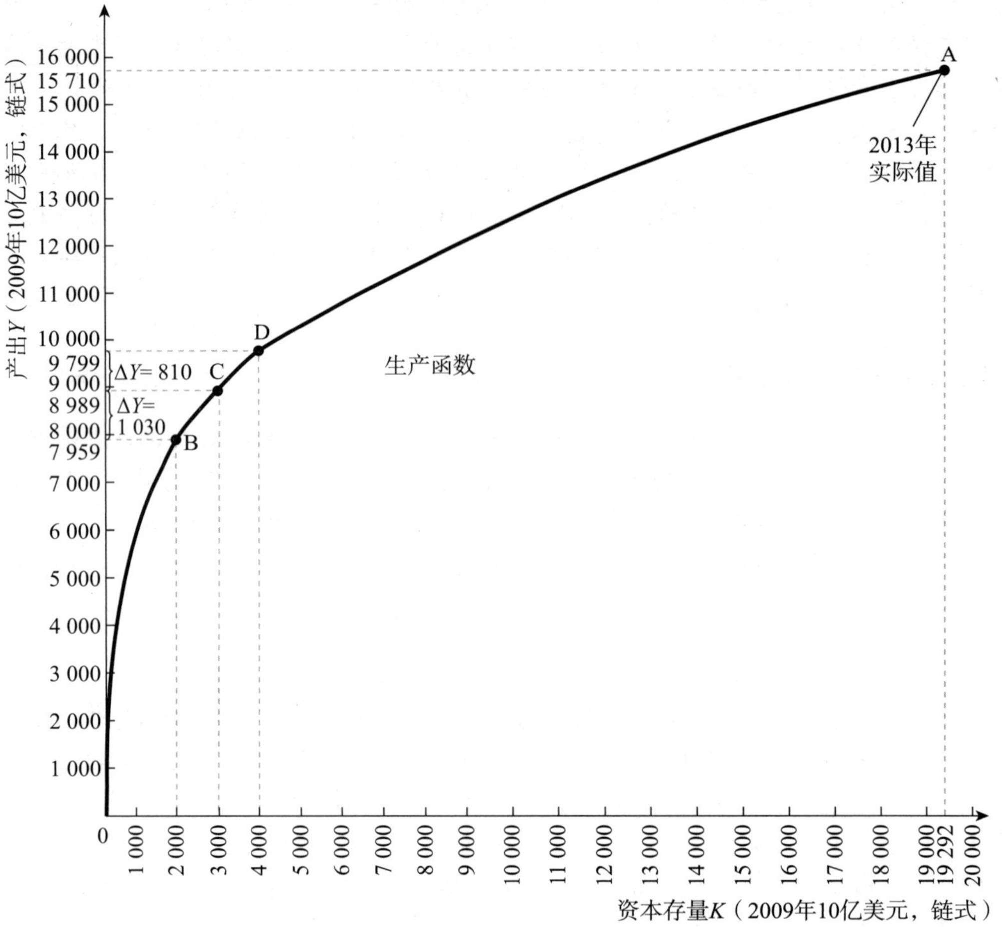

图 3-1　联系产出和资本存量的生产函数

说明：这个生产函数体现了将美国劳动力和生产率保持在 2013 年水平不变时，就每一水平的美国资本存量，美国经济能生产的产出数量。A 点对应着 2013 年实际的产出和资本存量。该生产函数具有递减的资本边际生产率：从 B 点到 C 点将资本存量增加 10 000 亿美元，产出增加了 10 300 亿美元；但从 C 点到 D 点资本存量再增加 10 000 亿美元，产出仅增加了 8 100 亿美元。

□ 资本边际产量

生产函数的上述两个特性与被称为资本边际产量的概念密切相关。要理解该概念，我们可以从某一给定的资本存量 K 开始，然后（维持其他变量不变）将资本存量增加一定的数量 ΔK，那么资本的增加将会引起产出 Y 增加一定的数量 ΔY。**资本边际产量**（marginal product of capital，MPK），就是增加一个单位的资本存量所导致的新增产出。因为新增 ΔK 单位的资本使得产出新增加了 ΔY 单位，所以每新增一个单位的资本所增加的产出就为 $\Delta Y/\Delta K$，因此资本边际产量为 $\Delta Y/\Delta K$。

资本边际产量（$\Delta Y/\Delta K$）等于生产函数图形中纵轴变量的变化除以横轴变量的变化，也就是斜率。① 对于资本存量的小幅增长，资本边际产量可以用生产函数的切线斜

① 关于直线和曲线的斜率定义以及相关讨论，参见本书附录 A 的 A.2 节。

率来表示。图 3－2 描述了资本边际产量的这种度量方法。例如，当资本存量为 20 000 亿美元时，资本边际产量等于在 B 点与生产函数相切的直线斜率。[①] 我们可以用资本边际产量来重述先前所列的生产函数的两个特性。

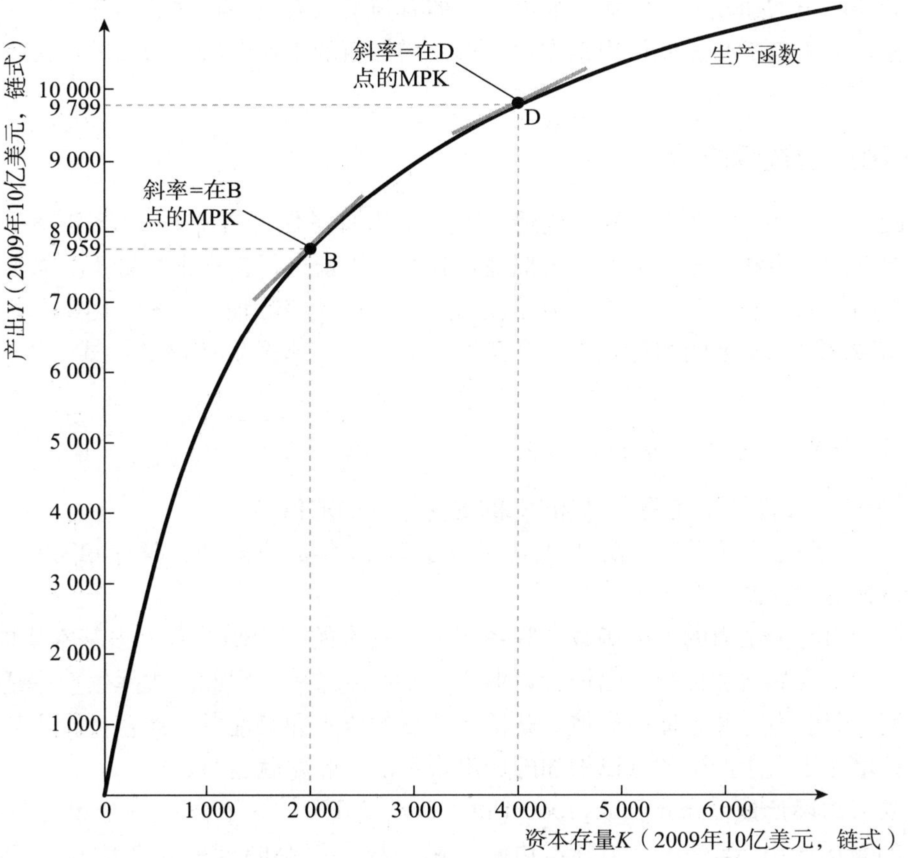

图 3－2　资本边际产量

说明：任一点的资本边际产量（MPK）可以用与生产函数在该点相切的直线斜率来度量。因为在 B 点与生产函数相切的直线斜率比在 C 点与生产函数相切的直线斜率大，所以我们可知在 B 点的资本边际产量较在 C 点大。资本存量水平越高，资本边际产量就越低，反映了资本边际生产率递减。

（1）资本边际产量为正值。无论资本存量何时增加，产出都会相应增加。因为资本边际产量为正值，所以生产函数向右上方倾斜。

（2）资本边际产量随资本存量的增加而减少。因为资本边际产量是生产函数的斜率，所以生产函数的斜率随资本存量的增加而变小。如图 3－2 所示，在 D 点资本存量为 40 000 亿美元时生产函数的斜率小于在 B 点资本存量为 20 000 亿美元时的斜率，所以生产函数曲线变得越来越平缓。

资本边际产量随资本总量下降的趋势称为**边际生产率递减**（diminishing marginal productivity）。资本边际生产率递减的经济学原理如下：当资本存量低时，许多工人只能使用一台机器，所以进一步增加资本产生的收益很大；当资本存量高时，工人们已有

① 我们常将与生产函数在某一点相切的直线斜率简称为生产函数在该点的斜率。

足够的机器来操作，所以进一步扩充资本带来的收益很小。例如，在一个企业的咨询中心里，如果工作人员远多于工作台（电话和计算机终端），使得每个工作台处于持续使用的状态，那么工作人员会因等候使用工作台而浪费时间。在这种情况下，增加新的工作台就能使产出增加较多。然而，如果已经拥有与员工人数一样多的工作台，工作台经常被闲置，员工也不必轮候使用工作台，那么增加新的工作台所能增加的产出也会基本上为零。

□ 劳动力边际产量

在图 3－1 和图 3－2 中，我们描绘了当劳动力总量保持不变时 2013 年美国的生产函数所蕴含的产出和资本的关系。类似地，我们可以通过保持资本总量不变来分析产出与劳动力的关系。假如我们将资本 K 固定为 2013 年的实际值 192 920 亿美元，将生产率 A 固定为其 2013 年的实际值 25.11（见表 3－1），那么生产函数［式（3－2）］就变为：

$$Y=AK^{0.3}N^{0.7}=25.11\times 19\ 292^{0.3}N^{0.7}=484.768N^{0.7}$$

（注意，上式的计算结果使用了 A 和 K 的更为精确的取值。）

图 3－3 描述了该关系。在 A 点，对应于 2013 年的实际值，$N=14\ 390$ 万工人，$Y=157\ 100$ 亿美元。

联系产出与劳动力的生产函数和联系产出与资本的生产函数看上去基本相同。[①] 与资本一样，工人的增加使得产出增长，但增长的速度递减。因此，边际生产率递减的原则也适用于劳动力，并且原因类似：就给定数量的资本和其他投入而言，投入使用的工人越多，增加工人所产生的（以增加的产出表示的）收益就越小。

劳动力边际产量（marginal product of labor，MPN）等于增加一个单位的劳动力所导致的新增产出 $\Delta Y/\Delta N$。与资本边际产量一样，就小幅度的就业增长而言，劳动力边际产量可用与联系产出和劳动力的生产函数相切的直线斜率来度量。在图 3－3 中，当就业为 3 000 万工人时，劳动力边际产量等于在 B 点与生产函数相切的直线斜率；当就业为 9 000 万工人时，劳动力边际产量等于在 C 点与生产函数相切的直线斜率。由于劳动力边际生产率的递减性，联系产出与劳动力的生产函数的斜率在 B 点比 C 点大，并且生产函数曲线越来越平缓。

□ 供给冲击

一个经济体的生产函数会随着时间而变化。经济学家使用**供给冲击**（supply shock）或者生产率冲击这个术语来表示一个经济体中生产函数的变化。[②] 一个正面的或良性的供给冲击会提高给定资本和劳动力数量所能生产的产出数量。一个负面或恶性的供给冲击则会降低给定的资本-劳动力组合所能生产的产出数量。

---

① 由于 N 取 0.7 次方，而 K 取 0.3 次方，联系产出与劳动力的生产函数向外凸的程度就不如联系产出与资本的生产函数那么强烈。要素的幂越接近 1 次方，其生产函数就越接近一条直线。

② “冲击”这个术语有点名不副实。虽然生产函数中的变化在大多数情况下都是急剧或者无法预测的，但并不是所有变化都是这样。

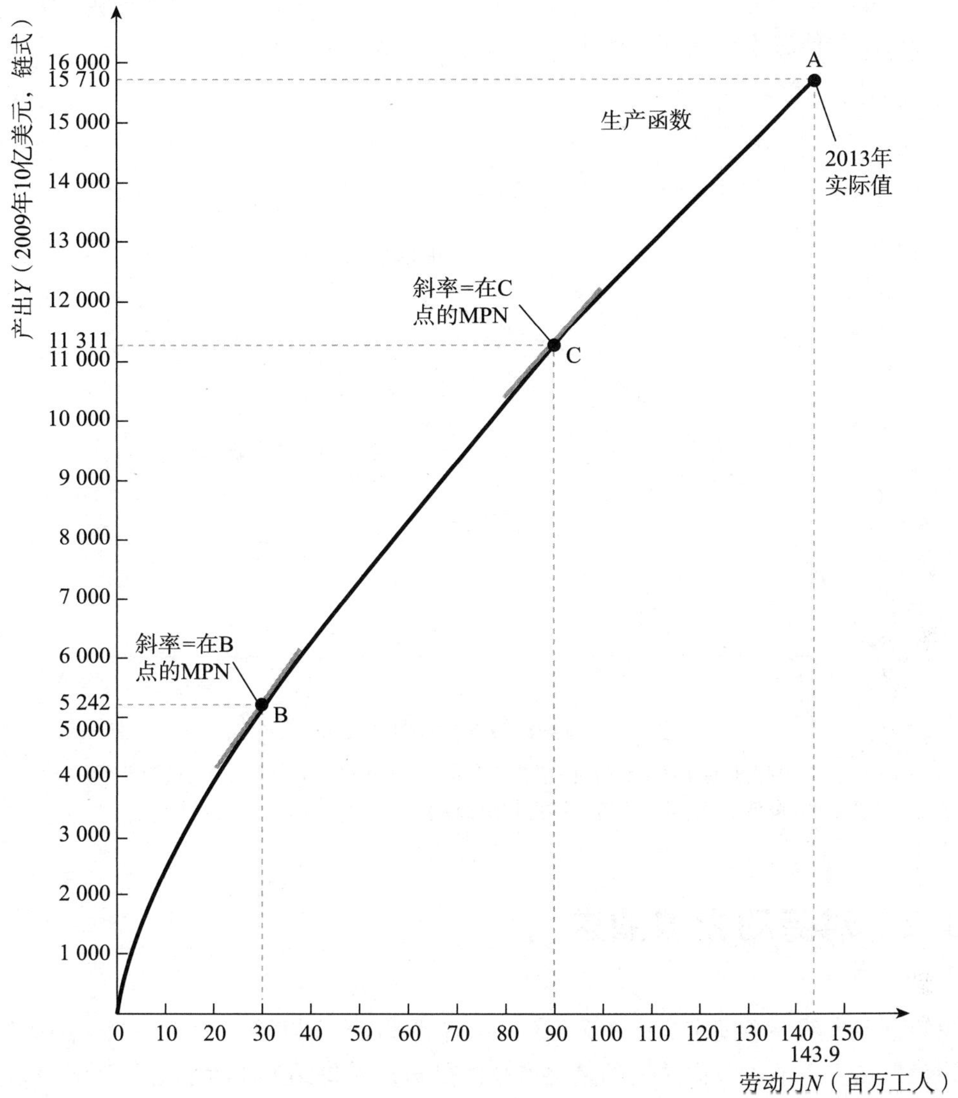

图 3－3　联系产出和劳动的生产函数

说明：该生产函数表明，维持生产率和资本存量在 2013 年水平不变的情况下，美国经济的产出如何随不同的就业水平（劳动力投入）而变化。A 点对应着 2013 年的实际产出和就业。任一点的劳动力边际产量由与生产函数在该点相切的直线斜率来度量。劳动力边际产量随就业水平的升高而降低，反映了劳动力的边际生产率递减。

现实生活中供给冲击的例子包括：气候变化，如干旱或严寒；发明或能提高效率的管理技术革新，如电脑或质量控制的统计分析；对科技或生产方法的使用有影响的政府规章的改变，如反污染法。这一类供给冲击也包括除了资本和劳动力之外能够影响产出数量的生产要素供给的变化。

图 3－4 说明了一个恶性供给冲击对联系产出和劳动力的生产函数的影响。该恶性供给冲击导致生产函数下移，使得给定的劳动力和资本所能生产的产出减少。此外，所展现的供给冲击也减少了生产函数的斜率，使得在每一就业水平上新增一个工人所导致

的产出增加量（劳动力边际产量）变少。① 反过来，一个良性的供给冲击使得给定数量的资本和劳动力能够生产更多的产出，导致生产函数向上移动。②

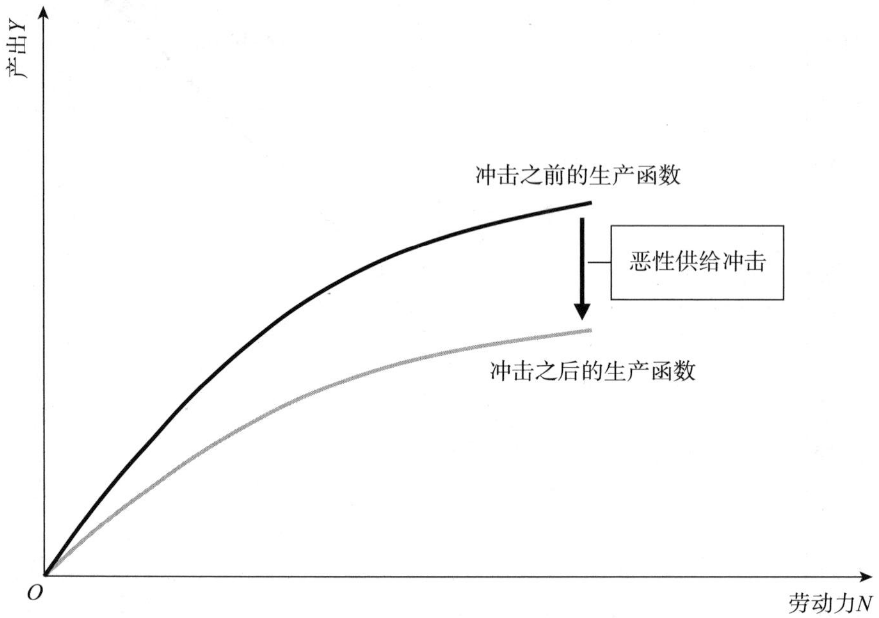

图 3-4　降低 MPN 的恶性供给冲击

说明：一个恶性供给冲击是指生产函数的向下移动。就每一水平的劳动力而言，现在所能生产的产出总量比原来减少了。恶性供给冲击降低了生产函数在每一就业水平的斜率。

3.2　对劳动力的需求

我们已经表明一个国家或一个公司的产出总量取决于生产率与生产过程中所使用的投入数量。在 3.1 节，我们关注的是生产率的度量以及供给冲击等引起生产率变动的因素。本节将考察是什么因素决定了生产者所使用的投入数量。

回想一下，资本和劳动力是两个最重要的投入。由于公司的投资、资本磨损以及废旧资本所产生的损耗，一个经济的资本存量会随时间而变化。然而，由于资本存量的使用期长，并经长时间累积而成，新增投资和旧资本的损耗如果要对现有资本的总数量产生较明显的影响，则需要较长的时间。所以，如果仅分析几个季度或几年的期间，经济学家通常将一个经济的资本存量设为定值。目前，我们遵循这种做法，即假设资本存量固定不变。我们在涉及长期经济增长的第 6 章中放弃了这个假设，研究资本存量如何随时间演变。

与资本总量相反，在经济中雇用的劳动力总数变化相当迅速。例如，无须事先通

① 从逻辑上说，恶性供给冲击并不一定降低劳动力和资本的边际产量，例如，生产函数也可能向下平行移动。不过，在一般情况下认为恶性供给冲击会降低边际产量的看法是合乎情理的。例如，当生产率 A 下降时，就会发生如图 3-4 所示的生产函数的移动。

② 供给冲击对联系产出与资本的生产函数的作用与此相似。

知，公司可以解雇工人或要求工人加班，工人可以迅速辞职或进入劳动力市场。因此，年与年之间生产的变化可归因于就业的变化。为解释就业的变化，在本章剩余篇幅中，我们用供给和需求的方法来关注劳动力市场是如何运转的。本节谈论的是劳动力需求，而 3.3 节将讨论影响劳动力供给的因素。

作为理解在经济中劳动力总需求的一个步骤，我们考虑一下单个公司如何决定需雇用的工人数目。目前，为简化起见，我们做如下假设：

（1）工人彼此相似。我们忽略工人在智商、技能、抱负等方面的差异。

（2）公司认为所雇用工人的工资是由一个竞争性的劳动力市场而非公司自己决定的。例如，在克利夫兰的一个需要雇用机械师的有竞争力的公司知道，如果它想吸引合格工人，那么它必须支付机械师当地现行的市场工资。然后，该公司决定要雇用多少机械师。

（3）在决定需要雇用多少工人时，一个公司的目标是赚取尽可能高的利润（产出的价值减去生产成本和税收）。该公司需要雇用的工人数目应当是能使利润最大化的工人数目。

要找出使利润最大化的工人数目，公司必须比较多雇用一个工人的成本和收益。多雇用一个工人的成本是其工资，而收益是其多生产的商品和服务的价值。只要多雇用一个工人的收益超出其成本，雇用更多工人就会增加该公司的利润。该公司会继续多雇用工人，直到多雇用一个工人所带来的收益（其生产的新增商品和服务的价值）等于其成本（工资）。

□ 劳动力边际产量与劳动力需求：一个例子

克利普联合（Clip Joint）公司是一个宠物美容公司，通过观察该公司，我们可以对劳动力需求做出更实质性的讨论。克利普联合公司使用剪刀、澡盆和刷子等资本与劳动力修剪宠物，修剪的宠物数量即其产出。

表 3 - 2 展现了适用于克利普联合公司的生产函数。就每一水平的生产率和资本存量而言，表 3 - 2 在第（2）列显示了克利普联合公司每天所修剪的宠物数目如何取决于第（1）列里雇用工人的数量。克利普联合公司雇用的工人越多，其日产出就越大。

第（3）列显示了克利普联合公司每个工人的劳动力边际产量。雇用第一个工人将克利普联合公司的产出从 0 增加到 11，所以第一个工人的劳动力边际产量是 11；雇用第二个工人将克利普联合公司的产出从 11 增加到 20，增加了 9，所以第二个工人的劳动力边际产量是 9；依此类推。第（3）列也表明劳动力边际产量随克利普联合公司工人数目的增加而下降，所以克利普联合公司的劳动力具有边际生产率递减的特点。在那里工作的工人越多，他们必须越频繁地合用固定数量的资本（澡盆、剪刀和刷子），所以增加一个工人所带来的收益也就越小。

劳动力边际产量度量的是多雇用一个工人所生产的新增产出。**劳动力边际产量收入**（marginal revenue product of labor，MRPN）是一个相关的概念，度量以多雇用一个工人所生产的新增产出的营业收入表示的收益。为计算 MRPN，我们需要知道公司产出的价格。如果克利普联合公司每修剪一只宠物，收入 30 美元，那么第一个工人的 MRPN 就是每天 330 美元（每天多修剪 11 只宠物，修剪每只宠物的收入是 30 美元）。更广义地说，每个新增工人的边际产量收入（即劳动力边际产量收入）等于公司产出的价格（P）乘以多增加一个工人所带来的新增产出（MPN）：

$$\text{MRPN}=P\times \text{MPN} \tag{3-3}$$

因为克利普联合公司产出的价格 P 为修剪每只宠物的收入 30 美元，在第（4）列中每个工人的 MRPN 等于在第（3）列中该工人的 MPN 乘以 30 美元。

现在假设克利普联合公司为吸引合格工人，需支付的工资 W 为每天 240 美元。（这里所指的工资是按惯例以现价美元来计算的名义工资。）为了使利润最大化，克利普联合公司需要雇用多少工人？要回答这个问题，克利普联合公司需要比较多雇用一个工人的收益和成本。多雇用一个工人的收益，以每天的美元数计算，等于该工人的边际产量收入 MRPN。多雇用一个工人的成本，以每天的美元数计算，等于名义日工资 W。

表 3－2 显示第一个工人的 MRPN 为每天 330 美元，超过其日工资 240 美元，所以对克利普联合公司来说，雇用该工人是有利可图的。由于第二个工人的 MRPN（每天 270 美元）也超过其日工资，所以雇用第二个工人也会增加克利普联合公司的利润。不过，由于第三个工人每天 210 美元的 MRPN 低于其 240 美元的日工资，所以雇用第三个工人会减少克利普联合公司的利润。因此，当工资水平为每天 240 美元时，克利普联合公司利润最大化的雇用水平也就是克利普联合公司的劳动力需求数量为 2 个工人。

表 3－2　　克利普联合公司的生产函数

(1) 工人数目 N （人）	(2) 已修剪的宠物数量 Y （只）	(3) 劳动力边际产量 MPN （只）	(4) 劳动力边际产量收入（美元） MRPN＝P×MPN （修剪一只宠物的价格 P＝30 美元）
0	0		
		11	330
1	11		
		9	270
2	20		
		7	210
3	27		
		5	150
4	32		
		3	90
5	35		
		1	30
6	36		

在计算克利普联合公司的劳动力需求数量时，我们用名义价值或美元价值来度量增加一个工人的收益和成本。但是，如果我们以实际价值来度量增加一个工人的收益和成本，结果也会相同。以实际价值计算，对于克利普联合公司来说，增加一个工人所带来的收益就是经该工人修剪的宠物数目，即劳动力边际产量 MPN。增加一个工人的实际成本则是以产出数量度量的**实际工资**（real wage）。以代数形式表示，实际工资 w 等于名义工资 W 除以产品价格 P。

在本例中，名义工资 W 为每天 240 美元，产品价格 P 为修剪一只宠物 30 美元，那么实际工资 w 等于每天修剪 8（＝240/30）只宠物。要找到使利润最大化的雇用水平，克利普联合公司需比较多雇用一个工人的实际成本和实际收益（即劳动力边际产量 MPN）。由于第一个工人的 MPN 是每天给 11 只宠物美容，超过了每天的实际工资（修剪 8 只宠物），所以雇用该工人是有利可图的。第二个工人每天修剪 9 只宠物，其 MPN

也超过实际工资（每天修剪 8 只宠物），第二个工人也应该被雇用。不过，因为第三个工人每天修剪 7 只宠物，其 MPN 低于实际工资，所以不应当雇用第三个工人。因此，克利普联合公司需要的劳动力数量为 2 个工人，与我们通过比较名义成本和收益得到的结果相同。

本例也表明，当增加一个工人的收益超过其成本时，公司应该增加雇用人数，以使利润最大化。类似地，如果在当前雇用水平上雇用最后一个工人的收益低于该工人的成本，公司应当减少雇用人数。例如，如果克利普联合公司现在雇用 3 个工人，第三个工人的 MRPN 是 210 美元，低于 240 美元的名义工资，那么公司应当解雇一个工人。小结表 2 比较了以实际价值和名义价值计算的新增劳动力的收益和成本。在选择利润最大化的雇用水平时，无论是以实际价值还是名义价值来比较都同样有效。

小结表 2　　比较劳动力数量变化的收益和成本

要使利润最大化，公司应当：	增加雇用，如果多雇用一个工人的结果是	减少雇用，如果雇用最后一个工人的结果是
实际价值	MPN$>w$	MPN$<w$
	（MPN$>W/P$）	（MPN$<W/P$）
名义价值	$P\times$MPN$>W$	$P\times$MPN$<W$
	（MRPN$>W$）	（MRPN$<W$）

MPN＝劳动力边际产量

P＝产品价格

MRPN＝劳动力边际产量收入＝$P\times$MPN

W＝名义工资

w＝实际工资＝W/P

□ 工资的改变

克利普联合公司决定雇用两个工人是基于每天 240 美元的名义工资水平。现在假设因某种原因，吸引合格工人所需支付的名义工资降到每天 180 美元。名义工资的下降如何影响克利普联合公司想要雇用的工人数目呢?

为了得到答案，我们可以用名义价值或实际价值来比较成本和收益。让我们先用实际价值进行比较。如果名义工资降到每天 180 美元而修剪宠物的价格维持在 30 美元，那么实际工资就降到每天修剪 6（＝180/30）只宠物。表 3-2 的第（3）列给出了第三个工人的 MPN 是每天修剪 7 只宠物，高于现在的实际工资。因此，在较低的工资水平上，对克利普联合公司而言，将需求的劳动力数量从 2 个增加到 3 个是有利可图的。然而，因为第四个工人的 MPN（每天修剪 5 只宠物）仍低于新的实际工资（每天修剪 6 只宠物），所以该公司不应雇用第四个工人。

本例例证了关于实际工资对劳动力需求影响的一个一般性结论：若其他条件保持不变，则实际工资的减少使得对劳动力的需求数量增加。类似地，实际工资的增加使得对劳动力的需求数量减少。

□ 劳动力边际产量与劳动力需求曲线

用克利普联合公司作为例子，我们展现了实际工资与一个公司需求的劳动力数量之间的负向关系。图 3－5 展示了如何在更一般的情况下确定实际工资和劳动力需求数量间的关联。用横轴表示劳动力 N（指劳动力数量），用纵轴表示劳动力边际产量和实际工资。图中一条向下倾斜的曲线将劳动力边际产量和公司雇用的劳动力数量联系起来。该曲线之所以向下倾斜，是由于劳动力边际产量的递减性。横线代表的是在劳动力市场中公司所面临的实际工资，它对于公司来说是给定的。这里的实际工资为 w^*。

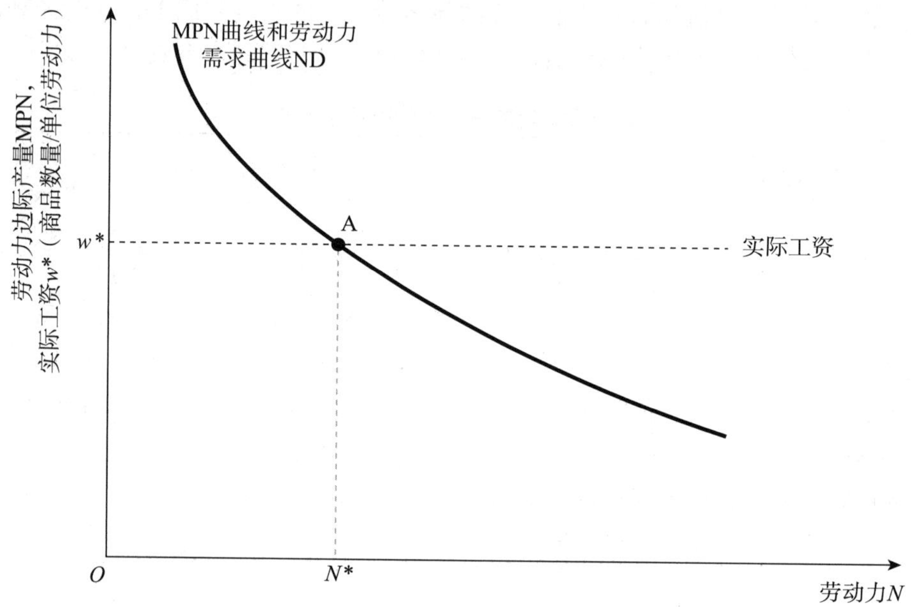

图 3－5 劳动力需求的决定

说明：劳动力需求数量取决于在 MPN 曲线上满足 MPN 等于实际工资这一条件的点，对应于该点的劳动力数量就是劳动力需求数量。例如，当实际工资为 w^* 时，A 点的 MPN 等于实际工资，所以劳动力需求数量为 N^*。劳动力需求曲线 ND 表示的是在每一实际工资水平上的劳动力需求数量。劳动力需求曲线等同于 MPN 曲线。

对于任何实际工资 w^*，能够产生最大利润的劳动力数量（也就是所需的劳动力数量）取决于 A 点，即实际工资线和 MPN 曲线的交点。在 A 点，劳动力需求的数量是 N^*。为什么 N^* 为该公司利润最大化的劳动力投入水平？当雇用水平低于 N^* 时，劳动力边际产量超出了实际工资（MPN 曲线位于实际工资线之上）。因此，如果该公司的雇用水平一开始低于 N^*，它就可以通过增加所使用的劳动力数量来增加利润。类似地，如果该公司的雇用水平一开始高于 N^*，劳动力边际产量低于实际工资（$MPN < w^*$），该公司就可以通过减少雇用数量来增加利润。只有当雇用水平等于 N^* 时，该公司才会满足于它所拥有的工人数目。在更一般的意义上，就任何给定的实际工资而言，使利润最大化的劳动力投入数量（也就是劳动力需求）对应于 MPN 曲线与实际工资线的交点。

描述一个公司所需求的劳动力数量与其所面临的实际工资之间关系的图形称为劳动力需求曲线。因为 MPN 曲线也给出了在任一实际工资水平下劳动力需求的数量，所以劳动力需求曲线与 MPN 曲线是一样的，唯一不同的是，在劳动力需求曲线中，纵轴度量的是实际工资，而在 MPN 曲线中，纵轴度量的是劳动力边际产量。① 与 MPN 曲线类似，劳动力需求曲线向下倾斜，表明劳动力需求数量随着实际工资的增加而减少。

需要指出的是，这里的劳动力需求曲线与克利普联合公司的例子相比，在几个方面更具一般性。首先，我们谈论的是劳动力需求，而不是像在克利普联合公司的例子中那样特别指明是对工人的需求。总的来说，可以用几种不同的方法来度量劳动力 N，如工作的总小时数、工作的总周数或雇员的数目，究竟采用何种方式取决于具体的应用。其次，虽然我们在克利普联合公司的例子中假设该公司需要雇用以整数计的工人，而图 3-5 所描述的劳动力需求曲线允许劳动力 N 取任何整数或分数的正值。因为人们可能会工作不到一个小时，所以允许 N 取任何值是合理的。

□ 导致劳动力需求曲线移动的因素

因为劳动力需求曲线描述了实际工资与公司希望雇用的劳动力数量间的关系，沿着劳动力需求曲线的移动就代表着实际工资的变化。实际工资的变化不会引起劳动力需求曲线的移动。那些引起在任一给定的实际工资水平上公司想要雇用的劳动力数量变化的因素才能导致劳动力需求曲线的移动。例如，在本章前面部分，我们展示了良性或正面供给冲击很可能会提高在任何劳动力投入水平上的 MPN，而恶性或负面供给冲击很可能会减少任何劳动力投入水平上的 MPN。因此，良性供给冲击使得在任何给定的实际工资水平上，MPN 曲线都向右上方移动，恶性供给冲击则有相反的效应。

试想克利普联合公司的业主发现，播放现代音乐能使宠物平静和放松，我们可以借此来说明供给冲击对克利普联合公司劳动力需求的影响。它可以使宠物更合作，从而使同样数量的工人每天能给双倍数目的宠物美容。这种技术上的改进给予克利普联合公司一个新的生产函数，见表 3-3。注意，总产出翻倍也使 MPN 在每个雇用水平上翻倍。

表 3-3　良性供给冲击之后克利普联合公司的生产函数

(1) 工人数目 N （人）	(2) 已修剪的宠物 数量 Y （只）	(3) 劳动力边际产量 MPN （只）	(4) 劳动力边际产量收入（美元） MRPN$=P\times$MPN （修剪一只宠物的价格 $P=30$ 美元）
0	0		
		22	660
1	22		
		18	540
2	40		
		14	420
3	54		
		10	300
4	64		
		6	180
5	70		
		2	60
6	72		

当面临原来的生产函数和实际工资为每天修剪 8 只宠物时，克利普联合公司需要 2 个工人（见表 3-2）。表 3-3 表明，生产率的改进将克利普联合公司在给定实际工资处的劳动力需求增加到 4 个工人，因为第四个工人的 MPN（每天修剪 10 只宠物）现已超

① 回想一下实际工资与 MPN 有着相同的度量单位，即商品数量/单位劳动力。

出了其实际工资。不过，因为第五个工人的 MPN（每天修剪 6 只宠物）仍低于其实际工资，因此克利普联合公司不会雇用第五个工人。

图 3－6 描述了良性供给冲击对劳动力需求曲线的影响。该冲击增加了在任何劳动力投入水平上的 MPN，所以 MPN 曲线向右上方移动。因为 MPN 与劳动力需求是等同的，劳动力需求曲线也向右上方移动，在图 3－6 中从 ND^1 移动到 ND^2。当劳动力需求曲线为 ND^2 时，与劳动力需求曲线为 ND^1 时相比，该公司在任何实际工资水平上雇用的工人数都增加了。因此，工人的生产率与劳动力需求数量是密切相关的。

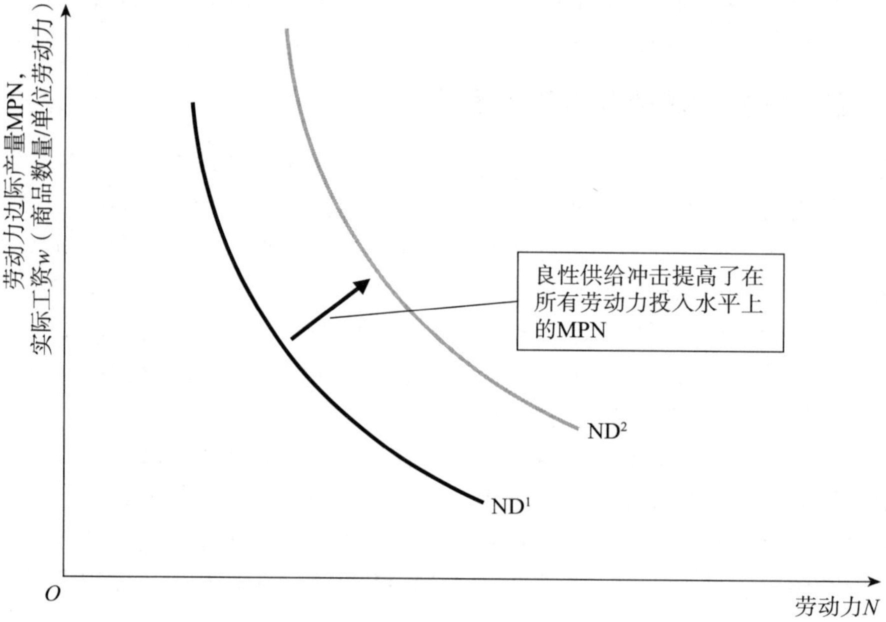

图 3－6　良性供给冲击对劳动力需求的影响

说明：可以在任何劳动力水平上提高 MPN 的良性供给冲击使 MPN 曲线向右上方移动。因为劳动力需求曲线等同于 MPN 曲线，劳动力需求曲线也向右上方移动，从 ND^1 移到 ND^2。就任何实际工资而言，良性供给冲击会增加公司需求的劳动力数量。

资本存量的规模也可能影响劳动力需求。一般来说，资本存量 K 的增加使得每个工人可以操作更多的机器和设备，从而在任何劳动力水平上都提高了工人的生产率和 MPN。因此，资本存量的增加会使劳动力需求曲线向右上方移动，增加了一个公司在任何特定实际工资下所需求的劳动力数量。①

□ 劳动力总需求

迄今为止，我们只关注单个公司（如克利普联合公司）的劳动力需求。然而，对宏观经济分析而言，我们通常运用**劳动力总需求**（aggregate demand for labor）的概念，也就是一个经济体中所有公司的劳动力需求之和。

因为劳动力总需求是各公司劳动力需求的总和，决定劳动力总需求的因素也与决定

① 如果新增资本取代了劳动力的使用，那么资本存量的增加就会减少对劳动力的需求。例如，自助收费亭的安装减少了收费人员的边际产量，从而降低了对这些工人的需求。

单个公司劳动力需求的因素相同。因此，劳动力总需求曲线看上去与单个公司的劳动力需求曲线是一样的（见图 3-5）。与单个公司的劳动力需求曲线一样，劳动力总需求曲线向下倾斜，表明各公司想要雇用的劳动力数量总和随着整个经济体实际工资的增长而减少。类似地，一个良性供给冲击或总体资本存量的增加会使劳动力总需求曲线向右上方移动；一个恶性供给冲击或总体资本存量的减少会使劳动力总需求曲线向左下方移动。为方便起见，小结表 3 列出了影响劳动力总需求的因素。

小结表 3　　导致劳动力总需求曲线移动的因素

增长因素	引起劳动力需求曲线移动的方向	原因
生产率	向右	良性供给冲击提高了 MPN，并使 MPN 曲线向右上方移动
资本存量	向右	更高的资本存量提高了 MPN，并使 MPN 曲线向右上方移动

3.3 劳动力的供给

劳动力需求取决于公司，但劳动力的供给则取决于个人或共同做出决定的家庭成员。每个处于工作年龄的人（如果工作）都必须就在经济体中支付薪水的部门工作多长时间与诸如做家务和照看孩子、上学或退休等不支付薪水的替代活动之间做出选择。**劳动力总供给**（aggregate supply of labor）是经济体中每个人供给的劳动力之和。

回想一下，在决定需要的工人数量时，公司需要比较增加雇用工人的成本和收益。类似地，在决定工作多少时，个人需要度量工作的收益和成本。除了由于拥有工作而产生的心理满足之外，工作的主要好处是赚取可用于购买必需品和奢侈品的收入。工作的主要成本是损失了可用于其他活动的时间和精力。经济学家使用**闲暇**（leisure）这个术语①来代表所有非工作活动，包括吃饭、睡觉、整理家务，以及与家庭、朋友共聚的时间等。为了使自己得到尽可能多的好处，个人供给的劳动力数量应当满足每多工作一个小时的收入与其放弃一个小时的闲暇相当的条件。

□ 收入-闲暇的取舍

为了阐明收入与闲暇之间的取舍会如何影响劳动力供给的决定，我们来看一个例子。试想一个名叫埃斯（Ace）的网球教师。在扣除了税收以及与工作有关的支出之后，埃斯每小时赚取 60 美元，这是他的税后名义工资。埃斯是享有盛名的网球教师，所以可以依自己意愿选择每年工作的时间。不过，他不愿意工作太多，因为他每花一天时间教打网球，就减少一天时间用于他真正的喜好——跳伞。埃斯面临的决定是每年要工作多少小时，也就是供给多少劳动力。

埃斯处理这个问题时，问自己一个问题：从经济意义上说，什么能使自己真正快乐？经过一些考虑，埃斯得出结论：他的快乐水平（即效用）取决于他消费的商品和服

① “闲暇”这一术语并不意味着所有工作之外的活动（例如做家务和家庭作业）都是“悠闲的”！

务的数量以及他可用于跳伞的闲暇时间。因此，他的问题可以重新表述为：今年他应该工作多少时间才能获取最高水平的效用？

要找到使效用最大化的劳动力供给，埃斯必须比较多工作一个小时的成本和收益。多工作一个小时的成本是损失了一个小时的闲暇，该损失可用埃斯必须工作一个小时而非跳伞时造成的效用损失来度量。多工作一个小时的收益是增加了 60 美元的收入，埃斯可用它来享受更多的消费。

如果多工作一个小时的收益（从多余收入中所获取的效用）超过其损失（因闲暇减少所失去的效用），那么埃斯应当多工作一个小时。事实上，他应当持续增加工作时间，直到他从增加 60 美元的收入中所得到的效用等于损失一个小时的闲暇所失去的效用，因为那时的劳动力供给使埃斯的效用最大化。① 我们可以用这样一个依据闲暇与收入间的取舍来决定劳动力供给的方法，来讨论影响埃斯的劳动力供给数量的因素。

□ 实际工资与劳动力供给

实际工资是一个工人为工作放弃了一个单位的闲暇（比如一小时、一天或一周）所换来的实际收入，它是劳动力供给数量的一个重要决定因素。

通常来说，实际工资的增加在两个方面影响了劳动力供给的决定。首先，实际工资的增加提高了多工作一个小时的效益，因此趋向于增加工人愿意供给的劳动力数量。这种工人因工作报酬增加而供给更多劳动力的倾向称为在劳动力供给数量上**实际工资增加的替代效应**（substitution effect of a higher real wage），简称为替代效应。

其次，因为现在同样数量的工作取得的实际收入增加了，所以实际工资的增加使工人变得更富有。变富之后的人们能够负担得起更多的闲暇，结果是会减少供给的劳动力数量。工人这种因变得富有而减少供给劳动力的倾向称为在劳动力供给数量上**实际工资增加的收入效应**（income effect of a higher real wage），简称为收入效应。注意，替代效应和收入效应的方向相反。其中，替代效应倾向于增加劳动力供给数量，收入效应倾向于减少劳动力供给数量。

一个单纯的替代效应：为期一天的实际工资上涨 我们可以举例说明替代效应。假设经过考虑，埃斯决定每周工作 48 小时，每周工作 6 天，每天工作 8 小时。他将每周三空出来用于跳伞。尽管埃斯可以在每周三工作并每小时赚取 60 美元，但将那天用于闲暇，反而使他获得了最高的效用。

现在假设某个周二，一个特立独行的网球选手给埃斯打电话，要求埃斯给他在周三上课，以备战一个周末业余选手锦标赛。他愿意付给埃斯每小时 60 美元的平时工资，但埃斯拒绝了并解释说他计划在周三跳伞。该网球选手不愿意听到“不”字，提出对周三的全天课程愿意按每小时 600 美元付给埃斯报酬。当埃斯听到这个比他平时的工资水平高 9 倍的条件时，他想：“我不会每天都获得这么好的报酬。我可以找其他时间去跳伞，但这个周三我得去工作。”

在这个特定的周三，作为对那天每多工作一个小时所获取的极高报酬的回应，埃斯做出了去工作而非跳伞的决定（也就是用劳动代替闲暇）。他决定多工作一天的原因是

① 并不是所有人都能像埃斯那样选择他的劳动力供给。例如，一些岗位要么需要每周工作 40 小时，要么就没有工作。不过，通过选择加班、半职、兼职以及改变家庭成员上班的人数，家庭确实对劳动力的供给数量有显著的影响。

替代效应。因为仅在某一天获得很高的收入并不能使埃斯变得特别富有，所以一天的工资增长带来的收入效应是可以忽略的。因此，一天的实际工资增加对埃斯劳动力供给的影响几乎就是一个纯替代效应的例子。

纯收入效应：彩票中大奖 除了跳伞，埃斯也喜欢买政府彩票。幸运的埃斯在训练特立独行的网球选手的那个周三的一周之后，买彩票中了 300 000 美元。埃斯的反应是将每周工作天数从 6 天削减到 5 天，因为这笔额外的 300 000 美元的财富使得他没必要工作那么长时间。因为彩票大奖使他更富有，所以他减少了劳动力供给。由于彩票大奖并不影响放弃闲暇去工作的当前报酬（埃斯的实际工资仍然是每小时 60 美元），这里并没有发生替代效应。因此，彩票中大奖是一个纯收入效应的例子。

另一个纯收入效应的例子是预期未来实际工资的增加。假设在埃斯所在社区的乡村俱乐部，一个年老的职业网球教师宣布他将在明年退休，并且乡村俱乐部同意一年之后雇用埃斯。埃斯可赚取每小时 100 美元的税后工资，并可自愿选择教人打网球的时间长短。[①] 埃斯意识到，这种未来工资的增长可以通过增加他的未来收入（埃斯将来提供任何数量劳动力供给所得到的收入）而使他更富有。就一生的收入而言，埃斯认识到他今天有能力享受更多的闲暇。也就是说，未来实际工资增加的收入效应使得埃斯削减了他的当前劳动力供给。因为未来工资的增加并不改变埃斯的当前工资，因此并不影响放弃一个小时的闲暇而多工作一个小时的当前报酬，也就不存在对埃斯当前劳动力供给的替代效应。所以，未来实际工资的增加对埃斯的劳动力供给具有纯收入效应。

替代效应与收入效应同时发生：实际工资的长期增长 这个年老的职业网球教师突然辞职了，乡村俱乐部要求埃斯立即开始工作。埃斯接受了聘用，按照他选择的教授网球的小时数，每小时赚取 100 美元。

在新岗位上，埃斯的工作时间是比以前多还是少呢？在本例中，这两种效应的影响是相反的。一方面，工作的报酬增加会使得埃斯比以前工作更长时间。这种面临实际工资上升时增加劳动力供给的倾向就是替代效应。另一方面，有了新的高工资，埃斯可以每周只工作 3～4 天就能负担食物、房租以及跳伞等花费，这会吸引他工作更少的时间，而且有更多的时间用于跳伞。这种因变得更加富有而减少劳动力供给的倾向就是收入效应。

哪一个效应更大呢？一个影响埃斯决定的因素是他预期这份新的高工资工作能够持续的时间。预期这份高工资工作持续的时间越长，对埃斯一生资源的影响就越大，收入效应也就越大。因此，如果埃斯预期持有这份工作直到退休，收入效应就会很强（他就会富有得多），他就更有可能减少工作时间。相反，如果埃斯相信这份工作不会持续很长时间，收入效应就会较弱（他一生资源的增加不多），他可能会尽量利用这份高工资，选择工作更多时间。通常说来，上升后的实际工资预期持续的时间越长，收入效应就越大，劳动力供给的数量越可能被削减。

实际工资与劳动力供给的实证证据 因为收入效应和替代效应相互对立，关于实际工资的改变如何影响劳动力供给存在着模糊之处。实证证据又是怎样的呢？

---

① 我们假设下一年的通货膨胀水平预期为零，那么下一年每小时 100 美元的工资不仅意味着埃斯名义工资的增加，也意味着埃斯实际工资的增加。

从总体上说，关于劳动力供给的研究表明，劳动力总供给数量随实际工资的暂时性上升而增加，随实际工资的持久性上升而减少。① 这个实际工资的暂时性上升引起劳动力供给数量增加的发现证实了替代效应：如果工作报酬短期内上升，那么人们会利用这个机会工作更多时间。而实际工资的持久上升引起劳动力总供给数量减少的发现则表明，对于持久性实际工资上升而言，收入效应超过替代效应。如果持久性的工资上升使工人更富有，那么他们将选择工作更少时间。这些效应的大小取决于个人的具体家庭情况（结婚与否以及是否有小孩）和税率（决定了收入在纳税之后还剩多少可供支配）。

□ 劳动力供给曲线

我们已经讨论了个人劳动力供给的数量如何取决于当前与未来的实际工资水平。个人的劳动力供给曲线是在维持所有其他影响劳动力供给数量的因素（包括预期未来实际工资）不变的情况下，将劳动力供给数量与当前实际工资水平联系起来。图 3－7 描绘了一条典型的劳动力供给曲线。纵轴度量当前实际工资，横轴度量劳动力供给的数量。因为当前实际工资的上升（保持预期未来实际工资不变）导致劳动力供给数量增加，劳动力供给曲线向上倾斜。

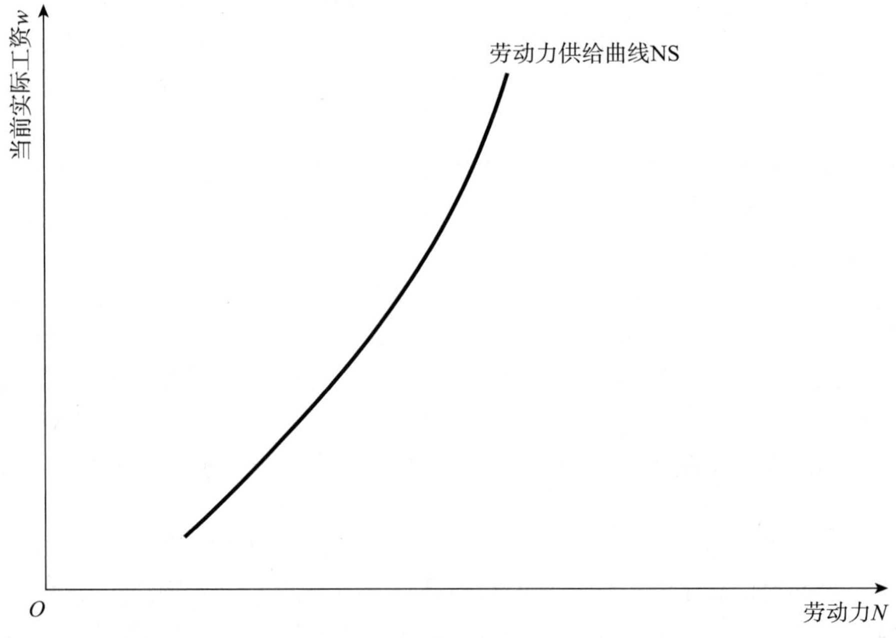

图 3－7　单个工人的劳动力供给曲线

说明：横轴体现了对应于纵轴的任意给定的当前实际工资，一个工人将会供给的劳动力。劳动力供给曲线向上倾斜表明，当其他因素（包括预期未来实际工资）不变时，劳动力供给数量随着当前实际工资的增加而增加。

导致劳动力供给曲线移动的因素　任何在给定的当前实际工资水平上能够改变劳动力供给数量的因素都会使劳动力供给曲线移动。具体来说，任何在给定实际工资水

---

① 关于劳动力供给研究方面的详细综述，参见 Richard Blundell and Thomas MaCurdy，"Labor Supply：A Review of Alternative Approaches"，in O. Ashenfelter and D. Card. Eds.，*Handbook of Labor Economics*，volume 3（Amsterdam：North-Holland，1999），pp. 1559－1695。

平上能提高劳动力供给数量的因素均能使劳动力供给曲线向右移动，任何在给定实际工资水平上能降低劳动力供给数量的因素均能使劳动力供给曲线向左移动。我们已经讨论了财富增长（比如中彩票大奖）具有纯收入效应，从而在给定的实际工资水平上减少了劳动力供给数量。因此，如图 3－8 所示，财富增长使劳动力供给曲线向左移动。我们也讨论了预期未来实际工资增加如何具有纯收入效应，从而在给定的实际工资水平上减少了劳动力供给数量。图 3－8 描述了劳动力供给曲线对预期未来实际工资增加的反应。

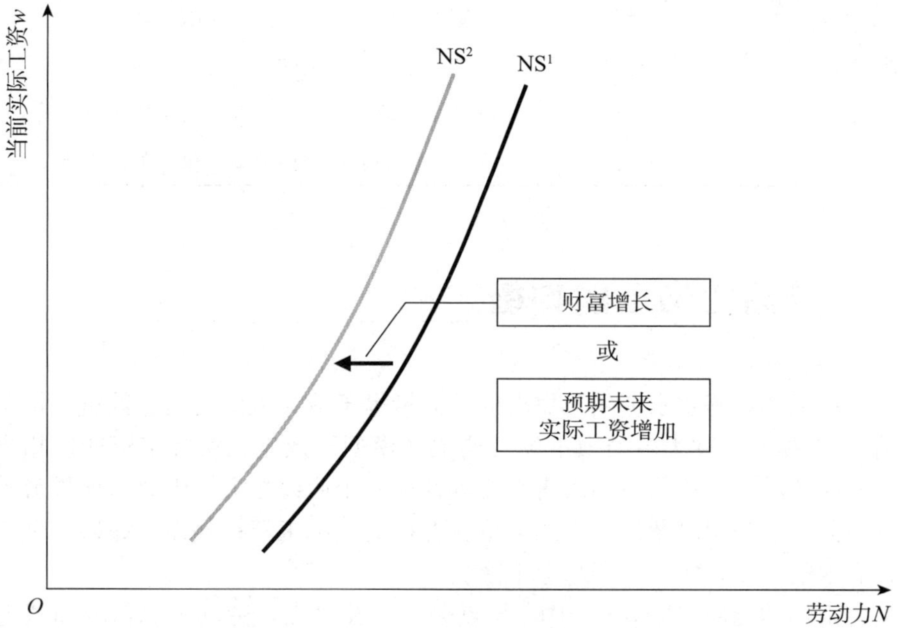

图 3－8　财富增长对劳动力供给的影响

说明：财富增长减少了在任何实际工资水平上劳动力供给的数量，因此财富增长使得劳动力供给曲线向左移动。类似地，预期未来实际工资增加将使工人变得更富有，从而在任何给定的当前实际工资水平上减少了劳动力供给数量，使劳动力供给曲线向左移动。

□ 劳动力总供给

如前所述，劳动力总供给是经济中每个人供给的劳动力数量之和。与个人劳动力供给数量随当前实际工资上升而上升一样，劳动力总供给数量随整个经济体的实际工资上升而上升。当前实际工资的上升导致劳动力总供给数量上升有两个原因。首先，当实际工资上升时，已经工作的人们可能会供给更多的工作时间，如通过加班、从兼职转为全职或从事第二职业等。其次，实际工资的上升会诱使那些目前尚不属于劳动力人口的人们决定去寻找工作。因为人们的工作时间随着实际工资的上升而增加，劳动力总供给曲线——描述劳动力总供给数量与当前实际工资的关系——向上倾斜。

除当前实际工资之外，其他影响人们想要供给的劳动力数量的因素也会使劳动力总供给曲线移动。小结表 4 列明了使劳动力总供给曲线移动的因素。我们已经讨论过表中的前两个因素：财富与预期未来实际工资。劳动力总供给也随一个国家适龄工作人口的增加（例如，因为出生率上升或移民）而上升；当社会或法制环境的改变引起更大比例的人口加入劳动力人口中（劳动力人口参与率上升）时，劳动力总供给也会上升。例如，对女性在社会中的作用的认同程度不断提高，是美国劳动力市场从 20 世纪 60 年代末期到 90 年代中期女性数量增加的一个原因；在许多领域，强制性退休的废除也提高了年纪较大工人的参与率。

小结表 4　　导致劳动力总供给曲线移动的因素

增长因素	导致劳动力供给曲线移动的方向	原因
财富	向左	财富增长使工人能负担的闲暇量增多
预期未来实际工资	向左	预期未来实际工资的增加使工人能负担的闲暇量增多
适龄工作人口	向右	潜在工人数目的增加使劳动力供给数量上升
参与率	向右	等待工作的人增多使劳动力供给数量上升

3.4　劳动力市场的均衡

劳动力市场的均衡要求劳动力需求的总数量等于劳动力供给的总数量。这里介绍的基本供给-需求模型（称为劳动力市场古典主义模型）建立在实际工资能以相当快的速度调整，并使劳动力供给与劳动力需求相等这样一个假设之上。因此，如果劳动力供给少于劳动力需求，公司对稀缺工人的争抢就会推高实际工资；然而，如果大量工人同时竞争数目有限的工作，实际工资将会下降。

劳动力市场的均衡用图 3－9 中的 E 点表示，在该点，劳动力总需求曲线与劳动力总供给曲线相交。在工资和价格完全调整之后所达到的均衡就业水平称为**充分就业水平**（full-employment level），即 $\bar{N}$。对应的市场出清的实际工资（又称均衡实际工资）是 $\bar{w}$。

那些使得劳动力总需求曲线或劳动力总供给曲线移动的因素会影响到均衡实际工资和充分就业水平。暂时性的恶性供给冲击就是一个例子。暂时性的恶性供给冲击（比如由于一段时间内非同寻常的坏天气）减少了在每一就业水平上的劳动力边际产量。如图 3－10 所示，这样的减少使劳动力需求曲线向左移动，从 ND^1 移到 ND^2。不过，因为该供给冲击是暂时性的，未来边际产量或未来实际工资不受其影响，所以劳动力供给曲线不移动。因此，该模型预测一个暂时性的供给冲击降低了当前实际工资（从 $\bar{w}_1$ 到 $\bar{w}_2$）和充分就业水平（从 $\bar{N}_1$ 到 $\bar{N}_2$）。

劳动力市场古典主义模型具有简明的特点，对研究经济扰动和经济政策变化如何影响就业和实际工资非常有用。然而，这个基本模型的一个显著缺陷是无法用于研究失业。因为它假设任何想要工作的工人在均衡实际工资下都能找到工作，所以这个模型暗示着零失业，这在现实中并不存在。我们会在本章稍后探讨失业，但在目前，我们继续使用劳动力市场古典主义模型。

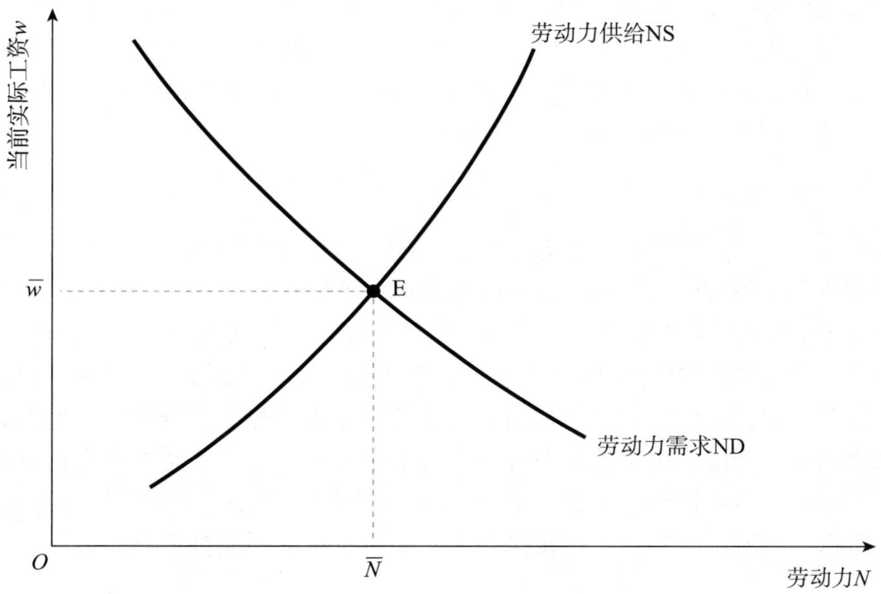

图 3－9　劳动力市场均衡

说明：在 E 点，劳动力需求数量等于劳动力供给数量。均衡实际工资是$\overline{w}$，对应的均衡就业水平是$\overline{N}$，也就是充分就业水平。

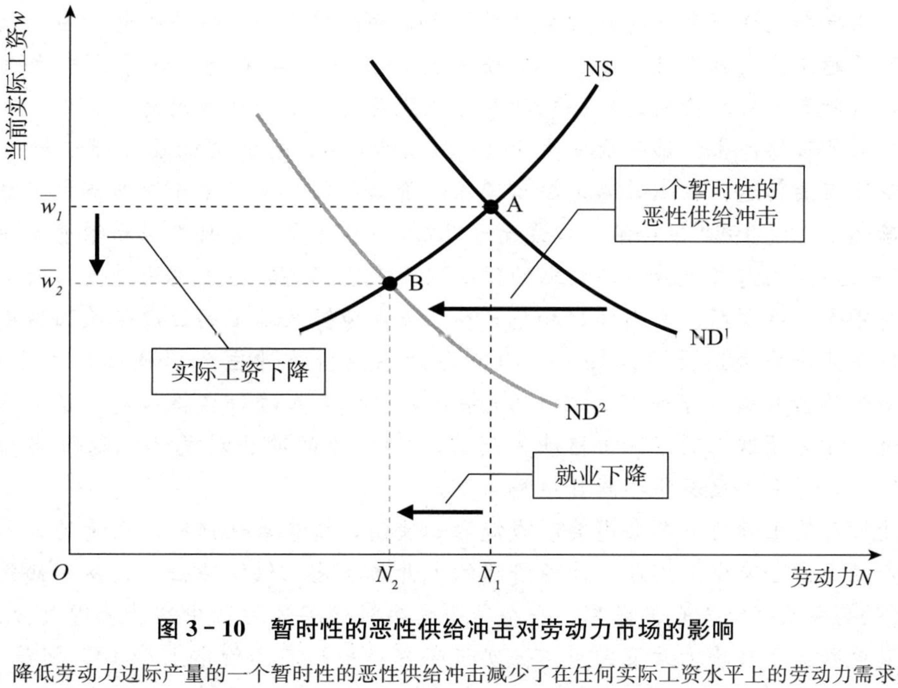

图 3－10　暂时性的恶性供给冲击对劳动力市场的影响

说明：降低劳动力边际产量的一个暂时性的恶性供给冲击减少了在任何实际工资水平上的劳动力需求数量。这样，劳动力需求曲线向左移动，从 ND^1 移到 ND^2，劳动力市场均衡从 A 点移到 B 点。该恶性供给冲击使得实际工资从$\overline{w}_1$ 降到$\overline{w}_2$，充分就业水平从$\overline{N}_1$ 减少到$\overline{N}_2$。

□ 充分就业产出

将劳动力市场均衡与生产函数结合起来，我们就可以确定公司希望供给的产出数量。**充分就业产出**（full-employment output），即 $\bar{Y}$，有时称为潜在产出，是工资和价格完全调整后经济体中所有公司所供给的产出水平。等同于说，充分就业产出是当劳动力总需求等于充分就业水平 $\bar{N}$ 时所供给的产出水平。以代数形式表示，我们用生产函数［式（3－1）］来定义充分就业产出，即

$$\bar{Y}=AF(K,\bar{N}) \tag{3-4}$$

式（3－4）表明，当资本存量 K 固定不变时，充分就业产出取决于两个一般性因素：充分就业水平和将产出与就业联系起来的生产函数。

任何改变充分就业水平或生产函数的因素都会改变充分就业产出。例如，降低 MPN（见图 3－10）的暂时性的恶性供给冲击通过两种不同的方式来减少充分就业产出：

（1）暂时性的恶性供给冲击通过削减用任何固定数量的资本和劳动力所能生产的产出数量来直接减少产出。该直接作用可以认为是在式（3－4）中生产率 A 的降低。

（2）暂时性的恶性供给冲击减少了对劳动力的需求，因此降低了充分就业水平，如图 3－10 所示。如同式（3－4）所证实的，$\bar{N}$ 的减少降低了充分就业产出。

应用

石油价格冲击下的产出、就业与实际工资

第二次世界大战以来，对美国和世界经济影响最严重的供给冲击包括石油及其他能源产品价格的几次急剧上升。图 3－11 描述了 1960—2014 年众多公司所支付的经 GDP 平减指数（所有产出的价格总水平）调整后的能源价格是如何波动的。其中，有三次突出的恶性石油价格冲击：第一次发生于 1973—1974 年，当时石油输出国组织（OPEC）首次实施了石油禁运，从而普遍地提高了原油价格；第二次发生于伊朗革命扰乱了石油供给之后的 1979—1980 年；第三次发生于 2003—2008 年，当时中国和印度等快速发展中的大国对石油的需求飙升，与疲弱的供给（由产能不足、损害墨西哥湾石油生产的飓风以及对中东、俄罗斯、委内瑞拉和尼日利亚等在地缘政治上的忧虑等原因造成）相结合，导致石油价格快速上升。1979—1980 年的石油价格冲击随后被证实是临时性的，因为能源价格紧接着就下滑了。在 1990 年 8 月伊拉克入侵科威特后发生了石油价格上涨。不过，相对于这三次石油价格冲击而言，1990 年的冲击对总体能源价格的影响较小，在图 3－11 中仅表现为些微且短暂的上升。

当能源价格上升时，各公司会削减能源的使用，意味着任何给定数量的资本和劳动力所生产的产出会减少。因此，能源价格的上升属于恶性供给冲击。这些石油价格冲击对 GDP 的影响有多大？我们很难将一个冲击发生时经济体运行中的其他因素分离出去，而且结果也取决于政府的政策回应。但实证研究指出，石油价格上升 10%将使 GDP 减少 0.4 个百分点。① 因此，2002—2008 年石油价格上升了 96%，导致 GDP 和没有发生

① 见 Charles T. Carlstrom and Timothy S. Fuerst，"Oil Prices，Monetary Policy，and Macroeconomy，" Federal Reserve Bank of Cleveland，*Economic Commentary*，July 2005；John Fernald and Bharat Trehan，"Why Hasn't the Jump in Oil Prices Led to a Recession?" Federal Reserve Bank of San Francisco，*Economic Letter*，Number 2005－31，November 18，2005。

石油价格冲击相比下降了 3.8%。

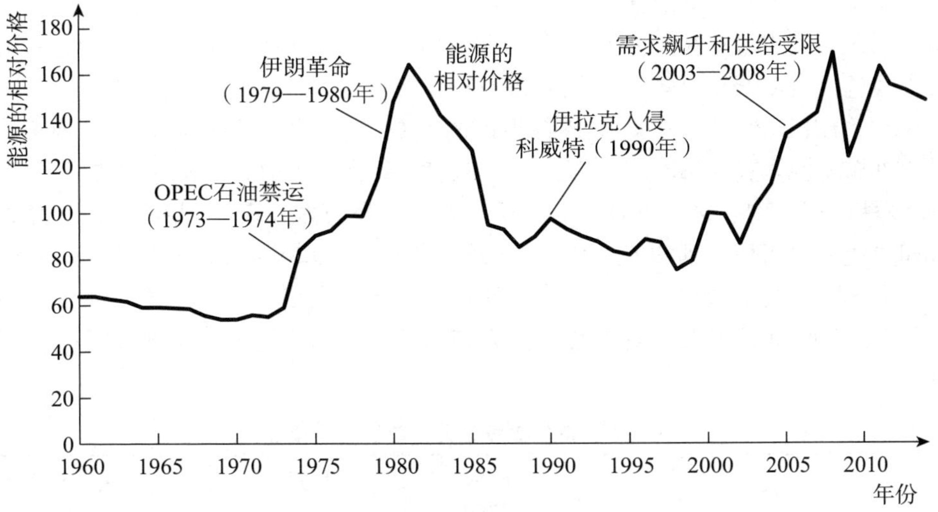

图 3-11　1960—2014 年能源的相对价格

说明：该图显示了经 GDP 平减指数调整之后的燃料以及相关产品和电力的生产者价格指数（生产者支付的能源价格指数）。注意观察 1973—1974 年、1979—1980 年和 2003—2008 年石油冲击的影响，以及 20 世纪 80 年代前半期的能源价格下降。

我们的分析预示着，一个恶性的供给冲击将会降低劳动力需求，减少就业和实际工资，并减少产出的供给。事实上，紧接着 1973—1974 年、1979—1980 年以及 1990 年的油价冲击，经济都进入了衰退期，每次都出现了 GDP 负增长，就业和实际工资也都下降了。在解释这些结果时必须小心，因为宏观经济政策和其他因素也在同时发生变化。不过，我们的模型看起来能解释经济对这些油价上涨的反应。

3.5　失　业

我们的劳动力市场古典主义模型依赖于供求分析，对于研究经济中的工资水平和就业水平以及阐明这些变量如何与产出和生产率相关，这一模型非常有用。然而，这个劳动力市场的模型建立在一个强假设之上，即当劳动力市场处于均衡时，愿意工作的工人在当前工资水平上都能找到工作。在实际生活中，当然不是每个想工作的人都有工作，总会存在一些失业。失业的存在意味着在任何时候并不是社会中所有的劳动力资源都积极地参与商品和服务的生产。

本书会数次讨论到失业问题，尤其是第 12 章。在这里，我们通过展现关于失业的一些基本事实，开始进入这个主题，然后对它进行一个初步的经济分析。

□ 失业的度量

为估算美国的失业率，美国劳工统计局每月对大约 60 000 个家庭进行问卷调查。在被调查的家庭中，每个 16 岁以上的人都被归为下面三类中的一类。

（1）就业：如果一个人在上周全职或半职工作（或者正在休假中）。

（2）失业：如果一个人在上周没有工作，但在过去四周中积极寻找过工作。

（3）不在劳动力人口中：如果一个人在上周不工作，并且在过去四周中也没有积极寻找工作（包括全职学生、家务劳动者以及退休者）。

表 3-4 给出了 2015 年 5 月上述各类别的人数。（有关这些数据以及其他劳动力市场数据的可靠来源，在本章的“数据获取与研究前沿：劳动力市场的数据”中有所描述。）在该月，有 1.488 亿人就业，870 万人失业。**劳动力人口**（labor force）由所有就业人口和失业人口组成，所以在 2015 年 5 月，劳动力人口共有 1.575 亿人（1.488 亿就业人口加上 870 万失业人口）。在 2015 年 5 月，成年人人口（16 岁及以上）为 2.505 亿人，因此有 9 300 万成年人不属于劳动力人口（2.505 亿的总人口减去 1.575 亿的劳动力人口）。

表 3-4　　2015 年 5 月美国成年人人口的就业状况

种类	数量（百万人）	占劳动力人口的比例（%）	占成年人人口的比例（%）
就业人口	148.8	94.5	59.4（就业比例）
失业人口	8.7	5.5（失业率）	3.5
劳动力人口（就业人口＋失业人口）	157.5	100.0	62.9（参与率）
不属于劳动力人口	93.0		37.1
成年人人口（劳动力人口＋不属于劳动力的人口）	250.5		100.0

说明：由于四舍五入的原因，数据总和可能不一定等于总数。

资料来源：The Employment Situation，May 2015，Table A-1.

劳动力市场中几个有用的指标包括失业率、参与率以及就业比例。**失业率**（unemployment rate）是指劳动力人口中失业人口的比例。在 2015 年 5 月，失业率为 5.5%（870 万失业人口除以 1.575 亿劳动力人口）。图 1-3 展现了 1890—2014 年美国的失业率。

成年人人口中劳动力人口的比例称为**参与率**（participation rate）。2015 年 5 月，在 2.505 亿成年人中有 1.575 亿劳动力人口，所以劳动力人口的参与率是 62.9%（＝1.575/2.505）。

就业比例（employment ratio）是指成年人人口中就业人口的比例。2015 年 5 月的就业比例为 59.4%（1.488 亿就业人口除以 2.505 亿成年人人口）。由于就业比例为 59.4%，所以 2015 年 5 月有 40.6%的成年人人口没有被雇用。在这 40.6%的成年人人口中，3.5%反映的是失业，37.1%反映的是那些不属于劳动力人口的人口。因此，在任何给定时间没有被雇用的成年人绝大多数并不属于劳动力，因此不是失业人口。

□ 就业状况的改变

劳动力市场处于持续不断的变动中。即使失业率保持不变，每个月也会有数以十万计的工人失业，数以十万计的工人找到工作。

图 3－12 描述了工人如何在一个普通月份（2015 年 5 月）里改变他们的就业状况（即他们在失业人口、就业人口或不属于劳动力人口状况之间的转换）。每一对方框之间的箭头代表着从一种就业状况转换到另一种就业状况，每个箭头所标的数目表示一个普通月份里处于一种就业状况的人们转到另一种就业状况的比例。① 例如，从就业人口方框到失业人口方框的箭头标注是 1%，是指在一个普通月份里 1%的就业工人在下个月将会失业。

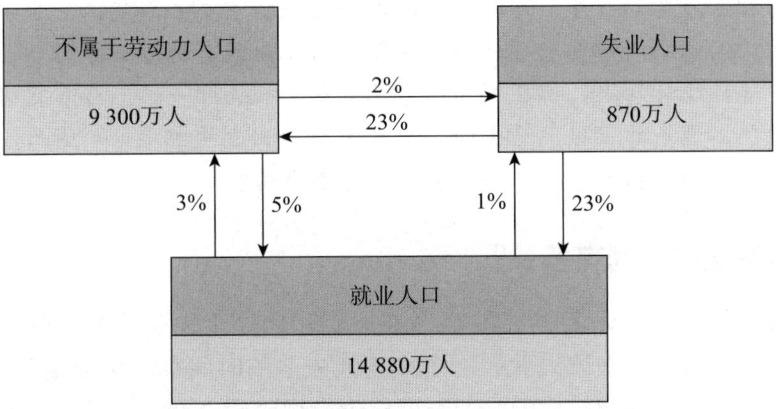

图 3－12　在一个普通月份里就业状况的变化

说明：方框之间的箭头代表着从一种就业状况转换到另一种就业状况。箭头上的标注表明在一个普通月份中处于一种就业状况的人们转到另一种就业状况的比例。例如，从失业人口方框到就业人口方框的箭头表明，23%的失业人口在下个月找到了工作；从就业人口方框到失业人口方框的箭头表明，1%的就业人口在下个月失业了。

失业人口的就业前景又如何呢？图 3－12 显示出一个普通月份里 23%的失业人口会在下个月找到工作，23%的失业人口会在下个月退出劳动力人口，剩下的 54%的失业人口在下个月仍然失业。在每个月退出劳动力人口的 23%的失业人口中，一些是**丧失信心的工人**（discouraged workers），也就是那些因不能成功找到工作而丧气并停止寻找工作的人们，其他退出劳动力市场的失业人口则会从事劳动力市场之外的一些活动，比如操持家务或上学。

数据获取与研究前沿

劳动力市场的数据

政府部门收集和发布关于劳动力市场的大量不同种类的数据。在美国劳工统计局发布的月度报告（可从美国劳工统计局官网获得）《就业情况》（The Employment Situation）中可以得到汇总的劳动力市场数据。该报告一般于每月的第一个周五发布，包含上个月的就业、失业、平均周工作小时数以及平均周收入和小时收入。数据涵盖了整个美国经济以及基于年龄、种族、职业与产业来划分的不同种类的工人。许多数据稍后会重印于一系列的出版物如《总统经济报告》（*Economic Report of the President*）中，

① 图 3－12 使用了在就业人口、失业人口以及不属于劳动力人口之间转换速度的数据。这些转换速度的数据来自美国劳工统计局在《当前人口调查》（*Current Population Survey*）中得到的关于劳动力人口流动现状的研究数据。

并可从 FRED 数据库下载。

《就业情况》的数据来自两组不同的问卷调查：家庭问卷调查与企业问卷调查。家庭问卷调查也就是本章先前描述的每月问卷调查，用于计算就业率和失业率。企业问卷调查（也称为工资簿调查）的根据是大约 400 000 个企业针对它们的雇用人数、工作时间以及雇员收入等问题所做的回答。

家庭问卷调查与企业问卷调查提供了关于就业的信息，但它们有时对于上个月的就业状况会给出相互矛盾的信号。这两种问卷调查的一个重要区别是：企业问卷调查统计的是工作职位，而家庭问卷调查统计的是人数。因此，拥有两份工作的一个工人在企业问卷调查中可能被统计两次，但在家庭问卷调查中只被统计一次。与家庭问卷调查的数据相比，企业问卷调查的数据更为全面，看起来与产出也更相关。[①] 然而，家庭问卷调查提供了关于失业的数据，而企业问卷调查不可能做得到。

□ 人们失业的时间有多长?

在一个普通月份的失业者中，有 54%在下个月仍处于失业状态。在这些人中，一些人会在相当长的时间内继续失业。一个人连续失业的时间称为**失业期间**（unemployment spell）。一个失业期间持续的时间长度称为**持续时间**（duration）。一个失业期间的持续时间在很大程度上决定了一个失业工人所遭遇的困难程度。从一个极端来说，一周的失业期间使得工人损失了一周的工资，但并不会严重影响该工人的生活水平。从另一个极端来说，长达数月的失业期间可迫使工人用光其平生积蓄，甚至卖车卖房。

在美国，可以用下面两个看起来相互冲突的陈述来形容失业期间的持续时间：

（1）绝大多数失业期间的持续时间都较短暂，一般在两个月以下。

（2）在一个给定时间处于失业的绝大多数人正在经历着长持续时间的失业期间。

为了理解为什么这两个陈述都是正确的，我们考虑一个经济体，它拥有 100 个劳动力。假如在每月开始时，有 2 个工人失业，并在下个月维持失业，然后找到一份新工作。此外，在每年开始时，有 4 个工人失业，并整年处于失业。

在本例中，一年有 28 个失业期间。其中，24 个失业期间的持续时间为一个月，4 个失业期间的持续时间为一年。这样，28 个失业期间中的 24 个失业期间，也就是 86%的失业期间仅持续一个月，与第一个陈述一致：绝大多数失业期间是短暂的。

在给定的一天，比如 5 月 15 日，有多少人失业呢？在 5 月 15 日这一天有 6 个人失业：2 个从 5 月 1 日开始且持续时间为一个月的失业工人以及 4 个从 1 月 1 日开始且持续时间为一年的失业工人。于是，6 个失业工人中的 4 个失业工人，也就是 5 月 15 日失业工人中的 67%正在经历为期一年的失业期间，这与第二个陈述一致，即在给定的一天，失业工人的绝大多数正经历着漫长的失业期间。

迄今为止，我们关注的是已经完成的失业期间。从一个人失业开始到她/他或者被雇用或者退出劳动力人口从而不再是失业者为止，我们称其为一个已经完成的失业期间。不过，失业期间的一个通用度量关注的是持续进行中的即未完成的失业期间，也就

---

① Robert Ingenito and Bharat Trehan, "Using Monthly Data to Predict Quarterly Output," Federal Reserve Bank of San Francisco, *Economic Review*, 1996, no. 3, pp. 3 - 11.

是那些还没有结束的失业期间。在任何一天，所有的失业者都正在经历着未完成的失业期间，因为他们尚未被雇用，也未退出劳动力人口。一个未完成的失业期间的持续时间度量的是一个人到目前为止处于持续失业中的时间长度。未完成的失业期间所持续的平均时间长度称为失业的平均持续时间。在前几个段落所描述的例子中，在 5 月 15 日这天有 6 个人失业。其中两个人失业了半个月（从 5 月 1 日开始），4 个人已经失业了 4 个半月（从 1 月 1 日开始）。因此，在 5 月 15 日这天失业的平均持续时间为 3.17＝［(2×0.5＋4×4.5)/6］个月。

应用

失业持续时间和 2007—2009 年经济衰退

失业的平均持续时间随经济周期而变化，通常在经济衰退中和紧接着经济衰退上升，在经济复苏开始一段时间后下降。2007—2009 年经济衰退和之前历次经济衰退的重大区别之一是失业平均持续时间上升的幅度，如图 3－13 所示。

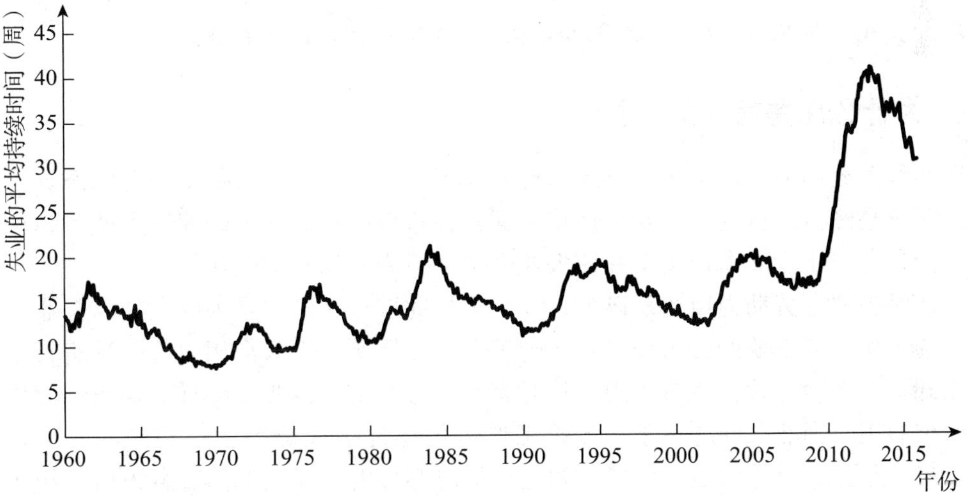

图 3－13　1960—2015 年美国失业的平均持续时间

说明：在 2007—2009 年的金融危机和经济衰退之后，失业的平均持续时间拉长到过去通常水平的 2 倍。失业持续时间拉长的可能原因包括度量问题、失业福利的延长、大量工作岗位的失去以及疲弱的经济复苏。

资料来源：美国劳工统计局，可从 FRED 数据库下载。

为什么 2007—2009 年经济衰退中失业平均持续时间增加到如此之长，甚至在经济衰退结束后仍然维持比过去长的失业平均持续时间？旧金山联邦储备银行（Federal Reserve Bank of San Francisco）的经济学家罗伯·法尔塔（Rob Valetta）和凯瑟琳·关（Katherine Kuang）在近期的一篇研究中[①]考虑了四个可能的解释：度量问题、失业福利的延长、大量工作岗位的失去以及疲弱的经济复苏。

失业持续时间拉长的一小部分原因是用来确定失业持续时间的家庭抽样调查发生了

---

① "Why Is Unemployment Duration So Long?" *FRBSF Economic Letter*, January 30, 2012.

变化。在 2011 年，这个抽样调查得到了修正，以允许被调查者表明自己失业已经达 5 年之久；在这之前，该调查中允许填报的失业持续时间最长为 117 周。这个变化很可能将失业的平均持续时间拉长了约 3 周。

失业持续时间拉长的第二个原因是失业福利的延长。在 2007—2009 年经济衰退期间以及之后，失业人士有资格领取不超过 99 周的失业福利；而之前失业人士最多只能领取 26 周的失业福利。失业福利的延长可能导致一些失业人士和过去相比愿意为一份好工作而等待更长时间。芝加哥联邦储备银行（Federal Reserve Bank of Chicago）的丹尼尔·亚伦森（Daniel Aaronson）、巴什卡·马祖德尔（Bhashkar Mazumder）和夏尼·谢克特（Shani Schechter）在一份估算中指出失业福利的延长可能将失业平均持续时间拉长了 3～6 周。①

失业持续时间被拉长部分中的 6～9 周归因于度量问题和失业福利的延长，而宏观经济（周期性）因素最有可能解释失业持续时间拉长部分中的剩余部分。美国消费者在 2007—2009 年经济衰退期间遭受的以住宅和金融资产为代表的财富大幅下降明显减少了消费者对消费品、住宅和金融服务的需求。这种疲弱需求的持续存在，不仅导致了 2009 年 6 月经济衰退结束后经济复苏的缓慢，而且极有可能造成了失业的平均持续时间的增加。我们将在第 10 章更为深入地探讨 2009 年后的疲弱经济。

□ 为什么总是有人失业?

即使经济充满活力地增长，创造出许多新工作，一些人仍会处于失业状态。为什么失业很明显是经济运行的一个永久性特色呢？在这里，我们探讨摩擦性失业和结构性失业，它们是存在于劳动力市场中并使失业率永远不为零的两类失业。

摩擦性失业　劳动力市场是以工人和公司彼此进行大量搜寻为特点的。失业工人搜寻合适的工作，有空缺的公司搜寻合适的工人。如果所有工人都相同，并且所有工作职位都相同，那么搜寻就会耗时较短且相对容易，失业工人只要找到有空缺职位的公司就会立即被雇用。当然，问题在于，无论工作职位还是工人都不会是相同的。工人在天赋、技能、经验、目标、地理位置（和迁移的意愿程度）以及他们愿意为新工作所付出的时间和精力等方面存在差别。类似地，工作职位在所要求的技能和经验、工作环境、位置、时间以及报酬等方面亦存在差别。因为有这些差别，一个失业工人也许要花数周或更多时间才能找到合适的工作；类似地，一个公司在雇用一个合适的工人之前，也许要搜寻相当长的时间。

由于工人搜寻合适工作职位以及公司搜寻合适工人而产生的失业称为**摩擦性失业**（frictional unemployment）。因为经济是动态的，工作职位不断地被创造出来且不断地被裁撤，工人不断地进入和退出劳动力人口，所以在工人搜寻相匹配的工作职位时总会存在一些摩擦性失业。

结构性失业　除了那些经历了长期失业期间的人，许多人是习惯性失业工人。**习惯性失业**（chronically unemployed）工人是指那些大部分时间没有工作的人，尽管他们的

① "What Is Behind the Rise in Long-Term Unemployment?" Federal Reserve Bank of Chicago Economic Perspectives, Second Quarter 2010, pp. 28 - 51.

失业期间会因为短暂的就业或者退出劳动力人口而中断。失业状态的长期性和习惯性失业的主要原因不可能是搜寻过程。在这些情形里，人们似乎没有很积极地寻找工作，通常也不能找到稳定的工作。即使经济不处于衰退中也仍然存在的长时期和习惯性失业称为**结构性失业**（structural unemployment）。

结构性失业的发生有两个主要原因。首先，无技能或低技术工人通常不能获得理想的长期工作。他们可得到的工作通常工资较低，自身获得培训和提升的机会也很少。与结构性失业最直接相关的问题是，低技术工人获得的工作通常不会持续很长时间。要么工作几个月就结束了，要么工人辞职，要么工人被解雇，由此进入另一个失业期间。他们中的一些人最终能获得足够的培训和经验，并获得更有保障的长期工作。不过，由于缺少教育、歧视以及语言障碍等因素，一些无技术工人永远不能转为长期就业，而总是处于习惯性失业当中。

其次，劳动力自衰落产业（地区）向经济增长的产业（地区）转移。当产业发现它们的产品不再为市场所需（如 2007—2011 年在房地产危机中房地产开发商所遭遇的情况）或者产品不再具有竞争力（如美国彩色电视机厂商的大部分市场被亚洲厂商所占据）时，有一些产业却正在成长（如医疗保险销售商和电脑软件开发商）。要防止失业上升，处于衰退产业的失业工人必须在某种程度上与增长产业的工作职位相匹配。而这个匹配过程会涉及长时期的失业，特别是当工人需要为新工作搬家或接受培训时更是如此。

自然失业率　由于摩擦性失业与结构性失业的存在，一个经济体的失业率永远不会是零，即使该经济体处于充分就业水平时也是如此。产出和就业处于充分就业水平时的失业率称为**自然失业率**（natural rate of unemployment），表示为 $\bar{u}$。自然失业率反映了源于摩擦性和结构性原因的失业。尽管并没有一个关于自然失业率的官方度量，但许多经济学家相信，20 世纪 50 年代的自然失业率处于 4%～5%，在 20 世纪 80 年代逐渐上升到 6%。到 2015 年时，美联储的政策制定者估算出自然失业率很接近 5%。第 12 章将讨论自然失业率变化的原因。

与产出围绕其充分就业水平上下波动一样，失业率也围绕自然失业率水平上下波动。实际失业率与自然失业率之间的差别称为**周期性失业**（cyclical unemployment）。具体来说，周期性失业 $=u-\bar{u}$，其中，u 为实际失业率，$\bar{u}$ 为自然失业率。无论何时，当经济体的就业低于它们的充分就业水平时，周期性失业为正值；当经济体的就业超出它们的充分就业水平时，周期性失业为负值。

数据获取与研究前沿

失业率的其他度量

官方失业率是劳动力人口中失业人口所占比例。不过，对于哪些该算作失业人口和劳动力人口，存在着具有合理性的其他概念。于是，美国劳工统计局也整理并计算了对失业率的其他度量。

U-1：只将那些至少失业 15 周的劳动力人口算作失业人口。

U-2：失业人口只包括被解雇和结束了临时工作的人，不包括自己辞职的人。

U-3：官方失业率，失业人口包括那些没有工作并且在寻找工作的人。

U-4：将丧失信心的工人加到失业人口和劳动力人口中，丧失信心的工人是指那些认为自己不再能找到工作因而放弃寻找工作的工人。

U-5：将丧失信心的工人和准待业人员加到失业人口和劳动力人口中，准待业人员是指那些现在没有寻找工作但表示想要工作且可以工作且在过去 12 个月中寻找过工作的人。

U-6：和 U-5 相似，但将那些因为经济原因而从事兼职工作的人加到了失业人口中。因为经济原因而从事兼职工作的人是指那些想要并可以从事全职工作但不得不接受兼职工作安排的人。

U-1 这种度量给出了最低的失业率，接下来的其他度量给出了在同一时间点依次升高的失业率。虽然这些度量通常来说随时间有共同的变化趋势，但是它们之间的差别揭示了对经济学家和政策制定者来说具有重要性的劳动力市场状况的具体表现。例如，图 3－14 描绘了 1994—2015 年的 U-3 和 U-6 的月度值，以及从 1994 年 1 月到最近期的经济衰退开始时的 2007 年 12 月的 U-3 和 U-6 的平均值。我们可以清楚地看到，经济衰退开始后，U-3 和 U-6 急剧上升，然后逐渐向经济衰退前这两个度量的平均值回落。到 2015 年 5 月为止，U-3 已经几乎完全回到了它在经济衰退前的平均值，不过 U-6 仍然比其经济衰退前的平均值高出 1.9 个百分点。因此，和官方失业率 U-3 相比，U-6 描述了一个更为疲弱的劳动力市场，原因是丧失信心的工人、准待业人员和因为经济原因从事兼职工作的人数远远超过了正常水平。

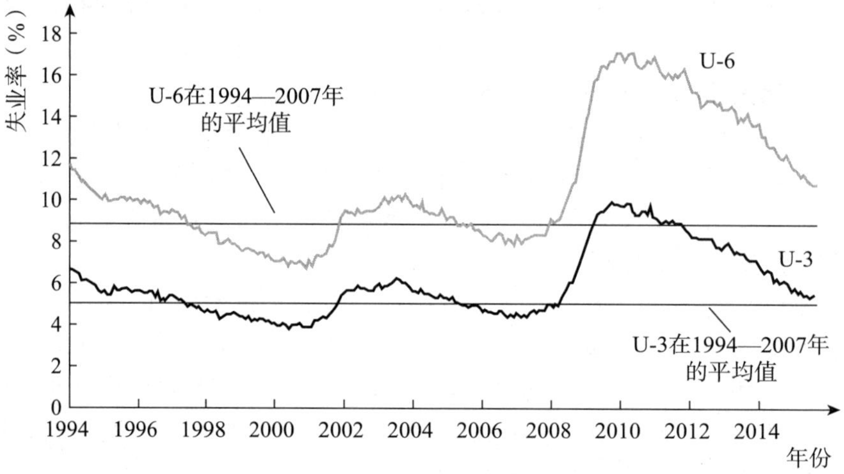

图 3－14　1994—2015 年失业率的其他度量

说明：在 2007—2009 年的经济衰退之后，失业率的各种度量都下降了。到 2015 年 5 月为止，虽然 U-3 几乎已经回到了它在 1994—2007 年的平均值，但 U-6 仍然维持着明显比过去高的水准。

3.6　将产出与就业联系起来：奥肯定律

在本章的前面部分，我们提到过许多短期产出波动源于就业的变化。当就业下降、失业上升时，工作人数的减少导致了所生产商品和服务的数量减少。我们可以用周期性失业的概念将劳动力市场的状态与总产出更准确地联系起来。

失业率的改变对总产出的量化影响可以用奥肯定律来描述。奥肯定律是由 20 世纪

60年代担任总统经济顾问委员会主席的阿瑟·奥肯（Arthur Okun）首先提出的一个经验规则（而不是“定律”）。根据**奥肯定律**（Okun's law），失业率每增加一个百分点，经济的充分就业产出与其实际产出之间的差距就增加两个百分点。① 我们用代数形式将奥肯定律表示如下：

$$\frac{\bar{Y}-Y}{\bar{Y}}=2(u-\bar{u}) \tag{3-5}$$

式（3－5）的左边等于以充分就业产出 $\bar{Y}$ 的百分比表示的实际产出 Y 少于充分就业产出 $\bar{Y}$ 的数量。因此，式（3－5）的含义是，潜在产出与实际产出之间的百分比差距等于周期性失业率的2倍。

假设自然失业率为6%，充分就业产出水平是180 000亿美元，下面我们来运用奥肯定律。如果实际失业率为7%，也就是超出自然失业率1个百分点，那么周期性失业 $u-\bar{u}$ 就等于1%。如果周期性失业为1%，奥肯定律预测实际产出 Y 将会比充分就业产出少2%(＝2×1%)。由于 $\bar{Y}$ 等于180 000亿美元，所以奥肯定律预测的实际产出将会比充分就业产出少3 600(＝2%×180 000）亿美元。

你也许会奇怪，为什么失业率增加一个百分点（即就业减少了约1%）会导致（根据奥肯定律）产出以2倍的百分比下降。原因是，当周期性失业上升时，决定产出的其他因素——处于劳动力人口中的人数、人均周工作小时、劳动力的平均生产率——也在下降，这使得失业上升的作用被放大了。本章末的计算题第10题对这一点有所阐释。

有时，我们用一个稍微不同的形式来表述奥肯定律：

$$\frac{\Delta Y}{Y}=3-2\Delta u \tag{3-6}$$

式中，$\frac{\Delta Y}{Y}$ 为产出（实际GDP）的百分比增长率，Δu 为失业率的变化。式（3－6）的含义是，当失业上升（$\Delta u>0$）时，实际产出 Y 每年的增长速度将低于3%，即美国的充分就业产出的平均增长速度。由于式（3－6）假设自然失业率固定不变，它也被称为奥肯定律的增长率形式。有关式（3－6）的推导，参见本章附录3.A。

图3－15展现了奥肯定律的增长率形式。该图显示了1951—2014年失业率的变化（以横轴度量）和美国的产出增长率（以纵轴度量）之间的关系。* 图中的OL线代表奥肯定律，它的斜率是－2，表明1%的失业率增长与2%的产出减少相联系。从横轴的0点伸出的竖线与OL线在3%处相交。该截距表明，当失业率无变化时，产出的增长率为3%，也就是美国充分就业产出的平均增长率大约为3%。

---

① 当失业率上升时（比如从6%上升到9%），我们可以说它上升了3个百分点（＝9%－6%），也可以说它上升了50%（3%是6%的50%）。

在奥肯的原著（“Potential GNP: Its Measurement and Significance,” reprinted in Arthur Okun, *The Political Economy of Prosperity*, Washington, D.C.: Brookings Institution, 1970, pp. 132－145）中，奥肯定律系数等于3而非2，所以周期性失业的每1个百分点与实际产出和充分就业产出之间的3个百分点差距相联系。目前的估算给出的奥肯定律系数更接近于2。

* 均为年度变化。——译者注

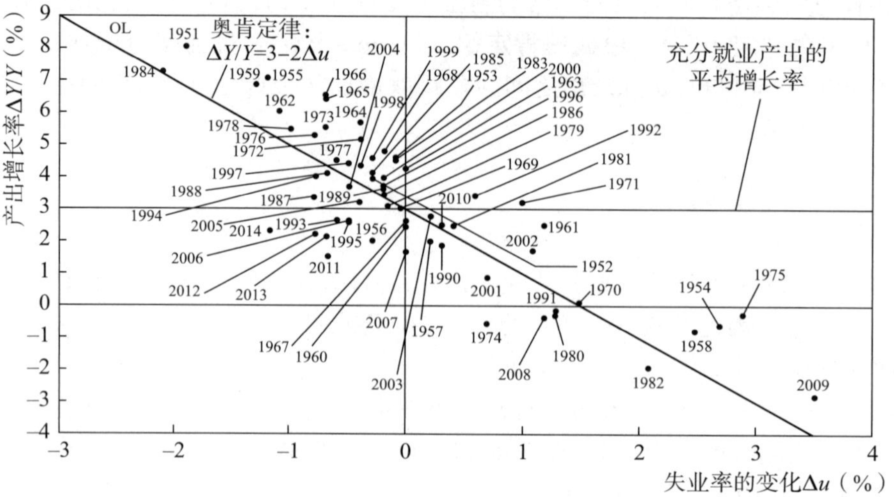

图 3-15　1951—2014 年美国的奥肯定律

说明：该图显示了产出增长率（纵轴）与失业率的变化（横轴）之间的关系。OL 线是奥肯定律［式（3-6）］的图形表示。这条线的斜率为−2，表明失业率增加 1 个百分点将使产出增长率在相反方向改变 2 个百分点。在 3%处的横线表示充分就业产出的大约平均增长率等于在失业率无变化的情况（$\Delta u=0$）下实际产出的增长速度。

资料来源：产出增长率引自美国经济分析局，可从 FRED 数据库下载。失业率引自美国劳工统计局，可从 FRED 数据库下载，下载序列为 UNRATE。

本章小结

1. 生产函数告诉我们给定的资本和劳动力数量所能生产的产出数量。它可以用图形表示为在劳动力不变的情况下产出和资本的关系，或者在资本不变的情况下产出和劳动力的关系。在任何一种情况下，生产函数都向上倾斜，意味着使用更多的资本或劳动力会导致更多的产出。生产函数的移动表明了在给定资本和劳动力数量情况下产出数量的变化，称为供给冲击。

2. 保持劳动力不变，增加一个单位的资本存量所生产的新增产出称为资本边际产量 MPK。在有关产出和资本的生产函数图形中，MPK 可用生产函数的斜率来度量。类似地，保持资本不变，增加一个单位的劳动力所生产的新增产出称为劳动力边际产量 MPN。MPN 可用有关产出和劳动力的生产函数的斜率来度量，它随就业增加而下降，表明劳动力也拥有边际生产率递减的特性。

3. 为了使利润最大化，公司增加对劳动力的需求，直到其劳动力边际产量收入 MPRN 等于名义工资 W，也就是说，直到 MPN 等于实际工资 w。

4. 劳动力需求曲线等同于 MPN 曲线。因为实际工资的增长减少了公司对劳动力的需求数量，所以劳动力需求曲线向下倾斜。在任何实际工资水平上增加劳动力需求数量的因素，例如良性供给冲击或资本存量的增加，都会导致劳动力需求曲线向右移动。劳动力总需求等于经济体中各公司劳动力需求的总和。

5. 个人决定供给多少劳动力反映的是多工作一个小时的收益和成本的比较。多工作一个小时的收益是所获得的新增实际收入。多工作一个小时的成本是所失去的一个小时的闲暇。个人的快乐（即效用）在其提供劳动力直到多工作一个小时的成本（因闲暇减少而带来的效用损失）等于其收益（因收入增加所获得的效用）时得到最大化。

6. 实际工资的增加对劳动力供给数量具有相互冲抵的替代效应和收入效应。替代效应增加了劳动力供给的数量，因为工人因报酬增加而多工作。收入效应则减少了劳动力供给数量，因为工人由于实际工资增长而变得更富有，所以能够负担更多的闲暇。预期实际工资增长持续的时间越长，收入效应就越强烈。因此实际工资的暂时性增长将会增加劳动力供给数量。然而，一个持久性的实际工资增长，相对于同等规模的暂时性实际工资增长而言，所增加的劳动力供给数量会较小，甚至会导致劳动力供给数量的下降。

7. 劳动力供给曲线将劳动力供给数量与当前实际工资联系起来。劳动力供给曲线向上倾斜，表明当前实际工资的增加——其他因素包括预期实际工资不变——使得劳动力供给数量增加。在当前实际工资水平下减少劳动力供给数量并使劳动力供给曲线向左移动的因素包括财富增加和预期实际工资增加。成年人人口的变化以及影响劳动力人口参与率的社会或法制因素的变化也会影响到劳动力总供给，也就是经济中个人劳动力供给的总和。

8. 劳动力市场古典主义模型建立在实际工资迅速调整，使得劳动力需求和劳动力供给的数量相等这一假设之上。工资和价格在经济体中充分调整时所产生的就业均衡水平，称为充分就业水平。就业和实际工资的波动则可归因于导致劳动力供给曲线和/或劳动力需求曲线移动的因素。

9. 充分就业产出也称潜在产出，是就业处于充分就业水平时的产出数量。充分就业水平的上升以及良性供给冲击都增加了充分就业水平的产出。

10. 没有工作的成年人，如果在前四周寻找过工作，就被划为失业人口；如果他们没有寻找工作，就被划入不属于劳动力人口的队伍中。劳动力人口由所有就业人口和失业人口组成。失业率为劳动力人口中失业人口所占的比例。

11. 摩擦性失业反映了潜在工人寻找合适工作和有空缺职位的公司寻找合适工人所需要的时间。结构性失业——即使经济不处于衰退中仍然存在的长期性失业和习惯性失业——之所以发生，是因为有些工人不具备获得长期工作所需的技能，或者工人从经济萧条地区迁移到经济蓬勃发展地区过程中的延误。摩擦性失业和结构性失业合起来就是自然失业率，也就是当经济处于充分就业水平时仍然存在的失业率。周期性失业是实际失业率中超出自然失业率的部分。

12. 根据奥肯定律，周期性失业每增加 1 个百分点，产出将减少 2 个百分点。

关键图形 1

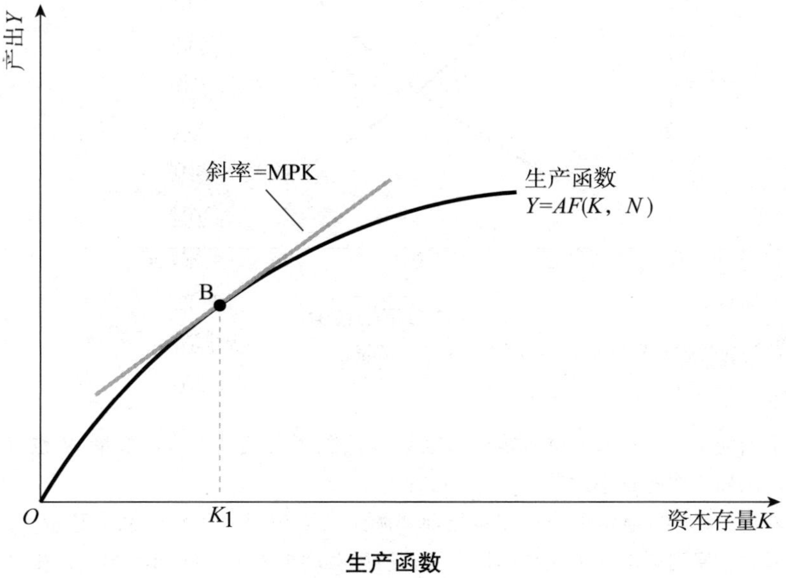

生产函数

说明：生产函数表明使用给定数量的资本和劳动力，一个经济体或公司所能生产的产出数量。

图形元素

● 在此生产函数图形中，维持劳动力 N 不变，以纵轴表示产出 Y，横轴表示使用的资本存量 K。同样，也可在保持资本存量不变的条件下绘出产出与劳动力的关系。将产出与劳动力联系起来的生产函数的形状和本图相似。

● 生产函数的公式是 $Y=AF(K, N)$，其中，A（全要素生产率，简称生产率）度量经济使用资本和劳动力的效率。

分析

● 生产函数向上倾斜，表明生产的产出会随资本存量的增加而增加。

● 生产函数从左到右变得越来越平缓，意味着资本存量越大，资本每增加一个单位所能生产的产出就越少。这个新增资本的生产率随资本存量的增加而降低的事实称为资本的边际生产率递减。

● 保持劳动力固定不变，如果增加的资本存量 ΔK 导致产出增加了 ΔY，那么 $\Delta Y/\Delta K$ 称为资本边际产量，即 MPK。MPK 可用与生产函数相切的直线的斜率来度量。例如在本章关键图形 1 中，当资本存量为 K_1 时，MPK 等于与生产函数在 B 点相切的那条直线的斜率。

导致曲线移动的因素

● 任何能增加给定数量的资本和劳动力所生产的产出的变化，即良性供给冲击，都将导致生产函数向上移动。良性供给冲击的例子包括新发明和管理技术的改进等。

● 任何能降低给定数量的资本和劳动力所生产的产出的变化，即恶性供给冲击，都将导致生产函数向下移动。恶性供给冲击的例子包括恶劣天气和自然资源的枯竭等。

关键图形 2

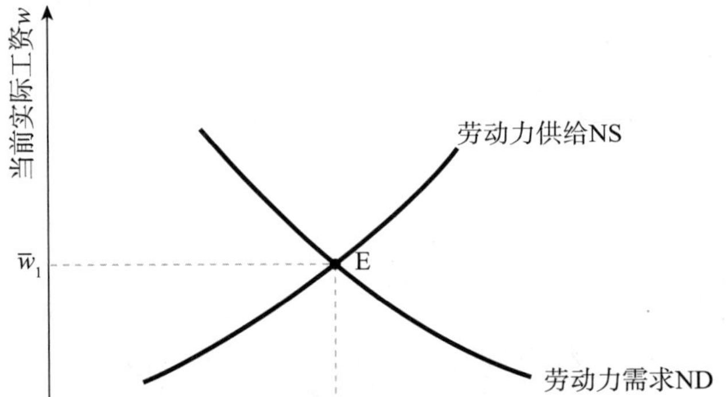

劳动力市场均衡

说明：一个经济的就业水平和实际工资取决于劳动力市场。

图形元素

● 纵轴表示当前实际工资 w，横轴表示劳动力 N。除了劳动力人数，变量 N 也可用于表示劳动力的其他度量，例如工作的总小时数。

● 劳动力需求曲线 ND 显示了公司在各当前实际工资下想要雇用的劳动力数量。因为公司发现，当实际工资下降时，雇用更多的工人会增加利润，所以劳动力需求曲线向下倾斜。单个公司的劳动力需求曲线与表现在各就业水平上的劳动力边际产量的曲线是相同的。

● 劳动力供给曲线 NS 显示了工人在各当前实际工资下提供的劳动力数量。因为当其他因素保持不变时，劳动力供给数量随当前实际工资的增加而增加，所以劳动力供给曲线向上倾斜。

分析

● 劳动力市场的均衡发生在劳动力需求数量与劳动力供给数量相等时。图中的$\overline{N}_1$ 为均衡就业量，$\overline{w}_1$ 为均衡实际工资。在工资和价格经充分调整之后出现的均衡就业水平称为充分就业水平。

导致曲线移动的因素

● 任何在给定当前实际工资时能增加劳动力需求数量的因素都将导致劳动力需求曲线向右移动。这样的因素包括能增加劳动力边际产量的生产率增长以及资本存量的增加，参见小结表 3。

● 任何在给定当前实际工资时能增加劳动力供给数量的因素都将导致劳动力供给曲线向右移动。这样的因素包括财富的减少、预期未来实际工资的下降、成年人人口的增长以及劳动力人口参与率的提高，参见小结表 4。

关键术语

劳动力总需求	劳动力总供给	习惯性失业	周期性失业
边际生产率递减	丧失信心的工人	持续时间	就业比例
生产要素	摩擦性失业	充分就业水平	充分就业产出
实际工资增加的收入效应	劳动力人口	闲暇	资本边际产量
劳动力边际产量	劳动力边际产量收入	自然失业率	奥肯定律
参与率	生产函数	生产率	实际工资
结构性失业	实际工资增加的替代效应	供给冲击	全要素生产率
失业率	失业期间		

关键等式

$$Y=AF(K, N)$$

生产函数表明给定数量的资本存量 K 和劳动力 N 以给定水平的全要素生产率 A 所生产的产出为 Y。

$$\overline{Y}=AF(K, \overline{N})$$

充分就业产出 $\overline{Y}$ 是当工资和价格充分调整以及就业处于均衡值 $\overline{N}$ 时企业供给的产出数量。

$$\frac{\overline{Y}-Y}{\overline{Y}}=2(u-\overline{u})$$

奥肯定律描述了失业率 u 每升高 1 个百分点，就会使产出 Y 减少充分就业产出水平 $\overline{Y}$ 的 2%。当失业率等于自然失业率 $\overline{u}$ 时，产出等于其充分就业产出。

$$\frac{\Delta Y}{Y}=3-2\Delta u$$

奥肯定律的增长率形式将产出的增长率$\frac{\Delta Y}{Y}$与美国充分就业产出的平均增长率（3%）以及失业率的变动 Δu 联系起来。当失业率上升时，产出的增长慢于充分就业产出的增长。当失业率下降时，产出的增长快于充分就业产出的增长。这个版本的奥肯定律基于自然失业率为恒定的假设。

复习题

1. 什么是生产函数？什么因素导致一国的生产函数随时间发生变动？要知道一个经济体能生产多少产出，除了该经济体的生产函数外，还需要知道什么？

2. 生产函数向上倾斜，但它的斜率从左向右逐渐下降。试对生产函数的这些特性做出经济学解释。

3. 试定义资本边际产量 MPK。如何以图形表示 MPK？

4. 解释为什么当一个公司的劳动力边际产量收入等于名义工资时该公司的劳动力雇用水平最大化了其利润。如何以实际形式来表达这个利润最大化的条件？

5. 什么是 MPN 曲线？MPN 如何与生产函数相关联？如何与劳动力需求相关联？

6. 使用收入效应与替代效应的概念，试解释为什么实际工资的暂时性上升会增加劳动力供给数量，但实际工资的持久性上升可能会减少劳动力供给的数量。

7. 哪两个变量是通过劳动力总供给曲线相关联的？导致劳动力总供给曲线移动的因素有哪些？

8. 试定义充分就业产出。劳动力供给的增加如何影响充分就业产出？良性供给冲击如何影响充分就业产出？

9. 为什么本章讨论的劳动力市场古典主义模型对于研究失业来说不是非常有用？

10. 试定义下列名词：劳动力人口、失业率、参与率以及就业比例。

11. 试定义失业期间和持续时间。关于失业期间有哪两个看起来相互矛盾的事实？为什么它们事实上并不矛盾？

12. 什么是摩擦性失业？为什么在一个运行良好的经济中一定数量的摩擦性失业很可能是必然的？

13. 什么是结构性失业？结构性失业的两个主要成因是什么？

14. 试定义自然失业率和周期性失业。负值的周期性失业是指什么？

15. 什么是奥肯定律？如果从今年到明年失业率上升了 2 个百分点，在同一期间产出会改变多少？假设自然失业率和充分就业产出均为固定。使用式（3－5）中的奥肯定率。

计算题

1. 下列数据给出了美国经济在不同年份的实际 GDP（Y）、资本存量（K）以及劳动力（N）。

年份	Y（2009 年 10 亿美元）	K（2009 年 10 亿美元）	N（百万工人）
1960	3 109	3 883	66
1970	4 722	5 863	79
1980	6 450	8 433	99
1990	8 955	11 460	119
2000	12 560	15 402	137
2010	14 784	18 513	139

假设生产函数为 $Y=AK^{0.3}N^{0.7}$。

a. 1960—1970 年美国的全要素生产率增长的百分比是多少？1970—1980 年呢？1980—1990 年呢？1990—2000 年呢？2000—2010 年呢？

b. 1960—2010 年劳动力边际产量发生了什么变化？计算出每两年以增加 100 万工人所能生产的新

增产出表示的劳动力边际产量。(由于 N 的数据以百万工人为单位，所以增加 100 万工人也就是增加一个单位。)

2. 一个经济体有着下列生产函数：

$$Y=0.2(K+\sqrt{N})$$

在当前时期，$K=100$，$N=100$。

a. 使得劳动力固定在当前值，绘出产出与资本存量间的关系。资本边际产量是多少？资本边际产量是否递减？

b. 使得资本存量固定在当前值，绘出产出与劳动力间的关系。计算当劳动力从 100 增加到 110 时的劳动力边际产量。将其与劳动力从 110 增加到 120 时的劳动力边际产量相比较。劳动力边际产量在递减吗？

3. 埃克米器具（Acme Widget）公司的生产函数如下：

工人数量（人）	生产的器具数量（个）
0	0
1	8
2	15
3	21
4	26
5	30
6	33

a. 算出每个劳动力雇用水平的 MPN。

b. 埃克米器具公司每生产一个器具收入 5 美元。如果名义工资为 38 美元，它应当雇用多少工人？如果名义工资分别为 27 美元和 22 美元呢？

c. 绘出埃克米器具公司的劳动力需求与名义工资间的关系。这条曲线与劳动力需求曲线有何不同？绘出埃克米器具公司的劳动力需求曲线。

d. 假定名义工资固定为 38 美元，而器具的价格从每个 5 美元上升到每个 10 美元。埃克米器具公司的劳动力需求与产出会发生什么相应的变化？

e. 假定名义工资固定为 38 美元，器具的价格固定为 5 美元，而一种自动器具生产机的引进使得同样数量的工人所能生产的器具数量翻了一倍。埃克米器具公司的劳动力需求与产出会发生什么相应的变化？

f. 问题 d 和问题 e 的答案有何关联？试解释。

4. 某公司的劳动力边际产量（以单位产出来度量）为：

$$\text{MPN}=A(100-N)$$

式中，A 为生产率；N 为在生产中使用的工作小时数。产出的价格为 2 美元/单位。

a. 如果 $A=1.0$，在名义工资为 10 美元时，劳动力需求是多少？名义工资为 20 美元时呢？绘出劳动力需求曲线。若劳动力供给固定为 95 小时，均衡实际工资是多少？

b. 当 $A=2.0$ 时，问题同 a。

5. 试考虑一个经济体，其劳动力边际产量为 $\text{MPN}=3\,095-2N$，其中的 N 为所使用的劳动力数量。劳动力供给数量 NS 由 $\text{NS}=22+12w+2T$ 给出，其中，w 为实际工资，T 为对工人征收的定额税。

a. 使用收入效应与替代效应的概念来解释为什么劳动力供给数量会随定额税的增加而增加。

b. 假设 $T=35$。均衡就业水平和均衡实际工资各为多少？

c. 将定额税维持在 35 的水平，政府通过了一项最低工资法案，要求各公司必须支付不少于 7 的实际工资。那么，由此产生的就业水平和实际工资是多少？

6. 假设生产函数为 $Y=9K^{0.5}N^{0.5}$。根据这个生产函数，得出劳动力边际产量为 $MPN=4.5K^{0.5}N^{-0.5}$。资本存量为 $K=25$。劳动力供给曲线的公式为 $NS=100[(1-t)w]^2$，其中，w 为实际工资，t 为劳动力收入的税率，$(1-t)w$ 为税后实际工资。

a. 假设劳动力收入的税率 $t=0$，试找出劳动力需求曲线的公式，并计算均衡水平的实际工资和就业水平、充分就业产出以及工人的税后工资总收入。

b. 假设劳动收入的税率 $t=0.6$，问题同 a。

c. 假设按规定最低工资 $w=2$。如果劳动力收入的税率为零，那么相应的就业水平和实际工资是多少？引入最低工资是否增加了工人整体的总收入？

7. 试考虑一个拥有 500 个劳动力人口的经济体。首先，在每月初，5 人失去了工作并在整个月里保持失业状态；一个月后，他们找到新工作并成为就业人员。其次，在每年的 1 月 1 日，20 人失去工作并在 6 个月之后才找到新工作。最后，在每年的 7 月 1 日，20 人失去工作并在 6 个月之后才找到新工作。

a. 该经济体在任何一个月里的失业率是多少？

b. 失业期间持续一个月的比例是多少？持续 6 个月的比例是多少？

c. 失业期间的平均持续时间是多长？

d. 在任何一天，失业者中正在经受长时间（6 个月）失业的比例是多少？

8. 使用图 3－12 中的数据，计算在任何一个月里有多少人失业？有多少人就业？有多少人离开了劳动力人口？

9. 关于失业率和产出的数据如下：

年份	1	2	3	4
失业率	8%	6%	7%	5%
产出	950	1 030	1 033.5	1 127.5

a. 假设自然失业率为 6%，并且 $(\bar{Y}-Y)/\bar{Y}=2(u-\bar{u})$。算出每年的充分就业产出。

b. 用两种不同的方法来计算第 2 年、第 3 年和第 4 年充分就业产出的增长率。使用在问题 a 中得出的充分就业产出的值来计算增长率。然后，只用失业率的改变、产出的增长率以及类似式（3－6）的奥肯定律（即 $\Delta Y/Y=\Delta\bar{Y}/\bar{Y}-2\Delta u$，美国的 $\Delta\bar{Y}/\bar{Y}=3$，而这里的 $\Delta\bar{Y}/\bar{Y}$ 可能不等于 3）来计算充分就业产出的增长率。比较这两种计算方法得出的答案。

10. 试考虑一个初始劳动力人口为 2 000 人的经济体。在这些工人中，1 900 人已就业并且每人每周工作 40 小时。一个小时的劳动能生产 10 个单位的产出。

a. 在这个经济体里，每周工作的总小时数是多少？该经济体每周的总产出是多少？失业率是多少？

b. 该经济体进入了一个衰退期，就业下降了 4%，每个就业工人每周的工作时间下降了 2.5%。此外，劳动力人口中 0.2%的人对找到工作失去了信心，从而离开了劳动力人口。假设当总工作小时数下降 1%时，总产出会下降 1.4%。

在衰退开始后，劳动力人口的规模是多少？有多少工人失业？失业率是多少？经济体中每周的总产出是多少？

相对于初始情形，总产出下降的百分比是多少？奥肯定律中将产出损失与失业率上升联系起来的系数的值是多少？

分析题

1. a. 一个技术上的突破使得一国的全要素生产率上升了 10%。试展示该变化如何影响将产出和资本联系起来的生产函数与将产出和劳动力联系起来的生产函数的图形。

b. 试展现 A 上升 10%也会使在任何资本和劳动力水平上的 MPK 和 MPN 都上升 10%。（提示：资本增加 ΔK 时，ΔY 会是多少？劳动力增加 ΔN 时，ΔY 会是多少？）

c. 一个良性供给冲击是否有可能不影响 MPK 和 MPN？试绘图展示。

2. 试解释下列变化将如何影响充分就业产出的当前水平。

a. 大量移民进入该国。

b. 能源供给枯竭。

c. 新教学方法改善了高中高年级学生的成绩。

d. 一部新法律强制关闭了一些不安全的资本形式。

3. 欧洲在 20 世纪 80 年代和 90 年代中的失业率很高。一些经济学家声称，这些高失业率可部分归咎于实际工资刚性，也就是工会使得实际工资超出了其市场出清水平。

a. 为了目前分析的需要，假设我们接受 20 世纪 80 年代和 90 年代欧洲实际工资过高的结论，试说明该情形如何导致了失业（人们愿意在现行工资水平下工作但无法找到工作的情况）。

b. 相对于在没有实际工资刚性的情况下各公司所能生产的产出，实际工资刚性对各公司实际供给的产出数量有何影响？

4. 下列变化如何影响海伦娜（Helena）的劳动力供给？

a. 由于房地产市场超乎预期的旺盛需求，海伦娜的住宅价值是原来的三倍。

b. 海伦娜原本是一个非技术工人，但她现在获得了新技能并且已经能够得到高收入的工作。假设她对闲暇的偏好不因工作变换而改变。

c. 一个只针对当年的暂时性所得税增加使得她收入中必须用于付税的部分所占百分比上升了。（在海伦娜所在的国家，税收与收入成正比。）

5. 假设根据新的法律，所有的企业都必须将其销售收入的 6%用于纳税。假设该税收没有被转嫁到消费者身上。相反，消费者支付与税法实施前一样的价格。该税收对劳动力需求有何影响？如果劳动力供给曲线不变，该税对就业和实际工资有何影响？

6. 在同一个月里，失业率和就业比例能否都上升？参与率能否在就业比例上升的同时下降？试解释。

7. 在美国，收入不超过 118 500 美元的自我雇用者在 2015 年必须将其收入的 12.4%用于支付社会保险税。118 500 美元的收入水平被称为上限。超出上限的部分不用缴纳社会保险税，因此收入超过 118 500 美元的自我雇用者支付的税金为 14 694（=118 500×0.124）美元。现在，试考虑增加社会保险税收入的两个提议。A 提议将上限提高到 143 347 美元，这样社会保险税等于不超过 143 347 美元的收入的 12.4%。B 提议将社会保险税税率提高到 15%，但维持 118 500 美元的上限不变。对于收入总是超出上限的人来说，在 A 提议[143 347×0.124=17 775（美元）] 和 B 提议[118 500×15%=17 775（美元）] 下需要缴纳的社会保险税都是一样的。当前，工人预期未来社会保险福利不会发生改变。

a. 萨莉（Sally）是自我雇用者，每年收入 150 000 美元。A 提议和 B 提议对萨莉的劳动力供给有何影响？在哪个提议下萨莉供给的劳动更多？运用收入效应和替代效应的概念来解释你的回答。

b. 弗雷德（Fred）是自我雇用者，每年收入 50 000 美元。A 提议和 B 提议对弗雷德的劳动力供给有何影响？在哪个提议下弗雷德供给的劳动更多？运用收入效应和替代效应的概念来解释你的回答。

宏观经济数据分析

1*. 使用 FRED 数据序列 RTFPNAUSA632NRUG（注意该数据并不是表 3-1 中使用的数据，不过很相似）计算并绘出美国自1960年以来的生产率的增长率。你会如何描述美国自1960年以来生产率的变化？经济衰退如何影响生产率增长？1973—1975年、1979—1980年、1990年以及2003—2008年的油价冲击如何影响生产率？

2*. 使用自1960年以来的月度数据，计算并绘出符合工作年龄的总人口*、就业人口、失业人口、劳动力人口的数量。

在美国劳工统计局的网站上，找到符合工作年龄的总人口中的劳动力人口的参与率数据并绘出图形，再分别绘出20岁以上男性和女性的劳动力人口参与率。在第二次世界大战后，这些变量发生了什么重大变化？

3*. 绘出自1970年以来实际GDP和充分就业产出的季度数据。（在FRED数据库中，充分就业产出称为实际潜在GDP。）哪个变量更"平滑"？你会如何描述1980年前的实际GDP的波动程度？你会如何描述1950—2010年充分就业水平下实际GDP的总体变化？

附录3.A 奥肯定律的增长率形式

要导出奥肯定律的增长率形式，即式（3-6），我们从式（3-5）中奥肯定律的基本形式开始：

$$\frac{\bar{Y}-Y}{\bar{Y}}=2(u-\bar{u})$$

两边同乘以－1，我们将上式改写为：

$$-1+\frac{Y}{\bar{Y}}=-2u+2\bar{u}$$

我们现在分别计算等式两边从上年到当年的变化。将等式左边的变化设为等于等式右边的变化，并假设固定不变（使得 $\Delta\bar{u}=0$），可得：

$$\Delta\left(\frac{Y}{\bar{Y}}\right)=-2\Delta u$$

该等式的左边（即 $Y/\bar{Y}$ 的变化）与 $Y/\bar{Y}$ 的增长率 $\frac{\Delta(Y/\bar{Y})}{Y/\bar{Y}}$ 非常接近。（要从变化中得出增长率，可将变化除以 $Y/\bar{Y}$，后者为接近于1的数值。）用增长率来近似表示 $Y/\bar{Y}$ 的变化，并应用说明比例的增长率等于其分子增长率减去其分母增长率的公式（参见附录A的A.7节），我们将等式再改写为：

$$\frac{\Delta Y}{Y}-\frac{\Delta\bar{Y}}{\bar{Y}}=-2\Delta u$$

在美国，充分就业产出的平均增长率为3%。将3%代入等式，整理后可得出奥肯定律的增长率形式，即式（3-6）。

* 英文为"civilian noninstitutional population"，指年满16岁、居住在美国50个州及首都华盛顿特区的公民，但这部分人中不包括现役军人及在监狱服刑的罪犯、精神病院病人、住在护理院的人等。后文中不再说明。——译者注

第 4 章 消费、储蓄和投资

学习目的：

- 讨论影响消费和储蓄的因素
- 讨论影响投资的因素
- 讨论影响产品市场的因素

在第 3 章，我们重点讲述了经济中决定产出或供给的一些因素。在本章，我们考虑决定整个经济体对商品和服务需求的因素。换句话说，我们从考察产出的多少转换到考察这些产出是如何被使用的。

回想一下，我们在第 2 章讲到了一个经济体中总需求（支出）有四个组成部分：各个家庭对消费品和服务的需求（消费）、公司对新资本品的需求和住户对新房屋的需求（投资）、政府采购的商品和服务（政府采购）以及国外消费者对本国货物的净需求（净出口）。因为政府的购买量主要是由政治流程决定的，所以宏观经济分析中通常把这个支出部分看作是给定的。在本章，我们也假设经济体是封闭的，所以净出口为零（我们将在第 5 章中去掉封闭性经济这一假设）。本章所研究的支出还剩下两个主要组成部分：消费和投资。在 4.1 节，我们将列举决定一个家庭的消费量的因素；在 4.2 节，我们会研究公司的投资决策。

我们已经介绍了本章是关于对商品和服务的总需求的。然而，我们也可以说，本章是关于一个看上去似乎完全不同（但同样重要）的议题的：储蓄和资本形成的决策问题。研究商品和服务的总需求等同于研究决定储蓄和资本形成的各种因素，其原因如下：首先，简单地说，储蓄就是一个经济单位（比如一个家庭）在决定将其收入中的多少用于消费后的剩余部分。因此，决定消费多少等同于决定储蓄多少。其次，投资支出是商品和服务的总需求的一部分，但它同时也体现了公司对新资本品的采购。因此，在研究投资支出时，我们同时也在考察促使一个经济体添置新工厂、机器及厂房的各种因素。事实上，我们在本章将同时完成两件事情：

● 我们将探讨商品总需求的决定因素，这是对后面所讨论议题的准备工作，例如讨论在经济周期中支出的波动所扮演的角色。

● 在总需求的研究中，我们也同时分析影响储蓄和资本形成的因素，这是对后面所讲到的关于经济增长的源泉的讨论和其他课题的准备工作。

在任何经济决策中，包括本章所考虑的决策问题，人们都要在现在和未来之间做出权衡。要决定消费多少和储蓄多少，一个家庭就必须比较享受当前消费的益处和把一部分收入存起来以供未来使用的好处。同样，在决定投资多少的时候，一个公司的经理必须决定有多少要放在当前支出，从而提高公司在 1 年、5 年甚至是 20 年后的生产能力。在进行这些权衡时，家庭和公司都必须把它们对未来经济的预期考虑进来，包括它们对未来政府政策的预期。

我们在第 3 章提出了这样的问题：是什么因素把劳动力市场带入了均衡？在本章的结尾，我们也对产品市场提出同样的问题。当生产商想提供的商品和服务数量（已在第 3 章讨论过）与家庭、公司以及政府所需求的商品和服务数量（将在本章讨论）相等时，产品市场就达到了均衡。同样，当一个经济体中人们的意愿储蓄和意愿投资相等时，产品市场就达到了均衡。本章还将讲到实际利率在产品市场均衡中所起到的关键作用。

4.1 消费和储蓄

我们首先通过讨论影响消费者支出的因素来考察商品和服务的需求。因为家庭的消费支出是商品和服务需求中的最大组成部分——占全美国总支出的三分之二以上，所以消费者消费意愿的变动对于一个经济的表现有着重要的含义。

除了消费支出的庞大规模以外，个人或家庭的消费决策与储蓄多少这一重要经济决策息息相关。对于一个既定的可支配收入来说，决定消费多少与决定储蓄多少其实是同一个决策。比如，一个做兼职工作的大学生的税后收入是每年 4 000 美元，她可能决定在服装、食物、娱乐和其他消费上花 3 700 美元。如果她的消费的确是这样的，那么她的储蓄自然就是每年 300 美元（4 000 美元减去 3 700 美元）。同样地，她可能决定每年存 300 美元。如果她每年的确存了 300 美元，那么她的消费自然就是 3 700 美元（4 000 美元减去 300 美元）了。因为关于消费多少和储蓄多少的决策其实是一枚硬币的两面，所以我们把它们放在一起来分析。

从宏观经济学的角度看，我们感兴趣的是消费和储蓄的总量，或者国内消费和储蓄的总水平。我们将意愿消费 C^d 定义为：在给定收入和其他决定家庭经济活动的因素的情况下，所有家庭想要消费的商品和服务的总量。我们将通过研究各个家庭的消费决定，分析意愿消费水平及各种因素对它的影响，如收入和利率。意愿消费 C^d 是通过加总所有家庭愿意消费的商品和服务的量而得到的。因此，任何使各个家庭愿意消费的商品和服务的量增加的因素都会令 C^d 上升；反之，任何使各个家庭愿意消费的商品和服务的量减少的因素都会令 C^d 下降。

正如一个家庭的消费和储蓄决定是紧密相关的，一个国家的意愿消费和意愿国民储蓄也是密不可分的。具体而言，意愿国民储蓄 S^d 是指总消费达到其意愿水平时的国民储蓄水平。回想一下，我们在第 2 章中（式 2－8）曾提到，如果国外净要素支付 NFP 为零（这对于一个封闭经济来说是永远成立的），那么国民储蓄 $S=Y-C-G$，其中，Y 为总产出，C 为消费，G 为政府采购。因为意愿国民储蓄 S^d 是总消费达到意愿值时国内的总储蓄水平，所以我们可以把国民储蓄定义中的消费 C 用意愿消费 C^d 来替换，从而得到意愿国民储蓄的表达式。通过这个替换，我们得到：

$$S^d = Y - C^d - G \qquad (4-1)$$

我们将通过考察个人消费和储蓄的决定来了解影响国民消费和储蓄水平的因素。在附录 4. A 中，我们将对决策制定过程提供更详细、正式的分析。

□ 个人消费和储蓄的决定

我们现在考虑普鲁登斯（Prudence）的例子，她是 S 眼镜公司的簿记员。普鲁登斯每年的税后收入是 60 000 美元。因此，如果愿意，她每年可以消费价值 60 000 美元的商品和服务。然而，普鲁登斯有两个选择。

一个选择是，她可以把每年的消费控制在 60 000 美元以下，剩余的部分用来储蓄。为什么普鲁登斯的消费要低于她的收入所允许的范围呢？原因在于，她考虑到了未来。现在少花一些，她就可以攒下一笔钱。在未来，她的花销就可以高于收入水平。举例来说，普鲁登斯可能预期她退休后的收入非常低，而她在工作时若有储蓄，那么她在退休后就可以花比退休收入更多的钱。事实上，在现实生活中，储蓄的一个很大的动力来自对退休后的打算。

另一个选择是，普鲁登斯可以通过贷款或支取过去积累的储蓄来使消费高于她的当前收入。例如，如果她从银行借了 5 000 美元，尽管她的收入只有 60 000 美元，她这一年可以购买价值高达 65 000 美元的商品和服务。消费更多对于普鲁登斯来说是一种享受，但对于她来说，所付出的代价就是在未来的某个时候，她必须偿还这笔贷款，而那时她的消费就要低于收入了。

如果普鲁登斯今天花得少了，她在未来就可以花得多一些，反之亦然。换句话说，她面对的是当前消费和未来消费间的权衡。普鲁登斯当前和未来消费间权衡的比率取决于经济中现行的实际利率。假设普鲁登斯的存款每年可以得到的实际利率为 r；为了简单起见，再假设如果她要借钱，也必须付出同样的利率 r。这些假设表明，普鲁登斯可以用她现在（今年）的一个货币单位的消费来换取未来（明年）$1+r$ 货币单位的消费。举例来说，假设普鲁登斯现在减少 1 美元的消费，那么她的储蓄就多了 1 美元。因为她的储蓄可以赚取的利率为 r，所以现在她所存下的 1 美元在一年以后就值 $1+r$ 美元了。[①] 假设普鲁登斯把多出来的 $1+r$ 美元用来增加她下一年的消费，那么就相当于她用今天 1 美元的消费换取了一年后 $1+r$ 美元的消费。

类似地，普鲁登斯可以用未来 $1+r$ 美元的消费来换取当前 1 美元的消费。她现在可以先借 1 美元来花费。一年后，她就必须偿还本息共计 $1+r$ 美元。因为普鲁登斯第二年必须偿还 $1+r$ 美元，所以她第二年的消费就比原先少了 $1+r$ 美元。因此，对于普鲁登斯来说，今天价值 1 美元的消费的“价格”就是未来价值 $1+r$ 美元的消费。

实际利率决定了当前消费和未来消费的相对价格。给定这个相对价格，普鲁登斯应该怎样选择当前消费和未来消费呢？一个极端的情况是，她现在可以大量贷款并进行远超其收入的消费。但问题是偿还了贷款后，普鲁登斯今后可能就没什么钱来消费了。另一个同样极端的相反情况是，普鲁登斯把现在几乎所有的收入都储存起来。这个方法可

---

① 我们假设下一年的通货膨胀率为零，所以在各个阶段 1 美元能够买到的实际商品是一样的。或者我们也可以说，当实际利率是 r 时，普鲁登斯今天存下的 1 美元的实际价值等于一年后 $1+r$ 美元的实际价值。

以让她在以后有大量的消费，但代价是她现在必须忍饥挨饿。

现实地讲，大部分人都不会选择以上两个方案，相反地，他们会尽量避免消费的大幅度波动。这种对于相对平稳的长期消费模式的愿望——避免不同时期过高或过低的消费——称为**消费平稳化动机**（consumption-smoothing motive）。正是出于她的消费平稳化动机，普鲁登斯会努力使她的消费均匀分布到各个时段里，而不是饥一时，饱一时。

接下来，我们会看到当普鲁登斯的经济福利的一些重要决定因素（包括她的当前收入、预期未来收入以及财富）发生变化时，消费平稳化动机是怎样引导她的行为的。在考虑这些变化时，我们会假设实际利率 r（即当前消费和未来消费的相对价格）保持不变。稍后，我们将说明实际利率发生变化时的情况。

□ 当前收入变化的影响

当前收入是影响消费和储蓄决策的一个重要因素。举例说明，假设普鲁登斯在工作中收到了一次性 6 000 美元的奖金，她的当前年收入就增加了 6 000 美元。（在这里，我们忽略了个人所得税。同样，我们也可以假设她的奖金实际上多于 6 000 美元，但交了所得税后，普鲁登斯发现她的当前收入增加了 6 000 美元。）这些多出来的收入她会怎么消费呢？普鲁登斯可以把全部奖金挥霍在一次夏威夷旅行上。如果普鲁登斯把所有奖金都花光了，她的当前消费就增加了 6 000 美元，但因为她的储蓄并没有增加，所以她的未来消费没有改变。或者她可以把所有奖金都存起来，这样她的当前消费不变，但她可以用这些奖金和利息来增加未来消费。然而，出于消费平稳化动机，普鲁登斯很可能不会选择以上任何一种方式。她会把一部分奖金花掉（增加当前消费），把剩下的部分存起来（这样，她同样可以增加未来消费）。

普鲁登斯要花掉多少奖金取决于诸如她推迟享受的意愿和她对当前以及未来需要的评估等因素。我们把普鲁登斯的**边际消费倾向**（marginal propensity to consume，MPC）定义为她将当前新增收入用于当前消费的比例。因为普鲁登斯只消费了她额外收入的一部分而不是全部，所以她的 MPC 会介于 0 和 1 之间。例如，假设普鲁登斯的 MPC 等于 0.4，那么她会消费当前新增收入的 0.4，即 40%。因此，当她收到 6 000 美元的奖金时，普鲁登斯的当前消费将增加 2 400（=0.4×6 000）美元。因为普鲁登斯将新增收入中没有消费掉的部分存起来了，所以她的储蓄也会增加 3 600（=6 000－2 400）美元。

边际消费倾向还可以用于当前收入减少的情况。例如，如果普鲁登斯从簿记员的职位上被临时解雇了，那么她的当前年收入减少了 8 000 美元，她就会减少消费和储蓄。如果我们假设她的边际消费倾向仍为 0.4，她的消费就会减少 3 200（=0.4×8 000）美元，她的储蓄也会因此减少 4 800（=8 000－3 200）美元。

总收入和总消费反映的是成千上万的个人和家庭的决策，所以我们从考察普鲁登斯这个例子中所学到的知识同样适用于宏观经济层面。正如普鲁登斯收入的增加促使她消费更多一样，我们可以预见，总产出（收入）Y 增加同样会带来意愿消费 C^d 的增加。但是，因为边际消费倾向小于 1，C^d 的增加小于 Y 的增加。既然不是所有的 Y 的增长都会被消费，那么意愿国民储蓄 S^d 也会随着 Y 的增加而增加。

□ 预期未来收入增加的影响

今天的消费不仅取决于当前收入，而且取决于个人预期在未来所能获得的收入。例如，一个人虽然暂时没有工作，但有一份三个月后的高薪合同，他的消费就很有可能会比一个完全没有工作前景的失业者高。

为了说明预期未来收入变化的影响，假设普鲁登斯得知她明年会得到 6 000 美元的奖金（税后），而不是今年就拿到 6 000 美元的奖金。这个奖金的承诺是有保证的，因此普鲁登斯确信她明年可以拿到这笔额外的收入。这个信息对普鲁登斯今年的消费和储蓄会产生怎样的影响呢?

因为她的当前收入不变，所以普鲁登斯可以保持她的当前消费和储蓄不变，直到她的确拿到了奖金再增加消费。然而，如果她的决定受消费平稳化动机的影响，那么她更倾向于使用这些奖金来增加当前和未来的消费。尽管她的当前收入不变，但她仍然可以通过减少储蓄的方式来增加当前消费（她甚至可以动用储蓄余额，或使用积累下来的资产或者贷款来使当前消费超过当前收入，从而其当前储蓄为负）。例如，假设普鲁登斯决定今年要多消费 1 000 美元。因为她的当前收入是不变的，所以普鲁登斯当前多消费的1 000 美元就等同于当前储蓄减少 1 000 美元。

相对于储蓄无变化的情况，当前储蓄减少 1 000 美元将使普鲁登斯可用于下一年的资源减少 $1\,000(1+r)$ 美元。例如，如果实际利率是 0.05，现在少存 1 000 美元会导致普鲁登斯明年的可用资金减少 1 050（$=1\,000\times1.05$）美元。总的来说，她明年的可用资金会因奖金而增加 6 000 美元，但也会因当前储蓄的减少而减少 1 050 美元。她的资金净增长为 4 950（$=6\,000-1\,050$）美元。这些净增长可以用来增加明年或以后的消费。由此可见，普鲁登斯可以有效地使用预期未来的收入的增加来提高当前和未来的消费。

总而言之，一个人的预期未来收入增加很有可能促使他增加当前消费和减少当前储蓄。同样的结论也适用于宏观经济层面：如果人们预期未来总产出和总收入 Y 会升高，那么当前意愿消费 C^d 会增加，而当前意愿国民储蓄 S^d 会减少。

经济学家无法直接衡量预期未来收入的多少，那么他们在预测消费和储蓄行为时如何使用这个变量呢？一种方法就是做消费者调查，询问他们对未来的预期。正如本章的“应用：消费者情绪与消费者支出预测”中所表明的，问卷答案对于评估宏观经济发展十分有用。

应用

消费者情绪与消费者支出预测

有关消费者情绪的指数在新闻中有广泛的报道。企业联合会（Conference Board）、汤森路透（Thomson Reuters）、密歇根大学（University of Michigan）、《ABC 新闻》（*ABC News*）和《华盛顿邮报》（*Washington Post*）均各自进行了问卷调查。在调查中，它们询问消费者对当前和未来经济形势的看法。消费者情绪与他们的消费息息相关。有关股票市场、战争和竞选的报道会改变消费者情绪并且影响他们的消费。

华尔街和美联储的经济学家们认为，消费者情绪指数可为消费者未来消费提供有用的信息，于是对其给予密切关注。但是否真的如此呢？问题是：即使当前消费者情绪与其当前消费密切相关，它能帮助经济学家预测其未来消费吗？近期的研究表明，消费者情绪的这些衡量指标不见得会对预测有所帮助。

为确定消费者情绪指数是否有助于进行准确的预测，我们从研究数据开始。图 4-1 显示了 1978 年第一季度—2015 年第一季度平均消费者情绪指数，其中的阴影部分显示的是经济处于衰退中的时期。①

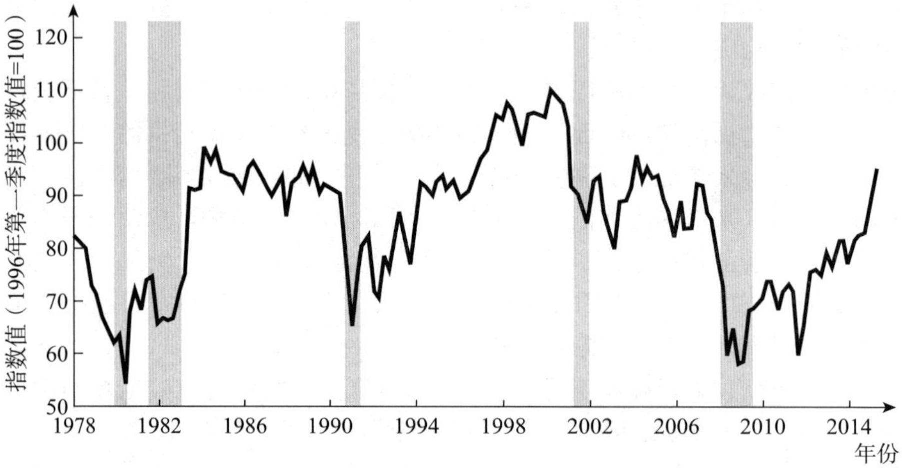

图 4-1　1978 年第一季度—2015 年第一季度平均消费者情绪指数

说明：消费者情绪指数是基于消费者告诉调查人他们当前的经济状况以及对未来经济的预期进行统计的。该指数在一些经济衰退前有所降低，但并不是在所有衰退前都下降。

资料来源：消费者情绪指数（©汤森路透/密歇根大学）来自 FRED 数据库的 UMCSENT 序列，数据依据汤森路透官网新闻的变化而更新。

消费者情绪指数在经济衰退时会大幅下降，但它并不总能在衰退开始前提供警示，并且它常常会在无经济衰退时急速下降。因此，消费者情绪指数对于预测衰退或许并无帮助。

如果消费者情绪指数有助于华尔街和美联储的经济学家们预测任何经济变量，那么最有可能获益的经济变量是消费者支出。我们知道，消费者的支出决策基于他们的收入和其他变量，那么我们可以合理地推测，他们对于当前和未来经济状况的看法会影响他们的消费决定。

要了解消费者情绪指数是否与人们的支出决策相关，我们可以观察图 4-2 中的数据。该图显示了 1978 年第一季度—2015 年第一季度消费者情绪指数（左侧纵坐标）与消费者支出（右侧纵坐标）的对比。其中，消费者支出以当前与一年前同一季度相比的百分比变化量来衡量（所以 2015 年第一季度所显示的数值是 2015 年第一季度相对于 2014 年第一季度消费者支出的百分比变化量）。

以上两个数据系列的变动大体一致（两者的相关系数为 0.76）。它们在 1978—1980

---

① 企业联合会、《ABC 新闻》和《华盛顿邮报》的调查结果类似。由于它们的数据不如汤森路透/密歇根大学的调查数据容易获得，我们在此侧重于介绍汤森路透/密歇根大学的调查数据。

年同时下降，在1982年衰退结束后同时大幅度上升，然后在20世纪80年代同时缓慢下降。在20世纪90年代，消费者情绪指数早于消费者支出增长率先行上升，但两者在20世纪90年代后期均达到相当高的水平，然后在21世纪早期同时下降。两个数据系列在2007年和2008年均大幅下降。

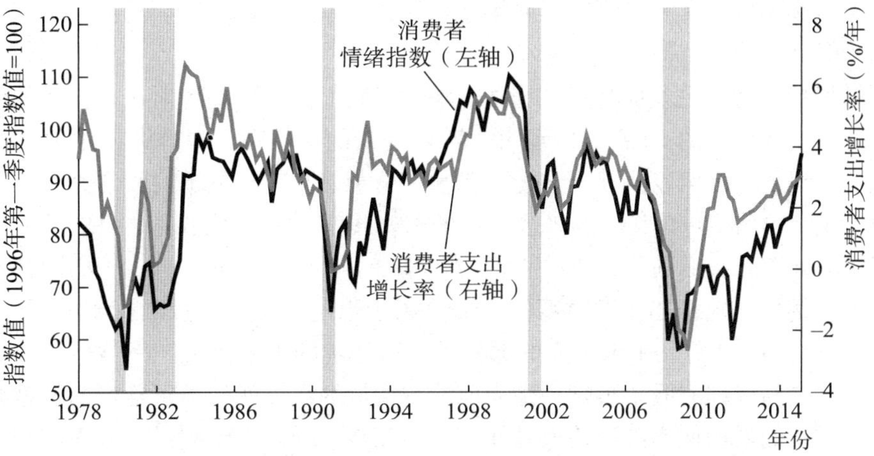

图4-2　1978年第一季度—2015年第一季度消费者情绪指数与消费者支出

说明：消费者情绪指数和消费者支出增长变动相对一致，意味着消费者情绪有可能有助于分析消费者支出。

资料来源：消费者情绪指数（©汤森路透/密歇根大学）来自FRED数据库的UMCSENT序列，数据依据汤森路透官网新闻的变化而更新。消费者支出数据来自美国经济分析局，可从FRED数据库下载，下载序列为PCECC96。

然而，消费者情绪指数在某些时候不同于消费者支出的变化。例如，消费者情绪指数在1978年急速下降，但消费者支出在该年度迅速增长，直到1979年春之前均没有呈现任何持续缓慢增长的迹象。我们还可以找到其他例子，1998年，俄罗斯政府拖欠债务，并且一个大型对冲基金操作失败导致了全球范围内的金融状况混乱。在该时期内，消费者情绪指数急剧下降，但消费者支出未受影响。同样，在2007—2009年衰退期间，消费者支出反弹得很厉害，但消费者情绪指数依然处于低位。

因此，认为消费者情绪指数可能会有助于预测消费者支出有一定的道理，然而认为其可能无助于预测也讲得通。唯一的判定方法是使用正规的统计方法来检测消费者情绪指数是否会提高一个模型的预测能力。

里士满大学（University of Richmond）的迪安·克劳肖（Dean Croushore）在使用实时数据即预测者在做出预测时所拥有的数据预测消费者支出时检测了消费者情绪指数。① 他研究了预测者在使用预测消费者支出的标准模型时是否可以通过在模型中包含消费者情绪的数据来改善预测。他发现，要预测消费支出的变化，包含过去的消费支出和股票价格的模型是预测实时消费支出增长的最佳模型，该模型的预测不会因为加入密歇根大学指数或企业联合会指数而有所改进。

消费者情绪指数可以有效地告知我们消费者对于现在和未来经济形势的看法，并有助于解释过去消费者消费的变化，但该指数对于预测消费者支出似乎并无帮助。消费者或许

① 参见Dean Croushore，“Consumer Confidence Surveys：Can They Help Us Forecast Consumer Spending in Real Time?” Federal Reserve Bank of Philadelphia Business Review，Q3 2006，pp. 1-9。

对当前经济形势有所忧虑，但其未来消费主要由他们的收入和财务情况决定，而不是由当前的消费者情绪决定。

□ 财富变化的影响

财富也会影响到消费和储蓄。回顾第 2 章所述，家庭或者国家等任何一个实体的财富等于它的所有资产减去负债。

为了解消费和储蓄是如何受财富增加影响的，我们假设普鲁登斯在打扫她的阁楼时偶然发现了一份制药公司的 50 股股票证书。普鲁登斯的祖母在普鲁登斯出生的时候给她买了这些股票，但普鲁登斯以前并不知情。普鲁登斯于是立刻联系她的股票经纪人，进而发现那些股票现在价值 6 000 美元。普鲁登斯的财富出乎意料地增长了 6 000 美元，这对她可使用资源的效应与我们前面分析的当前收入增加 6 000 美元是一样的。如同普鲁登斯当前收入增加的例子，她将把新增财富的一部分用于当前消费，但数额少于6 000 美元。这样，她就可以将 6 000 美元中未用完的部分用于增加她的未来消费。因为普鲁登斯的当前收入并不受这些新找到的股票影响，她当前消费增加的数量就相当于她当前储蓄减少的数量。这样，财富的增加使当前消费上升并使当前储蓄下降。基于同样的原理，我们可以得出以下结论，财富的减少使当前消费下降并使当前储蓄上升。

财富改变的一个重要来源是股票市场的涨落，股票市场中股票涨落对消费变化的影响在本章的“应用：股票价格涨落的宏观经济影响”中有进一步的讨论。

□ 实际利率变化的影响

我们已经了解到实际利率是以未来消费表示的当前消费价格。我们在考察当前收入、预期未来收入以及财富变化的影响时，曾假设实际利率保持不变。现在，我们让实际利率发生变动，考察实际利率变化对当前消费和储蓄的影响。

随着实际利率的上升，普鲁登斯的消费和储蓄会怎样变化呢？她对实际利率上升所做出的反应体现了两个相反的倾向。一方面，因为今年她所存的每一美元到明年都会涨到 $1+r$美元，实际利率的上升预示着当前储蓄的每一美元所带来的收益提高了，从而使未来消费上升。当前储蓄收益的上升会促使普鲁登斯增加储蓄。

另一方面，实际利率的上升代表着普鲁登斯用较少的当前储蓄就可以达到预期的未来储蓄目标。比如，假设她正努力积攒 1 400 美元，以便在明年买一台新的笔记本电脑。实际利率的上升意味着任何当前储蓄到明年都会涨到一个更高的数目，所以要积攒 1 400 美元，她今年需要存下来的数目相对减少。因为她要达到目标需要存下的钱减少，她就可以增加当前消费、减少储蓄。

以上描述的两个方向相反的影响称为实际利率上升的替代效应和收入效应。**实际利率对储蓄的替代效应**（substitution effect of the real interest rate on saving）反映了在当前消费的价格 $1+r$ 上升时，当前消费减少和未来消费增加的倾向。作为对当前消费价格上升的反应，消费者用变得相对便宜的未来消费来替代变得比较昂贵的当前消费。当前消费的减少意味着当前储蓄的增加。因此，替代效应表明当前储蓄随实际利率的上升而上升。

实际利率对储蓄的收入效应（income effect of the real interest rate on saving）反映了当一个更高的实际利率使得消费者变得更穷或更富时所导致的当前消费的变化。例如，如果普鲁登斯有一个储蓄账户，而且没有负债，那么她就有纯利息收入。因此，她会由于利息收入的增加而从实际利率的上升中受益。实际利率升高，她既可以享受与利率改变前相同的当前消费和未来消费水平，又可以得到额外的可支配资金。这些额外资源与她的财富增加的作用是相同的，所以她会提高当前消费和未来消费。因此，对于一个有利息收入的储蓄者来说，实际利率升高的收入效应是增加当前消费和减少当前储蓄。因此，对于一个储蓄者来说，实际利率升高的收入效应和替代效应产生了相反的效果，收入效应使储蓄减少，而替代效应使储蓄增加。

实际利率上升的收入效应对于一个要支付利息的人（即借款人）来说是不同的。实际利率的升高使借款人要支付的利息增加，从而使借款人不能再享受与实际利率升高前相同水平的当前消费和未来消费。借款人承受了实际利率上升所带来的财富减少的损失，所以他对于财富减少的反应是减少当前消费和未来消费。当前消费的减少意味着当前储蓄的增加（即贷款减少），所以对于一个借款人，实际利率上升的收入效应是储蓄增加。因此，实际利率上升的替代效应和收入效应都使借款人的储蓄增加。

现在，我们总结一下实际利率上升的效应。对于一个有利息收入的储蓄者，实际利率的上升通过替代效应使他倾向于增加储蓄，但也通过收入效应使他同时倾向于减少储蓄。如果没有其他信息，我们无法判断这两个相反的效应哪个更大。对于一个要支付利息的借款人，替代效应和收入效应同时产生使储蓄增加的效果，结果是借款人的储蓄毫无疑义会增加。

实际利率上升对于国民储蓄会产生怎样的影响呢？因为国民经济中既包括储蓄者又包括借款人，并且从根本上说，储蓄者在实际利率上升时既可能增加储蓄又可能减少储蓄，经济学理论无法对这个问题做出结论性的回答。既然经济学理论不能确定实际利率上升时国民储蓄会增加还是减少，我们就必须使用实际数据，依靠实证研究来考察它们的关系。遗憾的是，许多实证研究的结果并没有一个统一的定论。目前，被最广泛接受的结论似乎是，实际利率的上升使当前消费减少，并使储蓄增加，但这些影响的程度并不大。

税收和储蓄的实际收益 在讨论储蓄者得到的实际收益时，我们没有提及一个重要的实际操作问题：储蓄者得到的利息（和其他储蓄收入）是要交税的。因为一部分利息收入必须用来交税，储蓄者所得到的实际收益率要低于名义利率和预期通货膨胀率之差。

一个很有用的收益率衡量指标是**预期税后实际利率**（expected real after-tax interest rate），它可以体现税收所带来的影响。为给这个概念下定义，我们用 i 来代表名义利率，用 t 来表示利息所得税率。比如在美国，大部分利息收入被当作普通收入来征税，所以 t 实际上是个人收入税率。储蓄者只能保留总利息收入中比例为 $(1-t)$ 的部分，所以储蓄者纳税后得到的税后名义利率是 $(1-t)i$。预期税后实际利率 r_{a-t} 是税后名义利率减去预期通货膨胀率 π^e 的值，即

$$r_{a-t}=(1-t)i-\pi^e \tag{4-2}$$

消费者在进行消费和储蓄决策时使用预期税后实际利率更为恰当，因为它衡量的是纳税后储蓄收入带来的购买力增长。

表 4-1 给出了计算税后名义利率和预期税后实际利率的方法。应注意的是，给定名义利率和预期通货膨胀率，利息所得税率的减少会使储蓄者得到的名义和实际税后收益率增加。因此，通过减少对利息征收的税率，政府可以增加储蓄者所得到的实际收益率，并

且（有可能）提高整个经济体的储蓄率。

刺激储蓄也是制定税收条款诸如个人退休账户（IRAs）等的动机，个人退休账户允许储户就其部分利息所得享受免税，并获取更高的税后收益率。遗憾的是，因为经济学家们对于高实际利率对储蓄的影响持不同的意见，个人退休账户和其他类似的减税能否有效地促进储蓄也处于争议之中。

表 4-1　　计算税后利率

i＝名义利率＝每年 5%
π^e＝预期通货膨胀率＝每年 2%
例 1
t＝利息所得税率＝30%
税后名义利率＝$(1-t)i=(1-0.30)\times 5\%=3.5\%$
预期税后实际利率＝$(1-t)i-\pi^e=(1-0.30)\times 5\%-2\%=1.5\%$
例 2
t＝利息所得税率＝20%
税后名义利率＝$(1-t)i=(1-0.20)\times 5\%=4\%$
预期税后实际利率＝$(1-t)i-\pi^e=(1-0.20)\times 5\%-2\%=2\%$

□ 财政政策

我们刚刚谈论了政府的税收政策是如何影响储蓄者的实际收益率以及（可能会影响到）储蓄率的。然而，即使政府的财政政策——有关政府支出和税收的决策——并不是为了直接影响储蓄率而制定，这些政策对于经济中发生的消费和储蓄也会有重要的影响。尽管要理解财政政策和消费行为之间的关系需要一些复杂的经济推理，但这些关系十分重要，所以我们在这里介绍。在后面的部分，尤其是第 15 章，我们将进一步讨论这些问题。

为了使有关财政政策影响的讨论变得尽可能地直截了当，我们假设一个经济的产出 Y 是给定的。也就是说，我们忽略所考察的财政政策变化对商品和服务总供给产生影响的可能性。如果经济处于充分就业状态（在本书的第 2 篇，我们会一直保持这个前提），并且财政政策的变化没有严重影响资本存量或就业，那么这个假设是成立的。后文我们会去掉给定产出这个假设，然后讨论古典经济学和凯恩斯经济学有关财政政策对产出影响的观点。

一般而言，财政政策会影响意愿消费 C^d，这个影响主要是通过影响家庭的当前收入和预期未来收入而产生的。具体地说，如果财政政策的变化通过提高当前税率或人们预期的未来税率，加重了私营部门的纳税负担，该政策就会导致人们减少消费。

对于给定的产出水平 Y，政府的财政政策会从两个基本方面影响意愿国民储蓄 S^d，或 $Y-C^d-G$。首先，正如我们刚提到的，财政政策会影响意愿消费：对于任何产出水平 Y 和政府采购 G，一个财政政策如果使意愿消费 C^d 减少 1 美元，它也会同时使意愿国民储蓄 S^d 增加 1 美元。其次，对于任何产出水平和意愿消费，增加政府采购会直接使意愿国民储蓄减少，正如意愿国民储蓄公式所表明的：

$$S^d=Y-C^d-G$$

为了说明这些基本观点，我们来考察意愿消费和意愿国民储蓄是怎样受到两个具体财政政策变化即政府采购增加和减税政策影响的。

数据获取与研究前沿

利率

尽管在我们的理论讨论中，我们所指的利率似乎只有一个，但是实际上有许多不同的利率，每一种都取决于借款人的身份和贷款的期限。这里，我们列出了 2014 年 6 月 5 日和 2015 年 6 月 5 日美联储统计公告 H.15 中的部分利率。

	2015 年 6 月 5 日	2014 年 6 月 5 日
最优惠利率	3.25%	3.25%
联邦基金利率	0.13%	0.09%
3 个月国债利率	0.03%	0.04%
6 个月国债利率	0.08%	0.06%
10 年中期国债利率	2.41%	2.59%
30 年长期国债利率	3.11%	3.44%
市政债券利率	3.81%	4.37%

最优惠利率是银行向最佳信用客户收取的基本利率。联邦基金利率是一家银行向另一家借出隔夜贷款的利率。国债是美国联邦政府的债务，市政债券是州和地方政府的债务。除最优惠利率外，其他利率会随着金融市场的动荡而波动。最优惠利率是各主要银行制定的平均借贷利率，因此它的变动比较少。

这些不同贷款的利率并不一定相同。影响利率的第一个因素是，不同的贷款在不能按期还款的风险上有差别。国债被认为是没有拖欠风险的，而一个企业、银行或市政机构总是存在着不能偿还其所借贷款的可能性。出借人会要求借款人支付额外的利率来补偿出借人所承受的拖欠风险。因此，最优惠利率、联邦基金利率以及市政债券利率比在没有拖欠风险情况下的利率要高。

影响利率的第二个因素是资金借用时间的长短。一个债券的期限（它的成熟期）和它所支付利率之间的关系叫作收益率曲线。下图给出了 2015 年 6 月和 1 年前的收益率曲线。因为期限长的债券通常比期限短的债券支付更高的利率，所以收益率曲线大致呈上升趋势。我们将在第 7 章中讨论利率与债券期限的关系。

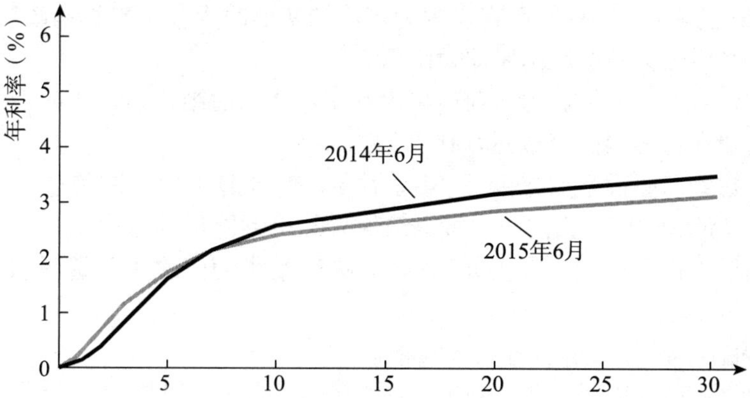

影响利率的第三个因素是征税状况。因为市政债券的利息所得是免税的，所以相对于利息需要纳税的情况而言，借款人愿意接受一个较低的利率。然而，市政债券的利率在 2014 年 6 月和 2015 年 6 月超过了国债利率，其可能的原因是人们认为市政债券风险更大。

尽管各种利率的高低各不相同，但它们在大部分情况下会同起同落。我们这里讨论的所有利率从 2014 年 6 月到 2015 年 6 月均下降了 0.1 个百分点以上。一般而言，利率会同升同降。在经济分析中，虽然听上去似乎只有一种利率，但是我们通常使用利率一词来概括所有的不同利率。

政府采购 假设也许是由于政府增加国防开支的原因，当前政府采购 G 增加了 100 亿美元。假定 G 的增加只是暂时的，未来政府采购的计划并没有改变。（本章后面的分析题第 5 题将考虑政府采购永久增加的情形。）对于任何固定的产出水平 Y，这个财政政策的变化会怎样影响经济中的意愿消费和意愿国民储蓄呢？

我们先从政府采购增加对消费的影响开始分析。因为政府采购会影响私人部门的纳税负担，所以它的变化会影响消费。例如，假设政府要通过增加当前税收 100 亿美元来支付这个额外的 100 亿美元国防开支。对于一个给定的（税前）产出 Y，税收的增加意味着消费者当前（税后）收入会减少 100 亿美元。我们知道，消费者对于当前收入减少的反应是减少消费，尽管消费的减少小于当前收入的减少。① 所以，面对税收增加 100 亿美元，消费者可能会减少他们的当前消费，例如减少 60 亿美元。

如果政府增加购买但并不增加当前税收，消费会发生怎样的变化呢？这种情况需要更详细的分析。如果政府没有提高当前税收，它就必须借 100 亿美元来支付额外的支出。在未来的某个时候，政府也需要偿还这 100 亿美元加上利息，这意味着未来的税收不得不提高。如果纳税人足够聪明并了解到今天政府采购的增加意味着未来要缴纳更高的税，各个家庭的预期未来（税后）收入均会减少，那么他们也会减少意愿消费。为了说明这一点，我们可以想象他们的当前消费仍然减少了 60 亿美元；不过，如果一些消费者不理解他们的未来纳税可能会增加，则消费减少的幅度将会小一些。

政府采购增加会对意愿国民储蓄产生怎样的影响呢？政府采购的增加对意愿国民储蓄 $Y-C^d-G$ 的影响是通过直接增加 G 和间接降低 C^d 产生的。在我们的例子里，政府采购的增加使意愿消费减少 60 亿美元，这会使意愿国民储蓄增加 60 亿美元。然而，当 Y 不变时，这个影响会被增加的 100 亿美元 G 抵消，从而使意愿国民储蓄总量 $Y-C^d-G$ 减少 40 亿美元。② 一般而言，因为意愿消费的减少会小于最初政府采购的增加，政府采购的暂时增加会使意愿国民储蓄降低。

概括起来，对于一个给定的当前产出水平 Y，我们的结论是，暂时性的政府采购增加会使意愿消费和意愿国民储蓄同时减少。

税收 现在我们假设政府采购 G 保持不变，但政府采取了减税政策，税收减少了 100 亿美元。为简单起见，我们假设每个纳税人都得到同样的减税量（可以想象为这个国家的 1 亿纳税人每人得到 100 美元）。我们称这类税为**一次性总量税**（lump-sum tax

① 注意，当前收入的边际消费倾向为正，但是小于 1。

② 注意，如果消费者忽略了未来税收的增加，从而没有减少他们的当前消费，那么意愿国民储蓄的减少甚至会超过 40 亿美元。

cut)。如果政府采购 G 和产出 Y 保持不变，只有当意愿消费 C^d 变化时，意愿国民储蓄 $Y-C^d-G$ 才会改变。所以我们的问题是，意愿消费会怎样随减税政策发生变化呢？

现在的关键问题是，减税会怎样影响人们的当前收入和预期未来收入呢？100 亿美元的减税会直接使当前（税后）收入增加 100 亿美元，所以减税应该会使意愿消费增加（增加量多少会少于 100 亿美元）。然而，这 100 亿美元的减税也使人们预期未来的税后收入会降低。原因在于，既然政府支出不变，现在减税 100 亿美元，政府就必须增加当前借款 100 亿美元。因为政府在未来必须偿还这额外的 100 亿美元政府债务及利息，未来的税收将会升高。对于家庭来说，这意味着未来的可支配收入将下降。在其他因素不变的情况下，这个预期未来收入的下降会导致人们减少当前消费，从而抵消了当前收入增加对意愿消费产生的正效应。因此，从根本上说，由于减税政策会使当前收入增加，但同时降低预期未来收入，所以当前意愿消费可能会上升，也可能会下降。

有趣的是，一些经济学家认为，当前收入增加对意愿消费的正效应和未来收入减少对意愿消费的负效应应该正好相互抵消，所以减税政策的总影响为零！减税不会影响意愿消费，（因而）也不会影响意愿国民储蓄①的这个观点，叫作**李嘉图等价定理**（Ricardian equivalence proposition）。②

李嘉图等价定理可以由以下情况来简单说明（详见第 15 章的详细讨论）。从长远的观点看，所有的政府采购都必须由税收来支付。因此，如果政府的当前购买和计划购买不变，那么减税政策只会影响征税时间的早晚，但（李嘉图等价定理的拥护者强调）不会影响消费者最终要承担的税负。在政府采购不变的情况下，减税不能真正让消费者有任何改善（今天的减税会被未来的征税增长抵消），所以他们没有任何理由通过改变意愿消费来回应这些减税政策。

尽管李嘉图等价定理的逻辑看似正确，但许多经济学家质疑其在实践中的合理性。这些怀疑者认为，即使这个定理预言减税不会使消费者增加消费，但在现实中，较低的纳税负担很可能会带来意愿消费增加，从而减少意愿国民储蓄。减税后消费可能会提高的一个原因是：大部分消费者不明白当前政府债务增加很可能会导致未来纳税负担加重。因此面对减税，正如面对其他当前收入增加的情况，消费者很可能会增加他们的意愿消费。

减税政策对消费和储蓄的影响可以总结如下：根据李嘉图等价定理，在政府的当前采购和计划采购不变时，减税不会影响意愿消费和意愿国民储蓄。然而，如果消费者在计划支出时没有考虑到纳税负担增加的可能性，那么李嘉图等价定理可能无法适用。在这种情况下，减税会带来意愿消费的增加和意愿国民储蓄的减少。

在小结表 5 中，我们列举了影响意愿国民储蓄的各种因素。

① 在这个例子里，个人可支配收入增加 100 亿美元，所以如果意愿消费不变，个人意愿储蓄将增加 100 亿美元。然而，政府赤字也会因为减税而增加 100 亿美元，从而政府的储蓄会减少 100 亿美元。因此，意愿国民储蓄（即个人意愿储蓄加上政府意愿储蓄）不变。

② 这个论点首先由 19 世纪经济学家大卫·李嘉图（David Ricardo）提出，他同时也阐述了一些对这个论点在现实中应用的保留态度。“等价”一词是指，如果李嘉图等价定理是正确的，那么税收和政府负债对经济的影响是相同的。

小结表 5　　意愿国民储蓄的决定因素

增加因素	意愿国民储蓄的变化	原因
当前产出 Y	上升	一部分额外收入会作为储蓄供未来消费
预期未来产出	下降	预期到未来收入增加，从而当前意愿消费增加，当前意愿国民储蓄减少
财富	下降	一些额外财富被消费了，对于给定的收入来说，储蓄减少
预期实际利率 r	很可能上升	收益率增加使储蓄更具吸引力，同时存下相对少的钱，同样可以达到一定的储蓄目标。但是，前者的变化很可能会大于后者的变化
政府采购 G	下降	较高的政府采购直接使意愿国民储蓄减少
税收 T	保持不变或上升	如果消费者考虑到未来会有与此抵消的减税，意愿国民储蓄则保持不变；如果消费者没有考虑到这一点，从而减少了当前消费，意愿国民储蓄则会增加

应用

消费者对退税的反应

在 2001 年和 2007—2009 年的经济衰退中，美国政府为消费者提供退税，以鼓励消费。但是，如果李嘉图等价定理成立，那么这样的退税对刺激消费者支出或经济很可能无效。

在对 2001 年提供给消费者的退税的研究中，密歇根大学（University of Michigan）的马修 • D. 夏皮罗（Matthew D. Shapiro）和乔尔 • 斯莱姆罗德（Joel Slemrod）提供的一些证据表明，退税并没有使消费者支出增加许多。[1] 他们发现，在获得 2001 年退税的消费者中，少于四分之一的家庭表示它们花费了大部分的退税。这个发现表明，退税并没有像政府在当初通过减税法案所希望的那样刺激经济。

最近，新加坡国立大学（National University of Singapore）的萨米特 • 阿加瓦尔（Sumit Agarwal）、内华达大学（University of Nevada）的刘春林（Chunlin Liu）和宾夕法尼亚大学（University of Pennsylvania）的尼古拉斯 • 苏勒雷斯（Nicholas Souleles）发表了一些关于退税影响的新证据。[2] 他们发现的证据与夏皮罗和斯莱姆罗德的研究结果相吻合，即大部分消费者将所获得的大部分退税被存起来了。但是，他们运用一组由一家大型信用卡机构提供的有关 75 000 个家庭的信用卡消费和结余的数据进行研究后发现，一般家庭在收到退税后的下一个月内，逐渐增加了其消费及信用卡债务。

阿加瓦尔、刘春林和苏勒雷斯首先观测了一个家庭收到退税后的信用卡还款的变化规律。然后，他们考察了信用卡消费是否随之增加。最后，他们就能观察到家庭信用卡

① "Did the 2001 Tax Rebate Stimulate Spending? Evidence from Taxpayer Surveys," in James Poterba, ed., *Tax Policy and the Economy* 17 (Cambridge, MA: MIT Press, 2003), pp. 83 - 109.

② "The Reaction of Consumer Spending and Debt to Tax Rebates—Evidence from Consumer Credit Data," *Journal of Political Economy*, December 2007, pp. 986 - 1019.

债务的变化量。因为退税的支票是在3个月内根据社会安全号码逐渐邮出的，所以阿加瓦尔、刘春林和苏勒雷斯能够准确地计算出每个家庭收到退税支票的时间。这个信息使他们可以确定关于还款、消费和信用卡债务等的反应。

2001年退税的一个明显影响是刺激人们增加了对信用卡的还款。虽然许多人开始只是增加了信用卡的还款，但作为对退税的回应，他们也改变了消费行为。起初，各个家庭并没有增加信用卡的消费，但几个月后，它们开始增加消费。9个月后，归功于退税，它们的信用卡上平均增加了60美元的消费（注意，每户平均退税500美元）。

因为最初的消费并没有增加而还款增加了，所以信用卡的平均债务在初期下降。当家庭开始提高消费时，信用卡的债务开始增长。在收到退税9个月后，一个普通家庭的信用卡债务增加了25美元或略多，而相对于平均2 000美元的债务来说，这只是一个很小的增加，并且在统计上不显著。

因为这些主要的结果是针对许多不同家庭所求的平均值，所以我们或许应该考察不同类别的人口对退税的反应。在附录4.A里，我们将特别讨论有效信贷限制（限制人们的贷款数量）是如何影响消费行为的。一个由于有效信贷限制而不能借更多款的人比其他没有信贷限制的人可能花费更多的退税。年轻人（其未来收入往往高于当前收入）和那些信用卡额度低的人更有可能面临有效信贷限制。

为了考察年轻人是否比其他人对退税更有反应，阿加瓦尔、刘春林和苏勒雷斯将他们的数据分成三个年龄层：年轻人（35岁以下）、中年人（35～60岁）和老年人（60岁以上）。他们发现，在收到退税9个月后，年轻人的消费增加了200美元，这远远高于其他年龄层的消费。同时，年轻家庭的债务增加了130美元，但年长家庭的债务增长远远低于这个水平。

阿加瓦尔、刘春林和苏勒雷斯基于信用卡额度对数据进行了另一种类似的分类。低信用额度组包括信用额度低于7 500美元的人，而高信用额度组包括额度高于10 500美元的人。研究结果表明，相对于其他分组，高信用额度组的人更多地付清了其账户余额，消费更少，并且更多地偿还了其信用卡债务。因此，信用额度高、不大可能面临有效信贷限制的人，主要以更接近于李嘉图等价定理所预测的方式回应退税，而那些面临有效信贷限制的人则不然。

更多来自2008年和2009年退税的新证据也支持消费者支出对退税的反应多于李嘉图等价定理的预测这一观点。西北大学（Northwestern University）的强纳森·帕克（Jonathan Parker）、宾夕法尼亚大学的尼古拉斯·索里斯（Nicholas Souleles）、美国人口普查局的大卫·约翰逊（David Johnson）和国会预算办公室（Congressional Budget Office）的罗伯特·麦克利兰（Robert McClelland）提出，根据调查问卷的证据，消费者在2008年消费了50%～90%的退税。与2001年的退税相比，2008年更多的支出是耐用品购买，这可能是因为2008年的退税率比2001年的高。这项研究还发现，最可能受到信贷约束的老年人、低收入者和房屋拥有者有着最显著的支出增加。

4.2 投　资

现在我们转向支出的第二个主要组成部分：公司的投资。与消费和储蓄决策类似，关于投资多少的决策在很大程度上取决于对未来经济的预期。投资也与储蓄和消费一样，存在现在和未来间的权衡。在做资本投资时，一个公司把它当前的资源（这些资源本来也可做其他用途，如增加股东的红利）用于提高其未来生产和盈利的能力。

回忆一下第2章的内容，投资是指对于资本品的购买或建造，包括生产中使用的住房、设备、软件、知识产权产品以及存货的添加。从宏观经济的角度看，研究投资行为主要有两个原因。第一，投资在经济周期中比总支出的其他组成部分波动更为剧烈，衰退时下降，繁荣时上升。即使投资仅占GDP的六分之一，在一般经济衰退时，几乎一半或更多的支出下降是投资支出减少所带来的。因此，解释投资行为对于理解经济周期极为重要，有关经济周期的讨论将在第3篇进一步展开。

第二，投资在决定一个经济的长期生产能力时扮演着极为关键的角色。因为投资会创造新的资本品，一个较高的投资率表明资本量在迅速增长。如同第3章所述，资本是生产的两个最重要的要素之一（另一个是劳动）。其他因素不变，如果一个经济的投资迅速增长，从而建立起一个规模较大的资本存量，那么它的产出将比一个没有多少资本的经济高得多。

□ 意愿资本存量

要理解投资量是由什么决定的，我们必须考虑公司如何决定所需资本。如果公司（如我们假设的那样）要追求利润最大化，一个公司的**意愿资本存量**（desired capital stock）是允许这个公司赚取最大预期利润的资本量。公司的经营者可以通过比较使用新增资本（例如一个新的机器设备）的成本和收益来决定利润最大化的资本存量。如果收益大于成本，扩充资本存量则会提高利润。但是，如果成本高于收益，那么该公司就不应该增加资本存量，甚至应该考虑减少资本存量。正如你可能会从这个简单的描述中推测出来的，一个公司关于使用多少资本的决策背后的经济逻辑，与我们在第3章讲到的公司决定雇用多少员工的决策背后的经济逻辑十分相似。

以实际指标来衡量，增加一个单位的资本所带来的收益增加就是资本边际产量MPK。在第3章里我们讲到，MPK是指在劳动力和其他生产要素不变的情况下，一个公司增加一个单位的资本所获得的产出增加。注意，新资本购置和安装存在时滞。预期资本边际产量MPK^f是指当前增加一个单位的资本投资所带来的收益。这个预期的未来收益必须与增加使用一个单位资本的预期成本或资本的使用者成本做比较。

资本的使用者成本　为了更具体地讨论资本的使用者成本，我们来考虑一个专业生产小甜饼的公司——凯尔焙烤（Kyle's Bakery）公司。凯尔作为公司的所有者兼经营者，正在考虑投资购买一台新的太阳能烤箱，这将使得他未来能够生产更多的小甜饼。如果他决定买一台这样的烤箱，他还必须考虑烤箱的大小。在做决定的过程中，凯尔有以下信息可供参考。

（1）一台新的烤箱可以是任何尺寸的，价格是100美元/立方英尺（以基年的实际美元衡量）。

（2）因为烤箱是使用太阳能的，所以不需要能源成本。烤箱也不需要维护费用。①

① 这些假设使这个例子简单化。如果存在操作成本，例如燃料和维护成本，我们将在计算使用烤箱的收益时将其从预期资本边际产量中减去。

然而，烤箱会随时间老化：每经过一年，烤箱的小甜饼产量会减少 10%。因为存在这个折旧，所以烤箱的实际价值每年会减少 10%。比如使用一年后，烤箱的实际价值是 90 美元/立方英尺。

(3) 凯尔可以按现行的预期实际利率 8%从银行贷款，也可以把钱借给政府（购买一年期的政府债券）。

在计算资本的使用者成本时，我们使用以下符号（数值是我们在凯尔这个例子里使用的）：

p_K＝资本品的实际价格(100 美元/立方英尺)

d＝资本的折旧率(每年 10%)

r＝预期实际利率(每年 8%)

资本的使用者成本（user cost of capital）是指在一段特定时间内使用一个单位资本的预期实际成本。对于凯尔焙烤公司来说，我们考虑的是购买一台新的烤箱使用一年后卖掉的预期成本。烤箱的使用成本包含了两个部分：折旧和利息。

一般而言，折旧成本是指资本因磨损而损失的价值。因为折旧，凯尔以 100 美元/立方英尺买进的新烤箱在一年后仅值 90 美元/立方英尺，凯尔所承受的每立方英尺 10 美元的损失是他使用烤箱的折旧成本。因为在一年后，这个资产（烤箱）的经济价值将减少 10%，所以即使凯尔一年后不打算把烤箱卖掉，他仍然要承担这个损失。

使用资本的利息成本等于预期实际利率乘以资本的价格。在这里，预期实际利率是 8%，凯尔使用烤箱一年的利息成本为 100 美元/立方英尺的 8%，即 8 美元/立方英尺。为什么利息成本是资本的使用者成本？想象凯尔必须先贷款来购买这台烤箱。在这种情况下，每年 8 美元/立方英尺的利息成本就相当于他要支付的贷款利息，这显然是使用烤箱总成本的一部分。或者，如果凯尔使用经营所得的利润来购买这台烤箱，他就放弃了使用这些资金来购买生息资产（比如政府债券）的机会。对于凯尔投入这台烤箱的每 100 美元，他放弃了本可以购买 100 美元的政府债券从而获得的 8 美元利息收入。这个放弃的利息收入也是凯尔使用烤箱的一个成本。因此，不管购买资本所用的资金是来源于贷款还是公司自己的留存利润，利息成本都是使用资产的真实经济成本的一部分。

资本的使用者成本是折旧成本和利息成本的总和。利息成本是 rp_K，折旧成本为 dp_K，所以资本的使用者成本 uc 为：

$$\text{uc}=rp_K+dp_K=(r+d)p_K \tag{4-3}$$

在凯尔焙烤公司这个例子中，资本的使用者成本 * 为：

$$\begin{aligned}\text{uc}&=0.08\times100+0.10\times100\\&=18(\text{美元/立方英尺})\end{aligned}$$

因此，凯尔的资本的使用者成本是 18 美元/立方英尺。

意愿资本存量的决定　现在，我们可以确定一个公司利润最大化的资本存量或意愿资本存量了。一个公司的意愿资本存量是资本的预期边际产量等于资本的使用者成本时的资本量。

---

* 该例中资本的使用者成本为年度值，后不再说明。——译者注

图 4-3 给出了凯尔焙烤公司的意愿资本存量是怎样决定的。横坐标是以 1 000 立方英尺烤箱容量为单位的资本存量 K，纵坐标是预期资本边际产量 MPK^f 和资本的使用者成本 uc。

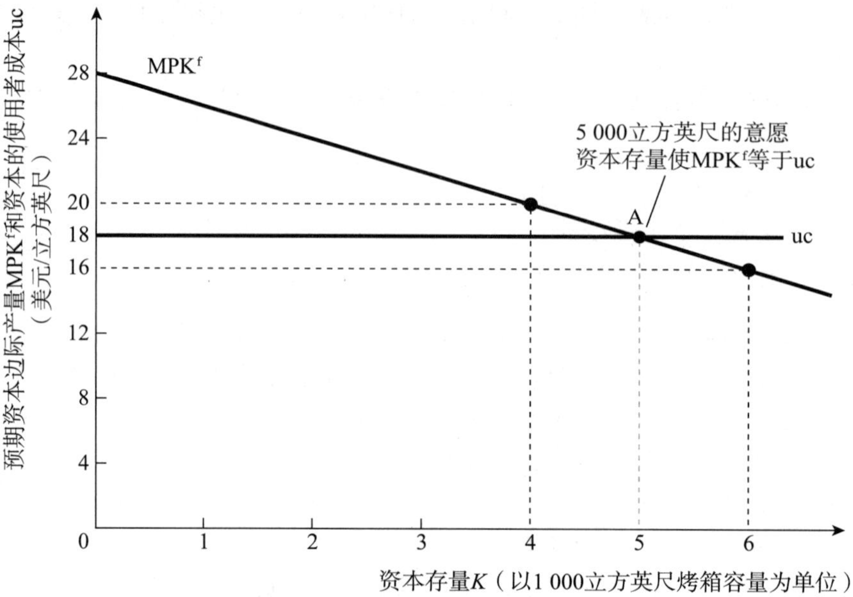

图 4-3　意愿资本存量的决定

说明：意愿资本存量（在本例中为容量 5 000 立方英尺的烤箱）是使利润最大化的资本存量。当资本存量为 5 000 立方英尺时，预期资本边际产量 MPK^f 等于资本的使用者成本 uc。如果 MPK^f 大于 uc，比如当资本存量为 4 000 立方英尺时，增加资本的收益将大于其成本，因此公司应该增加资本存量。如果 MPK^f 小于 uc，比如当资本存量为6 000 立方英尺时，增加资本的成本大于收益，因此公司应减少资本存量。

图中，向下倾斜的曲线代表的是不同的资本存量 K 所对应的 MPK^f 值。在每一个 K 值下，MPK^f 都等于当烤箱容量扩大一立方英尺时所增加的小甜饼产量的预期实际价值。因为资本边际产量随资本存量的增加而下降（我们在第 3 章已经讲过了资本边际产量递减的原因），所以 MPK^f 曲线向下倾斜。资本的使用者成本（在本例中等于 18 美元/立方英尺）不受资本量的影响，因此用一条水平线来表示。

使凯尔焙烤公司的预期利润最大化的资本量为 5 000 立方英尺，在图 4-3 中以 A 点表示。在 A 点，增加一个单位的资本所带来的预期资本边际产量 MPK^f 等于资本的使用者成本 uc。如果烤箱的容量小于 5 000 立方英尺，凯尔焙烤公司可以通过增加其容量来增加预期利润。比如，图 4-3 表明，当烤箱的容量为 4 000 立方英尺时，增加一立方英尺的 MPK^f 为每年价值 20 美元的小甜饼，这个价值超过了增加一立方英尺容量所产生的资本的使用者成本 18 美元。以 4 000 立方英尺为起点，如果凯尔增加一立方英尺的容量，他将额外获得价值 20 美元的未来产出，而他的预期未来成本仅为 18 美元，因此，把容量增加到大于 4 000 立方英尺对于凯尔是有利可图的。同样，图 4-3 也表明，当烤箱的容量大于 5 000 立方英尺时，预期资本边际产量 MPK^f 小于资本的使用者成本 uc。在这样的情况下，凯尔焙烤公司可以通过减少资本存量来增加预期利润。只有在 $MPK^f=uc$ 成立时，资本存量才处于预期利润最大化水平。

如上所述，意愿资本存量的决定类似于我们在第 3 章讲到的企业劳动力需求的决定。回忆一下，一个公司利润最大化的雇用水平就是使劳动力边际产量等于工资的水平。同理，一个公司利润最大化的资本存量就是使预期资本边际产量等于资本的使用者成本的水平，其中，资本的使用者成本可以看作付给资本的“工资”（使用一段时期的资本的成本）。

□ 意愿资本存量的变化

任何使 MPK^f 曲线移动或导致资本的使用者成本变化的因素都会引起意愿资本存量的变化。对于凯尔焙烤公司来说，假设实际利率从 8%降到 6%。如果实际利率 r 是每年 0.06，折旧率 d 和资本价格 p_K 都保持在 0.10 和 100 美元/立方英尺不变，实际利率的下降会使资本的使用者成本 $(r+d)p_K$ 从 18 美元/立方英尺减少到16 ［=(0.06+0.10)×100］ 美元/立方英尺。

资本的使用者成本的减少表现为图 4-4 中资本的使用者成本曲线从 uc^1 到 uc^2 的平行下移。移动后，在原本的意愿资本存量 5 000 立方英尺（A 点）或 18 美元/立方英尺的水平上，MPK^f 超过了当前资本的使用者成本（B 点）16 美元/立方英尺。凯尔焙烤公司可以通过将其烤箱容量增加到 6 000 立方英尺来增加利润，在这一点上，MPK^f 等于资本的使用者成本 16 美元/立方英尺（C 点）。这个例子表明，预期实际利率的下降或任何使资本的使用者成本减少的其他因素都会使意愿资本存量增加。

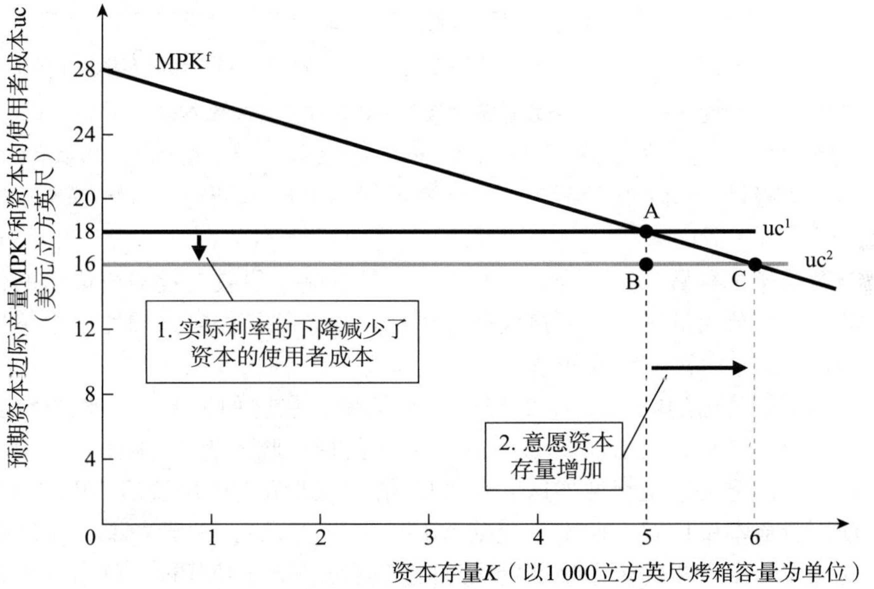

图 4-4 实际利率的降低使意愿资本存量增加

说明：在凯尔焙烤食品公司这个例子中，实际利率从 8%降到 6%，使资本的使用者成本 uc 从 18 美元/立方英尺减少到 16 美元/立方英尺，并且资本的使用者成本曲线从 uc^1 下移到 uc^2。意愿资本存量从 5 000 立方英尺（A 点）上升到6 000 立方英尺（C 点）。在 6 000 立方英尺这个水平上，MPK^f 和资本的使用者成本再次相等，两者都等于 16 美元/立方英尺。

影响 MPK^f 曲线的技术性变革也会影响意愿资本存量。假设凯尔发明了一种新的小甜饼原料，使用这种原料可以减少烘烤时间，这样一来，每天就可以多生产 12.5%的小甜饼。这类技术进步会使 MPK^f 曲线在每一个资本存量水平上上移 12.5%。图 4-5

显示，这个变化使 MPK^f 曲线从 MPK^f_1 移到 MPK^f_2。如果资本的使用者成本保持 18 美元/立方英尺不变，技术进步会使凯尔的意愿资本存量从 5 000 立方英尺升到 6 000 立方英尺。在6 000 立方英尺的水平（D 点），MPK^f 曲线再次等于资本的使用者成本。一般来说，如果资本的使用者成本不变，当预期资本边际产量上升时，对于任何资本水平，意愿资本存量都会增加。

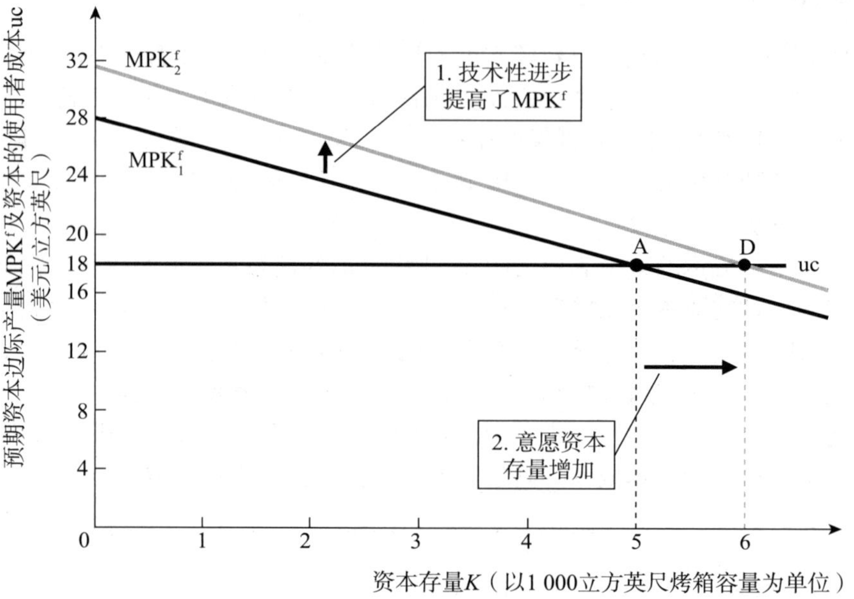

图 4-5　预期资本边际产量上升提高了意愿资本存量

说明：技术进步提高了预期资本边际产量 MPK^f，使 MPK^f 曲线从 MPK^f_1 上移到 MPK^f_2。意愿资本存量从5 000 立方英尺（A 点）增加到 6 000 立方英尺（D点）。在 6 000 立方英尺水平上，MPK^f 曲线等于资本的使用者成本，即 18 美元/立方英尺。

税收与意愿资本存量　迄今为止，我们一直都忽略了税收在投资决策中的作用，但凯尔感兴趣的是使公司的税后利润最大化。因此，在评估是否应该增加一个单位的资本时，他必须把税收这个因素考虑进去。

假设凯尔焙烤公司的收入中有 20%要用来纳税。在这种情况下，假如增加的烤箱容量可以使公司的未来收入增加 20 美元，则凯尔的税后收入为 16 美元，因为 4 美元的收入要交给政府。要决定是否增加这一额外的容量，凯尔应该用税后 MPK^f（16 美元）与资本的使用者成本做比较，而不是税前 MPK^f（20 美元）。一般来说，如果用 τ 表示公司的所得税率，则资本的税后预期资本边际产量为 $(1-\tau)MPK^f$。意愿资本存量是使税后预期资本边际产量与资本的使用者成本相等的资本量，即

$$(1-\tau)MPK^f=uc$$

将等式两边同时除以 $(1-\tau)$，我们得到

$$MPK^f=\frac{uc}{1-\tau}=\frac{(r+d)p_K}{1-\tau} \tag{4-4}$$

在式（4-4）中，$\frac{uc}{1-\tau}$称为纳税调整后的资本的使用者成本。**纳税调整后的资本的使用者成本**（tax-adjusted user cost of capital）体现了要使一个公司愿意增加一个单位

的资本，税前预期资本边际产量应当有多大。税率 τ 上升时，纳税调整后的资本的使用者成本增加，从而使意愿资本存量减少。

为了推导纳税调整后的资本的使用者成本，我们假设政府所征的税收占公司收入的一定比例。然而，在美国和其他国家，实际的公司税要复杂得多。通常说来，公司是以利润而不是收入作为基准来计算应纳税的，而且利润中应纳税的部分可能取决于公司投资的多少。例如，当一个公司购买资本时，它可以在购买年度及以后将资本的购买价格的一部分从应纳税利润中扣除。通过减少应纳税利润，这些扣除即折旧额度允许公司减少应付税金。

还有一个在美国得到广泛使用的税款准备金是投资税收抵免。投资税收抵免制度允许公司直接从其税款中减掉新资本购买价格的一定百分比。举例来说，如果投资税收抵免是 10%，一个公司购买了一台 15 000 美元的设备，就可以从购买设备的当年税款中减去 1 500 美元（15 000 美元的 10%）。

经济学家将这些影响投资的税款准备金总结为一个衡量税负的单一标准，称为**有效税率**（effective tax rate）。从根本上说，这个概念就是要找出与实际税款准备金给意愿资本存量带来的影响相同的税率 τ。这个假设问题的答案是有效税率。例如，使实际税率增加的税法变动等同于公司所得税的增加和纳税调整后的资本的使用者成本的增加。因此，若其他因素不变，则实际税率的增加使意愿资本存量减少。

表 4-2 列举了部分经济合作与发展组织（OECD）成员在 2013 年的资本的有效税率。有效税率从土耳其的 5.7%到美国的 35.3%高低不等。表中同时给出了各国投资与 GDP 的比率。因为资本的有效税率增加会使纳税调整后的资本的使用者成本增加，所以在其他条件相同的前提下，我们预期有效税率高的国家的投资率会比较低。然而，表中各成员的其他条件不尽相同。事实上，在这些成员中，有效税率和投资在统计上几乎毫无关联。在接下来的“应用：衡量税收对投资的影响”中，我们将描述衡量税收对投资的影响的一个有效方法。

表 4-2　　2013 年资本的有效税率　　单位：%

	有效税率（ETR）	投资与 GDP 的比率		有效税率（ETR）	投资与 GDP 的比率
澳大利亚	25.9	27.0	日本	29.3	19.5
奥地利	26.2	22.5	韩国	30.1	29.6
比利时	18.5	22.4	卢森堡	17.3	20.0
加拿大	18.6	24.8	墨西哥	17.4	22.0
智利	7.7	26.2	荷兰	17.5	19.0
捷克	12.7	25.2	新西兰	21.6	24.6
丹麦	19.1	18.9	挪威	24.4	27.2
爱沙尼亚	17.1	27.4	波兰	14.6	20.0
芬兰	17.5	21.4	葡萄牙	22.9	15.0
法国	35.2	21.8	斯洛伐克	15.7	21.1
德国	24.4	18.7	斯洛文尼亚	9.8	19.9
希腊	18.1	11.4	西班牙	26.0	20.3
匈牙利	16.1	19.0	瑞典	16.1	22.6

续前表

	有效税率（ETR）	投资与GDP的比率		有效税率（ETR）	投资与GDP的比率
冰岛	14.2	12.8	瑞士	17.5	21.1
爱尔兰	10.1	15.7	土耳其	5.7	24.8
以色列	15.0	19.8	英国	25.9	17.0
意大利	24.5	17.3	美国	35.3	19.8

说明：有效税率为2013年的百分比。投资与GDP的比率是2013年以百分比形式表示的比率。

资料来源：有效税率来自 Duanjie Chen and Jack Mintz，“2013 Annual Global Tax Competitiveness Ranking：Corporate Tax Policy at a Crossroads，” University of Calgary，School of Public Policy，SPP Research Papers，Volume 6，Issue 35，November 2013；投资与GDP的比率来自OECD统计数据库，点击“Popular queries”，即可获得“Gross domestic product（annual）”（即年GDP）数据，变量包括总资本和GDP（支出法）。

应用

衡量税收对投资的影响

有效税率会对投资模式产生显著的影响吗？要确定税率和投资之间的实证关系并不那么容易。其中的一个问题是除了税收以外，其他影响意愿资本存量的因素（例如预期资本边际产量和实际利率）都在不断变化，因而要将税收变化的“纯”影响隔离出来就很难了。另一个问题是税法的变化并不是随机的，而是反映了政府对经济情况的评估。例如，当投资支出预期变得异常低时，国会更有可能通过降低投资的税率来促进支出。但是，如果国会采取这样的行动，资本的低税率就会与低投资时期联系在一起，数量经济学家就可能得出错误的结论，即减税使投资支出减少而不是增加。举例来说，在2002年年初，国会通过了经济刺激方案，允许公司在纳税的计算上加速资本折旧，而不是采用真正的资本折旧速度来降低资本的有效税率，旨在促进投资。但是，国内私人投资总额已经从2000年占GDP的19.8%降到2001年占GDP的18.2%，即使有了减税政策，投资总额在2002年仍然降到了GDP的17.5%。最近，国会在2009年通过的经济刺激方案给合格的第一次购房者提供了8 000美元的税额抵免，从而使税后住房的使用者成本降低，试图以此促进住房投资。但是，居民住房投资仍从2007年第一季度占GDP的5.3%降到了2008年第一季度占GDP的3.9%，继而降到2009年第一季度占GDP的2.8%。不幸的是，在2009年第二季度，住房投资继续下滑到占GDP的2.6%，并且在此后的三年里始终低于GDP的3%。

布勒旺·霍华德（Brevan Howard）公司的贾森·卡明斯（Jason Cummins）和哥伦比亚大学（Columbia University）的R.格伦·哈伯德（R. Glenn Hubbard）以及美国企业研究所（American Enterprise Institute）的凯文·哈西特（Kevin Hassett）所进行的一个很有趣的研究试图解决以上两个问题。① 为了绕开税收以外的因素随时变化这个问题，卡明斯、哈伯德和哈西特把重点放在13个主要的税收改革时期，包括从1962

① “A Reconsideration of Investment Behavior Using Tax Reforms as Natural Experiments，” *Brookings Papers on Economic Activity*，1994：2，pp. 1－59。有关税收和投资的调查研究，参见 Kevin Hassett and R. Glenn Hubbard，“Tax Policy and Investment，” in A. J. Auerbach，ed.，*Fiscal Policy：Lessons from Economic Research*，Cambridge：MIT Press，1997。

年肯尼迪（Kennedy）总统启动的投资税收抵免制度到里根（Reagan）总统任内通过的1986年的主要税收改革。这些作者的想法是，通过对税法发生明显变化时很短的一段时间的观察，他们有理由假设投资的变化大部分来自税收的变化而不是其他因素。为了绕开第二个问题，即减税通常会发生在总投资相对低的时期，卡明斯、哈伯德和哈西特并没有研究总投资的表现。他们比较的是不同公司对于每一个税收改革方案的投资反应。因为税法对不同投资是加以区别对待的（例如，一部机器和一间厂房的税率是不同的），并且公司所使用的资本组合也是不同的，所以这些作者提出，通过观察税收改革后不同公司的投资变化，可以看出税收变化的影响。例如，如果一个税收改革方案降低了机器相对于厂房的税率，并且税率是决定投资的一个重要因素，那么对于税收的变化，那些集中投资在机器上的公司应该比那些主要投资在厂房上的公司的反应更强烈。

卡明斯、哈伯德和哈西特发现的税收变化对投资的影响比之前的研究所发现的结果更强烈，这也许是因为前面的研究并没有有效解决我们所提出的两个问题。这些作者的实证研究发现弹性大约为−0.66。也就是说，根据他们的估计，一个令使用者成本降低10%的税收变化会使总投资提高大约6.6%，这是一个显著的提高。因此，有效税率对投资有显著的影响。

□ 从意愿资本存量到投资

现在，我们来考察公司的意愿资本存量和投资量之间的联系。一般来说，（一个公司或一个国家的）资本存量随着时间推移的变化是通过两个相反的渠道产生的。第一，新资本品的购买和建造使资本存量增加。我们一直将每年产生的新资本品的总购买量或总建造量称为“投资”，但其准确名称应该是**总投资**（gross investment）。第二，资本存量会产生折旧或磨损，从而减少资本存量。

资本存量在一年里是增加还是减少取决于总投资是高于还是低于这一年的折旧；当总投资高于折旧时，资本存量增加。资本存量在一年中的变化，即总投资和折旧之间的差额，叫作**净投资**（net investment）。

我们将这些概念用符号表示为：

I_t＝第 t 年的总投资

K_t＝第 t 年年初的资本存量

K_{t+1}＝第 $t+1$ 年年初的资本存量（等同于第 t 年年底的资本存量）

净投资（即 t 时间段资本存量的变化）等于 $K_{t+1}-K_t$。第 t 年的折旧额为 dK_t，其中的 d 为每年资本折旧的比例。净投资与总投资之间的关系表示为：

净投资＝总投资－折旧　　(4-5)

$$K_{t+1}-K_t=I_t-dK_t$$

在绝大多数年份里，总投资高于折旧，所以净投资为正，资本存量增加。图4-6呈现了1929—2014年美国总投资和净投资各自占GDP的百分比，总投资与净投资之间的差额为折旧。值得注意的是，在20世纪30年代大萧条和第二次世界大战的某些年份（1941—1945年）里，总投资和净投资都会偶尔出现大幅波动，或者净投资呈现负增长，这意味着资本存量在缩减。

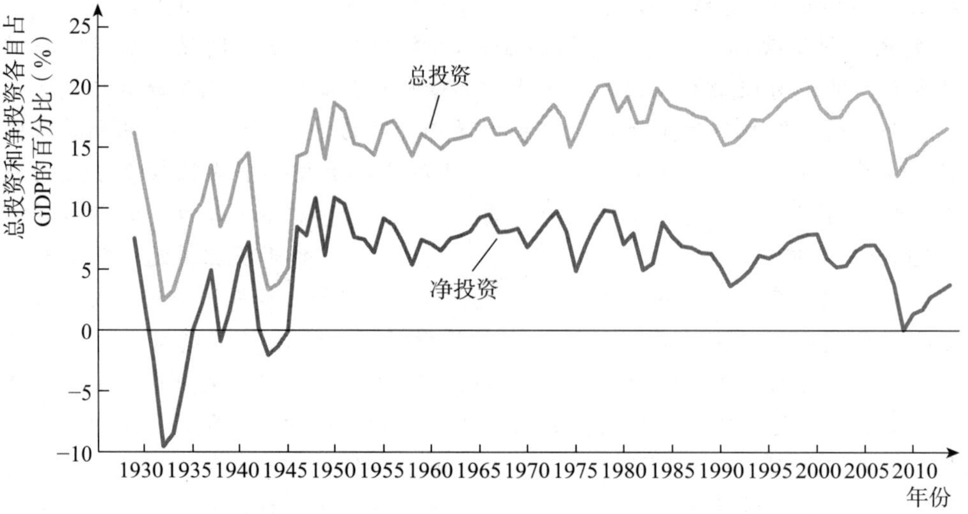

图 4－6　1929—2014 年美国的总投资与净投资

说明：图中呈现了美国 1929—2014 年总投资和净投资各自占 GDP 的百分比。

资料来源：GDP、总投资和净投资来自美国经济分析局，可从 FRED 数据库下载。

我们可以使用式（4－5）来说明意愿资本存量与投资之间的关系。可将式（4－5）改写为：

$$I_t = K_{t+1} - K_t + dK_t$$

上式表明，总投资等于净投资加上折旧。①

现在，假设企业运用第 t 年年初关于预期资本边际产量和资本的使用者成本的可用信息来决定它们在第 t 年年底（即第 $t+1$ 年年初）的意愿资本存量 K^*。目前，再假设资本很容易获得，所以公司可以令第 t 年年底的实际资本存量 K_{t+1} 与意愿资本存量 K^* 相等。用 K^* 来替换 K_{t+1}，可得：

$$I_t = K^* - K_t + dK_t \qquad (4-6)$$

式（4－6）表明，在一年中，公司的总投资 I_t 包括两个部分：①意愿资本存量的净增长 $K^* - K_t$；②用于替代磨损或折旧的资本的投资 dK_t。一年中的折旧量是由折旧率和最初资本存量决定的。但是，在这一年中，意愿资本存量的净增长取决于其他影响意愿资本存量的因素，如税收、利率和预期资本边际产量。事实上，式（4－6）表明，任何导致意愿资本存量 K^* 变化的因素，都会给总投资 I_t 带来同样的变化。

时滞与投资　我们刚刚所做的假设——公司可以迅速获得资本，从而使每年的实际资本存量与期望水平相等——并不总是能实现。尽管大部分设备随时可得，但一幢摩天大楼或一个核电站仍需要几年的时间来建造。因此，在实践中，公司的意愿资本存量增加 100 万美元，并不一定在当年马上转化为 100 万美元的总投资；相反，额外的投资可能会随着计划和建造的过程延续到几年当中。尽管存在这个限制，但使公司的意愿资本

① 在这个等式中，我们隐含了资本的相对价格固定为 1 的假设。一般而言，资本的价格可能不等于 1，在这种情况下，公式将变为：$I_t = p_K(K_{t+1} - K_t + dK_t)$。

存量增加的因素仍会促使当前的投资率升高。小结表 6 将所有影响意愿投资的因素汇集到了一起。在本章的“数据获取与研究前沿：投资与股票市场”中，我们会讨论将投资与股票价格联系起来的另一种投资方式。

小结表 6　　意愿投资的决定因素

增加因素	意愿投资的变化	原因
实际利率 r	下降	资本的使用者成本增加，从而减少了意愿资本存量
有效税率 τ	下降	纳税调整后的资本的使用者成本增加，从而减少了意愿资本存量
预期资本边际产量	上升	意愿资本存量增加

□ 库存投资和住宅投资

迄今为止，我们的讨论一直强调商业固定投资或公司对于建筑物（例如厂房和办公大楼）、设备（例如钻孔机和喷气式客机）、软件以及知识产权产品的投资。然而，投资还包括其他两个组成部分：库存投资和住宅投资。如第 2 章所讲到的，库存投资等于公司未出售产品、未完工产品或原材料库存的增加。住宅投资是房屋的建造，例如独户住宅、共管公寓住宅或公寓大楼。

幸运的是，我们用来研究商业固定投资的预期资本边际产量和资本的使用者成本这些概念同样可以适用于库存投资和住宅投资。例如，考虑下面的例子，一个新车经销商试图决定是否应该将他通常保存在停车场里的车辆从 100 辆增加到 150 辆，也就是说，是否应该做 50 辆车的库存投资。展示更多车的好处是，那些潜在的购买者有更多的型号可供选择，并且可能不用等待车辆的调送，从而使该经销商能够卖出更多的车。保持相同的销售队伍，这个经销商预期可赚到的以实际单位衡量的销售佣金的增加就是新增库存的预期资本边际产量。持有更多车辆的成本反映了：①停车场里车辆的折旧；②这个车商为提高库存进行贷款融资而支付的利息。如果提高库存的预期收益（即销售佣金的增加）至少等于增加 50 辆车的利息和折旧成本，那么这个汽车经销商就会进行库存投资。这与分析商业固定投资的原理是一样的。

我们也可以使用同样的方法来分析住宅投资。例如，一幢公寓大楼的预期资本边际产量就是向租房人收取的租金的实际价值减去税收和经营费用的差额。一幢公寓大楼一年的资本的使用者成本是折旧，即磨损的价值损失，加上利息成本（例如在偿还贷款中体现的）。与其他类型的资本一样，只有当预期资本边际产量至少等于资本的使用者成本时，建造一幢公寓大楼才有利可图。

数据获取与研究前沿

投资与股票市场

股票市场的波动对宏观经济有着重要的影响。股票价格的变化会使家庭改变它们的消费和储蓄（参见本章的“应用：股票价格涨落的宏观经济影响”）。同样，经济学理论表明，股票市场的涨落使公司的资本投资率发生同向变化。股票价格和公司资本投资之间的关系可以用"投资 q 理论"来解释。该理论由诺贝尔经济学奖得主詹姆斯·托宾(James Tobin)提出。

托宾认为,任何一种资本的投资率都可以通过观察资本的市场价值与其重置成本的比率进行预测,这个比率通常称为"托宾 q"。当这个比率大于 1 时,因为资本的价值大于其购置成本,购置额外的资本会增加利润。当该比率小于 1 时,资本的价值低于其购置成本,所以增添额外的资本会无利可图。

因为公司的大部分价值来源于所拥有的资本,所以我们可以用一个公司股票的市场价值来衡量这个公司资本存量的市场价值。如果我们把一个公司股票的市场价值表示为 V,公司拥有的资本表示为 K,用 p_K 表示新资本商品的价格,那么对于一个公司来说,

$$\text{托宾}\ q=\frac{V}{p_K K}$$

式中,$p_K K$ 为一个公司重置资本的成本。如果资本的重置成本变化不大,那么股票市场的繁荣(V 上升)会使大部分公司的托宾 q 增加,从而带来投资率的增加。从根本上说,当股票市场上扬时,公司会发现扩大投资有利可图。

图 4-7 显示了托宾 q 和私人非住房地产投资的季度数据。与理论一致的是,这两组数据紧密相连;托宾 q 和投资在整个 20 世纪 90 年代同时上升,然后在 2000 年和 2008 年急速下降。然而,在一些个别时期,如 1987 年股市危机和 21 世纪初,托宾 q 和投资的相关性较低。图中,托宾 q 在 1987 年股市危机后显著下降,并且在一段时期内未能恢复,而投资在几年内则持续以相当快的速度增长。

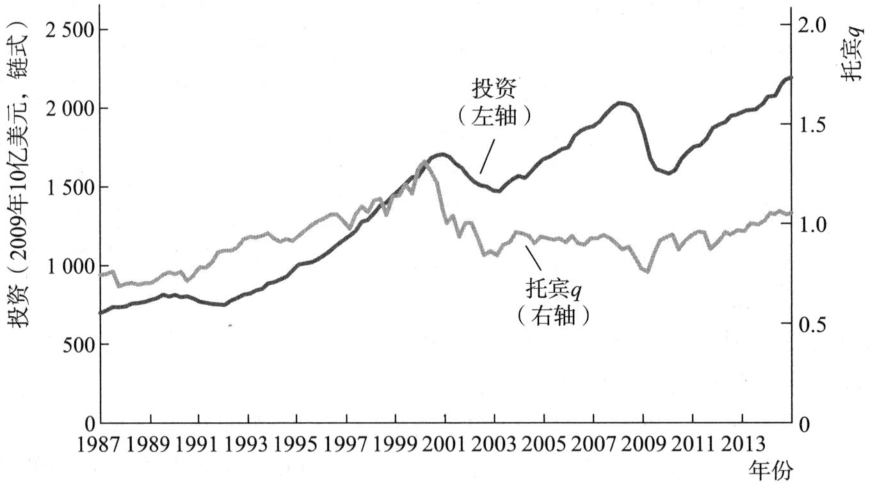

图 4-7 1987 第一季度—2014 年第四季度的投资与托宾 q

说明:本图显示了私人非住房地产固定投资,在图中标识为投资,其数值以左侧纵坐标标识;托宾 q 值横跨 1987 年第一季度到 2014 年第四季度,以右侧纵坐标标识。注意,投资和托宾 q 通常变化一致,同时或升或降。

资料来源:投资数据来自作者基于实际非金融固定投资数量指数和实际非金融固定投资的计算,计算数据来自美国经济分析局;托宾 q 来自美联储资金流账户表 B. 102。对于非农非金融类企业的数据,要用企业市场价值与负债的和除以资产。

尽管看上去差别很大,但在实际上,托宾 q 理论和本章所讲的投资理论是非常类似的。在本章所讲的理论里,我们描述了影响意愿资本存量的三个主要因素:预期资本边

际产量 MPK^f、实际利率 r 和新资本的购置价格 p_K。这三个因素同样影响托宾 q：①预期资本边际产量的增加会使公司的预期收入增加，公司股票的市场价值也随之上升，从而使托宾 q 增加；②实际利率降低时，金融投资者会从低收益率的债券和银行储蓄转向购买股票，所以也会使股票价格提高（从而提高托宾 q）；③资本购置价格的下降使托宾 q 的分母变小，从而使托宾 q 增加。因为以上三种变化都会使托宾 q 增加，正如我们在本章的分析中所预测的，它们也会使意愿资本存量和投资增加。

4.3 产品市场均衡

在第 3 章，我们阐述了一个经济中商品和服务的供给量取决于（例如所用技术决定的）生产率水平和（例如所用资本和劳动力决定的）生产投入数量。本章已经讨论了影响商品和服务需求的因素，尤其是家庭对于消费品的需求和公司对于投资品的需求。但是，我们怎样才能知道消费者和投资者想要购买的商品和服务与生产者愿意提供的数量相等呢？换句话说，什么样的经济力量使产品市场达到均衡状态，从而使需求量等于供给量呢？在这一节，我们将阐明实际利率就是这个关键的经济变量，正是实际利率的调整使得供给和需求的产品数量平衡。因此，我们分析的一个益处是解释了利率是如何决定的；另一个益处是将产品市场均衡分析与第 3 章的劳动力市场均衡分析结合起来，从而朝着构建一个完整的宏观经济模型前进了一大步。

当产品的供给总量等于产品的需求总量时，产品市场达到均衡。（为简化起见，我们将使用“产品”这个词，而不是“商品和服务”，但服务是包含在内的。）这个条件可以用代数形式表示为：

$$Y=C^d+I^d+G \tag{4-7}$$

式（4－7）的左侧是公司供给的产品数量 Y，由第 3 章所讲的因素决定。式（4－7）的右侧是产品的总需求。如果我们继续假设没有外贸部门，从而净出口为零，那么产品的需求量就是家庭的意愿消费 C^d、公司的意愿投资 I^d 和政府采购 G 的总和。[①] 式（4－7）称为产品市场均衡条件。

对于一个封闭的经济来说，产品市场均衡条件与收入－支出恒等式，即 $Y=C+I+G$[这个恒等式就是式（2－3），其中，$NX=0$] 有着重要的区别。收入－支出恒等式是实际收入（产出）和实际支出之间的关系，根据定义，这个等式是永远成立的。与此形成对比的是，产品市场均衡条件并不是永远都成立。例如，公司生产产品的速度可能大于消费者想要消费的速度，于是公司的仓库就堆满了无需求的库存。在这种情况下，收入－支出恒等式仍然成立（因为公司所增加的无需求的库存算作总支出的一部分，详见第 2 章），但因为产出大于意愿支出（其中不包括增加的无需求库存），所以产品市场不会达到均衡。尽管原则上产品市场均衡条件并不需要恒成立，但是作用于它的一些强劲力量会很快将产品市场带入均衡状态。

产品市场均衡条件可用一个不同的形式来表达，它强调的是意愿国民储蓄和意愿投

① 我们假设 G 永远等于政府的意愿值，所以我们不必对意愿和实际 G 加以区分。

资之间的关系。要获得这种产品市场均衡条件的另一种表达式，我们首先将式（4－7）两边同时减去 C^d+G，即

$$Y-C^d-G=I^d$$

这个等式左边的 $Y-C^d-G$ 是意愿国民储蓄 S^d［见式（4－1）］，因此产品市场均衡条件变为：

$$S^d=I^d \tag{4-8}$$

这个产品市场均衡条件的另一种表达式说明，当意愿国民储蓄等于意愿投资时，产品市场达到均衡。

因为储蓄和投资对于本书中的许多问题都是非常关键的，并且意愿国民储蓄等于意愿投资这个形式的产品市场均衡条件比较容易使用，我们将在大部分的分析中使用式（4－8）。然而，我们也再次强调，式（4－8）等同于式（4－7）中产品供给等于产品需求的条件。

□ 储蓄-投资图示

要使产品市场达到均衡，产品总供给必须等于产品总需求，或者说，意愿国民储蓄必须等于意愿投资。我们将在本节阐明实际利率①的调整可以使产品市场达到均衡状态。

产品市场均衡的决定可以由储蓄-投资图示（见图 4－8）来表示。纵坐标表示实际利率，横坐标表示意愿国民储蓄和意愿投资。储蓄曲线 S 体现了意愿国民储蓄和实际利率的关系。储蓄曲线向上倾斜，反映了一个较高的实际利率使意愿国民储蓄上升的实证结论（4.1 节）。投资曲线 I 体现了意愿投资和实际利率的关系。投资曲线之所以向下倾斜，是因为一个较高的实际利率使资本的使用者成本增加，从而减少了意愿投资。

产品市场均衡由图中的 E 点表示，在这一点上，意愿国民储蓄等于意愿投资，正如式（4－8）所要求的。对应于 E 点的实际利率（本例中为 6%）是唯一可以使产品市场出清的实际利率。当实际利率为 6%时，意愿国民储蓄和意愿投资同时等于 1 000。

产品市场是怎样到达 E 点即实际利率等于 6%的均衡状态呢？假设实际利率是 3%。如图 4－8 所示，当实际利率为 3%时，公司想要做出的投资（1 500）超过了意愿国民储蓄（850）。既然投资者想要借入的数量多于储蓄者想要出借的数量，资金的“价格”——出借方得到的实际利率——将会被抬升。储蓄者的收益率将会上升，直到 6%，从而使意愿国民储蓄和意愿投资相等。类似地，如果实际利率大于 6%，储蓄者想要出借的数量将大于投资者想要借入的数量，支付给储蓄者的实际收益将会被压低。因此实际利率对于储蓄的过度供给或过度需求所做出的调整会将产品市场拉回均衡。

---

① 严格地讲，我们应该说预期实际利率而不是实际利率。如果预期通货膨胀率等于实际通货膨胀率，那么这两个变量相等。

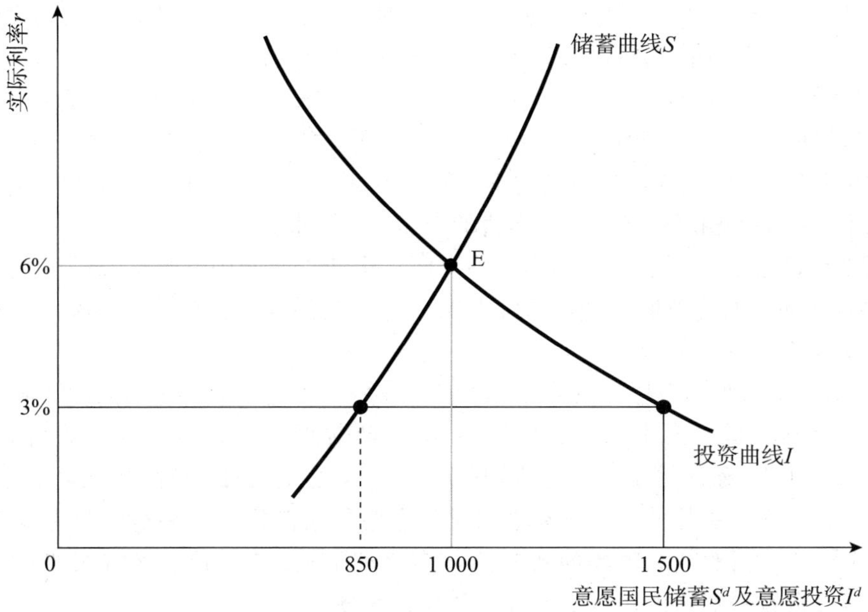

图 4-8　产品市场均衡

说明：当意愿国民储蓄等于意愿投资时，产品市场达到均衡。在本图中，当实际利率为 6%并且意愿国民储蓄和意愿投资等于 1 000 时，均衡状态实现。如果实际利率是 3%，意愿投资（1 500）将不等于意愿国民储蓄（850），产品市场则不处于均衡状态。借款者的竞争将会使实际利率上升至 6%的水平。

虽然图 4-8 呈现了关于储蓄和投资相等的产品市场均衡，请记住，产品市场均衡同样可以表示为产品供给 Y 等于产品需求 C^d+I^d+G[见式（4-7)]。表 4-3 用与图 4-8 所示一致的数值示例来说明这一点。这里的假设是产出 Y 和政府采购 G 分别固定在 4 500 和 1 500。意愿消费 C^d 和意愿投资 I^d 取决于实际利率。意愿消费取决于实际利率是因为一个高的实际利率使意愿国民储蓄升高，从而必然使意愿消费减少。意愿投资取决于实际利率是因为实际利率的提高使资本的使用者成本增加，从而使意愿投资减少。

在表 4-3 的例子里，当实际利率是 6%时，意愿消费 $C^d=2\ 000$，因此意愿国民储蓄 $S^d=Y-C^d-G=4\ 500-2\ 000-1\ 500=1\ 000$。此外，当实际利率等于 6%时，意愿投资 $I^d=1\ 000$。既然当 $r=6\%$时，意愿国民储蓄等于意愿投资，则均衡的实际利率等于 6%，如图 4-8 所示。

表 4-3　产品总需求的组成（一个例子）

实际利率 r	产出 Y	意愿消费 C^d	意愿投资 I^d	政府采购 G	意愿国民储蓄 $S^d=Y-C^d-G$	产品总需求 C^d+I^d+G
3%	4 500	2 150	1 500	1 500	850	5 150
6%	4 500	2 000	1 000	1 500	1 000	4 500

此外，注意当实际利率处于均衡值 6%时，产品的总供给 Y 是 4 500，而产品的总需求 $C^d+I^d+G=2\ 000+1\ 000+1\ 500=4\ 500$。因此，当实际利率等于 6%时，产品市场均衡的两种表达方式［式（4-7）和式（4-8)］均成立。

表 4-3 也说明了实际利率的变动是怎样将产品市场带到均衡的。假设实际利率开始时为 3%。实际利率等于 3%时，私人部门对产品的两种需求（C^d 和 I^d）都高于实际利率

为 6%时的情形。原因在于，当实际利率相对低时，消费者的储蓄少而公司的投资多。因此，对于 3%的实际利率，产品需求（$C^d+I^d+G=2\ 150+1\ 500+1\ 500=5\ 150$）大于产品供给（$Y=4\ 500$）。同样，在实际利率等于 3%时，表 4－3 说明意愿投资（$I^d=1\ 500$）多于意愿国民储蓄（$S^d=850$）。如图 4－8 所示，通过减少意愿投资和增加意愿国民储蓄，实际利率上升到 6%会消除产品市场的不均衡。另外，通过减少消费需求和投资需求，实际利率的上升消除了相对于产品供给而言的产品过度需求。

储蓄曲线的移动 对于任何实际利率，经济中使意愿国民储蓄提高的变化均会使储蓄曲线向右移动，而使意愿国民储蓄降低的变化均会使储蓄曲线向左移动。（本章的小结表 5 列举了意愿国民储蓄的决定因素。）

储蓄曲线的移动会产生一个新的产品市场均衡，伴随而来的是不同的实际利率和不同的储蓄量及投资量。图 4－9 阐明了意愿国民储蓄减少（如当前政府采购临时增加）的影响。最初的均衡点是 E 点，实际利率为 6%，意愿国民储蓄和意愿投资均等于 1 000（见图 4－8）。在当前政府采购增加时，意愿国民储蓄随之减少，导致储蓄曲线从 S^1 左移到 S^2。在新的产品市场均衡 F 点，实际利率是 7%，反映了在最初的实际利率水平 6%，投资者对资金的需求大于储蓄供给的事实。

图 4－9 也表明，作为对政府采购增加的回应，意愿国民储蓄和意愿投资都从 1 000 下降到了 850。意愿国民储蓄减少是因为最初的意愿国民储蓄减少，而实际利率的上升只能抵消其中的一部分作用。意愿投资减少是因为实际利率的上升导致了公司面对的资本的使用者成本升高。当政府采购的增加导致意愿投资进而投资减少时，经济学家称之为投资被挤出。事实上，政府采购增加导致投资被挤出是因为政府使用了更多的实际资源，而其中一部分本来是可用于投资的。

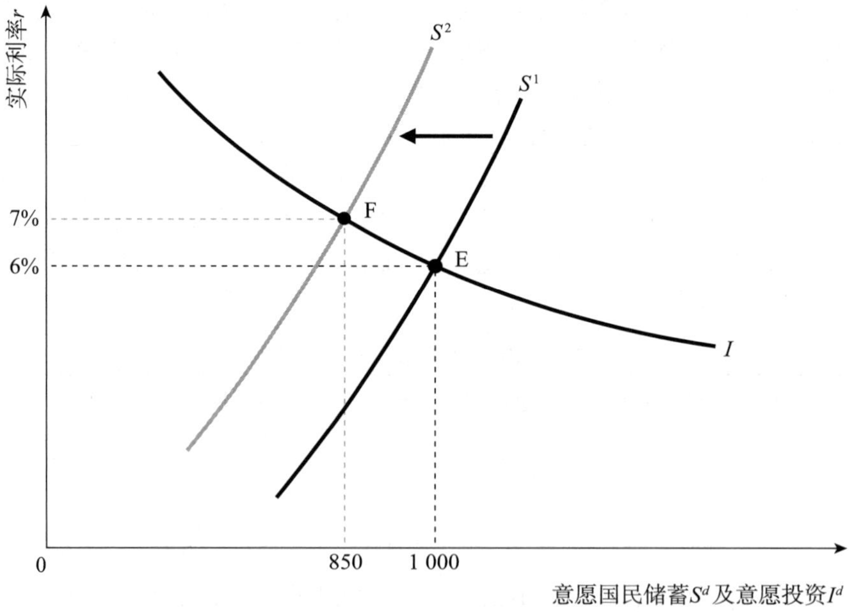

图 4－9 意愿国民储蓄的减少

说明：令意愿国民储蓄减少的变化（如当前政府采购的暂时增加）使储蓄曲线从 S^1 向左移动到 S^2。产品市场均衡点从 E 点移到 F 点。意愿国民储蓄的减少使实际利率从 6%上升到 7%，并且使意愿国民储蓄和意愿投资从 1 000 减少到 850。

投资曲线的移动 与储蓄曲线一样，投资曲线也会发生移动。对于任何实际利率，经济中令意愿投资提高的变化会使投资曲线向右移动，而令意愿投资减少的变化使储蓄曲线向左移动。(本章的小结表 6 列举了意愿投资的决定因素。)

意愿投资的增加（如一项新发明使预期资本边际产量增加）对产品市场均衡的影响见图 4-10。意愿投资的增加使投资曲线从 I^1 右移到 I^2，并使产品市场均衡点从 E 点移动到 G 点。因为对投资资金需求的增加使实际利率被抬升，实际利率从 6%上升到 8%。意愿国民储蓄和意愿投资也从 1 000 增加到 1 100，而意愿国民储蓄的增加反映了当实际利率上升时储户储蓄的意愿提高。

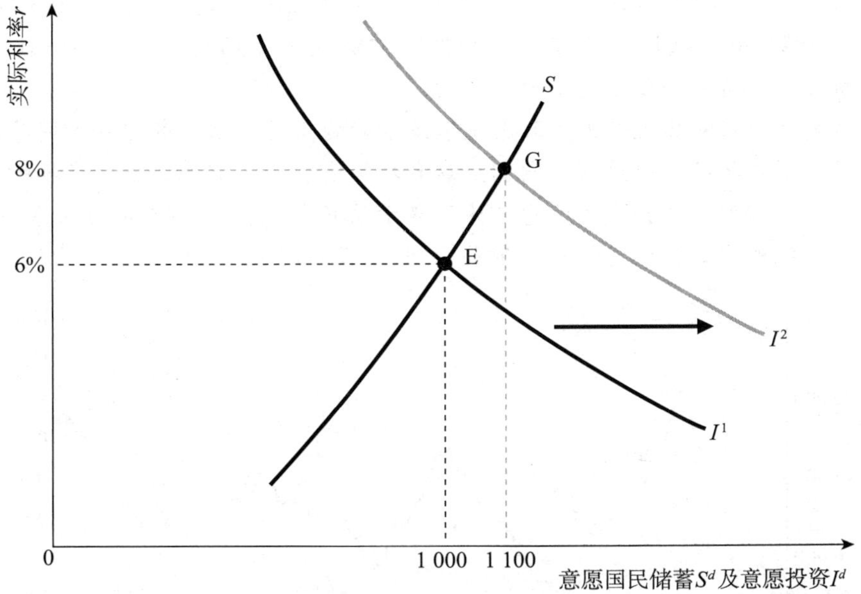

图 4-10 意愿投资的增加

说明：使意愿投资增加的经济变化（如使预期资本边际产量增加的新发明）将投资曲线从 I^1 向右移动到 I^2。产品市场均衡点从 E 点移到 G 点。实际利率从 6%上升到 8%，并且使意愿国民储蓄和意愿投资均从 1 000 增加到 1 100。

在第 3 章和第 4 章，我们阐述劳动和产品市场的供给-需求分析，并且建立了用于理解包括就业、实际工资、产出、储蓄、投资以及实际利率在内的各种宏观经济变量的工具。这些概念和后面第 7 章将会谈到的资产市场研究中的一些其他概念构成了本书剩余部分的经济分析基础。在第 5 章，我们将使用已经建立的概念来研究贸易和国际借贷的决定。在第 6 章，我们使用这些工具来解决一个基本问题：为什么一些国家的经济增长会快于其他国家？

应用

股票价格涨落的宏观经济影响

1987 年 10 月 19 日，股票价格出现了有史以来幅度最大的单日下跌。威尔逊 5000 指数在 1987 年 8 月从市场高点滑落了 15%之后，10 月 19 日当天再次下跌 18%。随着股票价格的下跌，仅仅一天内，价值1万亿美元的金融财富消失了。

20世纪90年代，特别是在这10年的后半期，美国的股票价格持续上升。但是，在21世纪开始的第一年年初就急剧下跌。在后面的几年里，股票价格持续下滑，而股票持有者则损失了大约5万亿美元的财富，大约相当于一年GDP总量的一半。股票价格自2003年到2007年上扬后，在2008年的金融危机中下跌，其实际价值损失了48%。到2009年第一季度，股票实际价格到达1995年以来的最低点。然而，从2009年到2015年，股票价格几乎增长了两倍。

股票价格涨落有什么样的宏观经济影响呢？我们已经强调了股票价格的两个主要宏观经济渠道：消费的财富效应与托宾 q 对资本的投资效应。我们来看在1987年股票市场崩盘、20世纪90年代股票价值上升、21世纪初股票市场财富的巨幅下跌、2008年的金融危机之后，这两个效应是如何运作的。

消费的财富效应的出现是因为股票是家庭金融资产的一个组成部分。因为股票市场的繁荣使家庭财务状况变得更好，它们应该会增加消费；类似地，股票市场的衰退使家庭的财富减少，它们应该会减少消费。为了显示消费和股票价格之间的联系，图4-11描绘了实际（经通货膨胀调整的）威尔逊5000指数和消费-GDP比例的曲线。

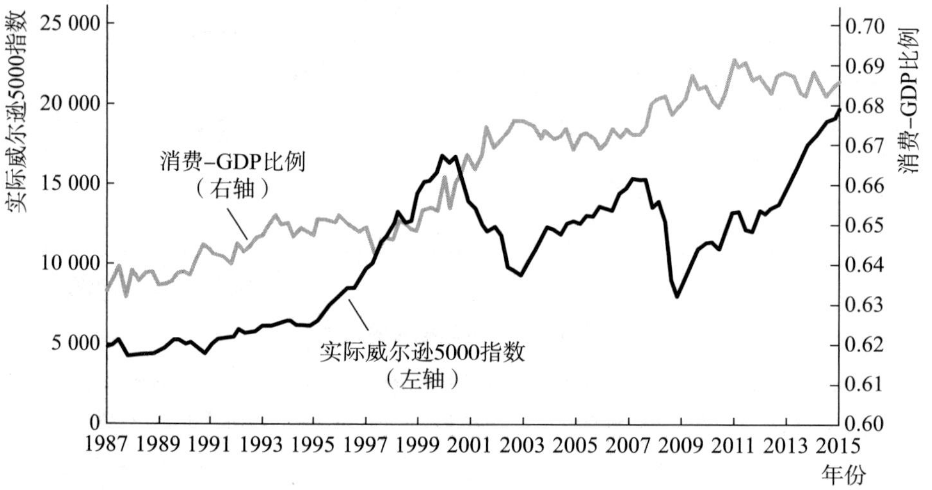

图4-11　1987年第一季度—2015年第一季度实际威尔逊5000指数和消费-GDP比例

说明：该图描绘了从1987年第一季度到2015年第一季度，覆盖了大范围的跨行业美国公司的实际（经通货膨胀调整的）威尔逊5000指数和消费-GDP比例。这些变量在一些时期内变化一致，而在另一些时期内变化相反。

资料来源：威尔逊5000指数引自威尔逊协会（Wilshire Associates），可从FRED数据库下载，下载序列为WILL5000PR；实际股票价格由威尔逊5000指数除以GDP平减指数得出；GDP平减指数、消费支出和GDP引自美国经济分析局，可从FRED数据库下载，下载序列分别为GDPDEF、PCEC和GDP。

消费与1987年股市崩盘

我们对1987年股市崩盘后的预期是消费者应该会减少支出，但消费的下降应该远远小于1万亿美元财富的减少，因为通过减少未来和当前的消费，消费者将把其损失带来的影响分散到很长的一段时间内。如果消费者将财富的变化分散到25年内，那么我们可能会猜测当前的消费支出将下降大约400亿美元（假设实际利率接近于零）。然而，消费者也可能担心股票市场会导致经济萧条，所以他们可能进一步削减消费。这样的情形意味着消费的减少应该多于400亿美元。但是，经济学家对消费下降的估算表明，消费减少量小于400亿美元。[1] 为什么消费的减少量小于经济理论的预测呢？原因也许在于股票价格的上涨是近期的事情——股票价格在崩盘前的8个月内上升了39%。因为股票价格的上升发生得如此之快，到1987年8月，股票持有者可能还没来得及调整他们的消费以反映他们拥有更多的财富。因此，当市场下跌时，消费无须下降许多就会达到与财富相符的水平。[2]

消费与20世纪90年代股票市场财富的增加

美国股票市场在20世纪90年代经历了大幅度的上涨。到了20世纪90年代末，威尔逊5000指数上升了两倍多。根据我们的理论预测，股票市场财富如此大幅的增长应该伴随着消费支出的增加。

我们的理论指出，财富增加应该带来消费增加，然而与此相反，消费并没有出现与20世纪90年代股票价格紧密相连的表现。西北大学乔纳森·帕克（Jonathan Parker）的研究表明，从1979年起，消费-GDP比例一直处于长期上升状态。[3] 他的结论是，在20世纪80年代和90年代，由股票市场繁荣进而财富增加所带来的消费-GDP比例的上升不会超过其总上升幅度的五分之一。在图4-11中，我们可以看到股票价格在1995—1998年大幅上涨，而消费在那段时间相对于GDP是下降的。

消费与21世纪初的股票市场价格下跌

紧接着2000年年初股票市场高峰的是股票价格三年来的连续下跌，这削减了大约5万亿美元的财富。我们的理论表明，消费者应该以减少他们的消费作为回应。但是事实上，图4-11显示在那段时间，消费相对于GDP来说有显著的上升，从1999年占GDP的65%上升到2002年占GDP的67%。有几个原因可以解释为什么消费在股票价格滑落后没有下降：①人们的财富减少是分散到各自的整个生命周期中的，所以对消费没有太大的即期作用；②在股票价格下跌的同时，住宅价格却上升了，所以许多人虽然在股票市场上损失了财富，但又在房地产上获得了财富；③人们可能把20世纪90年代末的股票收入看作“票面利润”，然后这一“利润”在21世纪初又损失掉了，所以收入和损失都没有对消费产生影响。

投资与21世纪初股票市场的下跌

正如我们在图4-11中所见，股票市场在2000年和2008年陡然下挫。比如本章的“数据获取与研究前沿：投资与股票市场”中图4-7所示，股票市场的大幅下跌导致托宾 q（即企业市场价值与其资本重置成本的比率）大幅下降。该图还显示了在股市和托宾 q 于2000年和2008年下降后不久，实际投资也急剧下降。相对于股市下跌，投资下降的短暂滞后体现了投资决策、资本形成规划和执行规划过程的时滞。但是，即使有时滞，在股市大幅下跌后的投资下降仍是相当显著的。

---

① 见C. Alan Garner，“Has the Stock Market Crash Reduced Consumer Spending?” *Economic Review*，Federal Reserve Bank of Kansas City，April 1988，pp. 3-6；David Runkle，“Why No Crunch from the Crash?” *Quarterly Review*，Federal Reserve Bank of Minneapolis，Winter 1988，pp. 2-7。

② 见“Consumption，Aggregate Wealth，and Expected Stock Returns，” *Journal of Finance*，June 2001，pp. 815-849。马丁·莱图（Martin Lettau）和悉尼·卢德维格松（Sydney Ludvigson）指出，在崩盘前，相对股票市场的财富来说，总消费处于不正常的低水平。他们的分析表明，这样的消费行为反映了消费者对股票市场下跌的预期。

③ 见“Spendthrift in America? On Two Decades of Decline in the U. S. Saving Rate，” in B. Bernanke and J. Rotemberg，eds.，*NBER Macroeconomics Annual*，*1999*，Cambridge：MIT Press，1999。

2008 年金融危机

在 2008 年的金融危机中，股票价格急速下降。从 2008 年 8 月到 2009 年 2 月的 6 个月里，美国股票的名义价格下跌了 43%，这是有史以来股票价格下跌最快的几次之一。金融部门因承担过多的风险尤其是在房地产市场的风险而崩溃，投资者因此担心可能会发生经济萧条。自 2007 年开始的经济衰退持续恶化，失业率急剧上升。与 21 世纪早期的事件不同的是，在这个时期中，房屋价格也下降了。房屋价格和股票价值的同时下跌使家庭财富下降了近 20%：从 2007 年年底的 66.7 万亿美元下降到 2009 年 3 月底的 55 万亿美元。然而，如图 4－11 所示，消费- GDP 比例仅在 2008 年下降了 1 个百分点，然后在 2009 年年初回升。

2009 年开始的股市繁荣

在 2009 年年初触底后，股市在接下来的 6 年里大幅反弹，（从 2009 年的最低点到 2015 年年初）实际市值增长了 142%。如图 4－11 所示，2015 年年初股票市场的实际价值处于历史新高，使得 2008 年金融危机中所有的股市财富损失全部恢复。消费和支出均保持在相当稳定的较高水平，约为 GDP 的 68.5%，但 GDP 增长和消费增长率均低于金融危机前水平。

本章小结

1. 因为储蓄等于收入减去消费，一个家庭关于消费多少和储蓄多少的决策实际上是同一个决策。个人和家庭之所以储蓄，是因为他们既重视当前消费也重视未来消费。对于相同的收入水平来说，当前储蓄的增加使当前消费减少，但也增加了个人和家庭在未来能够消费的数量。

2. 对于个人和家庭来说，当前收入的增加使意愿消费和意愿国民储蓄都增加。类似地，从国家角度讲，当前产出的增加使意愿消费和意愿国民储蓄都增加。在家庭层面和国家层面，预期未来收入和财富的增加使意愿消费都增加。然而，因为这些变化使意愿消费增加，但当前收入或产出并不受影响，所以它们也会导致意愿国民储蓄下降。

3. 实际利率的增加对储蓄有两个潜在的相互抵消的影响。第一，较高的实际利率使当前消费的价格相对高于未来消费的价格（每一个单位的当前消费要占用 $1+r$ 单位的未来消费）。作为对当前消费相对价格提高的反应，人们通过提高当前储蓄用未来消费取代当前消费。这个当前消费相对价格提高所引起的储蓄增加的倾向叫作实际利率对储蓄的替代效应。第二，一个较高的实际利率通过提高储蓄者所获得的利息收入使他们的财富增加，同时通过增加借款人必须支付的利息使他们的财富减少。通过使储蓄者更富有，实际利率的上升促使储蓄者消费更多并减少储蓄。然而，因为借款人会变得相对贫穷，实际利率的上升促使借款人减少他们的消费，并增加他们的储蓄。因为实际利率的上升使消费者变得相对富有或贫穷而导致当前消费的变化叫作实际利率对储蓄的收入效应。

对于一个储蓄者来说，实际利率上升的替代效应（促使储蓄增加）和收入效应（促使储蓄减少）产生了相反的作用，所以总效应是不确定的。对于一个借款人，实际利率上升的替代效应和收入效应都使其储蓄增加。总的来说，实证研究显示，实际利率的上升使意愿国民储蓄增加、意愿消费减少，但增加量和减少量较少。

与消费决定相关的实际利率是预期税后实际利率，即储蓄者所获利息的一部分在支付税收后得到的实际收益。

4. 在总产出不变的情况下，政府采购的暂时增加使意愿消费减少。原因在于较高的政府采购意味着现在或未来税收的增加，从而使消费者认为其财富会减少。然而，意愿消费的减少小于政府支出的增加，所以作为政府采购暂时增加的结果，意愿国民储蓄 $Y-C^d-G$ 下降。

5. 根据李嘉图等价定理，当前一次性总量减税对意愿消费和意愿国民储蓄不会产生影响。原因在于，如果政府当前或计划的采购没有发生变化，使当前收入增加的减税必须用未来税收增加来抵消，从而使预期未来收入减少。然而，如果消费者没有将预期未来税收的变化考虑进去，李嘉图等价定理就无法成立，并且减税很可能带来意愿消费的增加和意愿国民储蓄的减少。

6. 意愿资本存量是使预期利润最大化的资本水平。在意愿资本存量水平上，预期资本边际产量等于资本的使用者成本。资本的使用者成本是在一段时间内使用一个单位的资本的预期实际成本，它是折旧成本（因资本磨损所损失的价值）和利息成本（利率乘以资本品的价格）的总和。

7. 任何引起资本的使用者成本减少或使预期资本边际产量增加的变化都会使意愿资本存量增加。以有效税率衡量的资本税率的减少，也会引起意愿资本存量的增加。

8. 总投资是花费在新的资本品上的支出。总投资减去折旧（磨损或破碎的资本）等于净投资，即资本存量的变化。公司进行投资以达到它们的意愿资本存量水平。当意愿资本存量增加时，公司会增加投资。

9. 当产品的供给总量等于产品的需求总量［即（在一个封闭的经济中）意愿消费、意愿投资以及政府采购（即政府对商品和服务的购买）的总和］时，产品市场处于均衡状态。同样，当意愿国民储蓄等于意愿投资时，产品市场处于均衡状态。对于任何产出水平，实际利率的变化将产品市场带到均衡状态。

10. 对于任何固定的产出供给 Y，产品市场均衡的决定从图形上可以由储蓄-投资图表示。储蓄曲线向上倾斜是因为实证证据表明，较高的实际利率使意愿国民储蓄增加。投资曲线向下倾斜是因为较高的实际利率令资本的使用者成本升高，从而使公司的意愿资本存量以及它们的投资量降低。影响意愿国民储蓄或意愿投资的变量的变化使储蓄或投资曲线移动，并且使令产品市场出清的实际利率发生变化。

关键图形 3

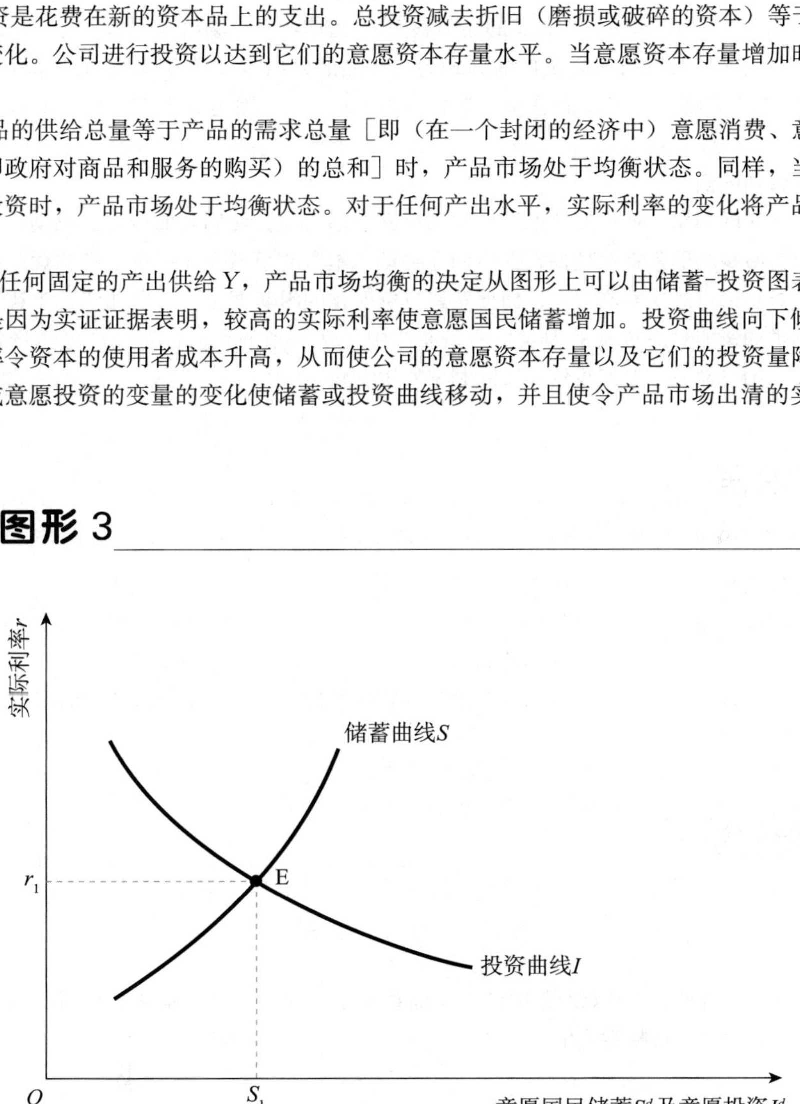

储蓄-投资图示

说明：在一个没有对外贸易的经济中，当意愿国民储蓄等于意愿投资时，产品市场处于均衡状态。同样，当产品的供给总量等于产品的需求总量时，产品市场处于均衡状态。

图形元素

● 实际利率 r 在纵轴显示；意愿国民储蓄 S^d 和意愿投资 I^d 在横轴显示。

● 储蓄曲线 S 显示了每个实际利率水平对应的意愿国民储蓄水平。储蓄曲线向上倾斜，因为较高的实际利率使储蓄的收益增加，并且促使家庭增加储蓄。（从实证上讲，一个较高的实际利率通过减少达到特定目标所需的储蓄量，使得储蓄倾向降低，但对家庭储蓄的影响从量上超过了这个倾向。）意愿国民储蓄定义为 $S^d=Y-C^d-G$，其中，Y 为产出，C^d 为意愿消费，G 为政府采购。

● 投资曲线 I 显示了每个实际利率所对应的公司想要投资的新资本数量。投资曲线向下倾斜，是因为较高的实际利率提高了资本的使用者成本，从而使公司想要使用的资本量减少。

分析

● 产品市场均衡要求意愿国民储蓄等于意愿投资，即 $S^d=I^d$。

● 产品市场均衡位于图中的 E 点，在此点，储蓄曲线和投资曲线相交。在 E 点，意愿国民储蓄为 S_1，意愿投资为 I_1，并且 $S_1=I_1$。E 点的实际利率 r_1 是使产品市场出清的利率。

● 还有一种表达产品市场均衡条件的方式为：产品的供给量 Y 等于家庭对产品的意愿消费 C^d、公司的意愿投资 I^d 和政府采购 G 的总和，即 $Y=C^d+I^d+G$。因为 $S^d=Y-C^d-G$，所以这个条件等同于 $S^d=I^d$。

导致曲线移动的因素

对于给定的实际利率，任何使意愿国民储蓄提高的因素都会使储蓄曲线向右移动；类似地，任何使意愿国民储蓄减少的因素都会使储蓄曲线向左移动。本章的小结表 5 列举了影响意愿国民储蓄的因素。类似地，对于给定的实际利率，任何使意愿投资变化的因素都会使投资曲线发生移动，见本章的小结表 6 中列举的影响意愿投资的因素。两条曲线中任何一条的移动都会使产品市场均衡点发生变动，从而使意愿国民储蓄、意愿投资和实际利率发生变化。

关键术语

消费平稳化动机
预期税后实际利率
一次性总量税
李嘉图等价定理
资本的使用者成本
意愿资本存量
总投资
边际消费倾向
实际利率对储蓄的替代效应
有效税率
实际利率对储蓄的收入效应
净投资
纳税调整后的资本的使用者成本

关键等式

$$S^d=Y-C^d-G$$

意愿国民储蓄 S^d 是消费处于其意愿值时的国民储蓄水平。式（4－1）是通过将国民储蓄定义中的实际消费 C 用意愿消费 C^d 替换得到的。

$$r_{a-t}=(1-t)i-\pi^e$$

预期税后实际利率 r_{a-t} 等于税后名义利率 $(1-t)i$ 减去预期通货膨胀率 π^e。预期税后实际利率是储蓄者的一部分利息收入 t 用于纳税后获得的实际收益。

$$uc=rp_K+dp_K=(r+d)p_K$$

资本的使用者成本 uc 是利息成本 rp_K 和折旧成本 dp_K 之和，其中，d 是折旧率，p_K 是新资本品的价格。

$$\text{MPK}^f=\frac{\text{uc}}{1-\tau}=\frac{(r+d)p_K}{1-\tau}$$

意愿资本存量就是使公司预期利润最大化的资本存量，即预期资本边际产量 MPK^f 等于纳税调整后的资本的使用者成本 $\text{uc}/(1-\tau)$ 时的资本存量，其中，τ 是公司的所得税率（等同于有效税率）。

$$Y=C^d+I^d+G$$

一个封闭经济的产品市场均衡条件是指当产品供给的总量 Y 等于产品需求的总量 C^d+I^d+G 时，产品市场处于均衡状态。

$$S^d=I^d$$

另一种表达产品市场均衡条件的方式是，意愿国民储蓄 S^d 必须等于意愿投资 I^d。这个公式等同于式（4-7）。

复习题

1. 给定收入，消费和储蓄是怎样联系在一起的？储蓄的基本动机是什么？
2. 意愿消费和意愿国民储蓄是怎样受当前收入、预期未来收入和财富增加影响的？
3. 运用收入效应和替代效应的概念解释，为什么预期实际利率的增加对意愿国民储蓄的影响是不确定的。
4. 给出预期税后实际利率的定义。如果利息收入的税率下降，预期税后实际利率会如何改变？
5. 对于一个恒定的产出水平来说，政府采购的暂时增加——例如战争因素——对于意愿消费和意愿国民储蓄的影响是什么？一个一次性总量税的增加对于意愿国民储蓄的影响是什么？为什么一次性总量税增加的影响是有争议的？
6. 资本的使用者成本包括哪两个组成部分？解释为什么每个组成部分都是使用一个资本品的成本。
7. 什么是意愿资本存量？它是如何取决于预期资本边际产量、资本的使用者成本和有效税率的？
8. 总投资和净投资有什么区别？当净投资为负时，总投资有没有可能是正的？
9. 给出描述产品市场均衡的两种方式。运用图示说明产品市场均衡是怎样达到的。
10. 解释在储蓄-投资图示里，储蓄曲线为什么向上倾斜以及投资曲线为什么向下倾斜。给出两个导致储蓄曲线向右移动的变化以及两个使投资曲线向右移动的变化的例子。

计算题

1. 一个消费者要为今年和明年的储蓄制订计划。她知道这两年自己的税后实际收入均为 50 000 美元。今年的收入中储存起来的部分从今年到明年将获得 10%的实际利率。这个消费者在当前并没有任何财富（没有银行存款或其他金融资产，也没有负债）。她对于未来没有不确定性。

这个消费者希望今年的储蓄量使她能够：（1）明年支付实际价值为 12 600 美元的大学学费；（2）在今年和明年享受相同的消费数量，而且明年的消费不包括支付的学费；（3）到明年年底没有资产也没有负债。

a. 这个消费者今年应该储蓄多少？又应该消费多少？

以下变化会怎样影响这个消费者的储蓄和消费数量（一次只需要考虑一个因素的变动，假设其他因素仍处于初始值）？

b. 她的当前收入从 50 000 美元增加到 54 200 美元。

c. 她预期明年可以得到的收入从 50 000 美元增加到 54 200 美元。

d. 她今年得到了一笔 1 050 美元的遗产（财富的增加，而不是收入的增加）。

e. 预期明年要支付的学费将从 12 600 美元上涨到 14 700 美元。

f. 实际利率从 10%上升到 25%。

2. 每台制造呼啦圈的机器成本是 100 美元，Hi-Ho 呼啦圈公司决定购买这种机器。对于以下各个资本存量水平，该公司期望每年生产的呼啦圈数量如下：

机器数量（台）	每年生产的呼啦圈数量（个）
0	0
1	100
2	150
3	180
4	195
5	205
6	210

每个呼啦圈的实际价值是 1 美元。这个公司除了机器的成本外没有任何其他成本。

a. 计算每个资本存量所对应的预期资本边际产量（以美元表示）。例如，第三台机器的 MPK^f 是添加了第三台机器后所增加产量的实际价值。

b. 如果实际利率是每年 12%，资本的折旧率是每年 20%，计算资本的使用者成本（以美元表示的每年每台机器的成本）。Hi-Ho 呼啦圈公司应该购买多少台机器？

c. 如果实际利率为 8%，问题同 b。

d. 如果公司的销售收入的税率为 40%，问题同 b。

e. 一个技术创新使每台机器所能生产的呼啦圈的数量增加了一倍。假设没有税收并且折旧率仍然是每年 20%。当实际利率为 12%时，这个公司应该购买多少台机器？实际利率为 8%的时候呢？

3. 假设你刚刚接受了一个新的工作，但需要搬到一个新的城市。在搬迁的过程中，你面临着买房还是租房的决定。一所适合的房子价格为 300 000 美元，而且你也存够了首期付款的钱。（名义）房屋贷款利率是每年 10%，但你也可以从储蓄上获得 10%的利率。为房屋贷款支付的利息是可以抵税的，而储蓄的利息收入是要纳税的，并且你处于 30%的税率级别。利息的支付或收取、收入税的支付都是在这一年的最后一天。每年的预期通货膨胀率是 5%。

维护房子的费用（更换房顶、油漆等）为房屋价值的 6%。假设这些花销也在这一年的最后一天支付。维护完成后，房子会完全恢复其实际价值。不存在其他相关费用或花销。

a. 房屋贷款的预期税后实际利率是多少？

b. 房屋的使用者成本是多少？

c. 如果你所关心的是怎样使生活支出最小化，那么什么样的（每年）房租会让你觉得买房和租一所类似质量的住宅没有区别？房租也是在一年的最后一天支付。

4. ML 铁网围栏公司决定购买铁网编制生产机器。如果我们将一个特定的铁网围栏的长度定为一个单位的产出，那么一台新生产机器的价格是 60 个单位的产出，一台使用了一年的生产机器的价格是 51 个单位的产出。这些相对价格预期在未来会继续保持。以产出量衡量的生产机器的预期资本边

际产量是 $165-2K$，其中，K 为使用的机器数量。在本题中不存在任何税收，每年的实际利率是 10%。

a. 资本的使用者成本是多少？标明你的答案的单位。

b. 确定使 ML 公司实现利润最大化的机器数量。

c. 假设 ML 公司必须为其收入支付 40%的税。该公司购买的最佳机器数量是多少？

d. 假设除了问题 c 描述的 40%的收入税以外，这个公司可以使用一个 20%的投资税收抵免，即允许从其应付税中减去购置任何新资产成本的 20%。现在 ML 公司的意愿资本存量是多少？（提示：投资抵税可以有效地降低公司的资本价格。）

5. 一个经济在充分就业情况下的产出是 9 000，政府采购为 2 000。意愿消费和意愿投资如下：

实际利率（%）	意愿消费	意愿投资
2	6 100	1 500
3	6 000	1 400
4	5 900	1 300
5	5 800	1 200
6	5 700	1 100

a. 为什么意愿消费和意愿投资随实际利率的上升而下降？

b. 找出与每个实际利率值对应的意愿国民储蓄。

c. 如果产品市场处于均衡状态，实际利率、意愿国民储蓄和意愿投资各是多少？说明产品市场均衡条件的两个表达式［式（4-7）和式（4-8）］在均衡状态都成立。假设产出固定在充分就业时的水平。

d. 政府采购降到 1 600，问题同 c。假设在各实际利率水平处，人们的意愿消费不变。

6. 一个经济充分就业下的产出为 6 000。政府采购 G 为 1 200。意愿消费和意愿投资如下：

$$C^d=3\ 600-2\ 000r+0.10Y$$

$$I^d=1\ 200-4\ 000r$$

式中，Y 为产出，r 为实际利率。

a. 列出将意愿国民储蓄 S^d 与 r 和 Y 联系起来的等式。

b. 假设产出等于充分就业时的水平。运用产品市场均衡条件的两个等式［式（4-7）和式（4-8）］，找出使产品市场出清的实际利率水平。

c. 政府采购增加到 1 440。这个增长使描述意愿国民储蓄的等式发生了怎样的变化？用图形来表示这个变化。使市场出清的实际利率又发生了怎样的变化？

7. 假设整个经济的预期资本边际产量为 $MPK^f=20-0.02K$，其中，K 为未来资本存量。资本的折旧率 d 是每年 20%。当前资本存量是 900 个单位资本。每单位资本的价格是 1 单位产出。公司需要支付的税收是其产出的 15%。这个经济的消费函数是 $C=100+0.5Y-200r$，其中，C 为消费，Y 为产出，r 为实际利率。政府采购等于 200，充分就业下的产出是 1 000。

a. 假设每年的实际利率为 10%。纳税调整后的资本的使用者成本、未来意愿资本存量和意愿投资水平各是多少？

b. 现在考虑由产品市场均衡决定的实际利率。本问题的剩余部分将引导你算出这个实际利率。

（a）将纳税调整后的资本的使用者成本表示为实际利率 r 的公式，并且将未来意愿资本存量和意愿投资表示为 r 的公式。

（b）运用在问题（a）中导出的投资公式以及消费公式和政府采购，计算使市场出清的实际利率。产品市场出清下的消费、储蓄和投资各是多少？在这个均衡下，纳税调整后的资本的使用者成本和意愿资本存量是多少？

8.（附录4.A）一个消费者的最初实际财富是20，当前实际收入是90，未来实际收入是110。每年的实际利率是10%。

a. 计算消费者的终生资源的现值（PVLR）。

b. 写出消费者的预算约束等式，并画出预算线。

假设消费者的目标是完全的平稳化消费。也就是说，他要使当前和未来时期的消费水平相等。

c. 他在当前时期的储蓄和消费是多少？

d. 当前收入增加11会对他的当前储蓄和消费带来怎样的影响？

e. 未来收入增加11会对他的当前储蓄和消费带来怎样的影响？

f. 他的初始财富增加11会对他的当前储蓄和消费带来怎样的影响？

9.（附录4.A）一个消费者的生命周期可分为三个阶段：学习时期、工作时期和退休时期。她的收入在学习时期是200，在工作时期是800，在退休时期是200。这个消费者的初始财富是300，实际利率是零。消费者希望在整个生命周期享有完全的平稳化消费。

a. 假设没有借贷约束，每个时期的消费和储蓄是多少？如果消费者面临借贷约束，从而不能借款，她的消费会发生什么变化？

b. 假设消费者的初始财富是零而不是300。问题同a。借贷约束会使消费者整个生命中三个阶段的消费低于没有借贷时的消费吗？

分析题

1. 使用储蓄-投资图示分析以下变化对国民储蓄、投资和实际利率的影响，并对你的推断做出解释。

a. 消费者变得更具未来意识，因此决定增加储蓄。

b. 政府宣布向征战回来的军人提供一次性的大额奖金。这个奖金将通过未来5年里对所有人征收额外的税收来支付。

c. 政府实施了投资税收抵免（与其他税种相互抵消，所以征收的总税收不变）。

d. 一个大规模的油田被发现，从而使油井和输油管道的预期资本边际产量上升。这也使预期未来收入增加。

2. 一个国家因战争失去了大部分资本存量。

a. 该事件对这个国家的当前就业、产出和实际工资有什么影响？

b. 资本的损失对意愿投资有怎样的影响？

c. 假设意愿储蓄表达式不变，资本的损失对这个国家的实际利率和投资量将产生怎样的影响？

3. a. 分析石油价格暂时上升（一个暂时的恶性供给冲击）对当前产出、就业、实际工资、国民储蓄、投资和实际利率的影响。因为这个供给冲击是暂时的，你应该假设预期资本边际产量和家庭的预期未来收入不变。假设在整个过程中产出和就业都处于均衡水平（均衡水平可能会变动）。

b. 分析永久性石油价格上升（永久的恶性供给冲击）对当前产出、就业、实际工资、国民储蓄、投资和实际利率的影响。说明不同于暂时供给冲击的例子，在这种情况下实际利率并不一定会改变。（提示：一个永久的恶性供给冲击使当前资本和劳动生产率降低，正如暂时的供给冲击的情形。另外，永久的供给冲击使预期资本边际产量和家庭的预期未来收入减少。）

4. 经济学家提出暂时性的政府采购的增加（例如军费支出）将对私人投资产生挤出效应。使用储蓄-投资图示说明这一点，并解释为什么曲线会移动。军费支出的暂时增加选择由税收支付或借款支付的结果会不同吗？

或者，政府采购的暂时增加是用于基础建设（公路、下水道、桥梁），而不是军事目的。政府用于基础建设的支出使私人投资更有生产效率，从而增加了任何资本存量水平的预期资本边际产量。运用储蓄-投资图示分析政府的基础建设支出对当前消费、国民储蓄、投资和实际利率的影响。私人公司的投资会被这类政府投资挤出吗？如果不会，那么有哪种支出会被挤出？假设当前生产率或当前产出没有变化，并且（为简单起见）假设家庭预期它们的未来收入不会发生变化。

5. “政府采购的永久增加比同量的暂时增加的影响更大。”使用储蓄-投资图示评论这个观点，对于一个既定的产出水平，集中讨论政府采购的永久增加对消费、投资和实际利率的影响。（提示：政府采购的永久增加意味着当前和未来税收的大量增加。）

6. （附录 4. A）画出一个起初为借款人的消费者的预算线和无差异曲线。要明确标出无借贷点和最佳消费点，然后标出实际利率上升对预算线和消费者最佳消费的影响。使用辅助预算线说明收入效应和替代效应。这两种效应的作用相同还是相反？解释你的答案。

7. （附录 4. A）消费者借款所支付的利率通常高于他们出借资金得到的利率（例如银行存款）。在出借资金的实际利率 r_l 低于借款的实际利率 r_b 的前提下，画出消费者的预算线，在图中分别表示出 r_l 的上升、r_b 的上升和消费者最初财富的增加对预算线的影响。

说明即使 r_l 和 r_b 变化，当前和未来消费仍有可能保持不变。（提示：画出消费者的无差异曲线，令其最初选择无借贷点。）

宏观经济数据分析

1*. 使用 1965 年以来的数据，画出消费者情绪指数的曲线。你能够找出 1969—1970 年、1973—1975 年、1980 年、1981—1982 年、1990—1991 年、2001 年和 2007—2009 年的几次衰退吗？

使用 1965 年以来的季度数据构造散点图，将消费者情绪指数与实际消费支出联系起来。一般来说，当消费者乐观时，消费增长速度会变快吗？对自 1999 年以来的消费者情绪和耐用品的消费支出做同样的分析。

2*. 威尔逊 5000 指数衡量了在股票市场交易的一组股票的美元总价值。威尔逊 5000 指数的实际价值衡量的是一组股票所代表的财富的实际价值，其计算方法是用股票指数除以价格水平，例如 CPI。（威尔逊 5000 指数数据可从 FRED 数据库中下载，下载序列为 WILL5000PR。）

使用 1971 年以来的月度数据，画出威尔逊 5000 指数的实际价值曲线。比较 20 世纪 70 年代与其他时期的数据值，你可以观察到怎样惊人的差异？根据理论，20 世纪 70 年代股票市场财富的表现与 20 世纪 80 年代和 90 年代相比，对该时期的国民储蓄率有怎样的影响？观察 1960 年至今的家庭和企业机构的私人净储蓄占国内总产出百分比的图形，你会得出理论预测已经失效的结论吗？请讨论。

3*. 这个问题需要你使用 1961 年至今的数据计算税后实际利率（而不是预期利率）。计算税后实际利率的公式是 $(1-t)i-\pi$，其中，i 为名义利率，t 为税率，π 为通货膨胀率。

使用 3 个月期国债的平均年利率作为名义利率 i，使用前一年 12 月到下一年 12 月的 CPI 通货膨胀率来衡量年通货膨胀率 π。税率 t 是每年第四季度的政府（美国联邦政府加上州政府和地方政府）总收入除以名义 GDP。在什么时期，金融状况对储蓄者是有利的？对借款人是有利的？

4*. 使用 1947 年至今的季度数据，画出住宅固定投资占 GDP 的比例的曲线。

a. 比较住宅固定投资占 GDP 的比例的曲线与失业率曲线。在经济衰退期间，住宅固定投资表现怎样？从这个角度说，住宅固定投资与其他种类的投资相同还是不同？

b. 在第二次世界大战结束后的 20 年里，人口增长和新家庭建立出现了一个增长高潮，即“婴儿潮”。紧随这个“婴儿潮”之后的是“婴儿低谷”，即人口增长缓慢。在你的图中，这些人口统计上的趋势与住宅固定投资占 GDP 的比例是怎样相互联系的？

5*. 在本章，我们提出各种利率倾向于一致变动。使用1975年以来的月度数据，绘出3个月期国债利率、高等级公司债券的收益率、30年期常规按揭利率、银行优惠利率和10年期长期国债利率曲线。哪种利率相对最高？哪种最低？就此做出解释。哪些利率倾向于一致变动？请加以说明。

6*. 绘出1999年以来在以下方面的私人非住房固定投资：(1) 建筑物，(2) 设备，(3) 知识产权产品。投资的相对侧重点在这三个方面发生了怎样的变化？你能否找到一个解释？

附录 4. A　消费和储蓄的正式模型

本附录正式分析有关消费多少和储蓄多少的决策。我们重点研究第4章提到的名为普鲁登斯的消费者的决策。为了使分析易于理解，我们建立以下三个简化假设：

(1) 普鲁登斯制订计划的时间只包括两个时期：现在（即当前阶段）以及未来阶段。例如，当前阶段可能代表普鲁登斯的工作时期，而未来阶段可能代表她的退休时期。

(2) 普鲁登斯的当前收入、未来收入和财富不变。

(3) 面对给定的实际利率，普鲁登斯可以决定在该利率上借贷多少或储蓄多少。

□ 消费者能够负担多少消费？预算约束

要分析普鲁登斯关于消费和储蓄多少的决策，我们必须首先分析她现有的选择。为了使用具体数值来分析，我们假设普鲁登斯收到的以实际单位衡量①的税后收入是固定的，当前收入为42 000，未来收入为33 000。另外，她在当前阶段开始时的财富（即最初财富）为18 000，她能够以每年10%的实际利率借款或出借资金。

接下来，我们列出表达普鲁登斯的情况所需使用的符号*：

y＝普鲁登斯的当前收入(42 000)

y^f＝普鲁登斯的未来收入(33 000)②

a＝普鲁登斯在当前阶段开始时的财富(资产)(18 000)

r＝实际利率(10%)

c＝普鲁登斯的当前消费(未确定)

c^f＝普鲁登斯的未来消费(未确定)

一般来说，普鲁登斯选择的当前消费 c 决定了她的未来消费 c^f 的数量。要得到这个关系，注意普鲁登斯当前阶段持有的财富包括她的当前收入 y 和她的最初财富 a。如果她的当前消费是 c，那么在当前阶段结束时，她将剩余 $y+a-c$。

普鲁登斯可以将剩余的财力 $y+a-c$ 存入银行赚取利息。如果她从存款上可以获得的实际利率是 r，她的银行账户在未来阶段的实际价值（本金加利息）是 $(y+a-c)(1+r)$。在未来阶段，除了她的银行账户里的实际价值外，普鲁登斯还有 y^f 的收入，所以她在未来阶段的总财富等于 $(y+a-c)(1+r)+y^f$。因为未来阶段是普鲁登斯生命的最后一个阶段，她会将留下来的全部财富用于消费。③ 因此，普鲁登斯的未来消费 c^f 为：

$$c^f=(y+a-c)(1+r)+y^f \tag{4. A-1}$$

① 用来衡量普鲁登斯收入的单位是基年美元，为简化说明，后文中不列示单位。

② 我们没有在未来收入 y^f 里包含普鲁登斯的储蓄所赚取的利息。未来收入 y^f 只包括劳动收入或转移支付，如社会保障收入。

③ 这里，我们假设普鲁登斯不想为任何人留下遗产。稍后，我们将简单分析遗产对储蓄决定的影响。

* 以下变量都为实际值。——译者注

式（4. A－1）叫作预算约束。它表明，在普鲁登斯当前收入和未来收入以及最初财富的基础上，相对于任何当前消费 c，她能够负担的未来消费 c^f 是多少。① 式（4. A－1）的预算约束可以从图形上用预算线表示，该曲线体现的是在当前收入和未来收入、最初财富以及实际利率的基础上，普鲁登斯能够负担的当前消费和未来消费的组合。图 4A－1 描绘了普鲁登斯的预算线，其中，横轴为当前消费 c，纵轴为未来消费 c^f。

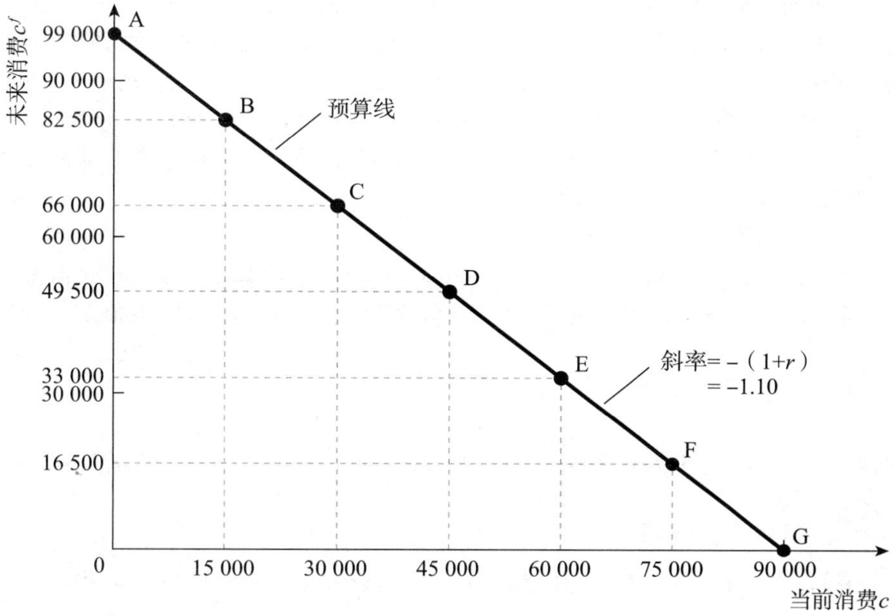

图 4A－1　预算线

说明：预算线体现了普鲁登斯能够实现的当前消费 c 和未来消费 c^f 的组合。预算线的斜率是－(1＋r)＝－1.10。横轴截距是 c＝90 000，等于式（4. A－2）中定义的终生资源的现值（PVLR），纵轴截距是 c^f＝99 000。你可以验证在每个标有字母的点（以及预算线上的其他任何点），当前消费和未来消费的组合满足 $c+\frac{c^f}{1+r}$＝90 000，即等于式（4. A－2）中定义的 PVLR。

预算线向下倾斜，体现了当前消费和未来消费之间的替代关系。如果普鲁登斯将当前消费增加一个单位，她的储蓄就减少一个单位。因为储蓄可以赚取的利率为 r，当前储蓄减少一个单位意味着普鲁登斯的未来财富以及她的未来消费将减少 1＋r 个单位。由于增加一个单位的当前消费使未来消费减少1＋r 个单位，预算线的斜率是－(1＋r)。在我们的数值例子中，实际利率是 10%，所以图 4A－1 中预算线的斜率为－1. 10。

现值

我们可以将普鲁登斯的预算约束方便地用现值的概念表示出来。现值衡量的是以当前美元或商品表示的未来支付的价值。为了说明这个概念，假设你一年后必须支付 13 200 美元，那么你现在必须存多少钱才能在未来支付这笔款项呢？这个问题的答案涉及现值的概念。

一笔未来支付的现值取决于利率。如果名义利率 i 是每年 10%，那么一年后要支付的 13 200 美元的现值是 12 000 美元。原因在于，如果从今天起有 12 000 美元以 10%的利率存入银行，一年后将会得到1 200美元的利息（12 000 美元的 10%），与最初的 12 000 美元加起来是 13 200 美元。因此，当

① 在推导式（4. A－1）时，我们假设普鲁登斯的当前消费小于她当前的财富总量，所以她还有一些财富可以存到银行。但是，如果普鲁登斯的当前消费大于她的当前财富总量而必须从银行借款，预算约束［式（4. A－1）］仍然成立。注意，只要 y^f 大于 $[c-(y+a)]\times(1+r)$，则 $c^f>0$，该公式就成立。

利率为10%时，一年后拥有13 200美元从经济上等价于今天拥有12 000美元。因此，我们说一年后13 200美元的现值是12 000美元。

一般来说，如果名义利率是 i，那么银行里的每1美元一年后都价值 $1+i$ 美元。要在一年后有13 200美元，那么现在银行里需要有 $13\ 200/(1+i)$ 美元，所以，一年后支付的13 200美元的现值是 $13\ 200/(1+i)$ 美元。如前所述，如果名义利率 $i=10\%$，则一年后13 200美元的现值为12 000（$=13\ 200/1.10$）美元。如果名义利率 $i=20\%$，则一年后13 200美元的现值为11 000（$=13\ 200/1.20$）美元。因此，利率的增加使未来支付的现值减少。类似地，利率的下降使未来支付的现值增加。

如同上面的例子，如果未来支付是用名义价值衡量的，计算现值应使用的利率是名义利率 i。如果未来支付是用实际价值衡量的，计算现值的方法完全一样，但我们应使用实际利率 r，而不是名义利率 i。在分析普鲁登斯的消费-储蓄决策时，所有的衡量单位都是实际价值，所以我们使用实际利率 r 来计算普鲁登斯未来收入和消费的现值。

现值和预算约束

我们将**终生资源的现值**（present value of lifetime resources，PVLR）定义为一个消费者在当前和未来阶段预期的收入与最初财富总和的现值。在两阶段的例子里，终生资源的现值为：

$$\mathrm{PVLR}=a+y+\frac{y^f}{1+r} \tag{4.A-2}$$

即最初财富 a、当前收入 y① 及未来收入现值 $\frac{y^f}{1+r}$ 的总和。在我们的例子里，普鲁登斯的 $\mathrm{PVLR}=42\ 000+\frac{33\ 000}{1.10}+18\ 000=90\ 000$。

下面，我们将式（4.A-1）的两边同时除以 $1+r$，然后在两边同时加上 c，可得：

$$c+\frac{c^f}{1+r}=a+y+\frac{y^f}{1+r} \tag{4.A-3}$$

$$\mathrm{PVLC}=\mathrm{PVLR}$$

式（4.A-3）的左侧是终生消费的现值 $c+\frac{c^f}{1+r}$，我们用PVLC表示。式（4.A-3）中的预算约束说明，**终生消费的现值**（present value of lifetime consumption，PVLC）等于终生资源的现值。

就图4A-1以及任何其他预算线而言，因为在预算线横轴截距点的未来消费 c^f 等于零，所以PVLR等于位于预算线横轴截距处的当前消费 c。在式（4.A-3）中令未来消费 c^f 等于零，就可以得到公式左侧的当前消费 c，而 c 一定等于右侧的PVLR。因此在预算线的横轴截距处，$c=\mathrm{PVLR}$。

□ 消费者想要什么？消费者的偏好

由预算线表示的预算约束，体现了普鲁登斯的当前消费 c 和未来消费 c^f 的组合。要决定普鲁登斯会从众多消费组合中选择哪一个，我们需要知道有关普鲁登斯当前和未来消费偏好的信息。

经济学家使用**效用**（utility）这个名词来描述一个人的满足程度。当前消费与未来消费的偏好可以总结为一个消费者从每个当前消费和未来消费的组合中得到的效用。我们可以用**无差异曲线**（indifference curve）从图形上表示普鲁登斯的当前与未来消费偏好，它体现了能够产生相同效用水平的所有当前消费和未来消费的组合。因为普鲁登斯对于无差异曲线上的所有组合都同样满意，她并不在乎（即她认为没有差别）究竟会得到哪个组合。图4A-2画出了两条普鲁登斯的无差异曲线。因为X点、Y点和Z点对应的消费组合处于同一条无差异曲线 IC^1 上，所以普鲁登斯在X点、Y点和Z点都会得到相同的效用。

① 最初财富的现值就是最初财富本身，当前收入的现值也是当前收入本身。

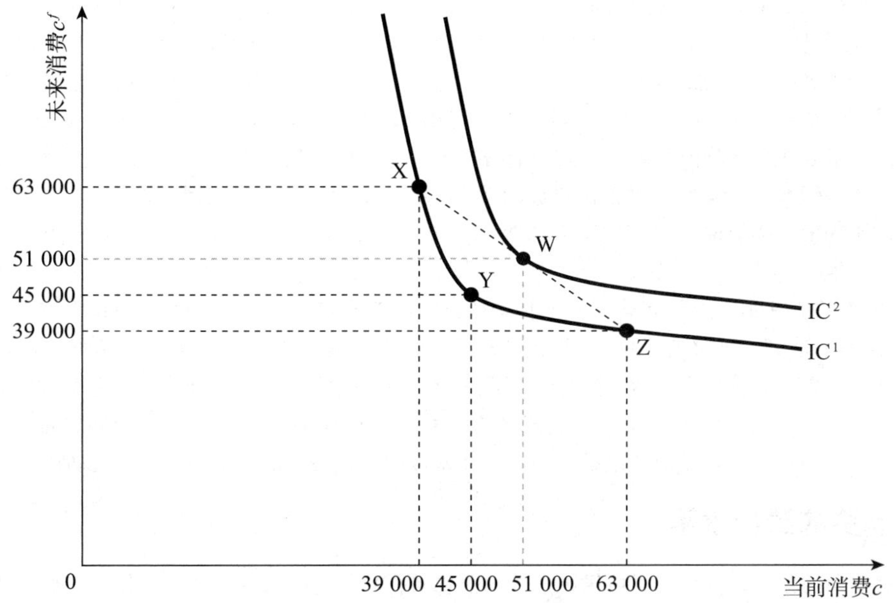

图 4A－2　无差异曲线

说明：在同一条无差异曲线上的所有点都代表着产生相同效用水平的消费组合。无差异曲线向下倾斜是因为未来消费的适当增加可以用来补偿消费者当前消费的减少。IC^2 上所有的点代表的消费组合都比 IC^1 上所有的点代表的消费组合更可取。无差异曲线凸向原点，反映了消费平稳化动机。普鲁登斯更偏好 W 点的消费组合，即 X 点和 Z 点的平均值，因为 W 点体现了更平稳的消费模式。因此，经过 W 点的无差异曲线（IC^2）位于通过 X 点、Y 点和 Z 点的无差异曲线（IC^1）的右上方。

无差异曲线有三个重要的特征，每个特征都有其宏观经济含义，并且图 4A－2 中体现了这三个特征：

（1）无差异曲线向右下方倾斜。要理解原因，我们假设普鲁登斯选择了 Y 点的消费组合，在此点，$c=45\ 000$，$c^f=45\ 000$。① 现在假设普鲁登斯必须将她的当前消费减少到 $c=39\ 000$。显然，如果她减少当前消费并且保持未来消费为 45 000，她将承受效用损失。然而，普鲁登斯可以用未来消费的增加来弥补这个损失。假如她的当前消费降到 $c=39\ 000$，她的未来消费会增加到 $c^f=63\ 000$，那么她的消费组合会移动到 X 点，而她的效用水平不变。在这样的情形下，她认为 X 点和 Y 点的消费组合没有差别，而且 X 点和 Y 点必须位于同一条无差异曲线上。一般而言，任何当前消费水平的变化都伴随着未来消费水平反方向的变化，以确保普鲁登斯的效用水平不变。所以，体现相同效用水平的消费组合的无差异曲线一定向右下方倾斜。

（2）无差异曲线离原点越远，所表示的效用越高。考虑图 4A－2 中位于 Y 点右上方 W 点的例子。W 点的当前消费和未来消费均高于 Y 点的值。因为普鲁登斯从当前消费和未来消费中都能获得效用，W 点提供的效用高于 Y 点提供的效用。即与 Y 点相比，普鲁登斯更偏好 W 点。事实上，因为无差异曲线 IC^1 上所有的点产生的效用都与 Y 点的效用相等，因此与无差异曲线 IC^1 上所有的点相比，普鲁登斯偏好 W 点。另外，无差异曲线 IC^2 上所有的点都提供与 W 点一样的效用，所以与 IC^1 上所有的点相比，普鲁登斯偏好 IC^2 上所有的点。一般来说，对于任何两条无差异曲线，消费者偏好位于某条无差异曲线右上方的另一条无差异曲线所代表的消费组合。

（3）无差异曲线凸向原点。无差异曲线的这个形状特征体现了第 4 章中所讨论的消费平稳化动

① Y 点低于图 4A－1 中普鲁登斯的预算线，这表明普鲁登斯不但能够负担这个消费组合，而在未来阶段的末期，她还会有财富剩余下来。以图 4A－1 所示的财富，除非想留下遗产，否则她不会真正选择这样的消费组合。

机。在消费平稳化动机下，与时而大量消费时而小额消费相比，消费者倾向于一个相对平稳的消费模式。我们可以通过考虑图 4A－2 中的三个消费组合：X 点（$c=39\ 000$，$c^f=63\ 000$）、W 点（$c=51\ 000$，$c^f=51\ 000$）和 Z 点（$c=63\ 000$，$c^f=39\ 000$）来说明无差异曲线的形状与消费平稳化动机之间的联系。注意到 W 点对应的是完全的消费平稳化，即两个阶段的消费相等。相比之下，X 点和 Z 点代表的消费组合在第一阶段和第二阶段的消费有很大的变化。此外，注意 W 点代表的消费组合是 X 点和 Z 点的消费组合的平均值：W 点的当前消费 51 000，是 X 点的当前消费 39 000 与 Z 点的当前消费63 000 的平均值；类似地，W 点的未来消费 51 000，是 X 点的未来消费 63 000 与 Z 点的未来消费 39 000 的平均值。

尽管 W 点的值其实等于 X 点与 Z 点的平均值，并且 X 点和 Z 点对普鲁登斯来说没有差异，但她会偏好 W 点而不是 X 点或 Z 点，因为 W 点代表更“平稳”（更平均）的消费。从图形上讲，与 X 点和 Z 点相比，普鲁登斯偏好 W 点，这体现为 W 点的位置位于无差异曲线 IC^1（该曲线通过 X 点和 Z 点）的右上方。注意，W 点位于连接 X 点和 Z 点的直线上。W 点位于 IC^1 曲线右上方的唯一可能性是 IC^1 凸向原点，如图 4A－2 所描绘的。因此，无差异曲线呈弓形反映了消费平稳化动机。

□ 消费的最佳水平

将普鲁登斯的预算线（代表了可供她选择的消费组合）和她的无差异曲线（体现了她对于当前消费与未来消费的偏好）结合起来，我们可以找出使她最为满足的当前消费和储蓄水平。这个现有的最好或最佳的当前消费和储蓄水平在图形上可以由普鲁登斯的预算线与无差异曲线的切点表示，如图 4A－3 中的 D 点所示。

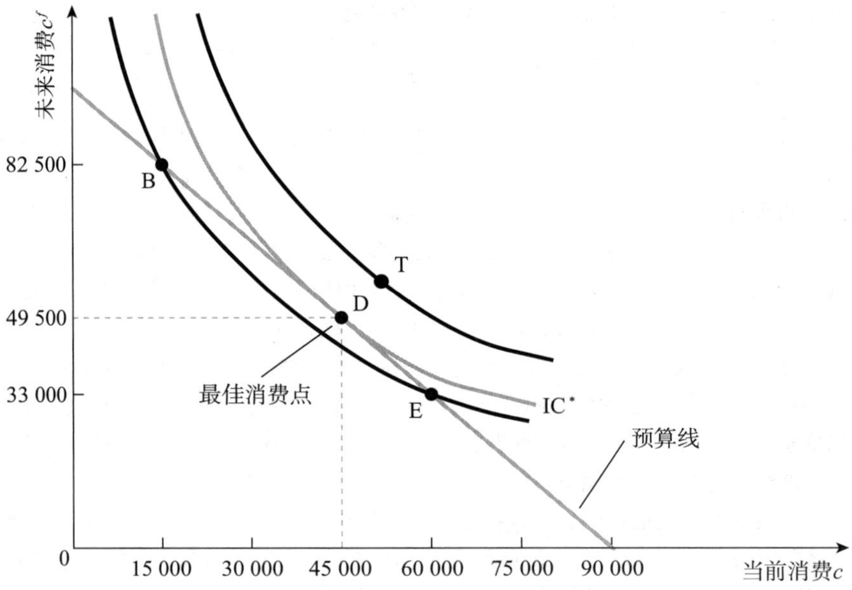

图 4A－3　最佳消费组合

说明：最佳（最高效用）的当前消费和未来消费组合由预算线与无差异曲线的切点（D 点）表示。预算线上所有其他的点（如 B 点和 E 点）都位于无差异曲线 IC^* 左下方的无差异曲线上，因此所提供的效用低于无差异曲线 IC^* 上 D 点的消费组合所提供的效用。与 D 点的消费组合相比，普鲁登斯更偏好 T 点的消费组合，但因为 T 点位于预算线的上方，因此她无法负担 T 点所代表的消费组合。

要明白为什么普鲁登斯在 D 点获得了她能够得到的最高满足水平（即效用），首先注意到 D 点位于无差异曲线 IC^* 上，这意味着无差异曲线 IC^* 上的所有消费组合都会提供与 D 点一样的效用。普鲁登斯预算线上所有的其他点（如 B 点和 E 点）都位于无差异曲线 IC^* 左下方的无差异曲线上。因此，所有其他点代表的消费组合所提供的效用都低于D点的消费组合所提供的效用。与图4A-3中D点的消费组合相比，普鲁登斯更喜欢T点代表的消费组合，原因在于T点所在的无差异曲线位于无差异曲线 IC^* 的右上方；但是，因为T点也位于预算线的上方，普鲁登斯无法负担该点所代表的消费组合。因为预算约束的存在，普鲁登斯无法得到比D点更好的消费组合。

我们的结论是，普鲁登斯效用最大化的消费和储蓄选择由D点表示，她的预算线与无差异曲线在该点相切。她的最佳当前消费是45 000，最佳未来消费是49 500。普鲁登斯对当前消费的选择自动决定了她的当前储蓄 s，s 等于她的当前收入减去她的最佳当前消费，即

$$s=y-c=42\,000-45\,000=-3\,000$$

因此，普鲁登斯选择透支3 000(使她的最初财富减少)。

□ 收入和财富变化对消费和储蓄的影响

本附录所建立的正式模型提供了一个有用的含义：当前收入、未来收入或财富的变化对消费的影响仅取决于这个变化如何影响消费者终生资源的现值。

当前收入的增加

假设普鲁登斯在工作中获得了12 000的奖金，从而使她的当前实际收入从42 000上升到54 000，她的最初资产（18 000)、未来收入（33 000）和实际利率（10%）均保持不变。因此，当前收入增加12 000意味着普鲁登斯终生资源的现值等量增加。如果普鲁登斯无须遵循她以前的消费-储蓄计划，基于当前收入的增加，普鲁登斯可能会怎样改变她的计划?

我们使用图4A-4来回答这个问题。在图4A-4中，BL^1 是普鲁登斯的最初预算线，D点代表普鲁登斯得到奖金前的最初消费计划。在D点，$c=45\,000$，$c^f=49\,500$。普鲁登斯的奖金使她现在和未来都可以消费得更多，所以她的收入增加使她的预算线发生移动。要明白预算线是怎样移动的，注意普鲁登斯的当前收入增加12 000意味着她的终生资源的现值也增加12 000。因为预算线的横轴截距位于 $c=PVLR$，这笔奖金使横轴截距向右移动了12 000。因为实际利率没有改变，所以预算线的斜率保持在 $-(1+r)=-1.10$ 不变。因此，当前收入增加12 000将使预算线向右平移12 000，从 BL^1 移动到 BL^2。

上述移动从图形上说明，在得到奖金后，普鲁登斯可以享受更多的当前消费和未来消费。普鲁登斯的一个策略是用所有的奖金使当前消费增加12 000，而未来消费不变，这由新的预算线 BL^2 上的K点表示；另一个策略是保持当前消费不变并把所有的奖金存起来，然后用奖金以及从奖金上获得的利息1 200使未来消费增加13 200，这由 BL^2 上的H点表示。

如果普鲁登斯有消费平稳化动机，她将使用奖金同时增加她的当前消费和（通过将一部分奖金储蓄起来）未来消费，于是她会选择 BL^2 上位于K点（将全部奖金消费掉）和H点（将全部奖金存起来）之间的一个点。如果她的无差异曲线如图4A-4所示，她将会移到J点，在该点，她的新预算线 BL^2 与无差异曲线 IC^{**} 相切。在J点，当前消费 c 是51 000，未来消费 c^f 是56 100，储蓄 s 是54 000－51 000＝3 000。J点的当前消费和未来消费均高于D点的消费（在D点，$c=45\,000$，$c^f=49\,500$)。因为她当前消费增加的6 000少于她当前收入增加的12 000，所以普鲁登斯在J点的储蓄3 000高于在D点的储蓄（在D点，她透支3 000)。这个例子说明，当前收入的增加使当前消费和未来消费均有所增长。

未来收入的增加

假设普鲁登斯并没有在当前阶段收到12 000的奖金，所以她的当前收入 y 仍然处于最初水平42 000。因为公司养老金制度的改善，普鲁登斯获知她的未来收入将增加13 200，所以 y^f 从33 000增加到46 200。这个好消息会怎样影响普鲁登斯的当前消费和储蓄呢?

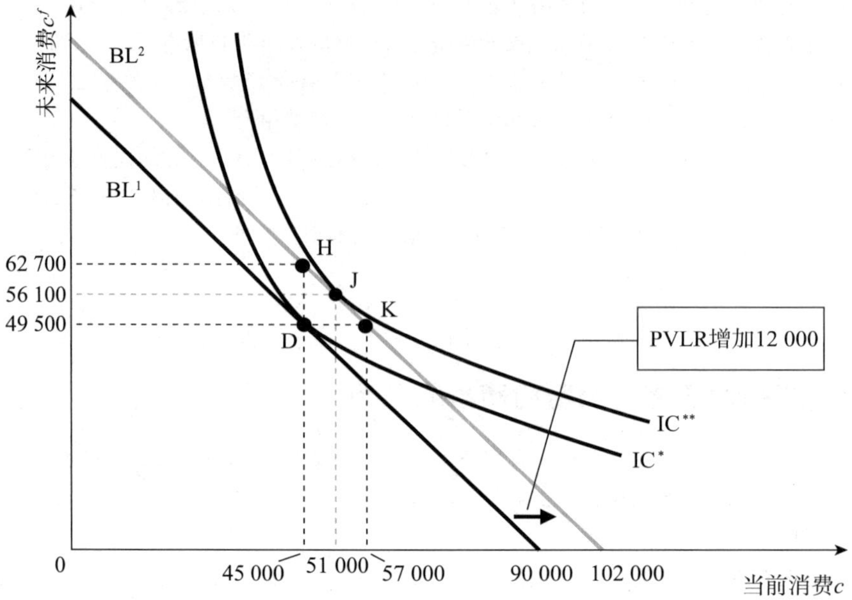

图 4A-4　收入或财富的增加

说明：使得普鲁登斯的 PVLR 增加 12 000 的当前收入、未来收入或财富的增加，使预算线向右平行移动了 12 000，从 BL^1 移动到 BL^2。如果普鲁登斯的最初消费计划是 D 点的消费水平，那么她可以将增加的资金全部花费在未来消费上，而当前消费不变，从而移动到 H 点；或者她可以移动到 K 点，即将所增加的资金全部花费在当前消费上，而未来消费不变。但是，如果普鲁登斯有消费平稳化动机，她则会移动到 J 点，此点的当前消费和未来消费都高于 D 点的值。因为 J 点位于新预算线 BL^2 与无差异曲线 IC^{**} 的切点上，所以它是最佳的。

假设实际利率为 10%，养老金制度的改善使普鲁登斯未来收入的现值增加 13 200/1.10，即 12 000。所以，与刚刚讨论的在当前阶段获得奖金的例子类似，养老金制度的改善使普鲁登斯的 PVLR 增加 12 000，并且使预算线向右平行移动了同样的数量。因此未来收入增加对当前消费和未来消费的影响与当前收入增加 12 000 的情形完全一致（图 4A-4 在这里同样适用）。

尽管当前收入增加与同等现值的预期未来收入增加对当前消费和未来消费的作用是一样的，但这些变化对储蓄的影响是不同的。我们在前面说明了当前收入增加会使储蓄增加。相比之下，因为未来收入的增加会使当前消费增加（在此例中增加 6 000），但对当前收入没有影响，所以未来收入的增加会导致储蓄下降（从－3 000 到－9 000，下降 6 000）。普鲁登斯知道，她在未来会得到更多的收入，于是她现在所需的储蓄的数量减少了。

财富的增加

财富的变化也会影响消费和储蓄。如同当前收入和未来收入的情形，财富的变化对消费的影响只取决于 PVLR 的变化量。例如，如果普鲁登斯在她的阁楼里发现了一个价值 12 000 的银行储蓄账户存折，她的 PVLR 会增加 12 000。为了说明这一情形，我们再次使用图 4A-4。普鲁登斯的财富增加使她的 PVLR 增加 12 000，因此使预算线向右移动了 12 000，即从 BL^1 移动到 BL^2。如前所述，她的最佳消费组合从 D 点（她发现存折前）移动到 J 点（她的财富增加后）。因为财富的增加提高了当前消费（从 D 点的 45 000 到 J 点的 51 000），但她的当前收入（42 000）不变，所以结果是储蓄下降（从 D 点的－3 000 到 J 点的－9 000）。普鲁登斯变得比较富有，所以她可以将相对少的当前收入储蓄起来以供未来消费（事实上，她的储蓄减少量在上升）。

前面的分析表明了当前收入、未来收入和最初财富的变化都会引起预算线的平行移动，并且移动量等于它们引起 PVLR 的变化量。经济学家使用收入效应来描述任何引起预算线平行移动的变化的效应。

持久收入理论

在我们的模型里，收入的暂时增长代表当前收入 y 增加，而未来收入 y^f 不变。持久的收入增长使当前收入 y 和未来收入 y^f 同时增加。因此，收入持久地增长一个单位比收入暂时地增长一个单位给 PVLR 带来的增长更大。因为收入的变化对消费的影响仅限于对终生资源的现值的影响，我们的理论推断是，收入持久地增加一个单位比收入暂时地增加一个单位使当前消费和未来消费增长得更多。

诺贝尔经济学奖得主米尔顿·弗里德曼（Milton Friedman）在 20 世纪 50 年代建立的消费和储蓄的**持久收入理论**（permanent income theory）着重强调了持久收入变化和暂时收入变化的不同效应。他指出，在我们这里所讨论的模型的多阶段版本中，收入应该只通过终生资源的现值对消费产生影响。由于持久收入变化会持续许多阶段，因此它对消费的影响可能远远大于暂时收入变化的影响。其结果是，暂时的收入增长大部分将被储蓄起来，而持久的收入增长大部分将被消费。①

多阶段的消费和储蓄：生命周期模型

两阶段模型表明，大部分的储蓄是为了支付退休后的花销。然而，这个模型并没有反映一个消费者的终生收入和消费模式的其他重要方面。例如，在一个人的大部分工作时期，其收入通常会增加，而人们的储蓄除了用于退休支出外还存在其他目的。由诺贝尔经济学奖得主弗兰科·莫迪利安尼（Franco Modigliani）及其助手建立的消费和储蓄的**生命周期模型**（life-cycle model），将模型从两个阶段扩展到多个阶段，并集中研究了一个人生命中的收入、消费和储蓄模式。

图 4A－5 说明了生命周期模型的核心。图 4A－5(a) 描绘了一个普通消费者在各年龄段的收入和消费模式，其中，年龄阶段从 20 岁（经济独立的大概年龄）延伸到 90 岁（估计的死亡年龄）。图 4A－5(a)体现了两个重要方面。

首先，一般的工作者都会经历实际收入稳步增长的阶段，其收入通常在五六十岁达到顶峰。在退休后，收入（减去之前储蓄所赚取的利息）会急剧下降。

其次，终生的消费模式比收入更加平稳，这与前面讨论的消费平稳化动机一致。尽管图 4A－5(a) 中的消费曲线是直线，但在现实中，消费随年龄有所变动。例如，养育子女时期的消费会有所提高。使用生命周期模型研究消费和储蓄的一个优点是，这个模型经简单修改可适用于对各种终生收入和消费模式的分析。

图 4A－5(b) 所呈现的终生消费模式是图 4A－5(a) 中收入曲线和消费曲线之差。这个驼峰形的总体模式已由实证研究证实。在工作初期收入较低时，储蓄最少，甚至为负；当工作者处于五六十岁收入最高时，储蓄达到最大值；退休后，当消费者支取所积累的财富来满足生活花销时，储蓄逐渐减少。

驼峰形消费模式的一个重要含义是，国家的储蓄率取决于一个国家人口的年龄分布。人口异常年轻或异常老龄化的国家的储蓄率较低，而较多人口处于中年的国家的储蓄率较高。

遗产和储蓄

我们一直假设消费者的计划是在他的终生将其所有的财富和收入全部花掉，不留任何财富给后代。在现实中，许多人都要将遗产留给他们的子女、慈善机构和其他人。与他们要在一生中消费所有的财富相比，如果消费者想要留下遗产，他们就会比将财富全部消耗掉时要消费得少一些，储蓄得多一些。

---

① 弗里德曼还率先为这个理论提供了一些实证证据。例如，他发现务农家庭对于收入变化的反应平均低于非农家庭的反应。弗里德曼对此的解释是，因为农场的收入严重依赖于天气和农作物价格，而这两者的变动都很剧烈，所以农产品收入的变化相较于非农收入的变化更可能是暂时的。农产品收入的当前变化对终生资源的现值的影响比较小，因此对当前消费的影响也比较小。

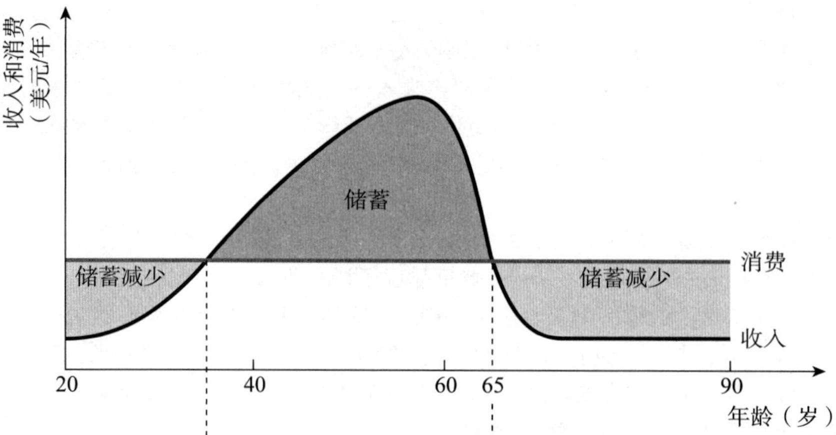

（a）

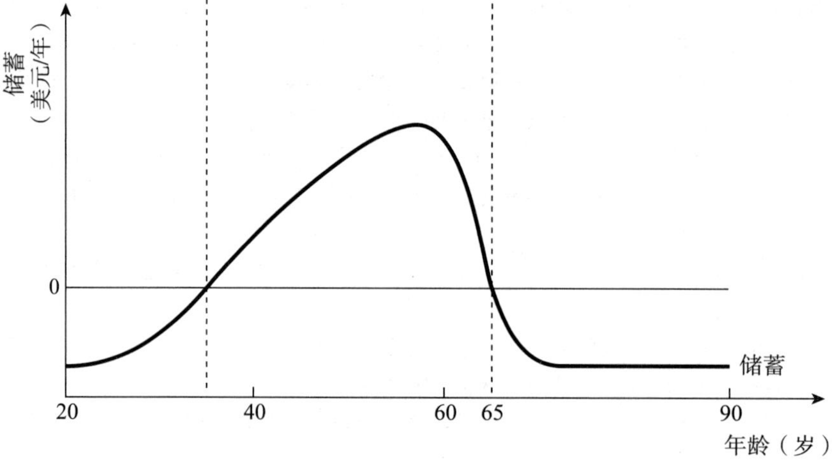

（b）

图 4A－5　生命周期中的消费、收入和储蓄

说明：（a）该图描绘了与各年龄段相对应的收入和消费。在一个人的大部分工作时期，其收入通常会增加，并且在退休前达到顶峰。消费平稳化动机意味着在整个生命周期，消费的变化小于收入的变化。这里的消费是恒定的。

（b）储蓄是收入和消费的差额。储蓄的模式是驼峰形。在一个人的工作初期，消费大于收入，所以储蓄是负的。在中间时期，储蓄为正；收入中超过支出的部分用来偿还之前的债务和为退休提供资金。退休后，人们的储蓄逐渐减少。

李嘉图等价定理

我们的模型分析中一个重要的结论就是，收入或财富对意愿消费的影响程度仅限于对消费者终生资源的现值的影响。在第 4 章讨论的李嘉图等价定理的拥护者们指出，如果政府的当前采购和未来采购不变，当前税收的变化不会影响消费者的终生资源的现值，从而也不应该影响意愿消费 C^d，或意愿国民储蓄 $Y-C^d-G$。

为说明这个观点，假设政府对普鲁登斯的征税减少 300。这个减税使普鲁登斯的当前收入增加 300，从而（其他因素不变）促使她增加消费。但是，因为政府的收入减少 300，而其支出不变，所以政府向大众（每个纳税人）的借贷必须增加。另外，政府必须为其借贷支付利息。例如，如果政府必须为其债务支付的实际利率是 10%，在未来阶段，政府的负债将会比没有减税时增加 330。

作为纳税人，普鲁登斯最终要对政府的债务负责。假设政府决定要在未来阶段偿还其借款和累计的利息（第 15 章将讨论政府的负债由普鲁登斯的后代来负责偿还的情形）。要偿还其负债和利息，政府必须在未来阶段增加 330 的税收，所以普鲁登斯的预期未来收入减少 330。那么总体而言，政府的税收政策使普鲁登斯的当前收入增加 300，但也使其未来收入减少 330。按 10%的实际利率计算，未来收入变化的现值是－300，这与当前收入增加的 300 相互抵消。因此，在减税的情况下，普鲁登斯的终生资源的现值不变，（如李嘉图等价定理表明的）她也应该不会改变当前消费。

过度敏感和借贷约束

各种研究已经证实，消费受当前收入、未来收入和财富的影响，并且持久的收入变化比暂时的收入变化对消费的影响更大——所有这些结果都隐含在我们的模型之中。然而，一些研究表明，与基于当前收入变化对终生资源的现值的影响所预测的消费变化相比，消费对当前收入变化的反应更强烈。消费对当前收入的反应比模型所预测的更强烈的倾向叫作消费对当前收入过度敏感。

对于过度敏感的一个解释是，人们比我们的模型里所假设的更短视，因而当前收入增长中消费掉的比例比模型预测的要高。另一个更接近模型本质的解释是，人们可以借贷的数量是有限的。由出借方规定的一个人以其未来收入为担保的贷款数量的限制叫作**借贷约束**（borrowing constraint）。

借贷约束对消费-储蓄决策的影响取决于在没有借贷限制的情况下，消费者是否想借款。如果即使可以借款，消费者也不想借款，则借贷约束被称为无约束性的。当消费者想借款，但借贷约束限制他的行为时，借贷约束被称为有约束性的。一个面对有约束性的借贷约束的消费者会将所有的当前收入和财富花费在当前消费上，从而最大限度地接近在无借贷约束情况下所期望的消费组合。这样的消费者会将当前收入的增长全部花掉。因此，对于一个面对有约束性的借贷约束的消费者来说，当前收入的增加对当前消费的影响将会大于我们的简单模型所预测的在无借贷约束情况下的影响。用宏观经济术语来讲，这个结果意味着，如果大部分消费者面对有约束性的借贷约束，那么消费总量对收入总量增加的反应大于我们的基本模型所预测的在无借贷约束条件下的反应。换言之，如果借贷约束存在，那么消费对当前收入可能会过度敏感。①

□ 实际利率与消费-储蓄决策

要探讨实际利率变化对消费和储蓄的影响，我们回到两阶段模型和普鲁登斯的例子。回想一下，普鲁登斯的当前收入 y 是 42 000，未来收入 y^f 是 33 000，最初财富 a 等于 18 000，并且她面对的实际利率 r 是 10%。她的预算线与图 4A－1 中的相同，在图 4A－6 中表示为 BL^1。现在，我们研究出于某种原因，实际利率从 10%上升到 76%时的情况。②

实际利率和预算线

要理解普鲁登斯的预算线是怎样受实际利率上升影响的，我们首先考虑预算线 BL^1 上的 E 点。E 点的特殊之处在于，它是预算线上唯一满足当前消费等于当前收入加上最初财富（$c=y+a=$ 60 000），并且未来消费等于未来收入（$c^f=y^f=$33 000）的点。如果普鲁登斯选择这个消费组合，她既不用借款（她的当前收入和最初财富恰好足够支付她的当前消费），也没有任何当前财力可以储存在（借给）银行。因此，E 点是**无借贷点**（no-borrowing，no-lending point）。因为 E 点既不包括借款也不包括出借资金，因此无论实际利率如何，普鲁登斯都可以选择它所代表的消费组合。因此，当实际利率变化时，这个无借贷点始终停留在预算线上。

---

① 尽管我们没有办法计算有多少消费者受借贷的限制，但一些研究估计，要对所观察到的消费和当前收入之间的关系做出解释，每年美国应该有 20%～50%的消费者面临借贷约束。例如，见 John Y. Campbell and N. Gregory Mankiw，"Consumption，Income，and Interest Rates：Reinterpreting the Time Series Evidence，" in O. Blanchard and S. Fischer，eds.，*NBER Macroeconomics Annual*，Cambridge Mass.：MIT Press，1989；以及 Robert E. Hall and Frederic S. Mishkin，"The Sensitivity of Consumption to Transitory Income：Estimates from Panel Data on Households，" *Econometrica*，March 1982，pp. 461－481。

② 76%的实际利率并不现实，但假设这个大幅度的变化可以使效果更加明显。

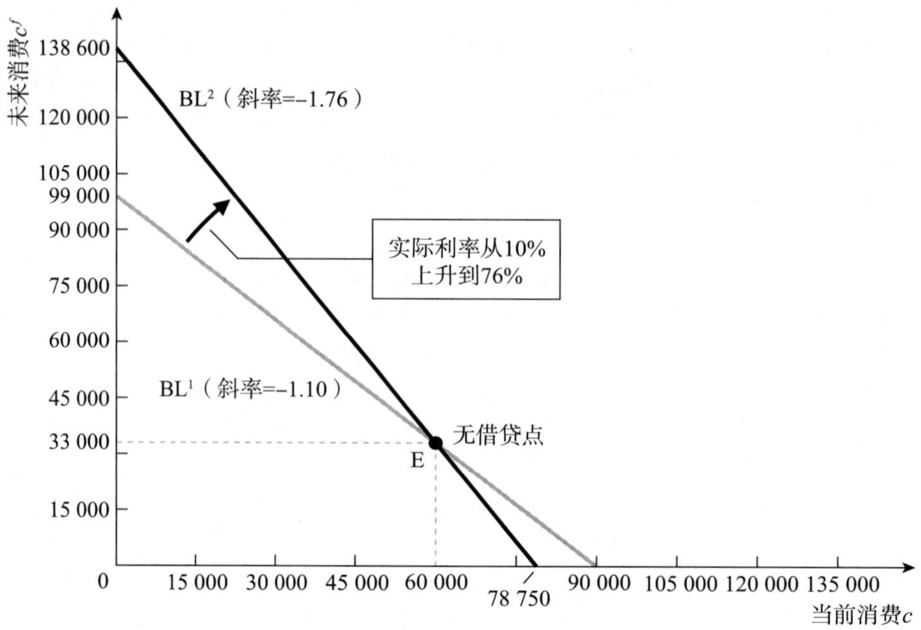

图 4A－6　实际利率上升对预算线的影响

说明：该图呈现了实际利率 r 从 10%上升到 76%对普鲁登斯的预算线的影响。因为预算线的斜率是$-(1+r)$，并且最初的实际利率是 10%，所以普鲁登斯最初的预算线斜率是－1.10，最初的预算线 BL^1 经过无借贷点 E，该点代表了普鲁登斯将所有的当前收入和财富用于当前消费的消费组合。因为实际利率变化时，E 点仍然可行，所以 E 点也位于新的预算线 BL^2 上。然而，BL^2 的斜率是－1.76，这反映了实际利率上升到 76%的变化。因此，较高的实际利率使预算线以无借贷点为中心，按顺时针方向旋转。

接下来，回想预算线的斜率是$-(1+r)$。当实际利率 r 从 10%跃升到 76%时，预算线的斜率从－1.10变为－1.76。这就是说，新的预算线变得更陡峭。因为预算线虽然变得陡峭，但仍然经过无借贷点 E，所以预算线以 E 点为中心顺时针旋转。

替代效应

正如我们在第 4 章所讲到的，当前消费相对于未来消费的价格是 $1+r$。这是因为，如果普鲁登斯现在使她的当前消费增加一个单位，进而使她的储蓄减少一个单位，则她的未来消费就不得不减少$1+r$个单位。当实际利率上升时，当前消费相对于未来消费变得更加昂贵。作为对这个当前消费相对价格上升的反应，普鲁登斯将通过增加储蓄，用未来消费取代当前消费。储蓄的增加反映了第 4 章中介绍的实际利率对储蓄的替代效应。

替代效应从图形上可以由图 4A－7 表示。最初，实际利率是 10%，预算线是 BL^1。现在假设普鲁登斯的偏好使 BL^1 与无差异曲线 IC^1 相切于无借贷点 E。① 在 10%的实际利率上，普鲁登斯会选择 E 点的消费组合。

当实际利率从 10%上升到 76%时，预算线顺时针旋转到 BL^2。因为普鲁登斯的最初消费点（无借贷点 E）也位于新的预算线 BL^2 上，在实际利率上升后，她可以选择继续留在 E 点，并且享受同样的当前消费和未来消费组合。然而，BL^2 上临近 E 点的其左上方的点位于 IC^1 的右上方。普鲁登斯可以选择这些点所代表的消费组合，并且可以获得比 E 点的效用更高的效用。在 BL^2 上的 V 点处，无差异曲线 IC^2 与 BL^2 相切，普鲁登斯由此可以获得最大的效用水平。作为对当前消费相对价格上升的反应，普鲁登斯将她的当前消费从 60 000 减少到 51 000，在 BL^2 上从 E 点移动到 V 点。她在 E 点和 V

① 注意，图 4A－7 中的普鲁登斯无差异曲线与图 4A－4 中的不同。

点之间当前消费减少 9 000 等同于储蓄增加 9 000。在 E 点和 V 点之间的储蓄增加反映了较高的实际利率对储蓄的替代效应。

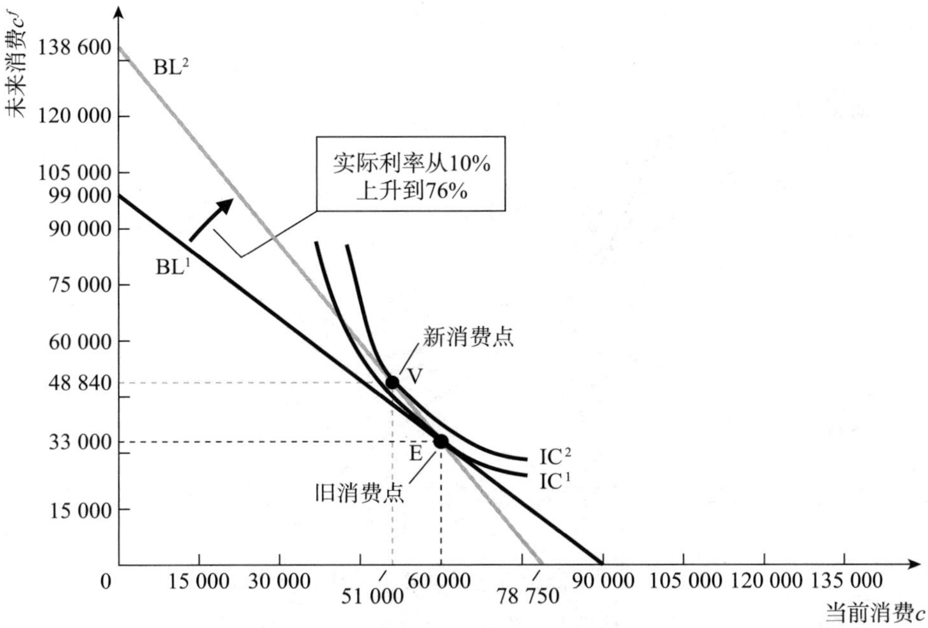

图 4A－7　实际利率上升的替代效应

说明：我们假设普鲁登斯的偏好是当实际利率为 10%时，她选择最初的预算线 BL^1 上的无借贷点 E 的消费组合。E 点也位于无差异曲线 IC^1 上。如图 4A－6 所示，实际利率上升到 76%，导致预算线从 BL^1 顺时针旋转到 BL^2。通过用未来消费替代当前消费，普鲁登斯可以沿着新的预算线 BL^2 达到位于 IC^1 右上方的点。这些点代表的消费组合提供了比 E 点代表的消费组合更高的效用。通过移动到 V 点，她可以获得最大效用，在此点，新预算线 BL^2 与无差异曲线 IC^2 相切。从 E 点移动到 V 点，当前消费的减少（9 000）以及储蓄同量的上升反映了实际利率上升的替代效应。

收入效应

如果普鲁登斯的当前消费最初等于她的当前财富（当前收入加上最初财富），所以她既不是出借人也不是借款人，那么实际利率的变化对她的储蓄只会产生替代效应，如图 4A－7 所示。但是，如果她的当前消费最初不等于她的财富，那么实际利率的上升对储蓄还有一个收入效应。正如我们在第 4 章所讨论的，如果普鲁登斯最初拥有储蓄（即普鲁登斯为出借人），她的当前消费少于她的当前财富（当前收入加上最初财富），那么实际利率的上升使她未来可得到的利息收入增加，从而使她的财务状况得以改善。出于对未来收入增加的反应，她会增加当前消费，并且减少储蓄。另外，如果普鲁登斯最初是一个借款人，她的当前消费超过她的当前财富，那么实际利率的上升会使她未来要支付的利息增加。因为要在未来支付更高的利息，普鲁登斯的总体财务状况相对变差，从而导致她减少当前消费。因此，对于一个借款人，实际利率上升的收入效应使当前消费减少，储蓄增加。

替代效应和收入效应同时起作用

假设普鲁登斯是出借人，图 4A－8 说明了实际利率上升对普鲁登斯的储蓄的全部影响，包括替代效应和收入效应。如前所述，实际利率为 10%时，普鲁登斯的最初预算线是 BL^1。现在，我们假设普鲁登斯的偏好是 BL^1 与无差异曲线 IC^1 的切点 D。因此，当实际利率为 10%时，普鲁登斯计划的当前消费为 45 000，未来消费为 49 500。她的当前财富等于 60 000（当前收入 42 000 加上最初财富 18 000），所以如果她享受 45 000 的当前消费，那么她将有 15 000 的财富可以出借。她所选择的 D 点位于无借贷点 E 的左侧（D 点的当前消费低于 E 点），表明普鲁登斯是出借人。

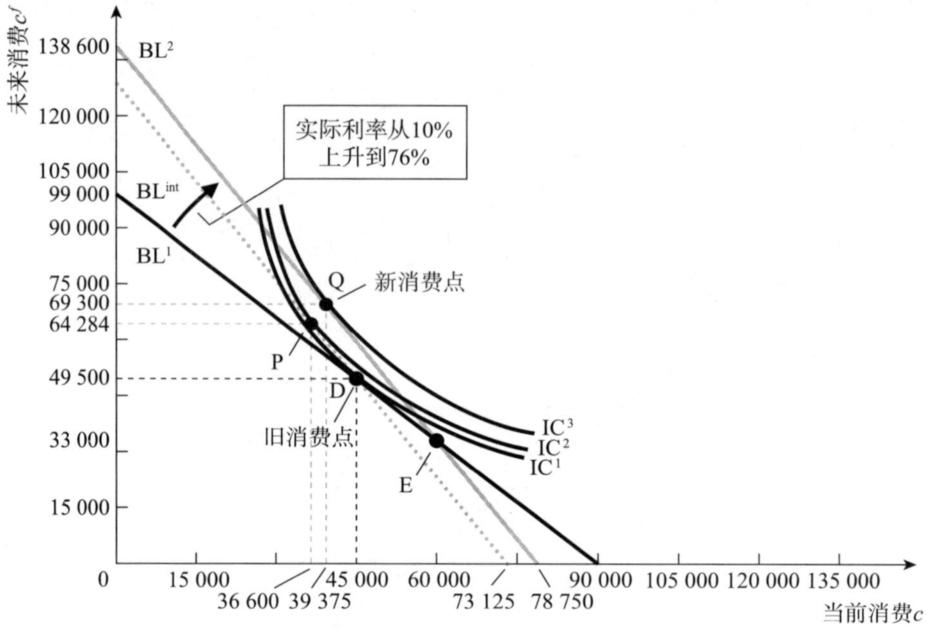

图 4A-8　实际利率上升的收入效应和替代效应

说明：我们假设普鲁登斯最初的消费位于最初预算线 BL^1 上的 D 点。实际利率从 10%上升到 76%，使预算线从 BL^1 顺时针旋转到新的预算线 BL^2。我们将整个预算线的移动分成两个部分：①以最初消费组合点 D 为中心顺时针旋转，从而得出一条辅助预算线 BL^{int}；②从 BL^{int}平行移动到最终的预算线 BL^2。从最初的消费 D 点移动到 BL^{int}上的 P 点衡量的是替代效应，从 P 点移动到 BL^2 上的 Q 点衡量的是收入效应。此图显示的是替代效应大于收入效应，从而总体效应是消费减少，储蓄增加。

如前所述，实际利率从 10%上升到 76%，使普鲁登斯的预算线以无借贷点 E 为中心顺时针旋转到 BL^2。要将实际利率上升的替代效应和收入效应分离开，我们将预算线从 BL^1 到 BL^2 的移动想象成两个步骤。

第一步，想象最初的预算线 BL^1 以普鲁登斯的最初消费组合点 D 为中心顺时针旋转到与新的预算线 BL^2 平行（即斜率为−1.76），所得到的辅助预算线是图中的虚线 BL^{int}。第二步，想象 BL^{int}向右平行移动到 BL^2。

普鲁登斯的储蓄和当前消费对实际利率上升的反应也可以分成两个部分。第一，考虑她对预算线以 D 点为中心从 BL^1 旋转到 BL^{int}的反应。如果这是普鲁登斯的预算线的唯一变化，她将沿 BL^{int}从 D 点移动到 P 点（c=36 600，c^f=64 284）。在 P 点，她的储蓄比 D 点高，享受的当前消费比 D 点低。普鲁登斯在 D 点和 P 点之间储蓄的增加衡量了实际利率上升对储蓄的替代效应，如图 4A-7 中从 E 点到 V 点的移动。

第二，考虑从 BL^{int}到 BL^2 的平行移动。新的预算线 BL^2 与无差异曲线 IC^3 相切于 Q 点，所以普鲁登斯将选择 Q 点的消费组合。Q 点的当前消费和未来消费比 P 点高，而储蓄比 P 点低。P 点和 Q 点之间当前消费的增加和储蓄的减少反映了实际利率上升的收入效应。因此，如前所述，导致预算线平移的变量发生变化时会出现收入效应。

图 4A-8 中从 D 点到 Q 点的储蓄变化描述了实际利率上升中所产生的普鲁登斯的消费和储蓄的总变化。这个变化是从 D 点移动到 P 点储蓄的增加所衡量的替代效应和从 P 点移动到 Q 点储蓄的减少所衡量的收入效应的总和。在图 4A-8 中，最终点 Q 的当前消费低于初始点 D 的当前消费，储蓄高于初始点 D 的储蓄。但是，我们同样可以轻而易举地画出使最终点 Q 的储蓄低于初始点 D 的储蓄的曲线。因此，从理论上无法预测实际利率上升时普鲁登斯的储蓄将会上升还是下降，原因在于对于

出借人而言，收入效应和替代效应的作用是相反的。

正如我们在第 4 章所讨论的，对于借款人，收入效应和替代效应的作用是同向的（第 4 章的分析题第 6 题要求你解释这个结论）。对于借款人而言，较高的实际利率使储蓄更值得（同样，它使当前消费的相对价格升高），所以他倾向于增加储蓄（替代效应）。因为一个借款人支付利息而不是收取利息，较高的实际利率使他相对贫穷，因此他消费更少且储蓄更多。

总之，两阶段模型表明，实际利率的上升使借款人的储蓄增加。然而，因为收入效应和替代效应相互矛盾，经济理论无法确定实际利率对出借人储蓄的影响。正如我们在第 4 章所探讨的，实证研究表明，实际利率的上升倾向于使意愿国民储蓄增加，尽管作用不是十分明显。

第 5 章

开放经济中的储蓄与投资

学习目的：

- 解释国际收支账户
- 讨论开放经济中的产品市场均衡
- 讨论小型开放经济中影响储蓄和投资以及经常账户余额的因素
- 讨论大型开放经济中影响储蓄和投资以及经常账户余额的因素
- 分析政府财政赤字和经常账户赤字的关系

现代的经济体几乎毫无例外都是开放经济，这意味着这些经济体间存在着商品和服务的国际贸易以及国际借贷。每个普通人都可以从经济开放中获得巨大的利益。因为美国的经济是开放的，所以美国的消费者可以享用来自世界各地的产品（日本的 MP3 播放器、意大利的皮鞋以及爱尔兰的羊毛制品），并且美国的商业可以为其产品（计算机、牛肉、金融服务）在国外找到新的市场。类似地，金融市场的国际化意味着美国的储蓄者在投资于国内的同时，也有机会购买德国政府债券或中国公司的股票，而想要为其项目融资的美国公司可以从纽约获得资金，同时可以向伦敦或日本市场借款。

除了经济多样化和提供各种机会，经济的开放也带来了另一个重要的含义：在一个开放经济中，一个国家每个时期的支出不一定等于其产出。而在没有国际贸易和国际借贷的封闭经济中，这种相等的关系是必需的。通过使进口量大于出口量，并从国外借款来支付这个差额，一个开放经济中的居民可以暂时使其消费高于其产出水平。

开放经济中的消费可以高于其产出水平，这既带来了机遇，也带来了潜在的问题。例如，通过从国外借入资金（以及通过向国外投资者出售美国的资产），美国在 20 世纪 80 年代、90 年代和 21 世纪初得以大量地为进口超过出口的部分融资。结果是，美国人可以享受更高的消费、投资和政府采购；然而，同时国外债务也产生了，这对于美国经济来说可能会成为未来的一个负担。

为什么各国有时候从国外借款来支付进口高于出口的部分，但有时出口又会高于进口，并将差额贷给其他国家？为什么各国不保持账面平衡，使每年的进口量等于出口量？正如我们在本章中将会解释的，决定一个国家贸易状况的根本因素是该国的储蓄和投资决策。因此，尽管这里所介绍的贸易余额和国际借贷看上去与第 4 章所讲的毫无联系，但其实这两组问题是紧密相连的。

要解释意愿国民储蓄和意愿投资是怎样决定国际贸易和借贷的模式的，我们延伸了储蓄-投资图所描述的产品市场均衡，使其包括外贸部门。我们将要阐明，与封闭经济的情形不同，在一个开放经济里，意愿国民储蓄和意愿投资并不一定相等。相反，我们将会说明，当一个国家的意愿国民储蓄高于其意愿投资时，该国在国际资本市场上将是出借者，并且将有经常账户盈余。类似地，当一个国家的意愿国民储蓄低于其意愿投资时，该国将是一个国际借款者，并且将有经常账户赤字。

通过强调储蓄和投资，我们建立了本书这个部分的重要主题。但是，在关注储蓄和投资的作用的同时，我们也忽略了其他影响国际贸易和借贷的因素。这些因素中最重要的是汇率，即国内货币与国外货币的交换比率。我们将在第 13 章详细讨论开放经济中的汇率及其作用。

5.1 国际收支账户

要考察影响国际贸易和借贷的因素，首先要理解基本的国际收支账户。作为第 2 章里讲到的国民收入账户的一部分，**国际收支账户**（balance of payments accounts）是一个国家国际交易的记录。（本章的“数据获取与研究前沿：国际收支账户”包含了国际收支账户的结构以及如何找到有关数据的信息。）在阅读这个部分的时候，你应该参考表 5-1 中 2014 年美国的国际收支账户。

表 5-1　2014 年美国的国际收支账户　单位：10 亿美元

	经常账户			
商品和服务的净出口（NX）			**−508.3**	
商品和服务的出口		2 343.2		
商品	1 632.6			
服务	710.6			
商品和服务的进口		2 851.5		
商品	2 374.1			
服务	477.4			
国外净收入（等于 NFP）			**238.0**	
国外收入		823.4		
支付给外国居民的收入		585.4		
单边净转移支付*			**−119.2**	
经常账户余额（CA）				**−389.5**
	金融账户			
金融账户				
金融净流入			**185.3**	
美国在国外资产的增加值（金融流出）		792.1		
美国官方储备资产	−3.6			
其他外国资产	795.7			

外国在美国资产的增加值（金融流入）		977.4	
外国官方资产	100.4		
其他外国资产	877.0		
金融衍生品，净值**			**54.4**
金融账户余额（FA）			**239.6**
统计误差			**149.9**
备忘录			
商品和服务余额（贸易余额）			−508.3
商品、服务和收入余额			−270.3
官方结算余额＝收支余额			
＝美国官方储备资产的增加－外国官方储备资产的增加＝－3.6－100.4			−104.0

说明：由于四舍五入的原因，各值总和可能会与总额不符。

* 单边净转移支付包括二级收入（收入转移）和资本账户（资产转移）的余额。资本账户通常很小。

** 美国经济分析局表1中的正负号已经去掉，正数代表美国国内外国资产净增长（流入）。

资料来源：可从美国经济分析局官网下载。“U. S. International Transactions: First Quarter 2015 and Annual Revisions,” Table 1, BEA news, and International Transactions Accounts, Table 9.1。

□ 经常账户

经常账户（current account）衡量一个国家当前所生产的商品和服务的交易以及国家间的单边转移支付。为方便起见，我们将经常账户分成三个部分：①商品和服务的净出口；②国外净收入；③单边净转移支付。

商品和服务的净出口　作为以支出法衡量 GDP 的一个组成部分，我们在第2章讨论了净出口 NX 的概念，即出口减进口。在这里，我们要指出的是，净出口通常被分成两类：商品和服务。

国际贸易中的商品包括美国大豆、法国香水、巴西咖啡和日本汽车等。例如，当一个美国人购买了一辆日本汽车时，对美国来说，这笔交易在美国记为进口商品，在日本记为出口商品。

国际贸易中的服务包括交通运输、旅游、保险、教育以及金融服务等。本章的“应用：全球化对美国经济的冲击”将讨论商务服务的贸易。例如，当一个美国家庭在墨西哥度过一周的假期时，这个家庭在住宿、餐饮以及观光游览等方面发生的花销在美国的经常账户中以旅游服务的进口计入。这个家庭的花销对于墨西哥来说是旅游服务的出口。类似地，当一个外国学生在美国上大学时，她支付的学费被纳入美国服务的出口，而对于她自己的国家则是服务的进口。

数据获取与研究前沿

国际收支账户

美国国际收支账户中国际交易的数据每季度由美国经济分析局发布。美国经济分析局在数据所属季度末的1个半月到2个月后公布数据，具体的数据在《当前商业综览》

(*Survey of Current Business*)的1月、4月、7月和10月刊和官网中公布。近年来,国际收支账户数据在每年6月会重新修订一次,以反映更完整的信息,这些修订在《当前商业综览》的7月刊中公布。类似表5-1中的概要数据会出现在各种出版物里,包括圣路易斯联邦储备银行的FRED数据库和每年2月发布的《总统经济报告》。国际收支账户数据也可通过在美国经济分析局的官网中点击"International"得到。

尽管国际收支账户数据的完整信息是按季度公布的,但账户中的一些组成部分是按月公布的。最著名的例子是贸易余额,它等于商品和服务的出口减去商品和服务的进口。这些数据最初由美国人口普查局编撰(然后被传送给美国经济分析局),这些数据主要是建立在美国海关总署(U.S. Customs Service,负责监控商品流入和流出本国的政府机构)所提供的信息的基础上。近年来,美国人口普查局还同美国主要贸易伙伴的数据统计机构进行磋商,交换关于贸易流动的信息。相互交换贸易信息的一个好处是,它可以让美国人口普查局找出例如加拿大所估计的从美国的进口是否与美国估计的向加拿大的出口一致的信息。当然,从本质上讲,这两个数值应该相等。

要了解更多的信息,参见美国经济分析局于2014年7月出版的《美国国际经济账户:概念和方法》(*U.S. International Economic Accounts: Concepts and Methods*)。以上信息也可以在其官网上找到。

国外净收入 国外净收入等于国外收入减去本国支付给其他国家居民的收入。它几乎等于第2章里讨论的国外净要素支付(NFP)。[①] 在这里,我们将忽略NFP和国外净收入间的差别,把它们看作相同的概念。

流入一个国家的收入由在国外工作的本国国民收到的报酬和来自国外资产的投资收入组成。国外资产的投资收入包括本国国民从他们在国外所拥有的资产(例如债券、股票和专利)上获得的利息、红利、版税和其他收益。例如,一个美国储蓄者从她所拥有的法国政府债券上所获得的利息,或一个美国公司从其国外分公司获得的利润,这些都属于国外收入。

从一个国家流出的收入支付由付给在本国工作的外国国民的报酬和向拥有本国资产的外国人所做的支付组成。例如,一个美国公司付给暂居美国的瑞典工程师的工资,或一个美国汽车公司付给持有该公司股票的墨西哥人的红利,这些都是给外国国民的收入支付。

单边净转移支付 **单边转移支付**(unilateral transfers)是从一个国家流向另一个国家,不涉及任何商品、服务或资产购买的支付。例如,官方国外援助(一个政府付给另一个政府的资金)或一国国民给住在其他国家的家庭成员的汇款。一个国家的单边净转移支付等于该国所得到的转移支付减去流出该国的转移支付。表5-1所列的负单边净转移支付表明美国对于其他国家是净捐赠国。

经常账户余额 将商品和服务的净出口、国外净收入和单边净转移支付相加,得出的就是**经常账户余额**(current account balance)。如果经常账户余额为正,则该国有经常账户盈余。如果经常账户余额为负,则该国有经常账户赤字。如表5-1所示,在

① 国外净要素支付体现在国民收入和产品账户(NIPA,简称国民收入账户)中,国外净收入体现在国际收支账户(BPA)中。美国经济分析局会公布一个"对照表格"(《当前商业综览》中美国经济分析局当前和历史数据的附录部分)来说明NIPA和BPA的细微差别。

2014 年，美国的经常账户赤字为 3 895 亿美元，等于商品和服务的净出口（NX＝－5 083 亿美元）、国外净收入（2 380 亿美元）和单边净转移支付（－1 192 亿美元）的总和。

□ 金融账户

有关不动产和金融资产的国际交易，记录在**金融账户**（financial account）里，这个账户包括一个资本账户和一个金融账户。（在 1999 年 7 月前，这个账户被称为资本账户，所以要注意，如果你使用的数据来源于 1999 年前的出版物，那么资本账户就是现在的金融账户。即使是当前的许多讨论也会用资本账户来指代金融账户。）当美国公司或居民将资产卖给另一个国家时，例如一个美国的酒店被卖给意大利投资者，这个交易对于美国来说是外国人持有的美国资产增加。因为购买酒店的资金流入了美国，这个交易对于美国是**金融流入**（financial inflow）。类似地，当一个国家从国外购买资产时，如美国居民在瑞士开立一个银行账户，这个交易涉及从美国的**金融流出**（financial outflow），并记录为美国拥有的国外资产增加。

金融账户余额（financial account balance）等于美国金融流入的价值减去金融流出的价值。当一个国家的居民卖给外国人的资产多于他们向外国人买入的资产时，金融账户余额为正，金融账户出现盈余。当一个国家的居民向外国人购买的资产多于他们卖出的资产时，金融账户余额为负，金融账户出现赤字。表 5－1 表明，2014 年美国居民所持有的外国资产（忽略单边转移支付的资产）增加了 7 921 亿美元，而外国人所持有的美国资产增加了 9 774 亿美元。因此，美国 2014 年的净资金流量为 1 853 亿美元（9 774 亿美元减去 7 921 亿美元）。将净资金流量加上金融衍生品的净变化量可得出 2014 年的金融账户余额为 2 396 亿美元。

国际收支余额 在表 5－1 中，有一组金融账户交易——官方储备资产的交易——从其他账户中分离出来了。这些交易与其他金融账户交易的不同之处在于，它们是由中央银行（例如美联储）进行的交易。中央银行是决定国家货币供给的官方机构。由中央银行持有的**官方储备资产**（official reserve assets）是除了国内货币或证券以外可以用于国际支付的资产。从历史上讲，黄金是主要的官方储备资产，但现在中央银行的官方储备也包括主要工业化国家的政府证券、国外银行存款和国际货币基金组织的特殊资产。

中央银行可以通过在公开市场上买卖储备资产来改变它们所持有的官方储备资产数量。例如，美联储可以用美元购买黄金来增加资产储备。根据表 5－1（“美国官方储备资产”一行），美国中央银行在 2014 年卖出了 36 亿美元的官方储备资产。[①] 同一年，外国中央银行持有的美元储备资产增加了 1 004 亿美元（见“外国官方资产”一行）。**国际收支余额**（balance of payments）是一个国家官方储备资产的净增加值（国内减国外）。如果一个国家在某一年持有的净官方储备增加，则该国有国际收支盈余；如果一个国家持有的净官方储备减少，则该国有国际收支赤字。2014 年，美国的国际收支余额是－1 040 亿美元（等于美国官方储备资产增加的－36 亿美元减去外国美元储备资产增加的 1 004 亿美元）。因此，美国在 2014 年的国际收支赤字为 1 040 亿美元。

在本章所讨论的问题里，经常账户余额与金融账户余额比国际收支余额的角色更重

---

① 注意，金融账户的负值代表的是金融流出，即资产的购买。

要。我们将在第 13 章讨论汇率的决定时再解释国际收支余额对宏观经济的重要性。

□ 经常账户与金融账户之间的关系

国际收支核算原理包含了经常账户与金融账户之间的紧密关系。扣除衡量问题带来的误差，在每个时期，经常账户余额与金融账户余额之和一定为零。这就是说，如果

CA＝经常账户余额

FA＝金融账户余额

那么

$$CA+FA=0 \tag{5-1}$$

式（5－1）成立的原因在于，每一笔国际交易都会涉及国家间的商品、服务或资产的交换。而交换的双方对于经常账户余额与金融账户余额的总和 CA＋FA 来说，永远具有相互抵消的作用。因此，经常账户余额与金融账户余额的总和一定为零。

表 5－2 有助于说明这一点。假设一个美国人购买了一件英国进口毛衣，并为此支付了 75 美元。整个交易对于美国是商品进口，因此使美国经常账户余额减少了 75 美元。但是，出售这件毛衣的英国出口商持有了 75 美元，他会怎么做呢？存在着几种可能，每一种可能都会抵消毛衣购买对经常账户余额与金融账户余额的总和所产生的作用。

表 5－2　经常账户余额和金融账户余额总和为零：实例（美国国际收支账户数据）

例 1　美国从英国进口 75 美元的毛衣，英国从美国进口 75 美元的电脑游戏	
经常账户	
出口	＋75 美元
进口	－75 美元
经常账户余额（CA）	0
金融账户	
无交易	
金融账户余额（FA）	0
经常账户余额和金融账户余额的总和（CA＋FA）	0
例 2　美国从英国进口 75 美元的毛衣，英国从美国购买 75 美元的债券	
经常账户	
进口	－75 美元
经常账户余额（CA）	－75 美元
金融账户	
金融流入	＋75 美元
金融账户余额（FA）	＋75 美元
经常账户余额和金融账户余额的总和（CA＋FA）	0

例 3　美国从英国进口 75 美元的毛衣，美联储将相当于 75 美元的英镑卖给英国银行

经常账户	
进口	−75 美元
经常账户余额（CA）	−75 美元
金融账户	
金融流入（美联储的资产减少）	+75 美元
金融账户余额（FA）	+75 美元
经常账户余额和金融账户余额的总和（CA+FA）	0

假设这个英国人可以用 75 美元购买一个美国产品——例如一个电脑游戏。这笔花销对于美国来说是 75 美元的出口。这笔美国的出口与最初的毛衣进口加在一起没有改变美国经常账户余额 CA 的值。因为没有资产交易发生，美国金融账户余额 FA 不变。因此，CA 和 FA 的总和保持不变。

假设这个英国人用 75 美元购买了一项美国资产，例如美国公司的债券。这笔债券的购买对美国来说是金融流入。美国金融账户所增加的 75 美元正好抵消了美国经常账户因最初的毛衣进口所减少的 75 美元。将这些交易加在一起，经常账户余额与金融账户余额的总和 CA+FA 仍然没有受到影响。

假设这个英国人决定到银行去将美元换成英镑。如果这家银行将这些美元卖给另一个英国人去购买美国进口商品或资产，或者这家银行本身要购买美元资产，前面所讲的两种可能在这里仍然适用。而且，这家银行可能将美元卖给美联储来换取英镑。但因为减少了价值 75 美元的英镑，美联储所持有的官方储备资产减少了 75 美元，这将被记为金融流入。如同前一个实例，金融账户余额增加 75 美元，从而抵消了经常账户因毛衣进口而出现的下降。①

这个实例说明了为什么从概念上讲，经常账户余额与金融账户余额的总和一定永远等于零。在实践中，由于国际交易的衡量问题，这个精确的关系很难成立。要使经常账户余额与金融账户余额的总和等于理论上的零，我们要将一个数值加到这个总和上，这个数值称为**统计误差**（statistical discrepancy）。如表 5－1 所示，在 2014 年，这个统计误差是 1 499 亿美元。

当你查看各国的经常账户数据时，你会发现，在过去十年的大多数时间里，世界上的发达国家一起经历了巨大的经常账户赤字，而世界各地的新兴经济体和发展中国家都有一个非常大的经常账户盈余。这意味着新兴经济体和发展中国家已经将它们的一些储蓄投资在发达国家。参阅“应用：美国经常账户赤字的近期走势”来了解以上情况发生的一些原因。

□ 国外净资产和国际收支账户

在第 2 章，我们将一国的国外净资产定义为该国国民所持有的国外资产（包括国外

① 在这个实例中，收支余额减少了 75 美元，反映的是美联储官方储备的减少。我们没有考虑这个英国人继续持有这 75 美元的情形。因为美元是美国（尤其是美联储）的一种债务，英国人获得的美元将以美国的外国资产的增加出现在金融账户中，即金融流入。这样，经常账户因毛衣进口而出现的下降被金融流入抵消了。

股票、债券或不动产等）减去该国的国外债务（外国人所持有的本国实物和金融资产）。国外净资产与一国的土地和资本存量等国内实物资产一样，都是国民财富的组成部分。一国的国外净资产的总价值可以从两个方面发生变化：①当一个美国人持有的外国公司股票价值上升或一个外国人拥有的美国农场价值下降时，现有的国外资产价值和外债可能会发生变化；②该国可能购置新的国外资产或产生新的外债。

是什么决定一个国家能够购置的国外新资产的数量呢？在任何一段时期，一国所购置的国外新资产的数量都等于该国的经常账户盈余。例如，假如一国的出口比进口多了100亿美元的商品和服务，因此经常账户出现100亿美元的盈余（假设国外净收入和单边转移支付均为零）。该国就一定会用这100亿美元来购置国外资产或减少国外债务。在这种情况下，我们说该国借出了100亿美元的国外净贷款。

类似地，如果一国经常账户有100亿美元的赤字，那么它一定要通过向国外出售资产或向国外借款来填补这个赤字。这两种行为都会使该国的国外净资产减少100亿美元。我们将这种情形描述为该国借入了100亿美元的国外净借款。

一国向外国人借款的重要方式之一是一个外国公司购买或建造资本品，这就是我们所说的**外国直接投资**（foreign direct investment）。例如，当日本的本田汽车（Honda Motor）公司在俄亥俄州建立了一个新的汽车制造厂时，这家公司是在进行外国直接投资。因为这个厂房建立在美国境内但投入的是日本资金，外国拥有的美国资产的数量增加，所以美国的金融账户余额增加了。外国直接投资与资产组合投资不同，资产组合投资是外国人购买美国公司或投资人所出售的证券。资产组合投资的一个实例是一个法国投资者购买通用汽车公司的股票，因为这个交易所代表的是外国持有的美国资产增加，它也使美国的金融账户余额增加。

式（5-1）强调了经常账户与外国资产购置之间的关系。因为CA+FA=0，所以若一国有经常账户盈余，那么它的金融账户就一定有等量的赤字；如果金融账户存在赤字，就意味着该国所持有的国外净资产在增加。类似地，经常账户赤字意味着金融账户盈余和该国持有的国外净资产的减少。小结表7列出了几种关于一国经常账户状况和国外资产购置的描述。

小结表7　　一国国际贸易和借贷的等价衡量

以下每一项描述的都是相同的情形
经常账户盈余100亿美元
金融账户赤字100亿美元
购置国外净资产100亿美元
向国外借出100亿美元
净出口100亿美元（如果国外净收入和单边净转移支付等于零）

应用

美国：国际债务国

从第一次世界大战到20世纪80年代，美国在国际上基本上是一个净债权国，即美国拥有的国外资产大于其负债。然而，从20世纪80年代初期开始，美国的年度经常账户持续出现大额赤字。这些经常账户赤字必须由国外资金净借入（我们的广泛定义包含出售给外国人的美国资产和新增国外债务）来融资。

随着时间的推移，外债的累计和美国资产向外国人的出售将美国从国际上的净债权国变成了净债务国。图5-1呈现了1982—2014年美国持有的外国资产和外国持有的美国资产，两者均以占美国GDP的百分比来衡量。正如你所看到的，外国持有的美国资产在20世纪80年代中期超过了美国持有的外国资产，并且差距从此越拉越大。根据美国经济分析局的估计，截至2014年年底，以当前市场价格衡量的美国国外净资产为—70 200亿美元。同样，我们也可以说美国负有70 200亿美元的净外债。① 这7万多亿美元的国际债务比任何其他国家的债务都多，从而使美国成为世界上最大的债务国。这个数值体现了2013年年底至2014年所增加的16 920亿美元的债务。2014年，美国经常账户赤字为3 900亿美元。但是，美国净外债的增长远远超过其经常账户赤字，部分原因在于美国股票、债券和其他资产价格的变化导致美国国内的外国资产价值相对于美国拥有的国外资产价值增加。

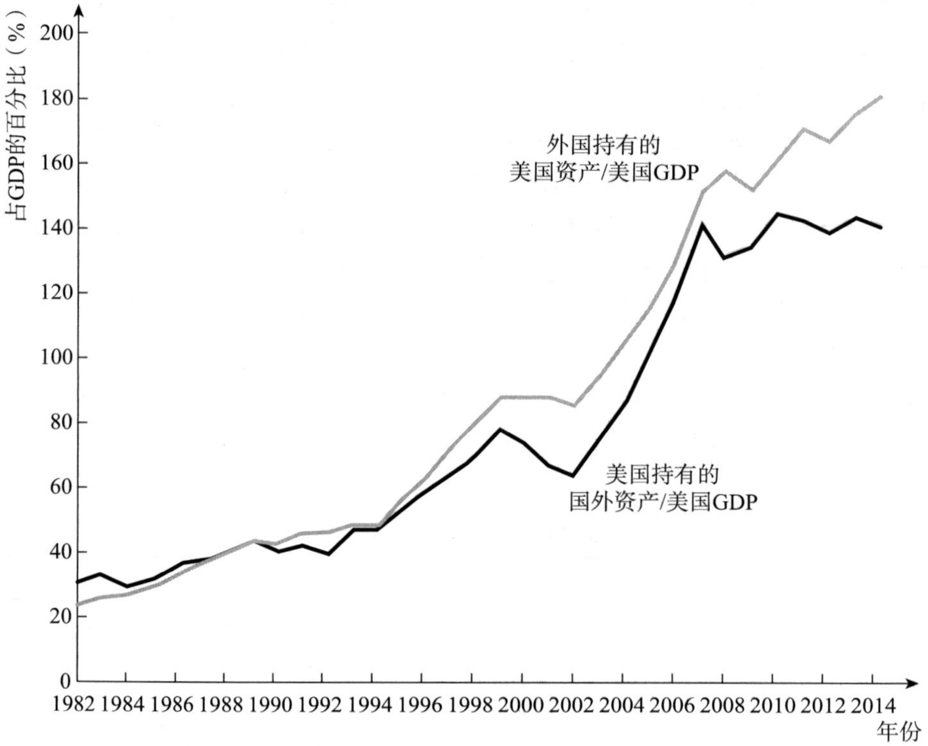

图5-1　1982—2014年以美国GDP衡量的国际资产持有量

说明：本图显示了1982—2014年美国居民持有的国外资产和外国持有的美国资产的年持有量，两者均以占美国GDP的百分比来衡量。

资料来源：资产数据来自美国经济分析局国际经济账户（IEA）的国际投资项表1.1，可从美国经济分析局官网获取。GDP数据来自美国经济分析局的国民收入账户（NIPA），可从FRED数据库下载，下载序列为GDPA。

① 这个应用中的数据来自Elena L. Nguyen，"The U. S. Net International Investment Position at the End of the First Quarter of 2015，Year 2014，and Annual Revisions，" *Survey of Current Business*，July 2015。

尽管美国的国际债务数额巨大并不断增长，但我们必须正确看待这些数字。首先，任何债务所产生的经济负担并不在于债务本身的绝对大小，而在于其相对于债务国经济资源的大小。即使是70 200亿美元，但美国的国际债务只是一年GDP的40%（美国2014年的GDP是174 190亿美元）。相比较而言，一些国家尤其是一些发展中国家，国外净债务与年GDP的比率甚至高于100%。其次，美国的巨额国外净资产为负值并不意味着美国被外国人“买走”或“操控”了。如果我们重点考察外国直接投资，即一国的居民在另一国拥有公司并且对这个公司的经营有影响力，那么美国在其他国家的影响力看起来比其他国家在美国的影响力更为强势。截至2014年年底，美国在其他国家的外国直接投资的市场价值是71 240亿美元，而其他国家在美国的外国直接投资为62 290亿美元。①

在衡量一国的外国债务对经济的重要程度时，你还应该牢记，国外净资产只是一国财富的一部分，财富的更大一部分是一国的实物资本存量和（尽管没有包含在官方国际收支账户中）人力资本，即国民所拥有的具有经济价值的技能。因此，如果一国从国外借款但用这些借款来增加实物资本和人力资本，这些借款就不像那些用来直接增加当前消费支出而产生的借款那么令人担忧。遗憾的是，在美国国外净资产状况恶化的同时，美国的实物投资和人力资本形成速度似乎并没有出现任何显著增长。从这个角度来说，居高不下的美国外债的确令人担忧，但短期内也不至于造成危机。

5.2 开放经济中的产品市场均衡

现在我们能够考察决定国际贸易和借贷的经济因素了。在本章的剩余部分，我们将说明一国的经常账户余额和外国借贷是与其国内支出和生产决策紧密相关的。要理解这些联系，必须先建立开放经济下的产品市场均衡条件。

在第4章，我们推导出了封闭经济下的产品市场均衡条件。我们讲到了这个条件既可以表示为意愿国民储蓄等于意愿投资，也可以表示为产品总供给等于产品总需求。经过一些修改，我们还可以用这两种条件来描述开放经济中的产品市场均衡。

我们首先研究开放经济下意愿国民储蓄等于意愿投资的条件。在第2章，我们推导出国民收入核算的基本恒等式［式（2-9）］：

$$S=I+\mathrm{CA}=I+(\mathrm{NX}+\mathrm{NFP}) \quad (5-2)$$

式（5-2）是储蓄用途恒等式的一个版本。它说明国民储蓄 S 有两个用途：①通过为投资 I 提供资金而增加一国的资本存量；②通过为外国人提供贷款来增加一国的国外净资产（前面提到，经常账户余额CA等于一国可以用来向国外提供贷款的资金）。式（5-2）也提醒我们（假如没有单边净转移支付），经常账户余额CA是净出口NX和国外净要素支付NFP的总和。

① 见Nguyen，pp. 4-6。出乎意料的是，对美国直接投资最多的不是通常所认为的日本，而是英国。荷兰是接受美国直接投资最多的国家。关于美国对外直接投资和美国接受的外国直接投资的分布数据，见Derrick T. Jenniges and James J. Fetzer，“Direct Investment Positions for 2014：Country and Industry Detail，” *Survey of Current Business*，July 2015。

因为式（5－2）是一个恒等式，它（根据定义）必然永远成立。一个经济的产品市场要处于均衡状态，实际国民储蓄和投资就必须等于它们的意愿水平。如果实际和意愿水平相等，式（5－2）就变为：

$$S^d = I^d + \text{CA} = I^d + (\text{NX} + \text{NFP}) \tag{5-3}$$

式中，S^d 和 I^d 分别为意愿国民储蓄和意愿投资。式（5－3）是开放经济中产品市场的均衡条件，其中经常账户余额 CA 等于出借给外国人的净资金，即金融流出。因此，式（5－3）说明在开放经济的产品市场均衡下，意愿国民储蓄 S^d 一定等于意愿投资 I^d 加上经常账户余额（即出借给国外的净资金）CA。注意，封闭经济的均衡条件是式（5－3）在 CA＝0 时的一个特例。

为简单起见，我们假设国外净要素支付 NFP 是零，那么经常账户就等于净出口，并且产品市场均衡条件［式（5－3）］变为：

$$S^d = I^d + \text{NX} \tag{5-4}$$

式（5－4）是我们将要使用的产品市场均衡条件的表达式。在 NFP 为零的前提下，我们可以用 NX 来同时指代净出口和经常账户余额。

类似封闭经济的情形，我们也可以将开放经济的产品市场均衡条件用总供给和总需求来表示。在一个开放的经济里，净出口 NX 是产品总需求的一部分，于是产品市场均衡条件的另一种表达式为：

$$Y = C^d + I^d + G + \text{NX} \tag{5-5}$$

式中，Y 为产出，C^d 为意愿消费，G 为政府采购。此产品市场的均衡条件与式（5－4）中的条件是等同的。①

我们可以将式（5－5）改写为：

$$\text{NX} = Y - (C^d + I^d + G) \tag{5-6}$$

式（5－6）说明，在产品市场均衡的条件下，一国输送到国外的净出口等于该国的总产出（国内生产总值）Y，减去国内居民的意愿支出总量 $C^d + I^d + G$。国内居民的总支出叫作**国内吸收**（absorption）。因此，式（5－6）表明一个产出大于国内吸收的经济会将其产品出口到国外（NX＞0），经常账户出现盈余；一个国内吸收大于其产出的经济将成为一个净进口国（NX＜0），经常账户出现赤字。

5.3 一个小型开放经济的储蓄与投资

要说明储蓄和投资是如何与国际贸易和借贷联系在一起的，我们首先研究一个小型开放经济的情况。**小型开放经济**（small open economy）是指一个规模小得无法影响世界实际利率的经济。**世界实际利率**（world real interest rate）是国际资本市场上现行的

① 要确认式（5－5）等同于式（5－4），在式（5－5）的两边同时减去 $C^d + G$，得到 $Y - C^d - G = I^d + \text{NX}$。这个公式左侧等于意愿国民储蓄 S^d，所以它与式（5－4）是一样的。

实际利率，此处的国际资本市场是个人、商业和政府跨越国界进行借贷的市场。因为小型开放经济的储蓄和投资的变化没有大到足以影响世界实际利率的水平，所以在我们的分析中实际利率是固定不变的，这也是一个出于方便的简化。在本章的后面，我们将考虑美国经济等大得足以影响世界实际利率的开放经济的情形。

如同封闭经济，我们可以运用储蓄-投资图形来描述一个小型开放经济的产品市场均衡。我们要做的一个新的重要假设是，这个经济的居民可以在国际资本市场上以（预期的）世界实际利率进行借贷，并且我们假设这一利率是固定的。如果世界实际利率是 r^w，那么国内实际利率也一定为 r^w，因为既然国内的借款人可以在国际资本市场上借款，他们就不愿支付超过 r^w 的利率。另外，既然国内的出借人可以在国际资本市场上贷出资金，他们就不愿接受低于 r^w 的利率。①

图 5-2 显示了一个小型开放经济的储蓄曲线和投资曲线。在一个封闭经济里，产品市场均衡可由两条曲线的交点 E 表示。封闭经济的均衡实际利率为（每年）4%，意愿国民储蓄和意愿投资为（每年）30 亿美元。但是，在一个开放经济里，意愿国民储蓄并不一定等于意愿投资。如果一个小型开放经济所面对的固定的世界实际利率 r^w 高于 4%，意愿国民储蓄将会高于意愿投资。例如，如果 r^w 是 6%，那么意愿国民储蓄是 50 亿美元，而意愿投资为 10 亿美元，所以意愿国民储蓄超过意愿投资 40 亿美元。

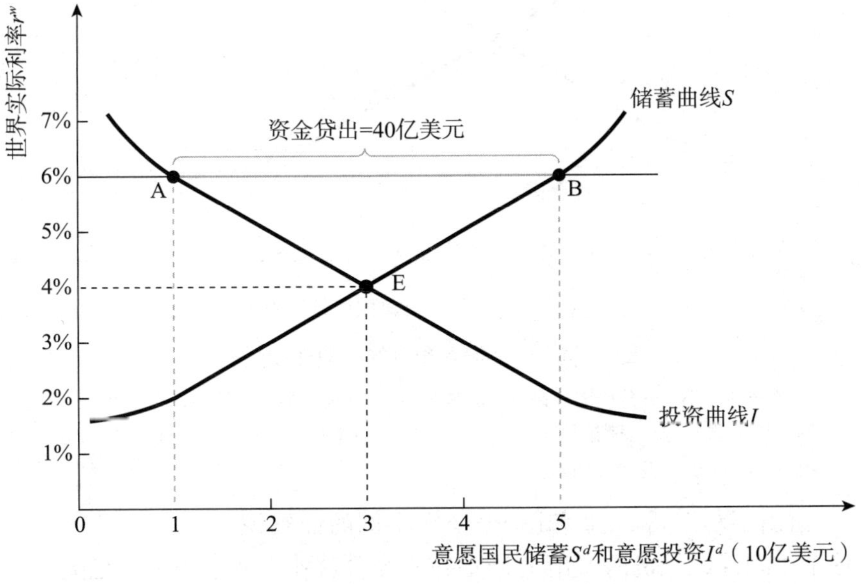

图 5-2　一个贷出资金的小型开放经济

说明：该图所示为一个小型开放经济的储蓄-投资曲线。该国面对的是 6%的固定的世界实际利率。在这个实际利率水平上，国民储蓄为 50 亿美元（B 点），投资为 10 亿美元（A 点）。国民储蓄中未用于国内投资的部分被出借到了国外，所以向国外贷出的资金为 40 亿美元（AB 的距离）。

当意愿国民储蓄比意愿投资多 40 亿美元时，这个经济会处于均衡状态吗？在一个封闭经济里，答案是否定的。这些多出来的储蓄无处可去，实际利率将不得不降低，以使意愿国民储蓄等于意愿投资。但是，在一个开放经济里，多出来的 40 亿美元储蓄可

① 为简单起见，我们忽略了一些因素，如可能会使国内实际利率不同于世界实际利率的风险或税收因素。我们还假设国际借贷没有障碍（当这样的障碍存在时，我们称其为资本管制）。

以用来购买国外资产。资金流出用掉了这些多出来的国民储蓄，所以就不存在非均衡了。相反，此时产品市场处于均衡状态，意愿国民储蓄为 50 亿美元、意愿投资为 10 亿美元、对外净借出为 40 亿美元[参见式（5－4），并回想一下，净出口 NX 和对外净借出是相同的]。

现在，假设世界实际利率 r^w 是 2%而不是 6%。如图 5－3 所示，在这种情形下，意愿国民储蓄是 10 亿美元，意愿投资是 50 亿美元，所以意愿投资超出意愿国民储蓄 40 亿美元。那么，想要投资的公司就必须在国际资本市场上借款 40 亿美元。这也是产品市场均衡吗？是的，因为意愿国民储蓄（10 亿美元）仍然等于意愿投资（50 亿美元）加上资金净贷出（−40 亿美元）。事实上，对于任何世界实际利率，只要资金贷出等于该国的意愿国民储蓄和意愿投资之差，一个小型开放经济都可以达到产品市场均衡。

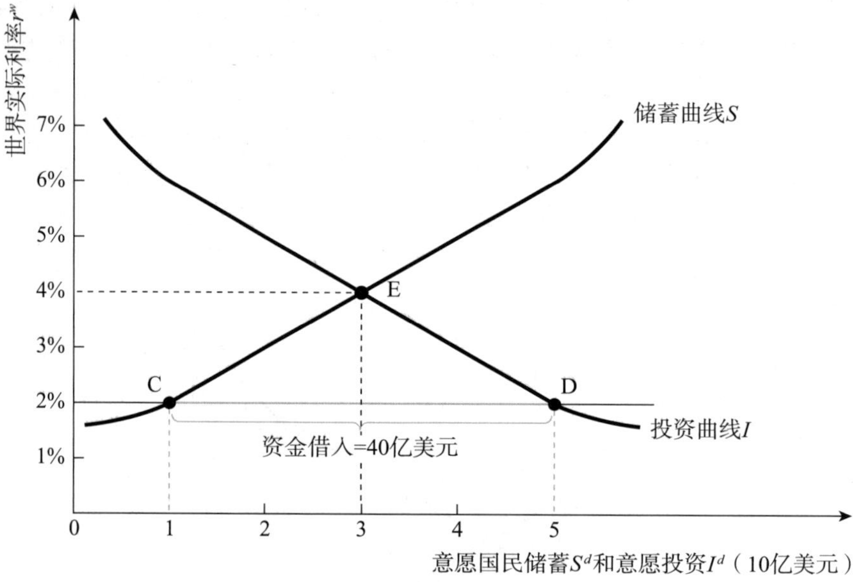

图 5－3　一个借入资金的小型开放经济

说明：图 5－2 中描述的小型开放经济现在面对的是 2%的固定的世界实际利率。在这个实际利率水平上，意愿国民储蓄为 10 亿美元（C 点），意愿投资为 50 亿美元（D 点）。资金借入 40 亿美元（CD 的距离）弥补了国内投资者想要借入的数额与国内储蓄者想要贷出的数额之差。

表 5－3 给出了对于图 5－2 和图 5－3 中实例的详细说明。如表 5－3 的上部所示，我们假设这个小型开放经济的产出 Y 固定在其充分就业下的水平 200 亿美元，政府采购 G 固定在 40 亿美元。表 5－3 的中部列举了世界实际利率 r^w 的三个可能取值，以及在这三个世界实际利率水平下意愿消费和意愿投资的水平。注意，较高的世界实际利率意味着较低的意愿消费（因为人们选择更多储蓄）和较低的意愿投资。表 5－3 的下部给出了与表格上方两个部分的假设值相对应的各种经济数量。

表 5－3　　小型开放经济的产品市场均衡：实例

给定	
产出（Y，10 亿美元）	20
政府采购（G，10 亿美元）	4

世界实际利率对意愿消费和意愿投资的影响

	(1)	(2)	(3)
(1) 世界实际利率（r^w,%）	2	4	6
(2) 意愿消费（C^d，10 亿美元）	15	13	11
(3) 意愿投资（I^d，10 亿美元）	5	3	1
结果			
(4) 意愿国内吸收（C^d+I^d+G，10 亿美元）	24	20	16
(5) 意愿国民储蓄（$S^d=Y-C^d-G$，10 亿美元）	1	3	5
(6) 净出口（NX=Y－意愿国内吸收，10 亿美元）	−4	0	4
(7) 意愿资金净贷出（S^d-I^d，10 亿美元）	−4	0	4

说明：我们假设国外净收入和单边净转移支付为零。

在这个实例里，均衡取决于世界实际利率 r^w 的值。假设如图 5－2 所示，$r^w=6\%$。表 5－3 第（3）列显示在 $r^w=6\%$的时候，意愿消费 C^d 是 110 亿美元（第 2 行），意愿投资 I^d 是 10 亿美元（第 3 行）。当 C^d 等于 110 亿美元时，意愿国民储蓄 $Y-C^d-G$ 是 50 亿美元（第 5 行）。意愿资金净贷出 S^d-I^d 为 40 亿美元（第 7 行），图 5－2 也显示了同样的结果。

如图 5－3 所示，假如 $r^w=2\%$，表 5－3 的第（1）列显示了意愿国民储蓄是 10 亿美元（第 5 行），意愿投资是 50 亿美元（第 3 行）。因此，意愿资金净贷出 S^d-I^d 等于－40 亿美元（第 7 行），即资金借入总计 40 亿美元。图 5－3 也显示了同样的结果。

分析表 5－3 中一个具体数例的好处在于，我们也可以用它来说明产品市场均衡。我们已经用意愿国民储蓄和意愿投资解释了产品市场均衡，我们也可以用产出和国内吸收来解释。再次假设 $r^w=6\%$，意愿消费 C^d 为 110 亿美元，意愿投资 I^d 为 10 亿美元。政府采购 G 固定为 40 亿美元。因此，当 r^w 为 6%时，意愿国内吸收（国内居民的意愿支出）C^d+I^d+G 总计为 160 亿美元 [第 4 行，第（3）列]。

在产品市场均衡下，一国的净出口——其输送到国外的商品和服务的净值——等于产出 Y 减去意愿国内吸收 [式（5－6）]。当 r^w 为 6%时，Y 是 200 亿美元，意愿国内吸收是 160 亿美元，所以净出口 NX 是 40 亿美元。40 亿美元的净出口意味着该国将 40 亿美元的资金贷出，如图 5－2 所示。如果世界实际利率降到 2%，（因为人们想要消费更多，并且投资更多）意愿国内吸收从 160 亿美元上升到 240 亿美元 [第 4 行，第（1）列]。因为在这种情况下，意愿国内吸收（240 亿美元）超过国内产出（200 亿美元），所以该国就一定要从国外进口商品和服务（NX=－40 亿美元）。注意，40 亿美元的意愿净进口意味着 40 亿美元的资金净借入，如图 5－3 所示。

□ 小型开放经济中经济冲击的影响

储蓄和投资图形可以用来决定小型开放经济中各种经济干扰的影响。简单地讲，给定世界实际利率水平，任何使意愿国民储蓄相对于意愿投资增加的变化都会使资金贷出、经常账户余额和净出口增加，在我们的国外净收入和单边净转移支付等于零的假设前提下，这三个变量是相等的。意愿国民储蓄相对于意愿投资的减少使这些变量减少。

下面，我们来看在各国经常会遇到的两个例子。

例 1：一个暂时的恶性供给冲击 假设一个小型开放经济受到了一次严重干旱的打击，即恶性供给冲击，从而产出暂时减少。图 5－4 显示了干旱对于国民储蓄、投资和经常账户的影响。最初的储蓄和投资曲线分别是 S^1 和 I^1。当世界实际利率为 r^w 时，最初的资金净贷出（等同于净出口或经常账户余额）等于 AB 的距离。

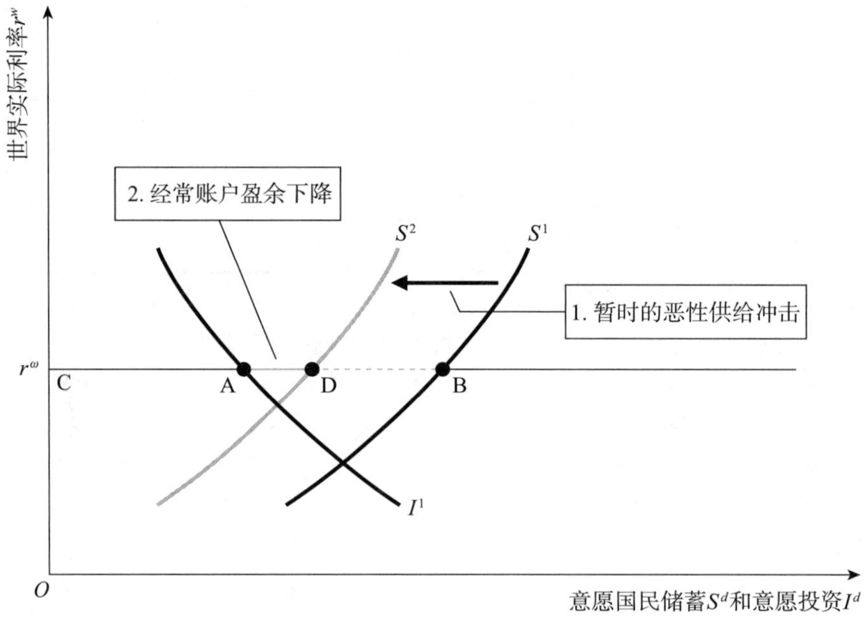

图 5－4　小型开放经济中暂时的恶性供给冲击

说明：在一个小型开放经济里，曲线 S^1 是最初的储蓄曲线，I^1 是最初的投资曲线。在世界实际利率固定为 r^w 的情况下，意愿国民储蓄等于 CB 的距离，意愿投资等于 CA 的距离。经常账户盈余（等同于资金净贷出）是意愿国民储蓄与意愿投资之间的差额，表示为 AB 的距离。一个暂时的恶性供给冲击使当前产出减少，并且在任何实际利率水平下，导致消费者减少储蓄，从而使储蓄曲线从 S^1 向左移动到 S^2。国民储蓄减少到 CD 的距离，经常账户盈余减少到 AD 的距离。

干旱带来了收入的暂时下降。在现行的任何实际利率下，当前收入的下降使人们减少他们的储蓄，所以储蓄曲线从 S^1 向左移动到 S^2。若供给冲击如假设那样是暂时的，那么预期资本边际产量不变。其结果是，在任何实际利率水平上，意愿投资不变，投资曲线不发生移动。由于世界实际利率是固定的，所以也不会发生变化。

在新的均衡点上，资金净贷出和经常账户盈余缩减为 AD 的距离。经常账户盈余缩减是因为该国的储蓄减少了，从而不能像从前一样将等量的资金贷出。

在这个实例里，我们假设该国开始时有经常账户盈余，然后因干旱减少了。如果该国开始时就有经常账户赤字，那么干旱将会使赤字变得更加严重。在这两种情形下，（从代数角度讲）干旱都会使资金净贷出和经常账户余额减少。

例 2：预期资本边际产量增加 假设技术更新使当前的预期资本边际产量 MPK^f 增加。图 5－5 体现了该变化对一个小型开放经济的影响。最初的国民储蓄和投资曲线分别为 S^1 和 I^1，所以最初的经常账户盈余等于 AB 的距离。

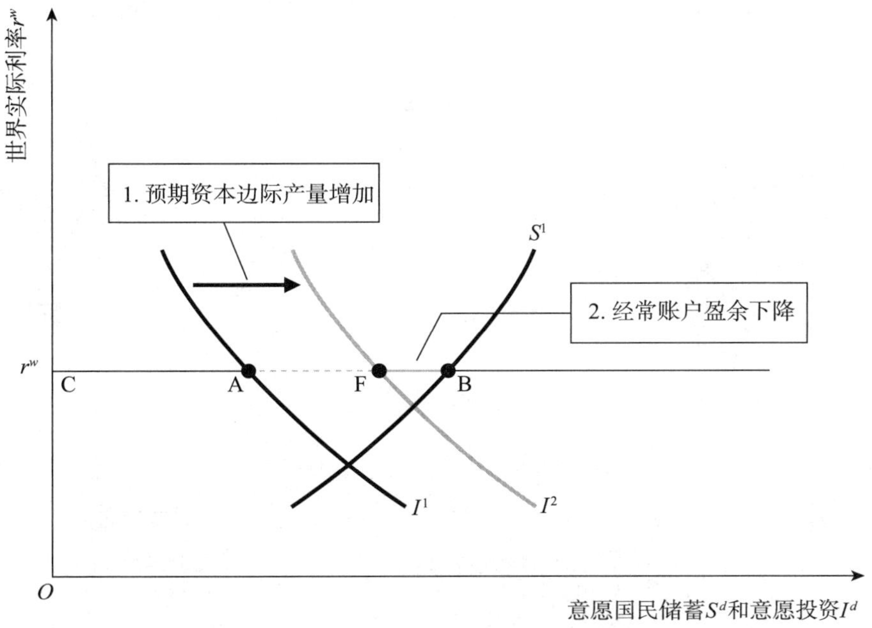

图 5-5　小型开放经济中预期资本边际产量的增加

说明：与图 5-4 一样，这个小型开放经济的最初储蓄和投资曲线分别为 S^1 和 I^1。在固定的世界实际利率 r^w 下，最初的经常账户盈余等于 AB 的距离。预期资本边际产量 MPK^f 的增加使投资曲线从 I^1 向右移动到 I^2，从而使投资从 CA 的距离增加到 CF 的距离。经常账户盈余（即国民储蓄减去投资）从 AB 的距离减少到 FB 的距离。

MPK^f 的增加使国内公司想要持有的资本存量增加，所以在任何世界实际利率下，意愿投资都会增加。因此，投资曲线从 I^1 向右移动到 I^2。经常账户盈余和资金净贷出缩减到 FB 的距离。为什么经常账户盈余会下降？因为在国内累积资本会变得更加有利可图，该国产出中更多的部分被国内投资吸收，从而可以投资到国外的资金就变少了。①

5.4　大型开放经济中的储蓄和投资

尽管针对固定世界实际利率的小型开放经济的模型适用于研究世界上许多国家，但它不适于分析世界上的主要发达国家。问题在于，一个主要经济体的储蓄和投资模式的显著变化确实会影响世界实际利率，这就违反了我们对小型开放经济做出的世界实际利率固定不变的假设。幸运的是，经调整后，对于小型开放经济的分析可以很容易地应用于规模大得足以影响世界实际利率的**大型开放经济**（large open economy）的情形。

我们首先将整个世界看成仅由两个大型经济组成：①本国经济；②外国经济（代表世界上所有其他经济合并在一起）。图 5-6 显示了适用于这种情形的储蓄-投资图形。图 5-6(a) 显示了本国储蓄曲线 S 和本国投资曲线 I。图 5-6(b) 显示了外国储蓄曲线

① 我们一直忽略的一个可能性是，技术更新也会使储蓄者的预期未来收入升高，从而在任何世界实际利率水平下，当前储蓄均会减少。储蓄曲线向左移动将进一步使经常账户余额减少，这只会增强投资曲线右移对这个国家经常账户所造成的影响，所以为简单起见，我们继续忽略这个潜在的意愿国民储蓄的变化。

S_{For}和外国投资曲线 I_{For}。这些储蓄-投资曲线与小型开放经济是一样的。

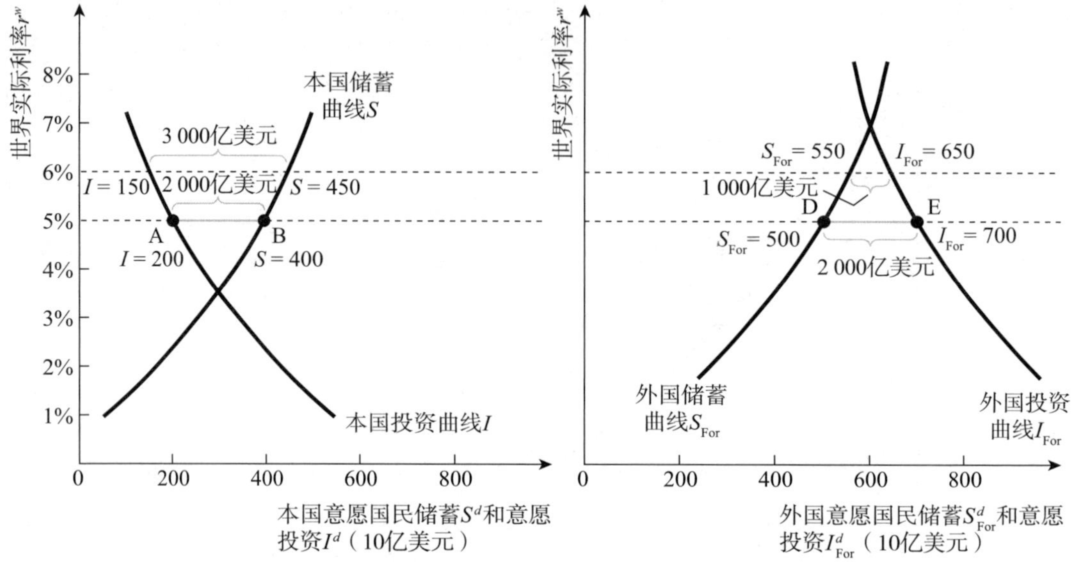

（a）本国　　（b）外国

图 5-6　两个大型开放经济中世界实际利率的决定

说明：世界实际利率均衡是使得一国的意愿资金贷出等于另一国的意愿资金借入的实际利率。在图中，当世界实际利率为 5%时，本国的意愿资金贷出是 2 000 亿美元（4 000 亿美元的意愿国民储蓄减去 2 000 亿美元的意愿投资，即 AB 的距离），这等于外国的意愿资金借入 2 000 亿美元（7 000 亿美元的意愿投资减去 5 000 亿美元的意愿国民储蓄，即 DE 的距离）。因此，5%是世界实际均衡利率。同理，当利率为 5%时，本国的经常账户盈余等于外国的经常账户赤字（均为 2 000 亿美元）。

与小型开放经济模型里我们将世界实际利率视为固定不同，对于一个大型开放经济，我们要在模型内确定世界实际利率。什么决定了世界实际利率呢？记住，对于封闭经济，世界实际利率由储蓄者想要出借的数量必须等于投资者想要借入的数量这一条件决定。类似地，在两个大型开放经济的情形下，世界实际利率将是使得一国的意愿资金贷出等于另一国的意愿资金借入的利率水平。

为了说明世界实际均衡利率的决定，我们回到图 5-6。现在随意假设世界实际利率 r^w 是 6%，这个利率会使产品市场达到均衡吗？图 5-6(a) 表明，当实际利率为 6%时，本国意愿国民储蓄是 4 500 亿美元，意愿投资是 1 500 亿美元。因为意愿国民储蓄超过意愿投资 3 000 亿美元，所以本国的意愿资金贷出为 3 000 亿美元。

要找出外国的意愿资金借入，我们回到图 5-6(b)。当世界实际利率为 6%时，外国的意愿国民储蓄是 5 500 亿美元，意愿投资是 6 500 亿美元。因此，在这个国际资本市场上，当世界实际利率水平为 6%时，外国愿意借入 1 000 亿美元（6 500 亿美元减去 5 500 亿美元）。因为这个数量少于本国愿意贷出的 3 000 亿美元，所以 6%不是世界实际均衡利率。

当世界实际利率为 6%时，意愿资金贷出超过了意愿资金借入，所以世界实际均衡利率一定小于 6%。我们来试试 5%的世界实际利率。如图 5-6(a) 所示，在这个世界实际利率水平上，本国的意愿国民储蓄是 4 000 亿美元，意愿投资是 2 000 亿美元，所以本国愿意贷出2 000 亿美元。在图 5-6(b) 中，当世界实际利率为 5%时，外国的意愿国民储蓄是5 000亿美元，意愿投资是7 000亿美元，所以外国的意愿资金借入是2 000亿美元。在5%的世界实际利率水平下，意愿资金借入和意愿资金贷出相等（均为2 000亿美元），所以世界实际均衡利率在此例中是5%。

在图形中，当r^w等于5%时，本国的意愿资金贷出是图5-6(a)中AB的距离，外国的意愿资金借入是图5-6(b)中DE的距离。因为AB的距离等于DE的距离，所以当世界实际利率等于5%时，意愿资金贷出和意愿资金借入相等。

我们用意愿资金贷出和意愿资金借入定义了国际均衡。同样地，我们可以用国际商品和服务的流动来定义均衡。出借国家的意愿资金贷出［图5-6(a)中AB的距离］等于其经常账户盈余，借款国家的意愿资金借入［图5-6(b)中DE的距离］等于其经常账户赤字。因此，意愿资金贷出必须等于意愿资金借入的说法等同于贷款国家的意愿商品和服务净流出（其经常账户盈余）必须等于借款国家的意愿商品和服务净流入（其经常账户赤字）的说法。

总之，对于大型开放经济，世界实际均衡利率是使一国的意愿资金贷出等于另一国的意愿资金借入的利率。同样地，世界实际均衡利率也是使贷款国家的经常账户盈余等于借款国家的经常账户赤字的利率水平。

与小型开放经济情形不同的是，在大型开放经济中，世界实际利率不是固定的，而是随任何一国的意愿国民储蓄或意愿投资的变化而变动的。一般来说，在初始的世界实际利率水平上，任何使意愿资金贷出相对于意愿资金借入增加的因素都会促使世界实际利率下降。类似地，在初始的世界实际利率水平上，任何使意愿资金贷出相对于意愿资金借入减少的因素都会促使世界实际利率上升。

应用

全球化对美国经济的冲击

本章5.1节呈现了国际收支账户是如何记录国际贸易和投资的。这些账户显示，随着商品和服务交易量的增长以及一个国家的人们更多地投资到其他国家，世界经济的联系越来越紧密。全球化并不是没有后果，一些人已经提议美国应该抑制全球化的程度，限制贸易或国际投资。为了评估这个建议，我们需要检视有关全球化的事实，包括它如何影响美国与其他国家的贸易、服务贸易是怎样变化的、国际投资是如何被改变的。

我们来观察美国与其他国家的贸易随时间的变化。如果我们检视以GDP的百分比衡量的商品和服务的出口，我们可以看出一个经济中进口和出口的相对重要性。图5-7显示了1929—2014年两者的统计值。在第二次世界大战后，美国的出口和进口相对于GDP都有缓慢的增长，直到20世纪80年代两者开始快速增长。从20世纪80年代中期到2006年，进口增长通常高于出口增长，因此导致贸易赤字出现，最高达到GDP的约5.5%。2007—2009年的经济衰退使得进口相对于GDP减少，从而令贸易赤字降到3%左右，而且到2014年仍然维持在这个水平上。

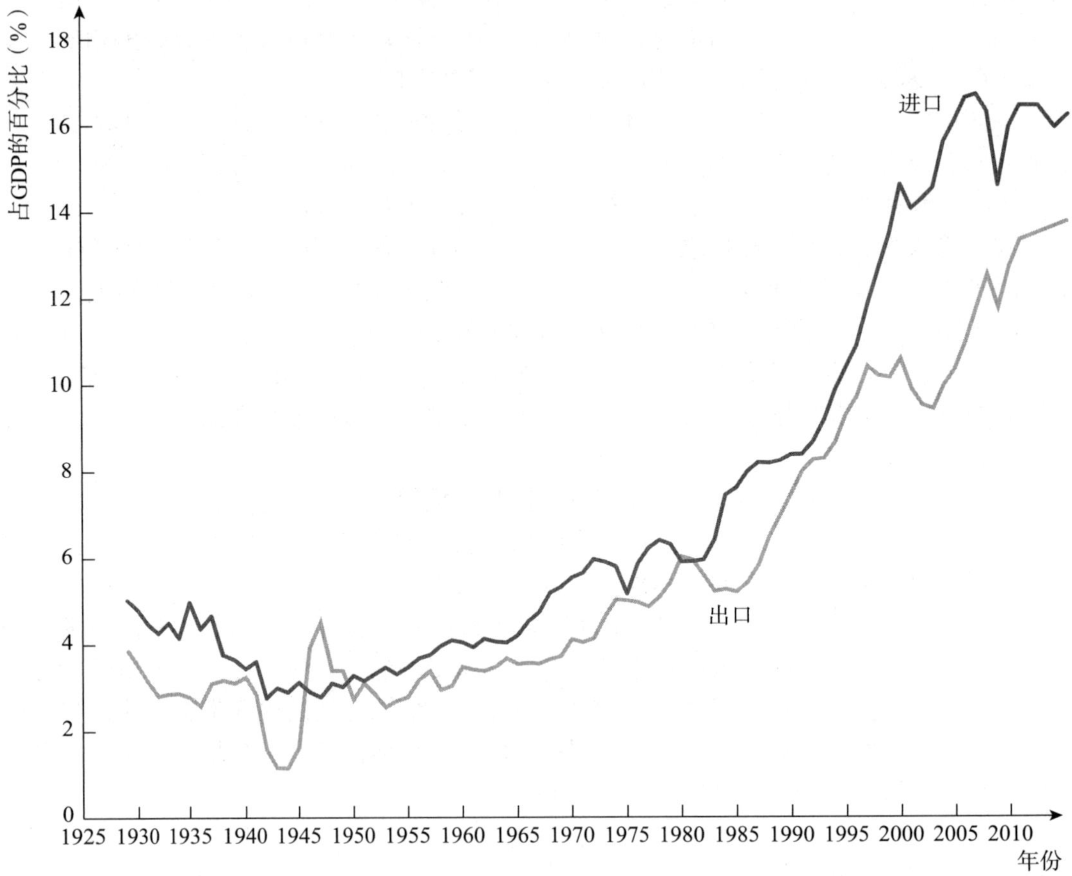

图 5－7　1929—2014 年以占 GDP 的百分比衡量的商品和服务的进出口

说明：此表显示了 1929—2014 年美国进出口的商品和服务的年度值。

资料来源：进出口来源于美国经济分析局的商品和服务贸易数据，可从 FRED 数据库下载，下载序列为 EXPGSCA 和 IMPGSCA。GDP 来源于美国经济分析局的国民收入账户，可从 FRED 数据库下载，下载序列为 GDPCA。

除了商品和服务贸易的增长外，投资者在 20 世纪 80 年代中期提高了对外国的投资。例如，我们从本章的图 5－1 可见，美国投资者拥有的外国资产增长迅速，而外国投资者拥有的美国资产增长更为迅猛，所以美国从 20 世纪 80 年代中期的净国际债权国（美国拥有的外国资产超过外国拥有的美国资产）变为如今的净国际债务国（美国拥有的外国资产少于外国拥有的美国资产）。

随着美国经济与其他国家经济的联系越来越紧密，一些代价和抱怨也出现了。因为某种商品已由其他国家的工人来生产，开放度的提高意味着美国经济中一些部门的工作可能会消失。工人们常常抱怨他们的工作被外国工人抢占了。在美国商业新闻中也常有报道说某个公司关闭了在美国的一个厂房，然后在国外新建工厂从事同样的工作。但是，其他国家也有代价。在 2008 年第四季度，美国的 GDP 因金融危机和衰退而以平均每年 8%的速度下降。然而，随着美国对进口需求的大幅度下降，那些大量生产商品出口到美国的亚洲国家的 GDP 也以平均每年 12%的速度下降。

一些人得出结论：国际贸易毁掉了工作。但国际贸易也创造了工作，美联储前主席本·伯南克在 2004 年提道，“通过扩大美国商品和服务潜在市场的方式，贸易在美国直接创造了工作……贸易还以其他各种不同的方式间接地创造了工作”，包括让企业能获得更廉价或更高质的生产投入，以更低的价格为消费者提供更多样化的商品和服务。[①] 但是，伯南克也认为每年因贸易而损失的工作相对于因其他原因而损失的工作甚少，所以贸易并不是工作减少的一个主要因素。

近年来，美国商业企业开始在服务行业中雇用外国工人。例如，与计算机相关的客户服务呼叫中心已在印度等国家开设。这在一定程度上是因为这些国家有受过教育且英语流利的员工，技术进步也使国际长途电话成本降低，所以美国的消费者可以打电话给另一个国家的技术员。此类服务贸易已经广泛开展，一些评论家也提出反对美国公司将工作移到海外去。

然而，美国经济在提供商业服务方面是世界的带头人。一些美国的政治家建议，禁止美国公司在海外设置呼叫中心，但这个建议似乎忽略了美国在提供给其他国家服务方面是世界领导者这个事实。美国出口的商业服务远远高于其进口的商业服务。所以，如果美国终止商业服务的进口，而其他国家也采取同样的行动，那么美国的净出口将会下降，就短期所损失的工作而言，美国经济会受到损害而不是得到帮助。

应用

美国经常账户赤字的近期走势

正如本章 5.1 节所讨论的，美国经常账户赤字庞大。但是，由于美国经济衰退所带来的对进口产品需求的减少，美国经常账户赤字在 2007 年和 2009 年开始缩水。

图 5－8 显示了 1960 年第一季度—2015 年第一季度经常账户余额的变化。该图显示，经常账户余额在 20 世纪 60 年代基本为正，20 世纪 70 年代在零左右摆动，然后到 20 世纪 80 年代中期急剧下降到 GDP 的－3%左右。在 20 世纪 80 年代的后半期，经常账户余额有所改善，到了 1991 年再次变为正数。1991—2005 年，经常账户余额明显恶化，到 2005 年年底已降到 GDP 的－6.2%。2006 年的房地产市场低迷和 2007—2009 年的经济衰退令美国消费者减少了对进口商品和服务的购买，从而帮助经常账户余额改善到了 2008 年中期 GDP 的－5%左右。2008 年年底金融危机的冲击使美国进口显著下降，经常账户余额改善到了 2009 年中期的 GDP 的－2.5%。随着美国经济在 2009—2015 年的缓慢增长，经常账户余额仍高于金融危机前的水平，保持在－2%～－3%的水平。

1998—2005 年经常账户赤字增长的一个主要原因是发展中国家储蓄模式的变化。[②] 在过去十年里，从海外借款的发展中国家开始向海外尤其是美国提供贷款。这种行为变化一部分是过去金融危机的结果，如 1994 年的墨西哥和 1997—1998 年东亚国家所经历的金融危机。这些国家曾向其他国家大量借款的事实又使危机进一步扩大。为了防止类似危机再次发生，这些国家提高了储蓄，建立了外汇储备，从净借款者变为向国外贷款的出借人。

---

① Ben S. Bernanke, “Trade and Jobs.” Remarks at the Distinguished Speaker Series, Fuqua School of Business, Duke University, March 30, 2004。此演讲是伯南克成为美联储主席前仍为美联储官员时发表的。

② 对于此观点的分析详见 Ben S. Bernanke, “The Global Saving Glut and the U. S. Current Account Deficit.” Sandridge Lecture, Virginia Association of Economists, Richmond, Virginia, March 10, 2005。

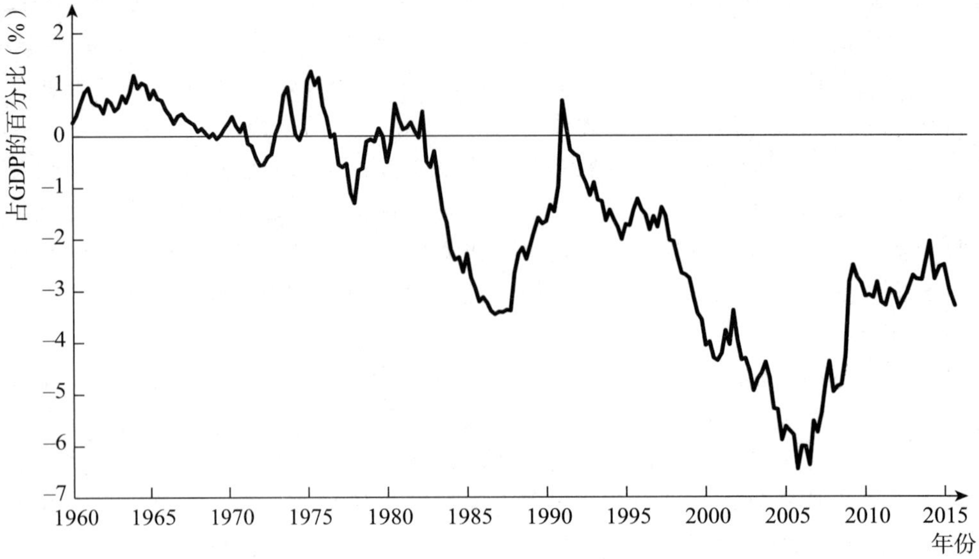

图 5－8　1960 年第一季度—2015 年第一季度以占 GDP 的百分比衡量的经常账户余额

说明：此图显示了 1960 年第一季度—2015 年第一季度以占 GDP 的百分比衡量的经常账户余额的季度数据。

资料来源：经常账户余额数据来源于美国经济分析局，可从 FRED 数据库下载，下载序列为 BOPBCA。GDP 数据来源于美国经济分析局，可从 FRED 数据库下载，下载序列为 GDP。

在 2005 年以后，其他方面的发展有助于全球储蓄的增长，包括德国和欧洲其他国家经常账户余额的增加，其后果则是全球利率走低。当使储蓄增加的这些原因消失时，这些利率可能开始上升。

5.5　财政政策和经常账户

在 20 世纪 80 年代和 90 年代，美国经常有大量的政府预算赤字和经常账户赤字。这两个现象是否相关？许多经济学家和其他评论家认为它们是相关的，并且指出政府预算赤字是造成经常账户赤字的主因。那些支持这个观点的人经常用“双赤字”来表达政府预算赤字和经常账户赤字紧密相关的观点。然而，并不是所有的经济学家都同意这个说法，一些人提出这两个赤字是无关的。在这一节，我们简要讨论关于这个问题的理论说法，然后转向实证证据。

□ 关键因素：意愿国民储蓄的反应

从理论上讲，政府预算赤字与经常账户赤字是否存在联系的问题主要围绕以下命题展开：只有当政府预算赤字增加会削减意愿国民储蓄的时候，政府预算赤字的增加才会导致经常账户赤字增加。

我们首先了解一下为什么说政府预算赤字与意愿国民储蓄的联系很关键。图 5－9 呈现了小型开放经济的情形。世界实际利率固定在 r^w，我们分别绘出最初的储蓄曲线 S^1 和投资曲线 I。因此，在世界实际利率为 r^w 时，该国存在经常账户盈余，由 AB 的距离表示。现在假设政府预算赤字上升。为简化起见，我们在本节假设财政政策的变化不会影响投资的税收，所以投资曲线不会移动。因此如图 5－9 所示，只有在政府预算赤字增加影响到意愿国民储蓄的时候，它才会引起经常账户余额的变化。

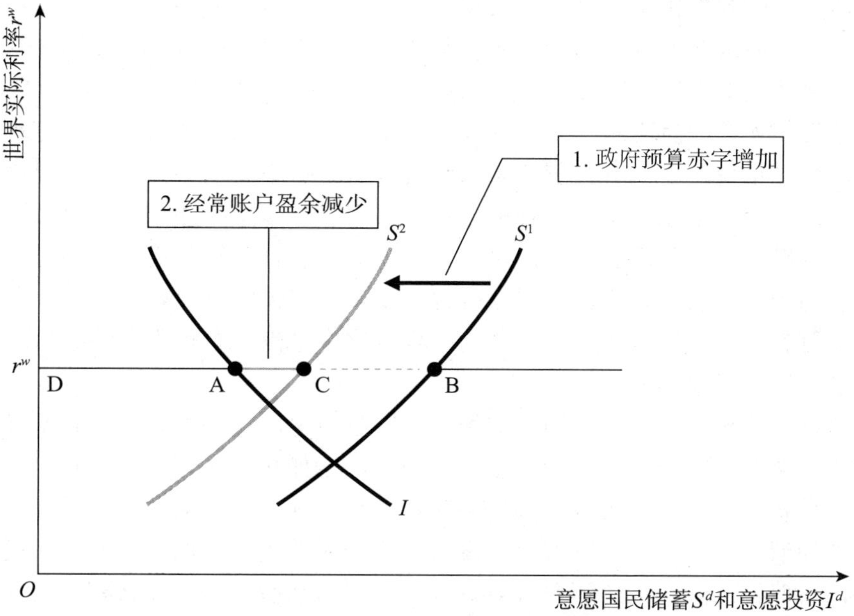

图 5－9　一个小型开放经济中的政府预算赤字和经常账户

说明：政府预算赤字的增加只有在使意愿国民储蓄减少的时候，才会引起经常账户余额的变化。最初，储蓄曲线是 S^1，经常账户盈余为 AB 的距离。如果政府赤字使意愿国民储蓄减少，储蓄曲线从 S^1 向左移动到 S^2。资本的有效税率没有变化，所以投资曲线 I 不会移动。因此，政府预算赤字的增加引起经常账户盈余从 AB 的距离减少到 AC 的距离。相比之下，如果政府预算赤字没有对意愿国民储蓄产生影响，那么经常账户盈余也不会受到影响，并且仍然等于 AB 的距离。

双赤字观点的支持者通常提出的说法是，增加政府预算赤字会减少意愿国民储蓄。如果的确是这样，那么政府预算赤字的增加会促使意愿国民储蓄曲线从 S^1 向左移动到 S^2。该国仍然有经常账户盈余，现在的经常账户盈余等于 AC 的距离，但小于最初的经常账户盈余，即 AB 的距离。

我们的结论是，在一个小型开放经济里，政府预算赤字增加所导致的经常账户余额的减少量等于它所导致的意愿国民储蓄的减少量。通过减少意愿国民储蓄，政府预算赤字的增加使国内居民在世界实际利率水平下愿意贷给国外的资金减少，从而减少了金融外流。同样，意愿国民储蓄的减少意味着更大的一部分国内产出在本国内被吸收，输出到国外的产出变少，该国的经常账户余额下降。对于大型开放经济，同样的结果仍然成立（你将要在本章末分析题第 4 题中推导这个情形）。

□ 政府预算赤字和意愿国民储蓄

现在我们转向政府预算赤字和意愿国民储蓄间的关系，并且考虑两种情形：政府采购增加所导致的政府预算赤字和减税所导致的政府预算赤字。

政府采购增加所导致的政府预算赤字　假设政府预算赤字来自政府采购的暂时增加，比如军事储备的增加。在这种情形下不存在争议：回想一下（第 4 章），当产出 Y

固定在充分就业水平时，政府采购 G 的增加会直接减少意愿国民储蓄，$S^d=Y-C^d-G$。①② 因为经济学家认同政府采购增加所导致的政府预算赤字会减少意愿国民储蓄，所以他们也认同政府采购增加所导致的政府预算赤字会减少本国经常账户余额。

减税所导致的政府预算赤字 假设政府预算赤字是因当前的减税而产生的，而当前和未来计划的政府采购不变。由于政府采购 G 固定，产出 Y 处于充分就业水平，因此只有引起意愿消费 C^d 上升的减税才会引起意愿国民储蓄 $S^d=Y-C^d-G$ 下降。

减税会促使人们消费更多吗？正如我们在第 4 章讨论的，李嘉图等价定理的拥护者认为，一次性总量税的变化（当前和未来政府采购维持不变）不会影响意愿消费或意愿国民储蓄。这些经济学家指出，现在的减税迫使政府用更多的借款来支付其当前采购，当这些额外的借款加上利息在未来偿付时，未来的税收将不得不提高。因此，尽管减税引起消费者的当前税后收入增加，但减税也引发了未来征收高税收的需要，并且使消费者预期未来可获得的税后收入下降。总之，根据这个论点，减税不会使消费者获益，因此不会增加他们的意愿消费。

如果李嘉图等价定理成立，因为减税不会影响意愿国民储蓄，所以它所导致的政府预算赤字将不会对经常账户余额产生影响。但是，正如我们在第 4 章提到的，许多经济学家提出，尽管存在李嘉图等价定理的逻辑，但在实际中，许多消费者对当前减税的反应的确是增加消费。例如，消费者也许没有理解今天的高赤字增大了明天高税收的可能性。不管出自何种原因，如果消费者对减税的反应是消费更多，那么减税所导致的政府预算赤字将会减少意愿国民储蓄，从而也会减少经常账户余额。

应用

双赤字

图 5－10 表示了 1960—2014 年美国的政府预算赤字和经常账户之间的关系。该图分别表示了美国联邦政府单独的政府采购和政府净收入（税收减去转移支付和利息），以及美国联邦、州及地方各级政府合并的政府采购和政府净收入。* 关于经常账户余额等于国民储蓄与投资之差的讨论也促使我们关注了更广义的政府概念，其中除了联邦政府外还包括州和地方政府。因为联邦政府预算赤字和盈余经常是大众关注的焦点，我们还单独给出了联邦政府采购和净收入的数据。此外，如图 5－10 所示，联邦、州以及地方政府总采购和净收入的变动大多反映了联邦政府预算中相应部分的变动。

超过政府净收入的政府采购部分就是政府预算赤字。③ 经常账户余额的负值表示经常账户赤字。政府预算和经常账户在整个 20 世纪 80 年代和 90 年代大部分时期都出现了大量的赤字。

---

① 因为政府采购的增加也意味着税收在未来可能会提高，这使消费者预期未来收入减少，意愿消费 C^d 可能会下降。然而，因为 G 的增加是暂时的，所以未来的税收增加不会很大，C^d 的下降不会全部抵消 G 的增加对意愿国民储蓄的影响。

② 一般情况下，在一个开放经济里，$S^d=Y+NFP-C^d-G$，但是我们假设 $NFP=0$，所以 $S^d=Y-C^d-G$。

③ 政府采购是当前支出减去转移支付和利息，因此政府投资不包括在政府采购里。财政赤字是当前的赤字，见第 15 章有关这个概念的进一步讨论。

* 以占 GDP 的百分比的形式表示。——译者注

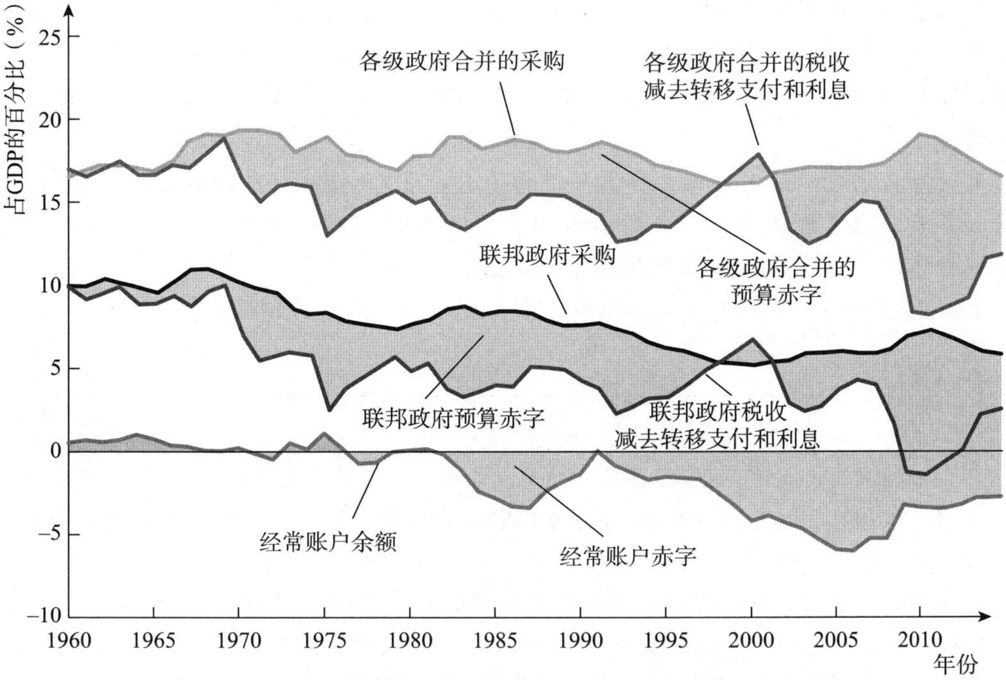

图 5-10　1960—2014 年美国的政府预算赤字和经常账户

说明：图中所示为 1960—2014 年美国的政府采购、政府净收入（税收减去转移支付和利息）以及经常账户余额。所有的数据都以占 GDP 的百分比来衡量。政府预算赤字是政府采购和政府净收入间的差额。在 20 世纪 80 年代和 90 年代初期同时出现的政府预算赤字和经常账户赤字就是双赤字现象。

资料来源：各级政府和联邦政府的收入、经常支出、利息和转移支付的数据见美国经济分析局官网的国民收入账户表 3.1 和表 3.2；GDP 的数据见美国经济分析局官网的国民收入账户表 1.1.5；经常账户余额的数据见美国经济分析局官网的国际交易账户表 1。

20 世纪 80 年代和 90 年代上半期美国政府预算赤字和经常账户赤字之间明显的紧密关系为政府预算赤字导致经常账户赤字的观点提供了证据。因为预算赤字的增加主要反映的是减税（或转移支付和利息支付的增长，从而使政府净收入减少），而不是政府采购的增加，所以这个双赤字的表现似乎也与李嘉图等价定理相抵触，李嘉图等价定理认为减税不会影响储蓄账户或经常账户。

虽然美国在 20 世纪 80 年代和 90 年代上半期的经历似乎证实了政府预算赤字和经常账户赤字间的联系，然而其他时期的证据对于双赤字观点的支持并不那么明显。例如，在第一次世界大战和第二次世界大战期间，美国同时存在大量的政府预算赤字和大量的经常账户盈余（比较图 1-5 和图 1-6）。在 20 世纪 90 年代末，美国联邦政府预算和各级政府总预算均为盈余，然而由于私人储蓄的下降以及同时期投资占 GDP 比例的上升，美国的经常账户持续出现大量赤字。2008—2011 年，随着刺激经济的政府支出增加，政府预算赤字明显增加，但经常账户赤字因消费者对进口商品和服务购买的缩减而显著减少。

其他国家针对政府预算赤字和经常账户赤字间的关系所提供的证据也是相互抵触的。国际货币基金组织（IMF）对 1978—2009 年 17 个国家的双赤字进行了系统分析。①

---

① 见 International Monetary Fund，*World Economic Outlook*：*Slowing Growth*，*Rising Risks*，Chapter 4：Separated at Birth? The Twin Budget and Trade Balances，September 2011，pp. 135-160。

在样本国家 291 个财政政策的变化中，有三分之二是财政赤字的减少。国际货币基金组织发现，使政府预算赤字减少 GDP 的一个百分点的财政政策的变化，通常使经常账户赤字下降 GDP 的 0.5%。然而，经济学家对于财政赤字和经常账户赤字的关系仍存在很大的分歧。①

有一点我们可以确定［因为储蓄用途恒等式，即式（2-11）暗示了这一点］，如果政府预算赤字的增加没有被等量的私人储蓄增加所抵消，结果就一定是国内投资的减少，或经常账户赤字的增加，或两者同时发生。

本章小结

1. 国际收支账户由经常账户和金融账户组成。经常账户记录了当前所生产的商品和服务的贸易、国外收入以及国家间的转移支付。金融账户记录了包含不动产和金融资产在内的现有资产的贸易。

2. 经常账户余额 CA 等于商品和服务的净出口、国外净收入和单边净转移支付的总和。忽略国外净收入和单边净转移支付，经常账户余额等于净出口 NX。金融账户余额 FA 等于卖给外国人的资产价值（金融流入）减去从外国购买的资产价值（金融流出）加上资产的单边净转移。

3. 在每一时期，除去统计误差，经常账户余额 CA 和金融账户余额 FA 之和一定为零。原因在于，任何国际交易都是商品、服务或资产在国家间的交换，交易的双方对于经常账户余额和金融账户余额之和永远具有相互抵消的作用。

4. 在一个开放经济里，产品市场均衡要求意愿国民储蓄等于意愿投资加上出借到国外的数量。同样地，一国的净出口必须等于产出（国内生产总值）减去国内居民的意愿支出（国内吸收）总量。

5. 一个小型开放经济在国际资本市场上面对固定的世界实际利率。在小型开放经济的产品市场均衡中，在现行的世界实际利率下，国民储蓄和投资等于其意愿值；资金贷出、净出口以及经常账户都等于意愿国民储蓄超过意愿投资的部分。在当前世界实际利率下，任何使意愿国民储蓄增加或意愿投资减少的因素都会增加一个小型开放经济的资金贷出（同等地，增加其经常账户余额）。

6. 一个大型开放经济的意愿国民储蓄和意愿投资会影响世界实际利率。在一个由两个大型开放经济组成的模型里，国际资本市场上的均衡实际利率是使一国的意愿资金贷出与另一国的意愿资金借入相等的利率。同等地，这个利率也是使出借国家的经常账户盈余与借款国家的经常账户赤字相等的利率水平。任何在初始利率下，使任意一国的意愿国民储蓄增加或意愿投资减少的因素都会引起国际贷款供给相对于需求的增加，从而使世界实际利率下降。

7. 根据双赤字假说，20 世纪 80 年代和 90 年代上半期，美国政府预算赤字促使同期美国经常账户赤字急速增加。对于政府预算赤字是否会导致经常账户赤字这个问题仍然没有统一的定论。从理论上讲，假设投资的税收没有变化，政府预算赤字的增加只有在使意愿国民储蓄减少的时候，才会引起经常账户赤字上升。经济学家基本认同暂时增加政府采购所导致的政府预算赤字会减少意愿国民储蓄，但对于由减税引起的政府预算赤字是否会减少意愿国民储蓄仍然存在争议。

---

① 对于双赤字的综述研究见 Michele Cavallo，“Understanding the Twin Deficits：New Approaches，New Results，” Federal Reserve Bank of San Francisco，*Economic Letter*，No. 2005-16，July 22，2005。

关键图形 4

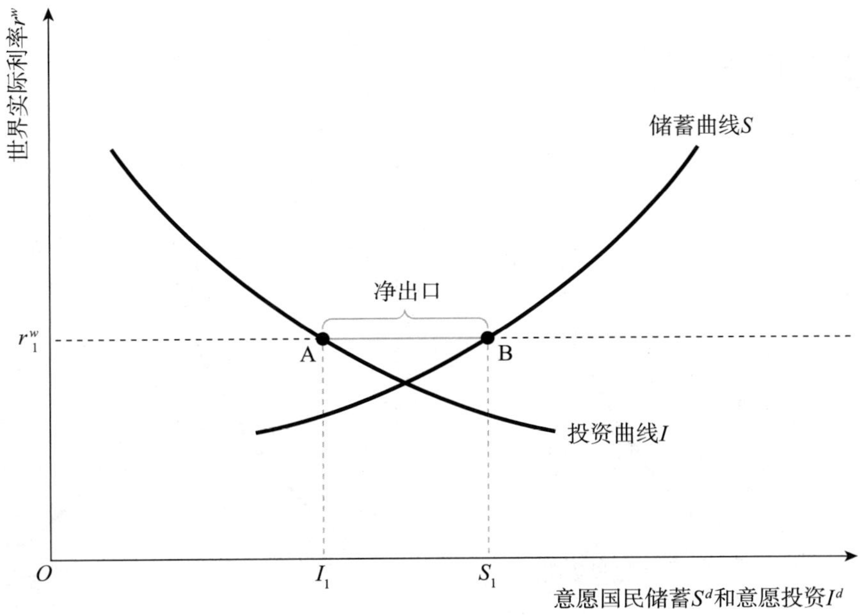

小型开放经济的国民储蓄和投资

说明：开放经济版本的储蓄-投资图形表示在给定的世界实际利率下，小型开放经济中的国民储蓄、投资和经常账户余额的决定。

图形元素

● 世界实际利率以纵轴衡量，小型开放经济的意愿国民储蓄 S^d 和意愿投资 I^d 以横轴衡量。

● 世界实际利率 r^w 是固定的，由一条水平线表示。

● 储蓄曲线 S 和投资曲线 I 与封闭经济的储蓄-投资图形（即关键图形 3）中的曲线相同。

分析

● 小型开放经济的产品市场均衡要求意愿国民储蓄等于意愿投资加上净出口［式（5－4）］。在图中，当世界实际利率为 r_1^w 时，意愿国民储蓄为 S_1，意愿投资为 I_1。该国的净出口 NX 和经常账户余额 CA（即 S_1-I_1）是 AB 的距离。同等地，AB 的距离（即意愿国民储蓄超过意愿投资的部分）是小型经济中出借到国外的资金数量，即金融账户赤字。

导致曲线移动的因素

● 在小型开放经济中，对于一个给定的世界实际利率，任何使意愿国民储蓄增加的因素都会使储蓄曲线向右移动。引起储蓄曲线移动的因素（见小结表 5）包括：

a. 当前产出 Y 增加。

b. 预期未来产出减少。

c. 财富减少。

d. 当前政府采购 G 减少，以及在李嘉图等价定理不成立并且税收影响储蓄的前提下，当前税收 T 增加。

● 在现行的实际利率下，任何引起意愿投资增加的因素都会使投资曲线向右移动。导致投资曲线右移的因素包括（见小结表 6）：预期资本边际产量 MPK^f 的增加和资本有效税率的下降。

● 意愿国民储蓄的增加引起储蓄曲线右移并且使净出口和经常账户余额 CA 增加。同等地，意愿国民储蓄增加引起该国的资金净贷出增加，资金净贷出等于金融账户赤字。类似地，意愿投资的增加引起投资曲线右移，并且降低净出口、经常账户余额、资金净贷出和金融账户赤字。

● 世界实际利率 r^w 的上升使图中的水平线上升。因为世界实际利率的上升使国民储蓄增加、投资减少，所以它会引起资金净贷出、净出口、经常账户盈余以及金融账户赤字增加。

关键图形 5

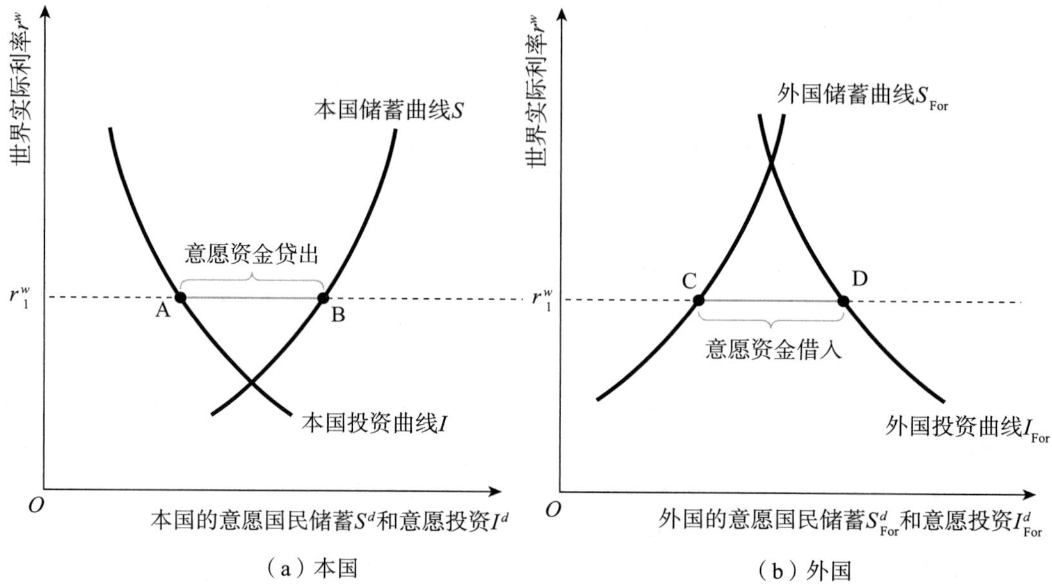

大型开放经济的国民储蓄和投资

说明：该图说明了规模大到足以对世界实际利率产生影响的大型开放经济中国民储蓄、投资以及经常账户余额的决定。

图形元素

● 该图包含两个储蓄-投资图形，一个代表本国，一个代表外国（包含了世界上所有其他国家）。

● 世界实际利率 r^w 以纵轴衡量，它是各国在国际资本市场上所面对的实际利率。

● 本国的储蓄曲线 S 和投资曲线 I 以及外国的储蓄曲线 S_{For} 和投资曲线 I_{For} 与前面图形中所呈现的储蓄和投资曲线一样（关键图形 3 和关键图形 4）。

分析

● 此情形与小型开放经济（关键图形 4）的情形不同，这里的世界实际利率 r^w 是在模型中决定的，而不是给定的。

● 大型开放经济的产品市场均衡要求一国的意愿资金贷出与另一国的意愿资金借入相等。同等地，因为一国的贷出等于其经常账户余额，所以产品市场均衡要求一国的经常账户盈余等于另一国的经常账户赤字。

● 产品市场通过世界实际利率的调整来达到均衡。因为在 r_1^w 这个利率水平上，本国的意愿资金贷出（将意愿国民储蓄减去意愿投资，即 AB 的距离）等于外国的意愿资金借入（将意愿投资减去意愿国民储蓄，即 CD 的距离），所以图中 r_1^w 是世界实际均衡利率。

导致曲线移动的因素

● 图中导致两个国家储蓄曲线和投资曲线移动的因素与关键图形 3 和关键图形 4 中的因素相同。

● 当其中任何一国的意愿国民储蓄或意愿投资变化时，世界实际利率均会发生变动。在最初的利率下，任何促使意愿资金贷出相对于意愿资金借入增加的变化都会引起世界实际利率下降，从而使国际资本市场恢复均衡。能够引起意愿资金贷出相对于意愿资金借入增加的变化包括其中任何一国意愿国民储蓄的增加或意愿投资的减少。类似地，任何一国的意愿国民储蓄的减少或意愿投资的增加都会引起意愿资金贷出相对于意愿资金借入的减少，从而使世界实际利率上升。

关键术语

国内吸收	国际收支余额	国际收支账户	经常账户
经常账户余额	金融账户	金融账户余额	金融流入
金融流出	外国直接投资	大型开放经济	官方储备资产
官方结算余额	小型开放经济	统计误差	单边转移支付
世界实际利率			

关键等式

$$\mathrm{CA}+\mathrm{FA}=0$$

除去统计误差，经常账户余额 CA 与金融账户余额 FA 之和一定为零。原因在于，任何国际交易都包含商品、服务或资产的交换，交易的双方对于 CA+FA 永远具有相互抵消的作用。

$$S^d=I^d+\mathrm{NX}$$

在一个开放经济中，产品市场均衡的成立要求意愿国民储蓄 S^d 必须等于意愿投资 I^d 加上出借到国外的资金。资金贷出量等于经常账户余额，（如果我们假设国外净收入和单边净转移支付为零）它也等于净出口 NX。

$$\mathrm{NX}=Y-(C^d+I^d+G)$$

这是产品市场均衡条件的另一种表达式，它表明净出口必须等于该国的产出 Y 减去其意愿国内吸收 C^d+I^d+G。

复习题

1. 列出会在一国经常账户中出现的交易种类。什么是经常账户余额？经常账户余额和净出口间的关系是什么？

2. 决定一笔国际交易出现在经常账户还是金融账户的关键区别是什么？

3. 一个美国出版商将价值 200 美元的书卖给一个巴西人，这一笔交易使美国经常账户增加。描述与此抵消的并且可以确保美国经常账户余额与金融账户余额总和为零的交易。

4. 一国的经常账户余额与金融账户余额对其国外净资产有什么影响？如果 A 国的人均国外净资产高于 B 国，A 国一定比 B 国有优势吗？

5. 解释为什么在一个小型开放经济中：(a) 国民储蓄并不一定等于投资；(b) 产出并不一定等于国内吸收。

6. 一般而言，意愿国民储蓄和意愿投资中什么样的变化会引起一个小型开放经济出现大量经常账户赤字？什么样的因素会引起这些意愿国民储蓄和意愿投资的变化？

7. 在一个由两个大型开放经济组成的世界里，世界实际利率是由什么决定的？当世界实际利率处于均衡水平时，这两个国家的经常账户满足怎样的关系？

8. 一个大型开放经济中意愿国民储蓄的增加对世界实际利率有怎样的影响？意愿投资的增加又有怎样的影响？为什么大型开放经济的意愿国民储蓄或意愿投资的变化会影响世界实际利率，但小型开放经济中意愿国民储蓄或意愿投资的变化不会对其产生影响？

9. 在什么情况下，小型开放经济中政府预算赤字的增加会影响经常账户余额？在经常账户余额会随之变化的情形下，其变动量是多少？在经常账户余额变化的情况下，它会改变多少？政府预算赤字和经常账户余额之间的关系是什么？

10. 美国在什么时期有双赤字？在哪些时期这两个赤字向相反方向变动？

计算题

1. 以下是一些国际收支数据（无正负号）：

商品出口＝100
商品进口＝125
服务出口＝90
服务进口＝80
国外收入＝110
支付给外国人的收入＝150
本国拥有的国外资产增加＝160
外国在本国拥有的资产增加＝200
本国储备资产增加＝30
外国储备资产增加＝35

假设单边净转移支付为零，计算净出口、经常账户余额、金融账户余额、国际收支余额和统计误差。（说明：本国储备资产增加的 30 已经包括在本国拥有的国外资产增加的 160 中，外国储备资产增加的 35 已经包括在外国在本国拥有的资产增加的 200 中。）

2. 在一个小型开放经济中，产出是 250 亿美元，政府采购是 60 亿美元，国外净收入为零。意愿消费和意愿投资与世界实际利率的关系如下：

世界实际利率	意愿消费	意愿投资
5%	120 亿美元	30 亿美元
4%	130 亿美元	40 亿美元
3%	140 亿美元	50 亿美元
2%	150 亿美元	60 亿美元

对于每个世界实际利率，计算国民储蓄、资金贷出和国内吸收的数量。计算作为产出和国内吸收差额的净出口。净出口与资金贷出间的关系是什么？

3. 在一个小型开放经济中，

意愿国民储蓄：$S^d=100$ 亿美元$+1\ 000$ 亿美元$\times r^w$
意愿投资：$I^d=150$ 亿美元$-1\ 000$ 亿美元$\times r^w$

产出：$Y=500$ 亿美元

政府采购：$G=100$ 亿美元

世界实际利率：$r^w=0.03$

a. 计算国民储蓄、投资、经常账户盈余、净出口、意愿消费和国内吸收。

b. 归功于技术革新，未来生产率得到提高，于是该开放经济的意愿投资在每个世界实际利率水平上都增加了 20 亿美元。根据这个新的信息，问题同 a。

4. 考虑两个大型开放经济：本国经济和外国经济。在本国经济中，以下关系成立。

意愿消费：$C^d=320+0.4(Y-T)-200r^w$

意愿投资：$I^d=150-200r^w$

产出：$Y=1\ 000$

税收：$T=200$

政府采购：$G=275$

在外国经济中，以下关系成立。

意愿消费：$C^d_{For}=480+0.4(Y_{For}-T_{For})-300r^w$

意愿投资：$I^d_{For}=225-300r^w$

产出：$Y_{For}=1\ 500$

税收：$T_{For}=300$

政府采购：$G_{For}=300$

a. 国际资本市场的均衡利率是多少？各国消费、国民储蓄、投资和经常账户余额的均衡值各是多少？

b. 假设本国政府采购增加 50，从而达到 325。税收也增加 50 以防止赤字增加。新的世界实际均衡利率是多少？各国新的消费、国民储蓄、投资和经常账户余额的均衡值各是多少？

5. 考虑仅由两个国家组成的世界，分别标为本国（H）和外国（F）。两国的产出都处于充分就业水平。下面提供了关于两个国家的信息。

本国信息如下。

消费：$C_H=100+0.5Y_H-500r^w$

投资：$I_H=300-500r^w$

政府采购：$G_H=155$

充分就业水平下的产出：$\bar{Y}_H=1\ 000$

外国信息如下。

消费：$C_F=225+0.7Y_H-600r^w$

投资：$I_F=250-200r^w$

政府采购：$G_F=190$

充分就业水平下的产出：$\bar{Y}_F=1\ 200$

a. 将本国和外国国民储蓄表示为世界实际利率 r^w 的函数。

b. 世界实际均衡利率是多少？

c. 各国的消费、国民储蓄、投资、经常账户余额和国内吸收的均衡值各是多少？

6. 一个小型岛国拥有用之不竭的椰子树。这些椰子树是永生的，但也无法种植新树。每年，价值 1 000 000 美元的椰子从树上掉下，这些椰子可以用于国内消费，也可以出口到其他国家。在过去几年里，这个岛国存在经常账户盈余和购置了外国债券的金融账户赤字。它现在拥有 500 000 美元的外国债券。这些债券的利率是每年5%。这个岛国的居民每年消费1 025 000美元。该国的投资、国民储蓄、经常账户余额、金融账户余额、净出口、GDP和GNP各是多少？

分析题

1. 解释以下交易应怎样计入美国国际收支账户。你只需要讨论这些交易本身，而不需要考虑与其相抵消的交易。

a. 美国政府将F-16战斗机卖给外国政府。

b. 一家伦敦银行将日元卖给一家瑞士银行，并向其购买美元。

c. 美联储将日元卖给一家瑞士银行，并向其购买美元。

d. 一家纽约银行收到了给巴西的贷款的利息。

e. 一个美国收藏家从埃及的收藏家那里购买了一些远古工艺品。

f. 一家美国石油公司从一家加拿大保险公司购买保险，为其在墨西哥湾的油井投保。

g. 一家美国公司从一家英国银行借款。

2. 对于分析题第1题中列出的引起了美国经常账户余额CA与金融账户余额FA总和变化的每笔交易，举例说明可以使CA+FA保持不变的抵消交易。

3. 一个大国实施的资本管制禁止国外借款和本国居民将资金贷出。分析这一措施对该国的经常账户余额、国民储蓄和投资的影响，以及对国内实际利率和世界实际利率的影响。假设在实行资本管制前，这个大国存在金融账户盈余。

4. 本章讲到，对于一个小型开放经济，只有影响本国意愿国民储蓄的政府预算赤字增加才会引起经常账户赤字增加。试说明这个结论对于一个大型开放经济也成立。然后，假设政府预算赤字的增加的确会影响本国的意愿国民储蓄，那么本国政府预算赤字增加对外国经常账户、两国的投资和世界实际利率各有什么影响？

5. 以下各项对一个大型开放经济的国民储蓄、投资、经常账户和实际利率有怎样的影响？

a. 国内储蓄倾向提高（从而使任何实际利率下的意愿国民储蓄提高）。

b. 外国人的储蓄倾向提高。

c. 外国政府采购暂时增加。

d. 外国税收增加（分别考虑李嘉图等价定理成立和不成立的情形）。

6. 分析一个只影响外国经济的暂时恶性供给冲击对一个大型开放经济的影响。讨论本国国民储蓄、投资、经常账户余额以及世界实际利率受到的影响。如果这个恶性供给冲击是世界性的，你的答案有何不同？

7. 一个小型开放经济的首席经济顾问发表了以下宣告："我们的消息喜忧参半。好消息是我们刚经历了一个暂时的良性生产率冲击，从而会提高产出；坏消息是产出和收入的增加会促使国内消费者购买更多的进口商品，因而我们的经常账户余额会下降。"假设良性生产率冲击的确发生了，分析这段陈述。

8. 假设世界是由两个大国组成的：东方国和西方国。西方国存在大量经常账户赤字，并且经常需要东方国的协助来减少经常账户赤字。目前，东方国的政府采购了100亿美元的商品和服务，所有这些商品和服务均产自东方国。东方国的财政部部长建议政府从西方国购买一半的产品。具体而言，东方国政府继续购买100亿美元的商品和服务，但50亿美元的商品和服务将产自东方国，50亿美元的商品和服务将产自西方国。该财政部部长给出了以下理由："两个国家都生产同样的产品，所以我们购买哪个国家的产品并无差别。此外，这个购买政策的改变有助于西方国改善经常账户赤字。"这个购买政策的变化对两国的经常账户和世界实际利率的影响是什么？（提示：在东方国改变购买政策后，各国私人部门的净出口会发生怎样的变化?)

宏观经济数据分析

1*. 一个衡量国家国际贸易“开放度”的流行指标的计算方法为将该国的进出口总额除以 GDP。使用 1947 年以来的季度数据计算并画出美国的开放度指标。战后的趋势如何?你能想出解释这个趋势的因素吗?(提示:使用数据时请注意一些数据库以负数记录进口,然后使其与出口相加得到净出口。如果你使用的数据属于此类,请先取进口数据的绝对值,然后与出口相加,因为我们感兴趣的是贸易量而不是贸易余额。)

2*. 使用 1960 年以来的季度数据,在同一图形里画出产出和国内吸收(均为实际值)。在另一图形里,画出同时期的实际投资、国民储蓄和经常账户余额。[使用包含国外净收入的实际 GNP 作为产出(收入)的衡量指标。] 这两个图形之间有何关系?

3*. 使用 1960 年以来的季度数据,将以下 4 组数据以其占 GDP 百分比的形式用图形表示出来:商品出口、服务出口、商品进口、服务进口。根据美国商品和服务的进口和出口,你能观察到什么样的趋势?在计算占 GDP 的百分比时,注意出口和进口的季度数据通常不是年增长率,而 GDP 的数据是年增长率。如果你的数据属于此类,请将进口数据与出口数据乘以 4 来获得相对于 GDP 的适当比率。

第6章

长期经济增长

学习目的：

- 讨论经济增长的源泉和基本增长核算
- 解释影响索洛模型中长期生活水准的因素
- 总结内生增长理论
- 讨论提高长期生活水准的政府政策

一个国家给国民提供不断提高的生活水平的能力，取决于这个国家经济的长期增长率。从长期来看，即使是经济增长率的细微差别也会转变成普通人收入的巨大差别。

例如，我们来对比澳大利亚和日本的历史经验。如表6-1中的国家经济增长数据所示，1870年，澳大利亚的人均实际GDP是日本的4倍多。1870年后，澳大利亚的经济并没有就此停滞。在接下来的140年里，澳大利亚的人均实际GDP每年增长1.5%，到2010年，澳大利亚的人均实际收入是其1870年水平的7倍多。然而，在同一时期内，日本的人均GDP每年增长2.5%，到2010年，达到其1870年水平的约30倍。

表6-1　1870—2010年八个主要国家的经济增长

国家	1870年人均实际GDP（美元）	1913年人均实际GDP（美元）	1950年人均实际GDP（美元）	2010年人均实际GDP（美元）	人均实际GDP年增长率（1870—2010年，%）
澳大利亚	3 273	5 157	7 412	25 584	1.5
加拿大	1 695	4 447	7 291	24 941	1.9
法国	1 876	3 485	5 186	21 477	1.8
德国*	1 839	3 648	3 881	20 661	1.7
日本	737	1 387	1 921	21 935	2.5
瑞典	1 345	2 874	6 739	25 306	2.1
英国	3 190	4 921	6 939	23 777	1.4
美国	2 445	5 301	9 561	30 491	1.8

说明：数据的单位是以1990年价格计算的美元，并且各国不同的购买力已经得到调整。

*1945—1990年为联邦德国。全书同。

资料来源：Maddison项目（2013年版）。

日本每年2.5%的增长率看上去可能并不比澳大利亚每年1.5%的增长率高很多。

但到了 1990 年，日本这个一个世纪前比澳大利亚穷得多的国家，已经超过了它的这个太平洋上的邻居，日本的人均 GDP 比澳大利亚高 10%。然而，在 20 世纪 90 年代，日本的缓慢增长使澳大利亚得以在 1998 年再次领先。我们还可以基于表 6－1 做出其他类似的对比，如英国与加拿大和瑞典长期增长表现的比较。但值得注意的是，在过去的一个多世纪里，即使是在那些增长相对缓慢的国家里，人均实际 GDP 也有了惊人的增长。

尽管表 6－1 所呈现的是在相当长的时间跨度内所做的对比，但经济增长率的变化即使在一二十年内也会产生重要的影响。例如，大约自 1973 年起，美国和其他工业化国家经历了一段经济持续缓慢增长的时期。1947—1973 年，美国的实际 GDP（非人均）每年增长 4.0%，但在 1973—2014 年，美国实际 GDP 的增长率仅为每年 2.7%。为了理解这个增长减缓的重要性，我们假设 1947—1973 年的增长率得以持续，即假设美国的实际 GDP 每年继续以 4.0%的速度增长，而不是实际上的每年增长 2.7%。那么在 2014 年，美国的实际 GDP 就会比其实际值高 65%——相当于 1.1 万亿美元，或人均 37 000 美元的增加值（以 2014 年的美元表示）。

没有人能够完全理解为什么经济会增长，也没有人拥有刺激经济迅速增长的神奇公式。事实上，如果真的存在这样的公式，那么世界上就不会再有贫穷的国家。不过，经济学家对于经济增长过程也有一定的领悟。在本章，我们将辨别决定一个经济长期增长率的因素，并且讨论政府可以用来影响增长率的各种政策。在本章的讨论中，储蓄和投资仍然起着核心作用。一国储蓄和投资的速度，以及由此而积累的资本的增长速度与生产率的变化一起成为决定国民生活水平的重要因素。

6.1 经济增长的源泉

一个经济的商品和服务的产出取决于可供使用的资本和劳动等的投入数量，以及这些投入的生产率。* 产出和投入之间的关系可用第 3 章中介绍的生产函数来描述，即

$$Y=AF(K,N) \tag{6-1}$$

式（6－1）将产出 Y 与这个经济所使用的资本（一般指资本存量）K 和劳动（又称劳动力）N 以及生产率 A 联系起来。

如果投入和生产率是固定的，那么生产函数表明产出也是固定的——也就不会有经济增长。要使产出增长，要么投入必须增长，要么生产率必须提高，要么两者同时变化。产出增长率与投入和生产率增长率之间的关系为：

$$\frac{\Delta Y}{Y}=\frac{\Delta A}{A}+a_K\times\frac{\Delta K}{K}+a_N\times\frac{\Delta N}{N} \tag{6-2}$$

式中，

$\frac{\Delta Y}{Y}$＝产出增长率

$\frac{\Delta A}{A}$＝生产率增长率

* 本章中的产出、资本、劳动、消费和储蓄等变量一般指总量，与人均量相对应。——译者注

$\frac{\Delta K}{K}$=资本增长率

$\frac{\Delta N}{N}$=劳动增长率

a_K=产出的资本弹性

a_N=产出的劳动弹性

在式（6－2）中，产出的资本弹性 a_K 是资本存量增加 1%时产出增长的百分比，产出的劳动弹性 a_N 则是所使用的劳动增加 1%时产出增长的百分比。a_K 和 a_N 这两个弹性都处于 0～1 之间，这些数值只能从历史数据中估算出来。[①]

式（6－2）称为**增长核算等式**（growth accounting equation），它将生产函数［式（6－1）］用增长率的形式表示出来。以下实例有助于理解增长核算等式。

假设一项新的发明使得公司使用同样数量的资本和劳动生产的产出增加了 10%。以式（6－1）中的生产函数表示就是，当资本和劳动投入固定不变时，生产率 A 增长 10%会引起产出增长 10%。类似地，从增长核算等式［式（6－2）］可以得出，如果生产率的增长率 $\Delta A/A$ 等于 10%，并且资本和劳动增长率为零，那么产出增长率 $\Delta Y/Y$ 将是 10%。因此，生产函数和增长核算等式所得到的结论是一样的。

现在假设公司的投资使经济中的资本存量上升了 10%（$\Delta K/K=10\%$），而劳动投入和生产率保持不变，产出会怎样变化呢？根据生产函数，如果资本存量增长，产出也会增长。然而，因为资本边际产量递减规律（见第 3 章），新增资本的生产率会低于之前所使用的资本，所以产出的增加将会小于 10%。边际产量递减规律正是我们在增长核算等式中资本增长率 $\Delta K/K$ 前面乘以一个小于 1 的系数的原因。对于美国来说，这个系数 a_K（即产出的资本弹性）大概为 0.3。因此，增长核算等式［式（6－2）］表明，如果资本存量增长 10%，而劳动和生产率固定不变，那么美国的产出将增加大约 3%（=0.3×10%）。

类似地，美国产出的劳动弹性 a_N 大概为 0.7。因此，根据式（6－2），当使用的劳动数量增长 10%（$\Delta N/N=10\%$）而资本和生产率不变时，美国的产出将增加约 7%（=0.7×10%）。[②]

□ 增长核算

根据式（6－2），产出增长率 $\Delta Y/Y$ 可以分为三个部分：

（1）来自生产率增长的部分 $\Delta A/A$。

（2）来自资本投入增长的部分 $a_K\Delta K/K$。

（3）来自劳动投入增长的部分 $a_N\Delta N/N$。

增长核算（growth accounting）以实证方法衡量了这三种产出增长来源在产出增长中的相对重要性。一个典型的增长核算分析包括以下四个步骤（见表 6－2 的总结和数值实例）。

---

① 弹性和增长率等式，如式（6－2），将在附录 A 的 A.3 节和 A.7 节中做进一步讨论。

② 在第 3 章，我们讨论了美国经济的生产函数 $Y=AK^{0.3}N^{0.7}$。这个函数称为柯布-道格拉斯生产函数，资本存量 K 的指数 0.3 等于资本的产出弹性，劳动 N 的指数 0.7 等于劳动的产出弹性。详见附录 A 的 A.6 节。

表 6-2　　增长核算的步骤：一个数值实例

第 1 步：获得研究时期的产出增长率、资本增长率和劳动增长率。

例：

$$产出增长率=\frac{\Delta Y}{Y}=40\%$$

$$资本增长率=\frac{\Delta K}{K}=20\%$$

$$劳动增长率=\frac{\Delta N}{N}=30\%$$

第 2 步：运用历史数据估算出产出的资本弹性 a_K 和产出的劳动弹性 a_N。

例：

$a_K=0.3$

$a_N=0.7$

第 3 步：计算资本增长率和劳动增长率对产出增长率的贡献。

例：

$$资本增长率对产出增长率的贡献=a_K\times\frac{\Delta K}{K}=0.3\times 20\%=6\%$$

$$劳动增长率对产出增长率的贡献=a_N\times\frac{\Delta N}{N}=0.7\times 30\%=21\%$$

第 4 步：计算作为剩余值（产出增长率中没有被资本和劳动解释的部分）的生产率增长率。

例：

$$生产率增长率=\frac{\Delta A}{A}=\frac{\Delta Y}{Y}-a_K\times\frac{\Delta K}{K}-a_N\times\frac{\Delta N}{N}=40\%-6\%-21\%=13\%$$

● 第 1 步：获得该经济体在任何一段时期内的产出增长率 $\Delta Y/Y$、资本增长率 $\Delta K/K$ 以及劳动增长率 $\Delta N/N$。在计算资本增长率和劳动增长率时，可以通过调整投入的质量和数量来获得更精确的分析。比如，要衡量经质量调整的 N 值，一个熟练工人一小时的工作比一个非熟练工人一小时的工作要算作更多的劳动。类似地，要获得经质量调整的 K 值，一台每分钟能生产 50 个螺丝的机器比一台每分钟只能生产 30 个螺丝的机器要算作更多的资本。

● 第 2 步：从历史数据中估算出两个弹性 a_K 和 a_N。记住，美国的 a_K 和 a_N 的估计值分别为 0.3 和 0.7。

● 第 3 步：计算资本增长率对产出增长率的贡献 $a_K\Delta K/K$ 和劳动增长率对产出增长率的贡献 $a_N\Delta N/N$。

● 第 4 步：既不属于资本贡献也不属于劳动贡献的产出增长率就可以归功为生产率 A 的提高。生产率的变化率 $\Delta A/A$ 可用以下公式计算得出：

$$\frac{\Delta A}{A}=\frac{\Delta Y}{Y}-a_K\times\frac{\Delta K}{K}-a_N\times\frac{\Delta N}{N}$$

这其实是式（6-2）中的增长核算等式，只不过 $\Delta A/A$ 被移到了等式左边。因此，增长核算方法把生产率的变化当作一个余值，即经济增长中没有被其他因素解释的部分。①

① 运用增长核算计算生产率的方法类似于我们在 3.1 节计算生产率增长的方法，在那里，我们也将经济增长中没有被资本及劳动增加解释的部分确定为生产率的增长。这两个方法的区别是，增长核算使用的是增长核算等式，即以增长率表示的生产函数，而不像第 3 章那样直接使用生产函数，并且增长核算分析通常会对资本及劳动的质量变化进行调节，而我们在第 3 章中并没有这样做。

增长核算和生产率趋势 增长核算对于美国经济增长的来源能做出怎样的解释呢?运用增长核算框架进行的著名研究之一是布鲁金斯学会（Brookings Institution）的爱德华·丹尼森（Edward Denison）的成果。表 6-3 总结了丹尼森对 1929—1982 年美国经济增长的来源的研究结果，以及从美国劳工统计局获得的更近期的 1982—2013 年的数据。

表 6-3 **美国经济增长的来源** 单位:%

	(1) 1929—1948 年	(2) 1948—1973 年	(3) 1973—1982 年	(4) 1929—1982 年	(5) 1982—2013 年
增长来源					
劳动增长率	1.42	1.40	1.13	1.34	0.99
资本增长率	0.11	0.77	0.69	0.56	1.19
投入增长率	1.53	2.17	1.82	1.90	2.18
生产率增长率	1.01	1.53	−0.27	1.02	1.10
产出增长率	**2.54**	**3.70**	**1.55**	**2.92**	**3.28**

资料来源：第（1）～（4）列来自 Edward F. Denison, *Trends in American Economic Growth*, *1929—1982*, Washington, D.C.: The Brookings Institution, 1985, Table 8.1。第（5）列来自美国劳工统计局官网的多因素生产率趋势表 XG。

表中第（4）列的最后一个数值说明，1929—1982 年，产出以每年 2.92%的平均速度增长。根据丹尼森的衡量［第（4）列］，年均劳动增长率为 1.34%。劳动增长主要来自人口的增长、劳动力占总人口比例的增长以及使得工人技能提高的教育水平的上升。(工人工作时数的减少在某种程度上抵消了一部分作用。）根据丹尼森的计算，年均资本增长率为 0.56%。所以，两项加在一起，1929—1982 年的年均投入增长率为 1.90%。

产出增长率（2.92%）与投入增长率（1.90%）之差为 1.02%。根据增长核算方法，这剩下的 1.02%的年增长率则归功于生产率的增长。因此，根据丹尼森的观点，生产要素的增长和这些要素使用效率的提高对 1929 年后美国经济的增长起着至关重要的作用。

表 6-3 的第（1）～(3）列是比较短的三个时间段的数据。将数据分成这样的三个时间段显示了一个惊人的结论：1973—1982 年的生产率增长率是负的［第（3）列的第 4 个数值］。换句话说，丹尼森的估算表明，任何资产及劳动的组合在 1982 年所生产的产量都要低于 1973 年的产量！(有关解释生产率下降的各种假说，参见本章的“应用：1973 年后生产率增长的减缓”。）第（2）列与第（3）列的对比显示 1948—1973 年和 1973—1982 年间，生产率增长率降低了 1.80 个百分点（1.53%减去−0.27%），这就完全可以解释在这段时间产出增长率总体上的 2.15 个百分点（3.70%减去 1.55%）的滑落。

丹尼森所发现的 1973 年后的生产率增长减缓也被其他研究所证实，这个增长减缓不仅存在于美国，也存在于其他工业化国家。因为持续的生产率增长的减缓会对未来实际工资和生活水平产生负面影响，所以生产率增长的减缓引起了广泛的关注。另外，鉴于未来的社会保障体系是由工人的未来工资的收入税来支付的，一个长期的生产率减缓也会威胁到未来的社会保障体系。但是，生产率的减缓会一直持续吗？为了说明这个问题，表 6-3 的最后一列将丹尼森的计算延伸至最近 31 年的数据。1982—2013 年，生产率以 1.10%的年均增长率上升。尽管生产率增长恢复到正值是一个好势头，但 1.10%的增长率也低于 1973 年增长减缓前 25 年中生产率增长的四分之三。但是，从 20 世纪 90 年代中后期开始，生产率的增长率有所提高。1995—2007 年（金融危机前），每年的平均增长率为 1.39%，仅比 1948—1973 年的增长率低 0.14 个百分点。详细信息参见本章的“应用：美国生产率增长的反弹”。

虽然信息技术在继续进步，但自 2007 年以来，全要素生产率的增长很少［根据美国劳工统计局的数据，2007—2013 年，每年的全要素生产率的增长率仅为 0.5%，而 1995—2007 年为年均 1.5%］。这是怎么回事？现在下结论还为时过早，但可能是金融危机阻碍了生产率的增长。例如，在危机后的几年里，信贷紧缩，企业不太倾向于投资研发，或者升级它们的工厂和设备。新公司的启动也很少，这阻碍了新产品和生产技术的发展。此外，高失业率可能导致一些工人的技能恶化。这些因素中的每一个都可能导致至少一段时间内生产率增长放缓。

应用

1973 年后生产率增长的减缓

我们已经从表 6-3 中看到了美国的生产率在 1973 年后的增长大大低于 1973 年前四分之一世纪中的增长。事实上，生产率的增长在 1973—1982 年是负的。是什么因素导致了生产率的表现如此快速地恶化呢？

丹尼森对 1973—1982 年生产率负增长提出的第一种解释是他所宣称的法制和人类环境的变化，其中包括几个不同的因素。例如，从 1973 年起，人们强调更加洁净的环境和工人的安全及健康。当资本及劳动被用于这些目标时，所衡量的产出和生产率将会降低。①

对生产率增长减缓的第二种解释是 1973 年 OPEC 石油禁运后随之而来的能源价格的上升。这个观点认为，当企业面对高能源价格而减少使用能源时，同样数量的资本及劳动所能生产的产量就下降了，从而降低了生产率。这个解释听起来很合理，其原因在于不仅在时间上是吻合的——生产率从 1973 年左右开始下降的幅度最大，而且与其他解释不同。石油价格理论还解释了为什么不单是美国，而是所有的主要工业化国家都经历了生产率下降。然而，石油价格解释的拥护者面对的难题是：为什么在 20 世纪 80 年代石油的实际价格降低时，生产率增长却没有大幅上升？

对生产率增长减缓的第三种解释是，1973 年后的生产率减缓可能是信息技术革命开始的结果。新信息技术的发展和商业化的应用需要新技术开发者和要使用技术的技能工人花相当长的一段时间学习。因为开发者和工人要探索开发更强大的技术和更有效率地使用这些技术，所以在这个学习过程中，生产率会被暂时抑制。例如，18 世纪末英国工业革命早期，英国的生产率也有所下降。在美国，19 世纪 30 年代这个年轻的国家刚开始工业化的时候，其生产率也下降了。

① 当然，降低污染或增加工人安全带来的生产率下降无论如何也不能作为反对这些目标的论点。评估环境政策提议的正确标准是：关于清洁空气和水的政策给社会带来的收益是否大于它们所带来的成本。有关衡量产出时对环境质量问题的考虑，见第 2 章的“数据获取与研究前沿：自然资源、环境和国民收入账户”。

如果20世纪70年代的生产率增长减缓事实上真的是信息技术革命的结果，那么我们在不远的将来也应该会看到生产率加速增长的时期。事实上，20世纪90年代出现了更高的生产率增长。

在解释1973年后生产率增长减缓时所存在的问题可能不是缺乏合理的解释，而是解释过多了。我们不应该忽略生产率增长的减缓不是由一个原因引起，而是由许多因素导致的可能性。遗憾的是，如果减缓的原因很多，那么就不可能有一个单一政策会使生产率的引擎加速。然而，幸运的是，正如我们在本章的“应用：美国生产率增长的反弹”中所讨论的，自20世纪90年代中期以来，生产率增长有显著的提高。

应用

美国生产率增长的反弹

我们对于表6-3中生产率增长的讨论显示，生产率从1973年到1982年增长得十分缓慢，但自1982年开始迅速增长。在20世纪90年代，劳动生产率（非农商业部门每小时产出量）增长远远高于此前20年的增长水平。从此，劳动生产率和全要素生产率［式（6-1）中的A］持续增长。经济学家已经发展出新的模型来解释这些增长。

图6-1中显示劳动生产率和全要素生产率自1982年触底后开始稳定增长，直到2008年金融危机开始。劳动生产率增长比全要素生产率增长略快一些。（注意，两个变量都以指数表示。）

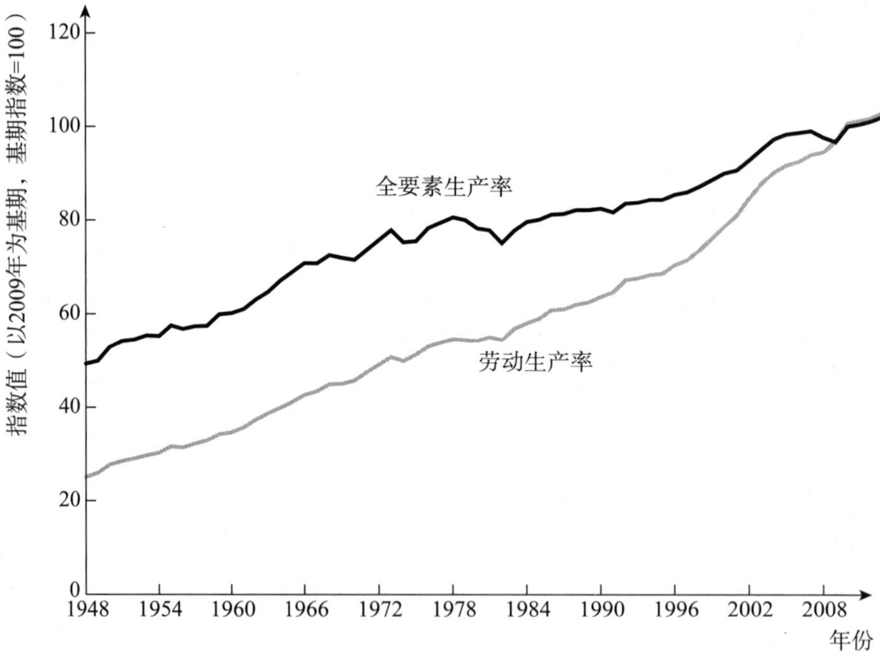

图6-1 1948—2013年生产率水平

说明：此图显示了1948—2013年劳动生产率和全要素生产率［式（6-1）中的A］的年度数据。

资料来源：劳动生产率数据来自美国劳工统计局非农商业部门，可从FRED数据库下载，下载序列为OPHNFB。全要素生产率数据来自美国劳工统计局官网的多因素生产率趋势表XG。

图 6－2 说明了生产率的增长率衡量并显示出 1949—2013 年劳动生产率增长和全要素生产率增长之间不断扩大的差距。要理解全要素生产率增长与劳动生产率增长间的关系，回顾式（6－2）：

$$\frac{\Delta Y}{Y}=\frac{\Delta A}{A}+a_K\times\frac{\Delta K}{K}+a_N\times\frac{\Delta N}{N}$$

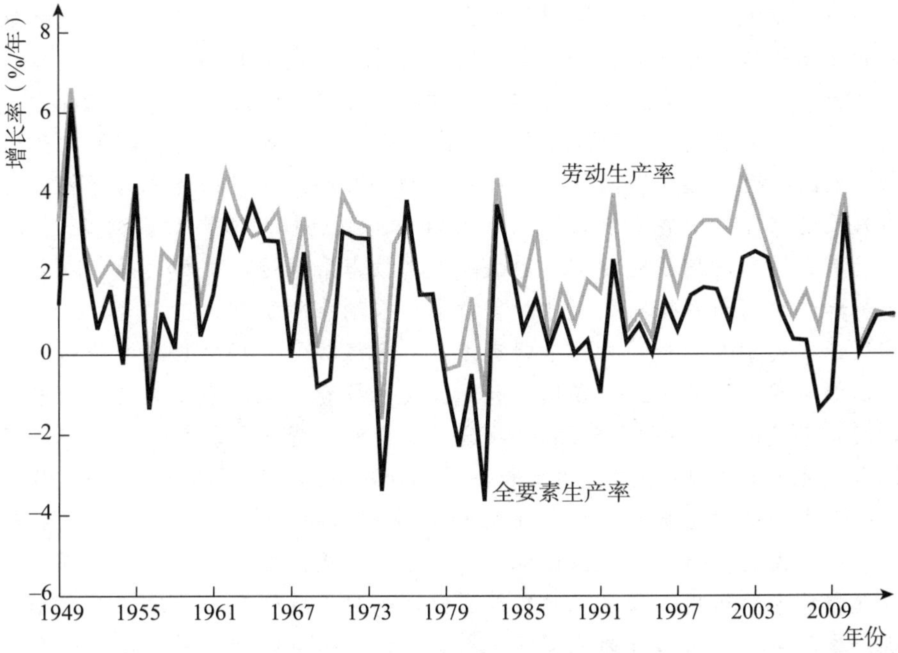

图 6－2　1949—2013 年生产率增长

说明：此图显示了 1949—2013 年劳动生产率增长和全要素生产率增长的年度数据。

资料来源：劳动生产率数据来自美国劳工统计局非农商业部门，可从 FRED 数据库下载，下载序列为 OPHNFB。全要素生产率数据来自美国劳工统计局官网的多因素生产率趋势表 XG。

从实证上讲，产出的资本弹性 a_K 加上产出的劳动弹性 a_N 等于 1，所以 $a_N=1-a_K$。在式（6－2）中用 $1-a_K$ 替换 a_N，得到：

$$\frac{\Delta Y}{Y}=\frac{\Delta A}{A}+a_K\times\frac{\Delta K}{K}+(1-a_K)\times\frac{\Delta N}{N}$$

最后，在等式两边同时减去 $\frac{\Delta N}{N}$，得到：

$$\frac{\Delta Y}{Y}-\frac{\Delta N}{N}=\frac{\Delta A}{A}+a_K\left(\frac{\Delta K}{K}-\frac{\Delta N}{N}\right) \tag{6-3}$$

注意，式（6－3）左边的 $\frac{\Delta Y}{Y}-\frac{\Delta N}{N}$ 是 $\frac{Y}{N}$ 的增长率，即平均劳动生产率的增长率。每单位劳动的资本存量 $\frac{K}{N}$ 以 $\frac{\Delta K}{K}-\frac{\Delta N}{N}$ 的速度增长。因此式（6－3）说明，平均劳动生产率等于全要素生产率 $\frac{\Delta A}{A}$ 加上 a_K 乘以每单位劳动的资本存量的增长率。如图 6－2 所示，

因为每单位劳动的资本存量通常在增长，所以$\frac{\Delta K}{K}-\frac{\Delta N}{N}>0$，劳动生产率的增长率通常高于全要素生产率的增长率。图 6－2 还显示，1995—2008 年平均劳动生产率的增长大大高于全要素生产率的增长，这与该时期每单位劳动的资本存量的快速增长一致。

劳动生产率在 20 世纪 90 年代中后期的迅速增长大部分被归功于信息和通信技术革命。最近，经济学家的研究对于将美国劳动生产率增长归功于信息和通信技术革命的观点提出了挑战。经济学家更仔细地研究这个问题的一个原因是，许多其他国家也大量投资于信息和通信技术，却没有获得与美国同样的劳动生产率的回报。

为什么美国呈现了来自信息和通信技术的劳动生产率的显著提高而欧洲没有呢？研究人员发现了一系列原因。[①] 欧洲企业比美国企业明显更多地受政府政策的限制，因此在采纳新技术上行动迟缓。在欧洲，政府拥有的企业因为缺少经济压力而经常会扼杀创新，政府政策还在能给消费者有效提供商品的"大型连锁超市"的零售渠道存在限制。在欧洲，具有新技术使用技能的工人短缺也使其技术采纳过程更加迟缓。在美国，灵活的资本市场和培育创新的研究型大学对新技术的采纳有所贡献。

研究生产率的学者面对的另一个疑惑是，尽管经济学家将生长率增长归功于信息和通信技术，但时间上不甚一致：在信息和通信技术投资与生产率提高之间似乎存在一个很长的时间差。美国公司在 20 世纪 80 年代开始大量投资于计算机产业，但生产率并没有提高很多，远不如 1995 年以后的增长快。此外，信息和通信技术投资在 2000 年急剧下降，但生产率增长仍然势头良好。正如我们在本章的"应用：1973 年后生产率增长的减缓"中所讨论的，信息和通信技术投资与生产率提高在时机上微弱关联的原因可能是信息和通信技术的运用不仅要求购买计算机，而且需要研究与开发经费、企业重组和工人培训。这些被经济学家称为无形资产投资的活动需要时间，并可能使一个企业的产出暂时下降而不是上升。因此，无形资产投资可以帮助解释信息和通信技术投资与生产率增长间的时间差。

最近的生产率提高在美国历史上是独一无二的吗？并不是。事实上，研究者已经发现了三个历史中类似的时期：南北战争后的 1873—1890 年，第一次世界大战后的 1917—1927 年，第二次世界大战后的 1948—1973 年。[②] 在每个时期，生产率的提高都使美国的生活标准大幅度提高。新技术包括：19 世纪后期的蒸汽动力、铁路运输和电话通信；第一次世界大战后的工厂电气化；第二次世界大战后的晶体管。每个时期的特征都不仅体现在新技术上，还包括商业企业组织的变化和对工人的投资（教育与培训）。

历史给我们的启示是：1995 年以来使生产率提高的不仅是新技术的发展，还包括美国企业采纳和使用那些技术的能力以及无形资本的投资和企业重组，这些都可以帮助美国更加充分地利用新技术。

---

① 有关这方面的研究且提供了原始参考资料的可读性总结参见 Ben S. Bernanke，"Productivity." Remarks at the Peter C. McColough Roundtable Series on International Economics at the University of Arkansas at Little Rock, February 24，2005。

② 细节参见 Roger W. Ferguson，Jr.，and William L. Wascher，"Lessons from Past Productivity Booms," *Journal of Economic Perspectives* 18 (Spring 2004)，pp. 3－28。

6.2 动态增长：索洛模型

尽管增长核算提供了关于经济增长源泉的有用信息，但它并不能完全解释一个国家的增长表现。因为增长核算将一个经济中投入的增长率看作固定的，所以它无法解释为什么资本及劳动会以现有的速度增长。资本的增长是无数家庭和公司储蓄及投资决策的结果。增长核算方法将资本的增长看作固定的，这遗漏了论述的一个重要部分。

在这一节，我们将仔细考虑动态的经济增长，即增长过程怎样随时间变化。以此为目的，我们将放宽第3章中资本固定的假设来研究使得经济中资本增加的因素。我们的分析是建立在一个著名的经济增长模型基础上的，该模型由麻省理工学院（MIT）诺贝尔经济学奖得主罗伯特·索洛（Robert Solow）在20世纪50年代发展①并成为此后研究增长问题的基础框架。除了说明资本积累和经济增长怎样紧密联系之外，索洛模型对于研究以下两个关于增长的问题也十分有用：

（1）一国的长期生活水平和诸如储蓄率、人口增长率、技术进步速度这样的基本因素有着怎样的关系？

（2）一国的经济增长率是怎样随时间变化的？经济增长会稳定、加速或静止吗？

□ 索洛模型的基本结构

索洛模型考察的是一个经济体随时间的变化。为了分析劳动增长和资本变化的影响，我们假设人口在增长，并且在任何特定时期，人口中都有固定的比例处于工作年龄。在任意一年 t，

N_t＝可用的劳动数量

我们假设人口和劳动均以固定速度 n 增长。所以，如果 $n=0.01$，则任何一年内的工人数量都比前一年的数量多1%。

在每一年 t 的开始，经济体中有 K_t 的资本可用。（我们稍后解释这个资本存量是怎样决定的。）在每一年 t，资本 K_t 和劳动 N_t 被用来生产这个经济的产出 Y_t。每年产出的一部分都会用来投资新的资本或用来替代磨损的资本。我们进一步假设经济体是封闭的，并且不存在政府采购②，所以产出中未被投资的部分将作为国民消费。假如

Y_t＝第 t 年的产出

I_t＝第 t 年的投资

C_t＝第 t 年的消费

每一年消费、产出和投资之间的关系为：

$$C_t=Y_t-I_t \tag{6-4}$$

---

① 原始文章是 Robert M. Solow，"A Contribution to the Theory of Economic Growth，" *Quarterly Journal of Economics*，February 1956，pp. 65－94。

② 本章末的分析题第3题将政府采购加入了这个模型。

式（6－4）表明，经济的产出中未被投资的部分是消费。

由于在这个经济中人口和劳动在增长，将分析集中于每个工人平均（本章中简称人均）的产出、消费和资本更为方便。因此，我们使用以下符号：

$$y_t=\frac{Y_t}{N_t}=\text{第 } t \text{ 年的人均产出}$$

$$c_t=\frac{C_t}{N_t}=\text{第 } t \text{ 年的人均消费}$$

$$k_t=\frac{K_t}{N_t}=\text{第 } t \text{ 年的人均资本}$$

人均资本 k_t 也称为**资本-劳动比**（capital-labor ratio）。建立这个模型的一个重要目的是，理解人均产出、人均消费和资本-劳动比怎样随时间而变化。[①]

人均生产函数 一般来说，一定的投入所能生产的产量多少是由生产函数决定的。迄今为止，我们一直将生产函数描述为产出 Y 与资本 K 和劳动 N 的投入总量之间的关系。但是，我们也可以用人均值来表示生产函数，即

$$y_t=f(k_t) \tag{6-5}$$

式（6－5）表明，在每一年 t，人均产出 y_t 取决于人均资本 k_t。[②] 这里，我们在生产函数中使用了小写的 f 来取代大写的 F 是为了强调公式中的产出和资本的衡量单位是人均量。我们暂时假设没有生产率增长，这样就可以在式（6－5）中省略生产率这个变量[③]，从而重点研究资本在增长过程中所扮演的角色。我们稍后将把生产率增长放回到模型中来。

图 6－3 绘出了人均生产函数的图形。资本-劳动比（人均资本）k_t 由横坐标衡量，人均产出 y_t 由纵坐标衡量。生产函数的斜率从左到右呈上升趋势，因为人均资本增加可以使每个工人生产更多的产出。与标准生产函数相同的是，弓形的人均生产函数体现的是资本边际生产率递减规律。因此，当资本-劳动比已经很高时，资本-劳动比的增加对人均产出只能产生相对小的影响。

稳定状态 从索洛模型可以得到的最明显结论是，在没有生产率增长的情况下，经济在长期会达到稳定状态。**稳定状态**（steady state）是指经济中人均产出、人均消费和人均资本固定不变的状态，即在稳定状态下，y_t、c_t 和 k_t 不随时间变化。[④] 要解释索洛模型为什么成立，我们先来研究稳定状态的特征，然后讨论经济怎样会到达这个状态。

---

① 以分析为目的，研究每个工人的平均产出和消费比讨论以全部人口作为整体的人均产出和消费更为方便。在劳动力占人口的比例固定和充分就业的假设前提下，我们讨论的任何关于每个工人平均产出或消费的增长率也是以全部人口为基础的人均产出和消费的真实增长率。

② 要将生产函数写成式（6－5）的形式需要规模报酬不变的假设，即同等百分比的资本及劳动增加会带来同样百分比的产出增加。所以，举例来说，如果规模报酬不变，资本及劳动同时增加 10%，则产出也会增加 10%。就增长核算等式［式（6－2）］而言，规模报酬不变要求 $a_K+a_N=1$，参见本章末的分析题第 6 题。

③ 准确地讲，我们将生产率 A 定为 1。

④ 注意，如果人均产出、人均消费和人均资本不变，那么总产出、总消费和总资本都以 n 的速度增长，即以劳动的增长速度增长。

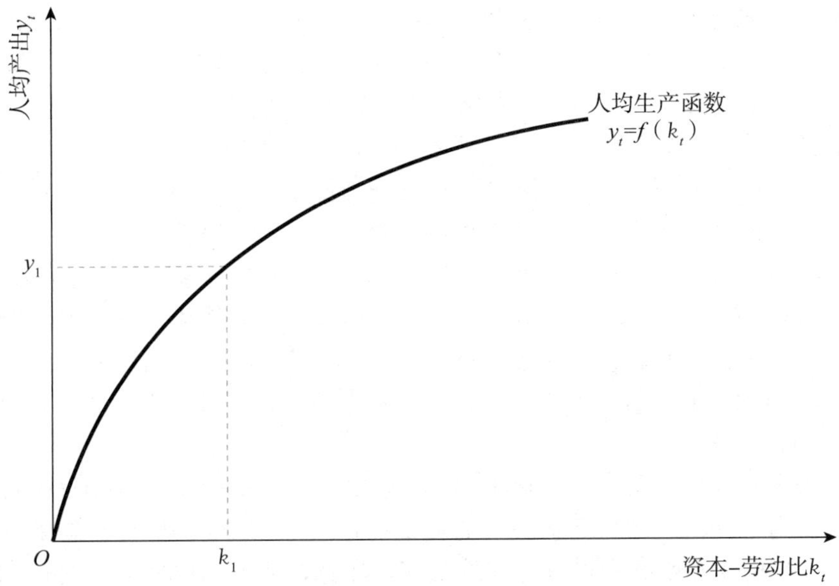

图 6-3　人均生产函数

说明：人均生产函数 $y_t=f(k_t)$ 将人均产出 y_t 与资本-劳动比 k_t 联系在一起。例如，当资本-劳动比为 k_1 时，人均产出为 y_1。因为资本-劳动比的增加可以使每个工人生产更多的产出，所以生产函数的斜率从左到右呈上升趋势。弓形的人均生产函数体现的是资本边际生产率递减规律。

我们首先考虑稳定状态下的投资。一般来说，第 t 年的投资 I_t 是出于两方面的需求：①替代磨损或折旧的资本；②扩充资本的规模。如果 d 是资本的折旧率，即每年资本磨损的比例，则第 t 年的折旧为 dK_t。资本所增加的数量为净投资。那么，稳定状态的净投资是多少呢？因为人均资本$\frac{K_t}{N_t}$在稳定状态下是固定的，所以资本的增长速度也就是劳动增长的速度，即增长速度为 n。因此，稳定状态的净投资为 nK_t。① 要得到稳定状态的投资，我们将稳定状态的净投资nK_t 和折旧 dK_t 相加：

$$I_t=(n+d)K_t\text{(稳定状态下)} \tag{6-6}$$

要获得稳定状态下的消费（产出减去投资），我们将式（6-6）代入式（6-4），得到：

$$C_t=Y_t-(n+d)K_t\text{(稳定状态下)} \tag{6-7}$$

式（6-7）衡量了整个经济的总消费、总产出和总资本，而不是人均值。要使这些变量成为人均值，我们将式（6-7）两边同时除以 N_t，同时注意到 $c_t=\frac{C_t}{N_t}$，$y_t=\frac{Y_t}{N_t}$，$k_t=\frac{K_t}{N_t}$。接下来，我们运用式（6-5）中的人均生产函数，使用 $f(k_t)$ 来替代 y_t，得到：

$$c=f(k)-(n+d)k\text{(稳定状态下)} \tag{6-8}$$

① 从代数上推理，第 t 年的净投资为 $K_{t+1}-K_t$。如果资本以 n 的速度增长，那么 $K_{t+1}=(1+n)K_t$。在此用净投资定义中的 K_{t+1}替换，我们发现在稳态下，净投资$=(1+n)K_t-K_t=nK_t$。

式（6－8）体现了人均消费 c 和资本-劳动比 k 在稳定状态下的关系。因为人均消费和资本-劳动比在稳定状态下是固定的，所以我们可以去掉时间下标 t。

式（6－8）表明在稳定状态下，资本-劳动比 k 的增加对稳定状态下的人均消费 c 有两个相反的作用。首先，稳定状态下资本-劳动比的增加提高了每个工人可以生产的产量 $f(k)$。其次，稳定状态下资本-劳动比的增加使得人均产出中用于投资的部分 $(n+d)k$ 增加。更多的商品用来投资，从而可供消费的商品相应减少。

图 6－4 呈现了这两个作用之间的替代关系。在图 6－4(a) 中，稳定状态下的资本-劳动比 k 的不同取值由横坐标来衡量。与图 6－3 相同，图中的曲线是人均生产函数 $y=f(k)$。直线所表示的是稳定状态下的人均投资 $(n+d)k$。式（6－8）表明，稳定状态下的人均消费 c 等于曲线 $f(k)$ 的高度减去直线 $(n+d)k$ 的高度。因此，人均消费就是阴影部分的高度。

稳定状态下的人均消费和人均资本-劳动比之间的关系在图 6－4(b) 中可以更清楚地表现出来。对于任何一个稳定状态下的资本-劳动比 k 来说，稳定状态下的人均消费 c 是图 6－4(a) 中生产函数和投资之间的差值。注意，从 k 的中低值［图 6－4(b) 中小于 k_G 的值］开始，稳定状态下资本-劳动比的增加带来了更高的稳定状态下的人均消费。在稳定状态下使人均消费达到最大值的资本-劳动比水平，即图 6－4 中的 k_G，叫作**资本-劳动比的黄金律水平**（golden rule capital-labor ratio），之所以取这个名称，是因为这个水平可使未来几代人的经济福利最大化。①

但是，对于较高的 k 值（大于资本-劳动比的黄金律水平 k_G），因为需要过多的投资来维持过高的人均资本水平，所以稳定状态下资本-劳动比的增加会导致稳定状态下人均消费的降低。一个极端的例子是，当图 6－4 中 $k=k_{max}$ 时，所有的产出都不得不用来替代和扩张资本，因而就不存在任何消费了！

政策制定者经常通过刺激储蓄和投资来增加资本-劳动比，以达到提高长期生活水准的目的。图 6－4 显示了这个策略的局限性。一个人均资本低的国家或许可以通过增加资本-劳动比来大幅提高长期（稳定状态）生活水准。然而，一个人均资本水平已经很高的国家可能会发现，进一步增加资本-劳动比并不能使稳定状态下的消费水平提高多少。导致这个结果的根本原因是资本边际生产率递减，即已有资本越高，进一步扩张资本所得到的收益越小。其实，图 6－4 从理论上表明人均资本可以达到如此之高，以至于进一步增加资本反而会导致稳定状态下人均消费的下降。

在当今世界的任何经济中，从长期来说，高资本会减少消费吗？一个对七个发达工业化国家的实证研究得出的结论是：不会。即使对于高储蓄率的德国，进一步增加人均资本也会带来更高的稳定状态下的人均消费。② 因此，在我们的分析中，我们将一直假设稳定状态下资本-劳动比的增加会使稳定状态下的人均消费增加。

稳定状态的到达　我们对于稳定状态的讨论还有两个缺口没补上。首先，正如我们在前面所承诺的，我们需要解释为什么像这里所描述的经济最终会达到稳定状态。其

---

① 熟悉微积分的读者可以试着使用式（6－8）来说明当资本-劳动比处于黄金律水平时，资本边际产量等于 $n+d$。

② 见 Andrew B. Abel，N. Gregory Mankiw，Lawrence H. Summers，and Richard J. Zeckhauser，“Assessing Dynamic Efficiency：Theory and Evidence，” *Review of Economic Studies*，January 1989，pp. 1－20。

次，我们还没有说明经济会达到怎样的稳定状态。也就是说，我们想知道经济最终获得的稳定状态下的人均消费和稳定状态下的资本-劳动比。

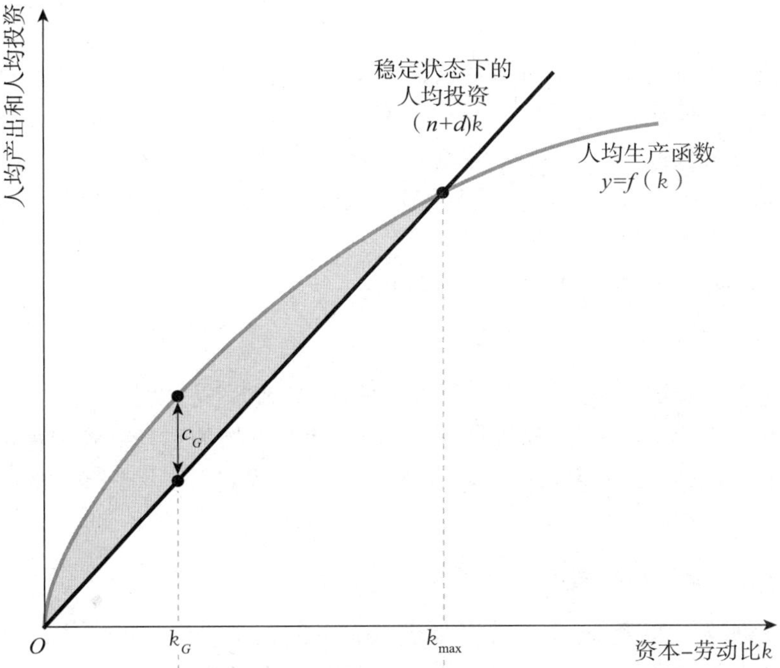

(a)

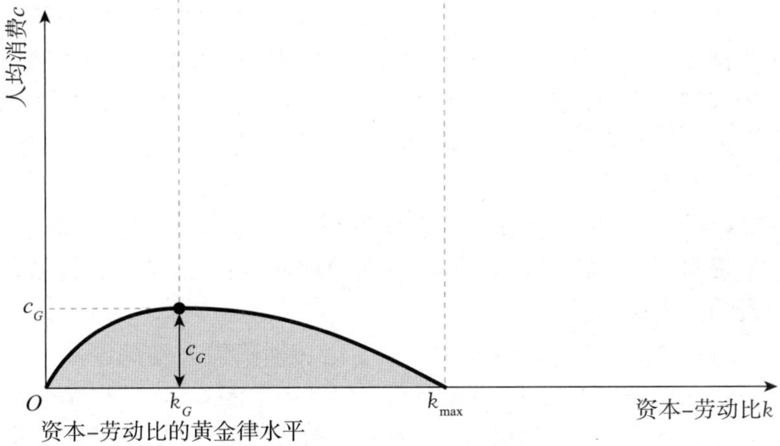

(b)

图 6-4　稳定状态下的人均消费和资本-劳动比的关系

说明：(a) 对于每个资本-劳动比 k 来说，稳定状态下的人均产出 y 由人均生产函数 $f(k)$ 给出。稳定状态下的人均投资 $(n+d)k$ 是一条斜率为 $n+d$ 的直线。稳定状态下的人均消费 c 是人均产出和人均投资的差（阴影部分）。比如，如果资本-劳动比是 k_G，则稳定状态下的人均消费为 c_G。

(b) 我们在图 6-4 (a) 中推导出，对于任何稳定状态下的资本-劳动比 k 来说，稳定状态下的人均消费 c 是人均产出与人均投资的差。因此，图 6-4 (b) 中的阴影部分对应的是图 6-4 (a) 中的阴影部分。注意，从较低的资本-劳动比开始，稳定状态下的资本-劳动比的增加使稳定状态下的人均消费增加。不过，从高于资本-劳动比的黄金律水平 k_G 开始，资本-劳动比的增加其实会使人均消费减少。当资本-劳动比等于 k_{max} 时，所有的产出都用于投资，从而使稳定状态下的人均消费等于零。

要将这两个缺口补上，我们还需要一条信息：人们的储蓄比率。为了尽量简化，假设这个经济中的储蓄与当前收入成正比：

$$S_t = sY_t \tag{6-9}$$

式中，S_t 为第 t 年的储蓄①；s 为储蓄率，假定为固定不变。因为 1 美元的当前收入增加会使储蓄增加，但增加量少于 1 美元（见第 4 章），所以我们将 s 的值定为 0～1。式（6－9）忽略了我们在前几章里讨论的储蓄的其他决定因素，如实际利率。然而，将这些因素包含进来也不会影响我们的基本结论，所以为简单起见，我们将它们省略了。

在每一年，储蓄 S_t 均等于投资 I_t。因此，

$$sY_t = (n+d)K_t \text{（稳定状态下）} \tag{6-10}$$

式（6－10）左边是储蓄［见式（6－9）］，右边是稳定状态下的投资［见式（6－6）］。

式（6－10）表明了产出 Y_t 与资本 K_t 在稳定状态下的关系。要确定稳定状态下的人均资本，我们在式（6－10）两边同时除以 N_t。然后，我们用式（6－5）的生产函数中的 $f(k_t)$ 替代 y_t，可得：

$$sf(k) = (n+d)k \text{（稳定状态下）} \tag{6-11}$$

式（6－11）表明人均储蓄 $sf(k)$ 等于稳定状态下的人均投资 $(n+d)k$。因为资本-劳动比 k 在稳定状态下是固定的，所以我们可以再次将公式中的 t 省略掉。

有了式（6－11），我们现在就可以确定该经济在稳定状态下可达到的资本-劳动比，如图 6－5 所示。资本-劳动比由横轴衡量，人均储蓄和人均投资由纵轴衡量。

弓形的曲线体现了人均储蓄 $sf(k)$ 与资本-劳动比的关系。由于资本-劳动比的增加意味着更高的人均产出以及更高的人均储蓄，所以这条曲线向上倾斜。因为人均储蓄等于人均生产函数 $f(k)$ 乘以固定的储蓄率 s，所以人均储蓄曲线与人均生产函数的形状大体上一致。

图 6－5 中的直线代表稳定状态下的人均投资 $(n+d)k$。因为当资本-劳动比上升时，对于同样的资本水平，需要更多的人均投资来替代折旧的资本和设备，所以稳定状态下的人均投资线向上倾斜。

根据式（6－11），稳定状态下的资本-劳动比必须确保人均储蓄和稳定状态下的人均投资相等。满足这个条件的资本-劳动比是图 6－5 中的 k^*，这也是储蓄曲线和稳定状态下投资线交点的 k 值。对于其他任何 k 值，储蓄和稳定状态下的投资都不可能相等。因此，k^* 是这个经济唯一可能的稳定状态下的资本-劳动比。②

有了稳定状态下唯一的资本-劳动比 k^*，我们也可以找出稳定状态下的产出和人均消费。根据人均生产函数公式［式（6－5）］，如果稳定状态下的资本-劳动比是 k^*，那么稳定状态下的人均产出 y^* 为：

---

① 在这个模型里，政府是不存在的，所以国内储蓄和私人储蓄相等。该储蓄指的是国民储蓄。

② 事实上，另一个稳态是 $k=0$ 点，在这一点上，资本、产出和消费永远是零。但是，只要经济的初始资本是正的，它就永远不可能到达零资本稳定状态。

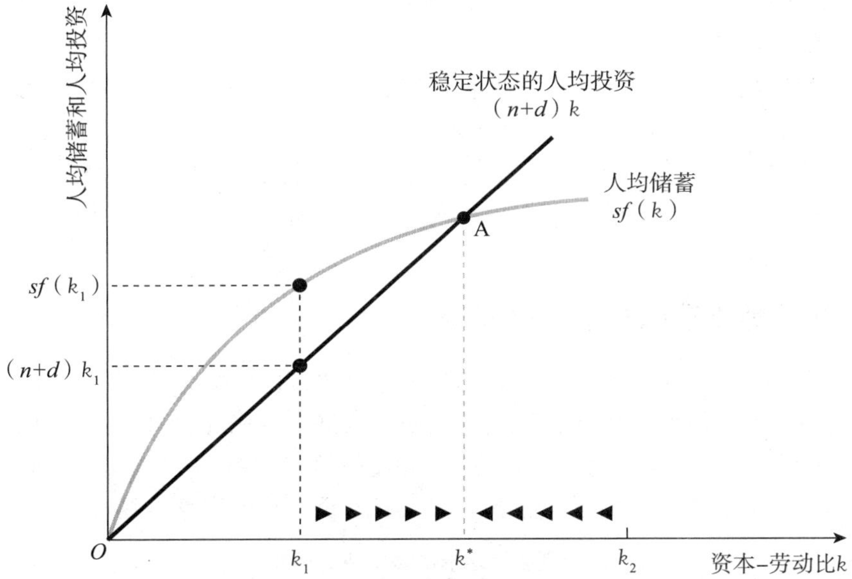

图 6-5　稳定状态下资本-劳动比的决定

说明：稳定状态下资本-劳动比 k^* 是由人均储蓄 $sf(k)$ 等于稳定状态下的人均投资 $(n+d)k$ 这个条件决定的。稳定状态下的资本-劳动比 k^* 对应于 A 点，即储蓄曲线和稳定状态下投资线的交点。无论从哪个点开始，资本-劳动比最终都会到达 k^*。如果资本-劳动比低于 k^*（例如 k_1），人均储蓄 $sf(k_1)$ 就高于要维持资本-劳动比 k_1 所需的人均投资 $(n+d)k_1$。当这些额外的储蓄转化成资本时，资本-劳动比将会上升，如箭头所示。类似地，如果资本-劳动比高于 k^*（例如 k_2），储蓄水平则低得无法维持如此高的资本-劳动比，从而资本-劳动比会随时间而下降。

$$y^*=f(k^*)$$

根据式（6-8），稳定状态下的人均消费 c^* 等于稳定状态下的人均产出 $f(k^*)$ 减去稳定状态下的人均投资 $(n+d)k^*$，即

$$c^*=f(k^*)-(n+d)k^*$$

前面提到，在现实情况下，一个较高的稳定状态下的资本-劳动比 k^* 意味着较高的稳定状态下的人均消费 c^*。

在稳定状态下，储蓄等于稳定状态下的投资，运用这个条件，我们可以找到稳定状态下的资本-劳动比 k^*。当人均资本为 k^* 时，人们所选择的储蓄刚好等于使资本-劳动比维持在 k^* 的投资。因此，当一个经济的资本-劳动比达到 k^* 时，它将永远保持在这个水平上。

但是，如果资本-劳动比的初始值不是 k^*，那么我们有理由相信资本-劳动比会达到 k^* 吗？答案是肯定的。假设资本-劳动比刚好小于 k^*，比如等于图 6-5 中的 k_1。当人均资本等于 k_1 时，人均储蓄 $sf(k_1)$ 大于维持资本-劳动比固定不变所需要的投资 $(n+d)k_1$。当这些额外的储蓄投资到新的资本上时，资本-劳动比将上升。正如横轴的箭头所示，资本-劳动比将会从 k_1 上升到 k^*。

假设人均资本最初大于 k^*，例如图 6-5 中的 k_2，对于为什么经济会收敛于稳定状态的解释与上面类似。如果资本-劳动比大于 k^*，则储蓄小于维持资本-劳动比不变所需的投资。（在图 6-5 中，当 k 等于 k_2 时，储蓄曲线位于稳定状态下投资线的下方。）

因此，资本-劳动比将会随时间从 k_2 下降到 k^*，如箭头所示。人均产出也将下降，直至达到稳定状态水平。

总之，如果我们假设没有生产率增长，那么经济最终一定会到达稳定状态。在这个稳定状态下，资本-劳动比、人均产出和人均消费均不随时间改变。（然而，资本、产出和消费以劳动的增长速度 n 增长。）这个结论看上去可能很消极，因为它意味着生活水准的提高最终必然会停止。但是，如果事实上生产率持续增长，这个结论则是完全可以避免的。

□ 长期生活水准的根本决定因素

长期而言，经济中普通人的生活好坏是由什么决定的？如果我们用稳定状态下的人均消费来衡量长期生活水准，那么我们可以使用索洛模型来回答这个问题（记住，我们假设稳定状态下资本-劳动比的增加将使稳定状态下的人均消费增长）。下面，我们将讨论影响长期生活水准的三个因素：储蓄率、人口增长率和生产率（见小结表 8）。

小结表 8　　长期生活水准的根本决定因素

上升因素	导致长期产出和人均资本的变动	原因
储蓄率 s	上升	较高的储蓄带来更多的投资和更高的资本
人口增长率 n	下降	人口增长速度增加，则需要更多的产出来给工人配备资本，所以可用来消费或增加人均资本的产出减少
生产率	上升	更高的生产率直接使产出增加，通过增加收入，它也使储蓄和资本增加

储蓄率　根据索洛模型，一个较高的储蓄率意味着较高的长期生活水准，如图 6-6 所示。假设一个经济最初的储蓄率为 s_1，那么人均储蓄为 $s_1 f(k)$。我们将储蓄率为 s_1 时的储蓄曲线标为初始人均储蓄。初始稳定状态下的资本-劳动比 k_1^* 是初始人均储蓄曲线和投资线相交时的资本-劳动比（A 点）。

现在假设政府实施的政策增强了储蓄的动机，从而使国家的储蓄率从 s_1 提高到 s_2。储蓄率的增加使每个资本-劳动比水平对应的储蓄上升。在图形中，储蓄曲线从 $s_1 f(k)$ 向上移动到 $s_2 f(k)$。在新的稳定状态下，资本-劳动比 k_2^* 对应的是新的储蓄曲线和投资线的交点（B 点）。因为 k_2^* 大于 k_1^*，所以较高的储蓄率增加了稳定状态下的资本-劳动比。渐渐地，这个经济将会朝着更高稳定状态下的资本-劳动比移动，如横轴上的箭头所示。在新的稳定状态下，人均产出和人均消费都高于初始稳定状态下的水平。

储蓄率的增加在长期内会带来更高的产出、消费和人均资本，所以看起来政策的目标似乎应是使一国的储蓄率越高越好。然而，这个结论并不一定是正确的：尽管一个较高的储蓄率在长期内会使人均消费增加，但储蓄率的增加一开始就会导致消费减少。消费减少的原因在于在产出的初始水平，储蓄和投资的增加使得当前可供消费的产出减少。因此，提高未来消费是以降低当前消费为代价的。一个社会对于储蓄率的选择应当考虑到当前消费和未来消费的权衡。超过了某个临界点，当前消费减少的代价会高于提高储蓄率所带来的长期收益。

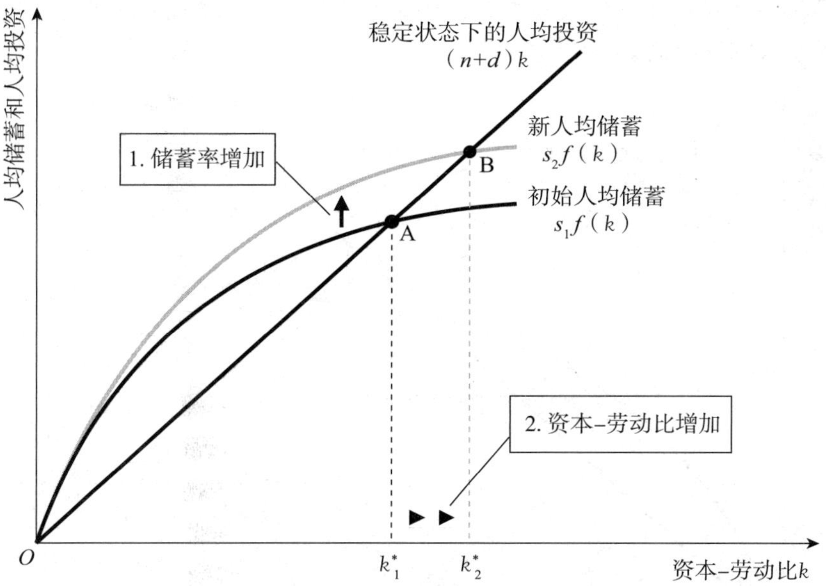

图 6-6 储蓄率上升对稳定状态下资本-劳动比的影响

说明：储蓄率从 s_1 上升到 s_2，使储蓄曲线从 $s_1f(k)$ 向上移动到 $s_2f(k)$。人均储蓄与稳定状态下的人均投资相等的点从 A 点移动到 B 点，并且所对应的资本-劳动比从 k_1^* 增加到 k_2^*。因此，一个较高的储蓄率会提高稳定状态下的资本-劳动比。

人口增长率　在许多发展中国家，人口的高增长率被认为是一个主要问题，而降低人口增长率是一个主要政策目标。那么，人口增长率和用人均产出、消费及资本来衡量的一国发展水平有怎样的关系呢？

图 6-7 给出了索洛模型对这个问题的回答。初始稳定状态下的资本-劳动比 k_1^* 对应的是稳定状态下的投资线和储蓄曲线的交点 A。现在假设人口增长率（即劳动力增长率）从 n_1 上升到 n_2，那么会发生什么变化呢？

人口增长率的上升意味着工人加入劳动市场的速度比以前快了，必须为这些新工人配备资本，因此，要维持相同的稳定状态下的资本-劳动比，当前劳动的人均投资就必须增加。从数学上说，n 的增加使稳定状态下的人均投资从 $(n_1+d)k$ 增加到 $(n_2+d)k$。人口增长率增加的结果是稳定状态下的投资线向左上方旋转，其斜率从 (n_1+d) 增加到 (n_2+d)。

稳定状态下的投资线旋转后，新的稳定状态位于 B 点。新的稳定状态下的资本-劳动比为 k_2^*，低于最初的资本-劳动比 k_1^*。因为新的稳定状态下的资本-劳动比较低，所以新的稳定状态下的人均产出和人均消费也降低了。

因此，索洛模型表明人口增长率的升高将使生活水准降低。这里的基本问题是，当劳动力快速增长时，当前产出的很大一部分要用于为新的工人提供所使用的资本。这个结果说明，控制人口增长的政策的确将提高生活水准。

对于政策应该致力于降低人口增长的结论也存在着一些反对观点。首先，尽管人口增长率 n 的降低会使人均消费增加，但它同时降低了稳定状态下的产出和消费的增长率 n。人口减少意味着每个人的所得增加了，但同时总的生产能力也降低了。出于某些（军事的、政治的）目的，一国可能既关心产出也关心人均产出。因此，一些西欧国家对于其人口在接下来几十年将会缩减的预测十分担忧，这很有可能降低它们的防御能力以及对世界事件的影响力。

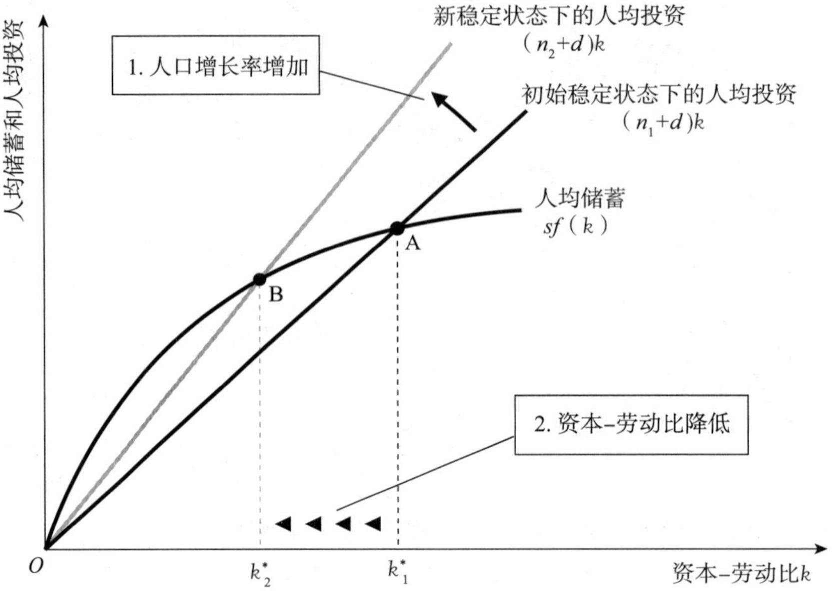

图 6-7　人口增长率上升对稳定状态下的资本-劳动比的影响

说明：人口增长率从 n_1 增加到 n_2，使稳定状态下的人均投资从 $(n_1+d)k$ 增加到 $(n_2+d)k$。稳定状态下的人均投资线向左上方旋转，其斜率从 (n_1+d) 增加到 (n_2+d)。人均储蓄与稳定状态下人均投资相等的点从 A 点移至 B 点，并且对应的资本-劳动比从 k_1^* 下降到 k_2^*。因此，较高的人口增长率导致稳定状态下的资本-劳动比下降。

其次，索洛模型的一个假设是处于工作年龄的人口比例是固定的。当人口增长率急剧变化时，这个前提可能不会成立。例如，美国出生率的降低意味着处于工作年龄的人口相对退休人口的比例在 21 世纪可能变得非常低，这可能会给社会保障基金和其他（如健康保险等）方面带来问题。

生产率　索洛模型的一个重要特点是，经济最终会到达一个人均产出恒定的稳定状态。但在本章前言部分，我们描述了日本的人均产出自 1870 年以来竟然增长了约 30 倍！索洛模型对这个持续的增长是怎样解释的呢？其关键是我们还没有分析到的一个因素：生产率增长。

图 6-8 和图 6-9 描述了生产率增长的作用——例如作为一种新科技运用的结果。

生产率的增长使任何资本-劳动比水平上的每个工人能生产的产品数量增加，所以相应的人均生产函数向上移动。图 6-8 表现出从最初的生产函数 $y=f_1(k)$ 到一个"新的、增长了的"生产函数 $y=f_2(k)$ 的移动。正如第 3 章中所解释的，生产率的增长对应的是良性供给冲击。

图 6-9 显示了索洛模型中生产率增长的影响。如前所述，初始的稳定状态是由储蓄曲线和稳定状态下投资线的交点 A 决定的，所对应的稳定状态下的资本-劳动比是 k_1^*。对于任何水平的资本-劳动比，生产率的增长增加了人均产出。因为人均储蓄是人均产出的一个固定比例 s，所以在任何资本-劳动比水平上，人均储蓄也会增加。在图形中，储蓄曲线从 $sf_1(k)$ 向上移动到 $sf_2(k)$，并与稳定状态下的投资线交于 B 点。新的

稳定状态下的资本-劳动比是 k_2^*，高于初始稳定状态下的资本-劳动比 k_1^*。

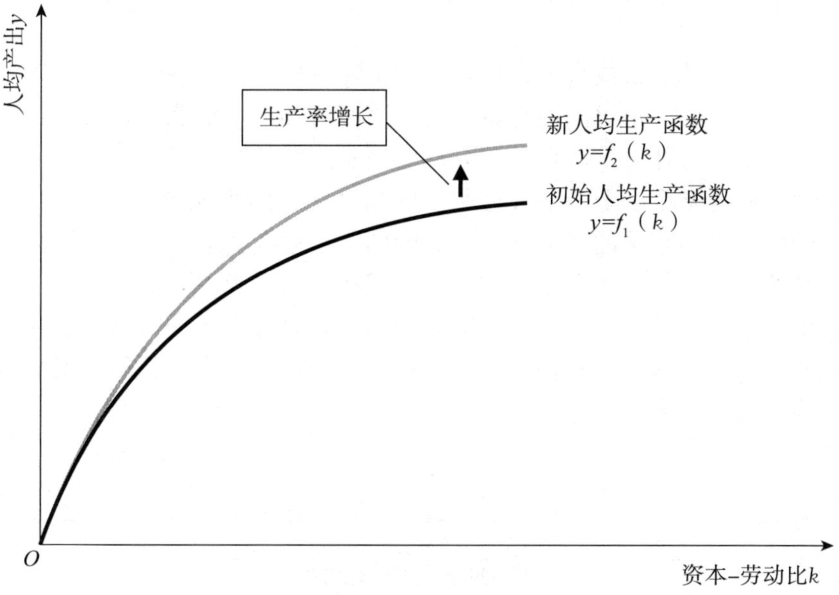

图 6-8 生产率的增长

说明：生产率的增长使得人均生产函数从最初的生产函数 $y=f_1(k)$ 向上移动到新的生产函数 $y=f_2(k)$。生产率增长后，在任何资本-劳动比 k 的水平上，可以生产出更多的人均产出 y。

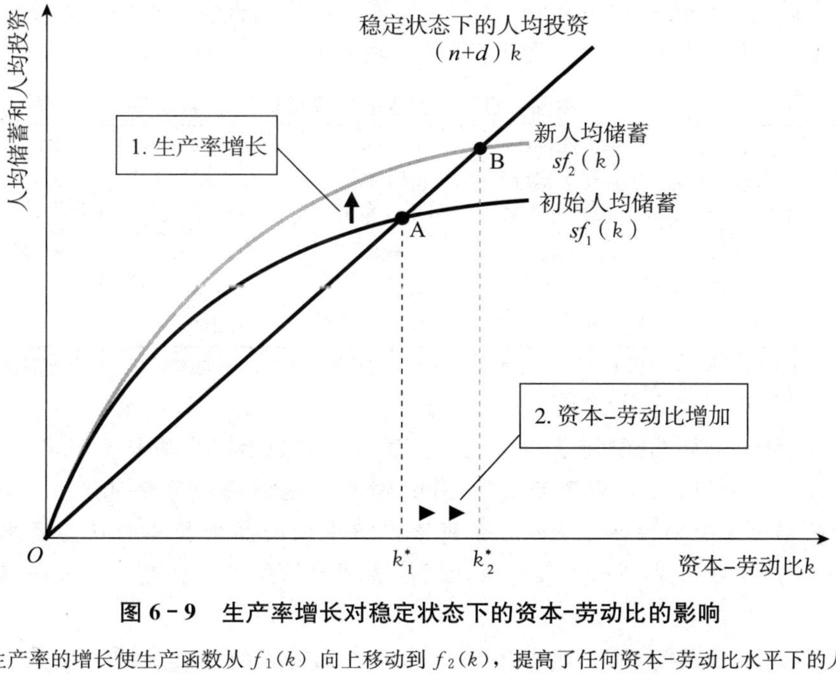

图 6-9 生产率增长对稳定状态下的资本-劳动比的影响

说明：生产率的增长使生产函数从 $f_1(k)$ 向上移动到 $f_2(k)$，提高了任何资本-劳动比水平下的人均产出。因为储蓄与产出成正比，人均储蓄也将从 $sf_1(k)$ 上升到 $sf_2(k)$。人均储蓄与稳定状态下人均投资相等的点从 A 点移动到 B 点，所对应的稳定状态下的资本-劳动比从 k_1^* 上升到 k_2^*。因此，生产率的增长增加了稳定状态下的资本-劳动比。

总之，生产率的增长从两个方面增加了稳定状态下的产出和人均消费。首先，它直接提高了在任何资本-劳动比水平下所能生产出来的数量。其次，如图 6－9 所示，通过增加储蓄的供给，生产率的增长引起长期资本-劳动比上升。因此，生产率的增长对生活水准具有双倍的良性效应。

与储蓄率的一次性增长或者人口增长率的下降一样，生产率的一次性增长使经济从一个稳定状态移动到另一个更高的稳定状态。当经济到达新的稳定状态后，人均消费再次保持固定。那么，有什么方法可以使人均消费永远增长吗？

在现实中，储蓄率可以上升的程度是有限的（它当然不能超过 100%！），人口增长率可以下降的程度也是有限的。因此，较高的储蓄率或较慢的人口增长不太可能是生活水准持续上升的来源。但从工业革命以来，人们在不断提高生产效率方面已经表现出惊人的智慧。根据索洛模型，从一个很长的时期来看，只有生产率持续增长才能带来生活水准不断改善的希望。因此，我们的结论是：在长期，生产率增长的速度是决定生活水准提高速度最重要的因素。

应用

中国的经济增长

近年来，中国经济增长迅猛。由于其人口规模巨大，中国可能成为下一个世界经济强国。尽管过去几十年里发展迅速，但中国是从极低的人均 GDP 水平起步的，因此要赶上发达国家的人均 GDP 水平，中国还有很长的路要走。

表 6－4 说明，中国人均实际 GDP 与其他国家相比相当低。事实上，中国的人均实际 GDP 在 1950 年低于 80 年前（即 1870 年）的水平。

表 6－4　中国、日本和美国的经济增长

国家	1870 年人均实际 GDP（美元）	1913 年人均实际 GDP（美元）	1950 年人均实际 GDP（美元）	2010 年人均实际 GDP（美元）	1870—2010 年人均实际 GDP 平均增长率（%）
中国	530	552	448	8 032	2.0
日本	737	1 387	1 921	21 935	2.5
美国	2 445	5 301	9 561	30 491	1.8

说明：以上数据以 1990 年价格为基准，以美元为单位，并且各国货币的不同购买力已经得到调整。
资料来源：Maddison 项目（2013 年版）。

近年来，中国实际 GDP 增长非常迅速。图 6－10 显示了中国与美国实际 GDP 增长率的比较。2001—2014 年，中国的实际 GDP 增长率达到平均每年 9.8%，而美国的实际 GDP 增长率仅为平均每年 1.8%。分析家们将中国的高增长率归功为资本投资的大量增长、高生产率增长率（部分来自从计划经济到市场经济的转变）以及与其他国家贸易的递增。

中国能保持其极高的 GDP 增长率吗？许多其他国家的经验表明，发展中国家快速经济增长时期之后经常出现经济增长的大幅放缓。[①] 在经济发展的早期阶段，像中国这

① 参见 Barry Eichengreen, Donghyun Park, and Kwanho Shin, "When Fast Growing Economies Slow Down: International Evidence and Implications for China," *Asian Economic Papers*, Winter/Spring 2012, pp. 42－87。

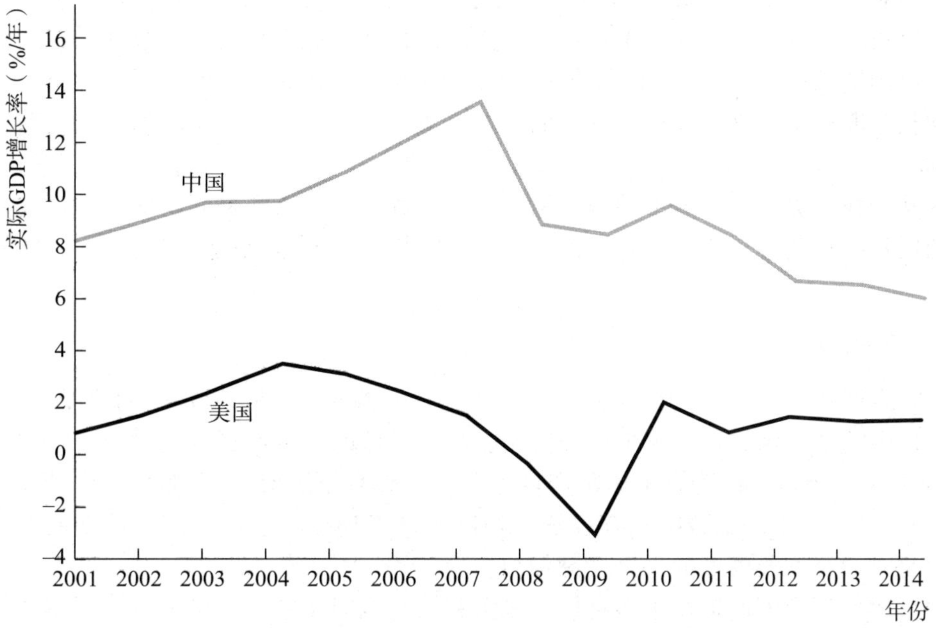

图 6-10　2001—2014 年中国和美国实际 GDP 增长率

说明：本图显示了 2001—2014 年中国和美国实际 GDP 增长率的年度数据。

资料来源：国际货币基金组织，《世界经济展望》(*World Economic Outlook*)。

样的发展中国家的发展速度远远超过美国等发达国家。随着发展中国家更有效地使用未充分利用的资源，如劳动力，利用其他地方开发的先进技术，或进行重要的经济转型，例如从中央计划经济转到保护产权的市场经济，这种快速增长就会出现。但是，随着经济增长在发展中国家的发展，未充分利用的资源已为数不多，技术已经接近发达经济体的水平，转向改善经济体系的好处已经大多耗尽。此时，经济增长不可避免地会减慢。展望未来，我们不能确定中国的增长何时会减慢，也不能确定减慢多少。然而，我们可以说，如果从 2010 年的人均 GDP 水平开始，中国设法使人均 GDP 每年增长 10%，而美国人均 GDP 每年只增长 1%，中国的人均 GDP 将需要大约 16 年的时间赶上美国。但如果中国的人均 GDP 增长率每年平均只有 5%（仍然是令人印象深刻的增长率），而美国的人均 GDP 增长率每年为 1%，那么中国的人均 GDP 将需要 34 年才能达到美国的水平。

6.3　内生增长理论

传统的索洛模型已被证实相当有用，但它作为一个经济增长模型至少还有一个短处。根据索洛模型，生产率增长是长期人均产出增长的唯一源泉，所以对长期经济增长的完整解释就需要对生产率的增长进行解释。但是，这个模型只是将生产率增长简单假设为给定的，而没有解释生产率是如何被决定的。也就是说，索洛模型只是假设而不是解释决定长期人均产出增长率的关键因素。

作为对索洛模型这个短处的回应，**内生增长理论**（endogenous growth theory）这个新的增长理论分支被建立起来，试图内生性地也就是从模型内部去解释生产率的增长以及产出的增长率。① 正如我们将会看到的，内生增长理论的一个重要含义是，一国的长期增长率取决于储蓄率和投资率，而不仅取决于外生性的生产率增长（如索洛模型所表明的）。

在此，我们提出一个简单的内生增长模型，其中工人人数是固定的，这意味着人均产出的增长率就等于产出的增长率。简单的内生增长模型是建立在生产函数基础上的，即

$$Y = AK \tag{6-12}$$

式中，Y 为产出；K 为资本。式（6-12）里的参数 A 是一个正的常数。根据式（6-12）中的生产函数，无论生产中使用多少个单位的资本，资本每增加一个单位，产出将增加 A 个单位。因为资本边际产量等于 A，并且不随资本 K 的大小而变化，所以在式（6-12）的生产函数中不存在资本边际生产率递减。边际生产率恒定而不是递减的假设是对索洛增长模型的一个关键偏离。

内生增长理论家们提供了多种原因来解释为什么对于整个经济来说，资本边际生产率可能不是递减的。其中的一个解释强调了**人力资本**（human capital）的重要性，这个经济术语是指个人的知识、技术和培训。当经济积累资本并且变得富有时，它就会通过提高营养、教育、医疗保健和在职培训，将一些资源“投资到人力上去”。人力资源投资增加了一国的人力资本，进而促进了生产率的提高。因为每个单位的实物资本能有效地利用更少的人力资本，所以如果实物资本增加而人力资本不变，就存在资本边际生产率递减。内生增长模型指出，当一个经济的实物资本增加时，其人力资本倾向于以相同比例增加。因此，当实物资本增加时，每个单位的实物资本得以与相同数量的人力资本有效运作，所以资本边际生产率不一定会下降。

另一个资本边际生产率恒定的解释建立在这样的现象上：在一个增长的经济里，公司有动机去开展研究与开发（R&D，简称研发）活动。这些活动增加了具有商业价值的知识，包括新的产品和生产技术。根据这种强调研究与开发的解释，资本和产出的增加会导致技术知识的增加，并且由此产生的生产率进步会抵消任何资本边际生产率递减的倾向。

在考察了为什么像式（6-12）这样的生产函数可能是对整个经济的合理描述，以及将人力资本的增长和研究与开发这样的因素考虑进来之后，我们现在来阐明这个公式的含义。类似于索洛模型，我们假设国民储蓄 S 占产出 AK 的比例 s 为固定的，于是 $S = sAK$。在一个封闭经济里，投资必须等于储蓄。回想一下投资等于净投资（资本的净增加）加折旧，即 $I = \Delta K + dK$。因此，令投资与储蓄相等，我们可以得到：

$$\Delta K + dK = sAK \tag{6-13}$$

---

① 在内生增长理论提出早期有两篇重要的文章：Paul Romer, “Increasing Returns and Long-Run Growth,” *Journal of Political Economy*, October 1986, pp. 1002-1037；Robert E. Lucas, Jr., “On the Mechanics of Economic Development,” *Journal of Monetary Economics*, July 1988, pp. 3-42。一个更易于掌握的关于内生增长理论的论述见 Paul Romer, “The Origins of Endogenous Growth,” *Journal of Economic Perspectives*, Winter 1994, pp. 3-22。

下一步，我们将式（6-13）两边同时除以 K，再从两边同时减去 d，从而得到资本的增长率，即

$$\frac{\Delta K}{K}=sA-d \tag{6-14}$$

因为产出与资本成比例，所以产出的增长率 $\frac{\Delta Y}{Y}$ 等于资本的增长率 $\frac{\Delta K}{K}$。因此，式（6-14）表明：

$$\frac{\Delta Y}{Y}=sA-d \tag{6-15}$$

式（6-15）说明，在内生增长模型中，产出的增长率取决于储蓄率 s。既然我们假设工人人数是恒定的，那么人均产出的增长率就等于式（6-15）给出的产出增长率，因此人均产出的增长率也取决于储蓄率 s。储蓄率影响产出的长期增长率的结论与索洛模型中储蓄率不会影响长期增长率的结论形成鲜明的对比。在内生增长模型中，储蓄之所以会影响长期增长，是因为在该模型中较高的储蓄率和资本形成会加强对人力资本和研究与开发的更大投资，由此产生的生产率提高有助于刺激长期增长。简而言之，与索洛模型相比，内生增长模型更强调储蓄、人力资本的形成以及研究与开发作为长期增长的来源。

尽管内生增长模型还处于发展阶段，但这个方法至少在两个方面显得很有前途。首先，这种理论试图对经济中生产率的增长速度做出解释，而不是将其作为假设。其次，它说明了产出的长期增长率是怎样取决于国民储蓄率等因素的，而这些因素可以受政府政策的影响。许多研究该领域的经济学家持乐观的态度，他们认为内生增长理论对了解生产率增长所依赖的创造性过程可以提供进一步的启示，同时，这个理论提供的经验可用于帮助世界上的贫穷国家获得生活水准的显著提高。

6.4 提高长期生活水准的政府政策

长期的增长率和生活水准的提高经常被政治领导人作为主要政策目标。现在，我们进一步考察那些可能有助于提高一国长期生活水准的政府政策。

□ 影响储蓄率的政策

索洛模型提出储蓄率是决定长期生活水准的一个根本因素。然而，因为更多的储蓄意味着短期消费的减少，这个结论并不意味着政策制定者应该尽可能地提高储蓄率。确实，如果自由市场的“看不见的手”有效发挥作用，那么个人自由选择的储蓄率应该是平衡储蓄增加的收益（更高的未来生活水准）与代价（更少的当前消费）的储蓄率。

虽然存在着储蓄决策最好交由个人和自由市场来决定的观点，但一些人提出美国的储蓄过低，因而美国的政策应该致力于提高储蓄。提出这个观点的一个理由是储蓄的一部分收益要用于纳税，现有的税法不利于储蓄。因此需要一个实施“支持储蓄”的政策

来消减这个偏向。另一个理由是美国人的储蓄决策非常短视，因此必须鼓励美国人增加储蓄。

什么样的政策可以用来增加储蓄？如果储蓄对实际利率的反应高度敏感，那么能使储蓄者的实际收益增加的减税应该是有效的。例如，一些经济学家主张根据各个家庭消费的多少而不是它们收入的多少来征税，从而可以使储蓄起来的收入免税。但是，正如我们在第4章提到的，尽管当储蓄者预期实际收益上升时储蓄会有所增加，但大部分研究发现，增加的幅度很小。

另外，提高政府的储蓄率可以更直接地增加储蓄。换句话说，政府应该努力减少赤字，也就是增加盈余。我们对双赤字的分析（见第5章）表明，通过减少政府采购来减少赤字将带来更多的储蓄。许多经济学家也提出，通过提高税收来减少赤字或增加盈余，也可以通过引导人们减少消费来提高储蓄。但是，李嘉图等价定理的拥护者反驳说，在当前或计划的政府采购不变的情况下，增加税收并不能影响消费或储蓄。

□ 提高生产率增长率的政策

在所有影响长期生活水准的因素里，生产率增长速度可能是最重要的。根据索洛模型，只有生产率的不断增长才能带来产出和人均消费的持续增长。政府政策可以通过几种方法来试着提高生产率。①

改善基础设施 一些研究发现，在生产率和一国的基础设施之间存在着重要的联系，如高速公路、桥梁、基本设施、水坝、机场和其他公有资本。② 例如，美国州际公路系统的建设大大减少了货物运输的成本，并且刺激了旅游和其他产业的发展。在过去的10年中，美国政府的基础设施投资减少了，导致公共资本从数量和质量上都下降了。③ 一些经济学家提出，扭转这个趋势可能有助于实现更高的生产率。但是，并不是每个人都同意我们需要更多的基础设施投资。例如，一些评论家指出，生产率增长和基础设施的关系并不是那么清晰。如果富国更有可能建设道路和医院，那么可能更多的基础设施是由较高的生产率增长带来的。其他人则担心政府对基础设施的投资可能会更多地出于政治考虑（例如，偏向于有影响力的国会议员所在的行政区），而不是出于经济效率的考虑。

建立人力资本 最近的研究发现指向了生产率增长和人力资本间的紧密关系。政府可以通过教育政策、工人培训或重新安置项目、医疗项目和其他渠道来影响人力资本的发展。对于具体项目应该仔细分析其收益是否超过成本，但通过加大人力资本形成的力度来促进生产率增长具有合理性。

人力资本形成的一个关键因素是企业家的经营技能。能够成功地建立新企业或给市场带来新产品的人在经济增长中起着重要的作用。如果政府能够取消那些不必要的企业活动障碍（比如过度的官僚主义），并且激励那些具有企业经营技能的人更有效地发挥

---

① 根据内生增长理论，储蓄率的增加将带来生产率增长率的上升，从而提高人均产出和消费的增长率。因此，除了这里讨论的政策外，政府也可以通过提高储蓄率来努力加速生产率的增长。

② 例如，参见 John G. Fernald，"Roads to Prosperity：Assessing the Link Between Public Capital and Productivity，" *American Economic Review* 89 (June 1999)，pp. 619 - 638。

③ 关于具体的数据和讨论，见 "Trends in Public Spending on Transportation and Water Infrastructure，1956 to 2014，" Congressional Budget Office，March 2015。

这些技能，那么生产率增长就有可能会提高。[1]

鼓励研发 政府还可以通过影响科学技术的进步速度来刺激生产率的增长。美国政府为许多基础科学研究提供直接支持（如通过国家自然科学基金）。这种支持的理由来自这样的事实，即使发明对社会有很大的好处，发明人通常也难以从他们的发明中获益。[2] 因此，在没有政府支持的情况下，私营部门参与的研发少于社会最优水平。政府所支持的已被证明有利于社会的研发的例子包括杂种玉米、遗传工程、锂离子电池和癌症研究。

政府可以通过各种机制支持研究与开发：资助政府研究设施，向研究人员提供经费，吸引私营部门承包商参与特定项目或提供税收优惠等。重要的是，政府支持的研究与开发是一个长期投资，旨在提高未来许多年的生活水平，而不是有快速回报的投资。例如，尽管互联网直到 20 世纪 90 年代才被广泛使用，但是互联网的基础知识来自 20 世纪 70 年代和 80 年代的研究。政府还可以通过教育政策支持研究与开发，例如，政府可以鼓励学生成为科学家和工程师。

本章小结

1. 经济增长是生活水准提高的根本来源。在长期内，即使是增长率很小的差异也会给各国的生活水准带来很大的影响。

2. 增长核算是将产出增长分为来自资本增长、劳动增长和生产率增长三部分的一种方法。这三个因素对美国的长期经济增长都有贡献。但是，1973 年后美国（以及其他国家）产出增长的减缓主要反映了生产率增长的急速下降。20 世纪 90 年代末期产出增长的主要原因是信息和通信技术的改进带来的生产率加速增长以及无形资本的投资。

3. 索洛模型考察增长、储蓄和资本积累的关系。它预测在没有生产率增长的情况下，经济会到达稳定状态。在这个稳定状态下，人均产出、消费和资本是固定的。

4. 根据索洛模型，以下每个因素在长期内都会带来更高的人均产出、人均消费和人均资本：储蓄率的增加、人口增长率的降低以及生产率的增长。

5. 内生增长理论试图解释而不是假设整个经济中的生产率增长速度。这个方法的一个分支强调人力资本的形成，包括技能的提高和工人培训。另一个分支关注公司的研究与开发活动。内生增长理论家强调，因为资本和产出的增长提高了人力资本及创新，所以对于整个经济来说，资本的边际生产率可能不会递减。这个理论的一个含义是，储蓄率可以对长期经济增长产生影响。

6. 用来提高生活水准的政府政策包括提高储蓄率和生产率。提高生产率的可能方式包括公共资本（设施）投资、鼓励人力资本的形成以及促进研究与开发。

关键术语

资本-劳动比　　内生增长理论　　资本-劳动比的黄金律水平　　增长核算

---

① 关于企业经营活动及其对生产率影响的讨论参见 Douglas Holtz-Eakin and Chihwa Kao，“Entrepreneurship and Economic Growth：the Proof is in the Productivity，” Center for Policy Research working paper 50，Syracuse University，February 2003。

② 这段讨论建立在美联储前主席本·伯南克的讲话的基础上，详见“New Building Blocks for Jobs and Economic Growth，” speech at Georgetown University，May 16，2011。

增长核算等式　　人力资本　　稳定状态

关键等式

$$\frac{\Delta Y}{Y}=\frac{\Delta A}{A}+a_K\times\frac{\Delta K}{K}+a_N\times\frac{\Delta N}{N}$$

增长核算等式表明，产出增长率$\frac{\Delta Y}{Y}$取决于生产率增长率$\frac{\Delta A}{A}$、资本增长率$\frac{\Delta K}{K}$和劳动增长率$\frac{\Delta N}{N}$。产出的资本弹性 a_K 给出了当资本增加1%时产出增长的百分比。产出的劳动弹性 a_N 给出了当劳动增加1%时产出增长的百分比。

$$y_t=f(k_t)$$

对于任何一年 t 来说，人均生产函数将人均产出 y_t 和人均资本 k_t（也叫作资本-劳动比）联系起来。

$$c=f(k)-(n+d)k$$

稳定状态下的人均消费 c 等于稳定状态下的人均产出 $f(k)$ 减去稳定状态下的人均投资 $(n+d)k$。稳定状态下的人均产出是由人均生产函数 $f(k)$ 决定的，其中，k 为稳定状态下的资本-劳动比。稳定状态下人均投资包括两个部分：为新工人添置的人均资本 nk 以及替代磨损或折旧的资本 dk。

$$sf(k)=(n+d)k$$

稳定状态是由人均储蓄 $sf(k)$ 等于稳定状态下的人均投资 $(n+d)k$ 这个条件决定的。人均储蓄等于储蓄率 s 乘以人均产出 $f(k)$。

$$Y=AK$$

内生增长理论用资本的边际生产率独立于资本的假设来取代边际生产率递减的假设。在将产出 Y 与资本 K 联系起来的生产函数［式（6-12）］中，资本边际产量固定为参数 A。

$$\frac{\Delta Y}{Y}=sA-d$$

在内生增长模型里，产出增长率$\frac{\Delta Y}{Y}$由内生储蓄率 s 决定。储蓄率的上升提高了产出增长率。

复习题

1. 根据增长核算方法，经济增长的三个来源是什么？增长核算方法是由哪个基本的经济关系推导出来的？

2. 在增长核算所确认的三个增长来源中，哪一个是美国1973年后经济减缓的主要原因？对这个增长来源下降的解释是什么？

3. 在20世纪90年代，技术是如何使美国经济增长加快的？

4. 解释什么是稳定状态。在索洛模型中，哪些变量在稳定状态中恒定？

5. 根据索洛模型，如果不存在生产率增长，那么在长期内，人均产出、人均消费和人均资本是怎样的？

6. 稳定状态下资本-劳动比越高，长期内可享受的人均消费就越高。这种说法是否正确？对于你所做出的回答加以解释。

7. 根据索洛模型，以下各项对长期生活水准有怎样的影响？

a. 储蓄率上升。

b. 人口增长率上升。

c. 生产率的一次性增长。

8. 内生增长理论对于生产率增长的两个解释是什么？内生增长理论中的生产函数与索洛模型里的生产函数有什么不同？

9. 要促进经济增长，政府有何政策可供选择？对于你所给出的每一个政策，简要说明这个政策是如何起作用的，并且列出其成本或不利之处。内生增长模型是如何改变我们对各种经济增长政策如提高储蓄率的有效性的看法的？

计算题

1. 有两个经济体——兔国和龟国——在1950年各自以5 000美元的人均实际GDP起步。人均实际GDP在兔国和龟国分别以每年3%和每年1%的速度增长。到了2020年，各经济体的人均实际GDP是多少？先做出猜测，然后计算出答案。

2. 在过去的20年里，一个经济体的产出从1 000增加到了1 300，其资本从2 500增加到了3 250，并且其劳动从500增加到了575。所有数据都是以实际值衡量的。计算出资本、劳动和生产率各自的增长对经济增长的贡献。

a. 假设 $a_K=0.3$，$a_N=0.7$。

b. 假设 $a_K=0.5$，$a_N=0.5$。

3. 下表列出了某个经济体4年的资本 K 和劳动 N：

年度	K	N
1	200	1 000
2	250	1 000
3	250	1 250
4	300	1 200

这个经济体的生产函数是：

$$Y=K^{0.3}N^{0.7}$$

式中，Y 为产出。

a. 计算每年的产出、资本-劳动比和人均产出。比较第一年与第三年的值以及第二年与第四年的值。这个生产函数可以写成人均形式吗？如果可以，写出人均生产函数的数学表达式。

b. 现在假设生产函数是 $Y=K^{0.3}N^{0.8}$，问题同a。

4. 使用表6-1中的数据，计算所列出的1950—2010年各国人均实际GDP的年增长率。[年增长率 z 满足以下公式：$(1+z)^{60}=GDP_{2010}/GDP_{1950}$。要在这个公式中求出 z，先对这个公式的两边同时取对数。] 你将发现德国和日本这两个在第二次世界大战中受到重创的国家在1950年后拥有最高的增长率。在对索洛模型分析的基础上，给出这些国家在那段时期增长特别迅速的原因。

5. 一个经济体的人均生产函数为：

$$y_t=3k_t^{0.5}$$

式中，y_t 为人均产出，k_t 为资本-劳动比。折旧率为 0.1，人口增长率是 0.05。储蓄为

$$S_t = 0.3Y_t$$

式中，S_t 为国内储蓄，Y_t 为产出。

a. 稳定状态下的资本-劳动比、人均产出和人均消费各是多少？

以下问题可以说明三个决定长期生活水准的因素变化所带来的影响。

b. 储蓄率等于 0.4，而不是 0.3，问题同 a。

c. 人口增长率是 0.08（储蓄率仍为 0.3），问题同 a。

d. 对于以下生产函数：

$$y_t = 4k_t^{0.5}$$

假设储蓄率和人口增长率不变，问题同 a。

6. 考虑一个人口以每年 1%的速度增长的封闭经济。人均生产函数是 $y=6\sqrt{k}$，其中，y 为人均产出，k 为人均资本。每年的折旧率是 14%。

a. 假设家庭收入的 90%用来消费，10%用来储蓄，并且不存在政府。稳定状态下的人均资本、人均产出、人均消费和人均投资各是多少？

b. 假如国家要提高稳定状态下的人均产出。稳定状态下的资本-劳动比要达到多高才能使稳定状态下的人均产出增长一倍？家庭收入的多大部分必须用来储蓄才能获得比问题 a 中稳定状态下的人均产出高一倍的水平？

7. 在一个封闭经济中，人口和劳动力都以每年 $n=1\%$的速度增长，消费是 $C=0.5(1-t)Y$，其中，t 为所得税税率，Y 为产出。人均生产函数是 $y=8\sqrt{k}$，其中，y 为人均产出，k 为资本-劳动比。资本的折旧率是每年 9%。现在假设没有政府采购，而且所得税税率为 $t=0$。

a. 找出人均国民储蓄和稳定状态下人均投资作为资本-劳动比 k 的函数的表达式。在稳定状态下，资本-劳动比、人均产出、人均消费和人均投资各是多少？

b. 假设政府每年都会采购商品，并且用所得税来支付这些支出。政府的预算每年都处于平衡状态，并且所得税税率是 $t=0.5$。问题同 a，并对你的结果加以比较。

分析题

1. 根据索洛模型，在长期内（即在稳定状态下），以下各项是怎样影响人均消费的？请解释说明。

a. 战争中，一国资本的一部分被毁掉了。

b. 移民率的永久性增长（从而使人口增长率提高）。

c. 能源价格的永久上升。

d. 储蓄率的暂时上升。

e. 人口中的劳动人口比例的永久提高（人口增长率不变）。

2. 一个经济处于稳定状态，并且没有生产率的变化。因为酸雨的增加，资本的折旧率永久增加了。

a. 根据索洛模型，稳定状态下人均资本、人均产出、人均消费和资本的长期增长率所受到的影响是什么？

b. 在内生增长模型里，资本折旧率的增加对产出、资本和消费的增长率的影响是什么？

3. 在这个问题里，我们将政府加入索洛模型中。假设政府每年对商品的人均采购为 g，在第 t 年，工人数目为 N_t，所以政府总采购为 gN_t。政府的预算是平衡的，所以政府第 t 年的税收 T_t 等于政府采购。国内储蓄 S_t 为：

$$S_t = s(Y_t - T_t)$$

式中，Y_t 为产出，s 为储蓄率。

a. 用图形说明人均政府采购处于稳定状态时的初始水平。

b. 假设政府永久性地增加了人均政府采购。这对稳定状态下人均资本、人均产出和人均消费有怎样的影响？你的结论是否意味着最佳的政府采购水平是零？

4. 在索洛模型的经济里，国内储蓄 S_t 为：

$$S_t = sY_t - hK_t$$

其中，多出来的一项 $-hK_t$ 反映的是储蓄随财富（以资本来衡量）的增加而减少。（较富有的人不需要为未来储蓄。）

找出稳定状态下人均资本、人均产出和人均消费的值。h 的增加对稳定状态有怎样的影响？

5. 两个国家的各方面都相同，除了一国的资本-劳动比远高于另一国。根据索洛模型，哪个国家的产出会增长得更快？你的结论会不会取决于一国是否处于稳定状态这个条件？一般来说，如果两个国家相互有贸易往来，你的结论会有何变化？

6. 假设资本及劳动以相同的百分比增长，从而使人均资本 k 不变。要将生产函数以人均的形式表示出来，即 $y = f(k)$，必须保证这个资本及劳动的增加不会对人均产出 y 产生影响。使用增长核算等式说明，只有在 $a_K + a_N = 1$ 的情况下，资本及劳动的相同百分比增长才不会对人均产出产生影响。

7. 一个经济体的人均生产函数为：

$$y = Ak^a h^{1-a}$$

式中，A 和 a 为固定的常数，y 为人均产出，k 为资本-劳动比，h 为用来衡量一般工人的技能和培训的人均人力资本。生产函数表明，对于一个给定的资本-劳动比，人均人力资本的增加使人均产出增加。

这个经济的储蓄率是 s，并且所有的储蓄都用来创造实物资本，实物资本的折旧率为 d。工人通过使用资本获得技术，他们使用的资本越多，所获得的技术就越多。要将这个想法表示出来，我们可以假设人均人力资本总是等于人均实物资本的一定比例，即 $h = Bk$，其中，B 为一个固定的常数。

找出这个经济的长期实物资本、人力资本和产出的长期增长率。

宏观经济数据分析

1. 在这个问题里，你将练习使用增长核算。使用 1960 年以来的数据建立一个表格，包括实际 GDP 的年增长率、资本（美国经济分析局网站表 6.2 中的私人固定资本）和就业水平。假设 $a_K = 0.3$，$a_N = 0.7$，计算出每年的生产率增长率。

a. 绘出 1960 年以来资本增长、劳动增长和生产率增长对整体经济增长的贡献。比较每个变量在 1973 年前后的表现。

b. 比较 1973 年后生产率增长的表现与图 3－11 中能源相对价格的曲线。你认为在多大程度上生产率的减缓是由高能源价格造成的？

2. 绘出 1960 年以来的美国资本-劳动比（使用美国经济分析局网站固定资产一栏表 6.2 中的私人固定资本作为资本，将就业水平作为劳动水平）。你是否可以找到战后时期收敛到稳定状态的证据？现在绘出同时期的人均实际产出和人均实际消费曲线。根据索洛模型，对于这两个变量上升趋势的基本解释是什么？如果资本-劳动比停止上升，那么人均产出和人均消费还会继续增长吗？

3. 根据索洛模型，如果各国的主要差别是资本-劳动比，即富有国家具有高资本-劳动比，贫穷国家具有低资本-劳动比，那么人均实际 GDP 较低的国家应该比人均实际 GDP 较高的国家增长得快。(索洛模型的这个预测假设各国有类似的储蓄率、人口增长率和生产函数。）你可以使用格罗宁根大学官网上的“Penn World Tables”（佩恩表）来检验这个想法。选择 10 个国家并观察它们早期某年（如 1960 年）的人均实际 GDP，然后计算自那一年起人均实际 GDP 的平均增长率。你的结果是否显示初始人均实际 GDP 低的国家的增长快过初始人均实际 GDP 高的国家？

第 7 章

资产市场、货币与价格

学习目的：

- 定义货币，讨论其功能，并描述它在美国是如何衡量的
- 讨论影响人们选择所持有的资产的因素
- 讨论影响货币需求的宏观经济因素
- 讨论资产市场均衡的基本原理
- 讨论货币增长与通货膨胀的关系

在第 3 章和第 4 章，我们讨论了宏观经济模型三个市场中的两个——劳动力市场和产品市场。在本章，我们将考虑第三个市场——资产市场。这里的资产市场是指人们进行实物和金融资产交易的各个市场的总称，在这里交易的资产包括黄金、房地产、股票和债券等。

长期以来，货币一直被认为是一种带有特殊宏观经济含义的资产。货币是经济学家对于诸如现金和支票账户等能够用来支付的资产的称谓。货币之所以重要，一个原因是，大部分价格都是以货币为单位来衡量的，如美元、日元和欧元等。正因为价格是以货币来衡量的，理解货币在经济中所扮演的角色对于研究通货膨胀及其原因等跟价格有关的问题是非常关键的。此外，许多经济学家认为，一个经济中的货币数量会影响到产出和就业这些实际经济变量。如果事实如此，那么我们也许可以用货币政策来稳定产出和减少失业率，关于这一点，我们将在第 3 篇谈到。

正因为货币是如此重要的一种资产，所以我们关于资产市场的讨论将围绕它展开。在 7.1 节，我们将解释什么是货币和为什么人们要持有货币。我们将说明，一个人持有多少货币的决定（他的货币需求）属于如何将财富在可供选择的各项资产间分配的综合决定的一个部分。然后，我们将把货币需求和（由中央银行决定的）货币供给放在一起来分析资产市场的均衡。这个分析显示，经济中的价格水平与货币量是紧密相关的。因此，高通货膨胀率（即快速的价格上涨）在货币供给快速增长的情况下很容易出现。

7.1 什么是货币？

货币在经济学上的意义不同于人们日常生活中所指的含义。生活中，人们经常用货

币来表示收入或财富。然而，在经济学中，**货币**（money）特指那些被广泛使用并被接受作为支付手段的资产。在历史上，从珍珠和贝壳到黄金和白银，甚至是香烟（见本章的“数据获取与研究前沿：战俘营里的货币”）都可作为货币，货币的形式多种多样。在现代经济学中，人们最熟悉的货币形式是硬币和纸币，也就是通货。还有一种常见的货币形式是支票账户，也就是可开支票用于支付的银行账户。

数据获取与研究前沿

战俘营里的货币

从第二次世界大战德国战俘营中释放出来的盟军士兵里有一个叫 R. A. 雷德福（R. A. Radford）的年轻人，他曾接受过经济学方面的教育。回到家乡不久，雷德福发表了一篇题为《战俘营里的经济组织》（The Economic Organization of A POW Camp）的文章。[①] 作为经济学的一个经典缩影，这篇文章生动地讲述了战俘营里士兵的日常生活。文章重点描述了同时在几个战俘营里逐步发展起来的“经济体系”。

战俘营的经济活动范围看上去似乎十分有限，事实上，在一定程度上的确如此。虽然存在一些服务方面的交易，如洗熨衣物、裁剪衣服，甚至画肖像，但战俘营里的商品生产很少。然而，战俘们在战俘营里是可以自由走动的，并且他们活跃地交换从红十字会、德国人和其他渠道得到的物品。交换的物品包括罐装牛奶、果酱、黄油、小点心、巧克力、白糖、衣服和盥洗用品等。特别是在其中一个战俘营里，来自各国的战俘有时多达 5 万人，那里的交易中心完全由战俘管理。

在战俘营里，一个关键的实际问题是如何组织交易。起初，战俘营在经济活动中使用黄油作为交换媒介，但事实表明，这种方法既慢又缺乏效率。然后，战俘们想到了用香烟来作为货币的点子。很快，所有交易商品的价格都开始用香烟来表示，香烟可以用来购买其他任何商品和服务。即使是不吸烟的人也非常愿意接受香烟作为支付，因为他们知道用香烟可以很容易地交换到其他想要的商品。香烟的使用大大简化了交易中的问题，从而有助于战俘营里经济活动更顺利地进行。

为什么战俘营里使用的货币是香烟，而不是其他物品呢？答案是香烟符合货币的很多条件：香烟是一个标准化的商品，买方和卖方很容易确认其价值。一根香烟的价值很低，所以用来“交换”不成问题。香烟便于携带，易于转手，而且不会很快变质。

香烟货币作为一种商品货币（一种有着其他用途的货币），缺陷是造成了资源上的浪费：香烟作为货币流通，同时就不能吸了。同样，传统上使用黄金和白银作为货币也造成了浪费，因为它们不能用作其他用途了。

使用香烟作为货币并不仅限于战俘营里。据说，就在东欧剧变前，香烟也作为货币在罗马尼亚和其他国家使用过，以取代几乎没有价值的官方货币。

□ 货币的功能

自古以来，几乎所有的社会——从最初级的社会到最复杂的社会以及各种类型的政

① 见 *Economica*，November 1945，pp. 189 - 201。

治经济体系都使用货币。货币在经济中共有三种功能：交换媒介、计价单位和价值储藏。

交换媒介 在没有货币的经济中，贸易只能采取以物易物的形式，或者用一种特定物品直接交换其他物品。即使在现代，也有一些以物易物俱乐部，那里的成员也会直接交换商品和服务。一般而言，以物易物的效率很低，因为要找到一个既拥有你所需要的物品又愿意和你交换的人，是既困难又耗时的。在以物易物的形式下，本书的一个作者想在饭店用餐，他就必须先找到一间愿意用店中的一顿特价餐来交换他的经济学讲座的餐厅——这也许不是一件容易的事。

有了货币，搜寻交易伙伴的过程就没有必要了。在使用货币的经济中，这位经济学教授不一定非要找到这个极其渴望知识的饭店经理。他可以先用给学生授课的方式来赚取货币，然后用这些货币去买那顿美餐。作为**交换媒介**（medium of exchange）或交易的工具，货币使得人们减少了花在交易上的时间和精力。货币这个交换媒介也可以让人们去生产自己所擅长的产品，从而提高了生产能力。在使用货币的经济中，专业生产者很容易用他们的商品和服务交换到他们所需要的物品。然而，在以物易物交换中，交易的困难程度导致人们别无选择，只能自己生产所需要的食物、衣服和住所。因此，在以物易物的经济中，生产专业化的可能性被大大降低了。

计价单位 作为**计价单位**（unit of account），货币是衡量经济价值的基本单位。例如在美国，基本上所有的价格、工资、资产和债务都是用美元来计算的。拥有一个统一的价值衡量标准是很方便的。再比如在美国，所有的物品都是用美元来计价的，而不是一些物品用日元计价，一些物品用黄金计价，一些物品用微软股份计价，这简化了各种物品间的价值比较。

货币作为交换媒介和计价单位的功能是紧密相连的。因为人们最常用货币来交换商品和服务（交换媒介功能），所以用货币来衡量经济价值（计价单位功能）就是自然而然的了；否则，我们就可以用一桶小麦来表达经济价值了。然而，交换媒介和计价单位并不是永远都统一。比如，在一些通货膨胀率极高而且频繁发生的国家，因为商品的货币价格必须频繁地进行调整，通货价值的波动使货币成为一个很不实用的计价单位。在这样的情形下，尽管交易还是用当地货币来进行，但经济价值则用更稳定的计价单位来衡量，如美元或黄金。

价值储藏 作为**价值储藏**（store of value）手段，货币提供了一种保存财富的方式。一个很极端的例子是，一个吝啬鬼把他一生中所有的现金积蓄都藏在床垫下。但是，即使是一个人刚拿到现金工资，并且在 15 分钟后花掉了，在那短短的 15 分钟里，他也是在用货币进行价值储藏的。

在大多数情况下，只有货币具有交换媒介和计价单位的功能，但任何一种资产，如股票、债券或房地产，都可以用来储藏价值。既然股票等这些资产会给持有者带来比货币更高的投资收益，为什么人们还要用货币来储藏价值呢？答案在于，即使货币的收益率相对较低，货币作为交换媒介的用途也令其值得保存。

货币的衡量：货币总量 货币是在支付中被广泛使用和接受的资产。货币的这个定义似乎提供了一个货币与非货币资产间的界限。但是，事实上，货币与非货币资产间的区别并不像看起来那么清晰。

举例来说，我们考虑 20 世纪 70 年代末在美国广泛发展起来的货币市场共同基金。

货币市场共同基金的股份由大众持有，其基金用来投资短期政府债券和公司债券。货币市场共同基金会尽可能为股份持有人赚取高收益率，同时，它们也允许股份持有人每月以其在基金里的股份为账户开出小额支票。因此，虽然货币市场共同基金的股份可以用来支付，但它们并不像现金或普通支票账户那么方便。货币市场共同基金可以算是货币吗？这个问题并没有明确的答案。

因为各种资产的"货币性"并不相同，在经济中没有一个单一的货币数量或货币存量的衡量标准能够令人完全满意。正是由于这个原因，大部分国家的经济学家和经济决策者都会使用几种不同的货币衡量方法。这些官方的衡量方法称为**货币总量**(monetary aggregates)。各种货币总量的区别在于它们所定义的货币概念范围不同。在美国，两种最常用的货币总量是 M1 和 M2。表 7－1 列出了它们各自的总括定义及其总量数据。关于如何找到货币总量的数据请参见本章的"数据获取与研究前沿：货币总量"。

表 7－1　2015 年 5 月美国的货币总量　单位：10 亿美元

M1	**2 975.0**
通货	1 294.7
旅行支票	2.7
交易账户	1 677.6
M2	**11 888.6**
所有 M1 的组成部分	2 975.0
储蓄存款，包括货币市场存款账户（MMDAs）	7 834.6
小额定期存款	474.3
货币市场共同基金（非机构的）	604.7

说明：由于四舍五入的原因，各值总和可能与总额不完全相符。
资料来源：美联储于 2015 年 7 月 11 日发布的 H.6，数据未经季节调整。

数据获取与研究前沿

货币总量

官方货币总量，即 M1 和 M2，由华盛顿的美国联邦储备系统管理委员会（本专栏中简称委员会）来编辑和汇报。在 1971 年之前，委员会只汇报 M1。同年，委员会开始采用 M2 和 M3。此后，货币总量的定义又经历了几次改变，以反映金融体系的变化。2006 年，委员会不再汇报 M3。

美联储报告里采用银行、财政部、货币市场共同基金、外国中央银行和其他渠道所提供的数据来估计每周和每月的总量。美国东部时间每周四下午 4:30，美联储会公布截至上周一的前一周的 M1 和 M2。历史性的数据在以下地方可以找到：美联储统计公告、FRED 数据库、《总统经济报告》和美联储官网的 H.6 数据。货币数据会经常改动，以反映美联储所收到的新数据或货币总量定义的变化。

货币总量的公布有助于民众和国会及时了解美国联邦政府对国家货币供给的调控。

M1　M1 是最狭义的货币总量定义，主要包括通货和支票账户余额。准确地说，

M1 由通货（包括在美国之外流通的美元通货，见本章的“数据获取与研究前沿：美元都到哪儿去了?”）、公众持有的个人旅行支票、交易账户组成。其他支票账户主要包括支付利息的支票账户。M1 大概是最接近理论上货币定义的货币总量，因为它的所有组成部分都是人们经常使用而且进行支付的被广泛接受的资产。

M2　M2 包括 M1 中的所有资产及其他在某种程度上并不那么“像”货币的资产。在 M2 中，主要增加了储蓄存款、小额定期存款（低于 100 000 美元）、非机构持有的货币市场共同基金和货币市场存款账户。所有这些账户对每月可以开出的支票或其他转账数量设有限制。定期存款是期限固定的生息存款（如果提前支取，通常要支付罚款）。如前所述，货币市场共同基金将其股东的资金投入短期证券中，支付市场利率并允许其股东开小额支票。货币市场存款账户与货币市场共同基金类似，但它们通常由银行或储蓄与贷款协会这样的储蓄机构提供。在表 7－1 中，我们遵循了美联储公告的介绍方式，并将货币市场存款账户作为储蓄存款的一部分。

货币供给　**货币供给**（money supply）是指一个经济中的可用货币数量。[①] 在现代经济中，货币供给取决于中央银行——在美国是联邦储备系统（简称美联储）。

有关中央银行如何控制货币供给的详细解释所引申出来的问题已经超出了我们现在所要讨论的范围，所以我们把这些细节保留到第 14 章来讲述。然而，为了了解其基本理论，我们考虑通货是唯一的货币形式这个简单的假设情形。这样，要增加货币供给，中央银行只需要增加流通中的通货数量即可。那么，它是怎样做的呢?

数据获取与研究前沿

美元都到哪儿去了?

2015 年 3 月，美国的通货总量为 13 140 亿美元，即人均 4 000 美元。这个数字看似惊人。毕竟有多少人时时刻刻手中持有 4 000 美元现金呢? 或者说，有多少四口之家持有 16 000 美元的现金呢?

各种企业，尤其是零售商，要保持一定的现金量来进行交易，但美国企业持有的现金也只能解释很小一部分“丢失”的美元。通货也在地下经济中被广泛地使用，或是进行非法交易（如购买毒品），或是隐藏合法交易以逃避税收。研究显示，很大一部分“丢失”了的美国通货（约占发行通货总量的 30%）都流通到了国外。[②]

为什么其他国家的人们要持有美元呢? 即使美元在某一国并不能流通或不是货币单位，它也是一种有较大吸引力的保值工具，尤其是在经济或政治不稳定的国家中更是如此。举例来说，如果一国的通货膨胀很严重，本国货币的实际价值会随通货膨胀的上升而减少，那么其流通货币就不可能成为好的保值工具。在这样的高通货膨胀国家，就价值储藏而言，美元因为其购买力比较稳定，就会比本国货币更有吸引力。一国政治的不稳定也会增加本国居民对美元的需求，原因在于：如果其政治变动导致国民逃离本国，那么携带美元将是他们携带财富的最佳方法。1988—1995 年，在国外流通的美元中大

① 货币供给和货币存量这两个定义是通用的。

② 参见 Brian M. Doyle，“‘Here，Dollars，Dollars…’：Estimating Currency Demand and Worldwide Currency Substitution，” Federal Reserve Board of Governors，International Finance Discussion Paper 657，January 2000。

约有一半流到了欧洲，而且大部分是在像俄罗斯和其他东欧国家这样经历了经济和政治动荡的地方（见本章的“应用：欧洲转型国家的货币增长与通货膨胀”）。

因为流通货币在美国以外流通，所以国外对美元需求的变动会直接影响美国的货币总量。自1947年以来，美国货币持有量增长最快的许多月份都伴随着外国危机的发生。例如，1990年，伊拉克入侵科威特后美国货币需求激增。2008年年底到2009年年初期间货币增长速度最快的几个月正值世界金融危机，许多外国人出于安全考虑将他们本国的货币换成美元。① 这些境外美元数量的大幅度增长大多来源于国外对政治、军事和金融不稳定的担心，而不是国内经济对货币的需求。

尽管国外对美元的持有降低了美元货币总量作为经济状况指标的可信度，但美国从国外对美元的持有中受益匪浅。美国的流通货币其实是美联储的一种债务，所以它是给予美联储的一种贷款（大部分美联储的收益归美国政府，因此这些最终是给美国政府的贷款）。而流通货币是不支付利息的，所以这些向美联储提供的贷款其实是没有利息的！这些无息贷款使美国节约的利息支出每年高达几十亿美元。

一种很接近于实际操作情况的方法是中央银行用新印制的货币从公众手中购买政府债券等金融资产。通过这样的交易，公众所持有的货币增加了，流通中的货币也就增加了。当中央银行从公众手中购买政府债券，从而增加货币供给时，我们称中央银行进行了公开市场买进的操作。

要减少货币供给，中央银行可以进行反向操作，即向公众卖出政府债券，从而换取通货。中央银行从流通中取出通货后，货币的供给就减少了。中央银行向公众出售政府债券，从而减少货币供给，我们称这种操作为公开市场卖出。公开市场买进和公开市场卖出统称为**公开市场操作**（open-market operations）。

除了从公众手中购买政府债券以外，中央银行还可以通过向政府直接购买新发行的政府债券的方式来增加货币供给。举例来说，如果一国的财政部需要10亿美元来购买一些新战斗机，那么它可以交给中央银行10亿美元的借据（IOU，即政府债券），以换取10亿美元新印制的货币。接着，财政部把这10亿美元的通货付给战斗机制造商。当财政部把这10亿美元派发出去后，流通中的货币即货币供给就会增加10亿美元。事实上，购买政府债券这种增加货币供给的方法等同于政府通过印制货币为其支出融资。② 在较穷的或遭受战争和自然灾害破坏的国家里，因为它们政府的支出往往大大超出了其税收所能筹集到的资金，所以这种操作更为常见。③

在本章的剩余部分，我们将假设经济中由中央银行决定的货币供给数量为 M 美元，M 可以代表M1、M2或其他货币衡量。M 具体所指的是哪一种货币总量对于建立理论模型的目的来说并不重要。

---

① 事实上，（经季节调整后）货币增长率最高的月份是1999年12月，当时商业和个人都大量增加它们对现金的需求以准备迎接新世纪的到来。

② 在第2章，我们谈到政府支出中不能由税收提供的部分要向私人部门借钱。当政府可以通过印制货币来支付花销时，这个说法是否正确？是的，对于国民收入核算而言，美联储是被当作私人部门来对待的。所以，当财政部把政府债券卖给美联储来交换货币时，从技术上说，这仍然是向私人部门借钱。

③ 我们将在第15章进一步讨论政府通过印发货币来融资的过程。

7.2 资产组合分配和对资产的需求

我们的下一个目标是了解人们如何决定所持有的货币数量。我们先考虑一个比较广泛的问题，即人们是如何在各种可供选择的资产中分配自己的财富的。在此，货币只是各种资产中的一种。

一个消费者、一个企业、一笔养老基金、一所大学或任何其他财富的持有者，都必须决定其财富在各种资产中的分配。财富持有者选定持有的一组资产称为资产组合。关于选择哪种资产和各种资产持有多少的决定叫作**资产组合分配决定**（portfolio allocation decision）。

资产组合分配决定是相当复杂的。许多人的职业就是给其他持有财富的人提供财务建议。金融经济学作为经济学的一个重要分支，主要研究资产组合分配决定。但从根本上来说，只有四个资产特征对于资产组合分配决定是关键的：预期收益率、风险、流动性和期限。

□ 预期收益率

一项资产的收益（又称回报）率[①]是在每个单位时间内其价值的增长率。例如，一个银行账户的收益率就是该账户的利率。股票的收益率就是红利加上股票价格的上升。很明显，一项资产吸引人的地方在于它的高收益率：在其他特征相同的情况下，一个财富持有者的资产组合得到的收益率越高，就任何给定的当前储蓄数量，她未来所能享受的消费也就越高。

当然，资产的收益率并不总是可以提前预知的，如股票的价格就有起有落。因此，财富持有者必须基于**预期收益**（expected returns）率，也就是他们对收益率的最佳预测来做出资产组合决定。其他条件相同，一项资产的预期收益率（在减去税以及经纪人佣金等费用后）越高，该资产就越吸引人，财富持有者想要拥有的就越多。

□ 风险

一项资产所获收益的不确定性涉及风险性。如果实际收益率与预期收益率可能存在很大差别，那么一项资产或一个资产组合的**风险**（risk）就很高。一个高风险资产的例子就是一个刚起步网络公司的股票，如果公司经营不善，该公司的股票可能分文不值，但如果公司成功了，该公司的股票也可能增值 10 倍。因为大部分人都不喜欢风险，只有当风险性资产的预期收益率高于像政府债券这样相对安全的资产的预期收益率时，人们才愿意持有它。**风险溢价**（risk premium）是风险资产的预期收益超过其他可比较的安全资产的收益的数额。

① 收益率可以表示成名义量或实际量。对于任何一个预期通货膨胀率而言，如果资产 A 的名义收益率比资产 B 的名义收益率高 1%，那么资产 A 的实际收益率（名义收益率减去预期通货膨胀率）也比资产 B 的实际收益率高 1%。

□ 流动性

除了预期收益率和风险以外，流动性也影响着资产对投资人的吸引力。资产的**流动性**（liquidity）是这种资产可用来交换商品、服务和其他资产的容易程度以及速度。因为货币作为直接支付手段已被接受，所以它是一种流动性很高的资产。一个低流动性资产的例子就是你的汽车：想用汽车交换其他商品和服务是需要时间及精力的，你必须找到有兴趣买你车的人，然后办理合法的过户手续。在高流动性的货币和低流动性的汽车之间还有很多具有一般流动性的其他资产，如股票和债券。股票并不能像现金一样直接用来买日用百货，但在短时间内，股票也可以转换成现金，代价是支付经纪人佣金。

除了使交易更简单和节省，流动性也给财富持有者提供了灵活性。如果急需资金或出现了未预料到的很好的金融投资机会，那么高流动性的资产可以很容易变现。因此，在其他特征相同的情况下，一项资产的流动性越高，对于投资者来说就越具有吸引力。

□ 期限

期限（time to maturity）是金融证券到期、投资者拿回其本金所需的时间。因为投资者可以购买任何期限的债券，一天、一周、一年或三十年，所以考虑期限对于各种债券尤其重要。

下面考虑要购买债券的一对夫妇。他们可以选择以下两种方案之一：方案A，当日购买一个两年期债券；方案B，当日购买一个一年期债券，然后在一年后该债券到期时再购买一个一年期债券。暂时忽略方案A和方案B的任何风险差别，投资者会选择预期两年内能带给他们最高收益的方案。例如，如果当日两年期债券的年利率是7%，当日一年期债券的年利率是5%，而且他们预期一年期债券一年后的年利率是6%，那么方案A（购买两年期债券）的年收益率是7%，方案B的年收益率是5.5%，即当日购买的一年期债券年收益率5%和一年后将购买的一年期债券预期年收益率6%的平均值。所以，投资者会选择方案A，即他们愿意购买两年期债券。

比较不同期限债券的收益以决定哪种债券可以带来最高收益率的想法是利率的**期限结构预期理论**（expectations theory of the term structure）的基础。“期限结构”是指该理论所解释的这样一个事实：除期限不同外其他方面都类似的债券的收益率却不同。根据期限结构预期理论，在均衡下，两年内持有不同期限债券的方案A和方案B应该有相同的预期收益，即两年期债券收益率应该等于两个连续持有的一年期债券的平均预期收益率，所以投资者不会对其中一个方案有特别的偏好。一般而言，N年期债券的预期收益率应该等于当年以及以后$N-1$年持续持有一年期债券的平均预期收益率。

尽管期限结构预期理论提供了一个有用的开端，但它并不能解释为什么平均而言，长期债券的收益率普遍高于短期债券的收益率。（参见第4章描述利率期限结构的收益率曲线图。）当未来短期预期收益率将会高于当前短期收益率时，期限结构预期理论预测长期收益率将会超过短期收益率。然而，当未来短期预期收益率将会低于当前短期收益率时，期限结构预期理论预测长期收益率将会低于短期收益率。要了解为什么通常长期收益率高于短期收益率，我们需要考虑长期债券比短期债券风险高的事实，原因在于长期债券的价格比短期债券的价格对收益率的变化更为敏感。由于投资者不喜欢风险，他们需要因持有长期债券而获得补偿。这种补偿是一种**期限溢价**（term premium），即长期债券的收益率高于期限结构预期理论的预测水平。

如果我们将期限溢价加入期限结构预期理论，我们会得到一个关于收益率如何随期限变化的更完整的理论。例如，假设当前一年期债券的年收益率是5%，预期一年后的一年期债券的年收益率是6%，两年期债券的期限溢价是0.75%。那么在均衡条件下，两年期债券的收益率应该等于一年期债券收益率的平均值，即5.5% [=(5%+6%)/2]，加上期限溢价0.75%，结果为6.25%。

□ 资产的种类及其特征

人们会持有什么类型的资产呢？这些资产的特征有何不同？资产的种类有很多，我们只考虑最常见的几种：货币、债券、股票、房地产、耐用消费品。

我们已经在7.1节了解了货币的不同种类。与其他资产相比，所有种类的货币的预期收益率通常较低。因为通货膨胀率可能会高于预期收益率，所以存在着持有货币的实际收益率低于预期收益率的风险，但货币一般也没有太多其他风险。然而，货币与其他资产相比具有很高的流动性，事实上，流动性是货币的特征之一。因为其流动性，货币的期限通常非常短。然而，M2中包括的一些资产，如小额定期账户，可能会有较长的期限，所以流动性不太高。

因为债券承诺在特定的日期付给债券持有人特定的金额，因此它有时被认为是固定收入证券的一种。人们通常选择持有美国政府发行的债券，因为这些证券违约的风险极小。公司发行的债券十分类似，但存在公司破产从而无力向其债券持有人支付利息或偿还本金的可能性。因此，债券提供的收益高于现金，但收益所含的风险也高。因为投资者可以容易、快速地卖出债券，并且手续费很低。许多债券，尤其是美国政府出售的债券的流动性非常高。然而，一些公司债券的流动性并不高，尤其是在经济情况不好时，可能不支付较高费用就很难将其卖出。债券有各种不同的期限，通常为3个月到30年。

股票代表对一家公司的所有权。大部分股票定期向股票持有者派发分红，但分红并不一定有保障。当经济不景气、企业经营状况不佳时，公司股票甚至可能会停止分红。股票的价格每天高低起伏，所以股票持有人所得的总体收益等于所得分红加上任何来自股票升值的资本收入，减去任何来自股票贬值的资本损失。因为分红以及股票价格会发生预期外的变动，所以股票的风险较高。大企业的股票在流动性很高的市场出售，但当你买卖股票时，需要几天的时间来完成交易和支付。大部分股票没有到期日，所以期限是无穷大。

大多数大企业归股票持有者所有，他们可以随时在股票交易市场（如纽约证券交易所）买卖股票，而小企业则由一个或几个人直接拥有。这些由业主直接拥有的企业属于非公司形式，并且不发行可以在交易市场交易的股票。因为这些企业没有可交易的股票，业主很难快速地出售其企业所有权，所以这种所有权的流动性非常小。事实上，正因为没有可交易的股票，所以很难准确地衡量这些企业所有权的价值。业主从这种企业可得到的收益形式是企业赚取的利润加上他们以后可以出售公司所有权的机会。

对于大部分房屋所有人来说，房屋是他们最大的资产。拥有住房的收益有两方面：①除去维护费用和房产税外，给房主提供住所的价值；②房屋（或其所在土地）价值随时间的变化。21世纪初的一段时间里，许多人都以为投资房地产没有风险，美国和许多其他国家经历了一段房地产繁荣期，成千上万的房屋被修建，人们很容易就能获得贷款来购买住房。但是，正如我们在本章的“数据获取与研究前沿：2007年到2011年的房地产危机”中所讨论的，房地产风险比投资者所预想的要大得多，预期外的房价下跌导致了金融危机的爆发。与其他资产相比，房屋的流动性极低，尤其在经济衰退时，一个家庭可能要花上几个月到几年的时间将房屋卖出。但是，房屋抵押贷款和房屋抵押信用允许人们以其房屋价值的一部分进行借款。当然，因为房屋毕竟不是金融资产，它并没有到期日。

家庭所持资产形式还包括耐用消费品，如汽车和家具。如同房屋一样，耐用品在一定时期内提供服务（如作为出行工具），但也需要维护费用并且随时间贬值。耐用消费品也有一定的风险，二手耐用消费品市场的发展不如股票和债券市场那么完善，所以可能很难出手或需要很高的费用才能将其售出。因此，耐用消费品的流动性不高，并且如同房屋一样没有特定的到期日。

美国家庭都必须决定最适合它们的各种资产组合。富有的家庭与贫穷的家庭相比，通常会将其总资产的较高比例用来购买金融资产（股票和债券）。许多家庭还会以养老基金的方式将资产存起来养老，养老基金包括股票、债券和各种货币（如货币市场共同基金）。当然，人们的各种资产组合会随市场状况而变动。例如，如表 7－2 所示，2007 年到 2011 年的房地产危机和 2008 年的金融危机急剧削减了房地产和股票的持有价值。该表显示了 2006 年第四季度、2009 年第一季度和 2015 年第一季度家庭（和非营利机构）持有的每种资产的数量。注意，因为海外持有大量的现金（见本章的“数据获取与研究前沿：美元都到哪儿去了?”），并且商业企业持有大量的现金和支票账户存款，所以现金和支票账户存款数量远远低于表 7－1 中 M1 的数额。该表还呈现了家庭持有的各类资产占其总资产的百分比。这样，你对 2006 年、2009 年和 2015 年某些季度各种资产相对数量的变化可以有一个大体的概念。

表 7－2　2006 年、2009 年和 2015 年某些季度家庭（和非营利机构）持有的资产数量

	资产（万亿美元）			占总资产的百分比（%）		
	2006 年第四季度	2009 年第一季度	2015 年第一季度	2006 年第四季度	2009 年第一季度	2015 年第一季度
房地产	24.9	19.0	24.1	31.2	27.5	24.3
耐用消费品	4.3	4.6	5.1	5.4	6.6	5.2
现金和支票账户存款	0.2	0.3	1.2	0.3	0.4	1.2
小额定期账户、储蓄账户和其他存款	6.7	7.9	9.1	8.4	11.4	9.2
债券	4.0	5.7	4.1	5.0	8.2	4.1
股票	14.2	8.1	21.6	17.8	11.8	21.8
业主对非公司企业的投资	8.8	7.1	10.2	11.1	10.2	10.3
养老基金	14.5	14.1	21.0	18.2	20.4	21.2
其他资产	2.2	2.3	2.8	2.8	3.3	2.8
总资产	79.8	69.1	99.1	100.0	100.0	100.0

说明：由于四舍五入的原因，各项数字相加不一定等于总额。

资料来源：2015 年 6 月 11 日的资金流账户，美联储统计公告 Z.1。

2007 年到 2011 年的房地产危机

从 20 世纪 90 年代末到 21 世纪初，美国居民从他们的房屋上获得了巨大财富。房地产市场发展繁荣，到 2007 年为止，房屋拥有率达到历史最高水平，68.6%的居民拥有住房。但是，正当人们越来越相信房地产是不可错过的投资机会并且房屋价格进一步飙升时，房贷出借方和房屋产权人开始犯一系列严重的错误，从而最终导致了重大金融危机。

随着 21 世纪初房价越来越高，许多人因为房贷月供远高于他们的月收入而无力购买房屋。具体而言，房贷出借方的出借标准要求借款人有充足的月收入，这样房贷月供就不会超过其月收入的一定比例。但是，随着房价的上涨，许多贷款人开始给未能满足出借标准的人提供贷款，这些人被称为次级借款人（subprime borrowers）。次级贷款市场迅速发展起来。为了补偿出借方贷款给次级借款人所承担的额外风险和潜在成本，次级借款人的利率高于传统利率或优惠借款人的利率。在许多案例中，次级贷款的出借方甚至免除了对借款人的常规收入核查，从而使自己进一步陷入了承担借款人所无力偿还贷款的风险。此外，一些贷款具有的条例还给借款人制造出一种其至少在一段时间内可以承担月供的表象。例如，大部分次级贷款提供可调整利率，在初期提供低利率，然后两三年后提高利率，该程序被称为房贷再调整。

为什么房贷出借方愿意提供这些有风险的贷款给次级借款人呢？为什么次级借款人愿意承担这些高风险的债务呢？答案是在很大程度上他们预期房屋价格在可预见的未来会持续快速增长。只要房屋价格继续大幅增长，那些将来可能会面临偿还危机的次级借款人就可以将房子卖掉以获取利润并还清房贷，或者以其房屋为抵押再贷款，并且可贷金额因房价上升而增加。所以，次级借款人和房贷出借方都以为他们可以避免风险。

次级房贷的问题在于，次级借款人和房贷出借方只有在房价持续上涨的条件下才可以免除风险。2005 年，随着全国房贷利率开始上升，房屋价格的增长开始减缓。2006 年，寄希望于快速增长的房价帮助其脱离困境的次级借款人发现，他们的房屋并不像他们预期的那么值钱，于是次级房贷的违约情况开始增加。此外，随着房贷再调整开始提高利率，越来越多的次级借款人再也无法支付月供，开始拖欠房贷。随着违约事件的频频发生，银行开始收紧其贷款标准，所以到 2007 年中期，银行几乎未提供任何次级贷款。但是，这反过来又减少了房屋需求，因而使房屋价格的增长幅度进一步减小。如图 7-1 所示，在某些地区，房屋价格甚至在 2007 年开始下降，到 2008 年，全国房价总体下降。

房价下跌在宏观和微观层面上引起了各种问题。成百上千通过次级贷款购买房屋的家庭因为无法支付房贷而导致房屋被银行拍卖从而失去住房。房主也经常发现他们所拥有的房屋价值已经跌到比其所欠房贷还低（这种情况称为“溺水”），这给他们带来了停止支付房贷并允许银行收走他们房屋的动机。金融机构由于这种交易而损失了数以十亿计的美元，因为它们拥有收取贷款的权利，却无人偿还贷款。因为房价下跌，不管谁拥有房屋——通常是银行——都不得不以远低于贷款余额的价格出售房屋。

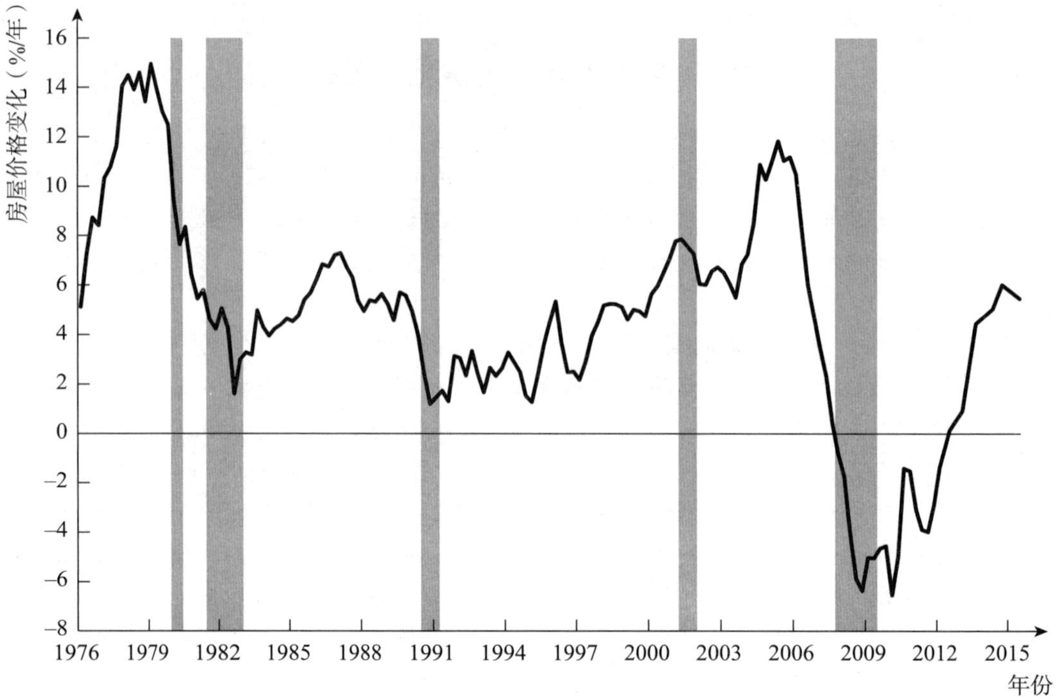

图 7-1　1976 第一季度—2015 年第一季度房屋价格的年增长率

说明：本图显示了从 1976 年第一季度到 2015 年第一季度的美国房屋价格与前一年相比的增长率的季度数据。在整个时期内，房屋年平均增值 4.5%，但从 2004 年年初到 2006 年年初，年增长率超过 10%。2007 年，增长率急剧下降，2008 年房屋价格开始下降，进而导致房地产危机。

资料来源：美国联邦住房金融机构（Federal Housing Finance Agency），可从 FRED 数据库下载，下载序列为 USSTHPI。

但是，令许多人吃惊的是，房贷市场问题产生的冲击极为广泛。许多银行以贷款抵押证券的形式将贷款捆绑卖出，贷款抵押证券的投资者则蒙受巨大损失。一旦损失开始明朗化，所有投资者都试图从这种投资中解脱出来，从而使该证券价格进一步下跌，这反过来导致了 2008 年的金融危机。当时，投资者开始意识到许多银行因为贷款抵押证券而损失了上千亿美元。恐慌随之而起，股票价格尤其是金融公司的股票价格急剧下跌，政府和美联储出面将许多金融公司保释出来，我们将在第 14 章的“应用：2008 年的金融危机”中提供更多细节。

到 2006 年年底，美国家庭拥有的资产超过 79 万亿美元，其中包括价值超过 25 万亿美元的房地产、价值约 14 万亿美元的股票以及价值将近 14 万亿美元的养老基金资产。到 2009 年第一季度，房屋价格和股票价格的陡然下跌以及经营者对非公司企业投资的缩减使家庭财富损失了超过 10 万亿美元。从 2006 年年底到 2009 年年初，公众持有的房地产价值下跌了 23%，持有的股票价值下跌了近 40%。在此期间，家庭重新调整了其资产分配，将更多的财富以现金（小额定期账户或储蓄账户）和债券（尤其是违约风险极小的政府债券）形式持有。到 2015 年年初，房地产价值几乎恢复到 2006 年的水平，家庭在股票和养老基金方面的财富大大高于房地产危机之前。

□ 资产需求

资产的高预期收益率、高安全性（低风险）、高流动性和短期限之间通常存在一定的权衡取舍。例如，一种安全的、流动性高并且期限短的资产（如支票账户）极有可能具有较低的收益率。资产组合分配的精髓在于决定哪种资产组合可以获得财富持有者想要的预期收益率、安全性、流动性和期限的综合要求。因为一种资产的收益率低，另一种资产的收益率也许会高，所以除了考虑每种资产单独的风险外，投资者还应该考虑**多样性**（diversification），即将其投资分散到不同资产中去可以降低整体风险。

资产持有人想要在其资产组合分配中持有的每种具体资产的数量称为他对该资产的需求。因为所有的资产必须以某种方式持有，所以一个资产持有人的资产需求总和一定等于他的资产总量。例如，假设你有 10 000 美元的资产，你决定持有 5 000 美元的股票、3 000 美元的短期债券、1 000 美元的长期债券和 1 000 美元的现金，那么你对这四种资产的需求总和一定等于你的资产总量 10 000 美元。

7.3 货币需求

货币需求（demand for money）是人们在其资产组合中选择持有的现金和支票账户等货币性资产的数量。因此，选择需要多少货币在广义上是资产组合分配决定的一部分。一般来说，货币需求与对其他资产的需求一样，取决于货币和其他资产的预期收益率、风险、流动性和期限。

在实践中，货币的两个特征尤其重要。首先，货币是流动性最高的资产。流动性是人们持有货币的最大好处。[①]其次，货币的收益率很低（事实上，通货的名义收益率为零）。货币相对于其他资产的低收益率是持有货币的主要成本。人们的货币需求取决于他们如何在流动性需求和低收益代价之间进行权衡取舍。

我们在本节将讨论一些关键宏观经济变量是怎样影响货币需求的。虽然我们主要考虑的是货币总需求，但同样的经济原理也适用于个人的货币需求。由于货币总需求是所有个人货币需求的总和，这样的推论也是可想而知的。

对货币需求影响最大的宏观经济变量包括价格水平、实际收入和利率。价格或收入的上升会增加人们对流动性的需求，从而增加货币需求。利率通过预期收益率的渠道来影响货币需求：货币的利率越高，人们对货币的需求就越高；然而，其他资产的利率越高，人们就越想把货币转换成其他资产。

□ 价格水平

总体价格水平越高，人们就需要越多的美元来进行交易，因此人们就想持有越多的美元。例如 65 年前，美国的价格水平只是现在的十分之一。因为交易所需的货币较少，人们以通货或支票账户形式持有的美元数量，也就是他们的名义货币需求，很有可能远低于你今天所持有的货币数量。一般性的结论是，价格水平的上升增加了对流动性的需

① 货币具有低风险，但许多其他资产（如短期政府债券）的风险也不比货币高很多并且支付更高的收益率。

求，从而增加了名义货币需求。事实上，因为现在的价格水平比 1950 年高出 10 倍，所以一笔相同的交易在今天需要花费的美元比 1950 年多 10 倍。这样，在其他条件相同的情况下，名义货币需求与价格成正比。

□ 实际收入

个人或企业进行的交易越多，他们就需要越大的流动性，对货币的需求也就越高。决定交易数量的一个重要因素就是实际收入。例如，与街角的零售店相比，一个规模大、交易量高的超级市场需要接待更多的客户和供应商，也需要支付更多的员工工资。同样，一个高收入的人会比低收入的人购买更多的商品。因为较高的实际收入意味着更多的交易和对流动性更大的需求，货币需求量应该随实际收入的增加而上升。

不同于货币需求对价格变化的反应，货币需求的增加并不一定会与实际收入的增加成比例。事实上，实际收入增加 1%通常带来不到 1%的货币需求增加。货币需求的增加慢于实际收入增加的一个原因是，收入高的个人和公司通常会更有效率地使用货币。比如，一个收入很高的人可能会建立一个特殊的现金管理账户，那些在现在的交易中用不着的货币会自动被投资到非货币资产中，从而获得更高的收益率。因为最小额度和费用的限制，这样的账户对于低收入者来说不一定划算。

货币需求的增加慢于实际收入增加的另一个原因是，一国金融会随着国内收入的增加而变得更复杂。在较穷的国家，因为没有更好的选择，人们可能会把他们的储蓄大多以货币的形式保留；在较富的国家，人们会有很多除了货币以外的更有吸引力的选择。货币的替代品，比如信用卡，在一国变得富有的过程中会越来越普及，从而导致货币需求的增加慢于实际收入的增加。

□ 利率

资产组合分配理论表明，如果风险和流动性保持不变，那么货币需求取决于货币和其他非货币资产的预期收益率。货币预期收益率的上升会提高货币需求，而其他资产预期收益率的上升也会使投资者把财富从货币转移到其他高收益率的资产上，因此会减少货币需求。

举例来说，假设你总共有 10 000 美元的资产，其中 8 000 美元是利率* 为 8%的债券，2 000 美元是利率为 3%的支票账户。你之所以愿意保留这种低收益支票账户是因为它可以提供流动性。但是，如果债券的利率上升到 10%，而支票账户的利率保持不变，你可能就会决定把 1 000 美元从支票账户转移到债券上。通过这个转移，你持有的货币（货币需求）从 2 000 美元减少到 1 000 美元。事实上，你已经选择用一些流动性来交换债券所提供的高收益。

类似地，如果货币的利率升高，那么投资者就会选择持有更多的货币。在上面的例子中，如果支票账户开始支付 5%而不是 3%的利率，而债券的利率仍然是 8%，你可能就会卖掉 1 000 美元的债券，使债券持有量减少到 7 000 美元，并使支票账户增加到 3 000美元。持有货币所损失的收益比以前少了，所以你就会增加支票账户的存款，并且享受流动性增加所带来的灵活性和其他好处。因此，货币利率的提高使货币需求增加了。

---

* 此处的利率可从狭义上理解为收益率。——译者注

原则上，货币以外的每一种资产的利率都会对货币需求产生影响。然而，正如前面所提到的（见第 4 章的“数据获取与研究前沿：利率”），经济中的许多利率倾向于同升同降。因此，为了宏观经济分析的目的，我们假设只有一个名义利率 i，并用它来衡量非货币资产的名义利率（即名义收益率），这样会更简单而且不会产生误导。名义利率 i 减去预期通货膨胀率 π^e 就是我们在第 4 章提到的与储蓄和投资决策相关的预期实际利率 r。

在现实中，货币有各种不同的利率。比如，通货支付的利率为零，但不同的支票账户会支付不同的利率。为简化起见，我们再次假设货币的名义利率只有一个 i^m。关键的结论是：非货币资产利率的上升会减少货币需求，而 i^m 的上升会提高货币需求。

□ 货币需求函数

我们把价格水平、实际收入和利率对货币需求的影响表示为：

$$M^d = P \times L(Y, i) \tag{7-1}$$

式中，

M^d = 名义货币需求

P = 价格水平

Y = 实际收入或产出

i = 名义利率①

L = 联系货币需求与实际收入和名义利率的函数

式（7-1）表明，名义货币需求 M^d 与价格水平 P 是成比例的。因此，如果价格水平 P 上涨两倍（实际收入和利率不变），那么名义货币需求 M^d 同样会增长两倍，这表明要进行同样的交易，我们需要相当于原来两倍的货币。式（7-1）同样表明，对于任何价格水平 P，货币需求（通过函数 L）取决于实际收入 Y 和非货币资产的名义利率 i。实际收入 Y 的上升增加了对流动性的需求，因此货币需求也会增加。名义利率 i 的上升使非货币资产变得更具有吸引力，从而减少了货币需求。

因为货币利率的上升会使人们更愿意持有货币，从而增加货币需求，我们也可以在式（7-1）中把货币的名义利率 i^m 包括进来。然而，一直以来，货币的名义利率的波动比非货币资产的名义利率的波动要小得多（例如，通货和一些支票账户都只支付零利率），所以许多对式（7-1）的统计研究都把货币的名义利率忽略不计。因此，为了简单起见，我们也不在式（7-1）中把 i^m 明确表示出来。

还有一种表达名义货币需求的方法是将名义利率 i 表示为预期实际利率和预期通货膨胀率的函数。在式（2-13）中，预期实际利率 r 等于名义利率 i 减去预期通货膨胀率 π^e。因此，名义利率 i 等于 $r+\pi^e$。用 $r+\pi^e$ 替代式（7-1）中的 i，我们得到：

$$M^d = P \times L(Y, r+\pi^e) \tag{7-2}$$

式（7-2）表明，对于任何预期通货膨胀率 π^e，实际利率的上升会提高名义利率并减少货币需求。同样地，对于任何实际利率，预期通货膨胀率的上升会提高名义利率并

① 此处名义利率指非货币资产的名义利率。

减少货币需求。

名义货币需求 M^d 衡量的是以美元（或日元、欧元）表示的货币需求。但是，有时用实际单位来衡量货币需求会更方便。如果我们把式（7－2）两边同时除以价格水平 P，我们就可以得到

$$\frac{M^d}{P}=L(Y, r+\pi^e) \tag{7-3}$$

式（7－3）左侧的表达式$\frac{M^d}{P}$被称为实际货币需求，有时也称为**实际余额**（real balances）需求。实际货币需求是以可购买的商品来表示的货币需求。式（7－3）表明，实际货币需求$\frac{M^d}{P}$取决于实际收入（或产出）Y 与名义利率，后者为实际利率 r 和预期通货膨胀率 π^e 之和。在式（7－3）中，将实际货币需求与产出和利率联系起来的函数 L 称为**货币需求函数**（money demand function）。

□ 其他影响货币需求的因素

式（7－3）中的货币需求函数概括了决定货币需求的主要宏观经济因素，但其他一些决定因素也值得一提。除了我们已经讲过的货币的名义利率外，其他影响货币需求的因素包括财富、风险、其他资产的流动性及支付技术。小结表 9 综合列举了影响货币需求的各种变量。

财富 当财富（即资产）增加时，一部分额外的财富可以以货币形式持有，从而增加了货币需求。然而，如果收入和交易水平保持不变，财富持有者会更愿意以其他高收益的资产形式而非以货币形式来持有这些额外的财富。因此，财富增加对货币需求的影响很可能较小。

风险 货币通常仅支付一个固定的名义利率（现金的名义利率为零），所以持有货币本身通常没有风险。然而，如果股票和房地产等其他资产的风险大幅增加，那么人们就会寻求包括货币在内的更安全的资产。因此，经济中风险的上升会增加货币需求。①

小结表 9　决定货币需求的宏观经济因素

增长因素	货币需求变化	原因
价格水平 P	以一定比例上升	价格提高两倍，交易所需的美元也会增加两倍
实际收入 Y	上升，但小于 Y 上升的比例	较高的实际收入意味着更多的交易，因此对流动性的需求也会增加
实际利率 r	下降	较高的实际利率意味着其他资产（即非货币资产）的收益比较高，因此人们减少持有的货币
预期通货膨胀率 π^e	下降	较高的预期通货膨胀率意味着货币的收益较低，因此人们减少持有的货币
货币的名义利率 i^m	上升	较高的货币收益使人们更愿意持有货币

① 关于 20 世纪 80 年代初发生此类效应的证据，参见 James M. McGibany and Farrokh Nourzd, "Interest Rate Volatility and the Demand for Money," *Quarterly Review of Economics and Business*, Autumn 1986, pp. 73－83。

续前表

增长因素	货币需求变化	原因
财富	上升	所增加财富中的一部分可用货币形式保存
风险	上升，如果其他资产风险上升	其他资产的较高风险使货币更具有吸引力
	下降，如果货币风险上升	货币的较高风险使货币不具有吸引力
其他资产的流动性	下降	其他资产的流动性变高使这些资产更具有吸引力
支付技术的效率	下降	人们可以减少货币的使用

然而，货币的风险并不总是很低。在恶性通货膨胀时期，即使货币的名义利率是固定的，货币的实际利率（名义利率减去通货膨胀率）可能也会变得很不确定，从而增加货币的风险。因为人们会转向可以回避通货膨胀影响的保值资产（利率不易受恶性通货膨胀影响的资产），如黄金、耐用消费品和房地产，所以货币需求就会减少。

其他资产的流动性 其他资产变现越快、越容易，持有货币的需求就越小。近年来，金融市场放松管制、竞争和创新的多重冲击使货币的替代性资产变得更具流动性。举例来说，有了房屋净值信用贷款，一个家庭可以以其住房作为担保来开具支票。如前所述，个人现金管理账户的推行使个人可以很容易地在股票等高收益率的资产和更具流动性的资产间转换。当其他资产变得更具流动性时，货币需求就减少了。

支付技术的效率 货币需求也同样受现有收付款技术的影响。例如，信用卡的产生使人们不使用货币就可以进行交易——至少到月底前是这样的。当然，到月底就必须开支票来支付信用卡账单。自动柜员机（ATM）很可能减少了对现金的需求，因为人们知道当他们需要现金时可以很快从自动柜员机中取到。在21世纪初，归功于《支票交换21世纪法案》(check 21 law)——该法案允许支票图像的电子清算——支票的清算因此变得快捷。这个程序大大降低了支票清算的成本，并且加快了清算的速度。今后，更多支付技术的应用，例如使用手机存入支票和支付交易的能力，无疑会有助于人们更少地使用货币。① 一些专家甚至预测，最终我们将生活在一个"无现金的社会"，在那里，几乎所有的支付都可以通过即时可用的电脑化会计系统来进行，以至于对货币的需求几乎为零。

货币需求的弹性 资产组合分配决定有助于经济学家辨别影响货币总量的因素。但是，对于许多研究而言，如经济的预测和量化分析，经济学家不仅需要知道什么因素会影响货币需求，而且需要知道这些影响的强弱程度。这些信息只能通过数据统计分析得到。

在过去的40年里，经济学家对货币需求函数进行了成百上千个统计研究。这些研究的结果通常是通过弹性来表达的，此弹性衡量的是由影响货币需求的因素变动所导致的货币需求变化。具体说来，**货币需求的收入弹性**（income elasticity of money demand）是实际收入增加1%时货币需求变化的百分比。举例来说，如果货币需求的收

① 2003年，美国电子付款的数额首次超过了支票付款的数额。这个变化的速度在递增：仅三年后，电子付款的数额已经是支票付款的数额的两倍。详见 Geoffrey R. Gerdes，"Recent Payment Trends in the United States，" *Federal Reserve Bulletin*，October 2008，pp. A75－A106。

入弹性是$\frac{2}{3}$，那么实际收入增加 3%会使货币需求增加 2%$\left(=\frac{2}{3}\times 3\%\right)$。类似地，**货币需求的利率弹性**（interest elasticity of money demand）是当利率增加 1%时货币需求变化的百分比。

当我们使用货币需求的利率弹性时，要注意一个潜在的陷阱。假设利率从每年 5%增加到 6%。我们很容易就会把利率的增长率算成 1%（但这是不正确的）。事实上，因为6%比 5%多了 20%，利率的增长率是 20%。① 例如，假设货币需求的利率弹性是−0.1，利率从 5%增长到 6%会使货币需求减少 2%(=0.1×20%)。注意，与本例一样，如果货币需求的利率弹性为负，那么利率的上升会减少货币需求。

那么，货币需求的收入弹性和货币需求的利率弹性的实际值是多少呢？尽管许多货币需求的统计研究仅提供了一个范围，但我们仍然可以找到一些共同的结论。首先，货币需求的收入弹性为正，这个结论得到了广泛的认同。例如，普林斯顿大学的斯蒂芬·戈德菲尔德（Stephen Goldfeld）在 1973 年对于 M1 的经典研究发现，这个弹性大约为$\frac{2}{3}$，这篇文章为以后的研究奠定了基本框架。② 一个正的货币需求的收入弹性意味着当收入增加时货币需求会随之增加，正如我们的理论所预测的。尽管也有一些研究表明这个弹性为 1.0，戈德菲尔德关于货币需求的收入弹性小于 1.0 的发现与许多其他实证研究相似。一个小于 1.0 的货币需求的收入弹性意味着因收入上升而产生的货币需求增长率小于收入增长率。在本章的前面部分，我们已经讨论了为什么有些个人或国家的收入增加时，货币的需求增长可能会比收入慢。

其次，对于货币需求的利率弹性，一些研究得到了一个很小的负数。例如，戈德菲尔德发现，货币需求的利率弹性大约为−0.1 或−0.2。正如理论所预测的，一个负的货币需求的利率弹性意味着当非货币资产的利率上升时，人们会减少持有的货币。

最后，戈德菲尔德和其他人的研究从实证上证实了名义货币需求是与价格水平成比例的。正如货币需求公式［式（7-3)］所示，这个结论也与理论相符。

□ 流通速度和货币数量论

在讨论货币政策时经常用到的一个与货币需求有关的概念是流通速度，它用来衡量货币在各个时段内的“转手”速度。具体地讲，**流通速度**（velocity）是用名义 GDP（价格水平 P 乘以实际收入 Y）除以名义货币量（又称名义货币供给）M 得来的。如果我们用 V 代表流通速度，则

$$V=\frac{\text{名义 GDP}}{\text{名义货币量}}=\frac{PY}{M} \tag{7-4}$$

如果流通速度上升，并且假设交易量与 GDP 是成比例的，那么在每一时期每一美元的货币存量都是以更大的美元交易量来使用的。图 7-2 呈现了 1959 年第一季度—2015 年第一季度美国 M1 和 M2 的流通速度。

---

① 从 5%到 6%的变化可以描述为“一个百分点的增长”或“20%的增长率”。

② “The Demand for Money Revisited,” *Brookings Papers on Economic Activity*，1973，4，pp. 577-638。戈德菲尔德给出了货币需求的短期收入弹性和长期收入弹性。这里，我们所显示的数据为长期收入弹性。

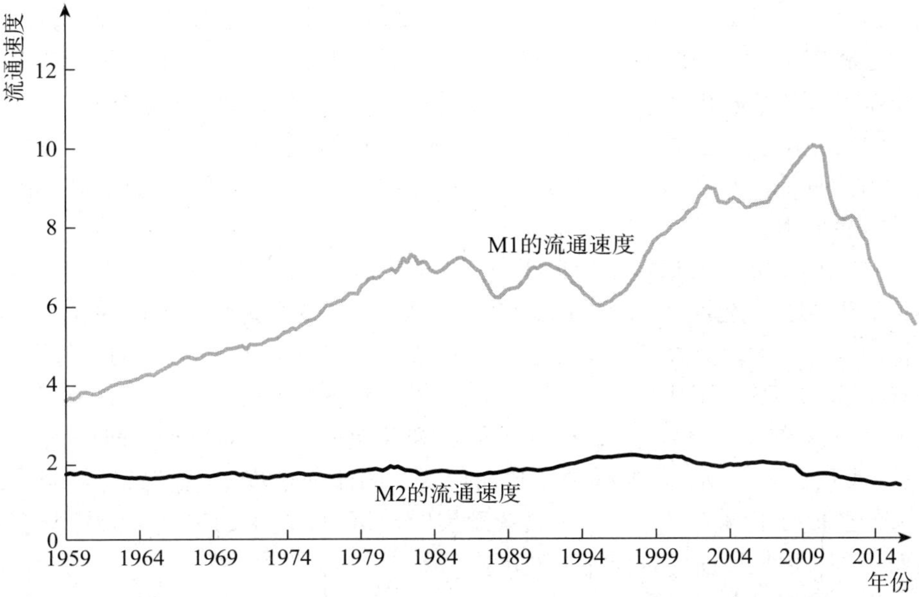

图 7-2　1959 年第一季度—2015 年第一季度美国 M1 和 M2 的流通速度

说明：M1 和 M2 的流通速度分别由名义 GDP 除以 M1 和 M2 得到。一直到 1981 年，M1 的流通速度稳步上升，但在 20 世纪 80 年代初，M1 有所下降，并且从此表现为不规则波动。M2 的流通速度并没有明显的趋势，它比 M1 的流通速度稳定，但它在一些时段里也表现出不确定性。

资料来源：美联储管理委员会，可从 FRED 数据库下载，下载序列为 M1SL、M2SL 和 GDP。

流通速度的概念来自货币需求的最早期理论之一：货币数量论。① **货币数量论**（quantity theory of money）认为，实际货币需求与实际收入成比例，即

$$\frac{M^d}{P}=kY \tag{7-5}$$

式中，$\frac{M^d}{P}$为实际货币需求，Y 为实际收入，k 为常数。在式（7-5）中，实际货币需求函数 $L(Y, r+\pi^e)$ 的表达形式为 kY。以这种形式表达货币需求是建立在一个强烈的假设基础上的，即流通速度是一个常数$\frac{1}{k}$，它不随收入或利率的变化而变动。②

但是，流通速度实际上是恒定的吗？如图 7-2 所示，M1 的流通速度显然不是恒定的：一直到 1981 年，M1 的流通速度稳步上升，但在 20 世纪 80 年代初期急速下降，并且从此表现为不规则波动。自 20 世纪 80 年代初期以来，金融创新和国外对于美元的需求对流通速度产生了一定影响。在 20 世纪 80 年代初期，付息支票账户的设立带来了各个 GDP 水平上对 M1 需求的增长，因此流通速度下降。20 世纪 80 年代后期，非货币资产的低利率提高了各个 GDP 水平上对 M1 的需求，因此降低了 M1 的流通速度。20 世纪 90 年代初期，苏联的解体导致外国人对美元的需求增加，从而使 M1 需求增加并降

① 货币数量论是由一些古典主义经济学家在 19 世纪末 20 世纪初建立起来的，其代表人物是欧文·费雪（Irving Fisher）。费雪的著作 *The Purchasing Power of Money*（New York：Macmillan，1911）一书对该理论进行了陈述。

② 要从货币数量论中导出流通速度，我们必须假设名义货币需求 M^d 等于名义货币量 M，我们将在本章后面对这个假设加以阐明。在这个假设下，你应该可以证实 $V=1/k$。

低了流通速度。20 世纪 90 年代中期，银行以降低交易账户中存款保留额为目的创建的账户（通过将支票账户中的资金隔夜转移到储蓄账户中的方式）降低了银行所需持有的存款准备金，存款的减少降低了 M1 在各个 GDP 水平上的需求，因此提高了 M1 的流通速度。最近，M1 流通速度在 2008 年的金融危机中显著下降，原因在于各个家庭提高了其货币持有量，而且 GDP 在 2007—2009 年的经济衰退中下降了且低利率降低了持有货币的机会成本。

图 7－2 中，M2 的流通速度接近于恒定。它并没有明显的上升或下降趋势，也没有表现出类似于 M1 的流通速度的不稳定性。但是，M2 的流通速度短期内在一定程度上也不可预测，并且大部分经济学家不会将 M2 的流通速度看作是恒定的。与以前相比，人们在整个 20 世纪 90 年代将其储蓄更广泛地投资到各种金融资产中去：从银行账户中取出资金（包含在 M2 中），然后投资到债券和股票中去（不包含在 M2 中）。其结果是，各个 GDP 水平的 M2 需求减少，从而使 M2 的流通速度提高。另外，当房地产市场从 20 世纪 90 年代末到 21 世纪初繁荣发展时，M2 账户中的房贷再融资资金暂时猛增，从而使 M2 增长加速并且使流通速度降低。

因为流通速度是名义 GDP 与名义货币量的比率，流通速度增长率等于名义 GDP 增长率减去名义货币量的增长率。因此，当名义货币量的增长率低于名义 GDP 的增长率时，流通速度的增长率为正，即速度正在上升。当然，当名义货币量的增长率高于名义 GDP 的增长率时，流通速度下降。图 7－3 显示了名义 GDP 的增长率以及名义 M1 和 M2

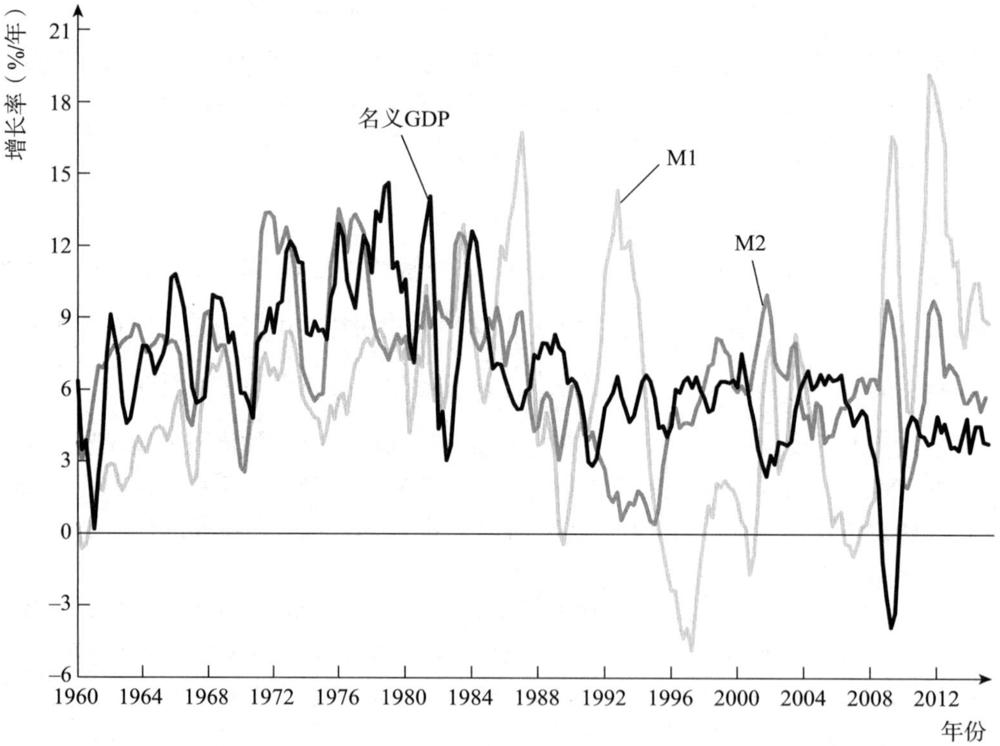

图 7－3　1960 年第一季度—2015 年第一季度 M1 和 M2 的增长率及名义 GDP 的增长率

说明：图中所描绘的 M1 和 M2 的增长率及名义 GDP 的增长率显示了三个变量较前一年增长的百分比，所使用的数据为季度数据。由于金融创新和外国人对美元需求的增加，M1 和 M2 的增长都有很大的波动。当名义货币量的增长率超过名义 GDP 的增长率时，流通速度下降。

资料来源：同图 7－2。

的增长率。从图中可以看出，随着20世纪90年代中期新型银行账户鼓励消费者减少持有M1，M1的增长率急剧下降，结果M1的增长率低于名义GDP的增长率，因此如图7-2所示，在此期间M1的流通速度上升。然而，20世纪90年代初期（由于外国人对美元的需求增加）和2008年金融危机后的几年，M1的增长率非常高。在这两个事件中，M1的增长率远远超过名义GDP的增长率，所以M1的流通速度大幅下降。

7.4 资产市场的均衡

资产市场实际上是实物资产和金融资产进行交易的一组市场。任何资产的需求（如政府债券）都是财富持有者想要在其资产组合中纳入的该资产数量。对每一项资产的需求取决于其相对于其他资产的预期收益率、风险、流动性和期限。每项资产的供给都是该资产在市场上存在的数量。尽管资产的供给可能会随时间而变化（政府可能会发放更多的债券、公司可能会发行新股份、更多的黄金可能被开采等），但在任何特定时期，各项资产的供给是固定的。

当资产持有者对每项资产的需求等于（固定的）资产供给时，资产市场达到均衡。本节将关注货币的作用，研究资产市场的均衡。我们还将讨论资产市场均衡是如何与价格水平联系起来的。

□ 资产市场均衡：加总假设

在第3章劳动力市场和第4章产品市场的讨论中，我们主要依靠加总来保持分析的可操作性。也就是说，我们并不去考察每一个不同类型的劳动力和产品的供给及需求，而是考察劳动力和产品的总供给及总需求。这样的加总使我们可以从总体上分析经济的表现而不会迷失在细节中。

因为存在许多不同类型的资产，加总对于研究资产市场来说十分必要。因此，我们对于资产市场采用宏观经济研究中经常使用的一个加总假设：我们假设所有的资产可以分成两类，即货币和非货币资产。货币包含可以用于支付的资产，如通货和支票账户。假设所有的货币都具有相同的风险和流动性，并支付相同的名义利率 i^m。货币供给（此处指名义货币供给）固定为 M。非货币资产包括货币以外的所有其他资产，如股票、债券、土地等。所有的非货币资产也被假设为具有同样的风险和流动性，并支付名义利率 $i=r+\pi^e$，其中，r 为预期实际利率，π^e 为预期通货膨胀率。非货币资产的供给固定为NM。

尽管将资产分成两大类的假设忽略了各资产之间许多有趣的差异，但它极大地简化了我们的分析，因此非常有用。做出这个假设的一个直接好处就是，如果我们只允许资产分为两类，那么资产市场的均衡就简化为货币供给数量等于货币需求数量这个条件。

为了说明这一点，我们来考察一个名为埃德（Ed）的人的资产组合分配决定。埃德拥有一笔固定数量的资产，并想将它分配到货币和非货币资产上。如果 m^d 代表埃德想要持有的名义货币的数量，nm^d 代表他想要持有的名义非货币资产的数量，那么埃德的意愿货币持有和意愿非货币资产持有的总和必须等于他的总资产，即

$m^d+\mathrm{nm}^d=$埃德的名义资产

对于经济中的每个资产持有者来说，这个公式都是成立的。

假设我们把经济中所有资产持有者的这个公式加总，那么所有个人货币需求 m^d 的总和等于货币需求 M^d。所有个人非货币资产需求的总和则等于非货币资产需求 NM^d。最后，把所有资产持有者的名义资产加总，我们就得到了经济中的名义总资产，即

$$M^d+\mathrm{NM}^d=\text{名义总资产} \tag{7-6}$$

式（7－6）表明，经济中的货币总需求加上非货币资产总需求一定等于经济中的名义总资产。

下一步，我们将货币和非货币资产的供给与总资产联系起来。因为货币和非货币资产是经济中所有的资产，名义总资产等于货币供给 M 加上非货币资产的供给 NM，即

$$M+\mathrm{NM}=\text{名义总资产} \tag{7-7}$$

我们用式（7－6）减去式（7－7），得到：

$$(M^d-M)+(\mathrm{NM}^d-\mathrm{NM})=0 \tag{7-8}$$

式（7－8）中的 M^d-M 是对货币的超额需求，即对货币的需求超过货币供给的数量。同样地，式（7－8）中的 $\mathrm{NM}^d-\mathrm{NM}$ 是对非货币资产的超额需求。

现在假设货币需求 M^d 等于货币供给 M，所以对货币的超额需求 M^d-M 为零。式（7－8）表明，如果 M^d-M 为零，那么 $\mathrm{NM}^d-\mathrm{NM}$ 也为零。也就是说，如果货币供给数量和需求数量相等，那么非货币资产的供给数量和需求数量就一定相等。根据均衡定义，如果每一类资产的供给和需求数量都相等，那么资产市场就处于均衡状态。

如果我们做出资产可以分成货币和非货币资产两大类的简化假设，那么当货币的供给和需求数量相等时，货币市场就达到了均衡。因为这个结论意味着在研究资产市场均衡时，我们可以忽略非货币资产，而只研究货币的供给和需求，所以这个结论非常便利。只要货币的供给和需求数量相等，整个资产市场就达到了均衡。

□ 资产市场的均衡条件

当货币的供给数量和需求数量相等时，资产市场处于均衡。不管货币供给与需求是以名义价值还是实际价值表示，该条件都适用。我们用实际价值表示该条件，即

$$\frac{M}{P}=L(Y,\ r+\pi^e) \tag{7-9}$$

式（7－9）的左侧是名义货币供给 M 除以价格水平 P，即以实际价值衡量的货币供给。公式的右侧与式（7－3）里的实际货币需求 M^d/P 是一样的。式（7－9）称为资产市场的均衡条件，它表明实际货币供给数量等于实际货币需求数量。

资产市场的均衡条件包括五个变量：名义货币供给 M、价格水平 P、实际收入（即产出）Y、实际利率 r 和预期通货膨胀率 π^e。名义货币供给 M 是由中央银行通过公开市场操作决定的。目前，我们将预期通货膨胀率 π^e 看作是固定的（本章稍后会回到预期通货膨胀率的确定问题）。这样，在资产市场的均衡条件里就只剩下三个变量的值还没有确定：产出 Y、实际利率 r 和价格水平 P。

在本篇中，我们已经做了这样的假设：经济是处于充分就业状态的，即等同于所有市场都处于均衡状态。古典主义经济学家和凯恩斯主义经济学家都认为，对于研究经济的长期行为来说，做出充分就业的假设是合理的。如果我们继续假设充分就业①，就可以使用前几章的分析来描述产出和实际利率是如何决定的。回想一下第 3 章，如果劳动力市场处于均衡——就业等于其充分就业水平——那么产出等于充分就业产出 $\bar{Y}$。在第 4 章，我们展示了在一个封闭的经济里，对于任何产出水平，实际利率一定等于使意愿国民储蓄与意愿投资相等的实际利率（产品市场的均衡条件）。

既然产出和实际利率的值是由劳动力市场和产品市场的均衡来决定的，那么资产市场的均衡条件里剩下的唯一需要决定的变量就是价格水平 P。为了强调价格水平是由资产市场均衡决定的变量，我们将式（7－9）两边同时乘以 P，然后同时除以实际货币需求 $L(Y,\ r+\pi^e)$，从而得到：

$$P=\frac{M}{L(Y,\ r+\pi^e)} \tag{7-10}$$

根据式（7－10），经济中的价格水平 P 等于名义货币供给 M 与实际货币需求 $L(Y,\ r+\pi^e)$ 之比。对于给定的产出 Y、实际利率 r 和预期通货膨胀率 π^e，实际货币需求 $L(Y,\ r+\pi^e)$ 也是固定的。因此，式（7－10）说明价格水平与名义货币供给是成比例的。例如，名义货币供给 M 增长两倍，在其他因素不变的情况下，价格水平 P 也增长两倍。经济中价格水平和名义货币供给之间存在的密切联系是关于宏观经济行为的一个最古老也是最可靠的结论之一，这个结论的发现没有千年，也有几百年了。我们将在 7.5 节讨论这个联系的实证支持。

是什么力量将价格水平推向式（7－10）中的均衡值呢？关于价格水平如何调整到其均衡值的完整描述，将同时涉及产品市场和资产市场的分析。我们将这个任务留到第 9 章讲述，在那里，我们将更详细地讨论经济中三个主要市场间的联系。简单地说，我们将在第 9 章说明名义货币供给的增长使人们增加在商品和服务上的名义支出，对产出的名义需求的增加导致价格水平上升。价格会持续上升，直至人们对其资产组合中持有的新增名义货币的数量感到满意，从而满足资产市场的均衡条件［改写为式（7－10）］。

7.5 货币增长与通货膨胀

在 7.4 节，我们说明了当劳动力市场、产品市场和资产市场都处于均衡时，价格水平 P 与名义货币供给 M 是成比例的。然而，政策制定者和大众对价格水平本身的关心要少于对通货膨胀率（即价格水平的增长率）的关心。在本节，我们将价格水平的分析延伸到说明通货膨胀率是怎样决定的。我们的结论是通货膨胀率与名义货币供给的增长率密切相关。

为了得到通货膨胀率的公式，我们设式（7－10）左边的增长率等于其右边的增长率，可得：

① 我们在第 3 篇讨论短期经济波动时将会去掉这个假设。

$$\frac{\Delta P}{P}=\frac{\Delta M}{M}-\frac{\Delta L(Y,\ r+\pi^e)}{L(Y,\ r+\pi^e)} \quad (7-11)$$

式中，Δ这个符号表示一个变量从一年到下一年的变化。式（7－11）左侧是价格水平的增长率 $\Delta P/P$，即通货膨胀率 π。式（7－11）将式（7－10）右侧比值的增长率表示为分子 M 的增长率减去分母 $L(Y,\ r+\pi^e)$ 的增长率。（在附录A中的A.7节，我们提供了一些计算增长率的有用公式。）式（7－11）表明，如果资产市场处于均衡状态，那么通货膨胀率等于名义货币供给的增长率减去实际货币需求的增长率。

式（7－11）强调了通货膨胀率与名义货币供给增长率紧密相关。然而，要使用式（7－11）来预测通货膨胀的表现，我们也必须知道实际货币需求的增长有多快。式（7－3）中的货币需求函数侧重于对实际货币需求产生重要影响的两个宏观经济变量：实际收入（即产出）Y 和名义利率 $r+\pi^e$。货币需求的收入弹性是实际收入增长1%所带来的货币需求变化的百分比。如果 $\frac{\Delta Y}{Y}$ 是从一年到下一年实际收入变化的百分比，并且 η_Y 是货币需求的收入弹性，那么当名义利率和其他影响货币需求的因素保持不变时，$\frac{\eta_Y \Delta Y}{Y}$ 就是实际货币需求的增长率。① 在式（7－11）里，用 π 来替换 $\frac{\Delta P}{P}$，用 $\frac{\eta_Y \Delta Y}{Y}$ 来替换实际货币需求的增长率，可得：

$$\pi=\frac{\Delta M}{M}-\eta_Y \times \frac{\Delta Y}{Y} \quad (7-12)$$

式（7－12）是一个十分有用的通货膨胀率的简单表达式。根据式（7－12），通货膨胀率等于名义货币供给的增长率减去一个根据实际收入增长而对实际货币需求增长率做出的相应调整量。比如，假设名义货币供给的增长率为每年10%，实际收入每年增长3%，并且货币需求的收入弹性为 $\frac{2}{3}$，那么式（7－12）的预测是通货膨胀率为每年8%（$=10\%-\frac{2}{3}\times 3\%$）。

应用

欧洲转型国家的货币增长与通货膨胀

东欧剧变和苏联解体带来了经济、政治和社会的大震荡。所有东欧国家和从苏联解体中独立出来的国家都进行了不同程度的改革，以使它们的经济更为市场化，并且许多国家（尤其是从苏联解体中独立出来的国家）采用了新货币。然而，俄罗斯和许多东欧国家的经济始终面临着严峻的问题，包括非常高的通货膨胀率。这些国家呈现高通货膨胀率的主要原因是快速的货币增长。

一般来说，名义货币供给的增长率（本专栏中简称货币增长率）和实际货币需求

① 通货膨胀率 π 恒定与长期均衡下 $\Delta Y/Y$、$\Delta M/M$、η_Y 和实际利率 r 恒定是一致的。通货膨胀率 π 恒定，就有理由判定预期通货膨胀率 π^e 也恒定，并且等于 π。因此，名义利率 $i=r+\pi^e$ 也恒定。

（例如，作为实际收入增长的结果）的增长率都会影响通货膨胀率［见式（7-12）］。然而，在高通货膨胀率的国家里，名义货币供给的增长通常是这两个因素中更为重要的一个。要了解这一点，假设一国货币需求的收入弹性为$\frac{2}{3}$，并且实际收入以每年15%的惊人速度增长，那么式（7-12）中的该国实际货币需求将以每年10%$\left(=\frac{2}{3}\times15\%\right)$的速度增长。如果另一国货币需求的收入弹性同样为$\frac{2}{3}$，但其实际收入每年以15%的可怕速度下降，那么该国实际货币需求的增长率为每年-10%。因此，即使两国的实际收入增长率大不相同，它们实际货币需求的增长率的差别也仅为每年20%。

与各国在实际货币需求上较小的增长率差别形成对比的是，各国在名义货币供给增长率上的差别可以达到每年几百个百分点。因此，各国在通货膨胀率上的巨大差别几乎都源于货币增长率上的巨大差别。

货币增长率和通货膨胀率之间的联系如图7-4所示，该图展示了1995—2001年被国际货币基金组织划为“转型国家”的一些欧洲国家中的年均货币增长率和年均通货膨胀率。这些国家中的大多数正处于从计划经济向市场经济转变的过程中。在此期间，年均通货膨胀率高于80%的3个国家——白俄罗斯、土耳其和保加利亚的年均货币增长率也高于80%。无论我们是比较这3个国家的通货膨胀率，还是将这3个国家的高通货

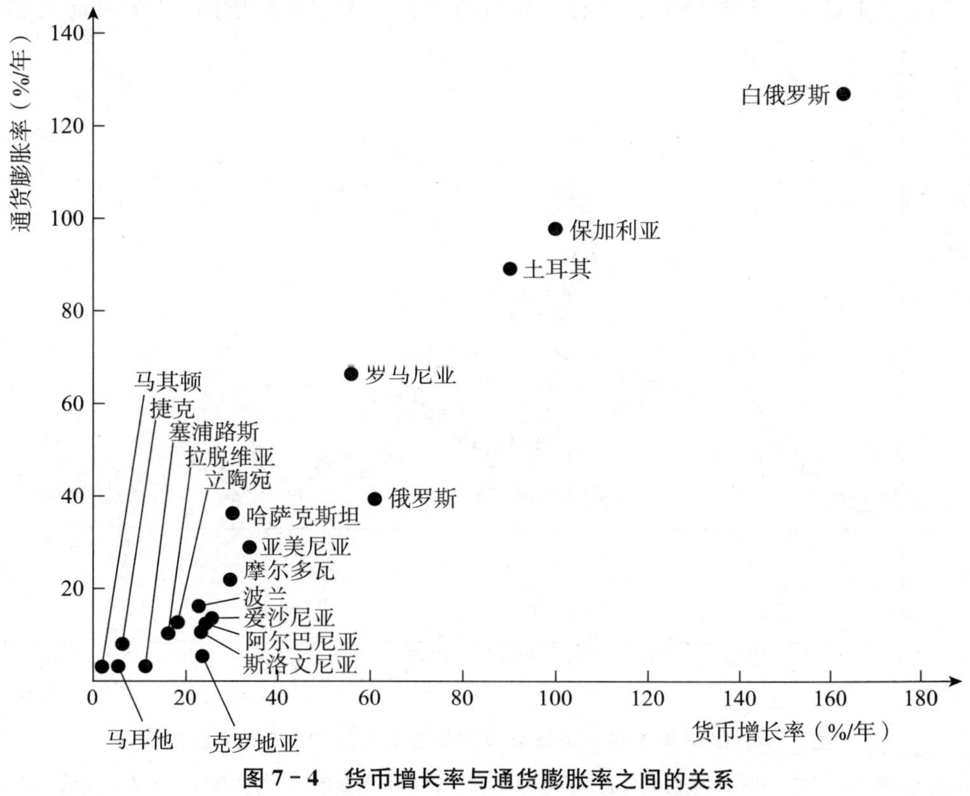

图7-4　货币增长率与通货膨胀率之间的关系

说明：该图描绘了1995—2001年部分欧洲转型国家的货币增长率和通货膨胀率。货币增长率和通货膨胀率之间存在着很强的相关关系：年货币增长率高于80%的国家，其年通货膨胀率也高于80%。

资料来源：货币增长率和消费者价格指数引自2003年2月国际货币基金组织的《国际金融统计年鉴》（*International Financial Statistics*）。本图展示了具有完整数据的欧洲转型国家。

膨胀率与其他16个国家相对较低的通货膨胀率做比较，在通货膨胀率上的巨大差别显然与在货币增长率上的巨大差别相关。

如果快速的货币增长导致了通货膨胀，那么为什么那些国家会允许它们的货币供给增长得如此之快呢？正如我们以前讨论过的，政府发现有时印制货币（从中央银行借钱）是它们可以为其支出融资的唯一途径。这种情形最容易发生在贫穷国家或者经历了与战争、自然灾害或政治及经济的重要变革（正如转型中的欧洲国家）相联系的经济动荡的国家中。遗憾的是，以这种方式为政府支出融资的几乎无法避免的后果就是通货膨胀的增长。

□ 通货膨胀率与名义利率

除非通过调查，否则公众对通货膨胀率的预期不可直接观察到（见“应用：预期通货膨胀率的衡量”）。然而，式（7－11）显示，如果名义货币供给的增长率和影响货币需求增长率的因素（如实际收入增长）预计不会从目前的水平发生很大偏离，那么预期通货膨胀率就不会从目前的价值发生大变化。也就是说，π^e 约等于 π。因此，名义利率 $i=r+\pi^e\approx r+\pi$。此外，如果实际利率 r 是常数，那么名义利率将与实际通货膨胀率 π 一一对应。

图7－5显示了名义利率和通货膨胀率之间的关系，它显示的是美国从1960年1月—2015年4月一年期国债的名义利率和由消费者价格指数衡量的12个月通货膨胀率

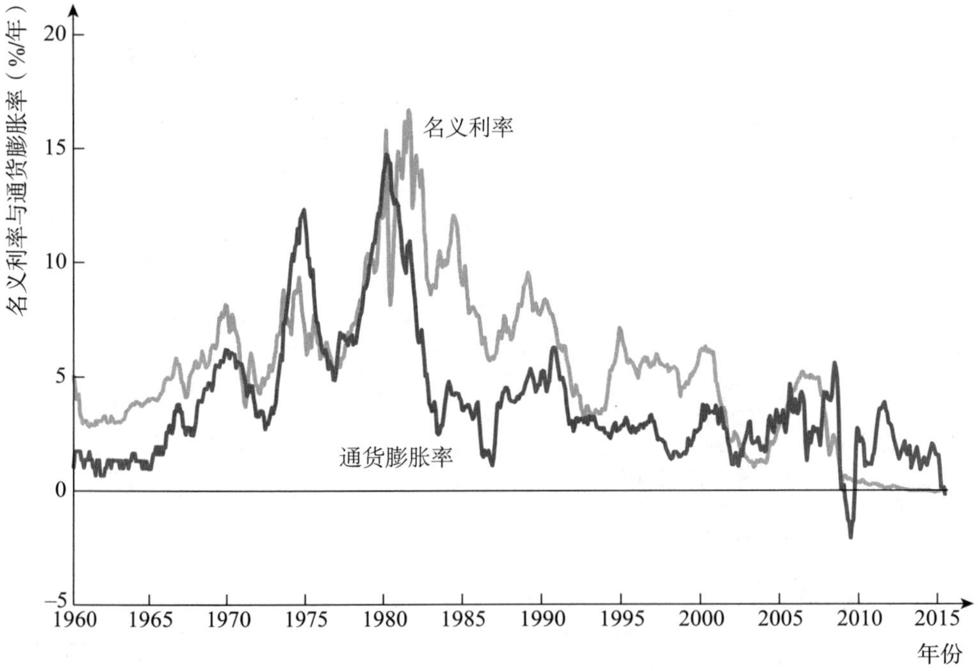

图7－5　1960年1月—2015年4月美国的名义利率与通货膨胀率

说明：本图显示的是一年期国债的名义利率和由消费者价格指数衡量的12个月通货膨胀率。尽管名义利率与通货膨胀率的变动在某些时段并不一致，如20世纪80年代初，这两个变量通常是同向变动的。

资料来源：名义利率数据来自美联储管理委员会，可从FRED数据库下载，下载序列为GS1；CPI数据来自美国劳工统计局，可从FRED数据库下载，下载序列为CPIAUCNS。

的月度数据。名义利率和通货膨胀率通常是同向变动的，在20世纪60年代和70年代上升，在20世纪80年代初达到高峰后急剧下滑。然而，因为实际利率在这段时间内并不是固定不变的，所以通货膨胀率的变动与名义利率的变动并不完全吻合。尤其是在20世纪70年代末至80年代初，名义利率的上升远远大于通货膨胀率的上升，这体现为实际利率从20世纪70年代的负值增加到20世纪80年代的正值。此外，2008年金融危机后，名义利率接近于零，通货膨胀率为每年1%～2%，所以实际利率为负。（有关实际利率的图形见图2-5。）

应用

预期通货膨胀率的衡量

资产市场的均衡取决于人们对通货膨胀率的预期。但是，人们如何预期通货膨胀呢？他们可能会根据对专门进行经济预测的经济学家的调查来预期。① 如果的确如此，那么我们就可以从询问人们对长期通货膨胀看法的调查（如预测专家调查或汤森路透/密歇根大学消费者调查）中来获取人们对长期通货膨胀的预期的信息。然而，如果接受调查的人们对于通货膨胀率的决定没有很强的意识，那么调查所得信息可能不够可靠。另外，因为通货膨胀率的变化会影响债券购买人的实际投资收益，所以他们可能会更关注通货膨胀率。所以，来自金融市场的数据可以揭示投资者对于通货膨胀率的预期。②

美国政府通过发行名义债券和发行通货膨胀保值债券（treasury inflation-protected securities，TIPS）（自1997年起）来向公众借款。名义债券在其期限内提供一定的名义利率，但名义债券的实际利率取决于期限内的通货膨胀率。名义债券的预期实际利率是$r=i-\pi^e$［回想式（2-13）］，其中，i是名义利率，π^e是债券期限内的预期通货膨胀率。无论期限内的通货膨胀率如何，通货膨胀保值债券均提供一定的实际利率。通货膨胀保值债券通过调整其利率支付和债券本金偿付，将实际利率与通货膨胀率的波动隔离开来。

图7-6显示了名义债券的名义利率和通货膨胀保值债券的实际利率。十年期通货膨胀保值债券的实际利率从1997年年初的3.3%提升到2000年年初的4.3%。自2000年起，实际利率开始下滑，并在2005年年初降至1.6%。从2005年年中到2007年年中，实际利率有所上升。然后在2007年年底到2009年的经济衰退期间及以后，实际利率持续下降，唯一的例外是2008年年底金融危机中的短暂上升。

如果名义债券和通货膨胀保值债券具有同样的风险和流动性，那么资产市场的均衡意味着名义债券的预期实际利率$i-\pi^e$将等于通货膨胀保值债券的实际利率r_{TIPS}。令$i-\pi^e$等于r_{TIPS}意味着$\pi^e=i-r_{TIPS}$。因此，名义利率超过通货膨胀保值债券利率的部分$i-r_{TIPS}$，即我们所称的平衡通货膨胀率，代表的是使名义债券和通货膨胀保值债券给投资者提供同样收益的通货膨胀率，所以它提供了预期通货膨胀率的一个大概度量。然

① 参见 Christopher D. Carroll，"Macroeconomic Expectations of Households and Professional Forecasters，" *Quarterly Journal of Economics* 118 (February 2003)，pp. 269-298。

② 以下分析基于 Ben S. Bernanke，"What Policymakers Can Learn from Asset Prices." Remarks before the Investment Analysts Society of Chicago，April 15，2004。

而，因为通货膨胀保值债券消除了因通货膨胀波动的不可预期性而带给投资者的风险，这两种利率间的差异一部分来自通货膨胀风险而不是预期通货膨胀。也就是说，购买名义债券的投资者知道他们所面对的来自通货膨胀变动不可预期的风险高过他们购买通货膨胀保值债券的风险，所以名义债券的利率较高，以补偿名义债券持有者承担的风险。另外，通货膨胀保值债券市场的流动性较低（即较少的买家和卖家），所以通货膨胀保值债券的利率高于它们如果可以在流动性较高的市场上销售的利率。有了这两个相互抵消的作用，我们并不清楚图 7－6 所示的平衡通货膨胀率是高估还是低估了未来十年的预期通货膨胀率。但是，这两个作用很可能较小，而且它们的作用相反，所以其净值很可能非常小。因此，我们将平衡通货膨胀率作为衡量人们的预期通货膨胀率的一个标准。

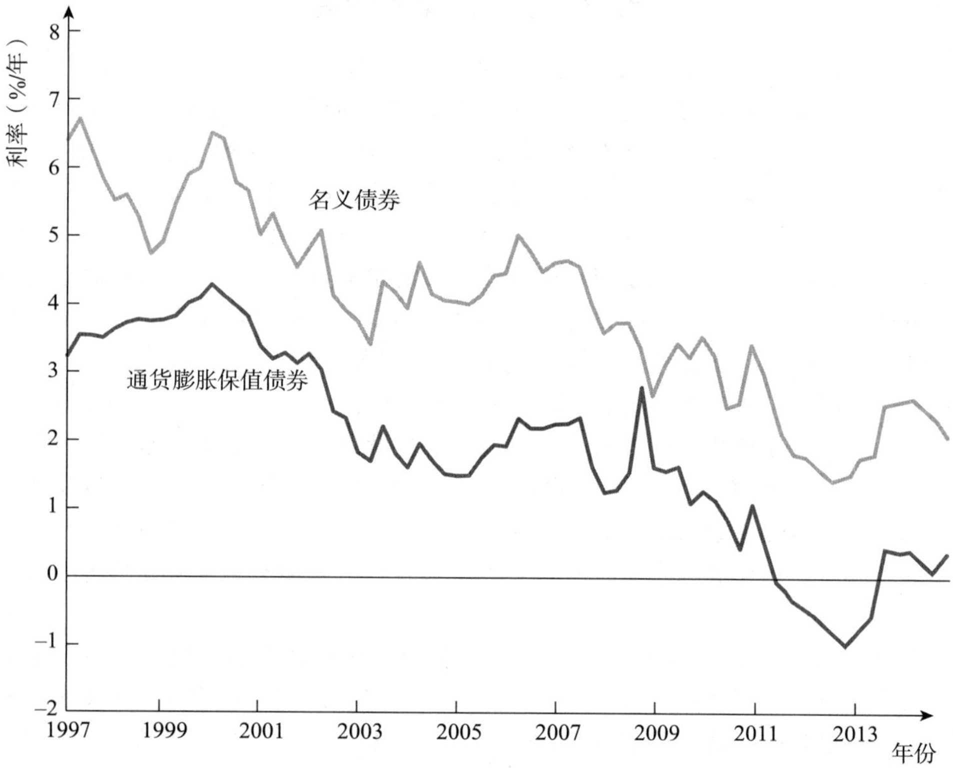

图 7－6　1997 年第一季度—2014 年第四季度名义债券和通货膨胀保值债券的利率

说明：本图显示了 1997 年第一季度—2014 年第四季度的美国政府十年期债券的名义利率和十年期通货膨胀保值债券的实际利率的季度数据。

资料来源：名义债券的利率数据来自美联储管理委员会，可从 FRED 数据库下载，下载序列为 GS10；通货膨胀保值债券的利率数据由作者根据最近十年期通货膨胀保值债券收益率计算，收益率数据来自 FRED 数据库，下载序列为 TP10J07，TP10J08，…，TP10J21；TP10L12，TP10L13，…，TP10L20；DTP10J22，DTP10J23，DTP10J24；DTP10L21，DTP10L22，DTP10L23，DTP10L24。

图 7－7 描绘了随时间变化的通货膨胀率差异（即图 7－6 中两曲线的距离）。此图表明，预期通货膨胀率在 1997 年和 1998 年下降，1999 年上升，然后 2000 年略微下滑，2001 年和 2002 年基本稳定不变，2003 年上升，2004 年至 2008 年年初稳定不变，然后

在从2008年开始的金融危机中急速下降。[①] 这些波动的表现与通过调查方式（即图7-7中的预测专家调查）衡量的预期通货膨胀率的平滑状态形成鲜明对比。调查得来的预期通货膨胀率从1997年的3%下降到1998年的2.5%，然后在整个时期保持在2.5%左右，直到近几年略有下降。由此看来，似乎预测专家对未来十年通货膨胀率的预期没有太大的改变。但是，市场参与者似乎更加认为预期通货膨胀率具有波动性，或者通货膨胀保值债券市场的通货膨胀风险和流动性在该时期大幅波动。

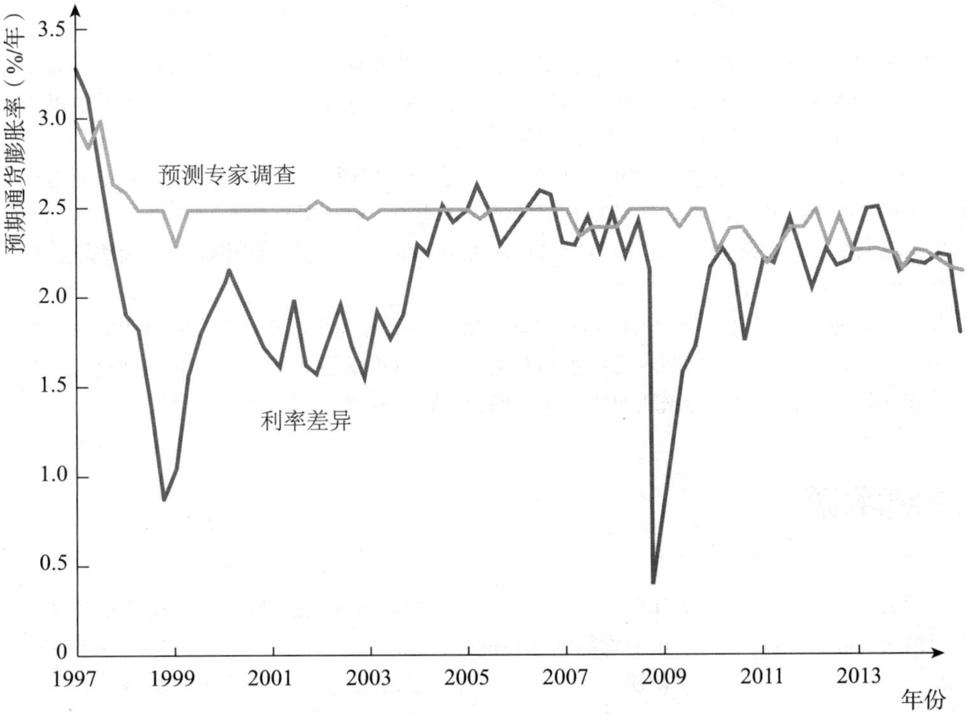

图7-7 1997年第一季度—2014年第四季度年预期通货膨胀率的另一种衡量方式

说明：本图显示了1997年第一季度—2014年第四季度两种不同的衡量预期通货膨胀率方式的季度数据。平衡通货膨胀率等于美国政府十年期债券的名义利率与十年期通货膨胀保值债券的实际利率之差。

资料来源：平衡通货膨胀率是作者根据图7-6的数据计算得出的，该数据来自预测专家调查的十年预期通货膨胀率，可从费城联邦储备银行（Federal Reserve Bank of Philadelphia）官网下载。

本章小结

1. 货币是被广泛使用和作为支付手段被广泛接受的资产，如通货和支票账户。货币的功能包括交换媒介、计价单位和价值储藏。

2. 货币的供给受控于中央银行——在美国为联邦储备系统。中央银行的官方货币衡量称为货币总量。M1主要由通货和支票账户构成，M2包含更广泛的货币资产。

---

① 一些观察家将2008年年末出现的利率差异降低解释为通货膨胀保值债券比美国联邦政府发行的传统债券流动性低的结果。通货膨胀保值债券流动性较低的看法意味着投资者会要求通货膨胀保值债券提供比传统债券更高的预期收益率，因此使传统债券和通货膨胀保值债券的利率差异缩小。

3. 资产组合分配决定是财富持有者做出的关于各项资产持有数量的决定。影响资产组合分配决定的特征包括预期收益率、风险、流动性以及期限。人们主要持有的资产是现金、债券、股票、房屋和耐用消费品。

4. 货币需求是人们在其资产组合中选择持有的货币总数量。影响货币需求的主要宏观经济变量包括价格水平、实际收入和利率。名义货币供给*与价格水平成比例。实际收入的上升增加了交易数量，从而使实际货币需求增加。如果其他非货币资产的利率较高，那么相对于货币来说，这些资产就更具吸引力，从而使实际货币需求减少。货币需求函数衡量实际货币需求和以上这些宏观经济变量之间的关系。

5. 流通速度是名义 GDP 与名义货币量之间的比率。货币数量论是建立在流通速度固定不变，从而货币需求与收入成正比的假设之上的早期货币需求理论。在历史上，尽管 M2 的流通速度不是固定的，但 M2 的流通速度比 M1 的流通速度更稳定。

6. 在资产可以分为两大类——货币与非货币资产这个简化假设下，如果货币供给数量等于货币需求数量，那么资产市场达到均衡。当所有的市场都处于均衡（经济处于充分就业状态）时，产出由劳动力市场的均衡决定，实际利率由产品市场的均衡决定，价格水平由资产市场的均衡决定。均衡价格水平与名义货币供给成比例。

7. 通货膨胀率等于名义货币供给的增长率减去实际货币需求的增长率。实际货币需求的增长率主要取决于实际收入的增长率。预期通货膨胀率取决于名义货币供给和实际收入的预期增长率。对于一个给定的实际利率，名义利率与预期通货膨胀率的变化是一一对应的。

关键术语

货币需求	多样性	期限结构预期理论	预期收益率
货币需求的收入弹性	货币需求的利率弹性	流动性	M1
M2	交换媒介	货币总量	货币
货币需求函数	货币供给	公开市场操作	资产组合分配决定
货币数量论	实际余额	风险	风险溢价
价值储藏	期限溢价	期限	计价单位
流通速度			

关键等式

$$\frac{M^d}{P}=L(Y,\ r+\pi^e)$$

根据货币需求函数，实际货币需求$\frac{M^d}{P}$取决于实际收入和其他非货币资产的名义利率。实际收入 Y 的上升增加了人们进行的交易数量，从而增加了货币需求。非货币资产的名义利率 i（等于实际利率 r 加上预期通货膨胀率 π^e）的上升使其他资产更具吸引力，从而减少了货币需求。

$$V=\frac{\text{名义 GDP}}{\text{名义货币量}}=\frac{PY}{M}$$

---

* 英文原文为名义货币需求，联系前文，疑有误，故做此修改。——译者注

流通速度 V 等于名义 GDP（即 P 乘以 Y）除以名义货币量 M。流通速度在货币数量论里被假设为固定不变。

$$\frac{M}{P}=L(Y,r+\pi^e)$$

资产市场的均衡条件表明，实际货币供给 M/P 和实际货币需求 $L(Y,r+\pi^e)$ 相等。

$$\pi=\frac{\Delta M}{M}-\eta_Y\times\frac{\Delta Y}{Y}$$

通货膨胀率 π 等于名义货币供给增长率 $\Delta M/M$ 减去实际货币需求增长率。在名义利率固定的长期均衡中，实际货币需求的增长率等于货币需求的收入弹性 η_Y 乘以实际收入（即产出）的增长率 $\Delta Y/Y$。

复习题

1. 给出货币的定义。经济学家对于这个名词的使用与日常生活中的含义有何不同？

2. 货币的三个功能是什么？各功能是怎样确保经济顺畅运行的？

3. 国家的货币供给是由谁决定的？说明当所有的货币都是通货时，货币供给是怎样扩张和收缩的？

4. 对于资产持有者来说，资产的四个最重要特征是什么？货币每个特征的表现与其他资产相比如何？

5. 描述利率的期限结构预期理论的含义。为什么期限结构预期理论不足以描述我们观察到的有关利率的数据？要使期限结构预期理论变得更为准确，需要加入什么因素？

6. 列举并说明影响货币需求的宏观经济变量。

7. 给出流通速度的定义。讨论货币数量论中流通速度所起的作用。

8. 为什么资产市场均衡是由实际货币供给等于实际货币需求这个条件决定的？何种加总假设允许我们忽略其他资产市场？

9. 价格水平和名义货币供给之间的关系是怎样的？通货膨胀和名义货币供给增长率之间的关系是怎样的？

10. 举例说明会使公众的预期通货膨胀率上升的一个因素。其他因素不变，这个预期通货膨胀率的增加会怎样影响利率？

计算题

1. 假设今天的一年期债券的年利率是 6%，自今天起，一年后的一年期债券的年利率预期为 4%，两年后的一年期债券的年利率预期为 3%。两年期债券的期限溢价是每年 0.5%，三年期债券的期限溢价是每年 1.0%。在均衡状态下，今天两年期债券的利率是多少？三年期债券的利率呢？产出曲线的形状是怎样的？

2. 在一个经济中，货币的利率为零，货币需求为：

$$\frac{M^d}{P}=500+0.2Y-1\,000i$$

a. 假设 $P=100$，$Y=1\,000$，$i=0.10$。计算实际货币需求、名义货币需求和货币流通速度。

b. 现在假设价格水平从 $P=100$ 上升到 $P=200$，计算实际货币需求、名义货币需求和货币流通速度。

c. 以问题 a 中给出的变量值为基础，假定给出的货币需求函数保持不变，货币流通速度是怎样受实际收入、名义利率和价格水平增加影响的？

3. 米达斯（Midas）先生拥有 100 000 美元的资产，他想全部投资到货币（支票账户）和政府债券中。米达斯先生告诉经纪人将 50 000 美元投入债券，并且债券利率每高出支票账户利率一个百分点，就多投入 5 000 美元到债券中。

a. 写出米达斯先生以债券利率和支票账户利率为参数的货币需求函数。

b. 写出米达斯先生的债券需求函数。他对货币的需求和对债券的需求的总和是多少？

c. 假设经济中所有的资产持有者都与米达斯一样。每个人的资产供给固定为 80 000 美元的债券和 20 000 美元的支票账户。支票账户不支付利息。资产市场达到均衡时的债券利率是多少？

4. 假设货币数量论成立，并且流通速度固定为 5。产出固定在充分就业的产出值 10 000，价格水平为 2。

a. 计算实际货币需求和名义货币需求。

b. 在这个经济里，政府将名义货币供给固定在 5 000。在产出固定在充分就业产出的前提下，假设价格是灵活的，新的价格水平是什么？如果名义货币供给上升到 6 000，价格水平会发生怎样的变化？

5. 现在考虑一个经济中的名义货币供给是固定不变的，产出固定为 $Y=100$，实际利率固定为 $r=0.10$。假设货币需求的收入弹性是 0.5，货币需求的利率弹性是 -0.1。

a. 如果产出增加到 $Y=106$(r 保持在 0.1 不变)，均衡价格水平与其初始值的差别的百分比是多少？[提示：见式（7-12)]

b. 如果利率增加到 $r=0.11$(Y 保持在 100 不变)，均衡价格水平与其初始值的差别的百分比是多少？

c. 如果实际利率增加到 $r=0.11$，使均衡价格水平保持为初始值的产出应该为多少？

6. 假设实际货币需求的函数为：

$$L(Y,\ r+\pi^e)=\frac{0.01Y}{r+\pi^e}$$

式中，Y 为产出，r 为实际利率，π^e 为预期通货膨胀率。产出不随时间变动，其值为 $Y=150$。产品市场的实际利率固定为每年 $r=0.05$。

a. 假设名义货币供给以每年 10%的速度增长，并且预期未来的增长永远会保持这个速度。当前名义货币供给为 $M=300$。实际货币供给和当前价格水平是多少？（提示：货币需求函数里的预期通货膨胀率是多少？）

b. 假设名义货币供给为 $M=300$。中央银行宣布从现在开始，名义货币供给将以每年 5%的速度增长。如果每个人都相信这个消息，并且所有的市场都处于均衡状态，那么实际货币供给和当前价格水平是多少？解释货币增长减速对实际货币供给和当前价格的影响。

7. 货币需求的收入弹性是 2/3，货币需求的利率弹性是 -0.1。预期实际收入下一年将以 4.5%的速度增长，并且预期实际利率在下一年会保持不变。通货膨胀率近年来均为零。

a. 如果中央银行希望下一年的通货膨胀率仍然为零，那么应该选择怎样的名义货币供给增长率？

b. 如果中央银行采取可以达到零通货膨胀率的政策，那么下一年的货币流通速度将发生怎样的变化？

分析题

1. 其他因素不变，以下各种情况是怎样影响对 M1 的需求的？对 M2 的需求又有什么影响？请解释说明。

a. 每月最多可从货币市场共同基金和货币市场存款账户开出支票的次数从 3 张增加到 30 张。

b. 房屋净值信用贷款的使用允许房屋所有人以他们的房屋价值来开支票。

c. 股票市场崩盘，并且人们普遍担心股票市场进一步急剧下滑的情形会接踵而至。

d. 银行采用透支保障，资金会自动从储蓄存款账户转移到支票账户，以保证支票额度。

e. 大量非法毒品交易被打击消灭（这些交易原本使用大量的流通货币）。

2. 图 7-2 表明，在 20 世纪 80 年代前，M1 的流通速度基本上处于增长状态。请提供一些关于这个上升趋势的解释。

3. 雷德福所描述的战俘营（见本章的“数据获取与研究前沿：战俘营里的货币”）会从红十字会和其他组织定期收到大量香烟。

a. 这些收到的香烟是怎样影响战俘营里的商品价格水平（以香烟来衡量的）的？

b. （此题较难）有时，战俘营里的战俘们知道装载的香烟会在何时运到。在预估香烟运到战俘营里的前几天，香烟货币需求和价格水平会发生怎样的变化？

4. 假设价格和工资调整迅速，从而劳动力市场、产品市场和资产市场总是处于均衡状态。以下情形会怎样影响产出、实际利率和当前价格水平？

a. 政府采购暂时增加。

b. 预期通货膨胀率下降。

c. 劳动力供给暂时增加。

d. 货币利率上升。

宏观经济数据分析

1*. 使用美联储的 H. 15 数据（可在美联储官网上下载）描绘当前利率曲线（参见 7.2 节中期限的相关知识和第 4 章“数据获取与研究前沿：利率”中的利率曲线），以不同期限债券的利率与它们的期限为组合绘制，使用为此目的设立的固定期限（constant maturity）一项的利率数据。然后观察一年前的 H. 15 数据并绘制其利率曲线。在过去一年里，利率的期限结构发生了怎样的变化？你认为什么样的经济事件会带来这样的变化？

2*. 使用美国 1959 年以来的年度数据，绘出美国 CPI 通货膨胀率、M1 和 M2 的增长曲线。（计算出从上一年 12 月到下一年 12 月的年增长率。）绘出 1962 年以来的三年平均通货膨胀率与三年平均 M1 和 M2 的增长曲线。（举例来说，1978 年的三年平均通货膨胀率，即 1976 年、1977 年和 1978 年这三年通货膨胀率的平均值。类似地，1978 年的三年平均货币增长率，即 1976 年、1977 年和 1978 年这三年货币增长率的平均值。）

通货膨胀率更接近于 M1 的增长还是 M2 的增长？通货膨胀率与货币增长率在短期内（年度数据）还是长期内（三年平均值）有更强的联系？在过去的十年里，通货膨胀率和货币增长率之间的联系是怎样的？

3*. 使用从 1961 年开始的数据，在同一张图内画出三个月期短期国债的利率曲线、十年期长期政府债券的利率曲线和 CPI 通货膨胀率（基于一年前 CPI 的百分比变化）的曲线。注意，使各个数据的单位统一。

a. 一般来说，利率变化与通货膨胀率变化的关系是怎样的？为什么？

b. 三个月期短期国债和十年期长期政府债券哪一个更容易受当前通货膨胀率变动的影响？请给出经济解释。

第3篇

经济周期与宏观经济政策

第 8 章

经济周期

学习目的：

- 定义并描述经济周期
- 总结美国经济周期的历史
- 描述各种变量在经济周期中的表现
- 使用总需求和总供给描述各种冲击对经济周期的影响

自工业革命以来，美国及许多其他国家的经济发展迅猛。这些发展改造了经济并极大地提高了生活水准。然而，即使在经济繁荣的国家，经济扩张也不时地被生产和收入的下降以及失业率的上升打断。有时——幸好不是很频繁——这些干扰极为严重并且持久。但是，不论经济衰退是短暂的还是持久的，经济增长的恢复都会几乎毫无例外地随之而来。

经济扩张让步给短暂的经济衰退，然后经济复苏接踵而至，这一过程就是**经济周期**（business cycle）。因为经济周期的波动即总体经济活动的起落会影响到整个经济，所以经济周期是宏观经济学的一个核心。当经济增长强劲时，该国大多数产业和工人以及资本持有者都会从繁荣中获益。当一国经济疲软时，许多经济部门的销售和产出会下降，工人被解雇或者被迫接受非全日性工作。因为这些经济周期的影响如此广泛，并且经济低迷会带来诸多困难，经济学家一直试图找出这些干扰的起因，并试图确定是否可以采取措施来抵制它们。本书的第 3 篇主要关注两个基本问题：①什么因素引起经济周期；②政策制定者该怎样应对经济周期。

对这两个问题的回答至今颇有争议。这些争议大多涉及宏观经济学古典学派的拥护者和凯恩斯学派的拥护者对待宏观经济学的方法。简要地说，古典学派把经济周期看作经济面对生产或支出扰动的最佳反应。因此，古典学派认为，几乎没有必要采取政府行为来干预这些波动。相比之下，凯恩斯学派提出，因为工资和价格调整缓慢，生产或支出的扰动可以导致经济在相当长的时期内偏离其意愿产出和就业水平。根据凯恩斯学派的观点，政府应该实施干预以使经济周期波动平稳。

我们将在第 9 章～第 11 章探讨古典学派和凯恩斯学派之间的争论，以及这些争论对经济分析和宏观经济政策的意义。我们在本章将展示经济周期的基本特征，从而为后面的讨论提供基本背景。我们先定义经济周期并简要回顾美国经济周期的历史，然后转向经济周期的特征，即经济周期事实，对其进行详细的讨论。本章结束时，我们将简单地预览分析经济周期的各种方法。

8.1 什么是经济周期？

从工业化开始，各国的总体经济活动经历了起伏波动。一个多世纪以来，经济学家一直在对这些波动进行衡量与研究。马克思和恩格斯于1848年提出“商业危机”的概念，以指代经济周期。在美国，建立于1920年的一个私人非营利经济组织——国民经济研究局（National Bureau of Economic Research，NBER）是经济周期研究的先锋。由国民经济研究局建立并不断更新的**经济周期年表**（business cycle chronology）详尽地记录了美国和其他国家的经济周期历史。国民经济研究局还资助了许多对经济周期的研究，其中，1946年阿瑟·伯恩斯（Arthur Burns，1970—1978年任美联储主席）和韦斯利·米切尔（Wesley Mitchell，国民经济研究局的创始人之一）所著的《评估经济周期》（*Measuring Business Cycles*）是该研究的一个里程碑。这本著作是对经济周期进行记录和实证分析的最早研究之一。此书开篇给出了以下定义：

> 经济周期是指主要以企业组织来运作的国家在总体经济活动中出现的一种波动。一个周期包括同时发生在许多经济活动中的扩张，随之而来的是相似的普遍衰退、紧缩，以及与下一个周期的扩张阶段相连的复苏。这种周期性的变化过程反复出现，但发生时间并不确定。经济周期的持续时间从1年到10年或12年不等。①

以上定义中有五点需要强调说明：

（1）总体经济活动。经济周期被定义为广泛的总体经济活动的波动，而非实际GDP等单一、特定的经济变量的波动。尽管实际GDP也许是能最贴切地衡量总体经济活动的一个单一变量，但伯恩斯和米切尔认为，观察就业和金融市场变量等其他活动的指标也十分重要。

（2）扩张与紧缩。图8-1是一个典型的经济周期图形，它有助于解释伯恩斯和米切尔所指的扩张与紧缩的含义。图中虚线表示的是平均或正常的总体经济活动的增长轨迹，该轨迹由我们在第6章所考虑的因素决定。实线体现的是实际经济活动的起伏。总体经济活动下降的时期是**紧缩**（contraction）或**衰退**（recession）。如果衰退特别严重，它就成为经济**萧条**（depression）。到达紧缩的最低点**波谷**（trough，T）后，总体经济活动开始上升。总体经济活动上升的时期称为**扩张**（expansion）或**繁荣**（boom）。到达扩张的最高点**波峰**（peak，P）后，总体经济活动再次开始下滑。从一个波峰到下一个波峰或从一个波谷到下一个波谷所衡量的是经济下滑以及随之而来的复苏的整个过程，这就是一个**经济周期**（business cycle）。

---

① Burns and Mitchell, *Measuring Business Cycles*, New York: National Bureau of Economic Research, 1946, p. 1.

图 8－1 表明，经济周期纯粹是经济从其正常发展轨迹的暂时偏离。然而，经济周期中的一部分产出损失和收益可能是永久性的。

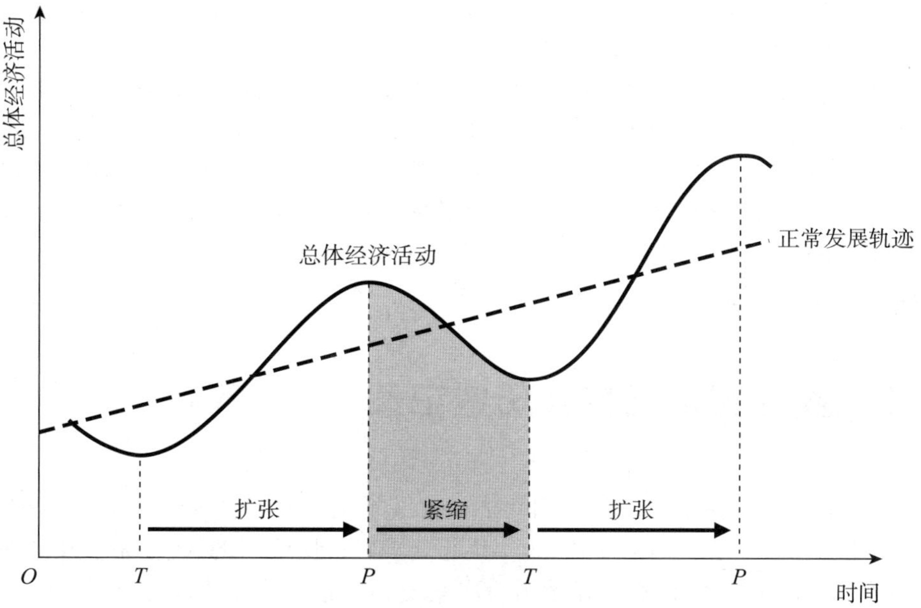

图 8－1　经济周期

说明：实线描绘了在一个典型的经济周期中总体经济活动的表现，虚线显示了经济的正常发展轨迹。在紧缩时期，总体经济活动下降，直到波谷 T。紧随波谷而来的是扩张时期，经济活动持续增长，直到波峰 P。一个完整的周期以一个波峰到下一个波峰或一个波谷到下一个波谷来衡量。

经济周期中的波峰和波谷通常称为**拐点**（turning points）。经济周期研究的一个目标是确定拐点的出现。总体经济活动无法直接使用任何单一的变量来衡量，所以并没有简单的公式可以告诉经济学家什么时候到达波峰或波谷。[①] 在实践中，组成国民经济研究局经济周期测定委员会的经济学家小组负责确定拐点的时间。国民经济研究局经济周期测定委员会只有在其成员认为一个拐点可能已经出现了才召开会议。通过观察各种经济数据，国民经济研究局经济周期测定委员会决定是否到达了波峰或波谷；若已到达，则进一步确定到达的月份。然而，国民经济研究局经济周期测定委员会的公告通常会在波峰或波谷出现后发布，所以它们的判断对于经济周期的历史性研究比作为当前政策制定的指导更具成效。

（3）协动性。经济周期不会只出现在几个部门或几个经济变量中，相反，扩张或紧缩在许多经济活动中几乎同时发生。因此，尽管一些产业比其他产业对于经济周期更为敏感，但大部分产业的产出和就业趋向在衰退时期下降，在扩张时期升高。许多其他经济变量（如价格、生产率、投资和政府采购）在经济周期的过程中也表现出有规律且可预测的模式。在经济周期中，众多经济变量以可预测的方式同步变化的趋势叫作**协动性**（comovement）。

（4）重复发生但不定期。经济周期不是定期的，即它发生的时间不是有规律的、可

① 媒体使用的传统定义——当实际 GDP 连续两个季度出现负增长时就发生了经济衰退——并没有被经济学家广泛接受。经济学家倾向于不接受这个定义的原因在于，实际 GDP 只是经济活动的众多可能指标之一。

预测的，其持续时间也不是固定的或者预定的。（本章的“数据获取与研究前沿：季节周期和经济周期”讨论了季节周期，即季节性的经济波动，与经济周期不同的是，它是定期的。）尽管经济周期是不定期的，但它会重复出现，即紧缩—波谷—扩张—波峰这个标准模式在工业化经济中反复出现。

（5）持久性。一个完整经济周期的持续时间长短不一，既可持续大约一年，也可持续十多年，因此很难预测。但是，一旦衰退开始，经济就会在大概一年或更长的时间内倾向于紧缩。类似地，扩张一旦开始，也会持续一段时间。经济活动下降伴随着进一步的下降，而经济活动增长伴随着进一步的增长，这个倾向叫作**持久性**（persistence）。因为经济活动的变动具有某种程度的持久性，而拐点很有可能预示着经济活动方向的变化，所以经济预测者们总是关注拐点。

8.2 美国经济周期：历史记录

国民经济研究局的每月经济周期年表①提供了美国经济周期历史的一个概览，表8-1对其做了总结。该表列出了从1854年起美国经济所经历的33个完整经济周期的波谷与波峰的日期。同时，该表也显示了每次紧缩和扩张所持续的月份数。*

表8-1　1854年后美国经济周期的拐点与持续时间

波谷	扩张（从波谷到下一个波峰的月份数）	波峰	紧缩（从波峰到下一个波谷的月份数）
1854年12月	30	1857年6月	18
1858年12月	22	1860年10月	8
1861年6月	46（南北战争）	1865年4月	32
1867年12月	18	1869年6月	18
1870年12月	34	1873年10月	65
1879年3月	36	1882年3月	38
1885年5月	22	1887年3月	13
1888年4月	27	1890年7月	10
1891年5月	20	1893年1月	17
1894年6月	18	1895年12月	18
1897年6月	24	1899年6月	18
1900年12月	21	1902年9月	23
1904年8月	33	1907年5月	13

① 关于该年表的详细讨论，见 Geoffrey H. Moore and Victor Zarnowitz, “The NBER's Business Cycle Chronologies,” in Robert J. Gordon ed., *The American Business Cycle: Continuity and Change*, Chicago: University of Chicago Press, 1986。该年表可在国民经济研究局官网上找到。

* 该表中各战争所对应的时间原书如此。——译者注

续前表

波谷	扩张（从波谷到下一个波峰的月份数）	波峰	紧缩（从波峰到下一个波谷的月份数）
1908年6月	19	1910年1月	24
1912年1月	12	1913年1月	23
1914年12月	44（第一次世界大战）	1918年8月	7
1919年3月	10	1920年1月	18
1921年7月	22	1923年5月	14
1924年7月	27	1926年10月	13
1927年11月	21	1929年8月	43（经济大萧条）
1933年3月	50	1937年5月	13（经济大萧条）
1938年6月	80（第二次世界大战）	1945年2月	8
1945年10月	37	1948年11月	11
1949年10月	45（朝鲜战争）	1953年7月	10
1954年5月	39	1957年8月	8
1958年4月	24	1960年4月	10
1961年2月	106（越南战争）	1969年12月	11
1970年11月	36	1973年11月	16
1975年3月	58	1980年1月	6
1980年7月	12	1981年7月	16
1982年11月	92	1990年7月	8
1991年3月	120	2001年3月	8
2001年11月	73	2007年12月	18
2009年6月	72*		

*到2015年6月为止，扩张已经持续72个月。

资料来源：国民经济研究局官网。

□ 第一次世界大战前的时期

从南北战争到第一次世界大战之间是美国经济快速增长的时期之一。然而，如表8-1所示，衰退在该时期是一个严重的问题。事实上，历史记录中持续时间最长的紧缩发生在1873年10月—1879年3月这65个月。这次紧缩的范围是全球性的，并被经济历史学家称为19世纪70年代的经济萧条。总体而言，1854—1914年共经历了338个月的紧缩时期、将近382个月的扩张时期。相比之下，从1945年第二次世界大战结束到2009年6月，扩张时期的月份数（642）是紧缩时期的月份数（122）的五倍多。

□ 经济大萧条与第二次世界大战

美国历史上最严重的一次经济紧缩是20世纪30年代的经济大萧条。经历了从20世纪20年代开始的10年繁荣后，总体经济活动于1929年8月，即1929年10月股市崩盘的两个月前，达到了一个波峰。在 1929 年的波峰和 1933 年的波谷间，实际 GDP 几乎下降了 30%。同期，失业率从约 3%上升到将近 25%，许多有工作的幸运儿也只能工作半天。要感受这次经济大萧条的严重性，可将其与 2007—2009 年这次自第二次世界大战后历时最长、实际 GDP 下降最大的经济衰退相比。经济大萧条期间，实际 GDP 从波峰到波谷下降了 30%，远比 2007—2009 年的经济衰退中实际 GDP 从波峰到波谷下降了 4.2%严重得多。此外，经济大萧条期间失业率高达 25%，比 2007—2009 年 10%的失业率高出一倍不止。

尽管在经济大萧条中各个部门无一幸免，但一些部门受到的打击特别严重。在金融部门，股票价格在崩盘后持续跌落。储蓄者从银行提取存款，而借款者无力偿还到期的银行贷款，被迫违约。其结果是，数以千计的银行不得不破产或与其他银行合并。在农业部门，农民因农作物价格过低而破产，并且中西部地区持续的干旱使数以千计的农场家庭变成了无家可归的移民。投资方面，商业和住宅投资都降到了极低的水平；同时，"贸易战争"——各国争相设立进口壁垒——基本上阻断了国际贸易。

虽然大部分人认为经济大萧条只是单一事件，但从技术上讲，它包含了两个经济周期，如表 8-1 所示。第一个经济周期的紧缩期开始于 1929 年 8 月，结束于 1933 年 3 月，共持续了 43 个月，是美国历史上经济下降最快的时期。在富兰克林·罗斯福（Franklin Roosevelt）于 1933 年 3 月就任总统并实施了一系列众所周知的新政后，美国经济在 1933 年 3 月—1937 年 5 月开始强劲扩张，历时长达 50 个月。到了 1937 年，尽管失业率仍然停留在 14%的高水平，但实际 GDP 几乎恢复到 1929 年的水平。实际 GDP 得到恢复但失业率仍然处于高水平的原因在于，自 1929 年以来工作适龄人口不断增长，并且生产率的增长导致就业的增长低于产出的增长。

经济大萧条的第二个周期开始于 1937 年 5 月，这次紧缩阶段持续了一年多。尽管新复苏开始于 1938 年 6 月，但失业率在 1939 年仍然高于 17%。

经济大萧条随着第二次世界大战的爆发戏剧性地结束了。其实在 1941 年 12 月日本偷袭珍珠港从而将美国卷入这场战争前，美国已经在加紧军备生产。在珍珠港事件后，美国开始为全面战争做准备。在政府部门监管生产以及对枪支、飞机、轮船等军火源源不绝的需求推动下，实际 GDP 在 1939—1944 年几乎增长了一倍。失业率急速下降，在 1943—1945 年平均低于 2%，并在 1944 年达到最低值 1.2%。

□ 第二次世界大战后的美国经济周期

当第二次世界大战在 1945 年结束时，经济学家和政策制定者担忧美国经济会重新滑落到经济萧条中。这些担忧的表现之一是，美国国会通过了 1946 年的《就业法案》（Employment Act），要求政府采取所有可能的措施来应对衰退和萧条。但是，美国经济并没有像人们所担忧的那样跌入新萧条中，而是开始强劲增长。

在战后初期，只有几次相对短暂并且温和的衰退打断过经济的扩张。1945—1970 年出现的 5 次紧缩持续时间均不到一年，而国民经济研究局的每月经济周期年表列举出的在此之前的 22 次萧条中有 18 次历时超过一年。1945—1970 年，实际 GDP 的最大一次下降发生于 1957—1958 年的经济衰退中，其幅度为 3.6%，并且在此期间，失业率从未超过劳动力的 8.1%。经济扩张与战争的联系再次出现：1949—1953 年的扩张与朝鲜战争紧密相关，而强劲扩张的 1961—1969 年是美国为越南战争增强军备的时期。

因为1945—1970年没有严重的衰退，一些经济学家提出经济周期已经被"驯服"了，甚至已经"熄灭"了。在1961—1969年106个月的扩张中，这个观点十分流行，这不仅归功于越南战争中的高额军费支出，而且归功于肯尼迪（Kennedy）总统和约翰逊（Johnson）总统的宏观经济政策。一些人建议政策制定者应该停止对衰退的担忧，而应将注意力集中到20世纪60年代以来逐渐上升的通货膨胀上。

遗憾的是，经济周期已经"熄灭"的报告被证明为时过早。1973年秋天，在石油输出国组织成功地将油价提高了4倍后不久，美国经济和许多其他国家的经济陷入严重的衰退。在1973—1975年的衰退期间，美国的实际GDP下降了3.1%，失业率高达9%，虽然这不算是萧条，但也是一段严重的低迷时期。此外，雪上加霜的是，在此前的大部分衰退中都会下降的通货膨胀，这次攀升到了两位数的高度。虽然经济从1973—1975年的衰退中恢复过来了，但是在20世纪70年代剩下的时间里，通货膨胀始终是一个问题。

1981—1982年衰退的突然出现，进一步证明经济周期并没有"熄灭"。此次紧缩持续了16个月，与1973—1975年的衰退时间一样长，并且失业率达到了战后的最高点11%。许多经济学家声称，美联储有意制造了这场衰退以降低通货膨胀率。通货膨胀率的确从每年11%急剧降到了低于4%的水平。然而，从这次衰退中出现的经济复苏是十分强劲的。

□ 长期繁荣

在1981—1982年的严重衰退之后，美国经济开始了长期的经济增长，主要宏观经济变量的波动下降。这个长期的经济增长时期通常被称为长期繁荣，它开始于1982年，结束于2001年出现的衰退。在此期间，衰退仅在高峰8个月后出现过，它从1990年7月开始，到1991年3月结束。1990—1991年的衰退不仅短暂，而且并不严重（1992年中期的失业率达到7.7% ，这对于衰退时期来说并不算高)。在20世纪80年代中期，即在长期繁荣前期，许多主要宏观经济变量的波动急剧下降。这一波动性降低的时期被称为大稳健时期，它与长期繁荣时期重合，甚至大稳健历时超过长期繁荣。(参见后文中关于大稳健时期的讨论。)

□ 经济大衰退

2001年的经济衰退结束了长期繁荣，美国经济在随后6年里经历了温和的增长。然后在2007年12月，美国进入了自经济大萧条以来最深、最久的一次衰退，也被称为经济大衰退。经济大衰退开始于房地产危机（参见第7章的"数据获取与研究前沿：2007年到2011年的房地产危机"），随后是与经济大萧条旗鼓相当的金融危机（参见第14章的"应用：2008年的金融危机"），许多金融机构倒闭或需要政府的援助来拯救它们。失业率自1982年以来首次超过10%，并且美联储将利率降至接近零。此次经济大衰退于2009年6月结束，但在接下来的几年中，尽管使用了扩张性财政政策和货币政策，美国经济增长仍然相当缓慢，失业率以非常缓慢的速度下降。

□ 美国经济周期的严重性已经减弱了吗?

宏观经济学家认为在漫长的历史中，经济周期大体上已经开始减弱了。显而易见，美国在第二次世界大战之后发生的衰退没有哪次可以与经济大萧条的严重性相提并论。即使将经济大萧条排除在外，经济学家也普遍相信1929年之前的经济低迷与1945年以后的情况相比，持续时间更长、程度也更深。例如，根据国民经济研究局的每月经济周期年表（见表8-1），1929年以前的紧缩平均历时约21个月，扩张平均历时略超过25个月。从1945年起，紧缩减少到平均11个月，即使排除20世纪90年代的长期扩张，扩张仍延长到平均50个月。相比于可获得的1929年以前的数据，1945年以后，GDP增长率和失业率等经济波动的标准衡量指标的波动性明显降低了。

第二次世界大战以来，经济政策的一个主要目标是缩小衰退规模，降低发生频率。如果研究者发现——与一般被广泛接受的观点相反——经济周期在战后并没有变得温和，则会对经济政策制定者是否有能力达到这个目标产生严重质疑。出于这个原因，虽然经济周期减弱与否这个问题看似只会引起经济历史学家的兴趣，但这个问题具有更重要的实践意义。

因此，曾任奥巴马（Obama）总统经济顾问委员会（Council of Economic Advisers）主席的克里斯蒂娜·罗默（Christina Romer）在20世纪80年代撰写了一系列文章①，否认经济周期已经随时间减弱，这个观点引起了激烈的争论。罗默的主要论点是1929年以前的数据质量不具有可靠性。与现在不同，政府在早期并不广泛地统计GDP等经济变量的数据。而经济历史学家不得不使用他们可以找到的任何碎片化信息来估计这些变量的历史数值。

罗默指出，用来估计历史数据的方法通常会高估早期的经济周期的波动规模。例如，广为接受的对1929年之前的GNP估算②的依据仅是对经济中波动性极大的商品生产部门的估算，但批发零售、交通运输和服务等相对稳定的部门被忽略了。其结果是，GNP的波动性被夸大。通过正确地估量，GNP随时间的波动性比官方的统计结果要小很多。尽管没有研究能够决定性地证明波动性是否真的在1929年以后下降了，但罗默的观点引发了更多的研究。不过，这场争论确实促成了对历史数据的重新认真审视。

新的研究表明，经济波动在20世纪80年代中期下降，并在2008年金融危机之前一直处于较低水平。因为在第二次世界大战后的数据质量不是问题，所以20世纪80年代中期波动性相对于前40年的下降或许反映了经济波动性的真正变化，而不是经济数据合成过程中变化的结果。

包括通货膨胀、住房投资、耐用品产出和建筑产出在内的其他经济变量在过去30年来的波动也比此前40年低。哈佛大学（Harvard University）的詹姆斯·斯托克（James Stock）和普林斯顿大学（Princeton University）的马克·沃森（Mark Watson）③ 的研究表明，在他们所考察的21个变量中，许多变量的波动性（以变量的

---

① 文章包括“Is the Stabilization of the Postwar Economy a Figment of the Data?” *American Economic Review*, June 1986, pp. 314-334；“The Prewar Business Cycle Reconsidered: New Estimates of Gross National Product, 1869—1908”, *Journal of Political Economy*, February 1989, pp. 1-37；“The Cyclical Behavior of Individual Production Series, 1889—1984”, *Quarterly Journal of Economics*, February 1991, pp. 1-31。

② 正如第2章所述，直到1991年，美国的国民收入账户一直关注GNP而不是GDP。其结果是，经济周期的研究通常关注GNP而非GDP。

③ 见“Has the Business Cycle Changed and Why?” *NBER Macroeconomics Annual* 2002 (Cambridge, MA: MIT Press, 2002), pp. 159-218。

标准差衡量）下降了 20%～40%，其中实际 GDP 下降了 33%，就业下降了 27%，通货膨胀率下降了 50%。因为宏观经济变量的波动性的下降是如此广泛，所以经济学家将这一时期称为大稳健时期。①

要了解我们所说的大稳健时期的含义，我们首先观察实际 GDP 的增长。我们在图 8－2 中描绘了实际 GDP（以年度为单位且经季节调整）的增长率。你可以看到从 1960 年到 1984 年左右实际 GDP 增长率从一季度到下一季度的大幅度变动，但 1984 年后实际 GDP 的增长率似乎相当稳定。在大衰退期间（2007—2009 年），实际 GDP 的增长率变得更加不稳定，但是大稳健时期是否已经结束尚未明朗。

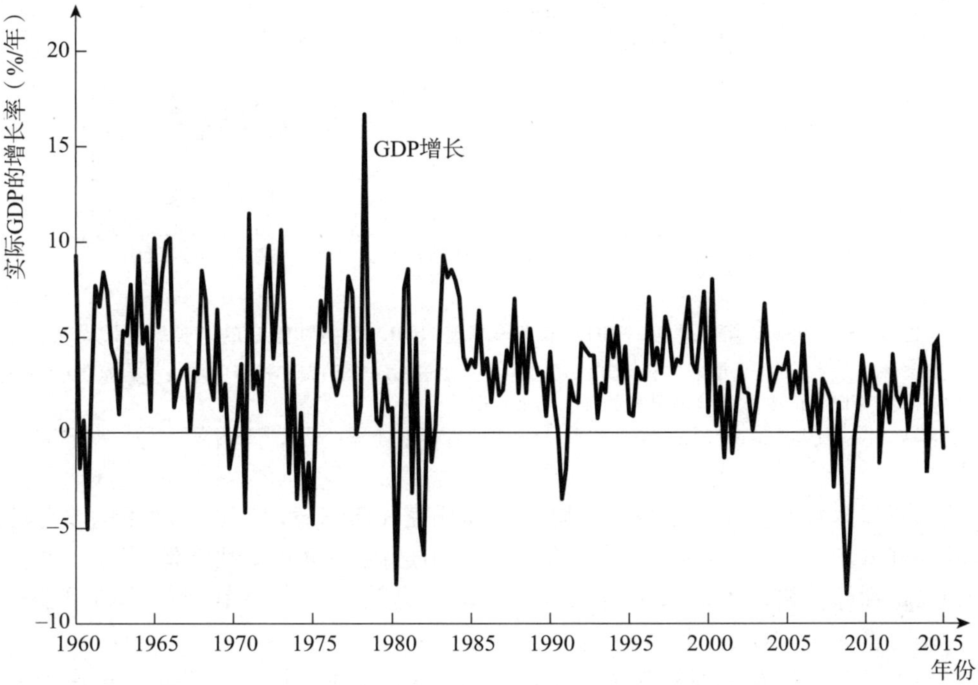

图 8－2　1960 年第一季度—2015 年第一季度实际 GDP 的增长

说明：本图显示了 1960 年第一季度—2015 年第一季度经季节调整后年度化的 GDP 季度数据。增长率在 1984 年前比之后波动性更大。

资料来源：作者计算所依据的实际 GDP 数据可从 FRED 数据库下载，下载序列为 GDPC1。

另一种有助于我们了解大稳健时期的图示为各季度实际 GDP 增长的标准差图。可通过变量的标准差来衡量其波动性。因为我们认为波动性已随时间而改变，所以我们将计算以 5 年为单位的标准差，计算结果呈现在图 8－3 中。图中我们呈现了 GDP、消费和投资这三个变量的增长率的标准差。该图显示在 1984 年前后三个变量的增长率的标准差均大幅下降。

在某种程度上颇令人惊讶的是，波动性的降低似乎来自突然的一次性的下降，而非逐渐的下降。对许多变量而言，这个断裂似乎出现在 1984 年前后，而其他变量的断裂则推迟了不少时间。

① 见 Ben S. Bernanke，"The Great Moderation." Speech at the Eastern Economic Association Meetings，February 20，2004，可在美联储官网上获取该资料。

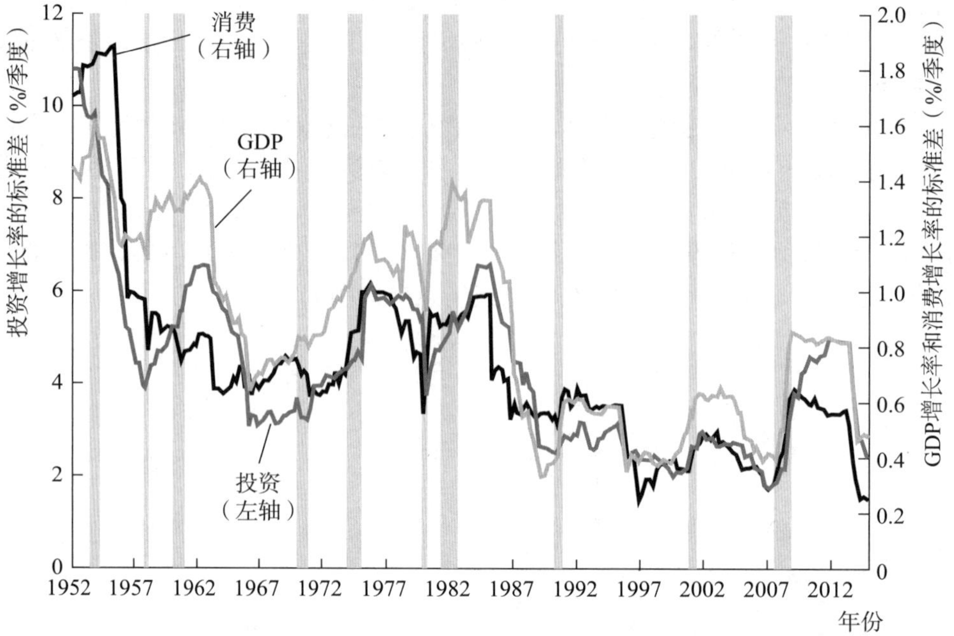

图 8-3　1952 年第二季度—2015 年第一季度 GDP、消费和投资的增长率的波动性

说明：该图显示了从 1952 年第二季度到 2015 年第一季度的 GDP、消费和投资的增长率的标准差。标准差在 1984 年左右大幅下降，但在自 2007 年开始的衰退期间上升。

资料来源：作者计算所依据的实际 GDP 数据可从 FRED 数据库下载，下载序列为 GDPC96、PCECC96 和 GPDIC96。

什么可以解释经济中波动性的下降呢？斯托克和沃森发现，货币政策的改善使产出的波动性降低了 20%～30%，经济中生产率冲击的减少使波动性降低了约 15%，食品价格和其他商品价格冲击的减少可以解释波动性降低的 15%，其余部分归因于小规模经济冲击这样的未知好运。①

当然，随着产出和就业骤降，经济波动在 2007—2009 年大衰退期间再次上升。事实上，一些人将大衰退归咎于此前的大稳健，它可能使投资者过于自信，因而倾向于承担过度风险。最近的金融危机和经济衰退是否代表大稳健时期的结束或仅仅是暂时的中断还有待观察。但是如图 8-3 所示，GDP、消费和投资的增长率的标准差在 2014 年都大幅下降，这表明大稳健时期可能还在继续。

8.3　经济周期事实

虽然没有任何两个经济周期是相同的，但所有（或大部分）周期有着共同的特征。

① 自斯托克和沃森的文章发表以来，更多的研究得到了各种不同的结果。例如，有的人认为好运气起了最大的作用［Shaghil Ahmed，Andrew Levin and Beth Ann Wilson，"Recent Improvements in U. S. Macroeconomic Stability: Good Policy，Good Practices，or Good Luck?" *Review of Economics and Statistics*，vol. 86（2004），pp. 824-832］，而其他人则发现货币政策的作用更大［Peter M. Summers，"What Caused the Great Moderation? Some Cross-Country Evidence，" Federal Reserve Bank of Kansas City，*Economic Review*（Third Quarter 2005），pp. 5-32］。

芝加哥大学（University of Chicago）的诺贝尔奖得主小罗伯特·E. 卢卡斯（Robert E. Lucas，Jr.）是一位杰出的经济周期理论学家，他令人信服地指出了以下这点：

> 尽管不存在任何绝对的理论原因来让人们预期这一点，但人们根据事实可以得出的结论是，就各序列（即经济变量）之间定性的协动行为而言，所有的经济周期都是类似的。对于偏理论的经济学家来说，这个结论应该是既有吸引力又有挑战性的，原因在于这个结论暗示了存在一个统一的经济周期解释的可能性，这一解释建立在支配市场经济的一般规律，而不是某个国家或某个时期特有的政治或制度特征之上。①

卢卡斯关于经济周期相似性（或更准确地说，它们具有很多共同特征）的论述建立在对经济周期中经济变量的协动性考察上。在本节，我们研究美国在第二次世界大战后的协动性，我们称其为经济周期事实。了解这些事实对解读经济数据和评估经济状态很有帮助。此外，它们也为经济周期理论的发展提供了指引。当我们在第 10 章和第 11 章讨论经济周期的各种理论时，我们通过考察这些理论对经济周期事实的解释程度来评估它们。一个成功的经济周期理论必须不仅能解释产出与就业等几个变量的周期性行为，而且能解释更多的关键经济变量的周期性行为。

□ 经济变量的周期性行为：方向与出现时间

宏观经济变量的周期性行为有两个特征对于我们的经济周期事实的讨论十分重要。第一个特征是宏观经济变量相对于总体经济活动的变动方向。与总体经济活动的变动方向一致（扩张时上升，紧缩时下降）的变量，我们称之为**顺周期的**（procyclical）变量。与总体经济活动的变动方向相反（紧缩时上升，扩张时下降）的变量，我们称之为**逆周期的**（countercyclical）变量。在经济周期中没有明显变化模式的变量是**无周期的**（acyclical）变量。

第二个特征是变量的拐点（波峰和波谷）相对于经济周期拐点的出现时间。如果一个经济变量倾向于在总体经济活动变动之前发生变动，那么它就是**前导变量**（leading variable）。换言之，一个前导变量的波峰和波谷出现在相应的经济周期的波峰和波谷之前。**同步变量**（coincident variable）是波峰和波谷与相应的经济周期的波峰和波谷大致同时出现的变量。**滞后变量**（lagging variable）是其波峰和波谷倾向于在相应的经济周期的波峰和波谷之后出现的变量。

一些经济变量持续前导于经济周期变化的事实意味着它们或许可以被用来预测经济的未来发展。一些分析家已经使用股票市场的疲软来预测衰退，但这样的指标并不是毫无差错。如保罗·萨缪尔森（Paul Samuelson）所指出的："华尔街指数在过去的五次衰退中，预测出了九次衰退。"②

在一些情况下，一个变量的周期出现时间可以从它在几个经济周期中的图示上明显看出来；在其他情况下，则需要精细的统计技术来确定出现时间。方便的是，美国经济

---

① Robert E. Lucas，Jr.，"Understanding Business Cycles，" in K. Brunner and A. H. Meltzer eds.，*Carnegie-Rochester Conference Series on Public Policy*，vol. 5，Autumn 1977，p. 10.

② *Newsweek* Column，September 19，1966，as Quoted in John Bartlett，*Barlett's Familiar Quotations*，Boston：Little Brown，2002.

咨询委员会已经分析了众多经济变量的周期出现时间。这个信息每月在《经济周期指标》(*Business Cycle Indicators*) 中公布，同时公布的还有这些变量的近期数据。在本章，我们使用的大多是美国经济咨询委员会对出现时间的划分。

现在，我们来考察一些关键宏观经济变量的周期性表现。我们已经在图 1-1 至图 1-4 中显示了一些变量的历史表现。这些图以年度数据为基础，并且覆盖了一段相当长的时期。我们通过观察季度数据或月份数据可以更好地了解短期周期性行为。我们所考虑的变量变动方向和出现时间在本章的小结表 10 中列出。

□ 产出

因为产出水平是总体经济活动的一个基本指标，产出的波峰和波谷与总体经济活动的波峰和波谷倾向于同时出现，因此产出是一个顺周期的同步变量。图 8-4 显示了美国 1947—2015 年工业生产指数的周期性表现。这个指数广泛地衡量了制造业、采矿业和公用事业的生产。图 8-4 至图 8-12 中的垂直线 P 和 T 代表由国民经济研究局确定的经济周期波峰和波谷出现的时间（见表 8-1）。工业生产的拐点与周期的拐点紧密对应。

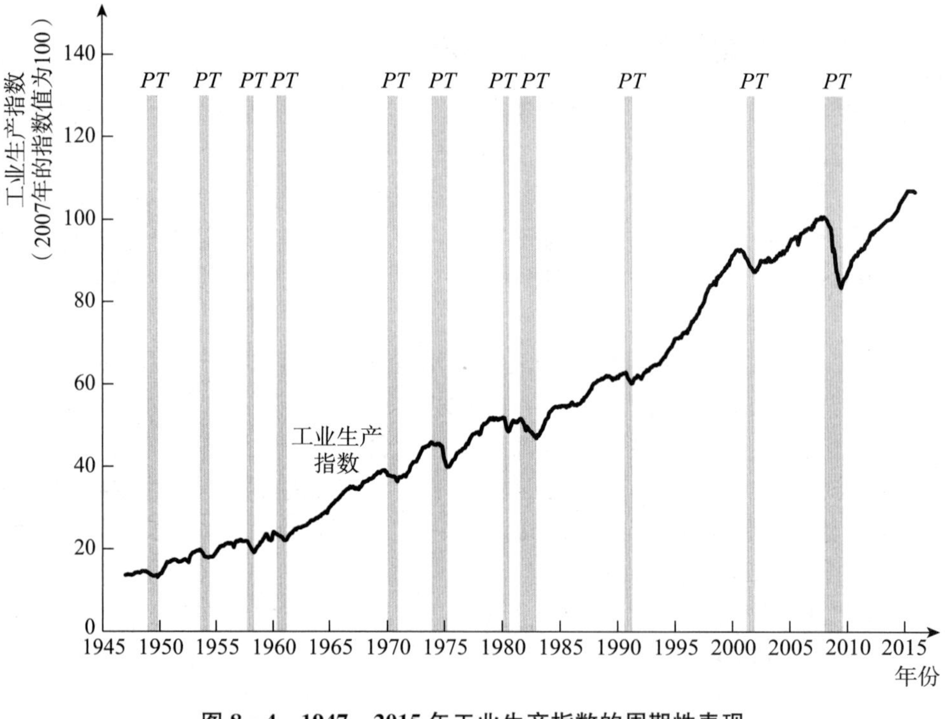

图 8-4　1947—2015 年工业生产指数的周期性表现

说明：工业生产指数是广泛衡量制造业、采矿业和公用事业生产的指标，它是顺周期的同步变量。

资料来源：可从 FRED 数据库下载，下载序列为 INDPRO。

尽管几乎所有类型的生产都在扩张时上升，在衰退时下降，但经济中一些部门的生产对周期的敏感度高于其他部门。生产相对耐用的或持久的商品的产业，如房屋、耐用消费品（冰箱、汽车、洗衣机）或资本品（钻床、计算机、厂房）对经济周期反应强烈，在扩张期间高速生产，在衰退期间生产速度大幅降低。相比之下，生产相对非耐用的或短期的商品（食品、纸制品）或服务（教育、保险）的产业对经济周期的敏感度较低。

小结表 10　　关键宏观经济变量的周期性行为
（经济周期事实）

变量	方向	出现时间
产出		
工业生产	顺周期	同步
支出		
消费	顺周期	同步
商业固定投资	顺周期	同步
住房投资	顺周期	前导
库存投资	顺周期	前导
政府采购	顺周期	—[a]
劳动力市场变量		
就业	顺周期	同步
失业	逆周期	未分类[b]
平均劳动生产率	顺周期	前导[a]
实际工资	顺周期	—[a]
货币供给和通货膨胀		
货币供给	顺周期	前导
通货膨胀	顺周期	滞后
金融变量		
股票价格	顺周期	前导
名义利率	顺周期	滞后
实际利率	无周期	—[a]

说明：耐用品产业比非耐用品和服务产业的波动更剧烈，投资比消费的波动更剧烈。

a. 美国经济咨询委员会未确定其出现时间。

b. 美国经济咨询委员会确定其属于“未分类”：波峰时前导，波谷时滞后。

资料来源：《经济周期指标》(*business cycle indicators*)，2014 年 3 月。工业生产：第 47 序列（工业生产）；消费：第 57 序列（制成品和服务销售额，固定美元）；商业固定投资：第 86 序列（私人非住宅固定投资总额）；住房投资：第 28 序列（新开工住房单位）；库存投资：第 30 序列（商业库存变化额，固定美元）；就业：第 41 序列（非农业工资单在册雇员）；失业：第 43 序列（城市失业率）；货币供给：第 106 序列（货币供给 M2，固定美元）；通货膨胀：第 120 序列（服务业 CPI 在 6 个月期间的变化）；股票价格：第 19 序列（股票价格指数、500 种普通股票）；名义利率：第 119 序列（联邦基金利率）、第 114 序列（新发行 91 天期国债贴现率）、第 109 序列（银行收取的平均优惠利率）。

□ 支出

与产出的各种类型一样，对于支出的组成部分，耐用程度是决定其对经济周期的敏感度的关键。图 8－5 呈现了非耐用品消费、服务消费、耐用品支出以及投资的周期性行为。投资主要由耐用品支出构成，它具有强烈的顺周期性。相比之下，非耐用品消费和服务消费都更平稳。耐用品支出比非耐用品消费和服务消费具有更强的顺周期性，但并不像投资的顺周期性那么强。就出现时间而言，消费和投资通常都与经济周期是同步的，尽管固定投资的个人投资部分可能会有不同的周期出现时间。①

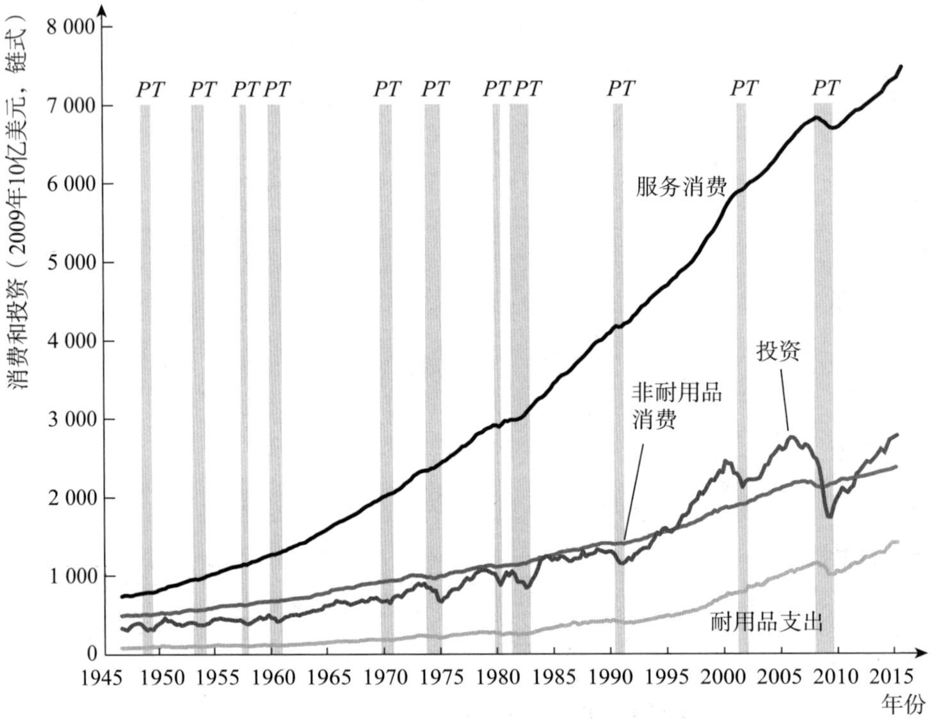

图 8－5　1947—2015 年消费和投资的周期性行为

说明：消费和投资都是顺周期的。然而，投资比消费对经济周期更敏感，这反映了耐用品支出在投资中所占的比重高于它们在消费中所占比重的事实。类似地，消费者的耐用品支出对经济周期的敏感度要高于非耐用品消费或服务消费。

资料来源：美国经济分析局，可从 FRED 数据库下载，下载序列如下。耐用品：DDURRA3Q086SBEA 和 PCDG；非耐用品：DNDGRA3Q086SBEA 和 PCND；服务：DSERRA3Q086SBEA 和 PCESV；投资：GPDIC96。

在支出中，看似只遵循自身规律的一个组成部分是库存投资，即企业库存的变化（未在图中显示），它经常表现出与经济周期波峰和波谷无关的大幅度波动。然而，一般来说，库存投资是顺周期的并且是前导的。即使库存商品不一定是耐用品，库存投资的波动仍然很大。虽然平均起来，库存投资仅占总支出的很小一部分（大约 1%），在一些衰退中，库存投资的急剧减少占了总支出下降的很大一部分，最明显的例子是 1973—1975 年、1981—1983 年和 2001 年的衰退。

① 本章的小结表 10 显示住房投资前导于周期。

政府对商品和服务的采购通常是顺周期的。第二次世界大战、朝鲜战争、越南战争等时期军备的快速增长通常与经济扩张相关联。

□ 就业与失业

劳动力市场会强烈地感受到经济周期的影响。在衰退时，就业增长缓慢或下降，许多工人被解雇，工作更加难找。

图 8－6 呈现了美国 1955—2015 年的就业数量。很明显，就业是顺周期的，在繁荣时期拥有工作的人口比衰退时期要多，并且就业也是与周期同步的。

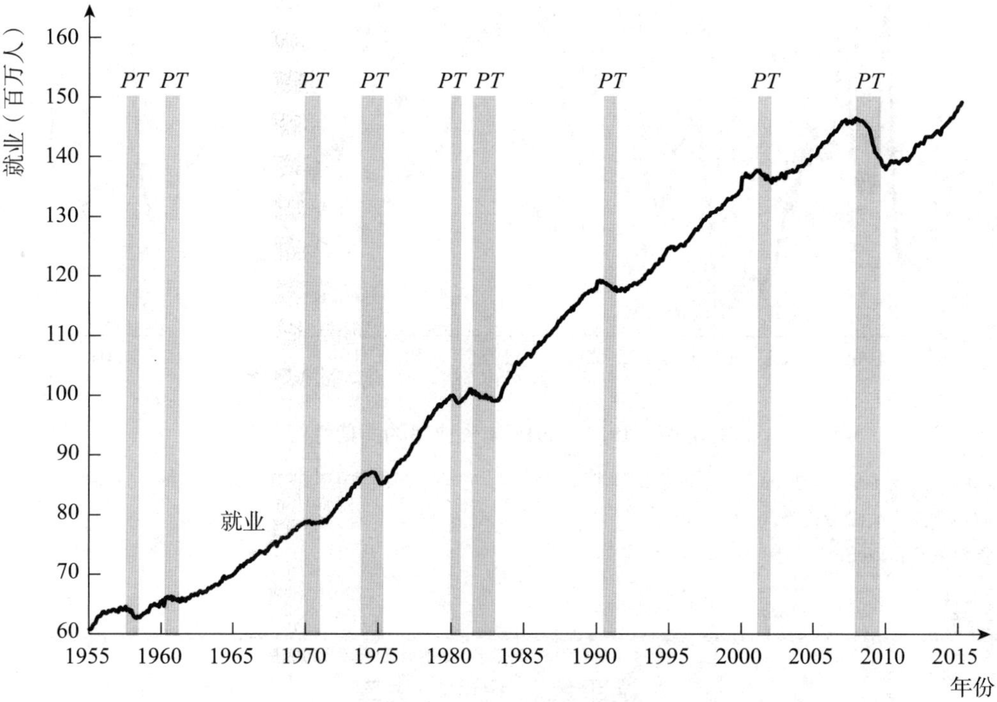

图 8－6　1955—2015 年就业的周期性表现

说明：就业是与经济周期同步的顺周期变量。

资料来源：FRED 数据库，下载序列为 CE16OV。

图 8－7 显示了失业率，它是劳动力（能够工作且愿意工作的人口）数量中没有被雇用的比例。失业率具有强烈的逆周期性，在紧缩时急速上升，但在扩张时缓慢下降。虽然美国经济咨询委员会对失业的出现时间进行了研究，但本章的小结表 10 表明这个变量出现的时间是“未分类”的，这是因为失业率数据没有显示出明显的规律。图 8－6 和图 8－7 显示出在最近的衰退中出现的令人担忧的模式变化：在最近的三次衰退中，即使在达到波谷后的一段时间内，就业增长仍然停滞，而失业率呈上升趋势。这个模式使观察家将这个衰退后的复苏时期称为“无工作职位的复苏”。幸运的是，这三次复苏最终都很强劲，经济中的就业增长，失业率也下降了。

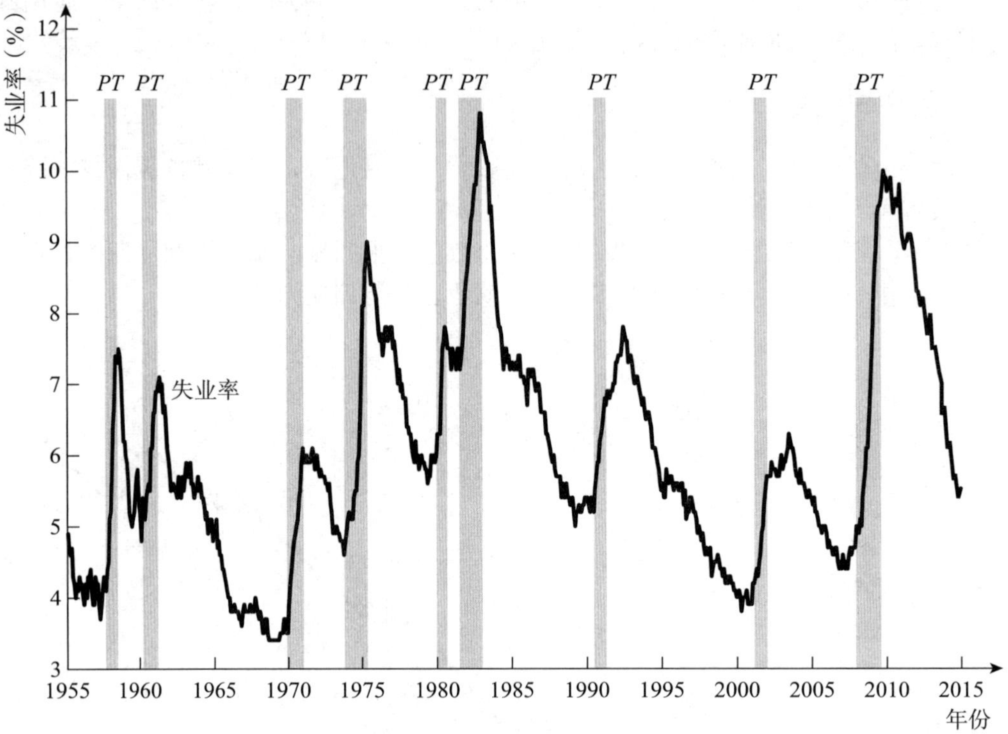

图 8-7　1959—2015 年失业率的周期性行为

说明：失业率是逆周期的，并且对经济周期非常敏感。它相对于周期的出现模式是未定的，这意味着它没有明确的前导、同步或滞后趋势。

资料来源：FRED 数据库，下载序列为 UNRATE。

应用

就职率和职位损失率

在考虑就业的周期运动时，我们也研究经济中的总就业量。正如我们在第 3 章中讨论的，在任何给定月份，我们可以考察一个人在该月份找到工作或失去工作的概率。结果表明，这些概率会随时间推移而改变，并取决于经济处于衰退时期还是扩张时期。例如，一个失业的人在下个月找到工作的概率，即我们所称的**就职率**（job finding rate），在衰退时下降，在扩张时上升。正如你能想到的，一个在职的人在下个月失去工作的概率，即我们所称的**职位损失率**（job loss rate），在衰退时上升，在扩张时下降。①

图 8-8 显示了经济周期中的就职率。注意，就职率通常在经济扩张中上升，在经济衰退时下降，就职率在衰退时的下降比扩张中的上升略快。就职率在经济周期中的变化显著。在 20 世纪 80 年代的扩张中，就职率从 1982 年 11 月的 18%上升到 1989 年年末的 33%，增长幅度为 15 个百分点。在 20 世纪 90 年代的扩张中，就职率从 1991 年年底的 21%上升到 2000 年 4 月的 35%，共增长 14 个百分点。在一些衰退中，如 2001 年

① 该讨论建立在以下研究的基础上：Shigeru Fujita and Garey Ramey, "The Cyclicality of Separation and Job Finding Rates," *International Economic Review*, May 2009, pp. 415-430。

的衰退，就职率的下降极为显著，有时甚至在衰退结束后仍持续下降，这体现在1990—1991年和2001年的衰退后。在2007—2009年的衰退中，一个令人不安的事实是，就职率的下降幅度达到了1976年有记录以来的最小值。在2009年6月开始的复苏中，就职率的复苏比之前的3次复苏都缓慢。直到2015年中期经济复苏6年后，就职率仍然远低于此前4次扩张中同一时间点的就职率水平。

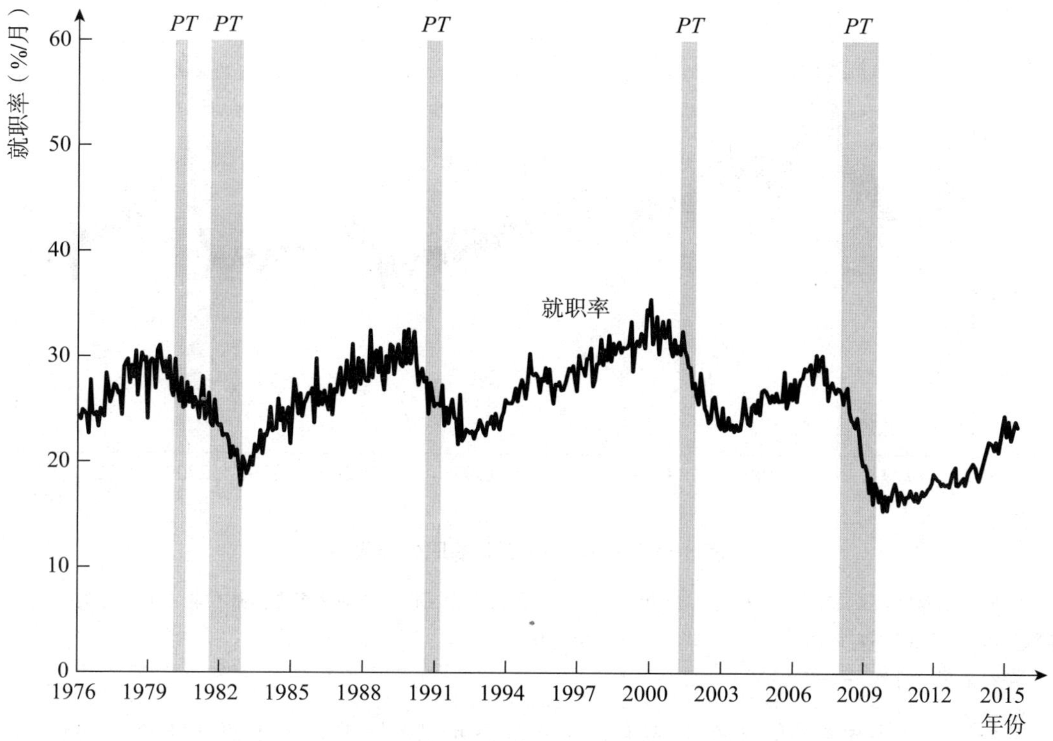

图8-8　1976—2015年的就职率

说明：本图显示了1976年1月到2015年5月失业者每月找到新工作（即当月报告失业的人在下个月找到工作）的比率的月份数据。就职率在扩张中上升，在衰退中下降。

资料来源：Shigeru Fujita and Garey Ramey，"The Cyclicality of Separation and Job Finding Rates," *International Economic Review*，May 2009，pp. 415-430。1976年1月到1990年1月的数据来自藤田茂（Shigeru Fujita）；1990年2月到2015年5月的数据来自美国劳工统计局官网。

图8-9描绘了职位损失率，即一个本月在职的人在下个月失去工作的概率。① 你首先会注意到，与就职率相比，职位损失率相当低（图8-8和图8-9的比例不同，所以要注意观察两个图中纵轴显示的百分比）。1976—2015年职位损失率的平均值为1.5%。在20世纪80年代和90年代，职位损失率似乎稳定下降，但在21世纪初下降不多，然后在2007—2009年的衰退中急速上升。幸运的是，失业率在从2009年6月开始的复苏中下降，低于2011年10月的历史平均水平，之后继续下降。

① 在某个月失去工作的人可能会在下个月成为失业者或离开就业群体。我们使用职位损失仅表示从某个月在职到下个月失业的转变。

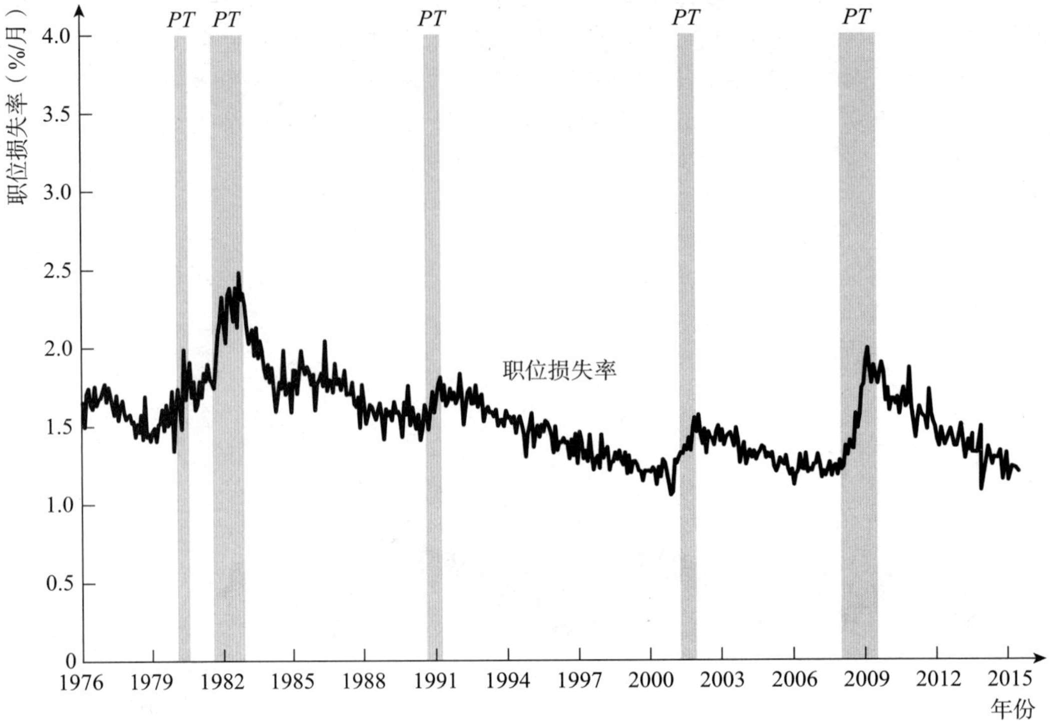

图 8-9　1976—2015 年的职位损失率

说明：本图显示了 1976 年 1 月到 2015 年 5 月在职者每月失去工作（即那些报告当月在职、下个月失业）的比率的月份数据。职位损失率在扩张中下降，在衰退中上升。

资料来源：同图 8-8。

在整个经济周期中，职位损失率通常在经济扩张时下降，在衰退中上升。与就职率相比，职位损失率的变化很小。所以，初看之下，你可能会想：因为衰退中就职率显著下降，而职位损失率又变化不大，因此就职率应该是使经济的整体失业率变化的主要原因。

要考察这个问题，我们将使用表 8-2 中的数据来研究经济扩张和衰退中的职位损失和就职。我们来考虑 2012 年 6 月就业状况的变化，此时已经是 2007—2009 年衰退结束后复苏的第三年。正如表 8-2 中第一列所呈现的，2012 年 6 月职位损失率为 1.4%，而就业人数为 142.2 百万人，所以月初在职而在本月失去工作的人数为 2.0（=0.014×142.2）百万人。类似地，我们可以计算出月初失业而在本月找到工作的人数。就职率为 17.7%，失业人数为 12.7 百万人，所以月初失业者中在本月找到工作的人数为 2.2（=0.177×12.7）百万人。200 万人失去工作而 220 万人找到工作，所以 2012 年 6 月的失业人数减少了 20 万人。①

在衰退中，就职率降低和职位损失率上升的共同作用使就业人数减少而失业人数增加。例如，考虑 2008 年 10 月金融危机中的就业变化。如表 8-2 第二列所示，职位损失率是 1.6%，就业人数为 145.1 百万人，所以月初在职而本月内失去工作的人数为

① 为简化起见，我们在计算中忽略了进入和离开劳动力人口的人群。

2.3（=0.016×145.1）百万人。类似地，我们可以计算出月初失业而在本月内找到工作的人数。就职率为 22.5%，失业人数为 9.5 百万人，所以月初失业者中在本月找到工作的人数为 2.1（=0.225×9.5）百万人。230 万人失去工作而 210 万人找到工作，所以失业人数增加了 20 万人。

表 8-2　　扩张和衰退中的职位损失和就职

	2012 年 6 月（扩张）	2008 年 10 月（衰退）
就业人数（百万人）	142.2	145.1
职位损失率	1.4%	1.6%
新失业人数（百万人）	2.0	2.3
失业人数（百万人）	12.7	9.5
就职率	17.7%	22.5%
新就业人数（百万人）	2.2	2.1
失业人数净变化量（百万人）	−0.2	0.2

注意，在计算过程中，就业人数远远高于失业人数。因此，尽管衰退中就职率的下降大于职位损失率的上升，但是与职位损失率相乘的基数大于与就职率相乘的基数。例如，在 2008 年 10 月，就业与失业比例为 15：1。因此，职位损失率的小幅变化比就职率的大幅变化更有可能导致失业人数的大幅变化。

总之，经济学家已经发现了经济周期中职位损失和雇用的一些有趣模式。最令人惊讶的发现是，衰退期间就职率的下降显著大于职位损失率的上升。但是，因为职位损失率对更多的人产生影响，所以职位损失率是衰退期间失业率增加的主要推动力，虽然较小的就职率的下降也发挥一定的作用。

□ 平均劳动生产率和实际工资

劳动力市场的其他两个重要变量是平均劳动生产率和实际工资。如我们在第 1 章讨论的，平均劳动生产率是每单位劳动投入的产出。图 8-10 显示了平均劳动生产率，它是以美国经济（农场除外）的实际总产出除以生产这些产出的总工作时数来衡量的。平均劳动生产率具有顺周期的趋势：与衰退时期相比，工人在繁荣时期每工作一小时可以生产出更多的产品。[①] 虽然美国经济咨询委员会并没有明确该变量的出现时间，但研究表明，平均劳动生产率倾向前导于经济周期。[②]

回顾第 3 章，实际工资是以实际价值或购买力衡量的工人获得的每单位时间（如每小时或每周）的报酬。实际工资是工人的劳动供给量和公司的劳动需求量的重要决定因素之一，所以图 8-10 中显示的实际工资在经济周期研究中是十分重要的变量。大部分

① 在第 3 章的“应用：美国经济的生产函数与美国的生产率增长”中，我们指出全要素生产率 A 也趋向于顺周期。

② 见 James H. Stock and Mark W. Watson, “Business Cycle Fluctuations in U.S. Macroeconomic Time Series,” *Handbook of Macroeconomics*, Volume 1, Part A, pp. 3-64 (The Netherlands: Elsevier, 1999)。

证据所指向的结论是，实际工资具有温和的顺周期性，但关于这一点还存在一定的争议。①

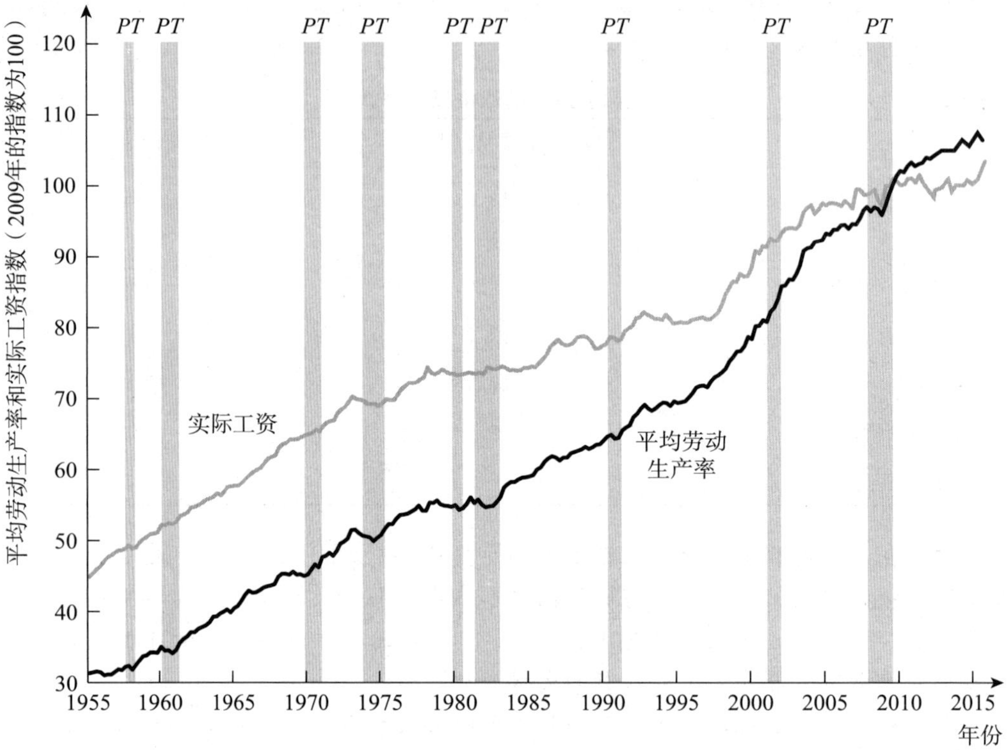

图 8-10　1955 年第一季度—2015 年第一季度平均劳动生产率和实际工资的周期性表现

说明：平均劳动生产率以非农商业部门的工人平均每小时的实际产出来衡量，它是顺周期的并且具有前导性。整个经济中的实际工资具有温和的顺周期性。

资料来源：美国劳工统计局，可从 FRED 数据库下载，下载序列为 OPHNFB（平均生产率）和 COMPRNFB（实际工资）。

□ 货币增长和通货膨胀

另一个自身的周期性行为存在争议的变量是货币供给。图 8-11 显示了 1960—2015 年用 M2 衡量的货币供给增长的表现。② 注意，（名义）货币增长波动频繁，并且没有呈现明显的周期性模式。但是，如图 8-11 所示，货币增长经常在衰退前或衰退开始时急剧下降。此外，许多统计和历史研究［包括米尔顿·弗里德曼和安娜·J. 施瓦茨（Anna J. Schwartz）③ 使用早至 1867 年的数据所做的一个经典研究］表明，货币增长是

① 实际工资的强周期性参见 Gary Solon，Robert Barsky and Jonathan Parker，"Measuring the Cyclicality of Real Wages：How Important Is Composition Bias?" *Quarterly Journal of Economics*，February 1994，pp. 1-25。但他们的结果被其他人所反驳，如 Paul J. Devereux，"The Cyclicality of Real Wages Within Employer-Employee Matches，" *Industrial and Labor Relations Review*，July 2001，pp. 835-850。

② 关于 M2 的定义，见表 7-1。为减少各个月份间货币增长高波动性的影响，图 8-11 显示了 6 个月移动平均货币增长率，即每个月所显示的增长率其实是该月和此前 5 个月的平均增长率。

③ 见 *A Monetary History of the United States，1867—1960*，Princeton，N. J.：Princeton University Press for NBER，1963。我们将在第 10 章进一步探讨这个问题。

顺周期的，并且前导于周期。

图 8-11 中通货膨胀的周期性行为体现了一个比较清晰的情况。通货膨胀是顺周期的，但存在一定的时滞。通货膨胀一般累积于经济扩张阶段，在经济周期波峰过后到达其顶点，然后在经济周期波谷之后的一段时间才下降。不寻常的是，通货膨胀在 20 世纪 90 年代的长期繁荣中并没有上升。但是在 20 世纪 60 年代和 70 年代的经济扩张中，通货膨胀大幅度上升。

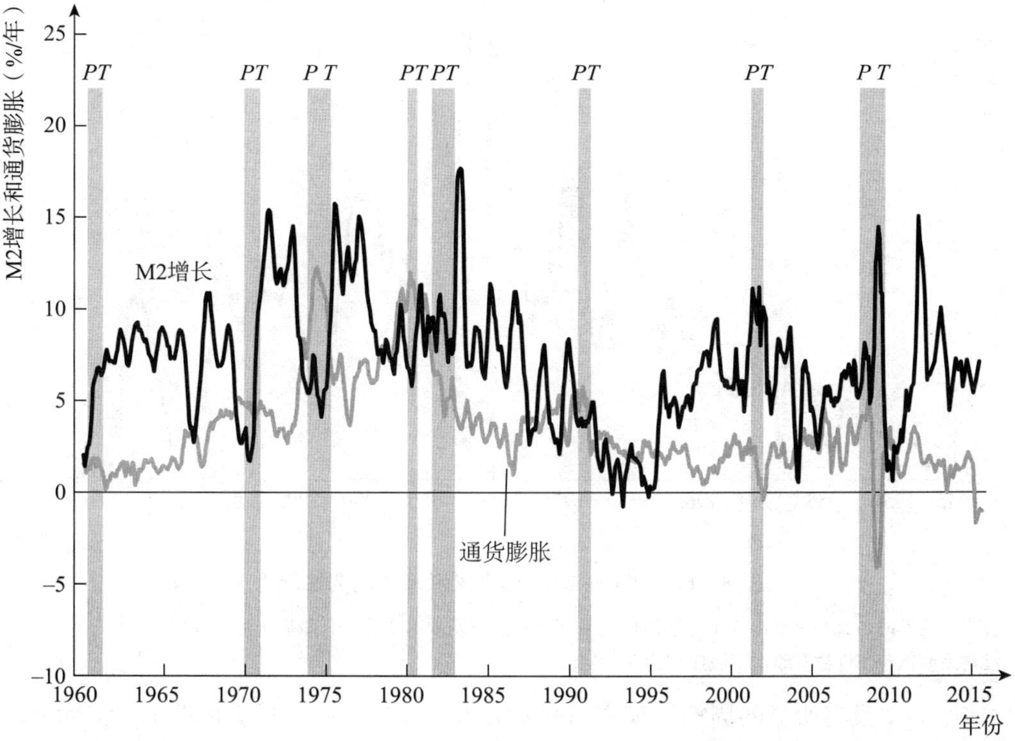

图 8-11　1960—2015 年名义货币增长和通货膨胀的周期性行为

说明：此处名义货币增长是以 M2 的 6 个月移动平均增长率计算的（以年增长率表示），它的波动十分剧烈。但是，该图也说明货币增长经常在一个周期的波峰时期或之前下降。统计和历史研究表明，货币增长通常是顺周期的并且具有前导性。此处通货膨胀是以 CPI 的 6 个月移动平均增长率计算的（以年增长率表示），它是顺周期的并且滞后于经济周期。

资料来源：货币供给数据来自美联储，可从 FRED 数据库下载，下载序列为 M2SL；通货膨胀数据来自美国劳工统计局，可从 FRED 数据下载，下载序列为 PCEPI。

□ 金融变量

金融变量是对周期敏感的另一类经济变量。例如，股票价格一般是顺周期的（在经济繁荣时期，股票价格上升），并且前导于周期（股票价格通常在衰退前就下降了）。

名义利率是顺周期的并且具有滞后性。图 8-12 中所示的名义利率是 3 个月期国债利率。但其他利率，如优惠利率（银行对它们的最佳客户收取的利率）和联邦基金利率（一家银行向另一家银行出借隔夜贷款的利率），也是顺周期的并且具有滞后性。注意，名义利率与通货膨胀具有同样的一般性周期模式。我们已在第 7 章讨论了为什么名义利率会倾向于随通货膨胀率的升降而升降。

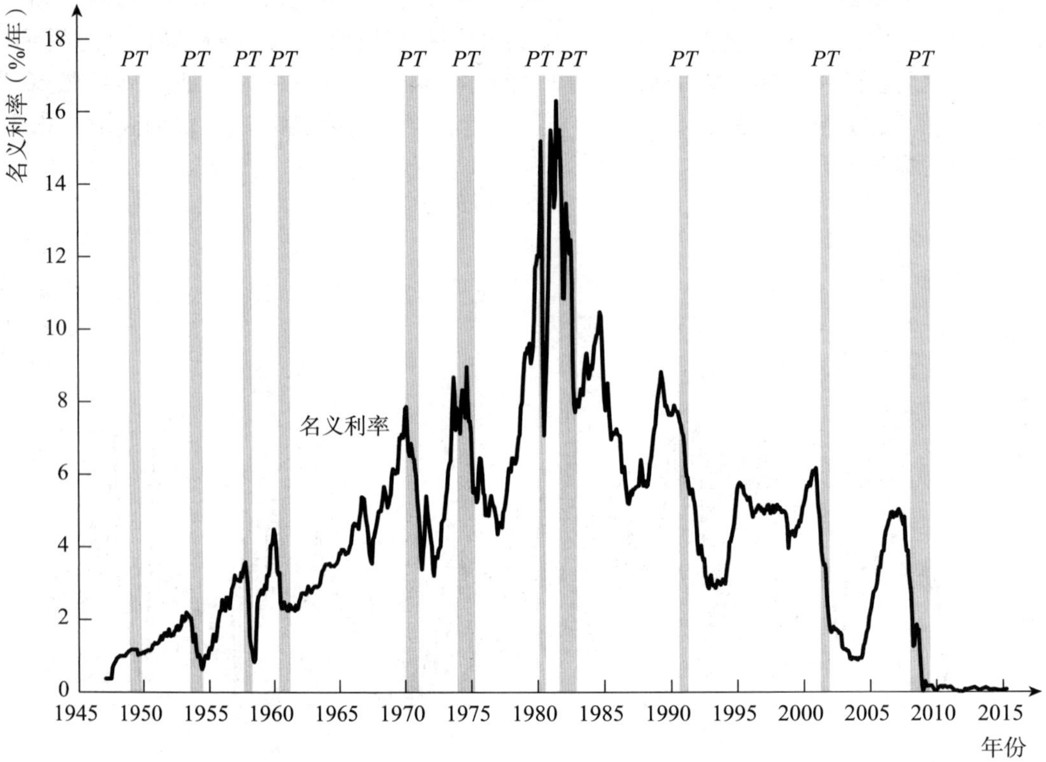

图 8-12　1947—2015 年名义利率的周期性行为

说明：这里的名义利率是以 3 个月期国债利率衡量的，它是顺周期的并且滞后于经济周期。

资料来源：FRED 数据库，下载序列为 TB3MS。

实际利率没有明显的周期性模式。例如，在 1973—1975 年衰退期间，实际利率其实为负值，但在 1981—1982 年衰退期间，实际利率相当高。实际利率无周期性并不意味着它在经济周期中的变动是不重要的。相反，缺乏稳定的周期模式也许反映了每个经济周期有不同的起因，而这些不同的起因对实际利率具有不同的影响。

□ 经济周期的国际性

到目前为止，我们只是关注美国的经济周期。但是，经济周期绝不是美国特有的，它在所有工业化的市场经济中都可以经常观察到。在大多数情况下，这些国家的关键经济变量的周期性行为与我们所描述的美国情况类似。

也可以说，经济周期是一种国际现象：主要的工业化国家经常一同经历衰退和扩张，这意味着它们具有共同的周期。图 8-13 通过展示 1960—2014 年 6 个主要工业化国家的工业生产指数以说明这个共同周期。尤其值得注意的是在 1975 年、1982 年、1991 年、2001 年和 2008 年发生的世界性衰退的影响。图 8-13 也表明，各国经济也经历了许多与其他国家不同的较小波动。

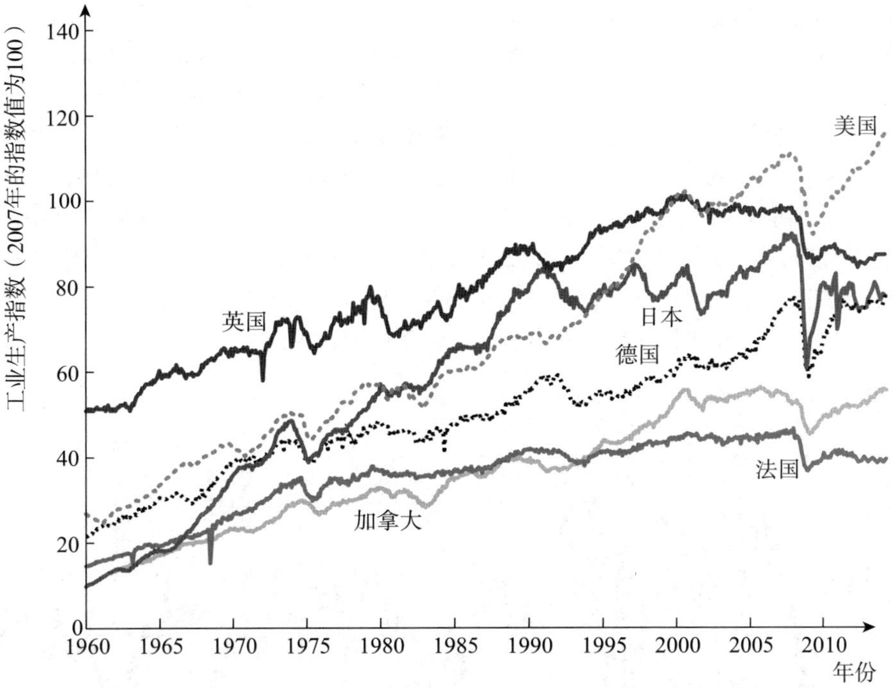

图 8-13　1960—2014 年 6 个主要工业化国家的工业生产指数

说明：经济周期的国际效应体现为图中所展示的 6 国在工业生产表现上的相似性，但是，各个国家也有与其他国家不同的波动。各个国家的工业生产指数的比例是不同的。例如，本图不能说明英国的工业总产出高于日本的工业总产出。

资料来源：2015 年 4 月 OECD 的主要经济指标可从 FRED 数据库下载，下载序列如下：GBRPROINDMISMEI，DEUPROINDMISMEI，FRAPROINDMISMEI，JPNPROINDMISMEI，CANPROINDMISMEI 和 USAPROINDMISMEI.

数据获取与研究前沿

同步指数与前导指数

我们在本章讨论了众多变量并描述了它们在经济经历扩张和紧缩时的表现。政策制定者和经济分析家面临的一个难题是，如何整理各种经济数据并且断定经济所处的整体状态；一个更具挑战性的问题是提前预测何时经济将会转向。为了解决这些问题，经济学家发展出同步指数和前导指数。指数是指将各种经济变量的数据综合在一起的一个单独数值。同步指数的波峰和波谷与总体经济活动的波峰和波谷同时出现，它有助于确定当前经济是处于衰退还是扩张中。前导指数的设计使其波峰和波谷出现在总体经济活动相应的波峰和波谷之前，因此可能有助于预测经济周期的拐点。

第一个这样的指数由国民经济研究局的韦斯利·米切尔和阿瑟·伯恩斯[①]在 20 世纪 30 年代建立，本章前面已提及他们对经济周期的早期重要研究。如今这些原始指数（经过一定的调整和更新）由企业联合会来建立，其他经济学家也发展并建立了一些指数。在本专栏中，我们讨论两个最近发展起来的同步指数和企业联合会的**前导经济指标**

① 见 *Statistical Indicators of Cyclical Revivals*（New York：National Bureau of Economic Research，1938）。

指数（index of leading economic indicators）。

芝加哥美联储全美经济活动指数（the Chicago Fed national activity index，CFNAI）由芝加哥联邦储备银行的经济学家乔纳斯·费雪（Jonas Fisher）在2001年建立。该同步指数建立在85个经济变量的月份数据上，涵盖五个种类：产出与收入、劳动力市场、消费与房地产、制造业与销售、存货与订单。该指数的特征是其随时间推移的平均值为0。图8-14呈现了CFNAI于1967—2015年当月和前两个月的平均值。图中还显示了由国民经济研究局决定的经济衰退的垂直线。如图所示，CFNAI在衰退期变为负数，在严重衰退期（如1973—1975年，1981—1982年和2007—2009年）比温和衰退期（如1990—1991年和2001年）的下降幅度更大。①

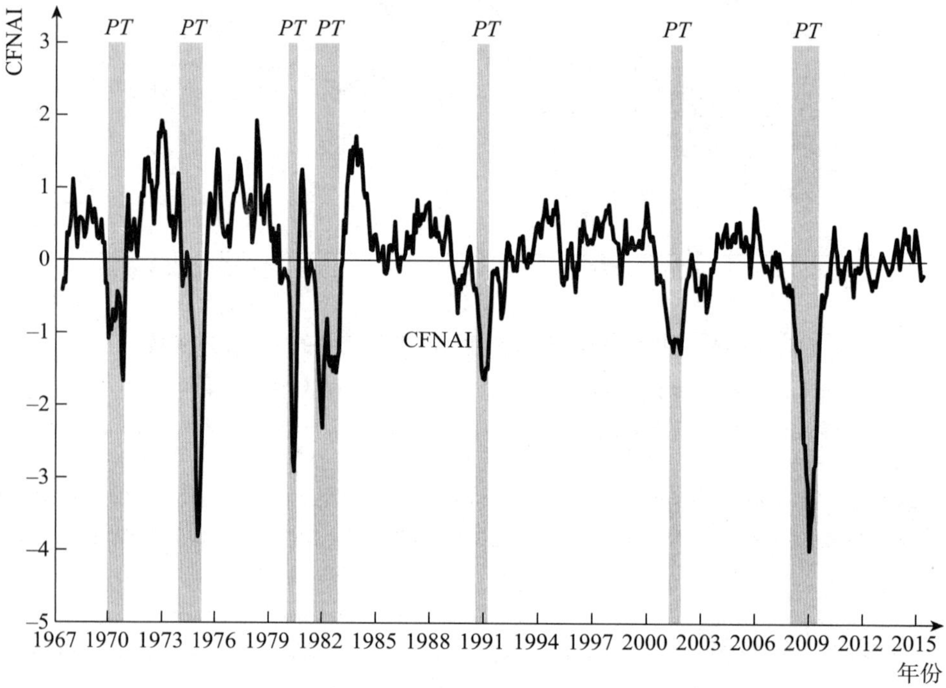

图8-14　1967—2015年芝加哥美联储全美经济活动指数

说明：此图显示了芝加哥美联储全美经济活动指数当月和前两个月的平均值的月份数据。经济周期的波峰和波谷由标有 *P* 和 *T* 的垂直线显示，阴影部分代表经济衰退。该指数紧密地追随着衰退，在严重衰退期间比温和衰退期间的下降幅度更大。

资料来源：芝加哥联邦储备银行，可从FRED数据库下载，下载序列为CFNAIMA3。

还有一个最近建立的同步指数是阿鲁奥巴-迪博尔德-斯科蒂经济状况指数（Aruoba-Diebold-Scotti business conditions index，简称ADS经济状况指数），它没有CFNAI包含的变量多，但所用变量有不同的统计频率：一些是季度数据（实际GDP），一些是月份数据（就业、工业生产、个人收入减去转移支付、制造业与贸易销售），一些是周数据（失业保险金领取）。与CFNAI一样，ADS经济状况指数的建立方式使其随时间推移的平均值为0。该指数的创建人是马里兰大学（University of Maryland）的博拉安·

① 有关CFNAI的详细信息参见Charles L. Evans，Chin Te Liu，and Genevieve Pham-Kanter，"The 2001 Recession and the Chicago Fed National Activity Index：Identifying Business Cycle Turning Points，" Federal Reserve Bank of Chicago，*Economic Perspectives*，Third Quarter 2002，pp. 26-43；或参阅芝加哥联邦储备银行网站的讨论。

阿鲁奥巴（Boragan Aruoba）、宾夕法尼亚大学的弗朗西斯·X. 迪博尔德（Francis X. Diebold）和美联储的佳兰·斯科蒂（Chiara Scotti），他们寻求的是一个能够衡量每日经济状态的指数。他们与费城联邦储备银行（Federal Reserve Bank of Philadelphia）合作，后者每周更新数据1～2次。图8-15显示了ADS经济状况指数当月和前两个月平均值的数据。①

将两个指数相比较，我们可以看出，尽管它们使用了不同的数据组合，但它们十分相似。当然，因为两者都被设计用来衡量总体经济活动的潜在状态，所以两个指数的相似性就不足为奇了。ADS经济状况指数的一个优势是它的时效性强（它每个星期或更短时间就能被更新一次）。但是，CFNAI从时间上有更长的可靠性历史，它建立于2001年，而ADS经济状况指数在2009年才开始创建。

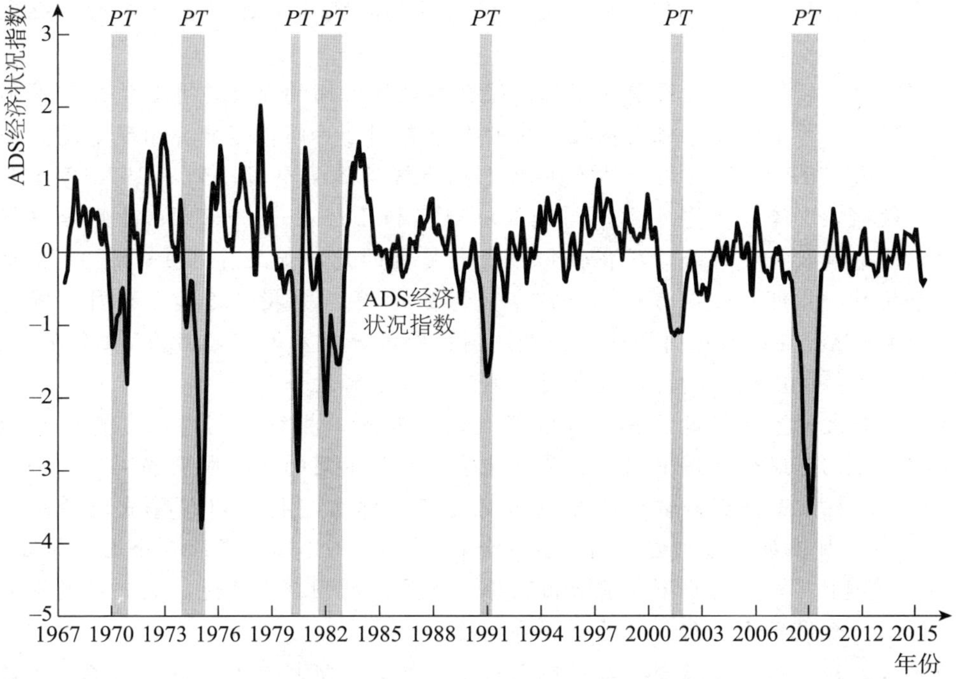

图8-15　1967—2015年ADS经济状况指数

说明：此图显示了ADS经济状况指数当月和前两个月的平均值的月份数据。与CFNAI相似，该指数紧密地追随着衰退，在严重衰退期间比温和衰退期间的下降幅度更大。

资料来源：作者计算所依据的数据引自费城联邦储备银行，可在其官网上下载。

CFNAI和ADS经济状况指数的创建是用来衡量当前经济状态的，与此不同的是，创建前导经济指标的综合指数是用来帮助预测总体经济活动的拐点的。然而，它作为预测工具的记录结果好坏参半。当该指数连续下降2个月或3个月时，它预示着经济衰退的可能性，但它的预测实时敏锐性不高，原因有以下几点：

（1）当有更完整的数据可使用时，通常需要修订指数所包含的数据。这些修订改变了指数的数值，甚至可能会推翻预示未来衰退的信号。

① 有关ADS经济状况指数，参见S. Boragan Aruoba，Francis X. Diebold，and Chiara Scotti，“Real-time Measurement of Business Conditions，”*Journal of Business and Economic Statistics*，October 2009，pp. 417-427；ADS经济状况指数值参见费城联邦储备银行网站。

（2）这个指数倾向于发出错误信号，所预测的衰退有时并没有出现。

（3）对于衰退何时发生及其严重程度，这个指数并没有提供任何信息。

（4）经济的结构随时间的变化可能会使一些数据能更好地预测经济，并使一些数据对经济的预测能力降低。出于这个原因，指数所包含的指标已经发生了变化，所以这个指数必须定期修订。

旧金山联邦储备银行的弗朗西斯·X. 迪博尔德和格伦·鲁迪布什（Glenn Rudebusch）的研究表明，修订的影响是十分显著的。[①] 计算这个指数的机构（美国商务部或美国经济咨询委员会）经常用该指数随时间变动的曲线来说明它的价值，这一曲线显示，该指数在每次衰退前会下落。但迪博尔德和鲁迪布什指出，因为曲线所表示的指数并不是在每次衰退时所使用的指数，而是在衰退出现几年后经过修订的一个指数，所以这样的曲线会引起错觉。他们的结论是，使用该指数实际上并不会改善对工业生产的预测。

举例来说，假设你要考察前导指标的综合指数随时间的变化，并且使用的准则是这个指数连续 3 个月下降则意味着在接下来的 6 个月到 1 年间很可能会出现衰退。你可能已经注意到截至 1969 年 12 月，这个指数已经连续下降两个月；到了 1970 年 1 月，你会看到指数继续下降。但事实上，国民经济研究局已经在 1969 年 12 月开始宣布衰退了，所以这个指数并没有给你提供任何预警。更糟的是，如果你在 1973—1974 年一直关注这个指数，你可能会以为一切正常，直到 1974 年 9 月指数连续 2 个月下降，或者 1974 年 10 月指数连续 3 个月下降。但是，国民经济研究局其实已经在 1973 年 11 月开始宣布衰退了，所以这个指数比宣布的衰退时间晚了将近一年。

在以如此大的差距错过了一次经济衰退的预测后，指数的创建人员自然想加以改进。所以，他们可能会使用不同的变量，赋予各变量不同的比重或调整统计方法来修订这个指数。这样，如果新修订的指数在当时可用，那么它将可以预警衰退的到来。例如，1979 年 4 月出版的修订过的指数应该会在 1969 年 12 月衰退的 8 个月前做出预警，并在 1973 年 11 月衰退的 6 个月前做出预警。但是，对预测者来说，这个指数在它最有用的时候——衰退发生之前——是无法得到的。

由于官方的前导指标综合指数存在问题，詹姆斯·斯托克和马克·沃森[②]开始建立一些可以提高这类指数预测价值的新指数。他们建立了一些实验性的前导指数，希望这些指数可以帮助经济学家更好地预测经济周期的拐点。然而，似乎最近的两次衰退与此前的衰退有很大不同，从而使得实验性前导指数并没有对 1990 年和 2001 年衰退出现的可能性做出充分的预警。在 1990 年年初，斯托克和沃森的实验性衰退指数预测，接下来的 6 个月出现衰退的可能性从未超过 10%。另外，在 2000 年年末和 2001 年年初，这个指数预测的衰退可能性也没有超过 10%。所以，尽管斯托克和沃森的方法看似充满希望，但其对于衰退的预测并没有改进。

前导指标无法预测衰退可能意味着衰退通常是由世界石油供给中断等大规模的、不可预测的冲击所引起的不寻常事件。如果是这样，那么对完美前导指标的追求可能会被

---

① 参见 "Forecasting Output with the Composite Leading Index: A Real-Time Analysis," *Journal of the American Statistical Association* (September 1991), pp. 603 - 610。

② "参见 New Indexes of Coincident and Leading Economic Indicators," in Olivier J. Blanchard and Stanley Fischer, eds., *NBER Macroeconomics Annual, 1989* (Cambridge, MA: MIT Press, 1989), pp. 351 - 394。

证明是极度困难的。

8.4 经济周期分析：预览

即使我们不再对本章所展示的经济周期事实做更多的分析，这些事实也是十分有用的。比如，熟悉关键宏观经济变量的典型周期模式可能有助于预测者对经济的发展进行预测。对做投资和雇用决策的商界人士以及需要选择风险和收益的资产组合的金融投资者来说，了解关于周期的事实也十分重要。但是，宏观经济学家感兴趣的不仅是在经济周期内发生了什么，他们还想了解为什么这些会发生。人们要理解周期的愿望并不只是为了满足闲暇时的求知欲。例如，像我们在第 9 章～第 11 章中说明的，宏观经济学家为政策制定者提供的应对衰退的建议取决于他们所认为的引起衰退的原因。因此，以经济周期事实作为背景，我们将在第 3 篇的剩余章节中描述关于经济周期波动的各种主要解释，以及建立在这些解释上的政策建议。

一般来说，经济周期理论包含两个主要部分。第一部分描述对经济产生重要影响的各类因素，如战争、新发明、农业歉收和政府政策变化。经济学家经常将这些（一般无法预测的）因素称为冲击。第二部分描述经济如何回应各种冲击的模型。将经济想象成一辆在维护不当的高速公路上行驶的汽车：可以把冲击想象成路上的坑坑洼洼；模型所描述的是这辆汽车的各个部分（轮胎和减震器）如何发挥作用，以抵抗或扩大冲击对乘客的影响。

本书讨论的两个经济周期理论是古典理论和凯恩斯理论。幸运的是，要说明和讨论这两个理论，我们不必建立两个完全不同的模型。相反，这两个理论都可以在同一个总供给-总需求模型（即 AD－AS 模型）的一般框架中讨论。为了介绍古典理论和凯恩斯理论对经济周期分析的关键区别，我们在本章剩余部分预览 AD－AS 模型以及它是如何用于分析经济周期的。

数据获取与研究前沿

季节周期和经济周期

你知道美国每年都有一次大幅度的经济繁荣，然后紧接着会出现严重的衰退吗？繁荣时期总是出现在一年的第四季度（10—12 月）。在这个季度里，产出比第三季度（7—9 月）高出 5%，比下一年的第一季度（1—3 月）高出 8%。幸运的是，第一季度的衰退总是很短暂的，到了第二季度（4—6 月），产出就会提高近 4%。这个有规律的季节性模式，即我们所说的季节周期，事实上占产出增长率总波动的 85%以上！

为什么大幅度的季节性波动没有在图 8－4 至图 8－14 中呈现出来？一般来说，宏观经济数据是经过季节性调整的，这意味着有规律的、反复出现的季节性波动已经从数据中去除了。季节性调整使得经济数据的使用者可以忽略季节性的变化，从而关注数据中经济周期的波动和长期变化。然而，密歇根大学的罗伯特·巴斯基（Robert Barsky）和波士顿大学（Boston University）的杰弗里·迈伦（Jeffrey Miron）认为，季节性调整数据的做法可能会丢弃那些本可以帮助经济学家更好地理解经济周期的信息。① 巴斯基和迈伦使用未经季节性调整的数据，发现变量在季节周期中的协动性与它们在经济周期中的协动性相似。具体而言，他们得出了以下结论：

(1) 在各种支出类型中，耐用品支出在季节周期中波动最大，而服务支出波动最小。

(2) 政府支出是季节性顺周期的。

(3) 就业是季节性顺周期的，失业率是季节性逆周期的。

(4) 平均劳动生产率是季节性顺周期的，实际工资在季节周期中几乎没有变化。

(5) 名义货币冲击是季节性顺周期的。

以上每个现象对于经济周期和季节周期似乎都适用（虽然我们曾指出，关于实际工资的周期性行为仍然存在争议）。然而，库存投资、价格水平和名义利率的季节性波动比它们在经济周期中的相应波动要小得多。

季节周期说明了三个潜在的总体经济波动的来源：①消费者需求变化，如在圣诞节期间；②生产率变化，如当建筑工人的生产能力因为第一季度的冬季天气而降低时；③劳动供给变化，比如当人们在第三季度的夏天度假时。这三个波动来源中的每一个都可能导致经济周期。

正如我们将在第 10 章讨论的，古典经济学家相信经济周期通常代表了经济对于经济环境变化的最佳反应，宏观经济没有必要试图采取政策来消除这个反应。尽管季节周期并没有完全证实这个观点，但它说明了大幅度的经济波动可能是对各种因素（圣诞节、天气）做出自然反应的结果，从而不需要政府政策来抵消。

□ 总需求和总供给：简要介绍

我们将在第 9 章～第 11 章建立并应用 AD - AS 模型以及 AD - AS 模型的一个关键基石，即 IS - LM 模型。这里，我们简单介绍并解释 AD - AS 模型的基本构成。如图 8 - 16 所示，AD - AS 模型包含三个组成部分：①总需求（AD）曲线；②短期总供给（SRAS）曲线；③长期总供给（LRAS）曲线。每条曲线代表了图 8 - 16 中以纵轴衡量的价格水平 P 与以横轴衡量的产出 Y 之间的关系。

AD 曲线显示了在任何价格水平 P 上，家庭、企业和政府所需求的商品和服务的总数量 Y。在图 8 - 16 中，AD 曲线向下倾斜，这意味着一般价格水平越高，人们对商品和服务的需求就越少。我们将在第 9 章给出对于这个向下倾斜趋势的准确解释。对于 AD 曲线向下倾斜的直觉解释——价格越高，人们能够买得起的商品就越少——是不正确的。这个直觉解释的问题在于，尽管价格水平的上升的确反映了大部分商品价格的上升，但它也意味着生产和出售这些商品的人们的收入增加了。于是，因为人们的收入与价格水平一起增加了，因而较高的价格水平使他们买得起的商品数量减少这个说法是不正确的。

如果我们保持其他经济因素不变，那么 AD 曲线将产出的需求数量与价格水平联系起来。但是，对于一个特定的价格水平，经济中任何使商品和服务的总需求数量增加的变化都将使 AD 曲线向右移动（并且任何使商品和服务的总需求数量减少的变化都将使

---

① 参见“The Seasonal and the Business Cycle”，*Journal of Political Economy*，June 1989，pp. 503 -534。

AD 曲线向左移动)。例如，股票市场的剧烈上涨使消费者变得更富有，这很有可能会增加家庭对商品和服务的需求，从而使 AD 曲线向右移动。类似地，开发更有效率的资本品将增加公司对新资本品的需求，从而也使 AD 曲线向右移动。政府政策也会影响 AD 曲线。例如，政府对军事硬件支出的减少降低了对商品和服务的总需求数量，从而使 AD 曲线向左移动。

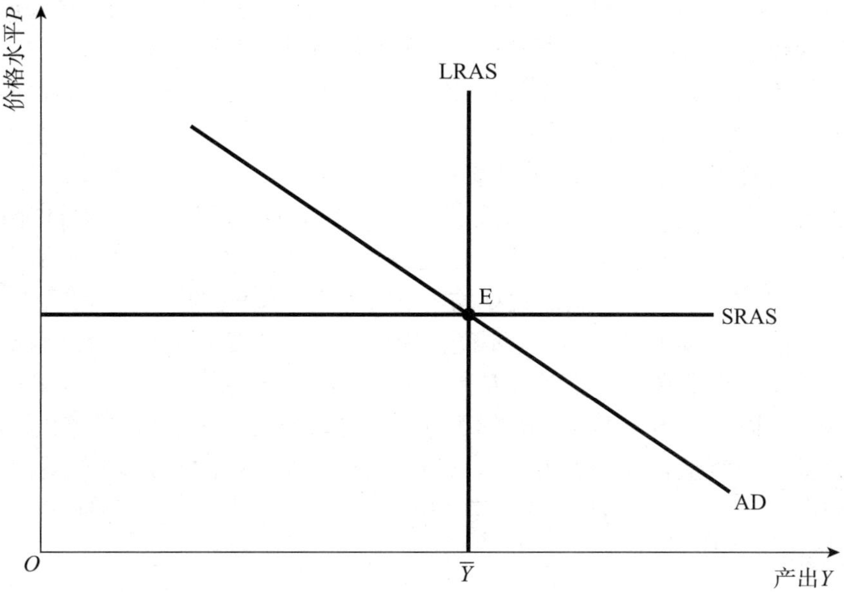

图 8-16　总需求-总供给模型

说明：AD 曲线向下倾斜，这反映了当价格水平 P 上升时，商品和服务的总需求数量 Y 随之下降的事实。SRAS 曲线是水平的，这反映了价格在短期是固定的以及企业生产满足任何需求数量的假设。在长期，公司生产它们的正常产出水平，所以 LRAS 曲线垂直于充分就业产出 $\overline{Y}$。经济的短期均衡位于 AD 曲线和 SRAS 曲线的交点，其长期均衡位于 AD 曲线和 LRAS 曲线的交点。在此例中，经济同时处于短期均衡和长期均衡状态，即 E 点。

总供给（AS）曲线表明了生产者在任何特定价格水平上愿意提供的产出数量。图 8-16显示了两条总供给曲线，一条曲线在短期成立，另一条曲线在长期成立。SRAS 曲线在图 8-16 中为一条水平线。水平的 SRAS 曲线体现了短期内价格水平固定并且企业愿意在此价格上供给任何数量产出的观点。如果短期是一段非常短暂的时期，例如一天，那么这个假设是符合实际的。例如，一个冰激凌店在早上标出冰激凌的价格，就会在此价格上出售对冰激凌的需求数量（在其生产能力所允许的限度内)。在同一天内，即使需求数量非常高，店主也不会提高价格；店主通常也不会在需求数量非常低的情况下降低价格。这种生产者在一段时间内将价格固定并且提供在此价格下任何需求数量的倾向体现在水平的 SRAS 曲线上。

但是，假设对冰激凌的需求数量日复一日居高不下，直到店主必须竭尽全力来生产足够的冰激凌以满足需求。在这样的情况下，店主可能会提高冰激凌的价格以使对冰激凌的需求减少到一个可以掌控的水平。只要需求数量超过正常的生产能力，这个店主就会持续提高冰激凌的价格。在长期，冰激凌的价格水平将是任何使需求数量与店主的正常产出水平相等的价格水平。类似地，在长期，经济中所有其他公司都会在需要时调整价格水平，从而能够以它们的正常产出水平生产。正如第 3 章中提到的，经济整体的正常产出称为充分就业产出，以 $\bar{Y}$ 表示。在长期，当价格经过长期充分调整后，产出供给的总数量就等于充分就业产出 $\bar{Y}$。因此，LRAS 曲线是垂直的，位于产出供给量 Y 等于 $\bar{Y}$ 处，如图 8－16 所示。

图 8－16 代表了一个同时处于短期均衡和长期均衡的经济。短期均衡位于 AD 曲线和 SRAS 曲线的交点，由 E 点表示。长期均衡位于 AD 曲线和 LRAS 曲线的交点，也由 E 点表示。但是，当经济中出现一些变化时，短期均衡可能与长期均衡不同。

总需求冲击　前面提到，经济周期理论必须包括对冲击的描述。AD－AS 框架通过辨别冲击作用于总需求或总供给来识别它们。总需求冲击是经济中引起 AD 曲线移动的因素。例如，如果消费者对未来变得比较悲观并因而减少了他们的当前消费支出，那么就出现了恶性的总需求冲击，AD 曲线将向左移动。

要分析总需求冲击的效应，我们假设经济最初处于短期均衡和长期均衡状态，在图 8－17 中为 E 点。我们假设因为消费者变得比较悲观，总需求曲线从 AD^1 向左下方移动到 AD^2。在这个情形下，新的短期均衡（AD^2 和 SRAS 的交点）是 F 点。在此处，产出下降到 Y_2，价格水平保持在 P_1 不变。因此，家庭消费需求的下降导致衰退，并且产出下降到低于其正常水平。然而，因为公司不会满足于将其生产保持在低于正常生产能力的水平，所以经济不会永远停留在 F 点。最终，公司将通过调整它们的价格——在本例中为降低——对低需求做出回应，直到经济到达其新的长期均衡点，即 AD^2 和 LRAS 的交点 H。在 H 点，产出处于其最初水平 $\bar{Y}$，但价格水平下降到 P_2。

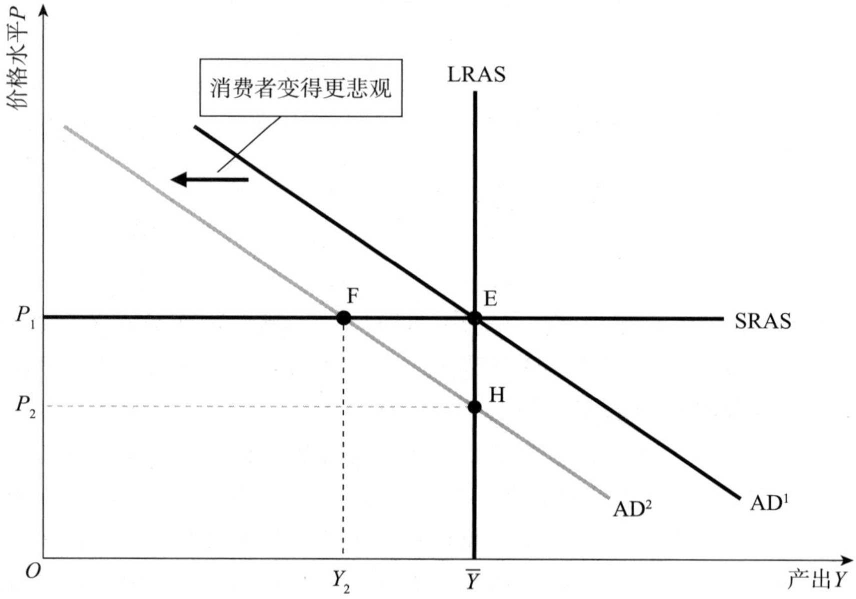

图 8－17　恶性总需求冲击

说明：恶性总需求冲击降低了在给定的价格水平上对商品和服务的需求总数量；一个实例是消费者变得比较悲观并因此减少了他们的消费支出。这个冲击以总需求曲线从 AD^1 向左移动到 AD^2 来表示。在短期，经济移动到 F 点。在这个短期均衡处，产出下降到 Y_2，价格水平不变。最终，价格水平的调整导致经济移动到新的长期均衡 H 点，在此处，产出恢复到充分就业产出 $\bar{Y}$，价格水平下降到 P_2。根据严格的古典学派的观点，经济几乎在瞬间移动到 H 点，所以恶性总需求冲击基本上在短期和长期对产出都没有影响。凯恩斯学派认为调整的过程较长，所以恶性总需求冲击可能会导致产出持续下降。

我们的分析表明，恶性总需求冲击使 AD 曲线向下移动，并导致产出在短期内下降，但在长期并无影响。经济需要多久才能到达长期均衡呢？这个问题对于经济分析来说至关重要，古典经济学家和凯恩斯经济学家对于这个问题做出了截然不同的回答。他们的回答有助于解释为什么古典学派和凯恩斯学派对于政府在对抗衰退中应当扮演的角色具有不同的观点。

古典学派的回答是价格会对供需数量之间的不平衡迅速做出调整，使得经济很快——在几个月或更短时间内——到达其长期均衡。因此，随着价格水平的下降以及经济回到其初始产出水平 $\bar{Y}$，由 AD 曲线下移所引起的衰退可能很快结束。在最严格的古典模型版本中，经济被假设为立即到达其长期均衡，这意味着 SRAS 曲线是无关紧要的，经济永远在 LRAS 曲线上运行。因为调整发生得很迅速，古典经济学家认为政府试图对抗衰退会收效甚微。注意，这个结论与第 1 章中讨论的“看不见的手”的观点一致。根据该观点，自由市场和无限制的价格调整足以收到良好的经济效果。

与古典学派的观点相反，凯恩斯经济学家认为，价格（和工资，即劳动力的价格）在面对冲击时并不一定会做出快速调整。因此，经济回到其长期均衡的过程可能会很缓慢，或许需要几年而不是几个月的时间。换句话说，尽管凯恩斯经济学家同意古典经济学家提出的经济中的产出最终将从衰退时的水平（由图 8-17 中的 Y_2 表示）回到充分就业时的水平 $\bar{Y}$，但他们相信这个过程可能会比较缓慢。因为他们对于经济的自我修正能力缺乏信心，所以凯恩斯经济学家倾向于认为政府在对抗衰退中扮演着重要角色。例如，凯恩斯本人最初提出政府应该通过增加对商品和服务的采购来对抗衰退。在图 8-17 中，原则上政府支出的增加可以使 AD 曲线从 AD^2 向右上方移动到 AD^1，从而恢复经济的充分就业状态。

总供给冲击　因为古典经济学家相信总需求冲击不会导致持续的产出波动，他们一般将总供给冲击看作产出和就业变动背后的主要力量。总供给冲击是经济中引起 LRAS 曲线移动的因素。LRAS 曲线的位置仅取决于充分就业产出 $\bar{Y}$，所以总供给冲击可以被看作导致 $\bar{Y}$ 变化的因素，如生产率或劳动供给的变化。

图 8-18 说明了恶性总供给冲击，即引起充分就业产出下降的冲击的影响（如严重的干旱使农作物大量减产）。假设经济最初位于长期均衡，即图 8-18 中的 E 点。在这一点上，长期总供给曲线 $LRAS^1$ 与总需求曲线 AD 相交。现在假设出现了恶性总供给冲击，使充分就业产出从 $\bar{Y}_1$ 减少到 $\bar{Y}_2$，并且导致长期总供给曲线从 $LRAS^1$ 向左移动到 $LRAS^2$。新的长期均衡出现在 F 点，在这一点上，产出水平低于 E 点的产出水平。根据古典学派的观点，经济迅速从 E 点移动到 F 点，然后停留在 F 点。经济从 E 点移动到 F 点的过程中，产出下降，这就是一次衰退。注意，新的价格水平 P_2 高于最初的价格水平 P_1，所以恶性总供给冲击导致价格在衰退期间上升。我们将在第 10 章讨论价格水平变动的这个含义，并讨论它与经济周期事实的关系。

尽管古典经济学家最先强调供给冲击，但凯恩斯经济学家也认识到总供给冲击对于经济周期中产出波动的重要性。凯恩斯学派认同恶性总供给冲击将减少长期产出和提高价格水平的看法。在第 11 章，我们将讨论凯恩斯学派对于经济受到总供给冲击后从短期均衡移动到长期均衡的观点。

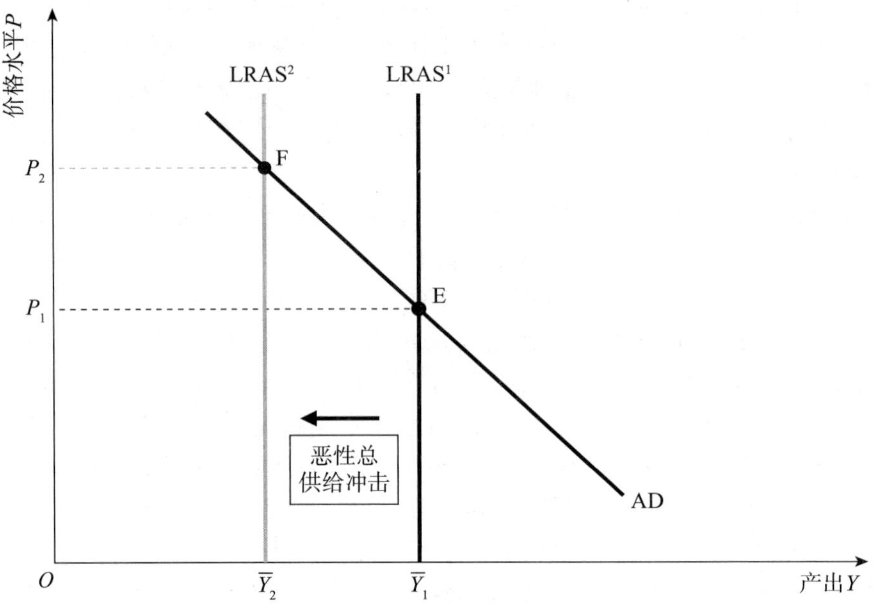

图 8-18　恶性总供给冲击

说明：干旱等恶性总供给冲击使充分就业产出从$\bar{Y}_1$下降到$\bar{Y}_2$。同样地，这个冲击使长期总供给曲线从 LRAS[1] 移动到 LRAS[2]。恶性总供给冲击的结果是，长期均衡从 E 点移动到 F 点。在新的长期均衡处，产出从$\bar{Y}_1$下降到$\bar{Y}_2$，价格水平从 P_1 上升到 P_2。

本章小结

1. 经济周期包括总体经济活动下降（紧缩或衰退）和紧接着的经济活动上升的阶段（扩张或繁荣）。紧缩的最低点称为波谷，扩张的最高点称为波峰。自工业化开始，经济周期就可以在市场经济中观察到。

2. 许多经济变量在周期过程中以有规律的和可预测的方式共同变动的倾向叫作协动性。我们将关键宏观经济变量的典型周期模式称为经济周期事实。

3. 构成经济周期的总体经济活动的波动会反复发生，这已经在工业化的市场经济中被多次观察到。但是，它们并不是定期的，它们不会出现在有规律的、可预期的时段内。经济周期波动也是持久的，一旦衰退或扩张开始，它通常就会持续一段时间。

4. 许多经济学家相信，美国 1929 年前的经济比第二次世界大战后的经济具有更持久的衰退和更强大的周期波动性。但是，有关数据问题阻碍了对 1929 年前的经济周期性强度的精确衡量。始于 1929 年，直到第二次世界大战爆发才结束的经济大萧条，是美国历史上最严重的周期性下降。第二次世界大战后，衰退的缓和导致了周期已经“熄灭”的不成熟论断。但是，美国经济在 1973—1975 年和 1981—1982 年经历了严重的衰退。此后美国经济享受了一段相当长期的稳定增长和无经济周期的宁静。长期繁荣始于 1982 年，于 2001 年结束，在此期间只有一次温和的衰退（1990—1991 年）。大稳健时期是指从 20 世纪 80 年代中期开始的 GDP 和其他宏观经济变量的波动减少的时期。波动性在 2007—2009 年大衰退期间增加，这是自经济大萧条以来最严重的衰退，但波动性并没有回到大稳健时期之前的较高水平。

5. 一个变量相对于经济周期的变动方向可以是顺周期的、逆周期的或无周期的。一个顺周期变量的变动与总体经济活动的变动方向一致，在繁荣时期上升，在衰退时期下降。一个逆周期变量的变动与总体经济活动的变动方向相反，在繁荣时期下降，在衰退时期上升。无周期的变量没有明显的周期性模式。

6. 一个变量的变化相对于经济周期的出现时间可以是同步的、前导的或滞后的。一个同步变量的波峰和波谷与总体经济活动的波峰和波谷的出现时间大致相同。前导变量的波峰和波谷出现在相应的总体经济活动的波峰和波谷之前，而滞后变量出现在之后。

7. 本章的小结表 10 中列举了主要宏观经济变量的周期性方向和出现时间，即经济周期事实。简而言之，产出、消费和投资是顺周期的并且是同步的。投资比消费在经济周期中有更大的波动性。就业是顺周期的，但失业是逆周期的。平均劳动生产率和实际工资是顺周期的，尽管大部分研究表明实际工资只具有微弱的顺周期性。货币和股票价格是顺周期的且前导于周期。通货膨胀和名义利率是顺周期的并且是滞后的。实际利率是无周期的。

8. 经济周期理论包括：①对于影响经济的冲击的描述；②描述经济如何应对这些冲击的模型，如总需求-总供给（AD-AS）模型。在 AD-AS 模型中，对于总需求（AD）曲线的冲击导致产出在短期内变化，但在长期内产出会回到充分就业产出 $\bar{Y}$。对总供给曲线的冲击会对长期产出和短期产出都产生影响。

9. 古典经济学家认为，由于价格的快速调整，经济会迅速到达长期均衡，这个观点意味着总需求冲击对产出等实际变量只有很短暂的影响；古典经济学家强调总供给冲击是经济周期的起因。古典主义者也认为在对抗衰退方面政府政策是无效的。相反，凯恩斯经济学家认为经济要到达长期均衡需要很长的时间，因此他们的结论是：总需求冲击可以在相当长的一段时间内对产出造成影响。而且，他们相信政府政策对于经济加速回到充分就业状态可以发挥作用。

关键术语

无周期的	繁荣	经济周期	经济周期年表
同步变量	协动性	紧缩	逆周期的
萧条	扩张	前导经济指标指数	就职率
职位损失率	滞后变量	前导变量	波峰
持久性	顺周期的	衰退	波谷
拐点			

复习题

1. 画出体现一个经济周期各个阶段和拐点的图。使用这个图，举例说明重复发生和持久性的概念。

2. 什么是协动性？协动性与本章中列举的经济周期事实是怎样相关的？

3. 有哪些证据可以支持美国经济周期的严重程度随时间减弱的观点？为什么周期是否随时间变得温和的问题很重要？

4. 当经济活动上升或下降时，哪些名词可以用来描述一个变量的变动情况？哪些名词可以用来描述经济变量的周期变化的出现时间？

5. 假设你知道经济陷入了衰退，你预期产出在下几个季度会怎样变化？投资呢？平均劳动生产率呢？实际工资呢？失业率呢？

6. 一些经济变量前导于周期的这个已知事实在宏观经济预测中是怎样被运用的？

7. 一个经济周期理论的两个组成部分是什么？

8. 凯恩斯学派和古典学派在关于经济需要多久才能到达长期均衡的信念上有何差别？这些差别对凯恩斯学派和古典学派关于反衰退政策有用性的各自看法有怎样的含义？对引起大多数衰退的冲击类型又有怎样的含义？

分析题

1. 图 8－1 说明经济周期的波峰和波谷是通过总体经济活动的波峰和波谷（第一种方法）来确定的，这与当前的国民经济研究局的方法一致。但是，对于 1927 年前的经济周期的波峰和波谷，国民经济研究局是使用去除趋势后的总体经济活动（图 8－1 中总体经济活动减去“正常发展轨迹”）中的波峰和波谷（第二种方法）来确定的。试说明使用第二种方法预测出来的波峰出现时间会早于使用第一种方法预测出来的波峰出现时间，而使用第二种方法预测出来的波谷出现时间晚于使用第一种方法预测出来的波谷出现时间。与第一种方法相比，使用第二种方法计算出来的紧缩和扩张的长度是加长了还是缩短了？这种衡量的变化能够对扩张和紧缩的平均长度在第一次世界大战前与第二次世界大战后的差别做出何种解释？①

2. 在多数衰退中，消费者在汽车、家具以及新房屋的购买等耐用品上的支出下降幅度远大于在非耐用品和服务上的支出下降幅度。你认为其原因是什么？

3. 产出、总工作时数和平均劳动生产率都是顺周期的。

a. 产出与总工作时数相比，哪个变量在扩张时增加的比例更大，在衰退时下降的比例也更大？（提示：平均劳动生产率＝产出÷总工作时数，所以平均劳动生产率变化的百分比等于产出变化的百分比减去总工作时数变化的百分比。）

b. 平均劳动生产率的顺周期行为与第 3 章中讨论的奥肯定律有怎样的联系？

4. 1973—1975 年，美国经历了一次严重的衰退，与此同时，价格水平急剧上升。你认为这次衰退是供给冲击的结果还是需求冲击的结果？使用 AD－AS 分析方法加以说明。

5. 有时，人们提出经济增长“过热”会伴随着通货膨胀。使用 AD－AS 分析方法说明这个说法可能是正确的。当这个说法被提出时，所假设的是哪种类型的冲击作用于经济？

宏观经济数据分析

1*. 如果一个经济变量具有在下降时会伴随着更多的下降、在上升时会伴随着进一步上升的倾向，那么这个变量就是持久的。这个问题要求你研究失业率的持久性。

使用 1961 年以来的数据，识别出失业率从一个季度到下一个季度至少变化了 0.2 个百分点（向上或向下）的所有季度。这些变化超过 0.2 个百分点的季度中有多少个在紧随的下一个季度①发生了同方向的变化，或②发生了相反方向的变化，抑或③没有变化？根据你的统计，你认为失业率是一个持久变量吗？

---

① 关于这些问题的进一步讨论，见 Christina D. Romer，“Remeasuring Business Cycles,” *Journal of Economic History*，September 1994，pp. 573－609；Randall E. Parker and Philip Rothman，“Further Evidence on the Stabilization of Postwar Economic Fluctuations,” *Journal of Macroeconomics*，Spring 1996，pp. 289－298。罗默（Romer）是最先强调改变经济周期时间确定方法的潜在重要性的学者。

2*．以下各个变量在经济周期中的表现如何？建立图形来说明你的结果并给出经济解释。

a. 实际进口。

b. 美国联邦政府收入。

c. 房屋建造。

d. 制造业的生产能力使用率。

e. 制造业的平均周工作时数。

3*．一些人提出股票市场可以预测衰退。使用 1961 年以来的季度数据，画出股票市场指数实际值（每个季度最后 1 个月的威尔逊 5000 指数除以 GDP 平减指数）的曲线。画出经济周期的波峰和波谷。你是否发现股票市场是一个很好的经济预测工具？

4. 画出美国、加拿大和德国的实际 GDP 水平（数据可以在 OECO 官网的统计指标下的国家账户中找到）。美国和加拿大的经济周期是紧密相连的吗？美国和德国的经济周期呢？

5. 从 FRED 数据库中找到一个既有季节调整形式又有非季节调整形式的变量。将两组数据按时间描绘出来，并描述该变量随季节波动有多大。

第9章 IS-LM/AD-AS模型：宏观经济分析的一般框架

学习目的：

- 讨论影响充分就业（FE）线的因素
- 讨论影响体现产品市场均衡的IS曲线的因素
- 讨论影响体现资本市场均衡的LM曲线的因素
- 运用IS-LM模型描述一般均衡的必要条件
- 讨论价格调整在实现一般均衡中的角色
- 解释AD-AS模型的基础和含义

第8章的主要目的是通过展现经济周期事实来描述经济周期。本章和接下来的两章试图解释经济周期和政策制定者应当如何对其做出回应。我们必须建立一个宏观经济模型，用来分析周期性的波动和政策变化对经济的影响。通过考察第3章中的劳动力市场、第4章中的产品市场和第7章中的资产市场，我们已经确认了一个完整的宏观经济模型中的三个组成部分。现在，我们将这三个组成部分放到一个框架下，以便我们同时对它们进行分析。本章将我们之前的分析综合在一起，为本书其余部分提供理论框架。

本章所建立的基本宏观经济模型称为IS-LM模型。（正如我们稍后将提到的，这个名称来自该模型的两个基本均衡条件：投资I必须等于储蓄S以及货币需求L必须等于实际货币供给M/P。）IS-LM模型由诺贝尔经济学奖得主约翰·希克斯爵士（Sir John Hicks）[①] 于1937年提出，希克斯将它作为对凯恩斯在1936年的名著《就业、利息和货币通论》中所提出的理论的图形化展示。为了体现凯恩斯关于工资和价格不能迅速调整以出清市场的观点（见1.3节），在最初的IS-LM模型中，希克斯假设价格是固定的——至少是暂时固定的。自希克斯开始，几代经济学家都致力于完善IS-LM模型，并且该模型在周期性波动和宏观经济政策分析以及预测方面都有广泛的应用。

基于其起源，IS-LM模型通常被认为是用凯恩斯理论来进行经济周期分析。古典学派（即那些相信工资和价格可以迅速变动以出清市场的学者）会因为希克斯的固定价格假设而否定他的IS-LM模型。然而，传统的IS-LM模型经过简单的修改就可以适用于工资和价格迅速调整的情形。因此，尽管IS-LM框架最初是由凯恩斯学派建立

---

① 希克斯对IS-LM框架的概述出自他的文章："Mr. Keynes and the Classics: A Suggested Interpretation," *Econometrica*, April 1937, pp. 137-159。

的，但它也可以用于展示和讨论古典学派对经济周期的分析。此外，IS-LM模型等同于我们在8.4节中预览的AD-AS模型。我们将展示如何从IS-LM模型中推导出AD-AS模型，并将说明如何从古典学派的角度和凯恩斯学派的角度使用AD-AS模型。

使用IS-LM模型（以及等同的AD-AS模型）作为古典学派和凯恩斯学派分析的框架有几个实际好处：第一，使用它可以避免学习两个模型的必要；第二，使用同一个框架可以强调凯恩斯学派和古典学派的方法在大方向上的一致性，同时清楚地表现出两个方法的不同之处。此外，因为IS-LM模型（以及概念和术语）被广泛地应用在经济分析和宏观经济政策分析上，学习这个框架有助于更充分地理解和参与当今的经济辩论。

我们使用图形的方法来建立IS-LM模型。附录9.B以代数形式阐述了同样的分析。如果你对理解为什么图形分析中的曲线具有其现有的斜率以及为什么它们会移动感到困难，那么你可能会发现附录中的代数形式很有帮助。

为简单起见，本章假设经济是封闭的。在第13章，我们会说明如何扩展分析，将外国部门包含进来。

9.1 FE线：劳动力市场的均衡

在前几章中，我们讨论了经济中的三个主要市场：劳动力市场、产品市场和资产市场。我们也辨别了这些市场间的一些联系，现在我们需要更详尽地说明它们是怎样嵌入一个完整的宏观经济体系中的。

我们先转向劳动力市场，并回忆第3章中提到的充分就业水平和充分就业产出等概念。充分就业（即均衡就业）水平 $\bar{N}$ 是工资和价格充分调整后的就业水平。充分就业产出 $\bar{Y}$ 是当就业处于充分就业水平时，当前资本和生产函数所能生产的产出数量。以代数形式表示，充分就业产出 $\bar{Y}$ 等于 $AF(K, \bar{N})$，其中，K 是资本，A 是生产率，F 是生产函数［见式（3-4）］。

我们的最终目标是一个实际利率位于纵轴、产出位于横轴的图示。在这个图示里，劳动力市场的均衡由图9-1中的**充分就业线**（full-employment line），即FE线体现。因为当劳动力市场处于均衡时，无论利率是多少，产出都等于充分就业产出，所以FE线在 $Y=\bar{Y}$ 处垂直。①

□ 引起FE线移动的因素

充分就业产出是由充分就业水平以及当前资本和生产率水平决定的。任何影响充分就业产出 $\bar{Y}$ 的变化都将引起FE线的移动。回想当劳动供给增加（增加了 $\bar{N}$）、资本增加或发生良性供给冲击时，充分就业产出 $\bar{Y}$ 都会随之增加，从而导致FE线向右移动。类似地，劳动供给或资本的减少以及恶性供给冲击都会使充分就业产出 $\bar{Y}$ 下降，从而导致FE线向左移动。小结表11列举了引起FE线移动的因素。

---

① 实际利率影响投资以及公司在未来持有的资本，但是并不影响当前资本，因此也不影响当前充分就业产出。

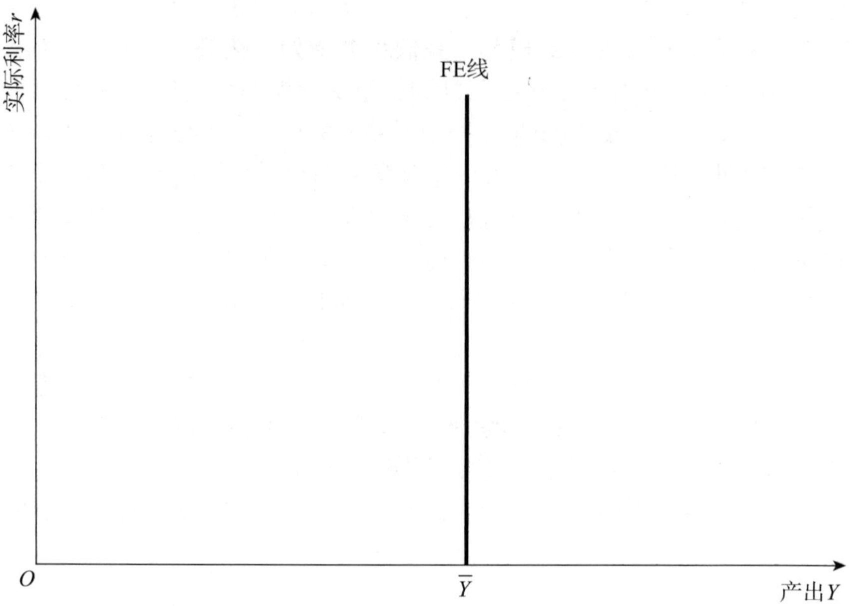

图 9－1　FE 线

说明：充分就业线（FE 线）代表劳动力市场的均衡。当劳动力市场处于均衡时，无论实际利率处于什么水平，就业都等于 $\bar{N}$，产出都等于 $\bar{Y}$。因此，FE 线在 $Y=\bar{Y}$ 处垂直。

小结表 11　　引起 FE 线移动的因素

因素	FE 线的移动方向	原因
良性供给冲击	右移	(1) 使用同样数量的资本和劳动可以生产出更多的产品。* (2) 如果 MPN 增加，那么劳动需求增加，并且增加就业。 出于以上两个原因，充分就业产出增加。
劳动供给增加	右移	均衡就业增加，使充分就业产出增加。
资本增加	右移	使用同样的劳动可以生产出更多的产品。此外，资本的增加可以提高 MPN，从而提高劳动需求和均衡就业。

9.2　IS 曲线：产品市场的均衡

我们的模型里三个市场中的第二个是产品市场。回忆第 4 章讲到的，当意愿投资和意愿国民储蓄相等时，即当产品的总供给量等于产品的总需求量时，产品市场处于均衡。回想实际利率的调整会帮助产品市场达到均衡。

在一个以实际利率为纵轴、以产出为横轴的图中，产品市场的均衡由一条名为 IS 的曲线来描述。对于任何产出 Y，**IS 曲线**（IS curve）显示了使产品市场处于均衡状态的实际利率 r。IS 曲线的名称源于在这条曲线的所有点上，意愿投资 I^d 都等于意愿国民储蓄 S^d。

* 在涉及投入要素的概念时，资本和资本存量可通用，劳动与劳动力可通用，后文不再说明。——译者注

图 9－2 呈现了从第 4 章中的储蓄-投资图示（见第 4 章关键图形 3）推导出来的 IS 曲线。图 9－2(a) 显示了以任意的两个产出水平 4 000 和 5 000 为基础绘出的储蓄-投资图示。其中，每一个产出水平都对应着一条储蓄曲线，相应的产出数量标于曲线旁的括号中。因为实际利率的上升会增加各个家庭的意愿储蓄，所以每一条储蓄曲线都向上倾斜。在任何利率水平上，当前产出（实际收入）的增加都导致意愿国民储蓄增加，所以 $Y=5\ 000$ 所对应的储蓄曲线位于 $Y=4\ 000$ 所对应的储蓄曲线的右侧。

图 9－2(a) 同时显示了一条投资曲线。第 4 章提到了投资曲线向下倾斜。投资曲线之所以向下倾斜，是因为实际利率的上升提高了资本的使用者成本，从而减少了意愿资本存量以及意愿投资。意愿投资不受当前产出的影响，所以投资曲线在 $Y=4\ 000$ 和 $Y=5\ 000$ 时是相同的。

每个产出水平都意味着一个不同的出清产品市场的实际利率。当产出为 4 000 时，产品市场均衡位于 D 点，出清产品市场的实际利率为 7%。当产出为 5 000 时，产品市场均衡位于 F 点，出清产品市场的实际利率为 5%。

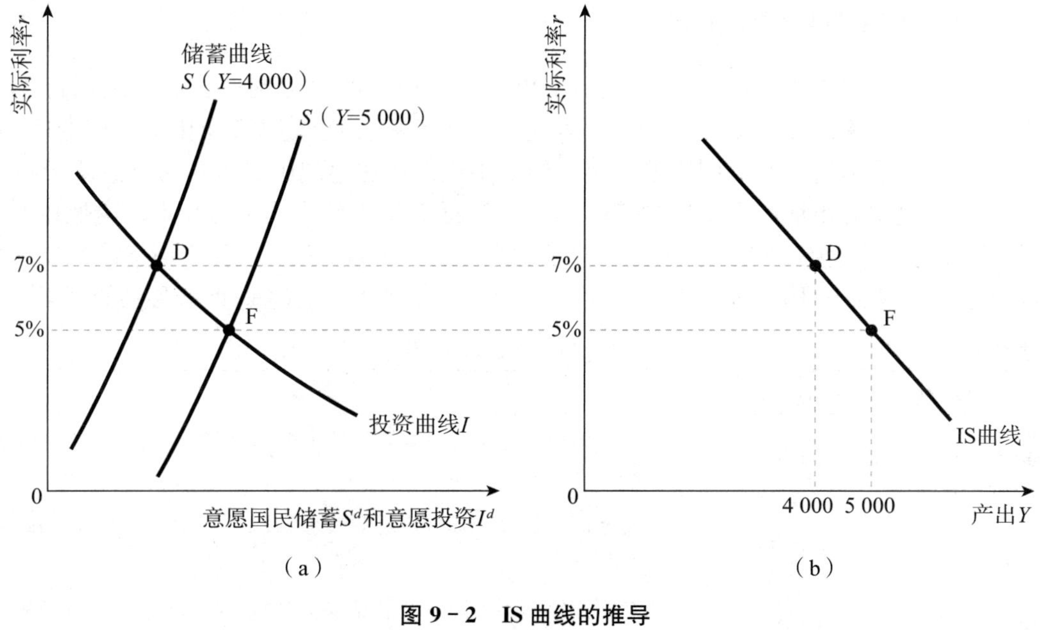

图 9－2 IS 曲线的推导

说明：(a) 该图显示了与两个不同的产出水平 4 000 和 5 000（与每条储蓄曲线对应的产出在曲线上方的括号中标明）对应的产品市场均衡。较高的产出水平增加了意愿国民储蓄，从而导致储蓄曲线向右移动。当产出为 4 000 时，出清产品市场的实际利率是 7%（D 点）。当产出为 5 000 时，出清产品市场的实际利率是 5%（F 点）。

(b) 对于每个产出水平，IS 曲线展示了与之对应的出清产品市场的实际利率。因此，IS 曲线上的每一点都对应于产品市场中的一个均衡点。如图 9－2(a) 所示，当产出为 4 000 时，出清产品市场的实际利率是 7%(D 点)；当产出为 5 000 时，出清产品市场的实际利率是 5%(F 点)。因为较高的产出水平增加了意愿国民储蓄，并且带来了一个较低的出清产品市场的实际利率，因此 IS 曲线向下倾斜。

图 9－2(b) 显示了这个经济的 IS 曲线，其中，产出标于横轴，实际利率标于纵轴。对于任何产出水平，IS 曲线都显示了出清产品市场的实际利率。因此 $Y=4\ 000$ 和 $r=7\%$ 在 IS 曲线上为 D 点。[注意，图 9－2(b) 中的 D 点对应于图 9－2(a) 中的 D 点。] 类似地，当产出为 5 000 时，出清产品市场的实际利率是 5%。这个产出和实际利率的组合位于图 9－2(b) 中 IS 曲线上的 F 点，它对应于图 9－2(a) 中的 F 点。一般来说，

因为产出的增加引起意愿国民储蓄增加，从而引起出清产品市场的实际利率降低，所以IS曲线向下倾斜。

IS曲线的斜率也可以用产品市场均衡条件的另一个（但是等同的）版本来诠释，即在均衡条件下，产品的需求数量一定等于产品的供给数量。为了说明这一点，我们假设经济最初位于图9-2（b）中的F点。因为F点位于IS曲线上，这表示产品市场在该点处于均衡，所以在F点，产品的供给数量和需求数量相等。①

现在假设由于某种原因，实际利率从5%上升到7%。回忆第4章中，实际利率的上升引起意愿消费 C^d（因为当实际利率上升时，人们想要储蓄更多）和意愿投资 I^d 减少，因此使产品的需求总量减少。如果产出 Y 维持在5 000的最初水平上，实际利率的上升将意味着产品的供给数量高于需求数量。要使产品市场在较高的实际利率达到均衡，产品的供给数量必须下降。在图9-2(b）中的D点，产出的下降（从5 000下降到4 000）刚好使得产品的供给数量和需求数量相等，从而使产品市场重新回到均衡。② 在产品市场均衡下，较高的实际利率对应着较低的产出，所以IS曲线向下倾斜。

□ 引起IS曲线移动的因素

对于任何产出水平，IS曲线都显示了出清产品市场的实际利率。当产出保持不变时，任何导致出清产品市场的实际利率发生变化的经济干扰或政策变化都会引起IS曲线移动。更具体地讲，对于固定的产出，经济中任何使意愿国民储蓄相对于意愿投资减少的变化都会提高出清产品市场的实际利率，从而使IS曲线向右上方移动。类似地，对于固定的产出，任何使意愿国民储蓄相对于意愿投资增加的变化都会使出清产品市场的实际利率下降，从而使IS曲线向左下方移动。小结表12列出了引起IS曲线移动的因素。

小结表12　　引起IS曲线移动的因素

增长因素	IS曲线的移动	原因
预期产出	右上方	意愿国民储蓄下降（意愿消费上升），因而出清产品市场的实际利率上升
财富	右上方	意愿国民储蓄下降（意愿消费上升），因而出清产品市场的实际利率上升
政府采购 G	右上方	意愿国民储蓄下降（产品需求上升），因而出清产品市场的实际利率上升
税收 T	无变化或左下方	如果消费者考虑到未来减税具有抵消作用而没有改变消费，则曲线没有变化（李嘉图等价定理）；如果消费者没有考虑到未来减税从而降低意愿消费，那么意愿国民储蓄增加，出清产品市场的实际利率降低，则曲线向左下方移动

① 我们刚刚说明了在F点，意愿国民储蓄等于意愿投资，即 $S^d=I^d$。在意愿国民储蓄等于意愿投资的条件下，用意愿国民储蓄的定义 $Y-C^d-G$ 来替换 S^d，也可以说明在F点，$Y=C^d+I^d+G$。

② 尽管产出 Y 的下降明显减少了产品的供给，但它也减少了产品的需求。原因在于产出的下降也使收入下降了，从而减少了意愿消费，然而，尽管产出下降1美元引起产出的供给减少了1美元，但是收入减少1美元引起的意愿消费 C^d 下降少于1美元（即第4章中定义的边际消费倾向小于1）。因此，产出 Y 的下降所减少的产品供给大于它所减少的产品需求，所以降低了产品的过度供给。

续前表

增长因素	IS 曲线的移动	原因
预期资本边际产量 MPK^f	右上方	意愿投资增加，从而出清产品市场的实际利率上升
资本有效税率	左下方	意愿投资下降，从而出清产品市场的实际利率下降

我们可以使用当前政府采购的变化来说明 IS 曲线移动的一般情况。图 9－3 显示了政府采购的暂时增加对 IS 曲线的影响。图 9－3(a) 为储蓄-投资图示，其中，初始储蓄曲线为 S^1，初始投资曲线为 I。曲线 S^1 代表产出固定在 $Y=4\ 500$ 时的储蓄。图 9－3(b) 显示了初始的 IS 曲线 IS^1。当产出 Y 等于 4 500 时，初始产品市场均衡在图 9－3(a) 和图 9－3(b) 中由 E 点表示。在 E 点，初始的出清产品市场的实际利率是 6%。

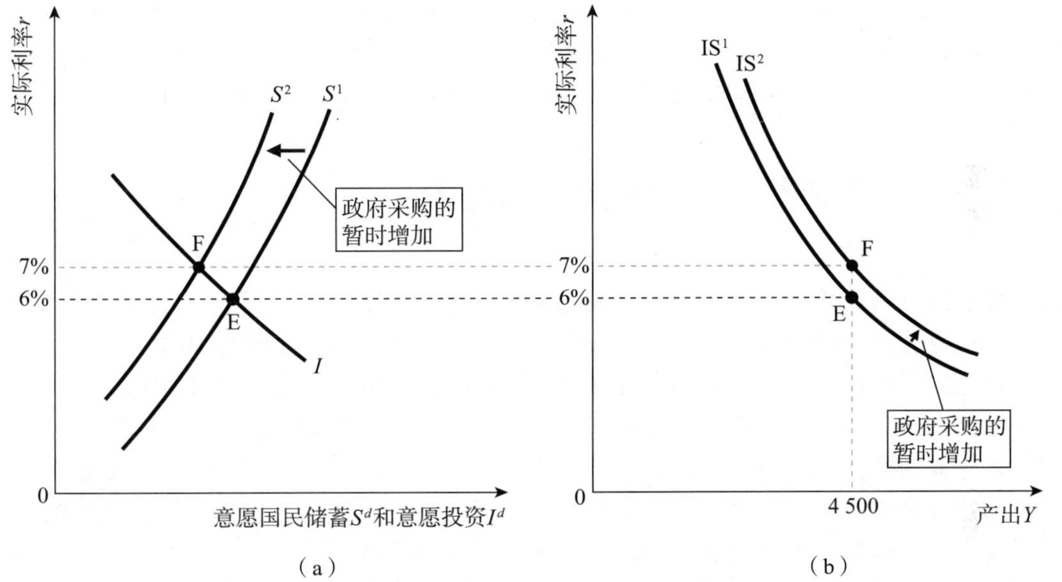

图 9－3　政府采购的暂时增加对 IS 曲线的影响

说明：(a) 储蓄-投资图示显示了当产出 Y 固定在 4 500 时，政府采购 G 的暂时增加所产生的影响。G 的增加减少了意愿国民储蓄，并且导致储蓄曲线从 S^1 向左移动到 S^2。产品市场均衡点从 E 点移动到 F 点，实际利率从 6%上升到 7%。

(b) G 的增加导致任何产出水平上的出清产品市场的实际利率上升，因此 IS 曲线从 IS^1 向右上方移动到 IS^2。在本例中，产出固定在 4 500，政府采购的暂时增加导致出清产品市场的实际利率从 6%(E 点) 上升到 7%(F 点)。

现在假设政府增加其当前产品采购 G。无论实际利率为何水平，意愿投资都不受政府采购增加的影响，所以投资曲线不会移动。但是，如第 4 章中所讨论的，政府采购的暂时增加使意愿国民储蓄 $Y-C^d-G$ 减少（见第 4 章的小结表 5），所以在图 9－3(a) 中，储蓄曲线从 S^1 向左移动到 S^2。作为意愿国民储蓄减少的结果，当产出等于 4 500 时，出清产品市场的实际利率从 6%增加到 7%[图 9－3(a) 中的 F 点]。

图 9－3(b) 展现了 IS 曲线所受的影响。当产出固定在 4 500 时，出清产品市场的实际利率从 6%上升到 7%，即从 E 点移动到 F 点。新的 IS 曲线 IS^2 通过 F 点，并且位于初始 IS 曲线 IS^1 的右上方。因此，政府采购的暂时增加使 IS 曲线向右上方移动。

迄今为止，我们关于 IS 曲线移动的讨论一直关注的是意愿国民储蓄必须等于意愿投资这个产品市场均衡条件。然而，关于引起 IS 曲线移动因素的描述也可以用产品市场均衡条件的另一个（但是等同的）版本来诠释，即产品的需求数量必须等于产品的供给数量。实际上，给定产出水平，任何引起产品需求增加的变化都会引起 IS 曲线向右上方移动。

以上规则成立是因为对于初始产出水平，产品需求的增加会导致产品的需求数量大于产品的供给数量。通过提高实际利率，从而减少意愿消费 C^d 和意愿投资 I^d，产品市场可以恢复到有着同样产出水平的均衡。就任何产出水平而言，产品需求的增加提高了出清产品市场的实际利率，所以我们的结论是，产品需求的增加导致 IS 曲线向右上方移动。

为说明这种思考 IS 曲线移动的方式，我们再次采用政府采购的暂时增加的例子。注意，政府采购 G 的暂时增加直接提高了产品需求 C^d+I^d+G，导致在初始产出水平上存在着过度的产品需求。通过提高实际利率，从而减少 C^d 和 I^d，过度的产品需求可以被消除，并使得产品市场恢复到有着初始产出水平的均衡。因为当政府采购暂时增加时，产品市场的均衡要求实际利率相应上升，所以 G 的增加引起 IS 曲线向右上方移动。

9.3 LM 曲线：资产市场的均衡

我们的宏观经济模型中的第三个也是最后一个市场是在第 7 章中描述的资产市场。当资产持有者对其资产组合中资产的需求数量等于经济中那些资产的供给数量时，资产市场就达到了均衡。在现实中存在着许多不同的资产，包括实物资产（住宅、耐用消费品、办公大楼）和金融资产（支票账户、政府债券）。但是，回想我们曾将所有的资产加总并分成两类——货币和非货币资产。我们假设名义货币供给为 M，并且货币支付一个固定的名义利率 i^m。类似地，我们假设非货币资产的名义供给为 NM，这些资产支付名义利率 i 以及（给定预期通货膨胀率 π^e）预期实际利率 r。

有了这个加总假设，我们展示了资产市场均衡条件可简化为货币的供给数量和需求数量相等这样一个条件。在这一节，我们将展示资产市场的均衡可由 LM 曲线来表示。不过，要讨论资产市场如何达到均衡——我们在第 7 章没有完成的任务——我们首先引入金融市场上的交易者每天都在运用的一个重要关系：非货币资产的价格和该资产的利率之间的关系。

□ 利率与非货币资产的价格

政府债券等非货币资产的价格是一个购买者为得到它而必须付出的款项。非货币资产的价格与该资产所支付的利率（有时也叫收益率）密切相关。为举例说明这个关系，我们考虑一年后到期的债券。我们假设该债券到期后，债券持有人会将其兑现并得到 10 000 美元；在到期前，该债券不会支付任何利息。① 假设现在可以用 9 615 美元的价格购买该债券。在这个价格上，下一年该债券的价值将会增加 385(＝10 000－9 615) 美元，即约为其当前价格 9 615 美元的 4%。因此，债券的名义利率（即收益率）为每

① 在到期前不支付任何利息的债券叫作折扣债券或零优惠债券。

年 4%。

现在假设出于某个原因，一年后到期的 10 000 美元债券的当前价格降到 9 524 美元。下一年内该债券的价值增长将为 476(=10 000−9 524) 美元，即约为其购买价格 9 524美元的 5%。因此，当债券的当前价格降到 9 524 美元时，该债券的名义利率上升到每年 5%。一般来说，就承诺到期偿付的债券或其他非货币资产而言，资产的价格越高，其支付的名义利率就越低。因此，如果媒体报道在昨天的交易中债券市场走强（债券价格上涨)，那么等于说名义利率下降。

我们刚刚说明了为什么非货币资产的价格与其名义利率是负相关的。对于给定的预期通货膨胀率 π^e，名义利率的变动对应着同量的实际利率的变动，所以非货币资产的价格与它的实际利率也是负相关的。这个关系是推导 LM 曲线和解释资产市场如何达到均衡的关键。

□ 货币需求数量与货币供给数量相等

要推导代表资产市场均衡的 LM 曲线，回想前文中提到的，只有在货币的需求数量等于当前所有的货币供给数量时，资产市场才会达到均衡。我们用货币供给-货币需求图示来描述货币供给数量和需求数量相等，如图 9－4 所示。在图 9－4(a) 中，实际利率位于纵轴，以实际单位衡量的货币位于横轴。[①] MS 线呈现了经济的实际货币供给 M/P。名义货币供给 M 由中央银行决定。因此，对于给定的价格水平 P，实际货币供给 M/P 是一个固定值，并且 MS 线是垂直的。例如，如果 $M=2\ 000$，$P=2$，那么 MS 线是垂直于 $M/P=1\ 000$ 的直线。

图 9－4(a) 中的两条 MD 曲线展现了产出 Y 处于两个不同水平时的实际货币需求。回想在第 7 章提到的，对于给定的预期通货膨胀率 π^e，较高的实际利率 r 增加了非货币资产的相对吸引力，从而使得资产持有人减少货币需求。因此，货币需求曲线向下倾斜。$Y=4\ 000$ 时的货币需求曲线 MD 呈现了当产出为 4 000 时的实际货币需求。类似地，$Y=5\ 000$ 时的 MD 曲线呈现了当产出为 5 000 时的实际货币需求。因为无论实际利率为何水平，产出的增加都将导致对货币需求增加，所以 $Y=5\ 000$ 时的货币需求曲线位于 $Y=4\ 000$ 时的货币需求曲线的右侧。

在图形中，资产市场均衡发生于货币供给曲线和货币需求曲线的交点，此处货币的实际供给数量和需求数量相等。例如，当产出是 4 000 时，货币需求曲线是 MD($Y=4\ 000$)，货币需求曲线和货币供给曲线在图 9－4(a) 中相交于 A 点。A 点的实际利率是 3%。因此，当产出是 4 000 时，出清资产市场（使货币的供给数量等于需求数量）的实际利率是 3%。当实际利率等于 3%、产出等于 4 000 时，财富持有人对货币的实际需求数量为 1 000，这等于中央银行在给定价格水平下的实际货币供应量。

如果产出从 4 000 上升到 5 000，那么资产市场均衡会怎样变化？人们需要进行更多的交易，这样一来，无论实际利率为何水平，人们都增加了对货币的实际需求。其结果是，货币需求曲线向右移动到 MD($Y=5\ 000$)。如果实际利率保持在 3%，货币的实际需求数量将超过实际供给数量。在图 9－4(a) 中的 B 点，货币的实际需求数量是

---

① 资产市场均衡可以表达为名义货币供给等于名义货币需求，或实际货币供给等于实际货币需求。在第 7 章中，我们使用的是以实际单位衡量的条件。

1 200，高于货币的实际供给数量 1 000。要使货币供给和货币需求恢复相等，从而将资产市场带回均衡，实际利率则必须上升到 5%。当实际利率为 5%时，货币的实际需求数量下降到 1 000，等于固定的实际货币供给［图 9－4(a) 中的 C 点］。

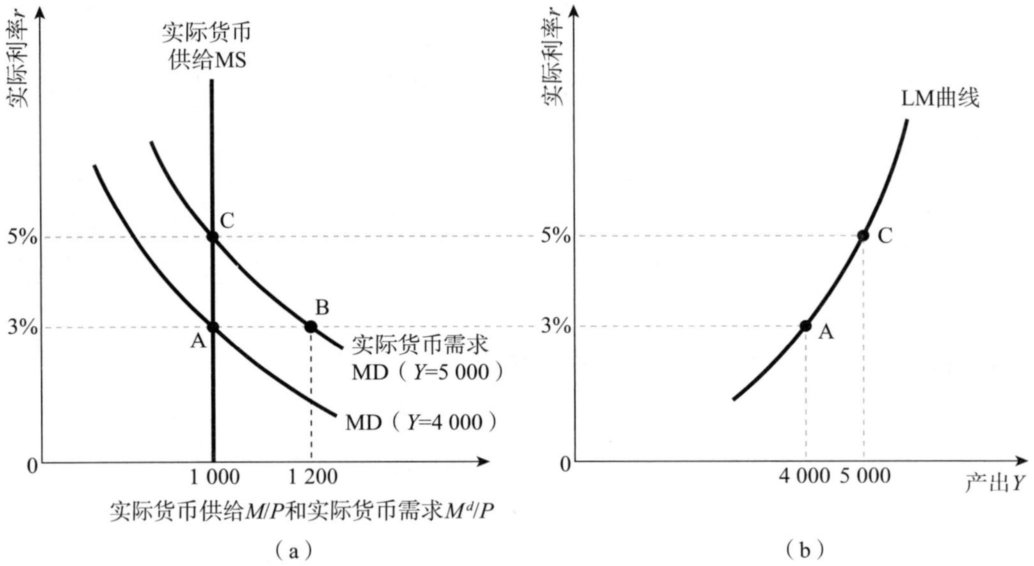

图 9－4　LM 曲线的推导

说明：(a) 该曲线体现了实际货币需求和实际货币供给。实际货币供给固定为 1 000。当产出为 4 000 时，实际货币供给曲线是 MD(Y=4 000)，出清资产市场的实际利率是 3%(A 点)。当产出为 5 000 时，在同等的实际利率上需要更多的货币，所以实际货币需求曲线向右移动到 MD(Y=5 000)。在这种情况下，出清资产市场的实际利率是 5%(C 点)。

(b) 该图给出了相对应的 LM 曲线。对每个产出水平来说，LM 曲线显示了出清资产市场的实际利率。当产出是 4 000 时，LM 曲线表明出清资产市场的实际利率是 3%(A 点)。当产出是 5 000 时，LM 曲线表明出清资产市场的实际利率是 5%(C 点)。因为较高的产出提高了货币需求，从而提高了出清资产市场的实际利率，所以 LM 曲线向上倾斜。

实际利率的上升怎样消除对货币的过度需求呢？什么引起实际利率上升？前文中提到，非货币资产的价格与其所支付的利率是负相关的。当实际利率为其初始水平 3%时，产出从 4 000 增加到 5 000，这使人们需要更多的货币［图 9－4(a) 中 MD 曲线向右移动］。要满足其持有更多货币的愿望，人们必须试着将他们非货币资产的一部分卖掉以换取货币。但是当人们争相卖出部分非货币资产时，这些资产的价格会随之下降，这意味着这些资产的实际利率上升。因此，正是公众卖出非货币资产来增加所持货币的尝试，导致了实际利率的上升。

因为经济中的实际货币供给是固定的，所有公众作为一个整体不能增加其所持有的货币总量。只要人们试图通过卖出非货币资产来增加货币持有，实际利率就会持续上升。但是，非货币资产实际利率的上升使这些资产相对于货币变得越来越有吸引力，从而减少了货币的实际需求数量［在图 9－4(a) 中的变化是沿着 Y=5 000 的 MD 曲线从 B 点移动到 C 点］。实际利率将持续上升，直到货币的实际需求数量再次等于固定的货币供给，并且恢复资产市场均衡。新的资产市场均衡位于 C 点，实际利率从 3%上升到 5%。

前面的例子表明，当产出增加使实际货币需求上升时，需要一个较高的实际利率来维持资产市场的均衡。一般而言，产出和出清资产市场的实际利率间的关系从图形上可用 LM 曲线表示。对于任何产出水平，**LM 曲线**（LM curve）显示了使资产市场处于均衡，即货币供给数量和货币需求数量相等的实际利率。LM 的命名来自资产市场均衡条件，即由实际货币需求函数 L 决定的实际货币需求数量一定等于实际货币供给 M/P。

图 9－4(b) 呈现了与我们的数字实例相对应的 LM 曲线，其中，实际利率 r 位于纵轴，产出 Y 位于横轴。A 点和 C 点位于 LM 曲线上。A 点与图 9－4(a) 货币供给-货币需求图示中的 A 点相对应，此处的产出 Y 是 4 000，实际利率 r 是 3%。由于 A 点位于 LM 曲线上，所以当产出是 4 000 时，出清资产市场的实际利率是 3%。类似地，因为 C 点位于 LM 曲线上，所以当产出为 5 000 时，使货币供给和货币需求相等的实际利率是 5%。这个产出-实际利率的组合对应的是图 9－4(a) 中 C 点的资产市场均衡。

图 9－4(b) 说明了 LM 曲线总是向右上方倾斜的一般性结论，之所以如此，是因为通过提高货币需求，产出的增加也提高了出清资产市场所需的非货币资产的实际利率。

□ 引起 LM 曲线移动的因素

在推导 LM 曲线时，我们让产出变化，但保持价格水平等影响出清资产市场的实际利率的其他因素不变。这些因素的任何变化都将引起 LM 曲线的移动。具体而言，就固定的产出而言，任何使实际货币供给相对于实际货币需求减少的变化都将导致出清资产市场的实际利率上升，并使 LM 曲线向左上方移动。类似地，就固定的产出而言，任何使实际货币供给相对于实际货币需求增加的变化都将导致出清资产市场的实际利率下降，并使 LM 曲线向右下方移动。在此，我们对实际货币供给或需求变化如何影响 LM 曲线做一般性的讨论。小结表 13 列举了引起 LM 曲线移动的因素。

小结表 13　　引起 LM 曲线移动的因素

增加因素	LM 曲线移动	原因
名义货币供给 M	右下方	实际货币供给增加，使出清资产市场（令货币供给与货币需求相等）的实际利率降低
价格水平 P	左上方	实际货币供给下降，使出清资产市场的实际利率升高
预期通货膨胀率 π^e	右下方	实际货币需求下降，使出清资产市场的实际利率降低
货币的名义利率 i^m	左上方	实际货币需求增加，使出清资产市场的实际利率升高

此外，对于固定的产出，任何使实际货币需求增加的因素均会导致出清资产市场的实际利率上升，并使 LM 曲线向左上方移动。其他引起实际货币需求增加的因素包括（见第 7 章的小结表 9）：
- 财富增加
- 其他资产的风险相对于持有货币的风险增加
- 其他资产流动性降低
- 支付技术的效率降低

实际货币供给的变化　实际货币供给 M/P 的增加将降低出清资产市场的实际利率，并引起 LM 曲线向右下方移动。图 9－5 说明了这一点，并扩展了前面的数字实例。

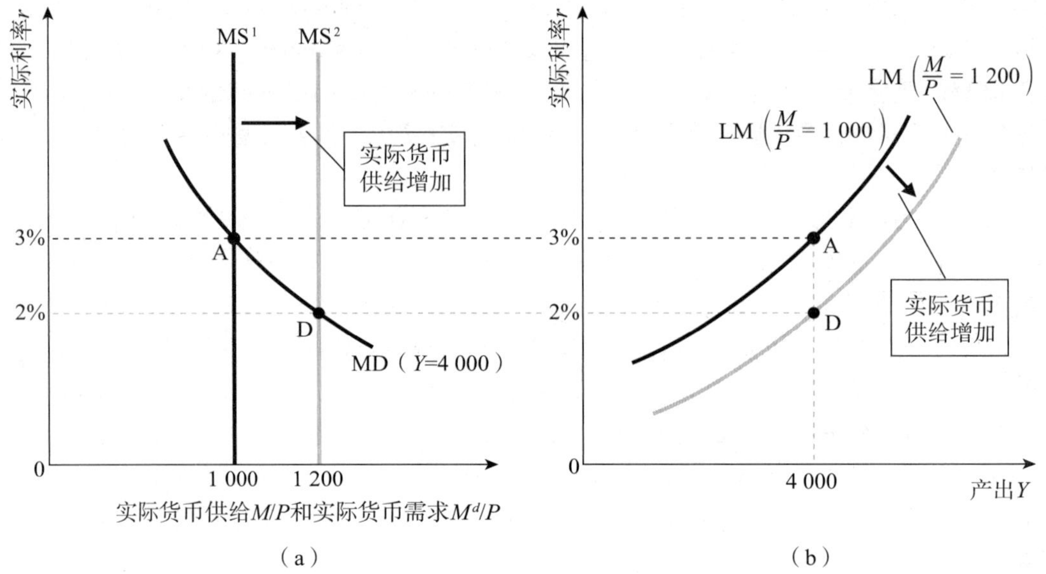

图 9-5　实际货币供给的增加引起 LM 曲线向右下方移动

说明：(a) 实际货币供给的增加使货币供给曲线从 MS^1 向右移动到 MS^2。就固定的产出水平而言，出清资产市场的实际利率下降。例如，如果产出固定为 4 000，那么货币供给曲线是 MD(Y＝4 000)，出清资产市场的实际利率从 3%（A 点）下降到 2%（D 点）。

(b) 该图显示了实际货币供给增加对 LM 曲线的影响。对于任何产出水平，实际货币供给的增加将引起出清资产市场的实际利率下降。举例来说，当产出是 4 000 时，实际货币供给的增加导致出清资产市场的实际利率从 3%（A 点）下降到 2%(D 点)。因此，LM 曲线从 LM(M/P＝1 000) 向右下方移动到 LM(M/P＝1 200)。

图 9-5(a) 含有货币供给-货币需求图示。假设最初的实际货币供给 M/P 是1 000，产出是 4 000，所以货币需求曲线是 MD(Y＝4 000)。资产市场均衡位于 A 点，出清资产市场的实际利率是 3%。对应于实际货币供给为 1 000 的 LM 曲线是图 9-5(b) 中的 LM$\left(\frac{M}{P}=1\ 000\right)$。与图 9-5(a) 货币供给-货币需求图示中的 A 点一样，这条 LM 曲线上 A 点的产出是 4 000，实际利率是 3%。因为 A 点位于初始的 LM 曲线上，所以当产出是 4 000 且货币供给是 1 000 时，出清资产市场的实际利率是 3%。

现在假设产出固定为 4 000，实际货币供给从 1 000 增加到 1 200。实际货币供给的增长引起垂直的货币供给曲线从图 9-5(a) 中的 MS^1 向右移动到 MS^2。资产市场均衡点现在是 D 点，该点的产出仍为 4 000，出清资产市场的实际利率下降到 2%。

为什么出清资产市场的实际利率下降了？在初始的实际利率水平 3%，存在过度的货币供给，即资产持有人资产组合中的货币数量超过他们想要持有的数量，结果是他们资产中的非货币资产所占的比例小于他们想要的比例。要消除资产组合中的不平衡，资产持有人会用他们的一部分货币来购买非货币资产。但是，当资产持有人作为一个群体试图购买非货币资产时，非货币资产的价格会被抬升，因此这些资产的实际利率会下降。当实际利率下降时，非货币资产相对于货币的吸引力会降低。实际利率会持续下降到 2%，即图 9-5(a) 中的 D 点，此处货币的过度供给和非货币资产的过度需求被消除，资产市场重新恢复均衡。

图 9-5(b) 说明了实际货币供给的增加对 LM 曲线的影响。当产出固定为 4 000

时，实际货币供给的增加使出清资产市场的实际利率从 3%降到 2%，因此 $Y=4\ 000$ 并且 $r=2\%$ 的 D 点是新的资产市场均衡点，而 A 点不再是均衡点。更广泛地讲，对于任何产出水平，实际货币供给的增加降低了出清资产市场的实际利率。因此，整个 LM 曲线向右下方移动。$M/P=1\ 200$ 时的新 LM 曲线通过新的均衡点即 D 点，并且位于 $M/P=1\ 000$ 时原 LM 曲线的下方。

因此，当产出固定时，实际货币供给的增加降低了出清资产市场的实际利率，并引起 LM 曲线向右下方移动。类似的分析也可以用来说明实际货币供给下降引起 LM 曲线向左上方移动。

什么因素可能引起实际货币供给的增加呢？一般而言，因为实际货币供给等于$\frac{M}{P}$，所以只要由中央银行控制的名义货币供给 M 的增长速度高于价格水平 P 的增长速度，实际货币供给就会增加。

实际货币需求的变化 任何影响实际货币需求的变量的变动，包括产出或实际利率，都将引起 LM 曲线移动。具体地讲，当产出固定时，实际货币需求的增加提高了出清资产市场的实际利率，并因此引起 LM 曲线向左上方移动。类似地，当产出固定时，实际货币需求的下降引起 LM 曲线向右下方移动。

图 9－6 展示了货币需求增加的图形分析，它与图 9－5 中货币供给的变化类似。同前，货币供给-货币需求图示位于图 9－6(a) 中。产出固定在 4 000，实际货币供给仍然是 1 000。初始货币需求曲线是 MD^1。初始资产市场均衡点为 A 点，在该点，货币需求曲线 MD^1 与货币供给曲线 MS 相交。在 A 点，出清资产市场的实际利率是 3%。

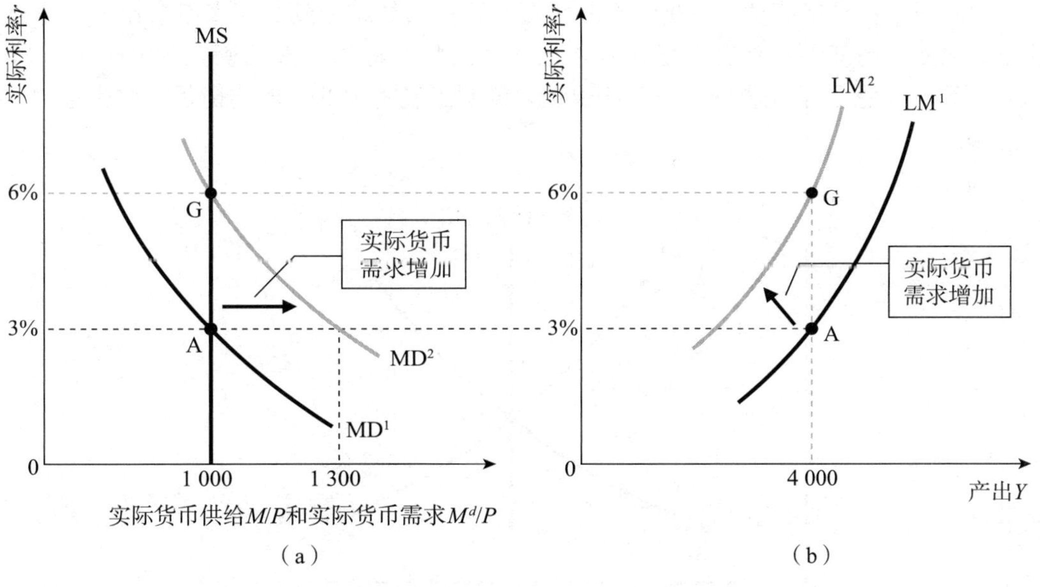

图 9－6 实际货币需求的增加引起 LM 曲线向左上方移动

说明：(a) 当产出固定在 4 000，实际货币供给为 1 000 时，货币所支付利率的上升增加了实际货币需求。货币需求曲线从 MD^1 向右移动到 MD^2，出清资产市场的实际利率从 3%(A 点) 上升到 6%(G 点)。

(b) 该图显示了实际货币需求的增加对 LM 曲线的影响。当产出为 4 000 时，实际货币需求的增加导致出清资产市场的实际利率从 3%(A 点) 上升到 6%(G 点)。一般而言，对于任何产出水平，实际货币需求的增加导致出清资产市场的实际利率上升。因此，LM 曲线从 LM^1 向左上方移动到 LM^2。

现在假设对于一个固定的产出水平，经济中发生使实际货币需求增加的变化。例如，如果银行决定增加支付给货币的利息 i^m，在同样的产出和实际利率水平上，公众则会希望持有更多的货币。从图形上看，货币需求的增加引起图 9-6(a) 中的货币需求曲线从 MD^1 向右移动到 MD^2。在初始实际利率 3%处，实际货币需求数量是 1 300，超过了实际货币供给数量 1 000，所以 3%不再是出清资产市场的实际利率值。

实际货币需求增加后，出清资产市场的实际利率将怎样变化？如果资产持有人想要持有更多的货币，他们将用非货币资产来换取货币。非货币资产出售量的增加将压低其价格，因此提高了非货币资产所支付的实际利率。实际利率将上升，从而降低了持有货币的吸引力，直到公众满足于持有现有的实际货币供给数量（1 000）。实际利率从 A 点的初始值 3%上升到 G 点的 6%。

图 9-6(b) 展现了实际货币需求增加对 LM 曲线的影响。初始 LM 曲线 LM^1 通过 A 点，表明当产出为 4 000 时，出清资产市场的实际利率是 3%。[图 9-6(b) 中的 A 点对应图 9-6(a) 中的 A 点。] 当产出固定为 4 000 时，实际货币需求增加后的出清资产市场的实际利率上升到 6%。因此，新的 LM 曲线一定会通过 G 点 [对应于图 9-6(a) 中的 G 点]，此处 $Y=4\ 000$，$r=6\%$。因为现在对于任何产出水平，出清资产市场的实际利率升高了，所以新的 LM 曲线 LM^2 高于 LM^1。

9.4 完整的 IS-LM 模型的一般均衡

我们下一步是将劳动力市场、产品市场和资产市场结合到一起来考察作为一个整体的经济均衡。经济中所有的市场同时处于均衡的状态称为**一般均衡**（general equilibrium）。图 9-7 展示了完整的 IS-LM 模型，说明了经济中的一般均衡是怎样决定的。图中包括：

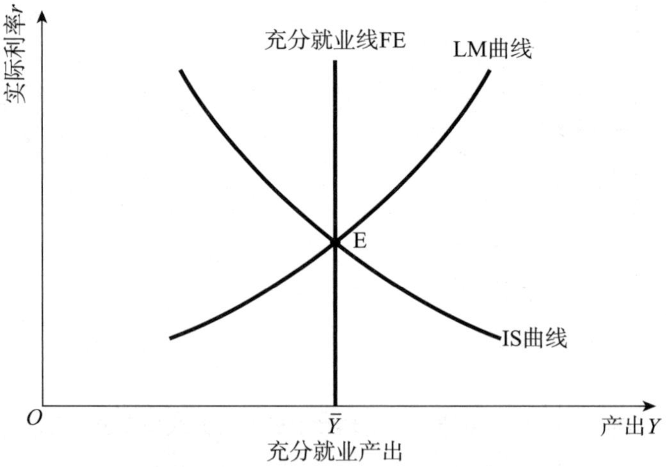

图 9-7 完整的 IS-LM 模型的一般均衡

说明：当每个市场中的供给数量等于需求数量时，经济处于一般均衡。一般均衡 E 点位于 IS 曲线、LM 曲线和 FE 线上。因此，只有在 E 点，产品市场、资产市场和劳动力市场同时处于均衡。

- 充分就业线，即 FE 线，在该线上，劳动力市场处于均衡。
- IS 曲线，在该曲线上，产品市场处于均衡。
- LM 曲线，在该曲线上，资产市场处于均衡。

三条曲线相交于 E 点，表明三个市场在该点处于均衡。因此，E 点代表一般均衡，并且由于它是唯一同时位于三条曲线上的点，因此它也是经济中唯一的一般均衡。

尽管 E 点明显是一般均衡点，不甚明显的是什么样的力量将经济带到该点。换言之，尽管 IS 曲线和 FE 线一定相交于某一点，但我们还没有解释为什么 LM 曲线一定会通过同一点。在 9.5 节，我们会讨论将经济带到一般均衡的经济力量。在那里，我们将说明：①经济的一般均衡永远处于 IS 曲线和 FE 曲线的交点；②价格水平的变化引起 LM 曲线移动，直到它通过 IS 曲线和 FE 线确定的一般均衡点。然而，在详细讨论这个调整过程前，我们来考察一个说明 IS－LM 模型应用的例子。

□ IS－LM 模型的应用：暂时恶性供给冲击

一个与经济周期分析相关的经济冲击是暂时恶性供给冲击。具体而言，假设（因为恶劣天气或石油价格暂时上涨）生产函数中的生产率 A 暂时下降。① 我们可以使用 IS－LM 模型来分析这个冲击对经济中一般均衡以及实际工资、就业、产出、实际利率、价格水平、消费和投资等各种经济变量的一般均衡值的影响。

假设经济最初位于图 9－8 中 E 点的一般均衡，经济的初始 FE 线 FE^1、IS 曲线和初始 LM 曲线 LM^1 相交于 E 点。要确定暂时恶性供给冲击对该经济一般均衡的影响，我们必须考虑生产率 A 的暂时下降怎样影响 FE 线、IS 曲线以及 LM 曲线的位置。

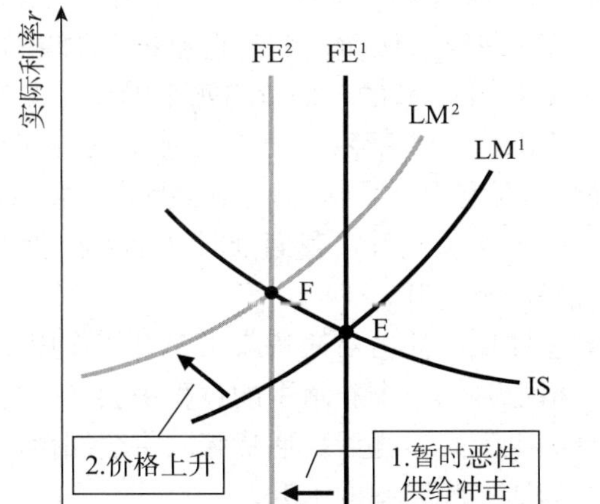

图 9－8　暂时恶性供给冲击的影响

说明：经济最初的一般均衡位于 E 点，产出为充分就业产出$\bar{Y}_1$。暂时恶性供给冲击使充分就业产出从$\bar{Y}_1$ 减少到$\bar{Y}_2$，并将 FE 线从 FE^1 向左平移到 FE^2。新的一般均衡位于 FE^2 和无变化的 IS 曲线相交的 F 点。价格水平的上升使得 LM 曲线从 LM^1 向左上方平移，直至穿过 F 点，到达 LM^2。与原一般均衡点 E 相比，在新的一般均衡点 F，产出减少，实际利率上升，价格水平升高。

---

① 回想生产函数［式（3－1）］，即 $Y=AF(K, N)$，A 的下降减少了使用任何数量的资本 K 和劳动 N 可以生产的产出。

FE 线描述了劳动力市场均衡。因此要找出供给冲击对 FE 线的影响，我们必须首先考察冲击对劳动供给和劳动需求的影响。我们在前文中曾说明了暂时恶性供给冲击降低了劳动力边际产量，因此使劳动需求曲线向下移动（见图 3－11）。因为供给冲击是暂时的，我们假设它并不影响工人的财富或预期工资，所以对劳动供给不产生影响。作为劳动需求下降的结果，实际工资的均衡值和就业的均衡值 $\bar{N}$ 都会下降。

FE 线只会以充分就业产出 $\bar{Y}$ 的变化来决定其移动的程度。$\bar{Y}$ 会变化吗？是的。回忆第 3 章中暂时恶性供给冲击降低了等于 $AF(K, \bar{N})$ 的充分就业产出 $\bar{Y}$。其原因有两点：①正如我们刚刚提到的，暂时恶性供给冲击降低了就业的均衡水平 $\bar{N}$，从而降低了可以生产的产出数量；②生产率 A 的下降直接减少了使用任何资本和劳动组合可以生产的产出数量。在图 9－8 中，$\bar{Y}$ 的减少表示为 FE 线从 FE^1 左移到 FE^2。

现在考虑暂时恶性供给冲击对 IS 曲线的影响。回忆我们在储蓄-投资图示（见图 9－2）中使当前产出水平改变，然后找出在每个当前产出水平下使意愿储蓄等于意愿投资的实际利率，从而导出 IS 曲线。暂时恶性供给冲击降低了当前产出，但不会改变任何影响意愿国民储蓄或意愿投资的其他因素（如财富、预期收入或预期资本边际产量）。因此，暂时恶性供给冲击正是我们在推导 IS 曲线时用到的那一类当前产出的变化。我们的结论是暂时恶性供给冲击是沿着 IS 曲线的移动，而 IS 曲线本身不会移动，所以 IS 曲线不变。①

我们再考虑 LM 曲线。暂时恶性供给冲击对货币的需求或供给没有直接的影响，因此不会引起 LM 曲线移动。

现在，我们找出该经济新的一般均衡。在图 9－8 中，不存在 FE^2（新 FE 线）、IS 和 LM^1 同时相交的点。如同我们所提到并将在 9.5 节说明的，当 FE 线、IS 曲线和 LM 曲线没有相交于同一点时，LM 曲线会移动，直到它通过 FE 线和 IS 曲线的交点。LM 曲线的移动是由价格水平 P 的变化引起的，而价格水平的变化改变了实际货币供给 M/P，从而影响资产市场均衡。如图 9－8 所示，要在 F 点恢复一般均衡，LM 曲线必须从 LM^1 向左上方移动到 LM^2。要实现这个移动，实际货币供给 M/P 必须下降（见本章的小结表 13），因此价格水平 P 必须上升。我们推断（尽管我们还没有给出经济解释）暂时恶性供给冲击将引起价格水平上升。

除价格水平外，暂时恶性供给冲击对通货膨胀率有何作用？由于通货膨胀率是价格水平的增长率，所以在价格上升到一个新水平的过程中会产生通货膨胀。但是，在价格水平稳定于高水平（并且不再上升）之后，通货膨胀将会回落。因此，暂时恶性供给冲击会引起暂时的而非永久的通货膨胀率的上升。

现在回顾一下我们的结论：

（1）正如我们已经在第 3 章说明的，暂时恶性供给冲击降低了实际工资和就业水平的均衡值。

（2）将图 9－8 中新的一般均衡 F 点与原来的一般均衡 E 点相比较，我们发现供给冲击降低了产出，提高了实际利率。

（3）供给冲击提高了价格水平，并引起通货膨胀暂时爆发。

（4）因为新的一般均衡中的实际利率较高，并且产出较低，所以消费必定低于暂时

① 本章末的分析题第 2 题考察永久恶性供给冲击的影响，并确认在此情形下引起 IS 曲线移动的因素。

恶性供给冲击前的水平。较高的实际利率也意味着投资必定低于冲击前的水平。

在下面的"应用：2008 年石油价格冲击"中，我们将考察上述模型在多大程度上能解释经济的历史表现。注意，IS－LM 模型这类经济模型也广泛应用于对经济状况的预测（参见本章的"数据获取与研究前沿：计量经济模型和货币政策分析中的宏观经济预测"）。

应用

2008 年石油价格冲击

2008 年，油价剧烈波动。2008 年上半年，油价（以 1 加仑西得克萨斯中质原油价格计算）从 1 月 1 日的 96 美元（2007 年 1 月曾经低至 51 美元）上升至 7 月的 145 美元的高点。如此大规模的供给冲击通常会对产出、就业、投资产生不利影响。当这次冲击与 2008 年发生的房地产危机和金融危机结合在一起，并且伴随着经济进入自 20 世纪 30 年代经济大萧条以来的最大衰退时，产出、就业、投资的下降极为剧烈。

我们的理论预测，2008 年的石油价格冲击等不利的供给冲击将导致实际利率上升。然而，为了应对房地产危机和当年的金融危机，特别是 2008 年 9 月金融危机恶化时，美联储大幅降低名义利率。因此，实际利率也在下降，且在许多时候变为负值。

随着金融危机蔓延全球，世界石油需求大幅下降，石油价格从 7 月的 145 美元下跌至 12 月中旬的 30 美元。因此，不利的供给冲击变成有益的供给冲击。但是，当然，房地产危机和金融危机对经济的破坏超过了油价下跌的有利影响。

数据获取与研究前沿

计量经济模型和货币政策分析中的宏观经济预测

本章所建立的 IS－LM 模型是宏观经济模型中一个相对简单的范例。在宏观经济应用分析和研究中有许多更复杂的经济模型［大多数（但非全部）是建立在 IS－LM 模型基础上的］。

宏观经济模型的一个普遍用途是帮助经济学家预测经济的走向。一般而言，使用宏观经济模型来获得量化的经济预测包含三个步骤：第一，必须获得模型中参数（例如货币需求的收入弹性）的数值。在计量经济模型中，这些值是通过数据的统计分析估计出来的。第二，必须对相关的外生变量或无法在模型中确定的变量的可能表现进行预测。外生变量的例子包括政策变量（例如政府支出和货币供给）、石油价格和生产率的变化。第三，基于外生变量的预期轨迹和模型参数，可以通过解出模型（通常使用计算机）来预测在模型中决定的变量（例如产出、就业和利率）。可在模型中决定的变量称为内生变量。

尽管相对简单的模型（如本章所建立的 IS－LM 模型）可以用于实际预测，但是这样的结果可能不甚理想。因为现实世界中的经济是极其复杂的，所以用于预测的宏观经济模型比我们在这里呈现的模型更为详细、具体。例如，美联储一直有一个用来分析经济和进行发展预测的模型被用于货币政策。

1996年，美联储创建了一个政策分析和预测的新模型，即FRB/US模型，并且该模型在不断改进中。FRB/US模型建立在此前的MPS模型上，MPS模型从IS－LM模型发展而来，但包含了上百个代表经济中不同工业和部门的等式。FRB/US模型在许多方面不同于MPS模型：它能够更好地运用人们关于未来通货膨胀率和其他变量的预期，更好地模拟人们和企业对于经济冲击的反应，并且使用更新的统计方法来估算模型。这个模型也可供任何人在美联储网站上使用（见美联储官网）。

现在，美联储的经济学家在政策分析中广泛地使用该模型。他们运用该模型的结果来分析不同的货币政策。例如，如果美联储将联邦基金利率提高到3%，与利率维持在一个较低的水平如0.25%相比，经济在未来两年会如何变化？这可以帮助政策制定者分析政策如何影响经济以及各种政策选择的可能结果。

类似于IS－LM模型，FRB/US模型包含经济中的三个主要部分：家庭、企业和金融市场。正如3.3节所讨论的，家庭提供劳动供给；4.1节和附录4.A提到家庭还决定消费和储蓄的数量。正如4.2节所讨论的，企业选择适当的投资水平以使其利润最大化；我们在3.2节看到企业还有劳动需求。还如我们在第7章所讨论的，企业和家庭对金融资产的需求和供给决定了金融市场的均衡。FRB/US模型运用我们在3.4节的劳动力市场、4.3节的产品市场和7.4节的资产市场阐述的内容来推导求解一般均衡。总体经济增长由第6章讨论的原理决定。FRB/US模型的其他假设建立在第11章将要讨论的新凯恩斯理论的基础上。

尽管该模型十分详尽，但没有哪个宏观模型可以不需要人工的判定就能准确地预测。所以，为了给美联储内部刊物《绿皮书》（Tealbook，前书名为Greenbook）提供预测，美联储的工作人员会先分析FRB/US模型的预测并经常在将其呈现给货币政策制定者前做出一定的修订。专长于不同经济方面的经济学家的专业判断对于《绿皮书》的预测有着不可或缺的重要贡献。事实证明，这种预测方法比私人部门的预测结果要好，尤其在通货膨胀时。①

9.5 价格调整和一般均衡的实现

现在解释引起价格水平变化和LM曲线移动并使其通过IS曲线和FE线交点的经济力量。在讨论价格调整将经济带回一般均衡过程所扮演的角色时，我们将展示古典理论和凯恩斯理论这两种主要经济周期研究方法的基本区别。

为了说明调整过程，我们用完整的IS－LM模型来分析如果名义货币供给增长，经济会发生怎样的变化。这样的分析使我们可以讨论货币政策（货币供给的调控），并介绍当前关于货币政策对经济影响的争论。

① 参见Christina Romer and David Romer, "Federal Reserve Information and Behavior of Interest Rates," *American Economic Review* (June 2000), pp.429－457, and Christopher Sims, "The Role of Models and Probabilities in the Monetary Policy Process," *Brookings Papers on Economic Activity* (2: 2002), pp.1－62。

□ 货币扩张效应

假设中央银行决定将名义货币供给 M 增加 10%。我们暂时让价格水平 P 保持不变，这样实际货币供给 M/P 也增加 10%。这个货币扩张对经济会产生什么效应？图 9－9 运用完整的 IS－LM 模型帮助我们回答了这个问题。

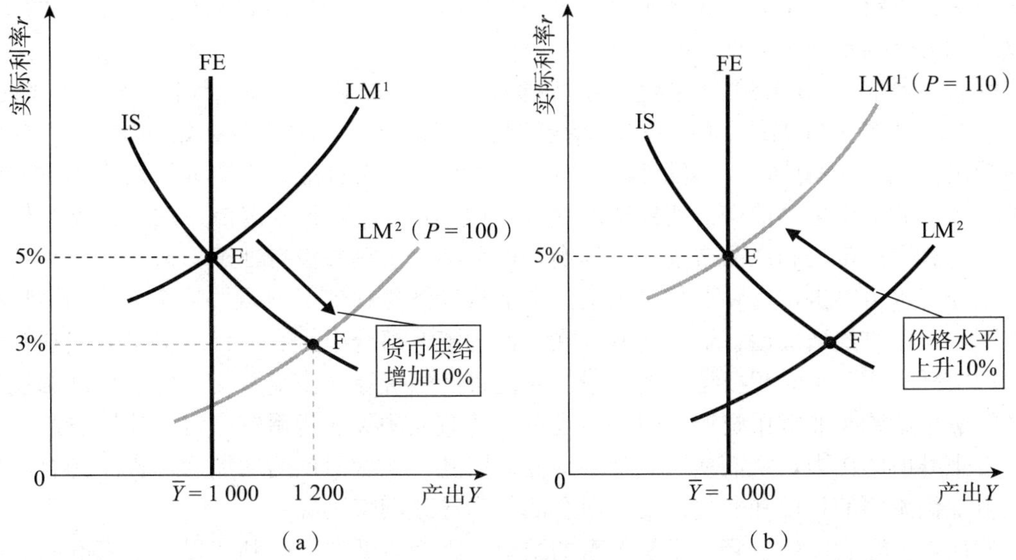

图 9－9　货币扩张的作用

说明：(a) 经济在 E 点处于一般均衡。产出等于充分就业产出 1 000，实际利率是 5%，价格水平是 100。价格水平固定时，名义货币供给 M 增加 10%，使实际货币供给 M/P 增加，并使 LM 曲线从 LM^1 向右下方移动到 LM^2。在 IS 曲线和新 LM 曲线 LM^2 的交点 F，实际利率降到 3%，从而提高了产品总需求。如果公司通过增加产出来满足总需求的增加，产出就会增加到 1 200（高于充分就业产出 1 000）。

(b) 因为总需求超出 F 点处的充分就业产出，公司会提高价格。P 从 100 上升到 110，增加 10%，使实际货币供给恢复到初始水平，并使 LM 曲线移回初始位置 LM^1。这使经济回到 E 点，产出再次处于充分就业产出 1 000，但是价格水平从 100 上升到 110，增加了 10%。

图 9－9 的两个部分说明了分析中涉及的变化过程。为简单起见，假设经济最初处于一般均衡，所以图 9－9(a) 中的 IS 曲线、FE 线和最初的 LM 曲线 LM^1 都通过一般均衡 E 点。在 E 点，产出等于其充分就业产出 1 000，实际利率是 5%。IS 曲线和 LM 曲线均通过 E 点，所以我们知道 5%是使产品市场和资产市场出清的实际利率。价格水平暂时固定在其初始水平 100。

对于固定的产出和实际利率，M/P 的变化不会影响意愿国民储蓄、意愿投资、劳动需求、劳动供给或生产率，所以实际货币供给 M/P 增加 10%不会引起 IS 曲线或 FE 线移动。然而，图 9－5 显示实际货币供给的增加确实使 LM 曲线向右下方移动，我们将其表示为图 9－9（a）中 LM 曲线从 LM^1 到 LM^2 的移动。LM 曲线向右下方移动是因为在任何产出水平，货币供给的增加都降低了出清资产市场的实际利率。

注意，在 LM 曲线向下移动到 LM^2 后，在图 9－9(a) 中不存在三条曲线的交点。换言之，产品市场、劳动力市场和资产市场不再同时处于均衡。我们现在必须对经济不处于一般均衡时如何运行做一些假设。

在IS-LM模型的三个市场中，因为金融市场可以在几分钟内对经济状况的变化做出反应，所以资产市场（以LM曲线表示）无疑调整得最快。因为工人与工作的匹配过程耗时较长，并且工资只能进行定期的再协商（FE线），所以劳动力市场可能是调整最慢的，产品市场（IS曲线）的调整速度可能处于两者之间。我们假设当经济不处于一般均衡时，资产市场和产品市场都会处于均衡，所以产出和实际利率由IS曲线和LM曲线的交点决定。注意，当经济不处于一般均衡时，IS-LM曲线的交点不在FE线上，所以劳动力市场不处于均衡。

因此，名义货币供给增加后，经济随即偏离一般均衡，其产出和实际利率由图9-9(a)中新LM曲线LM^2和IS曲线的交点F表示。与E点的初始均衡值相比，F点的产出（1 200）增加了，实际利率（3%）降低了。我们将F点定为短期均衡点，即在价格水平调整发生之前经济所停留的地方。（尽管我们将F点定为短期均衡点，但要注意，只有资产市场和产品市场处于均衡，而劳动力市场并没有处于均衡。）

用经济术语来讲，为什么货币供给的增加将经济移动到了F点？这个变化的过程描述如下：货币供给增加后，资产持有人在他们的资产组合中持有的货币多于他们在初始产出和实际利率水平时想要持有的数量。要使资产组合重新恢复平衡，他们将试图使用多余的货币来购买非货币资产。但是，在资产持有人购买非货币资产时，他们也给这些资产带来升值的压力，从而使资产利率降低。因此，在货币供给增加后，资产持有人试图获得他们想要的货币和非货币资产组合的行为导致利率下降。

然而，实际利率的下降并不是故事的结束。因为较低的实际利率提高了家庭的意愿消费C^d和公司的意愿投资I^d，因此产品总需求上升。在此，我们做一个基本假设，当需求方对产品的需求增加时，公司就愿意（至少暂时）增加产出，以满足对其产出的额外需求，我们在后面会回到这个假设。因此，我们假设在实际利率的下降提高了产品总需求后，公司会提高产出，从而使短期均衡F点的产出增加。

总之，当价格水平固定时，名义货币供给的增加将经济带到图9-9(a)中的短期均衡F点，与在E点的初始均衡值相比，F点的实际利率降低了，产出增加了。我们做了两个假设：①当经济不处于一般均衡时，经济的短期均衡位于IS曲线和LM曲线的交点；②当产品总需求上升时，公司愿意（至少暂时）生产足够的额外产出，以满足需求的扩张。

价格水平的调整 到目前为止，我们只是简单地将价格水平P固定。实际中，价格水平会对经济的供给和需求状况做出反应。价格水平P是指产出（产品）的价格，所以要考察本例中的价格如何调整，我们应重新考虑货币供给增加对产品市场的影响。

在图9-9(a)中，短期均衡F点位于IS曲线上，这意味着在该点，产品市场处于均衡，产品总供给数量等于总需求数量。回想一下，我们曾假设公司愿意提高产出来满足任何总需求的增加。那么从这一点来说，产品总供给的数量等于总需求的数量。但从另一个角度看，产品市场在F点不处于均衡。问题在于，要满足F点的产品需求，公司的生产必须高于其充分就业产出$\bar{Y}$。因为充分就业产出$\bar{Y}$对应着利润最大化的雇用水平（第3章），所以该产出水平是使公司利润最大化的产出水平。因此，要满足更高的总需求水平，公司的产出必须高于它们想要生产的数量。从这个角度讲，公司在F点的产品生产并不是使其利润最大化的产出水平，所以产品市场并没有真正处于均衡。

在F点，产品的总需求超过了公司意愿的产出供给$\bar{Y}$，所以我们预期公司将提高产品的价格，从而引起价格水平 P 上升。由于名义货币供给 M 是由中央银行来决定的，所以价格水平 P 的上升降低了实际货币供给 M/P，转而使 LM 曲线向左上方移动。确实，只要产品总需求的数量超过公司愿意提供的数量，价格将继续上升。因此 LM 曲线持续向左上方移动，直到产品总需求的数量等于充分就业产出。只有当 LM 曲线回到图 9－9(b) 中的初始曲线 LM^1 时，LM 曲线穿过初始一般均衡 E 点，总需求才会等于充分就业产出。在 E 点，经济中的三个市场再次达到均衡，并且产出等于充分就业产出。

将图 9－9(b) 与图 9－9(a) 中的初始位置相比较，注意在价格调整之后，名义货币供给增加 10%对产出或实际利率没有影响。在经济回到其初始产出水平后，就业也没有改变。不过，作为名义货币供给增加 10%的结果，价格水平上升了 10%（所以 $P=110$）。我们怎么才能知道价格水平的变化正好是 10%呢？要使 LM 曲线回到其初始位置，价格水平的上升必须使实际货币供给 M/P 回到其初始值。因为名义货币供给 M 增加了 10%，要使 M/P 回到初始值，价格水平 P 必须同样上升 10%。因此，名义货币供给的变化引起价格水平同比例的变化。这个结果与第 7 章中的结果［见式（7－10)］是一样的，在那里，我们假设所有的市场都处于均衡。

注意，因为在一般均衡下价格水平上升了 10%，但实际经济变量不受影响，所以所有的名义经济变量都必须上升 10%。尤其是要使价格变化后的实际工资与变化前的实际工资相同，名义工资必须上升 10%。因此，经济要恢复一般均衡，名义工资（劳动的价格）和产品价格都要调整。

货币趋势增长与通货膨胀　在图 9－9 中，我们分析了名义货币供给一次性增加 10%以及随后的价格水平一次性调整 10%的效应。现实中，大部分国家的货币供给和价格水平是持续上升的。我们的分析框架可以很容易地处理这种情形。假设某个国家的名义货币供给 M 和价格水平 P 以每年 7%的速度稳步上升，这意味着实际货币供给 M/P 固定不变。LM 曲线取决于实际货币供给 M/P，所以在这个情形下，即使名义货币供给和价格水平都在上升，LM 曲线也不会移动。

现在假设某一年该国的货币供给多增长了 3%——总计增长 10%，而价格水平仍然只上升 7%，那么，实际货币供给 M/P 增长 3%（＝10%－7%），并且 LM 曲线向右下方移动。类似地，如果某年名义货币供给仅增长了 4%，而通货膨胀率仍然是每年 7%，LM 曲线将向左上方移动，这表明实际货币供给下降了 3%（＝7%－4%）。

这个实例说明，M 或 P 相对于货币和通货膨胀的预期或趋势增长速度（本例中为 7%）的变化会引起 LM 曲线移动。因此，当我们分析“货币供给增加”的影响时，要切记这是货币供给相对于货币的预期或趋势增长速度的增长（例如某一年从 7%增长到 10%）；而提到“货币供给减少”时，我们是指相对于趋势增长速度的减少（例如货币增长从 7%降到 4%）。类似地，如果提到“价格水平下降以恢复一般均衡”，我们不一定是指字面上的价格水平下降，而是价格水平的上升速度低于其趋势增长速度或预期增长速度。

□ IS－LM 模型的古典版本与凯恩斯版本

我们对于货币供给变化的影响的图形分析重点突出了宏观经济学的古典理论和凯恩斯理论争论的两个核心问题：①经济达到一般均衡的速度有多快？②货币政策对经济的

影响是什么？我们在8.4节中运用AD－AS模型预览了第一个问题。现在，我们运用IS－LM模型来考察这两个问题。

价格调整与自我修正经济 在分析货币扩张的作用时，我们说明了经济如何通过价格水平的调整被带回一般均衡。用图形来说，如果IS曲线和LM曲线的交点位于FE线的右侧，如图9－9(a)中的F点所示，产品总需求的数量超过了充分就业产出，那么价格水平将上升。P的上升使LM曲线向左上方移动，从而减少了产品需求量，直到三条曲线相交于一般均衡点，如图9－9(b)所示。类似地，如果IS曲线和LM曲线的交点位于充分就业线的左侧，那么针对产品的意愿支出低于公司的利润最大化产出水平，公司会降低价格。价格水平的降低提高了实际货币供给，将LM曲线向右下方移动，直到三条曲线再次相交，经济回到一般均衡。

对于经济干扰后的价格水平调整最终将使经济恢复到一般均衡的观点并不存在多少争议。然而，正如8.4节所讨论的，这个调整过程的速度却是宏观经济学中一个颇具争议的问题。在古典理论假设下，价格具有弹性，调整过程非常迅速。当价格具有弹性时，经济可以有效地自我修正，在一个冲击使其偏离一般均衡后，经济可以自动回到充分就业状态。[①] 其实，如果公司对需求增加的反应是提高价格而不是暂时增加生产（如我们在前面所假设的），那么这个调整过程几乎是即时的。

然而，根据与之相反的凯恩斯理论的观点，价格（以及作为劳动力价格的工资）的缓慢调整可能会在很长一段时间，甚至是几年内使得经济无法达到一般均衡。凯恩斯理论认为，当经济不处于一般均衡时，产出由IS曲线和LM曲线的交点所代表的总需求数量决定；经济没有处在FE线上，劳动力市场也不处于均衡状态。这个价格缓慢调整的假设以及由此导致的劳动力市场非均衡将IS－LM模型的凯恩斯版本与古典版本区别开来。

货币中性 与经济到达一般均衡的速度的问题紧密相关的是名义货币供给的变化如何影响经济。我们展示了在经济达到一般均衡后，名义货币供给的增加对产出、就业或实际利率等实际变量没有影响，但会提高价格水平。当名义货币供给的变化使价格水平发生同比例的变化，但对实际经济变量没有影响时，经济学家称之为存在**货币中性**(monetary neutrality)，或简单地说货币是中性的。我们的分析表明，在IS－LM模型中，价格充分调整后，货币是中性的。

古典主义者和凯恩斯主义者对货币中性实际相关性的看法存在很大争议，根本问题仍是价格调整的速度。古典主义者认为，货币扩张会很快传导到价格上，对实际变量至多产生短暂影响。也就是说，经济从图9－9(a)的一般均衡情形迅速移动到图9－9(b)的一般均衡情形，在非一般均衡的F点只做短暂的停留。凯恩斯主义者认为，在价格充分调整后，货币是中性的，但他们相信，由于价格的缓慢调整，经济可以在相当长一段时间内停留在不均衡状态。在此期间，货币供给的增加导致产出和就业上升，实际利率下降［比较图9－9(a)中的F点和E点］。

简而言之，凯恩斯主义者相信货币中性在长期（价格调整后）存在，但在短期内不存在。古典主义者更倾向于接受即使在短期内货币也是中性的观点。我们在第10章和第11章更完整地建立了经济周期的古典模型和凯恩斯模型后，将回到货币中性这个问题上来。

---

① 一个具有价格弹性的自由市场经济可以自动自我修复，这个论述与第1章中讨论的亚当·斯密的“看不见的手”的观点是一致的。

9.6 总需求与总供给

本章所介绍的 IS－LM 模型是代表经济一般均衡的一个完整模型。在这一节，我们用 IS－LM 模型建立第 8 章中所预览的总需求-总供给（AD－AS）模型。AD－AS 模型与 IS－LM 模型看似不同，但其实这两个模型是等同的。它们都建立在有关经济行为和价格调整的同样的假设上，并且在分析各种冲击对经济的影响时给出了相同的答案。那么，为什么我们还要费力展示两种模型呢？原因在于，根据所讨论问题的不同，用一种方式来说明经济可能比另一种更方便。IS－LM 模型将实际利率与产出联系起来，而 AD－AS 模型将价格水平与产出联系起来。因此，在考察各种冲击对实际利率以及与实际利率有关的变量（如储蓄和投资）的影响时，IS－LM 模型更有用。例如在第 13 章，当我们讨论开放经济的国际借贷时，实际利率的表现十分关键，因此在那一章，我们强调的是 IS－LM 模型。但是，对于与价格或通货膨胀有关的问题，AD－AS 模型更方便。例如，我们在第 12 章描述通货膨胀和失业率的关系时将依赖于 AD－AS 模型。请切记，选择 IS－LM 分析框架还是 AD－AS 分析框架是以方便来考量的，这两个模型表达的是同样的基本宏观经济理论。

□ 总需求曲线

总需求曲线（aggregate demand curve）显示了产品总需求数量 C^d+I^d+G 和价格水平 P 之间的关系。与单个产品（例如苹果）的需求曲线一样，总需求曲线向下倾斜。虽然 AD 曲线和单个商品的需求曲线表面上类似，但这两种曲线间存在着一个重要的区别。苹果的需求曲线将苹果的需求和苹果相对于其他商品的价格联系起来。相比之下，AD 曲线将产出的总需求数量与一般价格水平联系起来。如果所有产品的价格上升 10%，那么即使所有产品的相对价格不变，价格水平 P 也将上升 10%。不过，价格水平的上升会减少产出的总需求数量。

图 9－10 展示了为什么价格水平 P 的上升会降低对产出的总需求数量。回想一下，对于给定的价格水平，家庭、公司和政府所选择的对产出的总需求数量对应 IS 曲线和 LM 曲线的交点。假设名义货币供给是 M，初始价格水平是 P_1，那么实际货币供给是 M/P_1，并且初始 LM 曲线是图 9－10(a) 中的 LM^1。IS 曲线和 LM^1 曲线相交于 E 点，在该点，家庭、公司和政府想要购买的产出数量是 Y_1。因此我们的结论是，当价格水平是 P_1 时，产出的总需求数量是 Y_1。

现在假设价格水平上升到 P_2。若名义货币供给为 M，那么价格水平的上升会使实际货币供给从 M/P_1 下降到 M/P_2。回想一下（见第 9 章的小结表 13），实际货币供给的减少将使 LM 曲线向左上方移动到 LM^2。IS 曲线和 LM^2 曲线相交于 F 点，此处产出的总需求数量是 Y_2。因此，价格水平从 P_1 到 P_2 的上升使产出的总需求数量从 Y_1 降到 Y_2。

价格水平与产出的总需求数量之间的负向关系在图 9－10(b) 中表示为向下倾斜的 AD 曲线。图 9－10(b) 中的 E 点和 F 点分别对应于图 9－10(a) 中的 E 点和 F 点。AD 曲线向下倾斜是因为价格水平的上升减少了实际货币供给，从而使 LM 曲线向左上方移动；实际货币供给的减少提高了实际利率，从而减少了家庭和公司对产品的需求。

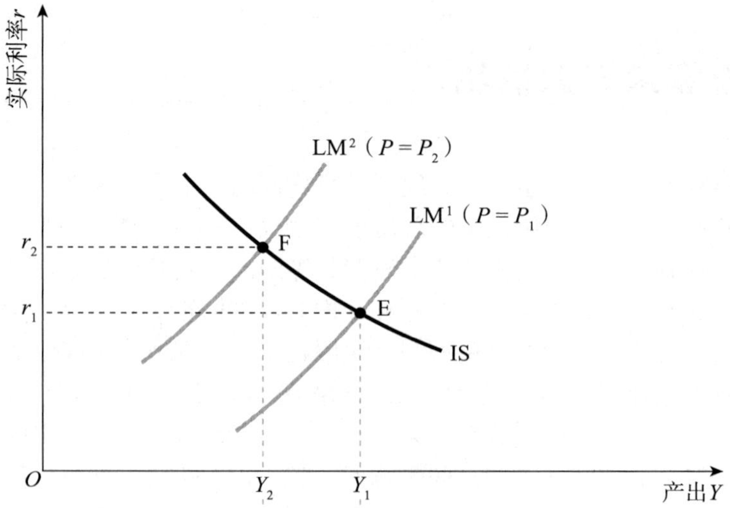

（a）IS–LM曲线

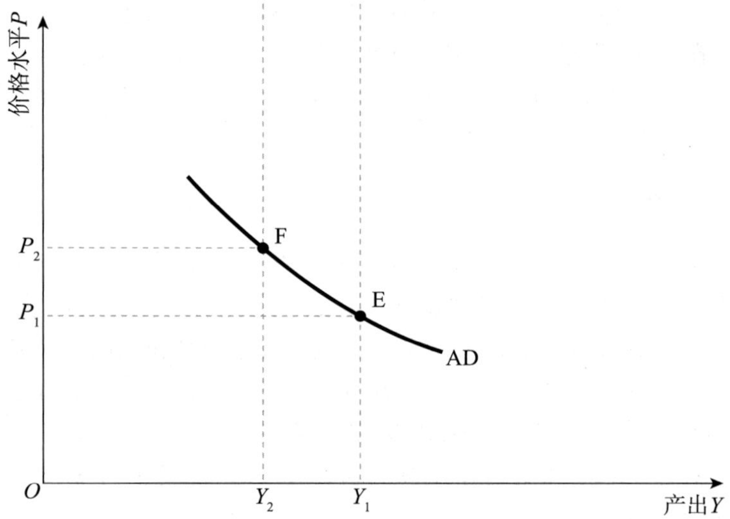

（b）AD曲线

图 9－10　总需求曲线的推导

说明：对于给定的价格水平，产出的总需求数量取决于 IS 曲线和 LM 曲线的交点。如果价格水平 P 是 P_1，初始 LM 曲线是 LM^1，那么初始的产出的总需求数量是 Y_1，对应于（a）图和（b）图中的 E 点。要推导出总需求曲线，我们考察当价格水平变化时，产出的总需求数量会发生怎样的变化。

（a）价格水平从 P_1 上升到 P_2，减少了实际货币供给，并使 LM 曲线从 LM^1 向左上方移动到 LM^2。因此，由 IS 曲线和 LM 曲线的交点所代表的产出的总需求数量从 Y_1 下降到 Y_2。

（b）价格水平从 P_1 上升到 P_2，使产出的总需求数量从 Y_1 下降到 Y_2，所以总需求曲线向下倾斜。

引起 AD 曲线移动的因素　AD 曲线将产出的总需求数量与价格水平联系起来。对于一个固定的价格水平，任何使产出总需求发生变化的因素都将引起 AD 曲线移动。总需求的增加使 AD 曲线向右上方移动，而总需求的减少使 AD 曲线向左下方移动。总需求是由 IS 曲线和 LM 曲线的交点决定的，所以我们也可以说，令价格水平保持不变，任何引起 IS 曲线和 LM 曲线的交点向右移动的因素都会使总需求增加，并且使 AD 曲线向右上方移动。类似地，对于固定的价格水平，任何引起 IS 曲线和 LM 曲线的交点向左移动的因素都会使 AD 曲线向左下方移动。

我们前面考虑过的一个可以引起 AD 曲线向右上方移动的例子是政府采购的暂时增加。图 9-11 说明了政府采购的暂时增加对 AD 曲线的影响。在图 9-11(a) 中，初始的 IS 曲线 IS^1 与 LM 曲线相交于 E 点，所以初始的产出的总需求数量是 Y_1。如前所述，政府采购的暂时增加使 IS 曲线向右上方移动到 IS^2。当价格水平保持在初始水平 P_1 不变时，IS 曲线和 LM 曲线的交点移动到 F 点，使得产出的总需求数量从 Y_1 增加到 Y_2。

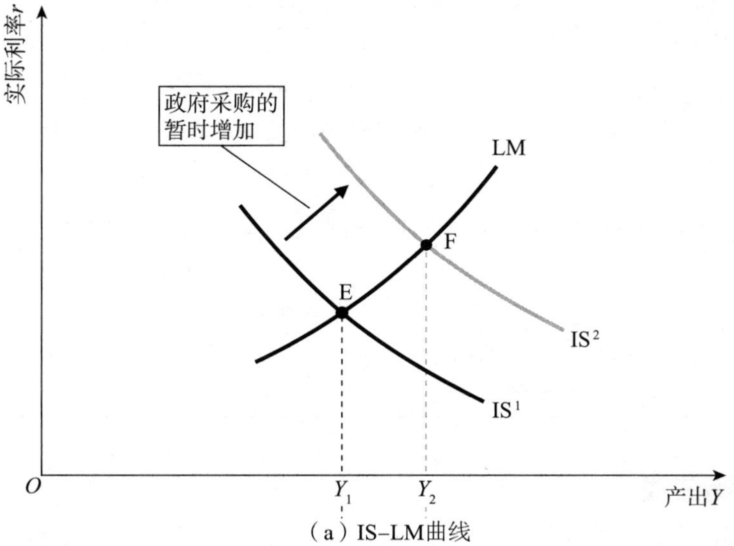

（a）IS–LM曲线

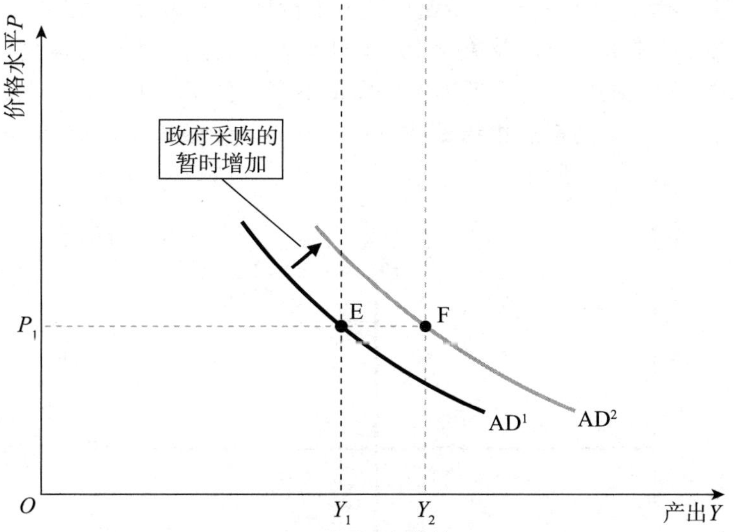

（b）AD曲线

图 9-11　政府采购的暂时增加对总需求曲线的影响

说明：(a) 政府采购的暂时增加使 IS 曲线从 IS^1 向右上方移动到 IS^2。在价格水平 P_1 上，产出的总需求数量从 Y_1 增加到 Y_2，表示为 IS-LM 曲线的交点从 E 点移动到 F 点。

(b) 因为在任何价格水平上的产出的总需求数量都上升了，所以 AD 曲线向右上方移动。(b) 图中的 E 点和 F 点分别对应于 (a) 图中的 E 点和 F 点。

图 9-11(b) 展示了由于政府采购的暂时增加而引起的 AD 曲线移动。在价格水平 P_1 上，产出的总需求数量的增加以从 E 点到 F 点的移动表示。因为政府采购的暂时增加提高了任何价格水平上的产出的总需求数量，所以整个 AD 曲线从 AD^1 向右上方移

动到 AD^2。小结表 14 列出了其他可以引起 AD 曲线移动的因素，附录 9.B 给出了 AD 曲线的数学推导。

小结表 14　　引起 AD 曲线移动的因素

对于固定的价格水平，任何引起 IS 曲线和 LM 曲线的交点向右移动的因素都会使产出的总需求增加，并且使 AD 曲线向右上方移动。

引起 IS 曲线向右上方移动，从而使 AD 曲线向右上方移动的因素（见第 9 章的小结表 12）包括：

- 预期产出增加。
- 财富增加。
- 政府采购 G 增加。
- 税收 T 减少（假设不满足李嘉图等价定理，所以消费者的反应是提高意愿消费）。
- 预期资本边际产量增加。
- 资本的有效税率降低。

引起 LM 曲线向右下方移动，从而使 AD 曲线向右上方移动的因素（见第 9 章的小结表 13）包括：

- 名义货币供给 M 增加。
- 预期通货膨胀率 π^e 上升。
- 货币的名义利率 i^m 下降。
- 任何引起实际货币需求下降的变化。

□ 总供给曲线

总供给曲线（aggregate supply curve）显示了价格水平和公司供给的产出总数量之间的关系。回顾第 8 章中的预览以及关于 IS－LM 模型的讨论，我们假设公司在短期和长期的行为是不同的。我们的假设是短期内价格保持不变，公司的供给等于在这个固定价格上产出的需求数量。因此，**短期总供给曲线**（short-run aggregate supply curve，SRAS 曲线）是一条水平线，如图 9－12 所示。

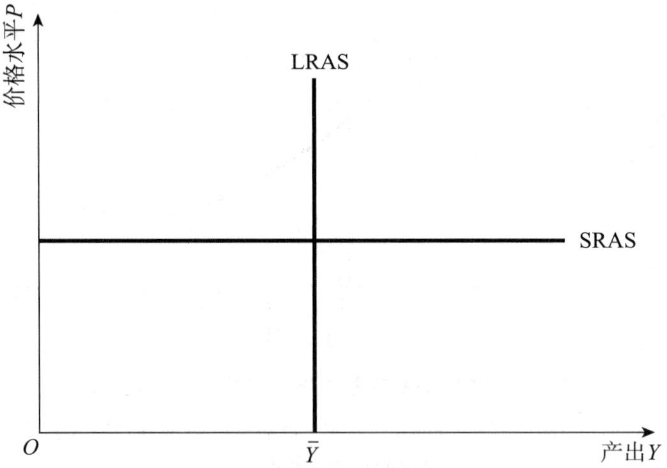

图 9－12　短期总供给曲线和长期总供给曲线

说明：在短期，公司在固定价格上提供对产出的需求数量，所以短期总供给曲线是一条水平线。在长期，当劳动力市场出清时，无论价格水平如何，公司都供给充分就业产出 $\bar{Y}$。因此，长期总供给曲线是位于 $Y=\bar{Y}$ 处的垂直线。

在长期，价格和工资的变化会使经济中的所有市场出清。尤其是劳动力市场的出清使得就业等于 $\bar{N}$，也就是使公司的利润最大化的雇用水平。当就业等于 $\bar{N}$ 时，无论价格处于怎样的水平，产出供给的总数量就是充分就业产出 $\bar{Y}$，并且等于 $AF(K, \bar{N})$。在长期，对于任何价格水平，公司的供给均为 $\bar{Y}$，所以**长期总供给曲线**（long-run aggregate supply curve，LRAS 曲线）是位于 $Y=\bar{Y}$ 处的垂直线，如图 9－12 所示。

引起总供给曲线移动的因素 任何使充分就业产出 $\bar{Y}$ 增加的因素都会使 LRAS 曲线向右移动，任何降低 $\bar{Y}$ 的因素都会使 LRAS 曲线向左移动。因此，任何使 IS－LM 模型中的 FE 线向右移动的变化也会使 LRAS 曲线向右移动。比如劳动力的增加提高了充分就业水平和充分就业产出水平，从而使 LRAS 曲线向右移动。

无论何时，只要公司改变价格，SRAS 曲线都会随之移动。任何引起公司在短期内提高价格的因素（例如成本的增加）都会使 SRAS 曲线向上移动；而任何引起公司在短期内降低价格的因素，都会使 SRAS 曲线向下移动。

□ AD－AS 模型中的均衡

当我们在 8.4 节预览 AD－AS 模型时，我们介绍了短期均衡（价格水平固定时的均衡）和长期均衡（价格水平充分调整时的均衡）的区别。短期均衡由 AD 曲线和 SRAS 曲线的交点表示，即图 9－13(a) 中的 E 点。注意，此图中三条曲线没有共同的交点。长期均衡由 AD 曲线和 LRAS 曲线的交点表示，也就是图 9－13(b) 中的 F 点。因为三条曲线只有一个共同的交点，特别是这个交点就是 AD 曲线和 SRAS 曲线的交点，所以当经济处于长期均衡时，它也处于短期均衡。当经济处于长期均衡时，产出等于充分就业产出 $\bar{Y}$。因为在长期均衡中，所有市场均出清，所以长期均衡与一般均衡相同。

如图 9－13(b) 所示，当经济达到一般均衡（也就是长期均衡）时，三条曲线——AD 曲线、SRAS 曲线和 LRAS 曲线——相交于同一点。这一情况并不是巧合。与 IS 曲线、LM 曲线和 FE 线的情形相同，强有力的经济力量将经济最终拉到三条曲线的交点。事实上，促使 AD 曲线、SRAS 曲线和 LRAS 曲线相交于同一点的力量与使 IS 曲线、LM 曲线和 FE 线相交于同一点的力量是相同的。我们使用 AD－AS 框架来考察货币供给的增加对经济的影响，此前我们曾用 IS－LM 模型分析了这一问题。

□ AD－AS 模型中的货币中性

假设经济最初处于图 9－14 中 E 点的均衡状态，此处的产出是 $\bar{Y}$，价格水平是 P_1。然后，货币供给增加了 10%。在 IS－LM 模型中，货币供给的增加使 LM 曲线向右下方移动，从而提高了任何价格水平上的产出的总需求数量。因此，货币供给的增加也使 AD 曲线从 AD^1 向右上方移动到 AD^2。

此外，当货币供给增加 10%时，在新 AD 曲线上各点的产出的总需求数量所对应的价格水平都比原价格水平高 10%。为了解其原因，比较 E 点和 H 点。因为 H 点位于 AD^2 上，而 E 点位于 AD^1 上，在 H 点的名义货币供给 M 比 E 点高 10%。但是，H 点和 E 点的产出的总需求数量是相同的（$\bar{Y}$）。只有实际货币供给 M/P（它决定了 LM 曲线的位置以及产出的总需求数量）在 H 点和 E 点相同时，H 点和 E 点的产出的总需求数量才相等。由于 H 点的名义货币供给比 E 点高出 10%，要使这两点的实际货币供给相同，H 点的价格水平就必须比 E 点高 10%，所以 P_2 比 P_1 高 10%。事实上，对于每个产出水平，AD^2 上的价格水平都比 AD^1 高 10%。

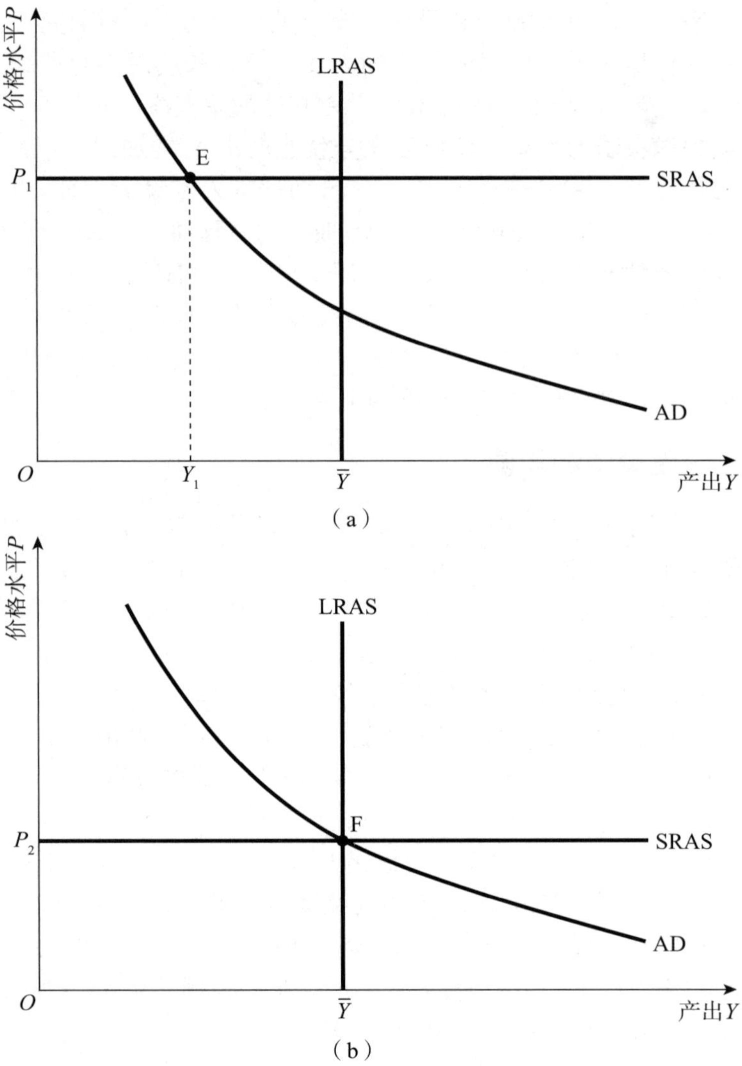

图 9－13　AD－AS 模型中的均衡

说明：(a) 短期均衡由 AD 曲线和 SRAS 曲线的交点 E 表示。在短期均衡时，价格是固定的，公司的供给满足在这个价格上的需求。

(b) 长期均衡出现在价格充分调整之后，由 AD 曲线和 LRAS 曲线的交点表示，即 F 点。因为在长期均衡时，所有市场均出清，长期均衡与一般均衡相同。

在短期，价格水平固定，名义货币供给的增加使总需求曲线从 AD^1 移动到 AD^2，所以短期均衡从 E 点移动到 F 点 [对应于图 9－9(a) IS－LM 模型中从 E 点到 F 点的移动]。因此短期内，名义货币供给的增加使产出从 $\bar{Y}$ 增加到 Y_2，并且带来经济繁荣。

不过，经济不会永远停留在 F 点。因为产出 Y_2 高于利润最大化的产出水平 $\bar{Y}$，公司最终会提高价格。价格的升高引起短期总供给曲线从 $SRAS^1$ 向上移动。公司将持续提高价格，直至产出的总需求数量降到利润最大化的产出水平 $\bar{Y}$。H 点代表了新的长期均衡，在该点，AD 曲线、LRAS 曲线和新短期总供给曲线 $SRAS^2$ 相交。在新的长期均衡处，价格水平上升了 10%，这与名义货币供给增长的幅度相同。H 点的新长期均衡产出与 E 点相同。因此，如同我们运用 IS－LM 模型的情形，我们的结论是货币在长期是中性的。

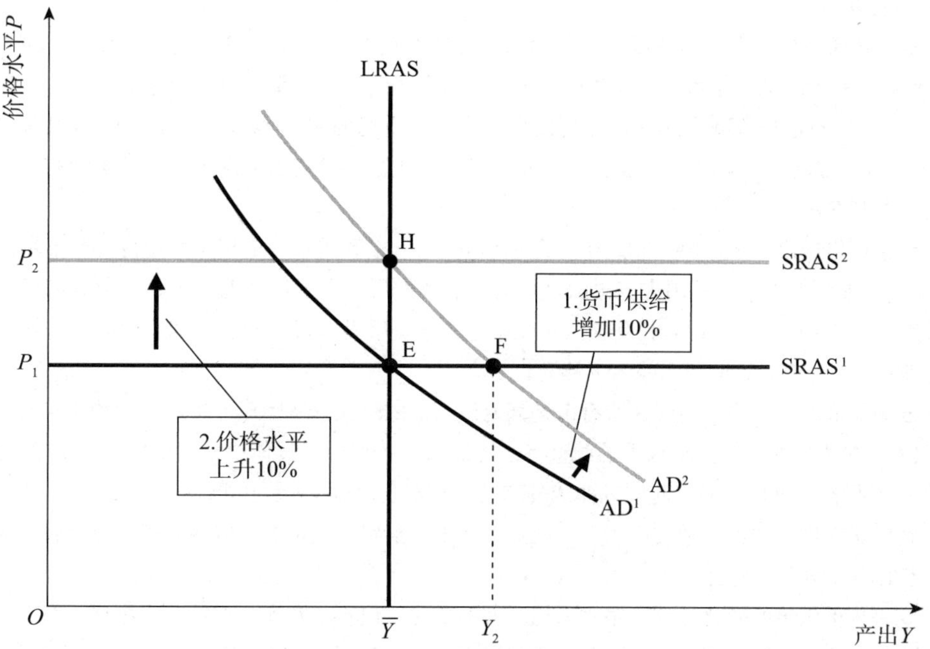

图 9－14　AD－AS 模型中的货币中性

说明：我们从一般均衡 E 点开始，名义货币供给增加 10%将使 AD 曲线从 AD^1 向右上方移动到 AD^2。新 AD 曲线上的点是在每个产出需求水平上价格水平比原水平高出 10%的点，因为要使实际货币供给保持不变，从而保持产出的总需求数量不变，价格水平必须上升 10%。在新的短期均衡 F 点，价格水平不变，产出高于其充分就业水平。在新的长期均衡 H 点，产出（$\bar{Y}$）保持不变，价格水平 P_2 比初始价格水平 P_1 高 10%。因此在长期，货币是中性的。

我们的分析强调了货币供给增加的短期效应与长期效应的区别，但对于经济需要多长时间才能达到均衡这个至关重要的问题，答案仍然不明确。正如我们在第 8 章和本章所强调的，古典经济学家和凯恩斯经济学家对这个问题的回答有很大的差异。古典经济学家认为，经济可以迅速达到长期均衡。事实上，在其最严格的版本中，古典学派的观点是经济几乎可以在瞬间达到长期均衡，所以长期总供给曲线是唯一重要的总供给曲线（短期总供给曲线是无关紧要的）。然而，凯恩斯学派认为经济可能要在几年后才会达到长期均衡，在这个过程中，产出将偏离其充分就业水平。我们将在第 10 章详细说明古典模型，在第 11 章重点说明凯恩斯模型。

本章小结

1. IS－LM 模型在一个图形中同时展现了经济中的三个主要市场，即劳动力市场、产品市场和资产市场。图中的实际利率位于纵轴，产出位于横轴。尽管 IS－LM 模型最初由凯恩斯学派建立，但它可以同时用于说明经济的古典式分析和凯恩斯式分析。

2. 在 IS－LM 模型中，劳动力市场的均衡由充分就业线（即 FE 线）表示，该线是垂直于充分就业产出的直线。使充分就业产出增加的因素使得 FE 线向右移动，而使充分就业产出减少的因素使得 FE 线向左移动。

3. 对于任何产出水平，IS 曲线展示了出清产品市场的实际利率。IS 曲线向下倾斜是因为较高的产出带来更多的意愿国民储蓄，因此降低了出清产品市场的实际利率。对于固定的产出，任何使意愿国民储蓄相对于意愿投资减少的变化都会提高出清产品市场的实际利率，并且使 IS 曲线向右上方移动。同样，对于固定的产出，任何提高产品总需求的变化都会提高出清产品市场的实际利率，并且使 IS 曲线向右上方移动。

4. 对于任何产出水平，LM 曲线给出了使货币供给数量和需求数量相等并使得资产市场出清的实际利率。LM 曲线向上倾斜是因为产出的增加提高了货币需求，这意味着出清资产市场需要一个较高的实际利率。对于固定的产出，任何使货币供给相对于货币需求减少的变化都会引起出清资产市场的实际利率上升，并使 LM 曲线向左上方移动。

5. 宏观经济的一般均衡出现在所有市场都处于均衡的时候。从图形上讲，一般均衡点是 IS 曲线、FE 线和 LM 曲线的交点。价格水平的调整将经济推向一般均衡。具体说来，价格水平 P 的变化改变了实际货币供给 M/P，从而引起 LM 曲线的移动，直至它通过 FE 线和 IS 曲线的交点。

6. 暂时恶性供给冲击导致实际工资、就业、产出、消费和投资的一般均衡值下降，而实际利率和价格水平的一般均衡值则会上升。

7. 如果货币供给的变化导致价格水平同比例的变化，但不会对实际变量产生影响，那么货币供给的变化是中性的。在 IS－LM 模型中，经过价格调整，并且经济回到一般均衡后，货币是中性的。

8. 总需求-总供给（AD－AS）模型建立在 IS－LM 模型的基础上，并且事实上与 IS－LM 模型是等同的。然而，这两个模型让我们可以关注不同宏观经济变量的行为：IS－LM 模型在分析实际利率和产出间的关系时最有用，而 AD－AS 模型则关注价格水平和产出的关系。

9. 总需求（AD）曲线将产出的总需求数量（即在 IS 曲线和 LM 曲线交点的产出水平）与价格水平联系起来。价格水平的上升降低了实际货币供给，使 LM 曲线向左上方移动，因而减少了产出的总需求数量。因为价格水平的上升降低了产品的总需求数量，所以总需求曲线向下倾斜。在给定的价格水平，使产出的总需求数量增加的因素，例如政府采购或货币供给的增加，使 AD 曲线向右上方移动。

10. 总供给曲线将产出的供给数量与价格水平联系起来。在短期，价格水平是固定的，无论产出的需求数量如何，企业都会提供与之相等的产出，所以短期总供给（SRAS）曲线是水平线。在长期，经过价格和工资的充分调整，所有市场都处于均衡后，公司生产达到利润最大化的产出水平。因此在长期，产出 Y 等于充分就业产出 $\bar{Y}$。在长期，无论价格水平如何，公司的供给都为 $\bar{Y}$，所以长期总供给（LRAS）曲线是 $Y=\bar{Y}$ 处的垂直线。

11. 古典经济学家认为，价格和工资在面对供给或需求的变化时可以迅速做出反应。这个观点意味着在冲击或政策变化发生后，经济会迅速达到其一般均衡，该均衡由 IS－LM－FE 的交点或等同的 AD 曲线和 LRAS 曲线的交点表示。相比之下，凯恩斯经济学家认为价格和工资调整缓慢，以至于经济在相当长的一段时期内会偏离其一般均衡（长期均衡）。价格和工资最终会充分调整，从而经济会达到其一般均衡，在这一点上，凯恩斯理论认同古典理论的观点。

12. 古典学派和凯恩斯学派都认同经济在长期到达一般均衡后，货币是中性的。因为古典学派相信，经济可以很快到达长期均衡，所以他们认为货币非中性的短期均衡无关紧要。凯恩斯学派确信，经济要到达一般均衡可能需要几年的时间，从而更重视货币非中性的短期均衡。

关键图形 6

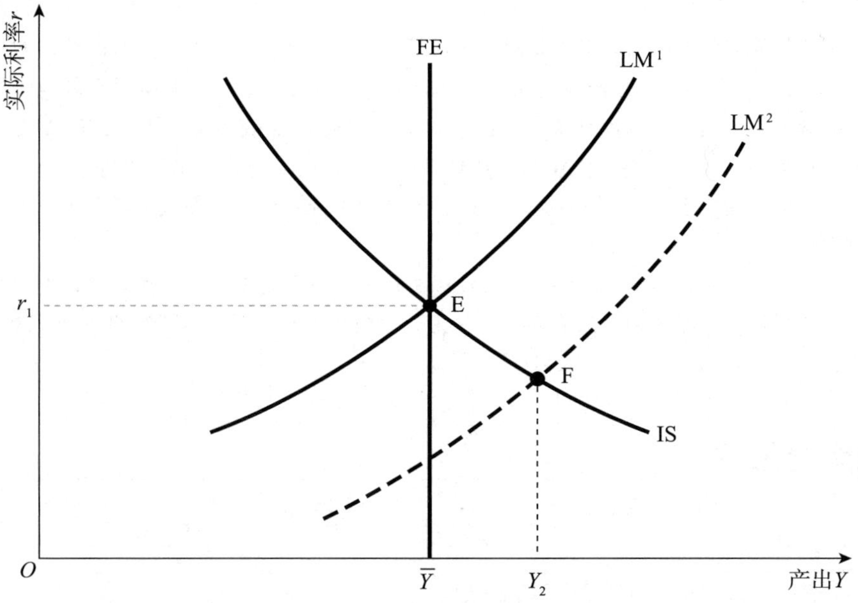

IS-LM 模型

说明：IS-LM 模型显示了产品市场、资产市场和劳动力市场的一般均衡，它可用于分析经济冲击对产出、实际利率、价格水平和其他宏观经济变量的影响。

图形元素

● 实际利率 r 位于纵轴，产出 Y 位于横轴。

● 充分就业线 FE 垂直于充分就业产出。充分就业产出 $\bar{Y}$ 是当工资和价格充分调整后，就业处于其充分就业水平 $\bar{N}$ 时，公司所供给的产出水平。充分就业产出由公式 $\bar{Y}=AF(K,\bar{N})$ 决定。

● 对于任何产出水平 Y，IS 曲线给出了出清产品市场的实际利率 r，即使意愿国民储蓄 S^d 与意愿投资 I^d 相等的利率。因为较高的产出提高了意愿国民储蓄，并且降低了出清产品市场的实际利率，所以 IS 曲线向下倾斜。同样，IS 曲线给出了使产品的总供给数量等于总需求数量（即 $Y=C^d+I^d+G$）的产出 Y 与实际利率 r 的组合。

● 对于给定的价格水平和产出，LM 曲线给出了出清资产市场并使实际货币供给 M/P 等于实际货币需求 $L(Y,r+\pi^e)$ 的实际利率。因为收入的增加提高了实际货币需求，从而提高了出清资产市场的实际利率，所以 LM 曲线向上倾斜。

导致曲线移动的因素

● 任何提高充分就业产出的因素都使 FE 线向右移动，见小结表 11。

● 对于固定的产出，任何使意愿国民储蓄相对于意愿投资下降的变化都会引起出清产品市场的实际利率上升，并使 IS 曲线向右上方移动。同样，在任一收入水平，任何使产品总需求增加的变化都会提高出清产品市场的实际利率，并使 IS 曲线向右上方移动，见小结表 12。

● 对于固定的产出，任何使实际货币供给相对于实际货币需求减少的变化都会提高出清资产市场的实际利率，并使 LM 曲线向左上方移动，见小结表 13。

分析

● 如果我们假设 LM 曲线是 LM^1，经济处于一般均衡 E 点，该点是所有三条曲线的交点。在 E

点，劳动力市场（FE线）、产品市场（IS曲线）和资产市场（LM曲线）都处于均衡。在E点，产出等于充分就业产出 $\bar{Y}$，并且实际利率 r_1 使产品市场和资产市场出清。

● 如果我们假设LM曲线是 LM^2，FE线和LM曲线与IS曲线并不相交于同一点，经济不处于一般均衡状态。我们假设当经济不处于一般均衡时，经济的短期均衡出现在IS曲线和LM曲线的交点（F点），此处的产品市场和资产市场处于均衡，但劳动力市场不处于均衡。如果我们假设（至少暂时）公司会生产足够的产出来满足F点处总需求的增加，那么在短期均衡，经济的产出为 Y_2。

● 在短期均衡F点，产出 Y_2 高于公司利润最大化的产出水平 $\bar{Y}$。因为在F点的总需求超过了公司想要生产的数量，所以它们会提高价格。价格水平 P 的提高降低了实际货币供给 M/P，并使LM曲线向左上方移动到 LM^1，于是经济在E点达到一般均衡。在E点，产出再次等于充分就业产出 $\bar{Y}$。类似地，如果短期均衡位于FE线的左侧，价格水平 P 的下降将使LM曲线向右下方移动，从而恢复E点的一般均衡。

● 根据古典学派的观点，价格的调整过程使经济迅速回到E点的一般均衡，所以经济偏离充分就业而停留在F点的时间非常短暂。凯恩斯学派认为，价格和工资的调整是缓慢的，所以经济可能会在短期均衡F点停留一段时间，而产出会不等于 $\bar{Y}$。

关键图形 7

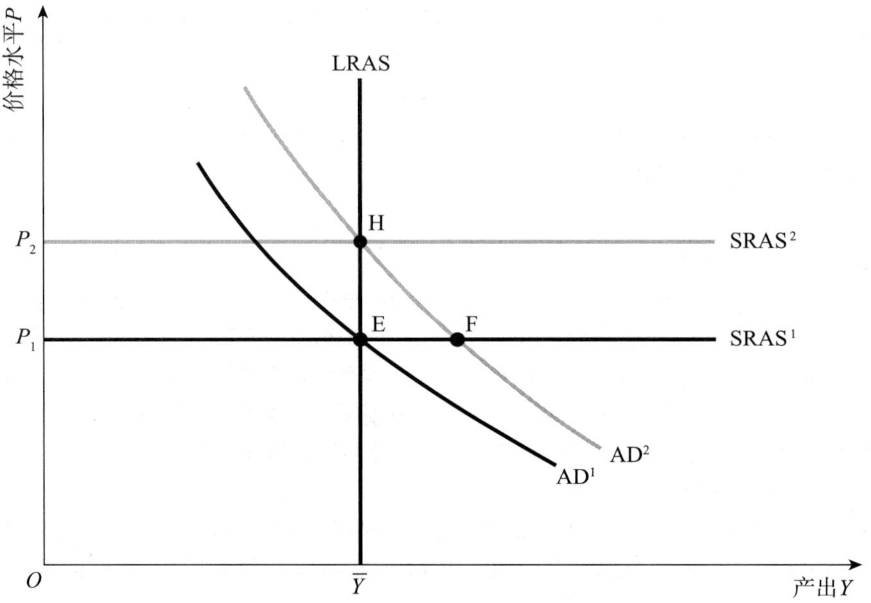

总需求-总供给模型

说明：AD-AS模型显示了价格水平和产出的决定。在短期内价格调整前，均衡出现在AD曲线和SRAS曲线的交点。在长期，均衡出现在AD曲线和LRAS曲线的交点。

图形元素

● 价格水平 P 位于纵轴，产出 Y 位于横轴。

● 总需求（AD）曲线显示了在每个价格水平上产出的总需求数量。产出的总需求数量是由IS曲线和LM曲线的交点决定的（见图9-10）。价格水平 P 的上升减少了实际货币供给，引起LM曲线向左上方移动，并降低了产出的总需求数量。因此，AD曲线向下倾斜。

● 总供给曲线显示了价格水平和产出的总供给数量之间在短期和长期的关系。在短期，价格水平是固定的，公司会满足任何水平的产出需求，因此短期总供给（SRAS）曲线是水平的。在长期，公司生产使其利润最大化的产出数量，即充分就业产出 $\bar{Y}$。因为无论价格 P 为何水平，长期总产出均等于 $\bar{Y}$，所以长期总供给（LRAS）曲线是 $Y=\bar{Y}$ 处的垂直线。

导致曲线移动的因素

● 产出的总需求数量由 IS 曲线和 LM 曲线的交点决定。在固定的价格水平上，任何引起 IS 曲线和 LM 曲线交点向右移动的因素都会增加产品的总需求数量，因此也会使 AD 曲线向右上方移动。小结表 14 列出了引起 AD 曲线移动的因素。

● 任何促使公司在短期内提高价格的因素（如生产成本的增加）都使短期总供给（SRAS）曲线向上移动。任何令充分就业产出 $\bar{Y}$ 增加的因素，都使长期总供给（LRAS）曲线向右移动。使 $\bar{Y}$ 增加的因素在小结表 11 中列出。

分析

● 经济的短期均衡由 AD 曲线和 SRAS 曲线的交点表示，即 E 点。经济的长期均衡由 AD 曲线和 LRAS 曲线的交点表示，也位于 E 点。在长期，产出等于充分就业产出 $\bar{Y}$。

● 作为影响经济的冲击或政策变化的结果，短期均衡会暂时偏离长期均衡。例如，名义货币供给的增加将总需求曲线从 AD^1 向右上方移动到 AD^2。新的短期均衡由 F 点表示，此处的产出高于充分就业产出 $\bar{Y}$。在 F 点，公司的产出高于使其利润最大化的水平，于是它们开始提高价格。在 H 点的新长期均衡处，产出等于充分就业产出，价格高于初始值 P_1。因为新的价格水平是 P_2，短期总供给曲线向上移动到 $SRAS^2$，即位于 $P=P_2$ 的水平线。

关键术语

总需求曲线	总供给曲线	充分就业线	一般均衡
IS 曲线	LM 曲线	长期总供给曲线	货币中性
短期总供给曲线			

复习题

1. FE 线的位置是由什么决定的？举出经济中会使 FE 线向右移动的两个变化的例子。

2. IS 曲线代表的是什么关系？从图形上推导 IS 曲线，并说明该曲线如此倾斜的原因。举出经济中会引起 IS 曲线向左下方移动的两个变化的例子。

3. LM 曲线代表的是什么关系？从图形上推导 LM 曲线，并说明该曲线如此倾斜的原因。举出经济中会引起 LM 曲线向右下方移动的两个变化的例子。

4. 对于固定的产出，如果实际货币供给超过了实际货币需求，出清资产市场的实际利率会怎样变化？在描述实际利率调整时，使用非货币资产的价格与其所付利率间存在的关系。

5. 定义一般均衡，并在 IS－LM 图中标出一般均衡点。如果经济不处于一般均衡，产出和实际利率是由什么决定的？什么样的经济力量会将经济带回一般均衡？

6. 定义货币中性。说明在价格充分调整后，货币在 IS－LM 模型中是中性的。古典学派和凯恩斯学派关于货币在短期是否为中性的观点分别是什么？在长期呢？

7. 总需求（AD）曲线所联系的两个变量是什么？为什么 AD 曲线向下倾斜？给出经济中使 AD 曲线向右上方移动的两个变化的例子，并说明为什么会发生移动。

8. 描述短期总供给（SRAS）曲线和长期总供给（LRAS）曲线。为什么这两条曲线中的一条是水平的，另一条是垂直的？

9. 使用 AD－AS 模型分析货币在短期和长期是否具有中性。

计算题

1. 意愿国民储蓄和意愿投资分别为：

$$C^d = 4\,000 - 4\,000r + 0.20Y$$
$$I^d = 2\,400 - 4\,000r$$

按照惯例，Y 是产出，r 是实际利率。政府采购 G 为 2 000。

a. 找出将意愿国民储蓄 S^d 与 r 和 Y 联系起来的公式。

b. 当 $Y=10\,000$ 时，出清产品市场的实际利率是多少？使用产品市场均衡条件的两个版本说明当 $Y=10\,200$ 时，出清产品市场的实际利率是多少。画出 IS 曲线。

c. 政府采购增加到 2 400。这个增加使问题 a 中的意愿国民储蓄公式发生了什么变化？当 $Y=10\,000$ 时，出清产品市场的实际利率是多少？使用产品市场均衡条件的两个版本说明 G 的增加对 IS 曲线有怎样的影响。

2. 在某个经济中，实际货币供给函数为：

$$\frac{M^d}{P} = 3\,000 + 0.1Y - 10\,000i$$

假设 $M=6\,000$，$P=2.0$，$\pi^e=0.02$。

a. 当 $Y=8\,000$ 时，出清资产市场的实际利率 r 是多少？当 $Y=9\,000$ 时呢？画出 LM 曲线。

b. 当 $M=6\,600$ 时，问题同 a。此时的 LM 曲线与问题 a 中的 LM 曲线有何不同？

c. 当 $M=6\,000$，$\pi^e=0.03$ 时，问题同 a。比较此时的 LM 曲线与问题 a 中的 LM 曲线。

3. 一个经济的充分就业产出是 1 000。意愿消费和意愿投资为：

$$C^d = 200 + 0.8(Y-T) - 500r$$
$$I^d = 200 - 500r$$

政府采购是 196，税收为：

$$T = 20 + 0.25Y$$

货币需求为：

$$\frac{M^d}{P} = 0.5Y - 250(r+\pi^e)$$

式中，预期通货膨胀率 π^e 是 0.10。名义货币供给 $M=9\,890$。

a. 实际利率、价格水平、消费和投资的一般均衡值各是多少？

b. 假如政府采购增加到 $G=216$。实际利率、价格水平、消费和投资的新一般均衡值各是多少？

4. 一个经济的生产函数为：

$$Y = A(5N - 0.002\,5N^2)$$

式中，A 为生产率。对于这个生产函数，劳动力边际产量为：

$$\text{MPN} = 5A - 0.005AN$$

假设 $A=2$。劳动力供给曲线为：

$$NS=55+10(1-t)w$$

式中，NS为劳动力供给量；w 为实际工资；t 为工资收入税率，且 $t=0.5$。

意愿消费和意愿投资为：

$$C^d=300+0.8(Y-T)-200r$$
$$I^d=258.5-250r$$

税收和政府采购为：

$$T=20+0.5Y$$
$$G=50$$

货币需求为：

$$\frac{M^d}{P}=0.5Y-250(r+\pi^e)$$

预期通货膨胀率 π^e 是 0.02，名义货币供给 M 是 9 150。

a. 实际工资、就业和产出的一般均衡值各是多少？

b. 对于任何水平的产出 Y，找出能够解出使产品市场出清的实际利率 r 的公式，用该公式描述 IS 曲线。（提示：写出产品市场的均衡条件，从中解出以 Y 和其他变量表示的 r 的公式。）实际利率、消费和投资的一般均衡值各是多少？

c. 对于任何水平的产出 Y，找出能够解出使资产市场出清的实际利率的公式，用该公式描述 LM 曲线。（提示：如同问题 b，写出相应的均衡条件，从中解出以 Y 和其他变量表示的 r 的公式。）价格水平的一般均衡值是多少？

d. 假设政府采购增加到 $G=72.5$。现在实际工资、就业、产出、实际利率、消费、投资和价格水平的一般均衡值各是多少？

5. 考虑以下经济：

意愿消费：$C^d=1\ 275+0.5(Y-T)-200r$

意愿投资：$I^d=900-200r$

实际货币需求：$L=0.5Y-200i$

充分就业产出：$\bar{Y}=4\ 600$

预期通货膨胀率：$\pi^e=0$

a. 假设 $T=G=450$，$M=9\ 000$，找出描述 IS 曲线的公式。（提示：令意愿国民储蓄和意愿投资相等，从中解出 r 和 Y 的关系。）找出描述 LM 曲线的公式。（提示：令实际货币供给和实际货币需求相等，给定 P，再次从中解出 r 和 Y 的关系。）找出总需求曲线的公式。（提示：使用 IS 公式和 LM 公式找出 Y 和 P 的关系。）产出、消费、投资、实际利率和价格水平的一般均衡值各是多少？

b. 假设 $T=G=450$，$M=4\ 500$。现在总需求曲线的公式是什么？产出、消费、投资、实际利率和价格水平的一般均衡值各是多少？假设充分就业产出 $\bar{Y}$ 是固定的。

c. 对于 $T=G=330$，$M=9\ 000$，问题同 b。

6.（附录 9.B）本题要求你使用附录 9.B 中的公式来找出计算题第 4 题所描述的经济中变量的一般均衡值。假设 $G=50$。

a. 使用计算题第 4 题中的数据计算出附录 9.B 中定义的参数 A，f_1，f_2，n_0，n_w，c_0，c_Y，c_r，t_0，t，i_0，i_r，ℓ_0，ℓ_Y 和 ℓ_r 的数值。

b. 将以上行为参数的值代入附录 9.B 的相关公式中，计算实际工资、就业、产出、实际利率和价格水平的一般均衡值。

c. 假设政府采购 G 增加到 72.5，问题同 b。

分析题

1. 使用 IS－LM 模型说明以下各项对实际工资、就业、产出、实际利率、消费、投资和价格水平的一般均衡值的影响。

a. 资本有效税率的降低提高了意愿投资。

b. 预期通货膨胀率上升。

c. 处于工作年龄的移民的大量涌入增加了劳动供给（忽略人口增长的任何其他影响）。

d. 自动提款机的使用降低了货币需求。

2. 使用 IS－LM 模型分析永久性石油价格上升（永久恶性供给冲击）对当前产出、就业、实际工资、国民储蓄、消费、投资、实际利率和价格水平的一般均衡的影响。假设除了降低当前资本和劳动生产率外，永久恶性供给冲击还降低了预期资本边际产量和预期家庭收入。（假设劳动供给曲线向右移动的幅度小于劳动需求曲线向左移动的幅度。）说明如果实际利率有所上升，它的上升幅度将小于对当前产出产生同样影响的暂时恶性供给冲击情形中利率上升的幅度。

3. 假设价格水平在短期是固定的，经济在变化后不会迅速达到一般均衡。以下各个变化对实际利率和产出的短期影响是什么？假设当经济处于不均衡状态时，只有劳动力市场是非均衡的；另外，假设在短期，公司愿意生产足够的产出来满足对产出的总需求数量。

a. 预期通货膨胀率的降低。

b. 消费者乐观情绪的上涨提高了在各个收入和实际利率水平上的意愿消费。

c. 政府采购的暂时增加。

d. 一次性税收增加，而政府采购不变（考虑李嘉图等价定理成立和不成立两种情况）。

e. 一个科学性突破提高了预期资本边际产量。

4. （附录 9.B）在一些宏观经济模型中，意愿投资取决于产出和实际利率的当前水平。意愿投资取决于产出的一个可能原因是，当前产出和销售处于高水平时，公司可能预期在未来市场对它们的产品存在持续的强劲需求，从而公司希望扩张生产能力。

从代数角度看，我们可以从中得出意愿投资和当前产出间的联系，即将式（9.B－10）替代为：

$$I^d = i_0 - i_r r + i_Y Y$$

式中，i_Y 为正数。使用意愿投资的这个公式推导出就业、实际工资、产出、实际利率和价格水平一般均衡值的数学表达式。

5. （附录 9.B）回想第 7 章，货币名义利率 i^m 的上升增加了货币需求。要描述这个效应，我们将式（9.B－17）替代为：

$$\frac{M^d}{P} = \ell_0 + \ell_Y Y - \ell_r (r + \pi^e - i^m)$$

这个替代会使附录 9.B 中的变量，包括就业、实际工资、产出、实际利率和价格水平在内的一般均衡值的解答发生怎样的改变？

附录 9.A　IS－LM/AD－AS 模型计算题的解答过程

为帮助你掌握解答本章计算题所需的代数，这里给出解 IS－LM 模型计算题的解答过程。

现考虑一个由以下公式描述的经济：

$C^d=300+0.75(Y-T)-300r$

$T=100+0.2Y$

$I^d=200-200r$

$L=0.5Y-500i$

$\bar{Y}=2\ 500$

$G=600$

$M=133\ 200$

$\pi^e=0.05$

$P_{sr}=120$

短期内价格固定在 P_{sr}，找出 Y、P、r、C、I、i 在短期和长期的均衡值。

要解答这个问题，我们遵循以下步骤：

第一步：使用产品市场的均衡条件找出 IS 曲线公式 $Y=C^d+I^d+G$。将 T 公式代入 C^d 公式中，然后将得到的公式和 I^d 公式以及 G 值代入 $Y=C^d+I^d+G$ 中，得到 $Y=\{300+0.75[Y-(100+0.2Y)]-300r\}+(200-200r)+600$。将此公式化简成以 Y 表示的 r 的公式，即 $Y=(300+0.75Y-75-0.15Y-300r)+(200-200r)+600$，那么 $0.4Y=(300-75+200+600)-(300+200)r$，所以 $500r=1\ 025-0.4Y$。因此 $r=1\ 025/500-(0.4/500)Y$，于是 $r=2.05-0.000\ 8Y$。这就是 IS 曲线。

第二步：使用资产市场的均衡条件找出 LM 曲线。

a. 首先，找出未给定价格水平的 LM 曲线公式。资产市场的均衡条件是实际货币供给等于实际货币需求。实际货币需求是 $L=0.5Y-500i=0.5Y-500(r+\pi^e)=0.5Y-500(r+0.05)$，实际货币供给是 $M/P=133\ 200/P$。在资产市场均衡下，$133\ 200/P=0.5Y-500(r+0.05)$，所以 $500r=0.5Y-25-133\ 200/P$。因此，$r=(0.5/500)Y-(25/500)-(133\ 200/500)/P=0.001Y-0.05-266.4/P$。这就是未给定价格水平 P 的 LM 曲线公式。

b. 然后，找出当 $P=P_{sr}$ 时的 LM 曲线公式。在 LM 曲线公式中，令 $P=P_{sr}=120$，得到 $r=0.001Y-0.05-266.4/120$，所以 $r=0.001Y-0.05-2.22$。因此，$r=0.001Y-2.27$。这是当 $P=P_{sr}$ 时的 LM 曲线公式。

第三步：找出短期均衡。

a. 找出 IS 曲线和 LM 曲线的交点，以确定短期均衡下的 Y 和 r 的值。我们已经将 IS 曲线和 LM 曲线公式改写成左边为 r 的公式。令 IS 曲线的右边等于 LM 曲线的右边，得到 $2.05-0.000\ 8Y=0.001Y-2.27$，所以 $4.32=0.001\ 8Y$。因此，$Y=4.32/0.001\ 8=2\ 400$。在 IS 曲线或 LM 曲线中代入 Y 值。在 IS 曲线中，$r=2.05-0.000\ 8Y=2.05-(0.000\ 8\times2\ 400)=2.05-1.92=0.13$。在 LM 曲线中，$r=0.001Y-2.27=(0.001\times2\ 400)-2.27=2.40-2.27=0.13$。

b. 将 Y 和 r 的值代入其他公式，解出 T、C、I、i 的值。

$$T=100+0.2Y=100+(0.2\times2\ 400)$$

所以

$$T=580$$

$$C=300+0.75(Y-T)-300r$$
$$=300+[0.75\times(2\ 400-580)]-(300\times0.13)$$
$$=300+1\ 365-39=1\ 626$$

$$I=200-200r=200-200\times0.13=200-26=174$$

（注意，$C+I+G=1\ 626+174+600=2\ 400$，也等于 Y。）

$$i=r+\pi^e=0.13+0.05=0.18$$

第四步：找出长期均衡。

a. 运用长期均衡下 $Y=\bar{Y}$ 的事实，将均衡产出水平代入 IS 曲线公式中，以找到均衡实际利率。使用 $\bar{Y}=2\ 500$ 和 IS 曲线公式 $r=2.05-0.000\ 8Y$，可以得到 $r=2.05-0.000\ 8\times 2\ 500=2.05-2.00=0.05$。

b. 将 Y 和 r 的均衡值代入其他公式，解出 T、C、I、i 的值。

$$T=100+0.2Y=100+0.2\times 2\ 500$$

所以

$$T=600$$

$$C=300+0.75(Y-T)-300r=300+0.75\times(2\ 500-600)-300\times 0.05$$
$$=300+1\ 425-15=1\ 710$$

$$I=200-200r=200-200\times 0.05=200-10=190$$

（注意，$C+I+G=1\ 710+190+600=2\ 500$，也等于 Y。）

$$i=r+\pi^e=0.05+0.05=0.10$$

c. 将 Y 和 i 的均衡值代入货币需求公式，以得到实际货币需求 L。然后，找到令实际货币供给 M/P 等于实际货币需求 L 的 P 值。货币需求曲线是 $L=0.5Y-500i=0.5\times 2\ 500-500\times 0.10=1\ 250-50=1\ 200$。令实际货币供给等于实际货币需求，得到 $133\ 200/P=1\ 200$，所以 $P=133\ 200/1\ 200=111$。

第五步：使用 IS 曲线和 LM 曲线找出 AD 曲线公式，将 LM 曲线表示为包含未给定 P 值的形式。IS 曲线和 LM 曲线都改写成了左边为 r 的公式，因此令两个公式右边相等可以得到：

$$2.05-0.000\ 8Y=0.001Y-0.05-266.4/P$$

所以

$$0.001\ 8Y=2.10+266.4/P$$

将该公式除以 0.001 8，得到 $Y=2.10/0.001\ 8+(266.4/0.001\ 8)P$，所以 $Y=1\ 166\frac{2}{3}+\frac{148\ 000}{P}$。这就是 AD 曲线。

第六步：运用 AD 曲线以及短期和长期总供给曲线加以说明。在短期，SRAS 曲线是 $P=P_{sr}=120$，这意味着它是一条水平线。短期均衡出现在 AD 曲线和 SRAS 曲线的交点。将 $P=120$ 代入 AD 曲线，得到 $Y=1\ 166\frac{2}{3}+\frac{148\ 000}{120}=1\ 166\frac{2}{3}+1\ 233\frac{1}{3}$，因此 $Y=2\ 400$，我们在第三步也得到了同样的结果。

在长期，产出等于充分就业产出，所以 LRAS 曲线是 $Y=\bar{Y}=2\ 500$，这意味着它是一条垂直的竖线。长期均衡出现在 AD 曲线和 LRAS 曲线的交点。将 $Y=\bar{Y}=2\ 500$ 代入 AD 曲线，得到 $2\ 500=Y=1\ 166\frac{2}{3}+\frac{148\ 000}{P}$，所以 $1\ 333\frac{1}{3}=\frac{148\ 000}{P}$，这意味着 $P=148\ 000/1\ 333\frac{1}{3}=111$，我们在第四步也得到了同样的结果。

附录 9.B　IS–LM 模型和 AD–AS 模型的代数版本

在本附录中，我们说明 IS–LM 模型和 AD–AS 模型的代数版本。对于劳动力市场、产品市场和资产市场这三个市场，我们首先展示描述各个市场需求和供给的公式，然后找出市场均衡。在分别考虑了各个市场后，我们会解出完整的 IS－LM 模型的一般均衡。我们使用 IS－LM 模型来推导总需求曲线，然后加入短期总供给曲线和长期总供给曲线，从而推导短期均衡和长期均衡。

□ 劳动力市场

对劳动力的需求建立在由生产函数决定的劳动力边际产量之上。回忆一下，第 3 章［式（3－1）］中生产函数可以表达为 $Y=AF(K, N)$，其中，Y 为产出，K 为资本存量，N 为劳动力，A 为生产率。保持资本存量 K 不变，我们可以将生产函数表示为产出 Y 是劳动力 N 和生产率 A 的函数。一个有用的具体生产函数为：

$$Y=A\left(f_1N-\frac{1}{2}f_2N^2\right) \tag{9.B-1}$$

式中，f_1 和 f_2 为正数。

劳动力边际产量 MPN 是生产函数的斜率。在任何就业水平，式（9.B－1）中生产函数的斜率①等于 $A(f_1-f_2N)$，所以劳动力边际产量为：

$$\text{MPN}=A(f_1-f_2N) \tag{9.B-2}$$

公司会雇用劳动力，直到劳动力边际产量等于实际工资。因此，实际工资 w 和劳动力需求量 ND 的关系为：

$$w=A(f_1-f_2\text{ND}) \tag{9.B-3}$$

劳动力供给是当前税后实际工资的增函数。如果 t 是工资收入的税率（我们假设 $0\leqslant t<1$），那么 $(1-t)w$ 是税后实际工资，于是劳动力供给曲线的一个简单形式为：

$$\text{NS}=n_0+n_w(1-t)w \tag{9.B-4}$$

式中，NS 为劳动力供给数量；n_w 为一个正数。除了税后实际工资外，其他影响劳动力供给的因素，例如财富或处于工作年龄的人口，包含在式（9.B－4）的常数项 n_0 中。

□ 劳动力市场的均衡

在均衡状态下，劳动力需求数量 ND 和供给数量 NS 相等，它们的共同值是充分就业水平 $\bar{N}$。如果我们用 $\bar{N}$ 代替式（9.B－3）和式（9.B－4）中的 ND 和 NS，我们就得到关于两个变量 $\bar{N}$ 和 w 的线性公式。从这两个公式中解出 w 和 $\bar{N}$，我们得到②：

$$w=A\times\frac{f_1-f_2n_0}{1+(1-t)Af_2n_w} \tag{9.B-5}$$

$$\bar{N}=\frac{n_0+(1-t)Af_1n_w}{1+(1-t)Af_2n_w} \tag{9.B-6}$$

使用式（9.B－6）中的充分就业水平 $\bar{N}$，将 $\bar{N}$ 代入生产函数［式（9.B－1）］中，我们得到充分就业产出 $\bar{Y}$：

$$\bar{Y}=A\left(f_1\bar{N}-\frac{1}{2}f_2\bar{N}^2\right)\text{，即 FE 线} \tag{9.B-7}$$

---

① 了解微积分的学生可以通过对式（9.B－1）中的 N 求导来推导出生产函数的斜率。

② 我们假设常数 f_1，f_2 和 n_0 满足 $f_1-f_2n_0>0$。我们需要这个假设来确保劳动力边际产量和均衡实际工资是正的。

式（9.B－7）中的充分就业产出是FE线的横轴截距。

我们使用这些公式来分析生产率和劳动力供给变化对劳动力市场的影响。首先，我们考虑生产率A的提高。式（9.B－5）表明，A的提高使均衡实际工资增加，即A的增加使$A/[1+(1-t)Af_2n_w]$上升。尽管在式（9.B－6）中并没有直接的证据，但是A的提高也增加了$\bar{N}$。① 为了弄清其原因，首先注意A的提高不会影响劳动力供给曲线，即式（9.B－4）。其次，A的提高增加了实际工资。因此，这意味着A的提高增加了劳动力供给的均衡数量，所以也提高了$\bar{N}$。因为A的提高增加了$\bar{N}$，它肯定也增加了充分就业产出$\bar{Y}$［见式（9.B－7）］，从而使FE线向右移动。

现在考虑在每个税后实际工资水平上的劳动力供给数量都增加的情形，其代数表达形式为式（9.B－4）中n_0的增加。式（9.B－5）和式（9.B－6）说明，n_0的增加减少了均衡实际工资，增加了充分就业水平$\bar{N}$。因为劳动力供给的增加引起了$\bar{N}$的增加，所以它也提高了充分就业产出$\bar{Y}$，并使FE线向右移动。

□ 产品市场

要找到产品市场的均衡，我们先从描述意愿消费和意愿投资的公式开始。意愿消费为：

$$C^d=c_0+c_Y(Y-T)-c_r r \tag{9.B-8}$$

式中，$Y-T$为可支配收入（收入Y减税收T）；r为实际利率；c_0，c_Y和c_r为正数。式（9.B－8）中的c_Y是第4章中定义的边际消费倾向。因为人们只会消费所增加的可支配收入中的一部分，剩余部分用来储蓄，一个合理的假设是$0<c_Y<1$。根据式（9.B－8），可支配收入的增加引起意愿消费增加，而实际利率的提高引起意愿消费下降（以及意愿国民储蓄增加）。其他影响意愿消费的因素，例如财富或预期收入，包含在常数项c_0中。②

式（9.B－8）中的税收为：

$$T=t_0+tY \tag{9.B-9}$$

式中，t为收入税率（等同于工资的税率），t_0为一次性税收。如前所述，$0\leqslant t<1$，所以收入Y的增加提高了总税收T，并且提高了可支配收入$Y-T$。

意愿投资为：

$$I^d=i_0-i_r r \tag{9.B-10}$$

式中，i_0和i_r为正数。式（9.B－10）表明，当实际利率上升时，意愿投资下降。其他影响意愿投资的因素，例如预期资本边际产量，包含在常数项i_0中。

□ 产品市场的均衡

封闭经济中的产品市场的均衡条件是式（4－7），我们再次给出这个公式：

$$Y=C^d+I^d+G \tag{9.B-11}$$

式（9.B－11）等同于产品市场的均衡条件$S^d=I^d$，在这里也可以使用这个条件。

---

① 了解微积分的学生可以计算式（9.A－6）中$\bar{N}$对A的导数，我们会发现只有当$f_1-f_2n_0>0$时，这个导数才是正的。此前我们已经假设$f_1-f_2n_0>0$（见上一个注释），因此A的增加的确提高了$\bar{N}$。

② 因为税收T的增加降低了式（9.B－8）中的意愿消费，这个意愿消费公式看上去与第4章讨论的李嘉图等价定理不相符。然而，李嘉图等价定理的本质是，消费者预期当前税收T的增加是伴随着较低的未来税收的。预期税收的减少将会引起意愿消费增加，这在式（9.B－8）中表现为c_0的增加。根据李嘉图等价定理，如果T增加并且当前或计划的政府采购不变，那么c_0的增加将完全抵消$c_Y(Y-T)$的减少，所以意愿消费将不会变化。

如果我们将意愿消费［式（9.B－8），其中，税收 T 由式（9.B－9）给出］和意愿投资［式（9.B－10）］代入产品市场的均衡条件［式（9.B－11）］中，我们可以得到：

$$Y=c_0+c_Y(Y-t_0-tY)-c_r r+i_0-i_r r+G \quad (9.B-12)$$

整理 Y 项，并将其放在公式左侧，得到：

$$[1-(1-t)c_Y]Y=c_0+i_0+G-c_Y t_0-(c_r+i_r)r \quad (9.B-13)$$

式（9.B－13）将产出 Y 与出清产品市场的实际利率 r 联系起来，这个 Y 与 r 的关系式定义了 IS 曲线。因为 IS 曲线以 r 为纵轴、Y 为横轴，所以我们将式（9.B－13）改写为 r 在左侧，Y 在右侧。在式（9.B－13）中解出 r，得到：

$$r=\alpha_{IS}-\beta_{IS}Y，即 IS 曲线 \quad (9.B-14)$$

在式（9.B－14）中，α_{IS} 和 β_{IS} 是正数，并且定义为：

$$\alpha_{IS}=\frac{c_0+i_0+G-c_Y t_0}{c_r+i_r} \quad (9.B-15)$$

$$\beta_{IS}=\frac{1-(1-t)c_Y}{c_r+i_r} \quad (9.B-16)$$

式（9.B－14）为 IS 曲线。在式（9.B－14）中，Y 的系数（$-\beta_{IS}$）是 IS 曲线的斜率。因为这个斜率是负的，所以 IS 曲线向下倾斜。式（9.B－14）中常数项 α_{IS}［由式（9.B－15）定义］的变化引起 IS 曲线移动。任何引起 α_{IS} 增加的因素都使 IS 曲线向右上方移动，例如：①消费者乐观情绪的扩散使 c_0 增加，从而提高了意愿消费；②预期资本边际产量 MPK^f 的增加通过提高 i_0 增加了意愿投资；③政府采购 G 的增加。类似地，任何使 α_{IS} 减少的因素都使 IS 曲线向左下方移动。

□ 资产市场

一般来说，货币的实际需求取决于实际收入 Y 和非货币资产的名义利率 i，后者等于预期实际利率 r 和预期通货膨胀率 π^e 之和。我们假设货币需求公式采取以下形式：

$$\frac{M^d}{P}=\ell_0+\ell_Y Y-\ell_r(r+\pi^e) \quad (9.B-17)$$

式中，M^d 为名义货币需求；P 为价格水平；ℓ_Y 和 ℓ_r 为正数。常数项 ℓ_0 包括了产出和利率以外的其他影响货币需求的因素，如其他资产的流动性。实际货币供给等于由中央银行决定的名义货币供给 M 除以价格水平 P。

□ 资产市场的均衡

正如第 7 章所述，如果我们假设只有两种资产（货币和非货币资产），那么当实际货币需求等于实际货币供给 M/P 时，资产市场达到均衡。使用式（9.B－17）中的货币需求公式，我们将资产市场的均衡条件表示为：

$$\frac{M}{P}=\ell_0+\ell_Y Y-\ell_r(r+\pi^e) \quad (9.B-18)$$

对于固定水平的名义货币供给 M、价格水平 P 和预期通货膨胀率 π^e，式（9.B－18）将产出 Y 与出清资产市场的实际利率 r 联系起来。因此，式（9.B－18）定义了 LM 曲线。要将式（9.B－18）改写成容易用图形解释的形式，我们将 r 单独放在公式的左侧，即

$$r=\alpha_{LM}-\frac{1}{l_r}\times\frac{M}{P}+\beta_{LM}Y，即 LM 曲线 \quad (9.B-19)$$

式中，

$$\alpha_{LM}=\frac{l_0}{l_r}-\pi^e \qquad (9.B-20)$$

$$\beta_{LM}=\frac{l_Y}{l_r} \qquad (9.B-21)$$

式（9.B-19）的图形就是LM曲线。在式（9.B-19）中，Y的系数（即β_{LM}）是LM曲线的斜率。因为这个系数是正的，所以LM曲线向上倾斜。使式（9.B-19）中截距$\alpha_{LM}-(1/\ell_r)(M/P)$改变的变量会引起LM曲线移动。实际货币供给$M/P$的增加会使这个截距下降，从而使LM曲线向右下方移动。预期通货膨胀率π^e的上升会使α_{LM}降低，从而使LM曲线向右下方移动。由于（例如）其他资产流动性的降低而产生的实际货币需求的增加提高了ℓ_0，增加了α_{LM}，因而使LM曲线向左上方移动。

□ IS-LM模型中的一般均衡

从各个市场的供给和需求关系以及均衡条件中，我们可以计算出大部分重要宏观经济变量的一般均衡值。我们已经解答了劳动力市场的实际工资、就业和产出的一般均衡水平：实际工资由式（9.B-5）给出；就业等于充分就业水平$\bar{N}$，由式（9.B-6）给出；在一般均衡下，产出等于充分就业产出$\bar{Y}$，由式（9.B-7）给出。

下面转向产品市场，我们用$\bar{Y}$来代替式（9.B-14）中的Y，从而获得一般均衡实际利率，即

$$r=\alpha_{IS}-\beta_{IS}\bar{Y} \qquad (9.B-22)$$

有了产出Y和实际利率r[由式（9.B-22）决定]，我们就可以使用式（9.B-8）、式（9.B-9）和式（9.B-10）来分别找出税收T、消费C和投资I的一般均衡值。

还有一个需要确定其均衡值的重要宏观经济变量是价格水平P。要找出均衡价格水平，我们使用资产市场的均衡条件，即式（9.B-18）。在式（9.B-18）中，我们用充分就业产出$\bar{Y}$来代替Y，并使用式（9.B-22）来替换均衡实际利率r。从式（9.B-18）中解出价格水平，得到：

$$P=\frac{M}{l_0+l_Y\bar{Y}-l_r(\alpha_{IS}-\beta_{IS}\bar{Y}+\pi^e)} \qquad (9.B-23)$$

式（9.B-23）证实均衡价格水平P与名义货币供给M是成比例的。

我们可以使用这些公式来分析一个恶性生产率冲击对一般均衡的影响，这与本章前文中的分析类似。我们已经说明了生产率A的增加使均衡实际工资、充分就业水平和充分就业产出增加。因此，恶性生产率冲击（A的减少）降低了实际工资、就业和产出的一般均衡值。式（9.B-22）表明，因为恶性生产率冲击使$\bar{Y}$减少，所以它肯定也会提高均衡实际利率。较低的产出和较高的实际利率意味着消费和投资一定都会下降［式（9.B-8）和式（9.B-10）］。恶性生产率冲击所导致的$\bar{Y}$的减少使式（9.B-23）右侧的分母变小，所以价格水平P一定会上升。所有这些结果与图形分析得到的结果是一致的。

□ AD-AS模型

以刚刚推导出的IS-LM模型的代数版本为基础，我们现在来推导本章所展示的AD-AS模型的代数版本。我们先描述总需求（AD）曲线、短期总供给（SRAS）曲线和长期总供给（LRAS）曲线的代数版本，然后解出短期均衡和长期均衡。

□ 总需求曲线

在任何价格水平P上的产出总需求对应于IS曲线和LM曲线交点的产出数量。我们可以通过令

式（9.B-14）和式（9.B-19）的右侧相等来找到IS曲线与LM曲线交点的Y值，即

$$Y=\frac{\alpha_{IS}-\alpha_{LM}+(1/l_r)(M/P)}{\beta_{IS}+\beta_{LM}} \tag{9.B-24}$$

式（9.B-24）是总需求曲线。对于固定的名义货币供给M，式（9.B-24）表明产品的总需求数量Y是价格水平P的一个减函数，所以AD曲线向下倾斜。注意，式（9.B-24）右侧的分子等于IS曲线的截距减去LM曲线的截距。因此，对于固定的价格水平而言，任何引起IS曲线向右上方移动（如政府采购增加）或引起LM曲线向右下方移动（如名义货币供给增加）的因素，都将增加产出的总需求数量，并且使AD曲线向右上方移动。

□ 总供给曲线

在短期，公司供给满足在固定价格水平上对产出的需求数量，我们用P_{sr}表示固定价格水平。因此，短期总供给（SRAS）曲线是一条水平线，即

$$P=P_{sr}\text{，即 SRAS 曲线} \tag{9.B-25}$$

长期总供给曲线是充分就业产出$\bar{Y}$处的垂直线，即

$$Y=\bar{Y}\text{，即 LRAS 曲线} \tag{9.B-26}$$

□ 短期均衡和长期均衡

经济的短期均衡由总需求（AD）曲线和短期总供给（SRAS）曲线的交点表示。通过将SRAS曲线公式［式（9.B-25）］代入AD曲线公式［式（9.B-24）］，我们可以找到产出的短期均衡数量，即

$$Y=\frac{\alpha_{IS}-\alpha_{LM}+(1/l_r)(M/P_{sr})}{\beta_{IS}+\beta_{LM}} \tag{9.B-27}$$

当劳动力市场、产品市场和资产市场均处于均衡时，经济达到了长期均衡，这由总需求曲线和长期总供给曲线的交点表示。因此，根据式（9.B-26）中的LRAS曲线，在长期均衡时，$Y=\bar{Y}$。通过使AD曲线公式［式（9.B-24）］的右侧等于LRAS曲线公式［式（9.B-26）］的右侧，并从中解出P，我们可以找到长期均衡时的价格水平：

$$\bar{P}=\frac{M}{l_r[\alpha_{LM}-\alpha_{IS}+(\beta_{IS}+\beta_{LM})\bar{Y}]} \tag{9.B-28}$$

式（9.B-28）中的长期均衡价格水平与式（9.B-23）中IS-LM-FE交点的价格水平相同。将α_{LM}和β_{LM}的定义，即式（9.B-20）和式（9.B-21），代入式（9.B-28），你可以确认两个公式中的价格水平的确相等。

第10章 古典经济周期分析：市场出清的宏观经济学

学习目的：

- 概述实际经济周期理论并描述它对经济周期事实的解释能力
- 讨论古典模型中财政政策冲击的影响
- 讨论古典模型中的失业
- 解释古典模型中货币和货币政策的作用
- 概述错误认知理论的基础和含义

经济学家们通常都认同第8章里概括的基本经济周期事实。他们知道经济增长未必是平滑的，偶尔会出现产出下降和失业率上升的衰退时期。他们知道衰退后，通常随之而来的是经济增长强劲的复苏时期。他们也知道许多相关宏观经济变量——生产率、利率和通货膨胀率在衰退时期的表现。

回顾经济衰退和繁荣带来的两个基本问题：(1) 引起这些经济周期的经济原因是什么？(2) 如果政府的政策制定者应该采取行动，那么他们应该采取怎样的措施来应对经济周期？遗憾的是，与对经济周期基本事实的看法相比，经济学家们对这两个问题的回答存在较多分歧。

关于衰退的起因和对策的主要分歧存在于两个主要宏观经济学派中：古典学派和凯恩斯学派。正如我们在第1章提到并在第8章和第9章再次重申的，虽然古典学派和凯恩斯学派在许多观点上达成了一致，但他们对经济在受到冲击后均衡价格的恢复和工资的调整速度持不同观点。古典学派假设价格和工资可以迅速调整，从而使每个市场的供给数量和需求数量相等。因此，他们指出，一个市场经济主要是“自我修正”的。当受到经济冲击或政策变化的干扰时，经济本身存在恢复一般均衡的强烈倾向。凯恩斯学派通常同意价格和工资最终会发生必要的变化，从而使市场出清，但他们相信在短期，价格和工资的调整很有可能是不完全的。这就是说，在短期，供给数量和需求数量不一定相等，并且经济可能会处于非均衡状态。虽然观点上的区别看似是纯理论性的，但它具有实践意义：因为凯恩斯学派对于经济本身能够迅速到达均衡持怀疑态度，他们比古典学派更倾向于建议政府在衰退时采取措施来提高产出和就业，在繁荣时缓和经济增长。

在本章和第11章，我们将建立并比较经济周期的古典理论和凯恩斯理论，以及古典学派和凯恩斯学派的政策建议，并在本章首先讨论古典学派。古典分析和凯恩斯分析都可以方便地用同一个分析框架（即IS-LM/AD-AS模型）来表达。在本章，我们使用IS－LM/AD－AS模型的古典（即市场出清）版本，它包含了IS－LM/AD－AS模型以及价格与工资迅速调整的假设。价格和工资迅速调整的假设意味着经济总是处于或接近于一般均衡，因此类似于产出和就业这样的变量总是接近于它们的一般均衡水平。

在比较这些互争长短的经济周期理论时，我们特别感兴趣的是各种理论能够解释经济周期事实的程度。古典理论与关于周期的大部分重要事实吻合。然而，挑战古典理论的一个经济周期事实是货币存量的变化前导于周期的发生。回想古典假设暗示了工资和价格能迅速调整以出清市场，所以经济会迅速回到一般均衡。货币是中性的，这意味着货币供给的变化不影响产出和其他实际变量。但是，大部分经济学家将货币前导于周期这个事实解释为货币并非在所有情形下都是中性的证据。如果货币不是中性的，那么我们必须要么修改古典模型以解释货币非中性，要么抛弃古典模型而采用其他与货币非中性一致的理论（例如凯恩斯理论）。在10.5节，我们扩展了古典模型，以兼容货币非中性。然后，我们考察这个扩展的古典模型对于宏观经济政策的含义。

10.1 实际经济周期理论

我们已经指出了经济周期分析的两个基本问题：什么引起经济周期？我们对它们可以（或应该）采取什么对策？我们从经济周期的起因开始，考察古典学派对于这些问题的回答。

回顾8.4节，一个完整的经济周期理论必须包含两个组成部分。第一个部分是对所认定的经济影响最大的冲击或扰动类型的描述。各种经济周期理论所强调的经济干扰的实例包括供给冲击、货币政策或财政政策的变化以及消费者支出的变化。第二个部分描述产出、就业和价格等关键宏观经济变量如何对经济冲击做出回应。古典经济学家倾向于将模型建立在微观经济基础上，即描述人们如何实现效用最大化以及企业如何实现利润最大化。因此，他们偏好的模型十分复杂，我们无法在本书里简单地描述。然而，他们的具体模型的主要结果与IS－LM模型的市场出清版本类似，所以本书使用这个模型来描述古典经济学家的观点。此外，关于哪些冲击是导致周期波动的关键仍然悬而未决。

以诺贝尔经济学奖得主、亚利桑那州立大学（Arizona State University）、明尼阿波利斯联邦储备银行（Federal Reserve Bank of Minneapolis）的爱德华·普雷斯科特（Edward Prescott）和加州大学圣巴巴拉分校（University of California at Santa Barbara）的芬恩·基德兰德（Finn Kydland）为代表的一群具有影响力的古典经济学家建立了一个理论，在解释引起周期波动的冲击来源方面持有坚定的立场。该理论被称为**实际经济周期理论**（real business cycle theory，简称RBC理论），它提出对经济的实际冲击是引起经济周期的主要原因。① **实际冲击**（real shocks）是对经济"实际层面"的干扰，例如影响生产函数、劳动力数量、政府采购的实际量以及消费者的支出和储

① 关于实际经济周期理论的详细介绍，参见Charles Plosser，"Understanding Real Business Cycles，" *Journal of Economic Perspectives*，Summer 1989，pp. 51－78，以及Robert G. King and Sergio Rebelo，"Resuscitating Real Business Cycles，" in J. Taylor and M. Woodford，eds.，*Handbook of Macroeconomics*，Elsevier，1999。

蓄决策等的冲击。经济学家将实际冲击与**名义冲击**（nominal shocks），即对货币供给或货币需求的冲击区分开来。在 IS-LM 模型中，实际冲击直接影响 IS 曲线或 FE 线，而名义冲击只影响 LM 曲线。

虽然许多类型的实际冲击会引发经济周期，实际经济周期经济学家对生产函数冲击——我们所说的供给冲击，或实际经济周期经济学家所称的**生产率冲击**（productivity shocks）——赋予了最重要的角色。生产率冲击包括新产品或生产方法的开发、新管理技术的采用、资本或劳动力质量的变化、可供使用的原材料或能源的变化、异常好或坏的气候、影响生产的政府管制的变化以及任何其他影响生产率的因素。实际经济周期经济学家认为，大部分经济繁荣来自良性生产率冲击，而大部分衰退是由恶性生产率冲击带来的。

恶性生产率冲击的衰退性影响 实际经济周期经济学家认为恶性生产率冲击会导致衰退（类似地，良性生产率冲击会带来繁荣）的观点是否有道理？我们在第 3 章、第 8 章和第 9 章考察了暂时恶性生产率冲击对经济在理论上的影响。[①] 在第 3 章，我们说明了恶性生产率冲击即供给冲击（例如石油价格的上升）会降低劳动力边际产量（MPN）及在任何实际工资水平上的劳动力需求，其结果是实际工资和就业的均衡值都会下降（见图 3-10）。产出的均衡值（充分就业产出 $\bar{Y}$）也会下降，这既是因为均衡就业的下降，也是因为恶性生产率冲击降低了使用任何资本和劳动力数量可以生产的产出数量。

接下来，我们用完整的 IS-LM 模型（见图 9-8）探究了暂时恶性生产率冲击对一般均衡的影响。我们证实了前面的结论，即恶性生产率冲击降低了实际工资、就业和产出的一般均衡水平。此外，我们还说明了恶性生产率冲击提高了实际利率，压制了消费和投资，并且提高了价格水平。

因此，广泛地讲，我们此前关于恶性生产率冲击的效应的分析支持实际经济周期经济学家的观点，即这类冲击是衰退性的，它们会导致产出下降。类似的分析表明，良性生产率冲击会带来产出的提高（繁荣）。注意，在实际经济周期理论中，衰退时的产出下降和繁荣时的产出上升是因为产出的一般均衡（或充分就业）水平发生了变化，以及迅速的价格调整确保了实际产出永远等于充分就业产出。作为古典经济学家，实际经济周期经济学家会否定凯恩斯学派认为衰退和繁荣都属于非均衡，而在非均衡时实际产出会在较长一段时期内低于或高于其一般均衡水平的观点（我们将在第 11 章讨论）。

实际经济周期理论和经济周期事实 实际经济周期理论结合了 IS-LM 模型的古典（即市场出清）版本与生产率冲击是经济干扰主要形式的假设，尽管它相对简单，但它与许多经济周期事实相吻合。第一，在经济不断受到生产率冲击的假设下，实际经济周期理论预测总产出的波动会反复出现，而这个情形也确实发生了。第二，实际经济周期理论准确地预测了就业将顺周期变动，即与产出的变动同向。第三，实际经济周期理论预测实际工资在繁荣时将比在衰退时高（顺周期性的实际工资），这也是实际发生的情况。第四，实际经济周期理论解释了这样一个经济周期事实：平均劳动生产率是顺周期的，即繁荣时的人均产出高于衰退时的水平。这个事实与实际经济周期经济学家的假设相符，即繁荣时期是良性生产率冲击的时期，这趋向于提高平均劳动生产率，而衰退是

---

① 实际经济周期经济学家既分析永久生产率冲击，也分析暂时生产率冲击。因为暂时生产率冲击比较简单，所以我们关注暂时生产率冲击。

恶性生产率冲击的结果，这趋向于降低劳动生产率。实际经济周期经济学家指出，如果没有生产率冲击，即让生产函数保持稳定，平均劳动生产率就不会是顺周期的。由于边际劳动生产率递减规律，如果没有生产率冲击，繁荣时期的就业扩张就会倾向于降低平均劳动生产率。类似地，如果没有生产率冲击，衰退时期将是平均劳动生产率相对高的时期，而不是所观察到的相对低的时期。因此，实际经济周期经济学家将平均劳动生产率的顺周期性看作支持他们理论的强有力证据。

与实际经济周期理论看起来不相符的一个经济周期事实是，通货膨胀在衰退中或紧随衰退后的时期倾向于减缓。实际经济周期理论预测恶性生产率冲击将会引起衰退和一般价格水平的上升。因此，根据实际经济周期理论，衰退时期应该是通货膨胀时期，这与经济周期事实相反。

一些实际经济周期经济学家对此的回应是质疑通货膨胀顺周期性的传统观点。例如，实际经济周期的支持者基德兰德和普雷斯科特①在1954—1989年的一个研究中指出，在某种程度上，通货膨胀顺周期性的发现对于用来计算通货膨胀和产出趋势的统计方法很敏感。基德兰德和普雷斯科特使用不同的方法计算这些趋势，他们发现当总产出高于其长期趋势时，价格水平倾向于低于其长期趋势。这个结果更接近于实际经济周期关于价格周期性表现的预测。基德兰德和普雷斯科特指出，关于价格和通货膨胀顺周期性的标准观点大多建立在两次世界大战期间（1918—1941年）的经济表现上，而那个时期的经济和受到的冲击与近期不同。例如，许多经济学家相信两次世界大战期间最重要的宏观经济事件——经济大萧条，来自一系列大型的恶性总需求冲击。正如我们在图8-17中说明的，恶性总需求冲击使AD曲线向左下方移动，从而首先引起产出的下降，然后是价格的下降。这个模式与通货膨胀具有顺周期性并且滞后这一传统的经济周期事实是吻合的。但是，基德兰德和普雷斯科特提出，自第二次世界大战以来，大型恶性供给冲击在产出下降的时候导致价格水平上升。更值得注意的是，通货膨胀在1973—1974年和1979—1980年石油价格冲击后的经济衰退中急速上升。然而，关于价格的周期性表现仍然存在争议。

应用

经济周期的测定

如果我们将关于价格水平表现的辩论暂时放下，那么实际经济周期理论可用来解释一些经济周期事实，包括就业、生产率和实际工资的顺周期表现。然而，实际经济周期经济学家指出，一个完善的经济周期理论应该既是定性的，也是定量的。也就是说，除了要预测关键宏观经济变量在经济周期中如何变动之外，实际经济周期理论也应该从数量上预测经济波动规模的大小以及各变量间联系的强度。

要考察实际经济周期理论的定量模型，实际经济周期经济学家建立了一个被称为测定（calibration）的方法。这个方法就是使用较一般的理论计算出一个具体的数例，然

① 见“Business Cycles：Real Facts and A Monetary Myth，” *Quarterly Review*，Federal Reserve Bank of Minneapolis，Spring 1990，pp. 3-18。

后将计算的结果与宏观经济数据相比较，用以判断模型和实际是否大致相符。

第一步，构建一个经济模型，如古典版本的IS－LM模型，但用具体函数来替代一般的函数形式。例如，做测定的人不将生产函数表达为一般形式：

$$Y=AF(K,N)$$

而是使用生产函数的一个特定代数形式，例如[①]：

$$Y=AK^{a}N^{1-a}$$

式中，a 为介于0～1的常数。类似地，消费者和工人的行为也用具体的函数形式描述。

第二步，将所选择的具体函数形式用具体数字表示出来，以使之进一步具体化。例如，对于 $a=0.3$，生产函数变为：

$$Y=AK^{0.3}N^{0.7}$$

使用同样的方法，描述消费者和工人行为的函数也被赋予具体数值。这些数字从何而来？通常说来，它们不是从宏观经济数据估计来的，而是来自其他来源。

例如，模型中函数被赋予的数值可能来自先前对生产函数或个人和家庭的储蓄行为的研究。

第三步，找出这个数值化的模型在受到例如生产率冲击等随机冲击时会如何表现，这必须在计算机上操作。冲击由计算机上的随机数生成器产生（这与赋予特定函数的数值不同），并选择合适的冲击规模和持续时间，使其与实际的宏观经济数据相吻合。对于这些冲击，计算机可以跟踪模型在多个时期的表现，并且反馈关键宏观经济变量（如产出、就业、消费和投资）的表现。然后，将这些模拟的结果与实际经济表现相比较，以决定模型与实际的拟合程度。

普雷斯科特进行了一个具有影响力的早期测定操作。[②] 他使用的模型类似于我们在这里讲述的实际经济周期模型，主要区别是我们的实际经济周期模型从本质上讲是一个双时期模型（当前和未来），而普雷斯科特的模型包含多个时期。图10－1和图10－2给出了其模型的计算机模拟结果。

图10－1比较了根据美国第二次世界大战后的数据计算出来的可实际观察到的六个宏观经济变量的波动程度，以及普雷斯科特在测定实际经济周期模型中所预测的波动程度。[③] 普雷斯科特在其模拟中设定的随机生产率冲击的规模可以使模型中GNP的波动与美国实际GNP的波动相符。[④] 这解释了为什么图10－1中的实际GNP和模拟GNP的波动程度相当。但是，他并没有确保其他五个变量的模拟值会符合实际的波动程度。然而，我们注意到其他变量的模拟和实际波动程度也十分相近。

---

① 这个生产函数是柯布-道格拉斯生产函数（见第3章）。正如我们所提到的，虽然这个函数相对简单，但它与美国数据的拟合度很高。

② "Theory Ahead of Business Cycle Measurement," *Carnegie-Rochester Conference Series on Public Policy*, Volume 25, Autumn 1986, pp. 11－39. Reprinted in *Quarterly Review*, Federal Reserve Bank of Minneapolis, Fall 1986, pp. 9－22.

③ 所使用的对波动程度的衡量叫作标准差。标准差越大，所衡量的变量就越具波动性。

④ 在普雷斯科特的研究时期，美国的国民收入账户关注的是GNP而不是GDP，所以普雷斯科特也关注的是GNP。

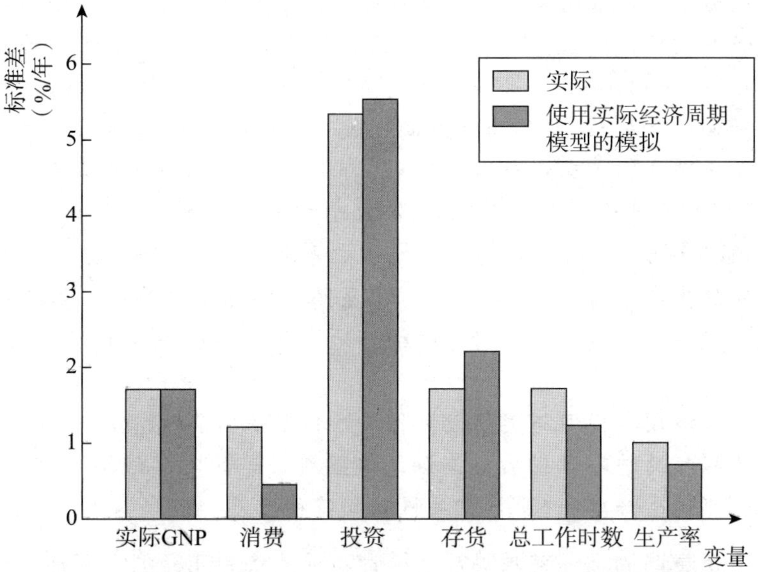

图 10－1　实际与模拟的关键宏观经济变量的波动程度

说明：该图比较了美国从第二次世界大战后的数据中实际观察到的关键宏观经济变量的波动程度，以及普雷斯科特测定的实际经济周期模型在计算机模拟中所预测的相同变量的波动程度。普雷斯科特在其模拟中设定的随机生产率冲击的规模可以使模型中 GNP 的波动与美国实际 GNP 的波动相符。对于随机生产率冲击，所模拟的其他五个宏观经济变量（除了消费）的波动相当符合所观察到的实际波动程度。

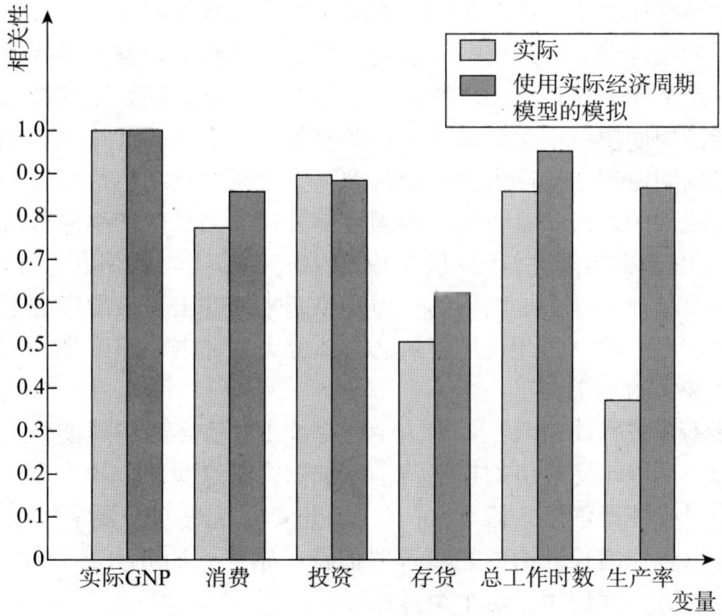

图 10－2　实际与模拟的关键宏观经济变量与 GNP 的相关性

说明：在经济周期中，一个变量与 GNP 变动的相关程度是由其相关性来衡量的，较高的相关性意味着较密切的关系。该图比较了实际观察到的美国自第二次世界大战后的关键变量与 GNP 的相关性以及普雷斯科特测定的实际经济周期模型所预测的相关性。除了对生产率的相关性预期过高外，模拟所预测的宏观经济变量同 GNP 的相关性与这些变量同 GNP 的实际相关性十分近似。

图 10－2 从另一个角度比较了实际经济与普雷斯科特测定的实际经济周期模型：重要宏观经济变量与 GNP 在经济周期中变化的相近程度。衡量变量间变动相关程度的统计指标是相关性（correlation）。如果一个变量与 GNP 的相关性是正的，那么在经济周期中，这个变量倾向于与 GNP 的变动方向一致（即这个变量是顺周期的）。与 GNP 的相关性为 1.0 表示变量的变动完全跟随 GNP 的变动（因此，GNP 与其本身的相关性为 1.0），与 GNP 的相关性为 0 表示变量与 GNP 不相关。如果变量与 GNP 的相关性处于 0～1.0 之间，那么该变量与 GNP 的关系处于中等水平。图 10－2 表明，尽管普雷斯科特的模型所预测的生产率与 GNP 的相关性明显高于实际的相关性，但普雷斯科特测定的实际经济周期模型在一般情况下仍可以很好地说明一些变量与 GNP 之间关系的强弱程度。

测定的实际经济周期模型与实际数据相符的程度的确令人印象深刻。此外，测定操作的结果有助于模型的进一步发展。例如，这里所讲述的实际经济周期模型已被改进，以提高实际与预测的生产率和 GNP 相关性的相符程度。

生产率冲击是衰退的唯一来源吗？ 尽管实际经济周期经济学家基本认同各种实际冲击会干扰经济，但在实践中，他们的大部分研究仍建立在生产率冲击是主导的甚至是唯一的衰退来源这个假设上。许多经济学家（包括古典学派和凯恩斯学派）都批评这个假设，认为它是不切实际的。例如，一些经济学家挑战实际经济周期经济学家，要他们辨认出他们所确信的第二次世界大战以来导致每次衰退的具体生产率冲击。批评者指出，除了 1973 年、1979 年、1990 年的石油价格冲击和 20 世纪 90 年代末的科技革命外，历史上基本不存在整个经济范围内的生产率冲击的其他实例。

实际经济周期经济学家对此的一个有趣回应是，原则上，整个经济的波动也可以由一系列的小型生产率冲击累积引起。要说明小型冲击可以引起大型的波动，图 10－3 呈现了简化实际经济周期模型中生产率冲击以及相关产出表现的计算机模拟结果。在这个简单的实际经济周期模型中，产出从一个月到下一个月的波动包括两个部分：①来自正常的技术进步或正常的人口和就业增长的固定部分；②当月生产率冲击所无法预测的部分。[①] 图 10－3 的底部列出了由计算机生成的生产率冲击，它所预示的产出在上方呈现。虽然没有一个单独的冲击是大型的，但积累起来的冲击带来的影响引起了大幅度的类似经济周期的产出波动。因此，尽管辨认具体的大型冲击是很困难的，但经济周期仍然可能是生产率冲击的结果。

索洛余值能衡量技术冲击吗？ 因为生产率冲击在实际经济周期模型中是经济周期波动的主要来源，所以实际经济周期经济学家试图衡量这些冲击的大小。其中，最常用的生产率冲击衡量标准是**索洛余值**（Solow residual），它是对全要素生产率 A 的实证衡量。索洛余值是以现代增长理论的先驱者罗伯特·索洛（Robert Solow）[②] 的名字命名的，他在 20 世纪 50 年代使用了这个衡量标准。

---

① 具体地讲，这个模型是 $Y_t = Y_{t-1} + 0.01 + e_t$。式中，$Y_t$ 为第 t 个月的产出；Y_{t-1} 为前一个月的产出；e_t 为第 t 个月的生产率冲击，该冲击为随机的。生产率冲击是从 -1.0～1.0 中随机抽取的数值。本章末的计算题第 6 题给出了一个类似的例子。

② 见 "Technical Change and the Aggregate Production Function," *Review of Economics and Statistics*, 1957, pp. 312－320。在第 6 章中，我们描述了索洛对于增长理论的贡献。

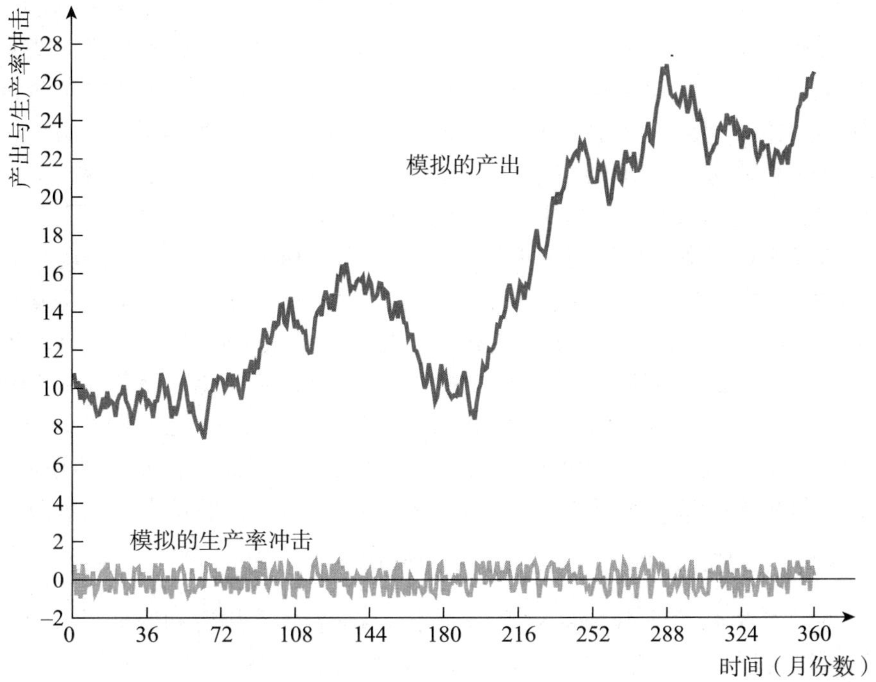

图 10-3　小型冲击与大型周期

说明：计算机模拟的简单实际经济周期模型被用来找出由计算机生成的生产率冲击（在图的底部显示）与产出（在图的中部显示）的关系。即使所有的生产率冲击幅度都很小，模拟中的产出也发生了大幅度的周期性波动。因此，大型的生产率冲击对于产出大幅度的周期性波动来说并不是必需的。

回顾第 3 章，要衡量全要素生产率 A，我们需要产出 Y、资本 K 以及劳动 N 的数据。此外，我们还需要使用生产函数的一个具体数学表达式。于是，

$$\text{索洛余值}=\frac{Y}{K^{a}N^{1-a}}=A \quad (10-1)$$

索洛余值之所以被称为“余值”，是因为它是产出中无法被经过衡量的资本和劳动所直接解释的部分。

在用式（10－1）根据实际美国数据计算索洛余值时，它表现出了强烈的顺周期性——在经济扩张时上升，在经济衰退时下降。这种顺周期行为与实际经济周期理论的前提是一致的，即产出的周期性波动在很大程度上是由生产率冲击造成的。

然而，最近一些经济学家质疑索洛余值是否应该被完全解释为对技术的衡量，这是那些早期实际经济周期拥护者的做法。如果索洛余值的变化反映的只是经济中可使用的技术变化，那么它的数值应该与政府采购或货币政策等不直接影响科技进步（至少在短期）的因素不相关。然而，统计研究发现，索洛余值事实上与诸如政府支出这样的因素相关，这意味着索洛余值的变动或许也反映了其他因素的作用。[①]

要了解为什么即使生产中使用的实际技术不变，所衡量的生产率仍会变动，我们应

① 技术变化也许与政府在研究与开发（R&D）上的支出变化相关。但是，索洛余值与非研究与开发的政府支出也高度相关，并且其时滞短到不足以用支出对创新速度的影响来解释。

认识到资本和劳动有时会被更密集地使用，而更密集地使用投入带来了更高的产出。例如，全天使用机器人汽车组装工具比半天使用相同工具对生产的贡献更大。类似地，工作迅速的工人（例如，午餐高峰时期餐馆的工作人员）比同样数量但工作缓慢的工人（同样的餐馆工人但处于下午空闲期间）能带来更多的产出和营业收入。为体现资本和劳动资源在不同的时间可以密集或松散使用的概念，我们给出资本利用率 u_K 和劳动利用率 u_N 的定义。一种要素的利用率衡量了这种要素被使用的密集程度。例如，全天使用的打印机的资本利用率将是使用半天的打印机的资本利用率的 2 倍；类似地，午餐高峰时间的劳动利用率较高。资本在生产中的实际使用，我们称其为资本服务量，等于资本利用率乘以资本，即 $u_K K$。因为资本服务量的概念就资本的使用强度做了调整，资本服务量比资本本身更能准确地衡量资本对产出的贡献。类似地，我们将劳动服务量定义为劳动利用率乘以公司所使用的工人数量（或工作时数），即 $u_N N$。因此，当相同数量的工人工作更迅速时，雇用者得到的劳动服务量比工作缓慢时高（即劳动利用率更高）。

意识到资本服务量和劳动服务量要计入产出的生产中，我们将生产函数改写为：

$$Y=AF(u_K K,\ u_N N)=A(u_K K)^a(u_N N)^{1-a} \tag{10-2}$$

在此，我们将资本 K 用资本服务量 $u_K K$ 来替代，将劳动 N 用劳动服务量 $u_N N$ 来替代。现在，我们可以使用生产函数［式（10-2）］来替代式（10-1）中的 Y，从而得到包含资本利用率和劳动利用率的索洛余值的表达式：

$$\text{索洛余值}=\frac{A(u_K K)^a(u_N N)^{1-a}}{K^a N^{1-a}}=Au_K^a u_N^{1-a} \tag{10-3}$$

式（10-3）表明，通常衡量的索洛余值不仅包含了参数 A（反映技术和其他可能影响生产率的因素），而且包含了资本利用率 u_K 和劳动利用率 u_N。因此，即使技术没有变化，如果资本利用率和劳动利用率是顺周期的，那么计算出来的索洛余值也将是顺周期的。

有证据表明，利用率是顺周期的（所以资本和劳动力在经济繁荣时期比衰退时期更密集地被使用）。例如，杜克大学（Duke University）的克雷格·伯恩赛德（Craig Burnside）、西北大学的马丁·艾肯鲍姆（Martin Eichenbaum）和瑟吉欧·里伯洛（Sergio Rebelo）① 运用生产者使用的电量数据研究资本利用率的周期性行为。他们使用电量数据的理由是，无论增加利用率是通过提高每天资本操作的小时数还是提高资本的运转速度来实现的，要提高资本利用率就要使用额外的电量。这个研究表明，在经济上升时期每单位资本的用电量升高，从而促使作者得出结论：资本利用率具有很强的顺周期性。此外，这个研究还表明，一个类似于式（10-2）中 A 的技术衡量，比索洛余值的顺周期性要小得多。

衡量劳动利用率的周期性行为更困难，但各种研究发现了劳动利用率也具有顺周期性的证据。例如，哈佛大学的乔恩·费伊（Jon Fay）和詹姆斯·梅多夫（James Medoff）② 向大型制造企业发出调查问卷，询问每个公司在最近所经历的衰退中的就业和产

---

① "Capital Utilization and Returns to Scale," in B. Bernanke and J. Rotemberg, eds., *NBER Macroeconomics Annual*, 1995.

② "Labor and Output over the Business Cycle," *American Economic Review*, September 1985, pp. 638-655.

出。费伊和梅多夫发现，所调查的公司在衰退时期的产出平均减少了31%，雇用的蓝领工人的工作时数比正常水平低23%。公司的经理估计，在不进一步降低产出的条件下，总工作时数本来还可以再低6%。在这6%的工作时数里，将近一半的数量（3%的工作时数）通常用来完成各种有用的工作，包括设备维护和修理、粉刷、清洁、产品再加工和培训。剩余的3%的工作时数用来做“门面工作”和其他非生产活动。这些数字表明，公司在衰退时期使用的劳动密集度较低。

这种衰退时期的劳动使用强度比扩张时期的劳动使用强度低的趋势称为**劳动储存**(labor hoarding)。因为解雇和雇用需要成本，所以公司通常在经济衰退时保留一些它们本可以解雇的工人，此时会出现劳动储存。公司在员工名单中保留这些工人，以避免解雇工人和经济好转后再次雇用他们的成本或雇用和培训新工人的成本。所储存的劳动在衰退期间要么降低工作强度（需要做的工作减少了），要么被派遣到不计入公司产出的任务上，如设备维护。当经济好转时，所储存的劳动则恢复正常的工作方式。同理，餐馆经营者也不应该只因为餐馆员工在下午时段生产率比较低，就让工人在午餐和晚餐高峰的中间时段回家。衰退期间较低的生产率（或在餐馆的下午闲暇时段）并不反映可用技术的变化，而是反映了公司的资本利用率和劳动利用率的变化。因此，你对于将索洛余值（等同于全要素生产率 A）完全解释为技术变化的做法要格外小心。

虽然技术的变化或资本利用率和劳动利用率的变化可能会引起总体周期性波动，但历史表明，生产率冲击之外的其他冲击也会对经济产生影响，战争以及相应的军备扩张就是一个明显的实例。因此，许多古典经济学家更倾向于对古典经济周期理论进行更广泛的定义，以允许生产率和其他类型的冲击对经济产生影响。因为他们所使用的模型允许“实际”生产率冲击之外的冲击存在，所以这些模型不再叫实际经济周期模型，而是称为动态、随机、一般均衡（dynamic，stochastic，general equilibrium，DSGE）模型，它们模拟随时间变化（动态）的经济表现，允许对经济的随机冲击的存在，并且建立在一般均衡概念的基础上。

生产率冲击之外的其他冲击对宏观经济的影响可以用古典IS－LM模型来分析。下面，我们使用这个模型来分析财政政策冲击的效应。

10.2 古典模型中的财政政策冲击

古典模型中，还有一种可成为经济周期来源的冲击是财政政策的变化，如政府对商品和服务实际采购的增加或减少。① 政府采购冲击的实例包括增强军备和大型公路建设或其他公共工程的开工。因为政府采购是顺周期的——尤其是国内产出在战争期间和军事支出较高的其他时期倾向于超过其正常水平，所以我们需要探究政府采购冲击是如何影响产出和就业的。

我们考虑当政府采购更多的商品和服务时会发生什么变化，例如当国家处于战争时

① 另一个财政政策变化的重要实例是税收结构的变化。古典经济学家认为，会产生最大影响的税收变化是影响人们工作、储蓄和投资的动力，从而影响到充分就业产出。然而，因为大部分古典经济学家接受李嘉图等价定理，他们认为没有政府采购变化的一次性税收变化不会对经济产生很大的影响。

期时。(将政府采购增加看成暂时的。本章末的分析题第 2 题要求你导出如果政府采购增加是永久的，将会发生怎样的变化。)

图 10-4 说明了在古典 IS-LM 模型中政府采购增加的效应。在财政政策变化前，经济的一般均衡在图 10-4(a) 和图 10-4(b) 中由 E 点表示。要了解政府采购增加后发生的变化，我们先从图 10-4(a) 的劳动力市场开始。财政政策的变化对生产函数或劳动力边际产量（MPN）没有影响，所以劳动需求曲线不变。

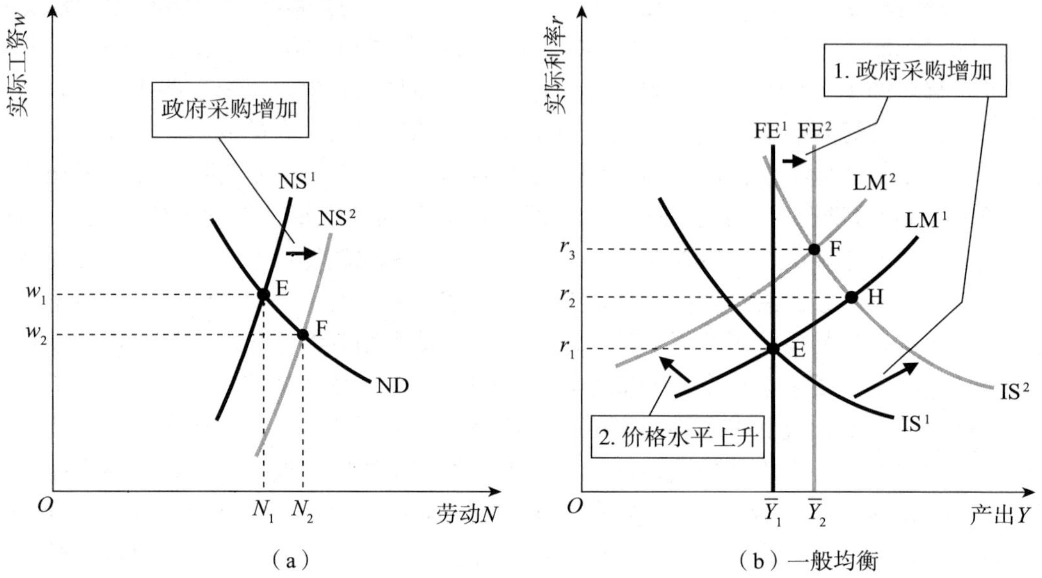

图 10-4　政府采购增加的效应

说明：最初的均衡位于图（a）和图（b）中的 E 点。该图中的政府采购增加为暂时的。

（a）政府采购的增加提高了工人当前或未来的税收。因为工人感到变得相对贫穷，所以他们会提供更多的劳动，从而使劳动供给曲线从 NS^1 向右移动到 NS^2。劳动供给曲线的移动使实际工资减少，就业增加，如 F 点所示。

（b）就业的增加提高了充分就业产出，并将 FE 线从 FE^1 向右移动到 FE^2。政府采购的增加也减少了意愿国民储蓄，并使 IS 曲线从 IS^1 向右上方移动到 IS^2。因为 IS^2 和 LM^1 的交点位于 FE^2 的右侧，产出的总需求数量高于充分就业产出 $\bar{Y}_2$，所以价格水平上升。价格水平的上升减少了实际货币供给，并使 LM 曲线从 LM^1 向左上方移动到 LM^2，直至新的一般均衡 F 点。政府采购增加的效应是增加了产出、实际利率和价格水平。

然而，古典经济学家指出，政府采购的增加将通过减少工人的财富而对劳动供给产生影响。人们的财富减少是因为，如果政府增加了用于军事目的的国内产出，那么剩下的可供私人消费和投资的产出就变少了。如果政府通过提高当前税收来支付增加的军事支出，那么政府采购对私人财富的负面影响就更为明显。① 但是，即使政府不通过提高当前税收来支付额外的军事开支，而是通过借款来获得所需资金，未来也必须增税，以偿还这笔额外的政府借款的本金和利息。所以，不论当前税收是否会提高，在产出总是等于充分就业产出的古典主义假设下，政府军事支出的增加实际上都会使人们变得相对贫穷。

在第 3 章，我们说明了资产的减少增加了劳动供给，这是因为变得相对贫穷的人享受得起的闲暇减少了。因此，根据古典理论的分析，政府采购的增加——使人们的财务

① 为简单起见，我们假设税收增加是一次性的。非一次性的税收增加——例如改变资本有效税率——会产生复杂的影响。

状况变差——应该会带来劳动总供给的增加。① 政府采购的增加引起劳动供给曲线在图 10－4(a) 中从 NS^1 向右移动到 NS^2。随着劳动供给曲线的移动，劳动力市场的均衡从 E 点移动到 F 点，就业增加，实际工资降低。②

图 10－4(b) 显示了古典 IS－LM 框架下政府采购增加的影响。注意，因为均衡就业增加了，所以充分就业产出 $\bar{Y}$ 也增加了。因此，FE 线从 FE^1 向右移动到 FE^2。

除了 FE 线的右移外，财政政策的变化还会引起 IS 曲线的移动。回想政府采购的暂时性增加减少了在任何产出水平上的意愿国民储蓄，并提高了出清产品市场的实际利率。因此，IS 曲线从 IS^1 向右上方移动到 IS^2（也可参见第 9 章的小结表 12）。LM 曲线不会直接受财政政策变化的影响。

新的 IS 曲线 IS^2、原始的 LM 曲线 LM^1 以及新的 FE 线 FE^2 并没有共同的交点。要恢复一般均衡，价格必须变动，以使 LM 曲线移动，直到它通过 IS^2 和 FE^2 的交点（F 点）。价格会上升还是下降呢？因为财政政策的变化增加了产品总需求（通过减少意愿国民储蓄使 IS 曲线向右上方移动），并提高了充分就业产出（通过提高劳动供给使 FE 线向右移动），所以这个问题的答案是不确定的。如果我们假设政府采购增加对劳动供给和充分就业产出的影响不大（很可能是合理的假设），那么在财政政策变化后，产品总需求很有可能会超过充分就业产出。在图 10－4(b) 中，产品总需求（IS^2 和 LM^1 的交点 H）超过了充分就业产出$\bar{Y}_2$。因此价格水平一定会上升，引起 LM 曲线向左上方移动，从而使经济回到一般均衡 F 点。在 F 点，产出和实际利率均高于初始均衡 E 点的水平。

所以，政府采购的增加提高了产出、就业、实际利率和价格水平。因为就业的增加是劳动供给增加的结果，而不是劳动需求增加的结果，所以当政府采购增加时，实际工资下降。由于劳动边际生产率递减规律，就业的增加也意味着在政府采购上升时，平均劳动生产率将下降。

财政政策冲击在经济周期中起到了一定的作用似乎有理可循，这也为经济学家将其包含在模型中提供了依据。将财政政策冲击与生产率冲击一同包含在实际经济周期模型中还为提高模型与数据之间的相符性提供了更多的优势。此前，我们注意到政府采购是顺周期的，这与前面的分析一致。将财政政策冲击加到包含生产率冲击的模型中还提高了模型解释平均劳动生产率表现的能力。

回到图 10－2 中，回顾只包含生产率冲击的实际经济周期模型的一个缺陷：它预测平均劳动生产率与 GNP 是高度相关的。事实上，实际经济周期理论预测的相关性比实际的相关性高两倍。然而，正如我们刚刚说明的，因为政府采购的良性冲击提高了产出但降低了平均劳动生产率，所以包含了政府采购冲击的模型预测平均劳动生产率与 GNP 之间存在负相关关系。同时包含了生产率冲击和政府采购冲击的模型在不降低模型在其他方面的拟合度的情况下，可以与实际观察到的平均劳动生产率与 GNP 间的相关性更一致。③ 因

① 从理论上讲，对劳动供给产生最大影响的政府采购增加应属于支出增加，例如军事支出，它会占用资源但不会直接给私人部门带来任何益处。有效地替代了个人消费的政府采购支出——例如医疗服务的采购、公路或游乐场的建造——从根本上说应该对人们的经济福利有较小的负面效应，从而对劳动供给产生较小的正效应。

② 注意，劳动供给的这个效应在第 4 章我们讨论政府采购增加的影响时（见图 4－9）被忽略了。

③ 见 Lawrence Christiano and Martin Eichenbaum, "Current Real-Business-Cycle Theories and Aggregate Labor-Market Fluctuations," *American Economic Review*, June 1992, pp. 430－450。这篇文章的分析包含复杂的理论，但它提供了古典经济周期分析研究的初步介绍。

此，将财政政策冲击加入实际经济周期模型似乎提高了它解释实际经济表现的能力。

财政政策应该被用来抑制周期吗？ 我们的分析表明，政府采购的变化可以对经济产生实际的影响。在古典模型中，税法的变化也会对经济产生实际影响，只是这些影响更复杂，并且主要取决于税收的特征、被征税的个人收入或企业收入类型等。那么，财政政策或许可以用来抵消周期波动并稳定产出和就业。例如，政府可以在衰退时增加采购。这个现象导出了以下问题：政策制定者应该使用财政政策来熨平经济周期波动吗？

亚当·斯密的“看不见的手”的理论提出，自由市场经济会带来有效率的结果，而无须政府干涉，所以古典经济学家基本上反对采取积极的行动来抑制周期波动。古典经济学家认为，若价格和工资可以相当迅速地调整，使经济回到一般均衡，则几乎没有可供政府改善宏观经济对经济干扰的回应的余地。因此，尽管原则上财政政策可以用来抵制衰退和降低产出波动，但古典经济学家并不建议采用这个措施；相反，古典经济学家认为，在经济针对干扰的调整过程中不对其干涉会更妥当。

对积极的反衰退政策的怀疑不意味着古典经济学家不认为衰退是一个严重的问题。例如，如果恶性生产率冲击引起了衰退，那么实际工资、就业和产出都会下降，这意味着人们会经历经济困难时期。但是，采取诸如增加政府采购的措施来抵消衰退会有帮助吗？在古典主义分析中，政府采购的增加通过提高劳动供给量使产出增加，而劳动供给量的提高是通过（作为更高的当前或未来税收的结果）使工人变得相对贫困达到的。因此，在经济永远处于一般均衡的古典假设下，仅仅为了提高产出和就业就增加政府采购只会使人们的福利状况恶化而不是变好。古典经济学家的结论是，政府扩张计划只有在收益（例如军事安全或公共服务的改进）超过带给纳税人的成本时，政府才应该增加采购。无论经济当前是否处于衰退，古典经济学家都会秉持这个有效政府支出的原则，即收益应该超过成本。

至此，我们一直假设因为财政政策影响就业和产出的均衡水平，政府有能力使用财政政策来获得它所选择的就业和产出水平。事实上，立法过程可能会导致一个财政政策变化的提出与这个政策的实施间出现过长的延迟，即时滞。在实施新政策以及在经济回应政策变化的过程中会出现更多的时滞。因为这些时滞，今天所考虑的财政政策变化应该建立在未来几个季度中经济会处于何种状态的基础上。遗憾的是，对于未来经济的预测至多算是一门不精确的艺术。除了预测的问题，政策制定者还面临着不确定性问题，比如如何调整他们的政策以及要调整多少来达到意愿的产出和就业效应。古典经济学家将这些实践困难作为不应使用财政政策与衰退做斗争的另一个原因。

10.3 古典模型中的失业

古典模型的一个主要缺陷是，它并没有解释为什么失业在经济衰退中会上升。确实，在简单古典（即供给-需求）劳动力市场模型中，失业几乎等于零：任何在出清市场的工资水平下想要工作的人都可以找到一份工作。当然，在现实中，就业从来就不等于零。此外，在衰退中出现的失业急剧上升是政策制定者和公众如此关心经济衰退的一个根本原因。

古典经济学家完全意识到了这个问题，他们已经建立了一个更复杂的古典经济周期模型版本来解释失业。他们对于简单的供给-需求劳动力市场模型所做的主要调整是，去掉了模型中隐含的所有工人（即就业者）和工作都相同的假设。在现实中，工人并不是相同的，他们具有不同的能力、技术、兴趣等；各个工作具有不同的技术要求、工作环境、位置和其他特征。因为工人和工作在许多方面都不同，使工人与工作相匹配并不是瞬间的和完全免费的，而是既耗时又花费成本的。刚失去工作或刚进入劳动力市场的人必须花费时间和精力去寻找新的工作，这个事实有助于解释为什么总有人处于失业中。

一些古典经济学家提出工人之间和工作之间的差异不仅解释了为什么失业率总是大于零，而且解释了为什么失业率在衰退中上升得如此之快。他们提出引起衰退的生产率冲击和其他宏观经济扰动也常常增加工人和工作之间不匹配的程度。[①] 因此，一次主要的恶性生产率冲击可能对一个国家的各个产业和地区产生不同的影响，一些部门的工作可能会被破坏，但其他部门可能会出现新的工作机会。例如，一次石油价格冲击会消灭高能源产业的工作，但提供能源或使用能源较少的产业会出现新的机会。

伴随着这样的冲击，劳动需求降低的产业和地区的工人将到其他产业和地区寻找工作，这提高了失业中的摩擦成分。这些工人中的一部分将发现他们的技术与劳动需求增长的产业和地区的要求并不匹配，这些工人可能会长期失业，从而增加了结构性失业。[②] 许多失业工人在寻找工作，但因为新工作的出现需要一定的时间，要找到一份新工作所需的时间很有可能更长。出于这些原因，恶性生产率冲击可能会提高失业，也会降低产出和就业。注意，这里预测的衰退期间摩擦性失业和结构性失业的上升与自然失业率（摩擦性失业率和结构性失业率的总和）的上升是一样的。

工人与工作的不匹配和失业有何证据？芝加哥大学的史蒂文·戴维斯（Steven Davis）和马里兰大学的约翰·霍尔蒂万格（John Haltiwanger）[③] 详细地研究了美国制造业中的工作创造和工作流失。他们使用了 160 000 个制造业工厂的数据，并说明了在 1973—1986 年现有制造业中每年平均约有 11%的工作流失，这反映了工厂的倒闭和减产。通常在一年以内，这些流失的工作中约 81%被其他制造业部门新出现的工作所替代（所以总的来说，制造业的就业在减少）。因此，戴维斯和霍尔蒂万格确认经济中存在大量的工作与工人间的“磨合”。他们还说明了这些磨合大多反映了相同产业中旧工厂的关闭和新工厂的建立，而不是一些产业的工作减少而其他产业的工作增加。因此，作为失业的根源，工人在产业内部的工作再分配看起来与工人在产业间的变动同等重要。

图 10-5 显示了美国（非农业）私有商业部门在 1977—2012 年的工作创造率和工作流失率。[④] 你可以看出，在衰退期间或衰退后短期内，如 1981—1982 年、1990—

---

① 参见 David Lilien, “Sectoral Shifts and Cyclical Unemployment,” *Journal of Political Economy*, August 1982, pp. 777-793。

② 关于摩擦性失业和结构性失业的定义和讨论，参见第 3 章。

③ 见“Gross Job Creation, Gross Job Destruction, and Employment Reallocation,” *Quarterly Journal of Economics*, August 1992, pp. 819-864。

④ 图 10-5 中所显示的数据由美国人口普查局公布，它建立在上一个注释中戴维斯和霍尔蒂万格的文章里所创建的方法的基础上。工作创造和流失数据建立在从商业企业收集的数据的基础上。工作创造是指来自公司扩张的新工作，工作流失是指公司缩减中净损失的工作。相比而言，图 8-8 和图 8-9 中关于就职率和职位损失率的数据是建立在个人数据的基础上的，它们代表了一个既定工人在既定月份找到或失去工作的概率。因此，工作创造和就职量之间可能会有明显的差异，而工作流失和职位损失同样有差异。

1991 年、2001 年、2007—2009 年，尽管大量的新工作甚至是在衰退时期建立的，但是流失的工作多于创造的工作，这反映了工人在公司和产业间的流动。工作流失超过工作创造的最大幅度发生在 2007—2009 年衰退之后。2009 年，工作流失率超过工作创造率近 5 个百分点。2010 年，工作流失率仍比工作创造率高近 2 个百分点，最终在 2011 年降至低于工作创造率。

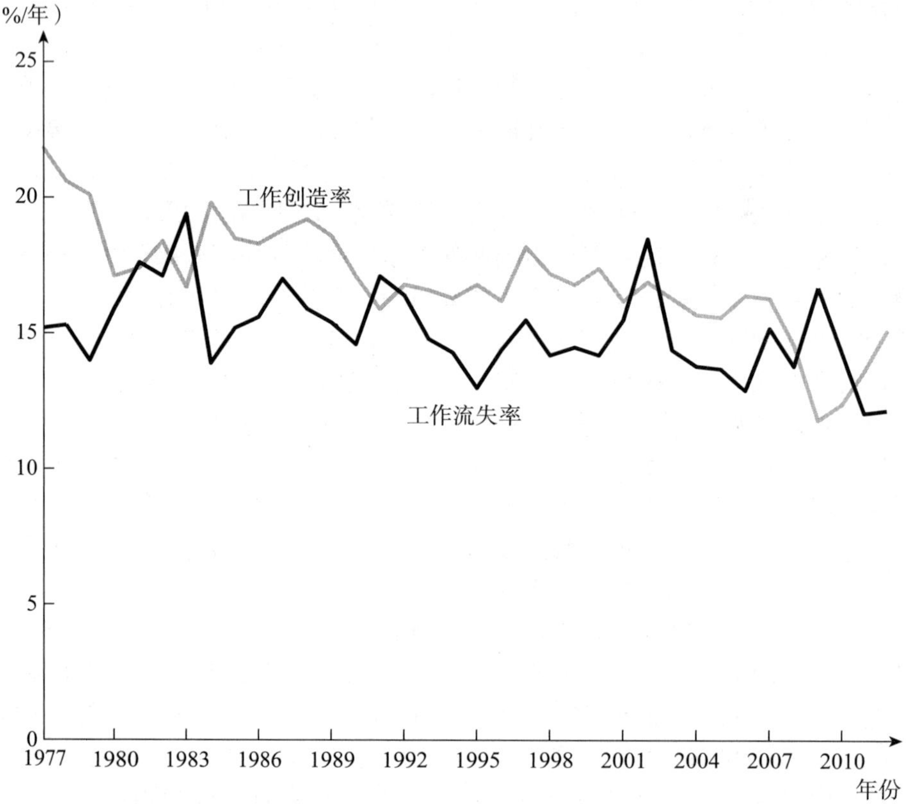

图 10－5　1977—2012 年美国（非农业）私有商业的工作创造率和工作流失率

说明：该图呈现了 1977—2012 年美国（非农业）私有商业的工作创造率和工作流失率。工作创造率是一年中新增职位占现有职位的百分比。工作流失率是一年中因工厂关闭或减产而失去的职位占现有职位的百分比。

资料来源：美国人口普查局《商业动态统计》(*Business Dynamic Statistics*)，可在其官网上下载。

看起来，工人与工作之间不匹配的增加并不能解释在衰退期间出现的全部失业增加。失业增加的大部分是以暂时辞退的形式出现的；许多暂时被辞退的工人并不会寻找新的工作，他们会等待，直到被从前的公司聘回。此外，如果衰退是劳动力市场不匹配增加的时期，那么在衰退期间，我们应该预期会出现更多的职位空缺和招聘广告。事实上，在衰退期间，职位空缺和招聘广告的数量在下降。① 然而，即使存在这些矛盾，经济学家通常还是认为工人从缩减部门到增长部门的动态再分配是失业的重要来源。

修改古典模型以解释失业并不会改变古典学派所认为的财政政策不应该积极地用于对抗衰退的观点。古典经济学家指出，提高对产品的总需求（例如通过增加政府采购）

① 参见 Katharine Abraham and Lawrence Katz，"Cyclical Unemployment: Sectoral Shifts or Aggregate Disturbances，" *Journal of Political Economy*，June 1986，pp. 507－522。

不会直接解决来自微观层面工人与工作之间不匹配的失业问题。在古典学派看来，一个更好的方法是消除劳动力市场调整的障碍，例如，将低技术工人逐出劳动力市场的过高法定最低工资或使企业雇用工人的成本增加的累赘管制。

□ 无工作职位的复苏

当总体经济活动停止下降并开始增加时，经济到达一个经济周期的波谷。由于总体经济活动在下降了几个月后上升，经济下滑后总体经济活动的增加通常被称为复苏。复苏的典型特征是各种经济活动的普遍增加，通常包括就业的增加。然而，在 1991 年、2001 年和 2009 年结束衰退之后，就业增长恢复缓慢，比在 20 世纪 60 年代、70 年代和 80 年代结束衰退之后的就业增长要弱得多。因为在 1991 年、2001 年和 2009 年开始的复苏初期，就业实际上持续下降，这些复苏被称为“无工作职位的复苏”。1991 年第一次无工作职位的复苏发生后，经济学家不知道无工作职位的性质是一次性的还是美国经济周期的新特征。现在连续出现了三次无工作职位的复苏，看起来美国劳动力市场的周期性行为确实发生了变化。经济学家考虑了许多对这些无工作职位的复苏的潜在解释，但尚未确定一个令人信服的解释。

为了说明就业在经济周期波谷时期的变化，我们创建一个相对于经济周期波谷时期就业水平的就业指数：

某月份的就业指数＝100×某月份的就业/波谷时期的就业

因此，波谷月份的就业指数为 100。如果某个月份的就业率比波谷月份的就业率高 5%，该指数的值则为 105。同样，就业指数值为 98 表示给定月份的就业率比波谷月份的就业率低 2%。

图 10－6 是一个图形工具，它允许我们比较不同经济周期波谷时期的就业行为。横轴显示经济周期波谷之前或之后的月份数。波谷的月份为 0 月，并由图中的垂直线显示。波谷后第 4 个月在横轴上显示为 4 月；类似地，－8 月表示波谷之前的第 8 个月。纵轴显示上面所定义的相对就业指数的值。正如我们已经指出的，对于所有的经济周期波谷，就业指数的值在 0 月是 100，这是波谷的月份。标记为“前 5 个波谷”的线显示了相对于 1961 年 2 月，1970 年 11 月，1975 年 3 月，1980 年 7 月和 1982 年 11 月的经济周期波谷的就业指数的平均值。该图用单独的线标明了 1991 年 3 月、2001 年 11 月和 2009 年 6 月的波谷时间。

图 10－6 清晰地显示了最近三次无工作职位的复苏的特征。在所有三次复苏中，就业在经济周期低谷之后的几个月继续下降，这与前五次一旦复苏后就业就开始增长不同。对 1990—1991 年和 2001 年衰退后无工作职位的复苏的一个解释是，这些经济衰退是温和的。这种解释认为，如果衰退是温和的，因为没有太多可以复苏的，所以复苏就会疲软。但是，2007—2009 年的经济衰退非常严重，这一点你可以从就业指数（在波谷两年前为 105）在经济衰退期的大幅下降中看出。这次严重的衰退也伴随着非常微弱的就业复苏。

另一个解释是，劳动生产率的提高使得即使就业下降时，GDP 也会增长。通常，因为劳动生产率的增长使收入提高，所以它有利于经济。但是从短期来看，根据美联储前主席伯南克 2003 年的说法，“给定最终需求的不稳定增长，（生产力）使企业能够不雇用新工人也可以满足对它们的产出的需求。因此，在短期内，生产率的提高，加上总需求的增长跟不上总供给的扩张，导致劳动力市场的缓慢复苏。”① 虽然这种解释有一些吸引力，但它没有解释为什么最近的三次复苏是无工作职位的，而前五次复苏中就业从一开始就增长。

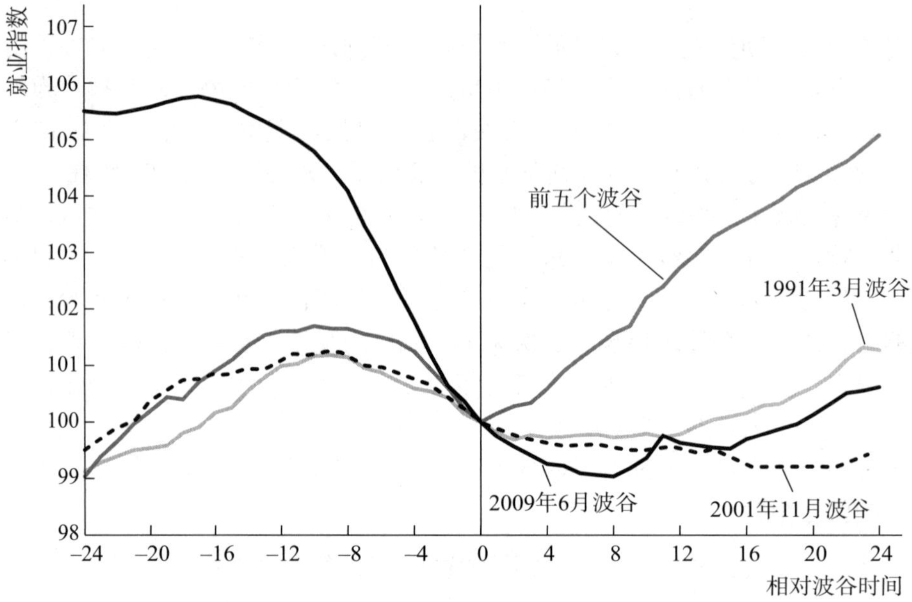

图 10-6　就业与经济周期波谷

说明：该图显示了每月就业指数，计算方法为 100×某月份的就业/波谷时期的就业。此图显示的是从经济周期波谷之前的 24 个月（显示日期为－24）到经济周期波谷之后的 24 个月（显示日期为 24）的每个月的指数值。该指数被调整为在经济周期波谷处为 100，由垂直线表示。

资料来源：作者计算所用数据来自美国劳工统计局，可从 FRED 数据库下载，下载序列为 PAYEMS。

10.4　古典模型中的货币

至此，我们一直关注对经济的实际冲击，如生产率冲击和政府采购的变化。但是，许多宏观经济学家认为名义冲击——对货币供给和货币需求的冲击，也会影响经济周期。在本章其余部分，我们讨论货币和货币政策在经济周期的古典分析中所扮演的角色。

□ 货币政策和经济

货币政策是指中央银行对经济供给多少货币的决策（见第 7 章）。回想中央银行（美联储）可以通过公开市场操作来控制货币供给，在操作中，它或者向公众出售政府债券来换取货币（减少货币供给），或者使用新印制的货币从公众手中购买债券（增加

① 见 Bernanke，Ben S. “The Jobless Recovery.” Remarks at the Global Economic and Investment Outlook Conference，Carnegie Mellon University，November 6，2003。可在美联储官网上获取。

货币供给)。

在第9章，我们运用IS-LM模型(见图9-9)和AD-AS模型(见图9-14)考察了货币供给变化的效应。在这两个模型中，我们发现价格水平在经过充分调整后，货币供给的变化是中性的：名义货币供给M的变化引起价格水平P同比例的变化，但货币供给的变化对实际变量(如产出、就业或实际利率)并没有影响。我们的分析没有排除货币供给变化在短期内价格充分调整前对实际变量(如产出)产生影响的可能性。但是，因为古典经济学家认为价格的调整过程是快速的，他们认为价格水平固定并且货币不是中性的时期短暂到可以忽略不计。也就是说，在实践中，他们认为在任何相关的时段内货币都是中性的。

□ 货币非中性与反向因果

货币是中性的预期是古典模型的一个重要结论，但它看起来与货币是前导性的、顺周期的变量这个经济周期事实相矛盾。如果货币供给的扩张不产生影响，那么为什么跟随货币供给扩张的通常是经济活动的增加呢？类似地，为什么跟随货币供给减少的通常是衰退呢？

一些古典经济学家对于这些问题的回应是，虽然货币供给的增加倾向于出现在产出扩张前，但这个事实并不一定说明了经济扩张是由这些增加引起的。毕竟，人们在冬天前为他们的房屋安装防风窗，并不意味着冬天是因为他们安装防风窗而引起的；相反，人们为房屋安装防风窗是因为他们知道冬天快到了。

许多古典经济学家，尤其是实际经济周期经济学家，认为货币增长和经济扩张之间的联系就像安装防风窗和冬天开始之间的联系，他们将这种联系称为反向因果。具体而言，**反向因果**(reverse causation)是指产出的预期未来增加导致了当前货币供给的增加，而产出的预期未来减少则导致了当前货币供给的减少。反向因果解释了为什么即使在古典模型是正确的、货币供给变化是中性的且不产生实际效应的前提下，货币仍然可以成为顺周期的前导变量。①

反向因果可能会以多种方式出现。一个可能(在本章末的分析题第4题，你将会更详细地考察这个问题)依据的是货币需求取决于预期未来产出和当前产出这样的想法。假设一个公司的经理预期在接下来的几个季度内业务将会大幅增长。要为这个预期的产出增加做准备，这个公司可能需要增加其当前的交易，(例如购买原材料、雇用工人等)，因此它现在会有更多的货币需求。如果许多公司都这样做，那么对货币的总需求将在产出实际增加前上升。

现在假设美联储观察到了这个对货币需求的增加。如果美联储不采取行动，而是保持货币供给不变，那么货币需求的增加将引起价格水平的均衡值下降。因为稳定价格是美联储的目标之一，所以它不会喜欢这个结果。要使价格稳定，美联储应该向经济提供足够的额外货币以满足更高的货币需求，而不是什么都不做。但是，如果美联储这样做了，即使货币是中性的，货币供给也将在产出增长前上升，这与经济周期事实相符。

无疑，反向因果至少对货币前导于产出的趋势做出了一定的解释。但是，这个解释

① 见 Robert King and Charles Plosser, "Money, Credit, and Prices in a Real Business Cycle," *American Economic Review*, June 1984, pp. 363-380。他们解释了反向因果并提供了目前支持这个观点的证据。

并没有排除货币供给变化有时会改变产出从而货币是非中性的可能性。也就是说，反向因果和货币非中性的结合可以解释货币的顺周期行为。

□ 货币非中性：其他证据

基于反向因果的原因，货币的前导性和顺周期行为本身不能证实货币是非中性的。要解决货币是否中性的问题，我们需要其他证据。一个有用的证据来源是对历史上货币政策的分析，一个经典的研究是米尔顿·弗里德曼和安娜·J. 施瓦茨的《1867—1960年美国货币史》(*A Monetary History of the United States, 1867—1960*)。[①] 弗里德曼和施瓦茨使用各种来源，包括美联储的政策声明和期刊以及政策制定者的通信，认真地描述和分析了引起货币供给波动的原因以及货币与其他经济变量的相互关系。他们的结论如下：

在将近一个世纪的详细考察中，我们发现：

(1) 货币存量的变化与经济活动、(名义) 收入和价格密切相关。

(2) 货币变化和经济变化间的相互关系是高度稳定的。

(3) 货币变化经常具有独立的起源，它们并不仅是经济活动变化的反映。

前两个结论再次重申了基本的经济周期事实，即货币是顺周期的。第三个结论说明，反向因果不能解释货币与实际收入及产出之间的全部关系。弗里德曼和施瓦茨所关注的是，那些货币供给的变化（他们认为）不是对宏观经济状况的回应，而是源于诸如金矿的发现（在金本位时代会影响货币供给）、货币机构的变化或者美联储首脑的更替等其他因素发生的历史时期。在绝大多数这样的情形下，跟随货币增长的"独立"变化的是实际产出的同向变化。这个证据说明货币不是中性的。

近期，加州大学伯克利分校（University of California at Berkeley）的克里斯蒂娜·罗默和戴维·罗默（David Romer）[②] 回顾并更新了弗里德曼和施瓦茨的分析。虽然他们对弗里德曼和施瓦茨的一些诠释提出了质疑，但他们大致同意货币是非中性的结论。他们认为自 1960 年以来出现了六次货币非中性的情形。1979 年出现的大概是最著名的一次，当时的美联储主席保罗·沃尔克（Paul Volcker）宣布货币供给的程序将改变，货币增长率将会减少以抵制通货膨胀。在沃尔克宣布货币政策变化后，出现了 1980 年的一次小规模衰退和 1981—1982 年的一次严重衰退。美联储对抗通货膨胀的货币政策在 1982 年取消后出现了经济繁荣。

基于弗里德曼和施瓦茨的证据以及 1979—1982 年沃尔克政策（同期，英国也有类似的经历）那样的时期，现在大部分经济学家相信货币不是中性的。如果接受这些与古典模型预测相反的证据，我们只有两个选择：或者我们必须采纳一个不同的宏观经济分析框架，或者我们必须修正古典模型。在 10.5 节，我们选择第二种方法，考虑如何在古典模型中解释货币的非中性。

---

① Princeton, N. J.: Princeton University Press for NBER, 1963.

② "Does Monetary Policy Matter? A New Test in the Spirit of Friedman and Schwartz," in Olivier Blanchard and Stanley Fischer, eds., NBER *Macroeconomics Annual*, Cambridge, Mass.: M. I. T. Press, 1989.

10.5 错误认知理论和货币非中性

根据古典模型，价格水平在任何时期内都不会保持固定，所以在第9章建立的水平的短期总供给曲线是无关紧要的，唯一有用的总供给曲线是垂直的长期总供给曲线。如图9-14所示，货币供给的变化引起总需求曲线移动，然而，因为总供给曲线是垂直的，所以总需求曲线的移动只会改变价格水平而不会改变产出。因此，货币在古典模型中是中性的。

要使货币非中性，对应的总供给曲线就不可能是垂直的。我们将在本节扩展古典模型，以纳入生产者对于价格水平*拥有不完全信息，因此有时会将价格水平的变化错误地解释为它们所生产商品的相对价格变化这个假设。我们将展示生产者可能会对价格水平产生错误认知的假设——错误认知理论，这意味着短期总供给曲线不是垂直的。然而，与第9章中建立的短期总供给曲线不同的是，建立在错误认知理论上的短期总供给曲线不需要价格水平调整缓慢的假设。即使价格水平可以即时调整，短期总供给曲线仍然向上倾斜，所以货币在短期是非中性的。

错误认知理论最初由诺贝尔经济学奖得主米尔顿·弗里德曼提出，然后由诺贝尔经济学奖得主小罗伯特·E. 卢卡斯做了严格的规范阐述。① 根据**错误认知理论**（misperceptions theory），当价格水平 P 高于预期时，产出的总供给数量就会高于充分就业产出 $\bar{Y}$。因此，对于任何预期价格水平，将价格水平与产出的总供给数量联系起来的总供给曲线是向上倾斜的。

如果你修过经济学原理的课程，就应该已经了解了供给曲线一般是向上倾斜的——较高的价格水平带来产出的增加。但是，正如单个商品的需求曲线与总需求曲线是不同的，单个商品的供给曲线与总供给曲线也是不同的。一条普通供给曲线将某一商品的供给与该商品相对于其他商品的价格联系起来。相比之下，总供给曲线将生产的产出数量与价格水平联系起来。当单个商品的相对价格保持不变时，价格水平仍可能发生变化。

要理解错误认知理论以及为什么它意味着总供给曲线向上倾斜，我们考虑一个生产某种商品（如面包）的生产者。为了简单起见，考虑由同一个人（面包师）拥有并经营的面包店。这个面包师将其所有劳动投入面包生产中，并且其所有收入均来自面包的出售。因此，面包的价格实际上是这个面包师的名义工资，而面包的价格相对于价格水平的比例则是这个面包师的实际工资。当面包的相对价格改变时，面包师对其当前实际工资增加的反应是，增加工作量以生产更多面包。类似地，当面包的价格相对于经济中其他商品的价格下降时，面包师的当前实际工资下降，他会减少所生产的面包数量。

① 参见 Friedman，"The Role of Monetary Policy，" *American Economic Review*，March 1968，pp. 1-17。卢卡斯对弗里德曼理论的正式概括首次出现在以下文章中：Lucas，"Expectations and the Neutrality of Money，" *Journal of Economic Theory*，April 1972，pp. 103-124。

* 此处的价格水平指一般价格水平（又称总价格水平），与单个商品的价格相对，但为全文一致，此处仍使用术语价格水平。——译者注

但是，一个面包师如何知道面包的相对价格是否变化了呢？要计算面包的相对价格，这个面包师需要知道价格水平和面包的名义价格。面包师知道面包的名义价格，因为他每天都在出售面包，所以可以直接观察到面包的名义价格。但是，面包师对价格水平的了解可能不会如此详细，因为与他对面包价格的观察相比，他对许多想要购买的商品和服务的价格的观察不会如此频繁。因此，在计算面包的相对价格时，面包师不能使用当前实际价格水平，他能做到的最好的是使用此前形成的对当前实际价格水平的预期来估计当前实际价格水平。

假设在观察到面包的当前市场价格前，面包师预期有5%的通货膨胀率。如果他观察到面包的价格上升了5%，他会如何反应？面包师的推理如下：我预期总体的通货膨胀率将是5%，现在我知道面包的价格上升了5%。面包价格上升的这5%与我的预期一致。我的最佳估计是所有的价格都上升了5%，所以我认为面包的相对价格不变，因此我没有必要改变产出。

面包师的逻辑同样可以应用于全部的产出供给者。假设所有的供给者都预期商品的名义价格上升5%，而事实上所有商品的名义价格的确上升了5%，那么每个供应者的估计是相对价格不变，从而不会改变产出。因此，如果预期通货膨胀率是5%，那么价格水平实际上升5%不会影响总产出。

要使面包名义价格的变化影响面包的生产量，那么面包的名义价格的上升必须不同于价格水平的预期上升幅度。例如，假设面包师预期价格水平将上升5%，但他观察到面包的价格上升了8%，那么面包师会估计面包的相对价格上升了，于是他从出售面包中所得到的实际工资也提高了。作为对所观察到的相对价格上升的回应，他将增加面包的生产。

同样的逻辑仍然可以用于总体经济。假设每个人都预期价格水平上升5%，但实际中，价格水平上升了8%，即所有商品的价格都上升了8%。现在，所有的生产者将估计他们所制造商品的相对价格上升，因此所有商品的生产将会增加。所以，高于预期的价格水平上升倾向于增加产出。类似地，如果所有生产者预期价格水平将上升5%，但价格水平只上升了2%，那么生产者将认为他们所制造商品的相对价格下降了。作为回应，所有供给者会减少产出。

因此，根据错误认知理论，生产者选择提供的产出数量取决于价格水平与预期价格水平的比较。当价格水平超过了预期价格水平时，生产者错误地认为他们的商品的相对价格已经上升，于是增加产出。类似地，当价格水平低于预期价格水平时，生产者认为他们的商品的相对价格下降，于是减少产出。产出和价格水平之间的这个关系可由以下公式体现：

$$Y=\bar{Y}+b(P-P^{e}) \tag{10-4}$$

式中，b 为正数，它描述了当价格水平超过预期价格水平时产出的反应程度。式(10-4)概括了错误认知理论，它表明：当价格水平 P 超过预期价格水平 P^{e} 时，产出 Y 会超过充分就业产出 $\bar{Y}$。

要从错误认知理论中导出总供给曲线，我们在图10-7中描绘出式（10-4）。给定充分就业产出 $\bar{Y}$ 和预期价格水平 P^{e}，总供给曲线向上倾斜，这说明了产出的供给数量 Y 与价格水平 P 之间的关系。因为价格水平上升 ΔP 会使产出的供给数量增加

ΔY（$\Delta Y=b\Delta P$），所以总供给曲线的斜率是 $\Delta P/\Delta Y=1/b$。因此，如果 b 很小，总供给曲线就比较陡峭；如果 b 较大，总供给曲线就比较平缓。

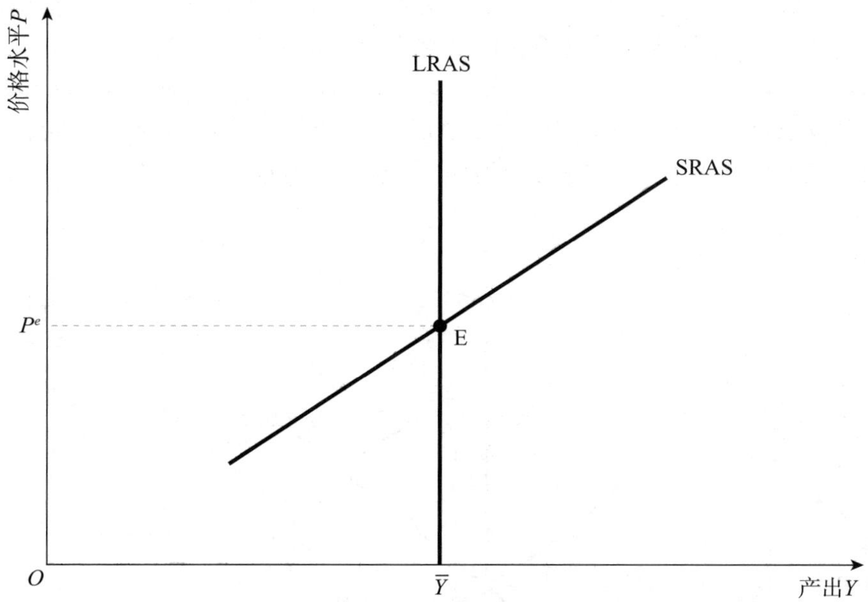

图 10－7　错误认知理论中的总供给曲线

说明：错误认知理论指出，对于给定的预期价格水平 P^e，价格水平 P 的上升愚弄了生产者，使他们增加产出。产出和价格水平间的这个关系由短期总供给（SRAS）曲线表示。沿着 SRAS 曲线，当价格水平等于预期价格水平（在 E 点，$P=P^e$）时，产出等于 $\bar{Y}$；当价格水平高于预期价格水平（$P>P^e$）时，产出大于 $\bar{Y}$；当价格水平低于预期价格水平（$P<P^e$）时，产出小于 $\bar{Y}$。在长期，预期价格水平等于价格水平，所以产出等于 $\bar{Y}$。因此，长期总供给（LRAS）曲线垂直于 $Y=\bar{Y}$ 处。

E 点有助于我们确定总供给曲线的位置。在 E 点的价格水平 P 等于预期价格水平 P^e，所以［根据式（10－4）］产出的供给数量等于充分就业产出 $\bar{Y}$。当价格水平高于预期价格水平（$P>P^e$）时，总供给曲线表明产出的供给数量大于 $\bar{Y}$；当价格水平低于预期价格水平（$P<P^e$）时，产出小于 $\bar{Y}$。

因为图 10－7 中的总供给曲线只适用于 P^e 不变的短期时间，所以它叫作短期总供给（SRAS）曲线。因为对于给定的 Y 和 $\bar{Y}$ 值，需要一个较高的 P 来满足式（10－4），所以当 P^e 上升时，SRAS 曲线向上移动。当 P^e 下降时，SRAS 曲线向下移动。在长期，人们了解到价格水平变化的实际情况，预期价格水平会调整到价格水平（$P=P^e$）。当价格水平等于预期价格水平时，就不再有错误认知，生产者会供给充分就业产出。就式（10－4）而言，在长期，P 等于 P^e，产出 Y 等于充分就业产出 $\bar{Y}$。所以在长期，产出的供给不依赖于价格水平。因此，如第 8 章和第 9 章所示，长期总供给（LRAS）曲线垂直于产出等于 $\bar{Y}$ 处。

□ 货币政策和错误认知理论

现在，我们重新考察建立在错误认知理论上的扩展式古典模型中的货币中性问题。这个理论框架强调了预期和未预期的货币供给变化之间的一个重要区别：未预期的货币供给*变化具有实际效应，但该变化是中性的并且没有实际效应。

未预期的货币供给变化 假设经济最初处于一般均衡，即图 10－8 中 AD^1 与 $SRAS^1$ 相交的 E 点。此处，产出等于充分就业产出 $\bar{Y}$，价格水平和预期价格水平都等于 P_1。假设每个人都预期货币供给和价格水平会固定不变，但美联储未向大众公布而出乎意料地突然将货币供给增加了 10%。这 10%的货币供给增加使 AD 曲线从 AD^1 向右上方移动到 AD^2，因此对于给定的 Y，AD^2 上的价格水平比 AD^1 上的价格水平高出 10%。对于预期价格水平 P_1，SRAS 曲线保持不变，仍然经过 E 点。

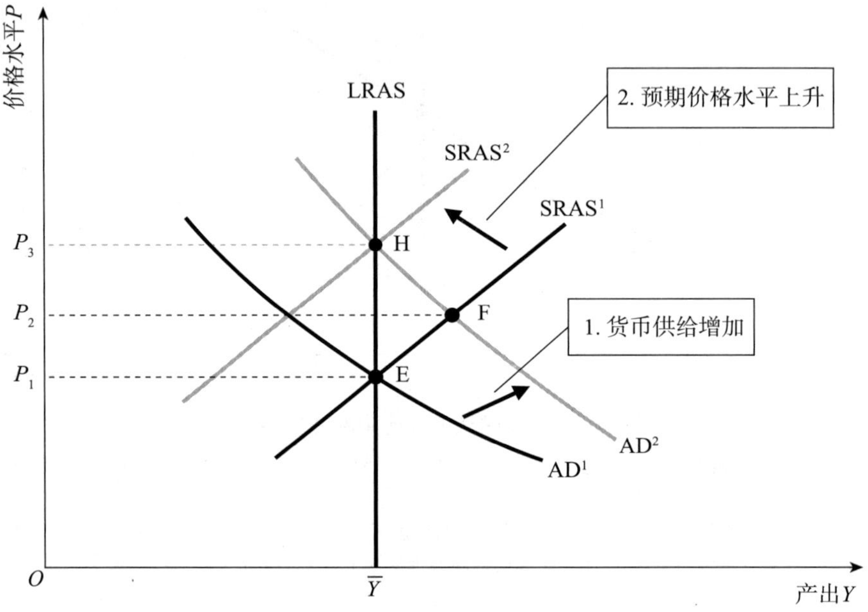

图 10－8 未预期的货币供给增加

说明：假如我们从 E 点的初始均衡开始，未预期的 10%的货币供给增加使 AD 曲线从 AD^1 向右上方移动到 AD^2，那么对于给定的 Y，AD^2 上的价格水平比 AD^1 上的价格水平高出 10%。短期均衡位于 F 点，即 AD^2 和短期总供给曲线 $SRAS^1$ 的交点，此处的价格水平和产出均高于 E 点的水平。因此，未预期的货币供给变化在短期内不是中性的。在长期，人们了解到价格水平的真实信息，一般均衡移动到 AD^2 与长期总供给曲线的交点 H。在长期均衡 H 点，价格水平上升 10%，但产出回到充分就业产出 $\bar{Y}$，所以货币在长期是中性的。随着预期价格水平从 P_1 上升到 P_3，SRAS 曲线也向上移动，直到经过 H 点。

总需求的变化将价格水平提升到新的均衡水平 P_2，此处（即 F 点）AD^2 与 $SRAS^1$ 相交。在新的短期均衡 F 点，价格水平超过了预期价格水平，产出超过 $\bar{Y}$。因为货币供给的增加导致了产出的增加，货币在这个分析中不是中性的。

货币不是中性的原因是生产者被愚弄了。每个生产者错误地将产出的名义价格上升看作相对价格的上升，而不是价格水平的上升。尽管产出在短期增加了，但生产者并没有获得更多的好处，结果是他们生产了超过在他们知道实际相对价格时想要生产的数量。

因为在 F 点，价格水平 P_2 高于预期价格水平 P_1，所以经济不会长久地停留在 F 点所代表的均衡上。随着时间的流逝，人们获得了关于价格水平的真实信息，并且相应

* 此处指名义货币供给。——译者注

地调整预期。只有当人们没有长久地低估或高估价格水平，从而使预期价格水平与价格水平相等时，才会出现唯一可长期持续的均衡。从图形上讲，当人们了解了价格水平的真实信息后，相关的总供给曲线是长期总供给（LRAS）曲线，在该曲线上，P 永远等于 P^e。在图 10－8 中，长期均衡点是 H 点，即 AD^2 与 LRAS 的交点。在 H 点，产出等于充分就业产出 $\bar{Y}$，并且价格水平 P_3 比最初的价格水平 P_1 高出 10%。因为现在每个人都预期价格水平是 P_3，新的 SRAS 曲线 $SRAS^2$ 满足 $P^e = P_3$，并且通过 H 点。

因此，根据错误认知理论，未预期的货币供给增加使产出增加，并且在短期不是中性的。然而，当人们了解到价格水平的真实信息后，未预期的货币供给增加在长期是中性的。

预期的货币供给变化　在建立在错误认知理论上的扩展式古典模型中，预期的货币供给增加的影响不同于未预期的货币供给增加的影响。图 10－9 说明了预期的货币供给增加的影响。与图 10－8 中一样，初始一般均衡仍然位于 E 点，产出等于充分就业产出，价格水平和预期价格水平均等于 P_1。假设美联储宣布它会将货币供给提高 10%，而公众也相信这个消息。

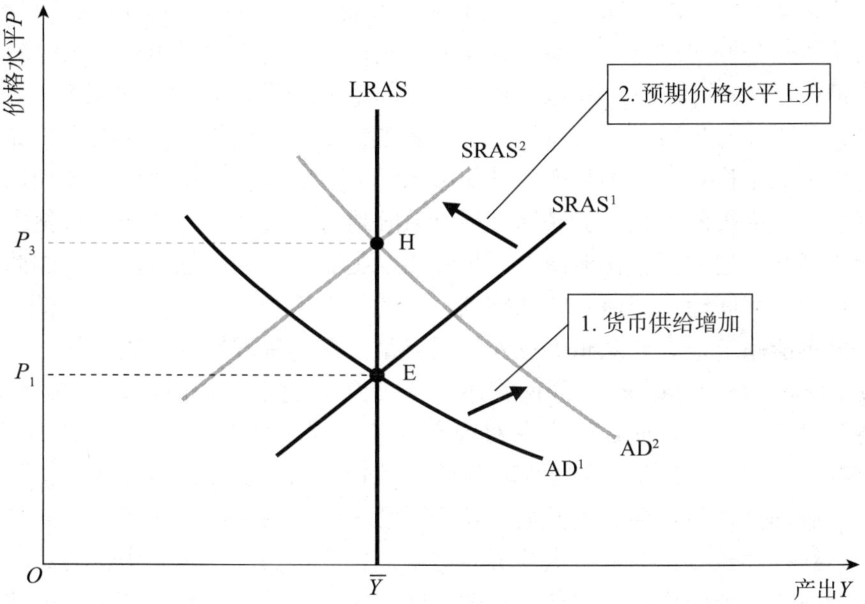

图 10－9　预期的货币供给增加

说明：当美联储公布货币供给增加 10%时，经济位于初始均衡 E 点。当货币供给增加时，AD 曲线向上移动 10%，从 AD^1 移动到 AD^2。此外，因为货币供给增加是公众预期到的，预期价格水平上升 10%，从 P_1 增加到 P_3。因此，短期总供给曲线从 $SRAS^1$ 向上移动到 $SRAS^2$。新短期均衡与长期均衡一样，位于 H 点。在 H 点，产出保持在 $\bar{Y}$ 不变，价格水平比初始均衡 E 点处的价格水平高 10%。因此，预期的货币供给增加在短期和长期内都是中性的。

正如我们已经说明的，预期的货币供给增加 10%会将 AD 曲线从 AD^1 移动到 AD^2，因而对于每个产出 Y，AD^2 上的价格水平 P 比 AD^1 上的价格水平高 10%。但在这个例子中，SRAS 曲线也会向上移动，原因在于，一旦人们知道货币供给将增长，他们的预期价格水平也会上升。假如人们正确地预期到价格水平将上升 10%，那么 P^e 会增加 10%，从 P_1 变为 P_3。因此，新的 SRAS 曲线 $SRAS^2$ 通过图 10－9 中的 H 点，此处 Y

等于$\bar{Y}$，价格水平和预期价格水平都等于P_3。新均衡点位于AD^2和$SRAS^2$的交点H。在新均衡处，产出等于充分就业产出，价格水平比初始水平高出10%。预期的货币供给增加没有影响产出，但使价格水平同比例提高。类似地，预期的货币供给减少使价格水平下降，但不会影响产出或其他实际变量。因此，预期的货币供给变化在短期和长期都是中性的。原因在于，如果生产者知道他们的产出的名义价格上升是货币供给增加的结果，而不是反映了相对价格的变化，他们就不会在价格水平上升时被愚弄，从而增加产出。

□ 理性预期和货币政策的作用

在错误认知理论的扩展式古典模型中，未预期的货币供给变化会影响产出，但预期的货币供给变化是中性的。因此，如果美联储想要运用货币政策影响产出，那么它似乎只应使用未预期的货币供给变化。比如，当经济陷入衰退时，美联储可以试图使用未预期的货币供给增加来提高产出；当经济处于繁荣时，美联储可以试图使用未预期的货币供给减少以使经济降温。

这个策略的一个严重问题是金融市场中"民间经济预测师"和"美联储观察家"的存在。这些人花费大量的时间和精力试图预测宏观经济变量，如货币供给和价格水平，而他们的预测是公开发布的。如果美联储采用衰退时提高货币供给和繁荣时减少货币供给的操作模式，"民间经济预测师"和"美联储观察家"将迅速了解并报告这个事实。其结果是，美联储对货币供给的操控将不再是未预期的，而货币供给的变化除了可能会引起价格水平的不稳定外，不会产生其他影响。一般而言，根据错误认知理论，要使产出行为发生任何系统的变化，美联储必须以系统地愚弄公众的方式来执行货币政策。但是，金融市场和其他方面存在促使人们想弄明白美联储行动的强烈动机。因此，大部分经济学家认为，美联储系统地令公众感到意外的努力不会成功。

美联储不能系统地令公众感到意外的观点是公众具有理性预期假说的一个部分。**理性预期**（rational expectations）假说陈述的是公众对包括货币供给、价格水平和GDP在内的各种经济变量的预期是建立在对现有经济数据理性的和理智的考察基础上的。①（理性预期的证据在本章的"数据获取与研究前沿：价格预测是理性的吗?"中讨论。）如果公众具有理性预期，那么他们最终就会了解美联储的一般行为模式。如果预期是理性的，那么纯粹随机变化的货币供给可能是未预期的，因此也是非中性的。但是，因为美联储不能系统地令公众感到意外，它就不能使用货币政策来稳定产出。因此，根据错误认知理论和理性预期假说，尽管熨平经济周期是令人期待的，美联储却无法系统地使用货币政策来达到此目的。

未预期的货币供给变化的效应传递 因为单个生产者会暂时被价格水平愚弄，所以错误认知理论暗示未预期的货币供给变化是非中性的。但是，每周货币供给数据和每月价格水平都很容易获得，这意味着任何关于货币政策或价格水平的错误认知以及由此产生的任何货币供给变化的实际影响应该会迅速消除。

为了解释货币供给为什么会有长达数周的实际效应，古典经济学家强调传递机制的

① 理性预期观点最初由约翰·F. 穆斯（John F. Muth）在他1961年的经典文章中讨论，"Rational Expectations and the Theory of Price Movements," *Econometrica*, July 1961, pp. 315–335。但是，这个观点直到20世纪70年代初的新古典"革命"后才被广泛应用于宏观经济学。

作用。**传递机制**（propagation mechanism）是经济中短期冲击对经济具有相对长期效应的特征。

传递机制的一个重要实例是库存的表现。考虑一个制造业公司想要保持其月销售额的正常水平和库存中产成品的正常数量。假设未预期的货币供给的上升使总需求增加，并且将价格抬到高于它们预期的水平。因为在短期内迅速增加产出代价高昂，公司对于需求增加的反应一方面是生产更多的产品，另一方面是出售更多库存中的产成品，于是其库存低于正常水平。

假设下个月每个人都了解到价格水平，且该公司的销售又回到正常水平。尽管货币冲击已经过去了，但这个公司可能会在一段时间内继续维持高于正常水平的产出数量。延续高水平产出的原因是，除了要满足正常的需求外，这个公司还要补充其库存。补充库存的需要说明传递机制令短暂冲击（本例中为货币冲击）对经济具有长期的影响。

数据获取与研究前沿

价格预测是理性的吗？

大部分经济学家假设人们对于经济变量具有理性预期，即人们会理智地使用现有信息来预测对他们的经济决策产生影响的变量。理性预期假说具有重要的意义。正如我们已说明的，如果货币的非中性是对价格水平暂时错误认知的结果，而人们对于价格具有理性预期，那么货币政策不能系统地影响实际经济。

因为理性预期假说十分符合经济学家提出的人们会理智地追求他们的个人经济利益的前提，所以它受到众多经济学家的赞同，其中包括许多凯恩斯主义者和古典主义者。如果人们的预期不是理性的，那么个人制订的经济计划一般不会达到本可以实现的完善程度。但是，理性预期只有理论吸引力明显是不够的。经济学家希望知道人们是否真的对重要经济变量具有理性预期。

理性预期假说可以使用调查的数据来检测，在调查中，人们被问及他们对于未来经济的看法。为了说明这样的检测是如何操作的，假设我们现有的数据来自一个要求人们对一年后的价格水平做出预期的调查。想象这样的调查已重复进行了几年。现在假设对于调查中的每个人，我们定义：

P_t^e＝个人在第 $t-1$ 年对第 t 年价格水平的预测

再假设我们用 P_t 来代表第 t 年出现的价格水平，那么个人在第 t 年的预测误差是第 t 年出现的价格水平和个人的预测之差：

$P_t-P_t^e$＝个人在第 t 年的预测误差

如果人们具有理性预期，那么这些预测误差就应该是不可预测的随机数。但是，如果预测误差持续为正或负——意味着人们有规律地倾向于高估或低估价格水平，那么预期就不是理性的。如果预测误差具有规则的模式，例如，价格水平最近处于上升阶段，而人们倾向于高估价格水平，那么预期也不是理性的。

由消费者、新闻记者、经济学家以及其他有关人士做出的对价格水平预测的早期统计研究倾向于否定理性预期假说。这些 20 世纪 70 年代末和 80 年代初进行的研究关注通货膨胀达到最高水平的时期，通货膨胀产生的部分原因是1973—1974年和1979年的主要石油价格上涨和扩张性货币政策。在这样一个高度波动的时期，人们发现预测价格的变化格外困难也就不足为奇了。

有关价格水平预测的近期研究更倾向于支持理性预期假说。明尼阿波利斯联邦储备银行的迈克尔·基恩（Michael Keane）和戴维·朗克尔（David Runkle）① 研究了由美国统计学会（American Statistical Association）和国民经济研究局调查的一组专业预测师对1968年以来价格水平所做的预测。他们没有发现能够拒绝专业预测师具有理性预期这个假设的证据。在另一篇文章中，里士满大学的迪安·克劳肖②分析了包括经济学家和专业预测师以及消费者调查中一般公众在内的各种预测。克劳肖发现，尽管当通货膨胀急速上升或下降时，会出现一些预期滞后的倾向，但是以上每一类预测都大致符合理性预期。

本章小结

1. 古典经济周期分析使用古典IS-LM模型和工资与价格迅速调整将经济带回一般均衡的假设。

2. 实际经济周期（RBC）理论是强调将生产率冲击（对生产函数的冲击）作为经济周期波动来源的一个古典理论。在古典IS-LM模型中，暂时性的生产率下降使实际工资、就业和产出减少，同时提高了实际利率和价格水平。实际经济周期理论可以解释所观察到的就业、实际工资和劳动生产率的顺周期表现。但是，实际经济周期理论预测价格是逆周期的，一些人认为这是一个缺陷。

3. 索洛余值是生产函数中全要素生产率 A 的一个实证衡量。索洛余值会上升是技术进步令使用同量的劳动和资本可以生产出更多产量的结果。索洛余值的变动也是资本利用率和劳动利用率变化的结果，因为资本利用率和劳动利用率是顺周期的，所以它至少在一定程度上是顺周期的。劳动利用率的顺周期性行为可能反映了劳动储存，它发生于公司在衰退时期继续雇用工人但降低使用强度，或将他们派遣到维护等不直接对产出做出贡献的工作中。

4. 除了生产率变化以外，古典经济周期分析也包含其他经济冲击，如财政政策的变化。根据古典IS-LM模型，政府采购的增加会提高就业、产出、实际利率和价格水平。包括财政政策冲击和生产率冲击在内的古典模型提高了它与数据的相符程度。因为“看不见的手”会引导经济实现有效的配置而无须政府干涉，所以尽管财政政策影响就业和产出，但是古典经济学家认为它不应该被用于熨平经济周期。相反，关于政府采购的决策应该建立在对成本和收益的比较上。

5. 在基本古典模型（包括实际经济周期理论）中，货币是中性的，这意味着名义货币供给的变化使价格水平发生同比例的变化，但不影响实际变量，如产出、就业和实际利率。

6. 如果存在反向因果，即预期的产出变化导致货币供给同方向的变化，则基本古典模型可以解释货币的顺周期和前导行为。例如，如果公司预期未来产出增加而提高它们的货币需求，并且如果美联储（为使价格水平稳定）提供足够的额外货币以满足货币需求的增加，那么货币的增加就会前导于产出的增加。即使货币冲击的变化没有引起产出的变化，这个结果仍然成立。

7. 对历史上货币政策的考察说明货币不是中性的。弗里德曼和施瓦茨辨别了因独立原因而使货币

---

① “Are Economic Forecasts Rational?” *Quarterly Review*, Federal Reserve Bank of Minneapolis, Spring 1989, pp. 26-33.

② “Inflation Forecasts: How Good Are They?” *Business Review*, Federal Reserve Bank of Philadelphia, May/June 1996, pp. 15-25.

供给变化（如黄金的发现或金融机构的变化），从而产出随这些货币供给的变化发生同向变化的时期。后来的事件，如随 1979 年美联储主席沃尔克降低货币增长的决定而来的严重经济减缓，也为货币不是中性的观点提供了证据。

8. 错误认知理论是建立在生产者拥有的当前价格水平信息不完全的基础上的。根据错误认知理论，只有在价格水平等于预期价格水平时，供给的产出数量才会等于充分就业产出 $\bar{Y}$。当价格水平高于预期价格水平时，供给者错误地认为它们供给的商品的相对价格上升了，于是他们供给超过 $\bar{Y}$ 的产出数量。类似地，当价格水平低于预期价格水平时，供给的产出数量低于 $\bar{Y}$。

9. 建立在错误认知理论基础上的短期总供给（SRAS）曲线向上倾斜，它描述了当预期价格水平保持固定时，产出和价格水平的关系。在长期，价格水平等于预期价格水平，所以产出的供给等于 $\bar{Y}$，因此，长期总供给（LRAS）曲线为产出等于 $\bar{Y}$ 处的垂直线。

10. 以错误认知理论为基础的 SRAS 曲线向上倾斜，那么短期内未预期的货币供给增加使产出增加（因而货币不是中性的）。但是，因为长期总供给曲线是垂直的，未预期的货币供给增加在长期内不会影响产出（因而货币是中性的）。预期的货币供给增加会立即调整价格预期，从而不会带来关于价格水平的错误认知。因此，预期的货币供给增加在短期和长期都是中性的。

11. 根据错误认知理论基础上的扩展式古典模型，只有未预测的货币供给变化才会影响产出。因为公众会了解并预期美联储的行为模式，所以如果公众对包括货币供给在内的宏观经济变量具有理性预期，那么美联储无法系统地令公众感到意外。因此，古典经济学家认为，美联储不能系统地使用货币供给的变化来影响产出。

关键图形 8

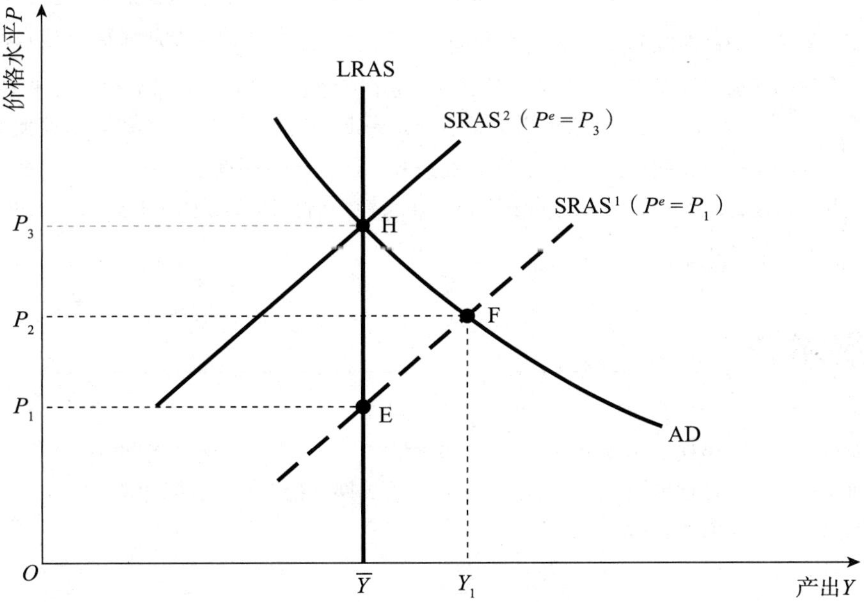

AD－AS 模型的错误认知版本

说明：AD－AS 模型的错误认知版本表现了在厂商对价格水平理解错误的古典模型中，产出的总需求和总供给是如何相互作用以决定价格水平和产出的。

图形元素

- 价格水平 P 由纵轴衡量，产出 Y 由横轴衡量。

● 总需求（AD）曲线显示在各个价格水平上产出的总需求量。它与第 9 章的关键图形 7 中的 AD 曲线相同。产出的总需求量由 IS 曲线和 LM 曲线的交点决定（见图 9－10）。价格水平 P 的上升降低了实际货币供给，使 LM 曲线向左上方移动，并且使产出的总需求量减少，因此 AD 曲线向下倾斜。

● 错误认知理论建立在生产者对于价格水平具有不完全信息，从而不能精确地了解产品相对价格的假设上。当生产者对价格水平有错误认知时，价格水平上升到高于预期价格水平，从而导致供给者错误地认为他们的商品的相对价格上升了，因而所有的供给者都会提高产出。当预期价格保持不变时，短期总供给（SRAS）曲线显示在各个价格水平上的产出的总供给数量。因为价格水平的升高愚弄了生产者，促使他们提供更多的产出，所以短期总供给曲线向上倾斜，如 $SRAS^1$ 所示。

● 短期总供给曲线 $SRAS^1$ 满足预期价格水平 P^e 等于 P_1 的条件。当价格水平等于预期价格水平时，生产者不会产生错误认知，所以会提供充分就业产出 $\bar{Y}$，因此在 E 点，当价格水平等于预期价格水平（两者都等于 P_1）时，短期总供给曲线 $SRAS^1$ 显示生产者的产出为 $\bar{Y}$。

● 在长期，生产者了解到价格水平并相应调整他们的预期，直到价格水平等于预期价格水平。无论价格水平如何，生产者都会供给充分就业产出 $\bar{Y}$。因此，长期总供给（LRAS）曲线垂直于 $Y=\bar{Y}$ 处，如关键图形 7 中的基本 AD－AS 模型所示。

导致曲线移动的因素

● 产出的总需求数量由 IS 曲线和 LM 曲线的交点确定。在固定的价格水平上，任何使 IS－LM 交点向右移动的因素都会引起产品的总需求数量增加，因此也会使 AD 曲线向右上方移动。引起 AD 曲线移动的因素在第 9 章的小结表 14 中列出。

● 任何使充分就业产出 $\bar{Y}$ 增加的因素都会使短期总供给曲线和长期总供给曲线同时向右移动。引起充分就业产出增加的因素在第 9 章的小结表 11 中列出。在古典模型中，政府采购的增加促使工人提供更多的劳动，从而使短期总供给曲线和长期总供给曲线向右移动。

● 预期价格水平的上升使短期总供给曲线向上移动。

分析

● 短期均衡位于 AD 曲线和 SRAS 曲线的交点。例如，如果预期价格水平是 P_1，SRAS 曲线是 $SRAS^1$，那么短期均衡位于 F 点。在 F 点，产出 Y_1 高于充分就业产出 $\bar{Y}$，并且价格水平 P_2 高于预期价格水平 P_1。当生产者获得关于价格水平的信息时，预期价格水平被向上调整，从而使 SRAS 曲线向上移动。长期均衡位于长期总供给（LRAS）曲线和 AD 曲线的交点 H。在长期：①产出等于 $\bar{Y}$；②价格水平等于预期价格水平（两者均等于 P_3）。在长期，当预期价格水平上升到 P_3 时，短期总供给曲线 $SRAS^2$ 通过 H 点。

关键术语

劳动储存	错误认知理论	名义冲击	生产率冲击
传递机制	理性预期	实际经济周期理论	实际冲击
反向因果	索洛余值		

关键等式

$$Y=\bar{Y}+b(P-P^e)$$

建立在错误认知理论上的短期总供给曲线表明：当价格水平 P 等于预期价格水平 P^e 时，产出的总供

给数量 Y 等于充分就业产出 $\bar{Y}$；当价格水平 P 高于预期价格水平（$P>P^e$）时，产出超过 $\bar{Y}$；当价格水平 P 低于预期价格水平（$P<P^e$）时，产出低于 $\bar{Y}$。

复习题

1. 哪些主要特征使古典 IS－LM 模型不同于凯恩斯 IS－LM 模型？为什么这个区别具有实际重要性？

2. 任何经济周期理论的两个主要组成部分是什么？描述实际经济周期理论的这两个部分。

3. 定义实际冲击和名义冲击。就每个定义举出一个例子。实际经济周期经济学家认为哪种类型的实际冲击是最重要的周期波动来源？

4. 实际经济周期理论成功地解释了哪些主要经济周期事实？该理论是否没有较好地解释某些经济周期事实？

5. 什么是索洛余值？它在经济周期中表现如何？哪些因素会导致索洛余值的变化？

6. 根据古典理论，政府采购的暂时增加对劳动力市场有什么影响？它对产出、实际利率和价格水平各有什么影响？根据古典经济学家的观点，财政政策应该用于熨平经济周期吗？为什么？

7. 在货币供给与实际经济活动相关的背景下，反向因果的含义是什么？解释为什么会出现反向因果。它可用于解释哪个经济周期事实？

8. 根据错误认知理论，价格水平的上升对生产者供给的产出数量有何影响？试解释说明。价格水平的上升是否符合预期会不会影响你的结论？

9. 基本古典模型（无价格水平的错误认知）关于货币的中性或非中性的结论是什么？建立在错误认知理论上的扩展式古典模型对这个结论做了怎样的修改？

10. 定义理性预期。根据古典模型，理性预期对于中央银行使用货币政策来熨平经济周期的能力暗示了什么？

计算题

1. 某经济中的生产函数为：

$$Y=A(100N-0.5N^2)$$

式中，Y 为产出，A 为生产率，N 为工作时数。与这个生产函数相对应的劳动力边际产量为：

$$\text{MPN}=A(100-N)$$

最初 $A=1.0$，但一个良性生产率冲击使 A 提高到 1.1。

a. 劳动供给为：

$$\text{NS}=45+0.1w$$

式中，w 为实际工资。找出生产率冲击前和冲击后的产出、工作时数及实际工资的均衡值。记住（第 3 章），MPN 曲线与劳动需求曲线相同，只是 MPN 由实际工资替代。

b. 如果劳动供给为：

$$\text{NS}=10+0.8w$$

问题同 a。

c. 一些研究显示，实际工资仅具有轻度的顺周期性。仅以讨论为目的，假设这个发现是正确的。如果劳动供给对于实际工资相对不敏感，测定的实际经济周期模型会与事实更相符吗？如果相对敏感呢？以图形来证实你的答案，并将你的答案与问题 a 和问题 b 联系起来说明。

2. 对于某个经济的描述如下：

意愿消费：$C^d=600+0.5(Y-T)-50r$

意愿投资：$I^d=450-50r$

实际货币需求：$L=0.5Y-100i$

充分就业产出：$\bar{Y}=2\ 210$

预期通货膨胀率：$\pi^e=0.05$

在这个经济中，政府预算永远平衡，所以 $T=G$，其中，T 是税收。

a. 假设 $M=4\ 320$，$G=150$。使用古典 IS－LM 模型找出产出、实际利率、价格水平、消费和投资的均衡值。（提示：在古典模型中，产出永远等于充分就业产出。）

b. 货币供给增加到 4 752，问题同 a，货币是中性的吗？

c. 如果货币供给恢复到 4 320，而政府采购和税收提高到 190。问题同 a。为简单起见，假设 $\bar{Y}$ 是固定的（不受 G 影响）。在这种情况下，财政政策是中性的吗？试解释说明。

3. 考虑以下经济：

意愿消费：$C^d=250+0.5(Y-T)-500r$

意愿投资：$I^d=250-500r$

实际货币需求：$L=0.5Y-500i$

充分就业产出：$\bar{Y}=1\ 000$

预期通货膨胀率：$\pi^e=0$

a. 假设 $T=G=200$，$M=7\ 650$。找出描述 IS 曲线、LM 曲线和总需求曲线的公式。产出、消费、投资、实际利率和价格水平的均衡值各是多少？假设不存在对价格水平的错误认知。

b. 假设 $T=G=200$，$M=9\ 000$。现在总需求曲线的公式是什么？产出、消费、投资、实际利率和价格水平的均衡值各是多少？假设充分就业产出 $\bar{Y}$ 是固定的。

c. 对于 $T=G=300$ 和 $M=7\ 650$，问题同 b。

4. 一个经济具有以下 AD 曲线和 AS 曲线：

AD 曲线：$Y=300+30(M/P)$

AS 曲线：$Y=\bar{Y}+10(P-P^e)$

式中，$\bar{Y}=500$，$M=400$。

a. 假设 $P^e=60$。价格水平 P 和产出 Y 的均衡值是多少？（提示：这一小题和问题 b 中的 P 值是 10 的倍数。）

b. 一个未预期的货币供给增加使货币供给上升到 $M=700$。因为这个增加是未预期的，P^e 保持在 60。价格水平 P 和产出 Y 的均衡值各是多少？

c. 美联储宣布货币供给将增加到 $M=700$，公众相信这个消息。现在价格水平 P、预期价格水平 P^e 和产出 Y 的均衡值各是多少？

5. 一个经济的产出由生产函数 $Y=AK^{0.3}N^{0.7}$ 给出。其中，Y 是产出，A 用来衡量生产率，资本 K 固定在 30，劳动力 N 固定在 100。产出在 2012 年等于 100，在 2013 年等于 105。

a. 找出 2012 年和 2013 年的索洛余值以及这两年间索洛余值的增长率。

b. 索洛余值在 2012—2013 年的增长率与同时期生产率（参数 A 所衡量的）的增长率之间有何关系？假设资本利用率和劳动利用率保持不变。

c. 假设劳动利用率在2012—2013年增长了3%，问题同b。你需要修改式（10-2）中的生产函数。

d. 假设劳动利用率和资本利用率在2012—2013年都增长了3%，问题同b。

6. 尝试以下的试验：将一个硬币掷50次，并记录结果。将每个"正面"看作使产出增加一个单位的小幅度良性冲击；类似地，将每个"背面"看作使产出减少一个单位的小幅度恶性冲击。令产出Y的初始值为50，画出产出在受到（投掷硬币）"正"和"反"冲击时的表现。例如，如果你的前四次投掷结果是三个正面和一个反面，那么产出值将是51、52、53、52。经过50次投掷后，这些小型冲击是否导致了大幅度的产出周期？

7. 在某经济中，劳动力（就业与失业工人总数）固定为1亿人。在这个经济中，每个月有1%的在职工人在月初失去工作，19%的未在职工人在月初找到新工作。

a. 1月的失业率是5%。根据给出的失去工作的人和找到工作的人的比例，2月的失业率是多少？3月呢？

b. 在4月，一次恶性生产率冲击使失去工作的人的比例上升到在职工人的3%。失去工作的人的比例在5月回到了1%，而找到工作的人的比例始终维持在19%不变。找出4月、5月、6月和7月的失业率。

8. （附录10.B）考虑以下经济

IS曲线：$r=2.47-0.0004Y$

实际货币需求：$L=0.5Y-500(r+\pi^e)$

短期总供给：$Y=\bar{Y}+100(P-P^e)$

式中，r为实际利率，Y为产出，P为价格水平。假设预期通货膨胀率π^e是0，名义货币供给M是88 950，充分就业产出$\bar{Y}$是6 000。

a. 使用附录9.B和附录10.B中的符号，参数α_{IS}、β_{IS}、α_{LM}、β_{LM}、ℓ_r和b各是多少？（提示：求出资产市场均衡，以便从中获得LM公式的系数。）

b. 总需求曲线的公式是什么？

c. 假如预期价格水平P^e是29.15。价格水平P和产出Y的短期均衡值是多少？

d. 价格水平P和产出Y的长期均衡值是多少？

分析题

1. 新技术的发现增加了预期资本边际产量。

a. 使用古典IS-LM模型决定预期边际产量增加对当前产出、实际利率、就业、实际工资、消费、投资和价格水平的影响。假设预期未来实际工资和未来收入不受新技术的影响，同时假设当前生产率不受影响。

b. 以错误认知理论为基础，从AD-AS图示中找出预期边际产量增加对当前产出和价格水平的影响。怎样解释它与a的区别？

2. 使用古典IS-LM模型分析政府采购每年永久性增加100（以实际单位衡量）的影响。政府采购的增加是通过一次性税收每年永久性地增加100来融资的。

a. 找出这个财政政策变化对劳动力市场的影响。政府采购永久性增加100的影响与政府采购暂时性增加100的影响有何不同？

b. 因为税收的增加是永久的，假设在任何给定的产出和实际利率下，消费者的反应是减少他们在每个时期的消费，额度相当于税收增加的数量。在这个假设下，政府采购永久性地增加对意愿国民储蓄和 IS 曲线有何影响？

c. 使用古典 IS－LM 模型找出政府采购和税收永久性增加对当前时期的产出、实际利率和价格水平的影响。如果消费者在任何产出和实际利率水平上减少的消费少于 100，那么会发生怎样的变化？

3. 考虑一个将古典 IS－LM 模型与暂时性政府采购变化是周期性波动主要来源的假设结合起来的经济周期理论。这个理论在多大程度上能够解释可观察到的以下各项变量的周期性表现？给出相关答案的理由。

a. 就业。

b. 实际工资。

c. 平均劳动生产率。

d. 投资。

e. 价格水平。

4. 从无政府支出且无税收的状态开始，政府开展了一个国外援助项目（国内商品将被送到国外），并且通过对当前工资暂时征税 10%来支付该项目的费用。未来工资是不纳税的。

这个暂时的工资税对劳动供给的影响是什么？使用古典 IS－LM 模型找出这个财政政策变化对产出、就业、（税前）实际工资、实际利率和价格水平的影响。

5. 这个问题要求你更详细地解答正文中所描述的反向因果的例子。假设企业预期产出在未来会上升，从而它们当前的交易会增加（例如，它们可能需要购买更多的原材料）。出于这个原因，当预期未来产出增加时，当前实际货币需求会上升。

a. 在实际货币需求取决于预期未来产出的假设下，使用古典 IS－LM 模型找出预期未来产出增加对当前价格水平的影响。为简单起见，假设预期未来产出增加对劳动力市场或意愿国民储蓄与意愿投资的影响可以忽略不计。

b. 假设美联储想要稳定当前价格水平。美联储对于预期未来产出增加的回应是什么？解释为什么美联储的回应是一个反向因果的实例。

宏观经济数据分析

1. 根据实际经济周期理论，生产率冲击是重要的经济周期来源。使用柯布-道格拉斯生产函数［例如式（3－2）］和自 1961 年以来的年度数据，计算美国全要素生产率并画出该曲线。用实际 GDP 代表 Y，用表 3－1 提供的数据来源中的资本存量代表 K，用劳动力代表 N。找出生产率急速上升或下降的时期。这些变化与经济周期的波峰和波谷的出现时间（见第 8 章）是否一致？

2*. 这个问题要求你研究货币存量未预期的下降是否如错误认知理论所提出的，会倾向于使实际利率升高，并且导致衰退。

a. 使用 1960 年至今的季度数据，将每个季度的未预期的货币增长定义为：M2 从上一个季度到这个季度的增长率（以年增长率表示），减去 M2 在前面 4 个季度的平均增长率。（M2 在前面 4 个季度的增长率可以简单地近似为预期货币增长。）画出自 1960 年以来的未预期的货币增长。在 20 世纪 60 年代、70 年代和 80 年代的衰退后，未预期的货币增长发生了什么？

b. 在另一坐标中画出未预期的货币增长和 3 个月期国债的名义利率。在 20 世纪 60 年代，当未预期的货币增长急剧上升时，名义利率发生了什么？

c. 在另一坐标中画出未预期的货币增长和 3 个月期国债的实际利率（名义利率减去通货膨胀率）。未预期的货币增长与 1973—1975 年衰退时的实际利率之间的关系是什么？

3. 人们对通货膨胀的预期是理性的吗？为探究这个问题，登录费城联邦储备银行网站，点击“Research and Data”，找到预测专家对 CPI 通货膨胀率的预测数据。然后登录 FRED 数据库以取得

CPI的实际数据。在坐标中以通货膨胀率的预测值为横轴，以实际通货膨胀率为纵轴绘制图形。如果预测是理性的，那么你在数据中应该观察到怎样的规律？你在图形中又观察到了怎样的规律？你所得到的证据支持“人们的预期是理性的”这个观点吗？

附录10.A　错误认知的古典AD－AS模型计算题的解答过程

考虑一个由以下公式描述的经济体：

$$\text{AD 曲线}: Y=1\,166\frac{2}{3}+\frac{148\,000}{P}$$

$$\text{SRAS 曲线}: Y=\bar{Y}+10(P-P^e)$$

$$\bar{Y}=2\,500$$

$$P^e=130$$

这里的AD曲线与附录9.A第五步中推导的AD曲线相同。所以，我们也可以从附录9.A中的消费、税收、投资、货币需求以及货币供给公式开始推导出该AD曲线。

短期均衡由AD曲线和SRAS曲线的交点决定：

$$1\,166\frac{2}{3}+\frac{148\,000}{P}=Y=\bar{Y}+10(P-P^e)$$

用2 500替换$\bar{Y}$，并用130替换P^e，得到：

$$1\,166\frac{2}{3}+\frac{148\,000}{P}=2\,500+10(P-130)$$

即

$$1\,166\frac{2}{3}+\frac{148\,000}{P}=1\,200+10P$$

因此，

$$10P+33\frac{1}{3}-\frac{148\,000}{P}=0$$

现在，将上式两边同时乘以P，然后除以10，可以得到一个二次方程：

$$P^2+3\frac{1}{3}P-14\,800=0$$

这个二次方程有两个解（或根），即$P=120$和$P=-123\frac{1}{3}$。［提示：你可以使用计算二次方程的根的公式①找到这些根，或分解二项式得到$(P-120)\left(P+123\frac{1}{3}\right)=0$。］正数根$P=120$是短期均衡下的价格水平。短期均衡下的产出可以通过将$P=120$代入AD曲线或SRAS曲线而得到。运用AD曲线，有

① 一般二次方程$AX^2+BX+C=0$的根可由下式得到：$X=\dfrac{-B\pm\sqrt{B^2-4AC}}{2A}$。

$$Y=1\ 166\frac{2}{3}+\frac{148\ 000}{P}=1\ 166\frac{2}{3}+\frac{148\ 000}{120}=1\ 166\frac{2}{3}+1\ 233\frac{1}{3}$$

所以

$$Y=2\ 400$$

运用 SRAS 曲线，有

$$Y=\overline{Y}+10(P-P^e)=2\ 500+10(120-130)=2\ 500-100$$

所以

$$Y=2\ 400$$

在长期，错误认知不存在，所以长期均衡与我们在附录 9. A 中的结果相同，$Y=2\ 500$，$P=111$。

附录 10. B　错误认知的古典 AD－AS 模型的代数版本

在本附录中，我们将在附录 9. B 所建立的 AD－AS 模型的代数版本的基础上推导含有错误认知的古典 AD－AS 模型的代数版本。我们列举总需求（AD）曲线和总供给（AS）曲线的代数版本，然后从中导出一般均衡。

□ 总需求曲线

因为生产者的错误认知不影响商品的需求，总需求曲线与附录 9. B 中的曲线相同。回顾在式（9. B－24）中，总需求（AD）曲线为：

$$Y=\frac{\alpha_{IS}-\alpha_{LM}+(1/\ell_r)(M/P)}{\beta_{IS}+\beta_{LM}} \tag{10. B－1}$$

式中，IS 曲线的系数 α_{IS} 和 β_{IS} 分别由式（9. B－15）和式（9. B－16）给出；而 LM 曲线的系数 α_{LM} 和 β_{LM} 分别由式（9. B－20）和式（9. B－21）给出；ℓ_r 是货币需求公式［式（9. B－17）］中名义利率的系数。

□ 总供给曲线

建立在错误认知理论基础上的短期总供给曲线由式（10－4）表示。为方便起见，我们在这里重新给出：

$$Y=\overline{Y}+b(P-P^e) \tag{10. B－2}$$

式中，b 为正数。

□ 一般均衡

对于给定的预期价格水平 P^e，价格水平的短期均衡值是由短期总需求曲线［式（10. B－1）］和短期总供给曲线［式（10. B－2）］的交点决定的。令式（10. B－1）和式（10. B－2）的右侧相等，并且将公式两边同时乘以 $P(\beta_{IS}+\beta_{LM})$，经过整理，可以得到价格水平 P 的一个二次函数式：

$$a_2P^2+a_1P-a_0=0 \tag{10. B－3}$$

式中，

$$a_2=(\beta_{IS}+\beta_{LM})b$$

$$a_1=(\beta_{IS}+\beta_{LM})(\bar{Y}-bP^e)-\alpha_{IS}+\alpha_{LM}$$

$$a_0=\frac{M}{\ell_r}$$

系数 a_2 和 a_0 为正，系数 a_1 可以是正数、负数或零。因为 a_2 和 a_0 是正数，式（10.B－3）的解会出现 P 的一个正值和一个负值。价格水平不能为负，所以短期均衡价格水平是这个公式的正数解。使用标准二次函数，我们得到的式（10.B－3）的正数解为：

$$P=\frac{-a_1+\sqrt{a_1^2+4a_2a_0}}{2a_2} \tag{10.B-4}$$

将式（10.B－4）中得到的价格水平代入总需求公式［式（10.B－1）］或总供给公式［式（10.B－2）］中，我们可以得到短期均衡水平的产出。

注意，名义货币供给 M 的增加使常数 a_0 增加，因此根据式（10.B－4），它提高了均衡价格水平。因为 M 的增加不影响总供给曲线，但影响均衡价格水平，式（10.B－2）表明 M 的增加使产出增加。

我们在这个附录中关注短期均衡。在长期，价格水平等于预期价格水平，根据式（10.B－2），产出等于充分就业产出 $\bar{Y}$。在长期，经济到达附录 9.B 中所描述的一般均衡。

第 11 章 凯恩斯主义：宏观经济学的工资和价格刚性

学习目的：

- 总结凯恩斯主义对实际工资刚性的解释
- 描述凯恩斯模型中价格黏性的起因和影响
- 分析凯恩斯模型中货币政策和财政政策的影响
- 解释关于经济周期和宏观经济平稳化的凯恩斯理论

在第 10 章，我们描述了古典主义（即市场出清）的经济周期理论。在古典理论中，工资和价格被假设为可以迅速调整，从而使市场几乎总是处于均衡。古典经济学家指出，经济周期体现了经济对于如生产率冲击等干扰的最佳回应，所以政府熨平经济周期的举措几乎没有必要。

与古典学派相反，凯恩斯学派对于自由市场经济可以迅速而有效地回应冲击的能力不甚乐观。凯恩斯主义的一个中心观点是，工资和价格是“刚性的”或“黏性的”，它们不能迅速调整到市场出清水平。工资和价格刚性意味着经济可以在相当长的一段时间内远离一般均衡水平。因此，严重的衰退不是自由市场对于外部冲击的最佳回应；相反，它是一个非均衡的状态，其中较高的失业率反映了相对于劳动需求的过度劳动供给。凯恩斯学派认为，政府应该采取行动去消除——或至少缓解——这些低产出和高失业的时期。凯恩斯主义认为均衡是工资没有面临向上或向下的压力的情况。

因为工资和价格的刚性是凯恩斯理论及其政策建议的基础，理解刚性的潜在成因是十分重要的。古典学派在 20 世纪 70 年代初对凯恩斯学派的一个有力批判是，凯恩斯学派只是简单地假设工资和价格是刚性的，却没有对为什么会出现这些刚性给出一个合理的经济解释。古典学派提出，毕竟工资和价格不是被简单地“赋予”经济的，而是几百万个人和公司决策的结果。如果过高的工资导致失业，那么为什么失业工人不降低工资要求直至公司愿意雇用他们呢？如果价格未处于供给数量等于需求数量的水平，那么为什么公司不调整它们的价格呢？实际上，古典学派对凯恩斯学派的挑战是，说明工资和价格的刚性如何能够与个人和公司在经济上都具有理性的原则（几乎是所有经济学的前提）相一致。也就是说，个人和企业在做经济决策时，会尽他们最大的努力以达到最佳。

凯恩斯学派接受了这个挑战，并且在解释工资和价格的刚性与经济理性一致上取得了进展。在本章的第一部分，我们将讨论凯恩斯学派对于工资和价格的刚性的一些主要解释。然后，我们说明如何可以将工资和价格的缓慢调整结合到 IS－LM 模型中，从而将其从古典模型变为凯恩斯模型。使用这个模型，我们将讨论凯恩斯学派对关于经济周期的两个核心问题的回答，这两个问题是：是什么引起了经济周期？政策制定者应该如何应付它们？

11.1 实际工资刚性

因为凯恩斯学派的分析和政策处方强烈依赖于工资和价格不能迅速变动以使市场出清的假设，我们先详细讨论出现缓慢或不完全调整的一些可能经济原因。在本节，我们关注实际工资刚性；在 11.2 节，我们考察价格的缓慢调整。

凯恩斯学派将工资刚性包含在他们分析中的主要原因是，他们对于古典学派对失业的解释不甚满意。回想一下，古典学派认为大部分失业（包括在衰退期间出现的失业增加）来自工人和工作间的错误匹配（摩擦性失业或结构性失业）。凯恩斯学派没有反驳错误匹配是失业的一个主要来源的观点，但对于它是否可以解释所有的失业表示怀疑。

凯恩斯学派尤其不愿意接受古典学派的这一观点，即衰退是工人与工作职位间不匹配增加的时期。凯恩斯学派提出，如果在衰退时期的高失业反映了不匹配的增加，那么衰退时期应该是工人寻找工作和公司寻找新员工的高度活跃时期。但调查显示，在衰退时期，失业的工人花费相对少的时间寻找工作（许多人只是在等待，希望可以重新获得原先的工作），公司的招工广告和职位空缺广告也减少了而不是上升了。凯恩斯学派认为，衰退时期并不是工人与工作职位不匹配增加的时期，而是整个经济中对产出和工人需求普遍较低的时期。

为了不仅仅以工人与工作职位之间的不匹配来解释失业的存在，凯恩斯学派指出，应当去除实际工资调整相对迅速从而使劳动供给数量与劳动需求数量相等这个古典假设。尤其是，如果实际工资高于出清劳动力市场的水平，那么就会产生失业（劳动供给数量相对于劳动需求数量过剩）。从凯恩斯学派的角度出发，实际工资的变动“过少”，不足以保持劳动需求数量等于劳动供给数量的观点称为**实际工资刚性**（real-wage rigidity）。

□ 实际工资刚性的一些原因

要使实际工资刚性成为失业的来源，公司所支付的实际工资必须高于出清市场的实际工资，即令劳动供给数量等于劳动需求数量的水平。但是，如果实际工资高于吸引工人的必要工资水平，为什么公司不像古典学派建议的那样，通过降低它们所支付的工资以节省劳动力成本呢？

对于实际工资即使在劳动过度供给时仍具有刚性的原因存在着各种解释。第一种解释是存在着法制或制度因素使得工资过高，如最低工资法和工会合同。但是，大部分美国工人既不是工会成员（2014 年仅有 11%的工人是工会会员），也不是最低工资的接受者（2014 年少于 4%的工人），所以这些削减工资的障碍不能成为实际工资刚性的主要原因。此外，美国的最低工资是以名义单位确定的，所以被支付最低工资的工人会有刚性的名义工资，而不是刚性的实际工资。（工会合同可能有助于解释西欧和其他国家的实际工资刚性，在这些国家里，工人工会化的程度很高。）

第二种对于为什么公司可能支付高于它“不得不”支付的实际工资的解释是，这样的政策可能会降低公司的人员**流动成本**（turnover costs），即雇用和培训新员工的成本。通过支付较高的工资，企业可以留住它们的大部分员工，这节省了企业雇用和培训替代工人的成本。类似地，通过建立高薪酬的声誉，企业可以确保其任何职位都会有更多更好的应聘者。

公司可能支付高于市场出清水平的实际工资的第三种解释是，那些薪酬较高的工人可能会有更大的动力去努力且高效率地工作。如果高薪酬工人有更高的生产率，那么即使企业能够以一个较低的工资吸引到所需的工人，它们也可能从支付较高的薪酬中获利。一个工人的生产率取决于他所获得的实际工资，从而企业可能愿意支付高于市场出清水平的工资，这个观点是**效率工资模型**（efficiency wage model）的实质。因为这个工资决策的形式在凯恩斯学派的研究中起到关键作用，并且因为它具有一些有趣的特点，所以我们在本节的剩余部分将关注这个模型。

□ 效率工资模型

如果薪酬较高的工人具有较高的生产率，则支付的工资高于吸引工人所需的最低工资，公司可以从中获利。但是，为什么一个工人的生产率可能依赖于他所获得的实际工资呢？该问题的答案具有“胡萝卜”和“大棒”两个方面。

“胡萝卜”或正面激励机制建立在以下观点上：觉得公司对其很好的工人将会更努力、更有效率地工作。诺贝尔经济学奖得主、加州大学伯克利分校的乔治·阿克洛夫(George Akerlof)① 提出，如果工人相信他们的雇主会公平地对待他们——比如支付高于必要水平的工资来留住工人，并且在萧条时期不会削减工资——那么他们也会努力工作以回报他们的雇主。因为这个动机类似于促使人们互换礼物的动机，阿克洛夫将它称为礼物互换动机。

一个公司愿意支付高于必要水平的工资也具有“大棒”或威胁性质，其原因可以通过被称为工资决策的怠工模型进行分析。② 根据怠工模型，如果一个工人只得到了吸引她接受某个职位的最低工资，她就不会非常担心因表现不佳而被解雇。毕竟，如果这个工作只支付吸引她接受该职位的最低工资，那么她不会比没有工作更快乐。在这样的情况下，这个工人可能更倾向于工作散漫或逃避她的责任，那么雇主就不得不承受怠工或聘请主管来监督工作完成的代价。相比之下，获得较高薪酬的工人将更看重保住这份工作（要找到另一个同样好的工作并不容易），并且会努力工作以避免因怠工而被解雇。

互换礼物的动机和怠工模型都指出，工人的努力程度取决于他们所获得的实际工资。从图形上讲，图 11-1 中的**努力曲线**（effort curve）体现了实际工资和努力程度之间的关系。实际工资 w 以横轴衡量，努力程度 E 以纵轴衡量。努力曲线通过 O 点、A 点和 B 点。当实际工资较高时，出于“胡萝卜”或“大棒”的原因，工人选择更努力地工作，因此努力曲线向上倾斜。我们假设努力曲线是 S 形的。在最低的实际工资水平，工人几乎不会做任何努力。随着实际工资的增加，努力程度只会缓慢上升。在更高的实

---

① 见 George Akerlof, “Labor Contracts as Partial Gift Exchange,” *Quarterly Journal of Economics*, November 1982, pp. 543-569。

② 见 Carl Shapiro and Joseph E. Stiglitz, “Equilibrium Unemployment as a Worker Discipline Device,” *American Economic Review*, June 1984, pp. 433-444。

际工资水平，努力程度迅速上升，如曲线中迅速上升的部分所示。因为无论动机有多强，总有一个最高的努力水平是工人无法超越的，所以在最高的实际工资水平，曲线相对平缓。

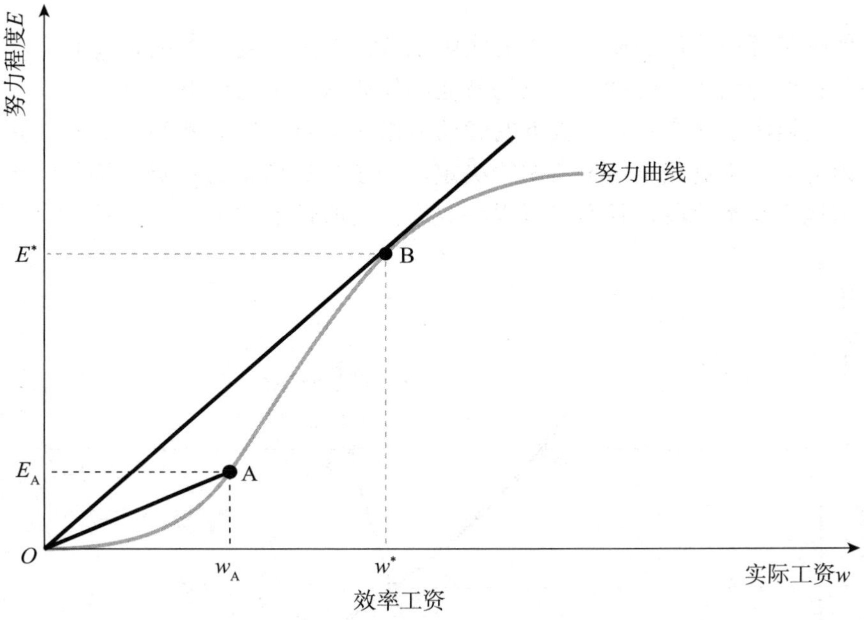

图 11-1　效率工资的决定

说明：努力曲线表现了工人努力程度 E 和所得实际工资 w 间的关系。一个较高的实际工资带来更高的努力程度，但到达某个极限后，更高的工资无法刺激更多的努力程度，所以努力曲线是 S 形的。对于该曲线上的任何一点，每一美元实际工资对应的努力程度是从原点到那一点的直线斜率。在 A 点，每一美元实际工资对应的努力程度是 E_A/w_A。每一美元实际工资对应的最高努力程度为 B 点，从原点到 B 点的直线在该点与努力曲线相切。在 B 点的实际工资是效率工资 w^*，对应的努力程度是 E^*。

□ 效率工资模型中工资的决定

努力曲线表明，努力程度取决于实际工资，但实际工资是由什么决定的呢？要尽可能地获取利润，企业会选择支付让工人的每一美元实际工资的努力程度最大化的实际工资水平。每一美元实际工资的努力程度等于努力程度 E 除以实际工资 w。E 与 w 的比率可以从图 11-1 中找到。例如，考虑努力曲线上的 A 点，此处的实际工资 w_A 促使工人提供 E_A 的努力程度。从原点到 A 点的直线斜率等于曲线在 A 点的高度 E_A 除以其水平距离 w_A，因此，从原点到 A 点的直线斜率等于 A 点的每一美元实际工资的努力程度。

令每一美元实际工资的努力程度最大化的实际工资位于 B 点。从原点到 B 点的直线斜率，即在 B 点的每一美元实际工资的努力程度，高于从原点到曲线上任何其他点的直线斜率。一般而言，要找到使每一美元实际工资的努力程度最大化的实际工资，我们可以从原点画一条与努力曲线相切的直线。在切点的实际工资使每一美元实际工资的努力程度最大化。我们把令每一美元实际工资的努力程度最大化的实际工资称为**效率工资**(efficiency wage)。在图 11-1 中，效率工资是 w^*，相应的努力程度是 E^*。

效率工资理论有助于解释实际工资刚性。因为雇主选择令每一美元实际工资的努力程度最大化的实际工资，所以只要努力曲线不变，雇主就不会改变实际工资。因此，这个理论意味着实际工资是具有永久刚性的，并且等于效率工资。

□ 效率工资模型中的就业和失业

根据效率工资理论，在使每一美元实际工资的努力程度最大化的水平上，实际工资具有刚性。我们现在考虑劳动力市场的就业和失业水平是怎样决定的。

图 11－2 显示了存在效率工资下的劳动力市场运行机制。效率工资 w^* 由一条水平线表示。因为效率工资完全由努力曲线决定，为了分析劳动力市场，我们将 w^* 看作固定的。类似地，在本阶段，我们也可以将效率工资所带来的努力程度 E^* 看作固定的。

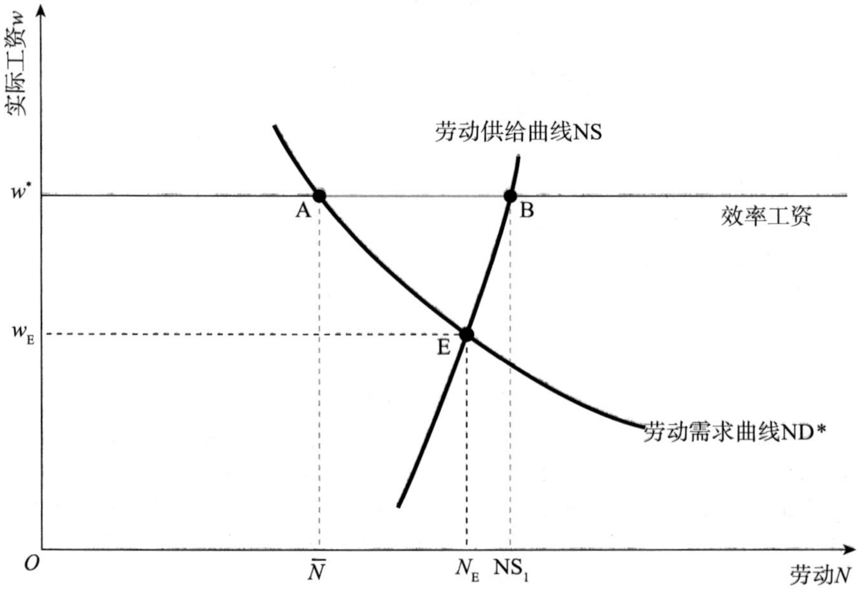

图 11－2　效率工资模型中的劳动过度供给

说明：当企业支付效率工资 w^* 时，其劳动需求是 $\bar{N}$，由 A 点表示。但是，当实际工资为 w^* 时，工人想要供给的劳动是 NS_1。劳动的过度供给等于 AB 的距离。我们假设效率工资 w^* 高于出清市场的工资 w_E，即在 E 点，当劳动供给等于劳动需求时现行的工资水平。

向上倾斜的曲线是标准的劳动供给曲线 NS。这条曲线类似于古典模型的情形，它显示人们在每个实际工资水平上愿意供给的劳动时数。①

向下倾斜的曲线是效率工资模型中的劳动需求曲线。一个公司对劳动的需求数量取决于劳动力边际产量，即 MPN。具体而言，劳动需求曲线与 MPN 曲线相同，而后者将劳动力边际产量 MPN 与所使用的劳动投入量 N 联系起来。MPN 曲线以及劳动需求曲线向下倾斜是由于劳动边际生产率递减。

在古典模型中，劳动力边际产量只取决于生产函数和资本存量。效率工资模型的一个复杂之处是，每增加一个工人（或工作小时）的产出数量也取决于这个工人的努力程度。幸运的是，正如我们已经提到的，效率工资 w^* 和由此工资带来的努力程度 E^* 在

① 为简单起见，我们假设人们想要提供的劳动时数不依赖于他们在工作中必须花费的精力。

目前的分析阶段是固定的。因此，图 11－2 中的劳动需求曲线 ND^* 反映了当工人的努力程度固定在 E^* 时的劳动力边际产量。类似古典模型中的情形，生产率或资本存量的增加使劳动需求曲线 ND^* 向右移动。此外，任何引起最佳努力程度 E^* 增加的努力曲线移动都会提高 MPN，并且劳动需求曲线 ND^* 向右移动。

现在，我们可以将图 11－2 中的各个元素结合起来，以说明就业是怎样决定的。劳动需求曲线 ND^* 上的 A 点表明，当实际工资固定在 w^* 时，公司想要雇用 $\bar{N}$ 小时的劳动。劳动供给曲线上的 B 点表明，当实际工资固定在 w^* 时，工人想要供给 NS_1 小时的劳动，它高于公司所需要的劳动水平。在效率工资水平上，劳动的供给数量高于劳动的需求数量①，所以就业水平是由公司的劳动需求决定的，因而等于 $\bar{N}$。由需求决定的就业以 $\bar{N}$ 表示，它代表了这个模型中充分就业水平下的就业，即 $\bar{N}$ 是工资和价格经充分调整后的就业水平。（注意，效率工资模型中的 $\bar{N}$ 与古典模型中劳动力市场充分就业水平下的就业是不同的，后者对应于图 11－2 的 N_E。）因为效率工资在 w^* 是刚性的，在没有冲击的情况下，经济的就业水平会无限期地固定在 $\bar{N}$。

图 11－2 最有趣的方面或许是它对失业提供了新的解释。它表明，即使工资已经充分调整到必要的程度，并且经济从技术上讲处于充分就业状态，也仍然会存在劳动过度供给 $NS_1-\bar{N}$。②

为什么失业没有像在古典模型中的劳动力市场那样压低实际工资，从而增加就业呢？与古典模型的情形不同，在具有效率工资的劳动力市场中，实际工资不会因为人们愿意以较低的工资工作而被压低，原因在于雇主不愿意雇用他们。雇主知道人们在较低的工资下不会提供与获得较高效率工资的工人相同的每一美元实际工资的努力程度。因此，图 11－2 所体现的过度劳动供给将会无限期持续。因此，效率工资模型意味着即使没有工作与工人间的不匹配，失业仍然存在。

效率工资模型是关于实际工资和失业的一个有趣理论，但它能否解释实际表现呢？“数据获取与研究前沿：亨利·福特的效率工资”解释了劳动力历史上关于效率工资理论的一个著名事件。除了这个事件外，对于各种公司和产业的工资与雇用的研究也提供了对效率工资模型的一些支持。例如，宾夕法尼亚州立大学的彼得·卡佩利（Peter Cappelli）和堪萨斯大学（University of Kansas）的基思·肖文（Keith Chauvin）③发现，与这个理论相符的一个特点是，向工人支付较高薪酬的工厂较少出现怠工，这里的怠工以工人因纪律问题而被解雇的数量来衡量。此外，多伦多大学（University of Toronto）的米歇尔·亚历克索普洛斯（Michelle Alexopoulos）和乔恩·科恩（Jon Cohen）④的研究表明，在瑞典，当 20 世纪 70 年代工资紧缩时，工人的努力程度急剧下降。

---

① 劳动过度供给的结果依赖于有效工资 w^* 高于出清市场的实际工资（即图 11－2 中的 w_E）这一假设。我们永远假设有效工资高于出清市场的实际工资。如果没有这个假设，那么公司必须支付出清市场的工资来吸引工人。

② 因为即使经济处于充分就业状态，由劳动过度供给所代表的失业仍然存在，所以它被看作结构性失业的一部分。

③ “An Interplant Test of the Efficiency Wage Hypothesis,” *Quarterly Journal of Economics*, August 1991, pp. 769－787.

④ “Centralized Wage Bargaining and Structural Change in Sweden,” *European Review of Economic History*, December 2003, pp. 331－366.

对这里所描述的效率工资模型的一个批判是，它预测实际工资（对于无变化的努力曲线）是固定的。当然，因为实际工资确实会随时间变化（并随经济周期变化，如第8章所述），这个结论过于严格。但是，这个基本模型可以扩展，以包含努力曲线的变化以及因此出现的效率工资随时间变化的情形。例如，一个合理的假设是，工人在衰退时期，即找到新工作更加困难的时期，比繁荣时期更关心他们会失去工作的可能性。在这样的假设下，在衰退时期获得任何特定的努力程度所需支付的实际工资将变得较低，因此，在衰退时期支付的效率工资也可能会较低。模型的这个扩展令效率工资模型与经济周期事实相符，即实际工资在衰退时比繁荣时低（顺周期的实际工资）。

数据获取与研究前沿

亨利·福特的效率工资

1908—1914年，亨利·福特（Henry Ford）在福特汽车（Ford Motor）公司创立了一种快速生产汽车的新方法。① 在福特的创新前，汽车的零件不是根据统一的标准生产的。相反，汽车必须由熟练工人一辆一辆地组装起来，即使各个部件的尺寸或形状不完全一样，他们也能将部件组合起来。福特引入了一个流水作业线生产系统，在这个系统中，标准化的产品T型车由精确制造的、可互换的部件组装而成。生产过程也被分成许多简单的小步骤，并雇用只需重复操作几个步骤的无技术工人来替代需要从头到尾建造汽车的技术工人。

福特的流水作业线的高速操作和工作的高度重复性对于工人来说是极其困难的。正如一个工人所说的："如果我再连续不停地组装86号螺母86天，我就会变成庞蒂亚克马车里的86号疯子了。"② 其结果是，工人的离职率很高，通常工人只会在职位上停留几个月。旷工率也非常高，每天约有10%的旷工率，生产士气低下、工人行动迟缓，甚至出现了蓄意破坏行为。

1914年1月，福特宣布公司将开始向达到某些标准的工人支付每天5美元的工资，其中一条是工人必须在公司工作至少6个月。当时，每天5美元的工资相当于正常生产工人工资的两倍。虽然福特声明的动机受到争议，但它的效果十分惊人：几千名工人在工厂外排队，希望获得工作。在工厂内，工人的辞职率下降了87%，旷工率下降了75%，生产率提高了30%以上。尽管工资单上的数目变大了，T型车也降价了，但生产率的提高帮助福特增加了利润。

福特所实施的5美元日工资的许多结果可以用效率工资模型来预测，包括效率的提高和更高的利润。随着其他汽车制造商采纳了福特的技术创新，它们也采用了福特的工资政策。到1928年，在工会在产业中变得日益重要之前，汽车行业的工资比制造业其他公司的工资高出了将近40%。

---

① 见 Daniel M. G. Raff and Lawrence H. Summers，"Did Henry Ford Pay Efficiency Wages?" *Journal of Labor Economics*，October 1987，pp. S57 - S86。

② 该引用最初来自 Stephen Meyer，*The Five-Dollar Day：Labor Management and Social Control in the Ford Motor Company，1908—1921*，Albany：State University of New York Press，1981。

□ 效率工资和 FE 线

如同古典版本的模型，在凯恩斯版本的 IS-LM 模型中，FE 线为产出等于充分就业产出 $\bar{Y}$ 处的一条垂线。如图 11-2 所示，如果我们假设雇主支付效率工资，那么充分就业产出 $\bar{Y}$ 是使就业处于充分就业水平 $\bar{N}$ 时的产出数量，并且工人的努力程度是 E^*。

如同在古典模型中，任何使充分就业产出 $\bar{Y}$ 变化的因素都会引起 FE 线的移动。古典模型强调引起 FE 线移动的两个因素是：劳动供给的变化和生产率的变化。但是，在效率工资模型中，劳动供给不会影响就业，所以在包含效率工资的凯恩斯模型中，劳动供给不会影响 FE 线。但是，与古典模型相同，凯恩斯模型中的生产率变化的确会影响 FE 线。生产率的下降减少了充分就业产出 $\bar{Y}$，并使 FE 线向左移动，原因有两个：首先，通过降低任何就业水平的劳动力边际产量，生产率的下降使在任何固定实际工资上的劳动需求数量减少。当实际工资固定在 w^* 时，充分就业水平 $\bar{N}$ 下降。其次，生产率的下降减少了使用任何特定数量的资本、劳动和努力程度时的产出数量。

11.2 价格黏性

效率工资所引起的刚性是实际刚性，即保持不变的是实际工资而非名义工资。凯恩斯理论也强调了当价格或工资在名义上以美元价值固定并且对于供需变化不会立即调整时所发生的名义刚性。凯恩斯学派经常将名义价格的刚性，即价格面对经济的变化只是缓慢调整的倾向，称为**价格黏性**（price stickiness）。

我们在 11.1 节说明了凯恩斯学派出于对古典学派关于失业解释的不认同而采纳了实际工资刚性。类似地，价格黏性反映了凯恩斯学派所认为的基本古典模型的另一缺陷：古典主义预测货币政策是中性的。

回顾在无错误认知的基本古典模型中，工资和价格迅速调整的假设意味着货币是中性的。如果货币是中性的，那么货币供给的增加或减少会使价格水平同比例变化，但不影响实际变量，如产出、就业或实际利率。不过，此前提到，实证研究——包括对历史事件的研究——已经令大部分经济学家得出结论：货币在现实世界中也许不是中性的。

一种说明货币非中性的方式（在第 10 章中探讨的）是通过假设工人和公司对于当前价格水平具有不完全的信息而得到扩展式古典模型（错误认知理论）。但是，凯恩斯学派更倾向于另一种对货币非中性的解释：价格是黏性的，即它们不会快速地调整。如果价格是黏性的，那么价格水平不能迅速调整来抵消货币供给的变化，所以货币不是中性的。因此，对于凯恩斯学派而言，价格黏性的重要性在于它有助于解释货币非中性。

尽管我们在这一节关注名义价格刚性，但凯恩斯学派的一个悠久传统是，强调名义工资刚性而不是名义价格刚性。我们在附录 11.A 中将讨论建立在名义工资刚性上的另一个凯恩斯模型版本。这个版本具有与名义价格刚性的凯恩斯模型相同的含义，尤其是货币不是中性的。

□ 价格黏性的来源：垄断竞争和菜单成本

价格黏性引起货币非中性的说法并不能完全解释非中性，因为它引出了另一个问题：为什么价格是黏性的？凯恩斯学派对于价格黏性存在的解释依赖于两个主要观点：(1) 大部分公司积极地设置它们产品的价格，而不是接受市场所决定的价格；(2) 当公司改变价格时，它们会承受损失，即所谓的菜单成本。

垄断竞争 在一个高度竞争的有序市场中，如小麦市场或股票交易市场，讨论价格黏性存在的意义不大。在这些市场中，价格会迅速调整，以反映供给或需求的变化。这些高度竞争的有序市场中价格具有伸缩性的基本原因包括交易商品的标准化（每1蒲式耳具体等级的小麦或每1股微软股票都是大体相同的）和大量的实际或潜在的市场参与者。这两个因素的存在使得组织一个中心市场（例如纽约证券交易所）是值得的，在市场中，价格可以迅速地对供给和需求的变化做出反应。这两个因素也促进了买方和卖方的激烈竞争，从而大大降低了任何个人对价格产生影响的能力。

在小麦或股票市场上的大部分交易者把自己看作价格接受者。价格接受者是将市场价格视为给定的市场参与者。例如，一个小农场主正确地认为小麦的市场价格不是他能左右的。相比之下，价格设定者具有一定的价格设定能力。

与小麦市场或股票市场相比，包含较少参与者和非标准化产品的市场可能会出现价格设定行为，而不是价格接受行为。例如，考虑一个中等城市里的电影市场。这个市场可能竞争相当激烈，包含许多不同的电影院，每一个电影院都试图从其他电影院吸引消费者。虽然电影市场是竞争的，但它并不像小麦市场的竞争度那么高。如果一个农场主试图将他的1蒲式耳小麦的价格提升到高于市场价格5美分的水平，他将无法卖出任何小麦，但一个电影院将它的票价提高到比其竞争对手的价格高5美分，它不会失去太多顾客。因为电影院的产品并非完全标准化的（它放映与其他影院不同的电影，它所处的位置对于一些人来说更方便，它的商店出售不同的糖果，它有较大的银幕或更舒适的座位等），所以它有一定的价格设定能力。该电影院是一个价格设定者，而不是价格接受者。

一般而言，所有的买方和卖方都是价格接受者（如小麦市场）的情况叫作**完全竞争**(perfect competition)。相比之下，具有一些竞争，但较少的卖方和不完全标准化产品的存在使得个别生产者成为价格设定者的情形叫作**垄断竞争**（monopolistic competition)。

完全竞争模型是古典主义关于价格决定观点的基础，正如我们所指出的，在完全竞争市场中，价格刚性或黏性是极其不可能的。凯恩斯学派同意价格刚性不会出现在一个完全竞争的市场中，但他们指出，经济中很小一部分市场是完全竞争的。凯恩斯学派认为，在一个垄断竞争的市场中，价格刚性是可能的，甚至极可能存在。

为了说明这个问题，我们回到相互竞争的电影院的例子。如果电影票的市场是完全竞争的，那么票价是怎样被决定的呢？推想起来，应该有将电影票的买方和卖方集中在一起的某个见面的中心地点，市场组织者将喊出“出价”（他们愿意购买的价格）和“要价”（他们愿意出售的价格)。随着市场上新信息的出现，价格将会持续波动，从而引起供给和需求的变化。例如，“烂番茄”(Rotten Tomatoes) 网站和互联网电影资料库（IMDb）网站的极佳评论将使该电影票价格上升，但临时保姆短缺的预期将使所有票价下跌。

这个方案显然不是电影票被定价的方式。大部分电影院的实际定价具有以下三个特征，它们也是大部分价格设定市场的共同特征：

(1) 一个电影院不会完全地接受市场所决定的电影票价格，它们设定自己的价格（或一个价目表)，以名义价值表示，并且会在一定的时间内维持这个名义价格。

（2）至少在一定的范围内，电影院在固定的名义价格上满足需求。提到“满足需求”，我们是指只要人们愿意在这个固定的价格上购买电影票，电影院就会持续出售，直到满座为止。

（3）电影院通常会在成本或需求显著变化时调整价格。

这种类型的定价行为会使利润最大化吗？凯恩斯理论提出，如果改变名义价格存在相关的成本，并且市场是垄断竞争的，那么就可以达到利润最大化。

菜单成本和价格设定 改变价格的成本的经典实例是一个餐馆为表明价格变化而重新印制菜单时所发生的成本。因此改变价格的成本称为**菜单成本**（menu cost）。更广泛的菜单成本的例子（可适用于任何类型的公司）包括对产品重新标价的成本、重新印制价格表和产品目录的成本以及通知潜在消费者的成本。很明显，如果公司在改变价格时出现了成本，它们就不会像在无成本时那样频繁地调整价格，这造成了一定程度的价格刚性。

用菜单成本解释价格刚性的一个潜在问题是，这些成本似乎很小。那么，它们怎么会引起带有宏观经济重要性的名义刚性呢？

这就是垄断竞争的假设非常重要的一个原因。对于一个完全竞争市场中的企业来说，只要它所设定的价格有“一丝错误”，都会造成严重的后果：只要一个农场主将他的1蒲式耳小麦的价格提升到高于市场价格5美分，他就无法卖出任何小麦。因此，菜单成本的存在不会阻碍农场主对其产品的正确定价。但是，一个垄断竞争企业的产品的需求对于价格变化的反应并不是那么强烈。如果一个电影院的票价比它的竞争对手高5美分，它不会损失太多顾客。因此，只要垄断竞争的价格处于合理的范围内，未精准地设定价格所带来的利润损失就不会太大。如果利润的损失少于改变价格的成本，即菜单成本，公司就不会改变价格。

随着时间的推移，公司所面对的生产函数和需求曲线将经历各种冲击，所以最终使公司利润最大化的价格可能与它当前的价格明显不同。当设定“错误”价格的利润损失明显超过了改变价格的成本时，公司将改变它的名义价格。因此，电影院阶段性地改变它们的票价和爆米花的价格，以回应一般通货膨胀和其他市场条件的变化。

价格黏性的实证证据 一些研究已经考察了实际价格的刚性或黏性程度。

为了调查企业是否认为其价格具有黏性，普林斯顿大学的阿兰·布林德（Alan Blinder）① 在研究生团队的帮助下，访问调查了随机选择的200个公司的经理，询问公司的定价行为。近一半（49.5%）的受访经理表示，他们的公司每年调整价格一次或少于一次。只有22%的公司每年调整价格超过四次。除了询问定价行为外，布林德和他的小组也询问公司经理，为什么他们很少调整价格。调整价格的直接成本（菜单成本）的确在许多公司定价中扮演了重要角色。然而，许多经理强调，存在价格黏性的一个原因是，他们担心如果改变了自己的价格，他们的对手不见得会跟随其后。许多经理尤其不愿意成为他们所在市场上第一个提高价格的公司，担心会因此将他们的消费者拱手让给竞争对手。出于这个原因，许多公司报告说会延迟调整价格，直到整个经济中的成本或需求变化的证据已经明显到使价格调整成为必要。

---

① “On Sticky Prices: Academic Theories Meet the Real World,” in N. G. Mankiw ed., *Monetary Policy*, University of Chicago Press, 1994.

在对价格黏性的另一个研究中，芝加哥大学的阿尼尔·卡什亚普（Anil Kashyap）[1]考察了一家休闲装备公司产品目录上的12种商品35年来的价格。在一个新的目录上改变价格几乎是没有成本的，但卡什亚普发现，许多商品的名义价格仍然在连续几期的产品目录中保持不变。

然而在近期，基于大量数据分析的证据表明，价格黏性可能不像此前研究所叙述的那么普遍。罗彻斯特大学（University of Rochester）的马克·比尔斯（Mark Bils）和斯坦福大学（Stanford University）的彼得·克列诺（Peter Klenow）[2]在他们2004年的文章中发现，350种商品中价格（这些价格由美国劳工统计局记录，以计算消费者价格指数）变化的平均间隔时间是4.3个月，这表明价格变化比布林德和卡什亚普所提到的更频繁。一些商品和服务，如男士理发、出租车费、报纸，其价格变化很少，极具黏性。但其他商品和服务的价格，包括食品和汽油，变动非常频繁。

因此，比尔斯和克列诺的研究结果表明，一些价格并不具有很高的黏性，而这些发现是对价格黏性观点的质疑。即使一些价格可能频繁调整，但是因为价格变化的原因更重要，所以许多经济学家继续在他们的模型中使用价格黏性。例如，当公司开展促销时，它们在促销开始时降低价格，在促销结束时提高价格。哥伦比亚大学（Columbia University）的中村惠美（Emi Nakamura）和乔恩·斯坦森（Jon Steinsson）最近的一项研究发现[3]，如果考察所有的价格变化，包括销售期间发生的变化，价格变化间隔的中值约为4.6个月，这与比尔斯和克列诺的发现类似。然而，当中村惠美和斯坦森排除与销售相关的价格变化时，他们发现价格变化间隔的长度增加了一倍多，高达11个月，这与非促销价格的黏性一致。但是经济学家继续在他们的模型中使用价格黏性假设的另一个原因是，许多价格变动是由某个行业的需求或供给的变化引起的。例如，对原油供给的每日报道使汽油价格变动。然而，价格黏性假设与宏观经济模型相关的方面是价格如何受货币政策影响以及价格如何变化以恢复一般均衡，而不是它们如何受自身产业的供给和需求冲击的影响。蒙特利尔高等商学院（HEC - Montreal）的吉恩·博伊文（Jean Boivin）、纽约联邦储备银行（Federal Reserve Bank of New York）的马克·詹诺尼（Marc Giannoni）和欧洲工商管理学院（INSEAD）的伊利安·米霍夫（Ilian Mihov）的最近研究表明[4]，许多商品的价格对货币政策的反应显现出黏性，而且这些价格对影响该商品相对于其他商品的价格的供给和需求冲击反应迅速。因此，即使有比尔斯和克列诺的研究证据存在，在我们的宏观经济模型里，价格黏性的假设仍十分有用。

满足固定名义价格下的需求 当价格是黏性的时，企业对需求变化的回应是改变产出数量，而不是改变价格。根据凯恩斯学派的观点，为什么企业愿意在一个固定的名义

---

① "Sticky Prices: New Evidence from Retail Catalogs," *Quarterly Journal of Economics*, February 1995, pp. 245 - 274.

② "Some Evidence on the Importance of Sticky Prices," *Journal of Political Economy*, October 2004, pp. 947 - 985.

③ "Five Facts about Prices: A Reevaluation of Menu Cost Models," *Quarterly Journal of Economics*, November 2008, pp. 1415 - 1464.

④ "Sticky Prices and Monetary Policy: Evidence from Disaggregated U. S. Data," *American Economic Review*, March 2009, pp. 350 - 384.

价格上满足需求呢？要回答这个问题，我们再次依赖于垄断竞争的假设。我们已经说明了一个垄断竞争企业可以提高价格，但不会引发失去其所有顾客的风险。对于一个垄断竞争企业，利润最大化策略是设定一个高于其**边际成本**（marginal cost）的价格，边际成本就是多生产一个单位的产出所需的成本。价格超过边际成本的部分叫**提价**（mark-up）。例如，如果一个公司设定的价格比其边际成本高 15%，则这个公司有 15%的提价。一般而言，如果公司的定价比其边际成本高出固定的 η，那么以下提价规则可描述其价格：

$$P=(1+\eta)\mathrm{MC} \tag{11-1}$$

式中，P 为公司所设的名义价格，MC 为名义边际成本。①

当公司根据式（11－1）设定其价格时，它对销售量的多少已经有所认识。现在假设出乎公司意料的是，消费者在该价格上的需求比公司所预期的销售量高出几个单位。公司在这个价格上满足这些需求会有利可图吗？

答案是肯定的。因为公司从每单位的额外产出中所获得的售价超过了生产这个单位产出的成本（其边际成本），当它以固定的价格出售这些额外单位的产出时，公司的利润会增加。因此，只要边际成本继续低于产出的固定价格，公司就愿意在固定价格上提供更多单位的产出。此外，基于劳动过度供给的存在，如果公司支付效率工资，那么它可以轻易地雇用更多的工人来生产满足需求的产出。

公司在固定名义价格下满足需求的宏观经济重要性在于，经济可以生产不在充分就业线上的产量。回想 FE 线显示公司在所有工资和价格经充分调整后生产的产出数量。但是，在名义价格黏性下，产品的价格不会快速调整到一般均衡水平。在价格未完全调整期间，生产的产量不一定会处于 FE 线上。相反，只要边际成本低于固定价格，垄断竞争企业将生产对其产出的需求数量。

有效劳动需求 当一个公司在特定价格上满足对其产出的需求时，它所生产的产量和所雇用的劳动可能与其计划的数量不同。当一个公司满足需求时，它实际会雇用多少劳动呢？图 11－3 中的有效劳动需求曲线 $ND^e(Y)$ 给出了答案。对于任何产出数量 Y，**有效劳动需求曲线**（effective labor demand curve）显示了维持生产率、资本存量和努力程度固定不变时，生产该产出数量所需的劳动数量。

我们已经有了一个表达使用的劳动数量和生产的产出数量之间关系的概念：生产函数。事实上，图 11－3 中的有效劳动需求曲线就是将产出和劳动联系起来的一个简单图形，只是产出 Y 由横轴衡量，而劳动 N 由纵轴衡量。（横轴和纵轴的交换是为了便于后面的分析。）因为一个公司需要更多的劳动来生产更多的产出，所以有效劳动需求曲线向右上方倾斜。

在 11.3 节，我们使用有效劳动需求曲线来决定凯恩斯模型中的就业水平。当经济未处于 FE 线上并且价格水平固定时，有效劳动需求曲线给出了就业水平。在工资和价格经充分调整后，经济回到 FE 线上，就业水平由劳动需求曲线 ND^*（见图 11－2）给

① 技术性注释：对于一个面对固定工资和固定价格弹性的需求曲线的垄断竞争企业而言，式（11－1）中固定的提价规则将使利润最大化。此外，在这种情形下，劳动需求曲线与劳动力边际产量曲线成比例（而不是相等）。具体地讲，要使利润最大化，该公司会使 MPN 等于 $(1+\eta)w^*$，其中，w^* 是有效工资，而不是令 MPN 等于 w^* 本身。这个条件不会影响本章中讲述的任何结论。

出。在工资和价格经充分调整后，产出处于充分就业产出 $\bar{Y}$，有效劳动需求曲线表明就业等于 $\bar{N}$，如图 11－3 所示。

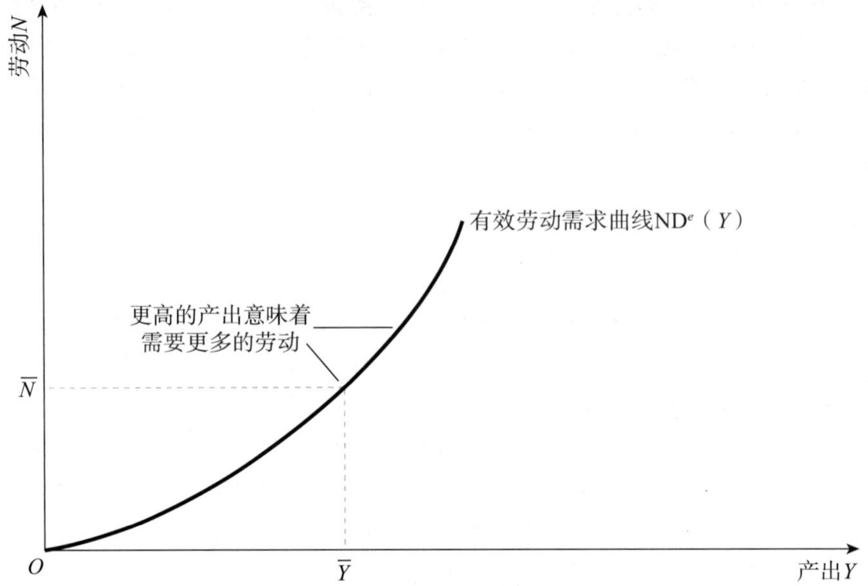

图 11－3　有效劳动需求曲线

说明：当一个公司满足对其产出的需求时，它雇用的劳动数量刚好等于生产其产出的需求数量所需的劳动数量。因为生产更多的产出需要更多的劳动，所以当产出需求升高时，企业需要雇用更多的劳动。产出需求数量与劳动雇用数量之间的这个关系就是有效劳动需求曲线。有效劳动需求曲线与将产出和劳动联系起来的生产函数一样，只是劳动由纵轴衡量，而产出由横轴衡量。

11.3　凯恩斯模型中的货币政策和财政政策

下面考虑完整的凯恩斯模型。像古典模型一样，凯恩斯模型可以通过 IS－LM 模型或 AD－AS 模型来表达。与其抽象地描述凯恩斯模型，我们不如使用它来分析货币政策和财政政策。

□ 货币政策

将名义价格黏性引入凯恩斯模型的主要原因是用于解释货币非中性。我们首先用凯恩斯 IS－LM 模型，然后用凯恩斯 AD－AS 模型来考察价格黏性和货币非中性之间的关系。

凯恩斯 IS－LM 模型中的货币政策　凯恩斯 IS－LM 模型与第 9 章和第 10 章中讨论的 IS－LM 模型十分类似。特别是 IS 曲线和 LM 曲线与我们此前分析中的相同。凯恩斯模型中的 FE 线也与此前使用的 FE 线类似。凯恩斯模型中的 FE 线垂直于充分就业产出 $\bar{Y}$ 处，后者取决于在劳动力市场中确定的充分就业水平。但是，凯恩斯模型中的 FE 线和古典模型中的 FE 线在两个方面有所不同。首先，凯恩斯模型中的充分就业水平是由劳动需求曲线和效率工资线的交点决定的，而不像在古典模型中由劳动需求数量和劳动供给数量相等的点决定。其次，因为在效率工资模型中，劳动供给不影响就业，所以尽管劳动供给的变化会影响古典模型中的FE线，但不会影响凯恩斯模型中的FE线。

由于价格黏性，凯恩斯模型中经济在短期内不一定会处于一般均衡，但在长期，当价格调整后，经济到达其一般均衡点，即IS曲线、LM曲线和FE线的交点，如同古典模型中的情形。

根据凯恩斯学派的观点，如果价格黏性使得经济在短期内无法到达一般均衡，经济会怎样呢？凯恩斯学派假设资产市场会快速出清，并且产出水平是由总需求决定的。因此，根据凯恩斯主义，经济永远位于IS曲线和LM曲线的交点。但是，因为垄断竞争企业愿意在固定的价格水平满足对其商品的需求，在短期内，产出可能不等于充分就业产出，经济可能不会在FE线上。当经济偏离FE线时，公司使用足够的劳动来生产可满足需求的产出数量。在效率工资高于出清市场实际工资的假设下，总存在希望工作但找不到工作的工人，于是公司能够根据对其产出的需求来改变雇用数量而无须调整工资。

图11－4分析了在凯恩斯IS－LM模型中名义货币供给增加的效应。我们假设经济从一般均衡E点开始。回想货币供给的增加使LM曲线从LM^1向右下方移动到LM^2［见图11－4(a)］。因为货币供给的增加不会直接影响产品市场或劳动力市场，所以IS曲线和FE线不受影响。至此，这些分析都与古典模型类似。

但与古典模型不同的是，凯恩斯模型建立在（因为存在菜单成本）价格暂时固定，从而E点的一般均衡不会迅速恢复的假设之上。经济的短期均衡，即经济在固定价格水平上的停留点，位于IS和LM^2的交点上（F点），此处的产出上升到Y_2，实际利率下降到r_2。

因为IS－LM模型的交点F位于FE线的右侧，对产出的需求Y_2高于充分就业产出$\bar{Y}$。面临菜单成本的垄断竞争企业不会像完全竞争企业那样在短期内提高它们的价格；相反，它们会将产出提高到Y_2，以满足较高的需求水平。为了增加产出，公司会提高雇用数量，例如雇用更多的工人或要求在职工人加班。就业水平是由图11－4(b)中的有效劳动需求曲线决定的。因为产出水平在短期从$\bar{Y}$上升到Y_2，就业从$\bar{N}$增加到N_2。

我们将引起LM曲线向右下方移动并使产出和就业增加的货币政策称为扩张性货币政策，或"宽松"货币。同理，紧缩性货币政策，即"紧缩"货币，是引起LM曲线向左上方移动并使产出和就业减少的货币供给减少。

为什么在凯恩斯模型中宽松货币会增加产出呢？在凯恩斯模型中，由于价格在短期是固定的，所以名义货币供给M的增加也就是实际货币供给M/P的增加。要使资产持有人愿意持有更多的实际货币和相应更少的非货币资产，实际利率必须下降。① 最后，较低的实际利率会（因为储蓄下降）增加消费支出和投资支出。随着对其产出需求的增加，公司会增加生产和雇用数量，从而将经济带到图11－4中的F点。

价格水平的刚性并不是永久的。最终，公司将重新审视并调整它们的价格，这使得经济到达长期均衡。在货币扩张的实例中，企业发现短期内对其产品的需求多于它们所计划的（产出需求Y_2高于充分就业产出$\bar{Y}$），所以最终它们会提高价格。价格水平的上升使实际货币供给回到初始水平，从而使LM曲线回到LM^1，并且使经济回到一般均衡，即图11－4(a)中的E点。此调整过程与古典模型中的过程是完全一致的，只是这

① 正如第9章所述，资产持有者试图用货币换取非货币资产的行为促使实际利率下降。对非货币资产的购买使它们的价格被抬升，这等同于它们所支付的实际利率下降。

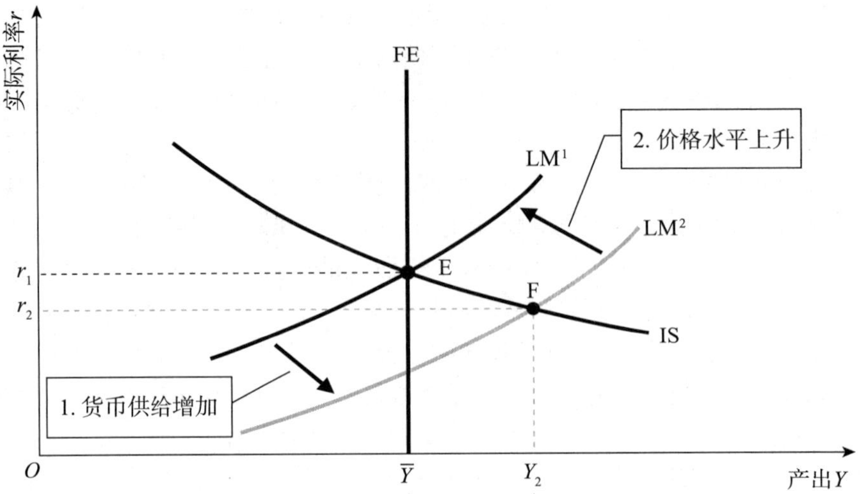

（a）IS–LM分析

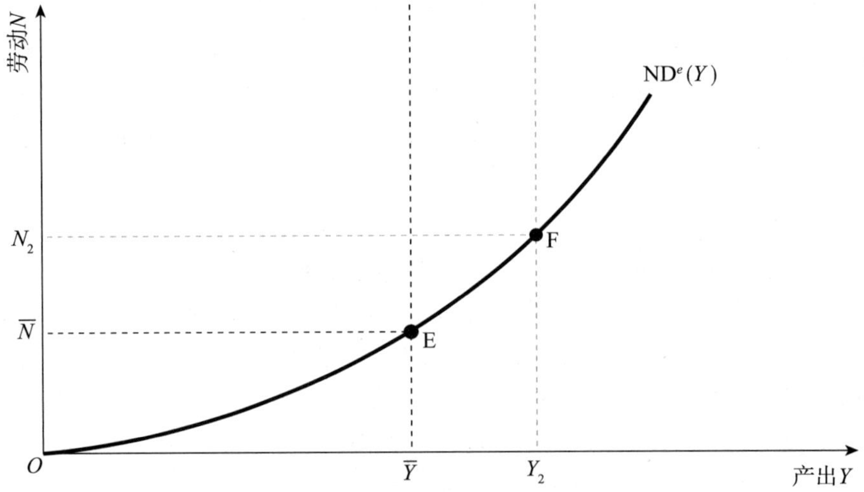

（b）有效劳动需求

图 11－4　货币供给增加

说明：(a) 如果我们从初始的一般均衡 E 点开始，货币供给的增加使 LM 曲线从 LM^1 向右下方移动到 LM^2，而 IS 曲线和 FE 线保持不变。因为价格是固定的，短期内企业会满足对其产出的需求，经济移动到位于 FE 线右侧的 F 点。产出上升到 Y_2，实际利率下降。

(b) 因为公司生产更多的产出，就业上升到 N_2，如有效劳动需求曲线所示。

在长期，价格水平与货币供给的增加同比例上升。实际货币供给回到其初始水平，LM 曲线回到 (a) 图中的最初位置 LM^1。经济在 (a) 图和 (b) 图中都回到 E 点，货币在长期是中性的。

个过程比较缓慢。

因此，凯恩斯模型预期货币在短期不是中性的，但在长期是中性的。从这个角度讲，凯恩斯模型的预测与包含错误认知的扩展式古典模型的预测相同。在凯恩斯模型中，短期价格黏性阻碍经济到达一般均衡，但价格在长期是有弹性的，从而确保了一般均衡。

凯恩斯 AD－AS 模型中的货币政策　我们也可以用凯恩斯 AD－AS 模型来分析货币政策对实际产出和价格水平的影响。事实上，我们已在图 9－14 中进行了这类分析。在图中，我们使用 AD－AS 模型考察了名义货币供给增加 10%的效应。虽然我们没有指明该分析是属于凯恩斯主义还是古典主义，但我们可以很容易地对其给出凯恩斯主义的解释。

对于一个分析属于凯恩斯主义还是古典主义的区分特征是价格调整的速度。正如我们在第 10 章强调的，古典经济学家认为价格调整是快速的，所以经济会迅速到达一般均衡。在古典模型的极端版本中，长期均衡几乎是在瞬间到达的，所以短期总供给（SRAS）曲线是无关紧要的。但是，在凯恩斯模型中，面临菜单成本的垄断竞争企业会在一定时期内保持固定价格，并在该固定价格水平上生产对产出的需求数量。这个行为体现为水平的短期总供给曲线，例如图 9－14 中的 $SRAS^1$。如果我们假设公司在相当长的一段时期内保持固定价格并满足对其产出的需求，经济偏离长期均衡会持续几个月甚至几年，那么图 9－14 中的分析反映的是凯恩斯主义。

我们简要明确地从凯恩斯主义的角度来回顾这个分析。图 9－14 描绘了名义货币供给增加 10%对一个初始位于短期均衡和长期均衡（E 点）的经济的影响。名义货币供给的增加使 AD 曲线从 AD^1 向上移动到 AD^2。事实上，正如我们在第 9 章解释的，名义货币供给增加 10%使 AD 曲线在各个产出水平上向上移动 10%。这个 AD 曲线移动的最初效应是使经济移动到短期均衡 F 点，此处的产出高于充分就业产出 $\bar{Y}$。因为菜单成本的存在，企业不会迅速提高价格以对需求的增加做出回应，相反，企业会增加产出以满足较高的需求。因此，在 F 点，公司的产出会高于无菜单成本时使其利润最大化的产出数量。因为产出暂时高于充分就业产出，所以我们的结论是：在凯恩斯模型中，货币在短期内不是中性的。然而，公司最终将提高它们的价格，从而使对其产出的需求数量回到利润最大化的产出水平。在图 9－14 中由 H 点代表的长期均衡点，产出等于充分就业产出 $\bar{Y}$，价格水平 P_2 比最初的价格水平 P_1 高出 10%。在长期均衡时，货币供给的扩张只影响名义数量，如价格水平，而不会影响实际数量，如产出或就业，所以我们的结论是：在凯恩斯模型中（如同古典模型），货币在长期内是中性的。

□ 财政政策

凯恩斯模型最初是在经济大萧条时期建立的，当时经济学家正竭尽全力解释全世界范围内的经济崩溃以及找出帮助经济回到正轨的政策。早期凯恩斯主义强调财政政策——政府关于政府采购和税收的决策——可以显著地影响产出和就业水平。下面，我们考察凯恩斯学派提出的政府采购增加和减税可以提高产出及就业的结论。

政府采购增加的效应　凯恩斯学派关于政府采购增加是如何影响经济的分析在图 11－5 中给出。我们再次假设经济从充分就业开始（后面我们将讨论如果经济从衰退开始会发生怎样的变化）。E 点代表了图 11－5(a) 和图 11－5(b) 中的初始均衡。如前所述，在任何实际利率下，政府采购的暂时增加都提高了对产品的需求并减少了意愿国民储蓄，所以 IS 曲线从 IS^1 向右上方移动到 IS^2（见第 9 章的小结表 12）。短期内，在价格调整前，经济移动到图 11－5(a) 中的 F 点，此处的新 IS 曲线 IS^2 与 LM^1 相交。在 F 点，产出和实际利率都增加了。因为公司会在固定的价格水平满足较高的需求，所以就业也会上升，如图 11－5(b) 中从 E 点沿着有效劳动需求曲线向 F 点的移动。使 IS 曲线向右上方移动并提高产出和就业的财政政策变化是扩张性变化。类似地，使 IS 曲线向左下方移动并减少产出和就业的财政政策变化（如政府采购减少）是紧缩性变化。

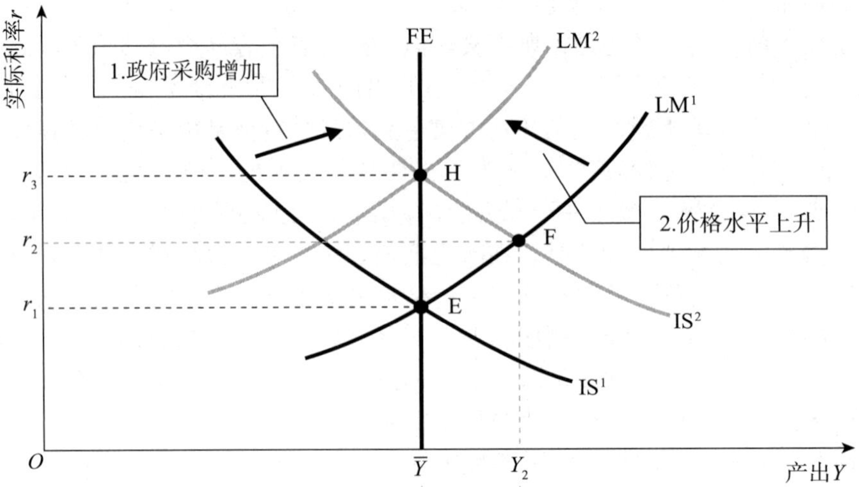

（a）IS-LM分析

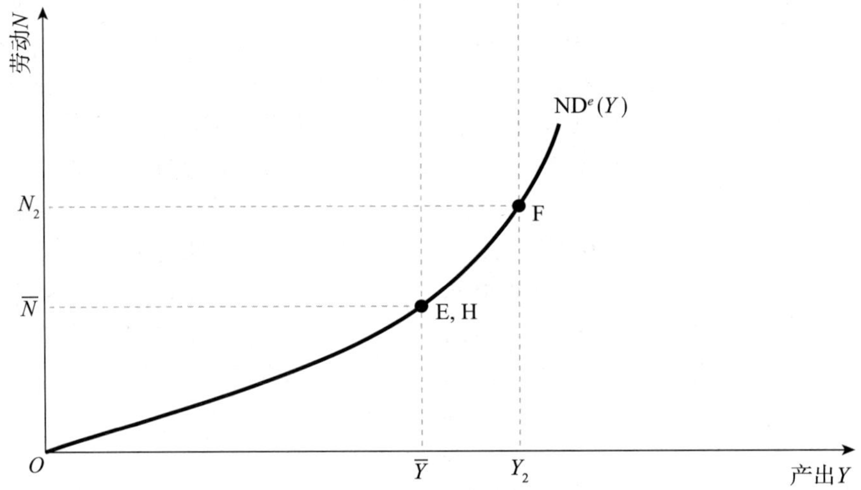

（b）有效劳动需求

图 11－5　政府采购增加

说明：(a) 如果我们从最初的一般均衡 E 点开始，政府采购的增加使意愿国民储蓄下降，从而使 IS 曲线从 IS^1 向右上方移动到 IS^2。短期均衡位于 F 点，产出增加到 Y_2，实际利率上升到 r_2。

(b) 如有效劳动需求曲线所示，随着公司增加产出以满足需求，就业从 $\bar{N}$ 上升到 N_2。但是，经济不会停留在 F 点。因为在短期内总产出需求超过了 $\bar{Y}$，所以价格水平会上升，降低了实际货币供给，并且使 LM 曲线从 LM^1 向左上方移动到 LM^2。在长期，均衡位于 H 点，产出回到 $\bar{Y}$，就业回到 $\bar{N}$，但实际利率进一步上升到 r_3。

在讨论政府采购或其他类型支出增加的影响时，凯恩斯学派经常使用乘数的概念。与任何类型的支出变化相对应的**乘数**（multiplier）是该类型支出变化一个单位所引起的产出的短期变化。所以，举例来说，假使图 11－5 中的政府采购增加是 ΔG，并且所引起的短期产出增加是 ΔY，即图 11－5 中 E 点和 F 点的距离，那么与政府采购相对应的乘数是 $\Delta Y/\Delta G$。凯恩斯学派通常认为财政政策的乘数大于 1，也就是说，如果政府采购增加 10 亿美元，产出的增加将超过 10 亿美元。我们将在附录 11. C 中推导政府采购乘数的数学表达式。

古典 IS－LM 模型也预测政府采购的暂时增加会提高产出，但通过不同的渠道实现。古典分析强调政府采购的增加需要更高的当前或未来税收以支付额外支出的事实。较高的税收使工人（纳税人）变得相对贫穷，从而促使他们提供更多的劳动。在古典模型中，这个劳动供给的增加使 FE 线向右移动，并引起产出增加。相比而言，（因为效率工资）凯恩斯模型中的 FE 线不会取决于劳动供给，因此不会受政府采购增加的影响。相反，政府采购的增加会通过提高总需求（即通过引起 IS－LM 曲线的交点向右移动）而影响产出。因为企业会在最初的价格水平满足额外的需求，所以产出在短期内高于充分就业产出。

在凯恩斯模型中，政府采购增加对产出的影响只会持续价格水平调整所需的时间长度。（但是，许多凯恩斯经济学家认为价格调整足够缓慢，以至于这个影响在几年内都可以感受得到。）在长期，当企业调整价格时，图 11－5(a) 中的 LM 曲线从 LM^1 向左上方移动到 LM^2，经济到达一般均衡 H 点，产出再次等于 $\bar{Y}$，因此政府采购的增加在长期不会提高产出。

政府采购增加的影响也体现在凯恩斯 AD－AS 模型中（见图 11－6）。政府采购的增加使 IS 曲线向右上方移动，并且在任何给定的价格水平上提高了总需求。因此，作为扩张性财政政策的结果，总需求曲线从 AD^1 向右移动到 AD^2。总需求的增加使产出高于 $\bar{Y}$，这表现为从最初均衡 E 点向短期均衡 F 点的移动。在 F 点，产出的总需求高于充分就业产出，所以公司最终会提高价格。在长期，经济到达充分就业的一般均衡 H 点，产出再次等于 $\bar{Y}$，但价格水平升高。这些结果与我们使用 IS－LM 框架所得到的结论一致。

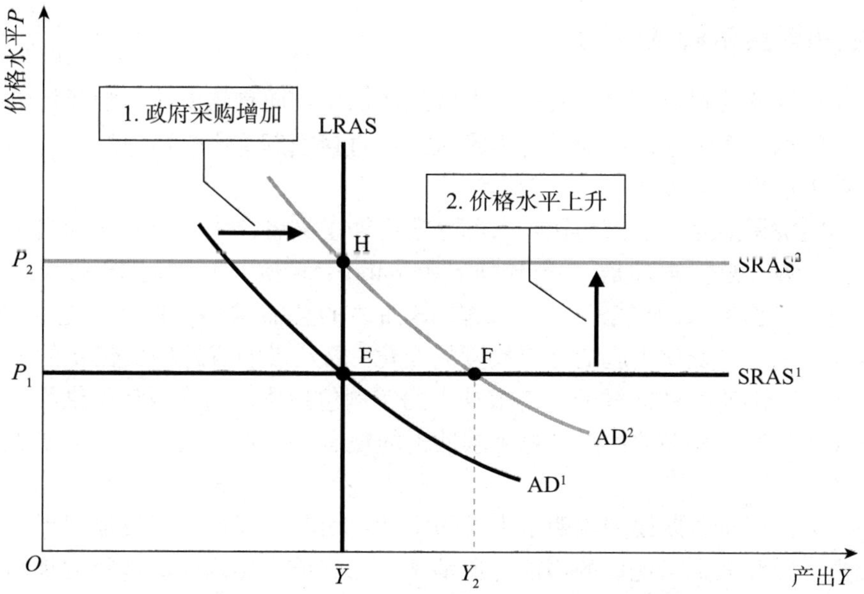

图 11－6　凯恩斯 AD－AS 模型中政府采购的增加

说明：政府采购的增加使任何价格水平下对产出的总需求增加（见图 11－5）。因此，总需求曲线从 AD^1 向右移动到 AD^2。在短期，总需求的增加使产出上升到 Y_2（F 点），但因为价格在短期是黏性的，所以它不会影响价格水平。由于产出的总需求 Y_2 超过了 E 点的 $\bar{Y}$，公司最终会提高价格。长期均衡是 H 点，即 AD^2 与 LRAS 曲线的交点。在 H 点，产出回到 $\bar{Y}$，价格水平从 P_1 上升到 P_2。较高的价格水平使短期总供给曲线从 $SRAS^1$ 移动到 $SRAS^2$。

减税的效应 凯恩斯经济学家通常认为，与政府采购增加一样，当前税收的一次性减少也是扩张性的。换言之，他们预测减税会使 IS 曲线向右上方移动，从而在短期内提高了产出和就业。类似地，他们预期增税是紧缩性的，使 IS 曲线向左下方移动。

为什么减税会影响 IS 曲线呢？凯恩斯经济学家认为，如果消费者获得了减税，那么他们会将其中一部分用来增加消费。对于任何产出 Y 和政府采购水平 G，来自减税的意愿消费增加将会减少意愿国民储蓄（$Y-C^d-G$）。意愿国民储蓄的下降导致出清产品市场的实际利率上升，并使 IS 曲线上移。①

如果像凯恩斯经济学家所提出的，减税提高了意愿消费并使 IS 曲线上移，那么减税对经济的影响与政府采购增加的影响类似（见图 11－5 和图 11－6）。在短期，减税提高了总需求，因而在最初价格水平下的产出和就业增加。在长期，经过价格的充分调整，经济恢复充分就业，但实际利率高于初始一般均衡水平。减税和政府采购增加的唯一区别是，减税不会提高充分就业产出中用于政府采购的比例，而是提高充分就业产出中用于消费的比例。

11.4 凯恩斯经济周期理论和宏观经济平稳化

回顾一个宏观经济理论应该尝试回答的关于经济周期的两个基本问题：(1) 经济中反复出现的波动是由什么引起的？(2) 如果政策制定者可以选择，他们应该对周期采取怎样的行动？现在我们可以给出凯恩斯学派对于这两个问题的回答。

□ 凯恩斯经济周期理论

对于经济周期的解释不仅需要一个宏观经济模型，而且需要对影响经济的冲击类型做出假设。例如，实际经济周期经济学家认为，直接引起 FE 线移动的生产率冲击是宏观经济冲击中最重要的类型。

与实际经济周期经济学家相比，大部分凯恩斯主义者认为，总需求冲击是经济周期波动的主要来源。**总需求冲击**（aggregate demand shocks）是引起 IS 曲线或 LM 曲线移动并影响产出总需求的经济冲击。影响 IS 曲线的总需求冲击的实例包括财政政策、由预期资本边际产量变化引起的意愿投资的变化②以及影响意愿国民储蓄的消费者对未来信心的变化。影响 LM 曲线的总需求冲击的实例包括货币需求或货币供给的变化。凯恩斯 IS－LM 模型与大多数冲击是总需求冲击的观点结合在一起，构成了凯恩斯经济周期理论。

图 11－7 使用凯恩斯模型说明了由总需求冲击引起的衰退。假设消费者对经济的未来变得悲观，因此减少了他们的当前意愿消费，而当前意愿国民储蓄随之提高。对于任何收入水平，意愿国民储蓄的增加引起出清产品市场的实际利率下降，从而使 IS 曲线

① 在讨论减税会提高意愿消费并且降低意愿国民储蓄时，凯恩斯经济学家否定李嘉图等价定理（第 4 章），该定理认为一次性减税应该不会影响消费或国民储蓄。我们将在第 15 章进一步讨论李嘉图等价定理。

② 因为预期资本边际产量的变化包含了未来生产函数的变化，所以也可以把它看作一次技术冲击。然而，因为未来资本边际产量的变化使 IS 曲线移动，但不影响当前 FE 线，所以凯恩斯学派将其归为总需求冲击。

从 IS^1 向下移动到 IS^2。经济在 F 点陷入衰退，并且由于价格不会迅速调整以恢复充分就业，经济会在衰退中停留一段时间，产出低于充分就业产出。因为企业面对低于正常值的需求水平，所以它们也会削减雇用数量。

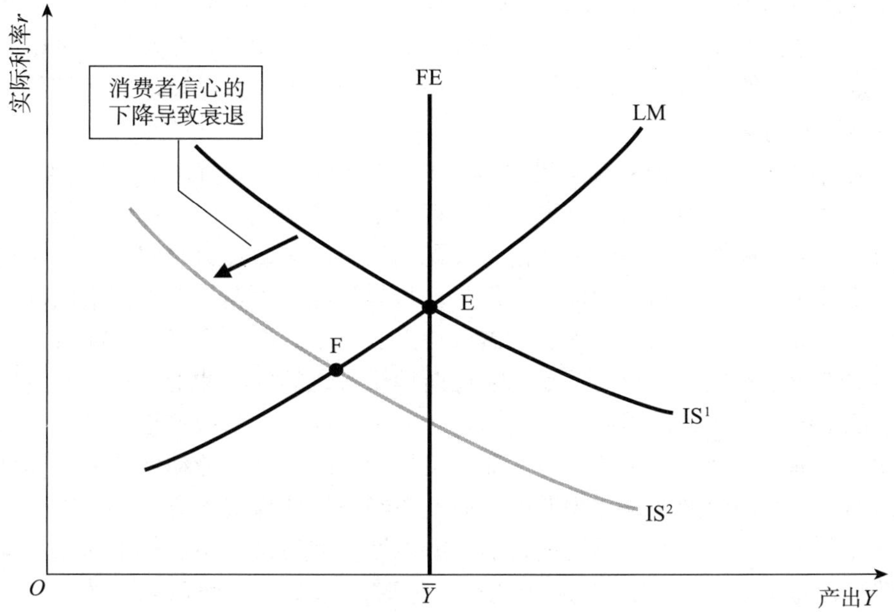

图 11－7　来自总需求冲击的衰退

说明：该图说明了在凯恩斯模型中，恶性总需求冲击是如何导致衰退的。经济从一般均衡 E 点开始。消费者对于未来经济的信心下降使意愿消费减少，意愿国民储蓄随之增加，所以 IS 曲线从 IS^1 向下移动到 IS^2。经济在 F 点陷入衰退，产出低于充分就业产出 $\bar{Y}$。

注意，投资支出的下降（例如，反映了商业投资者的悲观态度）或政府采购的减少将具有类似于图 11－7 中所分析的消费者支出减少的衰退效应。或者，在凯恩斯框架下，（因为货币需求增加或货币供给减少）LM 曲线向左上方移动也会引起衰退。在这种情况下，由货币"短缺"引起的高实际利率将导致消费者支出和投资下降。因此，凯恩斯学派将衰退归结为对商品的"需求不足"，这与古典经济学家将衰退归结为"供给不足"形成对比。

与实际经济周期理论一样，凯恩斯经济周期理论可以解释一些经济周期事实：(1) 该理论预测，作为对偶尔发生的总需求冲击的回应，产出会出现反复的波动；(2) 该理论正确地预测就业会与产出同方向波动；(3) 因为该理论预测对货币供给的冲击是非中性的，所以该理论与货币是顺周期的前导性变量的这个经济周期事实相符。

我们前面强调的一个经济周期事实（见第 8 章）是，投资品和其他耐用品的支出具有强烈的顺周期性和波动性。如果对于耐用品需求的冲击本身是周期性波动的一个主要来源，那么耐用品支出的这个周期性表现就可以由凯恩斯理论来解释。例如，如果投资者频繁地重新估量他们对未来资本边际产量的预期，那么对耐用品的需求将是周期性波动的一个重要来源。凯恩斯本人认为，被他称为"动物本能"的投资者乐观和悲观浪潮是周期性波动的一个重要来源。（产出水平和实际利率固定时）对投资品和耐用品需求的增加使 IS 曲线向右上方移动，所以它是扩张性的。只要周期是由 LM 曲线移动引起的，那么在凯恩斯模型中，投资也是顺周期的。例如，使 LM 曲线向右下方移动的货币供给的增加使产出和（通过降低实际利率）投资增加。

另一个与凯恩斯理论一致的重要经济周期事实是，通货膨胀在衰退时期或紧随衰退时期倾向于缓和的现象（通货膨胀是顺周期的滞后变量）。如图 11－7 所示，在凯恩斯学派看来，衰退中对总产出的需求小于充分就业产出。因此，当企业调整价格时，它们很可能愿意降价以刺激销售。根据凯恩斯模型，因为需求压力在衰退时期较低，通货膨胀在经济衰退时将倾向于缓和。

顺周期的平均劳动生产率和劳动储存　尽管凯恩斯模型与许多经济周期事实相符，但平均劳动生产率是顺周期的这个事实给该理论带来了问题。回想顺周期的平均劳动生产率符合实际经济周期关于生产率冲击引起周期的假设，即衰退时期生产率非同寻常地低，而繁荣时期生产率非同寻常地高。但是，与实际经济周期经济学家不同的是，凯恩斯学派假设导致大部分周期性波动的是需求冲击而不是供给（生产率）冲击。

因为供给冲击是生产函数的变动，凯恩斯学派所说的供给冲击通常并不重要的假设就等同于说生产函数在经济周期中相当稳定。但是，如果生产函数是稳定的，那么由于劳动边际生产率递减规律，繁荣时期就业的增加应该降低平均劳动生产率。因此，凯恩斯模型预测平均劳动生产率是逆周期的，而这与经济周期事实矛盾。

为解释平均劳动生产率的顺周期行为，凯恩斯学派对其模型进行了修正，将劳动储存包含进来。如 10.1 节所述，如果企业在衰退时期保留或"储存"劳动，而不是临时解雇或开除工人，则会出现劳动储存。企业可能会在衰退时期储存劳动的原因是避免先解雇工人然后在衰退结束后再重新雇用或雇用及培训新工人的成本。因此，储存的劳动力可能面对较低的工作强度（例如，商店收银员每天所接待的顾客可能会减少），或被派遣到像油漆、清洁、设备维护和培训这样的工作中去。如果在衰退时期的劳动使用强度降低，或工人将时间花费在（如维护等）不直接计算为产出的活动上，那么即使生产函数是稳定的，平均劳动生产率在衰退时期也可能会下降。因此，无须做出生产率冲击引起衰退和扩张这样的假设，劳动储存提供了一个可以解释平均劳动生产率顺周期表现的途径。

□ 宏观经济平稳化

我们现在从凯恩斯学派对于为什么会出现经济周期的解释，转向凯恩斯学派对于政策制定者应该怎样回应衰退和繁荣的观点上。简而言之，与古典经济学家不同，凯恩斯学派一般倾向于通过消除大幅度的产出和就业波动的政策行动来"平稳化"经济。凯恩斯学派对于更积极的政策行动的支持来源于该理论将经济周期的扩张和紧缩看作经济暂时偏离其一般均衡（即未处于 IS－LM－FE 的交点）的时期。因为在衰退中，就业可能会远远低于工人愿意提供的劳动数量，从而使失业者陷入困境，并且导致产出"过低"，所以根据凯恩斯学派的观点，衰退尤其不可取。因此，凯恩斯学派认为，如果政府努力减少周期性波动，尤其是衰退，那么平均经济福利将会增加。

凯恩斯学派对货币政策和财政政策的分析表明，这些政策可用于熨平经济周期。要了解其过程，考虑图 11－8。假设经济最初处于一般均衡 E 点，但被衰退带到 F 点。各种冲击类型都可以导致这个衰退。例如在图 11－7 中，我们考虑消费者对未来经济信心的下降。信心的下降将会减少当前意愿消费，增加当前意愿国民储蓄，从而使 IS 曲线

从 IS^1 向下移动到 IS^2。这类消费者态度的变化可能导致了 1990—1991 年的衰退。

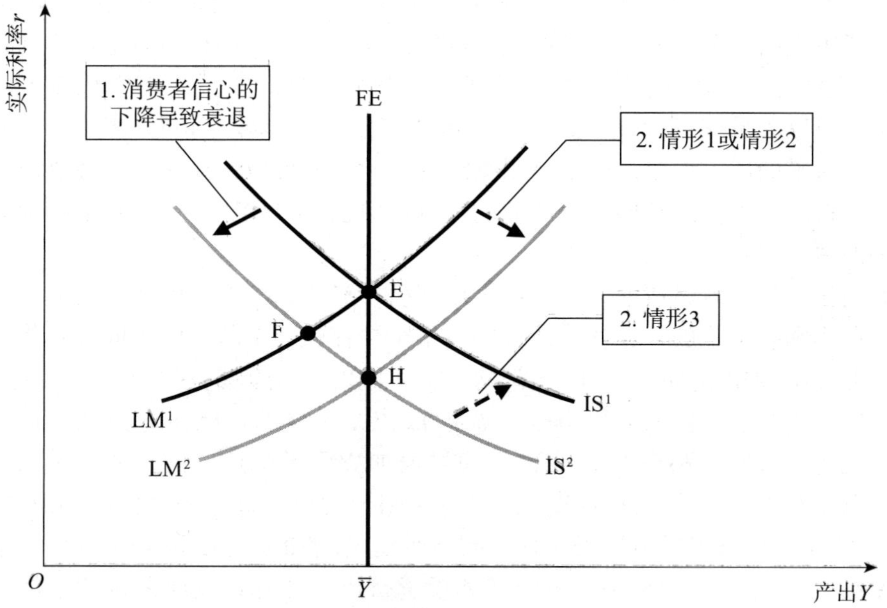

图 11-8　凯恩斯模型中的经济平稳化政策

说明：消费者信心和支出的下降以及由此引起的 IS 曲线从 IS^1 向 IS^2 的移动使经济从 E 点移动到 F 点。如果政府不采取行动，那么长期价格的调整将使 LM 曲线从 LM^1 移动到 LM^2，并使经济重新回到均衡 H 点（情形 1）。或者，政府可以试图通过经济平稳化政策来抵消衰退。例如，美联储可以提高货币供给，从而使 LM 曲线从 LM^1 直接移动到 LM^2，加速产出的恢复（情形 2）。还可通过财政扩张，例如政府采购的增加，使 IS 曲线从 IS^2 移回 IS^1，再次恢复 E 点的充分就业水平（情形 3）。与不行动的策略相比，扩张性货币政策或财政政策有助于经济加速恢复，但会带来较高的长期价格水平。

政策制定者会怎样应对这个衰退呢？我们考虑三种可能的情形：(1) 无货币政策或财政政策变化；(2) 增加货币供给；(3) 增加政府采购。

● 情形 1：无货币政策或财政政策变化。一个政策选择是不采取行动。在没有政府干预的情况下，经济最终会自我修正。在图 11-8 中的 F 点，对总产出的需求低于充分就业产出 $\bar{Y}$。因此，随着时间的推移，价格将开始下降，从而增加实际货币供给，并使 LM 曲线向右下方移动。在长期，价格的下降使 LM 曲线从 LM^1 移动到 LM^2，并使经济恢复一般均衡，到达 H 点。但是，这个策略的一个缺点是在（可能较长的）价格调整过程中，就业始终低于充分就业水平，产出也低于充分就业产出。

● 情形 2：增加货币供给。与其等待经济通过价格调整达到一般均衡，美联储不如提高货币供给，从而使 LM 曲线在图 11-8 中从 LM^1 移动到 LM^2。如果价格调整缓慢，与不采取行动的情形相比，这个扩张性政策将使经济更快地移动到一般均衡 H 点。

● 情形 3：增加政府采购。增加政府采购的政策将会使 IS 曲线从 IS^2 向右上方移动到 IS^1。这个政策也会将经济带到充分就业，但经济会到达图 11-8 中的 E 点而不是 H 点。

在以上三种情形中，经济最终都会回到充分就业。但是，使用货币政策或财政政策实现充分就业与不采取政策行动的情形相比会产生两个重要区别。第一，如果政府运用货币政策或财政扩张来制止衰退，经济则会直接回到充分就业；如果政策不变，经济在短期内停留在衰退状态，那么只有当价格充分调整后才会回到充分就业。第二，如果政策不变化（情形 1），长期价格水平会相对于名义货币供给下降。事实上，价格水平相对于名义货币供给的下降使实际货币供给增加，并引起 LM 曲线向右下方移动，从而使经济恢复 H 点的充分就业状态。相比之下，因为扩张性政策会直接使总需求回到充分就业水平，所以若采取货币政策或财政政策来恢复充分就业（情形 2 和情形 3），就不会出现价格水平的向下调整。因此，根据凯恩斯学派的分析，使用扩张性货币政策或财政政策具有将经济更快地拉回充分就业的优点，但也会出现比不采取政策行动时更高的价格水平的缺点。

一般而言，货币政策或财政政策都可用于引导经济回到充分就业的目的。使用哪种政策会有所不同吗？是的，这两种政策的结果至少存在一个基本的不同点：货币政策和财政政策对支出的组成部分（用于消费、投资等的产出数量）的影响是不同的。在图 11－8 中，尽管总产出在一般均衡 E 点和 H 点是一样的，但在 E 点的（通过增加政府采购达到的）政府采购高于 H 点的（通过增加货币供给达到的）政府采购。因为政府采购在 E 点较高，所以在 E 点支出中的剩余组成部分（即封闭经济中的消费和投资）必然低于 H 点。相对于货币扩张而言，政府采购的增加通过提高实际利率（即 E 点的实际利率高于 H 点的实际利率）将消费和投资挤出。此外，政府采购的增加意味着较高的当前或未来税收负担，它也使消费相对来说低于在货币扩张下的消费水平。

宏观经济平稳化的困难　使用货币政策和财政政策来熨平或缓和经济周期叫作**宏观经济平稳化**（macroeconomic stabilization）。因为货币政策和财政政策会引起总需求曲线移动，所以使用宏观经济政策试图熨平经济周期有时也叫作**总需求管理**（aggregate demand management）。宏观经济平稳化在 20 世纪 60 年代凯恩斯经济学鼎盛时期是一个很流行的概念，它至今仍然影响着关于政策的探讨。遗憾的是，即使将古典学派和凯恩斯学派关于熨平经济周期是否可取的争论放到一边，实际的宏观经济平稳化也并不像简单的凯恩斯理论所表明的那么成功。

如前面关于财政政策（10.2 节）所讨论的那样，试图平稳化经济会遇到一些技术上的问题。首先，因为衡量和分析经济的能力不是完美的，估量经济在任何具体时刻偏离充分就业的程度十分困难。其次，我们无法确切地得知产出对于货币扩张或财政扩张回应的增加量。这些不确定性使得估计需要多少货币或财政变化来恢复充分就业变得困难。最后，即使知道所需政策变化的大小，它仍然不能提供足够的信息。因为宏观经济政策需要时间来实施，而且需要更多的时间来影响经济，所以政策的最佳使用要求知道经济在六个月或一年后会表现如何，但这方面的信息是非常不精确的。

由于这些问题，总需求管理被比喻为试图在大雾中瞄准一个移动目标。这些问题并没有说服大部分凯恩斯经济学家抛弃平稳化政策，但许多凯恩斯经济学家同意政策制定者应该关注对抗主要的经济衰退，而不是通过熨平每个产出和就业的起伏来试图“微调”经济。

□ 凯恩斯模型中的供给冲击

直到 20 世纪 70 年代，凯恩斯经济周期理论几乎毫无例外地强调总需求冲击是经济周期性波动的来源。但是，因为总需求冲击会导致通货膨胀的顺周期变动，凯恩斯理论无法解释由于石油价格在 1793 年增长三倍而导致的 1973—1975 年经济衰退中对美国经济产生冲击的滞胀，即衰退时期的高通货膨胀。

这个事实引起了经济学家和政策制定者对传统理论的大量批判，于是凯恩斯学派修改了理论，将供给冲击和需求冲击同时包含进来。虽然凯恩斯学派不同意实际经济周期经济学家关于供给（生产率）冲击是大部分衰退来源的观点，但他们现在承认，在个别事件中，例如以 20 世纪 70 年代石油价格冲击为代表，供给冲击在经济衰退中扮演了主要角色。（有关凯恩斯主义和古典主义的一致与不同，参见本章的“数据获取与研究前沿：DSGE 模型与古典-凯恩斯辩论”。）

数据获取与研究前沿

DSGE 模型与古典-凯恩斯辩论

我们已经在第 10 章和第 11 章比较并鉴别了古典主义和凯恩斯主义分析经济周期及决定平稳化政策的方法。多年来，古典经济学家和凯恩斯经济学家用极为不同的模型来研究经济周期和平稳化政策，他们也使用极其不同的实证方法就数据进行辩论。其结果是，两个学派的交流沟通并不通畅。

然而，在过去 15 年里，一些古典经济学家已经开始将凯恩斯主义的观点融入他们的模型中，而一些凯恩斯经济学家也开始将古典主义的观点加入他们的模型里。许多拿到顶尖学校博士学位的年轻经济学家在动态、随机、一般均衡（DSGE）模型方面受过良好的训练。我们曾在第 10 章简单介绍过该模型。概括地说，这些模型使用了古典实际经济周期经济学家在 20 世纪 80 年代和 90 年代发展出的方法，所以说许多凯恩斯经济学家采用了古典的分析方法。① 但许多模型，即使是古典经济学家所用的模型，也有凯恩斯主义的特征，特别是价格黏性（但通常不包括效率工资）和企业间的不完全竞争。因此，现在古典经济学家和凯恩斯经济学家有了共同语言，并且能够相互更清晰地交流，所以对于宏观经济学观点的研究进展更顺利。

但是，即使在过去 15 年里有了一定的进展，古典主义和凯恩斯主义在一些本质方面还是有所不同。凯恩斯主义倾向于相信价格和工资调整缓慢，而古典主义认为它们调整迅速。凯恩斯主义更倾向于相信政府政策能够改善人们的福利，而古典经济学家通常持相反观点，即许多政府政策使人们状况变差，尤其是在试图平稳经济周期时。但是，至少双方现在开始交流沟通了。

图 11－9 说明了凯恩斯学派对于石油价格暂时急剧上升的影响分析（类似的分析可用于其他供给冲击，如干旱）。正如我们在第 3 章所示，如果公司对于石油价格上升的回应是使用更少的能源，那么使用同样数量的资本和劳动可以生产的产出数量就会下降。因此，石油价格的上升是恶性供给冲击，它使充分就业产出减少，并使 FE 线从 FE^1 向左移动到 FE^2。工资和价格充分调整后，产出下降到新的充分就业产出 $\bar{Y}_2$。工资和价格的充分调整在基本古典模型中几乎是瞬间完成的，但在凯恩斯模型中只在长期中出现。因此，在长期（工资和价格充分调整后），凯恩斯主义和古典主义对供给冲击的

① 参见 Michael Woodford, *Interest and Prices: Foundations of a Theory of Monetary Policy*, Princeton, N. J.: Princeton University Press, 2003。

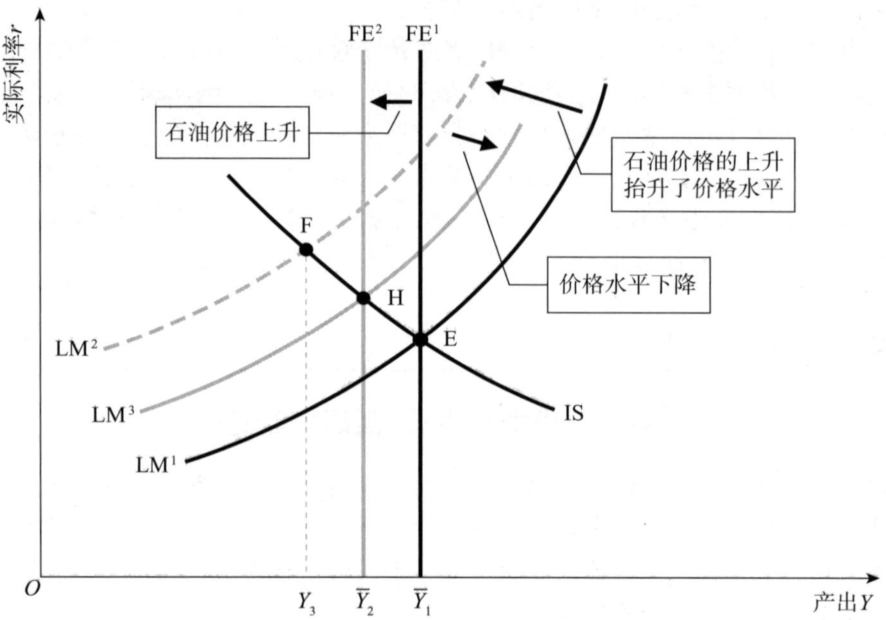

图 11-9　凯恩斯模型中的石油价格冲击

说明：石油价格的上升是恶性供给冲击，它使充分就业产出从$\bar{Y}_1$减少到$\bar{Y}_2$，因此 FE 线向左移动。此外，石油价格的上升使密集使用石油的部门的价格上升，而其他部门的价格则在短期保持不变。因此，价格水平上升，从而减少了实际货币供给M/P，并使 LM 曲线从 LM^1 向左上方移动到 LM^2。在短期，经济移动到 F 点，产出低于新的较低的充分就业产出，实际利率上升。因为 F 点的商品需求总量低于充分就业产出$\bar{Y}_2$，在长期，价格水平下降，部分地抵消了最初的价格水平上升。价格水平的降低导致 LM 曲线从 LM^2 向右下方移动到 LM^3，并使经济移动到充分就业均衡 H 点。

分析是一致的。

然而，凯恩斯学派对于石油价格冲击的短期影响的分析与古典学派的分析略有不同。要理解凯恩斯模型中石油价格冲击的短期效应，首先考虑石油价格上升对价格水平的影响。回想一下，如果“正确”的价格只与预设价格有细微差别，面对菜单成本的企业就不会改变它们的价格。但是，如果正确的价格明显不同于预设价格，公司再维持预设价格就会损失相当多的利润，那么它们会改变价格。在石油价格大幅上升的情况下，其成本受石油价格强烈影响的企业，如加油站、家庭取暖用油供应商和航空公司，会发现它们产品的正确价格明显高于预设价格。这些依赖石油的公司将迅速提高它们的价格，而其他部门则会在短期内维持预设价格。可见，因为并不是所有的价格都会调整到它们的均衡水平，所以存在价格黏性，但短期内的平均价格还是会上升。

因为石油价格的急剧上升在短期内提高了价格水平 P，所以它也降低了实际货币供给 M/P。实际货币供给的下降使 LM 曲线在图 11-9 中从 LM^1 向左上方移动到 LM^2。如图所示，LM 曲线和 IS 曲线的交点位于新 FE 线的左侧，当然这个结果在推理上不是必然的。短期均衡位于 LM^2 曲线和 IS 曲线的交点 F。因为 F 点位于 FE 线的左侧，经济在 F 点处于衰退状态，产出（Y_3）低于新的充分就业产出$\bar{Y}_2$。在短期，经济会承受滞胀，其中产出会大幅下降并爆发通货膨胀。注意，根据这个分析，产出在短期的下降包含两个部分：(1) 充分就业产出从$\bar{Y}_1$下降到$\bar{Y}_2$；(2) 由于 LM 曲线向左上方移动（$\bar{Y}_2$和 Y_3 之差），产出下降到低于新充分就业产出的水平。

图 11－9 所分析的供给冲击类型给凯恩斯学派的平稳化政策造成了极大的困难。对于 FE 线移动所导致的产出下降部分，货币政策或财政政策均无能为力。试图使经济扩张到高于新充分就业产出$\bar{Y}_2$，则只会暂时地增加产出并恶化通货膨胀。相比之下，来自 LM 曲线向左上方移动（$\bar{Y}_2$ 和 Y_3 之差）的产出下降部分代表了低于充分就业产出的产出水平，并且从本质上讲，它是可以通过扩张性货币政策或财政政策使产出提高到$\bar{Y}_2$ 来消除的。但是，在 F 点使用扩张性政策，而不是不采取行动，政府会冒着使已经居高不下的通货膨胀率恶化的风险。因此，在面对如图 11－9 所示的导致滞胀的冲击时，宏观经济政策既无法避免产出的急剧下降，也无法在不恶化通货膨胀的情况下令产出达到新的较低的充分就业产出水平。

本章小结

1. 凯恩斯学派对工人和工作职位间的不匹配可以解释所有失业的观点表示怀疑。他们认为，一些失业是由实际工资刚性以及它高于使劳动需求和劳动供给相等的工资水平所造成的。

2. 对于实际工资刚性的一个解释是建立在效率工资模型基础上的，该模型假设工人对于实际工资增加的回应是更加努力工作。通过支付能够诱发每一美元工资最高努力程度的实际工资，即效率工资，公司可以获取最高利润。如果保持将工人的努力程度和实际工资联系起来的努力曲线不变，则效率工资以及实际支付的实际工资是刚性的。

3. 在效率工资水平，企业的雇用需求是 $\bar{N}$，劳动力边际产量在该雇用水平上等于效率工资。如果效率工资高于出清市场的实际工资，则雇用数量由劳动需求决定。在效率工资下，劳动供给数量和劳动需求数量之间的差额代表失业。

4. 充分就业产出 $\bar{Y}$ 是当就业处于充分就业水平 $\bar{N}$ 并且工人的努力程度为效率工资所诱发的水平时可以生产的产出。在凯恩斯 IS－LM 模型中，FE 线为产出等于充分就业产出处的一条垂直线。在凯恩斯模型中，充分就业产出和 FE 线受生产率冲击的影响，但因为劳动供给的变化不影响效率工资模型中的就业，所以充分就业产出和 FE 线不受劳动供给变化的影响。

5. 凯恩斯学派将货币非中性归结为价格黏性，即使一些公司产品的需求或供给已经改变，但是它们可能不会在短时间内改变它们的价格。价格黏性与基本古典模型中价格和工资具有完全弹性的假设相反。

6. 价格黏性可以来自面临菜单成本即价格改变成本的垄断竞争企业的利润最大化行为。这种公司是价格制定者而不是价格接受者，一旦制定了价格，它们就按这个固定的价格满足消费者的需求。这些公司只会在成本或需求有显著变化时才会偶尔调整价格。

7. 在带有价格黏性的凯恩斯模型中，短期产出是由 IS 曲线和 LM 曲线的交点决定的。因为公司愿意在预设的价格下满足需求，所以经济可以在短期内偏离 FE 线。短期的就业水平是由有效劳动需求曲线决定的，该曲线表示要生产给定的产出数量所需的劳动数量。在长期，价格和工资充分调整后，LM 曲线的移动使经济重新恢复到充分就业的均衡。

8. 在凯恩斯模型中的短期和长期均衡也可以用 AD－AS 模型来分析。短期均衡是由向下倾斜的总需求（AD）曲线和水平的短期总供给（SRAS）曲线的交点决定的。在短期均衡下，垄断竞争企业在固定价格下生产对其产出的任何需求数量。但是，价格水平最终会调整，经济会到达其长期均衡，由 AD 曲线和垂直的长期总供给（LRAS）曲线的交点表示。在长期均衡下，产出等于充分就业产出 $\bar{Y}$。

9. 在凯恩斯模型中，货币供给的增加使 LM 曲线向右下方移动，并在短期内增加产出和降低实际利率。因此，货币在短期不是中性的。然而，货币在长期是中性的；货币扩张使价格水平同比例升高，但不会产生实际效应。

10. 在凯恩斯模型中，政府采购的增加或减税使 IS 曲线向右上方移动，并在短期内提高产出和实际利率。在长期，产出回到充分就业产出，但实际利率上升。因为财政政策影响了产出中消费、投资和政府采购的比例，所以它在长期不是中性的。

11. 凯恩斯学派将大部分经济周期归结为总需求冲击的结果。这些冲击影响了 IS 曲线（政府采购、意愿消费或意愿投资的变化）或 LM 曲线（货币供给或货币需求的变化）。凯恩斯经济周期理论在传统上强调总需求冲击的重要性，也可以用来解释就业、货币、通货膨胀和投资的顺周期行为。要解释平均劳动生产率的顺周期行为，凯恩斯理论必须包括公司劳动储存的假设，即公司在衰退时雇用高于所需的劳动数量。

12. 宏观经济平稳化，也叫总需求管理，是使用货币政策或财政政策试图消除衰退并保持经济处于充分就业状态。凯恩斯理论指出，宏观经济平稳化是可取的，也是可行的。但是，实践中的问题包括衡量和预测经济状态的困难，以及确定在任何特定时间所需的货币和财政刺激力度的困难。凯恩斯主义的抗衰退政策也带来了比无政策变化时更高的价格水平。

13. 在 20 世纪 70 年代石油冲击后，凯恩斯理论进行了修正，以纳入供给冲击。供给冲击会导致滞胀（通货膨胀和衰退同时出现），给经济平稳化政策带来更大的困难。

关键术语

总需求管理	总需求冲击	有效劳动需求曲线	效率工资
效率工资模型	努力曲线	宏观经济平稳化	边际成本
提价	菜单成本	垄断竞争	乘数
完全竞争	价格黏性	实际工资刚性	流动成本

复习题

1. 定义效率工资。效率工资理论下关于工人行为的假设是什么？为什么它预测即使存在劳动过度供给，实际工资仍然是刚性的？

2. 在包含效率工资的凯恩斯模型中，充分就业产出 $\bar{Y}$ 是怎样决定的？在这个模型中，充分就业产出是怎样受生产率（供给冲击）变化影响的？它是怎样受劳动供给变化影响的？

3. 什么是价格黏性？为什么凯恩斯学派相信在宏观经济分析中包含价格黏性是十分重要的？

4. 定义菜单成本。为什么较小的菜单成本可能会在垄断竞争市场中导致价格黏性，而在完全竞争市场中不会。当实际需求高于企业预期时，为什么一个垄断竞争的企业可以在固定的价格下满足需求且仍然可以获得利润？

5. 凯恩斯模型对于货币中性的预期是什么（在短期和长期）？比较凯恩斯关于中性的预测与基本古典模型以及含错误认知的扩展式古典模型关于中性的预测。

6. 在凯恩斯模型中，政府采购增加对产出和实际利率在短期的影响是什么？在长期呢？政府采购增加对产出的组成部分的长期影响是什么？

7. 描述当经济处于衰退时，政策制定者可选的三种策略。每种策略的优点和缺点各是什么？讨论对就业、价格水平和产出组成结构的影响。在使用宏观经济平稳化政策对抗衰退时所遇到的实践困难是什么？

8. 使用凯恩斯模型解释就业、货币、通货膨胀和投资的顺周期行为。

9. 凯恩斯模型关于平均劳动生产率的周期性表现的预测是什么？劳动储存的观点是怎样使模型的预测与经济周期事实相符的？

10. 根据凯恩斯学派的分析，恶性供给冲击从哪两个渠道降低产出？恶性供给冲击给凯恩斯平稳化政策带来了怎样的问题？

计算题

1. 一个企业确认它所支付的实际工资与工人的努力程度之间存在以下关系：

实际工资	努力程度
8	7
10	10
12	15
14	17
16	19
18	20

该公司的劳动力边际产量为：

$$MPN=\frac{E(100-N)}{15}$$

式中，E 为努力程度，N 为雇用的工人数量。如果这个公司只能支付以上 6 个工资水平中的一个，那么它应该选择哪一个？它应该雇用多少工人？

在这个公司所在的城镇中，共有 200 个工人愿意以实际工资等于 8 的水平工作。这个事实会改变你先前的答案吗？如果是，会怎样改变？

2. 某经济可由以下公式描述：

意愿消费：$C^d=130+0.5(Y-T)-500r$

意愿投资：$I^d=100-500r$

政府采购：$G=100$

税收：$T=100$

实际货币需求：$L=0.5Y-1\,000r$

货币供给：$M=1\,320$

充分就业产出：$\bar{Y}=500$

假设预期通货膨胀率是零，所以货币需求直接取决于实际利率。

a. 写出 IS 曲线和 LM 曲线的公式。（这些公式表达了在产品市场和资产市场各处于均衡状态时 r 和 Y 之间的关系。）

b. 计算产出、实际利率、价格水平、消费和投资在充分就业水平上的值。

c. 假设因为投资者对未来的资本边际产量持乐观态度，意愿投资公式变成：

$$I^d=200-500r$$

假如经济最初处于充分就业，短期内新的产出、实际利率、价格水平、消费和投资各是多少？在长期呢？以图形说明你的结果。

3. 考虑以下凯恩斯型封闭经济：

消费：$C=388+0.4(Y-T)-600r$

投资：$I=352-400r$

政府采购：$G=280$

税收：$T=300$

充分就业产出：$\bar{Y}=1\,400$

货币供给：$M=12\,600$

实际货币需求：$L=1\,750+0.75Y-8\,750(r+\pi^e)$

预期通货膨胀率：$\pi^e=0.02$

a. IS 曲线的公式是什么？

b. 假设价格在短期内固定在 $P_{sr}=7$。当价格固定不变时，短期 LM 曲线的公式是什么？

c. 短期均衡的产出、实际利率、消费和投资各是多少？

d. 长期均衡的产出、实际利率、消费、投资和价格水平各是多少？

e. 长期均衡的流通速度是多少？

f. 假设政府想要将其采购增加到 $G=350$，并且想要实现投资 I 等于 320，价格 P 等于 6 的长期均衡。什么水平的税收 T 和货币供给 M 可以实现这样的长期均衡？以下问题可以引导你解答此题。

(a) 什么样的实际利率会实现 $I=320$？

(b) 当 $I=320$ 且 $G=350$ 时，长期均衡的消费水平是多少？

(c) 什么样的税收 T 会带来问题 (b) 中的消费水平 C，从而达到长期均衡下 $I=320$ 以及 $G=350$？

(d) 什么样的名义货币供给 M 会使当长期均衡下 $I=320$ 以及 $G=350$ 时，价格水平 P 为 6？(提示：继续假设 $\pi^e=0.02$。)

4. 某经济可由以下公式描述：

意愿消费：$C^d=300+0.5(Y-T)-300r$

意愿投资：$I^d=100-100r$

政府采购：$G=100$

税收：$T=100$

实际货币需求：$L=0.5Y-200r$

货币供给：$M=6\,300$

充分就业产出：$\bar{Y}=700$

a. 写出总需求曲线的公式（提示：找出描述产品市场和资产市场均衡的公式。使用这两个公式来消除实际利率。对于任何给定的价格水平，总需求曲线的公式给出了满足产品市场和资产市场均衡的产出水平。）

b. 假设 $P=15$。短期的产出、实际利率、消费和投资均衡值各是多少？

c. 产出、实际利率、消费、投资和价格水平的长期均衡值各是多少？

5. (附录 11.A) 考虑一个经济，其中所有的工人都签订了规定名义工资并允许雇主自由选择雇用数量的合同。生产函数为：

$$Y=20\sqrt{N}$$

相应的劳动力边际产量为：

$$\text{MPN}=\frac{10}{\sqrt{N}}$$

假设名义工资是 $W=20$。

a. 导出将实际工资和公司劳动需求联系起来的公式（劳动需求曲线）。

b. 当名义工资等于 20 时，价格水平与公司劳动需求之间的关系是什么？

c. 价格水平与公司产出供给之间的关系是什么？画出这个关系。

现在假设经济的 IS 曲线和 LM 曲线（产品市场和资产市场均衡条件）由以下公式表示：

IS 曲线：$Y=120-500r$

LM 曲线：$M/P=0.5Y-500r$

d. 货币供给 $M=300$。使用 IS 公式和 LM 公式推导产出 Y 和价格水平 P 之间的关系。这个关系就是总需求曲线的公式。在问题 c 中描绘价格水平与公司产出供给的关系（总供给曲线）的同一坐标图中，画出这个关系。

e. 价格水平、产出、就业、实际工资和实际利率的均衡值各是多少？

f. 假设货币供给 $M=135$。价格水平、产出、就业、实际工资和实际利率的均衡值各是多少？

6.（附录 11.C）考虑以下经济：

意愿消费：$C^d=325+0.5(Y-T)-500r$

意愿投资：$I^d=200-500r$

政府采购：$G=150$

税收：$T=150$

实际货币需求：$L=0.5Y-1\ 000r$

货币供给：$M=6\ 000$

充分就业产出：$\bar{Y}=1\ 000$

a. 计算实际利率、价格水平、消费和投资在充分就业水平上的值。

b. 这个经济的 α_{IS}、β_{IS}、α_{LM}、β_{LM} 和 ℓ_r 各是多少？（你需要参见附录 9.B 中关于这些参数的定义。）

c. 假设价格水平固定在 $P_{sr}=15$。产出和实际利率的短期均衡值各是多少？

d. 价格固定在 $P_{sr}=15$，假设政府采购从 $G=150$ 增加到 $G=250$。新的 α_{IS} 和产出的短期均衡值各是多少？

e. 使用式（11.C-5），计算政府采购乘数。运用你的答案计算政府采购从 $G=150$ 增加到 $G=250$ 时 Y 的短期变化。你的答案与问题 d 中的答案有何区别？

分析题

1. 根据凯恩斯 IS-LM 模型，以下各项对产出、实际利率、就业和价格水平的影响各是什么？区别短期与长期的影响。

a. 从税收方面提高投资的积极性（对投资的减税会被当前征税额保持不变的一次性增税所抵消）。

b. 从税收方面提高储蓄的积极性（同问题 a，一次性税收增加会抵消这个变化对当前总税收的影响）。

c. 投资者关于未来资本投资盈利的悲观情绪。

d. 因为消费者预期收入在未来将会更高，所以消费者信心增加。

2. 根据凯恩斯 IS-LM 模型，以下各项对产出、实际利率、就业和价格水平的影响各是什么？区别短期与长期影响。

a. 金融管制放松，允许银行向支票账户支付更高的利率。

b. 信用卡的使用降低了人们进行交易所需的货币量。

c. 一次严重的水短缺导致农产品大量减产和食品价格急速上升。

d. 暂时良性供给冲击影响了经济的大部分层面，但没有一个公司受到的影响足以使其在短期改变价格。

3. 假设美联储的政策是在其观察到经济处于衰退时增加货币供给。但是，假设货币供给增加需要6个月的时间对总需求产生影响，这大致等于公司审视和调整其价格所需的时间。美联储的政策对稳定产出和价格有何影响？如果美联储能够预测衰退或价格调整需要超过6个月的时间，你的答案会改变吗？

4. 古典经济学家认为，使用财政政策对抗衰退不会使工人获益。但是，假设凯恩斯模型是正确的。相对于不采取行动的策略，使经济恢复到充分就业的政府采购增加会使工人受益吗？在回答这个问题时，讨论财政扩张对实际工资、就业、消费和当前与未来税收的影响。你的回答是否会依赖于以下两个因素：①政府支出活动的直接收益；②在没有财政政策刺激下价格调整的速度。

5. 一些劳动经济学家认为，将劳动力市场分成两个部门是有用的：一个包含“良好”（收入高、时期长）工作的主要部门，与一个包含“不佳”（收入低、时期短）工作的次要部门。假设主要部门拥有较高的劳动力边际产量，并且（因为公司监视努力程度需要成本）公司支付效率工资。次要部门拥有较低的劳动力边际产量，并且没有效率工资。次要部门的实际工资会调整，所以在这个部门劳动的需求数量和供给数量相等。工人是相似的，所有人都更情愿在主要部门工作。但是，无法在主要部门找到工作的工人只能在次要部门工作。

以下各项对两个部门中的实际工资、就业和产出有何影响？

a. 扩张性财政政策使对主要部门的产出需求增加。

b. 移民使劳动力增加。

c. 努力曲线移动，所以需要更高的实际工资来诱发每一美元工资的最高努力程度。这个较高的实际工资所引发的努力程度与努力曲线移动前的水平相同。

d. 主要部门里一个暂时性的生产率进步。

e. 次要部门里一个暂时性的生产率进步。

宏观经济数据分析

1*. 凯恩斯理论预测扩张性财政政策——要么提高支出，要么降低税收——将使实际利率升高。使用1960年以来的数据，画出美国联邦政府预算赤字（相对于GDP），州、地方政府预算赤字（相对于GDP）和实际利率（3个月期国债利率减去前12个月的CPI通货膨胀率）。你能否看出赤字与实际利率的联系？在哪个时期这个联系最显著？当使用10年期国债利率，而不是3个月期国债利率时，你的答案是否会有所不同？

2*. 凯恩斯模型预测，因为存在价格黏性，所以只有在经过一段时滞，公司开始调整它们的价格后，货币增长率的提高才会导致较高的通货膨胀率。使用1960年以来的数据，画出通货膨胀率和M2增长率。在1980年前，货币增长率的提高是否在一段时间后才会影响通货膨胀率？1980年以后呢？

凯恩斯学派认为金融创新，如银行里货币市场存款账户的使用，在20世纪80年代带来了对M2的大量需求。如果这个说法是正确的，那么它是否有助于解释你所观察到的1980年后货币增长率与通货膨胀率之间的关系？

3. 第10章的宏观经济数据分析第1题要求你考察全要素生产率的周期性行为。如果你没有完成那个题目，现在先完成它，并比较生产率变化与石油及相关产品和能源的生产者价格指数的变化。凯恩斯学派对此的解释与古典学派对此的解释有何不同？

附录 11.A 劳动合同和名义工资刚性

在凯恩斯理论中，货币非中性是名义刚性的一个结果。我们在本章强调了名义价格刚性。另一个为许多凯恩斯主义者所强调的，可以解释货币非中性的名义刚性是名义工资刚性。名义工资刚性反映了公司与工会间的劳动合同，在合同中，工资以名义价值设定（我们这里所研究的情形）。就 AD－AS 框架而言，名义价格刚性和名义工资刚性之间的区别是，名义价格刚性意味着水平的短期总供给曲线，而名义工资刚性意味着短期总供给曲线向上倾斜。但是，这个区别并不会真正影响从凯恩斯模型中得到的结果。尤其是在含有名义工资刚性的凯恩斯模型中，货币在短期保持非中性，而在长期是中性的。

□ 劳动合同下的短期总供给曲线

在美国，大部分劳动合同规定了三到五年期的雇用条件和名义工资。虽然劳动合同列明了名义工资率，但它们通常不会列明雇用总时数。相反，雇主单边决定受雇者将工作多少小时以及是否会被解雇。这些因素意味着短期总供给曲线向上倾斜。

通过考察当价格水平上升时所发生的情况，我们可以看出，为什么当劳动合同写明名义工资时，短期总供给曲线是向上倾斜的。在名义工资 W 已由合同确定的情况下，价格水平 P 的上升降低了实际工资 w，即 W/P。作为对实际工资下降的回应，公司需求更多的劳动。因为公司单方决定雇用水平，所以劳动需求数量的增加使就业增加，从而产出增加。因此，价格水平的上升导致产出的供给数量增加，如图 11A－1 中 SRAS 曲线所示。

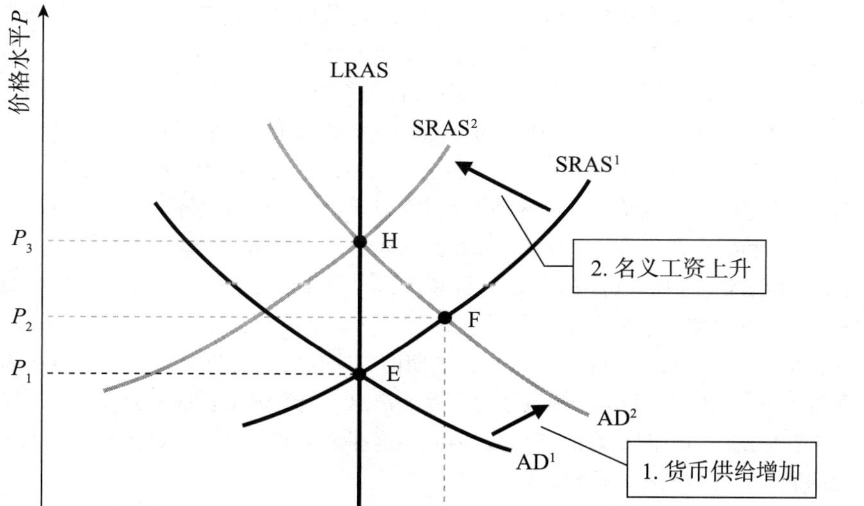

图 11A－1　长期合同下的货币非中性

说明：劳动合同使名义工资在短期内固定，价格水平的上升降低了实际工资，促使公司雇用更多的劳动，并且生产更多的产出。因此，短期总供给曲线 $SRAS^1$ 向上倾斜。当名义工资为刚性的时，货币不是中性的。从初始均衡 E 点开始，货币供给增加 10%将使 AD 曲线从 AD^1 向上移动到 AD^2。在短期，产出和价格水平都上升，如 F 点所示。随着时间的推移，合同重新商议，名义工资上升以配合价格的上升。随着工资的上升，短期总供给曲线从 $SRAS^1$ 向上移动到 $SRAS^2$，所以经济恢复一般均衡，位于 H 点。在 H 点，价格水平 P 和名义工资 W 都上升了 10%，所以实际工资与其初始水平相同，公司供给充分就业产出 $\bar{Y}$。

□ 货币非中性

在包含劳动合同的模型中，货币在短期是非中性的，如图 11A－1 所示。最初的一般均衡位于 E 点，此处最初的总需求曲线 AD^1 与短期总供给曲线 $SRAS^1$ 相交。货币供给增加 10%，使 AD 曲线向上移动到 AD^2。（对于任何产出水平，AD^2 上的价格水平比 AD^1 上的价格水平高 10%。）在短期，货币供给的增加使价格水平提高到 F 点的 P_2，产出提高到 F 点的 Y_2。因为价格水平的升高降低了实际工资，从而促使公司雇用更多的劳动，并且生产更多的产出，所以 F 点的产出高于充分就业产出。

因为他们的实际工资低于他们的预期，所以在短期均衡 F 点，工人不会满意。随着时间的推移，合同续约或重新商议，名义工资将会上升，以抵消价格的上升。在任何价格水平上，名义工资的提高也使实际工资提高，促使公司减少雇用的劳动以及产出。因此，名义工资的上升引起短期总供给曲线从 $SRAS^1$ 向上移动到 $SRAS^2$。最终，经济在 H 点恢复一般均衡。

在长期的 H 点，价格水平上升到 P_3，比最初的水平 P_1 高 10%。在 H 点，名义工资 W 也增加了 10%，所以实际工资 W/P 回到其初始水平。随着实际工资回到初始水平，公司也会雇用同样数量的劳动，生产同样数量的产出（$\bar{Y}$），如同它们在初始均衡 E 点时的情形。因此，如同建立在效率工资和价格黏性基础上的凯恩斯模型，在包含名义工资刚性的凯恩斯模型中，货币在长期是中性的，但在短期不是。

尽管源于劳动合同的名义工资刚性可以解释短期货币非中性，但一些经济学家反驳了这个解释。第一个反驳是，在美国加入了工会并且签有劳动合同的工人不到总数的六分之一。但是，许多非工会工人可以获得与工会劳动合同中所设定的类似的工资。例如，虽然大部分非工会工人没有正式的工资合同，但他们与雇主间可能存在“隐性合同”，或者有关可比工资的非正式的、非书面的安排。

第二个反驳是，许多劳动合同包含了生活费用调整，它将名义工资与（例如由消费者价格指数衡量的）价格水平联系起来。完全指数化合同中的名义工资与价格水平同百分比增长。如果名义工资与价格水平是完全挂钩的，则短期总供给曲线是垂直的，并且货币是中性的。要说明原因，我们假设价格水平上升 6%。如果劳动合同完全指数化了，那么名义工资也会增长 6%，于是实际工资 W/P 不变。因为实际工资不变，无论价格水平如何，企业都会选择相同水平的雇用数量和产出。

然而，大部分美国劳动合同中的名义工资并没有与价格水平完全挂钩。例如，在含有 50%指数化的合同中，名义工资的增长只相当于价格水平增长率的 50%。因此，如果价格水平上升 6%，那么名义工资仅增长 3%。其结果是，实际工资下降 3%（3%的名义工资 W 的增加，减去 6%的价格水平 P 的上升）。实际工资的减少促使公司提高雇用数量和产出。因此，在部分指数化时，短期总供给曲线仍然向上倾斜，货币在短期也不是中性的。

第三个反驳是，该理论预测实际工资将是逆周期的，这与实际工资是顺周期的经济周期事实相反。例如，在图 11A－1 中的 F 点，产出高于充分就业产出，但实际工资低于充分就业下的水平（事实上，低实际工资促使公司生产更多的产出）。因此，该理论推断，实际工资在繁荣时期下降，即实际工资是逆周期的，而这与事实证据相矛盾。

然而，也许供给冲击和总需求冲击都会影响实际工资。对于实际经济周期理论，我们已经说明了如果生产率冲击导致周期性波动，那么实际工资应该是顺周期的，或许有强烈的顺周期倾向。供给冲击（导致实际工资顺周期变动）和总需求冲击（如图 11A－1 所示，导致实际工资逆周期变动）结合起来，可能会相互抵消，从而使实际工资具有轻度的顺周期性。本特利学院（Bentley College）的斯科特·萨姆纳（Scott Sumner）和弗吉尼亚军事学院（Virginia Military Institute）的斯蒂芬·西尔弗（Stephen Silver）① 的研究为这个观点提供了一些佐证，他们的研究显示，实际工资在以供给冲击为

① “Real Wages, Employment and the Phillips Curve,” *Journal of Political Economy*, June 1989, pp. 706－720.

主的时期呈现顺周期性，但在总需求冲击占重要地位的时期是逆周期的。

附录 11. B 凯恩斯模型中乘数的计算题的解答过程

此计算题的解答过程是将附录 9. A 中的模型应用到有关政府采购乘数问题的一个例题中。在该题中，经济由以下公式决定：

$$C^d=300+0.75(Y-T)-300r$$

$$T=100+0.2Y$$

$$I^d=200-200r$$

$$L=0.5Y-500i$$

$$\bar{Y}=2\,500$$

$$G=600$$

$$M=133\,200$$

$$\pi^e=0.05$$

$$P_{sr}=120$$

在附录 9. A 中，我们找到了 Y、P、r、T、C、I、i 在短期和长期的均衡值。现在，我们想要算出政府采购从 $G=600$ 增加到 $G=690$ 时的短期政府采购乘数。（当然，在长期该乘数是 0，原因是在凯恩斯模型中产出将处于充分就业产出，政府采购的增加不会影响充分就业产出。）要达到此目的，我们使用在附录 9. A 中得到的短期均衡的结果，然后以更高的政府采购重复计算过程，从而判断对产出的影响。我们可以根据计算结果求出乘数，即产出的变化除以政府采购的变化。

在附录 9. A 中，我们得到在短期，$Y=2\,400$。在短期，当政府采购增加时，IS 曲线变动，但 LM 曲线保持不变，即 $r=0.001Y-2.27$。

首先，我们运用产品市场均衡条件找出 IS 曲线。产品市场均衡条件是 $Y=C^d+I^d+G$。将 T 的公式代入 C^d 的公式中，然后将得到的公式和 I^d 的公式以及 G 值代入 $Y=C^d+I^d+G$ 中，得到：

$$Y=\{300+0.75[Y-(100+0.2Y)]-300r\}+(200-200r)+690$$

将此公式化简成以 Y 表示的 r 的公式：

$$Y=[300+0.75Y-(0.75\times100+0.75\times0.2Y)-300r]+(200-200r)+690$$

那么

$$Y=(300+0.75Y-75-0.15Y-300r)+(200-200r)+690$$

于是

$$0.4Y=(300-75+200+690)-(300+200)r$$

所以

$$500r=1\,115-0.4Y$$

因此

$$r=1\,115/500-(0.4/500)Y$$

于是

$$r=2.23-0.000\,8Y$$

这就是 IS 曲线。

其次，我们找出 IS 曲线和 LM 曲线的交点，以确定短期均衡下 Y 和 r 的值。我们已经将 IS 曲线和 LM 曲线的公式改写成左边为 r 的公式。令 IS 曲线公式的右边等于 LM 曲线公式的右边，得到：

$$2.23-0.0008Y=0.001Y-2.27$$

所以

$$4.5=0.0018Y$$

因此

$$Y=\frac{4.5}{0.0018}=2\,500$$

乘数是产出的变化除以政府采购的变化，即

$$\frac{2\,500-2\,400}{690-600}=\frac{10}{9}=1\frac{1}{9}$$

在本例中，当政府采购增加 90 时，产出增加 100。

附录 11.C 中的式（11.C－5）显示，乘数为：

$$\frac{\Delta Y}{\Delta G}=\frac{1}{(c_r+i_r)(\beta_{IS}+\beta_{LM})}$$

代入数值，我们发现：

$$\frac{\Delta Y}{\Delta G}=\frac{1}{(c_r+i_r)(\beta_{IS}+\beta_{LM})}=\frac{1}{(300+200)(0.0008+0.001)}$$
$$=\frac{1}{500\times 0.0018}=\frac{1}{0.9}=1\frac{1}{9}$$

这正是我们此前得到的结果。

附录 11.C　凯恩斯模型中的乘数

在第 11 章，我们将与任何特定支出类型相关的乘数定义为该类型支出每改变一个单位所带来的短期内产出的变化。在此，我们使用附录 9.B 中的分析来推导与政府采购 G 相关的乘数。我们采取三个步骤：首先，计算 G 的增加对 α_{IS}［式（9.B－14）中 IS 曲线的截距］的影响。然后，计算式（9.B－27）所显示的 α_{IS} 的增加对 Y 的短期均衡值的影响。最后，我们将这两个影响结合起来，计算 G 的增加对产出 Y 的影响。

要计算 G 的增加对 α_{IS} 的影响，我们再次给出 α_{IS} 的定义，即式（9.B－15）：

$$\alpha_{IS}=\frac{c_0+i_0+G-c_Yt_0}{c_r+i_r} \tag{11.C-1}$$

式中，c_0、i_0、c_Y、c_r、i_r 和 t_0 为决定意愿消费和意愿投资的参数（见附录 9.B）。如果 G 增加了 ΔG，那么 α_{IS} 增加 $\Delta G/(c_r+i_r)$，所以

$$\Delta\alpha_{IS}=\frac{\Delta G}{c_r+i_r} \tag{11.C-2}$$

接下来，回忆式（9.B－27）中，在短期内当 $P=P_{sr}$ 时，产出为：

$$Y=\frac{\alpha_{IS}-\alpha_{LM}+(1/l_r)(M/P_{sr})}{\beta_{IS}+\beta_{LM}} \tag{11.C-3}$$

从式（11.C－3）中可以看出，如果 α_{IS}增加 $\Delta\alpha_{IS}$，则产出 Y 增加 $\Delta\alpha_{IS}/(\beta_{IS}+\beta_{LM})$，即

$$\Delta Y=\frac{\Delta\alpha_{IS}}{\beta_{IS}+\beta_{LM}} \tag{11.C-4}$$

最后，如果我们用式（11.C－2）的右侧来替换式（11.C－4）右侧中的 $\Delta\alpha_{IS}$，然后两边同时除以 ΔG，则可得：

$$\frac{\Delta Y}{\Delta G}=\frac{1}{(c_r+i_r)(\beta_{IS}+\beta_{LM})} \tag{11.C-5}$$

式（11.C－5）的右侧是每一个单位政府采购 G 增加所对应的短期均衡产出 Y 的增加量。换言之，它就是政府采购乘数。类似的计算可以说明意愿消费或意愿投资（体现在 c_0 和 i_0 中）具有与政府采购相同的乘数。

因为 c_r、i_r、β_{IS}和 β_{LM}都是正的，所以乘数也是正的。但是，取决于这些参数的具体数值，乘数可能大于 1，也可能小于 1。当 LM 曲线是水平的时候（即当 LM 曲线的斜率 β_{LM}为 0 时），乘数很可能比较大。如果 LM 曲线是水平的，支出变化所引起的 IS 曲线的移动对产出有相当大的影响。回忆式（9.B－16）给出的 IS 曲线的（负）斜率 β_{IS}是 $[1-(1-t)c_Y]/(c_r+i_r)$。利用这个替换，并且将 LM 曲线的斜率 β_{LM}设为 0，就可以得到一个简单的乘数形式，即

$$\frac{\Delta Y}{\Delta G}=\frac{1}{1-(1-t)c_Y} \tag{11.C-6}$$

例如，假设边际消费倾向 c_Y 是 0.8，税率 t 是 0.25。那么，由式（11.C－6）所定义的乘数是 $1/(1-0.75\times0.8)=1/0.4$，即 2.5。相比之下，如果 LM 曲线非常陡峭，即 β_{LM}非常大，那么乘数可能会很小，如式（11.C－5）所示。

第4篇

宏观经济政策：环境与机构

第 12 章

失业与通货膨胀

学习目的：

- 描述失业与通货膨胀之间关系的菲利普斯曲线
- 探讨菲利普斯曲线是否提供了可供政策制定者选择的通货膨胀-失业组合的“菜单”
- 识别失业的成本并探讨自然失业率
- 探讨通货膨胀的类型和成本
- 探讨减少通货膨胀的挑战和成本

在前面几章里，我们关注经济周期、宏观经济平稳化以及用于分析经济周期的古典理论和凯恩斯理论等概念。尽管这些概念是当今宏观经济学的核心内容，实际的政策讨论却很少涉及这些抽象术语。政策性辩论经常关注通货膨胀与失业等广为人知的经济统计数字。为了将经济周期和政策性辩论更紧密地联系起来，我们现在采用先合后分的方法进一步地考察失业与通货膨胀。

失业与通货膨胀，有时称为宏观经济学的“恶魔双胞胎”，属于决策者面临的最困难也是最具政治敏感性的经济问题。高失业率和高通货膨胀率之所以会引发强烈的公众关注，是因为它们的影响既直接又明显：几乎每个人都要受价格上升的影响，并且很少有人能自信地说他们永远不会失业。

此外，宏观经济学中有一个理论，认为失业与通货膨胀在某种程度上是相关的。在 12.1 节，我们将详细讨论菲利普斯曲线这个概念，即通货膨胀与失业间的一个经验关系。根据菲利普斯曲线，当失业处于高水平时，通货膨胀趋于低水平；当失业处于低水平时，通货膨胀趋于高水平。菲利普斯曲线就经济如何运行以及应当如何使用宏观经济政策提出了一些重要的问题。

随后，我们将失业和通货膨胀分开考察。我们观察它们给社会带来的成本，并考虑决策者处理这些问题时所面临的选项。

本章为本书第 4 篇的第 1 章，而本书第 4 篇的目的是详细探讨有关宏观经济政策的制定问题。本章讨论了通货膨胀和失业之后，第 13 章将阐述经济的开放（反映在国家间的贸易和金融关联之中）如何影响宏观经济政策。第 14 章将进一步考察与货币政策制定有关的机构以及关于货币政策的争论，第 15 章将对财政政策进行类似的讨论。

12.1 失业与通货膨胀：存在着取舍吗？

关于经济政策的报纸社论和公众讨论经常提到通货膨胀与失业间的“取舍”。其道理是要降低通货膨胀，经济就必须容忍高失业；或者说，要减少失业，就必须接受更高的通货膨胀。本节考察通货膨胀与失业之间取舍的理论以及该理论对宏观经济政策的意义。

通货膨胀和失业间取舍的理论起源于经济学家 A. W. 菲利普斯（A. W. Phillips）① 在 1958 年发表的一篇文章。菲利普斯分析了英国共 97 年的失业和名义工资数据，并发现历史上失业倾向于在名义工资增长较快的年份里较低，在名义工资增长较慢的年份里较高。依据菲利普斯的研究的经济学家稍微调整了研究的侧重点，他们观察失业与通货膨胀（也就是价格上升速度）之间的关联，而不是失业与工资上升速度之间的关联。在 20 世纪 50 年代后期和 60 年代，许多统计性研究分析了不同国家在不同时期的通货膨胀和失业数据。在许多情况下，这两个变量间有负向关联。这个失业与通货膨胀间的负向的实证关系就是**菲利普斯曲线**（Phillips curve）。

菲利普斯曲线一个引人注目的例子发生于 20 世纪 60 年代中期的美国，如图 12－1 所示。美国经济在 20 世纪 60 年代的大部分时间里维持扩张的态势，失业持续下降，通货膨胀稳步上升。在图 12－1 中，以纵轴度量通货膨胀率，以横轴度量失业率。注意，像 1961 年那样有着高失业率和低通货膨胀率的年份，以及像 1969 年那样有着低失业率

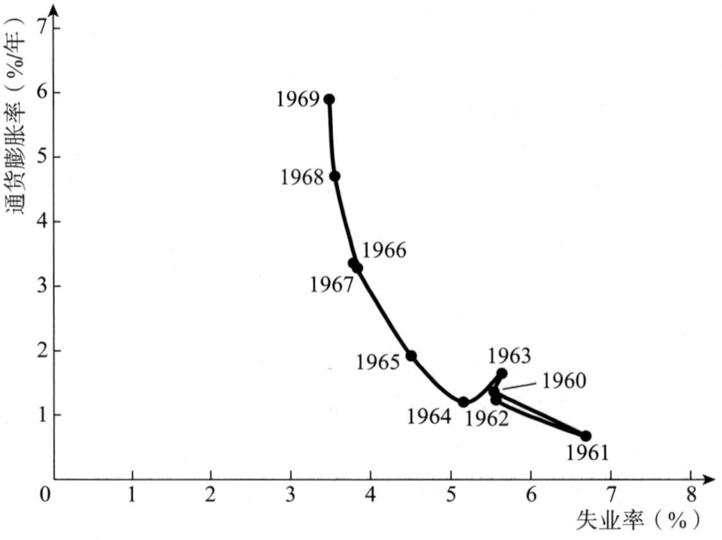

图 12－1 菲利普斯曲线与 20 世纪 60 年代的美国经济

说明：20 世纪 60 年代中期，美国的通货膨胀率和失业率看起来分布成一条菲利普斯曲线。在这 10 年中，通货膨胀的上升与失业的下降都相当稳定，并且很明显，决策者们为减少失业已经选择了高通货膨胀。

资料来源：FRED 数据库，下载序列为 CPIAUCSL 和 UNRATE。

① “The Relation between Unemployment and the Rate of Change of Money Wage Rates in the United Kingdom, 1861—1957,” *Economica*, November 1958, pp. 283－299.

和高通货膨胀率的年份，体现了通货膨胀与失业之间一个几乎完美的向下倾斜的关系，也就是菲利普斯曲线。美国 20 世纪 60 年代的经历发生于菲利普斯的文章发表并经广泛传播之后，因此被认为是对菲利普斯基本发现的确认。

对于这些发现的政策意义有许多争议。一开始，菲利普斯曲线似乎为决策者们提供了包括不同选项的由通货膨胀和失业组成的“菜单”。确实，一些经济学家在 20 世纪 60 年代中期提出通过容忍适当水平的通货膨胀，宏观经济决策者可以无限期地维持较低的失业。这种信念看起来在 20 世纪 60 年代得到了验证，因为当时伴随失业下降的是通货膨胀的上升。

然而，在接下来的几十年里，通货膨胀与失业的这种关系并不成立：图 12－2 描绘了 1970—2014 年的通货膨胀率和失业率。与 20 世纪 60 年代不同的是，在这些年里，失业和通货膨胀间似乎没有什么稳定的关系。从菲利普斯曲线的角度来看，20 世纪 70 年代中期最令人费解，因为在那段时期美国同时经历了高通货膨胀和高失业（滞胀）。例如，在 1975 年，失业人口高达劳动力人口的 8.5%，而年通货膨胀率也高达 7.1%。高失业和高通货膨胀的同时发生与菲利普斯曲线的结论并不一致。

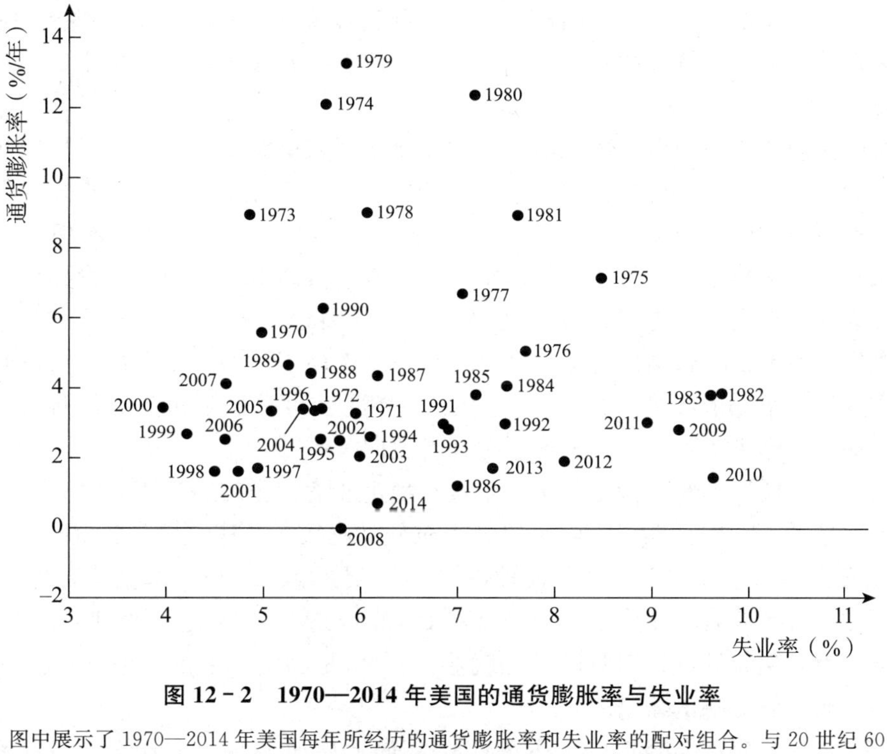

图 12－2　1970—2014 年美国的通货膨胀率与失业率

说明：图中展示了 1970—2014 年美国每年所经历的通货膨胀率和失业率的配对组合。与 20 世纪 60 年代不同（见图 12－1），1970 年后在美国似乎并不存在一个通货膨胀率与失业率间的明显负向关系。

资料来源：FRED 数据库，下载序列为 CPIAUCSL 和 UNRATE。

菲利普斯的初始实证结论以及后人对其研究的扩展，伴随着 1970 年后美国经济出乎意料的表现，至少引出了三个重要问题：

● 为什么在历史上能经常观察到通货膨胀与失业间的菲利普斯曲线关系，就像英国在 1958 年前一个世纪的情形以及美国在 20 世纪 60 年代的情形？

● 为什么 20 世纪 60 年代通货膨胀与失业之间似乎存在的简单负向关系在 1970 年后消失了？换句话说，1970 年后在美国经济中是否不再存在通货膨胀与失业之间的系统性关系？

● 菲利普斯曲线是否真的给决策者们提供了可供选择的选项菜单？例如，通过选择维持高通货膨胀率，决策者们是否可以长期确保一个较低的失业率？

经济学理论为这些问题提供了合理的解释，特别是它解释了菲利普斯曲线在 1970 年后的失灵。有趣的是，预测到该不稳定关系的菲利普斯曲线的关键分析完成于 20 世纪 60 年代，早于菲利普斯曲线实际上失灵的时间。所以，我们至少有了一个在决策者和公众还无知无觉的时候，理论经济学家就预测到了经济重要变化的例子。

□ 附加预期的菲利普斯曲线

尽管菲利普斯曲线似乎较完整地描述了美国 20 世纪 60 年代的失业-通货膨胀关系，不过在那 10 年的后半期，以芝加哥大学的米尔顿·弗里德曼①和哥伦比亚大学的埃德蒙·费尔普斯（Edmund Phelps）② 等人为代表的一些经济学家对菲利普斯曲线的逻辑提出了质疑。弗里德曼和费尔普斯指出，纯粹在经济学理论的基础上，通货膨胀与失业间不应当存在稳定的负向关系。负向关系应当存在于未预期通货膨胀率（实际通货膨胀率和预期通货膨胀率之差）与周期性失业（实际失业率和自然失业率之差）之间。③ 尽管这些区别看起来只是技术性的，但它们对于理解实际通货膨胀率和失业率之间的关系至关重要。

在讨论他们的分析的重要性之前，我们需要解释弗里德曼和费尔普斯是如何得出他们的结论的。我们运用了包含错误认知理论的扩展古典模型。（本章末的分析题第 3 题要求用凯恩斯模型做一个类似的分析。）我们分两个步骤进行：首先，考虑一个处于充分就业状态且通货膨胀完全可预期的经济体。在该经济体中，未预期通货膨胀率和周期性失业都为零。其次，考虑当总需求的增长出乎意料地上升时会怎么样。在这种情形下，会发生数值为正的未预期通货膨胀（通货膨胀率高于预期）以及数值为负的周期性失业（实际失业率低于自然失业率）。这个结果展现了弗里德曼和费尔普斯的论点，也就是未预期通货膨胀率和周期性失业间存在着负向关系。

我们通过扩展的古典模型来分析一个具有稳定通货膨胀的经济体，以完成这个分析的第一步（见图 12－3）。假设该经济体处于充分就业状态，其中货币供给已经多年以每年 10%的速度增长，并预期会无限期地以同样的速度增长。当货币供给以每年 10%的速度增长时，每年总需求曲线会向上平行移动 10%，从第 1 年的 AD^1 到第 2 年的 AD^2，依此类推。为简化起见，我们假设充分就业产出 $\bar{Y}$ 是固定不变的，但即使放松这个假设也不会影响我们的基本结论。

图 12－3 中短期总供给曲线（SRAS）每年向上移动 10%。为什么？当货币供给的增长完全可预期时，就不存在错误认知。相反，人们预见价格水平每年上升 10%（10%的通货膨胀率），因此引起 SRAS 曲线每年向上平移 10%。当不存在错误认知时，

① "The Role of Monetary Policy," *American Economic Review*, March 1968, pp. 1－17.

② "Money Wage Dynamics and Labor Market Equilibrium," in Edmund Phelps, ed., *Microeconomic Foundations of Employment and Inflation Theory*, New York: W. W. Norton, 1970, pp. 124－166.

③ 我们在第 3 章定义了周期性失业。回想一下，自然失业率是产出为充分就业产出时存在的失业率。由于摩擦性失业与结构性失业的存在，自然失业率总会大于零，它们的定义见第 3 章。

经济体保持在充分就业水平，其产出为 $\bar{Y}$。例如，当预期价格水平在第 1 年为 100 时，短期总供给曲线是 $SRAS^1$。在 E 点价格水平为 100（与预期价格水平一样），产出为 $\bar{Y}$。在第 2 年，预期价格水平是 110，短期总供给曲线是 $SRAS^2$。第 2 年的均衡位于 F 点，在那里产出再次为 $\bar{Y}$，预期价格水平与实际价格水平相等。AD 曲线和 SRAS 曲线每年都向上移动 10%，将实际价格水平和预期价格水平升高 10%，从而将产出维持在充分就业产出水平。

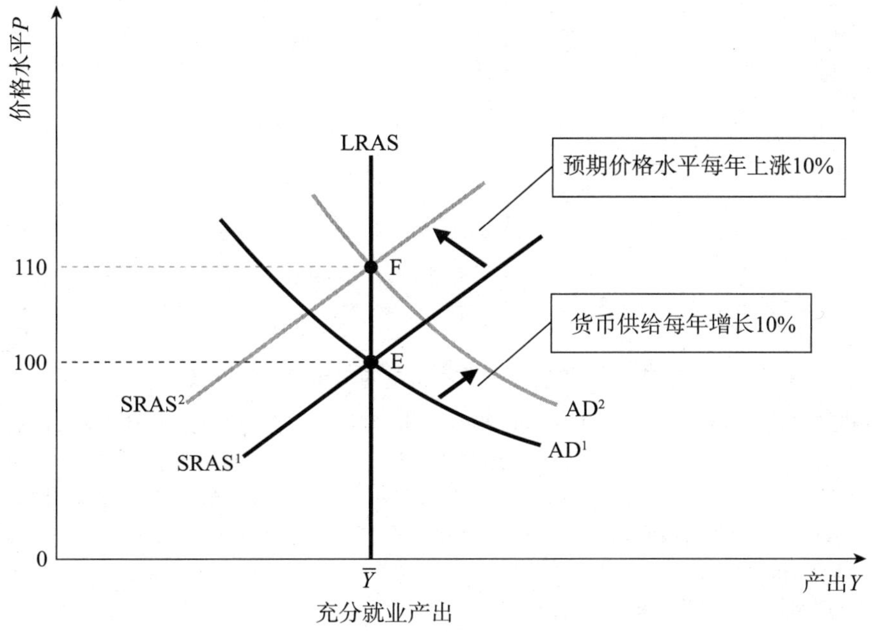

图 12-3　扩展的古典模型中的持续通货膨胀

说明：如果货币供给每年增长 10%，AD 曲线就会每年向上平移 10%，从第 1 年的 AD^1 移到第 2 年的 AD^2，依此类推。如果一段时期以来货币供给以每年 10%的速度增长，并且一段时期以来通货膨胀率为 10%，那么预期通货膨胀率也为 10%。因此，预期价格水平也以每年 10%的速度上涨，从第 1 年的 100 涨到第 2 年的 110，依此类推。这个 10%的预期价格水平上涨使得 SRAS 曲线每年向上移动 10%，例如从第 1 年的 $SRAS^1$ 移到第 2 年的 $SRAS^2$。经济体始终处于充分就业的均衡状态，即位于每年的 AD 曲线与 SRAS 曲线的交点（第 1 年的 E 点，第 2 年的 F 点），产出为 $\bar{Y}$，失业处于自然失业率水平 $\bar{u}$，而每年的通货膨胀率和预期通货膨胀率均为 10%。

该经济体中的失业又会如何呢？因为产出持续处于充分就业产出 $\bar{Y}$，所以失业也将保持在自然失业率水平上，而当失业位于自然失业率水平时，周期性失业为零。因此，该经济体的预期通货膨胀率为零，周期性失业为零。

与货币增长率为 10%和通货膨胀率为 10%的情形相反，现在假设第 2 年的货币供给增长了 20%，而非预期的 10%（见图 12-4）。在这种情形下，第 2 年的总需求曲线将会比 AD^1 高 20%（以 $AD^{2,new}$ 表示），而不是比 AD^1 高 10%（以 $AD^{2,old}$ 表示）。如果第 2 年开始时没有预见到货币增长率是以 20%的速度上升，那么第 2 年的预期价格水平保持在 110 的水平，因此短期总供给曲线和以前一样是 $SRAS^2$。第 2 年的短期均衡位于 G 点，即 $AD^{2,new}$ 曲线和 $SRAS^2$ 曲线的交点。在 G 点，价格水平为 115，所以第 2 年的实际通货膨胀率是 15%。因为预期通货膨胀率是 10%，所以 15%的实际通货膨胀率意味着第 2 年的未预期通货膨胀率为 5%。此外，因为产出在 G 点时高于充分就业产出 $\bar{Y}$，所以实际失业率低于自然失业率，并且周期性失业为负值。

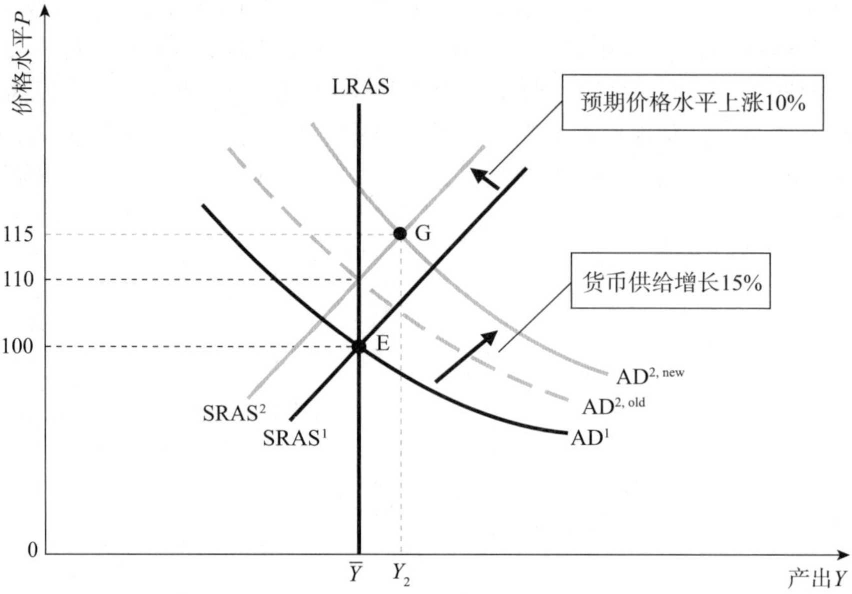

图 12－4　扩展的古典模型中的未预期通货膨胀

说明：如果长期以来货币供给以每年 10%的速度增长，并预期会以每年 10%的速度继续增长，那么预期价格水平也以每年 10%的速度上涨。这个 10%的预期价格水平的上涨使得 SRAS 曲线向上移动，从第 1 年的 $SRAS^1$ 移到第 2 年的 $SRAS^2$。那么，如果货币供给在第 2 年实际增长了 20%而非预期的 10%，AD 曲线就会是 $AD^{2,new}$，而非 $AD^{2,old}$。作为货币增长高于预期的结果，在 G 点，产出在第 2 年超过了 $\bar{Y}$，价格水平上涨到 115。因为价格水平上涨了 15%而非预期的 10%，所以第 2 年的未预期通货膨胀率为 5%。该未预期通货膨胀率与高于 $\bar{Y}$ 的产出和低于自然失业率 $\bar{u}$ 的失业（负的周期性失业）相关联。

为什么第 2 年的产出会高于充分就业产出呢？注意，第 2 年 15%的通货膨胀率低于 20%的货币增长率，但高于 10%的预期通货膨胀率。由于价格水平的上涨低于名义货币供给的上升，实际货币供给（M/P）会增加，从而使得实际利率下降，商品需求的总数量增加并超过 $\bar{Y}$。同时，因为价格水平上涨超过预期，生产厂商错误地认为它们产品的相对价格上涨了，所以商品供给的总数量也会比 $\bar{Y}$ 高。

然而，生产厂商在价格水平上不可能无限期地受蒙骗。从长期来说，生产厂商会得知真实价格水平，经济会回到充分就业状态，而通货膨胀率会再次等于预期通货膨胀率，如图 12－3 所示。不过，在此期间，只要实际产出高于充分就业产出 $\bar{Y}$，实际失业率低于自然失业率 $\bar{u}$，那么实际价格水平就必定高于预期价格水平。确实，根据错误认知理论，只有当价格水平高于预期时（由此，当通货膨胀高于预期时），产出才会高于 $\bar{Y}$。

因此，在这个经济体中，当公众准确地预测到总需求增长和通货膨胀时，未预期通货膨胀率为零，实际失业率等于自然失业率，周期性失业为零（见图 12－3）。然而，如果总需求的增长超过预期，那么经济体在一段时期内会面临正的未预期通货膨胀率和负的周期性失业（见图 12－4）。类似地，也可能出现总需求增长低于预期的情形，使得 AD 曲线向上的移动慢于预期。在一段时期内，未预期通货膨胀率将为负（实际通货膨胀率小于预期），周期性失业将为正（实际失业率大于自然失业率）。

上述分析所隐含的未预期通货膨胀率与周期性失业之间的关系为：

$$\pi-\pi^{e}=-h(u-\bar{u})$$

式中，

$\pi-\pi^e$＝未预期通货膨胀率（实际通货膨胀率 π 与预期通货膨胀率 π^e 之差）

$u-\bar{u}$＝周期性失业（实际失业率 u 与自然失业率 $\bar{u}$ 之差）

h＝度量未预期通货膨胀率与周期性失业之间关系斜率的一个正数

前面的公式用数学方式表达了当周期性失业为负时未预期通货膨胀率为正、当周期性失业为正时未预期通货膨胀率为负和当周期性失业为零时未预期通货膨胀率为零的理论。① 如果我们在公式的两边同时加上 π^e，可得

$$\pi=\pi^e-h(u-\bar{u}) \tag{12-1}$$

式（12－1）描述了附加预期的菲利普斯曲线。根据**附加预期的菲利普斯曲线**（expectations-augmented Phillips curve），如果实际失业率 u 小于自然失业率 $\bar{u}$，实际通货膨胀率 π 将高于预期通货膨胀率 π^e；当实际失业率 u 超过自然失业率 $\bar{u}$ 时，实际通货膨胀率 π 将低于预期通货膨胀率 π^e。

□ 菲利普斯曲线的移动

我们回到原先那条将经济体中的通货膨胀水平与失业水平联系起来的菲利普斯曲线。从弗里德曼和费尔普斯的分析中得到的洞见是：菲利普斯曲线所描述的关系取决于预期通货膨胀率和自然失业率。如果其中一个因素改变，菲利普斯曲线则会移动。为了反映这种想法，我们把给定自然失业率和预期通货膨胀率时联系通货膨胀率和失业率的曲线称为**短期菲利普斯曲线**（short-run Phillips curve）。

预期通货膨胀率的改变 图 12－5 展现了根据弗里德曼和费尔普斯的理论，预期通货膨胀率的改变如何影响通货膨胀与失业之间的关系。曲线 PC^1 是预期通货膨胀率为 3%时的菲利普斯曲线。我们根据什么识别出在 PC^1 上的预期通货膨胀率为 3%呢？式（12－1）表明，当实际失业率等于自然失业率（在本例中为 6%）时，实际通货膨胀率等于预期通货膨胀率。因此，要决定一条菲利普斯曲线上的预期通货膨胀率，我们要先找到实际失业率等于自然失业率时的通货膨胀率。例如，在 PC^1 曲线上的 A 点，实际失业率等于自然失业率，而且实际通货膨胀率和预期通货膨胀率都等于 3%。只要预期通货膨胀率保持为 3%（并且自然失业率保持在 6%），短期菲利普斯曲线 PC^1 描述的就是通货膨胀与失业之间的关系。

现在假设预期通货膨胀率从 3%上升到 12%。图 12－5 显示，预期通货膨胀率这 9 个百分点的上升将短期菲利普斯曲线在每一失业率水平都向上移动了 9 个百分点，即从 PC^1 到 PC^2。当实际失业率等于 PC^2 上的自然失业率（B 点）时，通货膨胀率为 12%，证实了 PC^2 上的预期通货膨胀率是 12%。将 PC^2 和 PC^1 进行比较，结果揭示了预期通货膨胀率的上升使得描述通货膨胀与失业之间关系的短期菲利普斯曲线向右上方移动。

自然失业率的改变 如图 12－6 所示，自然失业率的改变也会使描述通货膨胀与失业之间关系的菲利普斯曲线移动。短期菲利普斯曲线 PC^1 表明了自然失业率为 6%以及

① 这个公式也暗示着未预期通货膨胀率与周期性失业之间是线性关系，不过这种设定形式只是为了方便起见。两个变量之间的关系既可能是弯曲线，也可能是直线。

预期通货膨胀率为3%（图12-6中的PC^1和图12-5中的PC^1是一样的）。现在假设自然失业率上升到7%，而预期通货膨胀率维持3%不变。如图12-6所示，自然失业率的上升使得短期菲利普斯曲线从PC^1移动到PC^3。

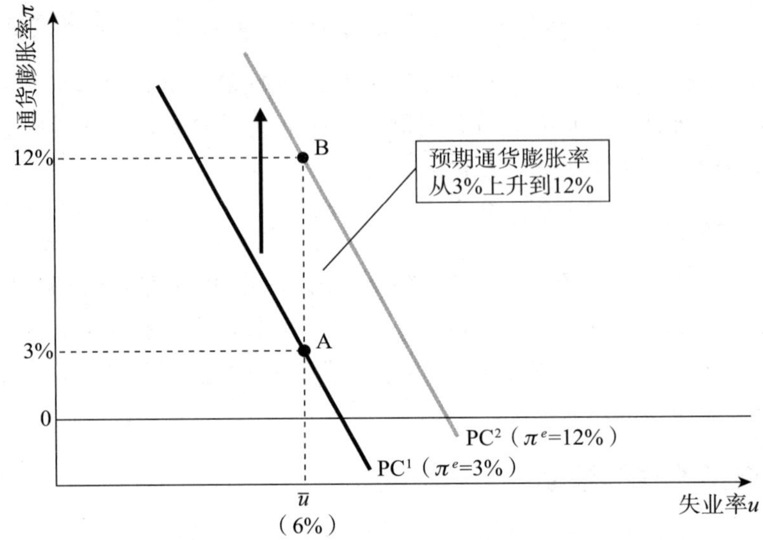

图12-5　短期菲利普斯曲线的移动：预期通货膨胀率的上升

说明：弗里德曼和费尔普斯的理论意味着，对应于每一个预期通货膨胀率，都有一条不同的短期菲利普斯曲线。例如，PC^1是预期通货膨胀率为3%时的短期菲利普斯曲线。要证实这个论断，注意在式（12-1）中，当实际失业率等于自然失业率（这里为6%）时，实际通货膨胀率等于预期通货膨胀率。在A点，失业率等于自然失业率，且PC^1上的通货膨胀率等于3%。类似地，在PC^2上失业率等于自然失业率的B点，通货膨胀率为12%，所以PC^2上的预期通货膨胀率为12%。因此，预期通货膨胀率从3%到12%的上升将菲利普斯曲线向右上方移动，从PC^1到PC^2。

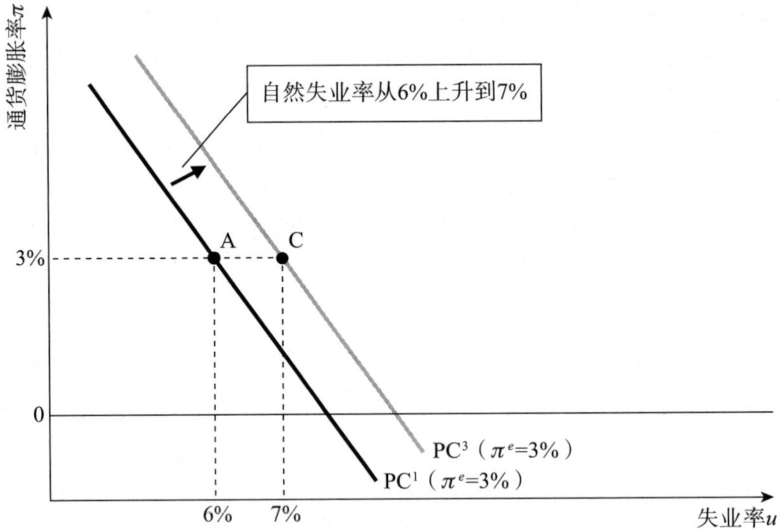

图12-6　短期菲利普斯曲线的移动：自然失业率的上升

说明：根据弗里德曼和费尔普斯的理论，自然失业率的上升使短期菲利普斯曲线向右上方移动。在PC^1上的A点，实际通货膨胀率和预期通货膨胀率都等于3%，所以自然失业率和实际失业率在A点相等，为6%。这样，PC^1是当自然失业率为6%、预期通货膨胀率为3%时的短期菲利普斯曲线，如图12-5所示。如果自然失业率上升到7%，而预期通货膨胀率不变，那么短期菲利普斯曲线就会移动到PC^3。在PC^3上的C点，预期通货膨胀率和实际通货膨胀率都为3%，所以自然失业率与实际失业率在C点相等，为7%。

要证实图 12－6 中对应于菲利普斯曲线 PC^3 的自然失业率为 7%，观察 PC^3 上的 C 点：在实际通货膨胀率和预期通货膨胀率相等的 C 点，失业率是 7%，所以与菲利普斯曲线 PC^3 相联系的自然失业率为 7%。这个例子说明了与预期通货膨胀率上升一样，自然失业率的上升使得描述通货膨胀与失业之间关系的短期菲利普斯曲线向右上方移动。

供给冲击与菲利普斯曲线 弗里德曼和费尔普斯的理论认为，预期通货膨胀率或者自然失业率的改变都会移动短期菲利普斯曲线。供给冲击是一种可能影响这两个因素的经济扰动。回想一下，一个恶性供给冲击会诱发通货膨胀，从而使人们预期更高的通货膨胀。① 一个恶性供给冲击也倾向于提高自然失业率，尽管其原因在古典模型和凯恩斯模型中并不相同。

从古典主义的角度，回想一下恶性冲击会通过提高个人与工作职位间的不匹配程度来增加自然失业率。例如，一个石油价格冲击将减少能源消费产业中的工作职位，但会增加能源供给产业中的工作职位。

在凯恩斯模型中，即使当经济体处于充分就业水平时仍然存在着失业，其中大部分可归咎于刚性的实际工资。具体来说，如果效率工资高于出清市场的实际工资，那么在效率工资水平上的劳动力供给数量将超过劳动力需求数量（见图 11－2），从而导致持久的结构性失业。一个恶性冲击对劳动力供给不发生作用②，但它确实减少了劳动力边际产量以及劳动力需求。在实际工资为刚性的时，劳动力需求的下降增加了劳动力供给相对于劳动力需求的过剩，从而使得当经济处于充分就业水平时的失业数量上升。因此，与古典模型一样，凯恩斯模型预测恶性供给冲击将会提高自然失业率。

由于恶性供给冲击提高了预期通货膨胀率和自然失业率，根据弗里德曼和费尔普斯的分析，恶性供给冲击应当引起菲利普斯曲线向右上方移动。类似地，良性供给冲击使得菲利普斯曲线向左下方移动。总的说来，在供给冲击期间，菲利普斯曲线应当特别不稳定。

在实践中菲利普斯曲线的移动 我们关于菲利普斯曲线移动的分析（见图 12－5 和图 12－6）有助于解答本章前面所提出的关于菲利普斯曲线的基本问题。第一个问题是：为什么菲利普斯曲线关系适用于许多历史上的例子，包括 20 世纪 60 年代的美国？弗里德曼和费尔普斯的分析表明，只要预期通货膨胀率和自然失业率大体保持不变，通货膨胀与失业间的负向关系就能成立。正如本章稍后的图 12－9 所示，自然失业率的变化相对缓慢，而且在 20 世纪 60 年代变化很小。20 世纪 60 年代美国的预期通货膨胀率很可能是固定的，因为那时候的人们习惯于稳定且低水平的通货膨胀，而通货膨胀在那 10 年的大多数时间里都保持低水平。因此，美国在 20 世纪 60 年代的通货膨胀和失业数据沿着一条菲利普斯曲线（见图 12－1）分布并不令人奇怪。

---

① 如果中央银行为减轻供给冲击带来的失业上升而增加货币供给，那么供给冲击的通货膨胀作用就会得到加强。

② 这个陈述只有在发生暂时性的恶性供给冲击时才正确。如果一个永久性的恶性供给冲击降低了预期未来工资，那么它就会增加劳动力供给，从而自然失业率将更大幅度地上升。

第二个问题是：为什么 20 世纪 60 年代美国如此明显的菲利普斯曲线关系似乎在 1970 年后消失了（见图 12－2）？弗里德曼和费尔普斯的分析所提供的答案是，预期通货膨胀率和自然失业率在 1970 年后要比在 20 世纪 60 年代中变化的幅度大得多，从而使菲利普斯曲线无规律地移动。

1973—1974 年、1979—1980 年的石油价格上涨所引发的供给冲击不仅打击了美国经济，而且对菲利普斯曲线的移动起到了推波助澜的作用。回想一下，恶性供给冲击很可能会提高预期通货膨胀率和自然失业率，使得菲利普斯曲线向右上方移动。

除了供给冲击的直接作用之外，其他因素很可能也加剧了预期通货膨胀率和自然失业率在 1970 年后的变动。稍后，本章会讨论到，自然失业率先是在 20 世纪 70 年代上升，在 20 世纪 80 年代和 90 年代下降，在 21 世纪的头几年逐渐下降，然后在 2007 年经济大衰退开始后再上升。

预期通货膨胀率在 1970 年后波动较大也是由于实际通货膨胀率在同时期的波动较大（见图 2－3）。在保持一段长时期的较低水平之后，由历经数年扩张过头的货币政策和财政政策所推动产生的通货膨胀在 20 世纪 60 年代末开始成为一个问题。[①] 20 世纪 70 年代是一个通货膨胀具有高水平同时表现无规律的时期，这很可能是石油价格冲击和扩张过度的宏观经济政策的结果，在 20 世纪 70 年代后期尤其如此。而在 1979—1982 年美联储实施严厉的反通货膨胀政策之后，通货膨胀在 20 世纪 80 年代回到了较低水平。鉴于预期通货膨胀（20 世纪 70 年代为高水平的而且无规律、20 世纪 80 年代为低水平的）紧随实际通货膨胀，我们的分析意味着通货膨胀与失业之间的菲利普斯曲线关系在该时期内不会是稳定的。

1970—2014 年菲利普斯曲线的不稳定是否意味着同时期的通货膨胀和失业之间不存在系统性关系呢？答案是“否”。根据弗里德曼和费尔普斯的分析，即使预期通货膨胀率和自然失业率发生变化，数据也应当体现出未预期通货膨胀率与周期性失业间的负向关系。图 12－7 展现了 1970—2014 年每年未预期通货膨胀率和周期性失业的度量。因为我们不能直接观察到预期通货膨胀率（用于计算未预期通货膨胀率）和自然失业率（用于计算周期性失业），所以这些度量都是近似值。我们使用了费城联邦储备银行出版的《利文斯通调查》（*Livingston Survey*）中得出的 CPI 通货膨胀预测值，也使用了本章稍后的图 12－9 所展示的自然失业率的估算值。

图 12－7 说明，尽管描述通货膨胀与失业之间关系的传统的菲利普斯曲线存在着不稳定性，在 1970—2014 年确实存在着未预期通货膨胀率与周期性失业间的负向关系，就像弗里德曼和费尔普斯的分析所预测的那样（比较图 12－7 和图 12－2）。具体说来，注意 1982 年和 1983 年的实际通货膨胀率要远低于预期通货膨胀率，相应的周期性失业很高，而这是在当时的美联储主席沃尔克试图通过实施紧缩性货币政策来降低通货膨胀之后。

① 在 20 世纪 60 年代财政扩张的两个原因是，与越南战争有关的军事支出和用于“伟大社区计划”（the great society programs）的社会开支增加。

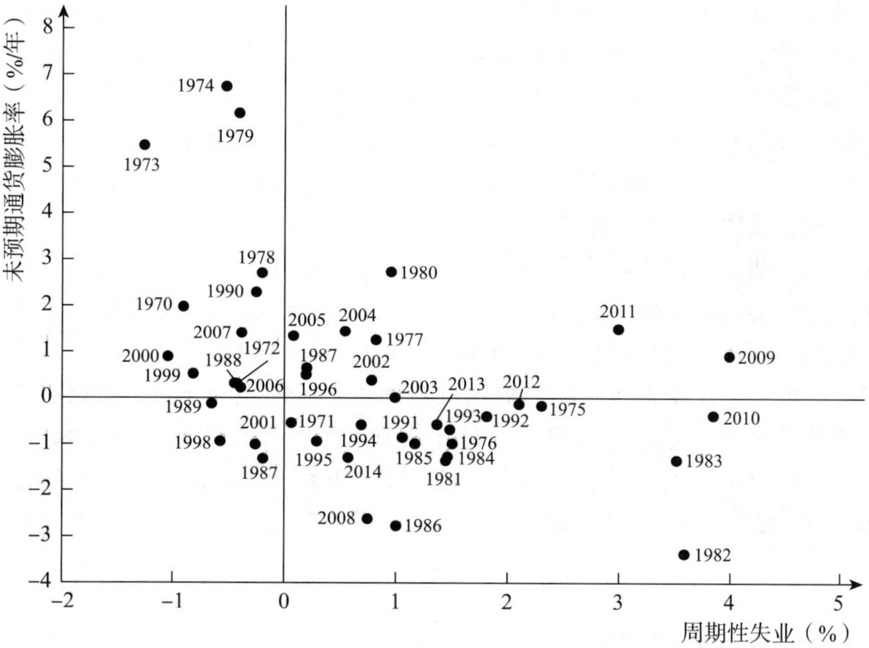

图 12－7　1970—2014 年美国附加预期的菲利普斯曲线

说明：附加预期的菲利普斯曲线描述了未预期通货膨胀率与周期性失业之间的负向关系。图中展现的是美国在 1970—2014 年的变量关系。未预期通货膨胀率等于实际通货膨胀率减去预期通货膨胀率，这里任何一年的预期通货膨胀率来自《利文斯通调查》的 CPI 通货膨胀预测值。每年的周期性失业等于实际失业率减去当年自然失业率的估算值（见图 12－9）。注意，在未预期通货膨胀率较高的年份里周期性失业较低。

资料来源：通货膨胀率和失业率数据来自 FRED 数据库，下载序列分别为 CPIAUCSL 和 UNRATE；预期通货膨胀率数据来自《利文斯通调查》；自然失业率来自国会预算办公室（Congressional Budget Office）。

12.2　宏观经济政策与菲利普斯曲线

我们已经强调了本章先前提出的关于菲利普斯曲线的两个问题：为什么在历史数据中观察到了菲利普斯曲线？为什么它在 1970 年后不再如此？我们仍然需要回答第三个问题：菲利普斯曲线可被视为能为决策者提供政策选项的通货膨胀-失业组合的“菜单”吗？例如，决策者可以通过提高通货膨胀率（沿着菲利普斯曲线向左上方移动）来减少失业吗？

根据附加预期的菲利普斯曲线，只有当通货膨胀是未预期的时候，失业率才会降到自然失业率水平之下。所以，该问题变成：宏观经济政策可以系统地用来创造未预期通货膨胀吗？

对这个问题的回答，古典主义经济学家和凯恩斯主义经济学家有不同的看法。古典主义经济学家认为，工资和价格对包括政府政策改变在内的新经济信息迅速做出调整。此外，古典主义经济学家相信人们拥有理性预期，这意味着他们能对未来政策的改变做出明智的预测。因为价格水平和价格水平的预期能根据新信息迅速调整，所以除非在一个非常短的时间内，否则政府无法保持实际通货膨胀率总是高于预期通货膨胀率，而那是使失业率低于自然失业率所需要的。根据古典主义，提高总需求增长速度的政策（诸如更快速的货币扩张）的主要作用是提高了实际通货膨胀率和预期通货膨胀率，因此不会导致失业的持续下降。因为任何影响失业率的系统性尝试都将被通货膨胀预期的迅速调整所挫败，所以古典主义的结论是：菲利普斯曲线并没有给决策者提供一个可供使用的替换组合。（本章的“数据获取与研究前沿：卢卡斯批评”给那些热衷于平移菲利普斯曲线的决策者提供了一个一般性的结论。）

相反，凯恩斯主义认为，决策者确实有一些能力，至少可以在短期创造未预期通货膨胀，并由此使得失业率低于自然失业率。[①] 尽管许多凯恩斯主义经济学家接受了人们有理性预期这一理论，但他们认为附加预期的菲利普斯曲线里的预期通货膨胀率应当是人们在经济中最早设定刚性价格时所做出的对通货膨胀的预测。由于价格存在刚性，当决策者引起总需求上升并超过预期水平时，价格水平需要时间来充分反映这个新信息。在此期间，一些价格反映了过去的信息，而基于这些信息的价格使得通货膨胀率高于预期通货膨胀率。因此，作为对通货膨胀率上升的反应，失业率可在一段时间内低于自然失业率。

数据获取与研究前沿

卢卡斯批评

假如在某一特定赛季，你观察到国家橄榄球联盟（National Football League）的纽约巨人队在面临本方半场内第 4 次进攻时每次都 100%把球开走。你是否可以安全地得出结论，下个赛季在遇到本方半场内第 4 次进攻时，纽约巨人队也会把球开走？在大多数情形下，你也许可以安全地做出这样的预测，即使你并不懂橄榄球。但是，如果在赛季后规则改变了，允许用 6 次进攻来完成向前推进 10 码，情况会怎么样呢？你是否仍然会预测纽约巨人队会和过去一样在第 4 次进攻时开球？当然，任何一个熟悉橄榄球的人都不会预测他们将使用和过去相同的策略，因为在新规则下那是很愚蠢的策略。这个例子中的简单教训是，当游戏规则改变时，人们的行为将随之变化。[②]

芝加哥大学的小罗伯特·E. 卢卡斯在一篇影响深远的文章中[③]将这个教训应用在宏观经济政策的制定中。在试图预测一套新政策的作用时，经济学家和决策者很频繁地假设宏观经济变量间的历史性关系在新政策实施后仍然能成立。卢卡斯反对这个假设，提出了后来被称为“卢卡斯批评”的看法。根据“卢卡斯批评”，因为新政策改变了经济的“规则”，并由此影响到经济行为，所以没有人能够安全地假设变量间的历史性关系在政策改变后仍然成立。

菲利普斯曲线的移动是运用“卢卡斯批评”的好例子。历史上，似乎存在着通货膨

---

① 正如我们在第 11 章讨论过的，凯恩斯主义经济学家相信，如果经济一开始处于经济衰退或经济繁荣中，那么可以使用宏观经济政策来将失业率带回自然失业率水平。

② 这个例子来自 Thomas Sargent，*Rational Expectations and Inflation*，New York：Harper & Row，1986，pp. 1 - 2。

③ “Econometric Policy Evaluation：A Critique，” in K. Brunner and A. H. Meltzer，eds.，*Carnegie-Rochester Conference Series on Public Policy*，vol. 1，1976.

胀与失业间的稳定关系，导致一些决策者相信他们可以通过抬高通货膨胀来永久性地减少失业。然而，正如我们讨论过的，当决策者允许通货膨胀上升时，公众的通货膨胀预期也随之上升。结果是菲利普斯曲线移动，通货膨胀与失业间的历史性关系破灭了。

“卢卡斯批评”给经济学家提供的主要信息是，在预测政策改变对经济的作用时，他们必须明白经济行为在新政策下如何变化。而对政策改变——特别是引进以前未尝试过的政策——如何影响行为的理解，则要求使用经济学理论和实证分析。

□ 长期菲利普斯曲线

尽管古典主义经济学家和凯恩斯主义经济学家对短期内是否应当利用菲利普斯曲线来减少失业存在意见分歧，但他们都同意决策者无法通过维持高通货膨胀率来使失业率永久地低于自然失业率。对通货膨胀的预期最终会调整，以使预期通货膨胀率与实际通货膨胀率相等，也就是 $\pi^e=\pi$。附加预期的菲利普斯曲线［式（12－1）］意味着当 $\pi^e=\pi$ 时，实际失业率 u 等于自然失业率 $\bar{u}$。于是，不管通货膨胀率维持在什么水平，长期说来，实际失业率都等于自然失业率。

长期菲利普斯曲线（long-run Phillips curve）描述了失业与通货膨胀间的长期关系。长期说来，因为不管通货膨胀处于何水平，实际失业率总是等于自然失业率，因此长期菲利普斯曲线是 $u=\bar{u}$ 处的垂线，如图 12－8 所示。

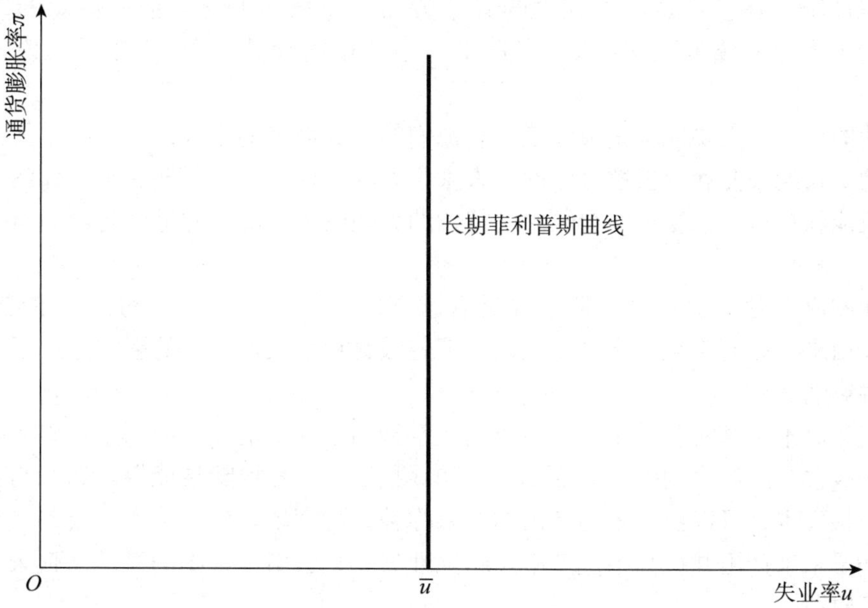

图 12－8 长期菲利普斯曲线

说明：人们不会永久地高估或低估通货膨胀率，所以长期说来，预期通货膨胀率与实际通货膨胀率相等，实际失业率与自然失业率相等。因为不管通货膨胀率是何水平，在长期，实际失业率都等于自然失业率，所以长期菲利普斯曲线是垂直的。

垂直的长期菲利普斯曲线和第 10 章、第 11 章所述的货币长期中性相关。古典主义和凯恩斯主义都同意货币供给的改变对包括失业在内的实际变量没有长期影响。导致通货膨胀率变化的货币供给增长率的改变在长期也没有实际作用，垂直的长期菲利普斯曲线将货币中性理论向前推进了一步。

12.3 失业问题

我们在本章的剩余部分进一步考察失业与通货膨胀，本节考察失业问题。我们先讨论失业的成本，然后考虑那些决定长期失业水平的因素，最后探讨运用宏观经济政策来治理失业的一些方法。

□ 失业的成本

失业有两个主要成本。失业的第一个主要成本是由于被雇用的生产工人减少而导致的产出损失。这个成本由失业工人自己承担了一部分，体现为他们因失去工作而损失的收入。然而，由于失业者停止缴税并转而开始领取失业保险或其他政府性支付，社会（在这种情形下为纳税人）也承担了失业的产出成本的一部分。

失业的产出成本有多大？奥肯定律［见式（3-5）］提供了一个估算。回想一下，奥肯定律陈述的是一个百分点的周期性失业将导致充分就业产出下降2%。因此，如果充分就业产出是180 000亿美元，奥肯定律指出，持续一年的每一个百分点的失业将使产出减少3 600亿美元。奥肯定律所预测的产出损失不仅反映了失业增加的直接影响，也反映了在经济衰退中发生的其他劳动力市场的变化，诸如更短的周工作时数、劳动力人口的减少以及生产率的降低（第3章的计算题第10题举例说明了这些作用）。

失业的另一个主要成本是失业工人和他们的家庭面临的个人或心理成本。这个成本对那些遭受长期失业和习惯性失业的工人来说尤其重要。没有长期稳定工作的工人会失去工作技能和自尊，承受可能会长时间持续的大幅收入下降，并遭受与压力有关的健康问题。①

失业的成本对不同人口组群来说是有区别的。2007—2009年的经济衰退对男性、非洲裔和西班牙语裔工人、年轻工人以及那些教育程度较低工人的影响超过了对其他人口组群的影响。②

失业的成本是真实和严重的，但应当注意到两个起抵消作用的因素。首先，只要失业工人积极参与经济中的生产性活动，诸如寻找工作、获取新技能等，那么当前失业导致的产出损失也许可以由未来的产出增加来弥补。特别地，由于工人和公司寻找合适的匹配增加了未来产出并提高了生产率，摩擦性失业只会引起很小的经济净损失，甚至会产生经济收益。

其次，失业者有更多的闲暇时间来与家人和朋友相聚、收拾房屋以及从事其他活动。不过，多余闲暇时间的收益随着闲暇数量的增多而下降，而大多数失业工人并不会觉得所增加的闲暇足以补偿他们失去的收入。

---

① 参见 Ben S. Bernanke, "Recent Developments in the Labor Market," speech for the National Association of Business Economists, March 26, 2012。可从美联储官网获得。

② 参见 Hilary Hoynes, Douglas L. Miller and Jessamyn Schaller, "Who Suffers in Recessions?" *Journal of Economic Perspectives*, Summer 2012, pp. 27-48。

□ 失业率的长期行为

古典主义经济学家和凯恩斯主义经济学家都同意，尽管实际失业率在短期会偏离自然失业率，但长期来说，实际失业率将等于自然失业率。因此，要理解失业在短期之外的行为表现，我们需要识别决定自然失业率的因素。在第3章，我们讨论了自然失业率总是大于零的原因。在此，我们集中关注美国自然失业率变化的原因。

变化中的自然失业率 自然失业率对应于充分就业产出。遗憾的是，因为无法确定经济何时处于充分就业水平，所以我们不能直接观察到自然失业率，而是必须估算它。不可避免地，在任何特定时间的自然失业率数值都存在一些不确定性。图12－9绘出了1960—2014年由国会预算办公室发布的自然失业率估算值以及实际失业率。在2007—2009年经济衰退之后，自然失业率上升到大约为劳动力人口的5.5%，比21世纪头几年的自然失业率高出约0.5个百分点，但是比20世纪70年代的自然失业率低了约0.75个百分点。①

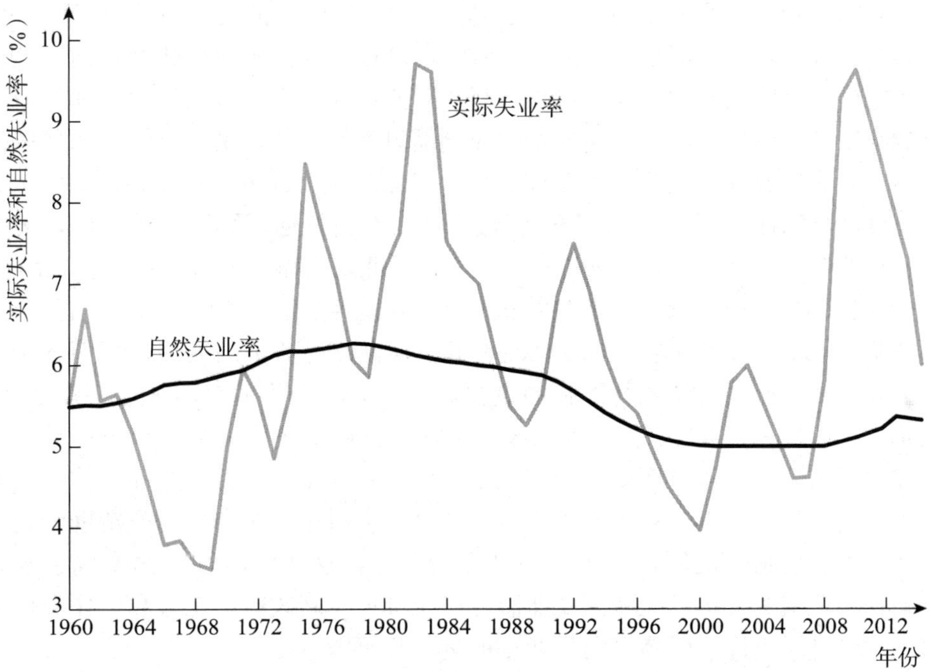

图12－9 1960—2014年美国的实际失业率和自然失业率

说明：图中表现了美国在1960—2014年的实际失业率和经估算的自然失业率。实际失业率和自然失业率之间的差别就是周期性失业。注意，自然失业率从20世纪60年代到70年代末期一直上升，但在1980—1999年下降。自然失业率在1999—2007年稳定在5%，但是在住房与金融危机之后的2008年开始上升，在2013年达到5.5%。

资料来源：实际失业率数据来自美国劳工统计局，可从FRED数据库下载，下载序列为UNRATE；自然失业率数据来自国会预算办公室，可从FRED数据库下载，下载序列为NROU。

很难就自然失业率的升降给出一个完全令人满意的解释，但部分的原因可能是人口

① 国会预算办公室发布的2007—2009年经济衰退后自然失业率上升到5.5%的结论受到以下关于自然失业率的文章的支持：Mary Daly，Bart Hobijn，Aysegül Sahin and Robert G. Valletta，"A Search and Matching Approach to Labor Markets：Did the Natural Rate of Unemployment Rise?" *Journal of Economic Perspectives*，Summer 2012，pp. 3－26。

形态变化的结果。（基于年龄、性别或种族的）不同人口组群在全体工人中所占的比例随着时间逐渐发生改变。由于一些组群和其他组群相比有较高的失业率，自然失业率也就随时间而变化。例如，在 20 世纪 60 年代，随着女性加入劳动力人口的数量增加，由于女性的平均失业率高于男性，自然失业率也就随之上升。[①] 而青少年由于要么因为在学习而频繁地加入和退出劳动力人口，要么因为他们的工作大多是不提供长期雇用的低技能工作，所以他们的失业率特别高。

从第二次世界大战到 1980 年，未成年人以及女性在美国劳动力人口中所占的比例越来越高。劳动力人口的组成转向那些传统上有高失业率的人口组群，很可能增加了该时期的总失业率，特别是在 20 世纪 60 年代和 70 年代。相反，大约自 1980 年以来到 21 世纪头几年，人口形态因素倾向于减少自然失业率。其中一个原因是，年轻人占劳动力人口的比例在下降，这反映了整体上人口老龄化的趋势。确实，在 2015 年，只有约 13%的美国劳动力年龄在 16～24 岁之间，在 1998 年这一数字为 16%，而在 1980 年该数字为 25%。普林斯顿大学罗伯特·夏默（Robert Shimer）[②] 的一个研究结论是，具有失业倾向的年轻工人所占比例的下降能够解释美国自 20 世纪 80 年代到 90 年代自然失业率的大部分下降。在那之后，从 2000 年到 2007 年自然失业率相当稳定。然后，住房与金融危机导致的结构性失业的增加推高了自然失业率。结构性失业增加的原因包括工作技能与工作岗位的不匹配，当建筑行业萎缩时特别如此，也很可能包括慷慨的失业福利计划，因为它鼓励了失业工人在接受工作职位前花费过多时间去寻找工作。

一些经济学家注意到，20 世纪 90 年代末在没有引发通货膨胀的情况下，美国失业率在相当长的时期内维持接近于 4%的水平，并因此对美国自然失业率在 20 世纪 90 年代及 21 世纪头 10 年 5%～5.5%的估算值持质疑的态度。他们的结论是，自然失业率一定不会高于 4.5%的水平。这个分歧也说明了获得自然失业率的准确估算值的难度——这也是决策者和一般经济学家所面临的重要难题。如果美国的自然失业率在 20 世纪末低到了 4.5%的水平，那么是什么因素导致了这个良好的进展呢？一个可能性是，劳动力市场在匹配工人和工作方面变得更有效率，因此减少了摩擦性失业和结构性失业。例如，近年来美国的临时工猎头公司越来越多。这些临时工猎头公司专门帮助公司找到合格工人来填充它们临时的职位空缺。在许多情形下，这些临时性工作变成了永久性工作。如果临时工猎头公司、互联网就业服务以及其他革新改善了工人和工作职位间的匹配，那么这些进展也许能解释自然失业率的进一步下滑。[③]

另一个可能性是，工人生产率的提高导致了自然失业率下降，特别是在 20 世纪 90 年代后期。在长期均衡状态，工人得到的实际工资等于他们的边际生产率。但是，在生产率提高和实际工资上升之间可能存在时滞。例如，如果一段时间以来实际工资和生产率都以每年 2%的速度增长，然后生产率开始以每年 4%的速度增长，那么习惯于实际

① 然而，自 20 世纪 80 年代早期以来，男性和女性的平均失业率已经大致相等，所以劳动力人口中女性所占比例的变化不再改变自然失业率。

② Robert Shimer, "Why Is the U. S. Unemployment Rate So Much Lower?" in B. Bernanke and J. Rotemberg, eds., *NBER Macroeconomics Annual*, 1998.

③ 哈佛大学的劳伦斯·卡茨（Lawrence Katz）与普林斯顿大学的艾伦·克鲁格（Alan Krueger）提出，临时工猎头公司所起的作用可能是自然失业率下降的部分原因。参见 "The High-Pressure U. S. Labor Market of the 1990s," *Brookings Papers on Economic Activity*, 1999: 1, pp. 1–88。

工资以 2%的速度增长的工人也许在要求加薪方面比较缓慢。因为生产率增长快于实际工资增长，所以公司将雇用更多工人，自然失业率将暂时下降。[1]

自然失业率的度量 由于自然失业率在经济理论中扮演的重要角色，当政策制定者制定政策时都愿意使用自然失业率的度量。简而言之，如果政策制定者观察到失业率高于自然失业率，也就是 AD 曲线和 SRAS 曲线的交点必然位于 LRAS 曲线的左边，那么也许会考虑使用（我们将在第 14 章讨论的）扩张性货币政策和（我们将在第 15 章讨论的）扩张性财政政策将 AD 曲线向右移动，从而将经济体带回充分就业均衡。然而，要将失业率作为制定政策的一个指标，政策制定者需要自然失业率的准确度量。

尽管图 12－9 展现了由国会预算办公室发布的自然失业率的估算值，经济学家们对如何度量自然失业率仍有很大争议。此外，即使是国会预算办公室也在随时间变化不断修正对自然失业率的估算。[2] 达特茅斯大学（Dartmouth University）的道格拉斯・斯泰格（Douglas Staiger）、哈佛大学的詹姆斯・斯托克（James Stock）和普林斯顿大学的马克・华生（Mark Watson）等经济学家对自然失业率度量的精确度进行了详尽的计量分析。[3] 他们的结论是，尽管采用了许多不同的方法来度量，但自然失业率根本不能被精确度量。例如，他们对 1994 年的自然失业率所做出的最好估算值是 5.75%，但由于存在如此多的不确定性，他们只有 95%的把握认为自然失业率的真实值位于 4.8%～6.6%。对政策制定者来说，这个区间由于太大而失去用处。

面对如此证据，在 20 世纪 90 年代后期，研究者们考虑的是政策制定者该如何做。给定自然失业率的不确定性，政策制定者在政策变化方面也许要比他们知道自然失业率准确值的情况下更谨慎一些。[4] 一些研究者甚至将 20 世纪 70 年代的通货膨胀上升归咎于美联储在准确估算自然失业率方面的失败。[5] 然而，政策制定者面临着充分就业产出的度量甚至更不精确的问题。因此，尽管经济学理论依赖于充分就业产出和自然失业率的概念，但由于经济学家不能精确地度量这些概念，所以制定政策仍是一件困难的事。

12.4 通货膨胀问题

1971 年 8 月，尼克松总统制定了一系列的工资和价格控制措施，试图降低美国的

---

① 约翰・霍普金斯大学（Johns Hopkins University）的劳伦斯・鲍尔（Laurence Ball）和哈佛大学的 N. 格里高利・曼昆（N. Gregory Mankiw）通过解释自然失业率在 20 世纪 90 年代的下降为这种假说提供了证据，见 "The NAIRU in Theory and Practice," *Journal of Economic Perspectives*, Fall 2002, pp. 115－136。

② 要理解国会预算办公室修正这些数字的幅度有多大，参见 Sharon Kozicki, "How Do Data Revisions Affect the Evaluation and Conduct of Monetary Policy?" Federal Reserve Bank of Kansas City, *Economic Review*, First Quarter 2004, pp. 5－38。

③ 参见 "The NAIRU, Unemployment and Monetary Policy," *Journal of Economic Perspectives*, Winter 1997, pp. 33－49。

④ 参见 Volker Wieland, "Monetary Policy and Uncertainty About the Natural Unemployment Rate: Brainard-Style Conservatism versus Experimental Activism," *Advances in Macroeconomics*, vol. 6, no. 1, 2006。

⑤ 参见 Athanasios Orphanides and John Williams, "The Decline of Activist Stabilization Policy: Natural Rate Misperceptions, Learning, and Expectations," *Journal of Economic Dynamics and Control*, November 2005, pp. 1927－1950。

通货膨胀，这些严厉措施即使在通货膨胀率仅为5%的时候仍在实施。在20世纪70年代末，当美国的通货膨胀率达到两位数水平时，对选民进行的问卷调查发现，他们认为通货膨胀是"第一号公众敌人"。公众对通货膨胀产生恐惧的一个受害者就是吉米·卡特（Jimmy Carter），他在1980年的总统选举中输给了罗纳德·里根（Ronald Reagan），部分原因是公众认为他没有能力控制通货膨胀。本节将考察通货膨胀，首先讨论通货膨胀的成本，然后转到如何控制通货膨胀的问题上。

□ 通货膨胀的成本

通货膨胀的成本主要取决于消费者、投资者、工人以及各公司能否预期通货膨胀的发生。为阐述这个论点，我们探讨两个极端例子：一个完全预期通货膨胀（即任何人都能预期的通货膨胀）和一个未预期通货膨胀。

完全预期通货膨胀 我们首先考虑通货膨胀被公众完全预期的情形。例如，试想每个人都知道通货膨胀率为每年4%。为简化起见，假设相对价格没有变化，以使得所有商品和服务的价格也以每年4%的速度上涨。

为什么完全预期通货膨胀会有成本呢？虽然你所支付的日用品、电影票和其他商品的价格每年上涨4%，但你的名义工资以及你所生产的商品和服务的名义价值同样每年增长4%。由于你的名义收入和价格同比例增长，因此完全预期通货膨胀并不会损害你的购买力。①

你存在储蓄账户里的钱有何变化呢？尽管通货膨胀降低了货币的购买力，但完全预期通货膨胀不会损害你的储蓄账户的价值。原因是名义利率将会调整，以抵消货币购买力的下降。例如，在通货膨胀率为零、储蓄账户的名义利率为3%时，实际利率也是每年3%。如果完全预期通货膨胀率上升到每年4%的水平，那么名义利率也会因此上升到每年7%的水平，以保持3%的实际利率不变。因为储户和银行都只关心实际利率，当通货膨胀率上升到4%时，银行应当愿意给出7%的名义利率，而储户也应当愿意接受7%的名义收益。因此，无论银行还是储户都没有因为通货膨胀率的预期上涨而受损。②

关于完全预期通货膨胀不产生经济成本的看法并不完全正确：通货膨胀使得现金的价值流失，从而导致人们减少手头的现金持有量。例如，每个星期都到银行或自动柜员机取钱，而不是每月两次。类似地，通货膨胀也使得各公司以引进电脑化的现金管理系统或增加会计部门的人手等方式来减少其现金持有量。这种人们或公司试图最小化现金持有量而投入的时间和付出的成本称为**鞋底成本**（shoe leather costs）。对于温和的通货膨胀率来说，鞋底成本虽少，但也不是可以完全忽略的。例如，一个10%的完全预期通货膨胀的鞋底成本经估算大约为GDP的0.3%，在美国等于每年500亿美元多

① 人们在心理上很可能会认为，那些由通货膨胀引起的工资上升是自己凭工作换来的，因此是"公平的"，但认为由于通货膨胀而必须支付的高价格是"不公平的"。这种现象令人迷惑，不过当人们因此要求对通货膨胀采取行动时，这具有实际的政治意义。

② 这种论点忽视了征税的对象是名义利率的事实。如果要保持税后实际利率不变，那么名义利率的上升幅度总要高于通货膨胀率，见表4.1关于税后实际利率的讨论。

一点。①

完全预期通货膨胀还有一个成本是菜单成本，也就是改变名义价格的成本。当存在通货膨胀且价格持续上涨时，商品和服务的出售者必须使用资源来改变名义价格。例如，邮购公司将不得不频繁地印刷和邮寄商品目录来通告价格的上涨。尽管一些公司面临大量的菜单成本，但对整个经济来说，这些成本可能很小。另外，超市中电子扫描仪的引进等技术进步也会减少改变价格的成本。

未预期通货膨胀 公众对通货膨胀的排斥在很大程度上是对未预期通货膨胀率，也就是实际通货膨胀率与预期通货膨胀率之差的排斥。例如，如果每个人的预期通货膨胀率为每年4%，但它实际上是每年6%，那么未预期通货膨胀率是每年2%。

如果你预期4%的通货膨胀，并且你的储蓄账户的利率是7%，那么6%的通货膨胀率的影响是什么呢？当通货膨胀率为每年6%而非4%时，你的储蓄账户的实际利率事实上仅仅是每年1%（7%的名义利率减去6%的通货膨胀率），而不是你所预期的3%。由于你事实上获取的是一个更低的实际利率，所以未预期通货膨胀使你遭受了损失。然而，由于银行支付的实际利率低于其预期，你的损失也就是银行的所得。注意，如果实际通货膨胀低于预期，双方的角色则会颠倒过来。在这种情形下，你所获取的实际利率以及银行所支付的实际利率都将高于预期。

类似地，假设你的名义工资已于事先设定。如果通货膨胀高于预期，那么你的工资的实际价值就会低于预期，而你的损失则是雇主的所得。不过，如果通货膨胀低于预期，那么你将受益，而雇主会遭受损失。

这些例子说明，未预期通货膨胀的一个主要作用是将财富从某个人或公司手中转移到另一个人或公司手中。那些在固定利率水平上借出或储蓄的人（债权人）和那些有着固定名义收入的人将因为未预期通货膨胀而遭受损失，而那些在固定利率水平上借入资金的人（债务人）和那些必须支付固定名义金额的人则受益于未预期通货膨胀。

就经济整体来说，财富从一个群体手中转移到另一个群体手中不是资源的净损失，因此并不代表真实的成本。然而，从经济体中的个人和公司的角度来看，未预期通货膨胀带来的财富增长或减少的风险是不受欢迎的。由于大多数人不喜欢风险，而未预期通货膨胀导致财富显著增长或减少的可能性使得人们感到利益受损，所以这是未预期通货膨胀的成本。此外，人们用于预测通货膨胀以使自己免受未预期通货膨胀风险的任何资源也代表着更多的成本。不过，正如我们在本章的“数据获取与研究前沿：指数化合同”中所讨论的那样，这些未预期通货膨胀成本的一部分可以通过与价格水平挂钩的合同来消除。

数据获取与研究前沿

指数化合同

从原理上说，与未预期通货膨胀相关的大部分收益和损失可通过使用依照通货膨胀

① 见 Stanley Fischer, “Towards an Understanding of the Costs of Inflation: Ⅱ,” in K. Brunner and A. Meltzer, eds., *Carnegie-Rochester Conference Series on Public Policy*, vol. 15, Autumn 1981。

将支付数额指数化的合同来消除。例如，如果一个银行想要确保对储蓄账户支付3%的实际利率，那么通过支付等于3%与实际通货膨胀率相加的名义利率，银行可以根据通货膨胀率将名义利率指数化。如果实际通货膨胀率是6%，那么银行最终需要支付9%的名义利率——银行按承诺的3%的实际利率付给储户。类似地，其他金融合同（诸如贷款、抵押贷款以及债券）也可以通过指数化来使实际收益率免受未预期通货膨胀的影响。由劳动合同设定的工资支付也可用指数化来保护工人和雇主免受未预期通货膨胀的影响（我们在附录11.A里讨论了工资指数化的宏观经济作用）。

指数化的应用有多广泛呢？美国大多数金融合同并没有根据通货膨胀率来指数化，尽管一些长期金融合同（例如可调整利率的抵押贷款）的支付根据银行索要的优惠利率或者国债的名义利率进行了指数化。因为名义利率基本上与通货膨胀的变动是一致的，这些长期金融合同在某种程度上也根据通货膨胀进行了指数化。许多美国的劳动合同通过生活费用调整的条款来根据通货膨胀率进行指数化。如果通货膨胀高于预期，那么这些合同保证名义工资以一定的幅度随之增长。不过，通常未预期通货膨胀率1%的增长将导致少于1%的工资调整。1997年1月，美国财政部（U. S. Treasury）开始销售根据通货膨胀率进行了指数化的债券。

在遭遇过高水平的未预期通货膨胀的国家中，指数化合同很普遍。以色列就是一个例子。1984年，以色列的CPI通货膨胀率为年均445%。当时，超过80%的流动金融资产都被指数化了。例如，长期政府债券依CPI指数化、银行提供了购买力与美元挂钩的短期储蓄。然而，以色列的恶性通货膨胀在1985年的下半年结束之后，金融资产指数化的比例已经下降了，并且近年随着以色列的通货膨胀率下降到个位数而继续下降。①

未预期通货膨胀的成本还涉及价格作为市场经济的信号这样一个事实。例如，如果小麦变得比玉米更贵，那么对消费者来说就是从消费小麦转到消费玉米的信号，对农民来说就是增加小麦生产和减少玉米生产的信号。不过，作为经济中信号的价格是指相对价格，比如小麦相对于玉米的价格。知道小麦多少钱一蒲式耳对消费者和农民的经济决定并没有什么帮助，除非他们也知道玉米的价格。在通货膨胀超乎预期，尤其是不规律的情况下，人们也许会将总价格水平变化所引起的价格改变与单个商品的需求或供给的移动所引起的价格改变相混淆。因为价格给出的信号可能会被未预期通货膨胀扭曲，所以市场经济运行的效率将降低。此外，当实际通货膨胀率存在着许多不确定性时，人们必须通过购物比较等花费时间和精力的方式去熟悉各种不同的商品价格。

恶性通货膨胀的成本　当通货膨胀率在一个连续的长时期内维持极高的水平时，就发生了**恶性通货膨胀**（hyperinflation）。② 例如，自1945年8月后的12个月内，匈牙利的平均通货膨胀率达到了每月19 800%的水平。③ 在更近期的津巴布韦的恶性通货膨胀

① 参见 Stanley Fischer, "Israeli Inflation and Indexation," in J. Willamson, ed., *Inflation and Indexation: Argentina, Brazil, and Israel*, Institute for International Economics, 1985, reprinted in Stanley Fischer, *Indexing, Inflation, and Economic Policy*, Cambridge, Mass.: M. I. T. Press, 1986; and Zalman F. Shiffer, "Adjusting to High Inflation: The Israeli Experience," Federal Reserve Bank of St. Louis, *Review*, May 1986, pp. 18-29。

② 菲利普·卡根（Philip Cagan）在其关于恶性通货膨胀的经典研究（"The Monetary Dynamics of Hyperinflation," in Milton Friedman, ed., *Studies in the Quantity Theory of Money*, Chicago: University of Chicago Press, 1956）中，将恶性通货膨胀开始的时间定义为通货膨胀率首次达到月均50%的第1个月。

③ 菲利普·卡根关于恶性通货膨胀的经典研究中的表1。

中，年度通货膨胀率在2006年达到了1 017%，在2007年达到了10 453%，在2008年达到了556亿%，然后在2009年回落到了6.5%。[①] 这些恶性通货膨胀的成本远高于一般通货膨胀的成本。例如，当价格以这样超乎想象的速度上涨时，减少现金持有量的动机就会变得非常强烈，导致鞋底成本巨大。在严重的恶性通货膨胀里，工人更频繁地领取工资，甚至超过一天一次。然后，他们冲出去在价格进一步上涨之前把钱花掉（或者把他们的钱换成其他形式的资产，如外汇）。为尽可能快地把现金花光而投入的时间和精力浪费了资源，扰乱了生产。

恶性通货膨胀的一个早期恶果是政府征税的能力下降。处于恶性通货膨胀中时，纳税人有尽可能延迟缴税的动机。因为税额是以名义金额上报的，所以纳税人延迟的时间越长，所交税款的实际价值就越低。因此，在恶性通货膨胀中，政府所征收的税款的实际价值会迅速下降，从而对政府的财政状况和提供公共服务的能力有着破坏性的影响。

在恶性通货膨胀的情况下，我们前面提到的通货膨胀对市场效率的扰乱性影响会变得非常严重。如果价格改变如此频繁，以至于它们不再是不同商品和服务的供给及需求的可靠指标，那么自由市场的"看不见的手"就无法有效地配置资源。

通货膨胀会过低吗？ 我们关于通货膨胀的成本的讨论到目前为止关注的是通货膨胀水平过高的情形。那么如果通货膨胀水平非常低或者价格水平在下降也就是通货紧缩，情况又会如何呢？中央银行需要关注它吗？

事实上，过低的通货膨胀和通货紧缩是会伤害经济的。例如，和未预期通货膨胀有利于以固定利率借入资金的人一样，未预期通货紧缩伤害了资金借入者。确实，像美国20世纪30年代价格水平以每年10%下降的足够严重的未预期通货紧缩带来了广泛的破产和金融困境，因为借入者的名义收入相对于他们约定的还款数额来说下降了。

和预期通货膨胀一样，预期通货紧缩也有成本。例如，如果名义工资具有黏性（以及如果名义工资不能轻易地向下调整），随时间变化，通货紧缩会通过降低工人所购买东西的价格水平来推高实际工资。这对在职的人来说是好事，但是如果实际工资超出了劳动力市场上供给数量和需求数量相等所要求的均衡工资水平，那么通货紧缩会创造出更多的失业。和预期通货膨胀一样，通货紧缩也会降低各个市场的效率，因为人们发现很难确定他们买或卖的各种商品和服务的相对价格。

由于名义利率通常不能低于零，预期通货紧缩还有一个重要成本。例如，假设价格水平以每年2%的速度下降（每年$\pi=-2\%$），那么中央银行可达到的实际利率的最低理论值是2%，等于每年取值为零的名义利率减去取值为−2%的通货膨胀率。如果恢复充分就业所要求的实际利率小于每年2%，而现行的通货膨胀率为−2%，那么中央银行即使将名义利率一直降到零，也无法将实际利率减少到经济所需要的水平。（与之相反的是，如果通货膨胀率为每年2%，那么中央银行通过将名义利率削减为零，可以达到每年实际利率为−2%的目标，因为$r=i-\pi=0-2\%=-2\%$。）在第14章中，我们将讨论和名义利率的零下限相关的问题（并指出名义利率在一些国家中已经取接近于零的负数的几个例子）。

如果高通货膨胀和非常低的通货膨胀都有成本，那么中央银行应当设定什么样的通

① 见世界银行网站关于津巴布韦的数据和统计。

货膨胀目标呢？现在，世界上许多国家的中央银行设定 2%的通货膨胀目标，2%的通货膨胀水平是比较低的，因而能够最小化高通货膨胀的成本；同时减少将经济送入通货紧缩的出人意料的冲击发生的风险。此外，一些证据表明由于技术原因，美国的官方通货膨胀率的度量过高地估计了真实的通货膨胀率。相应地，如果美联储的通货膨胀率的目标为 2%，那么它实际上定的目标是稍微低一点的实际通货膨胀率。

12.5 治理通货膨胀：通货膨胀预期的作用

基本上，若在任何特定价格水平上商品需求总数量的增加快于商品供给总数量的增加，就会发生通货膨胀（图 12－3 描述了该情形）。造成商品需求总数量的增加相对快于商品供给总数量的因素有很多，这些通货膨胀的起因包括消费或投资支出的增加、扩张性财政政策以及恶性供给冲击等。不过，正如第 7 章所述，一般来说，能引起总需求持续增加并由此引发持续性通货膨胀的唯一因素是快速的货币增长。

如果快速的货币增长带来通货膨胀，那么为什么中央银行还允许快速的货币扩张？正如在第 7 章提到的（在第 15 章将进行更深入的讨论），由于发展中国家或遭受战争破坏的国家无法通过征税或借款来获取足够的财政收入，所以它们印刷纸币来应付所需。不过，在不打仗或不处于战后恢复期的工业化国家中，政府通常能够通过征税或借款来筹足支出所需的款项。在这些国家里，快速的货币增长通常是试图用扩张性货币政策来对抗经济衰退，而在产出高于充分就业产出时又没有将货币政策收紧的结果。

由于持续性通货膨胀通常是快速货币增长的结果，制止通货膨胀的处方似乎很简单——降低货币增长速度。遗憾的是，通过减缓货币增长来**反通货膨胀**（disinflation）即降低通货膨胀率可能会导致经济衰退。就附加预期的菲利普斯曲线［式（12－1）］来说，如果宏观经济政策成功地使通货膨胀率低于预期水平，那么失业率就会高于自然失业率。失业率将维持高于自然失业率的水平，直到预期通货膨胀率降到一个新的、低于实际通货膨胀率的水平。

是否存在降低通货膨胀的同时不遭受严重失业成本的方法呢？附加预期的菲利普斯曲线提出了一个可能性：如果在实际通货膨胀率被压低时，公众的预期通货膨胀率也能随之降低，那么失业率将不会高于自然失业率。［在式（12－1）中，你应能证明，如果实际通货膨胀率 π 和预期通货膨胀率 π^e 下降相同的幅度，那么周期性失业 $u-\bar{u}$ 不会上升。］也就是说，如果预期通货膨胀率可以被降低，那么原先联系通货膨胀率与失业率的菲利普斯曲线将向左下方移动，从而降低了与任何失业率水平相联系的通货膨胀率。

但是，决策者如何降低公众的通货膨胀预期呢？在本节的剩余部分，我们将讨论一些已经提出的用于降低通货膨胀与通货膨胀预期的方法。

快速性与渐进性反通货膨胀　一些古典经济学家提议，应当通过快速并能决定性地降低货币供给增长率的疗法——有时被称为**急冻疗法**（cold turkey），来迅速实施反通货膨胀。这个政策的提倡者指出，由于反通货膨胀的急冻疗法既急剧又易为公众所知，因此它会很快并大幅度地降低通货膨胀的预期，当政策提前很长时间宣布时尤其如此。

如果预期通货膨胀下降的幅度足够大，那么附加预期的菲利普斯曲线暗示着反通货膨胀的失业成本将会是最小的。

然而，大多数凯恩斯主义经济学家不同意这种可以达到快速反通货膨胀的目的而又不会引起周期性失业上升的理论。他们指出，由于诸如菜单成本和名义工资合同等因素，价格和工资需要几年时间来根据反通货膨胀政策做出调整，而调整期间的周期性失业会很高。此外，凯恩斯主义者指出，急冻疗法也许并不能降低通货膨胀预期，因为当它所导致的失业达到政治上无法忍受的水平时，人们会预期政府将放弃急冻疗法。

由于担心急冻疗法可能会导致失业的后果，许多凯恩斯主义经济学家推荐一种**渐进主义**（gradualism）政策，也就是在一段时间内逐渐降低货币增长速度和通货膨胀。凯恩斯主义者指出，由于渐进主义政策给予价格、工资以及预期更多的时间来对反通货膨胀做出调整，所以这种方法使失业率的增加幅度小于急冻疗法，尽管失业率超过自然失业率的时间会更长。他们更进一步指出，由于这种政策在政治上被认为是可持续的，所以渐进主义政策在降低通货膨胀预期方面会和急冻疗法一样有效。本章的“数据获取与研究前沿：牺牲率”讨论了一个比较急冻疗法和渐进主义政策的研究的结果。

数据获取与研究前沿

牺牲率

要降低通货膨胀，需要使用紧缩性的货币政策和财政政策来减缓总需求的增长速度。不过，如果这些政策不能完全预期，那么它们将使产出和就业至少在一段时间内低于充分就业水平上的产出和就业。这些产出和工作职位的损失是一个重要成本，必须和降低通货膨胀的政策所带来的福利相权衡。

经济学家有时使用牺牲率来度量降低通货膨胀率的成本。**牺牲率**（sacrifice ratio）是当通货膨胀率降低 1 个百分点时所损失的产出数量。例如，根据劳伦斯·鲍尔①的研究，在 20 世纪 80 年代初的反通货膨胀期间，美国的通货膨胀率降低了 8.83 个百分点（从每年 12.1%降到每年 3.27%）。鲍尔估算出在反通货膨胀的 15 个季度里，由降低通货膨胀的政策引起的产出总损失为年均潜在 GDP 的 16.18%。用这些占潜在产出 16.18%的产出损失除以 8.83%的通货膨胀降低幅度，就可以得出该时期的牺牲率为 1.83。我们可以把结果解释为在 20 世纪 80 年代初美国通货膨胀率每降低 1 个百分点，其损失为美国年均潜在 GDP 的 1.83%。

鲍尔用 9 个国家的季度数据计算了在 20 世纪 60 年代、70 年代以及 80 年代所发生的 28 个反通货膨胀期间的牺牲率。下表报告了他所发现的各国的平均牺牲率，并表明了降低通货膨胀的产出成本在各国间变化很大。平均牺牲率的波动范围从法国、英国和日本等国的低于 1 到联邦德国的几乎等于 3 的水平之间。换句话说，以损失的产出计算，在联邦德国降低通货膨胀的成本要比其他工业化国家高两倍。是什么因素

① “What Determines the Sacrifice Ratio?” in N. Gregory Mankiw, ed., *Monetary Policy*, Chicago: University of Chicago Press, 1994, pp. 155 - 188.

造成了这样的差别呢？

各国的平均牺牲率	
澳大利亚	1.00
加拿大	1.50
法国	0.75
联邦德国	2.92
意大利	1.74
日本	0.93
瑞士	1.57
英国	0.79
美国	2.39

通过在样本中比较不同国家的特点，鲍尔发现影响牺牲率的一个因素是劳动力市场的灵活性。对于那些由于政府对劳动力市场的高度控制等原因导致工资对劳动力供给和劳动力需求调整较慢的国家而言，它们倾向于有较高的牺牲率。这个发现之所以合乎情理，是因为有着不灵活劳动力市场的国家在总需求增长的减缓超出预期后，需要用更长的时间来达到长期均衡状态。鲍尔也发现，快速的反通货膨胀倾向于比缓慢的反通货膨胀有更低的牺牲率，这可以算作急冻疗法优于渐进主义政策的一点证据。

鲍尔的研究结果虽然有趣，但解释它们的时候应当小心。一个问题是，很难决定究竟有多少产出损失可归咎于某一特定系列的反通货膨胀政策。例如，要计算反通货膨胀导致的产出损失，我们必须估算在没有反通货膨胀情况下的产出数量，而这是一件困难的事情。如果产出损失的计算不正确，那么所得出的牺牲率也是错误的。供给冲击等影响产出和通货膨胀的因素也会扭曲牺牲率的计算结果。因此，牺牲率最多只是降低通货膨胀成本的一个大概的度量。

工资与价格控制 因为采用降低货币增长来减少通货膨胀这种方法具有一定的成本和难度，一些国家的决策者采用了一种更直接的方法——施加价格控制，也就是对公司提高价格（或工资）能力的法律限制。价格控制（也称收入政策）的支持者指出，通过运用法律力量来制止价格上涨，政府可以完全控制通货膨胀预期，使得反通货膨胀可以继续实施而不带来严重的失业后果。

价格控制的批评者有两个论点。首先，价格控制很容易引起短缺。在一个自由市场中，供给和需求的不断变化导致了相对价格的变化，其中某些产品的价格比其他产品的价格上升得更快。如果价格控制阻止了产品价格的上升，使得价格无法达到供给数量等于需求数量所必需的水平，那么就会发生对产品的过度需求，也就是短缺。这些短缺以及它们所引起的市场扰乱是价格控制的一个主要成本。

其次，批评者驳斥了价格控制对公众的通货膨胀预期有重要作用的观点。尽管控制措施在当时制止了通货膨胀，但因为它们会引起短缺并扰乱经济，所以它们最终要被取消。既然知道这些控制措施是暂时的，人们就会预期未来甚至会发生更高的通货膨胀。

美国所经历的最近期的价格控制发生于20世纪70年代早期。尼克松总统在1971

年 8 月—1974 年 4 月实施了价格控制，试图阻止通货膨胀上涨到高于 5%的水平。但是，许多商品发生了短缺，包括鸡肉烤制机、木材以及各种钢铁产品，而取消价格控制后，价格马上回到了如果没有价格控制时它们本来应当达到的水平。

在价格控制期间可能会影响通货膨胀预期的一个因素是，政府如何运用财政政策和货币政策。如果宏观经济政策允许总需求继续快速增长，那么人们将预期价格控制被取消后会发生新一轮的通货膨胀（见本章末的分析题第 5 题）。无法成功地降低总需求增长也是始于 1971 年的价格控制的问题所在。但是，如果控制措施与紧缩性的货币政策和财政政策配套使用，那么这种当控制取消后通货膨胀不会恢复的看法会更加合理。

可信度与声誉 古典主义者和凯恩斯主义者都同意要在没有高失业成本的前提下达到反通货膨胀的目的，因此降低公众的预期通货膨胀率很重要。政府宣告的反通货膨胀政策的可信度也许是决定预期通货膨胀率调整速度的最重要因素。如果政府（比如总统或美联储主席个人）宣布了旨在降低通货膨胀率的政策，并且如果工人、消费者以及公司相信政府确实会这么做，那么预期通货膨胀率应当会以相当快的速度下降。

政府如何提高对公众的可信度呢？一个策略是，政府能够培育出坚守承诺的声誉。那么，当它宣布一个反通货膨胀政策时，人们很可能会认真看待这个宣告。遗憾的是，这样的声誉是需要时间来培育的，而政府班子的变化也导致决策者的频繁更替。

另一个策略是，用一种产生可信度的方式来组织决策机构。例如，如果有一个强大并且独立的中央银行，而且中央银行是由以反对通货膨胀著称的人来掌控的，那么当它宣布一个反通货膨胀政策时，公众也许会觉得有可信性。不过，如果中央银行直接由政府的执行部门来控制，并在失业上升时面临强大的政治压力，那么宣告反通货膨胀政策的可信度就会较低。我们在第 14 章将更深入地探讨组织结构、政府可信度以及通货膨胀预期之间的关系。

□ 美国 20 世纪 80 年代和 90 年代的反通货膨胀

关于反通货膨胀的理论在 20 世纪 80 年代和 90 年代的美国得到了检验的机会。从保罗·沃尔克治理下的 1979 年开始并持续到艾伦·格林斯潘（Alan Greenspan）治理下的 1987 年，美联储都在寻求消除经济不稳定的源头之一——通货膨胀的办法。1979—1982 年，美联储主席沃尔克将通货膨胀从两位数的水平降低到 4%。从 1982 年开始，沃尔克和格林斯潘一起逐渐降低通货膨胀率，他们的目标是不让通货膨胀成为消费者和投资者心理上的一个主要考量。他们想把通货膨胀保持在一个如此之低和稳定的水平，以至于人们不再担心通货膨胀并且相信它永远不再大幅上涨。

评判美联储做法成功与否的一个方法是考察人们的通货膨胀预期。为此，我们使用图 12－10 所展现的由费城联邦储备银行收集的专业预测者抽样调查所得出的预期通货膨胀率。该图说明预期通货膨胀率在 1990 年以前大幅波动。直到 1998 年为止，预期通货膨胀率呈现一个逐渐下降的趋势，而后一直相当稳定。

美联储在 1979 年开始的反通货膨胀过程在最初有点不稳定，很可能是由于美联储在 20 世纪 70 年代无法抑制通货膨胀，而新任命的美联储主席保罗·沃尔克还没有建立他的可信度。其结果是，当通货膨胀下降时预期通货膨胀率并没有立即下降。在接下来的 10 年里，随着人们逐渐从心理上接受了美联储减少通货膨胀的意愿，美联储的可信度得以建立。与以渐进主义政策为特点的 1990 年后时期相伴的是预期通货膨胀率的缓慢和稳定下降。到2006年格林斯潘离职和本·伯南克就任，美联储的可信度已经很牢固。2004—2008年，尽管石油价格大幅上涨，但预期通货膨胀率几乎没有上升的事实也说明美联储的声誉和可信度已经牢固地树立起来了。为巩固声誉，美联储进一步在2012年1月采取了宣布以个人消费价格指数度量的长期通货膨胀率目标明确为2%。

图12-10　1971第一季度—2015年第二季度的预期通货膨胀率

说明：图中绘出了从1971年第一季度到2015年第二季度，以横轴所示日期开始的随后4个季度的预期通货膨胀率的季度值。在20世纪70年代和80年代早期，预期通货膨胀率变动不规律并且波动程度很大。在20世纪80年代末，预期通货膨胀率变得较为平滑，并且一直到20世纪90年代末都在逐渐下降。预期通货膨胀率在21世纪头10年保持低于2.5%的水平，并持续到2015年中期。

资料来源：费城联邦储备银行专业预测者抽样调查。

本章小结

1. 紧随着A.W.菲利普斯在1958年发表的著名文章，实证研究经常发现：失业低时通货膨胀高，失业高时通货膨胀低。通货膨胀与失业之间的负向实证关系被称为菲利普斯曲线。美国的通货膨胀和失业在20世纪60年代与菲利普斯曲线相吻合，但在70年代和80年代与它不一致。

2. 经济学理论指出，通货膨胀与失业间的负向关系通常是不稳定的。在一个经济体中，当总需求的增长速度发生未预期的变化时，在未预期通货膨胀率与周期性失业间应当存在一个负向关系。具体说来，当实际通货膨胀率和预期通货膨胀率相等时（使得未预期通货膨胀率为零），实际失业率将等于自然失业率（使得周期性失业为零）。这个未预期通货膨胀率与周期性失业间的负向关系被称为附加预期的菲利普斯曲线。

3. 根据附加预期的菲利普斯曲线的理论，只有当预期通货膨胀率和自然失业率固定不变时，才可能观察到通货膨胀与失业间的稳定负向关系。预期通货膨胀率的上升或自然失业率的升高都使得菲利普斯曲线向右上方移动。恶性供给冲击通常增加了预期通货膨胀率和自然失业率，因此也使得菲利普斯曲线向右上方移动。20 世纪 70 年代发生的主要供给冲击、自然失业率的上升以及高度波动的预期通货膨胀率解释了为什么美国在 1970 年后菲利普斯曲线无规律地移动。

4. 根据附加预期的菲利普斯曲线的理论，宏观经济政策在使用高于预期的通货膨胀来使失业减少到低于自然失业率水平时，只有出乎公众意料时才会奏效。古典主义经济学家指出，由于理性预期以及价格的迅速调整，不可能系统性地使用政策来形成高于预期的通货膨胀，所以决策者无法通过用高通货膨胀替代低失业来完全利用菲利普斯曲线。凯恩斯主义者相信，由于不是所有的价格都能对新信息做出快速反应，所以决策者能够暂时地造成意外的通货膨胀，并因此在短期内用通货膨胀来替代失业。

5. 古典主义者和凯恩斯主义者都同意长期来说预期通货膨胀与实际通货膨胀会相等。因此，不管通货膨胀是何水平，长期实际失业率总是等于自然失业率。长期菲利普斯曲线在自然失业率处垂直，反映了在通货膨胀与失业间不存在长期取舍效应的事实。

6. 失业成本包括了因工作人数减少而导致的产出损失与失业工人及其家庭的个人以及心理成本。

7. 长期说来，失业率由自然失业率决定。根据估算，美国的自然失业率在 20 世纪 60 年代和 70 年代上升，但之后下降了。劳动力人口结构的变化有助于解释此类变化。不过，虽然政策制定者很希望知道自然失业率的准确度量，但经济学家还无法得出很准确的度量。

8. 通货膨胀的成本取决于通货膨胀属于预期的还是非预期的。除非在恶性通货膨胀的情形下，否则预期通货膨胀的成本相对微小，包括鞋底成本（个人和公司用于减少现金持有量的资源）和菜单成本（在通货膨胀中改变标价的成本）。未预期通货膨胀引起财富在个人以及各公司间的转移。收益和损失存在的不可预测风险以及人们为减少这种风险而使用的资源，都是未预期通货膨胀的成本。未预期通货膨胀也使人们更难观察到相对价格，从而降低了市场系统的效率。

9. 反通货膨胀是通货膨胀率的降低。试图通过减缓货币增长来反通货膨胀的做法将在实际通货膨胀下降到低于预期通货膨胀的水平时引起周期性失业。要减少反通货膨胀的失业成本，公众的预期通货膨胀率应当与实际通货膨胀率一起降低。降低预期通货膨胀率的策略包括快速和决定性地降低货币供给的增长速度（急冻疗法）、价格（或工资）控制以及采取措施来改善政府政策宣告的可信度。

10. 美国在 20 世纪 80 年代和 90 年代实行的反通货膨胀起初代价高昂，因为预期通货膨胀没有立即下降。但随着时间的流逝，美联储逐渐建立起信用，预期通货膨胀与实际通货膨胀一同下降。

关键术语

急冻疗法	反通货膨胀	附加预期的菲利普斯曲线	渐进主义
恶性通货膨胀	长期菲利普斯曲线	短期菲利普斯曲线	菲利普斯曲线
牺牲率	鞋底成本		

关键等式

$$\pi=\pi^e-h(u-\bar{u})$$

附加预期的菲利普斯曲线陈述了未预期通货膨胀率 $\pi-\pi^e$ 与周期性失业 $u-\bar{u}$ 负向相关。附加预期的菲利普斯曲线也暗示了只有当预期通货膨胀率 π^e 和自然失业率 $\bar{u}$ 都固定不变时，通货膨胀率 π 才会与失业率 u 负相关。预期通货膨胀率或自然失业率的改变导致了通货膨胀与失业间的关系，即短期菲利普斯曲线的移动。

复习题

1. 什么是菲利普斯曲线？菲利普斯曲线对于美国数据来说是否成立？试解释。

2. 附加预期的菲利普斯曲线与原本的菲利普斯曲线有何不同？根据附加预期的菲利普斯曲线理论，在什么条件下短期菲利普斯曲线会在数据中得以体现？

3. 如何用预期通货膨胀率的变化来解释美国在20世纪60年代、70年代以及80年代菲利普斯曲线的表现？供给冲击在解释美国菲利普斯曲线的表现时有何作用？

4. 政策制定者能否在短期采用提高通货膨胀以换取较低失业的方法来利用菲利普斯曲线的关系？长期呢？解释古典主义者和凯恩斯主义者对此问题的观点。

5. 为什么政策制定者想保持低水平的通货膨胀？当存在周期性失业时，谁会遭受损失？

6. 为什么自然失业率是一个重要的经济变量？什么因素能解释美国的自然失业率随时间发生的变化？如果有，那什么样的政府政策可以减少自然失业率？

7. 分别说出预期通货膨胀与未预期通货膨胀各自的两个成本。如果发生的是恶性通货膨胀而非温和的通货膨胀，那么它对每个成本作用的大小有何影响？

8. 与反通货膨胀相关的最大的潜在成本是什么？公众对预期通货膨胀的反应程度如何影响潜在成本的大小？

9. 讨论至少两个能迅速降低预期通货膨胀的策略。对这些策略的支持和反对观点各是什么？

10. 为什么美联储非常努力地建立它的可信度？如果美联储有很高的可信度，那么公众会获得什么样的好处？

计算题

1. 试考虑下面这个扩展的古典主义经济（其中，错误认知理论成立）：

AD 曲线：$Y=300+10(M/P)$

SRAS 曲线：$Y=\bar{Y}+P-P^e$

奥肯定律：$(Y-\bar{Y})/\bar{Y}=-2(u-\bar{u})$

充分就业产出：$\bar{Y}=500$

自然失业率：$\bar{u}=0.06$

a. 假设货币供给 $M=1\ 000$，预期价格水平 $P^e=50$。产出 Y、价格水平 P 以及失业率 u 的短期均衡值等于多少？这些变量的长期均衡值又是多少？

b. 现在假设名义货币供给超乎预期地增长到 $M=1\ 260$。产出 Y、价格水平 P 以及失业率 u 的新短期均衡值等于多少？这些变量的新长期均衡值又是多少？大体上，你的结果是否与附加预期的菲利普斯曲线一致？

2. 在某个经济中，附加预期的菲利普斯曲线为：

$$\pi=\pi^e-2(u-\bar{u})$$

其中，

$$\bar{u}=0.06$$

a. 绘出当预期通货膨胀率为0.10时这个经济体的菲利普斯曲线。如果美联储决定保持实际通货膨胀率为 0.10，失业率将会是多少？

b. 一个总需求冲击（源自军事支出增加）使预期通货膨胀率升高到 0.12（自然失业率不受影响）。画出新的菲利普斯曲线，并与问题 a 中的菲利普斯曲线做比较。如果美联储维持实际通货膨胀率为 0.10，失业率有何变化？如果在总需求冲击后美联储宣告它将维持通货膨胀率为 0.10，并且公众完全相信这个宣告，那么菲利普斯曲线和失业率又有何变化？

c. 假设一个供给冲击（例如干旱）使预期通货膨胀率升高到 0.12，并使自然失业率升高到 0.08。问题同 b。

3. 一个经济体可以由下面的公式描述：

AD 曲线：$Y=4\,000+2(M/P)$

SRAS 曲线：$Y=\bar{Y}+100(P-P^e)$

奥肯定律：$(Y-\bar{Y})/\bar{Y}=-2(u-\bar{u})$

在这个经济体中，充分就业产出 $\bar{Y}$ 等于 6 000，自然失业率 $\bar{u}$ 等于 0.05。

a. 假设名义货币供给长期以来固定为 $M=4\,000$，并且公众预期它会永远保持不变。价格水平 P、预期价格水平 P^e、预期通货膨胀率 π^e、产出 Y 以及失业率 u 的均衡值是多少？

b. 假设发生了一个完全未预期的货币供给增长——从 4 000 增加到 4 488。价格水平、预期价格水平、产出以及失业率的短期均衡值各是多少？周期性失业和未预期通货膨胀率的值又是多少？

c. 在这个经济体中，附加预期的菲利普斯曲线的斜率［在式（12-1）中等于$-h$］是多少？

4. 考虑一个处于长期均衡状态的经济，它有着每年 12%的通货膨胀率和 6%的自然失业率。附加预期的菲利普斯曲线为：

$$\pi=\pi^e-2(u-\bar{u})$$

假设奥肯定律成立，那么为期一年的 1 个百分点的失业率上升将使充分就业产出的 GDP 减少 2%。

a. 考虑一个两年期的反通货膨胀。第一年，$\pi=0.04$，$\pi^e=0.08$；第二年，$\pi=0.04$，$\pi^e=0.04$。在第一年，失业率是多少？产出将从充分就业产出下降多少个百分点？在第二年，失业率是多少？产出将从充分就业产出下降多少个百分点？该反通货膨胀的牺牲率是多少？

b. 根据下表考虑一个 4 年期的反通货膨胀：

年份	1	2	3	4
π	0.08	0.04	0.04	0.04
π^e	0.10	0.08	0.06	0.04

4 年中每年的失业率是多少？每年产出从充分就业产出下降多少个百分点？该反通货膨胀的牺牲率是多少？

分析题

1. 假设政府制定了一个新方案，以帮助失业工人学习新技能、找到新工作以及重新安置工作。

a. 如果这个新方案减少了结构性失业，那么它对附加预期的菲利普斯曲线和长期菲利普斯曲线有何影响？

b. 政府的这个方案代价高昂，对此，批评者提出用货币扩张来降低失业的代价较小。试加以评论。

2. 两个扩展的古典主义经济体（其中，错误认知理论成立）存在一个区别：在A经济体中，货币增长和通货膨胀许多年来均较低且稳定；但在B经济体中，货币增长和通货膨胀一直在很高和很低水平间不规则波动。当B经济体中的生产者观察到所生产的产品的价格变化时，根据过去的经验，他们通常认为这些变化是由总价格水平的波动而非商品相对价格的变化引起的。

相对于A经济体而言，B经济体的短期总供给曲线会更平缓还是更陡峭？菲利普斯曲线的斜率又如何呢？

3. 本题要求你用凯恩斯模型推导出附加预期的菲利普斯曲线（从扩展的古典模型推导而来）。

考虑一个凯恩斯主义经济体，其中充分就业产出固定不变，名义货币供给一段时间以来以每年10%的速度增长，并预期未来以同样的速度增长。为避免不必要的技术上的复杂化，假设货币供给在每年的12月31日增长10%后保持不变，直到下一年的12月31日，而非随时间持续地增长。垄断竞争公司在每年12月31日根据它们预期下一年能将其充分就业产出全部销售完的价格水平重新设定价格。通货膨胀以每年1月1日—12月31日价格的百分比变化来度量。

a. 试展示AD曲线、SRAS曲线、产出、价格水平以及预期价格水平在这个经济中如何随时间变化。未预期通货膨胀率和周期性失业的值是多少？

b. 现在假设在2016年6月30日，货币供给比预期多增长了5%。不过，中央银行宣告，同时各公司也相信，这个货币供给的额外增长只是一次性增长，下一年的12月31日，中央银行将回到它以每年10%增加货币供给的政策。（这样一来，在2016年1月1日和2016年12月31日之间货币供给的总增长为15%。）像平常一样，各公司直到12月31日才改变价格，但当它们改变价格时，它们会根据货币供给增长的新信息进行充分调整。

2016年实际通货膨胀率和未预期通货膨胀率是多少？在2016年，周期性失业为正值还是负值，或是等于零？将你的结果与附加预期的菲利普斯曲线联系起来。

4. 一些经济学家已经提出，未来某个时候我们将生活在一个“无现金社会”中。其中，所有企业（包括店铺）和银行都与一个中央化的核算系统相连。在这个系统里，你可以不用现金，而是直接从银行账户支付购物账单。在一个无现金社会里，预期通货膨胀的成本是多少？未预期通货膨胀的成本是多少？

5. 为击退目前持续的10%的通货膨胀率，政府立法不准增加工资或提高价格。然而，政府继续以每年10%的速度增加货币供给（以及总需求）。该经济体开始于充分就业产出，并且该产出保持不变。

a. 使用凯恩斯主义AD-AS框架，以展现政府的这个政策对经济的作用。假设各公司的供给均满足在固定价格水平上的需求。

b. 在控制措施阻止价格上升数年之后，政府宣布通货膨胀被成功地降低了，并取消了这些控制措施。接着会发生什么呢？

6. 下面每个因素会如何影响自然失业率？

a. 颁布一项新法律，禁止人们在年满18岁前寻找工作。

b. 一个新的互联网服务使得人们在全国范围内寻找工作更容易。

c. 失业工人能获得政府福利的时间长度从6个月延长到一年。

d. 公众购物习惯的改变使得对高端消费者电器产品的需求大增，而对传统消费者商品和服务（例如服装和餐馆就餐）的需求减少。

e. 用于降低通货膨胀率的紧缩性货币政策将经济推入衰退。

宏观经济数据分析

1*. 使用自1956年以来的年度数据，绘出下列变量的散点图：

a. CPI 通货膨胀率（12 月份到 12 月份）对应当年的平均失业率。

b. CPI 通货膨胀率对应周期性失业。（周期性失业等于实际失业率减去自然失业率，而自然失业率是 FRED 数据库中的 NAIRU 序列。）

c. CPI 通货膨胀率与上一年相比的变化对应周期性失业。

结合菲利普斯曲线讨论你的结论。

2*．在本题中，你需要考察我们在讨论失业成本时使用过的奥肯定律在历史数据中的表现。式（3-5）的奥肯定律水平形式陈述了产出缺口 $(Y-\bar{Y})/\bar{Y}$ 等于周期性失业 $(u-\bar{u})$ 乘以 2。首先，从 FRED 数据库中找到国会预算办公室的自然失业率（FRED 中的 NROU 序列）和实际潜在 GDP（FRED 中的 GDPPOT 序列）的季度估算值。其次，从 FRED 数据库收集从 1960 年开始的实际 GDP 的季度值，接着用它和国会预算办公室的潜在产出数据一起算出每个季度的产出缺口。再次，从 FRED 数据库下载从 1960 年开始的失业率的月度数据的季度平均值。使用这些季度数据和国会预算办公室的自然失业率一起计算出周期性失业率。最后，在一张图上绘出产出缺口（纵坐标）和周期性失业（横坐标）。此外，在同一张图上，绘一条起自原点的斜率为 2 的直线。数据点的分布是否靠近该直线？

3*．计算自 1960 年 1 月以来的每年总失业人口中失业期间持续 15 周或以上的失业人口所占的比例。这个比例如何与经济周期（见表 8-1 中的波峰和波谷日期）以及总体失业率相联系？这些结果对于那些想要评估经济衰退成本的决策者来说有何意义？

第 13 章 开放经济中的汇率、经济周期与宏观经济政策

学习目的：

- 描述实际汇率和名义汇率、它们之间的联系以及它们如何随时间而改变
- 运用供给-需求框架来解释汇率是如何决定的
- 使用汇率和国际贸易之间的关系来发展出开放经济 IS－LM 模型
- 探讨国内宏观经济政策的国际效应
- 评估不同类型汇率体制的长处和短处

第 9 章～第 12 章关注的是与其他经济没有联系的封闭经济。对一些研究目的而言，忽略涉外经济简化了分析，但现实情况是，现在我们生活在一个高度互相依赖的世界经济体系中。

世界经济的相互依赖主要体现在两个方面：第一，商品和服务的国际贸易数量自第二次世界大战以来稳步增长。现在，各公司生产商品和服务时会将外国市场和本国市场一起考虑在内，并且它们的许多原材料来自远方。国际贸易的扩大使得各经济体专门生产最适于其自然资源及人力资源的商品和服务，从而提高了各国的生产率。然而，贸易的扩大也使得一国经济更依赖于其他国家的经济表现。例如，由于日本向美国销售其大量产出，所以美国的经济衰退或宏观政策的改变也会影响到日本经济。在 2008 年第四季度，美国的 GDP 按年率计算下降了 8%，导致从日本的进口大幅下降，这是日本的 GDP 按年率计算下降 12%的重要原因。

第二，世界范围内金融市场的一体化，使得不仅在其本国内，而且几乎在世界上任何地方，借用者都可以获得资金，储户都可以寻找更好的出借机会。不管储户和投资者实际居住在什么地方，世界金融市场的一体化都可以让储蓄资金流动到收益最高的用途中，从而提高了世界范围内的生产率，这与世界贸易体系的一体化所起的作用一样。当然，与贸易纽带一样，金融市场纽带也增加了单个经济体对外部发展的敏感性。例如，由于金融市场间的密切联系，一国改变实际利率的宏观经济政策可能会影响到其他国家的经济活动。当美国的实际利率在 2008 年的金融危机中急剧下降并转为负数时，许多其他国家的实际利率也发生了类似的下降。

本章将在先前开放经济（第 5 章）和周期性波动（第 8 章～第 11 章）分析的基础上，考察各国之间贸易和金融纽带的宏观经济意义。本章特别关注经济开放如何影响财政政策和货币政策，以及宏观经济政策变化如何影响贸易伙伴的经济。我们通过引入在国际经济

中扮演关键角色的两个新变量——名义汇率和实际汇率——来开始本章的学习。

13.1 汇　率

在讨论汇率时，我们必须区分名义汇率和实际汇率。简单地说，名义汇率回答的是：一单位的本国货币可以换多少单位的外国货币？实际汇率回答的是：一单位的本国商品可以换多少单位的外国商品？

□ 名义汇率

大多数国家都有自己的货币：美元、日元、英镑和瑞士法郎是几种著名的货币。（例外包括用欧元这种共同货币取代本国货币的一些欧洲国家以及用美元作为官方货币的厄瓜多尔。）如果某国的某个人想要从另一国的另一个人处购买商品、服务以及资产，通常她必须先将本国货币换成贸易伙伴所在国的货币。

两种货币交换时所依据的比率就是两种货币间的名义利率。例如，如果在美元和日元间的名义汇率是 120 日元/美元，那么 1 美元能在**外汇市场**（foreign exchange market）即国际货币市场上购买 120 日元（忽略交易费用）。同样地，120 日元能在外汇市场上购买 1 美元。更准确地说，两种货币间的**名义汇率**（nominal exchange rate）e_{nom}是一单位的本国货币所能购买的外国货币的数量。对于美国居民来说，其本国货币是美元，美元与日元之间的名义汇率可表示为 1 美元＝120 日元。名义汇率通常简称**汇率**（exchange rate），所以无论何时，当有人提到汇率时没有注明是名义汇率还是实际汇率，他所指的就被认为是名义汇率。

美元-日元汇率不是固定不变的。美元也许在某一天可兑换 120 日元，但在下一天也许价值上升了，可兑换到 122 日元，或价值下降了，只可兑换到 118 日元。这样的变化在世界许多主要货币（包括美元和日元）现行的弹性汇率体制中很正常。在**弹性汇率体制**（flexible-exchange-rate system）即**浮动汇率体制**（floating-exchange-rate system）中，汇率不是由官方固定的，而是取决于在外汇市场上的供给和需求情况。在弹性汇率体制下，汇率不断地变动，并对可能影响不同货币供求关系的任何政治或经济消息快速做出回应。本章的“数据获取与研究前沿：汇率”谈到了汇率数据。

货币的价值并不总取决于弹性汇率体制。以前，常有国家采用某种类型的**固定汇率体制**（fixed-exchange-rate system），其汇率水平由官方设定和运作。通常说来，这些官方汇率通过中央银行承诺依固定汇率买进和卖出自己的货币得以维持。例如，在 19 世纪以及 20 世纪初期实施的金本位制下，各国的中央银行同意以一个固定的交换率来进行黄金与货币之间的买卖，从而维持其本国货币以黄金表示的价值。金本位制取消于第一次世界大战结束时，恢复于 20 世纪 20 年代初期，崩溃于 20 世纪 30 年代的经济和金融危机中。

一个更近期的固定汇率体制的例子是布雷顿森林体系，得名于 1944 年召开该体系成立会议的一个新罕布什尔州小镇。在布雷顿森林体系下，各种货币的价值都相对美元固定，而美元的价值被设定为每盎司黄金 35 美元。布雷顿森林体系直到 20 世纪 70 年代初期才停止运作，因为当时美国的通货膨胀在实质上不可能阻止黄金的价格超过每盎司 35 美元的水平。自布雷顿森林体系崩溃之后，不再有包揽所有世界主要货币的固定汇率体系。特别是美国的决策者还没有试图维持美元价值固定不变。

尽管不存在一个世界范围内的固定汇率体制，但固定汇率体制并没有完全消失。许多单个国家，特别是小国，都试图稳定其货币对一个主要货币的汇率。例如，几个非洲国家将它们的货币与欧元挂钩，而阿根廷在1991—2002年采用的体制是将其货币比索以1∶1的比例与美元挂钩。这些国家希望通过固定汇率，稳定自己的币值，并减少因汇率波动导致的进口价格和出口价格的大幅变化。我们将在13.5节讨论固定汇率。

数据获取与研究前沿

汇率

汇率决定于外汇市场，不同国家的货币在外汇市场上进行交易。主要的外汇市场位于纽约、伦敦、东京以及其他金融中心。由于外汇市场分布于各个不同时区，几乎一天中的任何时间都至少有一个市场营业，使得货币交易实质上是全天进行。

主要货币间的汇率每天都会在广播和电视中播报，而且主要的新闻报纸和各种金融时报会发布每天汇率的报价。下表里的汇率摘自2015年6月30日的《华尔街日报》(*Wall Street Journal*)，反映了2015年6月30日的交易。

表中给出了各个国家或地区相对于美元的4个汇率：一个即期汇率和三个远期汇率，全部都以单位美元价值的外国货币数量来表示。即期汇率是指外国货币可以即时交换美元所依据的汇率。例如，英国的即期汇率为0.636 6，意味着在2015年6月30日，1美元可以即时买到0.636 6英镑。

远期汇率是你现在同意在未来某个特定时间购买外国货币时所依据的价格。例如在2015年6月30日，你安排了90天后以1美元兑换122.20日元的汇率来买进或卖出日元。注意一下列出的两种货币——瑞士法郎和日元，它们的90天远期汇率低于即期汇率，并且远期汇率随到期日的延长（180天和360天）而降低。这个远期汇率下降的形式表示到2015年6月30日为止，外汇市场的参与者预期美元相对于瑞士法郎和日元的价值在接下来的12个月里会下降。对于英镑和美元的汇率来说，注意其90天远期汇率低于即期汇率，但是远期汇率随未来到期日的延长而上升。因此，外汇市场的参与者预期美元相对于英镑的价值在接下来的3个月里下降，但是在之后的9个月里会上升。

	美元汇率			
国家	即期	90天远期	180天远期	360天远期
英国（英镑/美元）	0.636 6	0.635 9	0.636 3	0.636 8
瑞士（瑞士法郎/美元）	0.935 6	0.932 7	0.928 9	0.919 5
日本（日元/美元）	122.50	122.20	122.03	121.40

□ 实际汇率

对于货币购买力，名义汇率并没有给出你需要知道的全部信息。例如，如果你被告知美元与日元间的名义汇率为1美元兑换120日元，但同时你根本不了解美国或日本经济，你也许会得出结论说，来自堪萨斯城的一个人去日本旅游的花费会很少。毕竟，

120 日元兑换 1 美元看起来是个好买卖。但是，即使 1 美元可以兑换 120 日元，去日本旅游仍然非常昂贵。其原因是，虽然 1 美元可以兑换很多日元，但在日本购买日用品则要花费大量日元（以十万或百万计的日元）。

例如，假设你想比较汉堡包在东京和堪萨斯城的价格。仅仅知道汇率为 1 美元兑换 120 日元并没有多少帮助。但是，如果你知道 1 个汉堡包在堪萨斯城的价格是 2 美元，在东京的价格是 1 200 日元，那么你就可以通过询问在日本需要花多少美元来买 1 个汉堡包来比较汉堡包在这两个地方的价格。由于在东京 1 个汉堡包的价格是 1 200 日元，而 120 日元价值 1 美元，那么在东京 1 个汉堡包的价格就是 10 美元（将日本汉堡包的价格 1 200 日元除以 120 日元/美元，计算得出每个汉堡包 10 美元）。美国汉堡包相对于日本汉堡包的价格是 0.20 个日本汉堡包/美国汉堡包（＝每个美国汉堡包 2 美元/每个日本汉堡包 10 美元）。因为 1 个美国汉堡包的价格只相当于 1 个日本汉堡包的 1/5，所以日本汉堡包更昂贵。

国内商品相对于外国商品的价格，也就是一个单位的国内商品所能交换到的外国商品数量，称为**实际汇率**（real exchange rate）。在汉堡包的例子中，美国和日本之间的实际汇率是每个美国汉堡包值 0.20 个日本汉堡包。

通常说来，实际汇率和名义汇率与两个国家的价格相关。为表达这个关系，我们使用下列符号：

e_{nom}＝名义汇率(如 1 美元兑换 120 日元)

P_{For}＝以外国货币度量的外国商品价格(如每个日本汉堡包 1 200 日元)

P＝以本国货币度量的本国商品价格(如每个美国汉堡包 2 美元)

实际汇率 e 是一单位的国内商品（美国汉堡包）所能换取的外国商品（日本汉堡包）的数量。实际汇率的一般公式为：

$$e=\frac{e_{\text{nom}}P}{P_{\text{For}}}$$

$$=[(120\text{ 日元}/1\text{ 美元})\times\text{每个美国汉堡包 }2\text{ 美元}]/\text{每个日本汉堡包 }1\,200\text{ 日元}$$

$$=0.20\text{ 个日本汉堡包/美国汉堡包} \quad (13-1)$$

在将实际汇率定义为每单位的国内商品所能换取的外国商品数量时，我们假设每个国家只生产 1 种商品。（试想法国只生产葡萄酒，而沙特阿拉伯只生产石油，那么法国相对于沙特阿拉伯的实际汇率就是一桶葡萄酒所能购买的石油桶数。）做出每个国家只生产 1 种商品（该商品与任何其他国家生产的商品不同）的假设简化了本章的理论分析。①

当然，现实中各国生产成千上万的不同商品，所以实际汇率必须使用价格指数（例如 GDP 平减指数）来度量 P 和 P_{For}。因此，实际汇率事实上并不是两个特定商品间的汇率，而是一个国家具有代表性的一篮子商品与另一个国家具有代表性的一篮子商品之间的汇率。实际汇率随时间的变化表明，平均起来，一国的实际汇率上升时，其商品相

---

① 这个不同国家生产不同商品的假设与第 5 章的假设有所区别。在第 5 章，我们的潜在假设是，所有国家生产的是相同的商品，并适用于各种目的（消费、投资等）。假设所有国家生产同一种商品也就意味着在本章的分析中实际汇率总是等于 1。

对于另一个国家的商品而言就变得更加昂贵。

□ 升值和贬值

当名义汇率 e_{nom} 下降使得1美元能换到的外国货币数量减少时，我们就说美元经历了**名义贬值**（nominal depreciation），这等同于说美元变得“疲弱”了。如果美元的名义汇率 e_{nom} 上升，美元就经历了**名义升值**（nominal appreciation）。当美元升值时，它能换到更多单位的外国货币，并由此变得更“强劲”了。[①] 升值和贬值这两个术语是与弹性汇率相联系的。在汇率只能由官方改变的固定汇率体制下，我们使用不同的术语。一个货币的走弱被称为**通货贬值**（devaluation），而非贬值；货币的走强被称为**通货升值**（revaluation），而非升值。为方便起见，小结表15列出了这些术语。

小结表15　　汇率变化的术语

汇率体系的种类	汇率上升（货币走强）	汇率下降（货币走弱）
弹性汇率	升值	贬值
固定汇率	通货升值	通货贬值

实际汇率 e 的上升称为**实际升值**（real appreciation）。实际升值发生时，同样数量的国内商品能换到的外国商品数量比以前增加了，因为国内商品相对于外国商品的价格 e 上涨了。实际汇率的下降减少了同样数量的国内商品所能换到的外国商品数量，称为**实际贬值**（real depreciation）。

□ 购买力平价

如何将名义汇率和实际汇率联系起来？一个简单的虚拟情形可以帮助我们思考这个问题。让所有国家都生产相同产品（或同系列产品），并且商品在国家间自由贸易。在这种情形下，人们只会以1∶1的比例用本国商品来交换外国商品，所以（忽略运输成本）实际汇率 e 总是等于1。如果 $e=1$，我们可以根据式（13-1）写出：

$$P=\frac{P_{For}}{e_{nom}} \tag{13-2}$$

式（13-2）表示，当外国商品的价格是用本币表示时，本国商品的价格必须等于外国商品的价格。（如要用本币表示外国价格，则需将外国价格除以汇率。）这种认为类似的外国和本国的商品和服务或一篮子商品和服务应当有以同样货币表示的相同价格的理论称为**购买力平价**（purchasing power parity，PPP）。同样地，如式（13-2）所暗含的，购买力平价是指名义汇率应当等于外国价格水平除以本国价格水平，以使：

$$e_{nom}=\frac{P_{For}}{P}$$

① 有时，你会看到汇率被定义为单位外国货币所能交换的本国货币的数量，这是我们所定义汇率的倒数。例如，在英镑和美元之间的汇率就是以这种形式报价的（比如，1英镑∶1.6美元）。在这种定义下，美元的升值对应的是名义汇率的下降。只要保持一致性，这两种汇率的定义方法就都是有效的。我们之所以选择将汇率定义为单位本国货币所能交换的外国货币数量，是因为记住升值（美元价值上升）对应着汇率的上升比较容易。

一些证据支持购买力平价在长期成立，但是（如本章的“数据获取与研究前沿：麦当劳平价”所说明的），在短期，购买力平价并不能很好地描述汇率的表现。购买力平价在中短期的失灵源于许多原因。例如，各国生产的是差别很大的一篮子商品和服务，而非购买力平价所假设的商品和服务；一些商品以及大多数服务都是非贸易产品；运输和法律障碍使得交易商品和服务的价格无法在不同国家间拉平。

要找到在更普遍意义上成立的实际汇率与名义汇率之间的关系，我们使用在式（13－1）中所定义的实际汇率 $e=e_{\text{nom}}P/P_{\text{For}}$ 来计算实际汇率的百分比变化 $\Delta e/e$。由于实际汇率以比率来表示，所以它的百分比变化就等于分子的百分比变化减去分母的百分比变化。[①] 实际汇率表达式里分子的百分比变化[②]是 $\Delta e_{\text{nom}}/e_{\text{nom}}+\Delta P/P$，而分母的百分比变化为 $\Delta P_{\text{For}}/P_{\text{For}}$。所以，实际汇率的百分比变化为：

$$\frac{\Delta e}{e}=\frac{\Delta e_{\text{nom}}}{e_{\text{nom}}}+\frac{\Delta P}{P}-\frac{\Delta P_{\text{For}}}{P_{\text{For}}}$$

在前面的公式里，国内价格水平的百分比变化 $\Delta P/P$ 与国内的通货膨胀率 π 相同，而外国价格水平的百分比变化 $\Delta P_{\text{For}}/P_{\text{For}}$ 与外国的通货膨胀率 π_{For} 相同。经过替换和整理后，我们将这个公式重写为：

$$\frac{\Delta e_{\text{nom}}}{e_{\text{nom}}}=\frac{\Delta e}{e}+\pi_{\text{For}}-\pi \tag{13-3}$$

式（13－3）是纯定义性的，所以必须总得到满足。它陈述了名义汇率升值率 $\Delta e_{\text{nom}}/e_{\text{nom}}$，等于实际汇率升值率 $\Delta e/e$ 加上外国通货膨胀率超过国内通货膨胀率的部分 $\pi_{\text{For}}-\pi$。因此，两个因素有助于增强一国的币值（名义升值）：①该国出口相对价格的上升（实际升值），比如当外国增加对国内出口的需求时可能会发生的情形；②国内通货膨胀率 π 低于该国贸易伙伴的通货膨胀率 π_{For}。

当实际汇率固定不变时，式（13－3）变为一种特殊形式：

$$\frac{\Delta e_{\text{nom}}}{e_{\text{nom}}}=\pi_{\text{For}}-\pi$$

在这种情形下，上述公式表达了被称为相对购买力平价的一种关系。根据**相对购买力平价**（relative purchasing power parity），名义汇率升值率等于外国通货膨胀率减去国内通货膨胀率。相对购买力平价通常在高通货膨胀国家能够成立，因为在这些国家中，相对通货膨胀率的变化要比实际汇率的变化大得多。

数据获取与研究前沿

麦当劳平价

如果购买力平价成立，那么当不同国家中相似商品的价格以美元等共同货币表示

① 附录 A.7 描述了如何计算产品和比例的增长率。

② 这个结果是运用乘积 XY 的百分比变化等于 X 的百分比变化加上 Y 的百分比变化的运算规则得出的，参见附录 A.7。

时，它们应当有相似的价格。作为对这个假说的检验，《经济学家》（*Economist*）杂志很久以来一直在记录巨无霸汉堡包在不同国家的价格。下面是 2015 年 1 月 22 日这一期《经济学家》所报告的巨无霸汉堡包（Big Macs）在几个国家的价格。

在世界范围内，巨无霸汉堡包并不是一模一样的产品。例如，在丹麦，番茄酱需另付 25 美分，而不是像在美国和加拿大一样包含在汉堡包价格里。不过，这些价格表明，购买力平价对巨无霸汉堡包来说最多只是大致成立。巨无霸汉堡包的美元等同价格可在俄罗斯低到 1.36 美元，在瑞士高到 7.54 美元。

尽管购买力平价不能完全成立，在不同国家的巨无霸汉堡包的价格预期仍会逐渐趋同。例如，如果巨无霸汉堡包较昂贵国家的货币相对于巨无霸汉堡包较便宜国家的货币贬值，那么就会发生这样的趋同性。通过这样的计算，我们推测瑞士法郎和巴西雷亚尔很可能会相对于美元贬值（因为巨无霸汉堡包在这些国家更昂贵），而人民币、印度卢比和俄罗斯卢布可能会升值。不过，即使某种货币可能会升值，我们仍无法得知该货币具体在什么时候会升值。或许该升值过程要花费很多年，所以基于购买力平价的预测是非常困难的。

国家或地区	巨无霸汉堡包的价格（美元）
美国	4.79
阿根廷	3.25
巴西	5.21
加拿大	4.64
中国	2.77
欧洲地区	4.26
英国	4.37
印度	1.89
日本	3.14
墨西哥	3.35
俄罗斯	1.36
韩国	3.78
瑞士	7.54

□ 实际汇率与净出口

我们已经定义了实际汇率，但到目前还没有说明为什么它在宏观经济分析中是重要的。决策者和公众关心实际汇率的第一个原因是，它代表了国内商品和服务与国外商品和服务交易的条件。实际汇率有时也称**贸易条件**（terms of trade），它的上升之所以对一个国家有利，是因为其公民可以拿给定数量的国内商品和服务来换取更多的外国商品和服务。

第二个原因是，实际汇率会影响一国的净出口，即出口减去进口。净出口的改变接下来会直接影响出口商品和与进口商品相竞争的国内商品的生产。此外，本章稍后讨论净出口的改变会影响一国经济活动的总体水平，并且是经济周期扰动和宏观经济政策变化在国际上传导的主要渠道。

实际汇率与净出口间的纽带是什么？对任何商品或服务（比如咖啡或搭乘计程车）

的需求的一个基本决定因素是该商品或服务相对于其替代品的价格。如果咖啡的价格过高，那么有些人会转为喝茶；如果搭乘计程车的费用上升，那么更多人会选择坐公交车。类似地，实际汇率（即国内商品和服务相对于外国商品和服务的价格）有助于决定国内市场和国外市场对国内商品和服务的需求。

假设实际汇率很高，以至于一个单位的本国商品能购买许多单位的外国商品。例如，我们先假设一辆本国生产的汽车比同类外国汽车贵两倍（两个价格都以同样的货币度量）。本国居民会发现外国汽车比本国汽车更便宜，所以（其他条件不变）他们会增加对外国汽车的需求。相反，外国居民将发现该国汽车比他们自己国家生产的汽车要贵，所以他们会减少购买该国的出口汽车。由于该国在国外销售的汽车数量减少并且进口了大量汽车，该国的汽车净出口将会减少，甚至为负数。

反过来，假设实际汇率较低。例如，试想一辆本国生产的汽车比同类外国汽车便宜一半。那么，若其他条件不变，本国能够出口的汽车数量将相对增多，而进口的汽车数量会相对减少，使得汽车的净出口上升。

因此，一般性的结论就是，维持其他影响出口和进口需求的因素不变，实际汇率越高，一国的净出口就越低。其原因与人们因为高价格而减少所喝咖啡的数量或搭乘计程车次数的原因是一样的。由于实际汇率是一国商品和服务的相对价格，所以实际汇率的上升使得外国居民和本国居民减少消费本国生产的商品和服务，转而增加消费外国生产的商品和服务，从而导致净出口下降。尽管（其他因素不变时）一国实际汇率的上升将减少净出口的结论在一般情况下是成立的，但这里有一个重要的限制条件：进口商和出口商对相对价格变化的反应有多快。实际汇率对净出口的作用在短期可能会很弱，甚至方向相反。

要知道为什么，试考虑一个国家的大部分石油依赖进口，并突然面临世界石油价格的急剧上升。由于该国的本国商品现在能购买的外国商品（石油）数量减少，该国的实际汇率已经下降了。在长期，实际汇率的下降会增加该国的净出口，因为石油的高价格将导致本国居民减少石油进口，而本国商品相对便宜将会刺激出口（例如，出口到石油生产国）。然而，在短期内，由于该国很难转而使用其他燃料并增加本国石油生产，所以石油进口的桶数只会略微下降。基于这个原因，加上每桶石油的实际成本（以本国商品表示）也上升了，所以在石油价格上升后的一段时间内，该国进口的实际成本（以本国商品度量）将会上升。在短期内，与实际汇率的下降相联系的可能是净出口的下降而非上升，这与我们先前的结论相反。（本章末的计算题第 2 题提供了一个实际贬值如何引起净出口下降的例子。）

图 13-1 表示了一国的净出口对实际汇率下降（实际贬值）的典型反应模式。当实际汇率贬值时，该经济体一开始的净出口为负。在短期内，实际贬值是减少而非增加了净出口，因为实际汇率的下降迫使该国进口的支付增加。然而，随着时间的推移，实际汇率的降低导致了出口数量的增加和进口数量的减少，净出口开始上升（即使将进口的更高相对成本考虑在内）。最终，该国的净出口相对于其初始水平上升了。这种净出口对于实际贬值的典型反应模式称为**J 曲线**（J curve），因为净出口对时间的图形看起来像是一个倒躺的字母 J。

本章的宏观经济分析建立在时间长度足以（其他因素不变）确保实际贬值会增加净出口以及实际升值会减少净出口的假设之上。不过，正如下面的应用所展示的，要记住这个假设在短期——在某些情况下甚至是几年时间内——不一定成立。

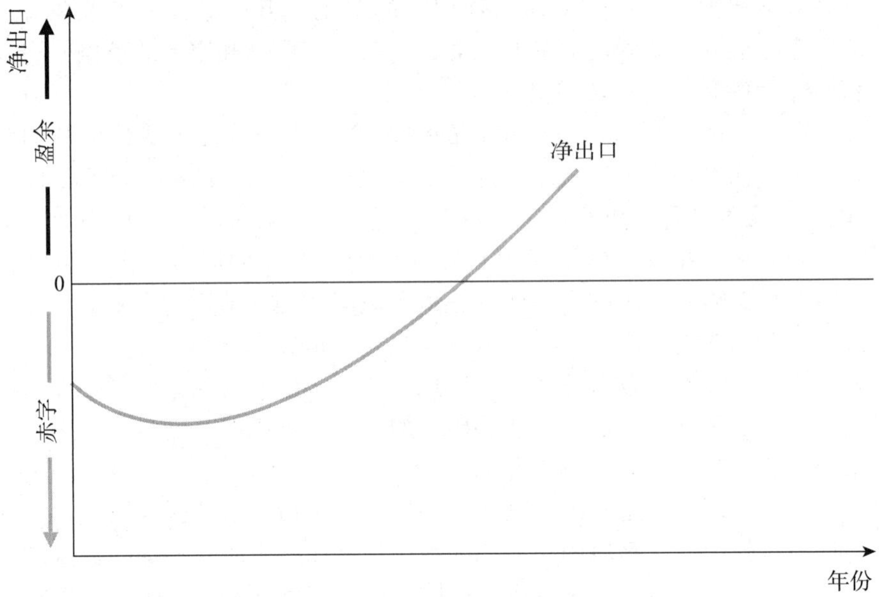

图 13-1　J 曲线

说明：J 曲线表示了净出口对实际贬值的反应模式。在零时刻实际汇率开始贬值时，净出口为负。在短期内，净出口为负数的幅度增大，因为实际汇率的下降增加了进口的实际成本（以出口商品度量）。然而，随着时间的推移，出口数量的增加和进口数量的减少超过了进口成本的上升，所以净出口上升并高于其初始水平。

应用

美元的价值和美国净出口

在 20 世纪 70 年代初期，世界上主要的工业化国家从固定汇率体制转向了弹性汇率体制。图 13-2 显示了自 1973 年以来美国的实际汇率（美元的实际价值）与美国的实际净出口。由于美国的实际汇率是美国商品的相对价格，美元的实际价值和美国的净出口应当朝相反方向移动（假设实际汇率的变化是净出口变化的主要来源）。

实际汇率和净出口朝相反方向移动的一个明显证据发生于 20 世纪 80 年代初期。1980—1985 年，美元的实际价值上升了 50%。美元实际升值后，紧接着（在一个短暂的时滞后）发生了美国净出口的下降。当时，许多美国公司抱怨美元的强劲使得它们的产品因价格高而被挤出了外国市场，并使得进口商品对美国消费者来说变得更便宜，从而挤压了这些美国公司的产品在美国国内的销售。

在 1985 年 3 月达到高峰之后，美元的实际价值在近三年的时间里急剧下跌。然而，尽管美元的实际价值急剧下跌，美国净出口却继续下滑，直到 1987 年末才终于开始上升。在美元快速地实际贬值而美国净出口继续下降的两年半时间里，公众和决策者对经济学家关于贬值导致更多净出口的预测表示了越来越多的质疑。一开始，经济学家回应说由于 J 曲线的存在，在美元贬值和净出口改善之间会有一些时滞。然而，到 1987 年，即使 J 曲线最坚定的相信者都已经开始纳闷究竟净出口是否会回升。终于，美国的实际净出口确实大幅回升了，尽管它仍然是负数。

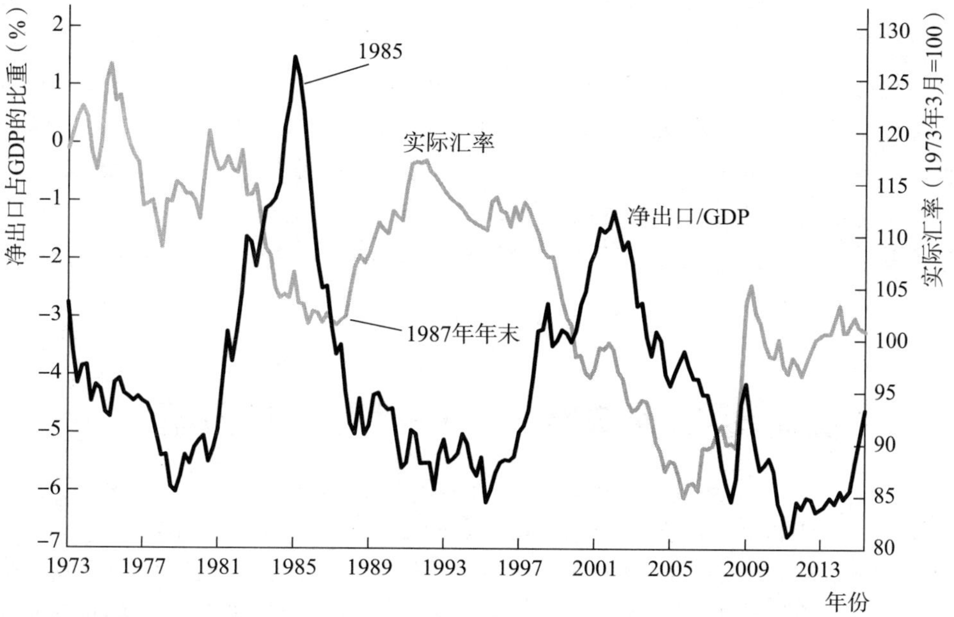

图 13-2　1973 年第一季度—2015 年第一季度美国的实际汇率和净出口

说明：本图以左纵轴度量 1973 年第一季度到 2015 年第一季度的美国净出口，以右纵轴度量美国实际汇率（美元的实际价值）。在 20 世纪 80 年代初期，实际汇率的迅速上升伴随着美国净出口的下降。1985 年后，美元的下降刺激了美国净出口，但其时滞很可能反映了 J 曲线效应。

资料来源：实际汇率为美国的实际美元指数，来自美联储；净出口度量的是净出口占 GDP 的比重。二者皆可从 FRED 数据库下载，下载序列分别为 TWEXBPA 和 NETEXP。

为什么会用那么长时间？一个解释是，美元在 20 世纪 80 年代初如此强劲（使得美国商品相对于外国商品来说非常昂贵），以至于美国公司失去了它们的许多外国顾客。一旦失去这些外国顾客，再把他们吸引回来或增加新顾客就是一件很难的事，特别是当美元价值升高时，许多美国出口商降低了生产能力并削减了在外国的销售运作。类似地，外国公司包括一些从未在美国销售其产品的公司也凭借美元强劲这个机会进入美国市场。在美国建立销售网络和消费者关系之后，当美元在 1985 年开始下跌时，这些外国公司相对于美国公司的竞争能力更强了。这种认为强劲美元永久性地增加了外国公司对美国市场的渗透，并类似地减少了美国公司在外国市场的销售能力的理论被称为“滩头阵地作用”①。

1997—2001 年，当美元走强并且净出口下降时，美国的实际汇率和净出口再次朝相反方向移动。这次净出口的下降一部分反映了美元价值的上升。然而，其主要原因很可能是缓慢的经济增长或大多数美国贸易伙伴在此期间经历了大范围的经济衰退。当外国收入增长停滞甚至下降时，对美国出口的需求也随之下降。我们在下一节讨论国民收入对进出口的影响。

在 2002 年年初达到顶点之后，美元在接下来的 6 年里走弱。净出口与 GDP 之比需要一些时间来止跌回升，该比重终于在 2006 年上升，并将上升趋势持续到 2008 年。然

① 对“滩头阵地作用”的实证支持参见 Richard E. Baldwin，“Hysteresis in Import Prices：The Beachhead Effect，” *American Economic Review*，September 1988，pp. 773-785。

后，在金融危机中，世界范围内的投资者丧失了信心，导致他们为资金安全而购买以美元计价的资产，从而促使美元急剧升值。与此同时，美国收入的下降导致进口急剧下降，其幅度超过了由外国收入下降导致的美国出口下降的幅度，结果是美国的净出口上升了。在金融危机之后，美元恢复了长期的下降，出口占 GDP 的比重有所下降但是仍然高于金融危机前的水平。然后，在 2014 年，随着美联储结束量化宽松政策以及欧盟和日本的中央银行开始大规模的量化宽松政策（降低了它们的长期利率并导致投资者购买更多的美元计价资产），美元开始了急剧升值。我们将在第 14 章讨论欧盟和日本的量化宽松政策的更多细节。

13.2 汇率是如何决定的：供给和需求分析

在弹性汇率体制下，汇率不停地变化。在固定汇率体制下，根据定义，汇率在大多数时间里是稳定的。但是，即使在一个固定汇率体制下，大幅度的通货贬值或通货升值也很常见。是什么经济力量导致了汇率的升降呢？本节将根据供求关系来分析弹性汇率体制里的汇率决定（我们将在 13.5 节转向固定汇率以阐述这个问题）。

首先要明确，我们的供给和需求分析关注名义汇率而非实际汇率。不过，从式（13－1）可知，给定本国和外国的价格水平，实际汇率和名义汇率以同比例变化。因为我们在本节保持价格水平不变，所有关于名义汇率的结论同样适用于实际汇率。

名义汇率 e_{nom} 是一种货币（比如美元）的价值。与其他任何资产一样，美元的价值是由有关市场上的供给和需求决定的。对于美元来说，有关市场是外汇市场，银行和货币持有者在外汇市场上不断地用美元和其他货币交易。

图 13－3 展现了美元的供给和需求。横轴度量的是美元的供给或需求数量，而纵轴度量的是美元以其他货币表示的价值，也就是名义汇率 e_{nom}。美元的供给曲线 S 表现了在每个“价格”（名义汇率）下人们愿意提供给外汇市场的美元数量。给外汇市场提供美元的含义是用美元来交换其他货币。当以其他货币表示的美元价值上升时，人们更愿意给市场供给美元，因此供给曲线向上倾斜。类似地，美元的需求曲线 D 表示在每个汇率水平下人们在外汇市场上所愿意购买的美元数量。当以其他货币表示的美元变得更昂贵时，人们的美元需求减少，所以需求曲线向下倾斜。美元的均衡价值在 E 点为 e_{nom}^1，在该水平，美元的供给数量与美元的需求数量相等。

图 13－3 有助于解释决定美元价值或其他任何货币价值的力量。不过，要理解得更深入，我们必须询问为什么人们会需要或供给美元。与苹果或理发不同，人们并不是因为看重美元本身而需要美元，而是因为它所能购买的东西才看重美元。具体说来，外国公司是因为两个原因在外汇市场上需要美元的：

（1）购买美国商品和服务（美国出口）。

（2）购买美国不动产和金融资产（美国金融流入）。

注意，外国人需要用美元来进行的两种交易（购买美国商品和服务以及购买美国不动产和金融资产）对应着国际收支账户的两个主要组成部分：经常账户和金融账户。①

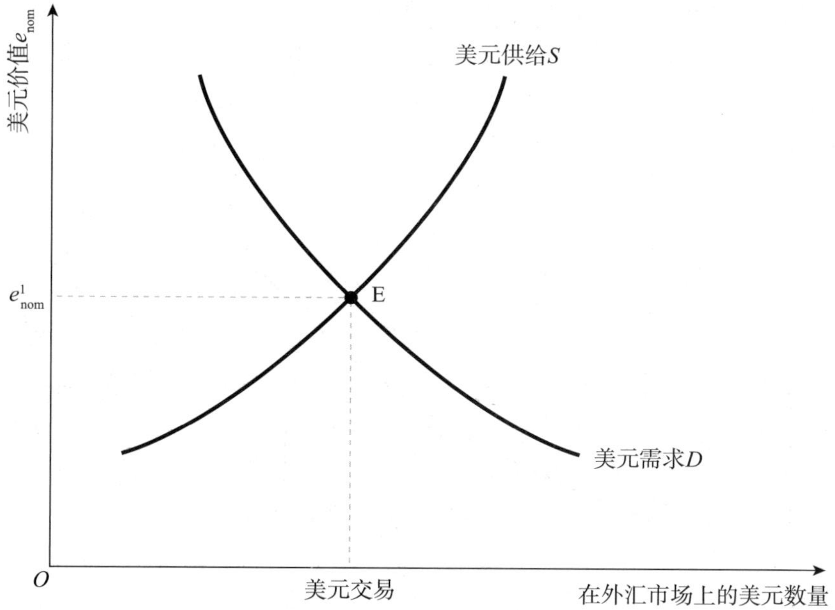

图 13－3　美元的供给与需求

说明：该图表现了在外汇市场上美元价值的决定。美元的供给曲线 S 表示在每个美国名义汇率 e_{nom} 水平下，人们在外汇市场上愿意卖出的美元数量。美元的需求曲线 D 表示在每个名义汇率水平下，人们在外汇市场上愿意购买的美元数量。在均衡点 E，美元价值 e^1_{nom} 是当美元供给数量等于美元需求数量时的名义汇率。

类似地，美国居民是因为两个原因向外汇市场供给美元，从而获取外国货币的：

（1）购买外国商品和服务（美国进口）。

（2）购买外国不动产和金融资产（美国金融流出）。

因此，增加外国人对美国出口和资产需求的因素也将会增加在外汇市场上对美元的需求，从而提高美元的汇率。同样地，美元价值的升高将会使美国居民对外国商品和服务及资产的需求增加，导致他们在外汇市场上供给更少的美元。

例如，假设美国出口商品的质量改善了，并导致外国人对它们的需求增加，则对美国出口需求的增加会转化成对美元需求的增加。在图 13－4 中，对美元的需求向右平移，从 D^1 到 D^2。美国出口商品质量的提高也会导致美国居民用美国商品来替代外国商品，从而减少美国的进口，并减少在外汇市场上任何实际汇率水平上的美元供给数量，将美元的供给曲线从 S^1 向上移动到 S^2。结果，美元的均衡值从 e^1_{nom} 移到 e^2_{nom}。所以，在其他条件不变的情况下，美国出口商品质量的提高会导致美元的升值。

□ 汇率与净出口需求的宏观经济决定因素

在前面的 IS－LM 分析中，我们强调了两个关键的宏观经济变量：产出（收入）Y

① 我们在第 5 章定义并讨论了经常账户和金融账户。在本章，我们忽略了国际收支账户里的第三项（即资本账户），因为它的数额实在太小了。认为外国人必须持有美元才能购买美国商品和服务及资产的看法并不完全准确，因为在美国和外国之间许多交易的完成并不需要任何人实际持有美元或外国货币。不过，用这种方法来思考汇率的决定比较容易，而且它与用更复杂的分析所得出的答案是相同的。

和实际利率r。为了给13.3节中开放经济的IS－LM模型做好铺垫，我们现在考虑产出以及（国内或国外）实际利率的变化如何与汇率和净出口联系起来。因为我们继续维持本国和外国的价格水平不变，所以在此讨论的结果同样适用于名义汇率和实际汇率。

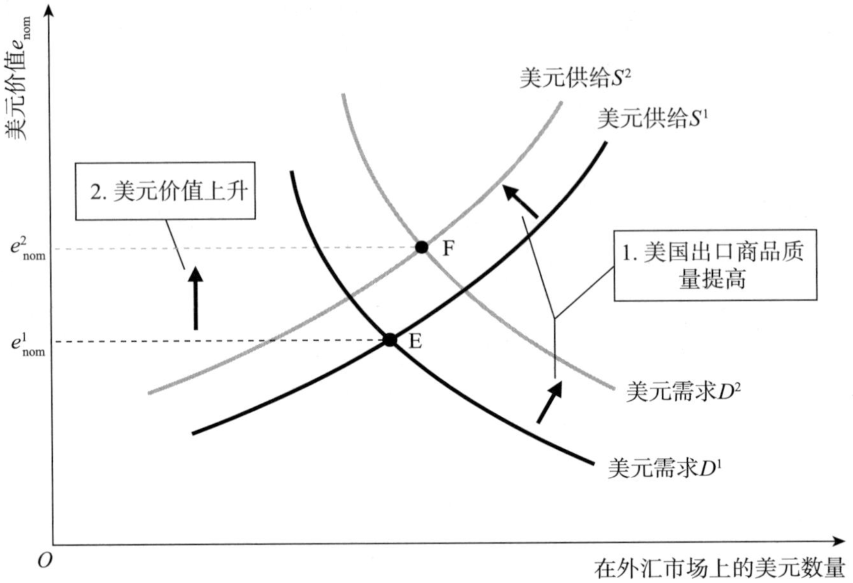

图13－4　美国出口商品质量提高对美元价值的影响

说明：美国出口商品质量的提高增加了外国人对美国商品的需求，并由此增加了他们对购买美国商品所必需的美元的需求。美元的需求曲线从D^1移到D^2，同时美元的供给曲线从S^1移到S^2，使美元的价值（名义汇率）从e^1_{nom}升高到e^2_{nom}。

产出（收入）变化的作用　试想本国产出（等同于本国收入）Y增长了，但其他因素（例如实际利率）保持不变。Y的增长如何影响汇率和净出口呢？

考虑Y的增长对净出口的作用较容易一些。我们知道，消费者的支出一部分取决于他们的当前收入。当本国收入上升时，消费者将在包括进口的商品和服务上支出更多。因此，当本国产出（收入）上升时，在其他因素不变的情况下，净出口（出口减去进口）必定减少。①

要确定本国产出的增加对汇率的作用，试回想要增加对进口商品的购买，本国居民必须获得外国货币。也就是说，本国居民必须给外汇市场供给更多的本国货币。本国货币供给的增加导致其价值下降，也就是汇率贬值。

我们也可以分析该国贸易伙伴的产出Y_{For}增加的作用。Y_{For}的增加导致外国消费者增加他们在包括本国出口在内的所有商品和服务上的支出。因此，如果德国和日本的收入增加了，那么这些国家会增加对美国出口的需求，从而增加美国的净出口。外国对美国商品的需求增加也会使外国人对美元的需求上升，从而推高美元的价值。注意，外国产出变化的作用正好和本国产出变化的作用相反。

实际利率变化的作用　现在考虑关键经济变量——实际利率。试想本国的实际利率

① 产出的增加会减少净出口的结论看起来与第5章得出的良性供给冲击带来的产出增加会使净出口增加的结论相矛盾。其实它们并不矛盾，因为供给冲击并不像我们在这里所假设的那样维持产出之外的变量固定不变，参见本章末分析题第4题。

r 上升了，但其他因素（包括外国实际利率）保持不变。① 在这种情形下，对那些为所持资金寻求最高收益的本国和外国储户来说，该国的不动产和金融资产将变得更有吸引力。由于本国货币可用来购买本国资产，所以本国实际利率的上升也将增加对本国货币的需求，减少对本国货币的供给。本国货币的需求增加和供给减少接下来导致了汇率升值。

本国实际利率的上升对净出口没有直接作用，但它通过汇率对净出口有间接作用。r 的上升推高了汇率，使得本国出口变得更昂贵，来自国外的进口变得更便宜。因此，其他因素保持不变，r 的上升减少了本国净出口。

外国实际利率 r_{For}的变化有着与本国实际利率变化正好相反的作用。例如，如果外国实际利率上升了，那么对于本国和外国储户来说，外国资产会变得更有吸引力。为获得购买外国资产所需的外国货币，本国储户将会给外汇市场供给本国货币。外国储户将需要更少的本国货币。本国货币的供给增加和需求减少将导致汇率贬值。由 r_{For}上升引起的汇率贬值接下来会增加本国的净出口。

小结表 16 和小结表 17 列出了各种宏观经济因素对汇率和净出口的影响。

小结表 16　　（实际和名义）汇率的决定因素

上升	引起汇率	原因
本国产出（收入）Y	下降	本国产出的增加增加了对进口的需求，并增加了本国货币的供给
外国产出（收入）Y_{For}	上升	外国产出的增加增加了对出口的需求，并增加了对本国货币的需求
本国实际利率 r	上升	实际利率的上升使得本国资产更有吸引力，增加了对本国货币的需求，减少了本国货币的供给
外国实际利率 r_{For}	下降	实际利率的上升使得外国资产更有吸引力，增加了本国货币的供给，减少了对本国货币的需求
对本国商品的世界需求	上升	对本国商品的需求上升增加了对本国货币的需求

小结表 17　　净出口的决定因素

上升	引起净出口	原因
本国产出（收入）Y	下降	本国产出的增加增加了对进口的需求
外国产出（收入）Y_{For}	上升	外国产出的增加增加了外国对出口的需求
本国实际利率 r	下降	本国实际利率的上升使得实际汇率上升，并使得本国商品相对于外国商品更昂贵
外国实际利率 r_{For}	上升	外国实际利率的上升使得实际汇率下降，并使得本国商品相对于外国商品更便宜
对本国商品的世界需求	上升	对本国商品的需求上升直接增加了净出口

① 注意，通过保持外国实际利率不变，我们不再假设（像在第 5 章里一样）国内和外国面临的是同一个世界的实际利率。一般来说，当各国像本章假设的那样生产不同商品时，各国的实际利率无须相等。原因在于，不同国家的实际利率度量的东西有所不同。例如，日本的实际利率度量的是以日本商品表示的资产购买力的上升情况，而德国的实际利率度量的是以德国商品表示的资产购买力的上升情况。如果日本-德国的实际汇率变化，那么这两个实际利率不必相等。

13.3 用于开放经济的 IS－LM 模型

现在，我们已经做好准备来分析汇率以及国际贸易如何与经济整体的行为互相影响。为此，我们扩展 IS－LM 模型，使其包括国家间的贸易和借贷。附录 13.B 以代数形式展现了该分析。我们之所以使用 IS－LM 图形而非 AD－AS 图形，是因为我们想要关注实际利率，而实际利率在决定汇率与商品以及资产流动方面起着关键作用。

回想一下 IS－LM 模型的组成部分，包括描述产品市场均衡的 IS 曲线、描述资产市场均衡的 LM 曲线以及描述劳动力市场均衡的 FE 线。由于本章讨论的内容不会影响我们对本国资产市场中的货币供给和需求的分析，因此在推导适用于开放经济的 IS－LM 模型的过程中，我们使用与封闭经济模型相同的 LM 曲线。类似地，由于国际因素不会直接影响劳动力市场和生产函数，所以 FE 线也没有变化。①

然而，因为净出口是对商品需求的一部分，所以我们必须修正 IS 曲线以描述开放经济。对于开放经济中的 IS 曲线，我们需要指出三个要点：

（1）尽管推导开放经济 IS 曲线的方式与封闭经济 IS 曲线有所不同，但与封闭经济 IS 曲线一样，它代表的是产出和实际利率之间向下倾斜的关系。

（2）在封闭经济中移动 IS 曲线的因素在开放经济中以同样的方式移动 IS 曲线。

（3）在开放经济中，改变净出口的因素也将移动 IS 曲线。具体说来，对给定的本国产出和本国实际利率水平而言，使得一国净出口增加的因素将会使开放经济 IS 曲线向上移动，使得一国净出口减少的因素将会使开放经济 IS 曲线向下移动。

在讨论上述每一点之后，我们使用开放经济的 IS－LM 模型来分析经济周期在国际上的传导，以及开放经济中宏观经济政策的运作。

□ 开放经济的 IS 曲线

就任何水平的产出，IS 曲线给出了将产品市场带入均衡的实际利率。在一个封闭经济中，产品市场的均衡条件是意愿国民储蓄 S^d 必须等于意愿投资 I^d，也就是 $S^d-I^d=0$。在一个开放经济中，正如我们在第 5 章描述的，产品市场的均衡条件是意愿国民储蓄 S^d 必须等于意愿投资 I^d 加上净出口 NX。我们将开放经济的产品市场均衡条件写为：

$$S^d-I^d=\mathrm{NX} \qquad (13-4)$$

要解释式（13－4），回想意愿国民储蓄超过意愿投资的部分 S^d-I^d，是本国居民愿意出借给国外的数额。再回想净出口 NX（在国外净要素支付和单边转移净支付为零时，等于经常账户的余额）等于外国人想要从本国储户那里借到的数额。因此，式（13－4）说明了要使产品市场处于均衡，向外国出借的意愿数额必须等于外国从本国借入的意愿数额。

① FE 线确实受国际因素影响的一种情形是当一些原材料（比如石油）来自进口时。在本书中，我们将石油价格冲击作为生产率冲击看待，这么做能够反映出它对国内宏观经济的主要作用。由于对石油价格冲击进行包含所有国际因素的分析非常复杂，所以我们在这里不做叙述。

等同地，我们可以将产品市场均衡条件写为：

$$Y=C^d+I^d+G+\mathrm{NX} \tag{13-5}$$

我们将式（13－4）中的意愿国民储蓄 S^d 用它的定义 $Y-C^d-G$ 来代替并重新整理，就得出了式（13－5）。式（13－5）陈述了当产品的供给 Y 等于产品的需求 $C^d+I^d+G+\mathrm{NX}$ 时，产品市场处于均衡状态。注意，在开放经济中，产品的总需求包括在净出口上的支出。

图 13－5 描述了开放经济中产品市场的均衡，横轴度量的是意愿国民储蓄减去意愿投资 S^d-I^d 和净出口 NX。注意，横轴包括正值和负值。纵轴度量的是本国实际利率 r。

向上倾斜的曲线 S^d-I^d 表示在任何实际利率 r 上的意愿国民储蓄和意愿投资之差。该曲线向上倾斜，因为在维持产出固定的条件下，实际利率的上升增加了意愿国民储蓄、减少了意愿投资，使得该国向外国出借的意愿数额增加。

在图 13－5 中，向下倾斜的曲线 NX 表示当其他因素不变时，该国净出口与本国实际利率之间的关系。正如 13.2 节所述，实际利率的上升使得汇率上升，从而减少了净出口（见本章的小结表 17）。因此，NX 曲线向下倾斜。

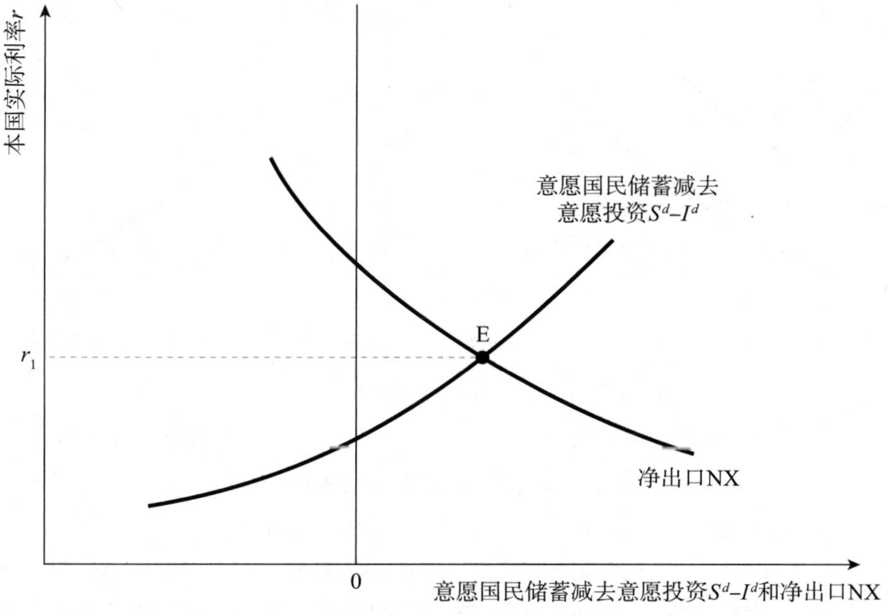

图 13－5　开放经济中的产品市场均衡

说明：图中向上倾斜的曲线表现了意愿国民储蓄 S^d 与意愿投资 I^d 之差。该曲线向上倾斜，因为本国实际利率的上升增加了意愿国民储蓄大于意愿投资的部分。NX 曲线将净出口和本国实际利率联系起来。该曲线向下倾斜，因为本国实际利率的上升使得实际汇率上升，从而减少了净出口。产品市场的均衡发生于 E 点，该点意愿国民储蓄超过意愿投资的部分等于净出口（等同地，该点向外国出借的意愿数额等于外国向本国借入的意愿数额）。出清市场的实际利率是 r_1。

产品市场的均衡要求意愿国民储蓄超过意愿投资的部分等于净出口（式 13－4）。该条件在 S^d-I^d 曲线和 NX 曲线的交点（E 点）得到满足。因此，使得产品市场出清的本国实际利率就是 E 点的利率，即 r_1。

要导出开放经济的 IS 曲线，我们需要知道当本国产出的当前水平增加时，出清产品市场的实际利率会有什么变化（见图 13－6）。假设本国产出一开始等于 Y_1，并且产品市场在 E 点以 r_1 的实际利率达到均衡。现在假设产出增加到 Y_2。当前产出的增加使得意愿国民储蓄增加，但不会影响意愿投资。这样，在任何实际利率水平上，意愿国民储蓄超过意愿投资的部分都会变大。因此，度量意愿国民储蓄超过意愿投资部分的曲线将会向右平移，在图 13－6（a）中从 $(S^d-I^d)^1$ 移动到 $(S^d-I^d)^2$。

NX 曲线有无变化呢？本国收入的增加导致本国消费者在进口商品上的支出增加，从而使得（其他因素不变时）净出口减少（见本章的小结表 17）。因此，当产出从 Y_1 增加到 Y_2 时，净出口下降，并且 NX 曲线向左平移，从 NX^1 移动到 NX^2。

在产出从 Y_1 增加到 Y_2 后，新的产品市场均衡位于图 13－6(a) 中的 F 点，该点的实际利率为 r_2。图 13－6（b）中的 IS 曲线表明，当产出等于 Y_1 时，出清市场的实际利率是 r_1；当产出等于 Y_2 时，出清市场的实际利率是 r_2。因为当前产出的增加降低了出清市场的实际利率，开放经济的 IS 曲线向下倾斜，与封闭经济一样。

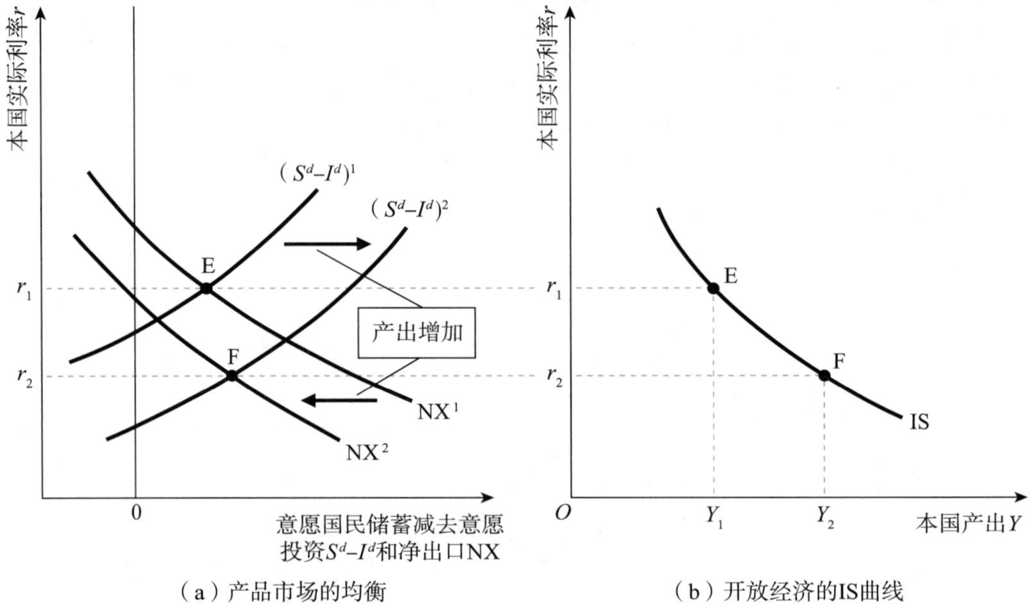

图 13－6　开放经济中 IS 曲线的推导

说明：产品市场的初始均衡在图 13－6(a) 和图 13－6(b) 中都以 E 点表示。

(a) 在 E 点，本国产出是 Y_1，本国实际利率是 r_1。本国产出从 Y_1 增加到 Y_2，使得在每一实际利率水平上的意愿国民储蓄增加了，但并不影响意愿投资。因此，S^d-I^d 曲线向右平移，从 $(S^d-I^d)^1$ 移动到 $(S^d-I^d)^2$。产出的增加也使得本国在进口上的支出增加，减少了净出口，并导致 NX 曲线向左平移，从 NX^1 移到 NX^2。在新的均衡点 F 点，实际利率为 r_2。

(b) 由于产出从 Y_1 到 Y_2 的增加将出清产品市场的实际利率从 r_1 降低到 r_2，所以 IS 曲线向下倾斜。

□ 引起开放经济 IS 曲线移动的因素

与封闭经济一样，任何在固定产出水平上使得出清产品市场的实际利率上升的因素都会使 IS 曲线向上移动。图 13－7 对此做了说明。图 13－7 表现了暂时性政府采购的增加对开放经济中 IS 曲线的影响。当产出固定为 Y_1 时，初始均衡位于 E 点，该点的实际利率是 r_1。就每一产出水平和实际利率，暂时性政府采购的增加降低了意愿国民储蓄。

因此 S^d-I^d 曲线向左移动，从 $(S^d-I^d)^1$ 移动到 $(S^d-I^d)^2$，如图 13－7(a) 所示。新的产品市场均衡位于 F 点，该点的实际利率是 r_2。

图 13－7(b) 展现了对 IS 曲线的作用。就产出 Y_1 而言，暂时性政府采购的增加将出清产品市场的实际利率从 r_1 提高到了 r_2。因此，IS 曲线向右上方移动，从 IS^1 移到 IS^2。

通常说来，任何因素之所以能使封闭经济的 IS 曲线向上移动，是因为它们减少了相对于意愿投资的意愿国民储蓄。由于意愿国民储蓄相对于意愿投资减少了，所以这个变化会使 S^d-I^d 曲线向左移动［见图 13－7(a)］，这样的变化也会使开放经济的 IS 曲线向上移动。

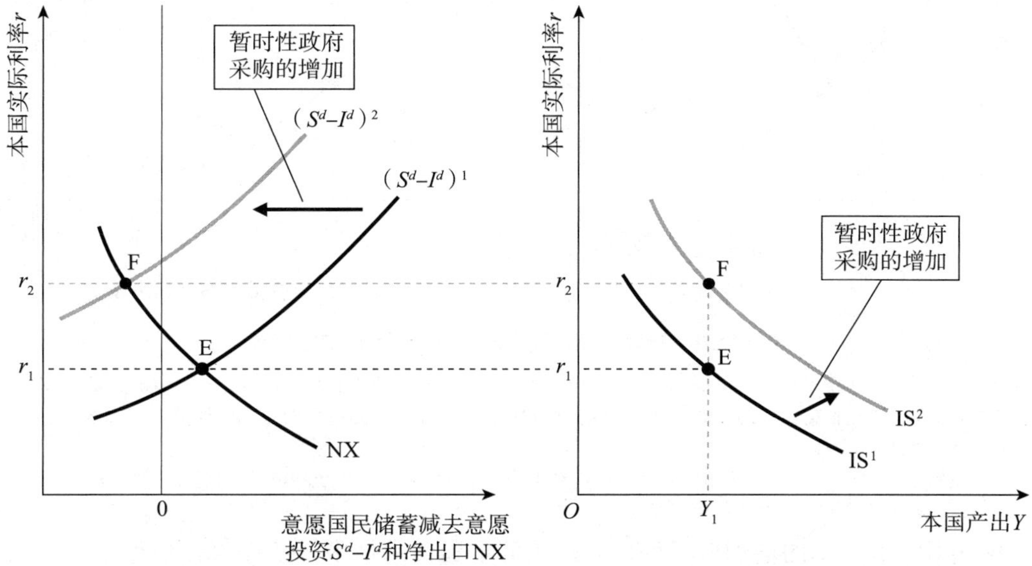

（a）产品市场的均衡　　（b）开放经济的IS曲线

图 13－7　暂时性政府采购的增加对开放经济中 IS 曲线的作用

说明：在图 13－7(a) 和图 13－7(b) 中，初始均衡都位于 E 点，该点的产出为 Y_1，实际利率为 r_1。

(a) 暂时性政府采购的增加降低了在每一产出水平和实际利率上的意愿国民储蓄。因此，S^d-I^d 曲线向左移动，从 $(S^d-I^d)^1$ 移动到 $(S^d-I^d)^2$。

(b) 在图 13－7(a) 和图 13－7(b) 中的 F 点，就产出 Y_1 而言，出清产品市场的实际利率现在为 r_2。由于出清产品市场的实际利率上升了，因此 IS 曲线向右上方移动，从 IS^1 移到 IS^2。

除了在封闭经济中移动 IS 曲线的一般因素外，一些新因素也会影响开放经济中 IS 曲线的位置。具体说来，给定本国产出和本国实际利率，任何增加一国净出口的因素都将使开放经济的 IS 曲线向上移动。图 13－8 说明了这一点。

图 13－8(a) 和图 13－8(b) 中的初始均衡点都是 E 点，该点的本国产出为 Y_1，本国实际利率为 r_1。现在假设发生了某种变化，使得在任何本国产出水平以及本国实际利率下该国的净出口都增加了。净出口的增加表现为图 13－8(a) 中的 NX 曲线从 NX^1 向右移动到 NX^2。在新的产品市场均衡点 F 点，实际利率上升到 r_2。因为就固定的产出水平而言，出清市场的实际利率上升了，所以 IS 曲线向右上方移动，从 IS^1 移到 IS^2，如图 13－8(b) 所示。

就任何给定的本国产出和本国实际利率而言，什么因素会引起本国的净出口增加呢？我们在本章的不同地方已经讨论了三种可能性：外国产出的增加、外国实际利率的上升以及对本国商品的世界需求的增加（见本章的小结表 17）。

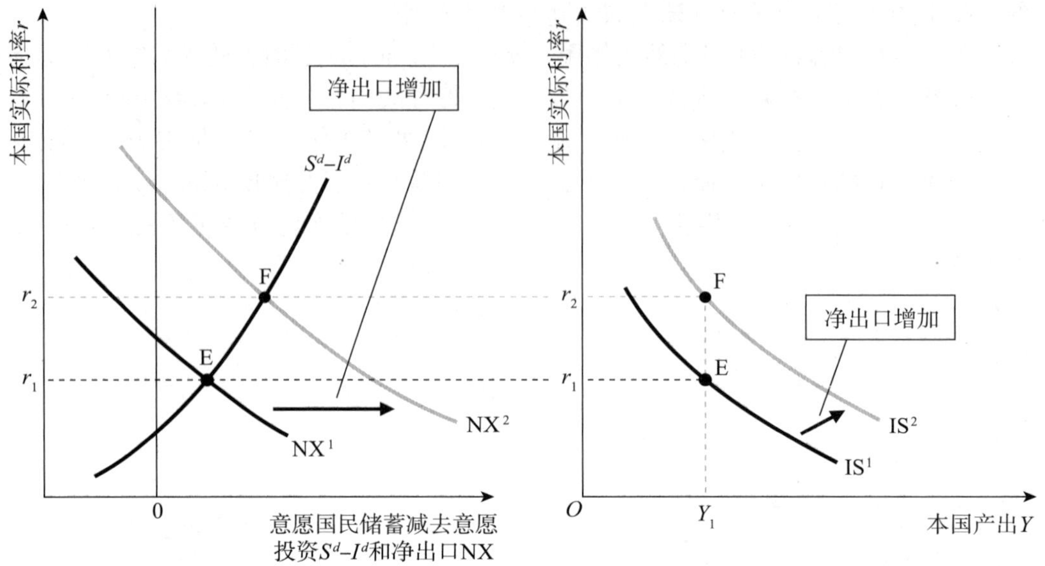

图 13－8　净出口增加对开放经济的 IS 曲线的作用

说明：在图 13－8(a) 和图 13－8(b) 中，初始均衡都位于 E 点，该点的产出为 Y_1，出清产品市场的实际利率为 r_1。

(a) 如果某一变化使得该国的净出口就任何给定的本国产出和本国实际利率而言都增加了，那么 NX 曲线向右移动，从 NX^1 移到 NX^2。

(b) 在图 13－8(a) 和图 13－8(b) 中的 F 点，对于产出 Y_1 来说，出清产品市场的实际利率从 r_1 上升到 r_2。因此，IS 曲线向右上方移动，从 IS^1 移到 IS^2。

● 外国产出 Y_{For} 的增加使得外国人购买的本国商品增多，从而直接增加了本国的净出口，并使得 IS 曲线向上移动。

● 外国实际利率 r_{For} 的上升使得外国资产对本国储户而言变得更有吸引力，增加了本国货币的供给，同时减少了对本国货币的需求，这导致了汇率贬值。实际汇率的降低刺激了净出口，使得本国 IS 曲线向上移动。

● 对本国商品的世界需求的增加，与本国商品的质量提高一样，增加了净出口，并将 IS 曲线向上移动。另一个例子是，如果本国施加了限制进口的贸易壁垒（由此增加了净出口），类似的作用则也会发生，见本章末的分析题第 1 题。

小结表 18 列出了使开放经济的 IS 曲线移动的国际因素。

小结表 18　　引起开放经济的 IS 曲线移动的国际因素

上升	IS 曲线的移动方向	原因
外国产出 Y_{For}	向上	外国产出的提高增加了对本国出口的需求
外国实际利率 r_{For}	向上	外国实际利率的上升使实际汇率贬值，从而增加了净出口
相对于外国商品而言，对本国商品的需求	向上	对本国商品的需求上升增加了净出口

□ 经济周期的国际传导

在本章的引论部分，我们简短地提到了国家间的贸易和金融纽带如何使周期性波动跨越国界传导。这里的分析将展现外国经济状况对实际汇率的作用，以及净出口是经济周期在国际上传导的主要方式之一。

例如，试考虑美国的经济衰退对一个以美国为主要出口市场的经济（比如日本）的影响。在 IS－LM 模型中，美国产出的下降降低了对日本净出口的需求，使得日本的 IS 曲线向下移动。在该模型的凯恩斯主义版本中，IS 曲线的向下移动使得日本经济陷入衰退，产出低于充分就业产出，直到价格调整使其恢复到充分就业产出（例如，见图 11－7）。在一个具有错误认知的古典模型中，日本的产出预期也会下降，因为净出口的下降意味着日本总需求（AD）曲线的下移，同时也因为短期总供给（SRAS）曲线向上倾斜。然而，在没有错误认知的基本古典模型中，产出维持在充分就业产出的水平，所以净出口的下降不会影响日本产出。

类似地，一国的国内经济对国际上各种商品需求偏好的变化也很敏感。例如，对日本商品需求的下降（可能由对日本商品的贸易限制引起）使得日本的 IS 曲线向下移动，与外国（美国）的产出下降具有相同的收缩性作用。

13.4 弹性汇率体制下开放经济中的宏观经济政策

之所以要为开放经济建立 IS－LM 模型，一个主要原因是要考察国家间的贸易和金融纽带如何影响财政政策和货币政策。当汇率具有弹性时，若将对外贸易考虑在内，宏观经济政策对国内变量（诸如产出和实际利率）的作用基本没有什么变化。不过，将对外贸易纳入经济中提出了两个新问题：(1) 财政政策和货币政策如何影响一国的实际汇率和净出口？(2) 一国的宏观经济政策如何影响其他国家的经济？我们可以用开放经济的 IS－LM 模型来回答这两个问题。

要弄清楚各种国内宏观经济政策的国际效应，我们采取以下步骤：

(1) 我们对国内经济使用 IS－LM 图形来确定这些政策对国内产出和国内实际利率的效应。这一步与第 9 章～第 11 章我们对封闭经济的分析是一样的。

(2) 我们应用 13.2 节的结果（特别参见本章的小结表 16 和小结表 17）来确定国内产出和国内实际利率的变化如何影响汇率和净出口。

(3) 我们对外国经济使用 IS－LM 图形来确定国内政策对外国产出和外国实际利率的效应。能改变对外国净出口需求的国内政策将使外国的 IS 曲线发生移动。

□ 财政扩张

要考虑财政政策在开放经济中的作用，我们再看一下国内政府采购的暂时性增加。在分析该政策变化时，我们使用了 IS－LM 模型的古典版本，同时论述了使用凯恩斯主义框架会得到的结果。

图 13－9 给出了两个 IS－LM 图形，一个为本国经济（本国财政政策发生变化），另一个为代表本国主要贸易伙伴的外国经济。假设初始均衡位于图 13－9(a) 中的 E 点。与平常一样，政府采购的增加使得本国 IS 曲线向右上方移动，从 IS^1 移到 IS^2。此外，在古典模型里，FE 线向右移动，从 FE^1 移到 FE^2。这条线之所以移动，是因为政府采购的增加提高了现在或未来的税负，高税收使工人变穷，所以他们会增加劳动力供给，从而使得充

分就业产出增加。新的均衡由 IS^2 和 FE^2 的交点 F 点表示。本国价格水平上升，使得本国 LM 曲线向左上方移动，从 LM^1 移到 LM^2，直到它穿过 F 点。将 F 点和 E 点相比较，我们可以看出政府采购的增加使得本国的产出 Y 和实际利率 r 都上升了。到目前为止，我们的分析与封闭经济的古典主义分析（见第 10 章）是完全相同的。同时，注意财政扩张增加了产出和实际利率，这也是我们可以从凯恩斯模型中得到的结果。

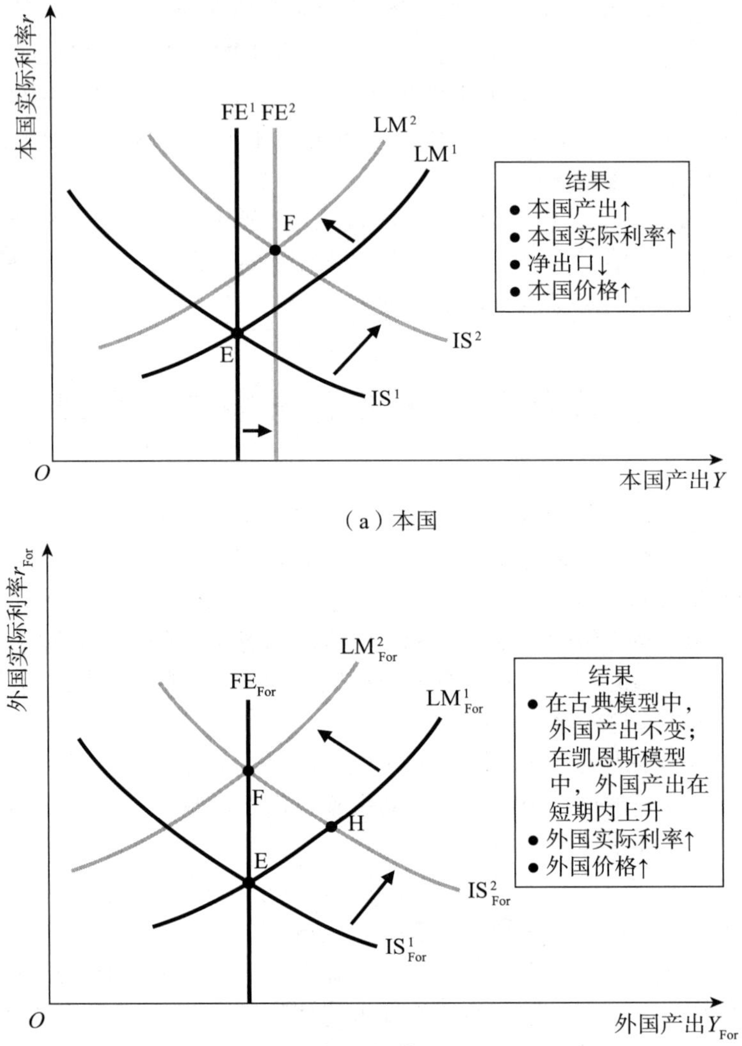

图 13-9　本国政府采购增加的作用

说明：(a) 在古典模型中，本国政府采购的增加使得本国 IS 曲线向右上方移动，从 IS^1 移到 IS^2。它也将本国 FE 线向右移动，从 FE^1 移到 FE^2。因此，本国产出和本国实际利率都上升了。这些上升减少了净出口，但对实际汇率的作用不确定。这些结果与凯恩斯模型的结果相似。

(b) 由于本国的进口是外国的出口，反之亦然，本国的净出口下降等同于外国的净出口增加。这个增加使得外国的 IS 曲线向上移动，从 IS^1_{For} 移到 IS^2_{For}。在古典模型中，价格迅速调整，将外国 LM 曲线从 LM^1_{For} 向上移动到 LM^2_{For}。新的均衡位于 F 点，该点的实际利率和价格都上升了，但外国产出保持不变。在凯恩斯模型中，当价格调整重新恢复在 F 点的一般均衡之前，价格黏性会导致外国产出在 H 点短暂地增加。

为考察国际贸易所起的作用，我们首先考虑本国产出增加和本国实际利率上升对汇率的作用。回想一下产出 Y 的增加导致了本国居民需要更多的进口，从而在外汇市场供给更多的本国货币。因此，本国产出的增加使得汇率下降。然而，本国实际利率的上升使本国资产变得更有吸引力，导致外国储户需要更多的本国货币，使得汇率上升。因此，政府采购增加对汇率的总作用是模糊不清的：我们无法确定政府采购的增加究竟将使汇率上升还是下降。

财政扩张对一国净出口的作用则是明确的。回想一下本国产出的增加（增加了本国居民对进口的需求）和实际利率的上升（使汇率上升）都导致净出口下降。因此，财政扩张的总作用很清楚，即使该国的贸易余额向赤字方向移动。这个结果和第 5 章“双赤字”（政府预算赤字和贸易赤字）的分析是一致的。

在一个相互关联的世界里，一国宏观经济政策的影响并不局限于该国，它也会影响外国。以我们刚做的分析为基础，要进一步分析本国的财政扩张将如何影响本国贸易伙伴的经济，其实并不困难。

以图 13－9(b) 中的外国 IS－LM 图形描述本国的财政扩张对世界上其他国家的影响，可看出该影响是通过改变净出口来传导的。由于本国的进口是外国的出口，反过来也成立，那么本国的净出口下降就等同于外国的净出口增加。因此，外国的 IS 曲线向上移动，从 IS^1_{For} 移到 IS^2_{For}。

在古典模型中，外国 IS 曲线的向上移动并不影响外国产出，反而是价格水平立即上涨并恢复了一般均衡（LM 曲线从 LM^1_{For} 向上移动到 LM^2_{For}）。外国经济最终处于 F 点，在 F 点，实际利率和价格水平都高于初始水平。

如果价格像在凯恩斯模型中一样是黏性的，外国 IS 曲线移动的作用将会稍有区别。如果价格在短期内不调整，那么 IS 曲线的移动意味着外国经济会暂时增加产出，如图 13－9(b) 中 IS 曲线和 LM 曲线的交点 H 点所示。只有当各公司调整了价格之后，经济才会达到 F 点。否则，古典模型和凯恩斯模型的结果将是一样的。①

因此，在开放经济的古典模型和凯恩斯模型中，政府采购的暂时性增加使得本国收入增加以及本国实际利率上升，与在封闭经济中一样。此外，净出口下降，因此新增的政府采购减少了也就是挤出了投资和净出口。对实际汇率的作用则是模糊的：实际利率可能上升也可能下降。在外国经济中，实际利率和价格水平上升。在凯恩斯模型中，外国产出也会增长，但仅在短期内如此。

□ 货币紧缩

我们也可以用开放经济的 IS－LM 模型来研究当汇率具有弹性时货币政策的作用。我们使用凯恩斯版本的 IS－LM 模型来分析货币供给的下降在短期和长期的作用。因为货币政策的作用在古典主义基本模型（不存在错误认知）和凯恩斯主义长期模型中是一样的，所以我们的分析同样适用于古典模型。

对本国经济和外国经济的短期效应 货币紧缩的作用如图 13－10 所示，图中给出了对应于本国和外国的 IS－LM 图形。假设 E 点代表初始均衡，而货币供给的减少使得本国 LM 曲线向左上方移动，从 LM^1 移到 LM^2，如图 13－10(a) 所示。在凯恩斯模型

---

① 原则上，我们可以通过讨论外国产出和实际利率的变化接下来如何影响本国经济来继续分析。不过，这些反馈作用一般很小，不会推翻我们的任何结论，所以我们省略了有关讨论。

中，价格水平在短期是刚性的，所以短期均衡位于 IS 曲线和 LM^2 曲线相交的 F 点。比较 F 点和 E 点，结果揭示了在短期本国产出会下降，而本国实际利率会上升。这个结果与封闭经济中的情形一样。

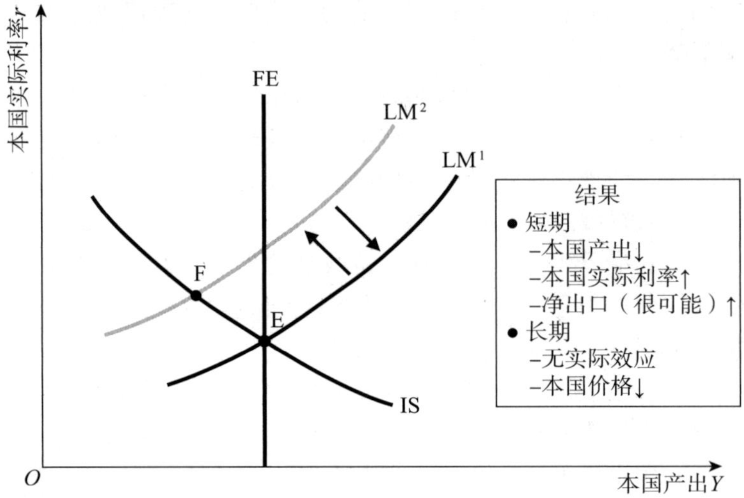

（a）本国

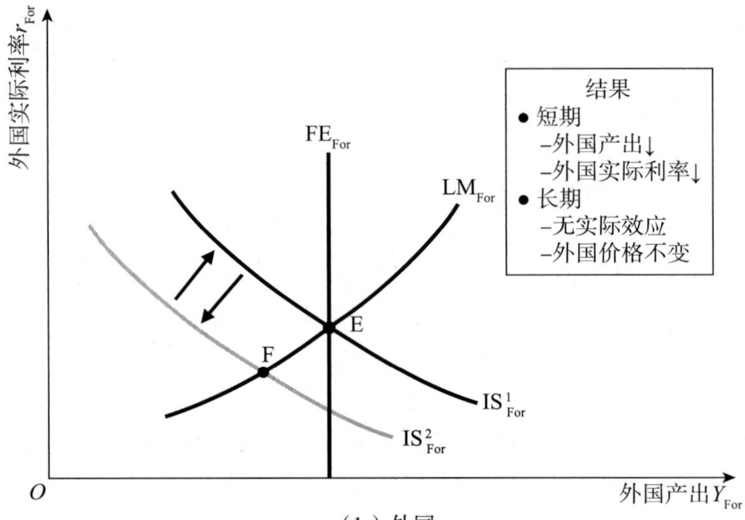

（b）外国

图 13－10　本国货币供给减少的效应

说明：（a）本国货币供给的减少使得本国 LM 曲线从 LM^1 向上移动到 LM^2。凯恩斯模型中的短期均衡位于 IS 曲线和 LM^2 曲线相交的 F 点。货币供给的下降减少了本国产出，提高了本国实际利率。本国产出的下降和本国实际利率的上升导致实际汇率上升，但对净出口的作用很可能是模糊的。如果我们假设本国产出下降对净出口的作用大于汇率上升的作用，那么净出口将因为本国居民对外国商品的需求减少而增加。

（b）本国净出口增加了，外国的净出口就会减少，而且外国的 IS 曲线将向下移动，从 IS^1_{For} 移到 IS^2_{For}。所以在短期，外国产出减少，实际利率下降。在长期，本国价格下降，两个经济都回到位于 E 点的均衡。因此，从长期来说，货币是中性的。

在货币紧缩后，汇率会由于两个原因在短期内升值。首先，本国产出的下降减少了本国对进口的需求，导致本国消费者减少了需要用来购买进口商品的外国货币数量。其次，本国实际利率的上升使得本国资产对外国储户来说变得更有吸引力，从而增加了外国储户对本国货币的需求。

该国的净出口有何变化呢？这里有两个互相冲突的效应：(1) 由货币紧缩造成的本国产出下降减少了本国对外国商品的需求，从而倾向于增加该国的净出口；(2) 导致汇率上升的实际利率上升则倾向于减少净出口。理论并没有明确地指出净出口将朝哪个方向变化。不过，在我们先前对J曲线的讨论中，我们注意到实际汇率变化对净出口的影响在短期会比较弱。根据该分析，我们假设就短期而言，汇率的变化对净出口的影响要弱于本国产出的变化对净出口的影响，所以总的说来，该国的净出口会上升。

下一个问题是：本国货币紧缩如何影响贸易伙伴的经济表现？图13-10(b) 给出了该政策对一个典型外国经济的影响。如果本国的净出口由于货币紧缩而增加了，那么外国的净出口肯定会减少，因为本国的出口就是外国的进口。因此，外国的IS曲线将向左下方移动，从IS^1_{For}移到IS^2_{For}。短期均衡位于F点，IS^2_{For}曲线和LM_{For}曲线在该点相交。外国产出减少，并且外国实际利率下降。

这些结果表示本国的货币紧缩也会导致国外的经济衰退。之所以会发生经济衰退的传导，是因为本国产出的下降也减少了本国对外国商品的需求。本国实际汇率的升值则使得外国商品相对便宜，倾向于增加外国的净出口，从而在相反的方向起作用。不过，我们已经假设了本国收入下降对外国净出口的负面影响要大于本国汇率升值的正面影响。因此，本国的货币紧缩导致了在外国和本国都将发生经济衰退。

对本国经济和外国经济的长期效应 在货币紧缩后的长期内，当各公司发现自己产出的销售低于意愿水平时，本国的工资和价格会随之下降。本国的LM曲线回到其位于图13-10(a) 中的初始位置LM^1，使得货币在长期保持中性。随着本国的所有实际变量均回到它们的初始水平，实际汇率和本国对外国商品的需求也回到它们的初始水平。其结果是，外国的IS曲线也将移回图13-10(b) 中的初始位置IS^1_{For}，并且外国经济也回到其在E点的初始均衡。在E点，所有外国宏观经济变量（包括价格水平）都处于它们的初始水平。因此，长期说来，本国货币供给的变化不会影响任何本国或外国的实际变量。特别地，长期说来，实际汇率和净出口不受货币紧缩的影响。

尽管货币中性在凯恩斯模型中只有在长期才成立，它在基本古典模型中却是即时成立的。所以在基本古典模型中，货币政策的变化对实际汇率或贸易流量没有作用，只会影响到价格水平。在货币紧缩的过程中，本国价格水平会下降（外国价格水平不变）。

尽管货币在长期不能影响实际汇率，但它确实能通过改变本国价格水平来影响名义汇率。（这是一个实际汇率和名义汇率对宏观经济条件变化有不同反应的情形。）正如我们所展示的，货币的长期中性暗示着名义货币供给10%的下降将会使本国价格水平下降10%。注意，式（13-1）暗示了名义汇率e_{nom}等于eP_{For}/P，其中，e为实际汇率，P_{For}为外国价格水平，P为本国价格水平。由于实际汇率e和外国价格水平P_{For}在长期内不因本国货币紧缩而变化，所以本国价格水平P下降10%会使得名义汇率e_{nom}也（大约）下降10%。因此，货币紧缩使得本国价格水平下降以及名义汇率升值的比例与货币供给下降的比例相同。

13.5 固定汇率

自 20 世纪 70 年代早期放弃了布雷顿森林体系后，美国一直实行弹性汇率体制。不过，固定汇率体制（即汇率根据国家间的协定由官方设定的体制）在历史上很重要，目前仍被不少国家采用。下面我们考察固定汇率体制，并阐述两个重要问题：(1) 固定汇率体制的采用如何影响一国经济及其宏观经济政策？(2) 从根本上说，究竟是弹性汇率体制还是固定汇率体制更好？

□ 汇率的固定

不同于汇率由外汇市场上的供给和需求决定的弹性汇率体制，在一个固定汇率体制中，名义汇率的价值是由政府官方设定的，虽然也许咨询过其他国家或与其他国家达成了协定。①

固定汇率体制的一个潜在问题是，由政府设定的汇率价值可能不等于由货币的供给和需求所决定的汇率。图 13－11 给出了这样一种情形，其中官方汇率$\bar{e}_{nom}$高于**汇率的基本值**(fundamental value of the exchange rate) e^1_{nom}，也就是没有政府干涉时自由市场力量所决定的汇率。当汇率高于其基本值时，它就是一个**高估的汇率**（overvalued exchange rate，又称高估的货币）。

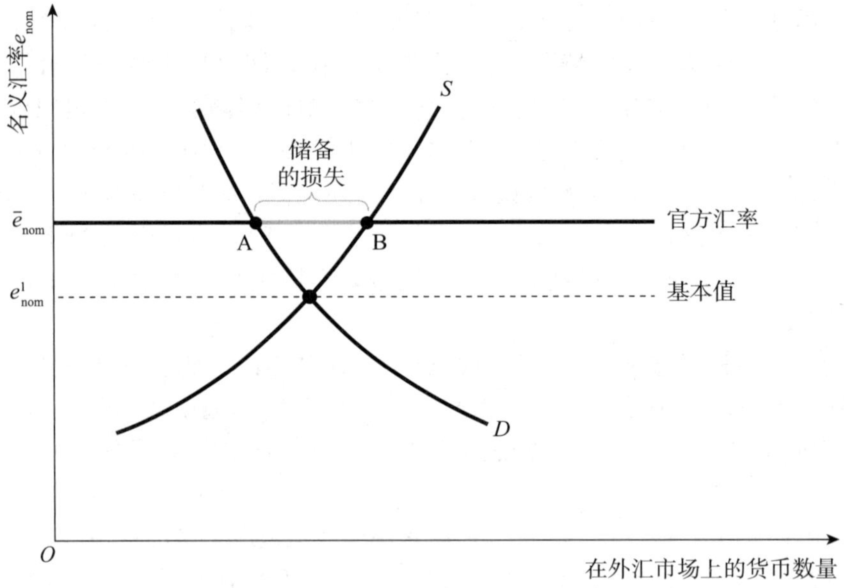

图 13－11　高估的汇率

说明：该图给出了官方固定名义汇率（简称官方汇率）$\bar{e}_{nom}$高于由外汇市场上的供给和需求所决定的汇率基本值 e^1_{nom}的一种情形。在这种情形下，该汇率被高估了。该国中央银行可以通过每个时期在外汇市场上用其储备购买数量为 AB 的本国货币来将汇率维持在官方汇率水平上。所损失的储备也称该国的国际收支赤字。

① 在一些固定汇率体制下，汇率被允许在一个狭窄的、事先确定的范围内波动。为简单起见，本节假定汇率固定于某一特定值。

一国如何处理官方汇率与汇率的基本值不同的情况呢？这里有几种可能的策略。首先，该国可以很简单地对官方汇率进行重设，使其等于或接近于汇率的基本值。例如，在图 13－11 所示的高估的汇率的例子中，该国可以很简单地将其官方汇率从$\bar{e}_{nom}$降低到e^1_{nom}（即通货贬值）。不过，尽管在固定汇率体制下，人们也会预期发生偶尔的通货贬值或通货升值，但如果一国政府总是在调整它的汇率，那还不如直接转为弹性汇率体制。

其次，政府可以限制国际交易，例如通过对进口或资本流出进行限制或者征税。这些政策减少了在外汇市场上本国货币的供给，从而使得汇率的基本值朝其固定值方向上升靠拢。一些国家则更进一步，禁止人们在未经政府批准的情况下用本国货币与外国货币交易。一个不能与其他货币自由交易的货币被称为**不可兑换货币**（inconvertible currency）。然而，政府对国际交易的直接干涉有许多经济成本，包括减少了获取外国商品和资金的渠道。

最后，政府可以成为外汇市场上自己货币的需求者或供给者，这也是大多数拥有固定汇率体制的工业化国家所使用的方法。例如，在图 13－11 所示的高估的汇率的例子中，在官方汇率处，外汇市场上该国货币的供给（B 点）超过对该国货币的私人需求（A 点）的数量为 AB。要将货币的价值维持在官方汇率上，政府可以在每个时期买回数量为 AB 的本国货币。

通常说来，这些货币购买是由该国的中央银行使用官方储备来完成的。回顾一下（第 5 章），官方储备是指那些可用于国际支付的本国货币或证券之外的资产（如黄金、在外国银行的存款以及由国际机构诸如国际货币基金组织等创造的特殊资产）。例如在金本位时期，黄金是官方储备资产的基本形式，而中央银行以固定价格出价，用黄金来兑换它自己的货币。如果图 13－11 代表的是一个金本位的国家，那么 AB 就代表中央银行在每个时期买回其货币所需的黄金数量，以使其货币的供给数量和需求数量在官方汇率上相等。再回顾一年中一国官方储备的下降等于其国际收支的赤字。因此，AB 这个数量度量的是中央银行用于支撑其货币所必须使用的并对应于该国国际收支赤字的储备数量。

尽管中央银行可以通过以固定价格收购自己的货币从而在一段时间内维持一个高估的汇率，但它不能永远这么做，因为它的外汇储备资产是有限的。例如，在金本位时期，中央银行并不拥有无限数量的黄金。在长期内试图支撑一个高估的货币将会耗尽中央银行有限的黄金储备，从而使得该国除了通货贬值之外别无选择。

投机性挤兑能急剧地终结中央银行支撑一个高估的货币的企图。当金融投资者开始担心一个高估的货币将会很快发生通货贬值，并且相对于以其他货币计价的资产而言减少以高估的货币计价的资产持有量时，**投机性挤兑**（speculative run，又称投机性攻击）就发生了。为避免损失，金融投资者疯狂地抛售以高估的货币计价的资产。与针对高估的货币的投机性挤兑相联系的本国资产的恐慌性抛售使该货币的供给曲线急剧地向右移动（见图 13－12），从而使得该货币供求数量间的差距从 AB 扩大到 AC。这个扩大的差距加快了中央银行为保持高估的汇率而必须花费其官方储备的速度，从而加快了通货贬值并证实了金融投资者的预期。

在缺乏对国际贸易和金融强有力限制（这些限制本身代价高昂）的情况下，我们的结论是，高估货币是不可能长期持续的。如果汇率被高估了，该国要么必须实行通货贬值，要么必须改变政策以提高该汇率的基本值。下一节将说明改变汇率的基本值的基本工具是货币政策。

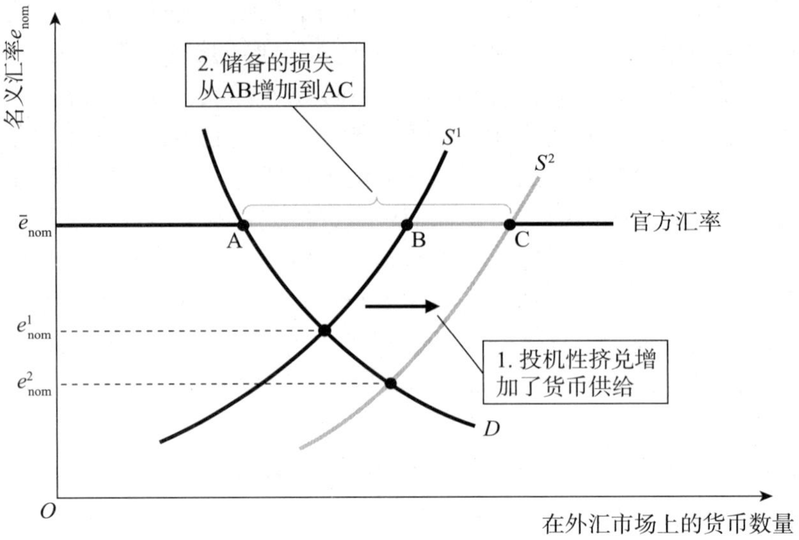

图 13-12　对高估的货币的投机性挤兑

说明：起初，本国货币的供给曲线是 S^1，并且为了维持固定汇率，中央银行必须每个时期在外汇市场上使用数量为 AB 的储备来买回自己的货币。当本国资产的持有者开始担心会发生使他们的资产价值（以外国货币度量）减少的通货贬值时，投机性挤兑就发生了。本国货币资产的恐慌性抛售导致外汇市场上供给的本国货币增多，从而使得本国货币的供给曲线向右移动，从 S^1 移到 S^2。中央银行必须以 AC 的数量购回本国的货币并丧失储备。储备的加速丧失会迫使中央银行停止支撑高估的货币，并实行通货贬值，从而证实了市场的预期。

我们已经关注了高估的货币的情形，但汇率也可能被低估。如图 13-13 所示，如果官方汇率低于在外汇市场上由供给和需求决定的汇率值，**低估的汇率**（undervalued exchange rate，又称低估的货币）就形成了。在这种情形下，中央银行每个时期在外汇市场上以 AB 的数量卖出本国货币并累积储备，而非买进本国货币。在对中央银行所能累

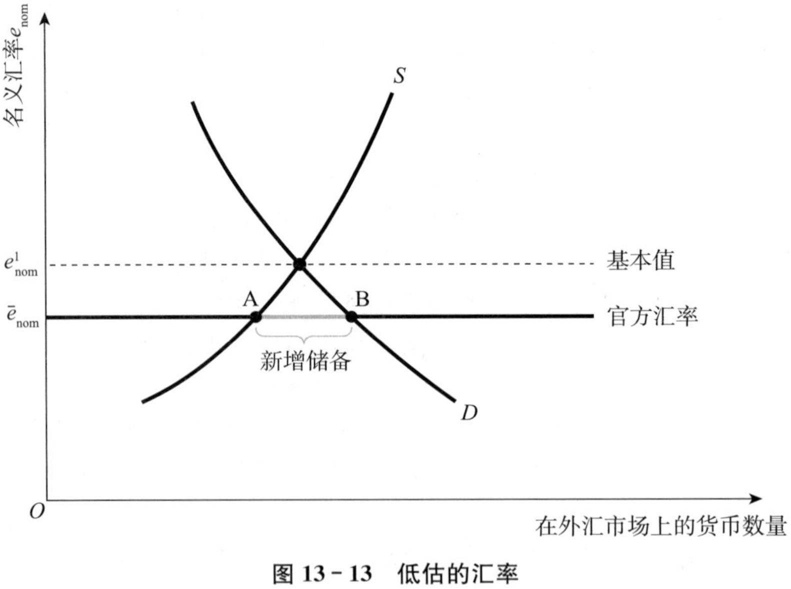

图 13-13　低估的汇率

说明：当官方决定的名义汇率 $\bar{e}_{nom}$ 低于由外汇市场的供给和需求所决定的汇率基本值 e^1_{nom} 时，汇率就被低估了。为将汇率维持在官方水平，中央银行必须每个时期在外汇市场上以 AB 的数量供给自己的货币，并由此累积外国储备。

积的储备资产（例如黄金）没有限制的情况下，中央银行明显可以无限期地维持一个低估的汇率。不过，汇率被低估的一国是在其贸易伙伴有着高估的汇率并丧失储备的代价下累积储备的。由于该国的贸易伙伴不能无限期地持续丧失储备，因此最终它们会对该国施加政治压力，让它将汇率的基本值带回与其官方汇率相等的水平。

□ 货币政策与固定汇率

假设一国想要通过将其名义汇率的基本值提高到与汇率的固定值相等的水平来消除货币的高估，它如何达到这个目标呢？经济学家很久以前就已认识到，一国要这么做的最好方法是紧缩其货币供给。

为了说明为什么货币紧缩会使名义汇率的基本值上升，我们首先将定义实际汇率和名义汇率关系的公式［式（13－1）］重新表示为：

$$e_{\text{nom}}=\frac{eP_{\text{For}}}{P} \qquad (13-6)$$

式（13－6）陈述了对于任何给定的外国价格水平 P_{For}，名义汇率 e_{nom}与实际汇率 e 为正比关系，与本国价格水平 P 为反比关系。

在我们先前关于凯恩斯模型里弹性汇率条件下货币政策的讨论中，我们表明了货币紧缩通过减少本国产出和提高实际利率，导致实际汇率在短期上升。在凯恩斯模型中，由于短期内本国和外国的价格水平是固定的，所以式（13－6）表明了实际汇率在短期的上升暗示着名义汇率在短期的上升。在长期，货币是中性的，因此，货币紧缩对实际汇率没有影响，但它确实导致了本国价格水平的下跌。在长期，本国价格水平 P 下跌，但实际汇率 e 不受影响，所以式（13－6）暗示着名义汇率在长期和短期都将上升。因此，在短期和长期中，货币紧缩都提高了名义汇率的基本值，也就是由外汇市场上的供给和需求所决定的名义汇率的数值。① 反过来，货币扩张在短期和长期都降低了名义汇率的基本值。

图 13－14 描绘了实行固定汇率的国家中名义汇率与货币供给的关系。② 向下倾斜的曲线代表了货币供给与名义汇率的基本值之间的关系。该曲线向下倾斜，因为在其他因素不变时，货币供给的增加降低了名义汇率的基本值。图 13－14 中的水平线代表的是官方决定的汇率。在横轴上的 M_1 是使得汇率的基本值与其官方汇率相等的货币供给量。如果货币供给大于 M_1，该国就有汇率被高估的问题（汇率的基本值低于官方汇率）；如果货币供给小于 M_1，该国就有汇率被低估的问题。

图 13－14 说明了在固定汇率体制下，单个国家一般不能通过随意扩张货币供给来增加产出和就业。相反，货币供给取决于汇率的官方值与基本值相等的条件。如果图 13－14 所代表的国家想要扩大货币供给以对抗经济衰退，那么它只能通过造成汇率被高估或者立即将其货币贬值来达到目的。因此在固定汇率体制下，中央银行不能使用货币政策来追求稳定宏观经济的目标。

---

① 因为货币在基本古典模型中总是中性的，所以在基本古典模型中，货币紧缩使得名义汇率的基本值提高。

② 与前几章一样，该国的货币供给等于在国内流通的货币数量。它不是外汇市场上的货币供给，后者完全取决于本国居民对外国商品和服务及资产的需求。

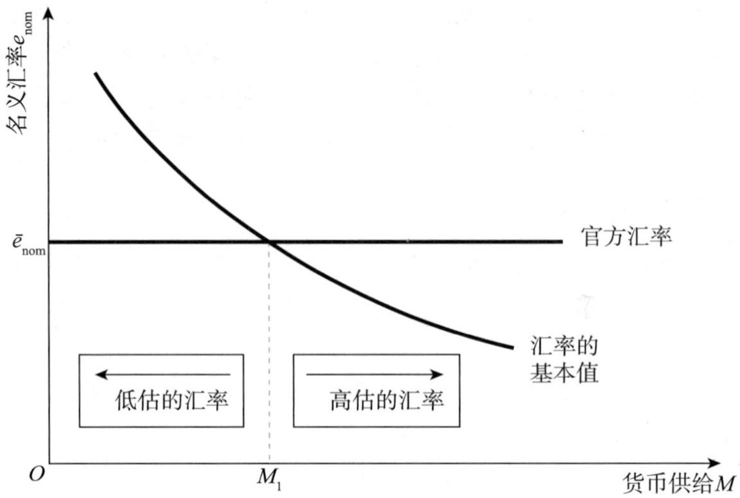

图 13-14　在固定汇率体制下货币供给的决定

说明：向下倾斜的汇率的基本值曲线表示本国货币供给增加导致了汇率的基本值的降低。水平线代表官方汇率。只有当该国的货币供给等于 M_1 时，汇率的基本值才会等于官方汇率。如果中央银行增加了货币供给并使其大于 M_1，汇率就会被高估，低于 M_1 的货币供给则会导致货币被低估。

尽管实行固定汇率体制的一组国家中的一个成员自己不能随意使用货币政策，但如果各成员能够协调它们的政策，那么这组国家作为一个整体也许可以这么做。例如，假设阿根廷和巴西的货币之间有一个固定的汇率，并且由于两国发生的经济衰退，它们都想扩大货币供给。如果巴西自己实行了货币扩张，在图 13-15 中从 M_1 移到 M_2，它的汇率将被高估（它在 M_2 和 FV^1 交点处的基本值低于官方汇率）。结果是巴西的中央银行会丧失储备，最终迫使巴西放弃它的扩张尝试。

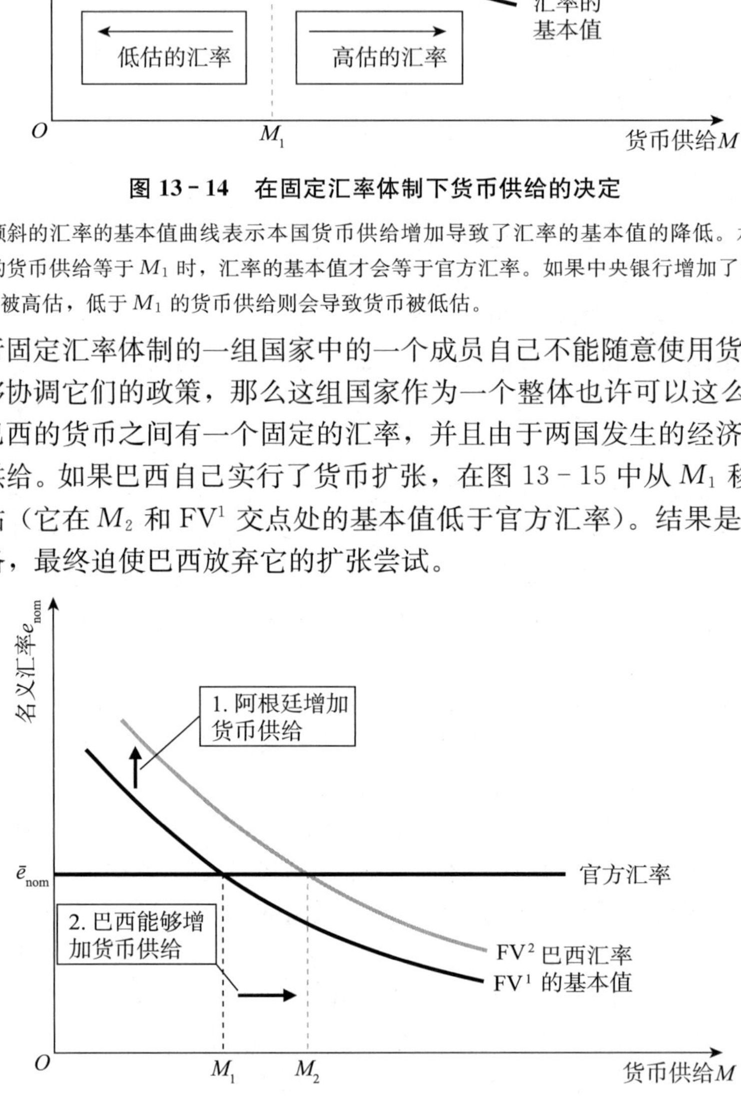

图 13-15　经协调的货币扩张

说明：起初，巴西汇率的基本值由 FV^1 表示，与官方汇率一致的货币供给为 M_1。如果巴西将货币供给增加到 M_2，那么它的汇率的基本值将会低于其官方汇率，巴西的货币就会被高估。

阿根廷货币供给的增加将使阿根廷汇率的基本值降低，使巴西汇率的基本值升高，代表巴西汇率的基本值的曲线从 FV^1 向上移动到 FV^2。巴西现在能够将其货币供给增加到 M_2，而不会造成汇率被高估的问题。

然而，假设阿根廷实行了自己的货币扩张政策。如果巴西的货币供给保持不变，阿根廷货币供给的增加则降低了阿根廷（名义）汇率的基本值，也就等同于在巴西货币供给的任何水平上提高了巴西汇率的基本值，如图 13－15 所示。图 13－15 中巴西汇率的基本值曲线从 FV^1 向上移动到 FV^2。现在，巴西可以将其货币供给从 M_1 扩张到 M_2，而不会造成汇率被高估的问题（在 M_2 和 FV^2 交点处的巴西汇率的基本值和巴西的官方汇率一致）。因此，如果阿根廷和巴西通过朝同一方向改变它们的货币供给来相互协调，那么两个国家都能达到它们的稳定化目标而不必担心汇率被高估的问题。这个例子说明固定汇率体制在那些具有相似宏观经济目标、面临相似冲击并能够在货币政策上合作的处于同一体系下的国家中最有可能运作良好。

□ 固定汇率对弹性汇率

我们已经谈论了固定汇率体制中发生的货币被高估和低估的问题。不过，弹性汇率体制也有其本身的问题，主要是汇率的波动性在人们与其他国家交易时引入了不确定性。每个类型的体制都有其本身的问题，那么哪一个更好呢?

固定汇率的提倡者指出了固定汇率的两个主要的好处。首先，与汇率不断波动的情形相比，固定汇率（如果它们稳定并且不经常变化，或者不遭遇投机性挤兑）使得在国家之间更容易而且花费更少地进行商品和资产的交易。因此，固定汇率体制可以促进经济和金融一体化，并提高经济效率。其次，固定汇率可以改善货币政策的“纪律”，也就是实行固定汇率的国家一般不太有能力来推行高度扩张的货币政策，这样的结果在长期可能降低通货膨胀。

货币纪律争论的另一方指出，固定汇率夺走了一国使用货币政策来对付经济衰退的能力。① 在同一固定汇率体制中的各国有着不同的政策目标并面临不同类型经济冲击的情况下，这种能力丧失的后果尤其严重。例如，一国也许想要增加货币供给以对抗经济衰退，而另一国并不想增加它的货币供给。这两个国家在货币政策上的分歧将给增加货币供给的一国的汇率带来下行压力，从而使两国间的固定汇率难以维持。

究竟哪个体制更好取决于具体情形。当增加贸易和一体化能带来大量好处，而且体制中的国家能够紧密地协调其货币政策时，那么在一组国家中实行固定汇率是有用的。而对那些更看重独立运用货币政策的能力的国家来说，或许是因为它们面临着与其他国家不同的宏观经济冲击，或许是它们对失业和通货膨胀的相对成本有不同看法，则应当保留弹性汇率。

□ 货币同盟

固定汇率的一个替代方式是一组国家结成一个**货币同盟**（currency union），它们同意使用一种共同货币。货币同盟的成员一般也在经济和政治上进行合作。签订第一部《美国宪法》（U. S. Constitution）的最初 13 个州之间关于放弃自己的货币并创造一个单一货币的协议是货币同盟的一个早期例子。本章的“应用：欧洲的货币统一”讨论了当代的货币同盟。

一个有效的货币同盟要求的不仅是各国中央银行的合作。要使货币同盟起作用，必

① 凯恩斯主义者认为这种非弹性是一个成本，而古典主义者认为不是。

须由一个单一机构来控制共同的货币政策。因为各国一般不愿意放弃它们自己的货币政策和金融政策，货币同盟在现实中很少见。然而，如果政治上可行，那么货币同盟与固定汇率体制相比至少有两个优势。首先，使用单一货币在各国间进行商品和资产贸易的成本要比使用固定汇率低。其次，如果由于选择了共同货币而消除了各国货币，那么对各国货币的投机性攻击明显不会再发生。

不过，货币同盟具有与固定汇率体制相同的一个主要劣势：它要求所有成员都追求一个共同的货币政策。因此，如果货币同盟的一个成员处于经济衰退中，而另一个成员在担忧通货膨胀，那么共同的货币政策并不能同时解决两个成员的问题。相反，在弹性汇率下，每个成员都能独立地设定自己的货币政策。

在什么情况下组成一个货币同盟在经济上是明智的呢？哥伦比亚大学的罗伯特·蒙代尔（Robert Mundell）将**最优货币区**（optimum currency area）定义为拥有共同货币的收益超出成本的地理区域。[①] 因此，表述这个问题的另一个方式是：为什么一个地区可能成为最优货币区？其他地区为什么不行？

研究者们已经识别出四个一般性准则，以帮助确定一组国家（或者其他政治实体）是否能形成一个最优货币区。

（1）在最优货币区内的国家之间彼此发生大量的贸易（并希望更进一步的经济一体化）。当贸易广泛存在时，共同货币能够使得跨国境的贸易更容易进行，因此是最有益处的。

（2）在最优货币区内的国家应当有相似的经济周期模式。因为最优货币区迫使区内国家采用相同的货币政策，只有当这些不同国家的经济繁荣和经济衰退是密切联系的而且发生的时间大致相同时，才能够将可能的冲突最小化。

即使各国有相似的经济周期模式，这些模式也不会完全相同。最优货币区内的国家因此需要其他手段来集体应对经济冲击。最优货币区的第三个和第四个准则体现了这种对经济灵活性的需要。

（3）在最优货币区内的国家将拥有高水平的资本和劳动的流动性。换句话说，最优货币区内国家之间的投资和工人流动基本不存在阻碍。由于高水平流动性的存在，最优货币区内的资源能够从边际产出最低的地方流动到边际产出最高的地方。

（4）最优货币区内的财政体系将允许最优货币区内有可能进行财政转移支付，这样做才能使最优货币区内经济运行良好的国家帮助经济运行不佳（并且不可能使用独立的货币政策来应对经济困境）的国家。

应用

美国或者欧洲是最优货币区吗？

基于我们关于最优货币区的上述讨论，我们自然而然会问的一个问题是：美国或者欧洲是否符合蒙代尔提出的准则从而是一个合格的最优货币区？毕竟美国的 50 个州都使用美元，而欧洲的 19 个国家使用欧元。

---

① 参见 Robert A. Mundell, "A Theory of Optimum Currency Areas," *American Economic Review*, March 1960, pp. 509 - 517。

美国自从亚历山大·汉密尔顿（Alexander Hamilton）整合财政和货币体系后就使用了共同的货币。从证据上来看，美国符合成为最优货币区的四个准则。美国国内的跨州贸易相当广泛。经济周期的冲击是全国性的，虽然各州之间或者地区之间也会存在显著的差别。例如，在最近期的经济衰退中，经济衰退前房价涨幅最大的州（也称为“沙州”①）的经济由于房价崩溃而表现得更为糟糕。资本和劳动的流动性也相当高。美国国内存在广泛的财政转移支付。富裕州的纳税者间接地补贴穷困州，因为富裕州的联邦政府支出远远低于富裕州的纳税者所支付的联邦税。例如，2005 年，人均收入最低的密西西比州每支付 1 美元的联邦税，就得到 2.02 美元的联邦政府支出；而人均收入最高的康涅狄格州每支付 1 美元的联邦税，仅得到 0.69 美元的联邦政府支出。② 而且，负责社会保险、老年医疗保健制度和国防支出的是联邦政府而不是州政府。

欧洲情况又如何呢？和美国一样，欧洲内部存在广泛的贸易。不过，近期我们已经看到西班牙、意大利和希腊受经济衰退冲击的程度远大于德国。国家间劳动力和资本的自由流动是合法的，但是语言和文化壁垒的存在意味着工人的流动性要差一些。例如，工人从希腊流动到德国要比工人从伊利诺伊州流动到得克萨斯州难得多。欧洲内部会发生财政转移支付，但是和美国相比是非常有限的，因为欧洲每个国家仍然控制着自己的支出和税收决定。因此，和美国相比，不能很明确地说欧洲是一个最优货币区，而且一些经济学家（比如米尔顿·弗里德曼）在欧洲货币统一之前就已经指出了这个问题（对于该问题的更多讨论，参见“应用：欧洲的货币统一”）。

最优货币区所预测的欧元的一些麻烦看起来已经发生了。不同国家的经济衰退存在着很大差别。例如，德国的失业率在 2009 年达到最高点 8%，而在更近期的 2013 年，使用欧元的其他国家的失业率平均值仍然超过了 14%。结果，德国抵制了欧洲中央银行的更为激进的货币政策，因为这些政策对德国来说并不恰当，而这意味着对于金融危机之后的其他国家来说货币政策过紧。像希腊、葡萄牙、爱尔兰、西班牙和意大利等国家都有严重的财政困难，因此它们无法用财政政策来替代货币政策。德国不需要也不想要扩张性的财政政策，所以欧元区的财政政策也比较紧。在许多其他国家，高失业率长期存在，比如西班牙在 2015 年 6 月全部工人的失业率为 22.5%，年轻工人（小于 25 岁）的失业率是 49.2%。因此很明显，劳动力流动性在削减失业率方面并没有多大帮助。

欧洲所面临的这些压力已经引发了欧元区是否能够存续下去的疑问。即使它能存活下去，那么会有现在使用欧元的国家停止使用欧元吗？认为欧元会存续下去的一个原因是欧元项目本身的政治动机，特别是加强欧洲政治合作和一体化的愿望。另一个原因是转换到各国单独货币的状态在技术上将会非常复杂而且带有很大风险。如何引入各国自有的新货币？如何处理现有的以欧元计价的合同？所以欧元的未来仍然是不确定的。

应用

欧洲的货币统一

1991 年 12 月，在荷兰的马斯特里赫特举行的高峰会议上，欧洲共同体（EC）的成

① 沙州包括亚利桑那州、加利福尼亚州、佛罗里达州和内华达州。

② 资料来源：Tax Foundation 2007 report, *Federal Taxes Paid Versus Federal Spending Received by State, 1981—2005*。

员通过了《欧洲联盟条约》(Treaty on European Union),通常也称为《马斯特里赫特条约》(Maastricht Treaty)。在经各成员的人民投票同意(也遇到了一些抵制)后,该条约于1993年11月正式生效。该条约最重要的一个条款是,符合一定标准(包括实现了低通货膨胀率和少量政府预算赤字)的成员将采用一个被称为欧元的共同货币。这个共同货币在1999年1月1日正式启用。人口与GDP的总和规模大体与美国相当的11个国家符合条件并成为这个新货币同盟的成员。①

欧元国家的共同货币政策是由位于德国法兰克福的被称为欧洲中央银行(European Central Bank,ECB)管理委员会的多国机构制定的。这个委员会包括一个执行委员会,其中6个成员全部由成员集体通过来任命;再加上来自成员中央银行的理事。除了在委员会上代表它们的国家之外,诸如德国中央银行、法国中央银行等中央银行放弃了它们为自己国家制定货币政策的权力。

尽管欧洲中央银行的设立目标之一是使之与美国联邦储备系统相似,但二者有两个重要区别。首先,美国的银行一直受美联储和美国政府其他银行监管者的监管,而欧洲各国一直到近期才停止对自己国家内银行的监管。其次,在美国,由一个联邦政府来制定和实施财政政策,以及决定税收和财政支出;在欧洲,各国运行自己的财政政策,因此不存在中央控制。随着欧元体系遭受自2008年开始的一系列危机,这两个差别变得重要了。② 欧洲银行体系的一个重大进步发生于2014年年末,那时欧洲中央银行被授予了对欧洲规模最大的银行进行监管的权力。

美国所遭受的开始于2008年的金融危机对全世界都有着强烈影响,欧洲也不例外。当美国和欧洲的银行所持有的与抵押贷款有关的证券价值下跌时,它们都损失巨大。美联储和欧洲中央银行对危机都以急剧降息和增加经济所需资金的供给的方式进行回应。不过,这两个中央银行在如何对待银行方面存在差别。在美国,银行首先从美国政府得到资本的注入,然后被要求从私人部门筹措更多的资本,因为美国政府和美联储会发布覆盖每个银行的监管要求。然而,欧洲的银行并没有得到资本补足并一直很脆弱,因为那时欧洲中央银行对银行体系没有控制权,而各国政府给自己国内的银行提供借款但是并不要求银行增加资本。因为欧洲许多国家的银行都很脆弱,它们对外发放的贷款不多。结果,这些国家的经济没有很快地成长,于是,这次金融危机直接导致了欧洲经济的放缓。

当欧元货币同盟开始时,其成员被要求将政府赤字保持在低于占GDP 3%的水平。然而,从21世纪头10年的中期开始,一些欧洲国家开始违反这个赤字要求,所运行的赤字超过了GDP的3%。一开始,金融市场忽视了这些国家赤字的增长,但是到2010年春季时,金融市场开始认识到一些国家(特别是希腊、西班牙和意大利)可能无法偿还它们所给予的贷款的危险。这些国家中的利率开始相对于欧洲其他国家的债券利率而上升。随着各欧洲国家的财政政策的详细信息的披露,投资者开始对此很关切并开始从那些国家中抽走资金。此外,那些国家的银行的脆弱导致了螺旋式的下行:政府不得不

① 其他8个国家陆续加入了货币同盟,所以截至本书完成时有19个国家采用了欧元。

② 对于欧洲这些问题的全面综述,参见 Martin S. Feldstein, "The Euro and European Economic Conditions," National Bureau of Economic Research Working Paper No. 17617, November 2011; Jay C. Shambaugh, "The Euro's Three Crises," *Brookings Papers on Economic Activity* (Spring 2012); Philip R. Lane, "The European Sovereign Debt Crises," *Journal of Economic Perspectives*, Summer 2012, pp. 49-68。

提供贷款给这些脆弱的银行，这意味着更为高企的政府赤字，高赤字导致利率上升，高利率导致银行更为脆弱，然后重复这个过程。此外，欧洲的许多银行持有不一定会还钱的国家发行的债券，因此这些国家对还款的违约也会加剧银行的困难。于是，银行的问题和政府的赤字问题缠绕在一起了。

欧洲的一些国家尤其是德国有着负债较低和相对健康的银行，所以它们的经济表现相对良好，并且经常账户以盈余运行。但其他国家的银行有严重问题，并且发行了太多政府债务。它们的利率上升，经常账户以赤字运行。如果这些国家没有被同一货币捆绑在一起，那么它们可以通过调整汇率来恢复贸易平衡。例如，德国货币可以相对于希腊货币升值，从而改变商品的相对价格，并促进均衡的恢复。但是，由于它们使用共同货币，因此汇率无法调整。

本章小结

1. 名义汇率是一个单位的本国货币所能换取的外国货币的数量。实际汇率是一个单位的本国商品所能换取的外国商品的数量。认为外国和本国的相似商品以同一货币表示应当具有相同价格的观点被称为购买力平价（PPP）。

2. 汇率体制主要有两种类型。在弹性汇率体制（又称浮动汇率体制）中，名义汇率的价值由市场力量决定；而固定汇率体制中的汇率价值由政府或几个国家的政府官方设定。在弹性汇率体制下，汇率上升称为升值，汇率下降称为贬值。

3. 实际汇率之所以重要，是因为它影响到净出口，也就是出口减去进口。其他因素不变，实际汇率的下降使得本国商品相对于外国商品更便宜，并由此在长期倾向于增加净出口。不过，由于实际汇率的下降增加了进口成本，在进出口的实际流量随时间调整之前，它可能在短期会引起净出口减少。净出口对于实际汇率下降的这种特有反应模式（即净出口在短期减少但在长期增加）被称为 J 曲线。

4. 在弹性汇率体制中，（名义）汇率的价值是由外汇市场上的供给和需求决定的。外国人为购买本国商品和资产而需要本国货币。本国居民供给本国货币，以获得购买外国商品和资产所需的外国货币。

5. 其他因素不变，本国产出的增长使得本国居民需要更多的进口，从而减少了该国的净出口，并使其货币贬值。本国实际利率的上升使本国资产变得更有吸引力，从而增加了对本国货币的需求，并使汇率上升，而升高的汇率反过来减少了净出口。外国产出和外国实际利率的变化对本国净出口和汇率的影响与本国产出和本国实际利率变化的影响正好相反。

6. 开放经济中的 IS－LM 模型与封闭经济中的 IS－LM 模型相似，两者的主要区别是：在开放经济的 IS－LM 模型中，使得一国净出口增加的因素（除了产出或实际利率之外）会引起 IS 曲线向上移动。能增加净出口的因素包括外国产出的增长、外国实际利率的上升以及世界需求转向本国商品。净出口的变化使得 IS 曲线移动，从而在国与国之间传导经济冲击或政策变化。

7. 在一个具有弹性汇率的开放经济中，财政扩张增加了本国产出，抬高了本国价格和本国实际利率，这与在封闭经济中一样。它对汇率的作用则是不明确的。产出的增加使得对进口商品的需求增加，削弱了汇率；但是，升高的实际利率使本国资产变得更有吸引力，从而抬高了汇率。由于产出的提高增加了对进口的需求，所以净出口会下降。财政扩张可通过增加对外国商品的需求传导到另一个国家。

8. 在一个具有弹性汇率的开放经济的基本古典模型中，货币供给的变化在长期是中性的。在凯恩斯模型中，货币供给的变化在长期也是中性的。然而，在凯恩斯模型中的短期，本国货币供给的减少将使本国产出减少、本国实际利率上升，从而导致当前实际汇率上升。如果产出减少的作用（增加净出口）大于实际汇率上升的作用（倾向于减少净出口），那么本国净出口将会增加。货币紧缩通过使外国净出口下降传导到外国。

9. 在固定汇率体制中，名义汇率是由官方设定的。如果官方设定的汇率大于由外汇市场上供求关系所决定的汇率的基本值，那么汇率就被认为是高估了。中央银行可以通过在外汇市场上用官方储备（例如黄金或外币银行存款）买进自己的货币，以便在一段时期内将汇率维持在高估水平。一国如果试图在长期维持高估的汇率，那么该国会用完储备并被迫实行通货贬值。如果金融投资者预期到通货贬值，他们将会抛售大量的本国资产（投机性挤兑）。投机性挤兑增加了本国货币在外汇市场上的供给，并加快了中央银行支付其储备的速度。

10. 要提高汇率的基本值，中央银行可以收紧货币政策。能使汇率的基本值等于官方汇率的本国货币供给数量只有一个。在固定汇率体制下，单个国家不能自由地使用扩张性货币政策来对抗经济衰退，因为这样的政策会造成汇率高估。不过，在固定汇率体制下的一组国家如果彼此协调政策，则可以有效地运用扩张性货币政策。

11. 固定汇率体制的优势是，它可以促进各国间的经济和金融一体化，并且它对单个国家的货币政策施加了约束。如果成员有着不同的货币经济政策目标或面临不同的宏观经济扰动，并因此不愿意协调它们的货币政策，那么固定汇率体制就无法成功地运转。

关键术语

货币委员会	货币同盟	通货贬值	汇率
固定汇率体制	弹性汇率体制	浮动汇率体制	外汇市场
汇率的基本值	不可兑换货币	J 曲线	名义升值
名义贬值	名义汇率	高估的汇率	购买力平价
实际升值	实际贬值	实际汇率	相对购买力平价
通货升值	投机性挤兑	贸易条件	低估的汇率

关键等式

$$e=\frac{e_{\mathrm{nom}}P}{P_{\mathrm{For}}}$$

实际汇率 e 就是一单位本国商品所能交换的外国商品数量，是以名义汇率 e_{nom}（一单位的本国货币所能交换的外国货币数量）、本国价格水平 P 和外国价格水平 P_{For} 来定义的。

$$\frac{\Delta e_{\mathrm{nom}}}{e_{\mathrm{nom}}}=\frac{\Delta e}{e}+\pi_{\mathrm{For}}-\pi$$

名义汇率的百分比变化 $\Delta e_{\mathrm{nom}}/e_{\mathrm{nom}}$ 等于实际汇率的百分比变化 $\Delta e/e$ 加上外国通货膨胀率超过本国通货膨胀率的部分 $\pi_{\mathrm{For}}-\pi$。

$$S^d-I^d=\mathrm{NX}$$

在开放经济中，产品市场的均衡（IS 曲线）要求意愿国民储蓄超过意愿投资的部分等于净出口。式（13－4）等同于式（13－5）给出的产出 Y 必须等于产品的总需求 $C^d+I^d+G+\mathrm{NX}$ 的条件。

复习题

1. 给出名义汇率和实际汇率的定义。实际汇率的变化和名义汇率的变化有何关系？

2. 汇率体制的两种主要类型是什么？目前，美元、日元和欧元等主要货币由哪一种类型的体制来决定其币值？

3. 给出购买力平价（PPP）的定义。在实证研究中，购买力平价是否成立？试解释。

4. 什么是J曲线？如何解释由J曲线所代表的净出口行为？

5. 给定实际汇率，本国收入的增加如何影响该国的净出口？外国收入的增加呢？本国实际利率的上升如何影响实际汇率和净出口？试解释。

6. 为什么外国人会在外汇市场上需要美元？为什么美国居民会在外汇市场上供给美元？给出在外汇市场上两个导致美元需求增加的例子以及两个导致美元供给增加的例子。

7. 开放经济的IS－LM模型与封闭经济的IS－LM模型有何不同？绘图说明如何使用开放经济的IS－LM模型来描述一国经济衰退传导到他国的机制。

8. 扩张性财政政策如何影响净出口？扩张性货币政策呢？在决定这些影响时存在着什么样的潜在的不确定性？

9. 扩张性货币政策在短期和长期对名义汇率有何影响？试解释。

10. 货币的基本值是什么？说一国货币被高估了意味着什么？为什么高估的货币会成为一个问题？一国可以对高估的货币做些什么？

11. 为什么在固定汇率体制下一国对货币供给的改变是有限的？解释为什么在固定汇率体制下各国间政策的协调可以提高使用货币政策来追求宏观经济目标的程度。

12. 讨论弹性汇率体制、固定汇率体制以及货币同盟的相对优劣势。

计算题

1. 西巴波生产普通肥皂，并以5盾/块的价格销售。东巴波生产高级肥皂，并以100佛洛林/块的价格销售。东巴波和西巴波之间的实际汇率是每块高级肥皂价值2块普通肥皂。

a. 这两个国家间的名义汇率是多少？

b. 在接下来的一年里，西巴波国内发生了10%的通货膨胀，而东巴波国内发生了20%的通货膨胀。在这一年结束时，名义汇率有何变化？哪个国家的货币发生了名义升值？哪个国家的货币发生了名义贬值？

2. 假设日本只生产和出口相机，而沙特阿拉伯只生产和出口原油。一开始，日本向沙特阿拉伯出口40台相机，从沙特阿拉伯进口64桶原油。实际汇率是1台相机∶4桶原油。两个国家都没有其他贸易伙伴。

a. 一开始，以其本国商品度量的日本净出口的实际价值是多少？（提示：你需要使用实际汇率来将日本的原油进口表示为等值数目的相机。然后，将出口相机的数量减去以相机表示的日本原油进口的实际价值来得出日本的净出口。）

b. 实际汇率下降到了1台相机∶3桶原油。尽管实际汇率的下降使得原油以相机表示的价格更加昂贵，但在短期进出口的数量变化相对较小，因为日本的出口增加到了42台相机，进口减少到了60桶原油。日本净出口的实际价值有何变化？

c. 在长期，当实际汇率从4下降到3时，进出口数量做出了更多相应的调整，日本出口增加到了

45 台相机，进口则降到了 54 桶原油。日本的实际净出口现在是多少？

d. 将你在问题 b 和问题 c 中的结果与 J 曲线的概念联系起来。

3. 考虑下面的古典主义经济：

意愿消费：$C^d=300+0.5Y-200r$

意愿投资：$I^d=200-300r$

政府购买：$G=100$

净出口：$\mathrm{NX}=150-0.1Y-0.5e$

实际汇率：$e=20+600r$

充分就业产出：$\bar{Y}=900$

a. 实际利率、实际汇率、消费、投资和净出口的均衡值是多少？

b. 现在假设充分就业产出增加到了 940。实际利率、实际汇率、消费、投资和净出口的均衡值是多少？

c. 假设充分就业产出保持在 940，并且政府采购增加到了 132。实际利率、实际汇率、消费、投资和净出口的均衡值是多少？

4. 考虑下面的凯恩斯主义经济：

意愿消费：$C^d=200+0.6(Y-T)-200r$

意愿投资：$I^d=300-300r$

税收：$T=20+0.2Y$

政府购买：$G=152$

净出口：$\mathrm{NX}=150-0.08Y-500r$

货币需求：$L=0.5Y-200r$

货币供给：$M=924$

充分就业产出：$\bar{Y}=1\ 000$

a. 产出、实际利率、消费、投资、净出口和价格水平的一般（长期）均衡值是多少？

b. 从充分就业开始，政府采购从 62 增加到 214。这个改变在短期对产出、实际利率、消费、投资、净出口和价格水平的影响是多少？长期呢？

c. 政府采购保持在其初始水平 152，净出口在任何收入和实际利率水平上都增加了 62，以至于 $\mathrm{NX}=212-0.08Y-500r$。这个改变在短期对产出、实际利率、消费、投资、净出口和价格水平的影响是多少？长期呢？将你的答案与问题 b 做比较。

5. 考虑下面的古典主义经济：

AD 曲线：$Y=400+50M/P$

AS 曲线：$Y=\bar{Y}=1\ 000$

该经济只生产葡萄酒，其产出以葡萄酒来度量，而它的货币为法郎。它的贸易伙伴是一个只生产奶酪，并使用克朗为货币的国家。实际汇率 e 等于 1 瓶酒∶5 块奶酪。外国价格水平为每块奶酪 20 克朗，而本国货币供给为 48 法郎。

a. 本国价格水平是多少？（名义）汇率的基本值是多少？

b. 假设本国将汇率固定为 1 法郎∶50 克朗。本国货币是被高估了还是低估了，或者两者都不是？如果维持汇率水平为 1 法郎∶50 克朗，那么本国中央银行的官方储备存量会有什么变化？

c. 假设本国想要一个能使汇率的基本值与 1 法郎∶50 克朗的固定汇率相等的货币供给水平。什么水平的本国货币供给能达到这个目标？（提示：给定实际汇率和外国价格水平，什么价格水平与官方汇率一致？什么水平的本国货币供给能产生这样的价格水平？）

6.（附录 13.B）

a. 针对计算题第 4 题中描述的经济，找到式（13.B-1）、式（13.B-2）以及式（13.B-3）中所有的参数值。使用式（13.B-8）和式（13.B-9）推导出这个经济的 IS 曲线。

b. 导出这个经济的 LM 曲线。

c. 找出当经济处于一般均衡时产出、实际利率和价格水平的值。

d. 导出这个经济的 AD 曲线。假设净出口在任何给定水平的本国产出和本国实际利率水平上都增加了 62。这对 AD 曲线会有什么影响？

e. 假设价格水平固定为你在问题 c 中得到的一般均衡值，找出这个经济中净出口增加对产出的影响。（提示：这个假设等同于假设 SRAS 曲线是水平的。）

分析题

1. 经济衰退经常导致人们呼吁采取保护性措施以保护国内的工作。假设处于经济衰退中的一国实施了急剧减少该国进口商品数量的限制措施。

a. 使用凯恩斯主义的 IS-LM 模型，分析进口限制对本国就业、产出、实际利率和实际汇率的作用。记住，该国一开始处于经济衰退中。

b. 该国的限制行动对外国就业、产出、实际利率和实际汇率有何影响？如果外国对本国出口施加限制以进行报复，结果会有什么不同？

c. 假设本国经济在实施进口限制时处于充分就业状态。使用没有错误认知的基本古典模型，找出该限制对该国就业、产出、实际利率和实际汇率的作用。

2. 使用含两个国家的古典主义的 IS-LM 模型，分析由于全球金融危机的原因从而外国人认为美国是投资的避险天堂的情形。假设由于金融危机的缘故，在外国，预期资本边际产量下降了。因为美国是未受金融危机影响的避险天堂，在美国，预期资本边际产量上升了。试展示这种情形会导致美国实际汇率的升值和美国净出口的下降。假设美国和外国的当前生产率和当前劳动力供给都没有发生变化，金融流动会发生怎样的变化？为什么？

3. 东巴波的主要贸易伙伴是西巴波。为遏制通货膨胀，西巴波实行了紧缩性货币政策。

a. 假设东巴波的政策没有变化，西巴波的紧缩性货币政策对东巴波的实际汇率在短期有何影响？在长期呢？使用具有弹性汇率的凯恩斯模型。

b. 西巴波的紧缩性货币政策在短期和长期对东巴波的名义汇率有何影响？

c. 假设现在东巴波固定了对西巴波的汇率。如果东巴波想要维持固定汇率，使其等于汇率的基本值，那么东巴波对西巴波的货币紧缩必须做出什么样的反应？如果固定汇率被维持在汇率的基本值水平上，东巴波的产出、实际汇率和净出口在短期会有何变化？将你的结果与问题 b 做对比。

d. 假设在西巴波货币紧缩之后，东巴波决定不对其宏观经济政策做任何改变（汇率仍然是固定的），会发生什么样的情况？描述一些可能的情形。

4. 一个良性供给冲击使得一国的人均充分就业产出暂时性地增加了 100。试使用图 13-7(a) 那样的图形来分析该冲击对该国净出口的效应。假设基本古典模型适用，所以产出总是处于充分就业产出水平。

a. 假设作为对产出暂时性增加的回应，该国居民没有改变在任何实际利率水平上他们的意愿消费数量（包括本国和外国商品）。这个供给冲击对该国净出口的作用是什么？（提示：产出暂时性增加对代表着意愿国民储蓄与意愿投资之差的曲线有何效应？对代表着净出口的曲线的效应是什么？）

b. 现在假设作为对产出暂时性增加的回应，该国每一个居民将在任何实际利率水平上的意愿支出增加了 100。意愿支出增加的部分用于购买外国生产的商品，这对该国净出口的作用是什么？

c.（难度更大）如果产出的增加是暂时的，问题 a 中假设的支出行为和问题 b 中假设的支出行为哪一个更有可能发生？根据你的回答，这个问题的结果是否证实了在第 5 章中关于净出口对供给冲击反应的预测？试解释。

宏观经济数据分析

1. 美国在 20 世纪 70 年代早期分阶段脱离了布雷顿森林固定汇率体系。

a. 绘出美国自 1973 年以来的名义汇率。用加拿大（美国最大的贸易伙伴）的 CPI 作为“国外”价格水平，用美国的 CPI 作为国内价格水平，计算并绘出美国自 1973 年以来的实际汇率。（加拿大的 CPI 数据可从加拿大统计局官网获得。）对比这两幅图，你认为实际汇率的波动主要是来自名义汇率的波动还是来自国内和国外价格水平的变化？

b. 有关理论指出，提高美国的实际利率可使美元资产更具吸引力，从而提高美元的价值（在其他条件相同的情况下）。将实际利率（3 个月期国债利率减去通货膨胀率）绘入一个已绘出名义汇率和实际汇率的图形中。（你也许需要按比例增减这些变量的度量单位，以使它们在图中有着大致相同的比例。）你能否看出实际利率和各汇率之间理论上的关系？

2. 使用自 1973 年以来的季度数据，在同一张图中绘出美国实际汇率（用“宏观经济数据分析”问题 1 中算出的数据）和净出口占 GDP 的比例。再绘出这两个变量的散点图，图中是否可以看出理论所预测的实际汇率和净出口之间的关系？

3*. 绘出自 1981 年 1 月以来港元相对于美元的汇率。1981—1983 年年末，港元相对于美元是升值还是贬值？在 1983 年后呢？试做一些研究，对该汇率在 1983 年后的表现给出一个解释。

附录 13. A 开放经济中 IS－LM 模型计算题练习的解答过程

为帮助掌握解答本章计算题所需要的代数知识，作为对开放经济中 IS－LM 模型求解的一个例子，我们在这里提供了一个带详细解答的计算题练习。

试考虑由下列公式描述的一个经济体：

$$C^d = 140 + 0.8 \times (Y - T) - 200r$$
$$T = 400 + 0.1Y$$
$$I^d = 1\,000 - 700r$$
$$\text{NX} = 50 - 0.07Y + 0.15Y_{\text{For}} - 100r + 400r_{\text{For}}$$
$$L = 0.5Y - 1\,000i$$
$$\bar{Y} = 5\,000$$
$$G = 400$$
$$M = 489\,900$$
$$\pi^e = 0.17$$
$$Y_{\text{For}} = 4\,000$$
$$r_{\text{For}} = 0.2$$
$$P_{sr} = 213$$

求 Y、P、r、T、C、I、NX 和 i 的短期和长期均衡解。

第一步：利用产品市场的均衡条件找出美国 IS 曲线的公式。产品市场的均衡条件是 $Y=C^d+I^d+G+\text{NX}$。

将上面所列公式中关于 T 的公式代入关于 C^d 的公式，再将得到的公式与关于 I^d 和 NX 的公式一起代入 $Y=C^d+I^d+G+\text{NX}$，可得：

$$Y=\{140+0.8\times[Y-(400+0.1Y)]-200r\}+(1\,000-700r)+400+(50-0.07Y+0.15\times4\,000-100r+400\times0.2)$$

将上式整理为用 Y 表示的 r 的公式：

$$Y=\{140+0.8Y-[(0.8\times400)+(0.8\times0.1Y)]-200r\}+(1\,000-700r)+400+(50-0.07Y+600-100r+80)$$

所以

$$Y=(140+0.8Y-320-0.08Y-200r)+(1\,000-700r)+400+(50-0.07Y+600-100r+80)$$

整理得：

$$0.35Y=(140-320+1\,000+400+50+600+80)-(200+700+100)r$$

即

$$1\,000r=1\,950-0.35Y$$

因此

$$r=1\,950/1\,000-(0.35/1\,000)Y$$

即

$$r=1.95-0.000\,35Y$$

上式就是 IS 曲线的公式。

第二步：利用资产市场的均衡条件找出 LM 曲线的公式。

a. 首先找出含有不确定价格水平的 LM 曲线。资产市场均衡条件要求实际货币供给等于实际货币需求。实际货币需求的公式是 $L=0.5Y-1\,000i=0.5Y-1\,000(r+\pi^e)=0.5Y-1\,000(r+0.17)$，实际货币供给的公式为 $M/P=489\,900/P$。当资产市场处于均衡时，有 $489\,900/P=0.5Y-1\,000(r+0.17)$，因此 $r=(0.5/1\,000)Y-(170/1\,000)-(489\,900/1\,000)/P$，即 $r=0.000\,5Y-0.17-489.9/P$。这就是含有不确定价格水平的 LM 曲线。

b. 然后，找出 $P=P_{sr}$ 时的 LM 曲线公式。在 LM 曲线公式中，设 $P=P_{sr}=213$，得出 $r=0.000\,5Y-0.17-489.9/213$，所以 $r=0.000\,5Y-0.17-2.30$。因此，$r=0.000\,5Y-2.47$。这就是 $P=P_{sr}$ 时的 LM 曲线公式。

第三步：找出短期均衡。

a. 找出 IS 曲线和 LM 曲线的交点，以得出 Y 和 r 的短期均衡值。我们已经得到了 IS 曲线和 LM 曲线的公式，其中公式的左边都是 r。让 IS 曲线公式的右边等于 LM 曲线公式的右边，可得出 $1.95-0.000\,35Y=0.000\,5Y-2.47$，于是 $4.42=0.000\,85Y$。因此，$Y=4.42/0.000\,85=5\,200$。现在，将 Y 的值用于 IS 曲线或 LM 曲线的公式。在 IS 曲线中，$r=1.95-0.000\,35Y=1.95-0.000\,35\times5\,200=1.95-1.82=0.13$。在 LM 曲线中，$r=0.000\,5Y-2.47=0.000\,5\times5\,200-2.47=2.60-2.47=0.13$。

b. 将 Y 和 r 的均衡值代入其他公式，得出 T、C、I、NX 和 i 的均衡值。

$$T=400+0.1Y=400+0.1\times5\,200=920$$

$$C=140+0.8\times(Y-T)-200r=140+0.8\times(5\,200-920)-200\times0.13=140+3\,424-26=3\,538$$

$I=1\,000-700r=1\,000-700\times0.13=909$

$$\begin{aligned}NX &=50-0.07Y+0.15Y_{For}-100r+400r_{For}\\ &=50-0.07\times5\,200+0.15\times4\,000-100\times0.13+400\times0.2\\ &=353\end{aligned}$$

（注意，$C+I+G+NX=3\,538+909+400+353=5\,200$，也就是 Y。）

$$i=r+\pi^e=0.13+0.17=0.3$$

第四步：找出长期均衡。

a. 使用在长期均衡时 $Y=\bar{Y}$ 这个事实，将 Y 的均衡值代入 IS 公式以解出实际利率的均衡值。利用已知的 $\bar{Y}=5\,000$ 和 IS 公式 $r=1.95-0.000\,35Y$，可得 $r=1.95-0.000\,35\times5\,000=1.95-1.75=0.20$。

b. 将 Y 和 r 的均衡值代入其他公式，解出 T、C、I、NX 和 i 的均衡值。

$$T=400+0.1Y=400+0.1\times5\,000=900$$

$$\begin{aligned}C &=140+0.8\times(Y-T)-200r\\ &=140+0.8\times(5\,000-900)-200\times0.2\\ &=140+3\,280-40=3\,380\end{aligned}$$

$$I=1\,000-700r=1\,000-700\times0.20=860$$

$$\begin{aligned}NX &=50-0.07Y+0.15Y_{For}-100r+400r_{For}\\ &=50-0.07\times5\,000+0.15\times4\,000-100\times0.20+400\times0.2\\ &=360\end{aligned}$$

（注意，$C+I+G+NX=3\,380+860+400+360=5\,000$，也就是 Y。）

$$i=r+\pi^e=0.20+0.17=0.37$$

c. 将 Y 和 i 的均衡值代入货币需求公式，解出实际货币需求 L 的值。然后，解出满足实际货币供给 M/P 等于实际货币需求 L 的 P 值。

货币需求公式是 $L=0.5Y-1\,000i=0.5\times5\,000-1\,000\times0.37=2\,130$。让实际货币供给等于实际货币需求，可得 $489\,900/P=2\,130$，因此 $P=489\,900/2\,130=230$。

下面是在上述经济体中计算实际汇率和名义汇率的问题。

问题：假设实际汇率 e 由 $e=67-0.005Y+0.002Y_{For}+100r-300r_{For}$ 给出，并且外国商品价格为每个外国商品价值 $P_{For}=115$ 单位的外国货币。利用这些信息算出实际汇率和名义汇率的长期均衡值。

解答：将 Y 和 r 的长期均衡值以及 Y_{For} 和 r_{For} 的给定值代入，得出实际汇率为 10（$=67-0.005\times5\,000+0.002\times4\,000+100\times0.2-300\times0.2$）个外国商品/1 个本国商品。

名义汇率 $e_{nom}=e\times P_{For}/P=$（10 个外国商品/1 个本国商品）×（115 单位外国货币/1 个本国商品）/（230 单位本国货币/1 个本国商品），因此名义汇率为 5 单位外国货币/1 单位本国货币。

附录 13. B　开放经济中 IS－LM 模型的代数形式

除了产品市场的均衡条件（IS 曲线）纳入了净出口，用于开放经济的 IS－LM 模型和在附录 9. B 中推导的封闭经济中的 IS－LM 模型基本上是一样的。LM 曲线和 FE 线与前面的分析相比没有变化。

为导出开放经济的 IS 曲线，我们先从描述意愿消费和意愿投资的公式［式（9. B－8）］和式（9. B－10）开始：

$$C^d=c_0+c_Y[Y-(t_0+tY)]-c_rr \qquad (13.\text{B}-1)$$

$$I^d = i_0 - i_r r \tag{13.B-2}$$

式（13.B-1）表现了意愿消费受可支配收入 $Y-T$ 的正影响，受实际利率 r 的负影响。[在式（13.B-1）中，我们用式（9.B-9）来代替税收 T。] 式（13.B-2）陈述了意愿投资受实际利率的负影响。其他影响意愿消费和意愿投资的因素分别包含在常数项 c_0 和 i_0 中。

在开放经济中，净出口也是对本国产出需求的一个来源。我们假设净出口为：

$$\mathrm{NX} = x_0 - x_Y Y + x_{YF} Y_{For} - x_r r + x_{rF} r_{For} \tag{13.B-3}$$

式中，x_0、x_Y、x_{YF}、x_r 和 x_{rF} 均为正数。根据式（13.B-3），一国的净出口受本国产出 Y（本国产出的增加使得对进口的支出增加）的负影响，受外国产出 Y_{For}（外国产出的增加使得对出口的支出增加）的正影响。净出口也受本国实际利率 r（实际利率的上升使得实际汇率上升，导致本国商品相对更昂贵）的负影响，受外国实际利率 r_{For}（外国实际利率的上升使得本国实际汇率下降）的正影响。其他影响净出口的因素，例如本国和外国商品的质量，反映在式（13.B-3）的常数项 x_0 中。

开放经济中的产品市场均衡条件 [式（13-5）] 为：

$$Y = C^d + I^d + G + \mathrm{NX} \tag{13.B-4}$$

开放经济中产品市场均衡条件的另一种形式，即正文所强调的 $S^d = I^d + \mathrm{NX}$ 也可一样使用。

如果我们将意愿消费公式 [式（13.B-1）]、意愿投资公式 [式（13.B-2）] 和净出口公式 [式（13.B-3）] 代入产品市场均衡条件，即式（13.B-4），可得到：

$$Y = c_0 + c_Y(Y - t_0 - tY) - c_r r + i_0 - i_r r + G + x_0 - x_Y Y + x_{YF} Y_{For} - x_r r + x_{rF} r_{For} \tag{13.B-5}$$

将与 Y 相乘的项移到左边，得出：

$$[1-(1-t)c_Y + x_Y]Y = c_0 + i_0 + G - c_Y t_0 + x_0 + x_{YF} Y_{For} + x_{rF} r_{For} - (c_r + i_r + x_r)r \tag{13.B-6}$$

式（13.B-6）将产出 Y 与出清产品市场的实际利率 r 联系起来，所以定义了开放经济的 IS 曲线。为使式（13.B-6）变成更易于用图形解释的形式，我们将 r 放在左边，将 Y 放在右边，重写该公式，即

$$r = \alpha'_{IS} - \beta'_{IS} Y，开放经济的 IS 曲线 \tag{13.B-7}$$

上式中，α'_{IS} 和 β'_{IS} 为正数，并定义如下：

$$\alpha'_{IS} = \frac{c_0 + i_0 + G - c_Y t_0 + x_0 + x_{YF} Y_{For} + x_{rF} r_{For}}{c_r + i_r + x_r} \tag{13.B-8}$$

和

$$\beta'_{IS} = \frac{1-(1-t)c_Y + x_Y}{c_r + i_r + x_r} \tag{13.B-9}$$

如果没有净出口，使得 $x_0 = x_Y = x_{YF} = x_r = x_{rF} = 0$，那么 α'_{IS} 和 β'_{IS} 这两个系数就简化成封闭经济 IS 曲线的系数，即 α_{IS} 和 β_{IS} [比较式（13.B-8）和式（13.B-9），以及式（9.B-15）和式（9.B-16）]。

我们使用开放经济中 IS 曲线的公式 [式（13.B-7）] 来证实正文中关于该曲线的三个要点。首先，它向下倾斜（IS 曲线的斜率是 $-\beta'_{IS}$，为负）。其次，任何导致封闭经济中 IS 曲线移动的因素也都导致开放经济中 IS 曲线的移动（任何改变截距项 α_{IS} 的因素也以同一方向改变截距项 α'_{IS}）。最后，给定产出和实际利率，任何增加净出口的因素都使得开放经济中的 IS 曲线向上移动。也就是说，Y_{For} 或 r_{For} 的增加，或反映在 x_0 中的其他某个增加净出口需求的改变都使得截距项 α'_{IS} 升高，由此使得 IS 曲线向上移动。

除了将开放经济的 IS 曲线［式（13.B－7）］代替了封闭经济的 IS 曲线［式（9.B－14）］，开放经济的 IS－LM 模型中的均衡决定和封闭经济中也是一样的。类似地，开放经济中的古典主义和凯恩斯主义 AD－AS 分析与在封闭经济中（附录 9.B）是一样的，除了在总需求曲线［式（9.B－24）］中的系数 α_{IS} 和 β_{IS} 被开放经济中的类比项 α_{IS}' 和 β_{IS}' 所代替。

给定由开放经济中 IS－LM 模型或 AD－AS 模型决定的产出 Y、实际利率 r 和价格水平 P 的值，汇率可以由下式得出：

$$e=e_0-e_Y Y+e_{YF}Y_{For}+e_r r-e_{rF}r_{For} \tag{13.B-10}$$

式中，e_0、e_Y、e_{YF}、e_r 和 e_{rF} 均为正数，且

$$e_{nom}=\frac{eP_{For}}{P} \tag{13.B-11}$$

根据式（13.B－10），外国产出 Y_{For} 和本国实际利率 r 的上升都增加了本国货币的需求，使得实际汇率 e 上升。另外，本国产出 Y 和外国实际利率 r_{For} 的上升都增加了本国货币的供给，使得实际汇率下降。式（13.B－11）和式（13－6）是一样的，表明名义汇率 e_{nom} 取决于实际汇率 e 与外国和本国的价格水平 P_{For} 和 P。

为阐明式（13.B－10）和式（13.B－11）的用途，我们考虑在凯恩斯主义模型中货币扩张的作用。在短期，货币供给的增长提高了本国产出 Y，降低了本国实际利率 r，而对本国价格水平 P 没有影响。给定这些变化，维持外国产出 Y_{For} 和外国实际利率 r_{For} 不变，式（13.B－10）和式（13.B－11）意味着实际汇率 e 和名义汇率 e_{nom} 都降低了（实际汇率和名义汇率下降）。在长期，货币是中性的，所以 Y 和 r 回到它们的初始水平。因此，式（13.B－10）表明在长期实际汇率 e 也回到它的初始值。不过，货币扩张引起了本国价格水平 P 的长期上涨。因此，式（13.B－11）表明名义汇率 e_{nom} 在长期也会下降。

第 14 章

货币政策与联邦储备系统

学习目的：

- 解释一国的货币供给是如何决定的
- 描述美联储用来控制货币供给的政策工具
- 解释美联储货币政策目标的设定
- 探讨制定货币政策的困难
- 探讨货币政策的操作是应当适用规则还是相机抉择

货币政策，即政府关于向本国经济供给多少货币的决定，是可用于影响宏观经济行为的两个主要工具之一。（另一个工具是将在第 15 章中讨论的财政政策。）货币政策决策对本国经济有着广泛的影响。我们所展示的宏观经济模型预测了货币供给的改变将会影响价格水平和名义汇率等名义变量。此外，那些纳入了货币非中性的理论（包括凯恩斯模型和含错误认知的扩展的古典模型）暗示了在短期货币政策也会影响实际 GDP、实际利率以及失业率等实际变量。由于货币政策对经济的影响无处不在，所以新闻媒介、金融市场参与者以及一般公众都密切关注中央银行的公告和行动。

本章将进一步考察货币政策，第一部分关注的是如何决定一国的货币供给这样一个基本问题。我们将说明，尽管一国的中央银行，如美国的联邦储备系统（简称美联储）能对货币供给的水平施加强有力的影响，但货币供给也受到银行系统的行为和公众决定的影响。然后，我们解释为什么美联储和其他许多中央银行现在都以利率而非货币供给为目标。

本章的第二部分将探讨下述问题：中央银行应当如何实施货币政策？一点也不奇怪，因为古典主义和凯恩斯主义在货币政策的作用以及经济周期平稳化举措的适宜与否（见第 10 章、第 11 章）等方面存在分歧，所以这个问题具有争议性。凯恩斯主义者通常认为货币当局应当在试图消除周期性波动方面有相当程度的自由。与凯恩斯主义者的观点相反，古典主义经济学家和一群被称为货币主义者的经济学家相信货币政策不应当任由中央银行决定，而应当遵循简单的规则。尽管建立起货币政策的简单规则看起来不必要地束缚了决策者的手脚，但货币主义者和古典主义者指出，使用这些规则在长期内将会使经济更稳定并减少通货膨胀。在纵览了支持和反对使用规则双方的理由之后，我们将探讨基于规则的货币政策在美国及其他国家的有效程度。我们也将讨论有关规则的辩论是如何与应当怎样设计货币决策机构这样一个问题联系起来的。例如，中央银行是应当高度独立于政府其他部门，还是应当更直接地由政府首脑和立法机构来控制？

14.1 货币供给决策的原则

如何决定一国的货币供给？迄今为止，我们一直假设货币供给 M 是由中央银行直接控制的。尽管这个假设是一个有用的简化，但它并不完全正确。中央银行对货币供给的控制仅是间接的，并且在某种程度上取决于经济的结构。

更广义地说，有三个群体能够影响货币供给：中央银行、储蓄性机构和公众。

（1）在几乎所有国家中，**中央银行**（central bank）是对货币政策负责的政府机构。[①] 美联储、欧洲中央银行（European Central Bank）以及日本银行（Bank of Japan）等都是中央银行的例子。

（2）**储蓄性机构**（depository institutions）是指接受来自公众的存款并直接向公众发放贷款的私有银行和存款机构（例如储蓄和贷款协会）。我们将储蓄性机构简称为银行。

（3）公众包括以通货和硬币或者以银行存款的方式持有货币的个人和公司。换句话说，公众实质上是银行系统之外的整个私有经济。

让我们考虑将美国经济简化之后的一个例子，其中，货币为美元，中央银行是美联储。不过，本节的讨论具有相当的普遍性，因此适用于几乎任何货币和任何中央银行。

假设美联储的资产负债表如下：

美联储的资产负债表

资产		**负债**	
证券	900 美元	非银行公众持有的通货	700 美元
黄金	100 美元	保险库所存现金	100 美元
		准备金存款	200 美元
总资产	**1 000 美元**	**总负债**	**1 000 美元**

资产负债表的左边是中央银行的资产，即它所拥有的或别人欠它的。本例中的资产包括证券和黄金。一般来说，证券是指美国财政部发行的短期国债、中期国债和长期国债，它们是美国财政部的负债，是美联储的资产，就如同由个人投资者持有的美国国债既是美国财政部的负债又是个人投资者的资产一样。在最近的金融危机中，美联储将住房抵押贷款证券和给金融公司的贷款都纳入了资产负债表，从而扩大了证券的范围。资产负债表的右边是美联储的负债，即它欠别人的。美联储发行并由非银行公众持有的通货或由私人部门的银行拥有的保险库所存现金对美联储来说是必须偿还的债务，因此在资产负债表中记入负债一栏。准备金存款是指由私人部门银行拥有的在美联储开立的存款账户。准备金存款和通货（包括非银行公众持有的通货和保险库所存现金）之和称为**基础货币**（monetary base），也称**高能货币**（high-powered money）。本例中，基础货币为 1 000 美元。

---

① 大多数工业化国家在 19 世纪或者 20 世纪初成立了中央银行。在中央银行出现之前，通常是由财政部负责货币问题以及与货币供给有关的其他问题。

接下来，我们考虑私人部门银行的资产负债表。我们将所有银行合并在一起，假设合并后的资产负债表如下：

合并后的资产负债表			
资产		**负债**	
保险库所存现金	100 美元	存款	3 000 美元
准备金存款	200 美元		
贷款	2 700 美元		
总资产	**3 000 美元**	**总负债**	**3 000 美元**

这些银行的资产由 100 美元的保险库所存现金（也就是在美联储的资产负债表中作为负债出现的 100 美元）、200 美元的准备金存款（也就是在美联储的资产负债表中作为负债出现的 200 美元），加上银行向非银行公众发放的 2 700 美元的贷款构成。这些银行的负债是由非银行公众持有的 3 000 美元存款。例如，如果你在当地银行开立了一个支票账户，那么这个支票账户就是你的一项资产，它在该银行的资产负债表上表现为负债。

银行为满足储户的提款要求或储户以支票从其账户中取款的要求而持有的流动资产称为**银行准备金**（bank reserves，简称准备金）。银行准备金由各银行的保险库所存现金和它们在中央银行的准备金存款组成，因此本例中银行准备金的总数为 300 美元（100 美元的保险库所存现金加上 200 美元的准备金存款）。在不久之前，美国银行都无法在所持的准备金上赚取利息。以保险库所存现金形式持有的通货当然不产生利息收入，而美联储对自己收存的银行准备金过去并不支付利息。但从 2008 年 10 月开始，美联储开始对所收存的银行准备金支付利息，虽然银行准备金的利率非常低，14.2 节对此有更详细的讨论。当有值得信赖的顾客向银行申请贷款时，银行通过将资产出借给这些贷款申请人所获得的收入一般来说要比以准备金形式持有资产所获取的收入高。因为银行将它们所收取存款中的一部分作为贷款发放出去，银行所持有的准备金只是它们现有存款中的一部分。在我们的例子中，**准备金-存款比**（reserve-deposit ratio），也就是准备金除以存款，等于 10%。银行将其存款的一部分作为准备金，使得准备金-存款比小于 1 的制度被称为**部分准备金银行制度**（fractional reserve banking）。与部分准备金银行制度相对立的是 **100%准备金银行制度**（100% reserve banking），也就是银行的准备金等于其全部存款。在 100%准备金银行制度下，银行只是为公众提供通货保管服务的机构而已。如果中央银行对准备金不支付利息或支付的利息很少，那么在 100%准备金银行制度下银行能够保本并且盈利的唯一办法就是对为储户提供的现金保管服务收取费用（也就是对存款支付负利息）。

□ 公开市场操作

假设美联储想要增加在美国经济中的货币总量，它可以通过在债券市场上向私人投资者购买证券达到目的。例如，假设美联储向一个将其银行账户放在巴克莱银行（Barclays Bank）的投资人购买了 100 美元的证券。美联储从投资人处收到了 100 美元的证券，美联储所做的支付是将巴克莱银行在美联储的存款账户余额增加 100 美元。这个交易的结果是：美联储资产负债表左边的证券增加了100美元，变成了1 000美元；同时美联储资产负债表右边的准备金存款增加了100美元，变为300美元。在合并后的资产负债表的资产栏，准备金存款增加了100美元；在负债栏，存款增加了100美元以反映投资人存款账户上新增加的100美元。经过这些交易之后，美联储和合并后的资产负债表如下：

美联储的资产负债表

资产		负债	
证券	1 000美元	非银行公众持有的通货	700美元
黄金	100美元	保险库所存现金	100美元
		准备金存款	300美元
总资产	**1 100美元**	**总负债**	**1 100美元**

合并后的资产负债表

资产		负债	
保险库所存现金	100美元	存款	3 100美元
准备金存款	300美元		
贷款	2 700美元		
总资产	**3 100美元**	**总负债**	**3 100美元**

当银行家们审视资产负债表时，注意到他们的准备金（包括保险库所存现金和准备金存款）是400美元，而他们的存款是3 100美元。如果这些银行想要维持10%的准备金-存款比，也就是美联储购买债券之前的准备金-存款比，他们只需要310（＝0.1×3 100）美元的准备金。由于他们有400美元的准备金，因此他们可以将90（＝400－310）美元贷出以获取更多的利息收入。

假设巴克莱银行将这90美元借给了安（Anne），安用这笔资金向保罗（Paul）购买某些商品。保罗又将这90美元存入他的开户银行。（这里，我们假设保罗想要以银行存款的方式持有这些资金，而不是想要增加自己的现金持有量，我们将在货币乘数小节讨论更具一般性的情形。）借给安的这90美元将所有银行总资产负债表中的贷款一栏增加了90美元，变为2 790美元，而当保罗将90美元存入他的银行时，所有银行的总存款增加了90美元，变为3 190美元。（银行体系的准备金没有发生变化，因为这90美元只不过是从安的银行转移到了保罗的银行。）这时，合并后的资产负债表如下：

合并后的资产负债表

资产		负债	
保险库所存现金	100美元	存款	3 190美元
准备金存款	300美元		
贷款	2 790美元		
总资产	**3 190美元**	**总负债**	**3 190美元**

这个过程并没有就此打住。银行家们在最新一轮的贷款和存款之后再审视资产负债表，发现他们的准备金（400 美元）仍然多于他们存款的 10%，也就是 319(=0.1×3 190) 美元，因此会发生另一轮的贷款和将所贷款项存入银行。

在这样一个**贷款和存款多次扩张**（multiple expansion of loans and deposits）的过程中，部分准备金银行制度增加了经济体的贷款和存款，这个过程只有在银行体系的准备金等于存款的 10%时才会停止。在每一轮扩张之后，这些银行的总准备金总是等于 400 美元[①]，因此这个过程会在银行总存款等于 4 000（=400/0.1）美元时才会结束。此时，合并后的资产负债表如下：

合并后的资产负债表

资产		负债	
保险库所存现金	100 美元	存款	4 000 美元
准备金存款	300 美元		
贷款	3 600 美元		
总资产	**4 000 美元**	**总负债**	**4 000 美元**

在这个阶段，准备金-存款比等于银行想要的比例（10%），此后不会再发生贷款和存款的扩张。

注意，美联储购买 100 美元的证券导致银行系统的存款新增了 1 000 美元，贷款新增了 900 美元。回想一下（见第 7 章）中央银行购买资产称为**公开市场买进**（open-market purchase）[②]，它增加了基础货币并由此增加了货币供给。中央银行向公众售出资产称为**公开市场卖出**（open-market sale），它减少了基础货币并由此减少了货币供给。公开市场买进和公开市场卖出统称为公开市场操作。公开市场操作是中央银行改变国家货币供给的最直接方法。

□ 货币乘数

美联储用公开市场操作来改变基础货币的规模。一般来说，基础货币每增加一美元，所增加的货币供给会超过一美元。我们考察基础货币与货币供给之间的关系，以明确基础货币每增加一美元究竟能够增加多少货币供给的数量。我们采用下面的变量来考察这个问题：

M=货币供给
BASE=基础货币
DEP=银行存款
RES=银行准备金
CU=非银行公众持有的通货

① 因为本例假定了任何贷款产生的收益全部又被存入银行系统中，从而使得公众不会增加持有的通货，所以银行系统的准备金在每一回合结束时仍然维持 400 美元。正如我们所提到的，我们在货币乘数部分将考虑持有的通货发生变化的情形。

② 公开市场这个术语的含义是中央银行的交易发生于通常的资产市场，在这些市场中，政府证券交易商互相竞争以和中央银行交易证券。

res＝银行意愿的准备金-存款比，RES/DEP

cu＝公众意愿的通货-存款比，CU/DEP

公众手中的通货和银行存款都可用于交易，所以它们是货币的两种形式。当公众同时持有通货和银行存款时，货币供给为：

$$M=\mathrm{CU}+\mathrm{DEP} \tag{14-1}$$

基础货币有两个用途：一部分以通货的形式由公众持有，其余部分以准备金形式由银行持有。因此，基础货币等于两者之和：

$$\mathrm{BASE}=\mathrm{CU}+\mathrm{RES} \tag{14-2}$$

美联储控制基础货币的数量，但并不直接控制货币供给。为了将货币供给和基础货币联系起来，我们首先将式（14－1）中的货币供给除以式（14－2）中的基础货币，得出：

$$\frac{M}{\mathrm{BASE}}=\frac{\mathrm{CU}+\mathrm{DEP}}{\mathrm{CU}+\mathrm{RES}} \tag{14-3}$$

接下来，我们将式（14－3）等号右边的分子和分母同时除以 DEP，可得：

$$\frac{M}{\mathrm{BASE}}=\frac{\mathrm{CU/DEP}+1}{\mathrm{CU/DEP}+\mathrm{RES/DEP}} \tag{14-4}$$

式（14－4）等号右边的表达式含有两个重要的比例。第一个是**通货-存款比**（Currency-deposit ratio），也就是公众持有的通货与公众在银行的存款之比。通货-存款比完全取决于公众，具体看他们在以通货形式持有的货币数量和以银行存款形式持有的货币数量之间的选择。公众可以通过从银行提取现金（即增加持有的通货数量，减少持有的存款数量）来将通货-存款比提高到任何他们想要的水平；类似地，通过将现金存入银行，公众可以降低通货-存款比。

式（14－4）等号右边的表达式中第二个重要的比例是前面讨论过的准备金-存款比。准备金-存款比取决于银行决定将准备金中的多少贷出去。①

当贷款和存款的多次扩张过程完成时，通货-存款比等于公众意愿的通货-存款比 cu，准备金-存款比等于银行意愿的准备金-存款比 res。用 cu 和 res 分别替换式（14－4）中的 CU/DEP 和 RES/DEP，将公式两边同时乘以 BASE，可得：

$$M=\frac{\mathrm{cu}+1}{\mathrm{cu}+\mathrm{res}}\times \mathrm{BASE} \tag{14-5}$$

式（14－5）说明了货币供给是基础货币的一个乘数。货币供给与基础货币间的关系取决于公众选择的通货-存款比和银行选择的准备金-存款比。因子（cu＋1）/（cu＋res）是一美元的基础货币所能生成的美元货币供给的数量，称为**货币乘数**（money multiplier）。只要 res 小于 1（也就是实行部分准备金银行制度），货币乘数就总是大于 1。在这种情形中，新增一美元的基础货币会使货币供给的增加量大于一美元，这就是

① 正如本章稍后将要讨论到的，政府监管可以设定银行的准备金-存款比的最低水平。

为什么基础货币也称高能货币。

式（14－5）中的货币乘数可用于 M1、M2 等不同的货币供给定义。由于 M1 等于非银行公众持有的通货和交易存款之和，我们在计算 M1 货币乘数中的 cu 和 res 时用交易存款作为存款的度量。M2 等于非银行公众持有的通货和更广义的存款度量之和，这里更广义的存款包括储蓄和交易存款，我们在计算 M2 货币乘数中的 cu 和 res 时采用这种更广义的货币度量。

表 14－1 使用美国数据举例说明货币乘数以及通货、准备金、基础货币和货币供给之间的关系。你可以通过这些数据证实美国的通货-存款比是 0.121 9，准备金-存款比是 0.246 2。因此，货币乘数（cu＋1）/(cu＋res）等于 3.05。你可以用这些数据将货币供给（119 463 亿美元）除以基础货币（39 196 亿美元）得到 3.05 来证实这个公式。①

表 14－1　　美国的基础货币、货币乘数和货币供给

非银行公众持有的通货 CU	129 84 亿美元
银行准备金 RES	26 212 亿美元
基础货币 BASE(＝CU＋RES)	39 196 亿美元
银行存款 DEP	106 479 亿美元
货币供给 M(＝CU＋DEP)	119 463 亿美元
银行意愿的准备金-存款比 res(＝RES/DEP)	0.246 2
公众意愿的通货-存款比 cu(＝CU/DEP)	0.121 9
货币乘数（cu＋1）/(cu＋res)	3.05
货币供给与基础货币之比 M/BASE	3.05

资料来源：美联储于 2015 年 7 月 30 日发布的 H.3 和 H.6。在计算中，我们采用广义的存款度量，包括 M2 中含有的所有存款类别以及零售的货币市场共同基金，而货币供给是 M2。数据截至 2015 年 6 月。关于近期的数据和历史数据，参见美联储网站。

可以用代数形式证明，当 cu 或者 res 上升时，货币乘数会随之下降。② 回想一下基础货币之所以会“被乘”，是因为在部分准备金银行制度下，银行将以存款方式收到的一部分通货作为贷款发放给公众。公众可以将从银行借到的货币以通货方式持有，也可以将借到的货币再存入银行系统，但在这两种情况下，其结果都是货币供给高于贷款发生之前。当准备金-存款比上升时，每 1 美元存款中银行贷出的比例下降，同样数量的基础货币所能生成的货币减少，于是准备金-存款比的上升使得货币乘数下降。当通货-存款比上升时，公众存入银行的货币比例下降，意味着银行可借出的货币减少。由于银行贷款减少，同样数量的基础货币所能生成的货币也相应减少，同样使得货币乘数下降。

① 表 14－1 中的数字使用的是货币供给的 M2 度量。我们可以计算用货币供给的 M1 度量的货币乘数。在最近一次金融危机之前，M1 的货币乘数也大于 1。然而，M1 的货币乘数在最近一次金融危机中下降为小于 1。

② 货币乘数随 cu 的上升而下降并不是显而易见的，因为 cu 同时出现在货币乘数的分子和分母中。不过，你可以通过数值或者求导来验证，只要 res 小于 1，那么货币乘数就会随 cu 的上升而下降。而在部分准备金银行制度下，res 小于 1 的条件一般都能得到满足。然而，在 2008 年的金融危机中，这个条件对 M1 来说不再成立。例如，在 2015 年 6 月，银行准备金为 26 212 亿美元，银行存款为 17 178 亿美元，所以 res 等于 1.525 9。非银行公众持有的通货为 12 984 亿美元，所以 cu 等于 0.755 9。给定这些数值，货币乘数为 0.77。不过，如表 14－1 所示，更广义定义的存款为 106 479 亿美元，所以使用存款的广义定义，res 等于 0.246 2，cu 为 0.121 9，货币乘数为 3.05。

□ 银行挤兑

部分准备金银行制度运作的前提是，准备金的出入大致平衡，特别是大部分储户永远不会同时提取存款。如果大批储户试图同时提取存款（超过前面例子中银行存款的10%），银行将会用光准备金，无法满足所有的现金提取要求。

美国历史上有几个时期都流传着某个银行坏账严重并将破产的谣言。抱着“安全第一”的态度，银行的储户排起长队来提取自己的存款。从储户的角度来看，将存款取出避免了该银行因倒闭而无法向储户支付全部存款的风险。大规模地、恐慌地从银行提取存款称为**银行挤兑**（bank run）。即使后来关于银行坏账的谣言破灭了，如果银行挤兑的规模足够大，仍会耗尽银行的准备金并迫使其歇业。①

为了防止未来发生银行挤兑，联邦存款保险公司（Federal Deposit Insurance Corporation，FDIC）成立于1933年，以提供存款保险。存款保险保证了即使在银行破产的情形下，储户也不会失去在有保险的银行账户中的资金（有最高限额）。其结果是，储户不再有发起银行挤兑的动机。联邦存款保险公司通过向银行收取保险费来获取所需的资金。此外，美国联邦政府为联邦存款保险公司提供了有力的支持。因此，如果在危机中联邦存款保险公司的资金有枯竭的危险，美国联邦政府将会提供任何所需的资金，以防止储户在有保险的存款上发生损失。存款保险的一个结果是，当2008年金融危机袭来时②，人们将钱大量存入银行，因为存入银行的钱是有保险的，而不是像在大萧条中那样把钱从银行取出。参见本章的“应用：在严重金融危机中的货币乘数”。

应用

在严重金融危机中的货币乘数

货币乘数一般是相对稳定的，但也并不总是如此。在大萧条早期和2008年的金融危机中，货币乘数急剧下降，给货币政策造成了严重的问题。

大萧条时期的货币乘数

正如弗里德曼和施瓦茨在《1867—1960年美国货币史》③ 一书中详细说明的，货币乘数不稳定的起因是一系列严重的银行恐慌。银行恐慌是指一个时期内许多银行发生储户挤兑并且一些银行被迫歇业。银行系统存在的资金弱点以及经济和金融方面的坏消息都导致了美国恐慌的发生。弗里德曼和施瓦茨所强调的银行恐慌的起因包括：①1930年，秋季农产品的价格下降对农业州经济的影响；②1930年12月，一家名为美国银行(Bank of United States)（只是一个私人银行，尽管名字如此）的纽约大型银行倒闭；③1931年5月，奥地利最大的银行倒闭，并由此引发了欧洲金融危机；④1931年9月，英国放弃了金本位制。最严重的银行恐慌发生于1933年1月，并一直持续到新宣誓就

---

① 要防止银行挤兑，银行必须让公众相信它是“状况良好”的，也就是具有财务上的清偿能力，并且有足够的资金可供使用。这也是斯图尔特（Stewart）在电影《生活多美好》（*It's a Wonderful Life*）中使用的策略。

② 在这次金融危机中，美国联邦政府暂时性地将联邦存款保险公司保险覆盖存款的限额从危机之前的100 000美元增加到了250 000美元。

③ Princeton，N. J.：Princeton University Press for NBER，1963.

职的总统罗斯福（Roosevelt）在1933年3月宣布了一个“银行假日”并关闭了所有银行才结束。在那时，超过三分之一的美国银行要么破产，要么被其他银行合并。作为罗斯福总统新经济政策内容之一的银行改革在1933年3月后恢复了公众对银行系统的信心并制止了银行挤兑。

银行恐慌从两方面影响货币乘数（见图14－1）。第一，人们对银行变得非常不信任，担心银行会突然倒闭并无法支付他们的全部存款。（这些事件发生于政府为银行存款提供保险之前。）人们觉得持有通货，不管是藏在床垫下还是埋在后院的咖啡罐里，都比持有银行存款更安全。将存款换成通货导致了通货-存款比的上升，使其在1933年第一季度显著上升，如图14－1所示。

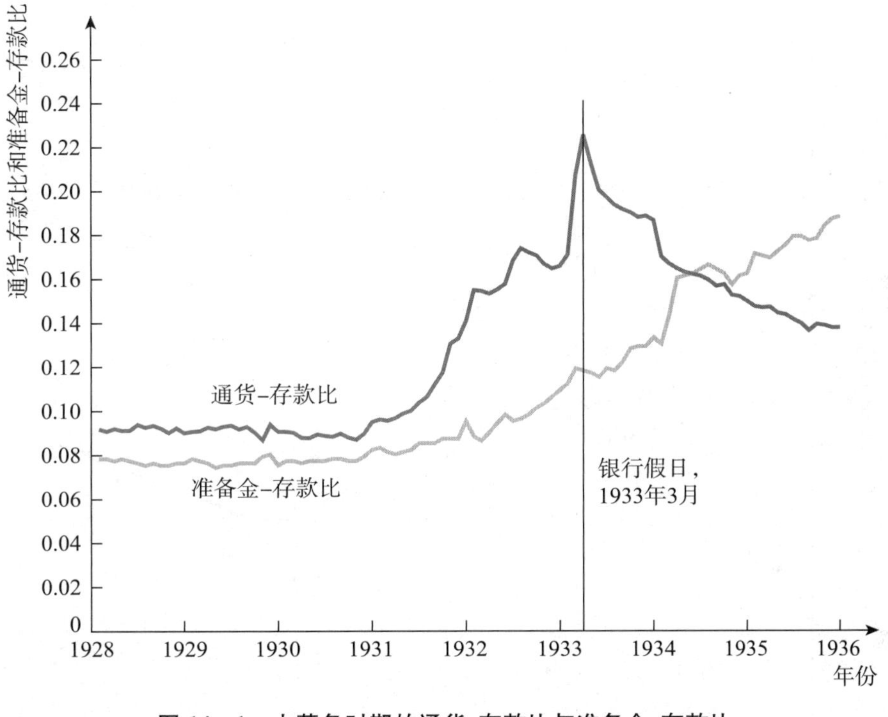

图14－1　大萧条时期的通货-存款比与准备金-存款比

说明：在大萧条时期，人们担心其银行存款的安全，并因此提高了通货-存款比。银行预见到可能会发生银行挤兑，因此提高了准备金-存款比。

资料来源：参见文献 Milton Friedman and Anna Schwartz，*A Monetary History of the United States，1867—1960*。通货数据来自表A-1的列（1），所有商业银行的存款（活期和定期）数据来自表A-1的列（4），银行准备金数据来自表A-2的列（3）。

第二，预见到可能的挤兑，银行开始持有对应于存款的更多准备金（包括保险库所存现金），如图14－1中所示的准备金-存款比。银行希望使存款者确信银行金库中有足够的现金来满足提取，于是存款者将不会尝试发起银行挤兑。

就像先前讨论过的，通货-存款比或者准备金-存款比的上升都会引起货币乘数的下降。如图14－2(a)所示，作为银行恐慌的结果，货币乘数从1930年3月的6.6急剧下降到1933年3月“银行假日”的3.6。于是，即使基础货币在那三年期间增长了20%，但由于货币乘数的下降幅度如此之大，以至于货币供给最终下降了35%，如图14－2(b)所示。对于货币供给的下降是否为1930—1933年产出下降的主要起因仍然存在争议（弗里德曼和施瓦茨认为是)，但人们普遍认为该时期价格水平下降了（大约三分之一）是货币供给下降的结果。

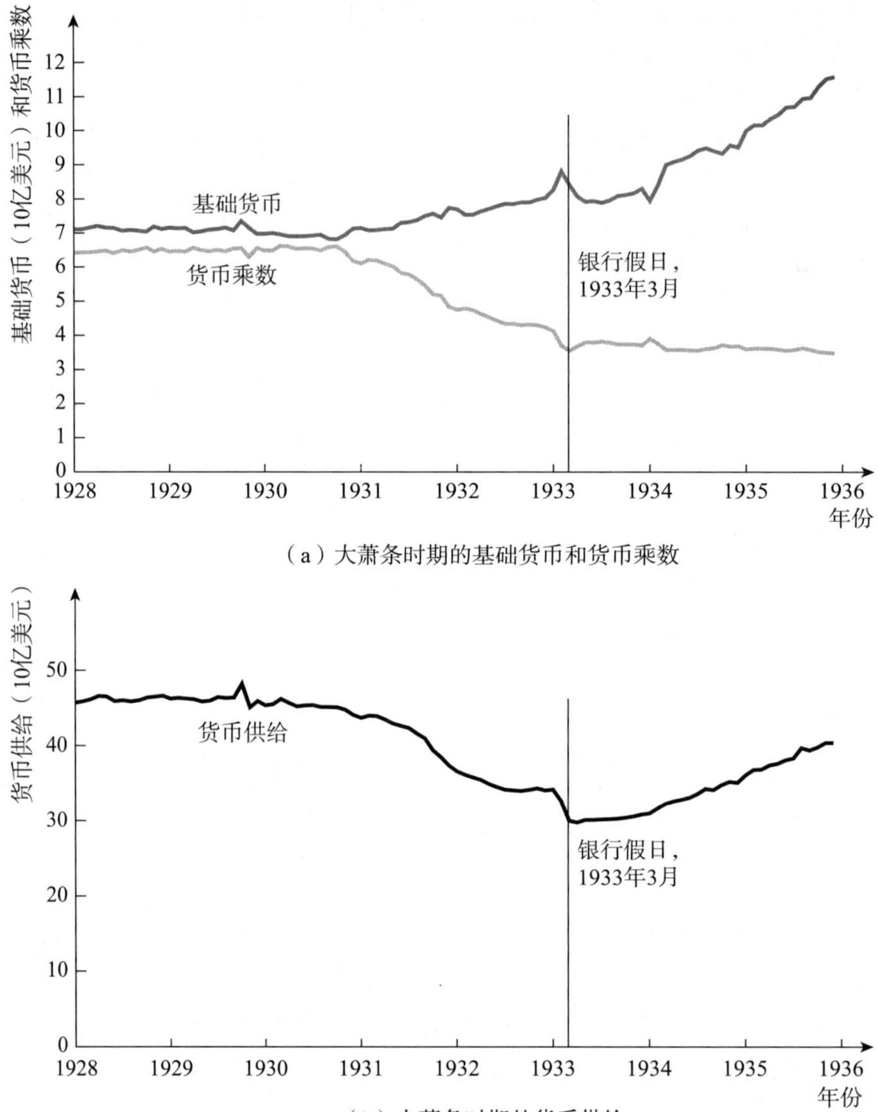

图 14-2　大萧条时期的货币变量

说明：(a) 作为通货-存款比和准备金-存款比上升的结果，货币乘数在大萧条时期急剧下降。在大萧条时期，基础货币上升。

(b) 尽管基础货币在大萧条时期上升，但货币乘数的下降幅度如此之大，以至于货币供给——货币乘数和基础货币的乘积——急剧下降。

资料来源：参见文献 Milton Friedman and Anna Schwartz，*A Monetary History of the United States*，*1867—1960*。通货数据来自表 A-1 的列 (1)，所有商业银行的存款（活期和定期）数据来自表 A-1 的列 (4)，银行准备金数据来自表 A-2 的列 (3)。基础货币＝通货＋银行准备金；货币乘数＝(通货＋存款)/基础货币；货币＝通货＋存款。

2008 年金融危机中的货币乘数

就像在大萧条中银行恐慌导致货币乘数变小一样，全球性的金融恐慌（“应用：2008 年的金融危机”）也导致了货币乘数在 2008 年变小。被存款保险覆盖的银行账户的存在促使人们抛出股票和债券，然后将所得存入银行账户。其结果是，通货-存款比实际上是小幅下降，而不像在大萧条中那样上升（见图 14-3)。然而，如同在大萧条中那样，银行选择大幅增加持有的准备金数量。银行准备金在 2008 年 7 月仅为 450 亿美元，在 9 月就上升到了 1 030 亿美元，然后快速上升，到 2011 年 4 月达到了 1.5 万亿美元，到 2014 年 8 月达到了 2.9 万亿美元。如图 14-3 所示，银行准备金这种令人震惊的猛涨极大地增加了准备金-存款比，使其从 2008 年 9 月前的 0.014 上升到 2011 年中期的 0.2，再到 2014 年 8 月的 0.28。

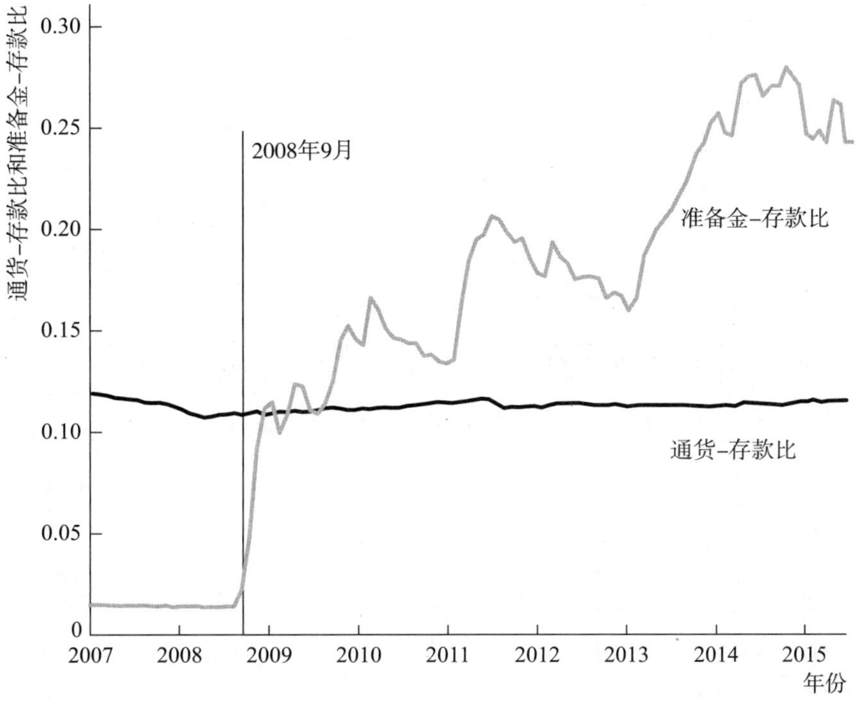

图 14-3　2007—2015 年的通货-存款比和准备金-存款比

说明：在 2008 年的金融危机中，由于存款保险的存在，人们知道银行存款是安全的，所以通货-存款比比较平稳。然而，银行并没有发现太多有利可图的给别人贷款的机会，所以随着美联储增加基础货币的供给，银行极大地增加了准备金的持有。因此，准备金-存款比急剧上升了。

资料来源：作者计算所依据的数据源自美联储管理委员会，可从 FRED 数据库下载，通货、存款和准备金的下载序列分别为 CURRSL、M2SL-CURRSL、ADJRESSL。

为什么银行持有如此多的准备金？银行准备金上升得如此迅猛，其原因是当美联储试图降低长期利率（我们将在 14.4 节详细讨论）时，美联储通过在公开市场上买进证券而增加了基础货币的供给。这些公开市场买进导致大量现金流入银行，而银行没有多少有利可图的贷款机会，因此它们就省事地把这些收取的资金用于增加在美联储处的准备金存款。

在准备金-存款比显著上升而通货-存款比变化很少的情形下，货币乘数大幅下降，从 2008 年 8 月的 8.9 跌到了 2008 年 12 月的 4.9，如图 14-4(a) 所示。大萧条时期也发生了类似的货币乘数大幅下降［见图 14-2(a)］。然而，20 世纪 30 年代和 2008 年的主要区别是 2008 年美联储所增加的基础货币足以抵消货币乘数的下降，以至于图 14-4(b) 所示的 2008 年的货币供给上升了。2008 年货币供给的上升与 20 世纪 30 年代初货币供给的下降［见图 14－2(b)］形成了鲜明对比。但是货币供给并没有快速上升，所以通货膨胀率保持在低水平上。

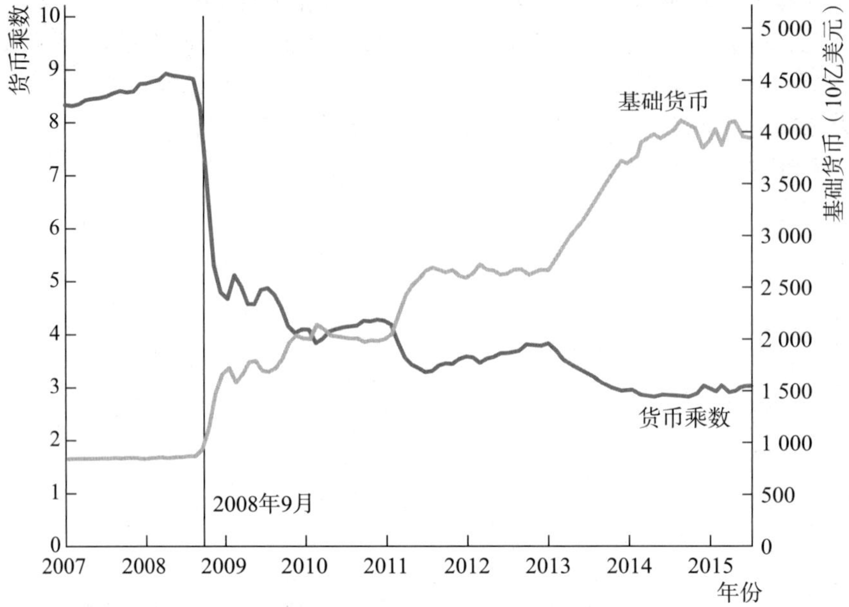

（a）2007—2015年的货币乘数和基础货币

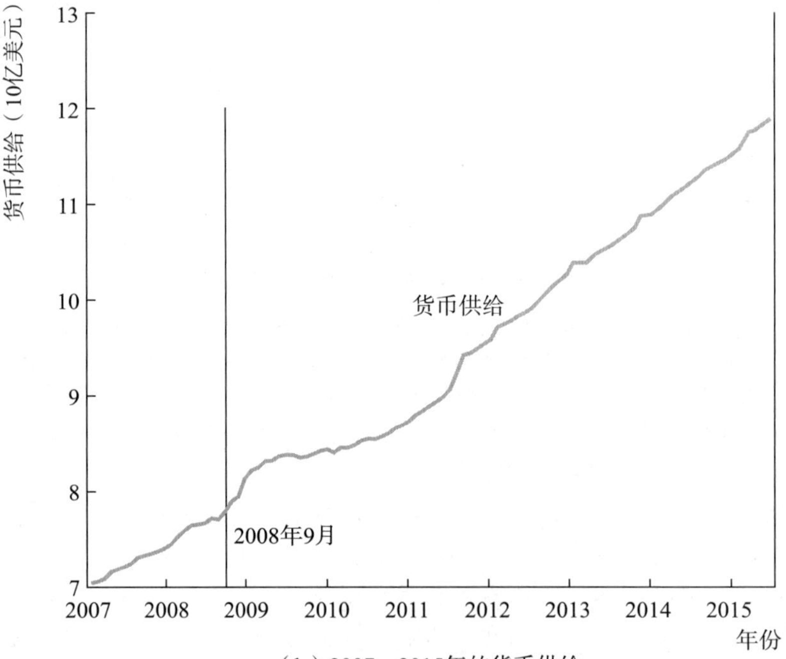

（b）2007—2015年的货币供给

图 14－4　2008 年金融危机中的货币变量

说明：(a) 准备金-存款比上升的结果是，在 2008 年的金融危机中货币乘数大幅下降。美联储采取了行动，导致基础货币显著增加。

(b) 基础货币增加得如此之多，使得等于货币乘数和基础货币乘积的货币供给以相当稳定的速度上升。

资料来源：作者计算所依据的数据源自美联储管理委员会，可从 FRED 数据库下载，通货、存款和准备金的下载序列分别为 CURRSL、M2SL-CURRSL、ADJRESSL。

14.2 美国的货币控制

我们在 14.1 节中所描述的决定货币供给的原则一般来说适用于所有的中央银行和银行体系。在本节，我们关注美国的中央银行也就是联邦储备系统在组织结构上的特点。

□ 联邦储备系统

美国的中央银行称为联邦储备系统，简称美联储。它始创于 1913 年的《联邦储备法案》(Federal Reserve Act)，于 1914 年开始运营。美国国会成立美联储的一个主要动机是，希望中央银行能够消除在第一次世界大战之前就时常困扰美国的严重金融危机(股票市场崩溃、企业倒闭以及银行恐慌的组合)。具有讽刺意味的是，美国最严重的金融危机发生于 1930—1933 年，仅仅在美联储成立 15 年之后。

《联邦储备法案》成立了一个由 12 个区域性联邦储备银行组成的系统，每个联邦储备银行管辖一个联邦储备区。图 14－5 绘出了 12 个联邦储备银行所在的位置。从技术上说，这些区域性联邦储备银行由该地区内所有联邦储备系统成员的私人银行拥有。所有由美国联邦许可的私人银行都是联邦储备系统的成员，并且由州许可的银行也可加入。不过，在 1980 年国会立法将成员银行的权利义务扩展到所有银行之后，单个银行是否属于该系统已变得不重要了。在 1980 年之前，成员银行比非成员银行面临更严格的监管要求，但也可获得更多的有用服务（例如支票结算服务)。

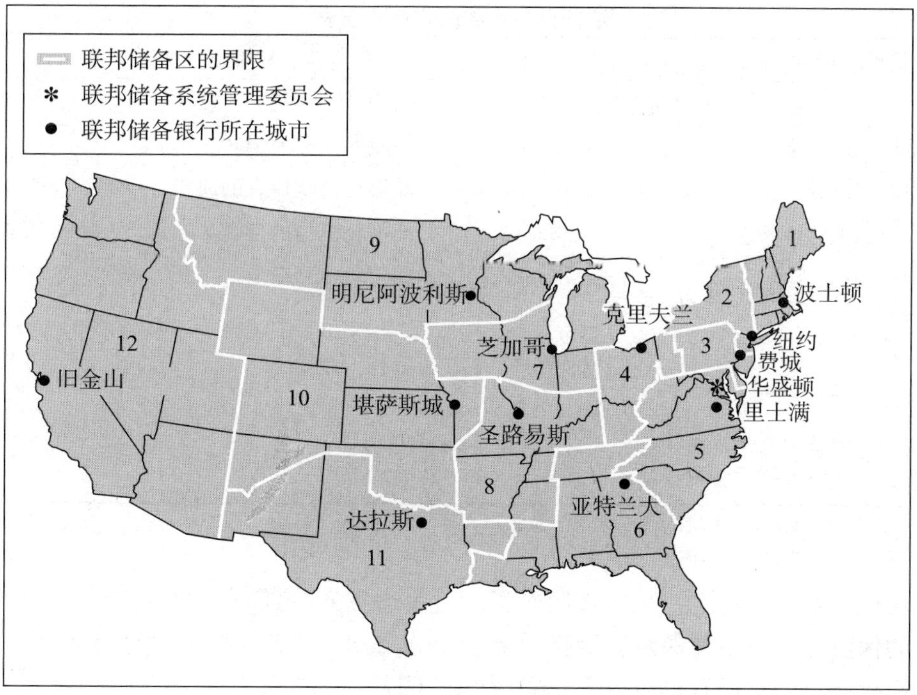

图 14－5 联邦储备银行所在的位置

说明：这 12 个区域性联邦储备银行位于美国的 12 个主要城市。联邦储备系统管理委员会位于华盛顿特区。夏威夷和阿拉斯加属于旧金山辖区。

联邦储备系统由位于华盛顿特区的**联邦储备系统管理委员会**（Board of Governors of the Federal Reserve System，也称联邦储备系统理事会）领导。该委员会有 7 名成员，由美国总统任命，任期为 14 年，每两年都有一名新成员开始其任期。总统任命其中一个成员为委员会主席，任期 4 年。委员会主席除了对货币政策有很大影响之外，也是金融市场的重要人物（美联储对监管证券市场和银行界负有部分义务），并常应美国国会和总统的要求对全国经济政策提供咨询意见。

联邦公开市场委员会（Federal Open Market Committee，FOMC）负责决定货币政策。联邦公开市场委员会由 7 名成员、纽约联邦储备银行行长和在联邦公开市场委员会轮值的 4 名其他区域性联邦储备银行的行长组成。[①] 联邦公开市场委员会一年大约举行 8 次会议，评估经济形势并计划货币政策的实施。如果需要对经济中的新发展给予关注，联邦公开市场委员会可以更频繁地开会（由个人或会议提出）。联邦公开市场委员会在会后立即宣布是否收紧或放松货币政策，并被媒体、公众以及金融市场密切关注。

□ 联邦储备系统的资产负债表与公开市场操作

表 14－2 给出了 2015 年 7 月联邦储备系统（所有联邦储备银行合并后）的资产负债表。美联储的最大资产是其持有的美国财政部证券，也就是政府债券。政府债券是美联储的资产和美国财政部的负债。美联储也拥有黄金，并贷款给银行（储蓄性机构），这些都算作美联储的资产。在 2008 年的金融危机中，美联储开始购买政府债券之外的其他资产，包括联邦政府机构发行的债券和抵押担保证券。在“其他资产”项里包括外汇、美联储大楼的价值以及一些相对较小的项目。

表 14－2　　联邦储备系统的资产负债表

资产（10 亿美元）		负债（10 亿美元）	
黄金	11.0	通货	1 370.8
给储蓄性机构的贷款	202.0	保险库所存现金	67.3
美国财政部证券	2 461.5	非银行公众持有的通货	1 303.5
联邦政府机关的债务	35.1	储蓄性机构的存款	2 624.6
抵押担保证券	1 743.2	其他负债和净值	544.0
其他资产	86.6		
总和	**4 539.4**	**总和**	**4 539.4**

补充：
准备金＝储蓄性机构的存款＋保险库所存现金＝26 919(亿美元)
基础货币＝非银行公众持有的通货＋准备金＝39 954(亿美元)

说明：由于四舍五入，数字加总不一定等于总和。
资料来源：由美联储发布的截至 2015 年 7 月 22 日那一周的 H. 4. 1 和 H. 3。

美联储的主要负债之一是未清偿通货。这些通货的一部分（673 亿美元）存放在私有银行的保险库里，称为**保险库所存现金**（vault cash）。未清偿通货的剩余部分 13 035 亿美元由非银行公众持有，对应于我们所说的 CU。

① 其他 7 名联邦储备银行的行长参加联邦公开市场委员会的每次会议并充分参与讨论，但对政策行动不具有投票权。

美联储的另一个主要负债是银行、储贷协会以及互助储蓄银行等储蓄性机构的存款。在接受来自储蓄性机构的存款时，美联储就像“银行的银行”。储蓄性机构之所以在美联储存款，是因为这是持有准备金的方便形式。这些在美联储的储蓄性机构的存款（26 246 亿美元）加上保险库所存现金（673 亿美元），等于银行准备金（26 919 亿美元），对应于我们所说的 RES。

回想在式（14-2）中，基础货币等于银行准备金（26 919 亿美元）加上非银行公众持有的通货（13 035 亿美元），即 39 954 亿美元。如图 14-6 所示，基础货币也可由未清偿通货（13 708 亿美元）与储蓄性机构的存款（26 246 亿美元）相加而得，等于 39 954亿美元。①

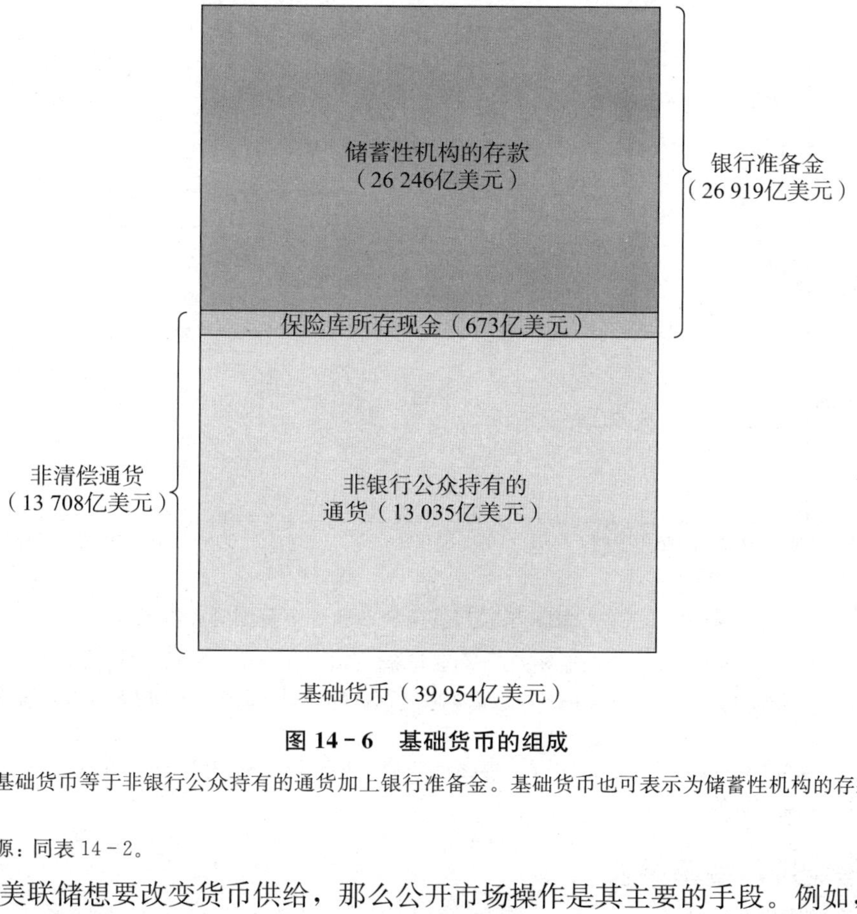

图 14-6 基础货币的组成

说明：基础货币等于非银行公众持有的通货加上银行准备金。基础货币也可表示为储蓄性机构的存款与未清偿通货之和。

资料来源：同表 14-2。

如果美联储想要改变货币供给，那么公开市场操作是其主要的手段。例如，要增加货币供给，美联储可以进行公开市场买进，即从政府证券交易商手中购买美国国债。正如 14.1 节中所讨论的那样，公开市场买进会增加基础货币，而由于货币乘数的作用，货币供给将会增加。要减少货币供给，美联储可以使用公开市场卖出，将国债卖给政府证券交易商，从而减少基础货币。

当美联储进行公开市场操作时，这些操作影响银行准备金交易市场上的利率。一个银行可以从准备金富余的另一个银行那里借入准备金。这些借到的资金被称为联邦资金

① 美联储还有其他负债，包括由美国财政部和外国中央银行持有的账户。因为这些账户不是由公众或者美国银行界所拥有，所以它们不被计入基础货币。

或者美联储资金，而在这些贷款上所收取的利息被称为**联邦基金利率**（federal funds rate）或者**美联储基金利率**（fed funds rate）。尽管联邦基金利率叫这样的名字，但它其实不是美联储收取的利率，而是一个银行向另一个银行贷出资金所收取的利率。图 14－7 描述了 1979—2015 年联邦基金利率如何随时间而变化。总的来说，联邦基金利率和其他诸如图中所示的 3 个月期国库券的利率那样的短期利率相当一致。不过，就如我们将在下一部分所讨论的，联邦基金利率特别重要，因为美联储在执行货币政策时经常选择它作为目标。

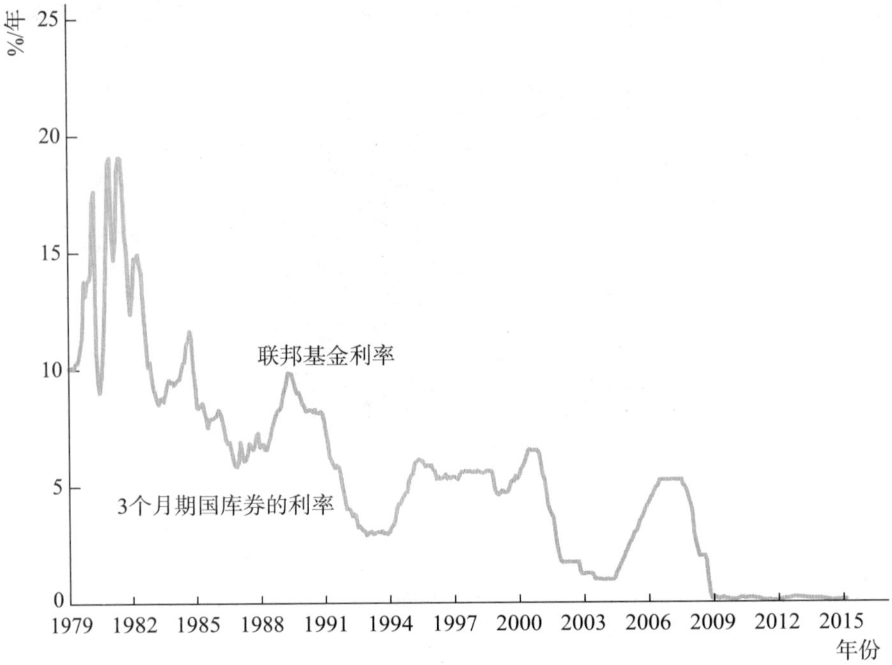

图 14－7　1979—2015 年联邦基金利率和 3 个月期国库券的利率

说明：银行可以从其他银行那里借到准备金以支付联邦基金利率。美联储经常通过进行公开市场操作影响联邦基金利率来实施货币政策。联邦基金利率的走势和诸如本图所示的 3 个月期国库券的利率那样的短期利率的走势非常相似。

来源：联邦储备系统管理委员会，可从 FRED 数据库下载，下载序列分别为 FEDFUNDS（联邦基金利率）和 TB3MS（3 个月期国库券的利率）。

□ 法定准备金率要求

尽管公开市场操作是美联储影响货币供给的主要手段，但它还有其他三个手段：改变法定准备金率、贴现窗口拆借和改变美联储对银行的准备金存款支付的利率（简称准备金利率）。小结表 19 列出了它们和其他因素对货币供给的作用。

美联储要求大银行保持大约为其所持有的交易存款总量的 10%的准备金（或者以在美联储存款的形式，或者以保险库所存现金的形式），对规模较小的银行要求的比例要低一些。美联储可以通过改变法定准备金率来影响货币供给，但是很少这么做（并且自 1992 年就没有这么做过了），因为改变法定准备金率对银行的利润率和货币供给影响很大。所以，美联储更偏爱使用其他政策工具。

小结表 19　　影响基础货币、货币乘数和货币供给的因素

因素	对基础货币的作用	对货币乘数的作用	对货币供给的作用
准备金-存款比上升	不变	变小	减少
通货-存款比上升	不变	变小	减少
公开市场买进	增加	不变	增加
公开市场卖出	减少	不变	减少
法定准备金率上升	不变	变小	减少
贴现窗口拆借增加	增加	不变	增加
贴现率上升	减少	不变	减少
准备金利率上升	不变	变小	减少

说明：货币供给、货币乘数和基础货币之间的关系是 $M=[(cu+1)/(cu+res)]\times BASE$。

□ 贴现窗口拆借

成立美联储的一个主要原因是试图减少严重的金融危机，美联储应当主要作为“最后贷款人”（其职能是随时准备向需要现金来满足储户需求或者法定准备金率要求的银行出借准备金）来达到这个目标。例如，在 2008 年的金融危机中，美联储通过贴现窗口向银行出借了 4 000 亿美元。美联储向银行出借准备金称为**贴现窗口拆借**（discount window lending），而对所拆借的准备金所收取的利息称为**贴现率**（discount rate）。关于中央银行作为最后贷款人职能的更多讨论内容，参见“应用：最后贷款人”。

当美联储通过贴现窗口向银行出借准备金时，会因此改变基础货币。例如，如果银行从美联储那里借到 10 亿美元，并存入它们在美联储的准备金账户，那么美联储的资产负债表就会在两个方面受到影响：（1）在资产方面，对存款机构的贷款增加了 10 亿美元；（2）在负债方面，由存款机构持有的存款也增加了 10 亿美元，使得基础货币增加了 10 亿美元。所以，贴现窗口拆借的增加会使基础货币增加，而贴现窗口拆借的减少会使基础货币减少。

美联储可以通过改变贴现率来影响货币供给。[1] 贴现率的提高使得在贴现窗口借钱的成本更为高昂。如果银行减少在贴现窗口的借款作为对贴现率升高的回应，那么基础货币就下降了。就给定的货币乘数来说，基础货币的下降意味着货币供给的下降。

应用

最后贷款人

几个世纪以来，中央银行已经理解在危机中损害可以从银行系统倾泻到经济的其余部门。它们也理解自己可以作为最后贷款人来采取行动以减少损害倾泻的程度。如我们稍前讨论到的，当中央银行通过贴现窗口将资金借给银行时，它行使的就是最后贷款人的职能。

英国经济学家和记者沃尔特·白哲特（Walter Bagehot）在他 1873 年的著作《伦巴

① 事实上有两个不同的贴现率。优惠信用贴现率（primary credit discount rate）适用于情况良好的银行。次级信用贴现率（secondary credit discount rate）适用于情况比较差的银行，后者也要接受美联储更为严格的监管。

第街》(*Lombard Street*)中最为生动地讨论了最后贷款人的含义。① 在最近期的金融危机中经常被引用的一句白哲特的名言是：在银行恐慌（对银行的普遍性挤兑）中，中央银行应当在有良好抵押的情况下以惩罚性的利率不受约束地向外出借资金。白哲特坚持中央银行只应当在有良好抵押的情况下向外出借，而良好抵押由市场化的证券组成，因为他相信在危机中，大多数银行并没有破产的危险，它们面临的不过是流动性问题（它们需要现金）。面临流动性难题的银行拥有很多证券（良好的抵押品），但是难以将这些证券转换成现金。因此，中央银行应当给银行贷款，并以这些证券作为担保。

白哲特也建议对此类出借应当收取惩罚性的利率（高于正常利率）以阻止银行在没有实际需要的时候使用这个机制。在危机中，当银行的储户要求取回现金时，银行会愿意支付惩罚性利率以增加它们的流动性。

如果中央银行在金融危机中不行使最后贷款人的职能，那么银行的债权人将会同时寻求拿回现金。这样会导致许多银行同时试图卖出资产（它们的良好抵押品），从而造成这些资产的价格急剧下降，结果会加剧金融危机。通过行使最后贷款人的职能，中央银行会避免这个问题，金融危机产生的损害也会被最小化。一旦危机结束了，储户将把现金重新存回银行，银行就能把欠款还给中央银行。

英格兰银行（Bank of England）通过使用最后贷款人的机制，在19世纪就能够减少一系列金融危机对经济的影响。以此为榜样，美联储在创立时也被授予了行使最后贷款人职能的权力。确实，正是19世纪发生的银行恐慌和金融危机所带来的损害促使美国政府在1913年创立了美联储。

□ 准备金利率

2008年10月，美联储开始对各银行存放在美联储的准备金存款支付利息。其理由是对准备金支付利息会鼓励银行持有更多的准备金而不是试图尽可能少地持有准备金，而后者会扭曲准备金交易市场并引起联邦基金利率大幅波动。银行已经发展出一个流动账户体系，在这个体系中，它们将资金从有法定准备金要求的账户转移到没有法定准备金要求的账户，但这种对资源的使用代价高昂，而且没有什么社会效益。对准备金支付利息的做法让银行没有动机为了避免持有准备金而去花费大量资源。

对准备金支付利息的做法不仅导致银行持有的准备金显著增加，而且赋予美联储可用来影响货币供给的另一个手段。通过提高准备金利率，美联储能够鼓励银行持有更多的储备金，从而降低货币乘数和减少货币供给。② 或者，如果美联储想要增加货币供给，那么它可以降低准备金利率，导致准备金-存款比下降，从而使货币乘数变大。这种调整货币供给的手段相对较新，当美联储开始减少它在始于2008年的金融危机期间以及其余波期间所提供给经济的流动性时，这种手段很可能有特别的重要性。③

---

① 见 Walter Bagehot，*Lombard Street*，London：Henry S. King & Co.，1987。

② 在2008年的金融危机中，当美联储开始向准备金存款支付利息时，它也通过增加基础货币来抵消由于货币乘数变小而导致的货币供给减少。其结果是，货币供给没有下降，参见本章的“应用：在严重金融危机中的货币乘数”。

③ 参见 Glenn D. Rudebusch，“The Fed's Exit Strategy for Monetary Policy，” Federal Reserve Bank of San Francisco Economic Letter 2010 - 18，June 14，2010；David Bowman，Etienne Gagnon，and Mike Leahy，“Interest on Excess Reserves as a Monetary Policy Instrument：The Experience of Foreign Central Banks，” Federal Reserve Board of Governers，International Finance Discussion Papers Number 996，March 2010。

14.3 设定货币政策的目标

我们在 14.2 节讨论了货币政策的工具。但是在实践中政策制定者如何使用这些工具？我们在本节说明制定货币政策时的主要考量。

□ 联邦基金利率目标制

美联储在实施货币政策时有一定的目的，也就是最终目标，如价格的平稳和稳定的经济增长。要达成这些目的，美联储可以使用我们已经讨论过的货币政策手段也就是**工具**（instruments）：法定准备金率、贴现率、准备金利率以及公开市场操作。美联储面临的问题是如何使用这些可直接控制的工具（尤其是公开市场操作）来达到它的目的。由于从公开市场操作到达成价格和经济活动的最终目标之间还需要一些步骤，也因为通常无法准确地预测出这些步骤，所以美联储使用中期目标来指导货币政策。**中期目标**（intermediate targets），有时也称指标，是美联储不能直接控制，但以可预见的方式能够在相当程度上施加影响的，并与美联储试图达到的目的相关的宏观经济变量。

从历史上说，最常用的中期目标是 M1、M2 等货币总量以及联邦基金利率等短期利率。通过公开市场操作，美联储可以直接控制基础货币水平，并以此影响货币总量。货币供给的波动接下来将通过移动 LM 曲线而至少暂时地影响到利率。虽然货币总量与短期利率都不是经济福利的重要决定因素，但它们都会影响到宏观经济的状态。由于货币总量和短期利率都以可预见的方式受美联储政策的影响，也因为它们对经济有影响，所以这些变量是合适的中期目标。

在不同时期，通过尽量将货币增长率或短期利率保持在接近或处于事先确定的范围之内，美联储得以实现对货币政策的指导。注意，尽管美联储可以稳定这些变量中的一个或者另一个，但它无法同时这么做。例如，假设美联储试图同时稳定货币供给和联邦基金利率，而事先确定的目标范围要求同时增加这两个变量。美联储如何能够同时达到这些目标呢？如果它增加了基础货币，那么短期货币供给的增加会使 LM 曲线向右下方移动，这样就会降低而非提高联邦基金利率。换一种方式，如果美联储降低了基础货币以提高联邦基金利率，货币供给就会下降而非像要求的那样增加。因此，从原则上说，美联储无法同时满足稳定利率和货币供给的目标，除非这些目标被设定为相互吻合。

近年来，美联储一贯不太关心货币总量，而是关注将联邦基金利率稳定于一个目标水平。图 14－8 展示了这种策略起作用的一种情形。当 LM 曲线为 LM^1 时，经济在 E 点处于充分就业均衡，产出为 $\bar{Y}$，实际利率为 r_1。假设对经济的大多数冲击属于名义冲击，包括对货币供给的冲击（也许是因为货币乘数的改变）和对货币需求的冲击。如果没有美联储的干预，那么这些名义冲击使得 LM 曲线移动到 LM^2 和 LM^3 之间，导致总需求在 Y_2 和 Y_3 之间不规则变动。在纳入错误认知理论的扩展的古典模型和凯恩斯模型中，总需求的随机波动导致了人们不愿见到的经济周期性波动。

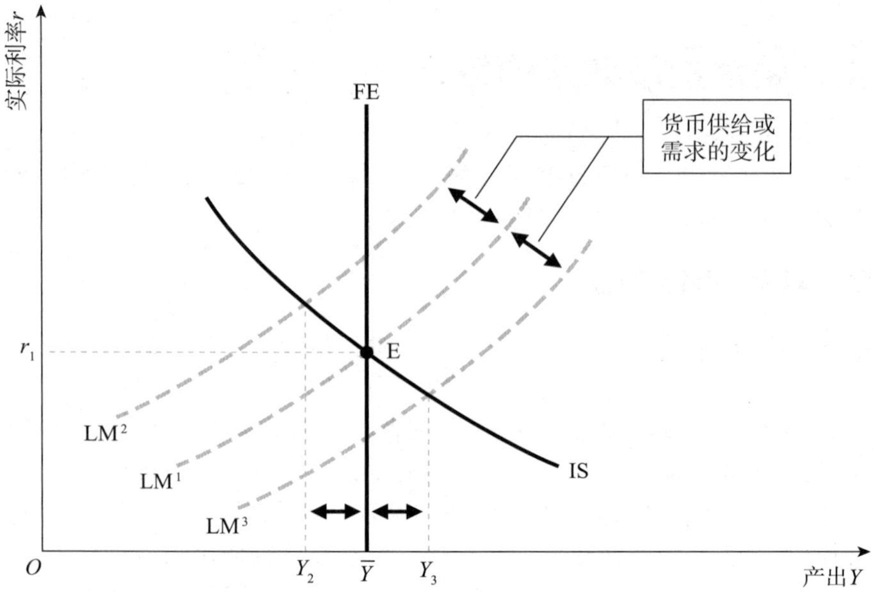

图 14-8 利率目标制

说明：该图表示了一个遭到名义冲击的经济。货币供给或货币需求的变化使得 LM 曲线在 LM^2 和 LM^3 之间移动，并导致总需求在 Y_2 和 Y_3 之间不规则地变动。一个在利率超过 r_1 时增加基础货币、在利率低于 r_1 时减少基础货币，从而维持实际利率为 r_1 的美联储政策将会使经济处于 E 点的充分就业状态。

美联储可以使用货币政策将实际利率维持在 r_1 的水平上，从而降低名义冲击所引发的不稳定性。① 换句话说，当 LM 曲线向上移动到 LM^2 时，美联储可以通过增加货币供给而将 LM 曲线恢复到 LM^1。类似地，对于 LM 曲线向 LM^3 的移动，可以通过减少货币供给而将 LM 曲线恢复到 LM^1。在这种情形下，将利率这个中期指标稳定化也会使产出稳定在充分就业产出水平。不过，要使利率目标制成为一个好的策略，不稳定的主要来源必须是名义冲击，也就是对 LM 曲线的冲击。

当美联储在 20 世纪 80 年代末决定采用联邦基金利率目标制时，一些经济学家担心美联储又回到 20 世纪 60 年代和 70 年代时那种导致通货膨胀大幅上升的有缺陷的政策。但美联储的政策制定者们指出，政策的缺陷本身并不在于使用联邦基金利率为中期目标，而在于美联储自己未能及时改变为联邦基金利率所设定的具体目标。

例如，假设经济受到冲击，导致 IS 曲线向右移动，其原因可能是对出口产品的外部需求突然增加，那么美联储应当如何回应呢？图 14-9 说明了这种情形。在图中，假设在冲击发生之前，美国经济位于 E 点的一般均衡，此时初始的 IS 曲线 IS^1 与初始的 LM 曲线 LM^1 相交，这决定了初始的均衡实际利率 r_1 和产出 $\bar{Y}$。出口需求的增加导致 IS 曲线向右上方移动到 IS^2。如果美联储要保持 LM 曲线不变（即 LM^1），那么如 F 点所示，短期的产出将会增长到 Y_2，实际利率将会上升到 r_2，价格水平在长期将会上涨。如果美联储想通过增加货币供给将 LM 曲线移动到 LM^2，以达到维持实际利率不变（保持为 r_1）的目的，那么如 H 点所示，短期的产出将会增长到 Y_3 的水平，长期的价

① 美联储实际上是以名义利率为目标。在预期通货膨胀固定的一个短时期内，以名义利率为目标和以实际利率为目标并没有区别。

格水平将上升以回到均衡。于是，保持固定的名义货币供给并保持 LM 曲线不变的做法和保持实际利率不变的做法相比，前者会带来一个更稳定的产出。① 美联储能够维持充分就业和防止价格上涨的唯一办法是，通过减少货币供给将 LM 曲线移动到 LM^3，从而将实际利率提高到 r_3，以使经济达到位于 J 点的短期均衡。如图 14－9 所示，要保持充分就业，美联储必须通过减少货币供给和提高实际利率的目标水平使 LM 曲线向左移动，从而提高联邦基金利率的目标水平（假设预期通货膨胀率不变）。因此，当美联储采用联邦基金利率目标制时，如果美联储想要保持价格水平不变，当经济遭遇针对 IS 曲线的冲击时，那么联邦基金利率的目标水平必须随之改变。

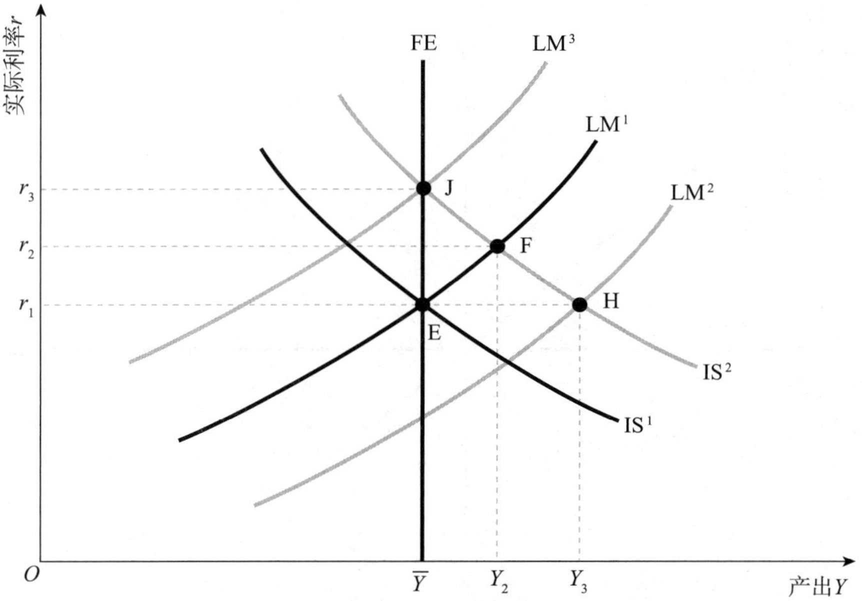

图 14－9　IS 冲击发生时的利率目标制

说明：本图描述了一个开始于 E 点的经济遭遇冲击，导致其 IS 曲线向右上方移动的情形。一项旨在保持 LM 曲线不变的美联储政策在短期会导致位于 Y_2 的更高产出和位于 r_2 的更高实际利率，在长期会导致价格水平上涨。一项旨在通过增加货币供给来保持实际利率不变（为 r_1）的美联储政策会导致 LM 曲线移到 LM^2，在短期会将产出增加到 Y_3（H 点），在长期会推高价格水平。要想在短期保持充分就业（J 点）并在长期防止价格水平上涨，唯一的办法是美联储实施通过减少货币供给，将 LM 曲线移到 LM^3，从而将实际利率提高到 r_3 的政策。

总结一下，我们在图 14－8 和图 14－9 中的分析说明当 LM 曲线遭受冲击时，美联储可以通过设定一个固定的实际利率来稳定经济。但是如果 IS 曲线遭受冲击，那么美联储需要调整其利率目标，否则它的政策会使经济变得动荡。

如果美联储以实际利率为目标，那么修改 LM 曲线很有用处。我们可以直接将美联储的政策表示为 IS－LM 图形中的一条水平线，而非像先前的图形那样画一条向上倾斜的 LM 曲线（见图 14－10），我们将这条水平线称为 LR 曲线。在图中，目标实际利率用 r^T 表示。美联储在日常管理中使用公开市场操作维持所定的实际利率目标，并允许货币供给做出为达到 r^T 的实际利率水平所需的任何变动。

---

① 关于这种想法的经典文章是 William Poole，"Optimal Choice of Monetary Policy Instruments in a Simple Stochastic Macro Model，" *Quarterly Journal of Economics*，May 1970，pp. 197－216。

在使用 LR 曲线设定货币政策时，美联储现在必须考虑对美国经济来说什么水平的实际利率是合适的，而非需要什么水平的名义货币供给。考虑一下图 14－9 描述的美联储针对 IS 曲线的冲击做出回应的例子。在那种情形中，我们注意到，为了在长期价格水平保持不变的情况下将经济保持在充分就业水平，美联储应当修正实际联邦基金利率的目标水平。因此，美联储必须在设定实际联邦基金利率目标（即目标实际利率 r^T）时具有灵活性，必须不断地监测宏观经济，以确定 IS 曲线是否发生了移动。要理解清楚美联储如何改变联邦基金利率来维持经济平稳性和低通货膨胀，参见后文关于泰勒法则的相关内容。

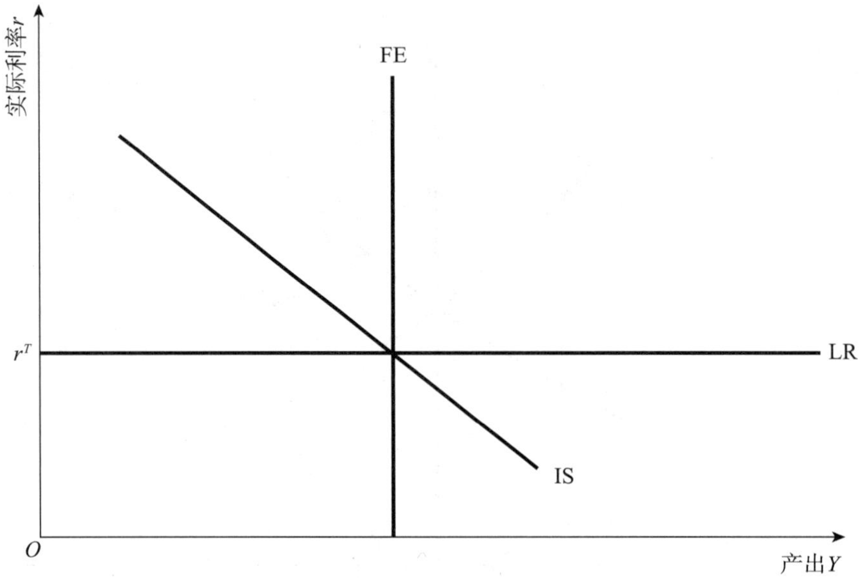

图 14－10　LR 曲线

说明：在美联储以实际利率为目标的情形中，LR 曲线代替了 LM 曲线。美联储允许货币供给在短期变动，以达到实际利率的目标水平。

以实际利率为目标和使用 LR 曲线的一个好处是，对货币需求的冲击被自动抵消了。对经济的某一冲击所导致的货币需求增加总是自动地由货币供给的增加所满足，而实际利率保持不变。

14.4　实践中的货币政策制定

IS－LM 模型或者 AD－AS 模型指出，使用货币政策来影响产出和价格是一件相对简单的事情：美联储需要做的就是改变货币供给，以使 LM 曲线或 AD 曲线能够移到意愿位置。然而，现实中的货币政策决策是一个复杂的、持续的过程。决策者需要面对的两个实际问题是：货币政策对经济产生效果存在时滞以及关于经济状态、经济模型和预期存在不确定性。

□ 货币政策效应的时滞

如果货币供给的变化能引起产出或价格的即时变化，那么使用货币政策来稳定利率会相对容易。美联储只需要调整其政策工具，直至经济达到充分就业和价格稳定。遗憾的是，绝大多数实证证据指出，货币政策的变化要在相当长的时间后才会影响经济。

图 14－11 呈现了关于货币政策经过多长时间才发生效应的一些实证估算结果，取自美联储前主席本·伯南克和纽约大学（New York University）的马克·格特勒（Mark Gertler）[①] 的一篇文章。图 14－11 展现的是在美联储采取一个未预期的货币紧缩政策后的前 48 个月里三个重要变量的估算值。图中展现的变量是联邦基金利率（见 14.2 节）、实际 GDP（产出的度量）和 GDP 平减指数（价格水平的度量）。[②] 左轴度量的是在政策变化之后以百分数表示的实际 GDP 和 GDP 平减指数的变化；右轴度量的是以百分数表示的政策变化之后联邦基金利率的变化。

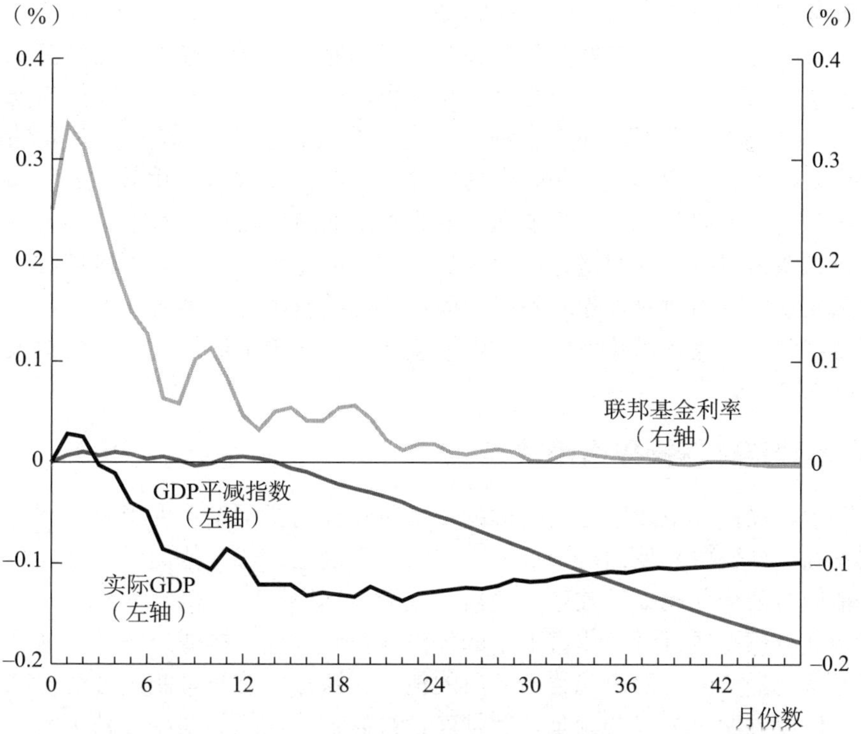

图 14－11　产出、价格以及联邦基金利率对货币政策冲击的反应

说明：图中展示了在美联储未经预期地收紧货币政策之后的 48 个月内联邦基金利率、实际 GDP 和 GDP 平减指数经估算的变化。联邦基金利率以及其他利率对货币政策变化的反应较迅速，但产出（实际 GDP）和价格水平（GDP 平减指数）的反应要缓慢得多。产出和价格水平反应的长期时滞说明了使用货币政策来稳定经济的难度。

注意，利率（这里指联邦基金利率）对货币政策变化的反应很快。在货币政策收紧之后，联邦基金利率在一个月内上升了超过 0.3 个百分点（例如，从 5%到 5.3%）。不过，政策变化对利率的影响是过渡性的。联邦基金利率很快就下降了，在货币政策收紧之后 6～12 个月，它已经回到了初始水平。

相反，产出和（特别是）价格水平对货币政策变化的反应较为缓慢。实际 GDP 在

---

① 见“Inside the Black Box：The Credit Channel of Monetary Policy Transmission，” *Journal of Economic Perspectives*，Fall 1995，pp. 27－48。伯南克写这篇文章时是普林斯顿大学（Princeton University）的教授。

② 关于 GDP 和 GDP 平减指数的官方数据只能按季度得到。在伯南克和格特勒的研究中，他们使用内推的统计方法来构建这两个变量的月度数据。

政策变化后的前 4 个月基本没有反应。(实际上，图 14－11 表明了 GDP 在前两个月略有上升，而非预期的下滑。这个“错误”的反应很可能反映了估算中的统计不确定性，而不是实际的经济行为。) 在大约 4 个月之后，GDP 开始急剧下降，但对产出的作用要到初始政策变化之后的 16～20 个月才充分体现出来。

价格对政策变化的反应比产出还慢。价格水平在货币政策变化之后一年基本上都没有变化！只有经过长时间的时滞之后，货币政策的紧缩才开始引起价格下降。

货币政策操作的长期时滞使得很难准确地使用这种政策工具。① 由于这些长期时滞，联邦公开市场委员会不能只依赖于当前产出和价格水平来决策，它必须预测经济在未来 6 个月到 2 年的运行情况，并根据这些预测来决策。因为经济预测常欠准确，货币政策的决策有时被喻为“在浓雾中掌舵”。

货币政策的时滞效应所引发的问题在关于美联储在反通货膨胀中应当多积极的辩论中得到了体现。联邦公开市场委员会已经几次采取先发制人的做法，即使当前通货膨胀率处于低水平时仍然提高了联邦基金利率（也就是收紧了货币政策）。美联储的批评者质问，为什么在当前通货膨胀不是问题的情况下还有必要收紧货币政策？联邦公开市场委员会的回答是，他们并不是对当前通货膨胀做出回应，而是对未来一年或一年之后的预期通货膨胀做出回应。他们坚称，由于货币政策的滞后性，有必要尽量对未来通货膨胀做出预测而非仅对当前通货膨胀做出回应，他们的看法是正确的。不过，由于预测通货膨胀的高难度，到底货币政策应当收得多紧才能防止未来的通货膨胀仍然大有商榷的余地。

□ 在不确定性下操作货币政策

在实践中，操作货币政策远比我们的模型所建议的要困难，由于政策制定者在三个方面面临不确定性：(1) 他们对经济的当前状态不确定；(2) 他们的经济模型是不完整的；(3) 他们对公众预期如何被经济冲击和政策行动所影响不确定。②

政策制定者试图通过考察成百上千的经济变量的数据来摸清经济的总体状况，但是这些数据经常就经济的当前表现给出矛盾的信号，这是影响政策制定者的不确定性的第一个来源。使得问题更为复杂的是，数据经常被修正，数据的初始发布远没有数据的后续发布准确。③ 近期研究已经表明要对经济的当前状况有较准确的理解，一个方法是将 CFNAI 或 ADS 经济状况指数等动态因子模型的许多不同变量中的信息综合起来，就如我们在第 8 章的“数据获取与研究前沿：同步指数与前导指数”中所看到的那样。④

影响政策制定者的不确定性的第二个来源是关于经济结构的不确定。本国经济是更符合古典模型还是凯恩斯模型的描述？这两个模型的哪个拓展模型是最好的？在每个模

---

① 确实，正如我们很快就会提到的，一群被称为货币主义者的经济学家指出，长期时滞使得货币政策作为稳定经济的手段而言，几乎是毫无用处。

② 这里关于不确定性和政策的讨论是基于美联储前主席本·伯南克于 2007 年 10 月 19 日的一次演讲——“货币政策和不确定性”，该演讲的相关研究支持在本部分讨论的结果。

③ 关于在数据被修正时政策制定的有关研究的综述，参见 Dean Croushore，“Frontiers of Real-Time Data Analysis,” *Journal of Economic Literature*，March 2011，pp. 72－100。

④ 关于这些模型的新发展，参见 James Stock and Mark Watson，“Forecasting Using Principal Components from a Large Number of Predictors,” *Journal of the American Statistical Association*，December 2002，pp. 1167－1179。

型中的各曲线的斜率和位置是什么？充分就业产出和自然失业率又是多少？① 没有人知道这些问题的确切答案。面对经济结构如此多的不确定性，早期的研究建议政策制定者如果对经济结构不确定，那么就应当对经济的冲击做出较少反应。② 不过，近期研究建议，如果存在特别严重后果的可能性，比如通货紧缩导致严重的经济衰退，那么有理由采取较为强硬的货币政策。关于经济结构的不确定性的另一层面是关于经济冲击主要来源的不确定。例如，在图 14－8 中，当我们面临导致 LM 曲线移动的对经济的名义冲击时，中央银行可以通过以利率为目标来稳定产出。另外，如我们在图 14－9 中所展现的——冲击移动了 IS 曲线，如果美联储维持一个不变的货币供给而不是维持一个不变的利率，那么产出将会更稳定。事实上，本国经济是受到了这两种冲击的影响。泰勒法则（稍后讨论）是一个灵活的利率目标制，其设计目的是要在宽泛的情形下以及为应对不同种类冲击而提供好的结果。

政策制定者面临的不确定性的第三个来源是经济冲击和政策改变对人们预期的影响。在 20 世纪 80 年代的理性预期革命中，宏观经济学家领会到人们的预期会严重影响经济对冲击和政策的回应，就如我们在第 10 章讨论的那样。近期研究已经说明如果公众对中央银行的动机不确定，那么中央银行应当尽可能地保持通货膨胀率的稳定，这样人们的预期才能被固定下来。此外，有关研究指出使人们知悉中央银行的计划和预测是大有益处的。美联储现在已经把这种想法用于实践，和过去相比，美联储会更清晰地解释自己的行动，如提供更详细的会议纪要，一年四次公布它自己对经济的预测，并且一年四次在联邦公开市场委员会开会后举行记者招待会。

和在对经济无所不知的情况下制定货币政策相比，不确定性使得货币政策的制定更为困难。正如美联储前主席本·伯南克在 2007 年的一次演讲中所指出的，“关于经济状态、经济结构以及公众从政策行动和经济动向中得到的推论的不确定性是货币政策制定的一个无所不在的特点……最根本的是，我们关于政策制定者所面临的无所不在的不确定性的讨论正是我们需要对预测和管理经济未来走向的能力保持谦卑态度的一个强有力的提醒。”③

□ 经济大衰退中的货币政策

在房地产危机的头几个月，许多分析家认为住房价格的下降将导致银行和其他金融机构的一些损失，并可能将经济推入经济衰退（事实也确实如此），但是没有人预见到 2008 年秋季发生的金融体系的突然崩溃。我们称这段时期为经济大衰退，因为这次衰退对美国和全球经济有着深刻的影响，但是又不像 20 世纪 30 年代的经济大萧条破坏性那么大。

在经济大衰退中，美国经济迅速恶化了，实际 GDP 在 2008 年第三季度（按年率）下降了 1.9％，在第四季度下降了 8.2％，在 2009 年第一季度下降了 5.4％。总体说来，本次经济衰退的长度和深度使得其比 1973—1975 年和 1981—1982 年的经济衰退更为严

① 关于度量自然失业率的困难的讨论，参见第 12 章。

② 参见 William C. Brainard，“Uncertainty and the Effectiveness of Policy，” *American Economic Review*，May 1967，pp. 411－425。

③ Ben S. Bernanke，“Monetary Policy and Uncertainty，” October 19，2007，可从美联储网站在线获得。

重，但是还没有 20 世纪 30 年代的经济大萧条那么严重。美国经济从这次衰退走向复苏非常缓慢，即使到 2009 年 6 月衰退结束时也是如此。这次衰退结束三年后，失业率仍然高达 8%，经济增长依然停滞。失业率在 2013 年到 2015 年期间开始加快速度下降，尽管 GDP 增长速度在这些年里仍然低于其历史平均水平。

零利率下限 在这次经济衰退中以及之后，美联储使用了一系列新的政策工具来帮助经济恢复和稳定金融市场。美联储面临一个重大障碍：**零利率下限**（zero lower bound on interests）。到 2008 年年底，由于利率处于零利率下限，货币政策的制定者们无法进一步削减利率来刺激经济。名义利率无法下降到零之下，因为取负值的名义利率将会使投资者持有现金比把钱借出去更为有利可图，尽管有一些例外，如我们在“应用：是否确实存在零利率下限?”中所讨论的。这种情形被称为**流动性陷阱**（liquidity trap），20 世纪 90 年代的日本所面临的就是最近期的流动性陷阱的例子。在流动性陷阱中，中央银行供给的任何更多的货币都被银行或者公众持有，利率不下降，支出也没有增加。日本的政策制定者没有解决流动性陷阱问题，日本经济遭受了 10 多年的通货紧缩（价格的不断下降）和非常缓慢的经济增长。

为了使美国经济脱离流动性陷阱，以及避免零利率下限所引起的难题，美联储从 2009 年到 2014 年采取了一些不同寻常的政策措施，包括影响利率预期和扩张中央银行资产平衡表规模等措施。①

应对零利率下限的一个方法是由中央银行采取行动来改变人们对未来利率的预期。为了影响利率预期，美联储使用了**前瞻性指导**（forward guidance）的政策，具体就是向市场示意它认为低水平的利率会维持多长时间。其道理是，如果人们是基于长期利率来做出消费和投资决定的，而中央银行又只能影响短期利率，那么中央银行并没有什么影响消费和投资的能力。但是如果中央银行告诉人们它预计将长期维持低水平的短期利率，那么和人们认为中央银行在近期将提高短期利率的情形相比，这种情形下的长期利率可能会下降。通过宣告预计维持非常低水平的短期利率，中央银行希望能够降低长期利率，从而使收益曲线变得平缓（参见“数据获取与研究前沿：利率”和第 7 章关于期限的讨论）。

应用

是否确实存在零利率下限?

几个世纪以来，经济学家已经认识到名义利率无法低于零。低于零的名义利率意味着出借方给借入方支付利息，而不是借入方给出借方支付利息。这种情况看起来永远不会出现，因为谁在自己可以持有现金而获得零利率的情况下还会给其他人支付利息以持有自己的现金呢?

但是随着时间的推移，已经出现了一些不同类型的证券的名义利率下降到稍微低于

---

① 有趣的是，美联储前主席本·S. 伯南克在 2004 年，也就是他就任美联储主席两年之前就已经提出了这些主张。参见 Ben S. Bernanke and Vincent R. Reinhart, “Conducting Monetary Policy at Very Low Short-Term Interest Rates,” speech at the meetings of the American Economic Association, San Diego, California, January 3, 2004；本·S. 伯南克于 2004 年 1 月 14 日在瑞士的日内瓦国际货币和银行研究中心的讲座。

零的水平的例子。一个原因是安全：你在家里放置 100 美元现金很平常，但是失火和被盗的危险使得你不太愿意在家里放置 10 000 美元现金。于是，也许你会愿意以负利率的形式付给银行一点钱让银行替你安全地保管现金，这样你从银行拿回钱时数目将少于 10 000 美元。

类似地，拥有大量现金的大公司至少在短期内会愿意接受负利率以换取银行替它们保管现金。这不仅是因为这些公司如果把现金放在自己的保险箱里会有失火和被盗的危险，而且因为银行提供保险和便利，因此这使得公司容易完成相关支出。

近期负利率的第一个例子发生在 20 世纪 90 年代的日本。[①] 利率已经下降到非常低的水平，通货膨胀是负的。在 2008 年金融危机之后，美国和欧洲的一些名义利率变为负值，虽然持续时间不长，而且只是非常短期的证券才如此。在美国，3 个月期国库券利率在 2008 年金融危机中的一个下午变为负值，不过只持续了几个小时。然而，在欧洲，短期债券的负名义利率发生在 2011 年和 2012 年的丹麦、瑞士和法国，并且这些负利率持续了好几个月。欧洲的许多名义利率在 2014 年和 2015 年再次变为负值。

当然，在企业改变主意选择自己持有现金之前名义利率能够下降到零以下是有限度的。但是，名义利率确实能够存在。所以，当我们谈论名义利率的零利率下限时，我们实际上说的是“低于零不太多”的下限。

2009 年 3 月，当美联储宣布它预期利率会在“未来较长时间”内维持低水平时，它实施的正是前瞻性指导。2011 年 8 月，美联储声明它预期利率会至少在 2013 年年中时维持“特别低”的水平。这个声明在 2012 年 1 月被修正为美联储预期利率会至少到 2014 年年底都维持低水平。从 2012 年 12 月开始，美联储用不同的方式来描述其前瞻性指导，指向失业率和通货膨胀的结果而不是关注某个特定日期。例如，2012 年 12 月，美联储陈述说“联邦公开市场委员会决定将联邦基金利率的目标区间定为 0 到 0.25%，并且只要失业率至少在 6.5%，所预计的未来一到两年之间的通货膨胀率没有比联邦公开市场委员会 2%的长期目标高出 0.5 个百分点，以及长期通货膨胀的预期继续保持稳定，那么该委员会认为联邦基金利率这个特别低的浮动区间将会是合适的。”

中央银行规避零利率下限所导致问题的另一个解决办法是增加它所持有的资产，也被称为**量化宽松**（quantitative easing）。在量化宽松之下，美联储在公开市场上买进债券。这些债券的卖方将卖债券所得存入银行，从而增加了银行准备金。银行准备金的增加提高了高能货币和货币供给。量化宽松也通过影响利率而起作用。美联储对期限长一些的证券的买进倾向于压低这些证券的利率，从而刺激支出。例如，通过降低抵押贷款的利率以鼓励购买住房。[②] 和在 1979—1982 年的做法一样，美联储将关注点转向基础货币或者银行准备金的数量，而不是关注以联邦基金利率为目标。日本在 2002—2003 年使用了量化宽松的方法来防止通货紧缩进一步恶化，并将通货膨胀率在 2004 年带回接近零的水平。在量化宽松的体系里，中央银行购买金融资产并增加其资产负债表的规

---

① 在 20 世纪 30 年代和 40 年代早期，美国财政部债券的利率为负值，参见 Stephen G. Cecchetti，“The Case of Negative Nominal Interest Rates：New Estimates of the Term Structure of Interest Rates During the Great Depression,” *Journal of Political Economy*，December 1988，pp. 1111 - 1141。

② 在金融危机之后，即使联邦基金利率等短期利率为零或者接近零，抵押贷款利率等长期利率仍然维持高于零的水平。因此，即使美联储无法通过购买资产来进一步降低联邦基金利率，它还是能够降低长期利率的。

模，这是在即使短期利率接近零时中央银行也能够做的事情。

在这次金融危机之后，美联储也改变了它所拥有的资产的类型。金融危机之前，美联储主要拥有短期财政部证券。在危机中以及之后的数年里，美联储持有更多的长期财政部证券以及由房利美（Fannie Mae）和房地美（Freddie Mac）这样的机构（这些机构设立的目的是帮助住房市场改善效率，不过两个机构在金融危机中都破产了并被联邦政府接管）发行的负债和抵押担保证券。之所以购买长期财政部证券是因为这么做能够降低长期利率，激发消费和投资的增长。之所以购买机构负债和抵押担保证券是因为这么做能够降低抵押贷款市场上的利率，帮助住房市场尽快恢复。

2011 年 9 月，在一个后来被称为“扭转操作”（正式名称是到期延展计划）的计划下，美联储在市场上开始卖出短期财政部证券，同时买进长期财政部证券，因为这样做也许能提高短期利率和降低长期利率，导致收益曲线扭转，也就是期限短的证券收益上升，期限长的证券收益下降。重复一下，美联储的目的是要降低长期利率来刺激消费和投资。随着扭转操作的进行，长期利率确实下降了，虽然对消费和投资的影响并不确定。如我们在第四章讨论过的，消费和投资支出对收入和经济状况变化要比对实际利率变化更为敏感。

图 14－12 呈现了美联储的资产负债表，尤其是美联储总体持有的各类资产，包括传统的证券持有（主要是短期财政部证券）、长期财政部证券、给银行和金融市场的贷款、机构（房利美和房地美）负债和抵押担保证券。在金融危机之前的 2007 年和 2008 年

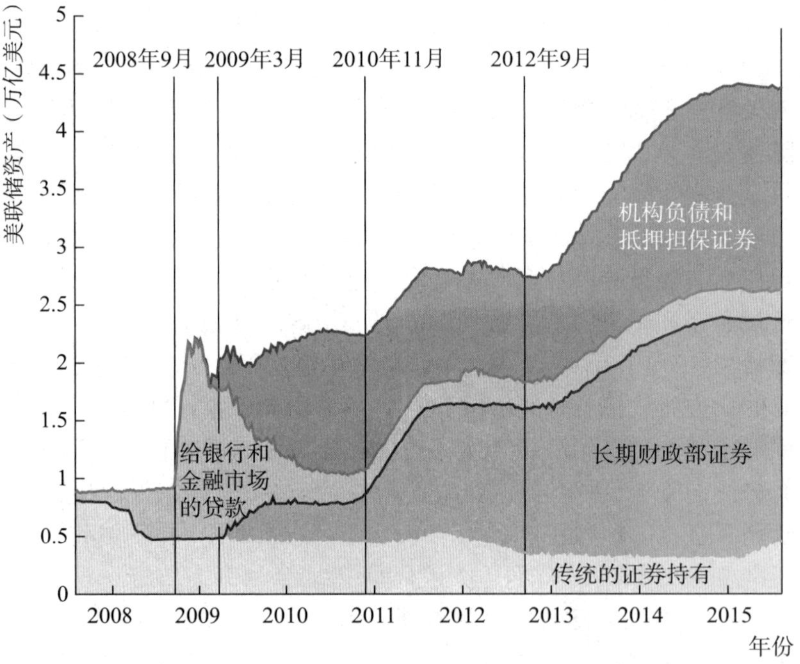

图 14－12　美国资产负债表中的资产

说明：美联储在经济大衰退后扩大了资产负债表的规模，将拥有的金融资产从危机前的不到 1 万亿美元增加到 2011 年年底的约 3 万亿美元，在 2014 年增加到 4.5 万亿美元。当金融危机开始时，美联储向金融市场发放紧急贷款和提供流动性，导致它的资产负债表的规模扩大了一倍多。随着这些贷款被偿还，美联储开始购买长期财政部证券、机构负债和抵押担保证券。

资料来源：美联储管理委员会和克利夫兰联邦储备银行（Federal Reserve Bank of Cleveland）。

初期，美联储的资产负债表的规模大约是 0.9 万亿美元。在 2008 年春季，随着金融危机开始显现，美联储开始借钱给不同的金融机构以防止金融危机的扩散。在图 14－12 中，你可以看出美联储如何增加了 0.4 万亿美元的出借，又通过卖出财政部证券来抵消它，从而保持总体资产负债表不变。然后，随着 2008 年 9 月和 10 月金融危机的蔓延，美联储增加了对外的出借，将资产负债表的规模扩大到 2 万亿美元以上。到 2008 年 12 月，联邦基金利率低于 0.25%，美国实质上已经触及了零利率下限，如图 14－13 所示。政策制定者们担忧通货紧缩的发生，因为通货膨胀率在几个月的时间里是负数。

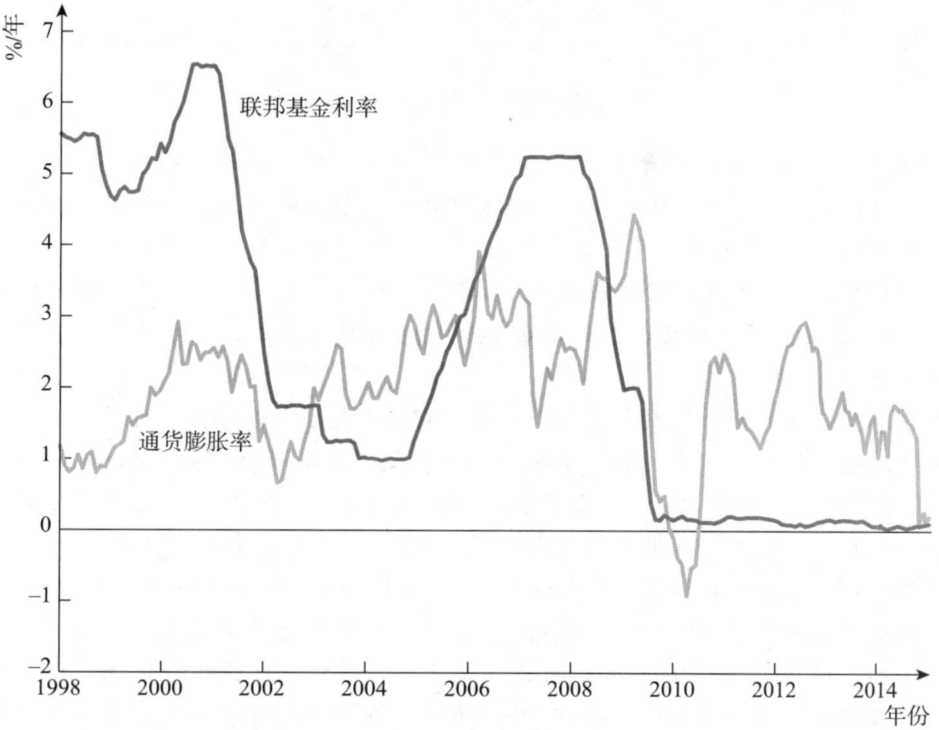

图 14－13　1998—2015 年联邦基金利率和通货膨胀率

说明：本图绘出了 1998 年 1 月—2015 年 5 月的通货膨胀率（根据 CPI 在过去 12 个月的百分比增长计算得出）的月度值和联邦基金利率。

资料来源：联邦基金利率数据来自美联储管理委员会，可从 FRED 数据库下载，下载序列为 FEDFUNDS；CPI 数据来自美国经济分析局，可从 FRED 数据库下载，下载序列为 PCEPI。

从经济大衰退走向经济复苏期间的量化宽松的实施包括三个阶段。2008 年下半年，美联储的资产负债表超过了 2 万亿美元，但是这个新增的资产规模是暂时的，因为它来自紧急贷款的增加，而这些紧急贷款绝大多数会在 1 年内被偿还。不过虽然美联储给银行和金融市场的贷款被偿还了，但美联储也决定要通过购买财政部证券和抵押担保证券来继续量化宽松，以防止资产负债表规模的缩减，如图 14－12 所示。当 2009 年初期到 2009 年中期美联储的对外出借缩减时，它购买了抵押担保证券和财政部证券，以至于美联储的资产负债表保持在大约 2 万亿美元的规模。2009 年 3 月，美联储宣布了资产负债表的又一轮扩张，到 2010 年 6 月达到了 2.3 万亿美元。美国经济继续缓慢增长，失业率仍然维持在高水平，所以美联储于 2010 年 11 月宣布它将在 2011 年中期之前将资产负债表的规模再扩大 0.6 万亿美元，而资产负债表的规模确实在 2011 年年底超过了 2.9 万亿美元。在 2012 年 9 月，美联储开始了又一轮的量化宽松，将美联储的资产在 2014 年年底几乎扩张到 4.5 万亿美元。

量化宽松的一个好处是推高通货膨胀率以防止通货紧缩。如图 14－13 所示，在 2010 年和 2011 年，通货膨胀率从负值增加到平均大约为 2%的水平。于是美国经济没有像 20 年前的日本那样遭受通货紧缩。从 2012 年到 2014 年年末，通货膨胀率保持在 1%～2%的水平。2014 年年末，通货膨胀率由于能源价格的显著下降而急剧下降。

应用

2008 年的金融危机

2007 年，一些大量投资于住房抵押贷款和抵押担保证券的金融机构遇到了麻烦，其中不少机构破产了。但是，人们并不认为这些金融机构的问题会对美国经济造成大的威胁。美联储直到 2007 年 9 月之前都维持名义联邦基金利率的目标水平不变，而在接下来的几个月里才逐渐降低了目标水平。由于住房建造的大量减少，美联储看到房地产危机使 IS 曲线向左下方移动，而 IS 曲线这样的移动使得它们降低了实际联邦基金利率的目标水平。

由于一些银行开始担心投资银行等其他金融机构是否还能存活，因而这些银行减少了可供使用的信用额度。为了解决信用缺少的问题，美联储建立起一些新的借贷设施。2007 年 12 月，美联储创立了定期拍卖机制（term auction facility），将贷款拍卖给储蓄性机构，从而给那些无法从其他银行借到资金的银行提供资金。2008 年 3 月，美联储使用同样的基本原理，通过创立定期证券借贷机制（term securities lending facility）来允许公司通过抵押其所持的债券得到贷款。一个名为一级交易商信用机制（prime dealer credit facility）的类似机制也被建立起来，用于为投资银行提供流动性。当巨型投资银行贝尔斯登（Bear Stearns）在 2008 年 3 月破产时，许多投资者担心房地产危机会引发更大范围的破坏。

然而，所有这些金融机构的损失似乎并没有对整体经济活动造成太大危害。经济衰退开始于 2007 年 12 月，但经济运行情况在 2008 年初期并不是很疲弱，并且在 2008 年夏天有走强的趋势。事实上，这次经济衰退就像 1990—1991 年以及 2001 年的两次经济衰退那样温和，并且可能在 2008 年秋天就会结束。

但在 2008 年 9 月，情况发生了急剧变化。9 月 7 日，从事住房抵押贷款业务的巨头房利美和房地美由于在抵押贷款有关资产上遭受了巨大损失而由政府接管。9 月 15 日，主要投资银行之一的雷曼兄弟（Lehman Brothers）申请破产，因为其他金融机构持有对雷曼兄弟的投资，该公司的破产在金融市场引发了巨大的连锁反应。两天之后，美联储借给了保险公司巨头美国国际集团（AIG）850 亿美元，以避免其倒闭并无法偿还数千亿美元的投资。美国以及世界其他地方的投资者开始恐慌，股票价格快速下跌，一场全面的金融恐慌爆发了。

为了对抗金融恐慌，美联储迅速削减了利率，此举也是对 IS 曲线进一步向左下方移动的回应。联邦政府创立了问题资产救助计划（Troubled Asset Relief Program, TARP），目的是购买那些被认为暂时估值过低的金融资产。这个行动是要防止由于缺乏流动性，金融恐慌将健康的公司拖下水。问题资产救助计划的资金是以多种方式使用的，特别是购买银行的资产净值，从而给银行提供为避免破产所需的更多资本。联邦存款保险公司也将受保险覆盖的存款上限从 10 万美元提高到 25 万美元，以避免大额储户从银行提取资金。

14.5 货币政策的实施：规则还是相机抉择？

应当如何使用货币政策？在这个问题的某些方面，大家的意见相当一致。大多数古典主义者和凯恩斯主义者都同意货币在长期是中性的，所以货币增长的变化在长期只会影响通货膨胀而不是实际变量。因此，大多数人会接受货币政策的主要长期目标是维持一个低水平且稳定的通货膨胀率。不过，关于货币政策在短期的作用及其适用法则存在明显不同的意见（见第 10 章、第 11 章）。大多数凯恩斯主义者相信，货币政策可以并应当用于将经济周期平稳化，但大多数古典主义者不这么认为。本节将通过阐述宏观经济学一个经久不衰的问题——货币政策是应当按照规则实施还是由中央银行相机抉择——来回顾这个争论。

在货币政策中使用**规则**（rules）是由被称为货币主义者的经济学家和古典主义经济学家所提倡的。规则的支持者相信，货币政策实质上应当是自动的。特别地，在控制货币供给时，中央银行被要求遵循一套简单的、事先设定的、公开宣布的规则。类似的规则并不难想到。例如，美联储也许被指示每季度增加 1%的基础货币。而在历史上使用过的一个替代性规则是，要求中央银行所实施的货币政策要使得黄金价格维持在一个事先确定的水平（这个规则就是金本位的实质）。人们也可以想象一个允许美联储对经济状态做出反应的规则，我们稍后会对其进行讨论。

尽管规则的具体形式并不关键，但规则的支持者强调货币规则应当简单，不应当存在太多的例外和前提。此外，规则应当以美联储能够或几乎能够直接控制的变量来陈述。因为美联储能够准确地控制基础货币，所以一个事先设定的基础货币增长率可以用来作为规则。然而，因为美联储对国家失业率等变量的控制是间接的和不完美的，所以诸如要求银行“维持失业率为 4%”的规则对于规则引导型货币政策的提倡者来说是不可接受的。

与规则相反的方法则受到大多数（尽管不是全部）凯恩斯主义经济学家的支持，该方法被称为**相机抉择**（discretion）。相机抉择背后的想法是，中央银行应当自由地采用任何能使它们向低且稳定的通货膨胀、高经济增长以及低失业率的最终目标前进的方式。特别地，中央银行应当持续地关注经济，并且采纳经济专家的建议，根据需要改变货币的供给，以最大可能地实现其目标。由于相机抉择的策略涉及中央银行对经济状况变化的主动反应，这样的策略也被称为**行动主义**（activist）。

从上述对规则和相机抉择的描述中，你可能很难理解为什么许多经济学家倡导规则的使用。到底为什么要随意地且不必要地束缚中央银行的手脚呢？给予中央银行根据需要对经济变化做出反应的选择权总是优于将货币政策束缚于规则当中，这是凯恩斯主义者支持相机抉择的论点。

关于相机抉择的基本论点很有吸引力，但是，关于规则也有很强的支持理由。下面，我们讨论传统货币主义者支持规则的论点。然后，我们考虑支持规则的一个较新论点：规则的使用增加了中央银行的可信度。

□ 货币主义者支持规则的理由

货币主义（monetarism）强调货币因素在宏观经济中的重要性。尽管货币主义者包括许多杰出的经济学家，但这些经济学家的领军人物是米尔顿·弗里德曼。多年来，弗里德曼指出货币政策应当按照规则来实施，而这个想法已经成为货币主义学说的重要部分。①

弗里德曼关于规则的论点可分为一系列命题。

> **命题 1** 货币政策在短期对实际经济有强烈的效果。然而在长期，货币供给的变化主要作用于价格水平。

弗里德曼对美国货币史的研究（与施瓦茨合作）提供了货币供给的变化在短期非中性的一些最早期也是最好的证据（见第 10 章）。弗里德曼和其他货币主义者相信，货币供给的波动即使不是历史上经济周期波动的最显著起因，也是最显著起因之一。关于长期中性，弗里德曼（和费尔普斯一起）最早提出，由于价格最终会根据货币供给的变化而调整，所以货币对实际变量的作用只是暂时的（见第 12 章）。

> **命题 2** 尽管货币在短期对经济有强烈作用，但在平稳经济周期方面，并不存在主动使用货币政策的空间。

弗里德曼用几个理由来支持这个命题（我们在前面几章的宏观经济政策分析中连带讨论过其中几个）。首先，中央银行和其他机构需要时间来收集当前经济的运行信息。这些信息的滞后会使中央银行很难确定经济究竟是否处于衰退状态以及政策变化是否适合。

其次，关于货币供给的变化对经济会有多大效果以及这些效果需要多长时间才发生，存在着相当多的不确定性（见图 14－11）。弗里德曼强调，在货币政策行动与它们的经济后果间存在着较长的且不断变动的时滞。也就是说，不仅货币政策需要一个相对长的时间来产生效果，产生效果所需的时间数量也是不可预测的，而且在不同时期之间会变动。

最后，工资和价格调整虽然不是同时发生，但调整得相当快，到美联储认识到经济处于衰退中并增加货币供给时，经济也许正在走出衰退。如果货币供给的扩张对经济的刺激有一年的滞后期，这个刺激也许是在经济已经恢复并处于繁荣时才起作用。在这种情形下，货币扩张将引起经济过度调整，超过充分就业水平，导致价格上升。因此，旨在对付衰退的货币增长实际上可能会使经济不稳定（导致产出比没有货币扩张时有更多的变动）以及导致通货膨胀。

> **命题 3** 即使存在使用货币政策来平稳经济周期的余地，美联储也不能有

① 见 Friedman，*A Program for Monetary Stability*（New York：Fordham University Press），1959。该书对其观点有清晰的早期描述。

效地施行。

弗里德曼之所以不相信美联储能够有效操作积极的货币政策，其中一个原因是政治性的。他相信，尽管美联储理应是独立的，但它也常会受到来自总统和其他政府机构的短期政治压力。例如，美联储也许在选举年会有刺激经济的压力。如果时间安排得合适，选举年的货币扩张能在选民投票前扩张产出和就业，而该政策的通货膨胀作用直到现任总统安全当选之后才会显现出来。

不过，从本质上说，弗里德曼对美联储的不信任源于他对宏观经济历史的解读。在他与施瓦茨合作的研究中，弗里德曼得出以下结论：因为能力不足、短视或者坏运气等原因，货币政策在历史上对经济波动的贡献超过了对经济稳定的贡献。弗里德曼所引用的主要例子是1929—1933年发生大范围银行挤兑时，美联储不能或不愿阻止货币供给以三分之一的幅度下降。弗里德曼和施瓦茨指出，货币紧缩是经济大萧条的重要成因之一。因此，弗里德曼总结，消除引起不稳定的货币政策会从根本上改善宏观经济的表现。

如何才能消除美联储作为不稳定性的起因呢？这个问题引出了弗里德曼的政策建议，也就是最后的命题。

命题4 美联储应当选择一个特定的货币总量（例如M1或M2），并常年不变地维持其以一个固定的百分比增长。

对于弗里德曼来说，消除美联储作为不稳定性起因的关键步骤是让它放弃行动主义，也就是相机抉择的货币政策，转而承诺公开并预先地遵循某一规则。尽管究竟选择何种规则并不关键，但弗里德曼相信，由于两个原因，固定货币增长率的规则是一个很好的选择。首先，美联储对货币增长率即使不能完全控制，也会有相当的影响。所以，如果货币增长显著偏离其目标，那么美联储不能简单地将偏离归因于其无法掌控的因素。其次，弗里德曼认为，稳定的货币增长会比历史上使用的“反周期”货币政策导致更小的周期性波动。他总结，一个固定的货币增长率会提供一个“稳定的货币背景”，从而使得经济继续增长，而不用担心货币的不稳定性。

弗里德曼并不倡导从相机抉择的货币政策突然转为一个低且稳定的货币增长。相反，他预想了一个过渡期。在这个时期内，美联储通过渐进的预先公告的步骤，稳步降低货币的增长率。最终，所选定的货币总量的增长率会与接近于零的通货膨胀率一致。重要的是，在达到固定货币增长率之后，美联储不再以提高货币增长对温和的经济下滑做出反应，而是继续执行保持固定货币增长率的政策。不过，弗里德曼在一些文章里也对面临经济萧条等重大经济危机时暂时取消货币规则的可能性留有余地。

□ 规则和中央银行的可信度

许多货币主义者之所以支持规则，是因为对美联储的能力或政治可靠性感到悲观。那些对政府有效干预经济的能力较乐观的经济学家（包括许多凯恩斯主义者）质疑货币主义者对规则的观点。一个“政策乐观主义者”会争辩如下：

货币政策也许在过去执行得很糟糕。但随着时间的流逝，我们对经济了解得更多，对政策的使用也大有进步。例如，美国货币政策的处理在第二次世界大战后明显要比在经济大萧条时期好得多。在我们刚刚开始知道如何正确使用行动主义政策时，施加僵化的规则是一种愚蠢的做法。关于政治可靠性的问题，它影响到财政决策者以及实质上所有的政府部门。我们不得不相信民主过程能确保决策者采取的行动在大多数时候符合本国的最高利益。

对于政策乐观主义者来说，以此来回应货币主义者对于规则的论调是完全有效的。然而，在过去的 30 年中，出现了一个支持规则的新论点。该论点不仅适用于中央银行准确地知道货币改革将如何影响经济的情形，而且完全符合公众精神。因此，这个新论点即使对政策乐观主义者来说也是一个新挑战。它认为货币规则的使用能够改善中央银行的**可信度**（credibility），即公众相信中央银行所宣布的未来政策的程度，以及中央银行的可信度直接影响货币政策运作得良好与否。

中央银行的可信度之所以重要，一个原因是，人们对中央银行行动的预期会影响他们的行为。例如，假设中央银行宣布它将通过保持稳定的货币供给来维持价格水平的稳定。如果企业提高价格并导致总体价格水平上升，那么实际货币供给将下降，从而导致 LM 曲线向左上方移动。其结果是，产出和就业都会下降。如果企业集体相信中央银行会通过增加名义货币供给来对抗产出和就业的下降，与其所声称的保持稳定货币供给的意图相反，那么它们就会径直提高价格。然而，如果企业集体相信中央银行会贯彻其声称的保持稳定货币供给的意图，那么它们不会提高价格，因为它们认识到中央银行会允许发生产出和就业的下降，而企业未来还要削减价格。因此，如果中央银行做出的保持价格和货币稳定的声明是可信的，那么企业不会提高价格；不过，如果中央银行的声明缺乏可信度，那么价格水平会上升。

规则、承诺与可信度 我们现在已经理解了为什么中央银行的可信度如此重要。如果中央银行是可信的，它就能在不承受高失业的情况下减少货币增长和通货膨胀。但是，中央银行如何获得可信度呢？

一种可能性是，中央银行逐渐培养信守其承诺的声誉。假设在前面的例子中，企业预期美联储会增加货币供给，因而提高了价格。然而，美联储保持货币供给不变，导致了经济衰退，那么下一次，企业也许会更认真地看待美联储的承诺。

这种策略的缺点是，在建立声誉时会涉及高昂的成本：中央银行建立其威信时经济遭受了衰退。还有没有成本较低的获取可信度的方法？

规则的提倡者建议，通过迫使中央银行遵循其承诺，也许可以用规则代替声誉来建立可信度。假设存在一个铁定规则，理想的是由某一个外部机构来执行，要求美联储必须逐渐降低货币供给的增长。企业观察到这样一个规则的存在，也许会非常相信货币供给增长无论如何都会降低，从而带来价格的稳定。注意，如果一个规则增加了可信度，即使在中央银行是有能力的并且以公众利益为考量的情况下，它也能改善中央银行的业绩。因此，这里陈述的采用规则的理由和先前陈述的货币主义者的论点是不同的。

相机抉择的提倡者如何回应支持规则的可信度论点呢？凯恩斯主义者认为，可信度和灵活度之间存在着权衡取舍。要让一个规则建立起可信度，实质上它应当不做任何改变，否则没有人相信美联储会坚持它不变。极端的情形是，将货币增长规则作为修正案加入宪法，这样要改变它就涉及巨大的成本和长时期的时滞。但是，如果一个规则是完全不可打破的，当一些未预期的危机（如一个新的经济萧条）发生时会如何呢（这得问凯恩斯主义者）？在这种情形下，美联储没有采取纠正措施的能力，也就是缺乏灵活性，会被证明是灾难性的。因此，凯恩斯主义者指出，如果中央银行通过消除政策灵活性来建立一个足够强硬的规则而制造出可信度，那么这也会形成令人无法接受的风险。

□ 泰勒法则

提倡在货币政策中使用固定规则的人们相信，美联储在设定政策工具时应当遵循一套简单的、事先设定的以及公开宣布的规则。然而，这些规则本身并不禁止美联储对经济状态做出反应，只要这些反应内生于规则当中。一个允许美联储对经济状态加以考虑的货币政策规则是由斯坦福大学的约翰·泰勒（John Taylor）① 提出的**泰勒法则**（Taylor rule）。泰勒法则可被描述如下：

$$i=\pi+0.02+0.5y+0.5\times(\pi-0.02) \quad (14-6)$$

其中，

i＝名义联邦基金利率（美联储的中期目标）

π＝前四个季度的通货膨胀率

$y=(Y-\bar{Y})/\bar{Y}$＝产出偏离充分就业产出的百分比

泰勒法则要求实际联邦基金利率 $i-\pi$ 对以下差别做出反应：（1）产出与充分就业产出的差别；（2）通货膨胀率与其目标值（这里是 2%）的差别。泰勒法则与 14.3 节中对许多中央银行以实际利率而非实际货币供给为中期目标的讨论相吻合。注意，如果产出处于充分就业产出水平并且通货膨胀率处于 2%的目标值，那么泰勒法则要求美联储将实际联邦基金利率设定为 2%，这大约为其长期平均水平。如果经济“过热”，产出高于充分就业产出，通货膨胀率高出目标水平，那么泰勒法则要求美联储通过将实际联邦基金利率提至高于 2%的水平来收紧货币政策。反之，如果经济变弱，产出低于充分就业产出并且通货膨胀率低于目标水平，那么泰勒法则指出，实际联邦基金利率应当被削至低于 2%的水平，从而放松货币政策。两种反应都与标准的美联储做法一致。确实，泰勒表明，他的简单规则相当准确地描述了历史上美联储的实际行为。

自从泰勒在 1993 年首次著述该法则以来，世界各地的经济学家都对该法则的特性进行了研究，并且人们一般都假设中央银行遵循与泰勒法则相似的某种规则。在实践中，中央银行的经济学家经常先说明当遵循泰勒法则时需要采用什么样的政策，然后说明他们想偏离该法则的理由。近来，泰勒自己提议给泰勒法则更强有力的角色，提倡以立法的形式要求美联储遵循泰勒法则并且对于任何偏离泰勒法则的决定要向国会说明其正当性。然而，这样的要求将会面临许多操作上的困难，比如，实时地定义产出缺口以及处理泰勒法则有时要求名义利率必须为负值的情形，而名义利率为负值本身就难以达成。

图 14－14 描述了联邦基金利率的实际值随时间的变化，以及当遵循最初的泰勒法则时联邦基金利率的变化趋势。② 美联储在 20 世纪 60 年代末期和整个 70 年代设定的联

① 见“Discretion Versus Policy Rules in Practice,” *Carnegie-Rochester Conference Series on Public Policy*, 1993，pp. 195－214。

② 图 14－14 中标有泰勒法则的曲线基于当前可获取的数据，而不是当美联储遵守泰勒法则时会产生的数据，这是因为数据的修订以及我们当前对过去的充分就业产出有更准确的认识。

邦基金利率远低于泰勒法则所要求的水平。在那段时期中，通货膨胀率从1963年的大约1%上升到1975年的10%，在20世纪60年代的平均值为2.4%，在20世纪70年代的平均值为6.7%。20世纪80年代中期，美联储将联邦基金利率设为高于泰勒法则所要求的水平，导致通货膨胀率从1981年的10%下降到1989年的3.5%，在整个20世纪80年代的平均值为4.5%。20世纪90年代，联邦基金利率被设为相当接近于泰勒法则所要求的水平，所以通货膨胀率在这个十年中的平均值为2.1%。2000—2015年，联邦基金利率经常低于泰勒法则所要求的水平，不过通货膨胀率维持在2.0%的平均值。

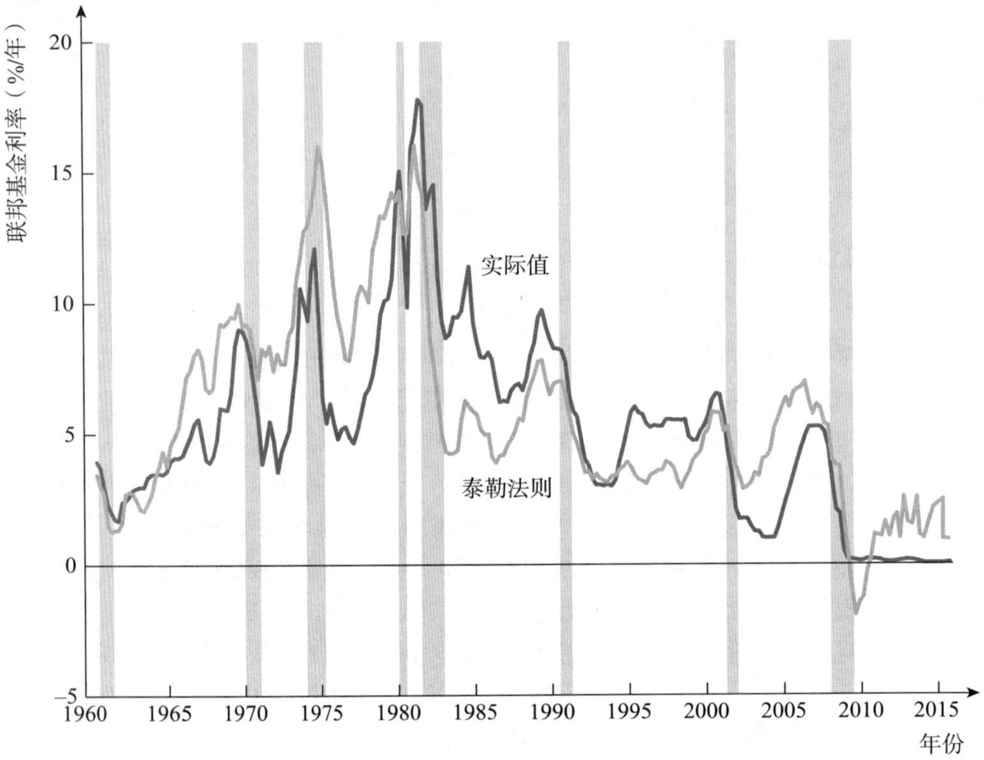

图14-14　1960—2015年的泰勒法则和实际联邦基金利率

说明：美联储在20世纪60年代末期和整个70年代设定的联邦基金利率远低于泰勒法则所要求的水平，导致通货膨胀上升。在20世纪80年代，美联储将联邦基金利率设为高于泰勒法则所要求的水平，导致通货膨胀下降。在20世纪90年代，联邦基金利率被设为相当接近于泰勒法则所要求的水平。在21世纪前10年，联邦基金利率大多数时候都低于泰勒法则所要求的水平。图中的阴影柱代表经济衰退。

资料来源：作者的计算依据式（14-6），1960—2015年的数据引自FRED数据库。GDP价格指数和名义产出数据来自美国经济分析局，FRED数据库的下载序列分别为GDPCTPI和GDP。充分就业产出数据来自国会预算办公室，FRED数据库的下载序列为GDPPOT。联邦基金利率数据来自美联储管理委员会，FRED数据库的下载序列为FEDFUNDS。

过去50年来，泰勒法则的表现看起来符合预期。当美联储将联邦基金利率设为低于泰勒法则所要求的水平时，通货膨胀就会上升；当联邦基金利率高于泰勒法则所要求的水平时，通货膨胀经常是下降的。2000年到2015年却是一个例外，因为在这段时期的大部分时间里，即使美联储看起来已经把联邦基金利率设为低于泰勒法则所要求的水平，通货膨胀也没有上升。显然，在2008年的金融危机中，由于信用市场可能发生灾难性的崩溃，美联储有理由采取这样的行动。但即使在21世纪前十年的初期，当美国经济先是处于衰退中然后缓慢增长时，美联储也表明了对可能发生通货紧缩的担心，因此有理由将联邦基金利率维持在泰勒法则所要求的水平之下。

在过去的 20 年中，式（14－6）中的泰勒法则已成为广泛研究的主题。经济学家发现，如果泰勒法则用通货膨胀未来值的预测值以及产出相对充分就业产出偏离的预测值来表示，而不是只看到过去的通货膨胀和当前产出相对充分就业产出的偏离，那么泰勒法则的表现会更好。经济学家也尝试了对泰勒法则中各项系数取不同的值（而非泰勒在产出项和通货膨胀项上所取的 0.5 的系数值），并考察了通货膨胀目标水平不等于 2%的情形。泰勒法则的经验已经表明，由于产出不时被显著地修正，也由于潜在产出水平和政策制定者和经济学家的实时认知非常不一样，因此泰勒法则中的产出项存在很大的不确定性。[①] 不过，对全世界的中央银行来说，泰勒法则已成为政策讨论的一个聚集点。

□ 建立中央银行可信度的其他方法

除了宣布货币增长目标或者通货膨胀目标外，是否还有其他提高中央银行可信度，从而改善货币政策表现的方法?

提高中央银行可信度的一个策略是增强其作为“通货膨胀斗士”的声誉。当一个中央银行宣布特定的目标并且表明能够实现它时，该中央银行就能够改进它的声誉。另一个提高可信度的方法是任命强硬的中央银行领导人。例如，总统会委任一个强烈反对通货膨胀并且人们相信他会不惜用增加失业的方法来降低通货膨胀的美联储主席。因此，当吉米·卡特（Jimmy Carter）总统在 1979 年面临严重的通货膨胀问题时，他任命了以强烈反通货膨胀著称的、让人印象深刻的保罗·沃尔克为美联储主席。通过任命一个“强硬”的中央银行首脑，卡特希望让金融市场和公众相信他真心想降低通货膨胀。沃尔克成功地消除了通货膨胀，但由于在这个过程中失业明显增加，他的任命并没有完全解决可信度问题。[②] 但是当通货膨胀在沃尔克任上急剧下降以及在格林斯潘任上继续下降之后，美联储的声誉显著提高了。人们开始预期美联储会将通货膨胀维持在低水平。因此，即使有着 2008 年的金融危机和 2008—2014 年基础货币的增长，美联储的声誉仍是如此牢固以至于长期通货膨胀率并没有改变多少。

提高中央银行可信度的另一个策略是增加中央银行与其他政府部门之间的独立性。例如，通过限制政府首脑和立法部门干涉货币政策制定的法定权力。其道理在于，一个更独立的中央银行不大可能因为短期政治压力而扩张产出和就业（例如在选举前），因此会致力于维持一个长期的低失业率。由于公众认识到一个独立的中央银行受到的政治压力较少，所以中央银行做出的宣告应当更为可信。

有相当多的证据支持独立的中央银行更为可信的观点。图 14－15 取自哈佛大学艾尔伯特·阿莱辛那（Alberto Alesina）和劳伦斯·萨默斯（Lawrence Summers）[③] 的一

① 参见 Athanasios Orphanides, “Monetary Policy Rules Based on Real-Time Data,” *American Economic Review*, September 2001, pp. 964－985。

② 认为任命一个坚定的中央银行负责人可以提高中央银行可信度的观点见 Kenneth Rogoff, “The Optimal Degree of Commitment to an Intermediate Monetary Target”, *Quarterly Journal of Economics*, November 1985, pp. 1169－1189。凯恩斯主义者也许会指出，虽然罗戈夫（Rogoff）说的有道理，但工资和价格的长时间持续黏性还是会导致 1981—1982 年的失业上升。

③ 参见 “Central Bank Independence and Macroeconomic Performance,” *Journal of Money, Credit and Banking*, May 1993, pp. 151－162。

个研究，体现了在 16 个国家中中央银行的独立性和通货膨胀之间的关系。纵轴度量的是 1955—1988 年各国的平均通货膨胀率。横轴给出了中央银行独立指数（根据政府解雇中央银行首脑以及改变中央银行决定的难易程度等因素得出）。联邦德国、瑞士以及美国等有着较为独立中央银行的国家明显比英国、新西兰①、意大利以及西班牙等没有独立中央银行的国家享有更低的长期通货膨胀率。在阿莱辛那、萨默斯的研究中，一个类似的图形表明了有着独立中央银行的国家并不具有更高的长期失业率。这个证据支持提高中央银行独立性能增加可信度，从而降低维持低通货膨胀率所产生的失业成本的观点。

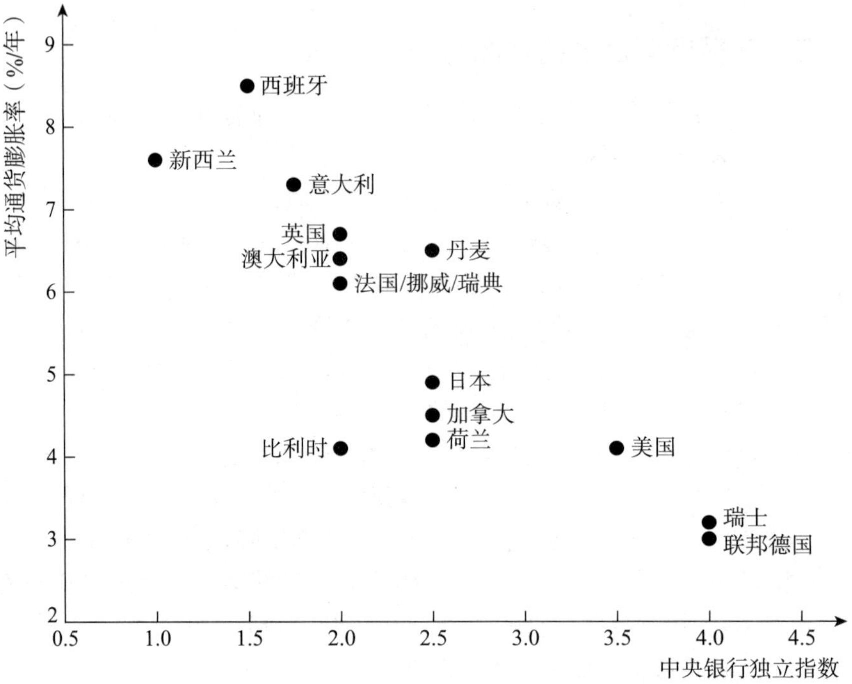

图 14-15　1955—1988 年中央银行的独立性与通货膨胀

说明：该图将 1955—1988 年 16 个国家的平均通货膨胀率与中央银行独立于政府其他部门的独立性指数（简称中央银行独立指数，指数值越高，独立性就越高）做比较。它表明，有着高独立程度的中央银行的国家享有较低的平均通货膨胀率。

资料来源：参见 Alberto Alesina and Lawrence Summers，"Central Bank Independence and Macroeconomic Performance," *Journal of Money*，*Credit and Banking*，May 1993，pp. 151－162，Table A1 and Fig. 1a。

应用

通货膨胀目标制

从 1989 年开始，许多国家的中央银行将通货膨胀目标制作为操作货币政策的一

① 对新西兰中央银行独立性的评估早于新西兰中央银行法的近期改革。

个策略。① 通常说来，这种策略要求中央银行宣布通货膨胀率的一个目标范围。因为通货膨胀目标是公开宣布的，公众可以很容易观察中央银行是否持续地达到其目标，而一个持续成功的中央银行很可能培养出可贵的可信度。

这个新方法的先驱是新西兰。作为一揽子经济改革的一部分，新西兰宣布了储备银行（新西兰的中央银行）必须达到的一系列通货膨胀目标。根据新西兰通过的法律，如果储备银行不能达到通货膨胀目标，该银行的理事长（类似于美联储主席）就会被解雇。近年来，许多国家采用了以通货膨胀为目标的策略，包括加拿大、英国、瑞典、澳大利亚、以色列、巴西以及西班牙。在美国，美联储着重强调保持低且稳定的通货膨胀，但还没有正式采用通货膨胀目标制的策略。欧洲中央银行使用的是一个经过修正的通货膨胀目标制策略。

当使用通货膨胀目标制策略时，与其名称的含义一样，中央银行（通常和政府的首脑一起）宣布接下来的1～4年中它将试图达到的通货膨胀率。因此，中央银行将其最终目标（即通货膨胀率）定为目标，而不是将中期指标（货币增长）定为目标。通货膨胀目标制策略并不排斥在短期使用货币政策来帮助稳定产出或其他宏观经济变量。不过，通过宣布一个通货膨胀目标，中央银行发出的信号表明，在长期达到这个目标是其头号要务。②

通货膨胀目标制的一个主要劣势是，通货膨胀对政策行动的回应有很长的时滞（见图14-11）。其结果是，中央银行无法轻易判断需要什么样的政策行动来达到通货膨胀目标，并且公众不能容易地判定中央银行是否遵循了承诺。因此，实行通货膨胀目标制的中央银行有时也许会与目标大相径庭，结果是损失其可信度。通货膨胀目标制究竟是否为货币政策的更好选择还有待未来证明。

美联储讨论了许多涉及通货膨胀目标制的事项，但最终决定不正式采用通货膨胀目标制作为显性策略。美联储的决定反映了它有来自国会的维持低通货膨胀和高就业的“双重使命”的事实。像很多实行通货膨胀目标制的国家那样排他性地关注通货膨胀和这个双重使命是不一致的。不过，美联储已经采用了在许多通货膨胀目标制的国家中使用的一些方法，包括宣布它的长期通货膨胀目标（2012年1月基于个人消费支出价格指数的通货膨胀率为2%）、增加向公众提供预测的次数以及比以前更为详细地解释这些预测的含义。但是，和“双重使命”相一致，美联储宣告它将追求一个平衡的策略，既努力将通货膨胀维持在接近目标的水平上，又要操作货币政策以使就业接近其充分就业水平。

① 关于通货膨胀目标制的讨论的历史分析，参见 Ben S. Bernanke, Thomas Laubach, Frederic S. Mishkin, and Adam S. Posen, *Inflation Targeting: Lessons from the International Experience* (Princeton, N. J.: Princeton University Press, 1999); Bernanke and Mishkin, "Inflation Targeting: A New Strategy for Monetary Policy?" *Journal of Economic Perspectives*, Spring 1997。

② 基于两个原因，通货膨胀目标制在严格意义上并不如弗里德曼所提倡的那样属于政策规则。首先，它涉及以目的变量（通货膨胀）为目标，而不是利率或货币总量等政策工具。其次，只要在长期达到通货膨胀目标，这种方法就允许中央银行在短期有相机抉择的余地。提倡通货膨胀目标制的人希望这种方法能够将严格规则的可信度和一定程度的相机抉择的自由结合起来。在上一个注释提到的文章中，伯南克和米什金将通货膨胀目标制称为“受约束的相机抉择”策略。

本章小结

1. 三个群体决定了货币供给：中央银行、储蓄性机构和公众。中央银行决定基础货币，即能作为货币使用的中央银行的负债数量。基础货币等于银行准备金（各银行在中央银行的存款加上各银行保险库所存现金）与非银行公众持有的通货的总和。储蓄性机构和公众相互作用以决定货币乘数，即货币供给和基础货币之比。

2. 货币乘数等于 (cu+1)/(cu+res)，其中，cu 是公众意愿的通货-存款比，*res* 是银行意愿的准备金-存款比。货币供给等于存款加上非银行公众持有的通货，也等于货币乘数乘以基础货币。cu 和 res 的上升都会减少货币乘数。在美国的经济大萧条时期，银行恐慌引起 cu 和 res 上升，而货币乘数和货币供给都急剧下降，然而在 2008 年的金融危机中，虽然货币乘数也大幅下降，但美联储所增加的基础货币是如此之多，以至于货币供给没有下降。

3. 中央银行可以通过公开市场操作来影响基础货币的规模，并由此影响货币供给。公开市场卖出（中央银行出售其资产以换取现金或银行准备金）会减少基础货币。公开市场买进（中央银行使用货币从公众手里买进资产，如政府证券）会增加基础货币。

4. 美国的中央银行称为联邦储备系统，简称美联储。美联储由管理委员会领导，其首脑被称为美联储主席。联邦公开市场委员会一年召开大约 8 次会议来制定货币政策。

5. 美联储主要通过公开市场操作来影响美国的货币供给。贴现窗口拆借和法定准备金率都可用来影响货币供给。贴现窗口拆借的增加会使基础货币增加，从而增加货币供给。法定准备金率的提高会使得准备金-存款比提高，从而降低货币乘数以及货币供给。准备金利率的上升会提高准备金-存款比，从而降低货币乘数和货币供给。

6. 美联储使用诸如货币供给或者短期利率（主要是联邦基金利率）等中期目标来指导货币政策。为防止货币供给或者需求的波动引起 LM 曲线无规律地来回移动，一个有用的策略是稳定利率。

7. 在制定政策时，美联储和其他许多中央银行选择利率目标制。传统的 IS－LM 模型和经过修正的用水平 LR 曲线来代替 LM 曲线的 IS－LM 模型都可用来对这种方法进行分析。

8. 由于对经济运行状况、经济结构以及人们的预期如何对经济冲击和政策行动给予回应等方面的认知都存在不确定性，制定货币政策是一件困难的事。

9. 在始于 2008 年金融危机的经济大衰退中，美联储在短期利率上已经触到了零利率下限，从而陷入了流动性陷阱。作为回应，美联储使用了包括前瞻性指导和量化宽松等在内的新政策。

10. 货币政策可以通过规则或者相机抉择来实施。在规则下，中央银行被要求遵循一个事先决定的简单规则，以此作为货币政策，如要求货币保持固定的增长。在相机抉择下，中央银行应当监控经济，并积极使用货币政策来保持充分就业和低通货膨胀。凯恩斯主义者通常较偏爱货币政策的相机抉择，他们认为该方法赋予了中央银行将经济平稳化的最大灵活度。

11. 以米尔顿·弗里德曼为首的货币主义者指出，由于信息问题和政策变化与其作用之间的时滞，使用货币政策来稳定经济的空间很小。他们还指出，无法完全信赖美联储会明智地使用积极的货币政策以及会按公众的利益行事。货币主义者提倡使用货币供给的固定增长率这样一个规则来约束美联储，并防止货币波动所导致的经济不稳定。

12. 支持规则的另一个论点是，它们提高了中央银行的可信度。规则的支持者宣称，使用铁定规则会使公众相信中央银行（例如）减少货币供给增长速度的宣告，从而意味着通货膨胀可以在失业没有显著增加的情况下得以降低。

13. 泰勒法则建议中央银行根据通货膨胀相对其目标水平的偏离和产出相对充分就业产出的偏离来确定利率的目标水平。

14. 一些国家已经采用了通货膨胀目标制。这种方法允许中央银行在短期享有一些相机抉择的自由，但在长期要求中央银行确保将通货膨胀维持在预先公布的目标水平。

15. 提高中央银行可信度的其他可能方法包括：任命一个对通货膨胀“坚定”的中央银行首脑、增加中央银行首脑降低通货膨胀的积极性以及增强中央银行与其他政府部门相分离的独立性。

关键术语

银行准备金	银行挤兑	联邦储备系统管理委员会	中央银行
可信度	通货-存款比	储蓄性机构	贴现率
贴现窗口拆借	相机抉择	联邦公开市场委员会	联邦基金利率
前瞻性指导	部分准备金银行制度	高能货币	工具
中期目标	流动性陷阱	货币主义	基础货币
货币乘数	贷款和存款多次扩张	100%准备金银行制度	公开市场买进
公开市场卖出	量化宽松	准备金-存款比	规则
泰勒法则	保险库所存现金	零利率下限	

关键等式

$$M=\mathrm{CU}+\mathrm{DEP}$$

货币供给 M 是非银行公众持有的通货 CU 与银行准备金 DEP 之和。

$$\mathrm{BASE}=\mathrm{CU}+\mathrm{RES}$$

基础货币，也就是中央银行可作为货币使用的负债，等于非银行公众持有的通货 CU 与银行准备金 RES 之和。

$$M=\frac{\mathrm{cu}+1}{\mathrm{cu}+\mathrm{res}}\times\mathrm{BASE}$$

货币供给 M 等于基础货币乘以货币乘数（cu+1）/(cu+res)，其中，cu 是公众意愿的通货-存款比，而 res 是银行意愿的准备金-存款比。

$$i=\pi+0.02+0.5y+0.5\times(\pi-0.02)$$

泰勒法则描述的是，美联储如何根据通货膨胀率 π、实际联邦基金利率的长期平均值（0.02）、产出相对充分就业产出的偏离 y 以及通货膨胀率相对其目标水平（0.02）的偏离来确定名义联邦基金利率的目标水平。

复习题

1. 试定义基础货币。基础货币与货币供给有何区别？

2. 试定义货币乘数。试讨论公众和银行的行动如何导致货币乘数的增大和变小。公众和银行能够影响货币乘数这个事实是否意味着中央银行不能控制货币供给？为什么？

3. 对美国财政部证券的公开市场买进会对基础货币有何影响？对货币供给有何影响？

4. 在美国，由谁决定货币政策？总统扮演什么角色？

5. 除了公开市场操作之外，美联储还可用什么方法来控制货币供给？试解释这些方法如何运作。

6. 什么是中期目标？它们与货币政策的目的有何区别？描述美联储如何以实际利率为目标以及在IS－LM模型中LR曲线如何替代了LM曲线。

7. 描述影响货币政策制定者的不确定性的主要来源，并逐一给出例子。

8. 试定义美联储在经济大衰退中为避免零利率下限导致的问题所使用的主要工具。

9. “很容易就可以看清楚相机抉择的货币政策要优于遵循规则，因为相机抉择的货币政策赋予了中央银行对经济中的新情况及时反应的能力。”货币主义者对这个声明会如何回答？近来认为使用规则优于相机抉择的理由是什么？

10. 描述泰勒法则。决定该法则所要求的利率水平的变量有哪些？该法则在历史上表现如何？

11. 以通货膨胀为目标的做法如何提高中央银行的可信度？以通货膨胀为目标的主要缺陷是什么？

计算题

1. 基础货币为 1 000 000 美元。公众总是将货币供给的一半作为通货持有，另一半存入银行。银行将存款的 20%作为准备金。从中央银行通过向公众购买价值 1 000 000 美元证券的基础货币开始，展示在银行收到第一轮存款后的合并资产负债表，在第一轮贷款和再存款之后的合并资产负债表，以及在第二轮贷款和再存款之后的合并资产负债表。（提示：不要忘记公众仅将他们货币的一半作为银行存款持有。）

给出在多重贷款和存款扩张过程结束时，中央银行、储蓄性机构和公众的资产负债表。最终货币供给的值是多少？

2. a. 货币供给为 6 000 000 美元，公众持有的现金为 2 000 000 美元，准备金-存款比为 0.25。算出存款、银行准备金、基础货币和货币乘数。

b. 在另一个经济体中，保险库所存现金为 1 000 000 美元，储蓄性机构在中央银行的存款为 4 000 000 美元，基础货币为 10 000 000 美元，并且银行存款为 20 000 000 美元。算出银行准备金、货币供给和货币乘数。

3. 当实际利率上升时，银行乐于将更大比例的存款贷出，导致了准备金-存款比的下降。例如，假设

$$\text{res}=0.4-2r$$

上式中，res 为准备金-存款比，r 为实际利率。通货-存款比为 0.4，价格水平固定为 1，并且基础货币为 60。货币需求的实际数量为：

$$L(Y, i)=0.5Y-10i$$

上式中，Y 为实际产出，i 为名义利率。假设预期通货膨胀率为零，即名义利率和实际利率相等。

a. 如果 $r=i=0.10$，准备金-存款比、货币乘数和货币供给是多少？实际产出 Y 为何值时，出清资产市场的实际利率等于 0.10？

b. $r=i=0.05$，问题同 a。

c. 假设准备金-存款比固定在问题 a 中得出的值上，并且不受利率的影响。如果 $r=i=0.05$，在这种情况下出清市场的实际产出 Y 应是多少？

d. 准备金-存款比取决于实际利率时的 LM 曲线比准备金-存款比固定不变时的 LM 曲线更平缓还是更陡峭？用经济学术语解释你的答案。

4. 假设当前价格水平为 149.2，一年以前价格水平为 147.3。当前产出为 12 892.5，潜在产出为 13 534.2(两者都是以 2009 年的 10 亿美元为单位)。

a. 如果美联储遵循式（14－6）中的泰勒法则，那么美联储应当选择什么水平的联邦基金利率？

b. 假设一年之后，价格水平下降了 0.4%，产出下降了 1.3%，而且潜在产出增加了 3%。给定这些新条件，如果美联储遵循泰勒法则，那么应当选择什么水平的联邦基金利率？在这个例子中，遵循泰勒法则来设定联邦基金利率存在什么问题？

分析题

1. 下面这些情况如何影响美国的货币供给？试解释。

a. 银行决定持有更多的超额准备金。（超额准备金是指超过法律要求银行必须持有的准备金部分。）

b. 人们为准备圣诞节礼物从各自的银行账户中提取现金。

c. 美联储向公众发售黄金。

d. 美联储降低了对储蓄性机构在美联储的存款支付的利率。

e. 一次金融危机导致人们卖出大量股票并将所得存入被联邦保险覆盖的银行账户。

f. 联邦政府向美联储出售 200 亿美元新发行的政府债券，销售收入用于支付政府雇员的工资。

g. 美联储在东京卖出一些美国政府证券，并买进日元。

2. 假设中央银行遵循式（14－6）中的泰勒法则。对于下面所列每一种类型的冲击，与保持不变货币供给的政策相比，试决定使用泰勒法则倾向于起稳定作用还是起不稳定作用，或是起不确定作用。分析产出和通货膨胀的表现。

a. 就给定的 Y 和 i，货币需求增长了。

b. 政府采购的暂时性增加。

c. 恶性供给冲击。

d. 消费者信心的下降。

e. 出口需求的增加。

3. 采用凯恩斯模型，利用 LR 曲线分析下列各类冲击对产出、实际利率和价格水平的短期效应和长期效应。在回答每个问题时都绘出图形。

a. 一个旨在刺激投资的投资税减免额度的提高生效了，而美联储没有改变实际利率的目标水平。

b. 一个旨在刺激投资的投资税减免额度的提高生效了，而美联储为防止产出在短期波动，调整了实际利率的目标水平。

c. 预期通货膨胀上升，而美联储保持其名义利率的目标水平不变。

d. 预期通货膨胀上升，而美联储保持其实际利率的目标水平不变。

4. 为什么许多政府采取不与劫持人质的恐怖主义者谈判的政策？如果可能，在什么情况下这样的政策会减少人质劫持事件？讨论它们和货币规则的类似之处。

宏观经济数据分析

1*. 获取自 1959 年以来有关非银行公众持有的通货，也就是 M1 中现金部分的数据。将自 1959 年以来每年的“存款”定义为 M2 与现金之差，将“准备金”定义为基础货币与现金之差。

计算并绘出自 1959 年以来的 M2 货币乘数、准备金-存款比以及通货-存款比。货币乘数呈现了什么样的趋势？该趋势如何与准备金-存款比以及通货-存款比的趋势相联系？你能否对推动这些趋势的因素提出一些假说？

2*. 在第二次世界大战后的大部分时期，美联储都在试图稳定名义利率。然而，在保罗·沃尔克掌管美联储的1979—1982年期间，美联储大幅降低了对利率稳定化的关注，转而强调治理通货膨胀。

计算并绘出自1961年以来3个月期国债利率的季度变化。1979—1982年，利率的波动性表现如何？自1982年以来，利率的波动性又表现如何？如果用10年期政府债券利率作为利率的度量，那么你的回答是否会改变？

3*. 正如在书中正文所讨论到的，如果货币需求不稳定，那么美联储可能更愿意以利率为目标，而非货币供给本身。当美联储采用利率目标政策时，金融市场以及媒体的"美联储观察家"通常关注的是短期利率而非货币供给的变化，并据此来猜测美联储的意图。

使用1961年以来的月度数据，绘出3个月期国债利率和失业率。如果货币政策的变化主要反映短期利率的变化，那么你预期这两个变量之间会有何关系？该关系是否在数据中得到了体现？

第 15 章 政府支出及其融资

学习目的：

- 使用政府支出和税收来度量政府盈余和赤字
- 描述政府支出和税收决定如何影响宏观经济
- 探讨政府赤字和债务的经济效应
- 解释赤字和通货膨胀之间的联系

对从乡镇议事厅到白宫的每一级政府来说，财政政策（即政府关于支出多少、在哪些方面支出和怎样为其支出筹资）的决策都具有核心的重要性。政治家和公众都明白，政府的财政决策对他们要交多少税以及可以享受到什么样的政府福利和服务，即“面包和黄油”问题，有着直接的影响。财政政策对经济的作用也同样重要。近年来，随着对政府预算赤字和盈余、税收改革、社会保险改革、政府救助以及财政政策其他方面的经济含义所进行的广泛辩论，人们对财政政策的宏观经济作用了解得更多了。

本章将更深入地考察财政政策及其宏观经济作用。我们从政府预算的定义以及一些事实开始，提供必要的背景知识。然后，我们会讨论一些基本的财政政策问题，包括政府支出和税收对经济的影响、政府债务负担以及赤字和通货膨胀之间的关联。

15.1 政府预算：一些事实和数字

在分析财政政策之前，我们先通过了解政府预算的组成部分以及它们的近期发展趋势来做一些准备。我们将讨论预算的三个主要方面：①政府支出，也就是开销；②税收，也就是进账；③赤字与盈余。我们的讨论回顾了第 2 章引入的基本预算概念，并在此基础上加以发展。

□ 政府支出

政府支出是指政府在一段时期内的总开销，可以划分为以下三个主要类别：政府采购、转移支付以及净利息支付。

（1）政府采购是指政府在当前生产的商品和服务以及资本品上的支出。政府在资本品上的支出，即政府投资，约占政府商品和服务采购额的 1/6；剩余 5/6 的政府采购为政府消费支出。

（2）转移支付是指政府支付给个人的不需要个人以当前商品和服务来交换的款项。转移支付的例子包括社会保险支付、军人和文职人员养老金、失业保险、福利支付（对有子女负担家庭的暂时性援助）以及联邦医疗保险。①

（3）净利息支付（简称利息支付）是指政府付给政府债券持有者的利息与政府收到的利息（比如对政府向学生或者农民发放贷款的未清偿部分所收取的利息）之差。

除此之外，还有一小类被称为补助与政府企业的盈余之差。补助是政府旨在影响各种商品的生产和价格的支付款项，比如给予农民的价格支持款项和公共交通系统的票价补助。政府企业的盈余是指诸如田纳西流域管理局（Tennessee Valley Authority，一个电力生产商）等由政府所经营的企业的利润。这一类支出相对较小，为简单起见，我们将其忽略不计。

在美国，政府总支出（联邦、州以及地方）在过去的五年里约占 GDP 的 39%。图 15-1 展现了 1940—2014 年三种主要类别的政府支出以及政府总支出占 GDP 百分比的发展趋势。图 15-1 最明显的特点是第二次世界大战中政府采购的巨幅增长：在战争投入处于高峰期的 1943 年和 1944 年，政府采购超过了 GDP 的 45%。朝鲜战争的作用虽

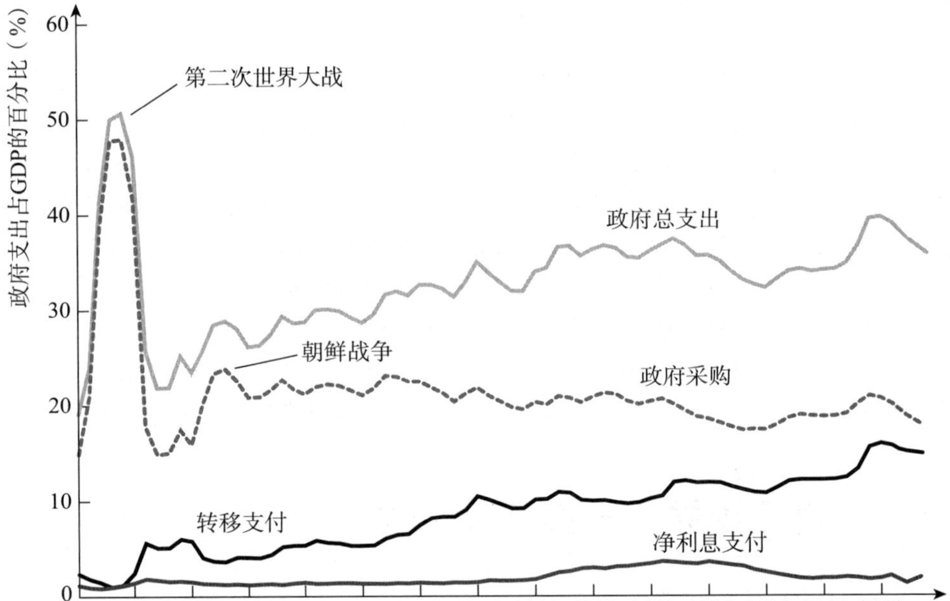

图 15-1　1940—2014 年政府支出：联邦、州和地方政府

说明：该图展示了 1940—2014 年合并各级政府以占 GDP 的比例表示的政府支出的三个主要部分以及政府总支出的变化。政府采购在第二次世界大战期间和朝鲜战争期间急剧上升。转移支付占 GDP 的比例稳步上升。净利息支付在第二次世界大战期间和 20 世纪 80 年代上升得最为明显。

资料来源：美国经济分析局发布的国民收入与产出账户。GDP：表 1.1.5；政府支出的组成：表 3.1。对于国会预算办公室有关联邦预算的预测和更新的细节，参见国会预算办公室官网。

① 尽管政府在联邦医疗保险和联邦医疗补贴上的支出是用于支付当前的医疗服务的，但它们被视为向购买那些服务的个人的转移支付。

然不是那么强烈，但也很明显。政府采购占 GDP 的比例从 20 世纪 60 年代后期的 23% 逐渐下降，到 20 世纪 90 年代末期降到了约 17%，然后在 2008 年金融危机中以及之后上升，再在近年来逐渐下降到约为 18%。

图 15－1 也显示了从 20 世纪 50 年代早期到 80 年代早期，转移支付占 GDP 的比例稳步上升，在这 30 年期间，该比例翻了一番。在 21 世纪头几年，转移支付平均约为 GDP 的 12%，2008 年之后平均约为 15%。转移支付的长期增长的原因是新社会福利项目（例如 1965 年的联邦医疗保险和联邦医疗补贴）的出现，以及现有福利项目（例如，在本章稍后的“应用：社会保险体系：如何修补它?”中所讨论的社会保险体系）和被各种福利计划所覆盖的人数增多。

图 15－1 也绘出了净利息支付的变化。由于净利息支付远小于其他两类政府支出，所以它们看起来波动较少。然而，净利息支付占 GDP 的比例在两个时期内急剧上升。首先，净利息支付从 1941 年占 GDP 的 1.2%几乎翻倍上升到 1946 年占 GDP 的 2.4%，反映了在第二次世界大战中为筹集战争所需资金而发生的政府大量借款。其次，净利息支付占 GDP 的比例在 20 世纪 80 年代也显著上升，从 1979 年的 3.2%上升到 1989 年的 4.2%。这个增长反映了政府借款的增加以及 20 世纪 80 年代中期普遍较高的利率。在 20 世纪 90 年代，由于利率的下降以及政府预算转为盈余，净利息支付占 GDP 的比例也随之下降。在 21 世纪头 10 年，随着利率进一步下降，净利息支付占 GDP 的比例进一步减少了。

美国政府支出的速度与其他有着类似生活水准的国家相比有什么不同呢？由于各国度量政府预算的官方核算规则差别很大，所以答案不会像预想的那样简单。不过，表 15－1 比较了 2014 年 18 个 OECD 国家的政府支出占 GDP 的比例。政府支出占 GDP 比例最低的国家是澳大利亚，仅为 36%，其次为美国。美国的政府支出占 GDP 的比例低于大多数其他国家，反映了那些国家拥有更为广泛的政府资助的社会福利计划（例如国民医疗保险）。

表 15－1　　2014 年 18 个 OECD 国家的政府支出占 GDP 的比例

国家	政府支出占 GDP 的比例（%）
美国	38.3
日本	42.3
德国	43.8
法国	57.5
意大利	51.1
英国	44.0
加拿大	39.4
澳大利亚	36.0
奥地利	52.2
比利时	54.4
丹麦	57.2
芬兰	58.7

续前表

国家	政府支出占 GDP 的比例（%）
希腊	49.5
冰岛	43.5
爱尔兰	39.0
荷兰	46.6
西班牙	43.6
瑞典	52.9

资料来源：《OECD 经济展望》(*OECD Economic Outlook*)。

□ 税收

税收是政府预算的收入。可作为政府收入的税收有四个主要类别：个人税、社会保险缴费、对生产和进口的征税以及公司税。图 15－2 展示了美国以占 GDP 的百分比表示的这四种主要税收类别的收入。税收占 GDP 的百分比从 1940 年的 15.7%大幅上升到 2000 年的 28.3%，到 2011 年下降为 23.5%，到 2014 年上升到 26.7%。

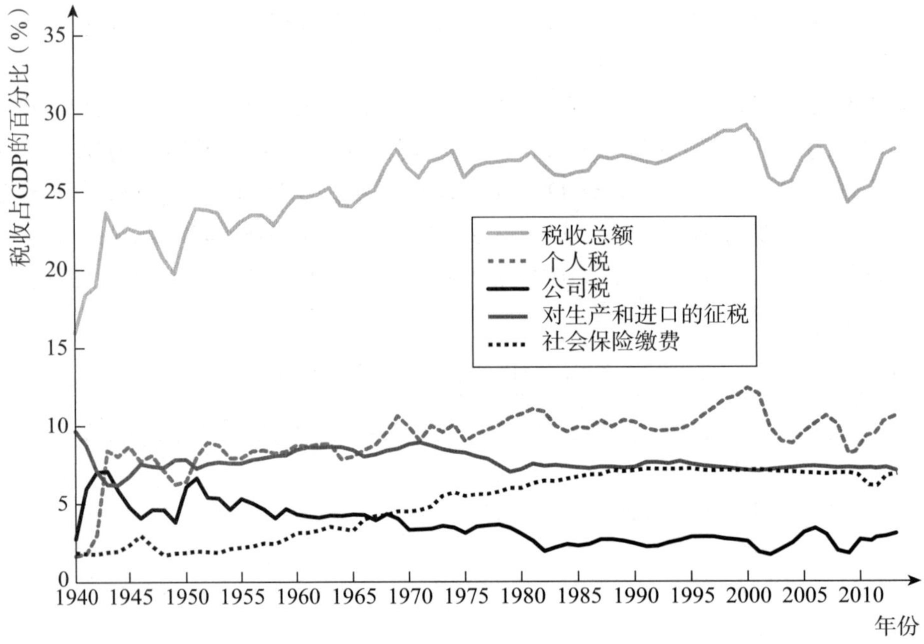

图 15－2　1940—2014 年税收：联邦、州和地方政府

说明：图中展示了以占 GDP 的百分比表示的合并各级政府的各类税收的变化。税收在 1940—2000 年趋于上升，但之后下降了。税收增加的大部分可由社会保险缴费和个人税的上升来解释。

资料来源：美国经济分析局发布的国民收入与产出账户。GDP：表 1.1.5；税收的组成：表 3.1。对于国会预算办公室有关联邦预算的预测和更新的细节，参见国会预算办公室官网。

税收的第一类（最大类）别是个人税，主要包括个人所得税和财产税。联邦级别的所得税是在美国内战期间开始引入的（税率很低，只对最富有的人征收）。不过，这种税经历了一系列的法律挑战，最高法院曾经裁定个人所得税违反宪法。1913 年，《宪法第十六修正案》(Sixteenth Amendment to the Constitution) 赋予了国会征收所得税的权利。这种税一开始征收得很少，但现在已成为政府收入的一个主要来源。

个人税在第二次世界大战中上升的幅度最大，从1940年占GDP的1.7%上升到1945年占GDP的8.5%。个人税在1945年后总体上升的趋势曾因几次减税法案而中断，如1964年的肯尼迪·约翰逊减税和1981年的里根减税。个人税因克林顿致力于减少赤字而上升，然后在21世纪头10年中因布什的减税而下降。

图15-2表明，第二次世界大战后税收增加中的大部分反映的是第二类税收，即社会保险缴费（主要是社会保险税）的增加。社会保险缴费通常按工人工资的固定比例征收，直到最高限额，对高于该限额的工资不征税。[①] 在大多数情形下，雇主按工人缴费的相同数量缴费，所以在工人工资支票上显示的扣税只是所征收总税款的一半。社会保险缴费的上升是缴费率和应纳税收入最高限额提高的结果。

第三类税收来自对生产和进口的征税，主要是销售税。这些税在第二次世界大战中下降了，从那以后还没有显现出任何显著的长期性增加或减少。

第四类是公司税，特别是公司所得税。图15-2表明，公司税占GDP的比例在第二次世界大战和朝鲜战争中急剧上升，然后从20世纪50年代中期到80年代中期逐渐下滑。近年来，公司税占GDP的比例为2%～3%。

政府支出与税收的组成部分：联邦、州以及地方政府 图15-1展示的政府支出的组成部分和图15-2展示的税收的组成部分是将联邦、州以及地方政府合并计算而得的。就宏观经济分析的大多数目的而言，将联邦、州和地方政府的财政政策合并考虑是最明智的选择。例如，一个新的高速公路建造项目的宏观经济作用不应当取决于该高速公路究竟是由联邦、州或是地方预算提供资金，还是由各级预算的组合提供资金。在这一方面，许多新闻报道在讨论财政政策时存在着只关注联邦政府预算的倾向，很容易使人得出错误的结论。

不过，知道在支出和收入的组成结构方面美国联邦政府预算与州及地方政府预算差别很大是非常有必要的。表15-2概括地列出了2014年联邦预算与州和地方政府合并总预算的主要组成部分，尤其需要注意以下几点：

表15-2　　2014年美国政府收入与当前支出

当前支出项	联邦		州和地方	
	数额（10亿美元）	占当前总支出的百分比（%）	数额（10亿美元）	占当前总支出的百分比（%）
消费支出	955.3	25.3	1 601.0	66.9
国防	599.8	15.9	0	0
非国防	355.5	9.4	1 601.0	66.9
转移支付	1 949.1	51.7	609.9	25.5
援助拨款	494.8	13.1	0	0
净利息支付	416.7	11.1	181.4	7.6
净其他支出*	−45.8	−1.2	0.5	0
当前总支出	3 770.1	100.0	2 392.8	100.0

① 注意，医疗保险税并没有上限。

收入（税收）项	联邦		州和地方	
	数额（10 亿美元）	占总收入的百分比（%）	数额（10 亿美元）	占总收入的百分比（%）
个人税	1 396.9	45.1	383.3	18.9
社会保险缴费	1 145.2	37.0	18.9	0.9
对生产和进口的征税	137.8	4.4	1 075.9	53.0
公司税	417.9	13.5	58.3	2.9
援助拨款	0.0	0.0	494.8	24.4
总收入	3 097.8	100.0	2 031.2	100.0
当前赤字（当前总支出减去总收入；如果是盈余，则为负数）	672.3		361.6	
当前基本赤字（如果是盈余，则为负数）	255.6		180.2	

＊补助减去政府企业的盈余、来自世界其他地方的税收、红利、租金和特许权使用费以及转移收入。

说明：由于四舍五入的原因，总数不一定等于各部分总和。

资料来源：美国经济分析局表 3.2 和表 3.9.5。

（1）消费支出。州及地方政府当前支出（扣除投资后的支出）的约 2/3 是用于购买商品和服务，而联邦政府当前支出只有约 1/4 用于购买商品和服务，约 2/3 用于国防。超过 80％的美国非国防性商品和服务的政府消费支出来自州及地方政府。

（2）转移支付。联邦政府预算比州及地方政府预算更偏重于转移支付（特别是社会保险以及相关项目的福利）。

（3）援助拨款。援助拨款是指联邦政府向州及地方政府所做出的用于支持各种教育、交通和福利项目的支付。援助拨款属于联邦政府的当前支出，也属于州及地方政府的收入。2014 年，这些拨款几乎占州及地方政府收入的 1/4。

（4）净利息支付。由于大量未清偿联邦政府债券的存在，净利息支付是联邦支出的重要组成部分。与之相反，州及地方政府的净利息支付数额小，有时甚至为负值，意味着州及地方政府（持有大量联邦政府债券）收到的利息大于它们所支付的利息。

（5）税收的组成。大约 80％的联邦政府收入来自个人税（主要是联邦所得税）和社会保险缴费。只有大约 15％的联邦政府收入来自公司税，且仅有约 5％来自对生产和进口的征税，如销售税。与之相反，大约一半的州及地方政府收入来自对生产和进口的征税。大约 1/5 的州及地方政府收入来自个人税（个人所得税和财产税）及社会保险缴费。如前所述，州及地方政府也将它们所收到的联邦政府援助拨款记为收入。

□ 赤字与盈余

政府支出并不需要在每个时期都等于税收收入。第 2 章说明了当政府支出超过税收收入时，就会产生政府预算赤字（简称赤字）；当税收收入超过政府支出时，就会产生政府预算盈余（简称盈余）。为便于参阅，我们将赤字的定义表示为：

赤字＝政府支出－税收收入

$$=(政府采购+转移支付+净利息支付)-税收收入$$
$$=(G+\mathrm{TR}+\mathrm{INT})-T \qquad (15-1)$$

基本政府预算赤字（primary government budget deficit，简称基本赤字）是另一个赤字概念，它将净利息支付排除在政府支出之外：

$$基本赤字=政府支出-净利息支付-税收收入$$
$$=(政府采购+转移支付)-税收收入$$
$$=(G+\mathrm{TR})-T \qquad (15-2)$$

基本赤字是政府采购和转移支付超过税收收入的部分。基本赤字与净利息支付相加等于赤字。图 15－3 说明了这两个概念间的关系。

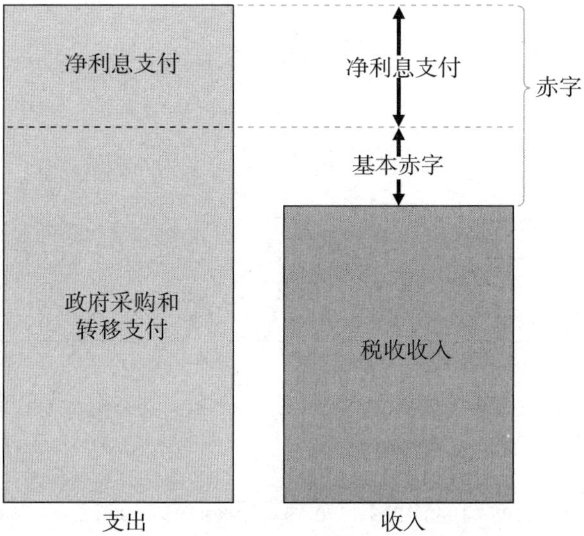

图 15－3　赤字与基本赤字间的关系

说明：赤字的标准度量是政府支出超过税收收入的数额。基本赤字是政府采购与转移支付相加后超过税收收入的数额。赤字等于基本赤字加上净利息支付。

为什么会有两个赤字概念？因为它们各自回答了不同的问题。标准的赤字也就是赤字所回答的问题是：当前政府应当借入多少才能支付总开支？当用名义价值度量时，在任何年份发生的赤字是指政府在那一年必须借入的美元数量。

基本赤字回答的问题是：政府能否负担得起它目前的项目？如果基本赤字为零，那么政府征收的税款刚好用于支付它当前的商品和服务采购以及社会福利项目（反映在转移支付中）。如果基本赤字大于零，那么维持当前政府采购和社会福利项目所需的费用超过了当前税收收入所能支付的水平。基本赤字之所以忽略了净利息支付，是因为净利息支付代表的不是当前项目的成本，而是由政府借款维持的以前开支的成本。

将政府采购划分为政府投资和政府消费支出也引出了另一系列的赤字概念：当前赤字与当前基本赤字。当前赤字等同于式（15－1）中的赤字，只不过用扣除政府投资的所有政府支出（即当前支出）代替了政府支出这一项。当前基本赤字由当前赤字减去净利息支付而得。表 15－2 给出了 2014 年的当前赤字和当前基本赤字数据。

图 15－4 展现了 1940—2014 年合并的各级政府当前赤字和当前基本赤字占 GDP 的

比例。再一次，第二次世界大战时期是一个特殊的时期，那时的政府只能用税收收入应付部分战争投入，因而产生了巨额的当前基本赤字和当前赤字。① 在 20 世纪 70 年代中期和 80 年代初期也产生了大量的（使用两种概念的）赤字。尽管在 20 世纪 80 年代和 90 年代的一些年份里，基本赤字实际上已转变成了基本盈余，但大量的利息支付使得赤字仍然数额巨大，直至 20 世纪 90 年代末期总预算才进入盈余状态。21 世纪初期的减税消除了 20 世纪 90 年代末期的大额当前基本盈余。联邦政府在 2007—2009 年的经济大衰退期间增加了支出，导致了之后几年的大额当前赤字和当前基本赤字。

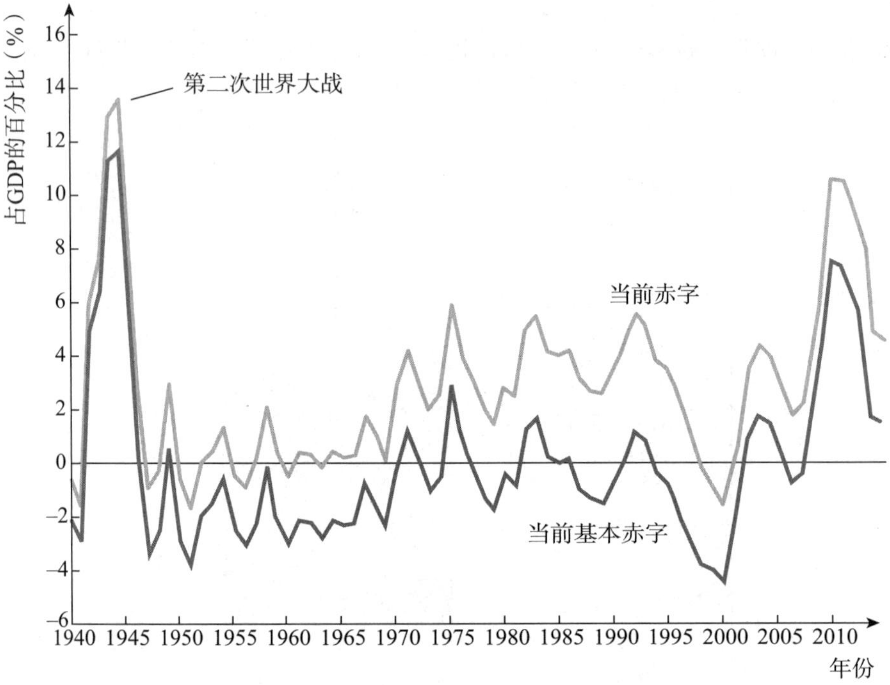

图 15-4　1940—2014 年的当前赤字与当前基本赤字：联邦、州和地方政府

说明：图中显示的是 1940—2014 年当前赤字和当前基本赤字占 GDP 的百分比。政府在第二次世界大战中和 2008 年金融危机后有大量赤字。1975—1991 年持续扩大的当前赤字与当前基本赤字间的差别反映了政府对累积债务的净利息支付不断增加。

资料来源：美国经济分析局发布的国民收入与产出账户。GDP：表 1.1.5；赤字：表 3.1；对于国会预算办公室有关联邦预算的预测和更新的细节，参见国会预算办公室官网；基本赤字：作者计算所依据的数字及净利息支付引自表 3.1。

15.2　政府支出、税收与宏观经济

财政政策如何影响宏观经济的表现？经济学家强调，政府支出和税收决策是以三种主要方式来影响产出、就业以及价格等宏观经济变量的，这三种方式是：（1）总需求；（2）政府资本的形成；（3）激励机制。

---

① 在第二次世界大战中增加的政府支出的大部分被用于政府投资，并不计入当前赤字。结果在式（15-1）中定义的赤字甚至高于当前赤字，并且超过了 GDP 的 20%，将图 15-1 和图 15-2 做比较即可得知。

□ 财政政策与总需求

财政政策可通过影响经济中的支出数量（即总需求）来影响经济活动。回想总需求是以 IS 曲线和 LM 曲线的交点来表示的。不管是在古典主义还是凯恩斯主义的 IS－LM 模型里，政府采购的增加都会减少意愿国民储蓄，并将 IS 曲线向右上方移动，因此增加总需求。

古典主义和凯恩斯主义经济学家就税收变化对总需求的作用有不同的看法。古典主义者通常接受李嘉图等价定理，也就是定额税的变化不会影响意愿国民储蓄，从而对 IS 曲线（即总需求）没有影响。① 凯恩斯主义者通常不认同这个结论。根据凯恩斯主义的观点，减税很可能会刺激意愿消费，并减少意愿国民储蓄，使得 IS 曲线向右上方移动，从而增加总需求。

古典主义者和凯恩斯主义者对于是否应当使用财政政策来对付经济周期也存在分歧。古典主义者通常反对通过财政政策或者其他方式来使经济周期平稳化的尝试。而凯恩斯主义者认为，使用财政政策来稳定经济和维持充分就业（比如在经济处于衰退中时减税和增加支出）能产生合意的结果。

不过，即使是凯恩斯主义者也会承认以财政政策作为平稳化工具是一件困难的事，最明显的问题在于缺乏灵活性。政府预算除了稳定宏观经济外还有其他许多目的，例如维护国家安全、对符合条件的群体提供收入支持、发展国家的基础设施（公路、桥梁和公共建筑）以及提供政府服务（教育和公共医疗）。许多政府支出于数年之前（比如武器发展计划）甚至于数十年前（比如社会保险福利）规划，因此，如果为了达到稳定宏观经济的目的而快速扩张或紧缩政府支出，则很难避免浪费性支出或者损害到其他财政政策的实施。例如，当《美国复苏与再投资法案》（American Recovery and Reinvestment Act）于 2009 年生效以刺激经济时，大部分注意力都集中在寻找“准备就绪”的项目，也就是可以立即施工的项目上。税收相对支出而言较容易改变，但税法有许多不同的目的，并且可能是政治妥协的结果，一旦达成，则极难改变。

由于制定财政政策的利益权衡过程进展缓慢，它所产生的长期时滞因此加剧了缺乏灵活性的问题，从提出开支或者收入提案开始到其生效通常至少需要 18 个月的时间。这样的滞后很难有效地将财政政策用于反周期的目的，因为（例如）当反经济衰退的财政政策对经济实际发生作用时，经济衰退可能已经结束了。

自动稳定器与充分就业赤字 要解决阻碍反周期财政政策使用的缺乏灵活性和存在长期时滞的问题，一个方法是在预算中构建自动稳定器。**自动稳定器**（automatic stabilizers）是在预算中不需要立法行动的情况下可以在 GDP 下降时使得政府支出自动上升或者税收自动下降的条款。类似地，当 GDP 上升时，不需要任何直接立法行动，自动稳定器即可导致支出下降或者税收增加。

失业保险是自动稳定器的一个好例子。当经济进入衰退、失业上升时，领取失业福利的人数会增加，而这些福利不需要国会行动即可自动支付。因此，转移支付中的失业保险部分在经济衰退时会上升，使得财政政策自动变得更具扩张性。②

---

① 我们在第 4 章介绍了李嘉图等价定理。我们将在 15.3 节对该定理进行更深入的讨论。

② 这个陈述的根据是认为转移支付的加大（等同于减税）增加了总支出的凯恩斯主义观点。

从量化的角度来看，最重要的自动稳定器是所得税体系。当经济进入衰退时，人们的收入下降，他们支付的所得税因此会减少。这种“自动减税”减缓了可支配收入的下降，并且（根据凯恩斯主义者的观点）避免了总需求可能发生的大幅下降。同样地，当人们的收入在经济繁荣期间上升时，政府收取更多的所得税收入，这样有助于限制需求的增长。凯恩斯主义者指出，这种自动性财政政策是第二次世界大战后经济稳定性得以增加的主要原因。

自动稳定器的副作用在于，由于 GDP 下降时政府支出自动增加且税收自动减少，所以赤字在经济衰退时倾向于增加。类似地，赤字在经济繁荣时倾向于下降。为区分由经济衰退或繁荣引起的赤字变化和由其他因素引起的赤字变化，一些经济学家提倡使用一个被称为充分就业赤字的赤字度量。**充分就业赤字**（full-employment deficit）表明了给定现在使用的税收和支出政策，经济在充分就业水平运行时的政府预算赤字。① 由于排除了自动稳定器的影响，所以充分就业赤字这种度量主要是受新立法所反映的财政政策变化的影响。具体说来，政府支出项目的增加或者（在凯恩斯主义模型中）税率的降低等扩张性财政变化增加了充分就业赤字，而紧缩性财政变化则减少了充分就业赤字。

图 15－5 展示了 1962—2014 年联邦政府的充分就业赤字与实际预算赤字（表示为占充分就业产出的百分比）。需要注意的是在 1973—1975 年、1981—1982 年、1990—1991 年、2001 年和 2007—2009 年的经济衰退时期，当产出低于其充分就业水平时，实际预算赤字明显超过了充分就业预算赤字。这两种赤字度量的差别反映了自动稳定器在预算中的重要性。

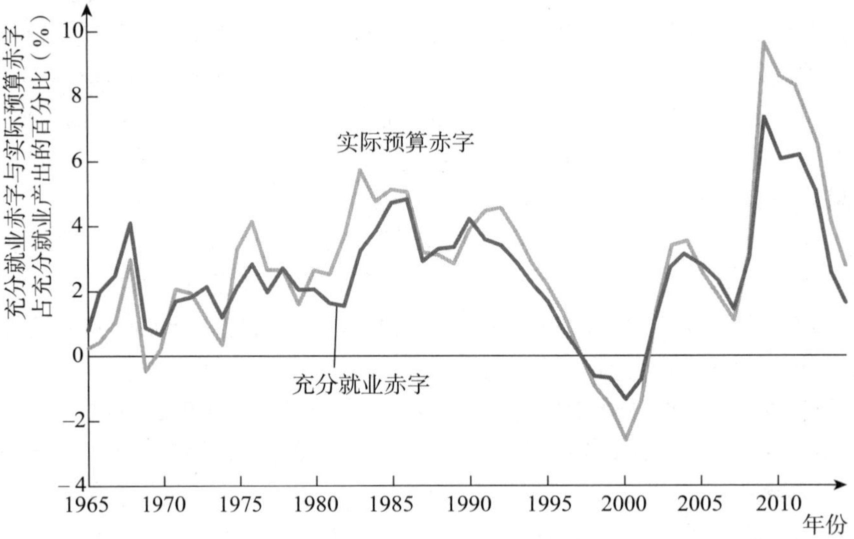

图 15－5　1962—2014 年联邦政府的充分就业赤字与实际预算赤字

说明：图中展现了实际预算赤字与充分就业赤字占充分就业产出的百分比。实际预算赤字在 1973—1975 年、1981—1982 年、1990—1991 年、2001 年和 2007—2009 年的经济衰退时期及稍后时期明显超过了充分就业赤字，反映了自动稳定器的重要性。

资料来源：国会预算办公室。

① 在实践中，充分就业赤字的计算根据是凯恩斯主义关于经济衰退反映了对充分就业的偏离的假设，而非古典主义（不含错误认知理论）关于经济衰退反映了充分就业产出变化的假设。

□ 政府资本的形成

经济的健康与否不仅取决于政府支出了多少，也取决于政府如何支出其资源。例如就像在第 6 章里所讨论的，公路、学校、公共医院等公共基础设施的数量和质量对经济增长具有潜在的重要性。因此，**政府资本**（government capital）即政府拥有的长期物质资产的形成是财政政策影响宏观经济的一种方式。政府预算不仅影响物质资本的形成，也影响人力资本的形成。政府在医疗、营养和教育上的支出至少有一部分属于投资，因为它们会导致未来的劳动力人口更有生产力。

政府资本的形成的官方数字度量物质资本的形成，并不包括人力资本的形成。2014 年，联邦政府的投资支出为 2 646 亿美元（约占联邦商品和服务采购的 1/5），其中，56%用于国防，44%用于非国防性政府资本。州及地方政府投资为 3 313 亿美元（大约占州及地方政府商品和服务采购的 1/6）。州及地方政府投资的组成与联邦政府有所区别。大多数联邦政府投资用于知识产权产品（例如研发）而非设备和基础建设，但州及地方政府投资的约 3/4 则用于基础建设。

□ 财政政策的激励机制

财政政策影响宏观经济的第三种方式是通过对激励机制的影响来实现的。税收政策尤其能通过改变各种活动的经济收益来影响经济行为。例如第 4 章描述了税率如何影响家庭储蓄的积极性以及公司进行资本投资的积极性。

平均税率与边际税率　要分析税收对经济激励的影响，我们需要区分平均税率和边际税率。**平均税率**（average tax rate）等于一个人（或公司）所支付的税款除以此人的税前收入。**边际税率**（marginal tax rate）是指每 1 美元的额外收入中应作为税款缴纳的部分。例如，假设某国对收入中的第一个 10 000 美元不征税，对收入超出 10 000 美元的部分按 25%的税率征税（见表 15－3）。在这样的所得税体系下，收入为 18 000 美元的人需缴纳 2 000 美元的税款，因而此人的平均税率为 11.1%(2 000 美元的税款除以18 000 美元的税前收入)。不过，该纳税人的边际税率为 25%，因为他的收入每增加 1 美元，纳税额随之增加 0.25 美元。表 15－3 表明，收入高于 10 000 美元的每个人都面临着同样的 25%的边际税率，但平均税率随着收入的增加而上升。

表 15－3　边际税率和平均税率：一个例子（总税款＝超过 10 000 美元收入的 25%）

收入（美元）	收入－10 000（美元）	税款（美元）	平均税率（%）	边际税率（%）
18 000	8 000	2 000	11.1	25
50 000	40 000	10 000	20.0	25
100 000	90 000	22 500	22.5	25

我们可以通过考虑个人关于供给多少劳动力的决定来说明平均税率与边际税率之间的区别。税率上升对劳动力供给数量的影响在很大程度上取决于上升的是平均税率还是边际税率。经济学理论预测，当边际税率保持不变时，无论（税前）实际工资处在什么水平，平均税率的上升都会增加劳动力供给数量。相反，该理论也预测，当平均税率保持不变时，无论工资处在什么水平，边际税率的上升都会减少劳动力供给数量。

为解释这些结论，我们首先考虑平均税率变化的影响。回到表 15－3 的例子，试想边际税率保持25%不变，但现在所有超过8 000美元的收入（而不是所有超过10 000美元的收入）都要按25%的税率交税。现在收入为18 000美元的纳税人发现，她的税单已经从2 000美元增加到2 500［=0.25×(18 000−8 000)］美元，因此她的平均税率从11.1%上升到13.9%(=2 500/18 000)。其结果是，该纳税人的可支配收入比原来少了500美元。由于她事实上变穷了，所以不管工资处在什么水平，她都会增加供给的劳动力数量（见第3章的小结表4）。因此，在保持边际税率不变的情况下，平均税率的上升将劳动力供给曲线（在纵轴为税前实际工资的图形中）向右平移。①

现在考虑在平均税率保持不变的情况下边际税率上升的作用。假设所得税的边际税率从25%上升到40%，并且这样的上升伴随着有关税法的改变，使得平均税率以及一个普通纳税人支付的税款总额保持不变。具体说来，假设收入中免税的限额从10 000美元提高到了13 000美元，那么对于收入为18 000美元的纳税人来说，总税款为2 000［=0.40×(18 000−13 000)］美元，而11.1%（=2 000/18 000）的平均税率与原先税法下的平均税率是一样的。②

由于平均税率不变，该纳税人的财富也没有变化，于是不存在因财富改变引起的劳动力供给变化。然而，边际税率的上升意味着纳税人每多工作一个小时带来的税后收益减少了。例如，如果她的税前工资是每小时20美元，按原来25%的边际税率，她每多工作一个小时，实际能拿到的收入是15美元（20美元减去20美元的25%，也就是5美元的税）。按照40%的新边际税率，纳税人每多工作一个小时，实际拿到手的收入仅为12美元（20美元的税前工资减去8美元的税款）。因为更多的工作时间不再产生同样多的以实际收入表示的收益，所以无论税前工资处在何种特定水平，纳税人可能都会减少工作时间，以享受更多的闲暇。因此，如果平均税率保持不变，那么边际税率的上升会导致劳动力供给曲线向左平移。③

应用

供给学派经济学

在20世纪80年代，美国国会两次通过了税收改革法案，大幅度地削减了边际税率。自此开始，对工人收入的边际税率最高达到50%。20世纪80年代一开始，劳动收入的边际税率最高为50%。1981年的《经济复苏税收法案》(Economic Recovery Tax Act，ERTA）分三个阶段削减了工人所得税税率，其中最后一个阶段结束于1984年。1986年《税收改革法案》(Tax Reform Act）进一步降低了个人税税率。到20世纪80年代末期，对个人收入的最高边际税率已经降到了28%。④

1981年的减税受到一群偏爱使用**供给学派经济学**（supply-side economics）手段的经济学家、政治家以及新闻工作者的强烈支持。供给学派的基本理念是经济行为的各个

① 根据第3章的分析，平均税率的上升对劳动力供给有纯收入效应。

② 尽管平均税率对收入为18 000美元的纳税人来说没有改变，但对收入超过18 000美元的纳税人来说上升了，对收入低于18 000美元的纳税人来说降低了。

③ 根据第3章的讨论，在平均税率没有改变时，边际税率改变对劳动力供给有纯替代效应。

④ 不过，由于税法中的一个巧合，一些收入虽然不是最高但相对较高的人们面临的是33%的边际税率。

方面（包括劳动力供给、储蓄以及投资等）都对经济的激励机制特别是由税收条款提供的激励机制做出反应。尽管大多数经济学家基本上都同意这种看法，但供给学派走得更远，他们声称税收政策的激励作用要远大于大多数经济学家一直以来所相信的。具体说来，供给主义者指出，作为《经济复苏税收法案》的结果，劳动力供给将大量增加。

供给学派指出所得税税率的降低会导致劳动力供给大幅增加。结果，劳动收入增长得如此之多以至于针对劳动收入征收的所得税实际上会增加，尽管税率降低了。举例来说，如果对劳动收入课以固定税率 t，那么税收收入 $R=t\times Y$，其中，Y 为劳动收入。供给学派声称 t 的降低将会使得 Y 增加得如此之多以至于作为 t 和 Y 乘积的税收收入 R 也随之增加。这种观点在拉弗曲线中得到完美体现。拉弗曲线得名于经济学家阿瑟·拉弗（Arthur Laffer），他绘出了一条如图 15－6 所示的曲线。该图基于三个简单的观察。首先，如 O 点所表明，如果税率为零，那么税收收入也为零。其次，如 B 点所表明，如果税率为 100%，那么人们没有理由为工作而放弃闲暇，所以劳动收入为零。因此，在 B 点，征收自劳动收入的税收收入为零。最后，税率处于 0 到 100%之间时，人们会供给劳动力、赚取劳动收入并就该收入支付所得税，使得税收收入为正值。将这三个观察合在一起给出了一条曲线，该曲线在 O 点和 B 点触及横轴，并且在税率处于 0 到 100%之间时都位于横轴的上方。该曲线在 O 点和 B 点之间的税率为 t^* 的 A 点达到最高值，A 点也被称为拉弗曲线的顶点。税率 t^* 是能够产生最高政府税收收入 R^* 的税率。供给学派相信美国经济中的边际税率比 t^* 高，因此降低税率将会导致政府税收收入的增加。

现实中有证据支持拉弗曲线吗？美国联邦政府在不少时期削减了边际税率，特别是在 1981 年和 1986 年，也在一些时期增加了边际税率，其中 1990 年和 1993 年最为引人注目。在 1981 年的情形中，作为削减税率的结果，尽管有一些证据说明劳动力供给增加了，但是联邦税收收入几乎下降了 GDP 的 3%。① 在 1986 年的情形中，边际税率被降低了，但是该税目的其他部分也被改变了以保持预期税收收入不变。数据事实上表明在该法案通过后的 4 年中，联邦税收收入并没有实质性的变化，因此削减边际税率本身的效应是不清晰的。在 20 世纪 90 年代，作为 1990 年和 1993 年边际税率增加的结果，联邦税收收入占 GDP 的比重至少增加了 0.5%，这说明如果存在劳动力供给的下降，那么这种下降对劳动收入以及对税收收入的影响和税率增加的影响相比是更小的。除了这些关于税收收入的数据外，经济学家们使用计量技术直接考察对劳动力供给的影响，并发现劳动力供给对边际税率的改变有相对温和的反应。② 因此，现有证据说明边际税率的削减将会减少税收收入，这意味着美国的边际税率低于图 15－6 中的 t^*。换句话说，最近几十年来，美国经济位于拉弗曲线的左侧。

① 这里汇报的税法改变对联邦税收收入的影响的数据来自 U.S. Treasury Department，"Revenue Effects of Major Tax Bills," by Jerry Tempalski，Office of Tax Analysis OTA Working Paper 81，September 2006。本段所汇报的数字为联邦税收收入占 GDP 的比重的 4 年总变化，见该论文中的表 2。

② 参见 James Heckman，"What Has Been Learned about Labor Supply in the Past Twenty Years?" *American Economic Review*，May 1993，pp. 116－121；Robert A. Moffitt and Mark O. Wilhelm，"Taxation and the Labor Supply Decision of the Affluent," in *Does Atlas Shrug? The Economic Consequences of Taxing the Rich*，edited by Joel Slemrod (Cambridge：Harvard University Press)，pp. 193－234。

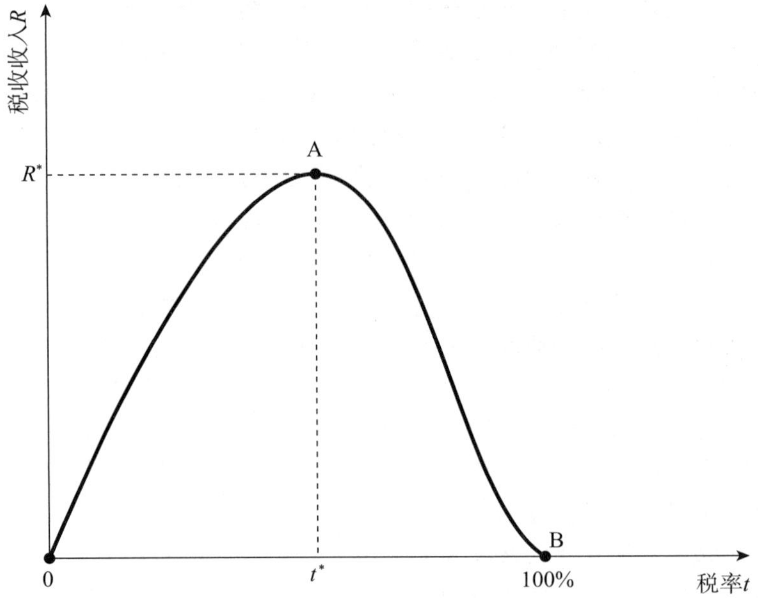

图 15-6　拉弗曲线

说明：税率为0和100%时，政府税收收入为零。从税率为0开始，增加税率导致税收收入增加。但是随着税率继续上升，人们减少工作，税收收入增加的速度减慢。税率高于 t^* 时，税率的增加导致税收收入的下降。

税收引发的扭曲与税率平稳化　因为税收能影响经济的激励机制，所以它们能改变经济行为的模式。如果自由市场"看不见的手"运转良好，那么经济活动模式在没有税收时是最有效的，所以由税收引起的行为变化减少了经济福利。税收引发的从有效率的自由市场结果的偏离称为**扭曲**（distortions）。

为说明扭曲的含义，我们回到那个工人税前工资为20美元的例子。由于寻求利润最大化的雇主会增加对劳动的需求，直到劳动力边际产量等于实际工资，所以工人每多工作一小时的实际产出（她的边际产量）也就等于20美元。现在假设只要额外的实际收入不少于14美元，工人就愿意放弃闲暇转而多工作一小时。因为工人多工作一小时所能生产的产出价值超过了她赋予多休息一个小时的价值，所以在经济上多工作一小时是有效率的。

在一个没有税收的经济中，之所以会产生这个有效率的结果，是因为工人愿意多工作一小时来换取20美元的实际工资。如果收入的边际税率是25%，那么她会愿意多工作一小时，因为当边际税率为25%时，她的税后实际工资是15美元，这仍然超过了她所愿意接受的14美元的最低实际工资。不过，如果边际税率上升到40%，使得工人的税后工资降到仅为12美元，那么她就会决定不去多工作这一小时，即使对她来说这么做在经济上是有效的。对工资不征税时工人会工作的小时数与对工资征税时工人实际工作的小时数之间的差别反映了税收的扭曲作用。税率越高，扭曲的程度可能也越高。

由于不可能不征税，财政政策决策者所面临的问题就是如何在维持相对较低的扭曲程度的条件下筹集政府所需的收入。因为高税率有着高昂的经济效率代价，所以经济学家提出，保持一个稳定的中等水平税率要好过让税率时高时低。例如，如果政府的支出计划要求它在数年内平均每年征收20%的税，那么大多数经济学家会建议政府不要在一半时间里将税率设定为 30%，在另一半时间里将税率设定为 10%。原因在于，30%的税率在其实施的那些年里对原本有效的经济造成了巨大扭曲。一个更好的策略是将税率维持在 20%的水平。这个保持稳定税率以求最小化扭曲的政策被称为**税率平稳化**(tax rate smoothing)。

联邦政府是否有税率平稳化的政策呢？统计研究通常发现联邦税率受到政治和其他因素的影响，因此其平稳化程度并不足以将扭曲最小化。① 不过，税率平稳化仍是一个有用的概念。例如，如何解释美国政府在第二次世界大战中的巨额赤字（见图 15-4)？在战争中，赤字财政的替代方法是在战争期间大幅提高税率，而在战争结束后再降低税率。但在生产效率尤其重要的战争期间，高税率扭曲了经济。通过用借款来为战争筹集资金，政府可以有效地将所需的税收增加（随着债务的偿还）分摊在一个长时期内，而不是大幅提高当前税收。这种行为与税率平稳化的概念是一致的。

15.3 政府预算赤字与政府债务

联邦政府预算中最受公众关注的一项数字是政府预算盈余或政府预算赤字的规模。在 20 世纪 80 年代以及 90 年代早期，大额赤字的发生曾引起关于大额赤字是否对经济有潜在危害的激烈辩论，在近期的金融危机之后这种辩论又被引发了，因为政府预算赤字占 GDP 的比重在 2009—2011 年平均几乎高达 9%。本章的剩余部分将讨论政府预算赤字、政府债务以及它们对经济的影响。

□ 政府债务的增长

政府预算赤字与政府债务（也称国民债务）之间有重要的区别。政府预算赤字（一个流量变量）是指在任何财政年度支出与税收收入之差。**政府债务**（government debt，一个存量变量）是在任何特定时间政府未清偿的债券总价值。由于政府支出超出收入的部分均等于政府必须借入的数额，也就是政府必须新发行的债务总额，所以任何一年的赤字（以美元或者名义价值度量）也等于那一年债务的变化。我们可以将政府债务和政府预算赤字的关系描述如下：

$$\Delta B = \text{名义政府预算赤字} \quad (15-3)$$

上式中，ΔB 为政府未清偿债券的名义价值的变化。

在大额政府预算赤字持续存在的时期，如美国在 20 世纪 80 年代和 90 年代初期和中期以及 2002 年后所经历过的，政府债务的名义价值会迅速增长。例如，1980—2014 年，以名义价值度量的联邦政府的未清偿债务增长了十几倍，从 1980 年的 7 120 亿美元增加到 2014 年的 127 800 亿美元。② 将通货膨胀考虑在内，政府未清偿债务的实际价值在这一时期内上涨了 7 倍多。

① 参见 David Bizer and Steven Durlauf, "Testing the Positive Theory of Government Finance," *Journal of Monetary Economics*, August 1990, pp. 123-141。

② 数据来自 FRED 数据库。

因为 GDP 较高的国家有相对较多的资源可用于对政府债券还本付息，所以一个度量政府负债程度的有用指标是用政府未清偿债务除以 GDP，也就是债务- GDP 比。图 15-7 展现了美国 1939—2014 年债务- GDP 比的历史表现。位于上方的曲线表示的是当政府的未清偿总债务包括由公众、政府机构以及美联储持有的政府债券时的债务- GDP 比，位于下方的曲线表示的是当未清偿债务仅包括由公众持有的政府债券时的债务- GDP 比。

图 15-7 最引人注目的是第二次世界大战中因政府出售债券来支付战争投入而发生的债务- GDP 比的大幅增长。到战争结束时，债务- GDP 比超过了 100%，这意味着政府未清偿债务的价值超过了当年的 GDP。在接下来的 35 年里，政府逐渐降低了相对于 GDP 的负债程度。不过，大约从 1980 年开始，政府预算赤字的增大导致了债务- GDP 比的上升，并持续了整个 20 世纪 80 年代。尽管债务- GDP 比有这样的增长，但到 1995 年，它大约只相当于第二次世界大战结束时的一半。在 20 世纪 90 年代末期，快速的经济增长使得税收收入大量增加，产生了政府预算盈余，从而在相当程度上降低了债务- GDP 比。在 2002 年，当出现联邦预算赤字时，债务- GDP 比又开始上升。在经济大衰退期间，随着联邦政府为试图刺激经济而增加支出，同时自动稳定器开始起作用导致转移支付上升和税收减少，债务- GDP 比更为急剧地上升。

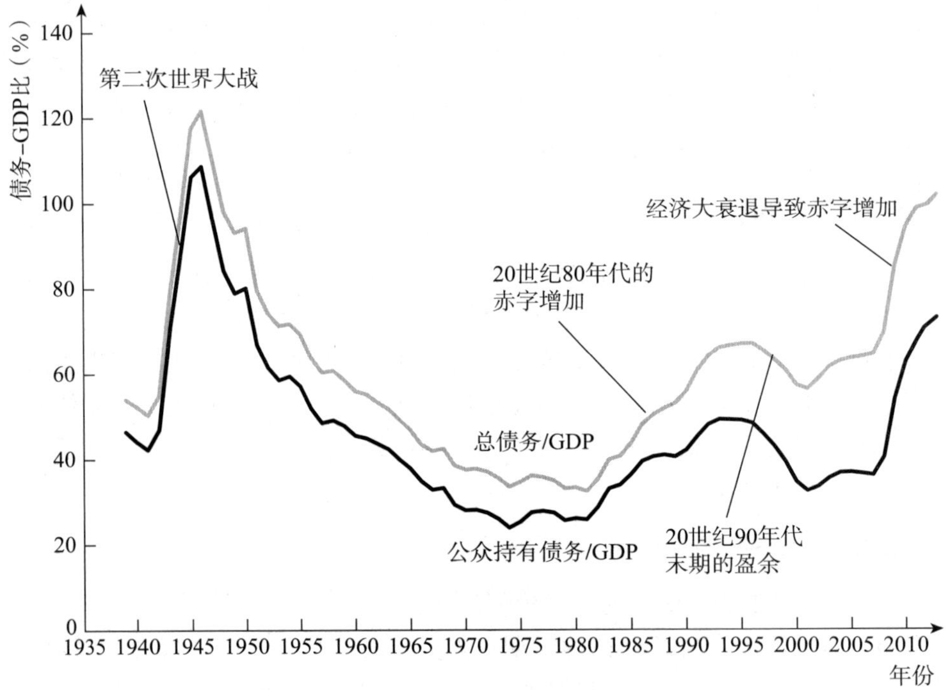

图 15-7　1939—2014 年联邦债务- GDP 比

说明：位于上方的曲线显示了政府总债务（包括由政府机构和美联储持有的政府债券）占 GDP 的比例。位于下方的曲线表示了由公众持有的政府债券占 GDP 的比例。债务- GDP 比在第二次世界大战中急剧增加，在接下来的 35 年里稳步下降，然后从 1980 年起又开始上升，直到 20 世纪 90 年代中期。20 世纪 90 年代末期的盈余在很大程度上降低了债务- GDP 比。不过，从 2002 年开始的大额赤字又推高了债务- GDP 比。

资料来源：《总统经济报告》，指标数据可从 FRED 数据库下载，下载序列如下：FYGFD（总债务）、FYGFD-PUB（公众持有债务）和 GDP（GDP）。

我们可以用下列公式来描述债务-GDP比随时间的变化（推导见本章末的附录15.A）：

$$\text{债务-GDP比的变化}=\frac{\text{赤字}}{\text{名义 GDP}}-\frac{\text{总债务}}{\text{名义 GDP}}\times\text{名义 GDP 增长率} \qquad (15-4)$$

式（15-4）强调了引起债务-GDP比迅速上升的两个因素：

- 相对GDP而言较高的债务水平。
- 缓慢的GDP增长。

式（15-4）有助于解释图15-7中呈现的债务-GDP比的走势。它在第二次世界大战中的急剧增加是巨额基本赤字的结果。而在第二次世界大战结束后的35年中，联邦政府基本赤字数额很小，而GDP增长快速，所以债务-GDP比下降了。债务-GDP比在20世纪80年代和90年代早期的增加是因为联邦赤字较高。在20世纪90年代后期大量的盈余对降低债务-GDP比有所帮助，但从2002年开始的大量赤字又扭转了债务-GDP比的下降。影响债务-GDP比的一个因素是社会保险体系，本章的“应用：社会保险体系：如何修补它?”对其进行了讨论。

应用

社会保险体系：如何修补它?

社会保险体系创立于罗斯福总统当政时期的1937年，目的是为退休者提供收入。从那时起，该体系已经扩展到为去世工人的遗属（1939年）和为身有残疾而不能工作的人（1954年）提供收入。[①] 近来，社会保险已经成为关注的焦点，因为根据预测，如果社会保险体系不进行改革，那么它将无法向未来的退休者支付所承诺的福利。

目前的社会保险体系基本上是一种现收现付体系，其含义是雇员和他们的雇主们所支付的工资税中的大部分被用来直接支付给退休者和其他福利收取者。工资税中没有用于支付给当前福利收取者的部分被联邦政府用于其他项目。联邦政府为了不遗漏对社会保险体系所承担的各项义务，给予了该体系的账户（称为社会保险信托基金）与用于其他项目的工资税数额相等的特别政府债券（IOUs）。未来，如果社会保险工资税不足以支付当前的社会保险福利，那么两者之间差额的大部分将由该基金兑现债券来弥补。在实践中，政府只能通过加税或减少在其他项目上的支出来承兑这些债券。

只要现在向社会保险体系缴纳工资税的人数大大超过退休者和其他福利收取者的人数，那么该体系应当能在现收现付的基础上运作，并且任何剩余的社会保险税收入都会累积到社会保险信托基金中。然而，在未来的数十年中，经济学家们预计现在工作的人与退休者之比会显著下降，这反映了即将到来的“婴儿潮”时期出生人员（在第二次世界大战结束后数年间出生的大批同辈人）的退休、美国出生率的下降以及预期平均寿命的延长（意味着人们比以前享有更长的退休年月）。图15-8表明，从2010年开始，社会保险体系的税收收入已经少于其支出。如果不对社会保险体系做出重大改革，那么在

① 更多的细节参见 Thomas A. Garrett and Russel M. Rhine，“Social Security versus Private Retirement Accounts: An Analysis，” pt. 1，Federal Reserve Bank of St. Louis，*Review*，March/April 2005，pp. 103-121。

可预见的将来，该体系的支出会继续超过其收入。预测数字表明，随着“婴儿潮”时期出生人员的退休和领取退休金，社会保险支出占GDP的百分比会在2017年大幅上升并在接下来的20年里继续上升。在一段时期内，社会保险体系可以用利息收入和兑取现在社会保险信托基金中的债券来支付福利超过税收收入的部分。但是，如果不对该体系进行修正，那么根据基金托管人的估计，信托基金将于2034年耗尽，而后该体系将不再有能力支付当前承诺的福利。

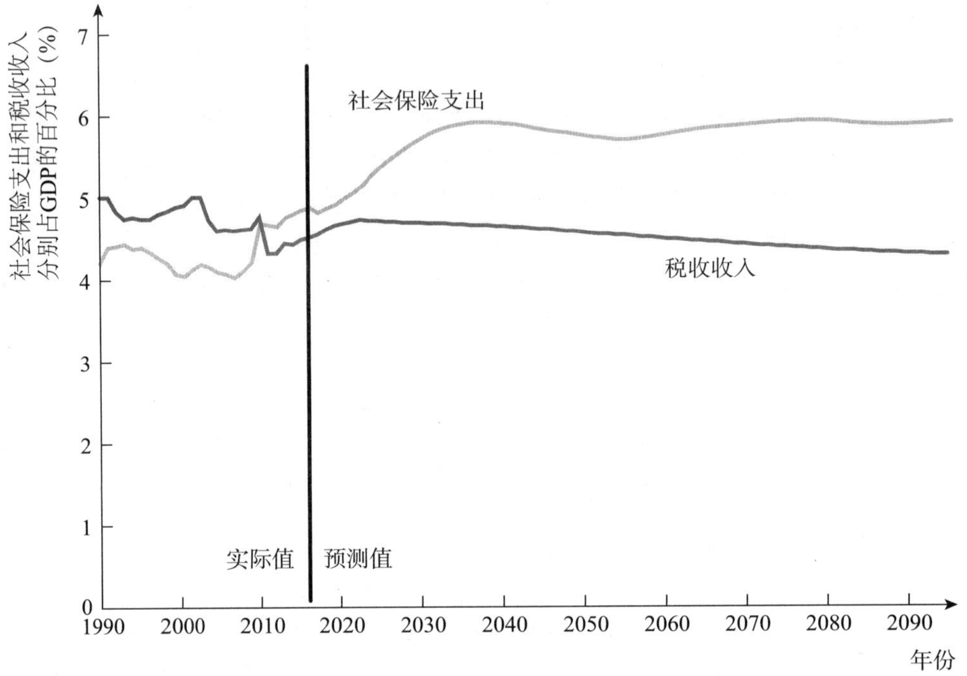

图15-8　1990—2090年以GDP占比度量的社会保险支出和税收收入

说明：该图展示了从1990年到2014年美国社会保险体系提供的福利支出和所收取的税收收入的年度值，以及预测的从2015年到2090年的社会保险支出和税收收入。与税收收入相比，社会保险支出很快就将大幅上升，这个新发展将给社会保险体系造成财政困难。

资料来源：*The 2015 Annual Report of the Board of Trustees of the Federal Old-Age and Survivors Insurance and Federal Disability Insurance Trust Funds*，可从美国社会保障总署（SSA）官网上获取。

修补社会保险体系

已经有人提出了修补社会保险体系的几个建议。这些建议包括增加流入该体系中的税收收入、在社会保险信托基金上获取更高的收益以及减少社会保险做出的福利支出。税收收入的增加可以通过提高社会保险工资税或者扩大应纳税收入来实现，但两者都会扭曲工人的劳动力供给决定。如果允许政府将社会保险信托基金投入股票市场，那么社会保险信托基金的收益率可能会上升，但明显会增加社会保险信托基金收益的风险，并可能导致政府干预股票市场。福利支出的减少可以通过将领取福利的年龄延后（以抵消平均寿命增加的影响）或者改变将福利与工资和价格的平均增长联系起来的计算公式来实现。

我们有必要现在就担心社会保险吗？或者我们可以等到2034年再看，是否社会保险体系无资金可用？看起来，大多数专家都认为人口组成变化的趋势已经非常明显，该体系确实处于麻烦之中。如果社会保险体系确实需要修补，那么我们延误纠正它的时间越长，最终恢复该体系自给能力所要求的变革也就越剧烈。

□ 政府债务给未来世代带来的负担

人们常常担心数以万亿美元计的联邦政府债务会给他们的子女以及孙辈带来无法承受的财务负担，因为这些后代在未来某个时候必须通过交税来偿付这些债务。根据这种观点，大量的政府债务累积起来会“抢劫未来”，从而迫使后代为过高的政府支出或者现在过低的税收买单。此外，一些学者已经将相对于 GDP 来说过高的政府债务与低经济增长联系了起来。①

一直到近期之前，认为大多数美国政府债券由美国公民拥有的看法是合理的。因此，尽管我们的后代在某个时候可能面临沉重税负来为政府债务还本付息，但这些未来的纳税人也继承了这些未清偿的政府债券，从而会是大多数利息和本金支付的受益人。在相当程度上，我们的政府债务是欠我们自己的，所以与完全欠外人的债务相比是不同意义的负担。然而，在过去的 20 年中，投资者、机构和其他国家的政府已经购买了大量的美国政府债券。从 2005 年开始，外国人已经拥有了超过一半的由公众持有的美国政府债券。因此，认为政府债务是我们欠自己的所以不是负担的论点也就不成立了。

尽管这种政府债务负担的流行观点存在错误，但经济学家也指出了政府债务能变成后代负担的几种情形。首先，如果在未来需要大幅提高税率以偿还债务，那么所造成的扭曲可能会降低经济的运行效率，从而给未来世代带来成本。

其次，大多数人持有的政府债务数量很少或者没有（除了也许间接地通过养老基金而持有政府债务）。在未来，那些不持有或持有很少政府债券的人为清偿政府债务而多交的税要超过他们所收到的利息和本金偿付；而那些持有大量债券的人收到的利息和本金偿付则会超过他们在税收增加中所负担的部分。平均来说，债券持有者要比不持有债券者富有，所以政府债务的偿付可能会导致资源从相对贫穷的群体转移到相对富有的群体那里。然而，这种转移可以用其他税收和转移支付政策（例如提高对高收入人群的征税）来抵消。

最后也许是最重要的，许多经济学家声称，政府赤字减少了国民储蓄，也就是说，当政府以赤字运转时，与赤字数量少的情形相比，经济中所累积的本国资本和外国资产会相应减少。如果这个论点正确，那么赤字会降低我们的子女和孙辈的生活水准，既因为他们继承到的资本存量会减少，也因为他们要付给外国人更多的利息（或从外国人那里收到更少的利息）。而未来生活水准的降低会构成政府债务的一个真实负担。

然而，这个理由的关键是，政府预算赤字减少了国民储蓄。像我们在本书多处已经提到的（特别是在第 4 章），对于预算赤字是否影响国民储蓄存在许多争议。我们用本节剩下的大部分篇幅来进一步探讨这个问题。

---

① 参见 Carmen M. Reinhart，Vincent R. Reinhart，and Kenneth S. Rogoff，“Debt Overhangs：Past and Present，” *Journal of Economic Perspectives*，Summer 2012，pp. 69－86；Thomas Herndon，Michael Ash and Robert Pollin，“Does High Public Debt Consistently Stifle Economic Growth? A Critique of Reinhart and Rogoff，” University of Massachusetts Amherst，Political Economy Research Institute working papers，April 2013。

□ 政府预算赤字与国民储蓄：重访李嘉图等价定理

政府预算赤字的增加在什么情况下会引起国民储蓄下降呢？实际上，所有的经济学家都同意因发动战争等政府采购上升所导致的政府预算赤字增加减少了国民储蓄，并给经济带来了实际负担。不过，对于减少当前税收或增加当前转移支付所导致的政府预算赤字是否会减少国民储蓄没有很明确的结论。回想一下，李嘉图等价定理的提倡者认为，减税或增加转移支付将不会影响国民储蓄，而反对者持不同的看法。

李嘉图等价定理：一个例子 为说明李嘉图等价定理，在保持当前和未来采购固定不变的前提下，我们假设政府在当年给予每人 100 美元的减税。（假设减税是定额的，以避免考虑激励机制的作用。）这样的减税对国民储蓄有什么样的影响？在回答这个问题时，我们首先回忆一下国民储蓄的定义［式（2－8）］：

$$S=Y-C-G \qquad (15-5)$$

式（15－5）陈述了国民储蓄 S 等于产出 Y 减去消费 C 和政府采购 G。[①] 如果我们假设政府采购 G 不变，并且产出 Y 固定于充分就业产出，那么从式（15－5）可知，减税只有在引起消费 C 增加的情况下才会减少国民储蓄 S。李嘉图等价定理的提倡者坚称，如果当前和计划的未来政府采购不变，减税则不会影响消费，从而也不会影响国民储蓄。

为什么减税增加了人们的税后收入却没有使他们增加消费呢？答案是，如果当前和计划的未来政府采购不变，今天的减税则必定要被预期未来纳税的增加所抵消。要明白为什么，注意如果在政府采购不变的情况下每人的当前纳税减少了 100 美元，那么政府必须通过发售债券来向每人多借款 100 美元。假设债券是实际利率为 r 的一年期债券。在下一年，当政府对债券还本（每人 100 美元）付息（每人 $100\times r$ 美元）时，它将不得不向每人额外征收 $100(1+r)$ 美元的税。因此，当公众得知当前每人减税 100 美元时，他们应当预料到下一年每人的纳税会增加 $100(1+r)$ 美元。[②]

由于当前的减税被预期未来纳税的增加所抵消，因此长期来说它并不能改善纳税人的福利，尽管他们的当前税后收入增加了。确实，减税之后，纳税人在今天和未来消费的能力与减税前是一样的。也就是说，如果没有人因为减税而增加消费，每个人都将全部 100 美元的新增税后收入存了起来，那么在下一年每人多储蓄的 100 美元会增长到每人 $100(1+r)$ 美元。而这新增的每人 $100(1+r)$ 美元正好是缴纳未来纳税的增加所需的数目，从而使得人们在未来能享有原先计划的消费数量。因为人们的福利不因减税（必定伴随着未来的增税）而改善，所以他们没有理由在今天增加消费。因此，像李嘉图等价定理的提倡者所声称的，国民储蓄不受减税影响。

跨代的李嘉图等价定理 支持李嘉图等价定理的理由所依赖的假设是当前政府的借款将会在当前还在世的人们的生命周期内得以偿还。换句话说，任何今天收到的减税都要被人们以后必须缴纳的更高税额所抵消。但是，如果政府所累积债务的一部分不是由收到减税的人们来负担，而是由这些人的子女或孙辈来负担，情况会如何呢？在这种情

---

① 我们假设国外净要素支付 NFP 为零。

② 政府也许会推迟 2～3 年甚至更多年才增税，但应当不会改变当前减税必须被未来的增税所抵消的一般性结论。

形下，人们难道不会因减税而增加消费吗？

哈佛大学的经济学家罗伯特·巴罗（Robert Barro）[①] 展示了即使是由当代得到减税的优惠并由后代承担清偿政府债务的负担，理论上李嘉图等价定理仍然适用。为了用最简单的形式来阐明巴罗的论点，我们设想一个每代人口相等的经济，并且假设当代得到每人 100 美元的减税。在维持政府采购不变的前提下，该减税使得政府借款和未清偿债务增加了每人 100 美元。不过，当前在世的人不必付税来偿还这个债务，而是延迟到由下一代来偿还该债务。为了偿还政府的新增债务，下一代每人的税负（实际价值）将会增加$100(1+\rho)$ 美元，这里的 $1+\rho$ 就是今天所借的 1 美元在偿还时的实际价值。[②]

看起来，得到减税的当代的人们应当增加他们的消费，因为他们的预期是得到的减税不会被在他们生命周期中的增税所抵消。然而，巴罗指出，当代的人们如果关心下一代的福利，那么他们不应当因为减税而增加消费。当然，人们确实关心他们子女的福利，这种关心一部分体现在人们将经济资源用在子女身上，包括在子女医疗和教育上的支出、赠予以及遗产。

当代人对下一代的关心如何影响到人们对减税的反应呢？得到减税的一个当代人［称他为乔（Joe）］在其他条件不变的情况下可能倾向于增加他自己的消费。但巴罗指出，乔应当认识到对于他今天所收到的每 1 美元的减税，他的儿子小乔（Joe Junior）将来不得不多缴纳 $1+\rho$ 美元的税。乔是否可以做些什么来帮助小乔呢？答案为“是”。假设乔没有将 100 美元的减税花掉，而是将这 100 美元存起来并将增加的储蓄作为遗产留给小乔。到下一代被要求偿还政府债务时，小乔所继承的多余遗产加上所累积的利息将会是 $100(1+\rho)$ 美元，刚好足够支付新增的税。因此，通过将减税存起来，并把这些新增储蓄纳入他所计划的遗赠当中，乔可以保证自己和小乔的消费与不发生减税时他们的消费完全一样。

巴罗还指出，乔应当为了小乔的利益将所有减税存起来。为什么？即使乔只消费了减税的一部分，他也将无法留给小乔足够的遗产来支付预期的增税，因此小乔的消费必然少于他在乔没有得到减税情况下的消费。但是，如果乔想要以小乔的利益为代价而增加自己的消费，那么他完全可以在税法不发生改变的情况下这么做，例如，减少支付小乔的大学学费或者减少计划留下的遗产。乔没有这么做，表明了他对于在减税生效之前他所安排的在他自己和小乔之间的消费划分很满意，减税没有理由改变这个原先的安排。因此，如果乔和其他当代的成员不因减税而增加消费，那么即使债务偿还被延迟到下一代，李嘉图等价定理仍应成立。

这个分析可以被延伸到多代人以及其他方面。但这些延伸并没有改变主要的结论，也就是说，如果纳税人理解他们最终要对政府债务负责，那么对于政府在不改变采购计划的情况下做出的税收或者转移支付变化，他们不应当将改变自己的消费作为回应。其结果是，减税所创造的赤字不应当减少国民储蓄，从而不应当成为未来世代的负担。

□ 自李嘉图等价定理的偏离

支持李嘉图等价定理的论点具有很强的逻辑性，这个理论已经极大地影响了经济学

① 见“Are Government Bonds Net Wealth?” *Journal of Political Economy*，November/December 1974，pp. 1095－1117。

② 例如，如果债务在 30 年后清偿并且 r 为年实际利率，那么 $1+\rho=(1+r)^{30}$。

家对于赤字的思考。尽管40年前大多数经济学家理所当然地认为减税将会大量增加消费，但今天经济学家们对于这个观点的看法就远非一致了。尽管在20世纪80年代的美国，李嘉图等价定理看起来明显不成立，因为政府的高额预算赤字伴随着极低水平的国民储蓄，但涵盖时期更长的数据揭示了美国的政府预算赤字与国民储蓄之间其实没有关系。在加拿大和以色列等一些国家，李嘉图等价定理有时看起来也运作良好。①

我们对此问题的判断是引起政府借款增加的减税很可能会影响消费和国民储蓄，尽管作用很小。我们做出这样的结论是基于美国在20世纪80年代的经验以及使得李嘉图等价定理不能完全成立的一些理论上的原因。反对李嘉图等价定理的主要理由包括可能存在的借贷约束、消费者的短视、一些人没有留下遗产以及大多数税收变化都不是定额的。

（1）借贷约束。如果许多人能借到更多钱，那么他们会很乐意增加消费。消费者通常在他们所能借款的数量上受限制，也就是借贷约束。一个想要消费更多但又无法借到钱的人，会很急切地将减税用于增加消费。因此，借贷约束的存在会使李嘉图等价定理不成立。

（2）短视。一些经济学家认为，许多人是短视的，并不理解作为纳税人他们最终要为政府的债务负责。例如，一些人可能用简单的“经验法则”来决定他们的消费。例如一个家庭将其当前税后收入按固定比例用于食物、衣物、住房等，而不考虑他们的收入在将来会如何变化。如果人们是短视的，他们对减税的回应则可能是增加消费，与李嘉图等价定理预测的相反。不过，李嘉图主义者回应说，李嘉图等价定理并不需要消费者对财政政策做出超复杂的分析来保持大致正确。例如，如果人们大致知道政府的高额赤字意味着经济在将来会发生问题（不必准确地知道为什么），那么他们也许会不愿意花掉引起赤字上升的减税，这与李嘉图主义者的预测相一致。

（3）没有留下遗产。如果人们因为不关心子女的长期经济福利而不留遗产，那么在减税时他们就会增加消费，这样李嘉图等价定理也不能成立。一些人不留遗产是因为他们预期子女会比他们更富有，因此不需要任何遗产。如果人们在收到减税后仍然持有这样的信念，他们就会增加消费，这样李嘉图等价定理也不能成立。

（4）非定额减税。理论上，李嘉图等价定理只在税收发生定额变化的时候才成立，也就是每个人税收的变化都为固定数额，与每个人工作多少或者储蓄多少等经济决定无关。就像在15.2节中讨论过的，当税为非定额税时，征税的水平和时间会影响激励机制以及经济行为。因此，与李嘉图主义者的简单看法相反，非定额减税将对经济有实际作用。

不过，我们强调当税为非定额时，减税对消费和储蓄行为的激励作用在很大程度上取决于税制结构以及减税的税种。例如，暂时减少销售税很可能会刺激消费，但降低对储蓄账户所得利息征税的税率则可能增加储蓄。因此，我们不能总是得出以下结论：只要税不是定额的，减税就会增加消费。要得出那样的结论必须依赖于我们所提出的李嘉

① 关于支持和反对李嘉图等价定理的证据的综述，分别参见 Robert Barro，“The Ricardian Approach to Budget Deficits，” *Journal of Economic Perspectives*，Spring 1989，pp. 37 - 54；B. Douglas Bernheim，“Ricardian Equivalence：An Evaluation of Theory and Evidence”，in Stanley Fischer，ed.，*NBER Macroeconomics Annual*，Cambridge，Mass.：M. I. T. Press，1987。

图等价定理不成立的其他三个理由。

数据获取与研究前沿

度量政府采购对经济的影响

2009年2月，为了促使美国经济走出2007年12月开始的经济衰退，美国政府通过了一项刺激法案，即《2009年美国复苏和再投资法案》(American Recovery and Reinvestment Act of 2009)。这个常被称为刺激方案的法案通过约3 000亿美元的减税和增加约5 000亿美元的政府支出预计将在未来10年内增加近8 000亿美元的联邦政府赤字。当时，通过考察过去的历史经验和使用各种实证方法，古典主义和凯恩斯主义经济学家们就这个刺激方案对美国经济的影响进行了激烈的辩论。

在IS-LM模型中，政府采购的暂时性增长将IS曲线移向右上方（就如第9章的图9-3所描述的），导致了IS曲线与LM曲线的交点也移向右上方。在凯恩斯主义版本的IS-LM模型中，价格在短期固定不变，IS曲线和LM曲线交点向右上方移动意味着产出在短期的增加。然而，在古典主义版本的IS-LM模型中，价格迅速调整，因此将LM曲线移向左上方，这倾向于抵消IS曲线向右上方的移动。不过，在古典主义模型中，政府采购的暂时性增加可以通过另一个渠道来增加产出。回想一下，如第10章的10.2节所讨论的，在古典主义模型中，政府采购的增加等同于人们财富的减少，因为当前或未来税收必须增加以给额外的政府支出买单。这种财富效应导致人们增加劳动力供给从而增加产出。于是，在凯恩斯主义和古典主义模型中，政府采购的暂时性增加都会导致产出的增加，虽然在这两种模型中是以不同机制来起作用的。

计算与政府采购的具体变化相联系的乘数的大小不是一件容易的事情，即使是事后分析也是如此，因为如此之多的其他冲击都会影响到经济和产出。加州大学圣迭哥分校(University of California at San Diego)的经济学家瓦莱莉·雷米(Valerie Ramey)评估了过去40年来的关于政府支出乘数大小的研究。① 你可以回想一下在第11章关于政府采购增加的效应的讨论中，乘数是由政府采购增加一单位所导致的产出的短期变化。雷米所评估研究中的共同发现是就由赤字来支撑的政府采购的暂时性增长（这描述了一部分的2009年的刺激方案）而言，政府支出乘数很可能是在0.8到1.5之间。因此，政府采购暂时增加1 000亿美元会增加800亿美元到1 500亿美元的GDP。

雷米的证据基于对多种不同情形下政府支出所做的大量研究。不过，你可能会认为当经济处于衰退中时以及经济中存在大量未雇用的资源时政府支出乘数比经济扩张时高。加州大学伯克利分校(University of Carlifornia at Berkeley)的艾伦·奥尔巴赫(Alan Auerbach)和尤里·戈罗德尼申科(Yuriy Gorodnichenko)在一个近期研究中使用一个允许经济处于扩张或衰退两种状态之一的模型考察了政府支出乘数。② 他们发现在经济扩张时政府支出乘数取值仅在0到0.5之间，但是在经济衰退时政府支出乘数

① "Can Government Purchases Stimulate the Economy?" *Journal of Economic Literature* (September 2011), pp. 673-685。

② "Measuring the Output Responses to Fiscal Policy," *American Economic Journal*: *Economic Policy* (March 2012), pp. 1-27。

就高出很多，其取值在 1 到 1.5 之间。

政府采购对经济的效应也会受货币政策回应的影响。纽约联邦储备银行的戈蒂·埃格森（Gauti Eggertsson）发现，如果货币政策如美国近些年来那样受处于零利率下限的约束，那么政府支出乘数会显著增大（见第 14 章关于零利率下限的讨论）。[1]

因此，这些实证证据表明政府采购的暂时性增加以取值在 0 到 1.5 之间的乘数影响产出。经济处于衰退中时的乘数比经济扩张时的乘数大。如果货币政策受处于零利率下限的约束，政府支出乘数则会更大。

15.4 赤字与通货膨胀

在本章的最后一节，我们讨论人们所表达的对赤字的另一个关切：赤字具有通货膨胀性。我们将说明赤字与通货膨胀之间的主要关联是赤字在某些情况下加快了货币供给的增长率，而高速度的货币增长接下来导致了通货膨胀。

□ 赤字与货币供给

当总需求的增加超过总供给的增加时会发生通货膨胀，也就是价格水平的上升。在 AD－AS 模型的分析框架中，假设长期总供给曲线（反映经济的生产能力）是固定的，要让价格水平上升，总需求曲线必须随时间向上移动。

古典主义和凯恩斯主义的经济模型都指出，赤字能导致总需求的增长快于总供给的增长，从而导致价格水平的上升。在这两种模型里，由政府采购增加所造成的赤字减少了国民储蓄，将 IS 曲线向右上方移动。总需求的增加导致了价格水平的上升。[2] 如果我们假设（像凯恩斯主义者通常所做的假设一样）李嘉图等价定理不成立，那么由减税或增加转移支付引起的赤字也会减少意愿国民储蓄，增加总需求，并提高价格水平。所以，扩张性财政政策（增加支出或减税）造成的赤字会与通货膨胀联系在一起。

然而，增加政府采购或者减税引起的只是总需求的一次性增加。因此，尽管我们预期扩张性财政政策会导致价格水平的一次性上涨（也就是通货膨胀的暂时性上升），然而我们并不预期增加政府采购或者减税会引起通货膨胀的持续上升。总的说来，唯一能支持总需求的增长并导致持续通货膨胀的因素是货币供给的持续增长。确实，高通货膨胀率几乎一成不变地与国家货币增长的高速度联系在一起（回想一下第 7 章的“应用：欧洲转型国家的货币增长与通货膨胀”）。因此，关键问题是：赤字能否导致货币供给的持续增长？

答案是肯定的。而两者的关联是当政府不能（或不愿）通过征税或者向公众借款来为其支出融资时为应付开支而印刷的货币。在一个极端的例子里，试设想一个想要支出 100 亿美元（比如用于购买潜艇）但又无能力征税或者向公众借款的政府。这个政府的一个选择是印刷价值 100 亿美元的现金，然后用这些现金来支付购买潜艇的货款。政府

① “What Fiscal Policy is Effective at Zero Interest Rates?” *NBER Macroeconomics Annual 2010*，Daron Acemoglu and Michael Woodford，editors (Chicago：University of Chicago Press，2011)，pp. 59－112。

② 古典分析预测政府采购的增加也将引起总供给增加，但我们已经假设了供给的作用小于需求的作用。

通过印刷货币获得的收入称为**铸币税**（seignorage）。任何拥有货币发行权力的政府都能使用铸币税；那些没有货币发行权力的政府（如美国的各州政府）不能使用铸币税。

实际上，那些想要通过铸币税来弥补赤字的政府并不是简单地印刷新通货，而是使用一种间接的程序。财政部授权数额与赤字相等的政府借款（在上例中是 100 亿美元），并且印刷和发售同样数额的新政府债券。因此，赤字仍然等于政府未清偿债务的变化［式（15－3)］。不过，新发行的政府债券并不是被售予公众，而是由财政部要求（或请求）中央银行购买这 100 亿美元的新债券。中央银行印刷 100 亿美元的新通货①，然后交付给财政部以换取债券，以完成对新债券的购买。新发行的通货随着政府将它用于不同的支出渠道（如购买潜艇）而进入流通。注意，当中央银行在公开市场上购买政府债券时，中央银行购买的债券会以所购买的数额增加基础货币（见第 14 章）。

赤字与基础货币的增加之间的准确关系如下：

$$\text{赤字}=\Delta B=\Delta B^{p}+\Delta B^{cb}=\Delta B^{p}+\Delta \text{BASE} \tag{15-6}$$

式（15－6）陈述了政府的（名义）赤字等于政府（名义）未清偿债务的新增总额 ΔB，其中又可以划分为由公众新增持有的政府债务 ΔB^{p} 和由中央银行新增持有的政府债务 ΔB^{cb}。由中央银行新增持有的政府债务又等于基础货币的增加 ΔBASE。基础货币的增加等于政府征收的铸币税数额。

赤字和货币供给之间的最后一个关联与货币供给和基础货币之间的关系有关。为使该关联容易理解，我们假设了一个全通货经济。具体说来，在一个全通货经济中没有银行，所有货币都是以通货的形式持有的。在一个全通货经济中，货币供给等于流通的通货总额（因为没有存款），基础货币等于流通的通货总额（因为没有银行准备金），所以货币供给与基础货币相等。因此，在一个全通货经济中，式（15－6）意味着：

$$\text{赤字}=\Delta B=\Delta B^{p}+\Delta B^{cb}=\Delta B^{p}+\Delta M \tag{15-7}$$

上式中，$\Delta \text{BASE}=\Delta M$。

为什么政府在知道持续地生成货币最终会导致通货膨胀的情况下还要使用铸币税来弥补赤字呢？在一般情况下，发达国家极少使用铸币税。例如，近年来（在 2008 年金融危机之前）美国的基础货币平均每年增加约 400 亿美元，等于约 2%的联邦政府收入。对铸币税的严重依赖通常发生在受战争重创的国家或者发展中国家，那些国家的军事或社会情况决定了政府的支出水平远高于通过税收或者向公众借款所能筹集的资金水平。

□ 实际铸币税的征收与通货膨胀

政府得自铸币税的实际收入数额与通货膨胀率密切相关。为考察这个关联，我们考虑一个全通货经济，其中的实际产出和实际利率固定不变，货币增长速度和通货膨胀率也保持不变。在这样一个经济里，货币需求的实际数量是固定的②，因而在均衡状态时实际货币的供给必定也是固定的。由于实际货币供给 M/P 不变，名义货币增长率 $\Delta M/$

① 中央银行新创造的货币也可表现为在中央银行的存款，但最终作用是一样的。

② 实际货币需求取决于实际产出和名义利率（我们假设货币的利率是固定的）。既然产出固定，并且实际利率和通货膨胀率也是固定的，那么名义利率也是固定的。因此，货币需求的实际数量也是固定的。

M 必须等于价格水平的增长率，也就是通货膨胀率 π：

$$\pi = \Delta M/M \tag{15-8}$$

式（15－8）表达了一个经济的通货膨胀率与货币增长率之间的密切关系。

在这个经济中，政府征收了多少铸币税呢？在任何时期，铸币税的名义价值都等于流通货币数量的增加 ΔM。将式（15－8）两边同时乘以 M，整理之后得到了铸币税名义价值的公式：

$$\Delta M = \pi M \tag{15-9}$$

铸币税的实际收入 R 是指新生成货币的实际价值，等于铸币税的名义收入 ΔM 除以价格水平 P。将式（15－9）两边同时除以价格水平 P，得到：

$$R = \Delta M/P = \pi M/P \tag{15-10}$$

式（15－10）说明了政府的实际铸币税收入 R 等于通货膨胀率 π 乘以实际货币供给 M/P。

式（15－10）说明了为什么有时经济学家称铸币税为**通货膨胀税**（inflation tax）。一般来说，就任何类型的税而言，税收收入等于税率乘以税基（被征税的对象）。对于通货膨胀税来说，税基为实际货币供给，税率为通货膨胀率。税基（实际货币供给）与税率（通货膨胀率）相乘，得出了总的通货膨胀税收收入。

政府如何征收通货膨胀税？由谁来缴纳？政府通过印刷货币（或者让中央银行发行新货币）并使用这些新生成的货币购买商品和服务来征收通货膨胀税。通货膨胀税是由持有货币的公众来支付的，因为通货膨胀侵蚀了货币的购买力。例如，当通货膨胀率为每年 10％时，一个持有通货一年的人便损失了这些货币 10％的购买力，因此事实上对实际货币持有量缴纳了 10％的税。

假设政府发现所征收的铸币税不足以应付支出所需，并开始更快地增加货币供给，那么货币增长率的增加是否会导致政府征收的实际铸币税上升呢？如式（15－10）所示，政府征收的实际铸币税是两项——通货膨胀率（税率）和实际货币供给（税基）——的乘积。通过提高货币增长率，政府可以增加通货膨胀率。但是，当利率固定时，通货膨胀率的上升将会提高名义利率，导致人们减少持有的实际货币数量。因此，实际铸币税收入是否随货币增长率的上升而增加取决于通货膨胀率 π 的增加是否超过实际货币持有量 M/P 的下降。①

图 15－9 通过展现实际利率固定为 3％时如何确定实际铸币税收入对此做了阐释。横轴度量的是货币的实际数量，纵轴度量的是名义利率。向下倾斜的 MD 曲线表示实际货币需求。它们之所以向下倾斜，是因为名义利率的上升会减少货币需求的实际数量。

在图 15－9(a) 中，实际通货膨胀率和预期通货膨胀率均为 8％，所以（对于 3％的实际利率来说）名义利率为 11％。当名义利率为 11％时，人们愿意持有的实际货币数量是 1 500亿美元（H 点）。使用式（15－10），我们发现铸币税收入的实际价值为 120（＝0.08×

---

① 通货膨胀率上升对铸币税收入有两个方向相反的效应并进而导致实际货币持有量下降，类似于本章的"应用：供给学派经济学"中所讨论的劳动收入税率下降对劳动收入的税收收入的影响以及所导致的劳动收入增加的后果。

1 500）亿美元。实际铸币税收入在图形中由长方形阴影区域表示。这个长方形的高度等于通货膨胀率（8%），它的宽度等于由公众持有的实际货币数量（1 500 亿美元）。

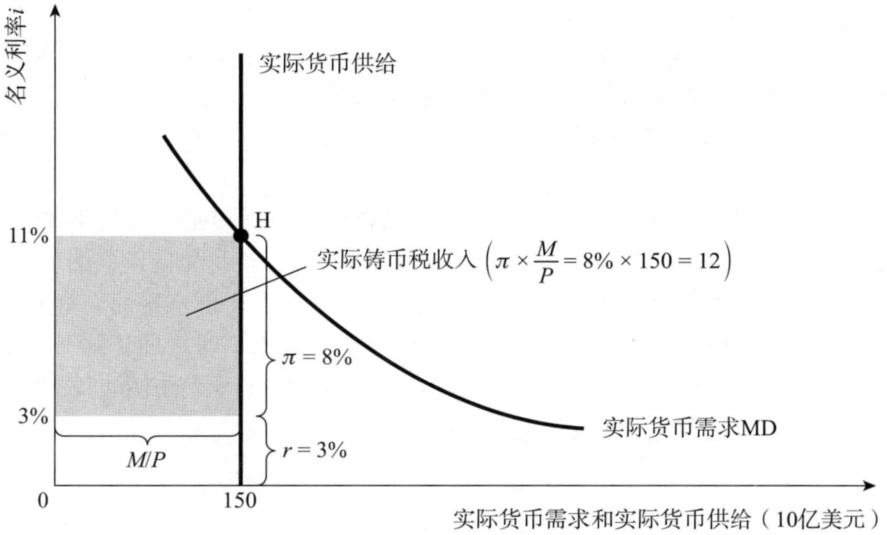

（a）π=8%时实际铸币税收入的决定

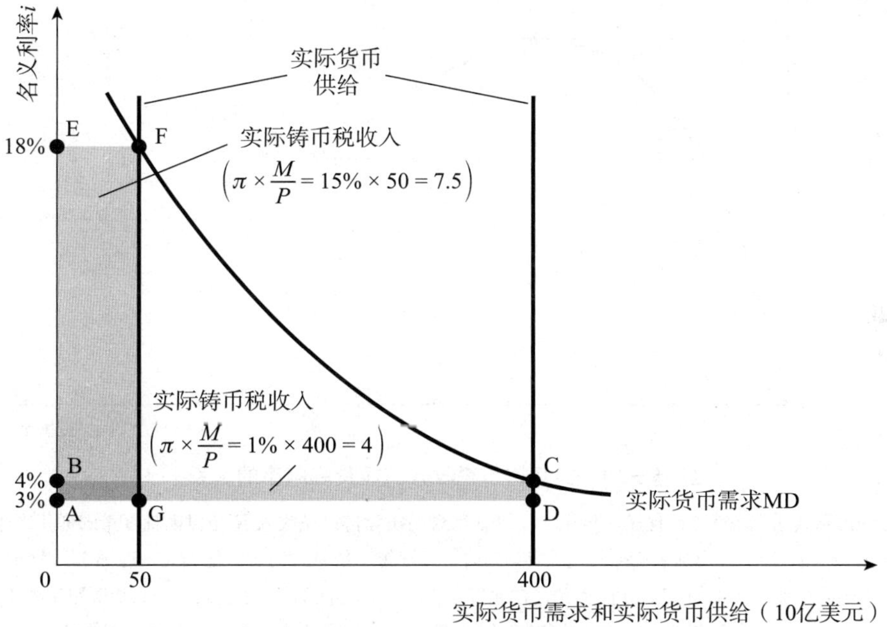

（b）π=1%和π=15%时实际铸币税收入的决定

图 15－9　实际铸币税收入的确定

说明：(a) 向下倾斜的曲线 MD 是给定实际收入水平时的货币需求函数。实际利率被假定为 3%。当通货膨胀率为 8%时，名义利率为 11%，并且由公众持有的实际货币数量是 1 500 亿美元（H 点）。长方形阴影区域代表的是政府征收的实际铸币税收入，等于通货膨胀率（8%）乘以实际货币存量（1 500 亿美元），也就是 120 亿美元。

(b) 实际货币需求 MD 与图 15－9(a) 中的相同，并且实际利率保持在 3%。当通货膨胀率为 1%时，名义利率为 4%，并且由公众持有的实际货币数量为 4 000 亿美元。在这种情形下，实际铸币税收入等于长方形 ABCD 的面积，也就是 40 亿美元。当通货膨胀率为每年 15%时，名义利率为 18%，由公众持有的实际货币数量是 500 亿美元。在这种情况下，实际铸币税收入等于长方形 AEFG 的面积，也就是 75 亿美元。

图 15－9(b) 展示了当面临两个不同的通货膨胀率时铸币税收入的实际数量。图 15－9(b) 中的实际利率（3%）和实际货币需求曲线与图 15－9(a) 中的相同。当通货膨胀率为每年 1%时，名义利率为 4%，并且由公众持有的实际货币数量为 4 000 亿美元。实际铸币税收入等于 40（=0.01×4 000）亿美元，也就是长方形 ABCD 的面积。在另一种情形中，当通货膨胀率为每年 15%时，名义利率为 18%，由公众持有的实际货币数量是 500 亿美元。在这种情况下，实际铸币税收入是 75 亿美元，也就是长方形 AEFG 的面积。

将图 15－9(a) 和图 15－9(b) 相比较，可以看出当通货膨胀率为每年 8%时，实际铸币税收入要高于当通货膨胀率为每年 1%或者 15%时的铸币税收入。图 15－10 绘出了通货膨胀率与实际铸币税收入间的关系。当通货膨胀率处于低水平时，通货膨胀率的上升会增加实际铸币税收入。然而，当通货膨胀率处于高水平时，通货膨胀率的上升会减少实际铸币税收入。在图 15－10 中，当通货膨胀率为每年 8%的中间水平时，实际铸币税收入达到了最大化数量（即 120 亿美元）。

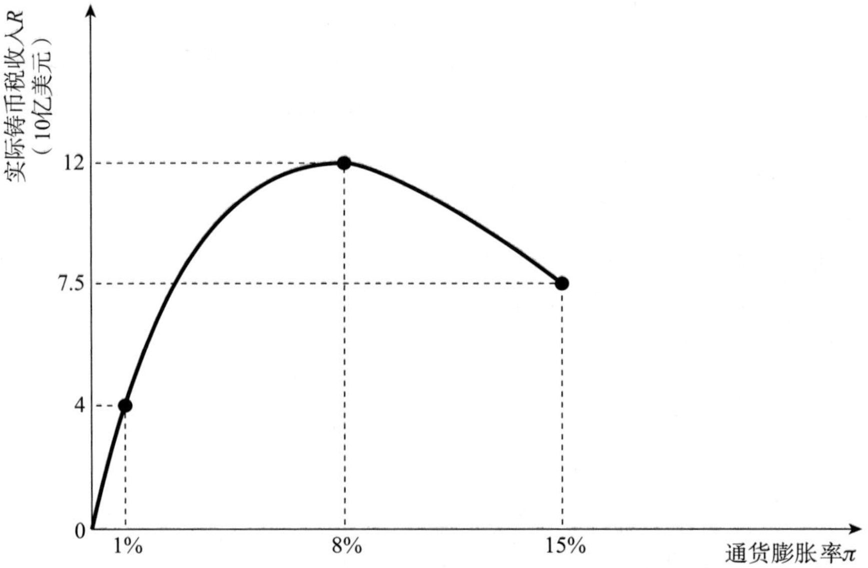

图 15－10　实际铸币税收入与通货膨胀率的关系

说明：该图延续图 15－9 中的例子，展示了以纵轴度量的实际铸币税收入 R 与以横轴度量的通货膨胀率 π 之间的关系。在图 15－9(a) 中，当通货膨胀率为每年 8%时，实际铸币税收入为 120 亿美元。在图 15－9(b) 中，实际铸币税收入在通货膨胀率为 1%时为 40 亿美元，在通货膨胀率为 15%时为 75 亿美元。当通货膨胀率处于低水平时，通货膨胀率的上升会增加铸币税收入；当通货膨胀率处于高水平时，通货膨胀率的上升则会减少铸币税收入。在这个例子中，政府能获得的最大铸币税收入数量为 120 亿美元，发生于通货膨胀率为 8%时。

如果政府试图征收超过最大化数量的实际铸币税收入，情况会怎样呢？如果它确实那么做了，通货膨胀率将会上升，但政府铸币税收入的实际价值会随着持有的实际货币下降而减少。如果政府继续提高货币生成的速度，那么经济将会经历高通货膨胀甚至恶性通货膨胀。通货膨胀会一直持续，直到政府通过平衡预算或者其他方式来弥补其赤字，以降低货币生成的速度。

在一些恶性通货膨胀的例子里，急需收入的政府将货币生成的速度提高到远高于最大化实际铸币税收入的水平之上。例如，在第一次世界大战后冲击德国的极端恶性通货膨胀中，快速的货币创造将通货膨胀率推到每月 322%的水平。相反，哥伦比亚大学的菲利普·卡根（Philip Cagan）[①] 在关于德国恶性通货膨胀的经典研究中，计算出能使德国政府的实际铸币税收入最大化的固定通货膨胀率仅为每月 20%。

应用

量化宽松与通货膨胀

基于我们对铸币税收入的讨论，我们是否应当担心量化宽松会导致通货膨胀呢？毕竟在量化宽松下，中央银行在公开市场买进金融证券，增加了基础货币。如我们在式（15－6）中所注意到的，随着中央银行在公开市场上买进债券，基础货币的增加能为政府赤字提供资金。所以，量化宽松是否会导致未来的通货膨胀呢？

在 2008 年金融危机的余波中，美国、英国、日本和欧洲的中央银行都致力于量化宽松。因为基础货币的增加大多数都被作为银行准备金持有，量化宽松导致银行准备金急剧增加。不过，在以上这些国家中，短期利率接近于零（如在“应用：是否确实存在零利率下限？”中所讨论的，短期利率有时甚至是负值），所以银行持有准备金的机会成本非常低。因为银行愿意持有数量很大的准备金，准备金-存款比显著上升，从而减小了货币乘数［参见式（14－5）］，结果就是货币供给本身并没有增长多少。因为货币供给没有快速上升，同时因为金融方面的忧虑导致人们增加货币需求，因此在这些国家中通货膨胀率保持在低水平。事实上，在这些国家中，中央银行面临的挑战是如何将通货膨胀率推高到其目标水平（通常为 2%）。

量化宽松是否有可能在经济从金融危机回到正常状态之后导致未来的通货膨胀？根据常理推测，随着经济走强，银行会选择贷出准备金。当其他都不变时，准备金-存款比会下降，货币乘数和货币供给会上升，而货币供给的增加会导致通货膨胀。然而，中央银行已经说得很清楚，随着经济走强，它们会应之以加息。例如，美联储计划提高对银行准备金支付的利息，防止准备金-存款比的可能下降并避免货币供给和通货膨胀的过度快速上升。在长期，美联储会允许它所拥有的证券自然到期，或者进行公开市场卖出，二者都会直接减少基础货币。基础货币的下降也能够起到防止货币供给增长过快的作用。

金融市场的参与者看起来相信美联储和其他中央银行有工具来防止量化宽松引发通货膨胀。敏感于预期通货膨胀的长期利率在所有这些实行量化宽松的国家都保持在非常低的水平，这说明投资者愿意拥有债券，并没有担心通货膨胀会削弱这些债券的购买力。除此之外，对预测者的调查表明他们对美国的通货膨胀的长期预期相当低，和美联储 2%的通货膨胀目标水平相呼应。

本章小结

1. 政府支出包括政府采购、转移支付以及净利息支付。为支付它们，政府通过四种类型的税来获

① “The Monetary Dynamics of Hyperinflation,” in Milton Friedman, ed., *Studies in the Quantity Theory of Money*, Chicago: University of Chicago Press, 1956.

取收入：个人税、社会保险缴费、对生产和进口的征税以及公司税。

2. 政府预算赤字等于政府支出减去税收收入，代表着政府在这一年必须借入的数额。政府的基本赤字是指总赤字减去净利息支付。基本赤字表明了在这一年中当前项目的成本（以当前政府采购和转移支付度量）超过当前税收收入的数额。

3. 财政政策通过对总需求、政府资本的形成以及激励机制的作用来影响经济。

4. 政府采购的增减通过改变意愿国民储蓄和移动 IS 曲线来影响总需求。如果李嘉图等价定理如同凯恩斯主义者认为的那样不成立，那么税收的变化也会影响意愿国民储蓄、IS 曲线以及总需求。政府预算中的自动稳定器在经济衰退时自动地增加支出或者降低税收，有助于减缓经济衰退中总需求的下降幅度。充分就业赤字是假设经济处于充分就业时的赤字水平（给定当前的政府支出项目和税法）。由于自动稳定器在经济衰退时增加支出或者降低税收，实际的赤字在经济衰退时会上升到高于充分就业赤字的水平。

5. 政府资本的形成有助于增加经济的生产能力。政府资本的形成包括在物质资本（公路、学校）和人力资本（教育、儿童营养）上的投资。政府投资的官方度量仅包括在物质资本上的投资。

6. 平均税率是指总收入中用于付税的比例，边际税率是指每 1 美元的额外收入中必须用于付税的比例。平均税率的改变和边际税率的改变对经济行为有着不同的作用。例如，平均税率的上升（边际税率不变时）增加了劳动力供给，但边际税率的上升（平均税率不变时）则减少了劳动力供给。

7. 政策制定者必须注意到税收引起的经济行为与没有税收时相比发生的扭曲或者偏离。使扭曲最小化的一个策略是，在不同时间里保持税率大致稳定，而不是在高税率和低税率间变动。

8. 国民债务等于政府未清偿债券的价值。以名义价值表示的政府预算赤字等于政府债务的变化。债务-GDP 比随时间的变化取决于赤字与名义 GDP 之比、总债务与名义 GDP 之比以及名义 GDP 的增长速度。

9. 赤字如果引起国民储蓄下降，则会成为未来世代的负担，因为国民储蓄的减少意味着该国的资本和外国资产会比没有赤字的时候少。李嘉图等价定理指出，由减税引起的赤字不会影响消费，从而不会影响国民储蓄。按照李嘉图主义者的观点，减税之所以不会影响消费，是因为减税所造成的消费者当前收入的增加将被未来增税的前景所抵消，消费者福利因此没有变化。理论上，如果政府债务不是由当前的一代偿还，那么李嘉图等价定理仍然能够成立，只要人们关心他们后代的福利，并选择不以后代为代价来获得更多的消费。

10. 在以下情况中李嘉图等价定理可能会不成立，由此减税会影响国民储蓄：①借贷约束使得有些人无法随心所欲地消费；②人们是短视的，并且不将税收的预期未来变化考虑进他们的计划中；③人们没有留下遗产；④税收不是定额的。对李嘉图等价定理的实证证据则是正反皆有。

11. 当政府通过印刷货币来弥补赤字时，赤字与通货膨胀率存在着关联。政府通过印刷货币所筹集的收入数量被称为铸币税。铸币税的实际价值等于通货膨胀率乘以实际货币供给。提高通货膨胀率并不总能增加政府的实际铸币税，因为通货膨胀的上升导致人们持有的货币实际数量减少。试图将铸币税的征收提高到高于其最大化水平将导致恶性通货膨胀。

关键术语

自动稳定器	平均税率	扭曲	充分就业赤字
政府资本	政府债务	通货膨胀税	边际税率
基本政府预算赤字	铸币税	供给学派经济学	税率平稳化

关键等式

$$\Delta B = 名义政府预算赤字$$

政府债务名义价值的变化等于名义政府预算赤字。

$$债务\text{-}GDP比的变化 = \frac{赤字}{名义GDP} - \frac{总债务}{名义GDP} \times 名义GDP增长率$$

政府未清偿债务与 GDP 之比的变化取决于赤字与名义 GDP 之比、总债务与名义 GDP 之比以及名义 GDP 的增长速度。

$$\begin{aligned} 赤字 &= \Delta B = \Delta B^{p} + \Delta B^{cb} \\ &= \Delta B^{p} + \Delta M \end{aligned}$$

赤字等于政府未清偿债务存量 B 的增加，并且等于由公众持有的政府债务 ΔB^{p} 与由中央银行持有的政府债务 ΔB^{cb} 之和。中央银行持有债务的新增部分等于基础货币的增加，在一个全通货经济中也就等于货币供给 M 的增加。

$$R = \Delta M/P = \pi M/P$$

在一个全通货经济里，实际铸币税收入 R 等于货币供给的增加 ΔM 除以价格水平 P。这个比例又等于通货膨胀率（对货币的税率）乘以实际货币供给（税基）。

复习题

1. 政府支出有哪些主要组成部分？政府收入的主要来源有哪些？联邦政府支出和收入的结构与州及地方政府有何区别？
2. 解释政府预算总赤字、当前赤字与基本赤字的区别。为什么需要这三个赤字概念？
3. 政府债务如何与政府赤字联系在一起？什么因素会导致债务-GDP 比的大幅增加？
4. 财政政策影响宏观经济的三种主要方式是什么？试简要解释政策运作的每种渠道。
5. 试定义自动稳定器，并举一个例子。对于反经济衰退性财政政策的支持者来说，自动稳定器和其他类型的税收与支出政策相比有何优点？
6. 举一个能说明个人收入的平均税率和边际税率之间区别的数字例子。就固定的税前实际工资来说，哪种税率能最直接地影响个人感受到的富有程度？哪种税率能影响多工作 1 小时的收益？
7. 为什么经济学家建议税率在不同时间里大致保持稳定，而不是在高水平和低水平间来回变动？
8. 政府债务以何种方式成为未来世代的潜在负担？李嘉图等价定理与政府债务成为负担的观点有何关系？
9. 试讨论李嘉图等价定理不能完全成立的四个理由。
10. 试定义通货膨胀税（也称为铸币税）。政府如何征收这种税？由谁缴纳？政府是否总能通过增加货币增长和通货膨胀来提高它的实际收入？

计算题

1. 下面是一个具有中央政府和州政府的国家的预算数据：

中央政府采购的商品和服务＝200
州政府采购的商品和服务＝150
中央政府的转移支付＝100
州政府的转移支付＝50
援助拨款（中央政府给州政府）＝100
中央政府的税收收入＝450
州政府的税收收入＝100
中央政府得自私人部门的利息＝10
州政府得自私人部门的利息＝10
中央政府的总债务＝1 000
州政府的总债务＝0
州政府持有的中央政府债务＝200
名义利率＝10％

分别计算中央政府、州政府、各级政府合并后的赤字和基本赤字。

2. 国会投票通过了一个特殊的 10 亿美元的一次性转移支付，以挽救老式产业。征收的税不变，并且至少在近几年内都不会发生变化。这个行动会使赤字和基本赤字在转移支付发生的这一年里增加多少？下一年呢？再下一年呢？假设名义利率固定为 10％。

3. 由于自动稳定器的存在，政府预算的各组成部分取决于产出 Y。下面是预算的主要组成部分：

税收收入：$1\,000+0.1Y$
转移支付：$800-0.05Y$
政府采购：1 800
利息支付：100

充分就业产出为 10 000。就下列条件，找出实际预算赤字和充分就业赤字：

a. $Y=12\,000$。

b. $Y=10\,000$。

c. $Y=8\,000$。

总的说来，实际预算赤字和充分就业赤字间的关系如何取决于经济的状态？

4. 假设所得税法规免除了低于 8 000 美元收入的纳税义务，对介于 8 000～20 000 美元之间的收入按照 25％的税率课税，对高于 20 000 美元的收入按照 30％的税率课税。

a. 分别算出收入为 16 000 美元和 30 000 美元的人的平均税率和边际税率。

b. 现在税法发生了变化：对少于 6 000 美元的收入不征税，对 6 000～20 000 美元的收入按照 20％的税率征税，对超过 20 000 美元的收入继续按照 30％的税率征税。问题同 a。

c. 问题 b 的税法变化如何影响初始收入为 16 000 美元的人的劳动力供给？如何影响收入为 30 000 美元的人的劳动力供给？

5. 假设所有工人都将他们的闲暇估价为每天 90 种商品。将每天的产出 Y 与每天工作的人数 N 联系起来的生产函数是：

$$Y=250N-0.5N^2$$

对应于这个生产函数，劳动力边际产量为：

$$\text{MPN}=250-N$$

a. 假设没有税收。实际工资、劳动力 N 以及产出 Y 的均衡值是多少？（提示：在均衡状态，实际工资与劳动力边际产量以及工人对一天闲暇的估价都相等。）

b. 对工资收入征收25%的税。实际工资、劳动力 N 以及产出 Y 的均衡值是多少？以失去的产出表示，该税的扭曲成本是多少？

c. 假设工资的税率上升到50%。实际工资、劳动力 N 以及产出 Y 的均衡值是多少？以失去的产出表示，税率升高后的扭曲成本是多少？比较50%的税率和25%的税率造成的扭曲成本。与25%的税率造成的扭曲成本相比，50%的税率造成的扭曲成本是其两倍大、超过两倍还是小于两倍？你的答案如何与税率平稳化相联系？

6. 在下面每种假设下，找出在不提高债务-GDP比的情况下政府能够运行的最大名义赤字。

a. 名义GDP增长率为10%并且未清偿的名义债务为1 000。

b. 实际GDP为5 000并保持不变，名义GDP初始为10 000，通货膨胀率为5%并且债务-GDP比为0.6。

7. 在本题中，你需要分析以下问题：通过发行新债券，并将所得收入用于支付原来债券的利息，政府能否永远避免偿还它的债务？

a. 假设名义GDP为10亿美元，政府的未清偿债券为1亿美元。这些债券是名义利率为7%的1年期债券。名义GDP的增长率为每年5%。从现在开始，政府永远以零基本赤字运行，并通过发行新债券来支付未清偿债务的利息。当前债务-GDP比是多少？在1年、2年、5年、10年后这个比例会是多少？假设如果债务-GDP比超过了10，公众就会拒绝购买额外的政府债券。债务-GDP比是否会达到那样的水平？政府是否会有一天不得不用基本盈余来偿还它的债务？或者它能否永远避免偿还债务？为什么？

b. 在名义GDP增长率为每年8%以及政府债券的名义利率为每年7%的条件下重做问题a。

8. 在一个固定实际产出、固定实际利率、固定通货膨胀率和固定货币增长率的全通货经济中，实际货币需求为：

$$L=0.2Y-500i$$

式中，Y 为实际产出，i 为名义利率。在均衡状态，实际货币需求 L 等于实际货币供给 M/P。假设 Y 为1 000，实际利率 r 为0.04。

a. 以纵轴表示实际铸币税，以横轴表示通货膨胀率，绘图并计算出当通货膨胀率为0，0.02，0.04，0.06，…，0.30时铸币税的值。

b. 使得铸币税最大化的通货膨胀率是多少？

c. 铸币税收入的最大数额是多少？

d. $Y=1\ 000$，$r=0.08$。问题同a～c。

9. 考虑一个货币供给包括通货和存款的经济。基础货币的增长率、货币供给的增长率以及预期通货膨胀率都固定为每年10%。产出和实际利率也是固定的。截至2016年1月1日，这个经济的货币数据如下：

非银行公众持有的现金＝200美元

银行准备金＝50美元

基础货币＝250美元

存款＝600美元

货币供给＝800美元

a. 这一年铸币税的名义价值是多少？（提示：这一年中共生成了多少基础货币？）

b. 假设存款和银行准备金都没有利息，并且银行将没有用作准备金的存款按照市场利率贷出。谁来支付通货膨胀税（以名义价值度量）？支付了多少？（提示：在这个例子中，由银行支付的通货膨胀税是负数。）

c. 假设对存款支付市场利率。谁来支付通货膨胀税？支付了多少？

分析题

1. 为什么有些州及地方政府的支出是由来自联邦政府的援助拨款支付的，而不是每个州及地方政府都通过对其居民征税来满足其支出所需？援助拨款体系的优点和缺点是什么？

2. 转移支付项目和税收都会影响激励机制。考虑一个旨在帮助穷人的项目，该项目向援助领取者承诺了最低 10 000 美元的收入。也就是说，如果领取人的收入少于 10 000 美元，那么这个项目会贴补其收入与 10 000 美元之间的差额。

试解释为什么这个项目会对低工资领取人的激励机制有负面影响。（提示：先表明该项目等同于给予每个领取者 10 000 美元，然后按照一个更高的边际税率对他的劳动收入征税。）试描述一个包含更好激励机制的转移支付项目。这个计划是否有缺点？如果有，是什么？

3. a. 使用名义赤字等于名义基本赤字加上政府债务的利息支付的事实，重新整理式（15－4），以表明债务-GDP 比的变化是基本赤字与 GDP 之比、债务与 GDP 之比以及名义 GDP 和名义利率增长率之差的函数。

b. 说明如果基本赤字为零，那么债务-GDP 比的变化等于债务-GDP 比和实际利率超过实际 GDP 增长率部分的乘积。

4. 有人提议了迫使国会每年平衡预算的宪法修正案（也就是说，每年的支出必须等于收入）。讨论这一修正案的优缺点。如果缺少这样一个修正案会导致联邦政府产生大量赤字，那么平衡预算的修正案将如何影响下列几项？

a. 自动稳定器的使用。

b. 国会使得税率随时间“平稳化”的能力。

c. 国会进行资本投资的能力。

宏观经济数据分析

1*. 使用自 1959 年以来的季度数据，绘出联邦政府支出和收入占 GDP 的百分比。再分别绘出州及地方政府支出和收入占 GDP 的百分比。比较这两幅图形。联邦和州/地方政府在以下方面有何不同？(1) 总支出和税收的增长；(2) 产生赤字的倾向。

2*. 使用自 1948 年以来的季度数据，绘出联邦赤字占 GDP 的百分比。用直线将图中经济周期的波峰和波谷的点连起来。联邦赤字有何周期性表现？

对州及地方政府重复同样的练习。与联邦赤字相比，州及地方政府赤字是否对周期性更敏感？

3. 到国会预算办公室的网站找到对未来 5 年政府预算赤字的预测。比较在这些年份中，政府预算赤字与潜在 GDP 之比和充分就业赤字与潜在 GDP 之比的大小，并将你的结果与图 15－5 中展示的历史轨迹相比较。什么样的宏观经济因素或政策因素导致了你所观察到的在赤字度量上发生的差别？

附录 15. A 债务-GDP 比

我们在本附录中展示债务-GDP 比是如何演变的［式（15－4）］。如果用 Q 代表政府债务占 GDP 的比例（即债务-GDP 比），那么根据定义，有

$$Q=\frac{B}{PY} \tag{15. A - 1}$$

式中，B 为政府未清偿债券（政府债务）的名义价值；P 为价格水平；Y 为实际 GDP（于是，PY 为名义 GDP)。一个有用的法则是，任何比例的百分比变化都等于分子的百分比变化减去分母的百分比变化（本书附录 A. 7 节）。将该法运用于式（15. A - 1)，可得：

$$\frac{\Delta Q}{Q}=\frac{\Delta B}{B}-\frac{\Delta(PY)}{PY} \tag{15. A - 2}$$

现在将式（15. A - 2）的左边乘以 Q，将其右边乘以 $B/(PY)$，就如式（15. A - 1）所描述的 $Q=B/(PY)$。这样可得出：

$$\frac{\Delta Q}{Q}\times Q=\frac{\Delta B}{B}\times\frac{B}{PY}-\frac{\Delta(PY)}{PY}\times\frac{B}{PY}$$

化简上式，得出：

$$\Delta Q=\frac{\Delta B}{PY}-\frac{B}{PY}\times\frac{\Delta(PY)}{PY} \tag{15. A - 3}$$

用文字表述就是，债务- GDP 比的变化=赤字/GDP－债务- GDP 比×名义 GDP 的增长率。式(15. A - 3)等同于式（15 - 4)。

附录 A 一些有用的分析工具

在本附录中，我们将回顾本书中用到的一些基本代数和图形工具。

A.1 函数与图形

函数是指两个或两个以上变量间的关系。为了在经济学方面举例说明函数的含义，假设在某一个公司里每个受雇工人每天生产 5 个单位的产出。令

N＝该公司雇用的工人数目(简称工人数目)

Y＝该公司总的日产出(简称产出)

在这个例子里，产出 Y 和工人数目 N 的关系为：

$$Y=5N \tag{A-1}$$

式（A-1）是一个将变量 Y 与变量 N 联系起来的函数例子。使用这个函数，就任何给定的工人数目 N，我们可以计算该公司每天能生产的产出 Y 的总数量。例如，如果 $N=3$，那么 $Y=15$。

函数既可以用代数形式表示，也可以用图形形式表示。图 A-1 显示了 N 的值处于 0～16 时的函数 $Y=5N$。以纵轴表示产出 Y，以横轴表示工人数目 N。直线 AB 上的点满足式（A-1）。例如，在 A 点，$N=4$，$Y=20$，这是一个满足式（A-1）的 N 和 Y 的组合。类似地，在 B 点，$N=12.5$，$Y=62.5$，同样满足 $Y=5N$ 的关系。注意，（例如在 B 点）Y 和 N 的关系允许变量取非整数的值。允许 Y 和 N 取分数值是合理的，因为工人可以半职工作或者加班，并且一个单位的产出在一天内也许只能完成一部分。

诸如 $Y=5N$ 这样图形为直线的函数称为线性函数。图形为非线性的函数称为非线性函数。非线性函数的一个例子为：

$$Y=20\sqrt{N} \tag{A-2}$$

图 A-2 显示了非线性函数 $Y=20\sqrt{N}$ 的图形。曲线上的所有点都满足式（A-2）。例如，在 C 点，$N=4$，$Y=20\sqrt{4}=40$。在 D 点，$N=9$，$Y=20\sqrt{9}=60$。

到目前为止给出的函数例子都是数值关系，我们也可以用字母或符号等更广义的术

语来表示函数。例如，我们可能写出：

$$Y=G(N) \tag{A-3}$$

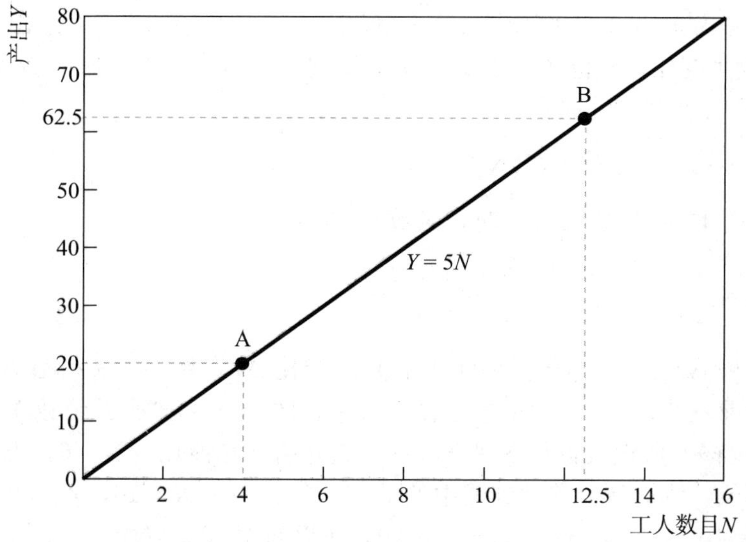

图 A-1

说明：直线 AB 上的点满足式 $Y=5N$。因为函数 $Y=5N$ 的图形是一条直线，所以它被称为线性函数。

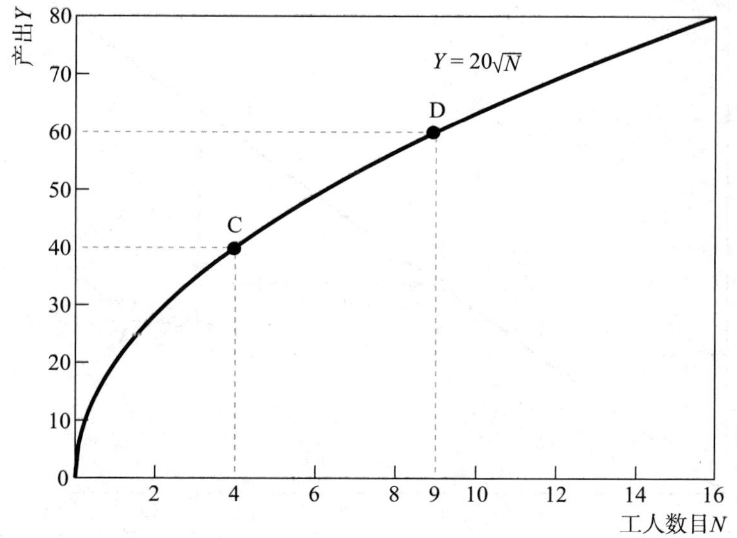

图 A-2

说明：图中绘出了函数 $Y=20\sqrt{N}$ 的图形，该函数为非线性函数。

式（A-3）表明工人数目 N 和产出 Y 之间存在着某个广义的关系，由函数 G 表示。式（A-1）和式（A-2）所给出的数字函数是这个广义函数的具体例子。

A.2 函数的斜率

假设 N 和 Y 两个变量通过函数 $Y=G(N)$ 相互关联。一般来说，如果我们从满足函数G的N和Y的某一特定组合开始，函数G在这一点的斜率表明当N改变一个单位时Y会改变多少。

为更准确地定义斜率，我们假设N的现值是一个特定数N_1，那么Y的现值等于$G(N_1)$。现在考虑，如果N增加了ΔN（ΔN读作“N的变化”）。产出Y取决于N，所以如果N发生变化，Y也必须改变。N的值现在是$N_1+\Delta N$，所以N增加后Y的值是$G(N_1+\Delta N)$。Y的变化是：

$$\Delta Y=G(N_1+\Delta N)-G(N_1)$$

当N从N_1增加到$N_1+\Delta N$时，函数G的斜率为：

$$\text{斜率}=\frac{\Delta Y}{\Delta N}=\frac{G(N_1+\Delta N)-G(N_1)}{(N_1+\Delta N)-N_1} \tag{A-4}$$

注意，如果$\Delta N=1$，那么斜率就等于Y的变化ΔY。图A-3和图A-4用图形表示了如何决定前一节讨论过的两个函数的斜率。图A-3显示了函数$Y=5N$的图形（与图A-1一样）。假设我们从图A-3的E点开始，在该点，$N=6$，$Y=30$。如果N增加了4个单位，我们就会移动到图中的F点。在该点，$N=10$，$Y=50$。在E点和F点之间，$\Delta N=10-6=4$，$\Delta Y=50-30=20$，所以斜率$\Delta Y/\Delta N=20/4=5$。

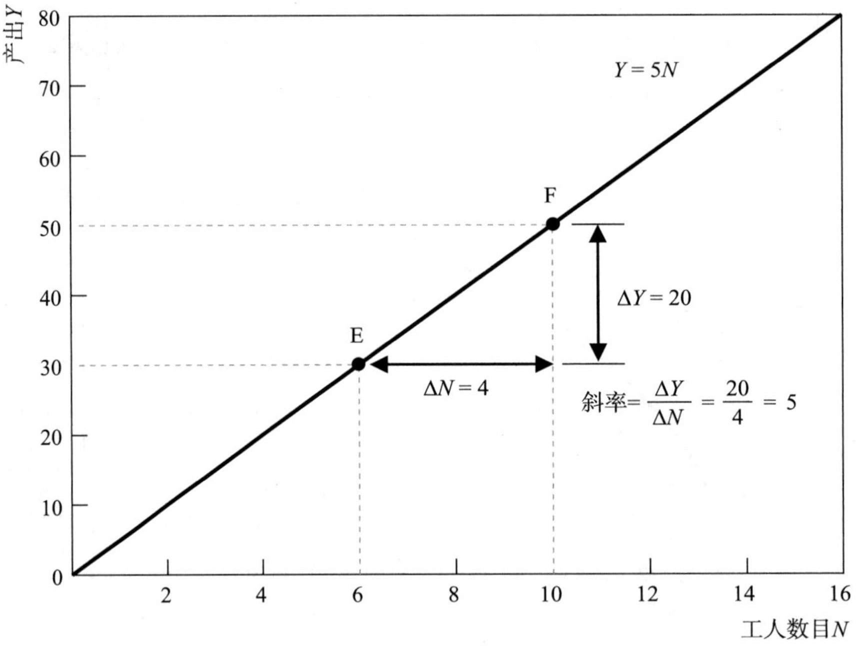

图A-3

说明：一个函数的斜率等于纵轴变量（Y）的变化除以横轴变量（N）的变化。例如，在E点和F点之间横轴的增加量（ΔN）为4，纵轴的增加量（ΔY）为20。因此，该函数在E点和F点之间的斜率（$\Delta Y/\Delta N$）等于5。一般来说，线性函数的斜率为常数，所以该函数在任何两点之间的斜率都等于5。

一般来说，线性函数的斜率在各点都是一样的。你可以通过就任何变化ΔN，ΔY都等于$5\Delta N$来为线性函数$Y=5N$证明这个结果。所以，对这个特定的线性函数来说，斜率$\Delta Y/\Delta N$总是等于5这一常数。

对于像$Y=20\sqrt{N}$这样的非线性函数来说，斜率不是固定的，而是取决于N的初始值和N变化的大小。图A－4演示了函数$Y=20\sqrt{N}$的图形（与图A－2相同），并说明了这些结果。假设我们一开始处于$N=1$，$Y=20$的G点，并且我们增加了8个单位的N。N增加之后，我们处于$N=9$，$Y=20\sqrt{9}=60$的D点。在G点和D点之间，$\Delta N=9-1=8$，$\Delta Y=60-20=40$，所以该函数在G点和D点间的斜率是$40/8=5$。从几何意义上说，该函数在G点和D点间的斜率等于连接G点和D点的直线斜率。

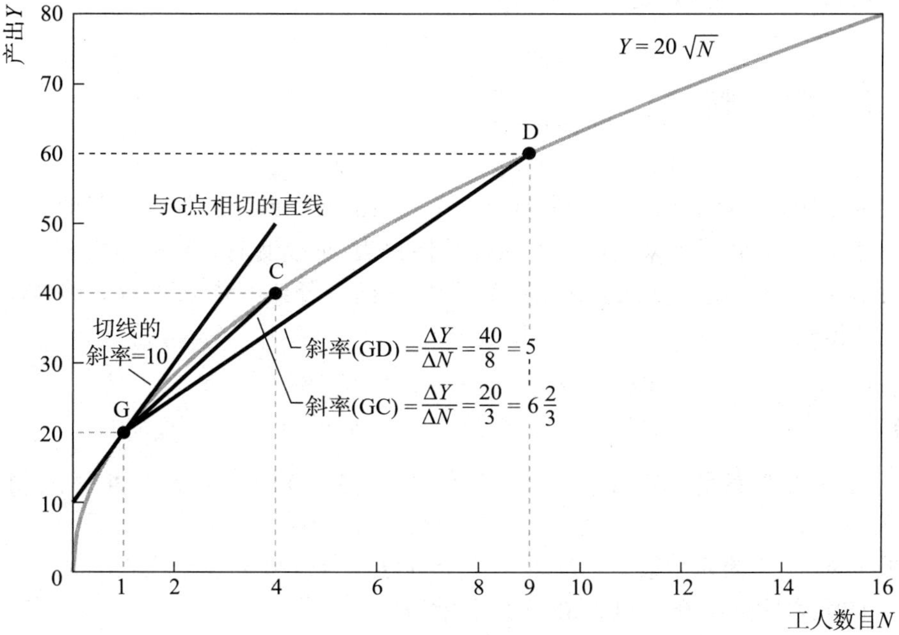

图A－4

说明：在G点和D点之间，横轴的变化（ΔN）为8，纵轴的变化（ΔY）为40，所以该函数在G点和D点间的斜率（$\Delta Y/\Delta N$）是$40/8=5$。该斜率和直线GD的斜率相同。类似地，该函数在G点和C点间的斜率是$\Delta Y/\Delta N=20/3=6.67$。与G点相切的直线的斜率为10，近似等于$N$发生微小变化时该函数的斜率。通常说来，当我们提到非线性函数在某一点的斜率时，我们指的是与此函数在该点相切的直线的斜率。

再从图A－4中的G点开始，如果我们只将N增加了3个单位，就会达到$N=4$，$Y=20\times\sqrt{4}=40$的C点。在这种情形里，$\Delta N=3$，$\Delta Y=40-20=20$，所以在G点和C点间的斜率是$20/3=6\frac{2}{3}$，不同于我们先前计算得出的N增加8个单位时等于5的斜率。从几何意义上说，连接G点和C点的直线斜率大于连接G点和D点的直线斜率，也就是直线GC要比直线GD陡峭。

在图A－4里，我们也画出了一条与该函数在G点相交，但不与函数曲线相交的直线。这条直线与该函数的图形在G点相切。如果你从G点开始，找到ΔN取不同值时该函数的斜率，那么你会发现ΔN的值越小，斜率就会越接近于切线的斜率。例如，如果你比较直线GD（$\Delta N=8$）和直线GC（$\Delta N=3$）的斜率，那么你会看到在这两条直线中，GC更接近于在G点的切线斜率。如果ΔN的值小于3，那么它的斜率会更接近于切线的斜率。

这些观察引出了一个重要结论：当ΔN的值很小时，一个函数在任何一点的斜率近似于与该函数在该点相切的直线的斜率。除非特别标明，当我们提到非线性函数的斜率时，我们是指该函数在特定点的切线斜率。因此，在图 A-4 中，函数在 G 点的斜率是指该函数在 G 点的切线斜率，等于 10。①

图 A-4 中说明的数值例子显示了非线性函数的斜率取决于 N 增加的规模。非线性函数的斜率也取决于在哪一点度量。例如，在图 A-4 中，注意与 D 点相切的直线斜率将会小于与 G 点相切的直线斜率。因此，这个特定函数的斜率（相对于 N 的微小变化来度量）在 G 点要大于 D 点。

A.3 弹　性

与斜率一样，弹性表示一个变量对另一个变量的改变所做出的反应程度。再次假设存在一个将 Y 和 N 联系起来的函数，该函数使得当 N 改变时，Y 也随之变化。Y 对于 N 的弹性被定义为 Y 的百分比变化 $\Delta Y/Y$ 除以 N 的百分比变化 $\Delta N/N$。将这个公式写出来，我们得到：

$$Y \text{ 对于 } N \text{ 的弹性} = \frac{\Delta Y}{Y} \Big/ \frac{\Delta N}{N}$$

由于函数的斜率是 $\Delta Y/\Delta N$，因此我们也可将 Y 对于 N 的弹性写成斜率乘以 (N/Y)。

如果 Y 对于 N 的弹性很大，N 改变 1 个百分点会引起 Y 发生大百分比的变化，则 Y 对于 N 的大弹性意味着 Y 对 N 的变化非常敏感。

A.4 多变量函数

一个函数可以将两个以上的变量联系起来。继续使用 A.1 节的例子，假设公司的日产出 Y 取决于公司雇用的工人数目 N 以及公司拥有的机械数目（等同于资本数量）K。具体地，联系 Y 和 N 的函数可为：

$$Y=2\sqrt{K}\sqrt{N} \tag{A-5}$$

于是，如果有 100 台机械和 9 个工人，将 $K=100$，$N=9$ 代入式（A-5），我们得到产出 $Y=2\sqrt{100}\sqrt{9}=2\times 10\times 3=60$。

我们也可用符号或者字母来表达多变量函数的广义形式。表达产出 Y 和两种投入（即资本 K 和劳动力 N）之间关系的一个广义形式为：

$$Y=F(K, N)$$

这个公式略微简化了我们在第 3 章中引入的生产函数关系。

① 说明 G 点的切线斜率等于 10 需要基本计算。函数 $Y=20\sqrt{N}$ 的导数（与斜率相同）为 $\frac{dY}{dN}=10/\sqrt{N}$，计算 $N=1$ 时的导数，得出斜率为 10。

使三个变量相关联的函数图形需要三维空间。作为在两维空间里画出这样一个函数的简便方法，我们维持右边变量中的一个固定不变。例如，要画出式（A－5）中的函数，我们可以将机械数目 K 的值固定为100台。如果用100代替 K，式（A－5）变成：

$$Y=2\sqrt{100}\sqrt{N}=20\sqrt{N} \tag{A－6}$$

当 K 被固定为100时，式（A－6）等同于式（A－2）。与式（A－2）一样，式（A－6）仅描述 Y 和 N 间的关系，于是可以在二维空间里画出来。图A－5中的实曲线是式（A－6）的图形，等同于图A－2中式（A－2）的图形。

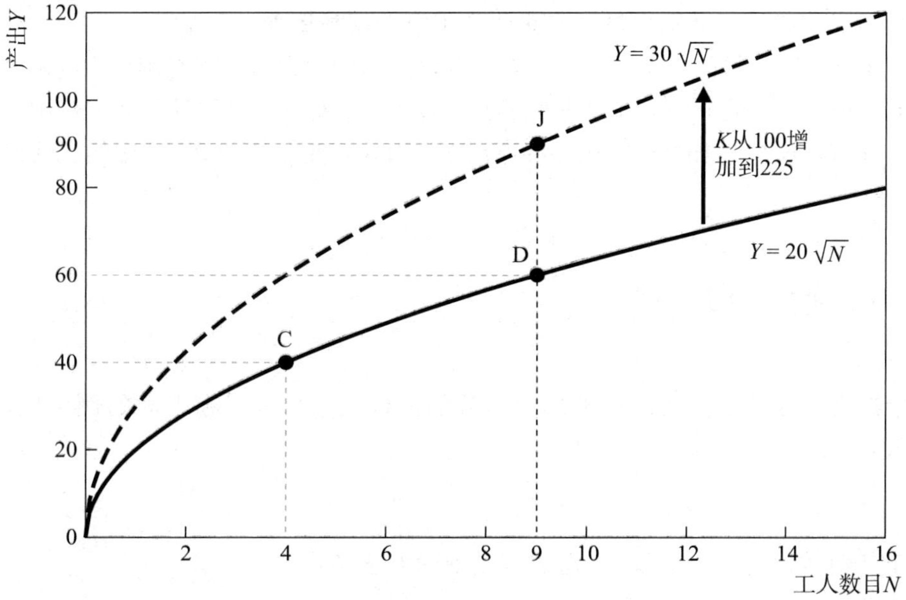

图A－5

说明：假设根据式（A－5），产出 Y 取决于机械 K 以及工人数目 N。如果我们将 K 固定在100的水平上，那么图中的实曲线给出了 Y 和 N 之间的关系。如果 K 增加到225的水平，使得任何给定的工人数目能生产更多的产出，那么体现 Y 和 N 之间关系的曲线会向上移动，也就是从实曲线移动到虚线。一般来说，任何没有在轴上标出的右边变量的变化都将导致曲线移动。

A.5 曲线的移动

假设式（A－5）给出了产出 Y 与机械 K 以及工人数目 N 之间的关系，并且我们保持 K 固定为100。与A.4节一样，当 K 固定为100时，式（A－5）就收缩为式（A－6），而图A－5中的实曲线显示了工人数目 N 和产出 Y 之间的关系。例如，在图A－5中的C点，$N=4$，$Y=20\sqrt{4}=40$。在D点，$N=9$，$Y=20\sqrt{9}=60$。

现在假设公司购买了更多的机械，将机械数目 K 从100增加到225。如果我们代入 K 的新值，式（A－5）变成：

$$Y=2\sqrt{225}\sqrt{N}=30\sqrt{N} \tag{A－7}$$

式（A－7）在图 A－5 中用虚线表示。注意，K 的增加使得曲线向上移动。由于机械数目增加了，任何给定工人数目 N 所能生产的产出 Y 也就随之增加。例如，当 N 一开始等于 9 时，产出 Y 等于 60（图 A－5 中的 D 点）。K 增加之后，如果 $N=9$，那么 $Y=30\sqrt{9}=90$（图 A－5 中的 J 点）。

这个例子说明了多变量函数图形的一些重要特点：

（1）要在二维空间里画出多变量函数的图形，我们须保持除一个变量之外的所有右边变量固定不变。

（2）允许变化的这个右边变量（本例中为 N）位于横轴。这个变量的变化不会移动该函数的图形。相反，横轴变量的变化代表了沿着函数图形的移动。

（3）出于画图的目的，保持固定的右边变量（本例中为 K）不在图形中的两个轴上显示。如果这些变量中某个变量的数值改变了，那么整个曲线就会移动。在本例中，对于任何工人数目 N，K 的增加意味着更多的产出 Y。因此，曲线从图 A－5 中的实线向上移动到虚线。

A.6 指　数

数字或者变量的次方可以用被称为指数的上标表示出来。在下面的例子里，2 和 4 就是指数：

$$5^2=25 \text{ 和 } Z^4=Z\times Z\times Z\times Z$$

对于任何数值的 Z、a 和 b，指数遵循下面的法则：

$$Z^a\times Z^b=Z^{a+b} \text{ 且 } (Z^a)^b=Z^{ab}$$

第一个法则的一个例子是 $5^2\times5^3=(5\times5)\times(5\times5\times5)=5^5$。第二个法则的一个例子是 $(5^3)^2=(5\times5\times5)\times(5\times5\times5)=5^6$。

指数并不一定是整数。例如，$5^{0.5}$ 代表 5 的平方根。要明白为什么，注意根据指数的第二个法则，$(5^{0.5})^2=5^{(0.5)2}=5^1=5$。也就是说，$5^{0.5}$ 的平方是 5。类似地，对于任何数值 Z 和任何整数 q，$Z^{1/q}$ 是 Z 的第 q 次方根。因此，$5^{0.25}$ 是 5 的 4 次方根。我们可以用指数将式（A－5）重写为：

$$Y=2K^{0.5}N^{0.5}$$

式中，$K^{0.5}=\sqrt{K}$，$N^{0.5}=\sqrt{N}$。

一般来说，试考虑任何可以被表示为两个整数 p 和 q 之比的数值。使用指数的法则，我们得出：

$$Z^{p/q}=(Z^p)^{1/q}=Z^p \text{ 的 } q \text{ 次方根}$$

因此，由于 0.7 等于 7/10，$N^{0.7}$ 就等于 N^7 的 10 次方根。对于值大于 1 的 N 来说，$N^{0.7}$ 是一个大于 N 的平方根 $N^{0.5}$ 但小于 N 本身的数值。

指数也可以为零或者负数。从广义上说，下面两个关系总是成立：

$Z^0=1$ 且 $Z^{-a}=1/Z^a$

在此，有一个有用的方式可将指数和弹性联系起来。假设 Y 和 N 两个变量以下面的函数形式相关联：

$$Y=kN^a \tag{A-8}$$

式中，a 为一个数值，k 可以是数值或者除 N 之外的变量的函数。那么，Y 对于 N 的弹性（见 A.3 节）等于 a。

A.7 增长率公式

令 X 和 Z 为随时间变化，但不一定以函数形式相关联的任何两个变量。$\Delta X/X$ 和 $\Delta Z/Z$ 分别代表 X 和 Z 的增长率（百分比变化）。那么下面的法则提供了有用的近似法则（各法则的证明被包含在内，以备参考）。

法则 1 X 和 Z 乘积的增长率等于 X 的增长率加上 Z 的增长率。

证明：假设 X 增加了 ΔX，Z 增加了 ΔZ，那么 X 和 Z 乘积的增长的绝对值是 $(X+\Delta X)(Z+\Delta Z)-XZ$，并且 X 和 Z 乘积的增长率为：

$$\begin{aligned}(XZ)\text{的增长率}&=\frac{(X+\Delta X)(Z+\Delta Z)-XZ}{XZ}\\&=\frac{(\Delta X)Z+(\Delta Z)X+\Delta X\Delta Z}{XZ}\\&=\frac{\Delta X}{X}+\frac{\Delta Z}{Z}+\frac{\Delta X\Delta Z}{XZ}\end{aligned} \tag{A-9}$$

式（A-9）右边的最后一项 $(\Delta X\Delta Z)/XZ$ 等于 X 的增长率 $\Delta X/X$ 乘以 Z 的增长率 $\Delta Z/Z$。这一项一般值很小。例如，如果 X 和 Z 的增长率都是 5%(即 0.05)，那么这两个增长率的乘积仅为 0.25%(即 0.002 5)。如果我们假设最后这一项小到可以被忽略，那么式（A-9）表明乘积 XZ 的增长率等于 X 的增长率 $\Delta X/X$ 加上 Z 的增长率 $\Delta Z/Z$。

法则 2 X 和 Z 之比的增长率等于 X 的增长率减去 Z 的增长率。

证明：令 W 为 X 和 Z 之比，于是 $W=X/Z$，那么 $X=ZW$。根据法则 1，由于 X 等于 Z 和 W 的乘积，X 的增长率就等于 Z 的增长率加上 W 的增长率：

$$\Delta X/X=\Delta Z/Z+\Delta W/W$$

重新整理这个公式，将 $\Delta W/W$ 放在左边，再回想 $\Delta W/W$ 等于 (X/Z) 的增长率，得出：

$$(X/Z)\text{的增长率}=\Delta X/X-\Delta Z/Z \tag{A-10}$$

法则 3 假设变量 Y 是 X 和 Z 两个变量的函数。那么，有

$$\frac{\Delta Y}{Y}=\eta_{Y,X}\frac{\Delta X}{X}+\eta_{Y,Z}\frac{\Delta Z}{Z} \tag{A-11}$$

式中，$\eta_{Y,X}$为 Y 对于 X 的弹性；$\eta_{Y,Z}Z$ 为 Y 对于 Z 的弹性。

证明（非正式）：假设只有 X 改变，以使 $\Delta Z/Z=0$，那么式（A－11）变成弹性 $\eta_{Y,X}=(\Delta Y/Y)/(\Delta X/X)$ 的定义，与 A.3 节一样。类似地，如果只有 Z 改变，那么式（A－11）变成 $\eta_{Y,Z}=(\Delta Y/Y)/(\Delta Z/Z)$，也就是 Y 对于 Z 的弹性。如果 X 和 Z 都改变，式（A－11）表明对 Y 的总作用近似等于 X 的改变对 Y 的单独作用与 Z 的改变对 Y 的单独作用之和。

法则 4　X 取 a 次方之后的增长率，也就是 X^a 的增长率，等于 a 乘以 X 的增长率，即

$$(X^a)\text{的增长率}=a(\Delta X/X) \tag{A－12}$$

证明：令 $Y=X^a$。应用式（A－8）中的法则，并设定 $k=1$，我们可得出 Y 对于 X 的弹性等于 a。因此，根据式（A－11），Y 的增长率等于 a 乘以 X 的增长率。因为 $Y=X^a$，所以 Y 的增长率与 X^a 的增长率相同，从而证明了式（A－12）中的关系。

例：实际利率。为应用增长率公式，我们导出将实际利率与名义利率和通货膨胀率联系起来的式（2－12）。

任何资产（比如储蓄账户）的实际价值等于该资产的名义价值除以价格水平：

$$\text{实际资产价值}=\text{名义资产价值}/\text{价格水平} \tag{A－13}$$

实际资产价值是名义资产价值与价格水平之比，所以根据法则 2，实际资产价值的增长率近似地等于名义资产价值的增长率减去价格水平的增长率。一项生息资产的实际价值的增长率等于该项资产所获取的利率，一项生息资产的名义价值的增长率等于该项资产的名义利率，而价格水平的增长率就是通货膨胀率。因此，由法则 2 可推出下面的关系：

$$\text{实际利率}=\text{名义利率}-\text{通货膨胀率}$$

也就是式（2－12）给出的关系。

习题

1. 绘出 $0\leqslant X\leqslant 5$ 时函数 $Y=3X+5$ 的图形。该函数的斜率是多少？

2. 绘出 $0\leqslant X\leqslant 5$ 时函数 $Y=X^2+2$ 的图形。从 $X=1$ 这一点开始，找出 $\Delta X=1$ 和 $\Delta X=-1$ 时该函数的斜率。与该函数在 $X=1$ 这一点相切的切线斜率是多少？（见第 3 题。）

3. 给定函数 $Y=X^2+2$，使用式（A－4）写出其斜率的一般表达式。该表达式取决于 X 的初始值 X_1 以及 X 的改变量 ΔX。展现当 ΔX 的值小到可以忽略（ΔX^2）这一项时，该斜率仅取决于 X 的初始值 X_1。当 $X_1=1$ 时，该函数的斜率（等同于切线的斜率）是多少？

4. 假设一个公司的产出 Y 根据下面的函数取决于它的资本 K 和所雇用的工人数目 N：

$$Y=K^{0.3}N^{0.7}$$

a. 假设 $N=100$。给出将 Y 与 K 联系起来的函数，并画出当 $0\leqslant K\leqslant 50$ 时该关系的图形。（你只需要算出一些 Y 值，描绘出该函数的大致形状即可。）

b. 如果 N 增加到 200，对将 Y 与 K 联系起来的函数及其图形有何影响？如果 N 下降到 50 呢？对此，从经济学的角度做出解释。

c. 对于将 Y 与 K 和 N 联系起来的函数，找出 Y 相对于 K 的弹性以及 Y 相对于 N 的弹性。

5. 使用计算器，算出下列几项：

a. $5^{0.3}$；

b. $5^{0.3}\times5^{0.2}$；

c. $(5^{0.25})^2$；

d. $(5^{0.5}\times5^{0.3})^2\times5^{0.4}$；

e. $5^{0.2}/5^{0.5}$；

f. $5^{-0.5}$。

6. a. 名义 GDP 等于实际 GDP 乘以 GDP 平减指数（见 2.4 节）。假设名义 GDP 的增长率为 12%，实际 GDP 的增长率为 4%。通货膨胀率（GDP 平减指数的增长率）是多少？

b. 下面的公式定义了“货币流通速度”，即

$$V=(PY)/M$$

式中，P 为价格水平；Y 为产出；M 为货币供给［见式（7-4）］。在特定的一年里，流通速度固定不变，货币增长了 10%，并且通货膨胀率（价格水平的增长率）为 7%。产出增长了多少？

c. 产出 Y 与 K 和 N 通过下列函数相联系：

$$Y=10K^{0.3}N^{0.7}$$

在某一年里，资本增长了 2%，工人数目增长了 1%，那么产出会增长多少？

术语表

A

国内吸收（absorption）：一国国内居民、公司和政府的总支出，等于 $C+I+G$。

行动主义（activist）：描述一种中央银行对经济情形的变化做出积极反应的政策策略。参见相机抉择。

无周期的（acyclical）：没有表现出经济周期通常的行为模式。参见顺周期的、逆周期的。

总需求（aggregate demand）：当产品市场和资产市场处于均衡时整个经济对产出的需求；与 IS 曲线和 LM 曲线的交点相对应的产出水平。

总需求曲线［aggregate demand（AD）curve］：在以产出为横轴、价格水平为纵轴的图形中，价格水平与整个经济对产出的需求之间呈现出的向下倾斜的关系。

劳动力总需求（aggregate demand for labor）：一个经济对劳动的需求总和。

总需求管理（aggregate demand management）：使用货币政策与财政政策来移动总需求曲线以及试图将经济周期平稳化，也称宏观经济平稳化或者平稳化政策。

总需求冲击（aggregate demand shocks）：经济中发生的使得 IS 曲线或者 LM 曲线移动，从而对产出总需求产生影响的冲击。

总供给（aggregate supply）：在特定价格水平上生产者愿意提供的总产出数量。

总供给曲线［aggregate supply（AS）curve］：在以横轴为产出、纵轴为价格水平的图形中，表示价格水平和公司供给总数量之间的关系。

劳动力总供给（aggregate supply of labor）：在经济中每个人的劳动力供给之和。

总和（aggregation）：将单个经济变量相加以获得经济总量的过程。

升值（appreciation）：参见名义升值和实际升值。

自动稳定器（automatic stabilizers）：政府预算中能在 GDP 下降时自动增加政府支出或者减少税收的条款。

平均劳动生产率（average labor productivity）：每一单位的劳动力投入所能生产的产出数量。

平均税率（average tax rate）：所缴纳的税金数额与纳税人的收入的比值。

B

国际收支（balance of payments）：一国官方储备资产的净增加（本国资产减去外国资产），也被称为官方结算余额。

国际收支账户（balance of payments accounts）：一国国际交易的记账，由经常账户、资本账户以及金融账户组成。

银行准备金（bank reserves）：银行为满足储户的提款要求或者储户以支票从其账户中取款的要求而持有的流动资产。

银行挤兑（bank run）：由于担心银行会破产或者无法全额向储户偿付而引发的大规模银行提款。

联邦储备系统管理委员会（Board of Governors of the Federal Reserve System）：由总统任命的、任期为 14 年的、领导联邦储备系统且拥有 7 名成员的委员会。

繁荣（boom）：经济周期中总体经济活动增长的

那段时期，也称为扩张。

借贷约束（borrowing constraint）：出借方对一个人能借到多少钱的限制。如果借贷约束使得个人能借到的数额少于没有制约时她所愿意借到的数额，那么借贷约束就具有约束力；否则，它不具有约束力。

预算约束（budget constraint）：给定一个消费者的初始财富、当前和未来收入以及利率，体现该消费者能够享受多少当前消费和未来消费的关系。

预算赤字（budget deficit）：政府支出减去政府收入。参见政府支出、政府收入。

预算线（budget line）：消费者预算约束的图形。预算线以图形方式展现了给定一个消费者的初始财富、当前和未来收入以及利率，该消费者所能承担的当前消费和未来消费的组合。

预算盈余（budget surplus）：政府收入减去政府支出。参见政府支出、政府收入、政府储蓄。

经济周期（business cycle）：总体经济活动下降（紧缩或者经济衰退）到一个低点（波谷），紧接着经济活动恢复（扩张或者经济繁荣）到一个高点（波峰）。一个完整的经济周期可以用从一个波峰到下一个波峰，或者从一个波谷到下一个波谷来度量。

经济周期年表（business cycle chronology）：关于经济周期达到波峰和波谷的日期的历史。

C

资本账户（capital account）：两国间资产单边转移的记账。

资本品（capital goods）：用于生产其他商品并且（与其他中间商品不同）没有在生产出来的同期被消耗完的商品。

资本-劳动比（capital-labor ratio）：每个工人拥有的资本数量，等于资本存量除以工人的数目。

中央银行（central bank）：负责货币政策的政府机构，如美国的联邦储备系统和日本的日本银行。

习惯性失业（chronically unemployed）：在大部分时间里处于失业状态。

古典主义理论（classical approach）：基于工资和价格迅速调整以使得每个市场上的供给数量等于需求数量这种假设的一种宏观经济学理论。古典主义经济学家一般认为自由市场是组织经济的好方法，并且政府干预经济的范围（例如使得经济周期平稳化）应当是有限的。

封闭经济（closed economy）：与世界上其他国家没有贸易和金融关系的一国经济。

同步变量（coincident variable）：一个波峰和波谷与对应的经济周期的波峰和波谷同时发生的变量。参见滞后变量、前导变量。

急冻疗法（cold turkey）：为减少通货膨胀而快速、果断地减少货币供给的增长率，与渐进主义相对照。

协动性（comovement）：在经济周期中，许多经济变量以可预测的方式共同移动的趋势。

消费者价格指数（consumer price index）：将固定的一篮子商品和服务的当前价值与其在基年的价值相除而得到的一个价格指数。

消费（consumption）：国内家庭在最终商品和服务上的支出。

消费平稳化动机（consumption-smoothing motive）：大多数人在时间变化时对消费模式保持相对固定或者稳定的偏好；对应于某些时期高消费，而另一些时期低消费的模式。

紧缩（contraction）：在经济周期中总体经济活动下降的时期，也称经济衰退。

紧缩性政策（contractionary policy）：减少总需求的货币政策或者财政政策。

逆周期的（countercyclical）：在经济周期中倾向于与总体经济活动移动方向相反（在紧缩时向上，在扩张时向下）。参见顺周期的、无周期的。

可信度（credibility）：公众相信中央银行关于未来政策的宣告的程度。

通货（currency）：政府发行的纸币和硬币，也称为现金。

通货-存款比（currency-deposit ratio）：由公众持有的通货与公众在银行的存款之比。

货币同盟（currency union）：同意使用一种共同货币的一组国家。

经常账户（current account）：一国当前生产的商品和服务在国际贸易中的记录。

经常账户余额（current account balance）：外国为交换当前生产的商品和服务（包括要素服务）而向本国做出的支付减去本国向外国做出的类似支付。

周期性失业（cyclical unemployment）：实际失业

率超过自然失业率的部分，等同于产出低于充分就业产出时的失业率。

D

债务-GDP比（debt-GDP ratio）：未清偿的政府债务额除以GDP。

通货紧缩（deflation）：大多数商品和服务的价格随时间下降的情形。

货币需求（demand for money）：人们决定在其资产组合中持有的现金和支票账户等货币资产的数量。

储蓄性机构（depository institutions）：从公众那里接受存款并直接向公众发放贷款的私有银行和储蓄机构。

折旧，贬值（depreciation）：在给定时期内损耗的资产数量。另一种解释是汇率的下跌。参见名义贬值、实际贬值。

萧条（depression）：特别严重和长期的经济下滑。

意愿资本存量（desired capital stock）：让公司有可能赚取最高预期利润的资本数量。

通货贬值（devaluation）：在固定汇率体制下中央银行使货币的价值降低。

边际生产率递减（diminishing marginal productivity）：生产函数的一个特征，它意味着生产的某一特定要素使用得越多，通过增加该要素的使用所能获得的额外产出就越少（生产的其他要素的使用保持不变）。例如，给定资本存量，在雇用人数较少时多雇用一个工人带来的新增产出要比雇用人数较多时的新增产出多。

贴现率（discount rate）：美联储向银行出借准备金时要求支付的利率。

贴现窗口拆借（discount window lending）：美联储向银行出借准备金。

丧失信心的工人（discouraged workers）：由于不能成功找到工作、感到沮丧而放弃寻找工作的人。官方失业率不包含丧失信心的工人。

相机抉择（discretion）：中央银行采取它相信能达到低且稳定的通货膨胀、高经济增长和低失业的最终目标的任何方式的自由，与规则相对照。

反通货膨胀（disinflation）：通货膨胀率的下跌。

扭曲（distortions）：税收导致的经济行为与有效的、自由市场结果的偏离。

多样性（diversification）：在不同资产上进行分散投资可以降低投资者的总体风险的理念。

持续时间（duration）：失业期间持续的时间长度。

E

经济模型（economic model）：对经济某些方面的简化描述，通常以数学方式表达。

经济理论（economic theory）：被组织在一个逻辑框架中的关于经济的一系列理念。

有效劳动需求曲线（effective labor demand curve）：在以产出为横轴、劳动力数量为纵轴的图形中，在保持生产率、资本存量和努力程度不变的前提下，体现生产给定数量的产出所需劳动力数量的一条向上倾斜的曲线。

（对资本的）有效税率［effective tax rate（on capital）］：将影响投资的许多税收条款概括在一起的对资本税负的单一度量。

效率工资（efficiency wage）：将工人收到每一美元实际工资时的努力或者效率最大化的实际工资。

效率工资模型（efficiency wage model）：劳动力市场的一种模型。其中，由于工人收到高工资时会付出更多努力，追求利润最大化的雇主选择支付比出清劳动力市场的实际工资更高的实际工资。效率工资模型可用来解释实际工资的刚性和失业的存在。

努力曲线（effort curve）：工人投入的努力水平和实际工资间的关系。它的正斜率意味着高工资使得工人投入更多的努力。

实证分析（empirical analysis）：将经济理论或者模型的含义与真实世界的数据做比较。

就业比例（employment ratio）：成人人口中就业者所占的比例。

内生增长理论（endogenous growth theory）：试图在经济增长模型里解释生产率增长（由此，产出的增长率）的增长理论的一个新分支。

均衡（equilibrium）：在一个市场或者一系列市场中需求数量与供给数量相等的情形。

汇率（exchange rate）：一个单位的本国货币所能购买的单位外国货币的数量，也称名义汇率。

扩张（expansion）：在经济周期里总体经济活动上升的时期，也称为经济繁荣。

扩张性政策（expansionary policy）：增加总需求的货币政策或者财政政策。

附加预期的菲利普斯曲线（expectations-augmented Phillips curve）：未预期通货膨胀与周期性失业的反比关系。

期限结构预期理论（expectations theory of the term structure）：投资者将长期债券的预期收益率和一系列短期债券在该长期债券同一期间内的预期收益率相比较的理论。在均衡时，N 年期债券的预期收益率等于一年期债券在当年和接下来的 $N-1$ 年中的预期收益率的平均值。

预期税后实际利率（expected real after-tax interest rate）：收益的名义税后利率（等于名义利率与 1 减去税率的差的乘积）减去预期通货膨胀率，等于一项就利息收入支付税款后的资产实际价值的预期增长率。

预期实际利率（expected real interest rate）：名义利率减去预期通货膨胀率，等于一项资产实际价值的预期增长率。

预期收益（expected returns）：金融投资者从实际资产或者金融资产上预期赚取的收益。

支出法（expenditure approach）：通过将最终商品和服务的购买者的支出数额相加来度量经济活动的一种方法。

F

生产要素（factors of production）：生产过程中的投入，如资本、劳动力、原材料以及能源。

FE 线（FE line）：参见充分就业线。

联邦公开市场委员会（Federal Open Market Committee，FOMC）：决定美国货币政策进程的包含 12 名成员的委员会（包括联邦储备系统管理委员会的 7 名委员，纽约联邦储备银行的行长，以及其他 4 名联邦地方储备银行的行长）。

联邦基金利率（Fed funds rate）：一个银行向另一个银行出借准备金时要求支付的利率。

最终商品和服务（final goods and services）：属于生产过程终端产品的商品和服务，与中间商品和服务相对照。

金融账户（financial account）：一国资产流入或者流出（除了资产的单边转移之外）的记账。

金融账户余额（financial account balance）：等于金融流入的价值（贷方账目）减去金融流出的价值（借方账目）。

金融流入（financial inflow）：当一国居民向另一国居民出售资产时该国金融账户发生的贷方账目（+）。

金融流出（financial outflow）：当一国居民向另一国居民购买资产时该国金融账户发生的借方账目（－）。

财政政策（fiscal policy）：有关政府支出和税收的水平与组成结构的政策。

固定汇率体制（fixed-exchange-rate system）：汇率水平由官方决定并且只能经由直接的政府行动来改变的体制。

弹性汇率体制（flexible-exchange-rate system）：汇率不由官方决定，而是由外汇市场上的供求条件决定的体制，也称浮动汇率体制。

浮动汇率体制（floating-exchange-rate system）：参见弹性汇率体制。

流量变量（flow variable）：以单位时间度量的变量，如以每年或者每季度的产出度量的 GDP。参见存量变量。

外国直接投资（foreign direct investment）：外国公司所购买或者建造的资本品，如一个日本汽车公司在美国建造一个新工厂。

外汇市场（foreign exchange market）：不同国家的货币进行交易的市场。

前瞻性指导（forward guidance）：美联储所使用的通过表明它对未来短期利率的预期来影响长期利率的一种工具。

部分准备金银行制度（fractional reserve banking）：银行持有的准备金为其存款的一部分，使得准备金-存款比小于 1 的一种银行制度。

摩擦性失业（frictional unemployment）：在工人寻找合适工作与公司寻找合适工人的匹配过程中发生的失业。

充分就业赤字（full-employment deficit）：给定现在应用的税收政策和支出政策，如果经济运行于充分就业水平，将会产生的政府预算赤字。

充分就业水平（full-employment level）：在工资和价格充分调整之后的就业均衡水平。

充分就业线［full-employment（FE）line］：在以产出为横轴、实际利率为纵轴的图形中，位于充分就业产出处的一条垂直线。FE 线上的点对应着劳动力市场上的均衡点。

充分就业产出（full-employment output）：当经

济中的工资和价格充分调整到均衡水平时，公司供给的产出水平。

国民收入核算的基本恒等式（fundamental identity of national income accounting）：表明在给定期间总生产、总收入和总支出相等的一个核算恒等式。

汇率的基本值（fundamental value of the exchange rate）：在没有政府干预时，由外汇市场上的供给和需求力量决定的汇率值。

G

GDP（GDP）：参见国内生产总值。

GDP 平减指数（GDP deflator）：以当前名义 GDP 与当前实际 GDP 之比计算得出的对价格水平的一个度量。

一般均衡（general equilibrium）：一个经济中的所有市场同时处于均衡的情形。

GNP（GNP）：参见国民生产总值。

资本-劳动比的黄金律水平（golden rule capital-labor ratio）：使每个工人在稳态时的消费最大化的资本-劳动比的水平。

政府资本（government capital）：政府拥有的长期存在的资产，如道路和公立学校。

政府债务（government debt）：在任何给定时间政府未清偿债券的总价值。

政府支出（government outlays）：政府对商品和服务的采购加上转移支付和利息支付，也称政府支出。

政府采购（government purchases）：政府对生产的商品和服务的支出。

政府收入（government receipts）：政府收取的税收和其他收入。

政府储蓄（government saving）：政府净收入减去政府采购；等于政府税收收入减去其支出；等于政府预算盈余。

渐进主义（gradualism）：用于反通货膨胀的方法，涉及在数年时间里逐步降低货币增长率和通货膨胀率；与急冻疗法相对照。

国内生产总值（gross domestic product，GDP）：一段特定时期内一国境内新生产的最终商品和服务的市场价值。

总投资（gross investment）：新资本品的总购买或者总建造。

国民生产总值（gross national product，GNP）：一段特定时期内一国拥有的要素新生产的最终商品和服务的市场价值。

增长核算（growth accounting）：将总产出的增长分别归因于资本、劳动力和生产率增长的一种方法。

增长核算等式（growth accounting equation）：写成增长率形式的生产函数；它表明产出的增长是下列三项之和：①生产率增长率；②产出相对于资本的弹性乘以资本的增长率；③产出相对于劳动力的弹性乘以劳动力的增长率。

H

高能货币（high-powered money）：中央银行的负债，包括银行准备金和非银行公众持有并作为货币使用的通货，也称基础货币。

人力资本（human capital）：工人具有的生产力知识、技能和培训。

恶性通货膨胀（hyperinflation）：通货膨胀率在持续的长时期内维持极高水平的情形，有人将其定义为月通货膨胀率不低于 50%。

I

收入法（income approach）：通过累计包括税收和税后利润在内的所有收入来度量经济活动的一种方法。

收入效应（income effect）：经济行为（如一个人储蓄或者工作的数量）随收入或者财富改变而发生的变化，可用图形表示为预算线移动引起的行为变化。

实际工资增加的收入效应（income effect of a higher real wage）：由于增加实际工资使工人变得更富有，当实际工资增加时，工人减少供给劳动的倾向。

实际利率对储蓄的收入效应（income effect of the real interest rate on saving）：由于实际利率的上升使得储户变得更富有，储户因而有增加消费和减少储蓄的倾向；由于实际利率的上升使得借款人变穷，借款人因而有减少消费和增加储蓄的倾向。

货币需求的收入弹性（income elasticity of money demand）：实际收入增加 1%所引起的货

币需求的百分比变化。

收入-支出恒等式（income-expenditure identity）：陈述总收入（产品）等于四类支出——消费、投资、政府采购和净出口之和的核算恒等式。

不可兑换货币（inconvertible currency）：不能与其他货币自由兑换的货币，通常是由于政府施加的管制。

前导经济指标指数（index of leading economic indicators）：先于经济周期变动的经济变量的一个加权平均，用于预测未来经济活动。

指标（indicators）：参见中期目标。

无差异曲线（indifference curve）：以图形体现能够产生任何给定效用水平的当前消费和未来消费的组合。

通货膨胀（inflation）：大多数商品和服务的价格随时间上升的情形。

通货膨胀税（inflation tax）：政府通过发行货币和制造通货膨胀而获取的资源，也称铸币税。

工具（instruments）：美联储用于影响经济的政策工具，包括法定准备金、贴现率、准备金利率以及（尤其是）公开市场操作。

货币需求的利率弹性（interest elasticity of money demand）：利率上升1%（与一个百分比的增长不同）所导致的货币需求的百分比变化。

利率（interest rate）：借款人向出借人承诺的收益率。

中间商品和服务（intermediate goods and services）：在它们被生产出来的同期用于其他商品和服务生产的商品和服务，例如生产面包时所消耗的面粉。

中期目标（intermediate targets）：美联储不能直接控制但在相当程度上能够以可预测的方式加以影响的，并与美联储试图达到的最终目标相关的宏观经济变量，也称指标。中期目标的例子包括货币总量的增长率和短期利率。

库存（inventories）：公司持有的未售出的最终商品、处于生产过程中的商品以及生产材料。

投资（investment）：固定投资中对新资本商品的支出，以及库存投资中公司持有库存的增加。

"看不见的手"（invisible hand）：认为（由亚当·斯密提出）如果存在自由市场并且个人根据其最佳利益处理经济事务，那么整个经济会运转良好的理论。

IS曲线（IS curve）：在以产出为横轴、实际利率为纵轴的图形中，体现在任何给定产出上出清市场的实际利率的一条向下倾斜的曲线。在IS曲线上的任何一点处，意愿国民储蓄等于意愿投资（在封闭经济里）；同样地，商品需求的总数量等于商品供给的总数量。

J

J曲线（J curve）：净出口对实际汇率贬值的反应的典型时间模式。其中，净出口一开始下降但随后上升。

就职率（job finding rate）：失业者在下个月找到工作的概率。

职位损失率（job loss rate）：有工作的人在下个月失去工作的概率。

K

凯恩斯主义理论（Keynesian approach）：基于工资和价格不能迅速调整，未能使供给数量与需求数量在每个市场都相等这种假设的宏观经济学理论。凯恩斯主义者要比古典主义者更倾向于支持政府对经济的干预（例如使得经济周期平稳化）。

L

劳动力人口（labor force）：愿意工作的人数，包括积极寻找工作的失业者和已经就业的工人。

劳动储存（labor hoarding）：当公司考虑到解雇和雇用的成本，在经济衰退期间继续雇用那些应被解雇的工人时发生的情形。

滞后变量（lagging variable）：其波峰与波谷的发生晚于对应的经济周期的波峰与波谷的变量。参见同步变量、前导变量。

大型开放经济（large open economy）：与其他国家进行贸易并且其规模大到足以影响世界实际利率的一个经济体。

前导变量（leading variable）：其波峰与波谷的发生早于对应的经济周期的波峰与波谷的变量。参见同步变量、滞后变量。

闲暇（leisure）：所有工作之外的活动，包括饮食、睡眠、休闲和做家务。

生命周期模型（life-cycle model）：关注个人生命

中不同阶段的收入、消费和储蓄模式的基本的二期消费者行为模型的多时期版本。

流动性（liquidity）：一项资产转换成商品、服务或者其他资产的容易和快速程度。

流动性陷阱（liquidity trap）：名义利率接近于零，使得货币政策制定者无法通过进一步削减利率来扩张经济的情形。

LM曲线（LM curve）：在以产出为横轴、实际利率为纵轴的图形中，体现在任何给定产出水平上出清资产市场的实际利率的向上倾斜的曲线。在LM曲线上的任一点处，货币供给数量与需求数量相等。

长期总供给曲线（long-run aggregate supply curve，LRAS）：在以产出为横轴、价格水平为纵轴的图形中，处于充分就业处的一条垂直线，表明产出的供给在长期并不取决于价格水平。

长期菲利普斯曲线（long-run Phillips curve）：在以失业为横轴、通货膨胀为纵轴的图形中，处于自然失业率处的一条垂直线，表明失业率在长期等于自然失业率，而与通货膨胀率无关。

一次性减税（lump-sum tax cut）：所有纳税人的纳税额得到相同数量减免的一种减税。

M

M1（M1）：包含通货和公众持有的旅行支票、活期储蓄（非生息支票账户）以及其他支票存款的一个货币总量。

M2（M2）：包含M1中的各项和一些不太像货币的资产，如储蓄存款、小额定期存款（低于100 000美元）、非机构持有的货币市场共同基金以及货币市场存款账户。

宏观经济学（macroeconomics）：研究国民经济的结构和表现以及政府用于尽力影响经济表现的政策。

宏观经济平稳化（macroeconomic stabilization）：使用货币政策和财政政策来缓和周期性波动并保持低通货膨胀，也称总需求管理或者平稳化政策。

边际成本（marginal cost）：生产额外一单位产出的成本。

资本边际产量（marginal product of capital，MPK）：每一单位的额外资本所能生产的产出数量。

劳动力边际产量（marginal product of labor，MPN）：每一单位的额外劳动所能生产的产出数量。

边际消费倾向（marginal propensity to consume，MPC）：当前收入增加一个单位时意愿消费增加的数量。

劳动力边际产量收入（marginal revenue product of labor，MRPN）：公司雇用额外一单位的劳动力并将新增产出售出而获得的额外收入。对于竞争性公司来说，等于产出的价格乘以劳动力边际产量。

边际税率（marginal tax rate）：每新增一美元收入中必须用于付税的部分。

提价（markup）：以边际成本的百分比表示的商品定价与其生产的边际成本之差。

交换媒介（medium of exchange）：用于进行交易的资产。

菜单成本（menu cost）：调整价格的成本。例如，印制新菜单或者对商品重新标价的成本。

错误认知理论（misperceptions theory）：该理论预测，由于厂商无法直接观察到总价格水平，当总价格水平高于预期时产出的总供给数量将超出充分就业产出，因此短期的总供给曲线向上倾斜。

货币主义（monetarism）：强调货币要素在宏观经济中的重要性但反对积极地使用货币政策来稳定经济的宏观经济思想的一个流派。

货币总量（monetary aggregates）：货币供给的官方度量，例如M1和M2。参见M1、M2。

基础货币（monetary base）：中央银行的负债，由银行准备金和非公众持有的作为货币使用的通货组成，也称高能货币。

货币中性（monetary neutrality）：名义货币供给的改变使得价格水平以相同比例变化，但对实际变量没有作用的一个经济特征。

货币政策（monetary policy）：决定一国货币供给水平和增长率的政策，由被称为中央银行（在美国为联邦储备系统）的政府机构控制。

货币（money）：作为支付手段被广泛使用和接受的资产。

货币需求函数（money demand function）：将对货币的实际需求与产出和非货币资产支付的利率联系起来的函数。

货币乘数（money multiplier）：以货币供给与基础货币之比计算而得的每一美元的基础货币所

能生成的货币供给的美元数量。

货币供给（money supply）：经济中可使用的货币总数量，由存款和非银行公众持有的通货组成，也称货币存量。

垄断竞争（monopolistic competition）：一个市场中存在某些竞争，但由于卖方的数目相对较少以及产品的非完全标准化，单个厂商得以成为价格决定者而非价格接受者的情形。

贷款和存款多重扩张（multiple expansion of loans and deposits）：在部分准备金银行制度中，银行借出其存款的一部分，被借出的资金被重新存入银行系统，并且这些新增存款又被借出的过程。作为多重扩张过程的一个结果，货币供给会远超基础货币。

乘数（multiplier）：就任何特定类型的支出来说，该类支出中一个单位的变化所导致的产出的短期变化。

N

国民收入（national income）：可分配给厂商的收入数量，等于雇员报酬、业主收入、个人租金收入、公司利润和净利息的总和。也可用国内生产总值加上国外净要素支付再减去折旧和统计误差来度量。

国民收入账户（national income accounts）：用于度量当前经济活动的一个记账体系。

国民储蓄（national saving）：整个经济的储蓄，包括私人储蓄（厂商和家庭）和政府储蓄。

国民财富（national wealth）：一国居民的总财富，由该国国内有形资产（例如它的资本商品和土地的存量）以及其国外净资产组成。

自然失业率（natural rate of unemployment）：当经济的产出处于其充分就业水平时存在的失业率，由摩擦性失业和结构性失业组成。

净出口（net exports）：商品和服务的出口减去商品和服务的进口。

国外净要素支付（net factor payments from abroad，NFP）：世界其他部分向国内生产要素支付的收入，减去国内经济向外国生产要素支付的收入。

外国净资产（net foreign assets）：一国的国外资产（比如外国股票、债券以及国内居民拥有的工厂）减去国外负债（外国人拥有的国内有形资产和金融资产）。

政府净收入（net government income）：GDP 中不由私人部门处置的部分。它等于私人部门支付的税金减去政府向私人部门做出的支付（转移支付和对政府债务的利息支付）。

净投资（net investment）：一年中资本存量的变化，等于总投资减去现有资产的折旧。

国民生产净值（net national product，NNP）：GNP 减去折旧。

无借贷点（no-borrowing，no-lending point）：预算线上当前消费等于当前收入加上初始财富的那一点。如果消费者选择对应于该点的消费组合，那么他既不用借入，也不会将资源带到未来。

名义升值（nominal appreciation）：在弹性汇率体制中名义汇率的上升。

名义贬值（nominal depreciation）：在弹性汇率体制中名义汇率的下降。

名义汇率（nominal exchange rate）：一个单位的本国货币所能购买的外国货币的单位数量，汇率一般就是指名义汇率。

名义 GDP（nominal GDP）：使用当前市场价格度量的一个经济的最终产出的价值，也称当前美元 GDP。

名义利率（nominal interest rate）：一项生息资产的名义价值随时间增长的速度。

名义冲击（nominal shocks）：使得 LM 曲线移动的对货币供给或者货币需求的冲击。

名义变量（nominal variables）：以当前市场价格度量的变量。

规范分析（normative analysis）：试图决定是否应当使用某一特定政策的政策分析，涉及对该政策后果的分析以及对这些后果的合意性的价值判断。

O

官方储备资产（official reserve assets）：中央银行持有的除国内货币和证券之外能用于国际支付的资产，例如黄金、国外银行存款以及国际货币基金组织创造的特别资产。

奥肯定律（Okun's law）：认为周期性失业每上升一个百分点，产出就下降2%的经验法则。

100%准备金银行制度（100% reserve banking）：

银行持有的准备金等于100%存款的银行制度。

开放经济（open economy）：与其他国家的经济有着显著贸易和金融关系的一国经济。

公开市场操作（open-market operation）：中央银行为影响货币供给而进行的公开市场买进或者公开市场卖出。参见公开市场买进、公开市场卖出。

公开市场买进（open-market purchase）：中央银行向公众买进资产（例如国债），用于增加货币供给。

公开市场卖出（open-market sale）：中央银行向公众出售资产（例如国债），用于减少货币供给。

最优货币区（optimum currency area）：拥有共同货币且其好处超过成本的一个地理区域。

高估的汇率（overvalued exchange rate）：在固定汇率体制里高于其基本值的汇率。

P

参与率（participation rate）：成人人口中劳动力人口的比例。

波峰（peak）：经济周期中经济活动停止上升并开始下降的那一点。

完全竞争（perfect competition）：存在着一种标准化商品以及许多买家和卖家，以使所有卖家和买家都是价格接受者的市场情形。

持久收入理论（permanent income theory）：陈述消费取决于终身资源的现值的理论，其含义是消费对暂时性收入变化的反应会远小于对持久性收入变化的反应。

持久性（persistence）：经济活动下降后持续下降以及经济活动增长后持续增长的倾向。

菲利普斯曲线（Phillips curve）：通货膨胀率和失业率之间向下倾斜的关系。该理论指出，只有在预期通货膨胀率和自然失业率都相对稳定的时期才能观察到菲利普斯曲线。参见附加预期的菲利普斯曲线、短期菲利普斯曲线和长期菲利普斯曲线。

资产组合分配决定（portfolio allocation decision）：财富持有人关于持有哪项资产以及每项资产的数量的决策。

经验分析（positive analysis）：对政策的经济后果的分析，但对这些后果是否合意并不加以说明，参见规范分析。

现值（present value）：未来支付款以当前美元表示的价值，等于为在未来特定时间得到特定数额的支付款而在给定利率水平下现在必须投资的货币数额。

终身消费的现值（present value of lifetime consumption，PVLC）：根据预算约束等于终身资源的现值的当前消费和未来消费的现值。

终身资源的现值（present value of lifetime resources，PVLR）：当前收入和预期未来收入加上初始财富的现值，对应于预算线在横轴上的截距。

价格指数（price index）：相对于某一特定基准时期的价格而言，对某些特定商品和服务的平均价格水平的度量。

价格制定者（price setter）：拥有制定价格权力的市场参与者，参见垄断竞争。

价格黏性（price stickiness）：在凯恩斯理论里，对于经济中的变化，价格只会缓慢调整的倾向，也称价格刚性。

价格接受者（price taker）：接受市场价格作为既定价格的市场参与者，参见完全竞争。

基本政府预算赤字（primary government budget deficit）：将政府利息支付排除在其总支出之外的赤字度量，等于政府对商品和服务的采购加上转移支付再减去税收收入。

私人可支配收入（private disposable income）：在支付税款和收到政府做出的转移支付以及利息支付后私人部门的收入（家庭和厂商一同算入）。

私人储蓄（private saving）：私人部门（家庭和厂商）的储蓄，等于私人可支配收入减去消费。

顺周期的（procyclical）：在经济周期中倾向于与总体经济活动朝同一方向变动（在扩张时上升，紧缩时下降），参见无周期的、逆周期的。

生产法（product approach）：通过将所生产的商品和服务的市场价值相加，并且排除中间生产过程消耗的任何商品和服务来度量经济活动的一种方法，等同于所有厂商的增加值总和。

生产函数（production function）：体现使用任何给定数量的资本和劳动（一个公司或一个经济）所能生产的产出数量的函数。

生产率（productivity）：对经济使用资本和劳动来生产产出的总体效率的度量，也称全要素生产率。

生产率冲击（productivity shocks）：经济的生产

函数的变化；同样地，使用给定数量的资本和劳动所能生产的产出数量的变化，也称供给冲击。

传导机制（propagation mechanism）：经济中诸如库存行为等可让短期冲击在更长时期内对经济有影响的方面。

购买力平价（purchasing power parity）：认为本国和外国的类似商品或者商品组合在以同一货币表示时应当具有同样价格的理论。

Q

量化宽松（quantitative easing）：美联储通过在公开市场上买进证券来增加所持有资产的一种工具。

货币数量论（quantity theory of money）：坚持名义货币需求应与名义 GDP 成比例，以保持流通速度固定的理论。

R

理性预期（rational expectations）：在合乎逻辑、明智地考察现有经济数据的基础上对经济变量的取值的预期。虽然预期可能会出现错误，但有理性预期的人们对经济政策或经济运行的变动不会系统性地感到出乎意料。

实际升值（real appreciation）：实际汇率的上升，使得给定数量的国内商品所能购买的国外商品数量上升。

实际余额（real balances）：以货币的名义数量与价格水平之比度量的由公众持有的货币实际数量。

实际经济周期理论［real business cycle (RBC) theory］：古典理论中假设生产率冲击（供给冲击）为周期性波动的主要起因的一个版本。

实际贬值（real depreciation）：实际汇率的下降，使得给定数量的国内商品所能购买的国外商品数量下降。

实际汇率（real exchange rate）：一个单位的国内商品所能交换到的国外商品的数量，也称贸易条件。

实际 GDP（real GDP）：以某一基准时期内的现价度量的一个经济最终产出的市场价值。

实际利率（real interest rate）：一项生息资产的实际价值或者购买力随时间上升的速度，等于名义利率减去通货膨胀率。

实际冲击（real shocks）：对经济“实际面”的扰动，例如影响生产函数、劳动力规模、政府采购的实际数量，或者消费者的支出和储蓄决定的冲击。实际冲击影响 LM 曲线或者 FE 线。

实际变量（real variable）：以某一固定基年的价格表示的变量，用于表示所生产的或者所使用的有形数量的度量。

实际工资（real wage）：公司对所用的每一单位的劳动力投入必须支付的实际价值（以商品度量），等于名义工资除以价格水平。

实际工资刚性（real-wage rigidity）：根据凯恩斯主义的观点，在经济周期中实际工资变动太小，以至于无法保持劳动力供给数量等于劳动力需求数量的明显倾向。

衰退（recession）：在经济周期中总体经济活动下降的时期，也称紧缩。

相对购买力平价（relative purchasing power parity）：认为名义汇率的升值率等于国外通货膨胀率减去国内通货膨胀率的理论。

准备金-存款比（reserve-deposit ratio）：银行持有的准备金与公众在银行的存款之比。

准备金，储备（reserves）：参见银行准备金、官方储备资产。

通货升值（revaluation）：在固定汇率体制下中央银行的行动导致的通货价值上升。

反向因果（reverse causation）：产出的预期未来变动引起当前货币供给朝同一方向变动的倾向。实际经济周期理论学家用它来解释为什么货币供给前导于经济周期。

李嘉图等价定理（Ricardian equivalence proposition）：关于完全由（一次性）定额税款征收的变动引起的政府预算赤字变化对经济没有影响的定理。

风险（risk）：一项资产的实际收益会与其预期收益显著不同的可能性。

风险溢价（risk premium）：一项有风险的资产的预期收益超过可相比较的安全资产的收益的数额。

规则（rules）：实行货币政策的一套简单的、事先确定的以及公开宣布的指导方针。

S

牺牲率（sacrifice ratio）：当通货膨胀率减少一

个百分点时所损失的产出数量。

储蓄（saving）：当前收入减去对当前需要的支出。

铸币税（seignorage）：通过印刷货币来获取的政府收入，也称通货膨胀税。

鞋底成本（shoe leather costs）：在节省现金持有量的过程中发生的成本，例如更频繁地造访银行而发生的成本。

短期总供给曲线［short-run aggregate supply (SRAS) curve］：在以产出为横轴、价格水平为纵轴的图形中，价格水平与供给的产出数量在短期内的关系。在短期内，价格维持固定，厂商在固定价格水平上生产需求的产出数量，所以SRAS曲线是水平的。在基于错误认知理论的古典模型的扩展中，由于当价格水平高于预期时厂商的误解使其供给增加，SRAS曲线会向上倾斜。这个模型中的短期是指预期价格水平维持不变的时期。

短期菲利普斯曲线（short-run Phillips curve）：就给定的自然失业率和预期通货膨胀率，将通货膨胀率和失业率联系起来的曲线。

小型开放经济（small open economy）：与其他经济进行贸易，但小到无法影响世界实际利率的经济。

索洛余值（Solow residual）：全要素生产率的一个实证度量。

投机性挤兑（speculative run）：由于害怕在一个固定汇率体制中即将发生通货贬值，金融投资者争先出售面值为该通货的资产的情形。

滞胀（stagflation）：高失业（停滞）与高通货膨胀同时存在，比如发生于20世纪70年代中期的美国。

统计误差（statistical discrepancy）：为使经常账户以及资本和金融账户的余额总和达到零的理论值而需与之相加的数目，因度量误差和报告不完全而产生。

稳定状态（steady state）：经济中工人的人均产出、人均消费以及人均资本存量不随时间改变的情形。

存量变量（stock variable）：在某一个时点的经济数量，如财富和货币供给，参见流量变量。

价值储藏（store of value）：跨时持有财富的一个手段。

结构性失业（structural unemployment）：由于市场上工人的技能以及其他特征与雇主的需求不一致而产生的长期失业。

实际工资增加的替代效应（substitution effect of a higher real wage）：当实际工资上升时，作为工作所得增加的反应，工人用工作替代闲暇，从而供给更多劳动的倾向。

实际利率对储蓄的替代效应（substitution effect of the real interest rate on saving）：当储蓄的回报上升时，消费者增加储蓄，从而用未来消费替代当前消费的倾向。

供给冲击（supply shock）：一个经济生产函数的改变，也就是使用给定数量的资本和劳动所能生产的产出数量的改变，也称生产率冲击。

供给学派经济学（supply-side economics）：经济思想中基于经济行为的各方面（诸如劳动力供给、储蓄以及投资）对经济激励（尤其是税法提供的激励）会做出强烈反应这种假设的一个流派。

T

纳税调整后的资本的使用者成本（tax-adjusted user cost of capital）：表明为确保提议的投资有利润，资本的税前预期未来边际产量所必须达到的数额。

税率平稳化（tax rate smoothing）：维持税率不随时间变动以求最小化税法所引起扭曲的政策。

泰勒法则（Taylor rule）：货币政策的一个指导方针，它将实际联邦基金利率和产出与充分就业产出之差以及通货膨胀与其目标之差联系起来。

贸易条件（terms of trade）：一个国内商品所能交换到的国外商品的数量，也称实际汇率。

期限溢价（term premium）：为补偿与短期债券相比长期债券含有的较高风险而向长期债券持有人支付的更高利率，使得长期债券的利率超过期限结构的预期理论所得出的利率水平。

期限（time to maturity）：离一项资产到期以及投资者收回本金的剩余时间。

全要素生产率（total factor productivity）：经济使用资本和劳动来生产产出的总体效率的度量，也称生产率。

贸易赤字（trade deficit）：一国进口超过出口的部分。

贸易盈余（trade surplus）：一国出口超过进口的

部分。

转移支付（transfers）：除了用于交换当前商品和服务的支付款外，政府所做出的支付。转移支付的例子包括社会保险和联邦医疗保险、失业保险以及福利支付等。

波谷（trough）：经济周期中经济活动停止下降并开始上升的时期。

拐点（turning points）：经济周期中的波峰和波谷。

流动成本（turnover costs）：与雇用和培训新工人有关的成本。

U

未预期通货膨胀（unanticipated inflation）：实际通货膨胀率减去预期发生的通货膨胀率。

地下经济（underground economy）：经济中包括非法活动以及隐藏于政府记录之外的合法活动的部分。

低估的汇率（undervalued exchange rate）：固定汇率体制中低于其基本值的汇率，参见汇率的基本值。

失业（unemployment）：能够工作并积极寻找工作但尚未找到工作的人数。

失业率（unemployment rate）：失业者占劳动力的比例。

失业期间（unemployment spell）：个人不间断失业的时期。

单边转移支付（unilateral transfers）：一国向另一国做出的不对应于任何商品、服务或者资产购买的支付，例如对外援助和国内居民给外国人的赠予。

计价单位（unit of account）：度量经济价值（比如美元）的基本单位。

资本的使用者成本（user cost of capital）：在一个特定时期内使用一单位资本的预期实际成本；等于折旧成本加上利息成本。

储蓄用途恒等式（uses-of-saving identity）：表明私人储蓄等于投资、政府赤字与经常账户余额的总和的会计恒等式。

效用（utility）：个人的经济满足或者福利。

V

增加值（value added）：对任何厂商而言，等于产出价值减去所购买的投入价值。

保险库所存现金（vault cash）：存放在银行保险库里的通货。保险库所存现金构成银行准备金的一部分。

流通速度（velocity）：每个时期货币存量流通的次数，用名义 GDP 除以名义货币供给计算而得。

W

财富（wealth）：个人、公司或者国家的资产减去其负债，也称净财富。

世界实际利率（world real interest rate）：个人、厂商和政府在其中进行跨国界借贷的国际资本市场上盛行的实际利率。

Z

零利率下限（zero lower bound）：由于名义利率低于零会使得投资者持有现金比借钱给别人更为有利可图而发生的名义利率为零并且无法继续下降的一种情形。

译后记

安德鲁·B. 亚伯、本·S. 伯南克及迪安·克劳肖的《宏观经济学》是一本在国外广为流传的中级宏观经济学教科书，本书（即第九版）是该书的最新版本。本书作者安德鲁·B. 亚伯、本·S. 伯南克以及迪安·克劳肖在宏观经济学教学和政策分析方面都颇有建树。其中，本·S. 伯南克尤为著名，不仅因为他是宏观经济学研究的大家，更因为他曾担任美联储主席。他们在本书中结合翔实、丰富的数据和实例，系统地阐述和介绍了宏观经济学的基本原理、现有流派以及观点。难能可贵的是，本书针对由 2007 年次贷危机引发的金融危机乃至经济衰退，用了不少篇幅来分析事件的起因和政策应对，对于理解宏观经济学理论在实践中的运用非常有帮助。本书内容全面、贴近现实、结构合理、讲述透彻。其行文深入浅出，饶有风趣。对宏观经济学教学双方而言，本书都是极好的选择。

我们在 2006 年和 2011 年先后完成了《宏观经济学》（第五版）和《宏观经济学》（第七版）的翻译工作，现在也非常乐意受中国人民大学出版社的委托，继续《宏观经济学》（第九版）的翻译工作。对于从事经济学教育的我们来说，能够将这样一本优秀的经济学教科书介绍给国内读者是一件极有意义的事。

虽然经过了校对，但翻译过程中的不妥和错误之处难免，欢迎读者批评指正。

章艳红
柳丽荣
2020 年 8 月于中国人民大学，
美国得州农业机械大学康莫斯分校

经济科学译丛						
序号	书名	作者	Author	单价	出版年份	ISBN
1	计量经济分析(第八版)(上下册)	威廉·H. 格林	William H. Greene	158.00	2020	978-7-300-27645-8
2	微观经济学(第四版)	保罗·克鲁格曼等	Paul Krugman	86.00	2020	978-7-300-28321-0
3	发展宏观经济学(第四版)	皮埃尔·理查德·阿根诺等	Pierre-Richard Agenor	79.00	2020	978-7-300-27425-6
4	平狄克《微观经济学》(第九版)学习指导	乔纳森·汉密尔顿等	Jonathan Hamilton	42.00	2020	978-7-300-28281-7
5	经济地理学:区域和国家一体化	皮埃尔-菲利普·库姆斯等	Pierre-Philippe Combes	56.00	2020	978-7-300-28276-3
6	公共部门经济学(第四版)	约瑟夫·E. 斯蒂格利茨等	Joseph E. Stiglitz	96.00	2020	978-7-300-28218-3
7	递归宏观经济理论(第三版)	拉尔斯·扬奎斯特等	Lars Ljungqvist	128.00	2020	978-7-300-28058-5
8	策略博弈(第四版)	阿维纳什·迪克西特等	Avinash Dixit	85.00	2020	978-7-300-28005-9
9	劳动关系(第10版)	小威廉·H. 霍利等	William H. Holley, Jr.	83.00	2020	978-7-300-25582-8
10	微观经济学(第九版)	罗伯特·S. 平狄克等	Robert S. Pindyck	93.00	2020	978-7-300-26640-4
11	宏观经济学(第十版)	N. 格里高利·曼昆	N. Gregory Mankiw	79.00	2020	978-7-300-27631-1
12	宏观经济学(第九版)	安德鲁·B.亚伯等	Andrew B. Abel	95.00	2020	978-7-300-27382-2
13	商务经济学(第二版)	克里斯·马尔赫恩等	Chris Mulhearn	56.00	2019	978-7-300-24491-4
14	管理经济学:基于战略的视角(第二版)	蒂莫西·费希尔等	Timothy Fisher	58.00	2019	978-7-300-23886-9
15	投入产出分析:基础与扩展(第二版)	罗纳德·E. 米勒等	Ronald E. Miller	98.00	2019	978-7-300-26845-3
16	宏观经济学:政策与实践(第二版)	弗雷德里克·S. 米什金	Frederic S. Mishkin	89.00	2019	978-7-300-26809-5
17	国际商务:亚洲视角	查尔斯·W. L. 希尔等	Charles W. L. Hill	108.00	2019	978-7-300-26791-3
18	统计学:在经济和管理中的应用(第10版)	杰拉德·凯勒	Gerald Keller	158.00	2019	978-7-300-26771-5
19	经济学精要(第五版)	R. 格伦·哈伯德等	R. Glenn Hubbard	99.00	2019	978-7-300-26561-2
20	环境经济学(第七版)	埃班·古德斯坦等	Eban Goodstein	78.00	2019	978-7-300-23867-8
21	管理者微观经济学	戴维·M.克雷普斯	David M. Kreps	88.00	2019	978-7-300-22914-0
22	税收与企业经营战略:筹划方法(第五版)	迈伦·S. 斯科尔斯等	Myron S. Scholes	78.00	2018	978-7-300-25999-4
23	美国经济史(第12版)	加里·M. 沃尔顿等	Gary M. Walton	98.00	2018	978-7-300-26473-8
24	组织经济学:经济学分析方法在组织管理上的应用(第五版)	塞特斯·杜玛等	Sytse Douma	62.00	2018	978-7-300-25545-3
25	经济理论的回顾(第五版)	马克·布劳格	Mark Blaug	88.00	2018	978-7-300-26252-9
26	实地实验:设计、分析与解释	艾伦·伯格等	Alan S. Gerber	69.80	2018	978-7-300-26319-9
27	金融学(第二版)	兹维·博迪等	Zvi Bodie	75.00	2018	978-7-300-26134-8
28	空间数据分析:模型、方法与技术	曼弗雷德·M. 费希尔等	Manfred M. Fischer	36.00	2018	978-7-300-25304-6
29	《宏观经济学》(第十二版)学习指导书	鲁迪格·多恩布什等	Rudiger Dornbusch	38.00	2018	978-7-300-26063-1
30	宏观经济学(第四版)	保罗·克鲁格曼等	Paul Krugman	68.00	2018	978-7-300-26068-6
31	计量经济学导论:现代观点(第六版)	杰弗里·M. 伍德里奇	Jeffrey M. Wooldridge	109.00	2018	978-7-300-25914-7
32	经济思想史:伦敦经济学院讲演录	莱昂内尔·罗宾斯	Lionel Robbins	59.80	2018	978-7-300-25258-2
33	空间计量经济学入门——在R中的应用	朱塞佩·阿尔比亚	Giuseppe Arbia	45.00	2018	978-7-300-25458-6
34	克鲁格曼经济学原理(第四版)	保罗·克鲁格曼等	Paul Krugman	88.00	2018	978-7-300-25639-9
35	发展经济学(第七版)	德怀特·H.波金斯等	Dwight H. Perkins	98.00	2018	978-7-300-25506-4
36	线性与非线性规划(第四版)	戴维·G.卢恩伯格等	David G. Luenberger	79.80	2018	978-7-300-25391-6
37	产业组织理论	让·梯若尔	Jean Tirole	110.00	2018	978-7-300-25170-7
38	经济学精要(第六版)	巴德,帕金	Bade, Parkin	89.00	2018	978-7-300-24749-6
39	空间计量经济学——空间数据的分位数回归	丹尼尔·P. 麦克米伦	Daniel P. McMillen	30.00	2018	978-7-300-23949-1
40	高级宏观经济学基础(第二版)	本·J. 海德拉	Ben J. Heijdra	88.00	2018	978-7-300-25147-9
41	税收经济学(第二版)	伯纳德·萨拉尼耶	Bernard Salanié	42.00	2018	978-7-300-23866-1
42	国际贸易(第三版)	罗伯特·C. 芬斯特拉	Robert C. Feenstra	73.00	2017	978-7-300-25327-5
43	国际宏观经济学(第三版)	罗伯特·C. 芬斯特拉	Robert C. Feenstra	79.00	2017	978-7-300-25326-8
44	公司治理(第五版)	罗伯特·A.G. 蒙克斯	Robert A. G. Monks	69.80	2017	978-7-300-24972-8
45	国际经济学(第15版)	罗伯特·J. 凯伯	Robert J. Carbaugh	78.00	2017	978-7-300-24844-8
46	经济理论和方法史(第五版)	小罗伯特·B. 埃克伦德等	Robert B. Ekelund. Jr.	88.00	2017	978-7-300-22497-8
47	经济地理学	威廉·P. 安德森	William P. Anderson	59.80	2017	978-7-300-24544-7
48	博弈与信息:博弈论概论(第四版)	艾里克·拉斯穆森	Eric Rasmusen	79.80	2017	978-7-300-24546-1
49	MBA宏观经济学	莫里斯·A. 戴维斯	Morris A. Davis	38.00	2017	978-7-300-24268-2
50	经济学基础(第十六版)	弗兰克·V. 马斯切纳	Frank V. Mastrianna	42.00	2017	978-7-300-22607-1
51	高级微观经济学:选择与竞争性市场	戴维·M. 克雷普斯	David M. Kreps	79.80	2017	978-7-300-23674-2
52	博弈论与机制设计	Y. 内拉哈里	Y. Narahari	69.80	2017	978-7-300-24209-5

经济科学译丛						
序号	书名	作者	Author	单价	出版年份	ISBN
53	宏观经济学精要:理解新闻中的经济学(第三版)	彼得·肯尼迪	Peter Kennedy	45.00	2017	978-7-300-21617-1
54	宏观经济学(第十二版)	鲁迪格·多恩布什等	Rudiger Dornbusch	69.00	2017	978-7-300-23772-5
55	国际金融与开放宏观经济学:理论、历史与政策	亨德里克·范登伯格	Hendrik Van den Berg	68.00	2016	978-7-300-23380-2
56	经济学(微观部分)	达龙·阿西莫格鲁等	Daron Acemoglu	59.00	2016	978-7-300-21786-4
57	经济学(宏观部分)	达龙·阿西莫格鲁等	Daron Acemoglu	45.00	2016	978-7-300-21886-1
58	发展经济学	热若尔·罗兰	Gérard Roland	79.00	2016	978-7-300-23379-6
59	中级微观经济学——直觉思维与数理方法(上下册)	托马斯·J. 内契巴	Thomas J. Nechyba	128.00	2016	978-7-300-22363-6
60	环境与自然资源经济学(第十版)	汤姆·蒂坦伯格等	Tom Tietenberg	72.00	2016	978-7-300-22900-3
61	劳动经济学基础(第二版)	托马斯·海克拉克等	Thomas Hyclak	65.00	2016	978-7-300-23146-4
62	货币金融学(第十一版)	弗雷德里克·S. 米什金	Frederic S. Mishkin	85.00	2016	978-7-300-23001-6
63	动态优化——经济学和管理学中的变分法和最优控制(第二版)	莫顿·I. 凯曼等	Morton I. Kamien	48.00	2016	978-7-300-23167-9
64	用 Excel 学习中级微观经济学	温贝托·巴雷托	Humberto Barreto	65.00	2016	978-7-300-21628-7
65	国际经济学:理论与政策(第十版)	保罗·R. 克鲁格曼等	Paul R. Krugman	89.00	2016	978-7-300-22710-8
66	国际金融(第十版)	保罗·R. 克鲁格曼等	Paul R. Krugman	55.00	2016	978-7-300-22089-5
67	国际贸易(第十版)	保罗·R. 克鲁格曼等	Paul R. Krugman	42.00	2016	978-7-300-22088-8
68	经济学精要(第3版)	斯坦利·L. 布鲁伊等	Stanley L. Brue	58.00	2016	978-7-300-22301-8
69	投资学精要(第九版)	兹维·博迪等	Zvi Bodie	108.00	2016	978-7-300-22236-3
70	环境经济学(第二版)	查尔斯·D. 科尔斯塔德	Charles D. Kolstad	68.00	2016	978-7-300-22255-4
71	MWG《微观经济理论》习题解答	原千晶等	Chiaki Hara	75.00	2016	978-7-300-22306-3
72	横截面与面板数据的计量经济分析(第二版)	杰弗里·M. 伍德里奇	Jeffrey M. Wooldridge	128.00	2016	978-7-300-21938-7
73	宏观经济学(第十二版)	罗伯特·J. 戈登	Robert J. Gordon	75.00	2016	978-7-300-21978-3
74	动态最优化基础	蒋中一	Alpha C. Chiang	42.00	2015	978-7-300-22068-0
75	城市经济学	布伦丹·奥弗莱厄蒂	Brendan O'Flaherty	69.80	2015	978-7-300-22067-3
76	管理经济学:理论、应用与案例(第八版)	布鲁斯·艾伦等	Bruce Allen	79.80	2015	978-7-300-21991-2
77	微观经济分析(第三版)	哈尔·R. 范里安	Hal R. Varian	68.00	2015	978-7-300-21536-5
78	财政学(第十版)	哈维·S. 罗森等	Harvey S. Rosen	68.00	2015	978-7-300-21754-3
79	经济数学(第三版)	迈克尔·霍伊等	Michael Hoy	88.00	2015	978-7-300-21674-4
80	发展经济学(第九版)	A. P. 瑟尔沃	A. P. Thirlwall	69.80	2015	978-7-300-21193-0
81	宏观经济学(第五版)	斯蒂芬·D. 威廉森	Stephen D. Williamson	69.00	2015	978-7-300-21169-5
82	资源经济学(第三版)	约翰·C. 伯格斯特罗姆等	John C. Bergstrom	58.00	2015	978-7-300-20742-1
83	应用中级宏观经济学	凯文·D. 胡佛	Kevin D. Hoover	78.00	2015	978-7-300-21000-1
84	现代时间序列分析导论(第二版)	约根·沃特斯等	Jürgen Wolters	39.80	2015	978-7-300-20625-7
85	空间计量经济学——从横截面数据到空间面板	J. 保罗·埃尔霍斯特	J. Paul Elhorst	32.00	2015	978-7-300-21024-7
86	国际经济学原理	肯尼思·A. 赖纳特	Kenneth A. Reinert	58.00	2015	978-7-300-20830-5
87	经济写作(第二版)	迪尔德丽·N. 麦克洛斯基	Deirdre N. McCloskey	39.80	2015	978-7-300-20914-2
88	计量经济学方法与应用(第五版)	巴蒂·H. 巴尔塔基	Badi H. Baltagi	58.00	2015	978-7-300-20584-7
89	战略经济学(第五版)	戴维·贝赞可等	David Besanko	78.00	2015	978-7-300-20679-0
90	博弈论导论	史蒂文·泰迪里斯	Steven Tadelis	58.00	2015	978-7-300-19993-1
91	社会问题经济学(第二十版)	安塞尔·M. 夏普等	Ansel M. Sharp	49.00	2015	978-7-300-20279-2
92	博弈论:矛盾冲突分析	罗杰·B. 迈尔森	Roger B. Myerson	58.00	2015	978-7-300-20212-9
93	时间序列分析	詹姆斯·D. 汉密尔顿	James D. Hamilton	118.00	2015	978-7-300-20213-6
94	经济问题与政策(第五版)	杰奎琳·默里·布鲁克斯	Jacqueline Murray Brux	58.00	2014	978-7-300-17799-1
95	微观经济理论	安德鲁·马斯-克莱尔等	Andreu Mas-Collel	148.00	2014	978-7-300-19986-3
96	产业组织:理论与实践(第四版)	唐·E. 瓦尔德曼等	Don E. Waldman	75.00	2014	978-7-300-19722-7
97	公司金融理论	让·梯若尔	Jean Tirole	128.00	2014	978-7-300-20178-8
98	公共部门经济学	理查德·W. 特里西	Richard W. Tresch	49.00	2014	978-7-300-18442-5
99	统计学:在经济中的应用	玛格丽特·刘易斯	Margaret Lewis	45.00	2014	978-7-300-19082-2
100	计量经济学导论(第三版)	詹姆斯·H. 斯托克等	James H. Stock	69.00	2014	978-7-300-18467-8
101	发展经济学导论(第四版)	秋山裕	秋山裕	39.80	2014	978-7-300-19127-0
102	中级微观经济学(第六版)	杰弗里·M. 佩罗夫	Jeffrey M. Perloff	89.00	2014	978-7-300-18441-8
103	微观银行经济学(第二版)	哈维尔·弗雷克斯等	Xavier Freixas	48.00	2014	978-7-300-18940-6
104	施米托夫论出口贸易——国际贸易法律与实务(第11版)	克利夫·M. 施米托夫等	Clive M. Schmitthoff	168.00	2014	978-7-300-18425-8

经济科学译丛

序号	书名	作者	Author	单价	出版年份	ISBN
105	计量经济学原理与实践	达摩达尔·N. 古扎拉蒂	Damodar N.Gujarati	49.80	2013	978-7-300-18169-1
106	高级国际贸易:理论与实证	罗伯特·C. 芬斯特拉	Robert C. Feenstra	59.00	2013	978-7-300-17157-9
107	经济学简史——处理沉闷科学的巧妙方法(第二版)	E. 雷·坎特伯里	E. Ray Canterbery	58.00	2013	978-7-300-17571-3
108	微观经济学原理(第五版)	巴德、帕金	Bade, Parkin	65.00	2013	978-7-300-16930-9
109	宏观经济学原理(第五版)	巴德、帕金	Bade, Parkin	63.00	2013	978-7-300-16929-3
110	环境经济学	彼得·伯克等	Peter Berck	55.00	2013	978-7-300-16538-7
111	高级微观经济理论	杰弗里·杰里	Geoffrey A. Jehle	69.00	2012	978-7-300-16613-1
112	高级宏观经济学导论:增长与经济周期(第二版)	彼得·伯奇·索伦森等	Peter Birch Sørensen	95.00	2012	978-7-300-15871-6
113	卫生经济学(第六版)	舍曼·富兰德等	Sherman Folland	79.00	2011	978-7-300-14645-4
114	现代劳动经济学:理论与公共政策(第十版)	罗纳德·G. 伊兰伯格等	Ronald G. Ehrenberg	69.00	2011	978-7-300-14482-5
115	经济学原理(第四版)	威廉·博伊斯等	William Boyes	59.00	2011	978-7-300-13518-2
116	计量经济学基础(第五版)(上下册)	达摩达尔·N. 古扎拉蒂	Damodar N.Gujarati	99.00	2011	978-7-300-13693-6
117	《计量经济学基础》(第五版)学生习题解答手册	达摩达尔·N. 古扎拉蒂等	Damodar N. Gujarati	23.00	2012	978-7-300-15080-8

金融学译丛

序号	书名	作者	Author	单价	出版年份	ISBN
1	金融市场与金融机构(第12版)	杰夫·马杜拉	Jeff Madura	99.00	2020	978-7-300-27836-0
2	个人理财(第11版)	E. 托马斯·加曼等	E. Thomas Garman	108.00	2020	978-7-300-25653-5
3	银行学(第二版)	芭芭拉·卡苏等	Barbara Casu	99.00	2020	978-7-300-28034-9
4	金融衍生工具与风险管理(第十版)	唐·M. 钱斯	Don M. Chance	98.00	2020	978-7-300-27651-9
5	投资学导论(第十二版)	赫伯特·B. 梅奥	Herbert B. Mayo	89.00	2020	978-7-300-27653-3
6	金融几何学	阿尔文·库鲁克	Alvin Kuruc	58.00	2020	978-7-300-14104-6
7	银行风险管理(第四版)	若埃尔·贝西	Joël Bessis	56.00	2019	978-7-300-26496-7
8	金融学原理(第八版)	阿瑟·J. 基翁等	Arthur J. Keown	79.00	2018	978-7-300-25638-2
9	财务管理基础(第七版)	劳伦斯·J. 吉特曼等	Lawrence J. Gitman	89.00	2018	978-7-300-25339-8
10	利率互换及其他衍生品	霍华德·科伯	Howard Corb	69.00	2018	978-7-300-25294-0
11	固定收益证券手册(第八版)	弗兰克·J. 法博齐	Frank J. Fabozzi	228.00	2017	978-7-300-24227-9
12	金融市场与金融机构(第8版)	弗雷德里克·S. 米什金等	Frederic S. Mishkin	86.00	2017	978-7-300-24731-1
13	兼并、收购和公司重组(第六版)	帕特里克·A. 高根	Patrick A. Gaughan	89.00	2017	978-7-300-24231-6
14	债券市场:分析与策略(第九版)	弗兰克·J. 法博齐	Frank J. Fabozzi	98.00	2016	978-7-300-23495-3
15	财务报表分析(第四版)	马丁·弗里德森	Martin Fridson	46.00	2016	978-7-300-23037-5
16	国际金融学	约瑟夫·P. 丹尼尔斯等	Joseph P. Daniels	65.00	2016	978-7-300-23037-1
17	国际金融	阿德里安·巴克利	Adrian Buckley	88.00	2016	978-7-300-22668-2
18	个人理财(第六版)	阿瑟·J. 基翁	Arthur J. Keown	85.00	2016	978-7-300-22711-5
19	投资学基础(第三版)	戈登·J. 亚历山大等	Gordon J. Alexander	79.00	2015	978-7-300-20274-7
20	金融风险管理(第二版)	彼德·F. 克里斯托弗森	Peter F. Christoffersen	46.00	2015	978-7-300-21210-4
21	风险管理与保险管理(第十二版)	乔治·E. 瑞达等	George E. Rejda	95.00	2015	978-7-300-21486-3
22	个人理财(第五版)	杰夫·马杜拉	Jeff Madura	69.00	2015	978-7-300-20583-0
23	企业价值评估	罗伯特·A.G. 蒙克斯等	Robert A. G. Monks	58.00	2015	978-7-300-20582-3
24	基于Excel的金融学原理(第二版)	西蒙·本尼卡	Simon Benninga	79.00	2014	978-7-300-18899-7
25	金融工程学原理(第二版)	萨利赫·N. 内夫特奇	Salih N. Neftci	88.00	2014	978-7-300-19348-9
26	国际金融市场导论(第六版)	斯蒂芬·瓦尔德斯等	Stephen Valdez	59.80	2014	978-7-300-18896-6
27	金融数学:金融工程引论(第二版)	马雷克·凯宾斯基等	Marek Capinski	42.00	2014	978-7-300-17650-5
28	财务管理(第二版)	雷蒙德·布鲁克斯	Raymond Brooks	69.00	2014	978-7-300-19085-3
29	期货与期权市场导论(第七版)	约翰·C. 赫尔	John C. Hull	69.00	2014	978-7-300-18994-2
30	国际金融:理论与实务	皮特·塞尔居	Piet Sercu	88.00	2014	978-7-300-18413-5
31	货币、银行和金融体系	R. 格伦·哈伯德等	R.Glenn Hubbard	75.00	2013	978-7-300-17856-1
32	并购创造价值(第二版)	萨德·苏达斯纳	Sudi Sudarsanam	89.00	2013	978-7-300-17473-0
33	个人理财——理财技能培养方法(第三版)	杰克·R. 卡普尔等	Jack R. Kapoor	66.00	2013	978-7-300-16687-2
34	国际财务管理	吉尔特·贝克特	Geert Bekaert	95.00	2012	978-7-300-16031-3
35	应用公司财务(第三版)	阿斯沃思·达摩达兰	Aswath Damodaran	88.00	2012	978-7-300-16034-4
36	资本市场:机构与工具(第四版)	弗兰克·J. 法博齐	Frank J.Fabozzi	85.00	2011	978-7-300-13828-2

图书在版编目（CIP）数据

宏观经济学：第九版/（ ）安德鲁·B. 亚伯，（ ）本·S. 伯南克，（ ）迪安·克劳肖著；章艳红，柳丽荣译. --北京：中国人民大学出版社，2020.8
（经济科学译丛）
ISBN 978-7-300-27382-2

Ⅰ.①宏… Ⅱ.①安… ②本… ③迪… ④章… ⑤柳… Ⅲ.①宏观经济学 Ⅳ.①F015

中国版本图书馆 CIP 数据核字（2020）第 131537 号

"十三五" 国家重点出版物出版规划项目
经济科学译丛
宏观经济学（第九版）
安德鲁·B. 亚伯
本·S. 伯南克　　著
迪安·克劳肖
章艳红　柳丽荣　译
Hongguan Jingjixue

出版发行	中国人民大学出版社		
社　　址	北京中关村大街 31 号	**邮政编码**	100080
电　　话	010－62511242（总编室）		010－62511770（质管部）
	010－82501766（邮购部）		010－62514148（门市部）
	010－62515195（发行公司）		010－62515275（盗版举报）
网　　址	http://www.crup.com.cn		
经　　销	新华书店		
印　　刷	涿州市星河印刷有限公司		
规　　格	185 mm×260 mm　16 开本	**版　　次**	2020 年 8 月第 1 版
印　　张	37.75　插页 2	**印　　次**	2020 年 8 月第 1 次印刷
字　　数	907 000	**定　　价**	95.00 元

Pearson

尊敬的老师：

您好！

为了确保您及时有效地获得培生整体教学资源，请您务必完整填写如下表格，加盖学院的公章后以电子扫描件等形式发给我们，我们将会在2～3个工作日内为您处理。

请填写所需教辅的信息：

采用教材			□ 中文版 □ 英文版 □ 双语版
作　者		出版社	
版　次		ISBN	
课程时间	始于　　年　月　日	学生人数	
	止于　　年　月　日	学生年级	□ 专科　□ 本科 1/2 年级 □ 研究生　□ 本科 3/4 年级

请填写您的个人信息：

学　校			
院系/专业			
姓　名		职　称	□ 助教 □ 讲师 □ 副教授 □ 教授
通信地址/邮编			
手　机		电　话	
传　真			
official email（必填） （eg：×××@ruc. edu. cn）		email （eg：×××@163. com）	
是否愿意接受我们定期的新书讯息通知：　□ 是　□ 否			

系/院主任：________________（签字）

（系 / 院办公室章）

____年____月____日

资源介绍：

——教材、常规教辅资源（PPT、教师手册、题库等）：请访问 www. pearson. com/us/higher-education。（免费）

——MyLabs/Mastering 系列在线平台：适合老师和学生共同使用；访问需要 Access Code。（付费）

地址：北京市东城区北三环东路 36 号环球贸易中心 D 座 1208 室（100013）

Please send this form to：copub. hed@pearson. com

Website：www. pearson. com